中华典故

吴登美 编

第一卷

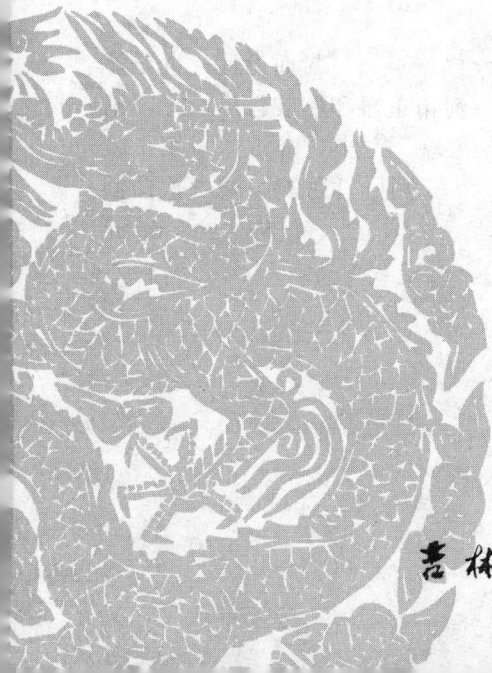

吉林大学出版社

图书在版编目（CIP）数据

中华典故/吴登美编．—长春：吉林大学出版社，
2009.4

ISBN 978-7-5601-4176-3

Ⅰ．中… Ⅱ．吴… Ⅲ．汉语—典故 Ⅳ．H136.3

中国版本图书馆 CIP 数据核字（2009）第 032525 号

书 名：中华典故
作 者：吴登美 编

责任编辑、责任校对：黄凤新
吉林大学出版社出版、发行
开本：710×1030 毫米 1/16
印张：51 字数：1000 千字
ISBN 978-7-5601-4176-3

封面设计：世纪鼎
三河市玉星印刷装订厂 印刷
2009 年 5 月 第 1 版
2011 年 5 月 第 2 次印刷
定价：298.00 元

社址：长春市明德路 421 号 邮编：130021
发行部电话：0431-88499826
网址：http://www.jlup.com.cn
E-mail:jlup@mail.jlu.edu.cn

编委会

编写说明

　　典故，顾名思义就是古书中的经典故事。它是浓缩的历史，每一个典故的背后都有一段激动人心、引人思索的历史故事。

　　典故是一滴水，映射着大千世界，大到治国安邦，小到处事为人，中华五千年的历史文化，在一个个简短的典故中得到了充分体现。"项庄舞剑，意在沛公"让我们了解到楚汉争霸时的一段历史；"门可罗雀"，又让我们品味到世态的炎凉；"祸兮福兮"留给我们的则是韵味深长的哲理……

　　典故是浓缩的历史，也是语言的精华，人们在日常交往中，如能恰当地运用典故，就会使语言变得精辟、凝练，谈话富于感染力。一个人如果拙嘴笨舌地说"用一块石头打下了两只鸟"那和用"一石二鸟"相比，就会是两种截然不同的境界，所以过去的文人提起某人有学问，常常说他满嘴出典，就是这个意思。

　　典故在我们的日常生活中是司空见惯的，但深究一下某个典故的出处、典故背后的历史故事以及准确含义，则是很多人不能回答的。为弘扬中国历史文化，使人们更多地了解典故知识，我们组织北京大学、南开大学、中国社科院、北京图书馆等单位的有关专家编写了《中华典故》一书。典故大多来源于历史文化典籍，所以我们在先秦到晚清的历史中穿梭，广泛涉猎，广泛筛选，最后精选出近2000则典故。每一个典故大致由出处、故事、含义三部分组成，为方便读者查阅，我们根据含义把这些典故分成了言志、情感、形貌、经济、世态、闲趣、言语、勤政、暴政、国家、司法、品行、学问、境遇、罪戾、交往、失策、谋略、景物、时令、人伦、哲理、功业、技艺、军事等共25篇。需要说明的是，有些典故在演变过程中，其原有含义已发生了变化，因此我们在分类时难免有不妥之处，读者阅读时如了解了一个个典故，进行了一次语言和历史旅行，那我们的目的也就达到了。

《中华典故》编委会

2009 年 5 月

1

总　目　录

第一卷 目录

言 志 篇

情 感 篇

中华典故

形　貌　篇

经 济 篇

中

华

典

故

第一卷 目录

世 态 篇

中华典故

第一卷　目录

言 志 篇

背水一战

典出《史记·淮阴侯列传》:汉将韩信卒兵攻赵,出井陉口,令万人背水列阵,大败赵军。诸将问背水之故,韩信曰:"兵法不曰:'陷之死口而后生,置之亡地而后存?'"

韩信进攻赵地,派一万士兵首先出发,直抵黄河边,然后回过头来对付赵军。赵军见他如此用兵,都大笑起来:"天下哪有这样用兵的? 背靠河水,面对敌军,万一打败了,只能跳河!"第二天,经过激烈的战斗,韩信大获全胜。手下的将领问他说:"如此背水一战,我们连想都不敢想,而将军却以此获胜,这是什么原因呢?"韩信说:"兵法说,把士兵放在没有退路的地方,他们都会拼命去争取生存!我正是用的这种战术。我们的士兵,很多都是新投降过来的,不把他们放在危险的处境中,他们是不会努力作战的。"

后人用"背水一战"的典故比喻后无退路,只能决一死战。

不因人热

典出《东观汉记·梁鸿传》:梁鸿省孤,以童幼诣太学受世,治《礼》、《诗》、《春秋》。常独坐止,不与人同食,比舍(近邻)先炊已,呼鸿及热釜炊。鸿曰:"童子鸿,不因人热者也。"灭灶更燃火,鸿家贫而尚节,博览无不通。

东汉时,文学家梁鸿为人孤傲,清贫自守。他同妻子孟光一起隐居在吴地,替别人当佣工。由于生活困难,常常寄居在别人家里。

有一次,梁鸿夫妇寄住在一家当地人家里,这家人做完饭后,见梁鸿还没有生火做饭,就关心地说:"我的饭已经好了,灶里的火还燃着,你何不趁着余火,接着做饭呢。"梁鸿听后,就像受到了羞辱一样,正色地说:"你的好意,我们心里是知道的,但一个人处世,怎么能利用别人的余火来加自己的热呢?"梁鸿说完,舀

来水灭掉灶中的火，重新升起火做饭。

后人用"不因人热"比喻性情孤傲、不依赖别人。

拆城记

典出《史记·孔子世家》：孔子言于定公曰："臣无藏甲，大夫毋百雉之城。使仲由为季氏宰，将堕三都。……"孔子年五十六，由大司寇行摄相事……诛鲁大夫乱政者少正卯。与闻国政三月，粥羔豚者弗饰贾；男女行者别于涂；涂不拾遗；四方之客至乎邑者不求有司，皆予之以归。

鲁定公收回了失地，为什么反倒不怎么高兴呢？原来这几个地方是当初鲁僖公封给季友的。如今名义上虽说退还给鲁国，实际上只是给季孙斯多加了些土地。季孙斯多加了土地，王侯家的势力就更小了。季孙斯却相当感激孔子，准备格外重用他和他的门生。

季孙斯收了孔子的门生子路和冉有当了家臣。季孙斯的势力越来越大了。有一天，季孙斯问孔子说："阳虎是跑了，可是公山不狃（季孙氏的家臣）眼看着又起来了，怎么办？"孔子说："家臣的势力一大，大夫反倒受了他们的压制。必须把他们的城墙再改矮了，家臣们才不敢随便背叛大夫。"

那时候，不必说一般的诸侯失去了势力，就是掌握在大夫手里的大权也跑到家臣们的手里去了。鲁国在外表上是被"三桓"占了，其实这三家的土地又给他们的家臣占了。那时候，诸侯和大夫只是政治上的贵族，家臣们倒很实际地做了地主。比方说，季孙斯的老家那个地方叫费城（在山东省临沂县西北），由他的家臣公山不狃掌握着。孟孙何忌的老家叫成城（在山东省宁阳县东北），由他的家臣公敛阳掌管着。叔孙州仇的老家叫郈城（在山东省东平县东），由公若貌掌管着。这三家大夫就知道拚命地扩充自己的势力，不受国君管束。可是他们三家的家臣也一样地都扩充自己的势力，也照样不受大夫管束。这三个家臣把那三座城墙修得又高又厚实，跟鲁国的国都曲阜一样。因此，孔子主张把城墙改矮了。

季孙斯把孔子的意思告诉了孟孙何忌和叔孙州仇。他们都相当赞成。三个大夫就通知三个家臣，叫他们赶紧把城墙削矮三尺。那三个家臣没想到会发生这种事。他们一时都没有主意了，答应也不好，不答应也不好。费城的公山不狃想起一个人来，要跟他去商量一下。他是那时候鲁国颇有名气的人，叫少正卯。公山不狃请他出个主意。少正卯反对孔子。他说："为了保卫国家才把城墙砌得又高又结实。要是怕掌管这城的臣下造反就把城墙改矮，那倒不如把城墙都拆去不是更干脆吗？可是有一点，遇到别国打过来，这儿一点防御工事都没有，那又怎么办呢？那位孔先生是打算把国君的势力把持到他的手里去，才出这个主意来拆散家臣的势力。他哪儿知道失去势力另有别的原因。再说，有这些家臣们牵制着大夫，大夫才不敢过分地为难国君。要是把家臣的势力拆散了，那不是给大夫增加势力了吗？大夫的势力一大，国君的势力就更小，君位就更不牢靠了。为了保卫国家，城墙应当往高处长，不应当改矮。孔先生这种办法恐怕不太合适吧！"

三家的家臣本来就恨不得把自己的地盘巩固起来，如今听了少正卯这番话，大伙儿就把主人的命令扔到脖子后头去了。三家大夫一见家臣们还没把城墙改矮，就带着士兵围住城。费城的公山不狃首先叛变，又去约会成城的公敛阳和郈城的公若貌一起反抗。公若貌胆子小，不敢跟他们一起干，就被他的一个手下侯犯杀了。侯犯代替了公若貌，跟公山不狃联合在一起。公敛阳可没动手。三家大夫有孔子出主意帮忙，大伙儿联合起来对付这两个家臣，可就好办多了。公山不狃和侯犯打了败仗，跑到别国躲藏去了。

叔孙州仇就把郈城的城墙削去三尺。季孙斯也把费城照样改了。孟孙何忌也叫公敛阳把城墙拆掉三尺。公敛阳找少正卯想法子。少正卯说："郈城和费城是因为公山不狃和侯犯背叛过，才把城墙改矮了。您要是也把城墙改矮了，您不是自己承认跟他们一块儿背叛主人了吗？再说，成城是鲁国北面最重要的一座城。要是城墙不高、不结实，万一齐国打过来，那可就守不住了！"公敛阳就回复孟孙何忌说："我把守成城，不光是为了孟孙一家，也是为了整个鲁国！万一齐国打过来，城墙改矮了，怎么守呢？我为了鲁国的安全，宁可把自己的命丢了也不能听别人的话折去一块砖！"

孔子听见这话，就对孟孙何忌说："这话一定是别人要公敛阳这么说的。"他叫孟孙何忌和季孙斯把这件事告诉鲁定公，叫鲁定公召集大臣们商量一下，这城墙到底应不应该拆。鲁定公就召集大臣们商量这件事，叫孔子判断。大伙儿一讨论，有的主张应该拆，有的主张不应该拆，各有各的理由。少正卯一向是反对孔子的，这会儿反倒故意随着孔子心意，说："我赞成孔司寇的主张，应该把城墙拆掉三尺。因为这么一来，至少有六种好处：第一，尊重了国君；第二，巩固了国都的形势；第三，可以减少私人的势力；第四，让那些反叛的家臣没有依靠；第五，能叫三家大夫心平气和；第六，能叫各国诸侯也照样做。"孔子看出了少正卯的奸诈，在他的花言巧语后面藏着坏主意，当时就站起来反驳他，说："这太不像话了！三家大夫都是鲁国的左右手，难道他们是培养私人势力的吗？公敛阳忠心为国，他难道是反叛的家臣吗？少正卯明明是挑拨是非，叫君臣上下彼此猜疑怨恨。这种挑拨是非、扰乱国家大事的人应当判死罪！"大臣们觉得孔子这么说，有点偏差，都为少正卯辩解。有人竟说："少正卯是鲁国有名望的人，就算是他说错了话，也不至于死罪。"孔子说："你们哪儿知道少正卯的奸诈？他的话，听起来好像挺有理，其实都是些坏主意；他的举动，看着好像叫人挺佩服，其实，都是假装出来的。像他这种心术不正，假充好人的小人最能够颠倒是非地诱惑人，非把他杀

了不可。"孔子终于把少正卯杀了。

这个故事告诉我们：那种道貌岸然、左右逢源的人，会不择手段地耍弄阴谋诡计，以达到其不可告人的目的，要善于辨别这种人，并义正词严地指责这种人。

乘风破浪

典出《宋书·宗悫传》：悫年少时，炳问其志，悫曰："愿乘长风破万里浪！"

宗悫，字元干，南北朝宋时人。他在年纪小的时候，就已抱有远大的志愿，并且学得一身好武艺，又非常勇敢。他哥哥宗泌结婚的那天，来的客人很多。有十几个强盗趁他家忙着办喜事，夜里去抢劫。这时，宗悫独自挺身出来奋力抗拒，最终把强盗赶跑了。他的叔叔宗少文问他的志向，他仰起头来激昂地说："愿乘长风破万里浪！"意思是要利用和创造一切有利的条件，冲破面前有如万里波浪的困难，干一番伟大的事业。后来宗悫果然替国家打了不少胜仗，立下了许多汗马功劳。皇帝让他做了左卫将军，封他为洮阳侯。

后来的人，就将宗悫所说的那句话，简化为"乘风破浪"这个成语，来说明人有远大而崇高的理想；也用以形容人刻苦勤劳，努力向上，冲破重重困难，去创立伟大事业的精神。

情 感 篇

哀妇不忘故

典出《韩诗外传》:孔子出游少源之野,有妇人中泽而哭,其音甚哀。

孔子怪之,使弟子问焉,曰:"夫人何哭之哀?"

妇人曰:"乡者刈蓍薪亡吾蓍簪,吾是以哀也。"

弟子曰:"刈蓍薪而亡蓍簪,有何悲焉?"

妇人曰:"非伤亡簪也,吾所以悲者,盖不忘故也。"

孔子出外旅行,走到少源的田野里,看见有一个妇女站在沼泽的洼地中啼哭,声音十分伤哀。

孔子觉得奇怪,便派他的弟子去询问,说道:"夫人为什么事哭得这样伤心呀?"

妇人说:"刚才我在这里割蓍草,把我捆插蓍草的竹签子丢掉了,我所以感到悲伤啊!"

弟子说:"割蓍草丢掉了捆插蓍草的竹签子,这有什么值得可悲伤的呢?"

妇人说:"并不是心痛丢掉了竹签子呀,我所以悲伤,是由于不忘旧呀!"

后人用"哀妇不忘故"比喻不忘旧、不忘本的真情实感。

班姬团扇

典出《汉书·外戚传》:昔汉成帝班婕妤失宠,供养于长信宫,乃作赋自伤,并为怨诗一首:"新制齐纨素,鲜洁如霜雪,裁成合欢扇。团圆似明月,出入君怀袖,动摇微风发。常恐秋节至,凉风夺炎热。弃捐箧笥中,恩情中道绝。"

西汉时期,有一个姓班的女子,容貌美丽、多才多艺,擅长写诗作文。汉成帝刘骜即位时,她被选入宫中,备受皇帝宠爱,封为婕妤(汉代宫中女官名)。

后来,汉成帝宠爱著名的美人赵飞燕,班婕妤被冷落一旁,连许皇后也失了

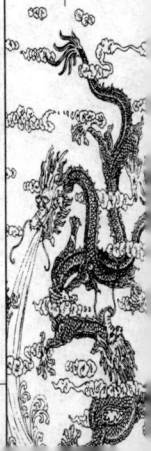

5

宠。赵飞燕为了巩固自己的专宠地位,就在皇帝面前进谗言,诬告许皇后和班婕妤在后宫暗行巫术,诅咒皇帝。皇帝一怒之下,将许皇后废掉。班婕妤再三申辩自己无罪,皇帝便没有处罚她。班婕妤想到赵飞燕飞扬跋扈,日子长了肯定会遭到她暗算,恐怕连性命也难保。于是她请求去长信宫侍奉太后,离开了皇帝身边。

班婕妤去了长信宫后,回想当日在皇帝身边时的繁华热闹,对比眼前的寂寞凄清,心中愤愤不平。她写了一首《怨歌行》,抒发胸中的怨恨。诗中写道:"裁开白如霜雪的丝绸,做成圆如明月的团扇。出入于君王的怀中袖里,摇动时微风轻轻袭来。然而常常担忧秋节到来,清凉的秋风将炎夏驱赶。团扇便被弃于箱笼之中,从此与主人情绝恩断。"

后人用"班姬团扇"的典故形容失宠遭受冷遇;也用以表现孤寂冷落、凄婉哀怨的情感;也可用"团扇"或"班女扇"代指明月。

悲心更微

典出《列子·周穆王》:燕人生于燕,长于楚,及老而还本国。

过晋国,同行者诳之,指城曰:"此燕国之城。"其人愀然变容。指社曰:"此若里之社。"乃喟然而叹。指舍曰:"此若先人之庐。"乃涓然而泣。指垄曰:"此若先人之冢。"其人哭不自禁。同行者哑然大笑,曰:"予昔绐若,此晋国耳!"其人大惭。

及至燕,真见燕国之城社,真见先人之庐家,悲心更微。

有一个燕国人出生在燕地,生长在楚地,到老才回故国去。

路过晋国,同行的人骗他,指着城说:"这就是燕国的城。"他顿时脸色凄然。指着土地庙说:"这就是你村里的土地庙。"他不禁唏嘘叹息。又指着一幢房子说:"这是你先人的房屋。"他于是流泪啜泣。指着一个坟墓说:"这是你先人的坟墓。"他再也无法抑制,放声大哭起来。同行的人哈哈大笑,说:"我刚才是骗你的,这里是晋国!"那人感到羞惭万分。

当他回到了燕国,真正见了燕国的城郭社庙,见了先人的房舍坟墓,他的悲痛感情反而更淡薄了。

后人用"悲心更微"比喻引起人们感情强烈反应的事物,第一次出现给人的刺激是最深的,若重复出现,感情反而会淡薄下来。

不堪回首

典出《虞美人》：春花秋月何时了，往事知多少！小楼昨夜又东风，故国不堪回首月明中。

李煜是五代南唐的国君。宋灭唐后，他便成了俘虏。李煜既好书画，又长音乐，能诗善文，尤其擅长填词。他前期的作品大都为描写宫廷的享乐生活之作，风格柔靡；后期的词，表达了他怀古伤今，感叹身世和亡国隐痛的复杂情绪。《虞美人》就是他亡国后身为宋俘时的佳作。他身怀亡国的隐痛，对冬去春来，感慨不禁油然而生，于是写下了《虞美人》以抒情怀。词的开头就说："春花秋月何时了，往事知多少！小楼昨夜又东风，故国不堪回首月明中。"（意思是：春天的花，秋天的月是没完没了的啊，美好的往事，又涌上了心头。一年一度的春天，又来到了人间；那和暖的春风，昨夜又一阵阵地吹拂着我的小楼；见到那皎洁的月光，不禁想起了我南唐故国。唉，我精神上的痛苦啊，哪堪忍受得住。）

后人用"不堪回首"（堪：可以忍受。回首：回顾，回忆。）来表示回忆过去的情况叫人难以忍受，泛指不忍回忆过去的惨痛经历或情景。

不求同日生，但求同日死

典出元·关汉卿《单刀会》三：俺弟兄三人在桃园中结义，宰白马祭天，宰乌牛祭地，不求同日生，但愿同日死。

汉末，天下大乱，刘备是汉王室的远房子孙，这年他二十八岁，恰逢幽州太守刘焉召募义兵。他遇到志同道合的关羽、张飞两人，大家决心集合乡里勇猛的人共同应征，为国家出力。张飞说："我庄上有一个桃园，花开正盛；明日就在园中祭告天地，我三人结为兄弟，协力同心，然后才可以图谋大事。"刘备、关羽齐声回答说："这样非常好。"次日，于桃园中，备下乌牛白马祭品等项，三人焚香再拜而发誓："念刘备、关羽、张飞，虽然异姓，既结为兄弟，则同心协力，救困扶危；上报国家，下安黎庶；不求同年同月同日生，只愿同年同月同日死。皇天后土，实鉴此心。背义忘恩，天人共戮。"誓毕，拜刘备为兄，关羽次之，张飞为弟。——这就是有名的"桃园三结义"的故事。从此，三人忠实于誓言，忠实于兄弟之情，确实做到了同甘苦、共患难。成为历代结义兄弟的榜样。

誓词中"不求同年同月同日生,但愿同年同月同日死"在关汉卿《单刀会》中,简化为"不求同日生,但愿同日死",也成为结拜兄弟誓词中的必有之言。

后人用"不求同日生,但求同日死"的这个典故表达同生共死的意愿和深情。

长歌当哭

典出清·黄宗羲《亡儿阿寿圹志》:儿卒于乙未之除夕,长歌当哭,遂以哭儿者为之铭。

典出《红楼梦》:"妹生辰不偶,家运多艰,姊妹伶仃,萱亲衰迈。……感怀触绪,聊赋四章,匪曰无故呻吟,亦长歌当哭之意耳……"

宝玉与黛玉论琴。黛玉说:"高山流水,得遇知音……古人说,'知音难遇'。若无知音,宁可独对着那清风明月,苍松怪石,野猿老鹤,抚弄一番,以寄兴趣,方为不负这琴……"当他们边谈边往外走时,只见秋纹带着小丫头捧着一小盆兰花来。她说:"太太那边有人送了四盆兰花来,因里头有事,没有空儿玩他,叫给二爷一盆,林姑娘一盆。"黛玉看时,却有几枝双朵儿的,心中忽然一动,不知是喜是悲,便呆呆的傻看。宝玉走后,黛玉回到房中,看着花,心想:"草木当春,花鲜叶茂,想我年纪尚小,便像三秋蒲柳。……只恐似那花柳残春,怎禁得风催雨送!"想到此,不禁又滴下泪来。

黛玉正愁得没法解时,只见宝钗那边打发人送封信来。黛玉打开看时,只见上面写道:"妹生辰不偶,家运多艰,姊妹伶仃,萱亲衰迈。……感怀触绪,聊赋四章,匪曰无故呻吟,亦长歌当哭之意耳……"。黛玉看毕,不胜伤感。

后人用"长歌当哭",表示以歌代哭,多指用诗文抒发胸中悲愤之情。

乘兴而来,败兴而归

典出《晋书·王徽之传》:(徽之)尝居山阴,夜雪初霁……忽忆戴逵,逵时在剡,便夜乘小舟诣之,经宿方至。造门不前而返。人问其故,徽子曰:"本乘兴而来,兴尽而归,何必见安道邪?"

大书法家王羲之的儿子王徽之,聪明伶俐喜好交游,性情豪放,生活十分浪漫。

有一回,在一个大雪初霁的夜晚,他见月色清朗,长空无云,不禁想起了一个会弹琴的朋友戴逵。他想：如果戴逵在身边，琴声伴月影，友人话衷肠，岂不美哉！他兴致勃发，不能自已，于是立刻乘小舟前往剡溪拜访朋友。由于路程较远，直至天亮才到。可是，到了戴逵的家门口，他却不进去，反而转桨而归。事后有人为此事问他道："你深夜急急忙忙赶到戴逵家去，为什么到了门口又马上转身回来了呢？"王徽之极为潇洒地说："我本是'乘兴而来，兴尽而返'，何必一定要见戴逵呢？"

后人用"乘兴而来，兴尽而返"或"乘兴而来，败兴而归"，表示凭着一时的兴趣或怀着某种希望兴冲冲地赶来，兴趣完了或感到失望就灰溜溜地回去。

除夕乞如愿

"一年之季在于春。"春节在我国传统节日中最古老最隆重，在人们心目中也具有重要的意义。每逢春节来临，那些在异乡学习、工作、生活的人们，总要千方百计、不辞辛苦地赶回家乡，与家人团聚，共叙亲情。春节如此重要，其习俗也丰富多彩。贴春联，吃团圆饭，放爆竹，拜年，舞龙灯……其中，守岁的习俗在除夕之夜最为盛行。大年三十是辞旧迎新的时刻，家人们常常通宵达旦地围坐在一起，谈笑玩乐，迎接新的一年的到来。

然而，在南北朝时期，人们除了守岁之外，还有一种乞如愿的习俗。他们把一个布做的小人，扔在灰土堆中，举着棍子痛打。一边打一边呼唤："如愿、如愿……"谁打得最卖力，谁在新的一年里就能事事如愿。

这个有趣的风俗起源于一个传说故事。南北朝时期，荆楚地区（今湖南湖北省）有位商人名叫欧明。他经常乘船到各地做买卖。每逢他的船经过彭泽湖时，他都要把随身带的一些果品糕饼、酒肉烟茶之类的食品扔进湖里，再烧上几柱香，算是给彭泽湖的湖神献祭求神保佑他平安。由于他每次路过，都恭恭敬敬地祭祀一番，使得彭泽湖的湖神青洪君大为感动。有一次，青洪君到了湖面上，他先是对欧明夸赞了一通，然后问他有什么愿望。欧明当即回答："但求如愿。"青洪君点头答应了，便命令手下的小神带上来一个婢女交给欧明，说："这就是如愿，她能帮你做到你想做的一切事情。"欧明一看，有些惊讶。他没想到自己随口回答的"如愿"竟是青洪君婢女的名字，心下也挺欢喜。他高高兴兴地把如愿领回家中。如愿这姑娘，又聪明又能干，凡是欧明吩咐她做的事情，她都完成得十分出色，欧明对她也很满意。有一年大年三十，如愿不知何故起床比平时晚了许多。欧明很不高兴，训斥了她几句，并按家法打了她几下。如愿觉得十分委屈，一气之下跑到后院的灰堆里不见了。欧明见如愿往灰堆里一钻就不见了，又懊恼又气愤。他举着手杖一边敲打灰堆一边呼唤："如愿、如愿……"

后来,这个离奇的神话故事,就成了一种风俗,表达了人们祈求万事如愿的美好愿望。盛唐时,除夕乞如愿的习俗最为盛行,到了现在,这种习俗渐渐失传,成为一个传说故事。

楚囚南冠

典出《左传·成公九年》:晋侯观于军府,见钟仪,问之曰:"南冠而絷者谁也?"有司曰:"郑人所献楚囚也。"

春秋时,郑国在晋的帮助下打败了楚国,俘获楚大夫钟仪。郑国将这个俘虏献给了晋国,但后来郑又附楚疏晋,晋楚之间发生了战争。

有一次,晋侯到军府视察,看见了钟仪。他问:"那个戴着南方人帽子的囚徒是什么人?"一个官吏回答说,此人叫钟仪,是郑国人献给晋国的楚国俘虏。想到郑国以往对晋亲近,如今又反目为仇,晋侯十分感叹。他下令将钟仪释放,并召见了他。

钟仪对晋侯的宽宏大量十分感激,两次向晋侯下拜行礼。晋侯问钟仪的身世,他说世代都是乐官。又问他是否会奏乐,钟仪说:"这是我家祖传的职业,我不敢做其它事,只会奏乐。"晋侯命人拿来了琴,让钟仪演奏。钟仪弹起了楚国的民间乐曲,其声伤感。晋侯问起他楚王的情况,钟仪不作正面回答,只推辞说:"君王的事,我怎么会知道呢?"

后来,晋侯将见到钟仪的事告诉了范文子,文子很感动地对晋侯说:"这个楚国人说起祖业来如此恭敬,不敢违背。让他奏乐,他奏的是本国音乐,不忘故国。君侯何不放了他,让他回去为晋楚友好出力呢?"

晋侯果然放了钟仪,并备了厚礼让他带回国,谋求两国的和平。

后人用"楚囚南冠"的典故形容困居他乡,怀恋故土;或指被囚禁的人。

崔莺莺送郎

典出《西厢记》。

崔莺莺是崔相国的独生女儿。崔相国死后,崔夫人和莺莺扶柩回籍安葬,途中羁留在河中府普救寺内。这时,书生张君瑞上朝应举,路过河中府,顺道瞻仰普救寺。张生和莺莺在寺内无意中会见,彼此十分倾慕。张生租得僧房半间,伺机与莺莺相互留情。

叛将孙飞虎，听说崔莺莺漂亮，带兵围困普救寺，要抢她为压寨夫人，扬言三天内如不把莺莺送出和他成亲，就要烧毁佛寺，杀尽寺里所有的人。全寺惊恐万状。崔夫人无计可施，亲口许愿谁能退却贼兵，就把莺莺配他为妻。张生挺身而出，写信给至交白马将军杜确。杜确派兵退走贼兵，解了普救寺之围。张生和莺莺十分高兴，不料崔夫人嫌贫爱富，突然变卦，想要赖婚。她设宴要莺莺向张生敬酒，以兄妹相称。莺莺不肯，掷怀以示反抗，张生因而致病。

崔莺莺怀念张生，让婢女红娘到僧房探病。张生以书简相托。莺莺回信，以诗相约："待月西厢下，迎风户半开；隔墙花影动，疑是玉人来。"张生夜间前来应约，莺莺却责怪他无礼。张生病况从此愈重，卧床不起。后来由红娘引线，带莺莺同去探病，莺莺即与张生结了百年之好。日久之后，崔夫人得知，拷问红娘。红娘讲出真情，并数责夫人言而无信的过错。崔夫人理屈辞穷，见生米已经煮成熟饭，只好应允张生和莺莺成为夫妻。但是，莺莺和张生的爱情道路并不平坦。崔夫人提出三世不招白衣女婿，张生必须应举中上状元才能成亲。张生被迫上朝应取，一对情人又作生离死别。就在一个幕秋的日子里，崔莺莺在十里长亭，安排筵席，愁送张生赴京，"悲欢聚散一杯酒，南北东西万里程"。

"崔莺莺送郎"，形容人间生离死别的伤感情绪。

洞房花烛

现在人们都称结婚的新房为洞房，在洞房中还要点燃红烛，称花烛。你知道这洞房花烛的风俗怎么来的吗？

相传秦始皇建造了阿房宫之后，在全国挑选美女，送到阿房宫，习歌学舞，供秦始皇一人享受。当时山西有一位民间绝色美女，已不知道她叫什么名字，因在家排行第三，所以大家都叫她三姑娘。三姑娘不仅长得美丽，而且性情刚烈。她被选中入宫后，不甘心被踩躏，更不愿成为贵族的玩物。于是，她在一个月黑风高的夜晚，冒着生命危险，从阿房宫后墙逃了出来，翻过骊山，向家乡奔去。

在华山那险峻的道路上，三姑娘与一位书生沈博相遇。由于秦始皇焚书坑儒的暴政，沈博十分痛恨秦始皇，他听了三姑娘的经历，十分同情她，也很钦佩他，两人一见钟情，就在华山的一座山洞里对天盟誓，结为夫妻。山洞里很黑，沈博捡了许多树枝，点起火来，在火光上，沈博才看清自己的妻子是个多么美丽的姑娘。拜天地时，没有香，他们就摘折了许多艳丽的花枝插在火堆前，先拜了天地，又拜了祖宗，成了一对恩爱的伴侣。

后来，人们为了表达对三姑娘勇敢抗争，追求爱情精神的崇敬，在通往华山

顶峰的路上修建起一座座庙宇。每座庙宇中都供奉着三姑娘的塑像，人们都称她为三圣母。唐代以后，一些文人根据这个民间传说，又创造出三圣母与书生刘颜昌的爱情故事，进一步歌颂三姑娘。

正是由于这个传说，人们就把结婚的新房叫做洞房，把喜庆的红烛叫做花烛。

范进中举

典出《儒林外史》第三回。

范进，原是比较老实、勤学苦读、受人欺侮的穷书生。自12岁应考，连续考了20余次，还是一个童生。最后一次应考，他实际年龄已经54岁，名册上写的却是30岁。考试那天，范进第一个交卷。主考官周进，也是苦读出身的，见范进面黄肌瘦，胡须花白，寒冬天气还穿件麻布大褂，冻得瑟瑟发抖，不由动了恻隐之心，便用意看他的试卷。可是连着两遍，还不解其意，直到看了三遍，才知"天地间最好的文章，真是一字一珠"。不等各卷汇齐，便取范进第一名。

范进中了秀才，还要去参加乡试，找丈人胡屠户借钱，却被骂得狗血喷头。胡屠户骂他："你中了相公，就癞蛤蟆想吃天鹅肉，趁早收了这母心！"范进只好向乡邻同案借了盘费，瞒着人去城里应试。回来时，家里已断粮三天。胡屠户知道后，又将他骂了一顿。

发榜那天，范进家里没米下锅，抱着母亲那只生蛋条鸡上集去卖。刚走不久，报喜的人来了。邻居飞奔到集上去找范进，只见他抱着母鸡，一步一踱地四下张望，在寻人买。邻居赶忙上前说："范相公，你中了举人，赶快回去！"范进以为是哄他，只装没听见，低着头直往前走。邻居见他不理，追上去要夺他的鸡。范进挣脱说："高邻，不要开玩笑，我要卖它买米救命啊！"邻居见范进不信，劈手把鸡夺了，掼在地上，拖着范进就往回跑。

范进回到家门口，见到报喜的和邻居们挤满一屋，他三步并作两步往屋里走。屋里已挂起报帖："捷报贵府老爷范讳进高中广东乡试第七名亚元京报连登黄甲"。范进每念一遍，就拍手笑道："噫！好了！我中了！"范进念着，笑着，突然一跤跌倒在地，牙关紧咬，不省人事。他母亲慌忙拿开水来灌救。灌弄了一阵，范进一骨碌爬起来，又拍手大笑道："噫！好了！我中了！"不由分说，往门外飞跑，边拍边笑。大伙都说这位新贵人喜疯了！

范进的母亲和妻子急得大哭。有人出主意说："范老爷因欢喜过度，痰迷心窍，只要他平日最惧怕的人打他一下，说你不曾中，他一吓，把痰吐出来，就明白了！"众人要胡屠户打他女婿。胡屠户为难地说："如今中了老爷便是天上的星宿,打不得的啊!"邻居见他此状,便挖苦他。催促他。胡屠户违拗不过,喝了酒,壮壮胆,拿出平日的凶恶样子,对着正在发疯的范进,大骂一声:"该死的畜生!你中了什么!"一巴掌过去,把范进打倒在地。众人一齐上前,替范进抹胸口,捶背心,忙了半晌,范进才渐渐喘过气来,睁开眼,不疯了。胡屠户连忙向女婿赔礼道歉,扶他回家。

范进中举之后,从此结交官绅变成一个虚伪庸俗的官吏。

"范进中举",比喻喜出望外,欢喜若狂。

何颜见江东父老

典出《史记·项羽本纪》。

秦末楚汉相争之时,楚霸王项羽被汉王刘邦的大军围困在垓下。夜里,他听到四面楚歌,知道大势已去,他心爱的美人虞姬也自杀了。天亮后,项羽带领着残部突围到了乌江。乌江亭长撑了一条船等在江边,他对项王说:"江东虽小,方圆也有千里,民众也有十万,还是足够在此称王,干一番事业。请大王赶紧上船渡江吧,江上只有我这一条船,即使汉军追到江边,也对你无可奈何了。"

项王不愿上船逃跑,他笑着对乌江亭长说:"老天要让我灭亡,我又何必渡江呢? 况且我曾与江东子弟八千人一同渡江西进,如今他们无一人生还。即使江东的父老兄弟可怜我,尊我为王,我又有何面目去见他们呢?"他对亭长说:"我知道你是好人,我骑的这匹马今年五岁,神骏非凡,所向无敌,曾经日行千里。我不忍让它落入敌手,又不忍杀死它,就把它送给你吧。"

于是,项王命令部下全部下马步行,与追上来的汉军短兵相接,展开了激烈的肉搏战。仅仅项王一人就杀死汉军数百人,他身上也有多处负伤。混战中,项王被汉军中一个过去的熟人认出,告诉了周围的人。项王说:"我知道刘邦用千金和土地悬赏拿到我头颅的人,我就让你得这个便宜吧。"说完,他便拔出剑来自刎而死。

后人用"何颜见江东父老"的典故形容深感惭愧,没脸见人。

狐死首丘

典出《淮南子·说林训》:鸟飞反乡,兔走归窟,狐死首丘,寒将翔水,各哀其

所生。

鸟飞要返回故乡,兔子跑出去要回到窝里,狐死的时候,头朝着洞穴,寒将(一种蝉,或一种水鸟)在水面飞翔,各自都很眷恋它生长的地方。

"狐死首丘"就是从这里来的。首:头,名词作动词,此处作头向着的意思。丘:狐洞穴所在的土丘。传说狐死时,它的头是向着洞穴的。人们用"狐死首丘"比喻不忘本;或比喻对故乡的思念。

黄雀衔环

典出《续齐谐记》:汉人杨宝年九岁,至华阴山,见一黄雀为鸱枭所搏坠地。宝取归,置巾箱中,饲以黄花。百余日,毛羽成,乃飞去。其夜有黄衣童子向宝曰:"吾西王母使者,蒙君拯救,实感仁恩。今赠白环四枚,今君子孙洁白,位登三公,一如此环。"

汉代有一个人叫杨宝。传说他九岁那年,一次从华阴山北面经过,看见一只猫头鹰追赶一只黄雀,黄雀被猫头鹰抓伤,掉在树下。

杨宝过去一看,可怜的黄雀伤痕累累,而且有大群的蚂蚁将它团团围住。黄雀动弹不得,十分痛苦。看见杨宝,它的眼睛里满是乞怜的神色。杨宝很同情黄雀,小心地用手将它捧起,带回了家中。

回到家后,杨宝将黄雀安置在一只小箱子里,每天精心地照料它,用洁净的清水和新鲜的黄花喂养它。慢慢的,黄雀身上的伤口痊愈了,吃的东西也一天天多了起来。

大约一百天以后,黄雀的伤完全好了,羽毛已重新长得丰满光滑,它终于又能在天上高高的飞翔了。但黄雀舍不得离开杨宝,它每日白天飞到外面玩耍觅食,晚上又飞回杨宝身边。几天之后,黄雀终于飞走了,再也没有回来。

一天夜里,杨宝读书到了三更时分。忽然,从门外走进一个穿黄衣服的童子,向他跪拜行礼。杨宝很惊奇地问他是谁,来干什么。童子再次下拜,毕恭毕敬地对他说:"我就是你救出的那只黄雀,本是西王母的使者。那天我奉王母之命出使蓬莱,途中不慎被猫头鹰伤害。若不是你以仁爱之心将我拯救,我早已死于非命。即使千言万语,也难以表达我对你的感激之情。"说完,他取出四个白色的玉环赠给杨宝,并对他说:"祝你的子孙如这玉环般洁白,位居三公。"说罢倏然不见。果然,后来杨宝的后代都做了大官。

后人用"黄雀衔环"或"白环报恩"等典故表示知恩图报。

家有敝帚，享之千金

典出汉·刘珍等《东观汉记·光武帝纪》：一旦放火纵兵，闻之可为酸鼻。家有敝帚，享之千金。

东汉初，汉光武帝派大将刘禹去攻打一个城池。那守将竭力防守，使刘禹军损失很大。包围、攻打了几个月，城里粮尽援绝，只好投降。刘禹一怒之下，不但杀了投降的官兵，而且纵兵屠城，把老百姓也杀光。汉光武帝知道了，大为震怒，写信谴责他道："这城已投降了，满城妇女孩子数万人，你却纵兵放火杀人。'家有敝帚，享之千金'，人家连一把破扫把也是十分珍惜的，你却这样不爱护我的子民的生命财产。当我听到这件事时，连眼泪都流下来了，你怎么这样残暴呢？"于是下令撤了刘禹的官职。

这谚语发展到后来，压缩为四字成语："敝帚自珍"。

后人用"家有敝帚，享之千金"的这个典故比喻自己的东西（或文章）虽然不好，却是非常爱惜它的。

结草报魏

典出《左传·宣公十五年》：颗见老人，结草以亢（抗）杜回。……魏夜梦此老人说："余，所嫁妇人之父也……余是以报。"

春秋时，晋国有一个大夫叫魏武子。他有一个小妾，很受宠爱，没有生过儿子。魏武子生了病，预感到自己活不长了，就交代了一些后事。在谈到这个爱妾时，他对儿子魏颗说："我死之后，你就让她改嫁"。魏颗自然满口答应。

后来，魏武子病势沉重。病危时，他又提起小妾，并对魏颗说："我死后，就让她为我殉葬。"

等到魏武子死后，魏颗并没有将那女子活埋殉葬，而是让她改嫁了。有人问他为何不按父亲临终遗言办时，他说："人在病重时神志不清，说话不应当算数，我应当遵从的，是父亲清醒时的嘱托。"

后来，魏颗与秦国的军队作战，遇上秦军著名将领杜回。在打得十分激烈的辅氏大战中，魏颗眼看抵挡不住，情势非常危急。这时，突然阵前出现了一位白发苍苍的老人，他抛出一条草编的绳子绊住杜回，使晋军将其生擒，魏颗获得了

战斗的胜利。

夜里，魏颗梦见了那位白发老人。他对魏颗说："将军是否记得，你曾将父亲的一个妾改嫁出门，救了她一条命。而我，就是那女子的父亲，因此特来报答你的恩德。"

后人用"结草报德"的典故形容人真心实意地感恩图报。也可写作"结草衔环"。

蓝桥遇仙

典出唐·裴刑《裴航传奇》。

唐穆宗长庆年间，有一秀才，名叫裴航。一次，他在船中偶然遇见一位仙人，别时，仙人赠裴航一首诗，诗上说："喝口美酒便产生好多感受，像白兔捣药后就可以见到云英姑娘，她像嫦娥一样的漂亮，居住处不在玉清宫而在蓝桥附近。"裴航看后，似懂非懂，也不在意。

后来他到了蓝桥附近，便觉口渴起来。环顾四周，见前面有三四间茅屋，就前去讨口水喝。茅屋前，有一老妇人正在绩麻。裴航一拱手，说道："在下有礼了，想讨口水喝。"老妇人未抬头，只向内喊道："云英，拿杯水来，公子要饮。"裴航突然想起了仙人赠他的诗，不觉有些惊奇。这时，从芦苇帘内伸出一只洁白如玉的葱嫩小手，递来一杯清香扑鼻的茶水。他接过水一饮而尽，心里想，里面的女子肯定漂亮，忍不住揭开芦苇帘向里看，只见一女子亭亭玉立，艳丽照人，美似天仙。裴航不禁一见钟情，当即向老妇人求婚，老妇人提出许多苛刻的条件，裴航都一一答应。

后来，裴航经过种种努力，终于完成了老妇人要求做的事。于是，老妇人带着裴航、云英一起进入山中，都成了仙人。

后人"蓝桥"喻指青年男女约会的地点，"云英"指意中人。

厉人生子

典出《庄子·天地》：厉之人，夜半生其子，遽取火而视之，汲汲然惟恐其似己也。

有一个害癞病的人，他妻子半夜里生下了一个儿子，急忙取火烛跑去仔细端详,惟恐儿子长得和自己一样!

这个寓言是庄子于行文中顺手引出的一个小故事,把厉人作为"一惑"的:"知其不可得也,而强之,又一惑也。故莫若释之而不推,不推其谁比忧?"就是说把它放开,不去推求,一切听其自然,不要像厉人那么汲汲然的样子,自然就没有谁相与为忧了。庄子的原意是说,厉人生子"恐其似己",是由于自知其厉,故生此惑;如若懵然不知,也就不会有惑有忧了。这种思想,叫人去知泯欲,显然是错误的。依常理而论,厉人害癞病,吃够了苦头,希望后代不要象自己那样痛苦地生活下去,这是一种善良的愿望。

梁园虽好,不是久恋之家

典出《水浒传》三一:这口鸟气,今日方才出得松膘。梁园虽好,不是久恋之家,只可撒开。

鲁智深这日走了五六十里,肚里又饥,路上没个打火处,蓦地看见一座破败寺院。四个金字都昏了,写着"瓦罐之寺"。寺内满地燕子粪,寻到厨房后一间小房,见几个老和尚坐地,一个个面黄肌瘦,道是:这寺被两个杀人放火的和尚、道士占住,和尚叫崔道成,绰号生铁佛,道士叫丘小乙,绰号飞天夜叉,只在方丈后角门内住。鲁智深大怒,赶去一脚踢开后门,只见一个胖和尚、一个道士、一个年幼妇人正喝酒,见鲁智深来得凶,生铁佛便挺朴刀来抢智深,两个斗了十四五合,那生铁佛抵挡不住,丘道人便从背后拿朴刀搠将来。鲁智深一来肚里无食,二来走了许多路程,三来当不住他两个生力,只得卖个破绽,拖了禅杖便走。两个赶出山门,赶过石桥,坐在栏杆上,再不追赶。

鲁智深走得远了,喘息方定,又是饥饿,走一步懒一步,前面一座大赤松林中,恰遇着相熟的好汉九纹龙史进。听说智深肚饥,史进道:"小弟有干肉烧饼在此,"便取出教智深吃了,各拿了器械,再回瓦罐寺来。那丘小乙、崔道成兀自在桥上坐地。智深愤怒,轮起禅杖奔过桥来;生铁佛生嗔,仗着朴刀杀下桥去。智深得了史进胆壮,吃得饱了有力,崔道成力怯,飞天夜叉便来协助。这边史进从树林子里跳将出来,四个人两对厮杀。智深得便处喝一声:"着!"只一禅杖把生铁佛打下桥去,史进一朴刀,道人倒在一边。两个进入寺中看时,那几个老和尚怕崔、丘两人杀他们,已上吊死了,那个掳来的妇人投井而死,满寺再没一个活人。便灶前缚几个火把四下点着,竟天价烧起来。二人道:"梁园虽好,不是久恋之家。"便自走了。

"梁园虽好,不是久恋之家"是说:汉朝时,梁孝王好客,他的花园非常美丽,客人们往往留连忘返,但总不能在梁园久居吧!《西游记》九十六回:"长安虽好,

17

不是久恋之家。"《金瓶梅》八十回:"扬州虽好,不是久恋之家",都是一个意思。

令人发指

典出《史记·刺客列传》:又前而为歌曰:"风萧萧兮易水寒,壮士一去兮不复还!"复羽声慷慨,士皆瞋目,发尽上指冠。

战国末期,秦国要统一全中国,采取了远交近攻的策略,一步一步地消灭其余六国。当秦国大兵开到燕国的西部边境易水河边的时候,燕太子丹非常紧张。于是,他找了一个叫荆轲的勇士,让他到秦国去刺杀秦王嬴政(即后来的秦始皇)。

太子丹假装把燕国督亢这个地方献给秦国,让荆轲去送地图,并把一把匕首藏在图卷里,好让荆轲见机行事,刺杀秦王。

这一切都准备好以后,荆轲带着一个随员前往秦国。太子丹和荆轲都明白,这次去秦国可能凶多吉少,说不定会送命。于是太子丹带了一批官员穿上白衣服,戴着白帽子,把荆轲送到易水河边。临别时,荆轲悲切地唱到:"风萧萧兮易水寒,壮士一去兮不复还。"送行的人们见荆轲唱得如此激昂、悲切,一个个都睁大眼睛,连头发都直竖了起来。

"令人发指"这句成语中的"令"是使的意思,"发指"就是头发直竖起来。后人用这个典故比喻愤怒到了极点。

六神不安

典出清代李宝嘉的《官场现形记》第二回:"这一天更不曾睡觉,替他弄这样弄那样,忙了个六神不安。"

《官场现形记》是清末李宝嘉著的一部长篇小说,共六十回。小说以遣责晚清官场的黑暗为主题,描写了当时官僚贪污勒索,迫害人民和投靠帝国主义的种种罪行,客观地反映了当时的一些社会矛盾,在思想上表现出改良主义倾向。在这部小说的第二回"钱典史同行说官趣,赵孝廉下第受奴欺"中讲到:有一个叫赵温的人中了举人,赵家设宴庆贺,一连忙了几天。派到县里的教官传下话来,让赵温即日赴省,填写亲供(秀才中举后,要在一定的期限里到学台官署去填写新供,写明年龄、籍贯、三代和身貌,并由所属的教官出具保证,证明属实)。赵温的爷爷看过皇历,选择了黄道吉日准备送孙子前往。临行的前一天,赵温的爷爷、爸爸,忙活了一天一夜,替赵温弄这弄那,忙了个六神不安。

六神,按道教的说法,人的心、肺、肝、肾、脾、胆各有神灵主宰,称为六神。后泛指精神。"六神不安"这句成语常用来形容心神不定。

目光如炬

典出《南史·檀道济传》:道济见收,愤怒气盛,目光如炬,俄尔间引饮一斛。

南北朝时,宋国有位大将叫檀道济,金乡(今山东济宁)人,是一位很有谋略的军事家,做到太尉(相当于宰相)。他随宋武帝伐秦国,随宋文帝伐魏国,屡建奇功,威名极重;不仅国内的老百姓尊崇他,敌国也对他十分敬畏。皇帝见他威信日高,便对他怀疑起来,后来藉故将他杀了。

当檀道济见到差官持了皇帝的命令来逮捕他时,愤怒气极,张大了眼睛,两道目光像火炬般射出来,一时气得说不出话来。半晌,命人拿出酒器,一下子喝了一斛(古量器,十斗为一斛,此处形容其多也),饮毕,便将头上束发的布带解下,掷在地上,大声道:"嘿,这是你自己毁灭你的万里长城!"

后人根据这个故事演绎出成语"目光如炬",形容非常愤怒,也用以比喻见识深远。

怒发冲冠

典出《史记·廉颇蔺相如列传》:相如视秦王无意偿赵城,乃前曰:"璧有瑕,请指示王。"王授璧,相如因持璧却立倚柱,怒发上冲冠。

一天,赵惠文王问蔺相如说:"秦王想用十五城交换我和氏璧,可以给他吗?"蔺相如说:"秦国强而赵国弱,不得不同意。"赵王说:"我给和氏璧,万一他不给我城,怎么办?"蔺相如说:"现在很难说,如他不给城,他就失礼;如果我们不给和氏璧,我们就失礼。比较这两种选择,倒不如同意而使秦国失礼。"

赵王听了蔺相如的建议,仍感到为难。他说:"这样,使者的任务就重了!谁可以担任呢?"蔺相如立即回答说:"如果的确没有人,我愿替大王前往。秦国的城池划入赵国,我就把和氏璧留在秦国;城未划入,我就把它完整地带回来。"

于是,蔺相如带着和氏璧出使西面的秦国。

中华典故

情感篇

到了秦国，秦王高坐章台，蔺相如奉璧献上。秦王非常高兴，自己把玩一阵之后，又递给身边的宫娥彩女观看，然后再递给臣下。众人都高兴得呼喊万岁。

这种极为傲慢的态度激怒了蔺相如，他知道秦王无意按约划城给赵国，就向前说："大王，璧上有一点儿黑斑，我想指给大王看看。"秦王把璧递给蔺相如，蔺相如紧握着璧退后，倚着柱子，愤怒得连头发都向上冲动了帽子，然后，举璧准备击碎。秦王怕击碎了玉，连忙缓和下来。后来蔺相如终于机智地用计把和氏璧带回了赵国。

后人用"怒发冲冠"形容人愤怒到了极点。

七情六欲

七情：按《礼记·礼运》的说法，指喜、怒、哀、惧、爱、恶（wù）、欲；按佛教的说法，指喜、怒、忧、惧、爱、憎、欲。

六欲：《吕氏春秋·贵生》中有"所谓全生者，六欲皆得其宜也"的说法，高诱注以为六欲是生、死、耳、目、口、鼻之欲；佛家则以色欲、形貌欲、威仪姿态欲、言语声音欲、细滑欲、人想欲为六欲。

后人用"七情六欲"泛指人的各种欲望。

千里送鹅毛

典出宋·欧阳修《梅圣俞寄银杏》：鹅毛赠千里，所重以其人。

唐朝时候，有个地方官得到一只天鹅，他派了手下一个叫缅伯高的人赶赴京城，将天鹅进贡给皇帝。

缅伯高在去京城的路途上，精心照料着那只天鹅。一日，他来到沔阳湖。经过连日赶路，人和天鹅都很困乏。见到碧波荡漾的湖水，缅伯高精神为之一振，天鹅更是扑着翅膀想冲入水中。缅伯高心想，何不在此休息一下，让天鹅在湖里洗洗澡，让它快活快活。

于是，他将天鹅放进湖水里，用手紧紧提住，让它在水里洗澡。谁知天鹅见了水，高兴极了，使劲地扇着双翅。缅伯高一不小心松了手，让天鹅挣脱开去，他急急地去追赶，天鹅却展开美丽的翅膀飞到了空中。缅伯高追了一阵，什么也没捞到，只拾到了天鹅身上掉下来的一根雪白的羽毛。

失掉了天鹅，吓坏了缅伯高。他不敢回去见他的上司，只好硬着头皮来到京城，向皇帝献上一根鹅毛。皇帝和满朝文武见他送上一根鹅毛，都感到很奇怪。缅伯高讲述了这事的经过，还顺口念了几句诗道："上复唐天子，可饶缅伯高？礼轻人意重，千里送鹅毛。"

皇帝听后，觉得其情可恕，诚心可嘉，就没有责备缅伯高。

后人用"千里送鹅毛"的典故形容礼物也许很轻微，送礼的人却怀着一片真诚，其中的情意是很值得珍重的。

千里姻缘一线牵

典出《红楼梦》五七：自古道："千里姻缘一线牵"。管姻缘的有一位月下老儿……暗里只用一根红丝，把这两个人的脚绊住。

《续玄怪录·定婚店》也讲了这么一个故事：有个很有钱的青年公子夜晚回家，看见一个白胡子老头在月光下看书，身边有个袋子，袋子里都是红线。他觉得奇怪，就问他："你怎么在月光下看书呢？"老头说："我很忙，时间不多，只能抓紧时间看。"公子问道："你看的是什么书？"老人说："这是一部姻缘簿，天下的人，谁和谁将结成夫妻，上面都登记了。"公子问："这袋子里的红线有什么用？"月下老人说："我根据簿子里的记载，暗地里用一根红线把男女双方的脚系住，这两个哪怕隔着海呢，终究会结成夫妻，再也跑不了。"公子又问："那么我的妻子是谁呢？"老人说："你的妻子现在还小，明天晚上在某街上有个女孩骑在老仆人背上的就是。"说完，突然不见了。公子第二天夜晚去到街上，果然看见一个老仆人，肩上骑着个女孩，鼻涕拖得老长，头发稀稀朗朗的，丑得很。他气不过，乘黑一刀刺在她眉心上，以为刺死了，乘乱逃跑了。之后，他的婚姻高不成、低不就，直到十五年后才和一个十八岁的姑娘结婚，定情之夜，细看这姑娘一头黑发，十分美丽，只是眉尖有个刀疤，略微破坏了她的美。问起来，说是十五年前，老仆人夜晚带她出去玩，被一个凶徒刺伤的。公子十分惊奇，才知道自己终究没有挣断月下老人系下的红线。

后人用"千里姻缘一线牵"的这个典故比喻男女婚配是命中注定的。

前度刘郎

典出南朝·宋·刘义庆《幽明录》：汉明帝永平五年，剡县刘晨、阮肇共入天

台山取谷皮，迷不得返。望山上有一桃树，遂采桃充饥。后遇二女子，姿质妙绝，见刘、阮，便呼其姓，如似有旧，乃相见忻喜，问："来何晚邪？"因邀还家。至暮，令各就一帐宿，女往就之，言声消婉，令人忘忧。二人半年还乡，子孙历七世。

唐代有一位著名的诗人叫刘禹锡。他于贞元九年考中进士，在京城做监察御史。由于朝廷内政治斗争的牵连，他被贬为郎州司马，直到十年后才奉召回京。当时正值春天，他去长安附近的玄都观游玩，见观里新栽了大片桃树，桃花盛开，灿烂如霞。联想到自他离京后上任的一批新贵权势逼人，他写了一首诗云："紫陌红尘拂面来，无人不道看花回。玄都观里桃千树，尽是刘郎去后栽。"诗中暗含讽刺朝政反复无常的喻意。

此诗传开后，受到权贵嫉恨，他又被贬为连州刺史，离开京城。14年后，他重被召入京师，看到朝廷中政局又有了改动，人事变迁。他再游玄都观，但见原来的桃树已一株无存。唯有燕麦和菜花在春风中摇晃。刘禹锡心中感慨，又写一首诗道："百亩庭中半是苔，桃花净尽菜花开。种桃道士归何处？前度刘郎今又来。"诗的后两句讽刺那些走马灯式来去更换的当权者，有一种"你们奈我何"的快意。于是他又遭到了权贵的猜忌，再次被贬到外地为官。

刘禹锡因为两首诗而屡遭贬斥，但他并未屈服，始终保持着一种狂傲不羁的人格。诗人白居易对他很佩服，认为他的诗锋芒毕露，无人能比。其实这也是对刘禹锡品格的赞美。

后人用"前度刘郎"的典故形容人去而复来；或用来追怀往事，抒发感伤之意。

秦西巴纵鹿

典出《说苑·贵德》：孟孙猎得鹿，使秦西巴持归。其母随而鸣，秦西巴不忍，纵而与之。孟孙怒而逐秦西巴。

居一年，召以为太子傅。左右曰："夫秦西巴有罪于君，今以为太子傅，何也？"

孟孙曰："夫以一鹿而不忍，又将能忍吾子乎？"

孟孙打猎获得了一只小鹿，派属下秦西巴带回去。母鹿跟随在车后面哀叫着，秦西巴于心不忍，就把小鹿放回给母鹿。孟孙知道后十分恼怒，便驱逐了秦西巴。

过了一年，孟孙又召他做太子的老师。左右的官员们问道："那个秦西巴对您是有罪的，现在又请他来做太子的老师，这是为什么呢？"

孟孙说："对于一只小鹿尚且不忍加害，又怎么能对我的儿子有残忍之心呢？"

这则故事最后归纳起来说："巧诈不如拙诚。乐羊以有功而见疑，秦西巴以有罪而益信，由仁与不仁也。"仁者，人也，尊重人，同情人，有人道主义的精神。这样的人，最终也会得到新生与同情；残忍狠毒的人，不会有好下场。这便是这故事所要说明的寓意。

青梅竹马

典出唐·李白《长干行》诗：郎骑竹马来，绕床弄青梅。同居长干里，两小无嫌猜。

唐朝的大诗人李白，所作的诗俊逸高畅，并且很富情感。有人曾说他的诗才，像天上的神仙，谪居人世间一般。他的作品中，有一首诗描述男女孩子彼此玩得很投机的情况，其中有二句道："郎骑竹马来，绕床弄青梅"。"青梅竹马"这句成语，就是从这两句诗中得来的。它的意思是说：小孩子们聚在一起，感情很好，很少发生过打架、争吵等事。

"青梅竹马"这句成语通常形容男女幼童天真无邪地在一起玩耍。

人琴俱亡

典出《晋书·王羲之列传》：未几，献之卒，徽之奔丧不哭，直上灵床坐，取献之琴弹之，久而不调，叹曰："呜乎子敬，人琴俱亡！"因顿绝。

王羲之和王献之是东晋时期著名的大书法家。王献之是王羲之的第七个儿子，献之有个哥哥名叫王徽之，两人性情相惟，感情很好。

王徽之生性傲慢，自恃有才，非常任性，做事情喜欢我行我素，对做官毫无兴趣。开始他在大司马桓温手下当参军。他整天蓬头垢面，不梳不理，官袍穿在身上连带子也不系，别人看见他这副模样，常常笑他。后来他给车骑将军桓冲当骑兵参军，仍旧是不闻不问，只管自己读书吟诗，寻找乐趣。一天，桓冲问他：

"你是管哪个差事的呀？"

"好像是管骑兵战马吧？"王徽之答道。

"那么你管多少马呀？"

"连马我还不知道呢，哪里知道马数？"

"马死了几匹？"

"未知生，焉知死？"

桓冲面对他这种如呆如痴的派头，只好叹口气走开。

有一次，王徽之听说有一户人家院里，种有好多竹子，便坐着车子去观竹。主人把院子打扫干净，摆上椅子请他坐，可他只顾看竹子，对院主人理也不理。别人对他的这种行为很不理解。

王徽之与弟弟王献之很要好，两人常在一块读书、作诗。王献之从小喜欢写字、画画，后来到朝廷做了中书令。

王徽之晚年弃官回到故乡，正赶上弟弟献之重病卧床。他很伤感，便求巫师说："听说人的寿命是有定数的，活人可以把寿命借给死人，我的才能不如弟弟，我愿意把自己的寿命给他，我替他去死，让弟弟再活几年吧！"

巫师说："不得啊，你的寿命也到了限数啦，没有给别人的了。"

没过几天，王献之病故。家人悲痛欲绝，可王徽之却不哭。他坐在灵床上，取下王献之的琴弹起来，但怎么也弹不上个调子。他长叹一口气，哀伤地说："呜呼，献之啊，人死了，琴也死啦……"说完，便昏绝过去。

由于过分悲痛，王徽之背上的疮痛溃裂不愈，一个月之后也病死了。

成语"人琴俱亡"就是由此而来的，后人用它形容见物思人、悼念死者。

如丧考妣

典出《尚书·舜曲》：帝乃殂落，百姓如丧考妣。《孟子·万章上》：二十有八载，帝乃殂落，百姓如丧考妣。

鲁国有个蒙丘，是孟子的学生。有一次，他去拜见孟子，问孟子道："俗话说：'道德最高的人，君主不能以他为臣，父亲不能以他为子。'舜便是这样的人。舜做了天子之后，尧率领诸侯向北面去朝见他，舜的父亲瞽瞍也向北去朝见他。舜看见瞽瞍来朝见，局促不安。孔子说："在这个时候，天下就危险得很啊！'不知道事实是否这样。"

孟子回答说："不是这样。尧活着的时候，舜不曾做天子，只是尧老年时叫舜代他执行过天子的职务。《尧典》上说：'二十八年之后，尧死了，老百姓像死了父母一样，服丧三年，各地都停止了娱乐活动。'孔子对此说过：'天上没有两个太阳，人间没有两个天子。'如果说舜在尧死之前就做了天子，这岂不是同时有两个天子吗！"

后人用"如丧考妣"表示好像死了父母一样的难过和伤心。

如坐针毡

典出《晋书·杜锡传》：舍人杜锡……性亮直忠烈，屡谏愍怀太子，言辞恳切，太子患之。后置针着锡常所坐处毡中，刺之流血。

晋朝时，有一姓杜名锡的人，他是杜预的儿子，从小受到良好的熏陶，年轻时就以学识渊博著称。先被长沙王请去做文学侍徒，经过几次升迁，最后被调去作太子舍人(官名，掌管宫中一切事务的官)，为愍怀太子服务。

愍怀太子是个不肯长进的人，行为乖张，做事不合情理。杜锡既日日在他身边工作，对太子这种作风很不同意，便常常向太子劝告，希望他能改进。杜锡的言词非常忠实恳切，但愍怀太子却觉得他多事，很不高兴，便派人悄悄地在杜锡平日坐的毡(毛织成的毡，可用来作地毯或坐褥)中插了许多针，杜锡不知此事，坐下时被刺得流出血来。过了几天，愍怀太子问杜锡说："前几天你作些什么呢？"

杜锡说："我喝醉了酒，什么事都不知道。"太子一定要问到底，还说："你喜欢责备人，为什么自己也做错事呢？"杜锡被问得狼狈不堪，哭笑不得。

后人便将这个故事引申为"如坐针毡"一句成语，用来形容穷苦到了极点，处处受人压迫，时时被人播弄，弄得坐卧不宁，啼笑皆非的这种情况。也形容坐卧不安的样子。

食肉寝皮

典出《左传·襄公二十一年》：然二子(齐将殖绰、郭最)者，譬于禽兽，臣(州绰)食其肉，而寝处其皮矣。

春秋时，鲁襄公十八年，晋国征伐齐国，晋国的州绰用箭射中了齐将殖绰，并俘获了殖绰和郭最。

过了三年，州绰因躲避祸难逃奔到齐国。齐庄公对他说，殖绰、郭最如何勇猛。州绰说："他们等于是野兽，早被射死，肉已被吃，皮已做成卧具，怎么能算勇猛？"

后人用"食肉寝皮"这个典故比喻仇恨极深。

25

拭目以待

典出《三国演义》第四十三回:先生今为刘备出谋划策,朝廷旧臣,山林隐士,无不拭目以待。

三国时代,曹操的军队占领襄阳后,又星夜兼程直逼江陵,这极大地威胁着江东的孙权和荆州的刘备。江东的孙权派鲁肃为使,前去说服刘备,同心一意,共破曹操。刘备见曹操势大,难以抵敌,也希望联合孙权,共同御敌。为此,刘备派诸葛亮随鲁肃到东吴共商对策。

一日,孙权召集张昭、顾雍等一班文武二十余人升堂议事,并请孔明出席。张昭一班人,因惧曹兵势大,力主投降,今见孔明前来出使,料定是来游说。鼓动孙权以抗曹操,因而首先出来诘难孔明。张昭口沫横飞地说:"先生自比管仲、乐毅,而管仲为桓公之相,治国有方,一匡天下,称霸于诸侯;乐毅扶持微弱的燕国,使之逐渐强大,一下使齐国的七十座城池降服,这两个人才真正是济世之才!先生今为刘备出谋划策,朝廷旧臣,山林隐士,无不拭目以待,希望复兴汉室,除灭曹操,然而今天曹兵一出,乃弃甲抛戈,望风而窜,上不能报刘备,下不能安庶民,管仲、乐毅难道是这样的吗?"孔明听了,哑然失笑,说道:"复兴汉室,绝非一日之功!一个患了重病的人,先要给他吃稀粥、服平和之药,等到腑脏调和,形体渐安,然后才能以肉食加以补养,以猛药加以治疗。我主刘备向日军败,兵不满千;新野小县,人少粮薄,这正如人染沉疴一样,得慢慢调治。就是在这样的情况下,仍然能博望烧屯,白河用水,使夏侯惇、曹仁等心惊胆裂,就是管仲、乐毅用兵,也不过如此吧!何况胜败乃兵家常事,过去高皇数败于项羽,而垓下一战成功,这不是韩信的良谋吗?"这一番言语,说得张昭无言回答。

后人用"拭目以待"(拭目:擦眼睛)形容期望十分殷切,也表示确信某件事的出现。

司马遇文君

典出《史记·司马相如列传》:相如与(卓文君)俱之临邛,尽卖其车骑,买一酒舍酤酒,而令文君当垆。相如身自著犊鼻裈(kūn),与保佣杂作,涤器于市中。

司马,指西汉著名的辞赋家司马相如,字长卿,蜀郡成都人。

司马相如家境贫寒，读书勤奋，好击剑，善操琴，很有才学。他同临邛（今四川邛崃）县令王吉相熟，王吉让他住在临邛城外的大驿站中，每天特意去访问他。当地富翁卓王孙，听说县令有这样一个贵客，想结识他，便设宴相邀。司马相如先是称病推托，后经王吉劝说才应邀赴宴。

卓王孙有个女儿，名叫卓文君，年轻丧夫，在家守寡。她很有才学，又爱好音乐，久慕司马相如的才学。这次司马来到她家赴宴奏琴，她在暗中偷看，深深被司马相如的翩翩风采和精绝的琴艺所倾倒。司马相如也早闻文君的才貌，这时发觉门首屏风后有个绝色佳人，便弹了一曲《凤求凰》，用琴志拨动对方的心弦。

文君听了，立刻明白了司马相如的情意。为了追求幸福的婚姻，她不顾父亲的竭力反对，毅然于当夜离家奔归司马相如，一同返回成都。她毫不计较司马相如家徒四壁，决心和他苦熬岁月。卓王孙痛恨女儿不成器，分文不愿接济。司马和文君婚后，便双双来到临邛，故意以卖酒为生。司马相如系着围裙，亲自洗碗洗碟，卓文君在炉子旁边为顾客温酒送菜，给卓王孙一个难堪。这就是历史上有名的"文君当垆"的故事。

卓王孙听说自己女儿在临邛当垆卖酒，觉得丢脸，出于无奈，只得分给文君一笔家产，打发他们离开临邛。

"司马遇文君"，比喻男女相爱，感情专注。

碎尸万段

典出《三国演义》第九十九回：汝乃山野村夫，侵吾大国境界，如何敢发此言！吾若捉着汝时，碎尸万段！

蜀汉建兴七年的夏天，孔明与司马懿在祁山作战。司马懿令郭淮、孙礼引兵五千去救武都、阳平，并抄在蜀兵之后，让其自乱。在行军路上，郭淮问孙礼："司马懿、孔明谁强？"孙礼回答说："孔明大大胜过司马懿！"郭淮接着说："诸葛亮虽高明，但司马懿这一计却有过人之智。蜀兵如果正在打武都、阳平，我们抄到他们后边，岂不是不打自乱了么？"二人正在谈论，忽然哨马来报：武都、阳平已被蜀兵占领。郭、孙得知，刚要退兵，蜀军已到，喊杀连天。二军交锋，魏兵大败，郭、孙二人弃马爬山逃脱。

郭、孙失败后，司马懿又唤张郃、戴陵各引精兵一万，趁孔明去安抚武都、阳平百姓不在营中之时去夺蜀寨。司马懿的打算早已在孔明预料之中，因而张、戴未战即被蜀兵包围。孔明在祁山上大喊：戴陵、张郃，你们二人乃无名小将，我不杀你们，赶快下马投降！张郃闻言大怒，指着孔明骂道："汝乃山野村夫，侵吾大国境界，如何敢发此言！吾若捉着汝时，碎尸万段！"说罢，纵马挺枪来战蜀兵。

由于孔明早有准备,结果张郃、戴陵战败而去。

司马懿连战皆败,半月不敢再战。孔明见司马懿不出战,思得一计,传令教各处都拔寨而回。魏军得知,张郃便要去追,司马懿却不同意。以后魏军多次出探,都说诸葛亮接连后撤,司马懿不相信,他亲自去看,果见蜀兵后撤。司马懿回营后对张郃说:此是孔明的计策,不可追赶。张郃说:"孔明用缓兵之计,渐退汉中,都督何故怀疑,不早退之? 张郃愿往决一战!"经张郃的一再请求,司马懿乃驱兵追赶,结果又中了孔明的计策,魏军大败。

后人用"碎尸万段"形容对仇敌最解恨的惩处。

踏青恋情

去年今日此门中,人面桃花相映红。人面不知何处去,桃花依旧笑春风。

这首脍炙人口的唐诗,是唐朝诗人崔护有一年清明踏青时写的。它叙述了一个令人惆怅而又美好动人的爱情故事。

在那桃吐丹霞,柳垂金线的清明时节,古代的青年男女们都要到郊外踏青,也就是春游。这种风气在唐朝最为盛行。男女青年踏青时,常常会发生一些爱情故事。崔护的故事便是其中一例。一年清明节,风流潇洒的青年侍郎崔护独自到长安郊外踏青赏春。面对花红柳绿的春景。崔护一路赞赏一路吟诗作赋,兴致勃勃。后来,走到一小村庄时,他觉得口渴异常,便来到一家小院,讨碗水喝。院子里种了株桃树,正开得花枝烂漫。小院门打开后,走出来一个年方十七八岁的姑娘。姑娘长得眉清目秀,身材窈窕,那张漂亮的脸在粉红的桃花的映衬下更加娇媚动人。崔护立时被她迷住了。姑娘把崔护请进院中,给他倒了一碗水,崔护一边喝水一边打量姑娘,姑娘也偷偷地看崔护。两人目光相遇,似有无限的情意。但是,古代的封建礼法很严,男女授受不亲,单独呆在一起被人看见了,要遭非议。崔护喝完水后,仍不愿离开,那姑娘也有恋恋不舍之意。后来,崔护觉得机会难得,便忍不住大胆地向姑娘表白了自己的爱慕之情,姑娘含羞地接受了。两人约定,第二年清明时再相见。

第二年清明,崔护忆起旧情,十分难忘,便匆匆赶到那户农家小院。当他到的时候,无奈,那姑娘已经不在了,小院门上上了一把锁。但那株桃花依旧开得花枝烂漫,四周的美景也一如往昔,只是人已去,院已空。崔护惆怅万分,闷闷不乐地回来了。回来后,他便写下了前面那首优美动人的诗篇。这首诗很快流传开来,"人面桃花"还成了一个文学典故。这个爱情故事,给多姿多彩的清明节,又凭添了一份异彩。

同仇敌忾

这句成语是由"同仇"和"敌忾（kài慨）"组合而成的。"同仇"典出《诗·秦风·无衣》：岂曰无衣？与子同袍。王于兴师，修我戈矛，与子同仇。意思是：谁说没有衣裳？和你同穿战袍。国家出兵打仗，快把武器修好，共同对付仇敌。

"敌忾"典出《左传·文公四年》：诸侯敌王所忾，而献其功。意思是：诸侯决心起来讨伐大王（指鲁文公）所痛恨的敌人，上下齐心，打败了敌人后，回来向大王献功。

后人用"同仇"和"敌忾"组合成"同仇敌忾"这句成语，形容怀着无比仇恨和愤怒共同对敌。

痛心疾首

典出《左传·成公十三年》：诸侯备闻此言，斯是用痛心疾首，昵就寡人。

春秋时，秦国和晋国互相以婚姻联系（秦穆公夫人是晋献公女儿。后世称联姻"秦晋之好"就源出于此），秦穆公又曾三次替晋国安定君位，晋公子重耳（晋文公）流亡国外，也因秦国相助，得以回国即王位。但由于两国国境相接，双方都要发展自己的势力范围，所以秦晋两国虽属亲戚关系，仍不免发生冲突。从秦穆公到秦桓公的三代中，秦晋二国争战不休。

晋历公即位后，又因边界发生纠纷，于是两国君王互相约在令狐（故址在今山西省猗氏县西）会面，大家订立盟约。可是秦桓公回国后，立刻又背叛了盟约，约楚国攻白狄（秦国边界的小国，是秦敌国，但与晋却是有姻亲之好），楚国答应了。可是秦国却派人对白狄说："晋国要攻打你们。"楚国也派人对晋国说，秦国背约和楚国修好，要对付晋国。白狄和楚国都洞穿秦国的用心，全恨秦国背信弃义。晋国派吕相去和秦国绝交，对秦国说："各国诸侯如今都知道秦国唯利是图，不守信用，所以大家都愿意和晋国亲近友好。现在晋国已和各国诸侯作好准备。如果秦国愿意订盟约，我晋国可以劝诸侯退兵，否则，我们与诸侯共同对付秦国"。

后人用"痛心疾首"比喻怨恨非常深，极端痛恨。

土偶与木偶

典出《战国策·齐策三》：淄上，有土偶人与桃梗相与语。

桃梗谓土偶人曰："子，西岸之土也，挺子以为人，至岁八月，降雨下，淄水至，则汝残矣。"

土偶曰："不然！吾西岸之土也，土则复西岸耳。今子东国之桃梗也，刻削子以为人，降雨下，淄水至，流子而去，则子漂漂者将何如耳？"

淄水岸上，有一个土偶和一个木偶在交谈。

木偶对泥偶说："您，是西岸的泥土，被揉和成人的模样，到了八月时节，大雨下来，淄水一涨，那您就毁坏了。"

土偶人说："不是这样！我是西岸的土，泡散了再回到西岸罢了。您是东方国土上的桃梗，被刻削成人的形状，大雨下来，淄水一涨，把您冲走，那您不知将要漂到何处去呢？"

后人用"土偶与木偶"比喻人们不应离弃自己赖于生存的故国本土。

兔死狐悲

典出《宋史·李全传》：宝庆三年二月，杨氏使人行成于夏全曰："将军非山东归附那？狐死兔泣，李氏灭，夏氏宁独存？愿将军垂盼。"

南宋时期，山东一带处于金兵控制之下，老百姓不堪忍受金兵的压迫，纷纷起兵抗金。杨安儿、李全等领导的几支红袄军，是规模较大的起义军队。

起义军队遭到金军的残酷镇压，杨安儿不幸牺牲。杨安儿的妹妹杨妙真（号称四娘子），率领起义部队转战各地，继续斗争。杨妙真善骑射，自称梨花枪天下无敌手。在红袄军中被称为"姑姑"。后来，杨妙真的起义军与李全的起义军在磨旗山（今山东莒县东南的马山）汇合一起，杨妙真与李全结为夫妻。公元1218年，他们投归宋朝，部队驻扎在楚州（今江苏省淮安县）一带，继续从事抗金斗争。公元1227年，他们被南下的金兵包围，战斗失败后投降金军。

公元1227年，宋朝派太尉夏全率领兵马攻打楚州，李全处境十分危急。杨妙真心想，夏全原先也是山东起义军的将领，可以对他做一番争取工作，于是派人对夏全说："夏将军不也是从山东率众归附宋朝的吗？可是现在，您却带兵攻打我们。狐狸和兔子都是同类，如果狐狸死了，那么兔子就会悲伤哭泣；如果把李全消灭了，难道唯独您能够生存下去吗？希望我们之间不要相互残杀。"夏全终于被说服了。

成语"兔死狐悲"即由此演变而来。意思是，兔子死了，狐狸感到悲伤。比喻因同类死亡而感到悲戚。用于贬义。

这句成语亦称"狐死兔悲"、"狐死兔泣"。

吴牛喘月

典出《世说新语·言语》：满奋畏风，在晋武帝坐，北窗作琉璃屏，实密似疏，奋有难色。帝笑之，奋答曰："臣犹吴牛，见月而喘。"

晋武帝（司马炎）时，有一个叫满奋的人，素来怕冷风，一到冬天，更视西北风如猛虎。有一次，他去见武帝，宫中朝北的窗子是用玻璃（用矿石为原料制成的物体，略透明，有色泽）作屏，这屏做得很密实，但看起来却似很疏松那样。满奋看了，不禁先打了个冷颤，口中虽不敢说，面色上却已作出很为难的样子。

武帝见到他这副尴尬的神气，不觉好笑。满奋不好意思地说："臣犹吴牛见月而喘。"

《世说新语》对"吴牛见月而喘"有如下的解释：在当时，水牛只生长在长江、淮河一带，故称为吴牛。在南方，天气很热，水牛是很怕热的。在晚上见到月亮便以为是太阳，很是害怕，立即气喘起来。所以有"见月气喘"的说法。

后人用"吴牛喘月"形容炎暑酷热，或比喻遇到类似的事物因疑心而胆怯、害怕。

伍子胥过昭关

典出《东周列国志》第七十二回。

春秋时代，楚国武将伍奢与太子建守城父（今河南宝丰县）。国君楚平王不明是非，宠用小人，听信谗言，要废掉太子建。楚平王先把伍奢、伍尚父子杀掉，然后派人到城父杀太子建。伍奢次子伍子胥（名员）得到凶信，连忙逃亡，想到吴国去借兵报仇。一天，他到了陈国的昭关（今安徽含山县西北）。陈国是楚国的属国，与吴国相毗邻，只有出了昭关，就能够到吴国去。那昭关坐落在两座大山

当中,有官兵把守着,并且早已挂了通缉伍子胥的画像公告。凡有出关的人,都得经过官兵仔细盘查。

伍子胥躲在隐士东皋公家里。东皋公说要找一位友人帮他过关。伍子胥担心不能逃出昭关,狐疑不决,夜间寝不能寐,卧而复起,绕室而走,直至东方发白。这时,东皋公叩门而入,见了伍子胥,大吃一惊,说:"足下须鬓为什么会变白?"伍子胥取过镜子一看,便抱头痛哭,说:"天啊!我的大仇未报,怎么双鬓斑白了!"东皋公劝慰他说:"足下不要过于忧虑。你须鬓变白,改了容貌,一时难于辨认,可以混过俗眼。"

过后,东皋公的友人皇甫讷打扮成伍子胥的模样,假装逃犯,慌里慌张地要过昭关,把守关官兵的注意力吸引过来。伍子胥乘机蒙混,逃出昭关。后来,伍子胥做了吴国的宰相,领兵打败了楚国。这时候,楚平王早已死了,伍子胥掘坟鞭尸,替父、兄报了仇。

"伍子胥过昭关",比喻人忧虑过度,使人显得苍老。

新亭对泣

典出《世说新语·言语》:过江诸人,每至美日,辄相邀新亭,籍卉饮宴。周侯中坐而叹曰:"风景不殊,正自有山河之异。"皆相视流泪。唯王丞相愀然变色曰:"当共戮力王室,克复神州,何至作楚囚相对。"

东晋大臣王导,字茂弘,琅玡(lángyá)临沂(今属山东)人。西晋末年,他向琅玡王司马睿献计把朝廷移往南方。司马睿称晋元帝后,王导任丞相。王导是个很有才干的人,深得元帝信任,他与堂兄王敦共掌兵权,镇守长江上游。当时人们说:"王家与司马,共同管天下。"

当时一位名士叫桓彝,刚从北方过江,他见东晋王朝势单薄,心中担忧。他对另一位颇受王导赏识的名士周顗(yǐ)说:"我就是看到中原一带战乱纷纷,难以自保,自以渡江南来。不料朝廷势力如此微弱,如何能保护我们呢?"后来,他去见了王导,畅谈了一番。回来后,他欣慰地对周顗说:"王导是个管仲那样的贤相,晋朝振兴有望,我不再忧愁了。"

建康城南有个新亭,一批跟随晋元帝渡江南下的士大夫们,每周闲暇之时,喜欢邀约着新亭聚会。有一次正在饮酒时,周顗怀念起北方,心中难受,就重重地叹息一声,然后说:"到处的风光都是如此美好,可是国家的江山却与过去不一样了。"在座的人听周顗一说,都唤起了对故土的思念,大家无可奈何地默默对视,不觉流下泪来。

大伙儿正在伤感,丞相王导一下子变了脸色,生气地说:"大家应当努力同心，辅佐朝廷，收复神州失地，为什么要学楚国囚徒那样哭哭啼啼的呢？"众人听了很惭愧，连忙擦干眼泪，感激丞相的开导。

后人用"新亭对泣"的典故比喻处境困难，含悲忍辱，束手无策；或形容怀念故国故土的哀伤情状。

一日夫妻，百日恩义

典出《聊斋志异·张鸿渐》。

张鸿渐是永平府的名士。知府赵某贪暴，有一次用刑打死了姓范的秀才。该府所有秀才大怨，由张鸿渐执笔向巡抚告状。谁知赵某用重金贿赂上级，赵某不但无罪，反而把告状的秀才都抓了起来。张鸿渐于是夜逃，到凤翔府时路费用光了，又迷了路，幸亏遇见一狐仙名施舜华，庇护了他，做了他的情人，一住三年，非常恩爱，一天，鸿渐对舜华说："我离家三年了，非常想念妻子，你是狐仙，千里路一刻可飞到，能不能带我回去看看她呢？"舜华不高兴地说："我和你这么要好，你却守着我心里想老婆，那么你对我的恩爱都是假的了！"鸿渐说："你怎么这样说呢？'一夜夫妻，百日恩义'嘛，以后我想念你，就和今日想念她一样，假如我得新忘旧，岂不是忘恩负义的人？"舜华笑道："那么我送你回去吧！"于是拿个竹枕头，两人跨着，叫张鸿渐闭上眼睛，只听耳边风声飕飕，不久落地。睁开眼睛，舜华已不见了，人已到家，翻墙进去，其妻惊起，问清是丈夫回来了，便挑灯挽手呜咽。恰有恶少年某甲，平时见张妻很美，心里想她。这次见张鸿渐翻墙进去，以为是张妻的野男人，于是也跳墙进来"捉奸"。等到看清是张鸿渐，就要挟道："张鸿渐是逃犯，竟敢回家？除非你和我好，不然我就去报案。"张鸿渐忿火中烧，拔刀直出，剁中甲颅，再砍杀了甲，第二天向官厅自首。官厅因张是在逃犯，现在又杀了人，立刻派两个差人押他上京城去，脚镣手铐，戒备森严。途中遇一女子骑马而来，原来是舜华，张鸿渐大声呼救，舜华以手指械，则手脚镣铐立落，引之上马，马行若飞，片刻已至山西太原，让张下马，说道："我们从此永别了。"掉头而去，从此再也见不着她了。张鸿渐在太原一躲十年，他儿子长大了，考上了进士，做官了，他才敢回家，一则事隔多年，二则官官相护，也就没有人敢追究往事了。

后人用"一日夫妻，百日恩义"的这个典故比喻应珍视夫妻深情。

一往情深

典出南朝·宋·刘义庆《世说新语·任诞》:桓子野每闻清歌,辄唤奈何,谢公闻之曰:"子野可谓一往有深情。"

东晋时,有一位名将叫桓伊,谯国县(今安徽宿县西南)人,字叔夏,小字子野(一作野王)。桓伊初任淮南太守,后迁都督豫州诸军事、西中郎将、豫州刺史。公元383年,秦苻坚南下,桓伊与谢玄、谢琰大破秦军于淝水,稳定了东晋的偏安局面。后迁都督江州荆州十郡、豫州四郡军事、江州刺史。他虽建有勋功,却从不居功自傲。

桓伊喜好音乐,善吹笛,当时称为"江左第一"。他也很喜欢听别人唱歌,每当听到优美的歌声,就情不自禁,激动不已,口中叫唤着:"怎么办啊!"当时的政治家谢安也喜爱音乐,他见桓伊对音乐如此倾心,说:"桓子野对音乐真是一往深情啊!"

后人将"一往有深情"简化成"一往情深"形容对人或事物倾注了深厚的感情,向往得不能克制。

怡情悦性

典出《红楼梦》第十七回:你们不知,我自幼于花鸟山水题咏上就平平的;如今上了年纪,且案牍劳烦,于这怡情悦性的文章更生疏了,便拟出来,也不免迂腐,反使花柳园亭因而减色,转没意思。

大观园修造成功之后,贾珍等来请贾政,要他去园中看看,如有不妥之处再行改造,并且好题匾额对联。贾政听了,沉思了一会儿说:"题匾额对联,论理该贵妃(指贾元春)赐题,然贵妃未亲观其景,也难悬拟。但若等贵妃游历之后再题,偌大景致,任是花柳山水,也断不能生色。"跟随贾政的众清客在旁笑着说:"现在可根据不同景致拟个灯匾对联挂了,待贵妃游历时最后定夺,岂不两全?"贾政听了道:"对,我们且去看看,该题的就题,如若不妥,还可请雨村再拟。"众人听了都笑着说:"老爷今日一拟定佳,何必又待雨村。"贾政笑了笑说:"你们不知,我自幼于花鸟山水题咏上就平平的;如今上了年纪,且案牍劳烦,于这怡情悦性的文章更生疏了,便拟出来,也不免迂腐,反使花柳园亭因而减色,转没意思。"众清客道，这没有什么关系。我们看了大家都拟，拟得好的就采用。贾政说："这话说得好，就这么办。今天天气和暖，大家去逛逛。"

后人用"怡情悦性"表示使心情舒畅悦乐。

以眼还眼，以牙还牙

典出《旧约全书》：人无论犯下什么罪行，做了什么恶事，处理他的时候都不可以凭一个人的口供作证。至少要有两个、三个人做见证，才可以判定他的案子。假若有凶恶的人出来作证，一口咬定某人做了坏事，另外两个作证人就要站在审判官面前，细细地作出证明。如果发现作假证的，以假证陷害弟兄，你们就应该将他除掉，像他加害别人那样，让他恶有恶报。这样就把恶行从你们中间除掉了。如此一来别人听说了这件事，也就要害怕，而不敢再在你们中间做这样的坏事了。对待恶人不能姑息、迁就，要以命偿命，以眼还眼，以牙还牙，以手还手，以脚还脚。

"以眼还眼，以牙还牙"意思是说，对待恶人要用瞪眼回击瞪眼，用牙齿咬对付牙齿咬。后来被现代汉语吸收为成语，用它比喻对方以什么样的手段对待我，我就以什么样的手段对付他。

倚门而望

典出《战国策·齐策六》：王孙贾年十五，事闵王。王出走，失王之处。其母曰："汝朝出而晚来，则吾倚门而望；汝暮出而不还，则吾倚闾而望。"

齐国有个人名叫王孙贾，15岁作了齐闵王的侍从。有一次齐国与燕国作战，吃了败仗，齐王出奔于莒。但是王孙贾却不知道齐王到哪里去了。他母亲责备他没有像父母关心儿子那样去关心齐王，并以自己关心儿子的心情、行为来教育王孙贾说："你早晨出去，晚上回来，我都靠在家门边来望你；你晚上出去许久不见回来，我就靠在里门口来望你。"王孙贾的母亲还进而斥责他说："你是齐王的侍从，齐王到哪里去了你都不知道，你为什么还要回家来？"王孙贾听了母亲的教训，马上去找。他到了市中，打听到淖齿作乱把齐王杀了，于是就对市上的人说："齐王被淖齿杀了，我一定要诛杀淖齿。愿意同我一道去诛杀淖齿的，请把右臂袒露出来。"当时市上的人跟随王孙贾去诛杀淖齿的，竟有四百多人。他们和

王孙贾一道去把淖齿杀了，为齐王报了仇。

后人用"倚门而望"或"倚闾而望"来形容父母盼望子女归来的殷切心情。

忧心忡忡

典出《诗经·召南·草虫》：未见君字，忧心忡忡。

《草虫》是《诗经》里的一篇诗歌的名子，这首诗，可能是周代的一首民谣。《诗序》说："《草虫》，大夫妻能以礼自防也。"但《诗经·召南》上的这首《草虫》并未有此意，只是写了一个女子对丈夫（"君子"）的怀念和相见时的喜悦。诗中写道：没有见到君子，心中忧虑不安。

后人用"忧心忡忡"形容心事重重，不能安静。

忧心如焚

典出《诗经·小雅·节南山》：赫赫师尹，民具尔瞻，忧心如惔(tán，焚烧)。

周幽王，是西周的最后一位国王，公元前781—前771年在位。他是在我国历史上的一位有名的昏君。在位期间，任用尹氏（师尹）等人执政，政治混乱，势甚危殆。再加上当时严重的地震和旱灾，人民大众流离失所，国家日趋衰败。面对这种情况，家父（亦作嘉甫或嘉父，周大夫，据《春秋》说，他为桓王时人，上距幽王之死已六十余年，这位家父可能是幽王时的一位同字之人）十分忧虑，便写了《节南山》一诗刺幽王。诗中，家父用讽刺的笔法揭露了尹氏的罪行，希望周幽王明察，以延续周室的统治。诗中写道：煊赫显贵的太师尹氏，人民都瞪着眼睛瞧着你，忧愁的心里像烈火在燃烧……"周幽王对大臣们的劝谏根本听不进去，照样重用这些人，加重对人民的剥削。后来，又因宠爱褒姒，废掉申后和太子宜白。申侯联合犬戎等攻周，周幽王被杀于骊山下，西周遂告灭亡。

"忧心如焚"即愁得心里像火烧。人们常用这句成语形容内心焦虑不安。

泽神委蛇

典出《风俗通·世间多有见怪惊怖以自远者》：齐公出于泽，见衣紫衣，大如毂，长如辕，拱手而立。还归寝疾，数日不出。有皇士者见公语，惊曰："物恶能伤公？公自伤也。此所谓泽神委蛇者也，唯霸王乃得见之。"于是桓公欣然笑，不终日而病愈。

齐桓公外出，路过一片大泽，看见一个身穿紫色衣服、粗如车毂、长如车辕的怪物拱手而立，受了惊吓，回宫后就病倒在床，好几个月不能外出。

齐国人皇士见到桓公，听他叙述后惊喜地说："怪物那能伤害您呢？是您自己惊吓自己了。这是泽神——委蛇，只有称霸诸侯的人才能见到啊！"

于是齐桓公高兴地笑起来，当天病就好了。

后人用"泽神委蛇"的这个典故说明，齐桓公病得快，好得也快，都是心理作用。后来人们用此典故比喻心理作用的力量。

昭君出塞

和亲是中国封建统治者与周围少数民族缓和矛盾，促进民族经济文化交流的重要手段之一。最早的和亲是汉高祖刘邦以宗室女嫁给匈奴单于。和亲次数多的是汉朝与唐朝。

汉朝最著名的和亲是汉元帝把王嫱按公主的礼节嫁给匈奴呼韩邪单于。王嫱本名昭君，入宫后改名嫱，她出身于小康人家，知书达理。在后宫，她只是个宫女，但却很识大体，听说要在宫女中选人去匈奴和亲，她主动要求去，得到了元帝的同意。元帝特别命人请了匈奴妇女来给王昭君讲匈奴的风俗习惯、妇女的礼节，还教她匈奴话；还找来许多乐工，教她琵琶、胡琴等。昭君天生聪颖，很快就学会了。

一切都准备就绪之后，呼韩邪单于亲自到长安迎娶。新郎新娘以父礼拜见汉元帝，得到许多赏赐。新婚之后，夫妻离开长安，文武百官代替皇帝送出十里长亭。在向匈奴进发的路上王昭君写了一首琵琶曲《昭君怨》，诉说自己离开中原，永别父母的忧伤。

王昭君远嫁匈奴，带去了许多先进的生产工具、良种、医药和大量的中国书

籍,使匈奴地区的农业生产有了进一步的发展,文化进一步汉化,促进了匈奴的社会发展。

呼韩邪单于很仰慕汉族文化,很尊重昭君,夫妻两人感情很融洽。呼韩邪单于死后,根据匈奴习俗,昭君又嫁给了新立的单于。昭君连续做了两代单于之妻,在匈奴极富人望。她死后,匈奴人根据她的遗嘱,在归化(今呼和浩特)一块向阳的风水宝地,坐北朝南地为她修了座坟。沙漠地区干旱寒冷,大多数地方只在夏季很短的一段时间才长青草。但昭君墓得天独厚,一年中大部分时间翠草葱茏,因此人们称昭君墓为"青冢"。

中流击楫

典出《晋书·祖逖传》:仍将本流徙部曲百余家渡江,中流击楫而誓曰:"祖逖不能清中原而复济者,有如大江!"辞色壮烈,众皆慨叹。

东晋时候的祖逖,是一位仗义豪侠、忧国忧民的志士。他看到国家失去了北部大面积的地盘,非常痛心。他决心为国家收复失地,重振国威。

晋元帝司马睿在建康定都的时候,祖逖在京口召集了一些勇士,准备北上抗击外族的侵略。他上书晋元帝说:

"晋朝所以遭到侵略,是由于藩王争权,自相诛灭,才给敌人造成机会。今天百姓在外族的欺压之下,都有奋击之志、报国之心。您如果能够发威命将,让我做统主,则各方豪杰都会投奔而来,敌兵去除,国耻可雪……"

皇帝答应了祖逖的请求,命他为奋威将军、豫州刺史,拨给他一千人的给养、三千匹布,让他自己去招募兵卒、制造兵器。

祖逖准备停当,带领部民一百多家,渡江北上。船离开南岸,渐渐划到大江中流,大家回望南土,心中都很激动。祖逖望着江心的浪花,手敲着船桨,向众人发誓说:

"我祖逖如果不能肃清中原的贼寇,收复失地,就如江水一样,一去不回!"

"对,我们都跟着你,不打败敌人决不回家!"船上的勇士们都鼓足了勇气,发誓报效国家。

祖逖过江之后,先造兵器,后招兵马,成千成万的人闻讯而来,很快就组成了一支强大的军队。

祖逖勇敢善战,很会用兵,加上他对待部下、士卒体贴入微、关怀备至,士卒都愿意为他出生入死、舍命战斗。他接连打了几个胜仗,收复不少城池,不久黄河以南又成为晋朝疆土。祖逖对待有功的军士当天就奖赏;对待投降的敌军将士以礼相待;鼓励百姓植桑种地,自己也叫家人、子弟种地务农,上山砍柴;对战死的士卒收尸埋骨,亲自祭奠。他的这些作法深得老百姓拥护。老百姓自发地为祖逖举行庆功大会,称他为"重生父母"。有人编出民谣赞颂他:

"幸战遗黎免俘虏,

三辰既郎遇慈父。

玄酒忘劳甘瓠脯,

何以咏恩歌且舞。"

晋元帝听说祖逖屡建功绩,也很高兴,封他为镇西将军。

成语"中流击楫"就是由此而来,后人用它形容忧国忧民的慷慨之情。

种花一年,看花十日

典出《醒世恒言·灌园叟晚逢仙女》。

宋朝仁宗年间,平江府长乐村有个种花老头名叫秋先,他爱花入了魔,遇见好花,脱了衣服典当了也买回。日积月累,家里成了个花园,那花园遇花开时,烂如锦屏,一花未谢一花又开。他早晚灌水、施肥、拾掇,晚上坐于花下饮酒歌啸,自半含至盛开,未尝暂离。他花谢则葬花,花被泥污则浴花。他平生最恨的是攀枝摘朵,以为离枝去干,如人遭横祸,因此,轻易不让闲人进园。

城中有个官家子弟叫张委,是仗势欺压良善、奸狡刻薄的人。这日带了如狼奴仆、助恶无赖从秋先门口过,恰值牡丹盛开时节,园中姚黄魏紫,光华夺目,张委等强闯入园,又攀又摘,把秋先急得叫屈连天,舍命阻拦。张委多喝了几杯酒儿,被秋先一头撞去,翻跟斗跌倒,心中转恼,率众把牡丹打得只蕊不留,扬长去了。只气得秋先抢地呼天,满地乱滚。众邻居扶起秋先,劝慰一番,议论道:"自古道'种花一年,看花十日',这几朵花不知费了多少辛苦,难怪他爱惜。"

那秋先饭也不吃,哭了又哭,竟感动得花仙下凡,令落花上枝。起初每本一色,如今一本五色俱全,比先前更觉鲜妍。话儿传开去,满村男女皆至,都道神仙下凡。张委听了不信,率众前来一看,原来真有此事,心下艳羡,便存了独占此园念头,竟设下毒计,径到平江府衙首告秋先妖术惑众,图谋不轨。大尹听信,一索把秋先拘来,投入狱中。

那张委不胜欢喜,到秋先园中饮宴,却见园中牡丹又一朵不存。正奇怪间,忽一阵大风,把地上花朵吹得都直竖起来,眨眼间俱变成尺许女子举袖扑来,将张委吹入粪窖淹死了。

平江府大尹访知秋先冤屈,遂放了秋先。秋先自此日饵百花,谢绝烟火食物,数年之后,被天帝封为护花使者,拔宅飞升,成仙而去。

后人用"种花一年,看花十日"的这个典故比喻劳动成果得来不易,劝人爱

惜。亦有青春短暂,宜善自珍惜之意。

惴惴不安

典出《诗经·秦风·黄鸟》:临其穴,惴惴其栗。

公元前621年,春秋五霸之一秦穆公死了,决定让一百多个活人殉葬,其中包括秦国大臣子车氏家族的奄息、仲行、针虎。这三个人都对国家作出过贡献,是受百姓尊敬的良臣。对他们的不幸遭遇,秦国人民深表同情和痛惜,对他们三个人中的每一个,人们都愿意用一百个人的生命去赎取。为了表示对这三个良臣的惋惜,对暴君的憎恨,秦人作了《黄鸟》这首挽歌。这首歌的大意如下:

黄雀叫叽叽,
在酸枣树上歇息。
谁跟穆公去了?
子车家的奄息。
说起这位奄息,
一人能与百人匹敌。
走近了墓穴,
忍不住浑身战栗。
苍天哪苍天!
为什么让好人统统死去?
如果允许赎他的命,
我们愿意以百换一。
黄雀叫叽叽,
飞来桑树上歇息。
谁跟穆公去了?
子车家的仲行。
说起这位仲行,
百人莫敌。
走近了墓穴,
忍不住浑身战栗。
苍天哪苍天!
为什么让好人统统死去?
如果允许赎他的命,
我们愿意以百换一。

黄雀叫叽叽，

飞到牡荆树上歇息。

谁跟穆公去了？

子车家的针虎。

说起这位针虎，

以一当百不含糊。

走近了墓穴，

忍不住浑身战栗。

苍天哪苍天！

为什么让好人统统死去？

如果允许赎他的命，

我们愿意以百换一。

成语"惴惴不安"即由此变化而来。形容因为害怕或担心而不安定的样子。惴惴：恐惧、担忧的样子。

姊姊和兄弟

典出《史记·刺客列传》：韩相侠累方坐府上，持兵戟而卫侍者甚众。聂政直入，上阶刺杀侠累，左右大乱。聂政大呼，所击杀者数十人，因自皮面决眼，自屠出肠，遂以死。韩取聂政尸暴于市，购问莫知谁子。……政姊荣闻人有刺杀韩相者，贼不得，国不知其名姓，暴其尸而县之千金，乃于邑曰："其是吾弟与？……"如韩，之市，而死者果政也，伏尸哭极哀，曰："是轵深井里所谓聂政者也。……今乃以妾尚在之故，重自刑以绝从，妾其奈何畏殁身之诛，终灭贤弟之名！"大惊韩市人。乃大呼天者三，卒于邑悲而死政之旁。"

春秋战国，相国的地位很重要，各国都尽量争取有本领的人来当相国。吴起也想做相国。可是，他有个手下，为了打断他的念头，向他报告了一件轰动一时的凶杀案。那个被害的就是韩国一人之下万人之上的相国。

公元前397年（周威烈王的儿子周安王五年），有一天，韩国的相国侠累正在大厅上办理公事的时候，大门外突然跑进一个人来。他说："有要紧的事报告相国。"卫兵一见那个人莽莽撞撞地跑进来，就过去挡他。哪知道这几个卫兵被他一推，就都一溜歪斜地躺下了。他推倒了卫兵，飞也似地跑到大厅上，掏出匕首来朝着侠累就刺，一下子刺穿了胸口。当时就大乱起来，大伙都嚷着说："有贼！

41

有贼!"马上关上大门,卫兵全拥了过去。那个刺客拿着匕首,就在自己的脸上横一刀、竖一刀地划着,又用手指头挖出自己的眼珠子,然后切开肚子把肠子都拉出来。大伙儿一瞧,都楞了。那个刺客划破了脸,挖出了眼珠子,又切开肚子,却还没死。最后,便在脖子上抹了一刀,才躺下了。

早就有人禀报了韩烈侯。韩烈侯就问:"刺客是谁?"谁知道呢?他叫大伙儿去瞧瞧。大伙儿都说:"那个刺客已经瞧不出来模样了。谁还认得出来?"这个案子倒叫人纳闷。韩烈侯一定要查办那个主使的人和刺客的家属,好给相国报仇。可是刺客的面目都认不出来,上哪儿去打听他的姓名和来历呢?连行刺的人都查不出来,更别想去查办主使的人了。韩烈侯就叫人把刺客的尸首放在街上,给来往的人辨认。又出了一道悬赏令,说:"谁要是认得刺客,能说出他的姓名来历的,赏黄金一千两。"有的人想发横财,都来认一认。可是,那尸首的面目已经划得乱七糟不像样了,两只眼睛都没了。一连放了好几天,看的人不知道有多少,可就是没有一个能认得出来。

这桩没名、没姓、没来历的凶杀案不但轰动了整个韩国,附近的国家也都传遍了。魏国轵邑(在河南省济源县)深井里地方有个女子叫聂荌。她一听见这个消息,就哭起来了。她对她丈夫说:"哎呀,刺死侠累的一定是我兄弟!兄弟,你死得好惨啊!"聂荌的丈夫说:"你怎么知道是他?"她说:"我兄弟有个恩人,叫严仲子。他老帮我们家的忙。我嫁给你的时候,嫁妆都是他帮忙办的。我娘死了,丧事也是他帮的忙。我不是早就跟你说过吗?你怎么这么个记性啊!"他想了想,说:"哦!我想起来了。我光知道严仲子跟韩国的相国有点私仇,那也不过是争权夺利罢了。做大官的谁没有私仇呢?为了别人的私仇白白地牺牲了自己的生命,我看你兄弟不会那么傻的。"聂荌瞪着眼睛说:"你可别这么说。严仲子是有仇报仇,我兄弟是有恩报恩。恩怨分明,也是大丈夫啊。"

原来严仲子和侠累一起在韩国做官,两个人有仇恨。有一天,严仲子说侠累不好,侠累把严仲子骂了一顿。严仲子就拔出宝剑去刺侠累。幸亏旁边的人将两人拉开了,总算没出事。严仲子怕遭到相国的毒手,就离开韩国,到各处去找刺客,一心想杀死侠累。

严仲子到了齐国,遇见一个宰牛的,长得挺魁梧,又有力气。听他的口音,不像是齐国人。严仲子跟他一谈,才知道他是魏国人。这个魏国人曾经推荐一个朋友给他的主人。那位朋友挺能奉承主人,不到一年工夫,就当了管家,反倒把这位推荐他的人轰出去。他在气头上把那个管家杀了。当时就带着他的母亲和姐姐逃到齐国,给人家宰牛,勉强度日。严仲子一听他的来历和他的遭遇,就把自己的心事告诉了他。两个人便成了好朋友。严仲子的家里是挺富裕的,他送了这位新朋友几千两黄金,还帮着这位朋友奉养他母亲,又预备了一份挺体面的嫁妆把他姐姐嫁出去。过了一年,那位拜把兄弟的母亲死了,严仲子又帮助他办丧事。严仲子在这个宰牛的人身上花了这么多钱,就是要买动他的心好替他自己报仇。

"我的母亲安葬了之后，"聂嫈接着说："我就知道兄弟一定要替严仲子报仇了！"她的丈夫说："为什么？"她说："因为我兄弟当初没答应他去刺死侠累，只因为扔不下母亲。如今母亲死了，他哪还能不去呢？我料定韩国街上放着的尸首一定是我兄弟。"他丈夫说："他就这么没名没姓地死去，也未免太冤枉了。"聂嫈说："说得是啊！我打算到韩国去，看看到底是不是。"

聂嫈是个急性子，说走就走。她到了韩国，那个没有眼睛的尸首，已经在街上放了八天了。她一见这尸首，就趴在上头嚎啕大哭起来。看尸首的士兵问她："他是你什么人？"她说："他是我兄弟，我是他姐姐。我叫聂嫈，我兄弟是轵邑地方的一个侠客。他刺死了这里的相国，唯恐连累我，所以毁了面目，打算就这么没名没姓地死去。可是我哪能那么贪生怕死，让他的名声被埋没啊？"那些看尸首的人说："你兄弟叫什么名字？主使他的人是谁？你好好说出来，我们替你去请求主公，饶你不死。"聂嫈说："我要是怕死，就不会来了。我来认尸，为的就是要传扬他的名字。他的事他知道，我不能替他说。""那么，你的兄弟到底叫什么名啊？"她说："他是侠客聂政！"说完，就在石头柱子上撞死了。他们把这事报告了韩烈侯，韩烈侯叹息着说："聂政哪是侠客啊！他只不过是被人收买的一个暴徒罢了。聂嫈倒有点侠义气。"他就叫人把姐弟俩的尸首埋了。

这个故事看来：聂政固然是忠心耿耿地为收买他的人效劳，而且不肯连累主使的人，其心可嘉，但同时他的死又是没有意义的为别人卖命而死。他的姐姐聂嫈倒是敢做敢当的人。

形　貌　篇

抱头鼠窜

典出《汉书·蒯通传》：始常山王(张耳)、成安君(陈余)故相与为刎颈之交，及争张黡、陈释之事，"常山王(张耳)奉(捧)头鼠窜，以归汉王(刘邦)。"

楚汉相争时，曾跟随项羽的韩信看到项羽有勇无谋，又不善于用人，便投归了刘邦。在萧何的极力推荐下，刘邦重用了韩信。在刘邦和项羽于荥阳、成皋间对峙时，韩信率军抄了项羽的后路，破赵取齐，占据了黄河下游之地。后被刘邦封为齐王。

这时，有一个叫蒯通(蒯通本名叫蒯彻，因和汉武帝刘彻重了个"彻"字，所以后人追书为蒯通)的人来见韩信。他对韩信说："楚汉相争已经几年了，可仍然这么僵持着，他们之间究竟谁胜谁败，大王有举足轻重的作用。你不如谁也不帮，谁也不靠，以齐地为根据地，和他们三分天下，然后再图谋统一全国。"韩信听罢，说："汉王待我这么好，我怎么能忍心背叛他呢？"蒯通说："当初常山王张耳和陈余是割了脑袋都不变心的好朋友，可是张耳在被迫无奈的情况下，抱头鼠窜，归了汉王，并借汉王之兵消灭了陈余。现在大王和汉王的交情不见得比张耳和陈余的交情深。古人说得好：'飞鸟尽，良弓藏；狡兔死，走狗烹'。大王的功劳太大，汉王没法赏您；大王的威名只能叫汉王害怕。我真替大王担心啊！"虽经蒯通反复劝说，韩信始不肯背叛汉王。

后来，刘邦消灭了项羽，平定了天下。但韩信却以谋反罪被吕后诛杀。临死前，韩信感叹地说："我悔不该当初不听蒯通的劝告，以致死在妇人小子之手。"

"抱头鼠窜"这句成语原来是形容常山王张耳窘迫逃亡，如老鼠逃窜的情形。后人用这个典故比喻敌人逃跑时的狼狈相。

暴跳如雷

典出《孔雀东南飞》：我有亲父兄，性情暴如雷，恐不任我意，逆以煎我怀。

刘兰芝十七岁那年嫁给焦仲卿为妻。她到焦家上侍公婆，下抚弟妹，殷勤周到。可恨她婆婆性情很古怪，苛刻凶狠。她规定刘兰芝每天除做家务事外，还要织绢五匹。刘兰芝起早摸黑、累死累活地做完了这一切，她婆婆还不满意，硬要把她赶回娘家去。刘兰芝与焦仲卿感情深厚，不忍分离。焦仲卿向他母亲跪拜求情，要求留下兰芝，但焦母十分专横，非要焦仲卿休弃刘兰芝另娶不可。

在焦母的威逼下，焦仲卿不得已，只好对刘兰芝说："我本来舍不得您，但母亲威逼太甚，我实在无法，只得望您回家暂避一下，过些日子我再来接您。"

两人含泪相叙，难舍难分。临别之时，夫妻俩都坚决表示：男不再婚，女不再嫁，彼此从一而终。可兰芝想：回家之后，母亲面前倒还好说，哥哥那关就难过了，因此她对焦仲卿说："我有亲父兄，性情暴如雷，恐不任我意，逆以煎我怀。"（意思是：我哥哥性情暴躁蛮横，回家之后，恐怕由不得我，很可能不能使我如愿。）

事情果如刘兰芝所料：回家之后，她哥哥立即逼她改嫁；兰芝不从，就在一个晚上投水自尽了。焦仲卿得到兰芝自尽的噩耗之后，悲恸欲绝，也于当天晚上在花园中自缢而死了。

后来"性情暴如雷"中的"暴如雷"被说成"暴跳如雷"。

后人用"暴跳如雷"表示急怒得蹦跳呼喊，好像打雷一般猛烈，用来形容人又急又怒的样子。一般含贬义。

不卑不亢

典出《红楼梦》第五十六回：他这远愁近虑，不抗（亢）不卑，他们奶奶就不是和咱们好，听他这一番话，也必要自愧的变好了。

一天吃过早饭，平儿到探春处聊天。平儿、探春和宝钗三人取笑了一回，便谈起正经事来。

探春认为她们住的园子应该改变一下管理办法，应从园子里的老妈妈中拣出几个老成本分、懂得园圃的人收拾料理。这样，一则有专人培养花木，园子会一年好似一年；二则不致白白糟蹋东西；三则老妈妈也可得点额外收益，不枉成年在园中辛苦；四则可以节省勤杂人员的开支。用这个办法可把园子管理得更好。宝钗点头笑道："善哉……"李纨也说："好主意……"平儿说："这件事须得姑娘说出来。我们奶奶虽有此心，未必好出口。"宝钗听了，忙走过来，摸摸平儿的脸笑道："你张开嘴，我瞧瞧你的牙齿舌头是什么做的？从早起来到这会子，你说了这些话，一套一个样子：也不奉承三姑娘，也不说你们奶奶才短想不到；三姑娘说一套话出来，你就有一套话回奉，总是三姑娘想得到的，你们奶奶也想到了，只

是必有个不可办的原故——这会子又是因姑娘们住的园子,不好因省钱令人去监管……他这远愁近虑,不亢(亢)不卑,他们奶奶就不是和咱们好,听他这一番话,也必要自愧的变好了。"

后人用"不亢不卑"来表示既不高傲,也不自卑。"不亢不卑"也作"不卑不亢"。

步步金莲

南唐最后一个皇帝李煜对治理国家一窍不通,但却是个风流才子,琴棋书画、诗词歌赋无所不通。他犹其擅长的是填词和音乐。他的词在中国诗歌史上独树一帜,自成一派,有很高的研究价值。

有一天,李煜来到秦淮河上游玩,小船在轻风明月下慢慢荡漾,两旁是灯红酒绿的歌舞场。忽然,一阵歌声随风飘来,清脆婉转,娓娓动听。仔细一听,他才听出唱的正是自己写的《望江南》,于是便命随从驾船循声寻找那歌女。找到一家歌舞伎院,一看,唱歌的是一个妙龄少女,长得亭亭玉立,花容月貌,名字叫宵娘。李煜一见宵娘,就非常喜欢,又看她能歌善舞,就把她带回宫去。此后,常常是李煜填词作曲,宵娘依照词曲载歌载舞,两人相得甚欢。

这年秋天,风和日丽,李煜带着宵娘在一片盛开的荷花池赏景。只见池内莲花朵朵,绿叶婆娑,美丽极了。李煜看得出了神,随口说,如是有人脚如红菱,能在这摇摆的荷花上歌舞,真有如仙女一样了!"宵娘听了,心中一动。回到宫中,她就用长长的绸带把自己的脚缠成红菱形状,然后命人用金箔打造了八朵荷花。

一切都准备好了,宵娘就请李煜前来饮酒。酒席宴上,宵娘命人推上八朵金荷花,自己脱去鞋子,露出缠得尖尖的脚,在荷花上轻歌曼舞起来。她时而长舒广袖,时而轻盈跳跃,细腰袅袅,舞姿翩翩。李煜在一旁看得心旷神怡,不觉叹道:"真是步步金莲啊!"

从此,人们常把女人的脚叫"金莲"。据说也是从那个时候起,中国的女人以缠足为美,而且缠得越小越尖越好。一个荒唐的君王的一句话,给中国妇女带来了一千多年的痛苦!

不翼而飞

典出《管子·戒》:无翼而飞者声也。

典出《国策·秦策三》：众口所移，毋（通无）翼而飞。

战国时，秦国派大将王稽去攻打赵国的都城邯郸，一连十七个月都没攻下。这时，有个叫庄的人向王稽献计说："你为什么不赏赐赏赐部下呢？这样可以鼓舞他们的斗志。"王稽回答说："我执行的是秦王的命令，不用你多嘴多舌的。"庄见王稽这样骄横，非常生气地说："你独断专行，轻视士兵已经很久了，这是不对的。我听说，假如有三个人谎报街市上有老虎，听的人就会信以为真；如果有十个人弯一个木椎，就会把木椎弄弯；如果大家都口头传播一个消息，消息没有翅膀也会到处飞行。可见，民众的力量是很大的，你还是赏赐你的部下吧。"王稽始终不听庄的劝告。

后来，王稽的部下作起乱来，对战事更加不利，秦王非常恼火，就把他杀了。

后人用"不翼而飞"这个典故比喻言论和消息不待宣传就迅速地传播，但沿用下来，除了这层意思以外，有时也比喻东西突然丢失。

曹操下宛城

典出《三国演义》第十六回。

曹操，字孟德，小名阿瞒，谯郡（今安徽亳县）人。东汉末年，他在镇压黄巾起义中，逐步扩充军事力量。公元 192 年（初平三年），他占据兖州，分化、诱降青州黄巾军的一部分，编为"青州兵"。公元 196 年（建安元年），曹操迎献帝进都许昌（今河南许昌东），用其名义发号施令，先后削平吕布等割据势力。官渡之战，他大破世族军阀袁绍以后，逐渐统一了中国北部。公元 208 年（建安十三年），曹操进位为丞相，率军南下，被孙权和刘备的联军击败于赤壁。他曾封魏王，其子曹丕称帝后，追尊他为魏武帝。

公元 197 年（建安二年），曹操正欲起兵征吕布。忽然，流星快马报说，张济自关中引兵攻南阳，为流矢所中而死，他的侄儿张绣统其众，屯兵宛城，欲攻曹操。曹操起兵十五万，攻打宛城。张绣率军抵抗，因寡不敌众，只好投降曹操。

曹操得胜，引兵进驻宛城，霸占张济的老婆邹氏，每日取乐，不想归期。张绣知道后，破口大骂："曹操这个老贼，欺我太甚！"决心要报仇雪恨。他事先分兵四寨，准备好弓箭、兵器，并用酒灌醉曹操的卫士，然后利用夜间偷袭曹营。结果曹兵大败，曹操在慌乱中上马逃奔，右臂中了一箭，马也被射死。他连爬带滚地逃出宛城，差点被张绣捉住。

"曹操下宛城"，形容吃了败仗的狼狈相。

侧目而视

典出《战国策·秦策一》：妻侧目而视，倾耳而听。

战国时代，苏秦到秦国游说，劝秦惠王实行连横的策略。苏秦的意见没被秦王采纳，做不了官，只好垂头丧气地回到洛阳老家。当他走进家门的时候，家里的人都瞧不起他。妻子坐在织布机上不理睬他。嫂嫂不给他做饭，就连他的父母也不愿同他讲话。

过了一年，苏秦又到赵国去见赵王，献合纵之策。苏秦主张赵国联合齐、楚、燕、韩、魏等国共同对付日益强大的秦国。赵王认为他这个策略很好，便封他为武安君，拜他做相国。

苏秦做了大官之后，路过洛阳，他父母得到消息，到城外三十里的地方去迎接他。他的妻子吓得恭恭敬敬地站在一边，斜着眼看苏秦，侧着耳朵听苏秦讲话，不敢正视苏秦。他的嫂嫂则跪拜在地，十分谦恭地迎接苏秦。苏秦见嫂嫂这样谦恭，就笑着说："嫂嫂为什么以前那样怠慢我，今天却对我如此恭敬呢？"

后人用"侧目而视"来形容不敢正视，以表示敬畏的情态。也用来表示斜着眼睛看，形容愤怒的样子。

察言观色

典出《论语·颜渊》：质直而好义，察言而观色，虑以下人。在邦必达，在家必达。

孔子有个学生名叫子张，有一次他去问孔子："读书人要怎样才能做到'达'？"孔子觉得子张的询问很不明确，就反问道："你所谓的'达'是什么意思？"子张说："做官的时候要有名望，居家的也一定要有名望。"孔子听了，摇摇头说："这个叫'闻'，不叫'达'。什么叫'达'呢？'质直而好义，察言而观色，虑以下人。在邦必达，在家必达'。"（意思是：品质好，遇事进道理，又善于辨别人的言语，观察别人的脸色；在思想上〔遇事〕愿意对别人让步。这种人，做官的时候就事事行得通，居家的时候也一定事事行得通。）子张听了，点点头说："老师，我懂了。"

后人用"察言观色"（察：仔细看）表示仔细观察别人的言语表情，见机行事。

沉鱼落雁

典出《庄子·齐物论》：毛嫱、丽姬，人之所美也；鱼见之深入，鸟见之高飞，麋鹿见之决骤，四者孰知天下之正色哉？

春秋时，越国被吴国所灭后，越王勾践，一心一意想洗雪耻辱，一方面卧薪尝胆，激励自己；一方面物色美女，贡献给吴王，想用美人计来断丧吴王的志气，以达复仇的目的。诸暨的苧萝村，有一个美女名叫西施，每日在溪边浣纱，溪中的鱼，见到西施的美丽，也觉得羞愧，不敢浮上水面，都沉到水底去。后来范蠡找到了她，把她献给吴王。由于西施貌美，迷惑了吴王，不理国政，勾践终于复国。

汉元帝时，挑选天下的美女，入宫当宫女。当时有一美女王昭君被选，奸臣毛延寿因得不到贿赂，故意把昭君的画像弄得丑陋，把真的一幅送给番王。番王见昭君美丽，向汉朝索取，如果不给，就要派兵攻打作为要挟。汉朝为了避免战争，不得已献出昭君来求和，王昭君在出塞时，空中飞过的雁，惊讶她的美丽，竟坠入到树林里面。

庄子的本意是鸟鱼不辨美色，只知道见人躲避。后来意义转变，人们用"沉鱼落雁"称赞女人的容貌美丽无比。

出水芙蓉

典出南朝·梁·钟嵘《诗品》：谢（灵运）诗如芙蓉出水。

南朝宋时，有一位著名的诗人叫谢灵运，原籍陈郡阳夏（今河南太康），后移籍会稽。他幼时寄养于外，族人都称他为客儿，世称谢客。晋末，谢灵运袭封康乐公，入宋以后，曾任永嘉太守、侍中、临川内史等职。

谢灵运诗才出众，其诗大都描写会稽、永嘉、庐山等地的山水名胜，善于刻画自然景物，开创了我国文学史上的山水诗一派。谢灵运的诗善于铺陈雕琢，某些篇章真实地反映了山川景物的自然美，给人以清新可爱之感。文学批评家钟嵘的《诗品》中说：谢灵运的诗像芙蓉出水一般清新可爱。（芙蓉，是荷花的别称）。

"出水芙蓉"即刚长出水面的荷花。这句成语原比喻诗写得清新。后常用来比喻女性的美丽。

车水马龙

典出《后汉书·明德马皇后纪》:前过濯龙门上,见外家问起居者,车如流水,马如游龙。

前过濯龙门上,见外家问起居者,车如流水,马如游龙。意思是说:日前经过濯龙园门外时,见到马皇后的娘家问安的人极多,门前的车像流水般络绎不绝,马儿连着马儿像游龙那么长。

到了南唐时,最有名的大诗人李后主,在他的作品中也有过这样的句子。原来李煜在金陵(今南京)接皇位后,外有强敌(宋朝)压境,内则国库空竭,已是十分危殆。不久,宋朝两度派人强迫李煜赴宋,李煜均加拒绝。后来宋便用武力将金陵攻陷,李煜终成了宋太祖的阶下之囚。在拘禁之中,李煜感到孤独、寂寞、悔恨和凄凉,在这种悲惨的囚徒生活中,他只有晚上在梦中才能忘记白天的处境,在往事的眷恋中陶醉一下。他写了一篇《望江南》的词说:

"多少恨,昨夜梦魂中。还似只时游上苑,车如流水马如龙,花月正春风。"

李煜尝够了亡国之苦,心中有着"多少恨"!过去的生活多么热闹:"车如流水马如龙",又多么美丽——"花月正春风",但这一切都只能重温在"梦魂中"!亡国的人那是多么凄凉呀!

后来的人,便把这句话简化为"车水马龙"一句成语,用来形容车马众多,络绎不绝的热闹情况。

垂头丧气

典出唐·韩愈《昌黎先生集·送穷文》:主人于是垂头丧气,上手称谢。烧车上船,延之上座。又见《新唐书·宦者列传》:自见势去,计无所用,垂头丧气。下面故事从《新唐书》。

唐朝末年,由于藩镇割据,中央的政治统治既软弱又腐败。唐昭宗李晔名为皇帝,实际上是个傀儡。当时,割据京城长安周围地区的是军阀李茂贞,割据黄河中下游地区的是军阀朱全忠(即朱温)。由于这两股军阀势力比较强大,影响着朝政,所以朝中臣僚也分成了两派:一派以宦官韩金海为首,站在李茂贞一边;一派以宰相崔胤为首,站在朱全忠一边。

元复元年(公元901年),朱全忠为了代唐自立,兵逼长安。李茂贞、韩金海等挟持唐昭宗逃到凤翔(今陕西宝鸡至周至一带)。朱全忠率军继续西进凤翔,李茂贞抵挡不住,连吃败仗,搞得粮尽箭完,连昭宗皇帝也饿肚皮了,只好和朱全忠讲和。这时,韩金海难堪极了,他是依附李茂贞的,又是朝中的宦官,现在,皇帝和李茂贞都要讲和了,他自己见大势已去,又无计可施,只好垂头丧气地等候朱全忠发落。后来,在朱全忠的威逼下,李茂贞交出了唐昭宗,并杀了韩金海等人。

"垂头丧气"即低着脑袋,无精打采。人们常用这句成语形容失意懊丧,萎靡不振的样子。

春风得意

典出唐·孟郊《登科后》诗:昔日龌龊不足夸,今朝旷荡恩无涯。春风得意马蹄急,一日看尽长安花。

唐朝时候,有一位著名的诗人,名叫孟郊,是河南洛阳人。最初在高山隐居,称为"处士",性情十分耿直,因此很少人与他合得来,只有大诗人韩愈和他一见如故,故后人有"韩孟"之称。他们两人在诗的风格上,也有相近的地方,常常唱和于诗酒之间。

孟郊的遭遇很不如意,这从他的诗里那些特多的怨、伤、愁、病、饥、恨……之类的字句可以看出来。他曾两次考进士不第,直至贞元(唐德宗年号)十二年,才考中了进士,那时他差不多已经五十多岁了。穷困的生活磨失了旷达的气度,考中进士以后才开朗起来,他高兴地作了一首《登科后》的绝句,表达他当时愉快的心情,那首诗说:"从前那窘迫的日子是不值得夸耀的,今天我的心情忽然开朗了,才觉得皇恩没有边际。我愉快地骑了马儿奔驰在春风里,一天的时间就将长安的花儿看完了。"

后人用"春风得意"形容考上进士后的得意心情,也用来形容官场腾达或事业顺心洋洋得意的样子。

从容不迫

典出《庄子·秋水》:鲦(yóu)鱼出游从容,是鱼之乐也。

　　战国时，有一位哲学家叫庄周，宋国蒙（今河南商丘县东北）人。他做过蒙地方的漆园吏，因家境贫困，曾借粟于监河侯（官名），但拒绝了楚威王的厚币礼聘。庄周继承和发展了老子"道法自然"的观点，认为"道是无限的"，强调事物的自生自灭，否认有神的主宰。他的思想包含着朴素辩证法因素。庄周著有《庄子》一书。

　　在《庄子·秋水》中，记载着这样一段有趣的对话：有一天，庄周和他的好友惠施在濠梁之上观鱼。庄周说："鱼在水里从容不迫地游，这是鱼的快乐啊！"惠施说："你又不是鱼，怎么知道鱼的呢？"庄周说："你也不是我，怎么知道我不知道鱼的呢？"惠施说："我不是你，固然不知道你，但你总不是鱼，不可能知道鱼的快乐是无疑的。"

　　后人用"从容不迫"形容不慌不忙，非常镇静。

大发雷霆

　　典出《三国志·吴志·陆逊传》：今不忍小忿而发雷霆之怒。

　　公元229年，孙权称帝，国号吴，建都建业（今江苏南京）。当时，曹魏的当权者是魏明帝曹睿。曹睿是个荒淫无度又无真才实学的家伙，曹氏政权已失去了武帝曹操、文帝曹丕时的生气。魏国的辽东太守公孙渊见此情形，便偷偷地跟孙权结成同盟，孙权封他为燕王。但是，辽东和建业相距遥远，公孙渊担心一但被魏国攻打，远水解不了近渴，和孙吴结盟并非上策，于是又背弃盟约，杀了吴国的使臣。

　　消息传到东吴，孙权大怒，准备马上派大军渡海远征，讨伐公孙渊。名将陆逊见此情形，上书劝阻。陆逊指出：公孙渊凭借着险要的地势，背弃盟约，杀我使臣，实在令人气愤。但现在天下风云变幻，群雄争斗，如果不忍小忿而发雷霆之怒，恐难实现夺取天下的愿望。我听说，要干大事业统一天下的人是不会因小失大的。孙权觉得陆逊的意见很对，便取消了讨伐公孙渊的计划。

　　后人用"大发雷霆"比喻大发脾气，高声斥责。

大腹便便

　　典出《后汉书·文苑列传·边韶》：边孝先，腹便便。

东汉汉桓帝时候,有一位教书先生,名叫边韶,字孝先,曾做过临颖侯相、太中大夫,后来迁为北地太守、尚书令。在他教书的那几年,曾发生过一件有趣的故事。

边韶勤奋好学,年轻的时候就已经以文章而知名于世了。他招收几百名学生,尽心尽力地给学生们讲书、批文。不过边韶有一个小毛病,喜欢打瞌睡,因为他身子胖,肚皮有些大,行动不那么敏捷,平时总是懒洋洋的样子,学生们看了常常偷着笑他。

有一天,边韶讲了一阵子书,累了,便朝学生摆摆手:"去吧,背书去吧!"他自己把肥胖的身子往后一仰,合衣躺在木床上,一会儿工夫就鼾声大作,呼呼地睡过去了。学生们看到他挺着肚皮睡熟了,几个人凑在一块,给老师编了一段顺口溜儿:

边孝先,腹便便,

懒读书,但欲眠。

学生们一边念,一边哄笑,把先生吵醒了。他听了学生为自己编的顺口溜儿,觉得挺有趣儿,在地上踱了两圈儿,忽然灵机一动,提笔也写了一首顺口溜,自己摇头晃脑地念起来:

边为姓,孝为字。

腹便便,五经笥。

但欲眠,思经事。

寐与周公通梦,

静与孔子同意。

师而可嘲,

出何典记?

他的这首顺口溜儿大意是说:

"我的肚子是大了点,不过里边装的尽是经书。我是爱睡觉,可是我在梦中会见周公。即使有片刻安静的时候,我也念记孔子的教诲哩!你们嘲笑先生,这规矩见于哪家的经典哪?"

学生们听他这一说,都惊得目瞪口呆,想不到先生有这样的才华,出口成章,做顺口溜儿也会教训人!那几位恶作剧的学生,也窘得满面透红,偷偷溜出门外,老实地背书去了。

后人从中概括出"大腹便便"这句成语,用来形容人的肚子大。

便便:音 piánpián,肥满的样子。

大腹便便有时也写作便便大腹。

峨冠博带

典出《三国演义》第三十七回：站外有一先生，峨冠博带，道貌非常，特来相探。

曹操常有取荆州之意，特差曹仁、李典并降将吕旷、吕翔等领兵三万，屯樊城，虎视荆州、襄阳。吕翔对曹仁说，今刘备屯兵新野，招兵买马，应早除去。曹仁觉得此话有理，便派二吕前去攻取新野。在战斗中，吕旷、吕翔分别被赵云、张飞刺死，其余众军士多被擒获。曹仁得报后大怒，遂起本部兵马，意欲踏平新野报仇雪恨。曹仁在与蜀兵作战中，惨遭失败，不但未能踏平新野，自家的樊城反而被刘备占领了。曹仁折了好些人马，无奈，只得星夜投奔许昌。他在路上打听到刘备军中因有单福作军师，为他设谋定计，才得以连战连胜。

曹仁回许昌见到曹操，报知此事。曹操问道："单福何人也？"谋士程昱说，单福即颍川徐庶，字元直。曹操听了十分仰慕徐庶的才干。程昱洞知曹操心意，便献策道："徐庶为人至孝，丞相可使人赚其母至许昌，令其母写封书信，那徐庶一见母信，是一定会来许昌的。"

曹操依计而行。可徐庶的母亲不但不愿写信召儿回来，反而大骂曹操。程昱见此计不能得逞，便模拟徐母的手迹，写信召徐庶。徐庶得信后，信以为真，于是辞别刘备，赶至许昌。临别时，徐庶把才干比他高的孔明推荐给刘备。刘备听了徐庶的介绍，十分仰慕孔明的才干，于是准备礼物，偕同关羽、张飞前去隆中请诸葛亮。正在准备礼物之时，忽有人报："站外有一先生，峨冠博带，道貌非常，特来相探。"刘备心想此人莫非孔明么？随后才知来者不是孔明而是司马徽。司马徽得知徐庶走马荐诸葛之事后，仰天大笑曰："卧龙虽得其主，不得其时，惜哉！"说罢，飘然而去。

次日，刘备便同关、张并从人等到隆中去拜请诸葛亮。

后人用"峨冠博带"（高帽阔带）比喻穿着礼服。

鹅行鸭步

典出《水浒》第三十二回：军卒见轿夫走得快，便说道："你两个闲常在镇上抬轿时，只是鹅行鸭步，如今却怎地这等走得快？"那两个轿夫说："本是走不动，背后好像有人在打我们一样，所以就跑得快了。"

　　腊月初，山东清风寨知寨刘高的夫人坐着一乘大轿，身边带着七八名军卒，前去化纸上坟。一行人路过清风山时，被占山的王矮虎赶散军卒，将那知寨夫人捉上山去。此时，宋江正在清风山上，得知此事便来说情，要王矮虎放走刘高夫人。清风山头领燕顺、郑天寿碍于宋江的情面，不管王矮虎愿意不愿意，喝令轿夫抬下山去。那妇人听了这话，插烛也似地拜谢宋江，一口一声叫道："谢大王！"两轿夫心内害怕，抬着那妇人飞也似地奔下山去。

　　当那妇人被捉后，几个被赶散的军卒没命地跑回去报告知寨刘高。刘高听了大发雷霆，怒骂那些军卒，并用大棍狠打那些军卒，还声嘶力竭地吼道："如果不把夫人夺回来，统统下牢问罪。"那几个军卒无可奈何，只得央求本寨军兵七八十人，各执枪棒，尽力去夺。不想来到半路，正撞着两个轿夫抬着知寨夫人飞快地来了。众军卒接着了夫人，问道："你们怎地能够下山？"那妇人撒谎道："他们见我说出是刘知寨夫人，吓得慌忙下拜，赶快叫轿夫送我下山。"众军卒簇拥着轿子便回。军卒见轿夫走得快，便说道："你两个闲常在镇上抬轿时，只是鹅行鸭步，如今却怎地这等走得快？"那两个轿夫说："本是走不动，背后好像有人在打我们一样，所以就跑得快了。"

　　后人用"鹅行鸭步"（像鹅和鸭子走路）来形容行走迟缓，摇摇摆摆。

返老还童

　　典出晋·葛洪《神仙传》。

　　汉朝时候，有一位淮南王刘安，他虽然居高官，封王爵，但是还有一种非份的妄想，常常希望自己永远不死。听说有一种仙人，是永远长生的，刘安便千方百计去研究和祈求变成神仙的方法。一天，有八个老人去访刘安，自称是神仙。刘安的门人，一向是趾高气扬，见这八位老人，都是须眉皆白，老态龙钟，门人便拒绝通报，并说道："人家说神仙是不会老、不会死，永远是青春的。你们却老得这样可怜，可见不是神仙，我看是骗子也说不定呢！"八位老人听说，都哈哈地笑起来，说："你不高兴我们老吗？这容易得很，我们是可以马上返老返童，变成小孩子的。"说罢，八个老人皆转过脸来，不消一刻，都变做八个小孩子了，门人大惊，认为真是神仙，便给他们去通报。这便是"返老还童"一语的来历。

　　后人常用"返老还童"形容由衰老恢复青春。

蜂目豺声

典出《左传·文公元年》：蜂目而豺声，忍人也。又见《晋书·王敦传》：洗马潘滔见敦而目之曰：处仲（王敦的字）蜂目已露，但豺声未振；若不噬人，亦当为人所噬。

春秋时，楚成王准备立他的大儿子商臣为太子，征求令尹（掌军政大权的最高官员）子上的意见。子上说："大王现在还年轻，爱子之情并不专一，这么早就立商臣为太子，将来有了小儿子，爱子之心转移了，再将商臣废掉，容易发生变乱。就我们楚国来说，历代继承王位的都是君王的小儿子。况且商臣的眼睛长得像蜂目一样，说话时声音像狼叫一般难听，这种人是最凶残的，如果立他为太子，可能要出大乱子，还是不立为好。"

楚王没有听从子上的劝告，立了商臣为太子。后来，楚王又爱上了小儿子职，想废掉商臣立子职为太子。商臣和他的老师潘崇合谋领兵作乱，逼死了楚成王，自立为王，就是后来的楚穆王。

后人用"蜂目豺声"的这个典故比喻恶人的声音容貌。

汗流浃背

典出《后汉书·伏皇后记》：操（曹操）出顾左右，汗流浃背。

东汉末年，由于汉献帝软弱无能，曹操掌握了军政大权。建安元年（公元196年），曹操把汉献帝迎往许昌，自己当了大将军及丞相，常常"挟天子以令诸侯"。当时，有个叫赵彦的议郎，是汉献帝亲信的谋臣，常给献帝出谋划策，因而遭到了曹操的忌恨，后来竟把赵彦杀了。献帝对曹操的这一暴行很气愤。有一次，曹操去朝见献帝，献帝警告他说："你如果愿意辅助我，就忠厚一点，如果不愿意，就离开我。"曹操听了以后心里十分惊疑，从献帝那里走出来，再回头看看，汗水都湿透了脊背，此后很久没有上朝。

"汗流浃背"原来形容万分恐惧或惭愧。现在常用来形容满身大汗。

轰轰烈烈

典出宋·文天祥《沁园春·至元间留燕山作》:人生翕云亡,好烈烈轰轰做一场。

"轰轰烈烈"原来是由"轰轰"和"烈烈"两个词组成的。"轰轰"形容车马众多之声,也形容各种爆发的巨响,有声势浩大的意思。晋朝大学问家左思在他著名的《三都赋》之一的《蜀都赋》中,曾有"车马雷骇,轰轰阗阗"的句子,这正是"轰轰"这个词的本义,意思是:车马众多,声震如雷。阗阗:指很多人行路的声音;车声;雷声;崩裂声;总之是声音盛大的意思。"烈烈":一般用以形容猛火燃炽、火焰旺盛、火光灿烂的样子。早在《诗经》《商颂·长发》篇中便有"如火烈烈"的句子。

"轰轰"、"烈烈"两个词之所以能连用在一起,不是偶然的;因为"轰轰"和"烈烈"都带有盛大、壮丽和威武的意思。宋朝文天祥在为唐代骂贼不屈而死的忠臣张巡庙所题的"沁园春"词中,有"骂贼张巡,同心许远,皆得声名万古香。后来者,无二公之节,百炼之钢。人生翕云亡,好烈烈轰轰做一场。使当时卖国,甘心降虏,受人唾骂,安得留芳?……"在这首词中,"烈烈轰轰"是文天祥对于张巡(以及许远)的威武不屈的正气的歌颂,也是文天祥自己的刚正光明、烈火似的民族情操的流露。

后人用"轰轰烈烈"形容声势浩大,气象雄伟。

弱不胜衣

典出《红楼梦》第三回:身体面貌虽弱不胜衣,却有一段风流姿态。

黛玉的母亲去世以后,贾母念她孤苦伶仃,便把她接进京来,和她一起生活。

黛玉来到外祖母这儿,刚进房门,只见两个人扶着一位鬓发如银的老母迎来,黛玉知是外祖母了,正想下拜,早被外祖母抱着,搂入怀中,"心肝儿肉"地叫着大哭了起来;在场侍立的人,没有一个不跟着流泪的,黛玉也哭个不休。经众人慢慢劝解,黛玉才得拜见外祖母。众人见黛玉年纪虽小,举止言谈却不俗;身体面貌虽弱不胜衣,却有一段风流姿态。众人见她体弱,知她有不足之症,便问:"常服何药?为何不治好了?"黛玉道:"我自来如此。从会吃饭时便吃药,到如今

57

了，经过多少名医，总未见效，……如今还是吃人参养荣丸。"贾母听了便说："这正好，我这里正配丸药呢；叫他们多配一料就是了。"

故事中的"弱不胜衣"是形容黛玉瘦弱得似乎连衣服都承受不起。

后人用"弱不胜衣"来泛指身体虚弱。这是一种夸张的说法。

挥汗如雨

典出《战国策·齐第一》：临淄之途，车毂击，人肩摩，连衽成帷，举袂成幕，挥汗成雨。

《晏子春秋·杂下》：张袂成荫，挥汗成雨，比肩继踵。

春秋时代有个人名叫晏子，是齐国的相国。他很有才干，能言善辩，聪敏过人。

有一次，齐王派晏子出使楚国。因他是一个矮个儿，楚人想戏弄他，便在大门旁边另开了一个小门，让晏子从小门里进出。晏子见状偏不进去。他说："出使狗国的人，才从狗洞进出；今天，我是到你们楚国来，不应该从这道门进出。"楚国人无话可说，只好让他从大门进去。

晏子见到了楚王，楚王又想戏弄他，便问："齐国没有人吗？"晏子回答说："临淄三百闾，那里的人们'张袂成荫，挥汗成雨，比肩继踵'（意思是：他们挥一下衣袖，就会使大地成荫；他们挥一下额上的汗，就像天下雨一样；一到街上，人们就肩碰着肩，脚跟着脚），为什么没有人呢？"楚王说："既然如此，为什么要派你来当使者呢？"晏子严肃地回答说："我们齐国派使者的原则是：按其好坏，各有所用。好的使者就派往好的国家，不好的使者就派往不好的国家。我是最不好的使者，就派到你们楚国来了。"楚王听了感到哭笑不得。尽管如此，他还是想再戏弄晏子一次。

有一天，楚王大办筵席，招待晏子。等他喝酒喝得快醉了的时候，有两个差役绑着一个人从楚王面前走过。楚王故意问道："绑着的人是干什么的？"那差役故意大声说："齐国人，做贼的。"楚王乜斜着眼睛看了晏子一眼说："齐国人原来惯于偷东西吗？"晏子严肃而郑重地说："我曾经听说：'橘子生在淮南是橘子，生在淮北就变为枳了。叶子虽很相似，但味道却很不相同。其所以如此，那是因为水土不同的缘故。'这个人生在齐国不偷东西，到了楚国就偷东西，这正是楚国的水土使他偷东西的嘛。"楚王听了晏子的回答，不知如何对待才是，只得苦笑着自言自语地低声说："圣人是不能同他开玩笑的，我算自讨没趣了。"

后人用"挥汗如雨"来形容天气太热，流汗甚多。

魂飞魄散

典出《元曲选·百花亭》：可正是船到江心补漏迟，只看我魄散魂飞。我则索向前来陪着笑颜卖查梨。

北宋时河南洛阳有个贺妈妈，她生了个女儿名叫贺怜怜。怜怜成人之后，人品俊秀，聪敏过人。

有年清明时节，母女俩出外踏青，贺怜怜在百花亭与汴梁才子王涣邂逅相逢。两人相遇，一见倾心，就订为婚姻。

不久，王涣来到贺家与贺怜怜结为亲眷。常言道：久住令人贱，贫来亲也疏。贺妈妈见王涣久住家中，又是一个穷秀才，便把王涣驱逐出门，并将其女怜怜另嫁给种师道手下一个军需官高常彬。从此，贺怜怜被高常彬关在承天寺内，不得与王涣相见。王涣与怜怜情意缠绵，怎忍分离！王涣为了见到怜怜，只得扮做卖查梨的混进承天寺。两人相见，倾诉衷肠，谈得格外亲热。正在这时，高常彬回来了，丫环连忙报知怜怜。王涣听说高常彬回来了，不觉大吃一惊道："是得手忙脚乱紧收拾，意急心慌没整理。"高常彬闻声则问："谁人在此，好无礼呀！"王涣心想："可正是船到江心补漏迟，只看我魄散魂飞。我则索向前来陪着笑颜卖查梨。"他打定主意，连忙高声叫道："卖查梨啊！"高常彬醉意蒙地吆喝道："滚出去！老子不买查梨。"

高常彬因喝醉了酒，没有注意到王涣便休息去了。怜怜趁机给了王涣盘缠，叫他往延安府投托经略麾下，建立功勋，以遂平生之志。王涣连忙向怜怜道谢，并说："决不辜负所望。"

王涣到了延安，受到了马步禁军都元帅种师道的赏识，并立了战功。他依照怜怜的临别之言，上告高常彬盗用官钱，强取民妻。种师道立即把高常彬提拿归案，把怜怜判归了王涣，使其夫妇团圆。

后人用"魄散魂飞"说成"魂飞魄散"，用来形容惊恐万状，不知如何是好。有时也形容受到极大诱惑而不能自持。

惊心动魄

典出晋·王嘉《拾遗记·周灵王》：窥窥者莫不动心惊魂，谓之神人。又见南

朝·梁·钟嵘《诗品》卷上：文温以丽，意悲而远，惊心动魄，可谓几乎一字千金。

越国想灭吴国，便搜集了天下的奇珍异宝、珍馐美味献给吴王，又把江南万户百姓送到吴国去当仆人，同时还把西施、郑旦两位美人献给吴王。吴王把这两个美人安置在椒房之内。两个美人当窗并坐，对镜理装之时，窃窥者莫不动心惊魂，谓之神人。（意思是：凡是偷看西施、郑旦的人，没有一个不为之动心，不为之神魂颠倒，都称两个美人是神仙。）至于吴王，他全被这两个美女迷住了，整天和她们一起作乐，不管国家大事。直到越国军队攻入吴国，吴王才带着西施和郑旦狼狈逃跑。

这里的"动心惊魂"是形容西施、郑旦美丽异常，诱人极深，使人神魂为之震动。钟嵘在《诗品》中则把"动心惊魂"说成"惊心动魄"，用来形容文字之美，动人心弦。如：惊心动魄，可谓几乎一字千金。

后人用"惊心动魄"来形容感受很深，震动很大。

酒醉起舞似牡丹

著名舞伎关盼盼是唐朝张尚书的家伎，因她容貌俏丽，能歌善舞，因而成为张尚书的爱姬。

关盼盼对歌舞非常精通，唐代著名诗人白居易曾看到过关盼盼的歌舞表演，留下了深刻的印象。那还是白居易游历徐州、泗水一带时。这里山清水秀，景色宜人，白居易玩得痛快，竟留恋忘返。有一天，他接到在徐州任职的张尚书的请帖。白居易欣然赴约。张尚书摆下了丰盛的酒宴招待诗人。二人边饮酒，边高谈阔论。喝到高兴处，张尚书略带几分酒意，兴奋地对白居易说："本府内有一舞伎，颇不俗，何不唤她出来，陪酒助兴。"语音未落，只见虚掩着的两扇厅门被轻轻推开，环响处，轻盈地走进来一位妩媚俊俏的少女。少女上前施礼、风度优雅，举止洒脱，她就是关盼盼。

盼盼入席后，陪客人喝了几盅酒，然后欠身离席，翩翩起舞。只见她身穿红色纱裙，体态轻盈，跳舞时，忽而如轻风吹拂，在人眼前飘来飘去，忽而似红玉雕像，动中有静、令人心旷神怡，又加上刚饮罢酒，舞起来，乘着飘飘然的醉意，更添了几分娇妍。白居易看得入神，诗兴大发，立刻向张尚书要来纸墨，即兴题诗相赠，诗中有一句："醉娇胜不得，风袅牡丹花。"把关盼盼酒醉起舞的姿态比喻为在微风中摆动着的雍容华贵的牡丹，维妙维肖。

关盼盼的晚年是在孤独和凄凉中度过的。张尚书死后，盼盼不愿出嫁，守在尚书的徐州旧宅中。宅中有一小楼，名曰"燕子楼"，关盼盼就死在这楼中。

乐不可支

典出《后汉书·张堪列传》：捕击奸滑，赏罚必信，吏民皆乐用。匈奴皆乐为用。匈奴尝以万骑入渔阳，堪率数千骑奔击，大破之，郡界以静。乃于狐奴开稻田八千余顷，劝民耕种，以致殷富。百姓歌曰："桑无附枝，麦穗两岐。张君为政，乐不可支。"视事八年，匈奴不敢犯塞。

刘秀称帝，建立了东汉，当时公孙述也在西蜀自称皇帝，刘秀派大司马吴汉率军前去讨伐，张堪被任命为蜀郡太守，跟吴汉一同出征。

吴汉的军队走了许多天，军粮补充不够及时，赶到蜀郡时，军粮只够吃七天了。吴汉担心断粮，不能打败公孙述，便想逃跑。于是派军士暗中准备船只，想从江上逃走。张堪听到风声，急忙去见吴汉，对他说："将军万万不可以走，胜利就在眼前。公孙述目前已是瓮中之鳖，只要我们坚持住，一定能打败他！"吴汉被他说服了，听从了他的计谋，使用少数兵马向公孙述挑战。公孙述亲自出城应战，战不到几个回合，就被汉军刺死在城下。吴汉和张堪顺利地攻入成都。

张堪是一个品行高尚、办事公正的人，自幼熟读经史，德行出众，曾有"圣童"的美称。他进入成都后，查点府库，封存珍宝，一件件地登记造册。然后报告给光武皇帝刘秀。他自己和部下对官府和百姓的财产秋毫无犯，成都的百姓对他的清廉十分称赞。

张堪做了两天太守后，被任命为骑都尉，领兵击退匈奴的进犯。不久他又做了渔阳太守。他认真管理郡内的官吏，打击贪官污吏，奖赏有官兵，又在狐奴地区开垦稻田八千顷，鼓励百姓耕种。不长时间内，百姓富足，郡内安定，军民都很快活。他在渔阳做了八年太守，郡内没有发生一次动乱，匈奴也不敢再来侵扰。渔阳的百姓对太守非常敬仰，编了一首民谣颂扬他。

桑无附枝，

麦穗两岐。

张君为政，

乐不可支。

后来人们用"乐不可支"形容快乐到极点。

慷慨激昂

典出《史记·刺客列传》：太子及宾客知其事者，皆白衣冠以送之。至易水之上，既祖，取道，高渐离击筑，荆轲和而歌，为变徵之声，士皆垂泪涕泣。又前而歌曰："风萧萧兮易水寒，壮士一去兮不复还！"复为羽声慷慨。士皆瞋目，发尽上指冠。于是荆轲就车而去，终已不顾。

战国时燕国的太子丹，曾被扣在秦国为人质，后来逃回来，见秦国有并吞六国的野心，当秦军靠近易水，逼临燕国边境时，他很忧愁，设法请了一位勇士去刺杀秦王。那个勇士名叫荆轲，太子丹待他非常恭敬，天天去问候他衣食行，只要荆轲欢喜的，他总设法供给。

荆轲受着燕太子丹的优待，很久都没有想到秦国去的意思，太子心里非常的着急，想他早点去。荆轲因为要等一个人，所以没有出发。后来燕太子实在急了，荆轲才物色了一把很锋利的匕首出发了。荆轲出发的时候，燕太子和他的臣子，都穿了白衣服去送行。到了易水上边，将要渡河时，高渐离敲着筑，荆轲唱着歌，声音非常悲哀；一般勇士都流着眼泪，歌唱着"风萧萧兮易水寒，壮士一去兮不复还。"歌声慷慨而激昂，壮士们的眼睛都瞪得很大，头发也都竖起来。

又三国时曹操作短歌，也有"慨当以慷"的话。"慷慨激昂"是说一个人的言语举止，都是抱着英雄豪杰的气概，不可一世的样子，使人见到或听到了，都很相信他，敬服他。

凌波微步，罗袜生尘

提起唐代的《凌波舞》，就不能不联想起谢阿蛮，她因《凌波舞》而得名。她本来是陕西临潼县东北新丰地方的人，当她被选进宫那天，正好赶上唐玄宗新作了一支《凌波曲》。传说唐玄宗在洛阳梦见一个女子，容貌美丽，梳着高高的发髻，大袖宽衣，自称是凌波池中护驾的龙女，素知唐玄宗通晓音律，要玄宗为她作支曲子。唐玄宗马上为她用胡琴演奏了一曲，及至他梦醒之后，还清楚地记得那支曲子，于是赶紧排练，在凌波宫的池水旁演奏起来。忽然从池心现出一个女子，正是唐玄宗梦里见到的龙女，于是把这支曲子取名《凌波曲》。

当李隆基和杨贵妃见到谢阿蛮时，都十分喜爱她的舞蹈才能，于是就教她

《凌波舞》，并且在宫中的清元小殿开了个小型表演会，让谢阿蛮演出《凌波舞》。伴奏的乐队都是当时的高手，一流的伴奏配备一流的舞蹈，真可谓盖世无双。只见谢阿蛮模仿龙宫中的仙女在波涛上来去飞舞，像在水上漂浮一样。这个舞需要腿上的功夫，谢阿蛮舞得十分动人，就像曹植在《洛神赋》中描写的洛神一样："凌波微步，罗袜生尘。"

安史之乱以后，唐玄宗到了四川，宫里教坊梨园中的歌舞伎人分散在民间。公元 757 年，已成为太上皇的唐玄宗自成都回到长安，派高力士到处寻访梨园旧人，竟找到了谢阿蛮。感慨之中又重新跳起了《凌波舞》。舞蹈勾起了玄宗满腹思绪，不由泪流满面。谢阿蛮只是在宫廷里演出，民间影响不大，所以她的事迹知道的人不多，而她的《凌波舞》也就成了绝响。

慢条斯理

典出《儒林外史》第一回：老爷亲自在这里传你家儿子说话，怎的慢条斯理。

《儒林外史》是清代吴敬梓写的一部长篇讽刺小说。它通过生动的艺术形象，反映了封建社会末期腐朽黑暗的社会现象，批判了八股科举制度，揭露和批判了程朱理学和孔孟之道。

在这部小说的第一回"说楔子敷陈大义，借名流隐括全文"中说到这样一段故事：有一个叫王冕的放牛娃，天性聪明，天文、地理无不通晓，特别是画得一手好画。他画的荷花，就像才从湖里摘下来贴在纸上的一样。因此，王冕的名子全县无人不知，无人不晓。但是，王冕既不求官爵，又不结交朋友，终日里在家闭门读书。

有一天，官府的一个差役奉了县太爷之命来找王冕画二十幅花卉册页（装裱成册的单页小件字画）送给上司，王冕推辞不过，答应了。画好以后，知县时仁发送给王冕一些银子并约见王冕。王冕不肯赴约，时知县只好亲自来请。时知县带着一班人马来到王冕家门口，见大门关着，敲了半天，出来一位老太太，不慌不忙地说："我儿子不在家。"官府的差役见老太太怠慢了知县，说："县大老爷亲自来传你儿子说话，你怎么这么慢条斯理的！快说，你儿子到哪里去了，我好去传。"

后人用"慢条斯理"的这个典故比喻说话做事慢慢腾腾。

门庭若市

典出《战国策·齐策》:令初下,群臣进谏,门庭若市。

齐国大夫邹忌长得很英俊。有一天早晨,他穿戴完毕,对着镜子照了一会,问他的妻子道:"我跟城北徐公比哪一个漂亮?"他妻子道:"你漂亮极了,徐公怎能比得上你呀!"原来齐公是齐国著名的美男子,邹忌可有点不相信自己,又去问他的爱妾,可是他的爱妾也是这么说:"徐公怎么比得上你呀!"第二天,来了一位客人,邹忌请他坐了,在谈话间,邹忌又提出这问题,可是那位客人同样说:"徐公哪像你这样漂亮啊!"过了一天正好徐公到邹忌家来。邹忌仔细打量比较,知道自己的确不及徐公漂亮。那天晚上,他躺在床上想:"我的妻子说我漂亮,是因为他偏爱我,我的妾说我漂亮,因为他惧怕我;我的朋友说我漂亮,是因为他有求于我。"

第二天,邹忌上朝见齐威王,将自己的想法和齐威王说了一遍,并从这件事情上联系到国家的政事,请齐威王要多听君臣的意见。齐威王连声说对。于是下令:"无论朝廷大臣,地方官吏以及全国百姓,如果能够当面举出我的过失的,踢给上赏;能够上奏章规劝我的,赐给中赏;能够在朝廷里和街市上说我的过错,传到我耳中的,赐给下赏。"命令一下,群臣们都向齐威王提出各种规谏,一时川流不息,门庭若市。

这本来是记述邹忌用巧妙比喻规谏齐威王虚心接受别人意见的故事,可是后来人们根据进出规谏的人川流不息,引申出"门庭若市"这句话,用以形容那地方很热闹拥挤,来往的人很多。

眉飞色舞

典出清·李伯元(李宝嘉)《官场现形记》第一回:王乡绅一听这话,不禁眉飞色舞。

陕西同州府朝邑县城南三十里有个赵老头儿,他的孙子赵温参加了乡试,中了举人,得意非凡。为了庆贺,当下便筹办酒席大宴宾客,拜祭宗祠。赵老头除请邻居、姻亲,族谊外,还特别请了见过一面的王乡绅。到了十月初三那一天,新中举人赵温及其爷爷、爸爸、叔叔、兄弟、亲邻一大串,来到祠堂拜祭。祭罢祠堂,众人坐等王乡绅到来好吃喜酒。可是左等右等不见人影，直到太阳偏西，王乡绅才姗姗而来。王乡绅一到，立即开席。出席作陪的有赵老头亲家的宾客王举人。王乡绅与王举人在酒席上叙谈起来，方知是本家。王举人比王乡绅小一辈，因此二人以叔侄相称。王乡绅酒到半酣，文思泉涌，议论风生，大谈学八股文章的苦处和妙用。他说："我十七岁那年开笔做文章，老师要我读熟《制艺引全》。老师一天教我读半篇，因我记性不好，老是念不熟，为此，不知挨了多少打，罚了多少跪，到如今才挣得这两榜进士。唉！吃了多少苦，也还不算冤枉。"王举人听了，马上接口说："这才合了俗话说的一句话，叫做'吃得苦中苦，方为人上人'。你老人家有此阅历，所以讲得如此亲切。"王乡绅一听这话，不禁眉飞色舞，拍着王举人的肩头说："老侄，你能够说出这样的话来，你的文章也就着实有功夫。……小子勉乎哉，小子勉乎哉！"说到这里，不觉闭着眼睛、摇头晃脑起来。

后人用"眉飞色舞"形容人非常高兴得意的神情。

美轮美奂

典出《礼记·檀弓下》：晋献文子成室，晋大夫发焉。张老曰："美哉轮焉，美哉奂焉。"

春秋时，晋国有个大夫叫赵武，是一个很精明能干的人。晋平公时被任为正卿（首要的执政者），由于他选用有道德有学问的人为国家做事，所以晋国的人都称赞他善于用人。他对外提倡礼义，各国都停止用兵，而和晋国友善起来。

有一次，他的新屋落成了，晋国的大夫都送礼祝贺。有个叫张老的人对赵武说："好极了，建筑多么高大宏伟啊！好极了，装饰多么美丽众多啊！"

赵武在晋国的地位和威望都很高，做大官的住高楼大厦本来也很平常，但由于他一向提倡礼义，崇尚朴素，一旦建造这么宏大的新居，又装饰得这么精致，这与他的言行不相称，所以老张对他的贺辞，实际上是含有讽刺的意思。

后来的人，将张老所说的话简化成"美轮美奂"一句成语，用来形容高大宏伟的建筑物。

美如冠玉

典出《史记·陈丞相世家》：绛侯周勃等谗陈平曰："平虽美丈夫，如冠玉耳，

其中未必有也。"

秦末汉初时,阳武(今河南原阳东南)有一个叫陈平的人,是一位足智多谋的人物。他少时家境贫困,好道家法里的黄老之术。陈胜起义时,陈平投魏王咎,为太仆。后从项羽入关,任都尉。他见项羽有勇无谋,成不了大事。便投奔了刘邦。刘邦见他仪表出众,很有才华,便拜他为护军中尉。当时,周勃和灌婴等人都是跟随刘邦南征北战的功臣,他们见刘邦待陈平为上宾,心里不服气,便对刘邦说:"别看陈平仪表堂堂,其实不过像缀在帽子上的玉石一样,外表好看,内里未必有真才实学。"

刘邦是很善于观察和使用人才的。他没有听信周勃等人的话,继续重用陈平。后来陈平建议用反间计使项羽疏远了谋士范增,并以爵位笼络大将韩信。这些都被刘邦所采纳并且取得成功。汉朝建立以后,陈平被封为曲逆侯,历任惠帝、吕后、文帝三朝丞相。

后人用"美如冠玉"比喻人的美貌(多用于男性)。

面面相觑

典出《三国演义》第十一回:此时人困马乏,大家面面相觑,各欲逃生。又见《续传灯录六海鹏禅师》:僧问:"如何是大疑底人?"师曰:"毕钵岩中面面相觑。"

三国时代,曹操率兵攻打徐州,吕布趁此机会攻占了曹操的兖州和濮阳。曹操闻讯,急收军返回以保其家。

曹军日夜兼程来到濮阳,吕布引军与之大战。第一个回合,曹军大败,后退三四十里。部将于禁对曹操说:"吕布的西寨兵卒不多,今夜可引军去袭击;如若得了此寨,布军必然恐惧。"曹操认为于禁说得有理,于是在当日黄昏时引军攻击;布兵不能抵挡,四散奔逃。曹操夺了西寨后不久,吕布派出的援军便到了,于是三军混战;将到天明,吕布亲自引军来到。曹操势单,只得后退,但往北走,被张辽、臧霸杀了过来;往西走,又有郝萌、曹性、成廉、宋宪四将拦住去路。在敌强我弱的情况下,众将死战,曹操当先冲杀,但箭如骤雨,无法前进。曹操无计可脱身,大叫:"谁人救我!"叫声刚落,马军队里一将踊出,此将乃典韦也。典韦飞身下马,插住两戟,取短戟数十枝在手,对从人说:"贼来十步乃呼我!"遂放开脚步,冒箭而行。当吕布的数十个骑兵追来,离典韦五步远时,典韦飞戟刺杀,一戟一人一马,无一虚发,立杀十数人,余众皆逃。典韦又飞身上马,挺一双大铁戟,冲杀前去。郝、曹、成、宋四将抵挡不住,各自逃去。典韦杀散敌军,救出曹操。正当他们寻路归寨时,背后喊声大作,吕布骤马提戟赶来;曹操"人困马乏,大家面面相觑。"曹操正慌乱的时候,夏侯惇引军来到,于是夏侯惇便截住吕布大战。两军斗到黄昏,大雨如注,乃各自收军。

后人用"面面相觑"(觑:看)形容做错了事或极惊慌时,不知如何是好的样子。

摩肩接踵

典出《晏子春秋·内篇》:张袂成阴,挥汗成雨,比肩继踵而在,何为无人!

春秋末年,齐相晏婴出使楚国。这时齐国政治混乱,而楚国比较强大,所以楚王想借此机会羞辱晏婴一番。

楚王听说晏婴身材矮小,长相难看,就命令士兵在城门的旁边开个小门。晏婴来了后,士兵就领他从小门进城,并对晏婴说:"听说你身材矮小,特意给你开了个小门。"晏婴坚决不进,说:"这个小门像一个狗洞,如果出使狗国,自然应该从狗门进去。我现在出使的是楚国,不应该从这个门进去。"楚国接待宾客的官员只得改换道路,引他从大门进入。

晏婴在大殿中拜见了楚王,楚王傲慢地说:"齐国真的缺乏人才吗? 为什么派遣你这样难看的人来充当使臣呢!"晏婴神情自若地回答说:"齐国国都人口众多,人们张开袖子,就可以遮住天上的太阳;洒下汗水,就会像雨一样,哗哗地落下;他们在大街上肩挨着肩,脚碰着脚,熙熙攘攘地生活在一起,怎么能说没有人呢?"("张袂成阴,挥汗成雨,比肩继踵而在,何为无人!")楚王说:"那为什么派遣你来呢?"晏婴接着回答道:"齐国有许多使者,各有各的任务:有才能的派他出使到英明的君主那里,没有才能的人派他到昏庸的君主那里。我晏婴无德无才,不出使楚国又出使哪一个国家呢?"

楚王听了,自讨个没趣,只好对晏婴以礼相待。

含义及用法:"摩肩接踵":踵,脚跟;肩挨着肩,脚接着脚,形容人多,拥挤。

目瞪口呆

典出《元曲选·赚蒯通》:项王见我气概威严,赐我酒一斗,生豚一肩,被我一啖而尽,吓得项王目瞪口呆,动弹不得,方才保得主公安全回还。

韩信被封为齐王以后,萧何觉得韩信兵权太大,恐日后夺取汉朝天下,于是找来樊哙,共商计策。萧何把他的担忧告诉了樊哙,并拍他的肩头说:"朝内功臣

虽然不少，但只有将军是天子的至亲，故请你来商量。"樊哙听了有些得意地说："丞相，想鸿门会上主公有难，某立碴鸿门而入。项王见我气概威严，赐我酒一斗，生豚一肩，被我一啖而尽，吓得项王目瞪口呆，动弹不得，方才保得主公安全回还。"樊哙说到这里，十分气愤地说："韩信本是淮阴一饿夫，不料竟拜为帅！而今大事已定，可也罢了。那韩信手无缚鸡之力，有什么本事。何必我老樊动手。只差一两个能干的人，唤他来，喀嚓的一刀两段，便除了后来的祸患。

后人用"目瞪口呆"来形容因吃惊或害怕而发愣。

平易近人

典出《史记·鲁周公世家》：鲁公伯禽之初受封之鲁，三年而后报政周公。周公曰："何迟也？"伯禽曰："变其俗，革其礼，丧三年然后除之，故迟。"太公亦封于齐，五月而报政周公。周公曰："何疾也？"曰："吾简其君臣礼，从其俗为也。"及后闻伯禽报政迟，乃叹曰："呜呼，鲁后世其北面事齐矣！夫政不简不易，民不有近；平易近民，民必归之。"

周公是西周时期的著名政治家，他的名字叫姬旦。他是周文王姬昌的儿子、周武王姬发的弟弟，因为采邑在周，所以称他"周公"。

周公辅佐周武王伐纣，灭掉了商殷；周武王死后，周成王年少，周公又代他摄政，亲自率领兵马东征，平定管叔、蔡叔的叛乱，而后又封邦建国，推行井田制，制定礼乐，建立各种典章制度，自己又注重礼贤下士，得到百姓拥护。

周公被封于曲阜为鲁公，但他没有去那里，仍旧留在都城辅佐王室。他派自己的大儿子伯禽接受封地，去曲阜为鲁公。

伯禽受封鲁地，去了三年以后才把那里的政治情况报告给周公。周公很不满意，就问他说："已经三年了，才告诉我鲁地的形势，为什么这样迟呀？！"

伯禽答道："我要改变那里的习俗，还要革新那里的礼法，花了三年时间才做完，所以来晚了！"

正巧这时姜尚也来报告齐地的情况。他受封于齐地，才过了五个月的时间，就来报告那里的政治形势。周公感到惊奇，便问他说：

"你怎么这样快就报告情况呀？难道齐地的政治已经整顿妥当了吗？"

姜尚泰然自若地说："是的，一切都安定了，我是简其君臣礼，从其俗为也。"

周公沉思了半晌，自言自语地说：

"唉，鲁的后世恐怕要败于齐了，齐地一定会胜过鲁地！政不简不行，不行不乐，不乐则不平易，不平易百姓就不归服。为政简易的，百姓必然亲近，百姓亲近、归服才能强盛啊！"

成语"平易近人"即由该文中的"平易近民"演化而来。现在用它表示态度和蔼,使人容易亲近。

千金一笑

典出《东周列国志》第二回:幽王曰:"爱卿一笑,百媚俱生,此虢石父之力也!"遂以千金赏之。

西周的最后一代帝王周幽王,是历史上有名的暴君。他宠信虢公、祭公、尹珠这三个奸臣;对忠良伯阳父、赵叔带、褒珦等疏而远之。赵叔带以三用枯竭,岐山崩溃,为国家不祥之兆,要求周幽王勤政恤民,求贤辅国。幽王不但不听,反将赵叔带驱逐出朝,永不任用。

大夫褒珦闻赵大夫被逐,急忙入朝进谏:"大王不畏天变,黜逐贤臣,恐国本动摇,社稷难保。"幽王大怒,以褒珦有慢君之罪,下在狱中。

褒珦的儿子洪德,知道这个昏君,江山坐不长久,而且也深知他酷好女色,遂在褒村买到了一个绝代佳人,取名褒姒,献与幽王,以赎父罪。

幽王一见褒姒,生得眉似春山,目如秋水,指排削玉,发挽乌云,可说是羞花闭月之容,倾国倾城之貌。幽王喜欢得张开大嘴合不拢来,即日纳入后宫,并传旨将褒珦开释。

这个褒姒也果然妖艳动人,周幽王把她放置在琼台之上,日夜追欢寻乐。

幽王的正妻申后,听说天子获得一个妖妃,不理国政,心中不免忧戚。太子宜白见母亲泪流满面,常下询知情由,便借故来到琼台,乘父王不在时,把褒姒辱骂了一顿。幽王回来,褒姒便哭得像一株带雨梨花,使得幽王心都碎了。立即把儿子贬到他娘舅申侯的国中,严加管束。

不久,褒姒生了一个男孩,取名伯服,百般怂恿幽王,废宜白为庶人,立伯服为太子,并将申后打入冷宫。

母以子贵,褒姒从妃嫔的身份,一跃而为正宫娘娘了。

褒娘娘虽然宠擅专房,但从未开颜一色。幽王问:"爱卿进宫以来,寡人从未见你一展欢颜,朝朝夕夕,召乐工鸣钟击鼓,品竹弹丝,你也全无悦色,究竟卿家所好何事?"

褒姒说:"妾妃无他好,惟自喜闻手裂采绢之声,因其声清脆悦耳也。"

幽王遂即广取绸缎绫罗,派宫娥撕给褒姒听。褒姒虽然喜闻裂帛之声,但仍不笑。

幽王无奈,传下旨意:"凡有人能致褒后一笑者,赏赐千金。"

虢公献计说:"先生昔年因防御西戎入寇,曾在骊山之下,设有烽火台二十

所。如有贼寇进犯，就放起狼烟，直冲云天，附近诸侯，见烽火台起了狼烟，立即兴兵来救。今天下太平，烽火皆熄，大王何不皆娘娘登骊山，举烽火，使各路诸侯见烽火而至，至则无寇，乘兴而来，败兴而返，娘娘必开颜一笑了。"

幽王大笑说："此计大妙！"即便照计而行。果然各路诸侯，见骊山烽火起来了，这是多年不曾有过的事情，连忙马不及鞍，人不及甲，匆匆兴兵驰至骊山。幽王这时正在山顶与褒姒设宴，饮酒作乐。褒姒见山下各路诸侯从四面八方跑得汗及重袭，来到山下，可是并无发生什么变故，大家都面面相觑，诧异不已。

幽王承即传旨："敬告各路诸侯，并无外寇侵犯，不劳诸公跋涉，请即回师。"大家懒洋洋的掩偃旗息鼓，各回本国去了。

褒姒见诸侯匆匆而来，匆匆而去，并无一事，觉得愚笨得可笑，果然开颜一笑了。

幽王说："爱卿一笑，百媚俱生，此虢公之妙计也。"乃赏赐虢公千金。

后来犬戎犯镐京，幽王再举烽火，诸侯仍以为戏，遂不至，西周乃亡。

后来用"千金一笑"比喻美人的笑容难得。

前倨后恭

典出《战国策·秦策一》：(苏秦)归至家，妻不下经，嫂不为饮。……嫂蛇行匍伏，四拜自跪而谢。苏秦曰："嫂何前倨而后卑也？"

战国时代，苏秦到秦国游说，劝秦惠王实行连横的策略。苏秦的意见没被秦王采纳，做不了官，只好垂头丧气地回到洛阳老家。当他走进家门的时候，家里的人都瞧不起他。妻子坐在织布机上不理睬他。嫂嫂不给他做饭，就连他的父母也不愿同他讲话。

过了一年，苏秦又到赵国去见赵王，献合纵之策。苏秦主张赵国联合齐、楚、燕、韩、魏等国共同对付日益强大的秦国。赵王认为他这个策略很好，便封他为武安君，拜他做相国。

苏秦做了大官之后，路过洛阳，他父母得到消息，到城外三十里的地方去迎接他。他的妻子吓得恭恭敬敬地站在一边，"侧目而视，倾耳而听。"(斜着眼看苏秦，侧着耳朵听苏秦讲话，不敢正视苏秦。)他的嫂嫂则跪拜在地，十分谦恭地迎接苏秦。苏秦见嫂嫂这样谦恭，就笑着说："嫂何前倨后卑也"(意思是：嫂嫂为什么以前那样怠慢我，今天却对我如此恭敬呢？)

后人用"前倨后恭"形容对人先傲慢后又恭敬。

犬牙交错

典出《汉书·中山靖王刘胜传》：广封连城,犬牙相错者,为盘石宗也。

汉高帝刘邦为了巩固刘氏的天下,把分封到各地的一些外族王侯全部消灭,而把自己的儿子、侄子、兄弟等封到各地为王,各霸一方。

但是传到汉景帝的时候,这些同姓王的势力就强大起来了,一个个野心勃勃地想篡夺帝位。当时以南方吴王刘濞为首,七个王侯联合起来搞了一次大叛乱。幸亏汉景帝的大将周亚夫英勇多智,才把这次叛乱镇压下去,但是汉景帝并没有接受教训,他又封自己的许多儿子为王。

到了汉武帝继位的时候,这些王侯势力又强大起来。大臣们担心他们会和以前一样搞叛乱,就向汉武帝揭发这些王侯的罪状,并建议武帝削弱他们的势力。这些王侯知道后,感到十分恼火,就扬言:我们"诸侯王自以骨肉至亲,……广封连城,犬牙相错者,为盘石宗也。"(意思是:诸侯王自然是刘家的骨肉至亲,高帝之所以普遍分给他们很宽的地方,让他们的疆土象狗牙那样交错不齐地连在一起,是为了使刘家的天下安如盘石。)

后人把"犬牙相错"说成"犬牙交错",用来形容交界线很曲折,就像狗牙那样参差不齐。也用来比喻错综复杂的情况或双方力量对比互有长短。

盛气凌人

典出《战国策·赵策四》:左师触龙愿见太后。太后盛气而胥之。又见宋·楼钥《攻媿集》:时户部侍郎李公椿年建议行经界,选公为龙游县覆实官,约束严峻,已量之田隐藏亩步,不以多寡率至黥配,盛气临人,无敢忤者。

盛气:指骄横的气焰;胥:等待的意思。

战国时期,赵国国君赵惠文王死后,赵孝成王继位,因他年纪尚小,由赵太后(惠文王的妻子,孝成王的母亲)执政。秦国趁此时机派兵攻打赵国,赵军抵挡不住,先后被夺去三座城池。赵太后派人向齐国求救,齐国提出,只有让惠文王的小儿子长安君(赵孝成王的弟弟)到齐都临淄做人质,才能起兵援救。

赵太后非常疼爱小儿子长安君,不肯把他送到齐国去,于是齐国也不肯发兵援救。秦国见此情况,加紧进攻赵国,形势十分危急。赵国的大臣们非常忧虑,

纷纷提出劝谏,希望把长安君送到齐国,争取齐国早日出兵。太后十分气愤,他向臣子们说:"以后再有人提出让长安君去齐国做人质,我就用唾沫吐他的脸!"

老臣左师触龙求见太后。太后心想,这又是来劝谏的,她满脸怒气地等着接见。触龙慢慢走到太后跟前说:"我的腿有病,走路困难,很久没来给您请安,今天来看看您。不知您身体怎样?饮食怎样?"太后看到他并未提起让长安君做人质的事,怒气逐渐消失。

触龙又说:"我的小儿子舒祺很不争气,我已经很老了,非常疼爱他,希望能让他在王宫里当一名卫士,不知可否?"太后说:"这事好办。你的儿子多大了?"触龙回答:"十五岁了。他虽然年少,但希望在我死之前对他有个安排。"太后问道:"男人也爱小儿子吗?"触龙说:"比女人爱得还厉害呀!"太后笑笑说:"女人对小儿子是特别疼爱的。"触龙显出惊讶的样子说:"我还以为您爱女儿胜过爱长安君呢!"太后摇头说:"您说错了,我爱女儿怎么能比得上爱长安君呢。"触龙说:"父母疼爱孩子,就要为他们的前途着想。您把女儿嫁给远方的燕王,并不是不想念她,而是为她的长远利益打算,希望她的子孙世世代代为王,难道不是这样吗?"太后点头说:"是这样。"触龙接着说:"如今您使长安君身居高位,封给他肥美的土地,让他拥有很大权力,但却不给他为国立功的机会。一旦您离开人世,长安君如何在赵国立足呢?所以我认为您没有为长安君的长远利益着想,您爱他不如爱您的女儿。"

触龙的一番议论使太后顿然醒悟,她欣然同意长安君去齐国做人质,齐国很快发兵救赵。秦国听说齐国发兵,便撤军回国,解除了对赵国的进攻。

成语"盛气凌人"便由"盛气而胥之"一句演化而来,用来形容对别人表现傲慢尊大,气势逼人的神态。

失魂落魄

典出《官场现形记》:尹子崇虽然也同他周旋,毕竟是贼人胆虚,终不免失魂落魄,张皇无措。

尹子崇因为偷卖矿产被人告发,官府要捉拿,他逃回家中躲藏。一天,本乡知县老爷突然来到尹家,尹子崇吃惊不小,硬着头皮出来相见。那知县是个老滑头,本来是抓尹子崇到县衙的,他却笑嘻嘻地一面作揖、一面寒暄:"哈哈,兄弟直到今日才听说你回府,没有及时来请安,抱歉之至!"尹子崇虽然也同他周旋,毕竟是贼人胆虚,终不免失魂落魄,慌张无措,一时连礼节都忘记了。自己坐到客人的位置上,知县暗暗发笑,从靴筒中抽出一件公文,递给尹子崇。尹子崇顿时吓得面色苍白。公文中说的正是要巡抚查办他卖矿的事儿。

知县见天色已经不早，便吩咐差役说："轿子准备好了吗？我同尹大人此刻就回衙门去！"尹子崇听见这话，明知逃脱不得，只好跟在知县身后，登上轿子。尹家的家眷看见他被县衙拉了去，早已哭成一片。可是知县毫不容情，摆摆手，抬轿人抬起轿子便奔往县衙去了。

后来用"失魂落魄"形容心神不宁、极度惊惶。

手忙脚乱

典出《朱子语类·学》：今亦何所迫切，而手忙脚乱，一至于此耶！又见《元曲选·百花亭》：是得手忙脚乱紧收拾，意急心慌没整理。

北宋时河南洛阳有个贺妈妈，她生了个女儿名叫贺怜怜。怜怜成人之后，人品俊秀，聪敏过人。

有年清明时节，母女俩出外踏青，在百花亭与汴梁才子王涣邂逅相逢。两人相遇，一见倾心，就订为婚姻。

不久，王涣来到贺家与贺怜怜结为亲眷。常言道：久住令人贱，贫来亲也疏。贺妈妈见王涣久住家中，又是一个穷秀才，便把王涣驱逐出门，并将其女怜怜另嫁给种师道手下一个军需官高常彬。从此，贺怜怜被高常彬关在承天寺内，不得与王涣相见。王涣与怜怜情意缠绵，怎忍分离！王涣为了见到怜怜，只得扮做卖查梨的混进承天寺。两人相见，倾诉衷肠，谈得格外亲热。正在这时，高常彬回来了，丫环连忙报知怜怜。王涣听说高常彬回来了，不觉大吃一惊道："是得手忙脚乱紧收拾，意急心慌没整理。"高常彬闻声则问："谁人在此，好无礼呀！"王涣心想："可正是船到江心补漏迟，只看我魄散魂飞。我则索向前来陪着笑颜卖查梨。"他打定主意，连忙高声叫道："卖查梨啊！"高常彬醉意蒙地吆喝道："滚出去！老子不买查梨。"

高常彬因喝醉了酒，没有注意到王涣便休息去了。怜怜趁机给了王涣盘缠，叫他往延安府投托经略麾下，建立功勋，以遂平生之志。王涣连忙向怜怜道谢，并说："决不辜负所望。"

王涣到了延安，受到了征马步禁军都元帅种师道的赏识，并立了战功。他依照怜怜的临别之言，上告高常彬盗用官钱，强取民妻。种师道立即把高常彬捉拿归案，把怜怜判归了王涣，使其夫妇团圆。

后人用"手忙脚乱"形容做事慌张，忙乱而无条理。

手无缚鸡之力

典出《元曲选·赚蒯通》:那韩信手无缚鸡之力,有什么本事。何必我老樊动手。只差一两个能干的人,唤他来,喀嚓的一刀两段,便除了后来的祸患。

韩信被封为齐王以后,萧何觉得韩信兵权太大,恐日后夺取汉朝天下,于是找来樊哙,共商计策。萧何把他的担忧告诉了樊哙,并拍他的肩头说:"朝内功臣虽然不少,但只有将军是天子的至亲,故请你来商量。"樊哙听了有些得意地说:"丞相,想鸿门会上主公有难,某立磕鸿门而入。项王见我气概威严,赐我酒一斗,生豚一肩,被我一啖而尽,吓得项王目瞪口呆,动弹不得,方才保得主公安全回还。"樊哙说到这里,十分气愤地说:"韩信本是淮阴一饿夫,不料竟拜为帅! 而今大事已定,可也罢了。那韩信手无缚鸡之力,有什么本事。何必我老樊动手。只差一两个能干的人,唤他来,喀嚓的一刀两段,便除了后来的祸患。

后人用"手无缚鸡之力"形容文弱书生没有气力,连鸡也捆绑不住;也指疲乏时没有力量。

手舞足蹈

典出《文选·卜商〈毛诗序〉》:咏歌之不足不知手之舞之,足之蹈之也。又见《红楼梦》第四十一回:当下刘姥姥听见这般音乐,且又有了酒,越发喜的手舞足蹈起来。

刘姥姥进大观园后,吃酒、游玩一切都很满意。一次喝酒,刘姥姥不慎打烂了瓷酒杯子,便说道,如果有个木头的酒杯,我失了手掉在地上也没得关系。凤姐听刘姥姥这么说,便对刘姥姥道:木头酒杯我们这里有,但那是一套一套的,取来了你一定要吃遍一套才算! 鸳鸯听说,忙去屋里取来十个黄杨根子做的大套杯。刘姥姥看见木杯,又惊又喜。那大的杯子像个小盆子,那小的也比手里的杯子大两倍,杯上一色的山水树木人物,雕镂奇绝。刘姥姥拿着这奇特的杯子,兴高采烈开怀畅饮。正在畅饮之际,又听得府内箫管悠扬,笙笛并发,那乐声穿林度水而来,使人心旷神怡。当下刘姥姥听见这般音乐,且又有了酒,越发喜的手舞足蹈起来。

后人用"手舞足蹈"形容高兴到极点的样子。

孙悟空大闹天宫

典出《西游记》第四至第七回。

孙悟空勇猛无敌,蔑视天庭。他发现玉帝封他"弼马温"是个骗局,便取出如意金箍棒,打出南天门,回到花果山,自封"齐天大圣",与天庭抗衡。玉帝调兵遣将,兴师动众,对他进行镇压和诱骗。孙悟空并没有放下武器,而激起了他的更为猛烈的反抗。他偷蟠桃,盗御酒,窃仙丹,败天兵,一而再,再而三地大闹天宫。后来,玉帝费了九牛二虎之力,搬请各方神祇佛道,才把他拿住,投入了太上老君的八卦炼熔炉,但反而炼出了他的一双火眼金睛。

孙悟空纵身跃出八卦炉后,又抢起金箍棒,左冲右突,天宫顿时大乱!悟空一路杀到灵霄殿前,直杀得九曜星闭门闭户,四天王无影无踪。他还高声喊叫:"皇帝轮流做,明年到我家!玉帝老儿,快快搬了出去,将天宫让给老孙!如若不让,定叫你永不安宁!"那帮天兵和三十六员雷将、二十八座星宿,闻讯赶来挡住悟空,护住玉帝。悟空经过卦炉的锻炼,更加刚强结实,一个人被团团围困在核心里,毫无惧色,越战越强。他手中那根金箍棒,舞得像纺车儿一样,滴溜溜的,没有人敢靠近。孙悟空这一阵子大闹,天宫诸神一片慌乱,个个束手无策!

"孙悟空大闹天宫",比喻被吓得精神紧张,显出慌乱的样子。

谈笑自若

典出《后汉书·孔融传》:建安元年,为袁谭所攻,自春至夏,战士所余裁数百人,流矢雨集,戈矛内接。融隐几读书,谈笑自若。又见《三国志·吴志·甘宁传》:宁受攻累日,敌设高楼,雨射城避,士众皆惧,惟宁谈笑自若。

三国时期,有一个著名的将领,名叫甘宁。他是巴郡临江(今四川忠县)人,字兴霸。他最初依附刘表,后来投靠孙权。他曾跟随周瑜,攻破曹操,进攻曹仁,跟随吕蒙抗拒关羽。因为有战功,他被任命为西陵太守、折冲将军。

赤壁之战曹操失败以后,向汇陵撤退。孙权和刘备的联军乘胜追击,一直追到南郡(今湖北江陵县境)。驻守南郡的魏将曹仁,以逸待劳,击败了吴军的先头部队。周瑜大怒。准备调兵遣将,与曹仁一决雌雄。甘宁上前劝阻,他认为南郡与夷陵互为犄角,应该先袭取夷陵,然后再进攻南郡。吴军大都督周瑜接受了他

的正确建议,命他领兵攻取夷陵。

甘宁率军直逼夷陵城下,与魏军守将曹洪激战二十余回合,曹洪败走,领兵往南郡退逃。甘宁命令部下,迅速夺取夷陵。甘宁手下兵员很少,只有几百人,入城后立即招兵,也不过千人。当天黄昏,曹仁派曹纯和牛金引兵与曹洪汇合,共聚五千人,把夷陵城团团围住。曹军架设云梯攻城,被甘宁守军击退。

第二天,曹军构筑高楼,然后士兵在高档上向城中射箭,顿时箭如雨发,射死射伤不少吴兵,吴兵将此情况飞报甘宁。将士们闻听此讯,都有些害怕,唯独甘宁有说有笑,同往常一样,毫不紧张。他命人收集曹军射来的数万枝箭,先派优秀射手,与魏军对射。由于甘宁率军沉着顽强地固守,曹军无法攻破城池。

后来,周瑜派来救兵,配合甘宁击退魏军。周瑜为甘宁解围后,亲自慰劳守城将士,并给甘宁记了一功。甘宁临危不惧,镇定自若,谈笑风生,在军中传为美谈。

成语"谈笑自若"即由此而来。自若,跟平常一样。这句成语是指在紧张和危险的情况下,有说有笑,同平常一样。

萎靡不振

典出唐·韩愈《送高闲上人序》:颓堕委靡,溃败不可收拾。又见《宋史·杨时传》:若示以怯懦之形,委靡不振,则事去矣。

北宋时,徽宗皇帝是一个昏庸的家伙。在金兵已经占领了大片北方土地的时候,他还征调大批老百姓从南方搬运奇花异石,运到国都汴京(今河南开封)修建宫殿,装点花园。对于抗金这件大事,他根本不放在心上,随便派了一个无能的童贯去当领兵元帅。童贯连吃败仗,结果让金兵很快打到了京城附近。

一天,宋徽宗正在饮酒作乐,听说金兵快打到汴京了,吓得不知所措,大臣们也慌作一团。这时,有一个叫杨时的大臣,从容地对大家说:现在的形势已经像干柴堆着了火一样危急了,朝廷应当赶快清醒振作起来,拿出抗金的决心和勇气,这样才能鼓舞人心,振作士气。如果还和过去一样萎靡不振,胆小软弱,那么大宋王朝就没有什么指望了。

后人用"萎靡不振"这个典故比喻情绪低落,精神不振。

笑容可掬

典出《三国演义》第九十五回：果见孔明坐于城楼之上，笑容可掬，焚香操琴。

三国时，蜀国于建兴六年（公元228年）倾全国重兵出军祁山，向曹魏进攻。由于蜀将马谡言过其实，刚愎自用，而致街亭（在今甘肃庄浪东南）失守。魏司马懿率领的大军直逼西城。

当时，退守在西城的诸葛亮已无兵将可调遣。他登上城楼一看，只见东北方向上尘土漫天，魏兵已向西城杀来。诸葛亮逃跑已来不及，守城又无兵无将。正在为难之际，他忽然想起可用"空城计"的办法吓退司马懿。于是，他立刻传令下去：城头旗子一律藏起来；军中不准敲鼓；士兵们不准出来张望。一切布置好了以后，诸葛亮命令大开城门，城门口派几个老弱残兵洒扫街道，自己端坐在城门楼上，焚香抚琴，装得若无其事的样子。

司马懿的大军来到城下，见诸葛亮在城楼上笑容可掬，焚香操琴，怀疑城中有重兵埋伏，果然迅速退走。

"笑容可掬"即满面的笑容仿佛可以用两手捧取。

后人用"笑容可掬"的这个典故比喻内心的喜悦自然地流露于外。

兴高采烈

典出南朝·梁·刘勰《文心雕龙·体性》：叔夜俊侠，故兴高而采烈。（叔夜，嵇康的字。）

三国时的魏国，有一位文学家、思想家、音乐家叫嵇康，字叔夜，谯郡（今安徽宿县西南）人。他是曹魏宗室的女婿，官至中散大夫，世人称嵇中散。嵇康崇尚老子和庄子的学说，讲求举生服食之道，为魏晋时"竹林七贤"之一。嵇康因声言"非汤武而薄周孔"，且不满当时掌权的司马氏集团，遭钟会构陷，为司马昭所杀。

嵇康的文章写得很好，主要成就是散文，被鲁迅称之为"思想新颖，往往与古时旧说反对。"他提出"越名教而任自然"之说，主张回到自然，厌恶儒家各种人为的烦琐礼教。他的诗歌也很出名，尤其长于四言诗，风格清峻。南朝梁代的文学理论家刘勰撰写过一部文学理论专著《文心雕龙》，在论及嵇康的性格和他的作品的风格时，刘勰说："嵇叔夜性高豪爽，他的志趣很高，文辞犀利。"

"兴高采烈"这几个字，原来是说嵇康的文章志趣很高，文词犀利。后人常用来形容人的兴致高，情绪饱满。也形容呈现出的欢乐气氛。

欣欣向荣

典出晋·陶潜《归去来辞》：木欣欣以向荣，泉涓涓而始流。

陶潜，字渊明（也有人说名渊明，字元亮），他是晋代寻阳柴桑（江西九江县西南）人。曾祖侃是晋朝名将，渊明性情高尚文雅，学问非常渊博，诗文都很好。他不喜欢荣华富贵，饮酒赋诗。游山玩水是他的嗜好。后来因亲老家贫，勉强当了祭酒的官，因不惯于官场上的应酬，不久即辞职，后来又当了彭泽令。

他才当了八十多天，朝廷差了一名督邮到县里来，他的部下教他戴着帽，束了腰带去迎接。陶渊明叹了口气说："我不愿为了五斗米的俸禄，弯着腰去迎接权贵。"当天即交回印章辞官不做回到家里去了。

陶潜回到家里，作了一首词，记述这件事。词的题目叫《归去来辞》，其中有一句"欣欣向荣"。这篇辞写得很好，成为一篇有名的文章，一直流传到现在。

"欣欣向荣"形容植物茂盛；也比喻精神奋发昂扬或事业兴旺发达。

虚张声势

典出唐·韩愈《论淮西事宜状》：然则暗弱，自保无暇，虚张声势，则必有之。至于分兵出界，公然为恶，亦必不敢。又见《红楼梦》第四回：老爷明日上堂，只管虚张声势，动文书，发签拿人。

贾雨村授了应天府，一到任就遇到一个人命案子。这件案子的凶手是薛家的公子薛蟠，而薛家又是金陵一霸，因而就给贾雨村断案带来了麻烦。

贾雨村正要发签差公人将凶犯家属捉来拷问的时候，只见案旁一个门子给他使了一个眼色，叫他不要发签。雨村心中狐疑，退至密室与门子交谈。谈话中雨村方知这个门子是他的故人——葫芦庙里的葫芦僧，雨村笑嘻嘻地拉着葫芦僧的手要葫芦僧为他了结此案出谋划策。葫芦僧把这个案子各方面的联系告诉了贾雨村，并为他想了一个两全其美的断案办法。葫芦僧说："老爷明日上堂，只管虚张声势，动文书，发签拿人——凶犯自然是拿不来的，原告因是不依，只用将薛家用人及奴仆拿几个来拷问，小的暗中调停，令他们报个'暴病身亡'……"贾雨村理解其中奥妙,便照此办理,第二天就把此案断了。贾雨村把案子了结之后,便急忙写信给贾政和京营节度使王子滕,说:"令甥之事已完,不必过虑。"贾雨村也因此得到上司的赏识。

后人用"虚张声势"来表示本无实力,故意假造声势来吓唬人。

扬眉吐气

典出唐·李白《与韩荆州书》:而今君侯(指韩朝宗)何惜阶前盈(满)尺之地,不使白(李白)扬眉吐气,激昂青云耶?

这是唐代诗人李白为了让韩朝宗举荐他而给韩朝宗写的一封信中的一段话。大意是劝韩朝宗不要舍不得台阶前面一尺宽的地方,给李白一个官职,好让他扬眉吐气,振奋得意地步步高升。

后人用"扬眉吐气"的这个典故比喻摆脱了长期受压抑的境况,心情得到舒展,感到畅快高兴。

怡然自得

典出《列子·黄帝》:黄帝既悟,怡然自得。又见晋·陶潜《桃花源记》:黄发垂髫,并怡然自乐。

晋朝孝武太原年间,武陵地方,有个打鱼的人。有一天,他顺着小溪捕鱼,忘了路程的远近,一直往前走,走进了一片桃花林。此处风景十分优美,为世上所罕见。渔人觉得奇怪,总想看看这座桃林到底有多远多宽。当他把桃林走完时,便发现山旁有一个洞,里面似乎还有光亮。他便走进洞去,初时道路狭窄,再走几十步,豁然开朗,简直是一片平原。平原上桃红柳绿,房舍俨然,男耕女织,怡然自得,人人过着自由幸福的生活。他们看见渔人进来,家家都设酒杀鸡,招待渔人。在言谈中,渔人才知道里面的人是他们的祖先为避秦代的祸乱,才逃进这个洞里来的。他们与世外隔绝多年,也不想再出去了。外面是个什么世道,他们也不知道。渔人在这洞中的平原里待了几天,受到各家各户的热情招待。当他辞别这些好客的主人们时,大家都告诉他:"洞中情况,不要给外边的人说。"

渔人出来后沿着原来的路往回去,还处处做了标记。到武陵后,渔人就把这事告诉了太守。太守马上派人去找那个世外的桃源,找来找去,毫无结果。

后人用"怡然自得"形容高兴而自满的样子。

于思于思

典出《左传·宣公二年》：宋城，华元为植，巡功。城者讴曰：其目，皤其腹，弃甲而复。于思于思，弃甲复来。

春秋时期，有一年郑国派军队攻打宋国，郑国统率军队的是公子归生。宋国派华元和乐吕率兵抵抗。出发之前，华元杀羊犒赏士卒，却单单忘记了替华元驾驭战车的羊斟。羊斟没吃着羊肉，非常恼怒，暗暗骂道："华元你等着吧，战场上见！"

郑军与宋军在大棘这个地方交战了。华元指挥军队向前攻击。为华元驾车的羊斟，狠劲儿地抽打马背，朝华元喊：

"统帅大人，前天吃羊肉是你作主，今天的战车可由我作主了！"他把战车赶到郑军阵中，结果华元被俘虏，郑军获得大胜。宋军的副统帅乐吕阵亡，尸首被郑军抢去，宋军损失了 460 辆战车，有 250 名士卒当了俘虏，战死的军士被郑军割去 100 只耳朵。

宋国君主听说自己的军队统帅被郑国囚禁，便派使臣带着 100 辆兵车、400 匹良马，与郑国谈判，要求赎回华元。礼物刚送去一半，华元自己逃了回来。羊斟看见华元回到宋国，吓得逃亡到鲁国去了。

不久，宋国修筑城墙，华元负责巡视工程。一天他来到工地，民工们看见华元，便唱起歌来：

"挺着大肚皮，你还瞪着眼，

损兵折将、丢掉皮甲往回转，

满腮胡子，胡子满腮，

丢了皮甲逃回来！"

华元听了也不生气，他让侍从唱着回答：

"只要有牛就有皮，

犀兕咱们多得是，

丢了皮甲算什么！"

民工们哄笑起来，又有人唱道：

"就算你的牛皮多，

没有红漆可奈何？"

华元说不过民工们，便吩咐侍从："我们走吧，他们人多嘴巴多，我只有一张嘴！"华元赶忙转到别处去。

成语"于思于思"就是由此而来,意思是胡子又多又长,后人用这句成语形容人的鬓须茂盛。思,这里同腮的意思。于思:鬓须盛貌。

成语"各自为政"也是由这里来的,原文载道:"畴昔之羊,子为政;今日之事,我为政"。"各自为政"原意是各人按照自己的主张办事,谁也管不了谁,也比喻各行其事,谁也管不了谁。现在则用这句成语比喻各行其事,不顾全局。

源源而来

典出《孟子·万章上》:虽然,欲常常而见之,故源源而来。

有一天,孟子的学生万章去问孟子道:"象每天都想谋杀舜,可是舜做了天子却没有杀他,只是把他流放了,这是为什么?"孟子说:"其实是封他于有庳,不过有人说是流放罢了。"万章听了并不满意,又问道:"为什么有人说是流放呢?"孟子说:"舜虽以有庳之地封他,但不让象在他的国土上为所欲为,所以另自派官吏去治理这个国家,因此有人说是流放。"万章继续问道:"舜为什么要这样做呢?"孟子想了一想说:"他们到底是弟兄,这是仁人的作法啊!舜想常常见到自己的弟弟,象自然也想见到舜并希望给他一块封地,这样,象便可借朝贡源源而来,舜也可常常借故有政事而接待象。"万章听到这里,觉得没有什么可问的了,就辞别孟子而去。

后人用"源源而来"表示连续不断地到来。

辗转反侧

典出《诗经·周南·关雎》:求之不得,寤寐思服。悠哉悠哉,辗转反侧。朱熹集注:辗者,转之半;转者,辗之周;反者,辗之过,侧者,转之留。昏卧不安席之意。

《关雎》是古代的一首恋歌,列《诗经》全书之首,也是十五国风的第一篇。《诗序》说此诗是歌咏"后妃之德"的,《鲁诗》则说是大臣(毕公)刺周康王好色晏起之作。现代一些研究者也有的以为是写上层社会男女恋爱的作品。

这首恋歌的大意是:河边有个采荇菜的姑娘文静又秀丽,一个青年男子求她结情侣。追求她,求不到,日夜渴慕思如潮。相忆绵绵恨重重,躺在床上翻来覆去睡不宁。后来,这个青年男子弹琴娶她喜洋洋,两人终于结成情侣。

后人用"辗转反侧"形容心里有所思念,翻来覆去地不能入睡。

正襟危坐

典出《史记·日者列传》:宋忠、贾谊瞿然而悟,猎缨正襟危坐。

西汉时,有一个叫司马季子的人,通天文地理,见识极高。他游学长安,以卖卜为生。有一天,大夫宋忠和博士贾谊在一起谈论先王圣人之道术。贾谊说:"我常听说,古之圣人,不在朝廷为官,必然在卜医者的行列中。现在朝廷中的三公九卿我们都见过了,不知卜者中是否还有能人。于是,他们二人便来到市井的卜肆中。当时,刚下过雨,肆上人很少,司马季子正由三、四个弟子侍候着在那里谈天说地。宋忠和贾谊很恭敬地拜见了司马季子。司马季子请他们坐下之后,便滔滔不绝地讲了起来,语数千言,无不顺应天理。

宋忠和贾谊深为司马季子的博闻强记和表达才能所折服,二人揽其冠缨正其衣襟,恭敬严肃地说:"看先生之状貌,听先生之言辞,实在是位了不起的人物,我们接触了许多知名人物,没有一个比得上先生的,你为何要身居卜肆干此卑贱之事呢?"司马季子听罢捧腹大笑,说贤明的人是不和不肖之辈同流合污的。

"正襟危坐"即正其衣襟端端正正地坐着。形容恭敬严肃的样子。

趾高气扬

典出《左传·桓公十三年》:楚屈瑕伐罗,斗伯比送之,还,谓其御曰:"莫敖必败,举趾高,心不固矣。"

春秋时期,楚国的武王派大将屈瑕,带兵去进攻罗国。楚国大夫斗伯比为他送行。回来的路上他对驾车的人说:"你瞧屈瑕走路把脚抬得高高的,有多神气。他太骄傲了,不把敌人放在心上,这次打仗他一定要失败!"

回来之后,斗伯比马上去见楚武王。他对武王说:"请您派援军快去帮助屈瑕吧!"

武王说:"那怎么可以呢? 我们已经没有军队可派了!"

武王没有听取斗伯比的意见,回到宫中对他的夫人邓曼说:"你看斗伯比这人多怪,他明知我已无兵可派,却让我派兵去支援屈瑕!"邓曼想了一会儿,对楚武王说:

"我看斗伯比的意思并不在于派援军,而是说屈瑕自以为是,不听人言,贪恃以前的战功,以为这次攻打罗国必然获胜,因而轻敌。你应该教训、告诫屈瑕。"

"哦,原来是这样!"楚武王明白了斗伯比的用意,赶快派人去追回屈瑕,可是已经来不及了。

屈瑕将军队带到鄢水岸边,由于他毫无防备,又没有认真组织兵士渡河,结果在楚军过河的时候,遭到罗国军队的左右夹击,大败而逃。屈瑕一个人跑到山谷里上吊自杀了,其他的将领逃回楚国,向楚武王请罪。楚武王沉痛地说:"这是我的过错,我没有多听听大家的意见,就派了屈瑕为将,才有今天的失败!"

后来人们就用"趾高气扬"这句话,形容骄傲自大、得意忘形的样子。

重足而立,侧目而视

典出《史记·汲郑列传》:令天下重(chóng 虫)足而立,侧目而视矣!

西汉时,有一个大臣叫汲黯(jiàn),字长儒,濮阳(今河南濮阳西南)人。汉武帝时任东海太守,继为主爵都尉。他性情刚直,常直言切谏。如果发现别人有什么过错,他便毫不留情地加以指责,甚至汉武帝有什么不对,他也敢当面提出。

当时,有个叫张汤的文官,因为擅长刑律法令,很受汉武帝重视。张汤制定的法令非常苛刻、残酷,汲黯对此很不满意。有一次,他们两人发生了争论,汲黯指着张汤骂道:"天下人都说刀笔吏(办理文书的小官)不可以居高位,果然如此。如果定要按你张某的办法去做,天下人就会害怕得坐立不安,连正眼看东西都不敢了。"

"重足而立,侧目而视"这句成语的意思是,并拢脚站着,不敢前进;斜着眼看,不敢正视。后人用"重足而立,侧目而视"的这个典故比喻非常恐慌的样子。

经济篇

抱鸡养竹

典出《古今潭概》：唐新昌县令夏侯彪之，初下车，问里正曰："鸡卵一钱几颗？"曰："三颗。"彪之乃遗取十千钱，令买三万颗，谓里正曰："未便要，且寄鸡母抱之。遂成三万头鸡，经数月长成，令县吏与我卖，一鸡三十钱，半年之间，成三十万。"又问："竹笋一钱几茎？"曰："五茎。"又取十千钱付之，买到五万茎。谓里正曰："吾未须笋，且林中养之，至秋成竹，一茎十文，积成五十万。"

唐朝新昌县令夏侯彪之，刚到任，就向里正打问道："鸡蛋一个钱几颗？"里正回答说："三颗。"县令便叫取出一万钱，让买三万颗鸡蛋，并对里正说："我现在不要这些鸡蛋，你可让孵卵的母鸡给孵化出来，就得三万只鸡，过几个月，等它们长大后，让县吏给我卖掉，一只鸡三十个钱，半年之内就是三十万钱。"

过了一会儿，县令又问里正："竹笋一个钱几根？"里正回答说："五根。"于日又取出一万钱交给里正，让买五万根竹笋，并吩咐里正说："我现在不要笋，你就在林园里给我培育起来，到秋天长成竹，一根卖十个钱，便可得五十万钱。"

后人用"抱鸡养竹"的这个典故鞭挞那些贪官是如何利用职权，想方设法，剥削劳动人民的。

不见可欲，使心不乱

典出《老子》三：不见可欲，使心不乱。是以圣人之治也，虚其心腹，弱其志，强其胃，恒使民无知无欲也。

唐朝天宝年间，长安一士人名房德，生得伟岸丰躯，家贫落魄，全亏妻子贝氏纺织度日。贝氏小家子出身，器量窄，嘴头子刀一般快，因此房德怕她。这一日房德出门，忽地遇一阵风雨，房德衣衫破旧，长了一身寒粟子，只得奔到一古寺中避雨。却见墙上画了一只禽鸟，翎毛、翅膀、足儿、尾儿件件都有，单单不画鸟头。

房德心想："常闻人说：'画鸟先画头'，画法怎地不同？"乃向和尚借笔，把鸟头画出。刚画完，一汉子便来邀他出门，直到乐游原旁一座房里，里面走出十四五个汉子，一起向房德拜伏在地，欢喜曰："我等乃江湖上豪杰，俱是一勇之夫，故此对天祷告，遣个足智多谋的人，画足鸟头，便让他做大哥。今天幸遇秀才这般魁伟，正是真命寨主。"便奉上锦衣、新靴，宰猪杀羊，祭神摆席，不由房德推辞。古语云："不见可欲，使心不乱"，房德本是贫士，便想："如今贿略公行，不知埋没多少高才，便依他们胡做一场，也落得半世快活。"酒后已是初更天气，便率众人去延平门外王家打劫。王家有抵国之富，防卫健儿有三十来人，加以庄子前后住庄客甚多，这伙人晦气撞在网里，终被打翻数人，房德亦在数内。是时县尉乃李勉，他见房德系初犯，且又系落魄秀才，怜其才貌，便嘱狱吏王太私下将其放脱。房德一径逃往范阳，投奔安禄山。安禄山久蓄叛志，见房德有才，竟放他做了柏乡县令。

李勉因放走房德，被参"渎职"，罢官为民。他原是个清官，居家二年贫困益甚，乃离家往河北访友，途经柏乡县恰遇房德。房德大喜，乃邀入县衙，并与贝氏商量：怎地厚赠报恩。那贝氏道："今若报得薄了，他翻过脸来将旧事和盘托出，你性命难保。报得厚了，做下例子，时时来取索，稍不满欲，必然又揭旧案。自古有言：大恩不报。况且他口如不严，被人知你强盗出身，祸患无穷，不如差人将他刺死，永绝后患。"那房德原来就怕老婆，见她说得有理，便派人去刺杀李勉。谁知这刺客竟是一个大侠士，访知李勉是个清官，又访知李勉义释房德的经过，今见房德反而恩将仇报，如何肯为他去刺杀李勉？于是反戈一击，杀了房德夫妻，飘然而去。

后人用"不见可欲，使心不乱"这个典故比喻看不见能够引起欲念的东西，心就不会乱。

常将有日思无日，莫待无时思有时

典出《警世通言·桂员外途穷忏悔》。

元朝大顺年间，苏州富翁施鉴，是个爱财如命的守财奴。其子施济却又散财好客，周贫恤寡，豪侠仗义。施鉴惟恐儿子将家财散尽，乃密将金银埋藏于地窖数处，不使儿子得知，正是：常将有日思无日，莫待无时思有时。

谁知施鉴一夕五更睡去便不醒了，不曾留下片言遗嘱。其时施济已四十来岁，只生一男，中年得子，便收拾三百两银子，到虎邱山拜佛感谢。忽听得有人哭泣甚惨，上前一看，认得是旧时邻居桂富五，再三盘问，才知他被债主逼迫，家产盘剥一空，鬻子卖妻还不足数，因此想投水自尽。施济是个豪爽性子，悯其遭际，

立即赠银三百,代还债务,并将眢门外枣园一所、茅房数间、田十亩借与桂富五一家居用,两家从此就如亲戚往来,不觉过了三年多。

一日,桂富五在桑枣园银杏树下挖得一千五百两窖银,这恰是施鉴埋下的一处银两,桂富五大喜,瞒过施济,悄悄在会稽地方购下房、田产,三年经营乃成富翁。这年,施济得病死了,桂富五携家眷离开苏州,径至会稽落户。

施济生前好施乐善,家中早已空虚,又经这番丧中用费,不免欠下债务。夫人严氏守着孤儿施还,无法度日,遂想起当初曾给桂富五三百两银子的事,又听说桂家近来富足,便携儿远去会稽求助。

谁知:"蝮蛇口中牙,蝎子尾后针,两般犹未毒,最毒负心人。"那桂富五不仅不认帐,且恐施家不断求索,相待十分冷淡,竟不顾旧日恩情,将桂家母子推搪回去。

严氏携施还怄气归来,一病三月,诸医无效,一命归阴。施还年轻,衣衾棺椁一事不办,只得将住宅卖断与人。拆迁之际,在祖父天花板上得一小匣,拆开看时,只有帐薄一本,内开:某处埋银若干,某处若干,如此数处。遂挖掘出来,一一如数,只桑枣园树下一千五百两只剩空坛。于是施家赖以中兴。

桂富五赶走施家母子后,以为得计,谁知他儿子又嫖又赌,竟将家产挥霍殆尽,又复贫穷下来。追思前事,又悔又愧,遂终身吃斋念佛,洗心革面,重新做人。

后人用"常将有日思无日,莫待无时思有时"的这个典故比喻劝人节约、有计划地过日子,切莫挥霍以至后悔。

澄子亡缁衣

典出《吕氏春秋·淫辞》:宋有澄子者,亡缁衣,求之涂。见妇人衣缁衣,援而弗舍,欲取其衣,曰:"今者我亡缁衣!"

妇人曰:"公虽亡缁衣,此实吾所自为也。"

澄子曰:"子不如速与我衣!昔吾所亡者纺缁也,今子之衣禅缁也。以禅缁当纺缁,子岂不得哉!"

宋国有个人名叫澄子,丢了一件黑衣服,到路上去找。看见一个妇人穿着一件黑衣服,便扯住不放,想扒下她的那件衣服来,说:"刚才我丢了一件黑衣服!"

妇人说:"先生虽然丢了黑衣服,可这件衣服是我自己做的呀。"

澄子说:"你不如赶快把衣服给了我!原先我丢的是件夹衣,如今你这件是单衣,拿单衣当夹衣,你还不便宜吗?"

这则寓言是对淫辞诡辩之徒的讽刺。澄子横路认妇缁衣,计其禅与纺以为辩,理歪嘴硬,以非为是,正是所谓辩士的形象。不过,这则寓言所包含的客观意义,还远不止此。澄子强词夺理,胡搅蛮缠,看来好像逻辑思维的混乱,其实乃是强烈的私有欲使他发了疯。

吃人无厌

典出《事林广记》:有人养一虎,毛文可爱。每日将谷与他吃,不吃;又将米喂它,又不吃;将饭菜与它,都不吃。忽有一小儿经过,被他一口吃尽;又有一丈夫过,又被它和衣服尽数吃了。主人乃大声云:"畜生!许多物不吃,原来你吃人无厌饱时。"

有人养了一只老虎,毛皮的图案非常好看。主人每天拿谷物给它吃,老虎不吃,拿米喂它,也不吃,又将饭菜给它吃,它全不吃。突然有一个小孩路过,老虎一口就把他给吃掉了;一个男子经过,老虎连带他的衣服一块吃掉了。主人看见大声斥责说:"你这个畜生,给你那么多东西你都不吃,原来你吃人吃不厌。"

后人用这则寓言讽刺爱贪便宜的人。这种人面皮厚,有席就坐,有肉就吃。

楚人遗弓,楚人得之

典出《孔子家语·好生》:楚共王一次出游,把宝弓丢了。他手下的人要去寻找,共王曰:"止,楚人遗弓,楚人得之,又何求焉?"

战国时,楚共王带了随从出去打猎,中午野餐时,把弓矢解下来,放在地上,大家欢饮后,继续去打猎。走了二十多里山路,忽然发现,把弓遗失在地上,忘记拿了。这张弓是上品,用最好的材料做成,饰以金玉,深为共王所爱。左、右侍者很惶恐,立刻要去找回来。楚共王说:"不必找了,我是楚国的人,拾到弓的人也必然是楚国的人。楚人遗弓,楚人得之,何必一定要找回到我本人手里来呢?"左右大臣都认为楚王心胸开阔。这句话后来压缩成四字成语"楚弓楚得"。

后人用"楚人遗弓,楚人得之"的这个典故比喻利益并未外流。

醇酒妇人

典出《史记·魏公子列传》：公子自知再以毁废，乃谢病不朝，与宾客为长夜饮，饮醇酒，多近妇女。日夜为乐饮者四岁，竟病酒而卒。

战国时，魏国有一个叫魏无忌的人，他是魏安釐王的弟弟，因封于信陵（今河南宁陵），号信陵君。公元前260年，秦军在长平将赵国的四十万士兵消灭以后，包围了赵国的都城邯郸。赵国向魏国求救，魏安釐王不愿派兵救援。魏无忌为了救赵，请魏王的宠姬如姬窃得发兵的虎符，击杀了魏将晋鄙，夺得了兵权，挑选了八万精兵，帮助赵国打败了秦国。

魏公子虽然窃兵符救了赵国，但却因此得罪了魏安釐王。打败秦国以后，他把军队和兵符交给魏国的将军带回去，自己留在赵国，一呆就是十年。秦国见此情形，便连连出兵伐魏。魏王害怕秦国的威势，使人请魏无忌回国。起初，魏无忌不肯，后经人劝说，才回到魏国。魏王把上将军印授给了魏无忌。各国诸侯听说魏无忌又回到魏国带兵了，纷纷发兵援助魏国，共同对付强秦。魏无忌联合五国击退了秦将蒙骜的进攻。从此，魏无忌更加名扬诸侯，威振天下。

秦国见此情景，很害怕，便使用了反间计，用重金收买了晋鄙的一些旧友，造了魏无忌不少谣，使魏王罢了魏无忌的兵权。魏无忌心灰意冷，从此便消沉起来，称病不上朝，与一些宾客日夜饮酒作乐，沉溺于酒色之中，四年以后，因酒色过度而死。

"醇酒妇人"这个成语原指沉溺于酒色，后常用于形容颓废腐化的生活。

措大吃饭

典出《东坡志林》：有二措大相与言志。一云："我平生不足，惟饭与睡耳。他日得志，当饱吃饭了便睡，睡了又吃饭。"一云："我则异于是。当吃了又吃，何暇复睡耶！"

有两个穷酸秀才，相互谈论着自己的雄心大志。

一个说："我这一辈子都不富足，只想吃饱了饭、睡足了觉就罢了。将来，有朝一日得志，我定要吃饱了饭便睡觉，睡足了觉又吃饭。"

另一个说："我却和你不一样。我必定要吃饱了再吃，哪里有闲工夫去睡觉呀！"

后人用这则寓言说明人各有志，但有崇高远大和目光短浅之分。这两个穷酸秀才的"雄才大志"，不过是吃饱了便睡，或者吃饱了再吃——满脑子自私享乐，全没有一点济世救民的意愿，活骂煞北宋时期一些寄生腐儒的丑恶本性。

盗玉大夫

典出《尹文子·大道上》：魏田父有耕于野者，得宝玉径尺，弗知其玉也，以告邻人，邻人阴欲图之，谓之曰："此怪石也，畜之弗利其家，弗如复之。"田父虽疑，犹录以归，置于庑下，其夜玉明，光照一室。田父称家大怖，复以告邻人。曰："此怪之征，遄弃殃可销。"于是遽而弃于远野。邻人无何盗之，以献魏王。魏王召玉工相之，玉工望之再拜而立："敢贺王得此天下之宝，臣未尝见。"王问其价，玉工曰："此无价以当之，五城之都，仅可一观。"魏王立赐献玉者千金，长食上大夫禄。

魏国有个老农在郊外耕田，无意间掘得一块一尺见方的玉石。

他不知是玉，就去问邻居。邻居一见，心起歹意，想弄到手。于是，对他说："这是一块怪石，保存它对全家不利，不如扔回去。"

老农听了，心中虽有疑虑，但还是把它抱回家里，放在廊下。当天夜晚，宝石大放光明，满屋生辉。农夫一家，非常害怕，又去告诉邻居。

奸诈的邻居故意恐吓说："这就是怪异的征兆啊！赶快把它扔掉，还可以消灾免祸。"

于是，老农立即把宝玉扔到很远的野外去了。

那个邻人一会儿就把宝玉偷了回来，献给魏王。

魏王召来玉工检验。玉工一见，急忙向魏王叩头，表示祝贺，说："恭喜大王获得天下稀有的珍宝！这样名贵的玉石，我还从未见过呢！"

魏王忙问宝玉的价值，玉工回答到："这是无价之宝，不能用金钱估量。即使用五个城的地方作代价，也只能看一眼而已。"魏王听了大喜，立即赏赐献玉的那个人一千金子，永远享受上大夫的俸禄。

后人用"盗玉大夫"这个典故讽刺那些不择手段地把别人的财宝据为己有，并转手牟取暴利的人。

道士包醮

典出《广笑府》：一斋家欲请数道士设醮，一道士极贪财，不顾性命，但欲尽得斋钱，一应宣疏、礼忏击法器等项，俱是一身包做。不分昼夜，脚忙手乱，劳无一息之停。至第三日拜章，遂晕厥倒地。斋家恐虑有人命之累，因商量且请土工扛出，再作区处。其道士在地闻知，乃挣命抬头谓斋家曰："你且将雇土工银与我，等我替你慢慢爬出去罢！"

一个吃斋的人想请几个道士做道场。一个道士特别贪财，想得到所有的斋钱，把宣疏、礼忏、击法器等各项工作自己一个人全包了下来。他不分昼夜，忙得手忙脚乱，片刻也不得休息。到了第三天拜章的时候，竟晕倒在地上。主人家怕会出人命，就商量请人将他扛出去，再做别的安排。道士在地上听见后，拼命抬起头来说："你把雇人的银子给我吧，我替你慢慢爬出去。"

这则寓言反映了贪得无厌的丑行。

得人遗契

典出《列子·说符》：宋人有游于道，得人遗契者。归而藏之，密数其齿。告邻人曰："吾富可待矣！"

宋国有个人，外出路上，拾到一张别人遗弃的废契据，十分高兴。他急急忙忙跑回家去，把它藏了起来，并悄悄屈指数算契据的期限，很得意地告诉邻居说："我发财的日子快到了。"

后人用"得人遗契"的这个典故讽刺那些把赌注全下在不切实际的主观幻想上，企图不劳而获，坐享其成的人。

点石成金

典出《神仙传》：许逊，南昌人。晋初为旌阳令，点石化金，以足逋赋。

晋代初年,有一个县令叫许逊。此人身在官场,实为道士。他经常装神弄鬼,咒符作法,并编造一些离奇古怪的故事,让人们相信他真是位道术高深的仙人。不少人还真让他给懵住了,都称他为许真君。

据晋代葛洪编的《神仙传》记载,这位许逊在当旌阳令的时候,老百姓交不起租子,他施展法术,把石头点化成黄金,替百姓上缴欠租。

后人常用来比喻把别人不好的文章改为好文章。

钓鳏鱼

典出《孔丛子·抗志》:子思居卫,卫人钓于河,得鳏鱼焉,其大盈车。子思问之曰:"鳏鱼,鱼之难得者也。子果何得之?"对曰:"吾始下钓,垂一鲂之饵,过而弗视也;更以豚之半体,则吞之矣。"

子思喟然叹曰:"鳏虽难得,贪以死饵;士虽怀道,贪以死禄矣。"

子思居住在卫国。卫国人在黄河钓鱼,得了一条大鱼,大得可以装满一辆车。子思问钓鱼的人说:"鳏鱼,是很难得的鱼。您到底是怎么钓到的呢?"钓鱼人回答说:"我开始下钓,只垂下一只鳊鱼的诱饵,那鱼经过那里连看都不看一眼;我换上猪肉做的钓饵,那鱼就来吞钩了。"

子思听了,"唉!"地长叹了一声说:"鳏鱼虽然难钓,却因为贪吃钓饵而死亡;有些读书人虽然胸怀大志,却因为贪图俸禄而身败名裂。"

这个故事告诫人们不能贪图享受。

东壁余辉

典出:汉·刘歆《列女传》。

传说齐国东海地方有一个女子,名叫徐吾,她的家境非常贫寒。每天夜里,她与邻女们聚在一间大屋子里纺线绩麻,而照明的蜡烛则由每个女子由家里带来。

徐吾因为穷,所以她带来的蜡烛最少。有一个姓李的女子很不高兴,便对其他人说:"徐吾带的蜡烛不够,以后不要她来和我们一起干活了。"

徐吾听了此话,颇感不平,她分辩道:"你怎么能这样说呢?大家都看得到,我每天来得最早,休息得最迟。天天打扫好房间铺好席子等你们来。坐的时候

也自觉地坐在下面。这都是因为我穷，自知带的蜡烛太少。何况，同一间屋子内，多我一个人，烛光不会暗淡一点；少我一个人，烛光也不会明亮一些，而我只需借着照在东墙上的余光，就可以每天干自己的活。请你们不要吝惜那一点余光，让我蒙受大家的同情与恩惠吧。"

见徐吾说得很有道理，而且她也的确让人同情，其他女子都不再有异议，李女也无话可说了。从此，徐吾仍天天与邻女们在一起纺线绩麻，也不再有人因为她带的蜡烛少而说三道四了。

后人用"东壁余辉"的典故形容希望沾点别人的光，使自己得到帮助和照应。

东海黄公

典出《郁离子》：安期生得道于之罘山。持赤刃以役虎，左右指使进退如役小儿。东海黄公见而慕之。谓其神灵之在刀焉，窃而佩之。行遇虎于路，出刀以格之。弗胜，为虎所食。

安期生在之罘山得道成仙了。他拿着一把红色的刀能够驱使老虎。他用刀左右指挥，要老虎进就进，退就退，好像使唤小孩子一般。东海有个黄公，看到这种情况很羡慕。他以为安期生的神妙本领就在刀上，于是偷了来佩带在身上。不久，在路上碰到老虎，黄公拿出刀来与虎搏斗。那刀一点儿也不灵。斗不过老虎，黄公就被老虎吃掉了。

这则寓言是改造汉代杂戏"东海黄公"而写成的。原意是讽刺妄求非分的人。

囤积居奇

典出《史记·吕不韦列传》。

战国时候，卫国濮阳（今属河南）有个商人叫吕不韦，来往于当时的各国经商。当他到了赵国都城邯郸时，得知秦国昭襄王的孙子异人正在赵国做人质抵押，被羁留在丛台这个地方，而且穷困潦倒。吕不韦便根据他平时做生意赚钱的思想，想把异人当作一件奇特的货物积囤起来，好待机发个大财。于是，他回家后问他父亲："耕田的利益有几倍？"他父亲回答说："十倍。"他又问："如果扶助一个人当上国君，掌握天下的土地山河，这种利益有几倍呢？"他父亲笑道："怎能得一个人把他扶助做国君呢？若能这样，利益便有千千万万倍，无法估计。"于是，吕不韦便拿出钱来结交了监守异人的赵国大夫公孙干，由公孙干介绍认识了异人，并且私下对异人说，他准备拿出一千金子到秦国劝说秦太子和太子最宠爱的妃子华阳夫人，想法把异人弄回秦国去。异人听了当然求之不得。

不久，吕不韦的计谋果然成功，异人逃回秦国，华阳夫人认他作嗣子，太子安国君叫他改名为子楚。后来，秦昭襄王和太子安国君相继死去，子楚便继位，称庄襄王，拜吕不韦为相，封为文信侯。

后人用"囤积居奇"或"奇货可居"这个典故比喻把某种货物或所擅长的学识、技能暂时囤积或隐藏起来，等待好的价钱或机会。

夫妻争度金

典出《迂仙别记》：里中有富家行聘，盛筐筐而过公门者。公夫妇并观之，相谓曰："吾与尔试度其币金几何？"妇曰："可二百金。"公曰："有五百。"妇谓必无，公谓必有。争执至久，遂相詈殴。妇曰："吾不耐尔，竟作三百金何如？"公犹诟詈不已，邻人共来劝解。公曰："尚有二百金未明白，可是细事？"

乡里有一富户举行订婚礼，竹筐里盛满礼金走过迂公的大门。迂公夫妇一同看见了，互相说道："我和你打赌猜一猜这筐里的钱币有多少？"

妻子说："大约有二百金。"

迂公说："我看有五百。"

妻子说绝对没有那么多，迂公说必定有。争执很久不下，就互相打骂起来。

妻子说："算啦，算啦！我也没有耐心了，最终作三百金怎么样？"

迂公还是责骂不止，邻人们都来劝解。迂公说："还有二百金没弄明白呢，这是小事吗？"

后人用这则寓言说明人和人（包括夫妻）相处时，在一些非原则的小事上就应该糊涂一点，这样才能求同存异、和睦相处。如果事无巨细都要辩个是非，那就像迂公一样，日子是一天也过不下去的。

夫人属牛

典出《笑得好》：一官寿诞，里民闻其属鼠，因而公凑黄金铸一鼠，呈送祝寿。

官见而大喜,谓众里民曰:"汝等可知道我夫人生日只在目下,千万记着夫人是属牛的,更要厚重实惠些。但牛肚里切不可铸空的。"

一个县官要过生日了。当地的人听说他属鼠,就一块凑了一些黄金铸了一只老鼠拿去祝寿。县官看见了非常高兴,对他们说:"你们可知道我的夫人马上也要过生日了,一定要记住她是属牛的。你们送的礼一定要更加厚重实惠一些,切记牛肚子里千万不要铸成空心的。"

这则寓言是根据冯梦龙《笑府》中同一故事改写的。它既讽刺了官府的贪得无厌,也嘲笑了下属的吹牛拍马。

赴火虫

典出《田间书》:林子夜对客,有物粉羽,飞绕烛上。以扇驱之,既去复来。如是者七八,终于焦首烂额,犹扑扑,必期以死。人莫不笑其愚也。予谓声色利欲,何啻膏火?今有蹈之而不疑、灭其身而不悔者,亦宁免为此虫笑哉?噫!

一天夜里,林子和客人闲坐聊天,有一只翅膀带粉的蛾子,绕着蜡烛飞来飞去。用扇子去赶跑它,刚飞走又飞了回来。像这样反复了七八次。那蛾子终于被蜡烛的火苗烧得焦头烂额,落在地上,还把翅膀拍打拍打地抖动,最后直到死亡为止。人们没有不笑它愚蠢的。

我说世上的人们拼命追逐的声色利欲,何止像这照明的油火?现今有些践此道路而不怀疑。毁灭了身躯而不后悔的人,岂不是也免不了要遭到这个蛾虫所受的讥笑吗?唉!

后人用这则寓言说明人们追逐声色利欲,就像飞蛾扑火一样。飞蛾扑火而死,人们笑其愚蠢;人们追逐声色利欲,毁名灭身,岂不更加可笑。

富翁五贼

典出《厅史》:昔有一士邻于富,家贫而屡空,每羡其邻之乐。旦日,衣冠谒而请焉。富翁告之曰:"致富不易也!子归斋三日,而后予告子以其故。"如言,复谒,乃命待于屏间。设高几,纳师资之贽,揖而进之,曰:"大凡致富之道,当先去其五贼。五贼不除,富不可致。"请问其目。曰:"即世之所谓仁、义、礼、智、信是也。"士卢胡而退。

从前，有一个士人和一家富翁作邻居，自己家境长期贫困，每每羡慕邻家的富有快活。这一天，他穿整齐了衣服去谒见邻居，并去请教致富的方法。

富翁告诉他说："求富不是件容易的事啊！你先回去戒斋三天，然后我再告诉你致富的方法。"

士人按照邻居的话去做了，再次去谒见。富翁便让他在屏风外面等着。富翁摆设了高几，接受了对方请求拜老师的礼物，作了个揖，而后请士人进屋说："大概说来，求富的道理，应当首先革除五大祸害。五大祸害不革除，富贵是不可能求得的。"

士人请问五大祸害的名目。

富翁说："就是世界上所谓的仁、义、礼、智、信这五大条目呀！"

士人听罢，掩口嘿然而去。

后人用这则寓言揭露了富人的本质。孟子说："为富不仁"。这里的富人，更坦白、更彻底地指出，致富之道，不但要去掉仁，而且仁、义、礼、智、信，所谓"五行"，要统统去掉。富人致富，是以压榨剥削为前提的，对穷人越不讲仁义礼智信，压榨剥削得越残酷，当然也就越容易致富了。

狗头上搁不住骨头

典出宋《灵异小录》。

唐朝的时候，有个道观，观里派了个名叫裴元智的道士看管观里的财产，谁知裴元智竟把钱财全部偷跑了。临走时，在他寝室的墙上题诗一首，共四句话："将肉道狼守，置风向狗头。自非阿罗汉，焉能免得偷。"译作现代口语是："你们派我守财物，好像派狼守肥肉，又像狗头上放骨。我又不是活菩萨，怎能不偷守仓库？"众道士见了又气又好笑。主持观主觉得这个小偷说了实话，也就不再追究了。

后人用"狗头上搁不住骨头"这个典故比喻财物交给贪心的人管是靠不住的。

棺中鬼手

典出《谐铎》：萧山陈景初，久客天津。后束装归里，路过山东界。时岁大饥，穷民死者无算，旅客萧条，不留宿客。投止一寺院，见东厢积棺三十余口；西厢一棺，岿然独存。

三更后，棺中尽出一手，皆焦瘦黄瘠者；唯西厢一手，稍觉肥白。陈素负胆力，左右顾盼，笑曰："汝等穷鬼，想手头窘矣，尽向我乞钱耶？"遂解囊橐，各选一大钱予之。东相鬼手尽缩，西厢一手伸出如故。陈曰："一文钱恐不满君意，吾当益之。"增至百数，兀然不动。陈怒曰："是鬼太作乔，可为贪而无得矣！"竟提两贯钱，置其掌，鬼手登缩。陈讶之，移灯四照，见东厢之棺，绵书饥民某字样；而西厢一棺，上书某县典史某公之枢。因叹曰："饥民无大志，一钱便能满愿；而此公惯受书仪，不到其数，不收也。"已而钱声戛响，盖因棺缝颇窄，鬼手在内强拽，苦不得入；绷然一声，钱索尽断，青蚨抛散满地。鬼手又出，四面空捞，而无一钱入手。陈睨视而笑曰："汝贪心太重，乘得一双空手；反不如若辈小器量，还留下一文钱看囊也！"而手犹掏摸不已。陈击掌大呼曰："汝生前受两贯钱，便坐私衙打屈棒，替豪门作犬马。究竟积在何许？何苦今日又弄此鬼态耶？"言未已，闻东厢之鬼长叹，而手亦遂缩。天明，陈策蹇就道，即以地下散钱，奉寺僧为房资焉。

萧山人陈景初，长期在天津作客商。后收拾行装回老家，路过山东地界。这一年正遇上大饥荒，饿死的穷苦百姓数也数不清，旅店生意萧条，都不愿留住旅客。他只好投奔到一座寺庙里去居住。看见东厢房里堆积着三十几口棺材；西厢房里只有一口棺材，高耸着棺头独占在那里。三更之后，棺材里各伸出一只手来，都是焦黄干的样子；只有西房棺材里的那只手，稍微肥白一些。陈景初平素自恃有胆力，他左右观看着，笑道："你们这些穷鬼，想来是手头困难了，都来向我要钱了吧？"就解下钱口袋，各选了一个大钱送给它们。东厢房里的手都回去了；惟独西房里的那只手依然如故地伸着。陈景初说："一文钱恐怕还不能满您的心意，我当再增添一点。"一直增加到一百多，那只手还是高擎着不动。陈景初生气地说："这个鬼太恶劣了，可称得上是贪而无厌的啦！"最后拿起两贯钱，放在那鬼的手掌上，鬼的手顿时缩回去了。陈景初很惊异，端过灯来四面照了照，见东厢房里的棺材前面，都写着"饥民某某"的字样；而西厢房的那口棺材，上面写的却是"某县典史某公之枢"。因而叹了一口气说："饥饿的百姓并无过奢的要求，一文钱便满足愿望了；但此公惯于接受贿赂礼物，不到他心中计算的数目，是不会把手收回去的。"

过了一会，西厢房里忽然发出铜钱撞击的声响，原来棺材缝太狭窄了，那只鬼手在棺材里用力强拽，苦于不能把两贯钱拽进去；"嘣"的一声，串钱的绳子拉断了，青钱抛撒了满地。鬼手又伸出来，向四面空捞着，却摸不到一文钱在手。陈景初斜眼瞅着笑道："你贪心太重了，结果只剩得一双空手，反而不如那些小器量的人，还能留下一文钱充一充口袋呢！"棺中那只手仍然四处掏摸不止。陈景初拍着手大叫道："你生前接受两贯钱，就坐在官衙里打人家屈杀棒，专替豪门大族当走狗。究竟你对人民积了多少德？何苦今日又要弄这些鬼态呢？"话还没说完，就听见东厢房里那些鬼发出长长的叹息，这棺材里的手也就缩回去了。

天亮之后景初就赶着毛驴上了路,把地下抛撒的青钱,都送给寺庙里的和尚当房钱了。

后人用这则寓言说明作者篇末的"铎曰":"官愈卑者心愈贪。若辈之丑态,何可言也?乃生既如鬼,死复犹人,岂冥中无计吏之条耶?东厢长叹,想已早褫(chi 齿,夺去)"骂贪官"生既如鬼,死复铖人",可谓力透纸背。"棺中鬼手"的故事,讽刺辛辣,寓意深远,给人以鲜明而深刻的印象;同时它同情饥民冤魂,表现出人民具有震撼贪吏魂魄的威力,他是有进步意义的。只是,作者说:"官愈卑者心愈贪",而且贪得无厌、贪数更大,这难道不是事实吗!再者,对付这些人,只能是以眼还眼、以牙还牙,及时揭露、坚决斗争,寄望于"宴中计吏之条",是永远办不到的。

好酒爱屐

典出《猩猩铭·序》:猩猩在山谷行,常有数百为群。里人以酒并糟设于路侧;又爱著屐,里人织草为屐,更相连接。猩猩见酒及屐,知里人张设,则知张者祖先姓字,乃呼名骂云:"奴欲张我,舍尔而去!"复自再三。相谓曰:"试共尝酒。"及饮其味,逮乎醉,因取屐而著之,乃为人之所擒,皆获辄无遗者。

猩猩往往几百只在一起,成群结队地出没于山谷中。

它们好喝酒,乡下人把很多酒和酒糟摆在道路两边;它们还爱穿鞋,乡下人就编了不少草鞋并用绳子勾联起来,也放在路旁。

猩猩一见摆着的酒和鞋就知道是乡下人设置的机关,还知道他们祖先的姓名,便指名道姓地骂道:"你们这些家伙,想诱捕我们吗?我们决不上当!"说完就走了,但又舍不得美酒,一会儿又返了回来。这样三番五次,实在忍耐不住了。便互相商议说:"咱们少尝尝吧。"说着这个一口那个一口地喝起来,越喝越有味,最后全都喝得酩酊大醉。于是,又都把草鞋穿上。就这样,一下子被人们统统捉住,没有一个逃脱。

后人用"好酒爱屐"的这个典故教导人们,处世要当机立断,不要明明知道有害,却不能与之断然决裂,结果越陷越深,最终毁灭了自己。

好讨便宜

典出《笑府》:一人好讨便宜,市人相戒,无敢过其门者。或携沙石一块,自念

无妨,径之。其人一见,即呼:"且住!"急趋入取厨下刀,于石上一再砻,麾曰:"去!"

有个人特别爱占便宜,全城的人都防备着他,不敢从他门口走过。有一人拿着一块沙石,自己觉得没有什么关系,便径直从他家门口走过。那个人一见,就叫道:"慢走!"于是急忙跑进家里拿了厨房的菜刀出来,在沙石上砻来砻去,把刀磨快了,才挥手说:"去吧!"

后人用"好讨便宜"的这个典故讽刺那些爱讨便宜的人。

好逸恶劳

典出《后汉书·方术传·郭玉传》:为其疗也,……好逸恶劳,四难也。

东汉时,有一个叫郭玉的人,对医学特别是针灸术很有研究,曾著有《针经》、《诊脉法》等书。郭玉家境贫困,曾讨过饭。他的医术学成后,给差役杂工治病,却有时治不好。有一次,汉和帝让一个贵人(妃嫔的称号,东汉光武帝刘秀时开始设置,仅次于皇后)穿上杂工的衣服,换了个地方,让郭玉去给她看病。郭玉问了问病情,只一针就给扎好了。汉和帝觉得很奇怪,就问郭玉是什么原因。郭玉说:"王公贵族处于尊贵的地位,哪一个都在我之上,给他们治病的时候,我总是怀着一种恐惧的心理。给这些人治病有四难,其中一难,就是这些人长期以来好逸恶劳,所以得了病就比较难治。"和帝认为,郭玉说得挺有道理。

"好逸恶劳"指喜欢安逸,厌恶劳动。

合本做酒

典出《笑府》:甲乙谋合本做酒。甲谓乙曰:"汝出米,我出水。"乙曰:"米都是我的,如何算账?"甲曰:"我决不欺心,到酒熟时,只还我这些水便了,其余都是你的!"

甲乙两人合伙酿酒做生意。甲对乙说:"你出米,我出水。"乙说:"米都是我出的,最后怎么算帐?"甲说:"我决不会欺骗你的,到酒酿好后,你只需还我一些水就行了,其余全是你的了。"

后人用这则寓言十分生动地刻画了一个利欲熏心、损人利己的小市民的形象。

和璧隋珠

典出《韩非子·和氏》和《淮南子·览冥训》：

春秋时期，楚国有个叫卞和的人，他在山里偶然发现一块璞玉，心中十分欢喜，马上去奉献给楚厉王。楚厉王见到送来的璞玉很高兴，便找来玉匠，让他们辨认一下，这是什么样的玉。玉匠看过了，摇摇头说："大王，这不是什么玉，而是一块普普通通的石头！"楚厉王听说卞和送来的是一块石头，心中十分恼火，气急败坏地说："你竟敢诬骗我，真是好大的胆子！"于是他命令将卞和的左脚用刀砍去。

事隔不久，楚厉王死了，楚武王即了位。卞和又捧着那块璞玉，来见武王。楚武王接过璞玉，又请玉匠来看，玉匠还说这是石头。于是楚武王命令将卞和的右脚砍下。

后来，楚武王又死了，楚文王即了位。卞和听到了这个消息，就抱着那块璞玉，在荆山脚下嚎啕大哭，一直哭了三天三夜。他哭得非常悲切，眼泪哭干了，眼睛里淌出了血。这件事很快便传到楚文王的耳朵里，文王觉得很奇怪，就派人去问个究竟，派去的官员找到了卞和，问他："你为啥哭呀？天底下像你这样被砍去双脚的人不是很多吗，为什么偏偏你这样悲痛呢？"卞和止住哭声，悲伤地说："我并不是因为失去了双脚而悲痛，我悲痛的是，奉献给大王的璞玉，明明是一块宝玉，却被人当成石头；我对大王是一片真心实意，却被人家说我是骗子。这是让我悲痛的事呵！"

官员把这件事情告诉了楚文王，文王就将卞和请进宫中，又找来玉匠把那块璞玉进行加工，果然得到了世间罕见的美玉，就给它起了个名字，称作"和氏璧"。从此以后，和氏璧便成了极其名贵的珍宝。

"隋珠"也是一件宝物。传说古时候有个"汉东之国"，国内有个姓姬的诸侯，叫作"隋侯"。有一天，隋侯在路上遇见一条大蛇，这条大蛇受了重伤，半截身子都快要折断了。隋侯很同情它，就回家取来药，给蛇敷在伤处，又用布带为它包扎好，蛇便钻进树丛离去了。

过了好些天以后，有一次隋侯在江边搭船，忽然一条大蛇从江中浮起，昂着头向他游过来。隋侯吓得惊慌失措，魂不附体。可是那条蛇却没有伤害他，反倒从嘴里吐出一颗硕大的珍珠。这时隋侯定神一看，才看清楚这条蛇正是从前他救过的那条受伤的大蛇。他心里顿时明白了："啊，原来这蛇从江中衔了一颗珍珠送给我，报答我的救命之恩呀！"于是他高兴地接过那颗珍珠。后来，人们便把这颗神奇的珍珠，称作"隋珠"。

由于"和氏璧"与"隋珠"都是世上稀有的宝贝,所以后来人们便用成语"和璧隋珠"比喻那些极其贵重的珍宝。

患得患失

典出《论语·阳货》:其未得之也,患得之。既得之,患失之。苟患失之,无所不至矣。

有一次,孔子在批评一些品德恶劣的人时说:"难道可以和这些品德恶劣的人一起事奉君主吗? 这些人在没有得到(官位)时,总担心得不到。既得到了(官位),又担心失掉。(一个人)假如担心失掉(官位),那就会无论什么事情都做得出来。"

后人用"患得患失"形容老是考虑个人得失。

活佛索钱

典出《笑赞》:唐三藏西天取经,到了雷音寺,师徒三人,见了佛。佛吩咐弟子与他真经。迦叶长者苦苦索要常例。唐三藏无奈,只得将唐天子赐的紫金钵盂与了他。猪八戒好生不忿,回去禀称:"迦叶长者索要常例,受了个金钵盂。"羞得长者脸皮皱了。佛说:"佛家弟子也要穿衣吃饭。向时舍卫国赵长者请众弟子下山,将此经诵了一遍,讨得了三斗三升麦粒黄金。你那钵盂有多少金子,也在话下?"说得个猪八戒好似箭穿了雁嘴,恼恨恨的走出来,说道:"逐日家要见活佛,原来也是要钱的。"唐三藏说:"徒弟不要烦恼,我们回去,少不得也替人家诵经。"《赞》曰:列宿之中有天钱星。道书言:"牵牛娶织女,借天帝钱二万,久不还,被驱在营室。"天也爱钱,况于人乎? 佛果无诳语也。

唐僧去西天取经,走到了雷音寺,师徒三个人见到了佛祖。佛祖吩咐一个弟子带他们去拿真经。迦叶长者向他们索要回报。唐僧没办法,只好将唐朝皇帝赐的紫金钵盂给了他。猪八戒特别气愤,回去禀报说:"迦叶长者向我们索要回报,得了个紫金钵盂。"迦叶长者羞愧得脸皮都皱了。佛祖说:"佛家的弟子也要穿衣吃饭。以前舍卫国的赵长者让众弟子下山,也将这个念了一遍,结果讨回了三斗三升的麦粒黄金。你那个钵盂里头有多少金子,也值得说一下。"说得猪八戒就好像箭射穿了大雁的嘴,气愤地就出去了,还说:"原来要见佛祖也是要钱的。"唐僧说:"你不要烦恼,等我们回去了,替别人念经也不会少的。"

后人用这则寓言,十分形象地揭露了佛教的虚伪性,指出所谓西天极乐世界和人间一样黑暗,活佛也是爱钱的,也进行敲诈勒索。

济阴贾人

典出刘基《郁离子》:济阴之贾人渡河而亡其舟,栖于浮苴之上号焉。有渔者以舟往救之,未至,贾人急号曰:"我济上之巨室也,能救我,予尔百金。"渔者载而升诸陆,则予十金。渔者曰:"向许百金,而今予十金,无乃不可乎?"贾人勃然作色,曰:"若渔者也,一日之获几何?而骤得十金,犹为不足乎?"渔者默然而退。

他日,贾人浮吕梁而下舟,薄于石,又覆,而渔者在焉。人曰:"盍救诸?"渔者曰:"是许金而不酬者也。"舣而观之,遂没。

济阴有个商人,渡黄河时翻了船,爬在漂浮的柴草上呼喊救命。有个渔夫划船去救他,还没有到跟前,商人着急地喊道:"我是济水一带的大富豪,如能救我,就给你一百金。"渔夫用船把商人运到陆地上,商人却只给十金。渔夫说:"刚才你答应给百金,现在只给十金,恐怕不合适吧?"商人勃然发怒,说:"你是个打鱼的,一天的收获能有多少呢?而今一下子得到十金,还不满足吗?"渔夫默默地走了。

又有一天,这个商人乘船从吕梁而下,碰到礁石上,又翻了船,当时渔夫也在那里。有人对渔夫说:"为什么不救他呢?"渔夫说:"这是那个答应了金子而不如数酬报的人。"渔夫把船靠在岸边观看,于是商人就沉下去了。

这篇寓言鞭挞那些出尔反尔、言而无信、奸诈狡猾的人。

俭啬老人

典出魏《笑林》:汉世有人,年老无子;家富,性俭啬,恶衣蔬食。侵晨而起,侵夜而息,营理产业,聚敛无厌,而不敢自用。或人从这求丐者,不得已而入内取钱十,自堂而出,随步辄减;比至于外,才余半在,闭目以授乞者。寻复嘱云:"我倾家赡君,慎勿他说,复相效而来。"老人俄死,田宅没官,货财充于内帑矣。

汉代有一个老头儿,没有子女,家里很富裕。他性格吝啬。穿粗衣,吃小菜;清早就起床,深夜才休息,忙忙碌碌地经营家业,多方积累钱财,不知满足。他自

已从不花费一文。有时,别人向他借点钱,他不得已才走进房中取上十个钱,从堂室中慢慢出来,走几步就减掉一个钱。等走到门外才剩了一半。他心疼得紧闭双眼,把钱交给别人。过了一会儿,又再叮嘱说:"我把全部家业拿来帮助你了,切莫告诉别人,免得又像你一样到这里来啊。"

老头儿不久便死了。因为没有继承人,他的田土、住宅都被官府没收了,他积累的钱财也进了国库。

这个故事说明:爱财如命,不肯周济别人,是可笑可悲的;但如以"得行乐时且行乐"的观点讥笑别人的勤俭,那也不对。

见金不见人

典出《列子·说符》:昔齐人有欲金者,清旦衣冠而之市,适鬻金者之所,因攫其金而去,吏捕得之,问曰:"人皆在焉,子攫人之金何?"对曰:"取金之时,不见人,徒见金。"

从前,齐国有个朝思暮想想发财的人。

这天清晨,他穿戴整齐,去到集市,直奔卖金子的地方,看到黄澄澄的金子,伸手拿了就走。官吏捉住他,问道:"这么多人都在,你为什么公然抢夺人家的金子?"这人回答说:"我拿金子的时候,目中无人,只有金子。"

后人用"见金不见人"这个典故抨击那些财迷心窍,利令智昏的人,只要能得到钱,是不顾一切的。也用以说明,有些衣冠楚楚的"正人君子"们,明抢暗夺,不择手段,什么卑鄙的事情都干得出来。

见利忘义

典出《汉书·樊哙郦商传赞》:夫卖友者,谓见利而忘义也。

西汉时,汉高祖刘邦死后,其子刘盈继位,就是汉惠帝。惠帝继位之初还能亲理朝政,但因其懦弱无能,大权逐渐落入他的母亲吕后手中。吕后是一个野心家。刘邦死后,她曾想将刘邦时期的文武大臣一网打尽,后因大臣郦商反对,未能得逞。但为了掌握大权,吕后将她的侄子吕产、吕禄分封为王,吕氏及其亲信掌握了中央的军政大权。

汉惠帝做了七年名义上的皇帝,就忧郁而死。吕后先后立了两个小皇帝,又都被废掉。到吕后死时，并没有正式的皇帝。这种安排无疑是企图让吕氏取而代之。

但是，吕氏不得人心。吕后死后，大臣周勃、陈平等便密谋诛灭吕氏家族。因吕禄掌握着北军，周勃等人不能靠近，便劫持了郦商，让他的儿子郦寄欺骗吕禄，并一块儿出外游玩，给周勃造成了机会，将吕氏一网打尽。

《汉书》作者班固在记述完上述事件以后，写到：郦寄欺骗吕禄一事，天下人都说郦寄卖友。卖友者，就是见到有利可图就不顾道义的人啊！……

后人用"见利忘义"的这个典故比喻看见私利就忘掉了正义。

竭池求珠

典出《吕氏春秋·孝行览·必己》：宋桓司马有宝珠，抵罪出亡，王使人问珠之所在。曰："投之池中。"

于是竭池而求之，无得，鱼死焉。

宋国的司马桓有一颗宝珠，他犯了罪而逃亡在外，宋王派人去询问宝珠藏在什么地方。他说："扔到池子里去了。"

宋王于是把池水淘干了去找宝珠，宝珠没有找见，却把池子里的鱼全给弄死了。

后人用"竭池求珠"比喻贪得无厌、财迷心窍的人，往往事与愿违，干出愚不可及的蠢事，给自己招来损失。

竭泽而渔

典出《吕氏春秋》：竭泽而渔，岂不获得，而明年无鱼。……

晋文公和楚国在城濮（今山东省濮县南）打仗，楚国的兵力比晋国的雄厚。文公问狐偃道："楚国的兵多，而我们的少，怎样才能打胜仗呢？"狐偃回答说："我听说讲究礼节的人，不怕麻烦；善于打仗的人，不厌欺诈。你用欺诈的方法好了。"文公把这话告诉了季雍，季雍当然不赞成，可是在当时的情势之下，别无他法，也不得不同意，但说："把池塘里的水抽干了来捉鱼，怎么会捉不到呢？但明年就没有鱼可捉了。把山上的树木烧光了打野兽，怎么会打不到呢？但明年就没有野兽可打了。现在虽然可以勉强使用欺诈的方法，可是以后就不能再用，这

不是长远的计策!"

后人用"竭泽而渔"比喻只贪图眼前利益而不顾后果,或无止境地索取而不留余地。

近水楼台

典出《清夜录》:范文正公镇钱塘,兵官皆被荐,独巡检苏麟不见录,乃献诗云:"近水楼台先得月,向阳花木易为春。"公即荐之。

范仲淹,字希文。他的性情很刚直,而态度却非常温和。当他还是秀才的时候,就把管理国家大事,当作自己的责任。他曾经说过:"先天下之忧而忧,后天下之乐而乐"这两句话,自宋迄今,广被流传。他后来考取进士,在宋仁宗赵祯朝担任过吏部员外郎,又做过杭州的知州。

当他在杭州做知州的时候,城里面有许多官兵僚属都得到了他的推荐信,调到了自己理想的职务。这时有一个叫苏麟的人,正在杭州所属的外县做巡察,没有被他注意。苏麟有一天跑到他办公的地方,送给他一首诗。其中有两句是:"近水楼台先得月,向阳花木易为春。"范仲淹看到这诗句后,不禁笑了一阵,也就按照他的愿望,替他写了一封介绍信。

原来苏麟那句诗的意思是:靠近水边的楼台,因映出月亮的反影。即使抬头望不到月亮,也可从水面见到月的倒影;春天的花木必是欣欣向荣,而那些对着阳光的花木,更是能先苗壮成长开花。换句话说,便是因接近而能先得到东西或利益。

以后的人,就引用"近水楼台"或"近水楼台先得月"这句话,比喻人由于人事、环境与职务上的便利,而先得到别人所得不到的东西或其它利益。

静坐有益

典出《笑禅录》:举:《楞严经》云:"纵灭一切见闻觉知,内守幽闲,犹为法尘分别影事。"说:一禅师教一斋公屏息万缘,闭目静坐。偶一夜,坐至五更,陡然想起某日某人借了一斗大麦未还,遂唤醒斋婆曰:"果然禅师教我静坐有益,几乎被某人骗了一斗大麦!"

颂曰："兀坐静思陈麦帐,何曾讨得自如如;若知诸相原非相。应物如同井辘轳。"

一位禅师教一位吃斋的人屏住呼吸、闭眼静坐的要决。有一天晚上,斋人坐到五更天,突然想起某天某人借了一斗大麦还没有还,就叫醒他老婆说:"禅师教我的静坐的法子真是有好处,差一点让某人骗走了一斗大麦!"

这则寓言正如斋公屏息无缘、闭目静坐的结果,是想起了别人欠他一斗大麦的陈老账。寓言通过这一生动的细节,揭露了禅师说教的虚伪。

九头鸟

典出《郁离子·省敌篇》:孽摇之虚有鸟焉,一身而九头。得食,则八头皆争,呀然而相御,洒血飞毛,食不得入咽,而九头皆伤。海凫观而笑之,曰:"而胡不思九口之食同归于一腹乎? 而奚其争也?"

孽摇山有一种鸟,一个身躯有九个脑袋。得到食物,九个头都争着啄食。呀呀地互相争吵,互相抗拒,甚至啄得身体出血,羽毛乱飞。饮食吃不进咽喉,反而九个脑袋都受了伤。海中的水鸟看到这种情形,笑它们说:"你们为什么不想想九张口吃进去的食物都到一个肚子里去了呢? 为什么要争夺啊?!"

这个故事告诉人们看问题要全面、深入分析,不能只看表面现象或一时之利。

开源节流

典出《荀子·富国》:故明主必谨养其和,节其流,开其源,而时斟酌焉。

《富国》,是阐述荀况经济思想的一篇重要著作。文章以富国之道为中心,提出了许多重要的经济思想和经济政策。荀况指出:若要国家富强,朝廷就要爱护百姓,使老百姓安居乐业,并积极参加生产。只有这样,才能增加积累,充实国库,使国家富强起来。荀况说田野与农村是财的本,官府的货仓和粮仓是财的末。百姓得到好的天时,耕作又适时,这是财货的源,按照等级征收的赋税纳入国库这是财的流。所以,贤明的君主必须谨慎地顺应时节的变化,开源节流,时时慎重地考虑这些问题。

根据荀况的这些论述,人们引申出了"开源节流"这句成语,比喻经济上增加收入，节省开支。

李鬼劫路

典出《水浒传》第四十三回。

黑旋风李逵回沂水县接母亲上梁山泊。因沿途官府有榜文缉捕，他只得起早赶路，正走之间，来到一座大树林里。只见林中转过一条大汉，喝喊："知趣的留下买路钱！"李逵看那人黑墨搽脸，手拿两把板斧，便问："你是什么人，敢在这里拦路抢劫？"那大汉说："若问我名字，吓碎你心胆，老爷叫做黑旋风！你留下买路钱，便饶了你性命，让你过去。"

李逵一听，大笑说："你这家伙是哪里来的，也学老爷名字，在这里胡行！"说着，挺起朴刀直奔那汉子，只一朴刀就把那汉搠翻在地，一脚踏住胸脯，说出自己正是梁山上的好汉黑旋风李逵。那大汉听了，连忙求饶说："小人叫李鬼，不是真的黑旋风。因为爷爷在江湖上有名声，提起好汉大名，神鬼也怕，因此盗学爷爷大名，在此抢劫。"李逵大怒道："你在这里夺人的包裹行李，坏我的名声，岂能饶你！"说着，夺过板斧，要砍死他。李鬼欺骗说家中有个九十岁的老母亲，无人赡养，乞求饶命。李逵听了，饶了他性命，给了十两银子做本钱，劝他改业养娘。

后来，李逵在一家酒店里，发现李鬼撒谎，还同姘妇合谋要害他，感到情理难容，捉住李鬼，结果了他的性命。

"李鬼劫路"，比喻用欺骗手段，盗取别人名誉，去干坏事。

麻雀请宴

典出《笑得好》：麻雀一日请翠鸟、大鹰饮宴。雀对翠鸟曰："你穿这样好鲜明衣服的，自然要请在上席坐。对鹰曰："你虽然大些，却穿这样坏衣服，只好屈你在下席坐。"鹰怒曰："你这小人奴才，如何这样势利？"雀曰："世上哪一个不知道我是心眼小、眼眶浅的么！"

一天，麻雀请翠鸟、大鹰吃饭。麻雀对翠鸟说："你穿得这么艳丽，当然要坐在上席。"又对大鹰说："你虽然个头很大，但穿得这么破旧，只好屈居你在下席坐了。"大鹰气愤地说："你这个小人，竟然如此势利？"麻雀说："世界上谁不知道我心眼小，眼眶浅啊！"

后人用这则寓言说明作者篇末"评列"说："敬衣不敬人，遍地皆是，可见都是麻雀变来的"这话骂煞世上的势利眼小人。寓言除揭露了这种敬衣不敬人的势利眼，还特别指出这些小人的奴才的本质特征——"心眼小、眼眶浅"。这一点十分重要。因为世上一切势利眼的小人奴才，他们必然又是"心肠小、眼眶浅"的人，两者相辅相成，不可或缺。

梦布染色

典出《笑禅录》：《圆觉径》云："此无明者非实有体，如梦中人梦时非无，及至于醒，了无所得。"说：一痴人梦拾得白布一匹，紧紧持定，天明，即蓬头走往染匠家，呼云："我有匹布做颜色！"匠曰："拿布来看。"痴人惊曰："唪！错了，是我昨夜梦见在。"颂曰：这个人痴不当痴，有人梦布便缝衣，更嗔布恶思罗绮，问是梦么答曰非。

后人用这则寓言把梦中的事当做现实，极深刻地揭露了痴人的贪心。梦是人们心理活动的一种反映，人们对某一事物朝思暮想，就在梦中相见。疾人梦见拾白布，醒来还想抱布去染店染色，在贪心这一点上，痴人不痴也。

莫砍虎皮

典出《笑得好》：一人被虎衔去，其子要救父，因拿刀赶去杀虎。这人在虎口里高喊说："我的儿，我的儿！你要砍，只砍虎脚，不可砍坏了虎皮，才卖得银子多！"

一个人被老虎叼走，他的儿子要去救他，就拿起刀赶去杀虎。那个人在老虎嘴里大声喊道："我的孩子，你要砍，千万只能砍脚，不要砍坏了虎皮，那可以卖很多银子呢！"

后人用这则寓言说明作者在篇末"评列"中点明主旨那样："死在顷刻，尚顾银子，世人每多如此，但不自知耳！""不自知"的原因，在于私有欲蒙蔽了其人的眼睛。世界上一切事物，只要到了其人眼下，就被确认是他的私有财产了，哪怕是对正在吞食他的老虎，他都不顾性命反而先去挂念那张虎皮可卖大银子，岂不可悲也哉！万恶的私有欲扭曲了人的性格，"莫砍虎皮"的故事不只是可笑的，还可令人一哭！

牧竖拾金

典出《贤弈编》:有牧竖子,敝衣蓬跣,日驱牛羊牧冈间,时时扼嗌而歌,意自适也,而牧职亦举。一日,拾遗金一铢,纳衣领中。自是歌声渐歇,牛羊亦时散逸不扰矣。

有个牧童,破衣烂衫,蓬头赤足,每天赶着牛羊群到山冈郊野中去放牧,常常放开喉咙唱着歌,他的思想自由自在,放牧的任务也完成得不错。

有一天,牧童拾到了一铢钱,装在衣领中。从此以后,他的歌声逐渐消失了,牛羊也时常四面逃散不顺从他的驯养了。

后人用这则寓言说明心中无私,便能"意自适"、"职亦举"。当牧童放牧放声高歌时,是由于他无忧无虑、心情坦然,而能享尽人生旷达的乐趣。而一旦私心内生,偶然拾钱一铢,即整天患得患失,六神无主,这不仅使他欢乐尽消,连牛羊也不再听他的话了。可见私有欲是坑害人性的本原,它会把"君子"转化为"小人"的。

牧羊而梦为王公

典出《苏东坡集》:人有牧羊而复者,因羊而念马,因马而念车,因车而念盖。遂梦曲盖鼓吹,身为王公。夫牧羊之与王公,亦远矣;想之所因,岂足怪乎?

有一个牧羊的人走在回家的路上,从羊而想到马,从马又想到车,又从车想到车盖。回家后,就梦见自己坐在张着曲盖的马车上,两边吹奏着乐曲,已经成为王公贵族了。一个牧羊的人和王公贵族相比较,实在是差得太远了。这是由于他个人的梦想而引起的。难道有什么可奇怪的吗?

后人用这则寓言讽喻了得陇望蜀、贪欲无穷的人,是封建社会等级制度的意识反映。

牛联宗

典出《笑林广记》：牛郎以金钱万缗，载牛背，送到斗牛官交纳。牛忽逃逸下界，自顾形秽，不堪露俗；因思背上物颇多，不难连宗华族，夸耀乡里。遂往东海谒麒麟，告以意。麟曰："予之角，予之趾，公子公族，岂汝触墙蠢物能混我公类乎？"叱之去。又诣西域青狮子，未及通谒，狮见其状丑劣不堪，大声一吼，遗臭满地，逃之荒野，无所适从。忽忆芦上长耳公，有同车之谊，往求之。长耳公曰："南山有金钱豹者，虽托名雾隐，却广交游，仆愿为介。"遂同诣南山。长耳公见金钱豹，道牛之诚，称牛之可。豹初拒之，继见其背上物，笑曰："相君之背，尚可联宗。且我家所以称豹变者，亦因在背上有金钱文耳，若虽无文，尚可以人力为之。"取其金钱，分皮上毛，编成文芒，异色斑斓，金光闪烁，迥异常牛；与资郎纳官捐职，顿换头衔者无异焉。长耳公熟视笑曰："一破悭囊，便成俊物，即介葛卢来，亦闻声莫辩矣！"遂别去。豹自此引为同谱，而牛亦掉尾自雄。未匝旬，金钱尽脱，皮毛如旧。豹怒曰："如此丑态，玷我华宗！"喧逐之。牛狂窜无措，仍投斗牛宫来，牛郎以鞭捶其背，诘其金钱何在？牛具以告。牛郎曰："蠢哉畜类！若辈所愿与汝联宗者，缘汝有金钱耳！一旦钱尽，岂肯引泥涂中物为祖若父子之异子孙哉？索其鼻，系诸牢后，人遂以"牢"名之。

牛郎用一万缗金钱，驮在牛背上，送斗牛宫去交纳。牛突然逃跑到下界，看着自己的相貌很污秽，对庸俗秉性颇感难堪，因而想到背上驮着的金钱多，跟豪门贵族之家连宗是不困难的，也可借此夸耀乡里。就去东海求见麒麟，把自己的想法告诉它。麒麟说："我的角，我的足，都和诸侯同族，难道能让你这样一头碰墙的笨蛋和我这公族相混同吗？"就把牛喝叱跑了。

牛又到西域去见青狮子，还没等通报进见，狮子见它奇形怪状，难以容忍，就大吼一声，吓得牛拉了满地臭屎，逃到荒野里去，不知道怎么办才好。

牛忽然想起住在芦上的长耳公，过去曾有共同拉车的交情，就去求它。长耳公说："南山有一头金钱豹，虽然名义上托作隐士，但交游甚广，我愿替你作介绍。"就一同去南山。长耳公看见了金钱豹，拼命说牛的诚意，夸牛的好处。豹子开始拒绝，后来看见牛背上驮的金钱，就笑着说："看见你的背，还可联宗。而且我家之所以称为豹变的，也是因为背上有金钱花纹呀！您虽没有花纹，还可用人力去创造嘛！"取下牛背上的金钱，分开皮上的毛，用钱编成光彩的花纹，五色灿烂，金光闪耀，简直是异乎寻常的牛了；这与富有人出钱捐官、顿时换了头衔并没有什么两样。长耳公注目细看，笑着说："一破钱口袋，就成了俊美的动物，即使请介葛卢来，也听声辨认不清了！"说罢就辞别而去。

109

从此以后,豹子便把牛引作同宗同谱,而牛也摇摆着尾巴自鸣得意。但是,没过十天,牛身上的金钱全都脱落了,皮毛仍旧像从前一样。豹子大怒道:"像这种丑恶的形态,玷污了我家的华宗!"立即把牛叱逐出去了。

牛极度困惑而束手无策,仍然回到斗牛宫来。牛郎用鞭子抽打它的背,质询那些金钱弄到哪里去了?牛就原原本本地禀告了一遍。牛郎骂道:"你这畜牲多蠢呀!豹子所以愿意和你联宗,是因为你有金钱罢了!一旦钱用尽了,它岂肯引你这生长在泥涂中的动物作为它祖宗的不肖子呢?"

牛郎用绳子穿了牛的鼻子,把它拴在牢后头,人们就用"牢"称呼牛了。

后人用这则寓言说明金钱能"联宗华族",也能害牛"金钱尽脱,皮毛如旧"。有钱则生,无钱则死,这原是旧社会的家常便饭。但是,金钱也并不是万能的,如牛遇到的麒麟、狮子这类有骨气的动物,它们坚守节操、理直气壮,根本没把牛背上的万缕金钱看在眼里,令人尊敬。而如伪装隐居的金钱豹,却见钱眼长,数典忘祖,甘愿与丑恶不堪的秽牛联宗同谱,灵魂何等卑鄙!至于牛之"金钱尽脱"、"仍投斗牛宫来",并甘愿被牛郎"以鞭捶其背"、"索其鼻,系诸牢后",这是它应受的惩罚。早知如此,何必当初?这号"蠢哉畜类",叫它尝尝铜臭的滋味,世上滋味,到世上碰碰钉子,教训教训它也是理所当然的。

寓言尖刻地嘲讽了那些被铜臭染污了灵魂的人。另外,名门世家,瞧不起富商巨贾的暴发户,不屑与之联宗,这是封建社会后期常有的现象,这故事似乎曲折地反映了这样一种意识。

牛尾狸

典出《燕书》:赵山之中……牛尾狸亦产焉。狸与肉间错,味旨甚。当林实秋肥,狸里饫之,其毛泽泽。狸自料为人所忌,穴山为宫,树石为棚,聚箨为墉,昼伏夜动,无隙可寻。老猎师嗾犬踪迹之,毁棚坏墉,而烟其宫。狸不能烟也,闭目冒火出,犬随毙之。

在赵山里,也生产一种牛尾狸。狸子的脂肪和肉交错相间,味甚甘美。当群树的果实在秋天成熟得肥美了,狸子吃得饱饱的,它的羽毛光滑润泽,非常好看。狸子自己料想会被人们所忌妒,便寻找一个山洞为屋,竖起石头搭成棚子,聚敛一些竹叶堵在洞口当作垣墙,白天埋伏在窝里,黑夜出来寻找食物,让人们无隙可寻。

有一个经验丰富的老猎师,他让猎狗按照狸子的脚印追踪跟来,捣毁了它的棚子,踏坏了它的垣墙,点起火来用烟熏它的窝。狸抵不住烟呛,闭起眼睛冒着火苗冲了出去,猎狗便跟在后面把它咬死了。

后人用这则寓言说明这样一个道理：狸子无罪而见祸，是由于它的"与肉间错，味旨甚"；还由于它的羽毛泽泽，并且"为人所忌"。作者说："匹夫无罪，怀璧其罪"；"人以为无辜，殊不知从已召也。"这只说出了一面的道理，且容易为剥削、掠夺者作辩护。劳动人民是物质财富的创造者，能因他们创造了物质财富而成为"从已召"的"罪人"吗？相反，倒是那些饱食终日、无所用心，骄奢淫逸、攘夺无厌的剥削阶级，才是不劳而获的真正罪人。这是寓言从反面给我们的启发。

狙公养狙

典出《列子·黄帝》：宋有狙公者，爱狙，养之成群。能解狙之意，狙亦得公之心。损其家口，充狙之欲。俄而匮焉，将限其食。恐众狙之不驯于己也，先诳之曰："与若芧，朝三而暮四，足乎？"

众狙皆起而怒。

俄而曰："与若芧，朝四而暮三，足乎？"

众狙皆伏而喜。

宋国有个养猴子的老人，喜爱猴子，养了一大群。他能理解猴子的意思，猴子也很顺狙公的心意。狙公设法减省家人的口粮，以满足猴子的要求。

没多久，家里的口粮短缺了，准备限制猴子的食粮。他害怕猴子不顺从自己，便先欺骗它们说："给你们橡子吃，早上三颗，晚上四颗，够吗？"猴子们听了嫌少，纷纷跳起来，非常恼怒。

过了一会，狙公又改口说："以后给你们橡子，早上四颗，晚上三颗，这够吃了吗？"猴子们听了，都俯伏在地上，十分高兴。

后人用"狙公养狙"一方面说明猴子的愚蠢，心目中有偏见，往往使自己受骗。另一方面也反映了狙公的诡计多端。

妻怒而去

典出《说苑·正谏》：当桑之时，臣邻家夫与妻俱之田。见桑中女，因往追之，不能得。还及，其妻怒而去之。

臣知其旷也。

当采桑的季节，我邻家的丈夫和他妻子一同到田野里去。丈夫看见桑林里

有一个采桑的姑娘，便去追逐她，结果没有弄到手。回到家里，他的妻子愤怒地离开他而去了。

我笑这邻家的丈夫反成了一个没有妻子的男人了。

这个寓言的普遍意义，是叫人不要贪图非分，如果有过多的非分贪图，恐怕连分内的东西也要失去的。赵简子举兵攻齐，下令三军，有敢谏阻的，罪至死。有被甲之士名叫公庐的，望见简公，仰天大笑。简公问他笑什么。公庐便讲了"妻怒而去"这个故事，最后解曰："臣笑其旷也。"这是说"赵简公不但攻齐不会得手，归来恐怕连赵也保不住哩！"赵简子听了，似有所悟，便说："今吾伐国失国，是吾旷也。"于是罢师而归。

齐人攫金

典出《吕氏春秋·先识览·去宥》：齐人有欲得金者，清旦被衣冠，往鬻金者之所，见人操金，攫而夺之。吏搏而束缚之，问曰："人皆在焉，子攫人之金，何故？"

对吏曰："殊不见人，徒见金耳！"

齐国有个人想得到金子，清早穿上衣服戴上帽子，到卖金子的交易所去，看见人家手里拿着金子，一把抓住夺了过来。差吏当场逮住他，把他捆绑起来，问道："人都在这里，你抢夺别人的金子，是什么缘故呢！"

他回答说："根本没有看见人，只看见金子罢了！"

这个攫金者之所以在大庭广众之中干出抢夺金子的事情，据他自己说，是"殊不见人，徒见金耳！"这就叫财迷心窍。它告诉我们，当一个人受了某种坏思想所支配的时候，往往会干出正常人所难以理解的事情来。

岂辱马医

典出《列子·说符》：齐有贫者，常乞于城市。

城市患其亟也，众莫之与。遂适田氏之厩，从马医作役而假食。

郭中人戏之曰："从马医而食，不以辱乎？"

乞儿曰："天下之辱莫过于乞，乞犹不辱，岂辱马医哉？"

齐国有一个贫穷的人，时常在城市里讨饭。

城里的人讨厌他老是来讨饭，谁也不给他东西吃。他就到田氏家的马棚里，跟随着马医做杂活混口饭吃。

城里人们看见了就戏弄他说："跟随着马医吃口剩饭，你不感觉到耻辱吗？"

乞儿说："天下的耻辱莫过于讨饭，讨饭我都不感觉到耻辱，跟随马医又算得了什么耻辱呢？"

这则寓言深刻地戳穿了私有制剥蚀人的同情心。看这"小市民"多么奇怪："众莫之与"，而又笑人家"从马医而食，不以辱乎？"真是一幅喊喊喳喳的小有产者的讽刺画。

倾家赡君

典出《笑林》：汉世有老人，无子，家富，性俭啬。恶衣蔬食，侵晨而起，侵夜而息；营理产业，聚敛无厌，而不敢自用。

或人从之求丐者，不得已而入内取钱十，自堂而出，随步辄减，比至于外，才余半在，闭目以授乞者。寻复嘱云："我倾家赡君，慎勿他说，复相效而来。"

老人饿死，田宅没官，货财充于内帑矣。

在汉朝有一个老人，没有儿子，家中富有，性格节俭而吝啬。整天粗衣淡饭，天刚亮就起床，晚傍黑就睡觉；经营产业，搜刮剥削从不满足，却不轻易自己使用一个钱。

有人跟随着他，向他苦苦哀求施舍，他没办法只得从内室取出积钱十个，从堂屋出来后，随走随减，等走到外面，只剩下钱的半数了，他还心痛地闭上眼睛塞给那个求乞的人。过了一会还叮嘱那人道："我已经把全部家当都送给你了，可千万不要对外人说，不然他们会效法你而跑来求我的。"

老人不久死去了，他的田宅全部没收，金银财宝也都充实国库了。

这篇寓言讽刺了悭吝人的可笑形象、可悲下场。虽然可悲，却引不起人的同情，愈见其可笑耳。

取之不尽，用之不竭

典出宋·苏轼《前赤壁赋》：惟江上之清风与山间之明月，耳得之而为声，目遇之而成色，取之无禁，用之不竭。

《前赤壁赋》是宋代文学家苏轼被贬到黄州以后写的一篇文辞华美的赋。苏轼在这篇赋的第四自然段中写到："流逝的一切如同这江水一样，然而它又没有因流去而消失，始终还是一江的水；圆缺的东西好像月亮一样，然而它并没有减少或增长，始终还是一轮月亮。如果从变的一面来看，天地不到一转眼的功夫就完了；如果从不变的一面来看，万物和我都没有穷尽。然而这又有什么值得羡慕的呢？况且天地中间，万物各有各的主人，如果不是我所有的，就是一根毫毛也不拿取。只有江上的清风和山间的明月，耳听风成为声音，眼看明月成为景色，拿取这个没有止禁，使用这个不会枯竭。这虽然是造物者的无穷无尽的宝藏，但也是我和您所共有的。"

后人用"取之无禁，用之不竭"的这个典故引申为"取之不尽，用之不竭"比喻非常丰富，取不完，用不尽。

三虱相讼

典出《韩非子》：三虱相与讼。一虱过之，曰："讼者奚说？"三虱曰："争肥饶之地。"一虱曰："若亦不患腊之至而茅之躁耳，若又奚患？"于是乃相与聚嘬其身而食之。

一天，三只虱子在一头肥猪身上，相互争吵起来。

这时，另外一只虱子经过这里，见它们争吵不休，便问道："你们为什么争吵呢？"

三虱回答说："为了争夺猪身上最肥美的地方。"

那只虱子听了，说："你们难道不忧虑腊祭的时日即将来临吗？到时候，茅草一烧，这头猪便要被杀掉煮熟成为祭品，你们不趁机吮吸它的鲜血，还争吵什么呢？"

虱子们一听，恍然大悟。于是，停止争吵，挤在一起拼命吮吸着猪血。

后人用"三虱相讼"的这个典故说明一切靠剥削过活的寄生虫，在对待被压迫者的态度上从来是既争夺又勾结。

杀鸡取卵

典出《伊索寓言》：

在古代希腊，流传着这样一个故事：

有一个贪婪的人，家里喂养一只母鸡。他每天拿鸡下的蛋去卖钱。然而卖鸡蛋的钱必竟有限，不够他花销，所以他整天苦思苦想，妄想能有一天发大财。

一天清晨，他照例去鸡窝，摸鸡蛋。他将母鸡刚下的鸡蛋托在手上，"嘀，鸡蛋怎么这样黄呀？"原来这枚鸡蛋与别的蛋不同，它的蛋皮是金黄色的，还有一点发亮。他突然放声大笑："哈哈，这是金蛋呀！我发财的时运到了，这鸡肚子里一定有很多金蛋，不然怎么会下金蛋？！"

他回屋绰起尖刀，一刀将母鸡杀死，剖开鸡肚子，又小心翼翼地切开鸡胃、鸡肠，甚至把鸡血管也翻腾一遍，然而什么东西也没有发现。不用说金蛋，就是铁蛋也没有一个！他失望了。他倚在门框上悲哀地自言自语说："全完了！连一只下蛋的母鸡也没了！"

人们从这个故事中概括出一句"杀鸡取卵"，作为现代汉语的成语用以比喻贪得无厌的人营求暴利，也比喻贪图眼前微小利益而损害长久利益。

诗人无耻

典出《七修类稿》：近见金华一友，惯游食于四方，以卖诗文为名，而实干谒朱紫。有私印一颗，其文云："芙蓉山顶，一片白云。"其自拟清高如此。友人商履之嘲曰："此云海日飞到府堂上。"闻者绝倒。

最近看见金华的一位朋友，经常游食在四方，以卖诗文为名，而实际却想借此求请高官显贵。他有私人印章一颗，上面刻的文字是："芙蓉山顶，一片白云。"他自比清高如此。

友人商履之嘲笑他说："这片云彩天天飞到官府的厅堂上！"

听说这话的人都为之大笑而不能自持。

后人用这则寓言说明封建社会知识分子的理想道路是："十年寒窗苦，一举成名天下知。"即或他们身在江湖，也是心系魏阙，想走终南捷径，像孔子那样待价而沽。一片白云天天想飞到官府的厅堂上去，形象而深刻地表现了封建社会中追求功名利禄的知识分子的心理状态。

虱处裈中，以为吉宅

典出《晋书·阮籍传》：汝君子之处寰区之内，亦何异夫，虱之处裈中！

有一群虱子,寄居在人的裤子里,它们藏身在棉絮中,躲在裤子的线缝里,饿了爬出来,吃人的血,自认这是个安全的住宅(吉宅)。它们行动不离衣缝,更不敢离开这条裤子,自以为行为很合规矩。它们一生一世,不知道有更广阔的天地,更不知道,外界和这条裤子是有关联的。有一天,发了大火灾,整个城市烧毁了,虱子处在裤中,既不知道火灾的征兆,结果也逃不掉灭亡的命运。

阮籍(晋朝的学者)认为:人,处在一个城市里,大而言之,处在一个国家中,见识的浅陋,是和处在裤中的虱子一样的。

后人用"虱处裤中,以为吉宅"的这个谚语比喻人们见识的狭隘,不知祸患。

豕虱濡需

典出《庄子·徐无思》:濡需者,豕虱是也。择疏鬣自以为广宫大囿,奎蹄曲隈,乳间股脚,自以为安室利处,不知屠者之一旦鼓臂布草操烟火,而己与豕俱焦也。

有种苟且偷安的东西,就是寄生在猪身上的那些虱子。

它们选择在粗疏的毛鬣之间回旋,自以为占据的是帝王宽广的宫廷和园林,洋洋自得;拥挤在股胯蹄脚和乳房之间曲深隐蔽的地方,还以为得天独厚地生活在宁静富饶的乐园而欢天喜地。

却不知,一旦屠夫到来,动手屠宰,点火燎毛,自己将和猪一起同归于尽。

后人用"豕虱濡需"这个典故告诉人们,那些在个人小天地里苟且偷生、自我陶醉的人,就像猪身上的虱子一样,不会有什么好命运。

十八罗汉

典出《笑府》:有掘地得金罗汉一尊者,乃以手凿其头不已,问:"那十七尊何在?"

有个人挖地,无意之中挖出一个金罗汉,便用手连连敲着金罗汉脑袋问:"那十七个在哪里?"

后人用"十八罗汉"的这个典故讽刺那些主观主义者。

石牛粪金

典出《刘子·贪爱》：昔蜀侯性贪，秦惠王闻而欲伐之。山涧峻险，兵路不通。乃琢石为牛，多与金帛，置牛后，号牛粪之金。以遗蜀侯。蜀侯贪之，乃堑山填谷，使五丁力士以迎石牛，秦人帅师随后，而至灭国亡身，为天下笑。以贪小利失其大利也。

从前，四川西部有个蜀国，它的君主生性贪婪，秦国国君惠王了解了蜀侯的为人，就想利用蜀侯的弱点去讨伐它。蜀国的道路险峻，山岩陡峭，涧水深急，进兵的路线不通。惠王于是请人雕琢一只石牛，把很多的金银绸缎放在牛屁股后面，宣称这是石牛屙的。派人告诉蜀侯，要把这举世罕见的宝贝送给他。蜀侯贪得无厌，于是挖开悬岩，填平山谷，派遣五个壮健的勇士去迎接石牛。哪里知道，秦国人早已率军队暗暗地跟在石牛后面，一到山路打通，秦军就一涌而进。蜀侯因此国灭身亡，被天下所取笑。因为一心想占小便宜，结果反而吃了大亏。

故事劝诫人们：切莫贪小失大，因利忘害。

蜀贾三人

典出《郁离子》：蜀贾三人，皆卖药于市。其一人专取良，计入以为出，不虚价，亦不过赢。一人良、不良皆取焉，其价之贱贵，惟买者之欲，而随以其良、不良应之。一人不取良，惟其多，卖则贱其价，请益则益之，不较。于是争趋之其门之限，月一易，岁余而大富。其兼取者，趋稍缓，再期亦富。其专取良者，肆日中如宵，旦食而昏不足。

有三个四川商人，都在市场上卖药。其中一个商人专门选质地优良的药卖，计算买入的成本而卖出，并不漫天要价，也不过分赚取利润。另一个商人，则把质地优良和低劣的药材全都一齐卖，至于价钱的贵贱，只看买药者的愿望而定，而且还顺应买药人说"这是好药、那是次药"的说法应答着。还有一个商人，不选取质地优良的药材，只是贪多，卖时贱价处理，买药人要求多拿点他就增添一点，并不计较。于时，买药人纷纷争赴他的家门，把门槛都踏破了，每月一换，过了一年就发了大财。那个兼卖好药和次药的商人，买他药的人略微少一些，但过了两年也富裕起来了。只有那个专门选取良药的商人，把地摊摆在大太阳底下，也像

夜间一样冷清，有时早晨吃过饭，晚上就没有啥吃的了。

　　后人用这则寓言揭示了旧时商人的投机取巧、牟取暴利的卑鄙手段。作为一个商人，他越是"不取良"，并"贱其价"，再装出一副"请益则益之的假慈悲面孔"，他就能够赚大钱，甚至会被买者挤破了大门；相反，作一个忠实商人，他售货"专取良"，又"计入以为出，不虚价，亦不过取"，虽"肆日中"，也将落个"吃了早饭顾不上晚饭"的可悲下场。欺诈者为贤能，忠廉者为痴呆。封建社会中官场生活的黑暗现状，极其类似此种商人行径。因而作者在篇末借郁离子的口感叹着说："今之为士者亦若是夫。昔楚鄙三县之尹三：其一廉而不获于上官，其去也，无以僦（jiù 就。运输费）舟，人皆笑以为痴；其一择可而取之，人不尤（怪罪）其取，而称其能贤；其一无所不取（到处搜刮），以交于上官，子吏卒而宾富民，则不待三年，举而任诸纲纪之司（掌管国家纲纪的大官），虽百姓亦称其善，不亦怪哉！"

束氏狸狌

　　典出《龙门子凝道记》：卫人束氏，举世之物，咸无所好，唯好畜狸。狸，捕鼠兽也，畜至百余，家东西之鼠捕且尽。狸无所食，饥而嗥，束氏日市肉啖之。狸生子若孙，以啖肉故，竟不知世之有鼠，但饥辄嗥，嗥辄得肉食。食已，与与如也，熙熙如也。南郭有士病鼠，鼠群行有堕瓮者，急从束氏假狸以去。狸见鼠双耳耸，眼突露如漆，赤鬣，又磔磔然，意为异物也，沿鼠行不敢下。士怒，推入之。狸怖甚，对之大嗥。久之，鼠度其无他技，啮其足，狸奋掷而出。

　　卫国有个姓束的人，他对世间的东西都不喜好，就是爱养猫。猫，是捕老鼠的动物，他养了一百多只，家里周围所有的老鼠都被捕完了。猫没吃的了，饿得整天嚷叫，束氏只好每天到市上买肉给它们吃。猫生了儿子又生了孙子，因为经常吃肉的缘故，竟然不知道世界上还有老鼠，只知道饿了就叫，一叫就得到肉吃，吃完了肉就安闲舒适地走走，非常欢欣愉快。

　　城南有个读书人，家中正遭鼠患，老鼠成群结队的出来乱窜，甚至跌落到水瓮里去，他急忙到束氏家借了猫回去。猫看见老鼠有两只耳朵高高竖着，眼睛突露像黑漆一样贼亮，有红色的胡子，唧唧吱吱地乱叫，便以为是什么怪物呢，所以只是沿着老鼠走过的路慢慢地爬，不敢下去捕捉。这读书人生气极了，就把猫推到老鼠堆里去。猫害怕极了，只对着老鼠嗥叫。过了一会儿，老鼠估计它没有什么本领，就去咬它的脚，猫吓得奋力一跳，返身逃跑了。

　　作者的本意，原在讽刺宋末"冗官冗兵"的腐败现象，说"武士世享重禄，遇盗辄窜者，其亦狸哉！"军队过分地享乐腐化，是打不了仗的，所以一旦遇到民族危难，就束手无策，丧权辱国。然而这则寓言的形象意义大于作者的创作思想。

后人用这则寓言说明凡是过分享乐、久处舒适环境，就会消磨和改变人们的战斗意志——矛盾的双方依一定的条件相互转化着。在这里，"条件"往往起决定性作用，应该引起人们的警惕。

贪得无厌

典出《史记·赵世家》：襄子立四年，知伯与赵、韩、魏尽分其范、中行故地。……知伯益骄，请地韩、魏，韩、魏与之；请地赵，赵不与，以其围郑之辱。知伯怒，遂率韩、魏攻赵。赵襄子惧，乃奔保晋阳。……三国攻晋阳，岁余，……襄子惧，乃夜使相张孟谈私于韩、魏。韩、魏与合谋，以三月丙戌，三国反灭知氏，共分其地。

知伯是战国时代野心勃勃的人，不断想扩展自己的土地。有一次，他联合赵、韩、魏三国的兵，去攻打中行氏，把中行氏灭掉，侵占了中行氏的领土。他休息了几年，又派人去向韩国要求割地，韩国怕他，给了他一块有一万户人家的地方。知伯很欢喜，又派人去向魏国要求割地，魏国本想不给，但怕他起兵攻打，只好也和韩国一样，给了他一块土地，知伯更欢喜了，又派人到赵国去，要求割让蔡和皋狼的地方。赵襄王不给他，知伯暗中勾结韩、魏两国去征伐赵国。赵襄王采纳了张孟谈的计策，迁到晋阳去住，准备充足的粮食和兵器去抵抗知伯。知伯把晋阳围攻了三年，始终没有办法攻打下来。这时赵襄王的粮食差不多要完了，着急起来，于是又叫张孟谈去游说韩、魏两国，建议他们联合赵国，倒戈攻打知伯，韩、魏答应了。赵国乘夜出兵，韩、魏两国也响应，结果把知伯击败，杀死了知伯，最后弄得身死地分。那时的人，都讥笑知伯是"贪得无厌"的报应。

后人用"贪得无厌"指贪求权势、财利的愿望永远没有满足的时候。

贪贿无艺

典出《国语·晋语八》：骄泰（骄横放纵）奢侈，贪欲无艺。这句成语原作"贪欲无艺"。

春秋时，有一个叫叔向的人去见韩宣子。韩宣子对他说："我名义是卿（古代国君之下的一种官衔，分为卿、大夫、士三级），位在国君之下，可财富却不多。"叔向听了，马上向韩宣子表示祝贺。韩宣子感到奇怪，问道："我现在已经不能同卿

大夫们平起平坐了,正在为此事发愁,你为什么反而向我祝贺呢?"

叔向说:"从前,栾武子做上卿的时候,才有一百个人,二百顷地,家里没有什么祭祖用的器皿,他只是按照先王的法令和德行办事。这种行为被远方诸侯听说了,都来同他交朋友,连住在西方和北方的部族也来归顺他。可是到他儿子桓子黶(yǎn眼)继位以后,十分横暴又大肆挥霍。他用不正当的手段,抢夺了大量的财富。这种行为本来应该受到惩罚,只是因为他父亲的德行,才没有受到灾祸。现在,你就像当年的栾武子那样,没有很多财富,我认为这样你就可以实行德政,不致遭到灾祸,所以向你祝贺。"

后人用"贪贿无艺"这个典故比喻贪污受贿没有止境。贿:财物;艺:限度,尽头。

贪狼食肉

典出《聊斋志异·狼》:有屠人货肉归,日已暮,一狼来,瞰担中肉,似甚垂涎,步亦步,尾行数里。屠惧以刃,则稍却,即走,又从之。屠无计,默念狼欲者肉,不如姑悬诸树而蚤取之。遂钩肉翘足挂树间,示以空空,狼乃止。屠即径归,昧爽往取众,遥望树上悬巨物似人缢死状,大骇。逡巡近之,则死狼也,仰首审视,见口中含肉,肉钩刺狼腭,如鱼吞饵。

有个屠户卖肉归来,天色已晚。忽然,一只恶狼走来,窥视着他担中的剩肉,显出一副垂涎欲滴的样子。这只狼,人走它也走,紧跟不舍,一直尾随了好几里地。

屠户用刀吓唬,狼稍稍退却;等他转身一走,就又跟上来。屠户没办法,心想,狼要得到的是肉,不如暂且把肉悬挂在树上,明天一早再来取走。于是就用肉钩钩住肉,踮起脚尖挂在树枝中间,并向狼示意担子已空,恶狼这才停止跟踪。

屠户一直回到家中,第二天黎明时,返回来取肉,远远望见树上悬挂着一个很大的东西,像人吊死一样,心里十分害怕。他提心吊胆地走近,才发现是只死狼。抬头细细一看,只见恶狼嘴里含着肉,肉钩刺穿了它的上腭,好像鱼吞食了钓饵一样。

后人用"贪狼食肉"这个典故告诉人们一种对付贪婪凶狠敌人的办法,利用其垂涎于"肉"的本性,设下钓饵,诱其上钩,置其于死地。

桃符与艾人

典出《东坡志林》：桃符仰视艾而骂曰："汝何等草芥，辄居我上？"艾人俯而应曰："汝已半截入土，犹争高下乎？"桃符怒，往复纷然不已。门神解之曰："吾辈不肖，方傍人门户，何暇争闲气耶？"

桃符抬起头望着艾人骂道："你是多么下贱的东西，却敢于这么狂妄地住在我的上面？"艾人低着头回答道："你已经半截身子埋进土里去了，还跟我争什么呢？"桃符冒起火来，双方反复争吵不休。门神从旁解劝道："我们都算是没有出息的人，正在依傍别人的门户过日子，还有什么闲工夫来闹这种无谓的意气呢？"

这个故事说明了有的人本来是靠着寄人篱下、仰人鼻息过日子的，而相互之间，却又热心于个人名位之争，可怜亦复可笑。

剜股藏珠

典出《龙门子凝道记·秋风枢》：海中有宝山焉，众宝错落其间，白光煜如也。海夫有得径寸珠者，舟载以还，行未百里，风涛汹簸，蛟龙出没可怖。舟子告曰："龙欲得珠也，急沈之，否则连我矣。"海夫欲弃不可，不弃又势迫，剜股藏之，海波遂平。至家出珠，股肉溃而卒。

海里有座宝山，有许许多多奇珍异宝，交错杂陈，藏在里边，光芒四射，耀人眼目。

有个航海的人得到一颗直径一寸的明珠，乘船把它运回家。航行不到百里，突然风起浪涌，船身颠簸，只见一条蛟龙在海涛中出没，样子十分可怕。船工劝他说："蛟龙是想得到那颗明珠啊！请您赶快把它沉入水中，否则就会连累我了。"航海的人心中左右为难：丢掉吧，实在舍不得；不丢吧，情势所迫，又怕大难临头。于是，剜开大腿上的肉，把珠子藏了进去。风浪也随即平息下来。

这个航海人回到家里后，取出了明珠，但不久，便由于大腿上的肉溃烂而死去了。

后人用"剜股藏珠"的这个典故告诫人们，做事情切不可轻重倒置。否则，就像这个航海人，为了一颗明珠而丧失了生命，后果不堪设想。

唯利是图

典出《左传·成公十三年》：余（我）虽与晋出入，余唯利是图。

春秋时，秦、晋两国在令狐（今山西省临猗县）定了和好的盟约。不久，秦国却又同狄人以及楚国联合，并鼓动他们去打晋国。

由于秦国背约，晋国于公元前578年派吕相去和秦国绝交，并指责秦国破坏秦、晋的友好关系。吕相在和秦桓公论争时，曾经引用秦桓公过去说过的话揭露秦国背信弃义。吕相说："大王过去就说过。秦国同晋交往，除了唯利是图以外，没有别的目的。"

后人用"唯利是图"这个典故比喻只贪求财利，别的什么都不顾。唯：只是的意思；图：贪图。

卫人嫁子

典出《韩非子·说林上》：卫人嫁其子而教之曰："必私积聚。为人妇而出，常也。其成居，幸也。"其子因私积聚，其姑以为多私而出之。其子所以反者倍其所以嫁。其父不自罪于教子非也，而自知其益高。今人臣之处官者皆是类也。

卫国有个人，在他女儿出嫁时嘱咐说："（到婆家）必须自己多攒些私房钱。给人家做媳妇被退回来，是常见的事。那些能够白头到老的人，（只是）侥幸而已。"他的女儿因此就多积私房钱，她婆婆认为私房钱积累太多了，因而休弃了她。卫人的女儿带回娘家的私房钱，比她出嫁时的嫁妆多几倍。她的父亲不责备自己教育儿女的错误，反而却自以为这种增加财富的办法很聪明。

今天，一些做官的人都是这类人呀！

后人用"卫人嫁子"的这个典故讽刺那种昏聩、自恃聪明、自欺欺人的人。

蚊虫结拜

典出《嘻谈录》：蚊子结拜，城中蚊子是把弟，乡下蚊子是把兄。把兄谓把弟曰："你城中大人,珍馐适口,味美充肠,肌肤嫩而腴,尔何修有此口福?我乡下农夫,藜藿充饥,糠秕下咽,血肉粗而浇,我何辜甘此淡泊?"城蚊曰："我在城中,朝朝宴会,日食肥甘,甚觉餍腻。"乡蚊曰："你先带我到城中祗领大人恩膏,然后带你到城外遍尝乡中风味。"城蚊应允,把乡蚊带至大佛寺前城中,指哼哈二帅曰:"此是大人,快去请吃"。乡蚊飞在大人身上,钻研良久,怨之曰："你们这大人倒真大,却舍不得给人吃。我使劲钻了半天,不但毫无滋味,而且连一点血也没有。"

两只蚊子结拜为兄弟,城中的蚊子是把弟,乡下的蚊子是把兄。

把兄对把弟说："你们城中的大人们,山珍海味十分适口,用美好的食物充填胃肠,所以肌肉皮肤长得又嫩又胖。你是修了什么德,能有这样的好口福呀?我们乡下农夫,用野菜豆叶充饥,糠皮瘪谷往下咽,血肉生得粗且瘦,我是犯了什么罪,甘心过这种恬淡寡欲的生活呀?"

城中的蚊子说："我在城里,天天赴宴会,时时吃美味的食品,觉得饱胀腻烦了!"

乡下的蚊子说："你先带我到城里去敬领大人的恩德膏血,然后我再带你到城外去遍尝乡里的风味。"

城中的蚊子答应了,就把乡下的蚊子带到大佛寺前,指着大门口的哼、哈二帅说:"这是大人,快去请吃吧!"

乡下的蚊子飞到大人身上,用尖嘴钻研了很久,埋怨城中的蚊子说："你们城里的大人,块头倒真大,却舍不得给人吃。我使劲用嘴钻了半天,非但丝毫没有滋味,而且连一点血也没有。"

后人用这则寓言说明乡下蚊子的最后一番话——"城中这大人倒真大,却舍不得给人吃。我使劲钻了半天,不但毫无滋味,而且连一点血也没有。"这就是本篇讥讽的主旨。经把城中权贵大人的"守财奴"形象,描绘得淋漓尽致。是啊,他们是一些吃人不吐骨头的凶狠家伙,哪里肯舍得把一滴血汗留给别人享受呢!

瓮 算

典出《施注苏诗》:有一贫士,家惟一瓮,夜则守之以寝。一夕,心自惟念:苟得富贵,当以钱若干,营田宅、蓄声妓,而高车大盖,无不备置。往来于怀,不觉欢适起舞,遂踏破瓮。

有一个贫穷的士人,家产仅有一只瓮,夜里常守着它睡觉。

一天晚上,他心里思念着:如果求得富贵,我当用许多钱财,营造田宅,蓄养女乐,添置高大的马车,加置巨形的车盖,总之,一凡需用,没有不具备的。他反

复在胸中思念着,竟不知不觉、欢乐畅快地跳起舞来,于是一脚踏破了瓮。

后人用这则寓言说明贫士虽穷得只剩下一个瓮坛,但他的思想仍然属于剥削阶级。他不想通过艰苦的劳动去积累财富,而是幻想突然富贵。富贵则营田宅,蓄声妓,去剥削人民,去享乐腐化。他异想天开,越想越美,忘乎所以,欢乐起舞,结果,连仅有的一个瓮坛也踏破了。

卧寝之旁,岂容他人鼾息

典出宋·岳珂《宋史·徐铉入聘》:江南亦何罪,但天下一家,卧榻之侧,岂容他人鼾睡耶!

宋朝初年,宋太祖统一中原地带后,又灭南汉、灭蜀国、平湖湘,接南唐,以期统一全国。南唐派宰相徐铉来作说客,希望说服宋太祖不要进兵。徐铉博学,有干才,而且极善辩论。这次来见宋太祖时,日夜计谋,该说些什么,怎么讲才有理、有利,想得很细致。宋太祖的大臣们事先告诫太祖说:"这个人不好对待,要充分准备。"宋太祖笑道:"不怕,你去叫他来。"徐铉一来,叩见后,就说:"南唐主无罪,您师出无名。"太祖说:"你讲充分些。"徐铉说:"南唐服事宋朝,如儿子孝敬父亲,一点过失也没有啊!为什么攻打它?"说了又说,引申发挥,讲了无数道理。宋太祖等他说完,笑道:"你说的很有道理。你把南唐比作宋朝的儿子,那么,你说说看,父子变成两家,合不拢来可以吗?"徐铉张口结舌不能答,只好回去。

不久,南唐被攻危急,南唐主又派徐铉来,再三说南唐无罪,而且责备宋朝太欺侮人,愈说声音愈响。宋太祖大怒,手按着剑喝道:"不要讲了。南唐有什么罪呢?没有。但是,天下一家,'卧寝之旁,岂容他人鼾息'?"徐铉灰溜溜地走了。宋太祖为统一国家而战,是正义的,所以理直气壮,反对割据。

"卧寝之旁,岂容他人鼾息",在自己睡觉的床铺旁边,不容许别人呼呼大睡。

后人用"卧寝之旁,岂容他人鼾息"这个典故比喻在自己管辖范围之内不许存在割据势力。

无价之宝

典出周·尹文《尹文子》:此玉无价以当之,五城之都仅可一观。

传说古代魏国有个农夫,有一天在田里耕作,挖出了一块圆形的白玉。这块白玉很大，直径就有一尺多。农夫不知道是一块宝贵的玉石，带回去就放在桌上。到了夜晚，宝石光照满屋，全家人都十分害怕。邻居知道后就骗他说："这是不祥之物，应赶快拿去丢了，否则会招致灾祸。"农夫信以为真，就赶快把白玉丢到野外去了。邻居悄悄把白玉拾回，立即拿去给了魏王。魏王不知道这块璧有多宝贵，就召来有经验的玉工进行鉴定。玉工看了非常高兴地对魏王说："恭贺大王洪福，这是一块宝玉啊！"魏王听说是宝玉，又惊又喜，忙问玉工："你看这块宝玉能值多少黄金？"玉工见魏王贪婪的脸色就笑着回答说："此玉无价以当之，五城之都仅可一观。"

后人把这块宝玉称为"无价之宝"（多少钱也买不到的宝物），用来形容物之珍贵稀奇。

梧树不善

典出《吕氏春秋·遇合》：邻父有与人邻者，有枯梧树。其邻之父言梧树之不善也。邻人遽伐之。邻父因请而以为薪，其人不说。曰："邻者若此其险也，岂可为这邻哉！"此有所宥也。夫请以为薪与弗请，此不可以疑枯梧树之善与不善也。

邻父有一位邻居，院中有棵枯死的梧桐树。邻父告诉他说："这棵梧桐树预兆不详。"邻居便马上把它砍倒。

邻父于是登门讨取烧火柴。邻居听了，很不高兴，说："邻居居心这样险恶，怎么好做邻居呢？"

邻父的这种卑劣伎俩，完全是利欲熏心所致，要不要讨取烧火柴，不应该编造枯梧树吉祥不吉祥的谎言。

后人用"梧树不善"的这个典故告诉我们：用谎言欺骗别人，靠诈骗谋取私利，一定会很快暴露自己，被人们识破。

先炊者先餐

典出《聊斋志异·寄生》：谚云："先炊者先餐。"

大名府有个姓张的富人，他的女儿名叫五可，极美而且聪明。一天去上坟，路上遇见一个名叫王寄生的秀才，回去对妈妈说了这事。她妈妈听她语气是看中了寄生，就请媒婆于媪去探听对方的状况。哪知王寄生因从未见过五可，不愿

凭媒人一句话就允婚。这日王寄生梦见一女郎穿松花色细褶绣裙，比神仙还美，问她姓名，她说："我就是五可啊！"正握手亲近，忽然醒了，而她音容笑貌如在眼前。大奇，于是请于媪来，谋求一见五可。于媪和他约定，第二天午后想法把五可引出门来，让他看个清楚。第二天，王寄生去了，一看，五可容貌衣裙竟和梦中所见一样，大喜，于是决定派媒人去求婚。谁知媒人回来说：五可刚刚和邻村张家订婚。寄生懊丧之极，病倒了，瘦得只剩把骨头。恰恰这时，于媪忽然来了，看他病成这个样子，惊问道："怎么忽然病了呢？"寄生泪下，述说失望之苦。于媪笑道："呆子，前些时人家求上门来你不要，现在又想人家。虽然如此，还来得及。五可订婚，只是口头商订，并没有文约，谚云：'先炊者先餐。'你立刻去下聘礼，写婚约，准成！"寄生大喜，病立即好了，去下聘果然成功。结婚后，五可说："我曾做梦，梦到你家，今天一看，房子竟和梦中无异。"两人一算时间，正是寄生梦见五可的同一天。于是问到五可为什么说已和张家订了婚，害他大病一场。五可说："那你为什么当时不答应婚姻呢？要知道由于你的拒绝，我也曾大病一场啊！就不许我也报复一次么？"寄生大为感动，从此夫妇过着美满的生活。

"先炊者先餐"意思是：谁先煮饭谁先吃。

后人用"先炊者先餐"的这个典故比喻凡事有个先来后到的意思。

象箸玉杯

典出《韩非子·喻老》：昔者纣为象箸，而箕子怖，以为象箸必不加以土铏，必将犀玉之杯。

从前殷纣王用象牙做筷子，他的太师箕子为此十分担忧。箕子认为：有了象箸筷子，就不会再用土瓷羹器了，必定要用犀玉作杯，才能相配；有了象箸玉杯，就不能再盛普通的食品了，而必须盛以旄象豹胎；吃食都这样讲究，住茅屋穿短褂子就当然不行了，那就得锦衣九重了，广室高台了。有人问箕子为什么这样为纣王担忧。他说："这样下去多么危险啊，我怕因此而走向灭亡啊！"果如箕子所料，没有多久，纣王公然就为肉圃，设炮烙，登糟丘，临酒池，骄奢淫逸，挥霍无度，殷朝就因而灭亡了。

后人用"象箸玉杯"表示用象牙来做筷子，用玉石做酒杯，用来形容极度奢侈的生活。

心劳日拙

典出《谐语》：苏曰：贫家无阔藁荐，与其露足，宁且露手。佯谓人曰："君观吾侪，有顷刻离笔砚者乎？至于困睡，指犹似笔也。"小儿子不晓事，人问："每夜何所盖？"辄答云："盖藁荐。"嫌其太陋，挞而戒之曰："后有问者，但云盖被。"一日，出见客，而荐草挂须上，儿从后呼曰："且除面上被！"——所谓"作伪心劳日拙"者也。

苏东坡说：有一个贫穷汉，夜里睡觉连一领宽阔的草垫席子都没有。他想，与其露着脚，还不如露着手，便假装对人们说："您看我们，有一时一刻离开笔砚的时候吗？即使在睡觉的时候，我们的手指也还像笔一样露在外头。"

贫穷汉有个儿子不懂事。人们问他："你们家每天夜里盖什么睡觉呀？"他立刻回答说："盖草垫席子。"贫穷汉嫌太寒伧，就把孩子打了一顿，又告诉他说："以后如有人再问你，就说是'盖被子'！"

有一天，贫穷汉出外会见客人，有一根垫席的茅草挂在他的胡子上。儿子急忙跟在身后呼叫着说："赶快把你脸上的被子拿下来！"——这就是所谓"作伪心劳日拙"的例证呀。

后人用这则寓言说明这位贫者和孔乙己一样，本来很穷，却要装作富有，结果，欲盖弥彰，心劳日拙，更加露出可怜的穷酸相。这种贫者和一般的穷人不同，他们或刚刚破落，富人乍穷；或读书难觅功名，穷困潦倒。经济上虽已贫困，思想上却还在做富贵的迷梦，因此常常演出这种使人既可笑又可怜的悲剧。

许金不酬

典出《郁离子》：济阴之贾人，渡河而亡其舟，栖于浮苴之上，号焉。有渔者以舟往救之，未至，贾人急号曰："我济上之巨室也，能我，予尔百金！"渔者载而升诸陆，则予十金。渔者曰："向许百金，而今予十金，无乃不可乎？"贾人勃然作色曰："若，渔者也，一日之获几何？而骤得十金，犹为不足乎？"渔者黯然而退。他日，贾人浮吕梁而下，舟薄于石又覆，而渔者在焉。人曰："盍救诸？"渔者曰："是许金不酬者也。"立而观之，遂没。"

住在济阴的一个大商人，渡河翻了船，趴在水中的一堆枯草上，大声地呼叫

着。有个打鱼人划船过去救他，还没划到的时候，商人急忙高喊着说："我是济阴的一个世家大族，如果你能救我，我就送给你一百金！"

渔夫把他拉上船来送到岸上，但商人只给了他十金。

渔夫说："你原先答应给我百金，而现在只给十金，这样做是不可以的吧？"

商人大怒，变了脸色说道："你，是一个打鱼的人，一天能获得几个钱？而现在竟突然得到了十金，你还不满足吗？"渔夫听了闷闷不乐地走去了。

过了一些日子，那大商人又从吕梁浮船而下，船身碰上礁石又翻沉了，而那个渔夫正好在那里。

有人对渔夫讲："你为什么不去救他上来？"

渔夫说："他是答应给我钱却不真心酬报的人呀！"

于是，渔夫站在岸上旁观，大商人便没顶沉入水中。

后人用这则寓言说明商人重财而轻命，这在今人看来似乎是不可理解的事，但寓言中这个封建时代的济阴大贾，却是实实在在的活证据。世界上那些蝇营狗苟、财迷心窍的利禄之徒，拼命钻营不止，以致利令智昏，最后身败名裂者，不正是这个济阴大贾形象的再现吗？

寓言教育人们要有"言必行，行必果"的道德品质，如果待人接物，出尔反尔，失去信用，必定会自食恶果。

宴安耽毒

典出《左传·闵公元年》：狄人伐邢。管敬仲言于齐侯曰："戎狄豺狼，不可厌也。诸夏亲昵，不可弃也。宴安耽毒，不可怀也。《诗》云："岂不怀归，畏此简书。"简书，同恶相恤之谓也。请救邢以从简书。"齐人救邢。

春秋时，齐桓公作诸侯的盟主，在鲁闵公元年，东北方的狄人向邢国侵略。在这以前，邢国已经被狄人围攻过一次，这次又被围攻，邢国不能抵御外来的侵略，只有派人向齐国求救。当时在齐国执政的是中国历史上有名的政治家管仲，他接到邢国的告急公文后，向齐桓公说："戎人和狄人都是像狼一样凶狠的民族，我们不能够让他得到满足；邢国是周公的后人，和我们同是周天子的诸侯，关系是非常亲近的，所以不能放弃援救的时机。一个国家是不应该经常沉浸在安乐中的，如果我们长年在安乐中过日子，它会造成像耽毒一样猛烈的效果，这样会影响君王的霸业。……因此我请求君王出兵救邢。"齐桓公听了，认为很有道理，于是出兵援救邢国。

宴安：安于享乐；耽：与鸩同，是一种毒鸟，相传它的羽毛有毒素，将之浸酒，人饮后立死。后来的人便将管仲的这句话——"宴安耽毒，不可怀也"引为"宴安耽毒"一句成语,来比喻一个国家或个人终年安于享乐的环境中,就像喝毒酒自杀一样。

烟气难餐

典出《楮记室》:唐乾符中有豪士承籍勋荫,锦衣玉食,极口腹之欲。尝谓门僧圣刚曰:"凡以炭炊饭,先烧令热,谓之炼炭,方可入炊;不然,犹有烟气,难餐。"及"大寇"先陷瀍洛,财产漂尽,昆仲数人与圣刚,不食者三日。"贼"退,徒走往河桥道中小店买脱粟饭,于土抔同食,美于梁肉。僧笑曰:"此非炼炭所炊。"但惭恚而无对。

唐朝乾符年间,有个富豪承袭了祖先的爵禄,穿的是绫罗绸缎,吃的是山珍海味,把人间的一切好东西都吃厌了。

他经常对门僧圣刚说:"凡用炭做饭,先要经过烧炼,去掉黑烟,得到的就是煤炭,才能用来煮饭。不然的话,饭里有烟气,十分难吃!"

有一年,造反的农民军攻占了瀍水、洛水一带,他的全部财产损失殆尽,只剩得弟兄几人和圣刚一起狼狈逃窜,躲藏在荒山野谷,整整三天没有吃东西。

农民军撤出后,他们徒步到河桥道中的一个小店里买来米饭,用手抓着连泥带土一起吞食,感到比精米肥肉还要香甜。圣刚笑着说:"老爷,这可不是用炼炭烧熟的饭啊!"

后人用"烟气难餐"的这个典故告诉人们,剥削阶级锦衣玉食,并不是天生的高贵,当农民起义的霹雳粉碎了他们的天堂时,他们的所谓尊荣、排场就立刻露出了原形,一钱也不值了。

燕雀处屋

典出《孔丛子·论势》:燕雀处屋,子母相哺,煦煦焉其相乐也,自以为安矣;灶突炎上,栋宇将焚,燕雀颜色不变,不知祸之将及己也。

燕雀在屋檐下营巢筑窝,安了家。它们子母相哺,快乐自得,自以为安逸舒适,永无忧虑了。

一天,烟囱冒出来的火苗窜上房顶,檩椽慢慢被引着了。燕雀若无其事,一如往常,不知大祸就要临头了。

后人用"燕雀处屋"的这个典故告诉我们:居安思危,何况所居欠安?在和平时期,切不可忘记虎狼在前。燕雀处屋,自以为安,不知大祸即将临头,丧失了起码的警惕。

羊裘在念

典出《迂仙别记》:乡居有偷儿,夜瞰公室,公适归遇之,偷儿大恐,弃其所衣羊裘而遁。公拾得之,大喜。自是羊裘在念。入城,虽丙夜必归。至家,门庭晏然,必蹙额曰:"何无贼?"

乡里有个小偷,夜里去窥探迂公的卧室,迂公恰好回家碰上了,小偷大吃一惊,丢下他身上穿着的羊皮袄逃跑了。迂公拾起羊皮袄,非常高兴。

自那以后,迂公心里天天念着羊皮袄事件。每次进城,虽迟至半夜三更,也必要回家。到了家门口,看到门庭安然无事,总是皱起眉头叹息着说:"为什么没有贼呢?"

后人用这则寓言说明偶得意外之财,便天天想入非非,冀得重获,是迂上加迂。因为迂公没有想到:遇到小偷,是极其偶然的事,而遇到小偷重获羊裘,更是千载难逢。"何无贼?"原本是件好事,假如天天有贼,又不能发觉,不知要丢失多少东西;若再碰到,贼急行凶,赔上一条老命,岂不更加得不偿失了吗?要看到"贼"与"损失"是常常联系着的,应该从正反两方面看问题,不可陷入片面性。

腰缠十万贯,骑鹤下扬州

典出元·陶宗仪《说郛》:腰缠万贯,骑鹤下扬州。

宋时,扬州是全国最富庶繁华的城市,那里是盐业中心、粮运中心,处处酒家,夜夜管弦,人人都想到那里去做官、发财、享乐。有一天,四个读书人在一起聊天,一个人说:"我只想当扬州刺史,那么又富又贵,生活又好,别的我什么也不需要了。"一个人说:"其实只要有钱,住哪儿都一样舒适。我只想腰缠十万贯(身上有十万贯钱,每贯一千钱,十万贯就是上亿了)。"第三个人说:"唉,做大官、发大财又怎么样?人生短促,死了不是一切都完了?所以我想成为神仙,能长生不老。"轮到第四个人,他说:"你们说的都好,我都想要,因此我的志愿是'腰缠十万贯,骑鹤下扬州'。"(骑鹤:传说中神仙是骑鹤的)大家听了,无不哈哈大笑。

后人用"腰缠十万贯，骑鹤下扬州"的这个谚语比喻人贪心妄想。

夜狸取鸡

典出《郁离子》：郁离子居山，夜有狸取其鸡，追之弗及。明日，从者置其入之所，以鸡，狸来而縶焉。身缧而口足犹在鸡，且掠且夺之，至死弗肯舍也。郁离子叹曰："人之死货利者，其犹是也。"

郁离子居住在山中，夜里有只野猫偷吃了他的鸡，追它没有追上。第二天，随从的人在野猫进来的地方装上捕兽工具，用鸡作诱饵。就在当天晚上用绳索捆住了野猫。野猫的身子被绳索拘禁着，而它的口和脚却还在那里捉鸡，一面抢一面夺，一直到死都不肯舍弃那只鸡。

郁离子叹了一口气说："人们死于追求钱财货利的，正像这只野猫一样呀！"

后人用这则寓言说明要钱不要命，就是这则寓言的主旨。舍本逐末，贪小失大，其后果是可悲的。

一狐之腋

典出《史记·赵世家》：简子曰："大夫无罪。吾闻千羊之皮，不如一狐之腋。诸大夫朝，徒闻唯唯，不闻周舍之鄂鄂，是以忧也。"《史记·商君列传》中也有"千羊之皮，不如一狐之腋"的记载。此据《赵世家》。

春秋末期，有一些诸侯国家名义上是国君掌权，但实权往往操在一些有势力的卿和士大夫手中。晋国就是这样一个国家。公元前511年至475年，晋国的国君是晋定公，但大权却掌握在赵鞅、范氏、中行氏这些卿的手中。为了争权夺利，他们发生了内讧。在内讧中，赵鞅打败了范氏和中行氏，扩大了自己的封地，为以后建立赵国奠定了基础。

赵鞅，即赵简子，又名志父，亦称赵孟。他是一个机智谋略，善于用人处事的贵族。晋定公十九年（公元前493年），在袭击护送粮饷给范氏的郑国军队时，赵鞅誓师说："克敌者，上大夫受县，下大夫受郡，士田十万，庶人工商遂，人臣隶圉免。"结果鼓舞了军心，激励了士气，大获全胜。

赵鞅手下有一个大臣叫周舍。此人为人耿直，经常很直率地给赵鞅提意见，声称自己愿意做一个"鄂鄂之臣"（鄂读è，鄂鄂：直言争辩时的神态），因而很得

赵鞅的赏识。后来,周舍死了,赵鞅非常难过,每次上朝都表现得很不高兴。大夫们见此情形,都来问是不是自己办了什么错事得罪了他。赵鞅说:你们没有得罪我。但是,我听说,一千只羊的皮也不如一只狐狸腋下的皮值钱,现在朝廷之上,只是听到你们唯唯诺诺的顺从,听不到周舍据理直谏的声音了,所以我才闷闷不乐。

后人用"一狐之腋"比喻珍贵的物品。

一日不作,一日不食

典出《夜客丛书》二九回:一日不作,一日不食。

百丈寺有个老和尚名叫怀海禅师,他非常热爱劳动。凡是种菜、种田的时候,他总是比大家做得多。众和尚看他这么老了,又是整个庙的方丈(和尚庙的主管人叫方丈),都劝他少干一些,他不听。有一天又要劳动了,大家事先把怀海禅师的劳动工具偷偷藏了起来,让他无法去劳动。哪知怀海禅师整整一天不吃不喝,找个不停,大殿、食堂、楼上、地窖什么地方都找遍了,累得更厉害。从此,全寺传遍了怀海禅师"一日不作,一日不食"的事,再也不敢不让他去劳动了。

后人用"一日不作,一日不食"的这个典故比喻一天不劳动,一天便没得吃的。

以备不生

典出《吕氏春秋·遇合》:人有为人妻者,人告其父母曰:"嫁不必生也,衣器之物可外藏之,以备不生。"

其父母以为然,于是令其女常外藏。

姑知之,曰:"为我妇而有外心,不可畜!"因出之。

妇之父母,以谓为己谋者以为忠,终身善之,亦不知所以然矣。

有个女子要出嫁,有人告诉她的父母说:"嫁人不一定能生儿子。衣服财物可以设法在外面偷偷存藏一些,以便准备着不生儿子被休回来。"

她的父母以为很对,于是便叫女儿常常把衣服财物偷藏在外面。

婆婆公公知道了这件事,说:"给我家做媳妇,却有外心,要不得!"因而便休了她。

这女子的父母,还认为给自己出主意的人是对他们忠诚,一辈子感谢他,却不问女儿所以被休的原因是什么。

这个寓言的主旨,在于揭示:明明上了当,还要终身善之,可以算是不辨是非,不识好歹,糊涂之极,至死不悟。——其所以如此,是由于有私心:外藏者,是对婆家说的;对婆家说是外藏,大约对娘家便变成为内藏,秘密就在这里。《韩非子·说林上》也同样采录了这个民间故事,却作了进一步揭发:"其子所以反(返)者,倍其所以嫁。其父不自罪于教子非也。而自知其益富。"正好可以借来作补充。这就证明:有私心的人为私欲所蒙蔽,看不出真相,所以上了人家的当,还一辈子感激人家。

后人用这个故事说明:藏富于民,民富才能国强。

盈成我百

典出《金楼子》:楚富者,牧羊九十九而愿百,尝访邑里故人。

其邻人贫有一羊者,富拜之曰:"吾羊九十九,今君之一盈成我百,则牧数足矣。"

楚地有一个富人,他家放牧的羊有九十九只,而想凑足百数。为此,他遍访了城镇乡里的亲友近邻。

他有一个邻居,家中很穷只有一只羊,这个富人便去拜访说:"我已有了九十九只羊,现在您把这一只羊送给我,就可以让我凑满一百,这样我的牧羊数字就够足数了!"

这则寓言揭露了富者为满足个人欲望而不顾别人死活的可鄙行径。它说明剥削阶级的贪得无厌和损人利己的欲望,是永无止境的。

有钱走遍天下,无钱寸步难行

典出唐·张鷟《朝野金载》:谚语讲"有钱走遍天下,无钱寸步难行。"

唐朝,"吏部"是管理官员的选用和升迁的,权很大,主要长官是"尚书",第二位的领导人叫"侍郎"。有个名叫郑愔的人,担任吏部侍郎,贪污受贿、卖官鬻爵。有钱的候选人,缴纳贿赂后立刻分到好位置,没钱的人一等几年,也不分配。这时有个候选官已经等了二年了,心里又气又急,这天就在鞋上系上一百多个钱,

一走一晃地去见郑悟。郑悟见了很奇怪，指着钱说："你怎么把它系在脚上？"那人说："谚语讲'有钱走遍天下，无钱寸步难行'，因为寸步难行所以才系上它啊！"郑悟听了，知道是讽刺他，面红耳赤，心中恼怒，口头上应酬了一下，事后干脆把那人的候选资格也取消了。

后人用"有钱走遍天下，无钱寸步难行"这个谚语比喻社会风气不正，贿赂成风。

予取予求

典出《左传·僖公七年》：唯我知女，女专利而不厌，予取予求，不女疵瑕也。

春秋时，楚国有一个大夫叫申侯，因为能说会道，献媚于楚文王，楚文王非常宠信他。他是一个专爱贪利而永不知足的人。楚国的人都痛恨他。后来楚文王病得快要死了，便将申侯叫来，以最好的玉赐给他，并说："只有我最了解你，你为人贪爱财利，而且永远不觉得满足，从我这里要了这样又求那样，但我并不加你的罪。将来楚国的君主可不能这样待你了，他们会要判你的罪的。我死后，你必须迅速离开楚国，不要到小国去，小国是没法收容你的。"楚文王死后，申侯出奔到郑国。最后被郑文公给杀了。

后来的人，便将楚文王封申侯时说的这一句话引为成语，形容一个人贪得无厌，要了这样又要那样，永远不会得到满足。

鱼目混珠

典出《玉清经》：鱼目岂为珠，蓬蒿不成槚。"（蓬蒿：野草；槚：茶树的古称。蓬蒿不成槚的意思是说，野草不能冒充茶树。）

李善注引《韩诗外传》中说：白骨类象，鱼目似珠。

传说从前有一个人，名叫满愿，他买了一颗珍珠。这颗珍珠又大又圆，光彩耀眼，惹人喜爱。满愿把这颗非常珍贵的珍珠，精心地收藏起来。满愿有个邻居，名叫寿量。有一次，他拾到一个鱼眼珠，自以为是颗珍珠，于是也精心地收藏起来。

后来，有人生了病，需要用珍珠配药才能医治，于是用很高的价钱到处收买珍珠。满愿知道后，就把自己珍藏的珍珠拿了出来，寿量也把自己珍藏的鱼眼珠拿了出来。满愿的珍珠，闪闪发光，耀眼夺目；寿量的鱼眼珠，虽然也很大很圆，却黯淡无光。两个放在一起，立刻就能辨出真假。寿量把鱼的眼珠当作珍珠收藏、出卖，真是"鱼目混珠"。

成语"鱼目混珠"的意思是说，鱼眼眼掺杂在珍珠里面，比喻以假乱真。

欲兼三者

典出《牟子》：有客相从，各言所志：或愿为扬州刺史，或愿多资财，或愿骑鹤上升。

其一人曰："腰缠十万贯，骑鹤下扬州。欲兼三者。"

有一群客人相聚在一起，各自说起自己的志愿：有的人愿意当扬州刺史，有的人想多得到资财，有的人希望骑着仙鹤升天为神仙。

其中有一个人听后说："我愿腰中缠着十万贯钱，再骑上黄鹤到扬州去当刺史。"即妄想同时兼有三个方面的好处。

这篇寓言是对好做痴心狂想梦者的讽刺。前面三个人的"志愿"，已经是奢望，这后一个人竟要兼三者而有之，更是虚妄之极了。

元宵祭蚕神

古时候，吴越一带的养蚕人家在元宵节那天，除了点灯祭祖外，还得祭祀蚕神，以求来年养蚕顺利，蚕业兴旺。

这种习俗起源于魏晋时期。相传，吴县有个叫张成的人，正月十五那天夜里，他起床时，忽然看见墙角站着一个妇人。妇人年纪不过 30 左右，一身绿衣裙。张成看见后大吃一惊，还以为半夜有鬼。那妇人对他说："你不必害怕，我是这地方的蚕神。明年正月十五，你必须煮一碗白米粥，上面盖上一块半肥半瘦的肉来祭我。我会保佑你家养蚕顺利，蚕业兴隆。"妇人说完话后，就消失在墙角了。

第二年，张成认认真真地按照妇人的吩咐做了。果然，张家的蚕茧大大丰收，而且一年比一年好。这消息传开后，四邻的人们也纷纷仿效张家的做法，在正月十五那天用白米肉粥祭蚕神。渐渐地，这种做法便成为一种习俗留传了下来。

据说,吃这种肉盖粥时很有讲究。吃的时候,必须爬到屋顶上去,一边吃一边还要念咒语。

越人溺鼠

典出《燕书》:鼠好夜窃粟。越人置粟于盎,恣鼠啮,不顾。鼠呼群类入焉,必饫而后反。越人乃易粟,以水浮糠复水上。而鼠不知也,逮夜,复呼群次第入,咸溺死。

老鼠喜欢夜间出来偷吃谷子。有个越国人有意把谷子放在一个罐子里,任老鼠去吃,不加理睬。因此老鼠便把它的同类招来,到罐子里吃谷子,每次都要饱餐一顿才回去。

有一天,越人把罐子里的谷子换成水,到了夜晚,老鼠又都一起来,一个接一个地跳进罐子里,结果全部被淹死了。

后人用"越人溺鼠"的这个典故告诉我们,凡事要智谋,在生产建设中,要苦干加巧干,在对敌斗争中,不仅要斗"勇",而且要斗"智"。

张良卖剪刀

秦朝末年,张良因刺杀秦王不成,隐姓埋名,逃到下邳城(今江苏睢宁西北),跟铁匠朱伶子学手艺打剪刀。朱伶子先让他卖剪刀,每天十把,卖完了到铁匠铺吃饭。

有一天,生意不好,都散集了,张良才卖掉九把。他拿着剩下的一把剪刀,四个城门都走遍了,还是没有人要。天色已晚,月亮出来了。张良卖剪刀又来到城东门的圯桥上,只见一位老人盘腿坐在桥上赏月。张良上前问道:"老伯伯,您买剪刀不?"老人没有搭理,起身便走,不料他的靴子掉到桥下。张良连忙下桥给他拣上来,赔礼说:"怪我惊动您了!"老人把脚一伸,说:"穿上!"张良一心想卖掉剪刀,便捺着性子给他穿上。老人站起来,把袖子一甩,一声不吭地走开了。张良可火啦!他操起剪刀要找老人评理。不料老人抽身回来,一抄手,夺下张良的剪刀,说:"好小子!柔中有刚,是块好材料呀!"张良听了,脸刷地红了。他见老人举手有功,便要磕头拜师。老人扶起张良,说:"真要认我为师,五天后早上到这座桥上来。"

到了第五天，鸡刚叫二遍，张良就来到圯桥上。可是老人早已站在桥头啦，他责备张良说："你跟老年人相约，就该早点来，怎么叫我等你呢？回去吧，过五天早上再来！"过了五天，鸡刚叫头遍，张良又来圯桥。他还没有走上桥，就听到老人的斥责声："又来晚了！回去，再过五天来见我。"又过了五天，鸡还没叫头遍，张良就来到桥头等候，等了一会儿，才见老人蹒跚而来。张良赶忙上前磕头问安。老人夸赞说："青年人要学点本领，就应该这样坚持不懈，不达目的不罢休。"于是，老人送给张良一卷书，说："这是久已失传的《太公兵法》，只要读透了它，将来便可为天下做一番事业。"

张良得到兵书，恨不得一口气读完，可是白天卖剪刀，没有多少时间读书。他想出一个办法：将十把成色一样的剪刀，分成三种价钱去卖。一般买东西的人都认为，一分价钱一分货，价钱贵的货就好。愿买好剪刀的，就出高价钱；手头紧的，就拣贱的买。这样，每天十把剪刀，不出半天就卖光了。贵贱一拉平，张良也不少卖银子。所以，当地人至今还流传着一句歇后语："张良卖剪刀——贵贱一样货。"

张良日夜苦读兵书，刻苦钻研兵法，后来成为一个有名的军事家，辅佐刘邦建立了西汉王朝。

"张良卖剪刀"，比喻同样的货色卖不同的价格。

争名于朝，争利于市

典出《国策·秦策一》：臣闻争名者于朝，争利者于市。

战国时，秦国经过商鞅变法，日渐强大起来，并不断吞并一些国力较弱的小国。有一次，秦惠王召集张仪和大将司马错讨论攻灭蜀国和韩国的问题。司马错主张伐蜀，张仪则主张伐韩。秦惠王让他们各自说说其理由。

张仪说："韩国的地理位置十分重要，如果攻占了，就可以控制东周朝廷的大权，并挟天子以令诸侯。至于蜀国，离秦国路途遥远，远途用兵，将会弄得兵困马乏、人民劳苦。即使攻占了，也得不到多大的利益。我听说，争名要在朝廷中，争利要在街市上。现在拥有黄河天堑的韩国和周王室，是天下的街市，大王不去争夺，而偏偏去争遥远的蜀国，这样，离秦国的王霸之业就远了。"

司马错不同意张仪的这些说法。他说："我认为，攻取蜀国对我们是极为有利的。蜀国土地肥沃，攻占了可以扩大我们的疆土；得到它的财物，可以使我们更加富足。况且，攻占蜀国一国，与其他诸侯国的利益也不相干。如果攻韩又危及周天子，必然得到个坏名声。这样，未必有什么利益可得，反而得个坏名声，不如攻蜀。

秦惠王听了张仪和司马错的话，认为司马错说得更有道理，便于公元前316年派司马错灭掉了蜀国。

"争名于朝，争利于市"形容争权夺利，互相倾轧。

竹头木屑

典出《晋书·陶侃传》：时造船，木屑及竹头，悉令举掌之，咸不解所以。后正会，积雪始晴，厅事前余雪犹湿，於是以屑布地。及桓温伐蜀，又以侃所贮竹头，作丁装船。

晋朝有一个叫陶侃的人，字士行，晋明帝时，官拜征西大将军。平日做事，必定尽力亲为，对于学问也有很深的研究；军事方面，也有过人的才能，所以当时有人将他和诸葛亮来相比。

有一次他督造大船，每天都亲自监督，见到工人锯下来的木屑，和截短下来扔在地上的竹头，他都命令收拾起来，并且指点大家将这些废料放入储藏室里。大家不知他是什么用意，但不敢问他。

第二年元旦，府衙举行庆祝朝会，恰巧年尾那几天下了一场大雪，积雪盈尺，虽然经过了几天的晴天，太阳照晒，府衙门前的积雪还是没有融化，地上泥泞不堪，行走极不方便。陶侃便叫人把储藏着的木屑取出来铺在地上，解决了行路的困难。又有一次，驸马都尉（官名）桓温要去讨伐蜀地，事先赶造不少船只，船板锯好了，但缺少竹钉，没法把船身装起来。陶侃便叫人把藏着的竹头取出来送给桓温，削成竹钉，船便一艘艘地装起来了。

后来人们便引申成"竹头木屑"一句成语，来比喻人心思缜密，极细小的事情也不遗留，或者极细小的东西也不抛弃，留为需要时来应用。

自投鼎俎

典出《笑赞》：钟馗专好吃鬼，其妹与他做生日，写礼贴云："酒一尊，鬼两个，送与哥哥做点剁；哥哥若嫌礼物少，连挑担的是三个。"钟馗命人将三个鬼俱送疱人烹之。担上鬼看挑担者曰："我们死是本等，你如何挑这个担子？"《赞》曰："挑担者不闻钟馗之所好耶？而自投鼎俎——此文种、韩信之流也。若少伯、子房，可谓智鬼矣。"

钟馗专门好吃鬼,他的妹妹给他做生日,写了一个礼贴道:"酒一尊,鬼两个,送给哥哥剁肉馅吃;哥哥若是嫌礼物少,连挑担的算上共是三个鬼。"

钟馗便命令差役把三个鬼都送到厨房里去,让大师傅烹煮。

装在担子里的鬼看着挑担子的鬼说道:"我们死是本分,你却为啥挑这个担子来?"

《赞》曰:挑担子的鬼难道没听说钟馗的嗜好吗?却来自投鼎俎——这是文种、韩信之流的人物呀;若像少伯、子房其人,可称之为智鬼了。

后人用这则寓言说明挑担鬼为什么会自投鼎俎?一是势力使然,主人命令,身不由已;二是名利使然,晋见钟馗,或许能捞点油水。

"赞曰"认为文种、韩信是自投鼎俎的愚鬼,范蠡、张良是功成退身的智鬼,很有见地。封建社会伴君如伴虎,有的君主可以共患难,不可以共富贵。在创业打江山时,求贤若渴,网罗人才;一旦面南以后,想巩固万世帝业,则杀戮功臣。正如韩信所谓:"飞鸟尽,良弓藏;狡兔死,走狗烹。"这是历史的血的总结。

坐吃山空,立吃地陷

典出元·秦简夫《东堂老》第一折:那钱物则有出去的,无有进来的,便好道坐吃山空,立吃地陷。

南宋时临安有个人叫刘贵,原是读书人,妻刘氏,妾叫陈二姐。家道衰落,日子越来越不好过。这天,他岳父对他说:"'坐吃山空,立吃地陷',三寸喉咙深似海,你须计较个常便。我女儿嫁了你一生,也指望丰衣足食。今日赍助你些本钱,胡乱去开个柴米店,却不好么?"便借了十五贯钱给他。刘贵背了钱回家,喝醉了酒,进门后和妾陈二姐开玩笑,说这十五贯钱是因穷得没法,把陈二姐卖给别人的身价钱。陈二姐又伤心又怕,等刘贵睡着后悄悄开了门逃回娘家去了。这时一个小偷进来,杀死刘贵,把钱偷走。第二天,人们发现了凶杀情况,又发现陈二姐跑了,怀疑是她和奸夫杀人携款潜逃,便来追捕她。当他们追上她时,恰恰看见她和一个男人名叫崔宁的一起走,崔宁背着的钱又恰恰是十五贯,便愈发肯定这两人是凶手。扭送官府。官府也不调查研究,抓住两人一阵苦打,逼供成招,就把这两人冤杀了。原来崔宁是个绸布商人,这天卖了布得了十五贯钱回家,见陈二姐孤身步履艰难,好心帮助她携扶同行,和陈二姐从不相识,又是什么奸夫和凶手呢?这件冤案编成京戏就叫《十五贯》或《错斩崔宁》。后来虽然意外发现真凶手,可是这两个人冤枉死了,再也不能复活。

后人用"坐吃山空,立吃地陷"的这个典故比喻光消费不生产,那么就是有山样高的财产也会逐渐吃空了;就是有地那么厚的财产也会吃陷下去了。

巴豆孝子

典出《颜氏家训·名实篇》：近有大贵，孝悌著声，前后居丧，哀毁踰制，亦足以高于人矣。尝以苦块之中，以巴豆涂脸，遂使成疮，表哭泣之过。

一位显贵，很有孝顺的盛名。他的父母先后亡故，在居丧期间，这位显贵哀痛毁坏了面容，丧礼超过了定制，用以表现他比一般人更为孝敬。

殊不知这位先生在居丧时，枕着土块，睡着草席，悄悄地将巴豆油涂在脸上，弄出满脸疮痕，以表示自己悲痛哭泣得非常厉害。

后人用"巴豆孝子"的这个典故告诉我们，统治阶级所表彰的那些忠臣孝子，实际上就是这一类不择手段、沽名钓誉的货色。

半面识人

典出《后汉书·应奉列传》：奉年二十时，尝诣彭城相袁贺。贺时出行闭门，造车匠于内开扇出半面视奉，奉即委去。后数十年于路见车匠，识而呼之。

东汉时的应奉非常聪明，记忆力更是惊人。他二十岁那年，去彭城拜访袁贺。但那天袁贺不在家。他敲了许久的门，有个造车的匠人将门打开了一点点，露出半张脸看了应奉一眼，告诉他主人不在。应奉便离去了。

几十年过去了，有一天他在路上碰见那个车匠，马上认了出来，并招呼他。对方表示不认识他。应奉说："你不就是在袁家门口露出半张脸的那个人吗？"

后人用"半面之识"或"半面曾记"形容人记忆好；或形容相交不深。

不痴不聋，不做家翁

典出《北史·长孙平传》：平进谏曰："谚云：不痴不聋，不做大家翁。此言虽小，可以喻大。邴绍之言，不应闻奏。"观《资治通鉴·卷二二四·唐代宗大历二年》：子仪闻之，囚暖入待罪，上曰："鄙谚有之'不痴不聋，不为家翁'，儿女子闺房之言，何足听也？"

唐代，爆发了有名的"安史之乱"，以后又接连发生了回纥、突厥等少数民族入侵，唐皇被逼得几次逃难，国势危殆。这时，倚仗了一个忠实可靠的大臣，名叫郭子仪，多次打败乱军，使唐王朝转危为安。唐代宗李豫为了酬劳郭子仪，除了给他高官厚禄外，还把自己女儿升平公主嫁给他的儿子郭暖为妻。有一天小两口吵架，升平公主摆起了公主架子。郭暖气忿忿地说："你是公主又有什么了不起！皇帝不是全靠我爸爸出力才能坐稳皇位么？我爸爸还不稀罕做皇帝呢，要不然早就做了！"升平公主气得立刻跑回皇宫去向皇帝哭诉。郭子仪吓得要命，郭暖的话如果被追究起来，是要满门抄斩的啊！于是立刻把郭暖捆绑起来，去向皇帝李豫请罪。李豫却不以为然地笑道："俗谚说：'不痴不聋，不做家翁。'儿子、媳妇吵嘴说的话，大人何必计较呢？"一场天大风波，就这样平息了。

后人用"不痴不聋，不做家翁"的这个典故比喻作为一家之主，对子侄辈的一些小过失，要装痴假聋，不必追究，否则不能把大家庭维系好。

不可胜数

典出《墨子·非攻中》：百姓之道（由）疾病而死者，不可胜数。又见《汉书·伍被传》：死者不可胜数，僵尸遍野。

淮南王刘安手下有个郎中名叫伍被，此人很有学问。刘安喜欢学者，而伍被则是刘安所喜欢的几个学者中最受赏识的。为此，一些重大政治问题，刘安常常征求伍被的意见。

刘安想起兵造反，多次与伍被商量，伍被皆认为凶多吉少，不宜行动。后来刘安认为可以起兵了，又去找伍被商量。他对伍被说："现在时机已经成熟，可以起兵，因为天下的百姓对皇上不满，诸侯行为失检的也多，而且他们对皇上也怀有疑惧。我想，我们在西乡起兵，必然会有人响应。"伍被还是不同意刘安的看

法。他告诉刘安说："汉高祖之所以得天下,是因为秦王残害百姓,杀术士,任刑法。当时男的辛勤耕种还不得一饱,女的勤于纺织还衣不蔽体。秦始皇修筑长城,军队没有住处,都在露天宿营,'死者不可胜数,僵尸遍野'。当时百姓想造反的,十家当中就有五家,而今不是这种情况。"刘安虽然觉得伍被的话有道理,但他造反之心未变。后来伍被另给刘安想了一条起兵之计,但消息很快被朝廷知道,于是伍被便被杀掉了。

后人用"不可胜数"形容为数极多,数也数不清。

不识时务

典出《后汉书·张霸传》:霸名行,欲与为交,霸逡巡不答,众人笑其不识时务。

东汉献帝时,因政权完全操纵在大臣们手里,汉室已面临危险的地步。刘备是皇室的子孙,很想找机会挽救汉朝的危机,但是东奔西走,总是没有好的根据地。有一天,他特地去拜访隐士司马徽。司马徽是当时很有才学的人,他对刘备说:"我很久就听到你的大名了,你为什么总是东奔西走的没有一个好的根据地呢?"刘备说:"这也许是我的运气不好,八字生得不巧呀!"司马徽道:"不是的,是左右没有好的人才扶助你的缘故。"刘备说:"我自己虽然没有才能,但是我的左右都是能干的人,如文有糜竺和简雍,武有关羽和张飞,不能说没有人才。"司马徽说:"糜、简二人只能算是普通的文人,没有多大帮助。关羽和张飞虽然有万夫不当之勇,毕竟是武将之流,不是通权达变的人才。至于糜竺、简雍二人,我刚才说过,他们对你没有多大帮助,因为他们都是白面书生,是不识时务的人。识时务的人,才可以称得起是俊杰,你要找到识时务的人来辅助你,才能成大功立大业。"

后人把"不识时务"引申出来,比喻人眼光狭窄认识不了时势。

不以一眚掩大德

典出《左传·僖公三十三年》:大夫何罪,且吾不以一眚(shěng)掩大德。

春秋时,秦穆公不听蹇叔的劝告,于公元前627年派孟明视、西乞术、白乙丙率师伐郑。在回师经过崤山(今河南陕县东)时,被晋军袭击,兵败被俘。后来,在晋襄公的母后文嬴的请求下，晋军释放了这三员大将。

孟明视等人回到秦国时，秦穆公身穿素服到郊外迎接。孟明视等人跪在地上，请求治罪。秦穆公赶忙把他们扶起来，说：我不听蹇叔的劝告，害得你们吃了败仗，受了侮辱，这个责任应当由我来负，怎么能怪罪你们呢！再说，你们过去都立有战功，我不能因为你们一时的过失就抹杀了过去的功绩啊。于是，秦穆公继续重用这些将军。后来，经过准备，孟明视等人又两次率师伐晋，终于战胜了晋军，报了崤山之仇。

后人用"不以一眚掩大德"指不以因为一次小过错就抹杀了大的功绩。

差强人意

典出《后汉书·吴汉传》：汉性强力，每从征伐，帝未安，恒侧足而立。诸将见战阵不利，或多惶惧，失其常度。汉意气自若，方整厉器械，激扬士吏。帝时遣人观大司马何为，还言方修战攻之具，乃叹曰："吴公差强人意，隐若一敌国矣！"

东汉光武帝刘秀的时候，外乱为患，汉兵讨伐，节节失利。当时许多将官，见到这种情形，都惊慌失措，个个慌了手脚；光武帝看见他们这样都着了慌，心里也有点动摇了。沉思良久，忽然想起了名将吴汉，觉得他颇有胆略，于是派人去看看吴汉的情况是怎样的。不久，那人回来向光武帝回报道："大司马吴汉，现在正在那里督率部下修理战具武器呢！"光武帝细细一想，毕竟这个人，跟那班酒囊饭袋不同，所以赞叹着说："吴公还是可以振奋人心的。"

后来人们把"差强人意"四字引申为成语。本指尚可振奋人心，后用以表示还比较使人满意。

嗔拳不打笑面

典出《金瓶梅》第九十六回：你只顾打他怎的？自古嗔拳不打笑脸，他又不曾伤犯着你。

恶霸西门庆的仆人李铭得罪了西门庆，被赶了出来。李铭买了烧鸭两只，老酒两瓶，送给西门庆的朋友应伯爵，请他美言几句，收他回去。

应伯爵"开导"李铭道："他有钱的性儿，随他说几句罢了。常言'嗔拳不打笑面'。如今年时，尚个奉承的。拿着大本钱做买卖，还带三分和气。你若撑硬船

儿谁理你？全要随机应变，似水儿活，才得转出钱来。你若撞东墙，别人吃饭饱了，你还忍饥。你答应他几年，还不知他性儿？与他赔个礼儿来，一天事都了了。"——在应伯爵这套"奴才哲学"教导下，李铭果然变得更油滑世故，又为西门庆收了回去了。

"嗔拳不打笑面"，嗔：发怒。意思是：发怒人的拳头决不会打笑脸人。

后人用"嗔拳不打笑面"这个谚语劝人制怒、忍辱。

初一忌杀鸡

正月初一，是我国农历新年伊始的一天。在这天里，传统习俗中有很多忌讳。不吉利的话不准讲，不吉利的事不准做。如果万一不小心打破了一只碗，人们也要用"岁岁（碎碎）平安"的吉利话来补救。

古时候，许多地区盛行一种禁忌：大年初一不准杀鸡。人们认为，初一是鸡日，应该画只鸡贴在门上，可以避邪，所以杀鸡是绝不允许的。这种习俗，起源于远古时候的一个民间传说。

相传，尧帝在位时，国力强盛，百姓安康。四邻的一些小国，都争先恐后地带着奇珍异宝前来进贡朝拜。其中，有个叫祇支的国家，向尧帝进献了一只稀世珍鸟。此鸟形状像鹰，眼睛如鸡，声音似凤凰，名叫重明鸟。它本领非凡，既能在空中与鹰隼秃鹫等凶猛之鸟搏击，也能在地上与豺狼虎豹等凶恶之兽战斗。除此之外，它还能驱鬼避邪，妖魔鬼怪都惧怕它。因此，那时的人们都把自己的家门口打扫得干干净净，盼望重明鸟落到自己的门户上。但不知为什么，这只重明鸟飞走了，人们再也见不着它。于是，有人就用金子或木头刻一只重明鸟放在自己的门户上，以求平安。后来，人们觉得雕刻太费事，就只在门上画上重明鸟的样子，也同样能避邪。随着时光的流逝，画上的重明鸟的形象渐渐变成了大家日常所见的鸡的形象了。门上画鸡避邪，初一忌杀鸡的习俗便由此而来。

处之泰然

典出《论语·雍也》朱熹注：颜子之贫如此，而处之泰然。

春秋时，在孔子的学生中，有一个叫颜回的人，被孔子称为品格高尚的君子。有一天，孔子对其他学生说："颜回的品质多么高尚呀！他用一个竹筐子吃饭，一个瓢喝水，住在简陋的小巷子里，别人都忍受不了这种困苦，颜回却照样快乐。他的品质是多么高尚呀！"

南宋时，著名学者朱熹曾注释过《论语》。在颜回的这段记载后面，朱熹感慨地写道："颜回的家境贫困到如此地步，他却处之泰然。"

后人用"处之泰然"来形容对待困难或紧急情况毫不在意，沉着镇定。

刺猬与橡斗

典出《启颜录》：有一大虫，欲向野中觅食。见一刺猬仰卧，谓是肉脔。欲衔之，忽被猬卷着鼻。惊走，不知休息。直至山中，困乏，不觉昏睡。刺猬乃放鼻而走。大虫忽起，欢喜，走至橡树下。低头见橡斗，乃侧身语云："旦来遭见贤尊，愿郎君且避道。"

有一只老虎，想到野外找东西吃。它看见一只刺猬朝天睡在那里，以为是块肉。便走拢去，正想衔它，忽然被刺猬卷住鼻子。老虎吓得快跑，不敢休息。一直跑到山中，非常困乏，不觉便昏昏沉沉的睡了。刺猬这才放开虎鼻逃走。老虎醒来，忽然发现刺猬走了，很高兴，跑到橡树下去玩。低着头偶尔看见橡子的壳，以为是只小刺猬。它便侧着身子对橡壳说："刚才我碰上了您父亲，已经领教过了，希望兄弟让让路吧！"

后人用这个故事来比喻那些粗枝大叶的人，上当受骗后不吸取教训却心有余悸。

大巧若拙

典出《老子》第四十五章：大直若屈，大巧若拙，大辩若讷。

老子，姓李名耳（也有人认为姓老名聃），是和孔丘生于同一时代即春秋末期的一位思想家。著有《老子》一书，共八十一章（关于老子的姓名及《老子》一书是否老子所著，历来有争议，本书从《老子》为老子所著）。此书用"道"来说明宇宙万物的演变，包括某些朴素的辩证法，内容涉及政治、军事及日常生活。

《老子》第四十五章是老子人生论的一部分。在这一章里，老子运用朴素的辩证观点指出：有道德修养的人其言行的实质和表现出的现象并不是一致的。他说：大的成就好像亏缺，但它的用处是不会失败的；大的充实好像空虚，但它的

用处是不会穷尽的。大的正直好像弯曲；大的灵巧好像笨拙；大的辩才好像语言迟钝；大的得利好像亏本。在生活方面，活动可以战胜寒冷，静止可战胜炎热。在政治方面，清而无欲，静而无为，可以做天下的君长。

后人用"大巧若拙"的这个典故比喻正直灵巧的人，不自炫耀，表面上好像很笨拙。

得过且过

典出《辍耕录》：五台山有鸟名寒号虫……比至深冬严寒之际，毛羽脱落，索然如雏……遂自鸣曰："得过且过。"

传说从前在五台山有一种奇特的小鸟，名叫寒号虫。寒号虫有四只脚，两只肉翅，不会飞行。盛夏季节是寒号虫最快乐的日子，它全身长着绚丽丰满的羽毛，鲜艳夺目，使百鸟十分惊美。这时，寒号虫得意洋洋，整天走来走去，到处找别的鸟比美。它一边走一边唱道："凤凰不如我！凤凰不如我！"

夏去秋来，有些鸟飞向遥远的南方，到那里去过冬；留下的鸟整天辛勤劳碌，积粮造窝，准备过冬。只有寒号虫仍然游游逛逛，到处炫耀它那身五光十色的羽毛。

秋去冬来，寒风呼啸，雪花飘舞。别的鸟在秋季都换上了一身又厚又密的羽毛，迎接寒冬的到来；而寒号虫却与众不同，到了冬天，它那身漂亮的羽毛脱得光光的，一根毛也没剩下，就好像还没有长毛的鸟崽。夜晚，全身光秃秃的寒号虫，躲藏在石缝里，凛冽的寒风不断袭来，冻得它浑身直打哆嗦。它不断地咕噜道："好冷啊，好冷啊，明天就做窝，明天就做窝。"可是，当寒夜过去，太阳从东方升起，温暖的阳光照耀大地，这时，寒号虫却忘记了昨夜的寒冷，忘记了要做窝的决心，它又说道："得过且过！得过且过！"

寒号虫始终也没有做窝，就这样一天天的混日子，最后倒底冻死在五台山的岩石缝里。

成语"得过且过"即由此而来，意思是过一天算一天，不作长远打算。现在也指工作、学习中只求过得去即可。

斗鸡走狗

典出《史记·袁盎晁错列传》：袁盎病免居家，与闾里浮沈，相随行，斗鸡走狗。

西汉时，有一个大臣叫袁盎（《汉书》作爰盎，此从《史记》），字丝。吕后专权时，他曾为吕后的侄子吕禄的舍人。汉文帝时为其兄袁哙保任，得为中郎。后历任齐相、吴相。袁盎与御史大夫晁错历来不和。汉景帝即位后，晁错告发袁盎"多受吴王（刘濞）金钱，"袁盎被降为庶人。

汉高祖刘邦在世时，为了巩固刘氏政权曾封了许多同姓王。汉景帝三年（公元前154年），吴王刘濞串通楚、赵、胶东、胶西、济南、淄川等六国，发动了判乱，史称"吴楚七国之乱"。袁盎入见景帝，离间景帝与晁错的关系，以"请诛晁错以清君侧"为名，向景帝建议诛杀晁错。在袁盎的蛊惑下，景帝错杀了晁错。但是，诛杀了晁错，并没有制止刘濞等的叛乱，七国叛军反而更加猖狂地向中央进攻。在事实面前，景帝才清醒过来，重新下了平叛的决心，派周亚夫为太尉率军迎击，最后平息了这次叛乱。

叛乱平息以后，袁盎在楚王刘礼手下为相，但所献计策不被采纳，袁盎遂病免居家。病归以后，袁盎昔日的威风和斗志逐渐消失，竟在乡间随波逐流，斗鸡走狗，以度余生。后来，因事为梁孝王所怨，被刺杀。

人们常用这个典故形容一些游手好闲的人的无聊游戏。

发蒙振落

典出《史记·汲郑列传》：淮南王谋反，惮黯，曰："好直谏，守节死义，难惑以非。至如说丞相弘，如发蒙振落耳。"

西汉武帝时，有一个叫汲黯的人，字长儒。他先任东海太守，继为主爵都尉。汲黯推崇道表法里的黄老学说，对汉武帝常常直言切谏。武帝既尊敬他，又有点怕他。汉武帝可以和大将军卫青蹲在床边上聊天，可以不戴帽子和丞相公孙弘说话，但不戴帽子就不敢和汲黯相见。有一次，汲黯有事来见汉武帝，汉武帝刚巧没戴帽子，于是连忙躲在帐幕后面，叫别人传话去接受汲黯的意见。由于汲黯为人耿直，对皇帝也敢直言进谏，所以好多大臣甚至一些诸侯王都惧怕他。

当时的丞相公孙弘的为人和汲黯不一样，他对人宽厚，与人无争，所以虽身居相位，一些大臣和诸侯王都不把他放在眼里。

淮南王刘安阴谋反叛，但惧怕汲黯。他说："汲黯这个人，好直言进谏，对朝廷忠贞不二，恐怕难以迷惑他。至于丞相公孙弘，要迷惑他是十分容易的，就象揭掉一件蒙罩物，振动将要掉落的叶子一样。

后人用"发蒙振落"形容十分容易。

沸反盈天

典出清·李宝嘉(李伯元)《活地狱》第三十四回:里面听见沸反盈天的声响,许多家人小子都赶将出来。

浙江杭州府仁和县有户财主,哥哥叫袁龙宾,弟弟叫袁凤宾。袁凤宾有两个儿子,大的叫袁绍芳,小的叫袁绍芬。

却说袁绍芬这个公子哥儿,靠着荫下之福,饭来张口,衣来伸手,不识个高低好歹。有年正月,袁绍芬带着钱外出游逛,便去赌钱。谁知一输再输,输了个精光。越输越想赌,没有钱怎么再赌呢?赌家沈七看出他是个毛头儿,就让他再赌,直到夕阳西下,总共输了银圆二百七十二圆。沈七叫他打了一纸欠条,说定去他家凭条取钱。

沈七收了赌具,欢天喜地到袁绍芬家去要钱。袁家守门人哪里肯信,一伸手给沈七一个耳光;沈七也上去把守门的一把揪住不放,吵闹不止。里面听见沸反盈天,许多家人小子都赶将出来,七手八脚把沈七痛打了一顿,直打到他喊爹叫娘方才放出门去。

沈七钱没讨到半文,反而挨了一顿老拳,心中越想越气,回家便要服毒自杀。沈七的老婆见沈七服毒,急忙叫他到袁家去,既死也要捞口棺材。沈七一气跑到袁家,大门早已紧闭。不一会儿沈七便死在大门口了。沈七死后,看热闹的人很多,吵吵闹闹,擂鼓似地冲撞着大门,喧闹的人群中,夹杂着一些无赖之徒,他们大喊道:"袁家仗着有钱有势,威逼人命,你们不打进去,等待何时!"无赖们一声呼啸,打将进去,把一些值钱之物,以及银钱细软,抢了个精光,早已一哄而散。有顷,袁龙宾、袁凤宾回到家中,听说这事,急得搓手顿脚。

后人用"沸反盈天"形容吵嚷喧哗,乱成一团。

丰沛子弟

典出《史记·高祖纪》。

汉高祖刘邦,自从诛灭暴秦,击败项羽后,自己做了皇帝,他是沛县人,在沛县生长长大。

高祖登位之后,封一班功臣,都有封地给他们。功臣给予王或侯的爵位和地方之后,就培植起自己的势力来,有的竟陆续的反叛起来,如韩信、陈豨……

当刘邦消灭陈豨反叛回来,经过沛县,设宴招待沛县的父老,欢宴了十天。因为沛县是他生长的地方,所以把那里的赋税,全部免除。高祖回到京城后,觉得分封在外的异姓诸侯,大都靠不住,于是陆续把他们撤换掉,改用沛县的子弟。所以汉初沛县的人,只要略有才干,借着与皇帝是同乡的关系,就不怕没有官做。

又一说汉高祖起兵丰沛,得了天下,一班功臣,大都是丰沛子弟:因为后人拿这四字来形容特殊关系的人。

后来人们用"丰沛子弟"大都含有讥笑的意义,意思是自己的亲戚、同乡。

奉若神明

典出《左传·襄公十四年》:(原作"敬如神明")"爱之如父母,仰之如日月,敬之如神明";《后汉书·黄琼传》载李固给黄琼的信中作"待若神明":"近鲁阳樊君被征初至,朝廷设坛席,待若神明。"

据《后汉书》记载:东汉时,一些中小地主出身的士人(知识分子)做官的道路,多是通过公府(三公等大官)征聘和郡国荐举。这些人往往以不就官府的征召来抬高自己的身份。每拒绝一次,他们的声望和社会地位便提高一点。封建皇帝为了广罗人才,也往往给这些人以很高的待遇。其实这些士人中,不少都是只有虚名而无真才实学的假名士。

汉顺帝时,鲁阳(今河南鲁山县)有一个叫樊英的人,他精通《五经》和术数之学,隐居于壶山(在今河南泌阳县东北)南面。因为他名声在外,所以拜他为师的人很多,官府和一些名士也荐举他。但州郡礼聘,公卿荐举,他都不愿接受。后来,顺帝以礼征召他,才不得不来到京都洛阳,但仍称病不起。顺帝见此,为他专设了坛席,象侍奉神仙一样地待他,他才不敢再加推辞,后被任命为光禄大夫(官名)。但樊英上任后,才能平常,并没有什么特殊的表现。

"奉若神明"就是尊敬得像迷信的人敬神一样。

后人用这个典故比喻对某些人或事物极其尊重。现在多用于贬义。

腹胀过而休

典出《艾子杂说》:昔有龙王,逢一蛙于海滨,相问讯后,蛙问龙王曰:"王之居

处何如?"王曰:"珠宫贝阙,翚飞璇题。"龙复问:"汝之居处何若?"蛙曰:"绿苔碧草,清泉白石。"复问曰:"王之喜怒如何?"龙曰:"吾喜则时降膏泽,使五谷丰稔;怒则先之后暴风,次之以震霆,继之以飞电,使千里之内,寸草不留。"龙谓蛙曰:"汝之喜怒何如?"

曰:"吾之喜则清风明月,一部鼓吹;怒则先之以怒眼,次之以腹胀,然后至于胀过而休。"

从前,龙王在海滨碰见了一只青蛙,相互问讯之后,青蛙问龙王说:"您居住的地方是什么样子的?"

龙王说:"用珍珠宝贝建筑的宫殿,有像飞鸟的屋檐和有美玉雕饰的题额。"

龙王也问道:"那么你居住的地方又是什么样子呢?"

青蛙说:"有绿色的苔藓和碧青的嫩草,还有清清的泉水和洁白的山石。"

蛙又问道:"龙王您的喜怒将会怎么样?"

龙王说:"我喜欢了就降下滋润的雨水,使五谷丰登;发怒了就先刮暴风,接着轰打霹雷,继之飞下闪电,使千里之内寸草不留。"

龙王又对青蛙说:"您的喜怒又是什么样子呢?"

青蛙说:"我喜欢了,就在清风明月的夜晚一股劲的咕呱鸣叫;发怒了就先张大眼凸出眼珠子,接着便鼓胀起肚子,最后把肚子胀过也就罢了。"

后人用这则寓言说明了这样一个故事,龙王如果是权贵的代表,青蛙,大概就可以视作某些文人的化身,自鸣清高,不断发怒,因义愤以至于"怒眼"。而"腹胀"一阵子也就泄了气,这就叫"胀过而休"。

更渡一遭

典出《厅史》:昔有人得一鳖,欲烹而食之,不忍当杀生之名,乃炽火使釜水百沸,横筱为桥,与鳖约曰:"能渡此,则活汝。"鳖知主人以计取之,勉力爬沙,仅能一渡。主人曰:"汝能渡桥,甚善! 更为我渡一遭,我欲观之。"

从前,有一个人捉到了一只鳖,打算把它煮了吃,但又不愿意承担杀生的罪名。于是便用烈火把锅里的水烧得滚开,在锅沿上横着放了一根细小的竹子当作桥,和鳖商量说:"你能爬过这桥,我就让你活命。"

鳖知道这是主人施计骗杀自己,就费尽精力、谨慎地往前爬,勉强地爬了过去。

主人说:"你能爬过这桥,真是太好了! 再爬一次,我还想看一看!"

后人用这则寓言揭露了该主人的虚伪狡诈。明明要烹而食之,却不肯担当杀生之名。这真是刽子手数念珠,拖延时间,等待"釜水百沸"。这是属于笑里藏刀那种类型的人。

狗咬吕洞宾

相传吕洞宾早年有个拜把兄弟苟杳,父母双亡,家境贫寒。吕洞宾把他接来住在自己家里,勉励他苦心攻读,争取功名。苟杳十分感激,整日刻苦读书。有个朋友看上苟杳,想将妹妹许配给他。吕洞宾原先怕误了苟杳的前程,想要推托掉,后来知道苟杳有心与她成亲,便说:"既然贤弟主意已定,我也不阻挡了。不过成亲之后,我要先陪新娘住三天。"苟杳一听,不禁愣了,但思前想后,最后还是咬着牙,勉强地答应了。

娶亲三天,苟杳天天躲到一边,暗地里失声痛哭。好不容易过了三天,苟杳刚进洞房,见新娘伤心落泪,连忙上前赔礼说"娘子,太委屈你了!"新娘只管低头哭着说:"郎君,何故三夜都不上床同眠,只是对灯读书,天黑而来,天明而去?"这一问,问得苟杳目瞪口呆。半天,他才醒悟过来,双脚一踩,仰天大笑:"原来哥哥怕我贪欢忘了读书,就用此法激励我。哥哥用心,可谓太狠啊!"从此,苟杳愈加奋发攻读,果然金榜题名,夫妻辞别吕洞宾一家,赴任做官去了。

几年后,吕洞宾家中失火,财产殆尽,日食难渡。他经不住妻子再三督劝,只好前往求助于苟杳。苟杳夫妇知吕洞宾遭此大难,相见后连忙安慰他说:"哥哥不必过于焦虑,小弟自有妥善安排。"可是一晃十几天过去了,苟杳除了天天盛筵招待外,根本不谈如何资助。吕洞宾心想:肯定苟杳忘恩负义,不肯相助了!一气之下,便怒冲冲地离开苟府。他想回家,身无分文,只好沿途求乞。后来,有个外地人听他讲了苟杳负义的事,深表同情,给了几两文银当路费,他才返回家乡。可是,吕洞宾回到自己家时,见到原先被烧废的楼房又重新盖起来了。新房两边的大门贴着白纸。他慌忙撞进大门,看见屋中停着一口大棺材。妻子全身披孝,正在嚎啕大哭,猛然见到吕洞宾,惊恐万状,胆战地问:"你是人,还是鬼?"吕洞宾愈加诧异不解。

原来吕洞宾到了苟杳府上,苟杳就叫人来帮他重整家园。前天中午有人抬口棺材进来,说吕洞宾在苟府突然病死了。吕洞宾听妻子这么一说,知道是苟杳搞的把戏。他气愤地将棺盖揭开,只见里面全是金银财宝,上面还有一封信,写着:"苟杳不是负心郎,路送银,家盖房。你让我妻守空房,我让你妻哭断肠!"吕洞宾看完,如梦初醒,深悔自己不识好人,错怪了苟杳。他苦笑说:"贤弟,你帮我也帮得好狠啊!"

从此,苟杳和吕洞宾两家来往不断,倍加亲热。

故事传到后来,讹为"狗咬吕洞宾",比喻把好心误认为是恶意。

贵易交,富易妻

典出《后汉书·宋弘传》:帝令主坐屏风后,因谓弘曰:"谚言贵易交,富易妻,人情乎?"弘曰:"臣闻贫贱之交不可忘,糟糠之妻不下堂。"帝顾谓主曰:"事不谐矣。"

后汉光武帝有一天和大臣宋弘坐着闲谈。光武帝说:"自从建国以来,跟随我起义的将领都富了,贵了。我看见他们不少人,都嫌结发妻子不漂亮,都把她休了,另娶年轻貌美的老婆;他们过去交往的朋友,都是平民百姓,现在自己地位高了,这些老朋友也不往来了,另外换了一批地位高的人做朋友。我听得谚语说'贵易交,富易妻',这大概是人情之常吧?因此也就不责备他们。"宋弘听了,站起来说:"皇上,我听到的谚语不同,那是'贫贱之交不可忘,糟糠之妻不下堂',这才是人民赞美的高尚行为。您说的谚语,是平民对抛弃困难时期的老婆、朋友的行为的谴责啊!那是什么人情之常呢!"光武帝听了宋弘的话,认为很对,于是下令不准随便弃妻另娶。

后人用"贵易交,富易交"形容世态的炎凉与人情的淡薄。

韩子卢逐东郭逡

典出《战国策·齐策》:韩子卢者,天下之疾犬也;东郭逡者,海内之狡兔也。韩子卢逐东郭逡,环山者三,腾山者五。兔极于前,犬废于后;犬兔俱罢,各死其处。田父见之,无劳倦之苦,而擅其功。

韩子卢是天下跑得最快的狗,东郭逡是天下最机灵的兔子。有一天,韩子卢追赶东郭逡,绕着山追了三圈,翻过山追了五趟。兔子在前面累得要命,狗在后面疲倦得抬不起脚。狗和兔子都筋疲力尽,各自死在那里。一个种田的老汉看见了,没有费一点力气,独自捡到了好处。

这篇寓言说明,双方本事再大,力量再强,如果追逐不已,也可能两败俱伤,使第三者(或敌人)不劳而获。

侯门似海

典出唐·崔郊《赠去婢》诗:侯门一入深如海,从此萧郎是路人。

唐代时,有一位叫崔郊的秀才,他的姑母家里有一位端庄美丽,天赋歌喉的使唤丫头。崔郊很爱她,她也很敬慕崔郊。可是,崔郊的姑母不知这一情况。由于家境贫困,姑母竟将这位婢女卖到了大官的府第中。

崔郊非常想念她。但高官的府第门禁森严,普通人怎么进得去?从此,崔郊一直没见着这位心上人。有一年的清明节,崔郊偶然遇见了她。她已是官家的人了,不敢和崔郊打招呼,崔郊也不敢向前问询。两人四目相对,竟如咫尺天涯。崔郊心里很难过,但又无法向人诉说,便写了一首诗《送去婢》:"公子王孙逐后尘,绿珠垂泪滴罗巾,侯门一入深如海,从此萧郎是路人。"(萧郎:女子对情人的称呼,也是唐代时对男子的泛称。)

后人用"侯门似海"(也作"侯门如海")形容显贵之家门禁森严,普通人无法进入。

虎畏化缘僧

典出《雪涛谐史》:一强盗与化缘僧遇虎于涂。盗持弓御虎,虎犹近前不肯退;僧不得已,持缘簿掷虎前,虎骇而退。虎之子问虎曰:"不畏盗,乃畏僧乎?"虎曰:"盗来,我与格斗。僧问我化缘,我将什么打发他?"

有一名强盗与一名化缘的和尚,在路途中碰上了老虎。强盗拿出弓箭抵挡,老虎还是一步一步向他逼近不肯退却。化缘僧不得已,便拿出化缘的账簿抛到老虎面前。老虎看到化缘簿,吓了一跳,便逃跑了。老虎崽子问老虎说:"你不怕强盗,却怕和尚吗?"老虎说:"强盗来了,我还可以跟他格斗,那化缘和尚来了,我拿什么打发他呢?"

这个故事说明:打着慈善的幌子而强赖硬要的人,比强盗更可怕。

鸡口牛后

典出《国策·韩策一》：苏秦为楚合从说韩王曰："……臣闻鄙语曰：'宁为鸡口，无为牛后。'今大王西面交臂而臣事秦，何以异于牛后乎？夫以大王之贤，挟强韩之兵，而有牛后之名，臣窃为大王羞之。"

当时韩国很弱小，恐惧富强的秦国侵略，担心会被秦国并吞，因此韩王宁愿忍辱求全，接受了秦国的屈辱条件，表示向秦王臣服，以求维持现状。苏秦为了要劝韩王摆脱秦国的控制，认为虽然国小，也要争取独立自由的国际地位，所以说出"鸡口牛后"一句话。一方面讥讽韩王向秦国臣服，即如牛后一样，另方面促请韩王振作，争回鸡口般的国际地位。

鸡口是鸡用来进食的器官，牛后是牛用来排泄粪溺的部分，两者比较起来，恰成一个极端强烈的对比：因为鸡的身体很小，牛却是庞然大物，用来进食的口虽小，可以有机会得尝各种食物的美味；而排泄粪溺的器官固大，却是动物身体上最污秽的部分。所以一般人都会抱着宁为鸡口，毋为牛后的念头。

后人用"鸡口牛后"比喻宁可在小局面中独立自主，不愿在大局面中任人支配。此成语也写作"宁为鸡口，无为牛后"。

既往不咎

典出《论语·八佾》：哀公问社于宰我。宰我对曰："夏后氏以松，殷人以柏，周人以栗，曰，使民战栗。"子闻之，曰："成事不说，遂事不谏，既往不咎。"

春秋时期，鲁国的君主鲁哀公问孔子的弟子宰我，土地神的神主应该用什么树木制作。宰我回答说："夏朝人用松木，殷代用柏木，周代用栗木。栗木意思是使人民害怕得战战栗栗。"孔子听到宰我的回答，大为不满，他责备宰我说："已经做过的事不用再解释了，已经完成的事不要再规劝了，已经过去的事不用再追究了。"

另外在《旧唐书》中也有"既往不咎"的故事：公元619年，唐高祖李渊派大将李靖到夔（kuí）州进攻梁国。部队推进至硖州，被梁国部队阻击，无法继续前进。李渊以为李靖留恋硖州，不肯前进，于是下令将李靖斩首。都督许绍极力替李靖说情，方才免于一死。

后来，冉肇则出兵袭扰夔州，李靖带领八百士兵迅速攻占冉肇则的营地，杀死冉肇则,俘虏五千人,取得很大胜利。李渊听到这个消息,非常高兴,他嘉奖李靖时说:"过去的错误不再追究,那些旧事我早已忘记了。"以后李渊任命李靖为行军总管。公元621年,李靖率军从夔州顺流而下,围攻江陵,梁国萧铣投降。

成语"既往不咎"即由此而来。意思是以往做错的事不再追究。这句成语亦称"不咎既往"。

见怪不怪

典出唐·欧阳询《艺文类聚》所引《见异录》:见怪不怪,其怪自败。

传说,魏元忠没有做大官的时候,家境不甚富裕。有一天,丫头正在煮饭,忽然来了个老猿为她烧火。她很惊异,赶快去告诉魏元忠。元忠镇静如常地说:"老猿知道我没有什么仆人,所以来帮我的忙。"又一次,元忠大呼一个老仆,老仆没有答应,一只狗却答应了。元忠并不奇怪,反说:"这真是一只孝顺的好狗啊!"又一次,元忠独坐,有一群老鼠恭恭敬敬地站在他面前。元忠也不惊异,反说:"你们是饿了想吃东西吧?"有一天,深更半夜,忽然有几个妇女出现在元忠床前。元忠毫不惊诧,对她们说:"你们能不能把我抬到院里去?"妇女一齐动手,把元忠抬到院里去了。元忠又说:"你们能不能把我抬回堂屋去?"妇女们又把元忠抬到了堂屋。元忠又说:"你们能不能把我抬到街上去呢?"那几个妇女没有再抬,向元忠行了一个礼就走了。临走时妇女们说:"他是一个好人,我们不要戏弄他了!"为此,有人就说:"见怪不怪,其怪自败。"

后人用"见怪不怪"表示看到怪异的事物,镇静如常,不大惊小怪。

姜太公钓鱼

典出《封神演义》第二十三、二十四回。

姜子牙火烧玉石琵琶精,被纣王封官上大夫。他见纣王荒淫度,便弃官逃往西岐(今陕西岐山县东北),隐居渭水之滨,以待进取时机。

一天,姜太公在磻溪钓鱼解闷。有个樵夫名叫武吉,唱着山歌走来。他见到姜子牙用直钩钓鱼,离水面三尺,又不用香饵,便耻笑说:"真是有志不在年高,无谋空言百岁。像你这样愚拙,能钓到鱼吗?"姜子牙微微一笑,说:"老夫钓鱼是假,待机进取是真。要钓王与侯,宁在直中取,不可曲中求。"武吉说:"你哪像王侯,倒似活猴!"姜子牙也笑着说:"我看你脸上气色也不好:左眼青,右眼红,今日

进城打死人。"武吉听了,很不高兴地说:"我同你说笑话,你怎么骂人!"说罢,气乎乎地挑柴进城去了。

不料,武吉在城门口,急于让道,扁担滑掉一头,打死了守门军士王相。说也凑巧,周文王因见纣王无道,欲伐暴救民,四处寻访贤人相佐,路过城门,见此情景,说:"武吉打死王相,理应偿命。"武吉想起家中老母亲无人奉养,不禁大哭。文王见他是个孝子,又是误伤人命,应允他回家安排好老母亲的生活,再来领罪。武吉回到家里,老母亲得知原委,叫他去向姜子牙求救。姜子牙也教了他解救的办法。从此,武吉依然上山打柴,只是托乡邻代卖,自己不再进城。周文王等了半年,不见武吉回城赎罪,以为他畏罪身死了。

过了一年,有一天,周文王往渭水河边寻青踏翠。正行间,忽听有人唱歌:"凤非乏麟非无,但嗟治世有隆污。龙兴云出虎生风,世人慢惜寻贤路……"周文王命人将唱歌的人找来,见是武吉,大怒说:"你怎敢欺我?不来领罪,在此唱歌?"武吉据实禀告,并说这支歌是姜子牙作的。周文王一听,认为找到贤人,便令武吉带路去访姜子牙。

武吉带文王来到姜子牙经常钓鱼的地方,看见姜子牙正在执竿垂钓。周文王近前大礼恭请。姜子牙头也不抬,只是问:"来者何人?"周文王说:"某是西伯姬昌,今日出猎踏青,偶闻大贤在此,特来请教。"姜子牙一听,便说:"我以为是专意求贤,原来是逢场作戏。老夫无名钓叟,岂敢取金紫之名,请大王退去。"说毕,即避入芦苇丛中,不肯露面。周文王见状,心中怅然!但转念一想,只怨自己缺乏诚意,于是决定下次专程来访。

回朝后,周文王在殿前宣旨,百官不回府第,在殿廷斋戒三日,然后同去访贤。大将军南宫适认为渭河老叟恐是虚名,奏谏不要为愚夫所弄。周文王不听,封武吉为武德将军。三日后,周文王带着聘礼,令武吉带路,再访姜子牙。姜子牙见他求贤确属至诚,慌忙出迎。周文王终于请出姜子牙,封为太公。

"姜太公钓鱼",比喻心甘情愿地找上门来,上圈套。

疥疮五德

典出《事林广记》:陈大卿患疥疮,上官者笑之。公曰:"君无笑,此疾有五德可称,在众疾之上。"其人询之曰:"何谓五德?"公曰:"此未易言。"上官曰:"君试言之。"公曰:"不上人面,仁也;喜传于人,义也;令人叉手揩擦,礼也;生罅指节骨间,智也;痒必以时,信也。"上官闻此语,大笑之。

陈大卿害了疥疮病,他的上司讥笑他。

陈大卿说:"您不要见笑。这种病有五种美德可以称道,在所有的病症之上。"

上司问他，说："有哪五种美德呢？"

陈大卿说："这话不好说。"

上司说："不要紧，你且说说看。"

陈大卿说："这种病不害到人脸上，是仁呀；喜欢传染给别人，是义呀；它教人又起手来抓挠，是礼呀；生在手指关节缝里，是智呀；定时发痒，是信呀！"

上司听说了这些话，便大笑起来。

后人用这则寓言说明仁、义、礼、智、信，原是封建道德的最高准则，但在这里，却被陈大卿比做讨厌、肮脏的疥。他的上司听说后捧腹大笑，却没想到陈大卿所讥笑的正是他这种把五德当作行动准则的权贵。在陈大卿的眼里，五德正是毁人体肤、害人心灵的祸害，这无疑是对封建纲常的莫大讽刺。

楚人养狙

典出《郁离子》：楚有养狙以为生者，楚人谓之"狙公"。旦日，必部分众狙于庭，使老狙率以之山中，求草木之实，赋什一以自奉。或不给，则加鞭焉。群狙皆畏苦之，弗敢违也。一日，有小狙谓众狙曰："山之果，公所树与？"曰："否也，天生也。"曰："非公不得而取与？"曰："否也，皆得而取也。"曰："然则吾何假于彼而为之役乎？"言未既，众狙皆寤。其夕，相与伺狙公之寝，破栅、毁柙，取其积，相携而入于林中，不复归。狙公卒馁而死。

楚国有个靠养猴子过活的人，人们都称他为"狙公"。每天早晨，他必定在院子里组织分派群猴服劳役，叫老猴子率领着它们到山里去采摘野生的果实，他征收十分之一用来养活自己。有的猴子交不足数，他就用鞭子抽打。群猴都怕吃苦挨打而恼恨，但谁也不敢违抗。

有一天，一个小猴子对大家说："山上的野果是主人栽种的吗？"

众猴回答说："不是的，那是天生的呀！"

小猴又问："不通过他就不能去采摘吗？"

众猴说："不是的，谁都可以去采摘。"

小猴说："那么，我们为什么要依靠他而受他的奴役呢？"

小猴的话还没说完，众猴便都醒悟了。那天晚上，一同窥伺狙公熟睡了，就砸破栅栏，捣毁木笼，拿走狙公积蓄的果实，手拉手地跑到树林中去，再也不回来了。

狙公终于饥饿而死。

这是一则揭示剥削与反剥削斗争的寓言。在阶级压迫的社会里，劳动人民一旦觉悟到谁养活谁的问题，就要群起反抗，使那些不劳而获的人活活饿死。这几乎成了一条规律。

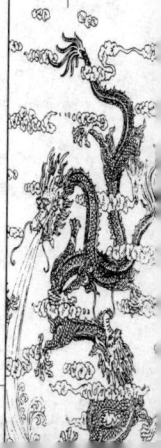

另外,这则寓言还揭示了封建统治阶级压榨人民群众的手法是"强制性"的,并没有什么高明的道术,因而人民群众一旦觉悟,反动统治阶级的"法术"也就"黔驴技穷"了。在最后,作者借郁离子的嘴明确指出:"世有以术使民而无道揆者(言君无道术可以揆度天意),其如狙公乎?惟其昏而未觉也,一旦有开之,其术穷矣!"作者这个思想是颇具见地的,显然是接受了元末农民暴动的洗礼而写成的。

决梁山泊水

典出邵博《闻见后录》:王荆公好言利。有小人诣曰:"决梁山泊八百里水以为田,其利大矣!"荆公喜甚,徐曰:"策固善,决水何地可容?"刘贡父在坐中,曰:"自其旁别凿八百里泊则可容矣。"荆公笑而止。

王安石喜欢讲对国家人民有利的事。有个人向他献媚说:"把八百里大的梁山泊里的水扒开让它流干,开辟成为田地,这个利益可就大啦!"王安石听了很高兴,然后又缓慢地说:"这个办法自然好,但是流出来的水什么地方可以容纳下呢?"当时有个叫刘贡父的人在场,接着说:"从它旁边另挖一个八百里大的湖泊就可以容纳下了。"王安石笑了笑,这件事就算了。

这篇寓言讽刺那些拍马溜须,不顾实际情况,专门投上司之所好,巴结上司的人。同时启发人们,在听取意见和建议时,要冷静分析利弊,认真对待。

看命司

典出《厅史》:中都有谈天者,居于观桥之东,日设肆,于门标之曰:"看命司"。其术稍售,其秆憎之曰:"司者,有司之称,一妄庸术,乃以有司自命,岂理也哉?"相与谋讼之。一人起曰:"是不难,我能使之去。"且日,徙居其对衢,亦易其标曰:"看命西司"。过者多悟而笑,其人愧赧,亟撤不敢留。

在中都有一个谈天算命的人,坐在宫门桥的东边,白天摆设一个店铺,在门上挂起一个招牌,叫做"看命的官署"。

他的算命术逐渐兜揽了一些顾客,有些徒众憎恶他说:"所谓司,就是官署的称呼,这样一种虚妄凡庸的小技艺,却以官署的名称自居,真是岂有此理呀!"于是乎,人们便互相商量着要和他争辩是非。

其中有一个人站起来说:"这不难,我能让他走开。"

第二天,这人便迁到算命人的对面街道上,也挂个标记,叫做"看命西官署"。

过路的人领悟到其中的奥妙,都掩口而笑,那算命人羞愧难当,就急忙撤了他的挂摊慌忙逃走了。

后人用这则寓言说明拉大旗做虎皮,是一些招摇撞骗之徒的惯用伎俩。一个摆摊算命的人竟在挂摊上挂起"看命司"的招牌,用以招徕顾客。当然,这种骗人的把戏有时所以能够奏效,是因为它利用了世俗的弱点,有的人只看现象,不看本质,只看招牌,不重货色,结果往往上当受骗。

哭母不哀

典出《淮南子·说山训》:东家母死,其子哭之不哀。

西家子见之,归谓其母曰:"社何爱速死?吾必悲哭社!"

夫欲其母之死者,虽死亦不能悲哭矣。

东邻家的母亲死去了,她的儿子哭得一点也不悲痛。

西邻家的儿子看见了,回家告诉他的母亲说:"妈,你为什么不早点死呢?我一定非常悲痛地哭您!"

凡是盼望母亲早点死的人,母亲虽然死了也不会悲恸的。

这篇寓言揭穿了一切伪善者的假面具。盼望母亲早死,好大哭一场,以图惊动四邻,这种"孝子"只是表演给别人看的。

乐羊食子

典出《说苑·贵德》:乐羊为魏将以攻中山。其子在中山,中山悬其子示乐羊。乐羊不为衰志,攻之愈急。中山因熟其子而遗之。乐羊食之尽一杯。中山见其诚也,不忍与其战。果下之,遂为文侯开地。文侯赏其功而疑其心。

乐羊作为魏国的将领,率兵去攻打中山国。他的儿子正在中山国内,中山国人便把他儿子绑起来悬在城上,用以威胁乐羊。乐羊看了,一点也没有减弱斗志,反而攻城更急了。中山国人便把他的儿子烹煮了,然后送来给他吃。乐羊就拿起儿子的肉吃尽了一大杯。中山国人看到他攻城的诚心,便不忍心再和他争战了。乐羊果然把中山国攻灭,给魏文侯开拓了疆界。但是,魏文侯嘉赏乐羊的战功后,却怀疑起他的忠心来。

这则历史传说故事,讽谕了"有功而见疑"的主题,说明封建专制统治者的变

幻无常，疑神疑鬼，具有寓言作用。据《淮南子·人间训》说：当中山人执子悬城以示乐羊时，乐羊曰："君臣之义，不得以子为私"而"攻之愈急"，证明乐羊是个真正"忠"者；而后乐羊食其子之羹，使者归报中山曰："是伏约死节者也，不可忍也。"遂降之。乐羊为魏文侯开地有功，但"自此之后，日以不信，此所谓有功而见疑者也"。明确点出主旨。

临江之麇

典出《柳河东集·三戒》：临江之人，畋得麇鹿，畜之。入门，群犬垂涎，扬尾皆来。其人怒，怛之。自是日抱就犬，习示之，使勿动，稍使与之戏。

积久，犬皆如人意。麇鹿稍大，忘己之麇也，以为犬良我友，抵触偃仆，益狎。犬畏主人，与之俯仰甚善，然时啖其舌。

三年，麇出门，见外犬在道甚众，走欲与为戏。外犬见而喜，且怒，共杀食之，狼藉道上。麇至死不悟。

住在临江的一个人，在打猎时捉到了一只小鹿，便把它饲养起来。带进门时，家里养的一群狗看见小鹿就馋得直流口水，都摇着尾巴跑了过来。主人很生气，把狗吓唬跑了。

自此以后，主人便天天抱着小鹿凑到狗的跟前，经常让狗看，叫狗不可乱动，逐渐地又让狗和小鹿一起玩耍游戏。

天长日久了，狗都能顺从主人的心愿。小鹿渐渐长大，忘记了自己是一只鹿了，反而认为狗的确是自己的好朋友，就和狗们相互碰撞翻滚着玩耍，而且愈来愈亲热起来。那些狗由于害怕主人，也就跟小鹿低头昂首地玩得很好，但是经常贪馋地舔着自己的舌头。

三年以后，小鹿走出了大门，看见别家的狗在路上有很多，就跑过去想和它们玩耍。那些狗看见小鹿心中大喜，就狂怒地冲上去，一起把小鹿咬死吃掉了，路上弄得一片血肉狼藉。可是，小鹿至死也没有觉悟到狗为什么要吃它。

这则寓言讽喻了不知推己之本，而乘物以逞，依势以干（冒犯）非其类（同类）而"卒迫于祸"（见《三戒》序）的人。说明依靠主子的权势并不永远可靠，因为主子的权势会依条件的变化而随时丧失，最后终究到倒霉。另一方面，这则寓言还讽喻了认猛狗为良友的麇鹿；猛狗的本性总是要吃肉的，麇鹿被众犬"共杀食之"尚"至死不悟"，则尤为可悲。

鲁班的锯子

鲁班,春秋、战国时代人。他出身于劳动家庭,学会了各种手艺,修建过不少桥梁和宫殿,创造了锯、刨、钻等土木匠工具,是个著名的巧匠,后来的建筑工匠尊他为"祖师"。

传说有一次,鲁班承造一座宫殿,需用很多木料。他叫徒弟到南山去砍伐木料,当时还没有锯子,用斧头砍,一天砍不了多少棵树。木料供应不上,他很着急,就亲自上山去看看。山陡路难行,突然手指被茅草拉了一个口子,鲜血直流。鲁班感到惊奇:一棵小草为什么会这么厉害?他一时想不出个道理来。收工时,他摘下一棵茅草带回家去研究,发现茅草的边缘上长着又密又锋利的细齿,手上的伤口就是这些细齿划破的。鲁班从中受到了启发,他想:依照茅草的样子,制作铁条,不就可以锯树了吗?他和铁匠一起试制,打了几十根边缘上带着小细齿的铁条,用它锯树,果然又快又省力,木料供应问题也就解决了。这种带有细齿的铁条,就是我们现在使用的锯子的祖先。

"鲁班的锯子",比喻好,不坏。

吕后咬牙

典出《后汉演义》。

吕后,汉高祖邦的妻子,名雉。她为人阴险奸诈,心肠狠毒。汉高祖还活着的时候,她就采取阴谋手段,杀戮功臣,为篡权扫除障碍。楚王韩信被贬为淮阴侯,汉高祖本来没想要立即杀掉他,吕后乘着汉高祖外出之机,设圈套骗杀了韩信。梁王彭越因有人诬告他谋反,被削职放逐蜀地。不久吕后找假证人,也把他杀掉了,并灭其父母、兄弟、妻子"三族"。

后来,吕后见刘邦病重,迫不及待地想要知道他怎么安排后事。刘邦一死,吕后更加紧了篡权的阴谋活动。她四天没有发讣告,把一切布置妥当之后,才给汉高祖发丧,并立太子刘盈为汉惠帝。汉惠帝17岁即位,懂事不多,性格优柔寡断,又兼身体不好,大权实际上全由吕后掌握。过了不久,汉惠帝死去,立其子刘慕为少帝。刘慕还是个婴儿,不能统治天下,吕后就名正言顺地替他临朝称制,分封吕姓子弟为王侯。吕后共掌握政权16年。她死后,诸吕姓王侯阴谋发动叛乱,为太尉周勃等所平定。

"吕后咬牙",比喻办事迫不及待。

蚂蚁缘槐

典出唐·李公佐《南柯太守传》。

淳于棼是一个落魄的武士,常和他的朋友在槐树下喝酒。有一天他喝醉了酒,两个人把他抬了回去。他刚躺在床上就梦见"大槐安国"派使者前来接他。当他走到"大槐安国"的都城时,便见朱门重楼之上写着"大槐安国"四个斗大的金字。淳于棼入宫之后,国王便把二女儿瑶芳许配给了他,招为驸马,并派他为南柯郡的太守。从此淳于棼便开始了他的享乐生活,那知"好梦"不长,一觉醒来,才知是做梦。

淳于棼甚觉惊奇,为何梦境与槐树之景相似,便同他的朋友到槐树之下观看。槐树下面,有个蚁洞,洞中情景正与梦中所见相似。所谓"大槐安国"就是这个蚁洞,所谓"国王"就是洞中的一只大蚂蚁,而今方知所谓"大槐安国"也不过是这只天天缘槐生活的大蚂蚁之自夸而已。

后人把这个故事概括为"蚂蚁缘槐"用以表示蚂蚁缘着树木上上下下地爬,比喻人们生活圈子小,没有见识,反自以为了不起。

美女入室,恶女之仇

典出《史记·外戚世家》:邢夫人衣故衣,独身来前。尹夫人望见之,曰:"此真是也。"于是乃低头俯而泣,自痛其不如也。谚曰:"美女入室,恶女之仇。"

汉武帝晚年,同时宠爱两个妃子尹夫人和邢夫人。汉武帝怕两人互相妒忌,命令不准她两人互相见面。尹夫人听说邢夫人长得很美,便缠着汉武帝,要她安排一次见面的机会。汉武帝被她纠缠不过,就让另一个女人冒充邢夫人带着几十个随从来见尹夫人。尹夫人一见就说:"这个人决不是邢夫人。"汉武帝说:"你怎么知道?"尹夫人说:"我看她的相貌、形态,决不会使你宠爱,所以一定是假的。"于是汉武帝就叫邢夫人穿旧衣服来见尹夫人。尹夫人一见,就说:"这才是真的邢夫人啊!"越看越觉得自己没有邢夫人美丽,哭了起来。谚语说:"美女入室,恶女之仇",这话真不错啊!

"美女入室,恶女之仇","恶"字,作"不美"的解释。

后人用"美女入室,恶女之仇"的这个典故比喻道德品质好的人往往受别人妒忌。

面 从

典出《书·益稷》：予违汝弼，汝无面从，退后有言。

唐初政治家魏征，字玄成，馆陶（今属河北）人。隋末他曾参加瓦岗军起义，失败后降唐，后来做了谏议大夫。魏征敢于直言不讳地提意见，很多建议得到采纳，成为唐太宗非常信任的重臣之一。

贞观六年，一天，唐太宗在丹霞殿设宴招待他的几位亲近臣子。谈话中，唐太宗说："魏征尽心为朝廷效力，所以我重用他。但有时他的建议不被我采纳，我向他问话，他也不回答我。"唐太宗问魏征："是什么原因呢？"魏征说："我认为有些事不对，所以提出劝谏。陛下不接受我的意见，我就不便开口说话。如果开了口，就是附和了您，事情就会得以施行，所以我不回答您。"唐太宗说："你何必那么死板呢？暂时答应我，然后又找机会再次劝谏，又有何不可呢？"

魏征很严肃地说："古时君舜曾告诫群臣，议事时不应当面说好，背后又说三道四。我如果心里知道不对，却口头上同意，就是面从。这样一来，不是违背了古代贤君立下的规矩吗？"唐太宗听了大笑说："别人说魏征举止傲慢，对人不讲情面，我却认为很对心思，这就是他敢于直言的原因呀！"魏征说："正因为陛下开明，能接受意见，不然，我哪里敢多次冲撞您呢？"

后人用"面从"典故指一个人对某事明明不赞同，却口是心非，表面上表示同意。

莫予毒也

典出《左传·僖公二十八年》：春秋时晋、楚两国城濮之战，楚国统帅子玉因战败自杀，晋侯闻之而后喜可知也，曰："莫予毒也已！"

春秋初期，南方的楚国力量强大，向北扩张，威胁着北方诸侯各国的安全。后来北方的晋国也渐渐强盛起来，特别是晋文公重耳执政之后，国势更加强盛。由此，晋楚之间发生了争夺诸侯领导权的矛盾，爆发了历史上有名的城濮之战。在战争中，由于晋文公重耳在政治上作了充分的动员，使楚国陷于孤立的地位；在战略战术上，晋文公采取了许多变被动为主动的有利战法，因而大败楚军。楚国战败后，楚帅子玉回师走到连谷，因没得到楚王的赦令，便自杀了。晋文公得到子玉自杀的消息，非常高兴地说："莫予毒也已！"（意思是：再没有危害我的人了！）

后人用"莫予毒也"来形容没有人能威胁危害自己。

南柯太守传

典出《唐代传奇》。

东平地方有个叫淳于棼的人,是吴楚一带的一个浪迹江湖见义勇为的书生。他喜欢喝酒,凭意气用事,不大注意生活上的小节。家里积累下巨大的财富。养了一班豪侠仗义的人。他曾经凭武艺做了淮南军队里的副将。因为喝了酒,触犯了主帅,遭到斥责和驱逐,以至穷困失意,只好靠纵情谈论和饮酒解闷过日子。他的家住在离广陵约二里远的地方。住宅的南面有一棵很大的古槐树。树干很长,枝叶茂密,好几亩地面上一片清荫。淳于棼每天与一群豪侠尚义的人在树荫下大饮。

贞元七年九月间,淳于棼因为酒醉得厉害以至害病。这时,他的两个朋友便从座位上挽扶着他回家里,他躺在厅堂周围走廊上的一间屋子里。

淳于棼梦见两个穿紫衣的使者向他跪拜行礼说:"槐安国王派遣我们两人把他的吩咐转送给你,邀请你到他那儿去。"淳于棼不由自主地从卧榻上下来,整理好了衣裳,跟着两个使者走到门边。只见一辆涂饰着清油的小车子,套着四匹雄马;左右跟随着他的有七、八个人。大家扶着他上了车子,车子穿过大门,向着古槐树下的一个洞穴走去。使者随即把车子赶到洞穴里面。淳于棼感到十分奇怪,但又不敢向他们发问。忽然间,只见山脉河流,风光气候,花草、树木、道路,跟人间世界大不相同。向前走了数十里,那儿有城廓,城廓上面还有矮墙。道路上车辆、轿子、行人、物资络绎不绝。淳于棼左右随车吆喝的人,前传后递,发出吆喝,态度十分严肃。往来的人都急着退避到道路的两旁。随后,又进入一座大的城垣,红漆的大门,重叠的楼阁,楼上有用金粉涂饰的大字。写道:"大槐安国"。守门的人跪拜行礼,往来奔走。一会儿,有个人骑着马跑来招呼道:"国王因为驸马远道来到这里,现在请暂且到东华馆休息。"说罢,便带路向前走去。片刻,只见两扇大门打开了,淳于棼便从车上下来向里面走去。四处是彩色的栏杆和雕刻有花纹的屋柱。华美珍贵的果木,成行地种植在厅堂下面。茶几、桌子、垫子、毯子、窗帘、帷帐,以及菜肴、食物,都陈列和安放在厅堂上面。淳于棼看到这一切,心里感到十分高兴。这时,又有人喊道:"右丞相马上就要到了。"淳于棼走下台阶,恭敬地上前迎接侍候。只见有一个穿着紫衣,拿着象牙雕制的朝板的人,向前走来——原来这就是右丞相。淳于棼跟他施行宾主相见的礼节十分周到。右丞相说道:"我们的国君不因为我国处于遥远和偏僻之地而自揣冒昧,特地迎侯您,希望跟您结上亲戚。"淳于棼说道:"我凭着自己这卑贱的地位和低劣的才能,哪敢抱这种奢望!"右丞相因而邀请淳于棼到他的住所那儿去。走了百步远近,进入一张红漆大门。只见长矛、画戟、杀人用的斧子,成行地排列在左右两旁。军士和官吏共有好几百人，都避让在道路的两侧。淳于棼有个生平要好的酒友周弁，也走在里面。淳于棼内心感到十分高兴，但又不敢上前询问。右丞相带着淳于棼登上一个宽敞高大的厅堂，两边排列着担任侍卫的队伍，显得十分严肃，好像是国王居住的所在。果然看到有一个人，身材高大，态度端正而严肃，坐在王者的座位上，穿着以绢子做的衣服，戴着红艳而又华美的帽子。淳于棼害怕得浑身发颤，不敢抬头向上看。左右侍侯的人叫淳于棼下拜。那位国王说道："从前曾获得你父亲的同意，不因为我们的国家是一个小国而嫌弃我们，叫我的第二个女儿瑶芳做你的妻子。"这时，淳于棼伏在地上，只有低头听命，不敢说什么活。国王说："暂且到宾馆里住下来，接着就举行婚礼。"这时，国王便下达旨意，叫右丞相也跟淳于棼一同回到宾馆。淳于棼心里思想着：早就知道父亲在边关担任将领，因打了败仗被北方的邻国俘虏了过去，不知是死还是活。现在，也许父亲还在人间，因为北方的邻国跟边关相互和好，才导致了目前这桩婚事吧！但内心仍然感到迷惑，不知道事情的真正原因。

这天夜晚，小羊、大雁、钱币、布帛等各种礼品，以及那显示出威仪和气象的陈设，能歌善舞的女子，各种各样的管弦乐器，荤菜、饮食、灯笼、蜡烛、车辆、马匹等多种为举行婚礼所必需的礼物，没有不预备齐全了的。另有一群女子，有的称"华阳姑"，有的称"青溪姑"，有的称"上仙子"，有的称"下仙子"。像这样的有好几群。每一群都有着好几千侍候她们的人。她们戴着用翡翠缀成的凤凰帽，披着绣有金色云霞的披肩。只见一片彩绸、金银、碧玉的首饰，光辉四射，使人眼花缭乱。这些女人四处游玩，嬉戏快乐，在门口进进出出，都争着跟淳于棼开玩笑。她们的风神和姿色都非常妖艳和美丽，言谈也十分巧捷和美好，淳于棼无法用恰当的话来回答她们。这时，有个女子对淳于棼说道："以前有个上巳日，我跟着灵芝夫人经过智禅寺，到天竺院看右延跳婆逻门舞。我跟女伴们坐在北窗口的石榻上。那时，您这个年轻人，也下马前来观看，您特别主动地走过来跟我们亲热款洽，纵情谈论，欢笑戏谑。我跟琼英妹把一条大红色的手巾打了个结子，挂在竹枝上面，您难道一点也不记得了吗？又七月十六那天，我在孝感寺会晤了上真子，听契玄法师讲解观音经。我在讲台下面施舍金凤钗两只，上真子施舍水犀合子一只，那时，您也在讲席中，向契玄法师那里要了两只金凤钗与合子仔细地观看了一番，赞叹了一次又一次，称奇了好久。您回头对我们说道：'人和物，都不是人世间所有的。'您有时询问我们的姓氏，有时询问我们的籍贯，我们都没有回答您。看您当时的心情是十分留恋我们的，您老是瞧着我们，不肯离开。您现在难道一点也不想念我们了么？"淳于棼说道："所有这些都深深地留在我的心底里，有哪一天忘记过？"那些女郎们对淳于棼说道："没想到今天我们竟能够跟您结成亲眷。"接着又有三人，戴着帽子，系着腰带，显得很魁伟，上前拜见淳于棼，并且说道："我们奉国王的命令来作您的傧相。"其中有一个人跟淳于棼是老朋友。淳于棼指着那个人问道："你不是冯翊的田子华吗？"田子华说："正是。"淳于棼走上前去，握着田子华的手，久久地谈论着过去的情谊。淳于棼问道："你怎么

会住到这儿来的？"子华说道："我在外到处游荡，后来得到了右相武成侯段公的赏识，因而投靠着他在这里安身。"淳于棼又问道："周弁也在这里，您知道吗？"子华说道："周弁已经成了贵人。他担任了司隶的职务，权势很大，我曾经好几次受到了他的照顾。"两个人在一块儿谈谈笑笑，十分欢洽。少刻，有人传话过来道："驸马可以进来了。"那三个人把宝剑和礼服取过来，让他换上新的服装。子华说道："不想今天得以见到这隆重的礼仪，希望你以后不要忘记我们之间的深厚情谊。"这时，有几十个仙女，演奏着各种各样从来没有听到过的乐曲，悠扬婉转，清越嘹亮，曲调凄凉而又悲壮，不是人世间所能听到的。手里拿着蜡烛在前面引路的也有好几十人。道路两旁都围着遮蔽风尘的金黄或翠绿色的屏幕，光彩耀目，碧绿如玉，十分精致玲珑，好几里路以内接连不断。淳于棼端端正正地坐在车子里，精神恍惚，心里感到十分不安。田子华好几次地找他说说笑笑，多方开导他。先前那一群群的女郎，称姑道妹，各自坐着装饰有凤凰展翅这种图象的车子，也在这里来来往往。到达一处大门口，名叫"仪宫"。那群仙女般的女郎，纷纷排列在两旁，大家叫淳于棼下车入内拜谒，举行宾主相见的礼节，全都跟人世间一个样。撤去屏幕，把宫扇移开，只见一个女子，大家叫她"金枝公主"，年约十四五岁，就象仙女似的。结婚的礼仪，非常隆重。从此，淳于棼和公主的情谊一天天融洽，声望一天比一天崇高。出入宫庭内外所有的车马和服饰，游览和宴会，以及所接见的宾客和所带的随从，仅仅比国王次一等。国王吩咐淳于棼跟官吏们组织好武装队伍，在国土西边的灵龟山进行大规模的活动。灵龟山的峰峦和冈阜高峻而又清秀，山下河流长远，沼泽宽阔，山上的树木长得稠密而又茂盛，飞禽走兽，什么都隐藏在里边。打猎的队伍收获很大，直到快天亮了才回来。过后，淳于棼找了另外一个日子向国王请求道："我在前不久跟公主成就婚姻的时候，您说这是根据我父亲的吩咐来办事的。我父亲前些时候，辅助边关的统帅领兵作战，打了败仗，当了北方敌国的俘虏。近来断绝书信已经十七八年了。您既然了解他居住的所在，我要求您到允许我到那儿走一趟，以便看望看望他。"国王急忙对他说道："亲家翁的职责是守卫北方的国土，来往书信和音讯一直没有间断。您只需要写信把近来的情况告知他就行，用不着现在就到他那儿去。"于是，淳于棼就吩咐妻子代他筹备了许多赠送和祝贺的礼品，把这些礼品一并带了去。过了几晚，他父亲托人捎来了口信。淳于棼仔细体会来信所蕴含的意思，谈的都是他父亲平生的事迹，信里面表达了深切的怀念和切切的教诲，十分委婉曲折，都跟往年一样。信中还询问淳于棼近年来亲戚的存亡，家乡的变化，还提到路途遥远，风尘烟景，阻隔重重。信中所表达的意思非常凄切和痛苦，语调悲哀而又十分伤感。并且不叫淳于棼去看望他，还说等到丁丑那年，将会跟你见面。淳于棼捧着父亲的来信，悲痛得说不出话来，激动得无法控制住自己。另有一天，淳于棼的妻子对他说道："你难道不想做做官吗？"淳于棼说道："我放荡惯了，没有学习过怎样处理政治大事。"他的妻子说道："你只管做就是了，我将会好好地帮助你的。"于是，他妻子就把这情况报告给国王。过了几天，国王对淳于棼说道："我们南柯郡的行政事务没有管理好,太守已遭到了贬斥和废免。我想借重你的才能去担当这一职务,你就委屈一点儿吧!现在就可以跟我女儿一同前往。"淳于棼接受了国王的教诲和命令。国王于是吩咐主管官吏为太守准备行李。拿出了大量的金银、玉石、锦缎、刺绣、箱笼、梳妆用具,派遣了许多仆人、婢妾,还把车辆马匹等排列在通衢大道上,用来为公主送行。淳于棼从少年时候起就游荡在外,以扶弱抑强为事,从来不敢有什么非分的企望。现在一旦荣耀到这等地步,自然感到分外高兴。因而向国王报告道:"我是个将门不中用的后代,本来就没有什么才华。勉强地提当治理南柯的重大任务,必将败坏朝廷的典章。自己感到身居重要的职位,将会遭到受人攻击的祸害;或者将因为力不胜任而把事情办坏。现在我想广泛地选拔有品行和才学的人,用来帮助和弥补我在能力上的不足之处。我私下了解到担任司隶职务的颖川人周弁,为人忠实,心地光明,性情刚毅正直,遵守法纪而不徇私情,具有辅佐君王治理国家大事的才能。另外,还有个具有才德而隐居不仕的冯翊人,名叫田子华,清廉、谨慎,通晓权变,深刻了解政治和教化的本源。这两个人都跟我有十年以上的交谊,我比较全面地了解他们的才华和本领,可以委托他们担任国家的大事。对于周弁,我请求您叫他试着担任南柯郡司宪;田子华,请求您叫他试着担任司农。这样,或许能让我在治理方面作出较显著的成绩,对朝廷的典章法度,也不至于带来影响和混乱。"国王对淳于棼提出的请求全都依允,派遣周弁、田子华跟他一道前往南柯。当晚,国王跟他的夫人在国都南部的一个地方设宴为他们送行。国王对淳于棼说道:"南柯是全国的一个大郡,土地肥沃,民情强悍,而且人口众多,如果不施行德政,便无法把它治理好。何况还有周、田两人作为您的助手。希望你很好地勉励自己,从而符合国家对你的期望与要求。"国王的夫人也告诉公主道:"淳于郎性情刚烈,喜欢喝酒,又加上年轻;作妻子的所应该遵循的准则,就是以温柔、和顺为最可贵。你能够好好地侍奉他,我也就没有什么值得忧虑的了。南柯郡的封地虽然离我这里不太远,但是想要仍像以往一样,让你早晚侍候在我的身旁,已经是有所阻隔而无法办到的了。今天彼此分离,怎能叫我不伤心泪下?"淳于棼跟他的妻子向国王和夫人下拜叩头作别,直向南方进发。他们登上车子,驱赶着马匹前进,一路上谈谈笑笑,十分欢畅。走了一个通晚才到达郡城。那城里的官吏、和尚、道士、老人,还有乐队、卫士、车辆、马匹,都争先恐后地拥上前来侍奉。人多物杂,汇成了一片扰扰攘攘的宏大的声音,敲钟击鼓,阵阵喧哗,前后延续达好几十里。只见城墙上排列着像牙齿形状的矮墙,又高又平的楼台,显现出一派郁郁葱葱的大好气象。进入两扇高大的城门,门上有一块大榜,上面用金粉写着四个大字:"南柯郡城"。官衙里到处是朱红漆的有窗槛的长廊,门旁陈列着形状像戟似的仪仗。那气派十分森严,幽深莫测。淳于棼到任以后,深入了解民间的风尚和习俗,疗救群众的疾病和痛苦。政治大事委托周、田两人协助办理,把整个南柯郡治理得有条不紊。自从淳于棼担任南柯郡的太守以来二十年,良好的社会风尚和对群众的教化,影响十分深远。老百姓用歌谣来颂扬他的恩惠;为他修建歌

功颂德的碑坊；当他还健在的时候，就建立祭祀他的祠堂庙宇。国王也更加看重他，赐给他食禄的田邑，封给他官爵，让他登上了宰相的职位。周、田两人也都因为管理政治大事做出了显著成绩而远近闻名，依次递升到了很高的职位。淳于棼生了五个儿子和两个女儿。儿子都靠着他的功绩而按例获得了官职，女儿也都跟国王的宗族攀结了婚姻。那地位的荣耀和声名的显赫，一时间达到了登峰造极的地步，当代的人没有能比得上他的。

这一年，有个名叫檀萝的国家，派兵来攻打南柯郡。国王命令淳于棼训练将领和部队，进行征讨。于是淳于棼便报请国王任命周弁率领三万士兵，在瑶台城一带抵抗进犯的敌兵。周弁刚强、勇敢，轻视敌兵，致使部队打了大败仗。周弁单人匹马，光着身子，私下逃亡，深夜才回到城里。敌兵缴获了许多器械、粮草、营帐、铠甲，胜利回国。淳于棼因而把周弁囚禁起来，并向国王请罪，国王一并宽恕了他们两人。

这一月，司宪周弁背上生疽，不久就逝世了。淳于棼的妻子——公主也害了病，十天以后就死了。淳于棼因而请求免去太守的职务，护送灵柩返回京师。国王允许了他的请求，于是便叫司农田子华代理南柯太守的职务。淳于棼十分哀痛地护送着柩车出发，自己执着绋子走在前面作引导。一路上威严肃穆，仪仗森然，男男女女，哀叫痛哭，人民官吏，争着用酒食进行祭奠，有的攀附着车辕，有的阻挡住前进的道路，人多得不可胜数。就这样到达了国都。国王跟夫人穿着白衣在城郊号啕痛哭，等候灵车的到来。国王赐给公主谥号，叫"顺仪公主"。特地设置了仪仗、羽盖、笙箫鼓乐，将公主安葬在国都东部十里外的盘龙冈。同是这一个月，已逝世的司宪周弁的儿子荣信，也护送他父亲的灵柩回到了京师。

淳于棼长期镇守国家的边疆，又与政治中心所在的京师保持着密切的联系，凡是豪门贵族，没有不跟他要好的。他自从免去郡守职务，回到国都，出入内外不受拘束，邀朋挈友，到处游逛；贵客嘉宾，跟从左右。威望一天比一天崇高，享受一天比一天优厚。国王心里对他产生了怀疑和恐惧。当时国内有人向国王报告道："天象显示出凶灾的预兆，国家将会发生一场极大的恐怖：国都要迁移到别的地方去，祖宗的庙堂会遭到倾覆和毁坏。事情的端由来自于别的族类，这祸患将会发生在朝廷的内部。"当时的舆论都认为这必然应在淳于棼过度奢侈，超越本分上。国王于是撤走了淳于棼的侍从和卫队，禁止他跟朋友们四出游逛，将他软禁在他私人的住宅里。淳于棼自认为担任郡守多年，在政治设施上从来没有坏过事；可是现在竟然流言四起，怨声载道，又不合事实，因而感到郁郁不乐。国王也理解他的这种心情，因而对淳于棼说道："我们两姓之间订立婚姻已经二十余年，不幸小女中途夭折，不能够和你白头偕老，这实在是值得悲伤和哀痛的。"夫人因而把外孙们留下来亲自抚育。国王又对淳于棼说道："你离开家庭已经有很长的时间了。可以暂时返回故乡，看看亲戚和宗族。外孙们都留在我们这里，你不必挂念。三年以后，我将会派人前来迎接你。"淳于棼说道："这里本来就是我的家，还叫我回到什么地方去？"国王笑着道："你本来是凡间的人，你的家并不在这里。"淳于棼忽然间好像糊糊涂涂地要睡觉似的,烦闷了好一会儿,才想起从前一些事情,不由感伤得流下泪来,因而请求国王让他回到家乡去。

国王向左右的侍从示意,叫他们护送淳于棼还乡。淳于棼向国王一再拜谢才离开。淳于棼又一次见到从前那两位穿紫衣的使者也跟从着他。走到一扇大门外面,只见自己所乘骑的车马都很粗劣,身边的亲属,使者、车夫、仆人,一个都没有了,心里感到十分奇怪,不由嗟叹起来。淳于棼上了车子,走了好几里路,又经过一座高大的城门,很象往年自己从东方来到京城时所走过的道路,山脉、河流、平原、田野,仍然象从前一样。护送他的两个使者,很是无精打采。淳于棼更加感到郁郁不乐。他便问使者道:"广陵郡,要什么时候才能到达?"两个使者从容自在地哼着歌曲,过了好久才回答道:"很快就到了。"不久,从一个洞口走了出来,只见故乡的村庄、街巷,都象从前一样,一点儿改变也没有,心里一阵悲痛,不觉流下泪来。两个使者引着淳于棼下了车子,走进自己的家门,从台阶向上走。淳于棼看见自己的身子躺倒在厅堂东面的廊屋里,十分惊恐害怕,不敢向前走近。两个使者因而大声地呼喊淳于棼的姓名,一连喊了好几声,淳于棼这才省悟过来,象从前一样清醒。只见家里的奴婢、仆人都拿着扫帚站在院子里表示迎候,先前的两位客人正坐在床边洗脚。斜阳还没有落下西边的墙垣,东窗下酒樽里还盛着没有吃完的酒。睡梦里却很快地好像度过了自己的一生。

淳于棼十分伤感地回忆起梦中的情景,再三嗟叹。于是就招呼着客人,把梦中的经历一一告诉他们。两位客人听了,惊奇到了极点。因而跟着淳于棼走出屋外,找到了槐树下面的那只洞穴。淳于棼指着那洞穴说道:"这就是我梦里受过惊吓的地方的入口处。"两个客人认为这可能是狐精木怪所作的祸害。于是吩咐仆人拿着斧头,斩掉粗大的树根,折断枝干,寻找洞穴的最深处。近旁约一丈远的地方,有一个大洞,洞底空旷而明朗,可容得下一张床。洞的上方有一堆累积起来的土壤,呈现出城廓、楼台和宫殿的模样。有好几十头蚂蚁隐伏和聚集在里面。中央有个小台,颜色红得象丹砂似的,有两只大蚂蚁伏在上面,长着白色的翅膀,朱红的头顶,全身约有三寸长。左右有几十只大蚂蚁护卫着它们,其他所有的蚂蚁都不敢走近前去。这就是那国王和他的夫人,这地方也就是槐安国的京都。接着,又找到了另一个洞穴的尽头。那洞穴缘着槐树南边的那根枝直上约四丈远,曲曲折折,呈方形。其中也有土筑的城廓、小型的楼台,成群的蚂蚁也都住在里面。这就是淳于棼管理过的南柯郡。还有一只洞穴,向西离开两丈远,气势雄伟,四周空阔而光滑,现出种种玲珑怪异的形状。中间有一只肌体已经腐烂的乌龟,龟壳有斗桶那样大。蓄积起来的雨水浸润着它。上面长着一丛丛的小草,繁盛茂密,郁郁葱葱,荫蔽和拂拭着龟壳。这就是淳于棼打猎时到过的灵龟山。此外,又找到了一个洞穴的尽头:向东离开一丈远近,古老的树根盘结屈曲,像龙和蛇一样。中间有个小土堆,有一尺多高,这就是淳于棼在盘龙冈所埋葬的他的妻子的坟墓。他追想起过去的事情,心里说不尽的感叹。他逐一地察看着周转的环境,找尽了一切能够找到的从前经历过的地方的踪迹,都符合

梦中的情景。他不忍心让两位客人把洞穴毁坏了，立即叫他们把它掩盖起来，仍让它像先前一样。这天夜晚，突然发生了一阵暴风雨，等到第二天一早，再去察看那洞穴时，再也找不到那一群蚂蚁了，不知都跑到哪儿去了。梦里曾经有人说："国家将会发生一场极大的恐怖，国都要迁移到别的地方去。"目前的这种情景，应该说就是这种说法的验证吧！

淳于棼又想起了讨伐檀萝国的事情，并且请了两位客人同到野外去寻访有关的踪迹。住宅东边一里远的地方有一条古老而又干涸了的山涧，旁侧有一棵很大的檀树，上面缠绕和交织着又细又长的藤萝，向上望去，连阳光也看不到，树旁有一只小洞，也有一大群蚂蚁隐藏聚集在里面。梦中所谓檀萝国，难道不就是指的这地方吗？唉，蚂蚁这种细小的生命所具有的灵怪和特异之处，尚且无法加以彻底的了解，又何况那些隐藏在深山、潜伏在树林里的大动物所具有的千变万化的本事呢？

这时，淳于棼的酒友周弁和田子华都住在六合县，没有跟淳于棼发生往来已经整整十天了。淳于棼便立即叫家僮迅速前往看望他们。没想到周弁得了暴病已经逝世，田子华也躺在床上养病。淳于棼深深地感叹着南柯一梦的浮华和虚幻，省悟到一个人活在世界上是多么短暂，于是就把心思集中在信奉道教方面，断绝饮酒，抛弃女色。三年以后恰巧遇上丁丑岁，也死在家里，当时才47。恰好符合南柯梦中他父亲和槐安国王所说的年限。

贞元十八年秋八月，我李公佐从江浙一带前往河南洛阳，临时停泊在淮水岸旁，由于偶然的机会见到了淳于棼。我查询和访问了他在南柯梦里经历过的种种遗迹，经过再三查对，上面所叙述的事情都是实实在在的。于是就把它整理记录下来，并写成了这篇传记，用来供给那些爱管闲事的人。这虽然是求神说怪，事实的本身超出于寻常，但对于那些窃居要位而活在世上的人来说，仍然希望他们以此作为鉴戒。后世的那些有名望和地位的人，也希望能够把淳于棼在南柯梦里所经历的荣华富足看做是偶然的事情，不要在人世间用名望和地位来显示自己。

从前的华州参军李户肇特地为这篇传记写了赞语说："贵极禄位，权倾国都。达人识此，蚁聚何殊?！"

这篇作品的素材与干宝《搜神记》中的"卢汾梦入蚁穴"的故事相似。它用梦的纪实集中反映了封建官僚升迁荣辱的生活，对热中功名利禄的人进行了当头棒喝。但作者所宣扬的虚无主义的人生态度是应当批判的。

弄假成真

典出《元曲选·无名氏〈隔江斗智〉二》："那一个掌权的怎知道弄假成真。"又见《三国演义》第五十五回：却说孙权差人来柴桑郡报周瑜，说："我母亲力主，已将吾妹嫁刘备，不想弄假成真。此事还复如何？"

东汉末年，刘表死后，刘备占据了荆州。东吴以杀退曹兵，救了刘备为由，前来索取荆州。但当时刘表的儿子刘琦尚在，所以商定，等刘琦死了，就将荆州归还东吴。后来刘琦去世，东吴派鲁肃来要荆州。诸葛亮说，要等到夺得安身之处以后才能归还。周瑜和鲁肃怕没讨来荆州不好向孙权交待，便设了一计：趁刘备丧妻，必将续娶之机，假意将孙权的妹妹许配给刘备，待刘备来东吴以后，把他囚在狱中，以换荆州。

谁知刘备到东吴以后，被国太看中，又经乔国老反复说和，真的把孙权的妹妹许配给了刘备，并在东吴成了亲。孙权派人将此消息报给在柴桑郡的周瑜说："我母亲已经作主将我妹妹嫁给了刘备，你们设的计策弄假成真了。"

后人用"弄假成真"的这个典故比喻假意做作，后来竟成了真事。

贫儿学谄

典出《谐铎》：嘉靖间，冢宰严公，擅作威福。夜坐厅内，假儿义子纷来投谒。公命之入，俱膝行而进。进则崩角在地，甘言谀词，争妍献媚。公意自得，曰："某侍郎缺，某补之；某给谏缺，某补之。"众又叩首谢，起则左趋右承，千态并作。少间，檐瓦卒卒有声，群喧逐之，一人失足堕地。烛之，鹑衣百结，痴立无语。公疑是贼，命执付有司。其人跪而前曰："小人非贼，乃丐耳！"公曰："汝既为丐，何得来此？"丐曰："小人有隐衷，倘蒙见宥，愿禀白一言而死。"公许自陈。曰："小人张禄，郑州人。同为丐者，名钱秃子。春间，商贾云集，钱秃所到，人辄恤以钱米。小人虽有所得，终不及钱秃。问其故？钱曰：'我辈为丐，有媚骨，有佞舌。汝不中窍要，所得能望我耶！'求指授，钱坚不许。因思相公门下，乞怜昏夜者，其媚骨佞舌，当十倍于钱。是以涉远而来，伏而听、隙而窥者，已三月矣！今揣摩粗就，不幸踪迹败露。愿假鸿恩，及于宽典。"公愕然，继而顾众笑曰："丐亦有道，汝等媚骨佞舌，真若辈之师也！"众唯唯。因宥有罪，命众引丐去，朝夕轮授。不逾年，学成而归。由是张禄之丐，高出钱秃子上焉。

明朝嘉靖年间，宰相严公独揽大权作威作福。夜里坐在内厅，假儿义子们纷纷跑来求见。严公命令他们进来，都跪着用两个膝盖行走。一进内厅就像山崩一般叩头在地，满嘴阿谀奉承的甜言蜜语，争相献媚讨好。严公自鸣得意，说道："某地侍郎有缺，派某人去补充；某处给谏者缺，派某人补充。"众人听后又叩头致谢，一起身就左边趋进、右边奉承，千形百态，一古脑儿施展出来。

过了一会，屋檐上的瓦片发出轻微的摩擦声，人们一齐呼喊驱逐，忽然有一个人失足落地。拿灯来一照，只见他身穿破衣烂衫，呆呆地站在那里不说一句

话。严公以为是贼，就命令差役把他拿住，交给主管官吏去处置。那人跪着说道："小人不是贼，是一个乞丐呀!"严公说："你既然是乞丐，为什么来到此地?"乞丐说："小人内心有不可告人的苦衷，假若能得到您的宽恕，我愿禀告一句话便死。"严公便答应让他陈说。乞丐说："小人名叫张禄，郑州人。有和我一起当乞丐的，名叫钱秃子。今年春天，经商做买卖的人云集市场上，钱秃子所到的地方，人们就救济他钱和米。小人虽也略有所得，但终不及钱秃子收获多。我问他什么缘故? 钱秃子说：'我们这号人当乞丐，要有谄媚的骨头，要有花言巧语的舌头。你没有抓住要领，所得到的钱米能和我相比吗?'我请求他教给我办法，钱秃子坚决不答应。因而想到相公门下有许多昏夜乞怜的人，他们的媚骨巧舌当比钱秃子还要高明十倍。因此我就远道而来，趴在屋檐上偷听，从缝隙里偷看，已经有三个月了。现今刚刚揣摩学到一点门道，不幸失足摔了下来，败露了马脚。愿借大人的鸿大恩惠，给我以宽大处理!"严公非常惊讶，接着又回头对众人笑着说："当乞丐也要有技术，你们这些人天生的媚骨巧舌，真够得上是这些乞丐们的老师了!"众人听了，都毕恭毕敬地答应着。严公因此便赦免了这个乞丐，命令众人带他去，日夜轮流教他谄媚阿谀的方法。不到一年的时间，就学成回家了。从此以后，张禄的丐术，远远高出钱秃子之上了。

后人用这则寓言说明行乞有道，谄媚阿谀也有道。乞儿向宰相严公的部下门人学谄媚之术，竟能远远超出惯丐钱秃子之上，真是对宦门官府的莫大讽刺。作者在篇末通过"铎曰"满怀激愤地揭露道："张禄师严冢宰门下，若严冢宰门下又何师? 曰：'师严宰'! 前明一部百官公卿表，即乞儿渊源录也。异哉张禄! 乃又衍一支。"严冢宰门下众人是丐者张禄之师，他们的老师又就是严冢宰。"前明一部百官公卿表，即乞儿渊源录也!"活骂煞一切专靠拍马逢迎、吮痈舐痔而升官发财的人!

扑朔迷离

典出《木兰诗》：雄兔脚扑朔，雌兔眼迷离；双兔傍地走，安能辨我是雄雌?

扑朔形容跳跃，迷离形容眼睛转动。扑朔、迷离原意是模糊不清，难以辨别谁雄谁雌。

我国古时候，流传着一个木兰替父从军的故事。木兰是一个善良勤劳的农家姑娘，整天忙着纺线织布。有一年北方边境上发生战事，皇帝下诏书在百姓之中征兵参战。征兵的名册上卷卷都有木兰父亲的名字。可是父亲年老体弱，怎么能上战场去打仗呢? 弟弟年纪还小，也不能替父亲去从军。这可怎么办呀? 木兰忧愁得吃不下饭，睡不好觉，整天长吁短叹。一天，她忽然想到：我替父亲去应征，女扮男装，不就解决了难题吗? 木兰是个坚强果断的姑娘，说到做到。她跑到市场上买来骏马，又购置了鞍鞯、辔头、马鞭，跟着同村的男子们一块儿出征了。

木兰这一去就是十年，风餐露宿，爬山过河，出生入死，转战千里。将士和同伴们许多死在疆场，木兰侥幸地活着回来了。军队打了胜仗，天子犒赏凯旋的功臣。天子问木兰："你立了功劳，你想要什么，只管说吧！"木兰回答说："我多大的官也不想做，多么值钱的宝贝也不想要，我唯一的请求是骑上千里马，让我早点回到家乡去！"

皇帝答应了木兰的请求，木兰很快就回到了自己的家乡。家里人看到久别重逢的木兰，心情非常激动。年迈的父母互相搀扶着出城外迎接她；姐姐梳洗打扮像迎接贵宾一样；小弟弟磨刀杀猪宰羊给姐姐吃。

木兰终于回来了。她重新走进十年前自己居住的旧房，打开窗户，坐在木床上，心情真是畅快呀！她脱下战袍，找来旧衣服换上。倚在窗台上梳理自己的头发，把头发理成女人的样式。又对着镜子在额头上贴一块花黄，变得和乡里的姊妹一样漂亮。

这时候，一同在疆场上拼杀的伙伴们来探望木兰。木兰穿着女人的衣裳，梳着女人的云鬘，带着女人的饰品，款款走出房门。同伴们一看，全惊呆了："怎么！我们在一块行军、打仗十二年，竟然不知道你是个女的！"

是呵，雄兔四腿跳跃、眼睛动；雌兔眼睛动、四腿跳跃。两只兔子在地上一块儿跑，你怎么能辨别哪个是雄兔、哪个是雌兔呢？

后来人们将"扑朔迷离"作为一个成语，比喻事物错综复杂，不易辨认。

棋待诏逸事

棋待诏是从唐朝开始在朝廷中为专业围棋高手设置的官职。他们主要的任务是教皇族子弟弈棋，陪皇帝和王公大臣们下棋，整理、搜集、编撰棋谱，研究围棋理论等。棋待诏的职位不同，一般属中下等，但由于经常接触皇帝及其他要员，所以也有一定的社会影响。棋待诏制度的建立，对我国古代围棋事业的发展起到了积极作用。

唐朝德宗在位时，有位棋待诏名叫王叔文，不仅精通围棋，而且是位远见卓识的政治家。他经常陪侍东宫太子李诵下棋，与太子一起谈论时事。太子慢慢地了解到王叔文胸怀远大，满腹经纶，批评朝政利弊，无不击中要害，具有治国的大才，于是把他当作自己的助手和心腹。

王叔文以弈棋为名在朝庭中活动，结识了韩愈、柳宗元、刘禹锡等一批年轻有为的政治家。公元 805 年，唐德宗李适驾崩，太子李诵即位，是为顺宗。他以王叔文为宰相组阁，柳宗元、刘禹锡等均给以要职，对朝政施行了一系列的改革

措施，受到广大人民的欢迎。有一些反对革新的顽固派人物，则以王叔文出身棋待诏，不懂政治为名攻击他。王叔文针锋相对，下令取消了棋待诏制度。最后改革失败，王叔文被迫害致死。

宋太宗赵炅很喜欢下围棋，经常招棋待诏贾玄来对局。贾玄很会逢迎拍马，每次陪下棋都故意输给太宗。一次，太宗和贾玄下棋，说："你应该好好下，如果这局你要是输了，我就让人打你。"一局棋下完之后，双方下成了和棋。太宗不太满意，他知道贾玄是有意下成和棋的，就又说："这一局你还是故意让我。再下一局。你胜了，我就重赏你，你要是不胜，我就让人把你扔到水塘里去。"下完棋，一数子，又是不分胜负。太宗说："下成和棋，是你没有胜我。"说着便吩咐人抱起贾玄，要往水里扔，贾玄连忙喊道："陛下，我这里还握着一颗子呢！"太宗大笑，重重地赏了他。

南宋时，有一次高宗赵构观看棋待诏沈之才和另一国手对弈。弈至中盘，赵构提醒沈之才说："一定要小心"。沈之才正下的得意，就顺口说了一句古书上的话"念兹在兹。"意思是知道了。谁知赵构竟勃然大怒，训斥说："你一个凭技艺吃饭的小人物，竟敢在我面前引经据典？"马上命令人打了沈之才20竹板，赶出了宫廷。

秦琼的杀手锏

典出《说唐》第二十七回。

秦琼的父亲名叫秦彝，是隋末齐国武部大将军，镇守济南，为周国行军都总管杨林所杀。秦彝留下祖传的一件兵器，叫做金紫锏。这是两条一百三十斤镀金熟铜锏。秦家锏法，共有五十六路，天下无双，尤其"杀手锏"，是个绝招，无人能敌。

秦琼继承父业，练就家传的绝招"杀手锏"。后来，秦琼因不愿当杀父仇人杨林的义子"十三太保"，反出潼关，行近金堤关，遇见程咬金正被金堤守将华公义打伤败退。秦琼与华公义接战三十余回合，不分胜负。他见华公义戟法高强，不能取胜，只得虚闪一枪，回马便走。华公义后面赶来，秦琼把枪左手横拿，将右手扯出锏来，执在胸前。华公义马头相撞秦琼的马尾，只见他举戟往秦琼后心便刺，秦琼左手把枪反在背后，往上一架，扭回身右手一锏打去，霎时把华公义的脑袋瓜都打得不见了。这叫做：巧使杀手锏，直马取金堤。

"秦琼的杀手锏"，比喻稀有、珍贵，或秘诀、绝招。

穷涸自负

典出《韩昌黎文集·应科目时与人书》：天池之滨，大江之畔，曰有怪物焉，盖非常鳞凡介之品汇匹俦也。其得水，变化风雨上下于天不难也；其不及水，盖寻常尺寸之间耳。无高山大陵旷途绝险为之关隔也，然其穷涸不能自致乎水，为猿獭之笑者，盖十八九矣。如有力者哀其穷而运转之，盖一举手、一投足之劳也。然是物也，负其异于众也，且曰："烂死于泥沙，吾宁乐之；若俯首帖耳摇尾而乞怜者，非我之志也。"是以有力者遇之，熟视之若无睹也。其死其生，固不可知也。

在大海之滨，江河岸畔，听说有个怪物。这个怪物绝非普通的水族之类可比。它置身水中，兴风作雨，飞腾天际，不费吹灰之力；如果一旦离开了水，活动也不过寸尺之间而已。即使没有高山、丘陵、远路、绝壁、关隘阻挡，它窘于干涸，无法自己到达水中，十有八九被那些小小的水獭所嘲笑。

如果有力者怜悯它的困窘，把它送到水中，只须抬一下手、动一下腿就行了。然而这个怪物自负与众不同，说什么："烂死在泥沙，我心甘情愿。如果去俯首贴耳，摇尾乞怜，我坚决不干。"所以，有力者遇到它，熟视无睹，不加理睬。

这个怪物是死是活，就很难预料了。

后人用"穷涸自负"的这个典故讽刺那些自命不凡、孤芳自赏、脱离实际、脱离群众的人，摆出一副"清高"的架势，不过是为了抬高自己，待价而沽。

驱鬼符

典出《笑得好》：一道士被鬼迷住，竟将滋泥涂满身面。道士高喊救命。傍人闻之，忙来啐脸救活。道士感激曰："贫道承救命大恩，今有驱鬼符一道奉谢。"

或问："既有此符，何不自救？"答曰："我是顾人不顾己的。"

有一个道士被鬼迷住了，满脸满身都被涂上一层污泥。道士大喊救命。近旁的人听了，急忙赶到，把唾沫吐到他脸上，将他救活。道士很感激，说："贫道受你的救命大恩，没有别的报答，只好奉送一张驱鬼符。"

有人问他："你既然有驱鬼符，为什么不能救自己呢？"道士解嘲说："我是只顾别人不顾自己的。"

这个故事讽喻了那些自欺欺人的人。

三千珠履

典出《史记·春申君列传》：赵平原君使人于春申君，春申君舍之于上舍。赵使欲夸楚，为玳瑁簪，刀剑室以珠玉饰之，请命春申君客。春申君客三千余人，其上客皆蹑珠履以见赵使，赵使大惭。

春申君是战国时期著名的"战国四君子"之一。他名叫黄歇，原是楚国的大臣。有一年秦昭王命白起为将，联合韩国和魏国共同讨伐楚国，企图一举灭掉楚国。黄歇听说这个消息后，马上写信给秦昭王，说服他不要攻打楚国，并愿意作为人质到秦国去，以求两国议和。秦昭王答应了黄歇的请求，将白起的军队撤回，两国订立了盟约。黄歇和楚太子完到秦国当了人质。

几年之后，楚国的顷襄王生了病，病得很厉害，黄歇打算让太子完回楚国去继承王位，但秦王不准。黄歇找到秦相应侯说："现在楚王恐怕活不长了，如果让太子完回国继承王位，将来他势必侍奉秦国。如果不叫他回国，他在你们这里不过是咸阳的一个布衣。楚国一旦立了别人为国君，就不一定与秦国和好了。请你同秦王说一下，放太子完回楚国去吧！"

秦相应侯果真对秦昭王讲了，可秦昭王只允许黄歇回国看看，不让太子完离开秦国。黄歇想了一条计策，叫太子完换了一身衣服，化装成楚国使者，骗出了城。秦昭王发觉后，太子完早已走远。他气得火冒三丈，想杀死黄歇，但被秦相应侯劝住了。应侯说："黄歇是位人臣，当然要为他主子效命，杀了他又有何用？不如放他回国，以后还会亲善我们。"秦昭王只好放了黄歇。

楚国的顷襄王不久病死了，太子完做了国君，称为考烈王。黄歇做了相国，并被封为春申君，受赐淮北十二县为封地。

当时齐国的孟尝君，赵国的平原君，魏国的信陵君，都广招天下贤士为门客，辅国持权，门客的待遇都相当优厚。有一年，赵国的平原君派自己的门客为使者，去拜见春申君。春申君盛情接待，让赵国使者住漂亮的房子，乘豪华的马车……

平原君的门客想在春申君三千门客面前炫耀一番。他拿出用玳瑁制作的头簪和饰有珠玉的剑鞘给他们看，以为他们必定会感到惊奇。然而赵国的使者想错了，春申君的门客一点也没有羡慕的神色，有的甚至还不屑一顾。赵国使者迷惑不解："这些上好的珠玉他们为啥不动心呢……"他往春申君门客的脚上一看，顿时明白了：好多门客的脚上竟然穿着用珠玉装饰的鞋子！相比之下，他感到自愧弗如，赶忙收拾起头簪和宝剑，躲进屋里去了。

成语"三千珠履"就是由此而来，后来用它形容门客多而且豪侈。

履：音 lǚ，珠履：缀有珠玉的鞋了。

山雉与凤凰

典出《尹文子·大道上》：楚人担山雉者，路人问何鸟也，担雉者欺之曰："凤凰也。"

路人曰："我闻有凤凰，今直见之。汝贩之乎？"

曰："然。"

则十金，弗与。请加倍，乃与之。将欲献楚王，经宿而鸟死。路人不遑惜金，惟恨不得以献楚王。

国人传之，咸以为真凤凰，贵，欲以献之。遂闻楚王。王感其欲献于己，召而厚赐之，过于买鸟于金十倍。

楚国有个人挑着野鸡在路上走，有个过路人问是什么鸟，挑野鸡的人骗他说："是凤凰。"

过路人说："我听说过有凤凰，现在竟然见到了。你卖吗？"

回答说："是的。"

过路人出十斤金子买，不肯给。把价钱又加了一倍，才卖给他。过路人准备把鸟献给楚王，没想到鸟隔夜就死了。他顾不上可惜他的钱，只恨没有能够献给楚王。

都城里的人把这件事传开来，都以为是真凤凰，稀罕宝贵，而且是要献给国王的。于是传到了楚王的耳朵里。楚王为这人要献凤凰给自己的诚意所感动，把他召来重重地赏赐一番，超过了买鸟钱的十倍。

后人用"山雉与凤凰"来说明好的名声不一定与实际相符。

舍旧谋新

典出《左传·僖公二十八年》：原田每每，舍其旧而新是谋。

春秋时，晋献公的儿子重耳被迫流亡在外，他先到了卫、齐、曹、宋、郑等国，不被收留。后来，重耳到了楚国，楚王收留了他，并问他："你将来如能再回晋国，怎么报答我？"重耳说："我若能回晋国当上国君，假若晋、楚两国发生战争，我将退避三舍（古时行军以三十里为一舍，三舍即九十里），以作报答。"

重耳在外流亡了十九年，由秦国送回晋国即了位，就是晋文公。公元前633年，晋楚两国发生了战争。起初，晋文公为了实现他流亡楚国时说的话，果然退

军九十里。楚将子玉依仗大国强兵，坚决要和晋决战。要不要迎战？晋文公仍有些犹豫。这时，晋军中对此事议论纷纷，有的说："一国之君要避让一国之臣（指子玉），太丢人了。"一些知道晋文公和楚国前情的人则说："晋君现在像原田之草，美丽茂盛，可以舍旧谋新了，不应陷在和楚国的旧日情怀中。"晋文公听到这些话，终于下了迎战的决心。城濮一战，晋文公大败楚军。从此，成了一位霸主。

后人用"舍旧谋新"这个典故比喻抛弃从前的旧东西，重新规定和建立新的东西。

时无英雄，使竖子成名

典出《晋书·阮籍传》：时无英雄，使竖子成名。

魏晋之际有个著名文学家、哲学家叫阮籍，字嗣（sì）宗，陈留尉氏（今属河南）人。他与当时的名士嵇康等七人并称"竹林七贤"。

阮籍容貌英俊，性格狂傲，志气宏大，学识渊博。他读了许多书，最喜欢的是《老子》、《庄子》，在生活中也按老庄的哲学思想处世，顺其自然，不拘小节。他有时在家关起门来看书，可以一连几个月不出来；有时出外游山玩水，又可以多日不归。他不仅诗歌文章写得好，还善于弹琴唱歌，又酷爱饮酒。有时他读书或弹琴到兴致浓时，高兴到了极点，连自身的存在也忘记了（原文为"不其得意，忽忘形骸"）。

阮籍对当时朝政的腐败黑暗深为不满，常与嵇康等人在竹林下一边饮酒，一边批评朝政。他看不起专权的司马氏集团，也看不起曹氏傀儡皇帝（傀儡：木偶戏里的木头人，比喻没有实权，受人操纵）。朝廷曾召他去当参军。他推辞不去。有一次，阮籍登上广武城，观看当年楚霸王项羽与汉高祖刘邦交战的遗址。他很蔑视刘邦的人品和才能，感慨地叹息说："当年是世上没有真正的英雄人物，而让刘邦这种小人成名（原话为时无英雄，使竖子成名）。"

后人用"时无英雄，使竖子成名"的典故形容由于时势的关系，使某人成了名，但并非这个人才能出众。竖子：意为小子，含有轻蔑之意。

仕数不遇

典出《论衡·逢遇篇》：昔周人有仕数不遇，年老白首，泣滋于涂者。

人或问之："何为泣乎？"

对曰："吾仕数不遇，自伤年老失时，是以泣也。"

人曰："仕奈何不一遇也？"

对曰："吾年少之时学为文。文德成就，始欲仕宦，人君好用老。用老主亡，后主又用武，吾更为武。武节始就，武主又亡。少主始立，好用少，吾年又老。是以未尝一遇。"

仕宦有时，不可求也。

从前，周朝有一个人几次想当官都没有碰到机会，后来年纪大了，头发也白了，在路上痛哭流涕。

有人问他说："你为什么哭呀？"

回答说："我数次想当官都没有得到机会，自己哀伤年岁老了，失掉年华了，所以才在这里哭啊。"

又问他："作官为什么碰不到一次机会呢？"

回答说："我年轻的时候学习礼乐制度。等到礼乐教化获得成就，开始想担任官职了，可是君上却喜欢任用老成人。好用老成人的君王死去了，后主又偏爱武勇兵法，我便改习武勇兵法。等到武术兵法学习成功了，偏爱兵法武勇的君主又死去了。少主刚刚登基，又喜好任用少年，但我年岁却老了。所以一生不曾遇到一次当官的机会。"

担任官职是要碰机会的，不是可以强求的呀。

这则寓言，说的是"人主好恶无常，人臣所进无豫，偶合为是，适可为上。进者未必贤，退者未必愚，合幸得进，不幸失之"。在封建社会，只凭皇帝个人好恶来选用人才，往往会埋没人才。"合则遇，不合则不遇"，这表现出王充对现实黑暗不公的愤慨之情。看这位周人，学文学武，总跟着人君的好恶打转转，可以说是十足的"风派"了。可是年少之时，人君好用老；及至年老，人君又好用少年。这真是"仕宦有时，不可求也"。正因为如此，所以必须站得高一些，突破一般世俗的看法，因为"今俗人既不能定遇不遇之论，又就遇而誉之，因不遇而毁之"。有真才实学的，尚且如此遭遇，"况节高志好，不为利动，性定质成，不为主顾者乎？"遇不遇与贤不贤，是两码事。只要才高行洁，不要管他什么逢遇与否。

是香是臭

典出《传家宝·笑得好》：有钱富翁于客座中偶放一屁，适有二客在傍。一客曰："屁虽响，不闻有一毫臭气。"一客曰："不独不臭，还有一种异样香味。"富翁愁眉曰："我闻得屁不臭，则五脏内损，死期将近，吾其死乎？"一客用手空招，用鼻连嗅曰："臭才将来了。"一客以鼻皱起，连连大吸，又以手掩鼻蹙额曰："我这里臭得

更狠。"

一天，一个很有钱的富翁在客厅和两个客人叙谈，偶然放了一个屁。一个客人听见，忙说："您这个屁，声音虽响，却闻不到一丝一毫臭味。"另一个紧接着说："不仅不臭，还有一种异样的清香。"

富翁听了他们的话，立刻愁眉不展，悲伤起来，说："我听说，放屁不臭，那一定是体内五脏损伤，死到临头了。今天放屁不臭，莫非我要死了吗？"

他的话音刚落，一个客人马上伸手在空中招了几下，用鼻连连嗅着说："臭味这才过来。"另一个客人皱起鼻子，狠狠地吸了几口，然后又用手掩住鼻子，皱着眉头说："哎呀，我这里臭得更厉害。"

后人用"是香是臭"这个典故讽刺那些喜欢溜须拍马，阿谀奉承，为了讨好别人而不顾事实，信口胡说的人。在他们看来，是非、曲直、美丑、好恶，好像没有什么客观标准，一切都以权贵者的意志为转移。

鼠窃狗盗

典出《史记·刘敬叔孙通列传》：此群盗鼠窃狗盗耳，何足置之齿牙间。"

秦朝末年，人民大众不堪忍受秦王朝的残暴统治，暴发了以陈胜、吴广领导的农民大起义。以这一起义为先导，各地农民和六国的一些旧贵族纷纷掀起了反暴抗秦的斗争。

秦朝当时的统治者二世胡亥是一个昏庸无能的家伙。从东方回来的使者纷纷向他报告各地郡县农民起义的情况，可是丞相赵高谎称这些使者造谣，二世便把他们投进监狱。后来，农民起义的消息不断传进宫中，二世才召集了一帮子人询问情况。有些人照实说了，惹得二世勃然大怒。有一个叫叔孙通的人见此情景，便对二世说："现在天下一家，上有英明的天子，下有严厉的法律，各郡县都有称职的长官，百姓安居乐业，天下太平，谁还敢造反？各地有一些小偷小盗的，免不了，叫郡守、县尉把他们拿了办罪就是了，皇上何必担心。"二世一听高兴了，把说实话的下了监狱，叔孙通反而得了重赏。

从此以后，各地的起义风起云涌，秦王朝终于走上了灭亡的道路。

后人常用"鼠窃狗盗"指小偷小盗。

耸肩而行

典出《笑府》：一人穿新绢裙出行，恐人不见，乃耸肩而行。良久，问童子曰："有人看否？"曰："此处无人。"乃弛其肩曰："既无人，我且少歇。"

有一人穿了新的丝裙外出，生怕别人看不见，就耸着肩膀走路。过了一会，问身边的童子说："有人看吗？"童子说："这里没有人。"于是就把肩膀放了下来，说："既然没有人，我就稍微歇息一下。"

后人用这则寓言说明喜欢卖弄自己，恶习成癖，就像妓女卖弄风骚一样令人讨厌。这种人，生活便是做戏。一生都在做戏，不曾真正生活过一天，难得"我且少歇"也。

孙猴子大闹水晶宫

典出《西游记》第三回。

孙悟空教众猴子操练武艺，但自己的兵器不称手，便到龙宫找东海龙王敖广借兵器。龙王不便推辞，先给他一把大刀。悟空说不会使刀，要换一件兵器。龙王又叫抬出一杆三千六百斤重的九股叉来。悟空接过手来，舞了一阵，嫌太轻。龙王只好再叫抬出一把七千二百斤重的画杆方天戟来。悟空拿过来一舞，还是嫌轻。敖广无奈，只好对悟空说："有一块天河定底的神珍铁，只是太重，没有人拿得动！"说完便把他领到海底，指着放射万道金光的地方说："那就是！"悟空撩衣将袖，走上前来，摸了一下，原来是根大铁柱，约有斗来粗，二十余长丈。他拍拍那粗铁柱说："短些、细些就好了。"语音未了，那宝贝果然变短、变细，只有二丈长短，碗口粗细。悟空乐得端起就舞，十分称手。他再仔细一看，那宝贝两头是两个金箍，中间是段乌铁，紧挨箍镌着"如意金箍棒，重一万三千五百斤"几个字。悟空高兴得在水晶宫中打转起来，舞得金箍棒团团转，吓得龙王和龙子龙孙胆战心惊。

孙悟空要了一阵金箍棒，对龙王说："一客不烦二主。既然给我宝棒，烦你再赠一套全身披挂给我。"龙王说没有。猴子便挥棒威胁说："真的没有？就让你试试这棒的味道！"东海龙王被吓倒在地上，答应找他的弟弟们来商量。于是召集南、北、西各海龙王，凑齐披挂给了悟空。而后，四海龙王商议进表玉帝，参奏孙悟空闯入龙宫，逼迫龙王献兵器和盔甲之事。

水晶宫:神话里龙王在水中居住的宫殿。"孙猴子大闹水晶宫",比喻强要别人拿出好东西或提供宝贵的经验、意见。

昙花一现

典出佛教《法华经·方便品》:佛告舍利弗,如是妙法,诸佛如来,时乃说之,如优昙体花,时一现耳。

昙花(印度梵语"优昙体花"的简称)是属于仙人掌科的一种植物,其老枝为圆柱形,新枝扁平,绿色,呈叶状。昙花都是夜间开,翌晨即萎,仅开数小时。

后人常将事物一出现很快就消失的现象称为"昙花一现"。

天翻地覆

典出唐代刘商拟作的《胡茄十八拍》(见郭茂倩《乐府诗集》卷五十九):"天翻地覆谁得知,如今正南看北斗。"这是描写蔡文姬嫁到匈奴后的遭遇和心情的两句诗。

蔡文姬,姓蔡名琰(yǎn演),字文姬,东汉末年人,左中郎将蔡邕的女儿。据《后汉书》记载:文姬博学多才,妙于音律。东汉末年,天下大乱,匈奴入侵。公元196年,文姬被匈奴人虏获,做了南匈奴左贤王的王后,生了两个孩子,直到公元208年才被曹操派人接回。蔡文姬在匈奴十二年,饱尝了辛酸。她怀念祖国,思念亲人并怀着这种沉痛的心情作了《胡茄十八拍》来抒发自己的感情。刘商拟作的《胡茄十八拍》中这两句诗的意思是说,蔡文姬到了匈奴以后感到起了很大的变化,天地都倒了个个儿,连北斗星都转到南方去了。

后人用"天翻地覆"这个典故比喻变化很大。

投其所好

典出《太平广记》卷260引《笑林》:有甲欲谒见邑宰,问左右曰:"令何所好?"或语曰:"好《公羊传》。"后入见。令问:"君读何书?"答曰:"惟业《公羊传》。"试问谁杀陈佗者。甲良久对曰:"平生实不杀陈佗。"令察谬误,因复戏之曰:"君不杀陈佗，请是谁杀？"于是大怖，徒跣走出。人问其故，乃大语曰："见明府，便以死事见访，后直不敢复来，遇赦当出耳。"

有这样一个人想去拜见县官，问县官身边的人："县太爷最喜欢什么？"有人告诉他说："喜欢《公羊传》。"后来这个人进去拜见。县官问他："你读过什么书？"这个人回答说："专门研究《公羊传》。"县官试着问杀陈佗的人是谁？这个人想了好一阵才回答说："我这一辈子实在没有杀过陈佗。"县官看出他回答得很荒谬，就又戏弄他说："你没有杀陈佗，请问是谁杀的？"于是这个人非常恐惧，光着脚跑了出来。别人问他光脚跑出来的原因，他还吹大话说："我去拜见英明的县太爷，他就拿杀人的事情查问我，以后我简直不敢再来了，只是碰上他赦免了我的罪，我才出来的。"

这篇寓言对那些在当官的面前投其所好，吹牛拍马，讨好卖乖的人，进行了尖锐的讽刺。

唾手可得

也作"唾手可取"，典出《新唐书·褚遂良传》：但遣一二慎将，付锐兵十万，翔膾(kuài 会)云軿(péng 朋)，唾手可取。

唐代初年，朝鲜半岛上有三个国家：北部是高丽，西南部是百济，东南部是新罗。唐高祖李渊曾和高丽国交换本国流亡人，高丽送还中国流亡人将近一万人，可见高丽对唐朝的态度还是友好的。唐太宗李世民即位后，特别是灭突厥后，自恃国大兵强，企图加害弱小的邻国。

贞观十四年（公元642年），高丽西部酋长泉（姓）盖苏文（名）杀高丽大臣百余人，又杀国王高建武，立高藏为国王。泉盖苏文专擅国政，用严刑立威望，高丽内部不能相安。唐太宗觉得有机可乘，于贞观十六年（公元644年）决定亲自率兵往攻。为此，群臣多上书劝阻。有一个叫褚遂良的大臣建议说："陛下不必亲征，派一两名猛将，带领十万兵马，便唾手可取。"唐太宗不听劝告，亲自率兵前往，结果遭到失败。

后人用"唾手可得（取）"比喻非常容易得到。

亡赖附鬼

典出《伯牙琴》：有鬼降于楚曰："天帝命我治若土，余良威福而人。"众愕然，

183

共命唯谨,祀之庙,旦旦荐血食,跑而进之,将币。市井亡赖附鬼益众,以身若婢妾然;不厌,及其妻若女。鬼气所入,言语动作与鬼无不类,乃益倚气势,骄齐民。凡不附鬼者,必潜使之祸。齐民由是重困。天神闻而下之,忿且笑曰:"若妖也,而庙食于此,作威福不已!"为兴疾霆,碎其庙,震亡赖以死,楚祸遂息。彼以鬼气势可常倚哉!

有一个楚地恶鬼降到齐地来,说道:"天帝派人来统治这块土地,我能够对你们降祸赐福!"人们很害怕,都只得唯命是从,并将鬼供奉在庙里,天天杀牲祭祀,拿钱财跑着进献给它。

街市上有些流氓无赖纷纷依附恶鬼,把自己的身躯当作奴婢贱妾一样;还不满足,又把他们的妻子和女儿供它使唤。鬼气侵入,他们的言语行动,都和恶鬼一模一样。于是,他们便依附鬼势,加倍骄横于齐地的百姓。凡是不肯依附鬼势的人们必定要进谗陷害,使之遭祸。齐地的老百姓因此陷入了沉重的灾难之中。

天神听说了这件事,从天降临,愤慨而讥笑地说道:"这样的妖魔鬼怪,竟然被供在庙里,享受着人们的奉祭,还在这里作威作福不止!"说罢就发出迅猛的霹雳,劈倒了庙宇,震死了所有的流氓无赖,从此楚地来的鬼祸便被平息了。

这些家伙以为恶鬼的气势是可以望远仰仗的吗!

后人用这则寓言尖刻地嘲讽了卖身投靠、为虎作伥的无赖汉,并揭露了这伙刁钻、龌龊之徒的可耻嘴脸;同时,寓言还对那些强侵人地、暴戾恣肆、作威作福、为非作歹的恶鬼统治者,给予了愤怒的指控和鞭挞,具有犀利的战斗作用。

望尘而拜

典出《晋书·潘岳传》:岳性轻躁,趋世利,与石崇等诌事贾谧,每候其出,与崇辄望尘而拜。

潘岳(公元247－300年,晋代文学家),字安仁,晋代荥阳中牟(今属河南)人。祖父潘瑾,曾任安平太守。父亲潘芘(pí),曾任琅邪内史,潘岳自幼聪颖有才华,乡里人把他称为奇童。他年纪很轻时就被征召到司空太尉府任职,成为大名鼎鼎的秀才。西晋泰始(公元265－274年)年间,晋武帝(司马炎)带着皇后妃子亲自耕田,潘岳作赋对此大加赞美,因此名气更大,受到一些人的嫉妒,潘岳在10年之内未能升迁。后来,他被派任河阳县令,感到郁都不得志。当时,尚书仆射山涛和吏部官员王济、裴楷等人都得到皇帝的重视,潘岳内心很不服气。不久,潘岳转任怀县令。他在治理河阳、怀县期间,政绩卓著,被任做尚书度支郎,后任太傅主簿,又任给事黄门侍郎。

潘岳性情轻狂浮躁,追名逐利,与石崇等人巴结权贵贾谧。每当贾谧出门时,潘岳与石崇二人老早恭候着,贾谧的车马走远了,他们向着贾谧的车马扬起的尘土下拜。

"望尘而拜"就是从这个故事来的。人们用它来讥讽阿谀奉承、趋炎附势的人。也以"拜尘"为谄事权贵的贬义词。

畏鬼致盗

典出《郁离子·麋虎篇》:荆人有畏鬼者,闻槁叶之落与蛇鼠之行,莫不以为鬼也。盗知之,于是宵窥其垣,作鬼音。惴,弗敢睨也。若是者四五,然后入其室,空其藏焉。或之曰:"鬼实取之也。"心中惑而阴然之。无何,其宅果有鬼。由是,物出于盗所终以为鬼窃而与之,弗信其人盗也。

郁离子曰:"……谗不自来,因疑而来;间不自入,乘隙而入。由其明之先蔽也。"

有一个怕鬼的楚国人,他听到枯叶落地与蛇鼠爬行的声音,没有不认为是鬼来了的。小偷了解到这一点,便乘着夜晚潜伏在墙边装做鬼叫。那楚人心中恐慌,连瞟一眼都不敢。像这样搞了四五次,然后进入他的房间,偷光了他家收藏的财物。有人骗他说:"这的确是鬼拿去了。"他虽然有些疑惑,但暗地里却认为讲得对。没多久,他的住宅中果然有了鬼。因此,即使财物从小偷的住处拿了出来也总认为是鬼偷了给他的,不相信是人偷的。

郁离子说:"谗言不会自己找上门来,总是先有疑心才会相信它;离间、挑拨也不会自己找上门来,总是因为有空子可钻才会发生作用。这都是由于聪明早已被蒙蔽住了。"

这个故事说明:疑心生暗鬼。

蜗角虚名

典出《庄子·则阳》:有国于蜗之左角者,曰"触氏",有国于蜗之右角者,曰"蛮氏",时相争地而战,伏尸数万;遂北旬有五日,而后反。

战国时,魏惠王与齐国田侯牟结成联盟。后来田侯牟背叛了盟约,魏惠王非常气愤,打算派人去刺杀田侯牟,以此发泄心头的愤怒。公孙衍听说后对魏惠王说:"大王身为一国之君,却采取一般百姓的报复手段,我真替大王感到惭愧。不如给我二十万兵甲,攻打齐国,活捉他的老百姓,抢走他们的牛羊,使田侯牟一想到此事就浑身冒汗。在此之后再攻占他的国家,捉住他,鞭打他的背,折断他的

185

骨头。"

季子在一旁听了，耻笑说："修筑一道十丈高的城墙，已经筑了七丈，又把它毁坏，岂不是有意劳累百姓吗？魏国有七年不打仗了，这是一件好事，是大王立国之本。公孙衍这个捣蛋的人，无端挑动战争，大王不要听他的。"

魏国朝廷的这场争论，被一个叫惠子的人听见了，他弄不清究竟取哪一种方法才对，就请教一个叫戴晋人的读书人。戴晋人先未直接回答他，而是说："蜗牛的左角有一个国家叫触氏，右角上有一个国家叫蛮氏。有一次两国为了争夺地盘而发生战争，双方大战了半个月，死亡好几万，一时间弄得遍地都是尸体。后来触氏国打胜，乘胜追击，占领了蛮氏国不少的地方。"

惠子听后，笑着说："哎，你也太夸张了，世界上哪有这样的事！"戴晋人解释说："事情虽然有些夸张，但道理是一样的。蜗角两国所争夺的地盘，一个真正完美的人看来，也不过针尖大。他们完全是为了虚名在进行战争！"

惠子佩服地说："你的见解太新鲜了！"

蜗牛的角是很小的，后世以"蜗角"比喻极小的地方；"蜗角虚名"比喻人们微不足道毫无作用的名声。

心病一般

典出《笑府》

一亲家新置一床，穷工极丽，自思好床不使亲家一见，枉自埋没。乃假装有病，偃卧床中，好使亲家来望。那边亲家，做得新裈一条，亦欲卖弄，闻病，欣然往探。既至，以一足架起，故将衣服撩开，使裈现出在外，方问曰："亲翁所染何症，而清减至此？"病者曰："小弟的贱恙，却像与亲家的心病一般！"

后人用这则寓言讽喻了喜欢卖弄的恶习。有的人工作稍有成绩，就到处炫耀，生怕别人不知道；有的人读了几年书，就引经据典，装出一副学者模样。这些人都应该在这里照照镜子。

西施至姣

典出《慎子·外篇逸文》：西施，天下之至姣也，衣之以皮，则见者皆走；易之以玄锡，则行者皆止。由是观之，则元锡色之助也，姣者辞之，则色厌矣。"

西施，是天下最漂亮的女人了，但是给她戴上鬼怪的假面具，看见她的人就都吓跑了；给他换上美丽的细布衣裳，那么，行路的人都会停步凝望的。由此看来，美丽的细衣裳是帮助了她的美色，如果漂亮的人不穿它，那么，她的美貌也就会减色了。

俗话说，人凭衣裳马凭鞍。这个寓言的主旨，在于宣扬"处势"的重要意义。

一夜十起

典出《后汉书·第五伦列传》：吾兄子病，一夜十往，退而安寝；吾子有疾，虽不省视而竟夕不眠。

东汉时候，京兆长陵地方有一个名叫第五伦的人，第五是他的姓氏，伦是他的名字。因为他的先祖原本姓田，分支太多，便以次序定为姓氏。

第五伦年轻时勇武侠义，曾率领本族人防御盗贼、修筑营壁。他拒敌在前，豪爽果敢，得到乡亲们的信任。地方官吏看他很有本事，便任命他为小吏，以后他又担任京兆尹的主簿。因为他办事公平，为官清廉无私，很得光武皇帝的赏识，派他去做会稽太守。

第五伦生活非常简朴，他虽然有优厚的俸禄，但只留一个月的粮食吃用，余下的粮食都降价卖给贫困人家。平常自己割草喂马，让妻子做饭食，不雇用仆人。当时会稽地方人们迷信，相信占卜算卦那一套，并且每年要杀耕牛祭神。巫祝说谁要是自己吃了牛肉而不祭神，就会闹病，像牛那样吼叫，然后暴死。因此百姓被弄得很苦。第五伦到任后，决心治理恶习邪俗。他下命令惩罚那些借鬼诈骗百姓的巫祝，又贴出告示，谁无故杀死牛就办他的罪。这样一来，会稽的百姓都安居乐业了。

第五伦后来到朝廷做代理司空的官。他看到肃宗皇帝将太后的亲属都委以重任，觉得很不合于法度，将来必会给国家带来灾难，就上书皇帝，直言不讳地批评圣上。他处处奉公守节，说话办事毫无顾虑，家人和孩子常劝他别太任性，以免得罪权贵自讨苦吃，可他却训斥儿子不忠不贞。

第五伦的铁面无私，在朝廷内外一时传为美谈，人们很敬仰他。一天，一位同僚赞扬他说："像你这样的人真可以说是毫无私情了！"

第五伦却认真地反驳说："你说的不全面呀！以前曾有一位熟人送给我一匹马，想叫我帮他谋个官做。马我当然没收下，可是当我举荐别人做官时，常常想起他。这不是证明我还是有私情吗？再比如说，我的侄儿生病，一宿我起来十回去看他，但回到床上我很快就睡着了，睡得很安稳。我自己的儿子生病就不一样了，虽然夜里我不去瞧他，但我整夜睡不着觉，担心孩子的病情。你看我哪里够得上是毫无私情呢？"

成语"一夜十起"就是由此而来，后人用它形容待人体贴周到。

晏子的车夫

典出《晏子春秋·内篇杂上》：晏子为齐相，出，其御之妻从门间而窥：其夫为相御，拥大盖，策驷马，意气洋洋，甚自得也。

既而归，其妻请去。夫问其故。妻曰："晏子长不满六尺，身相齐国，名显诸侯。今者妾观其出，志念深矣，常有以自下者。今子长八尺，乃为人仆御，然子之意，自以为足，妾是以求去也。"

其后，夫自抑损。晏子怪而问之，御以实对。晏子荐以为大夫。

晏子做了齐国的相国，有一天坐着车子出门。他车夫的妻子从门缝里偷看：只见自己的丈夫替相国驾车，坐在车上的大伞盖下，挥鞭赶着高头大马，神气活现，十分得意。

后来，车夫回到家里，他的妻子就要跟他离婚。车夫连忙问是什么原因。他的妻子说："晏子身高不满六尺，当了齐国的相国，在各诸侯国中很有名望。刚才，我看他外出，他的思想显得多么深沉，而他的态度却又总是那样谦逊。而你呢，身高八尺，不过是个替人赶车的车夫罢了，却是那样踌躇满志，自以为了不起，像你这样的人还会有什么出息呢？这就是我要跟你离婚的原因。"

从此以后，车夫常常自己抑制自己，显得谦逊起来。晏子感到奇怪，问车夫为什么变得这样快。车夫就把真实情况告诉了晏子。晏子对车夫很满意，便推荐车夫做了大夫。

这个故事说明：满招损，谦受益。

约定俗成

典出《荀子·正名》：名无固宜，约之以命。约定俗成谓之宜，异于约则谓之不宜。

《正名》一文，是荀况用朴素的唯物主义观点阐明"名""实"关系的重要论文。他批判了孔子提出的"以名正实"的唯心主义的正名思想，提出了由"实"决定"名"，"名"是"实"的反映的唯物主义的认识路线。荀况指出：事物的名称是人们"约定俗成"的，就是说，事物的名称是根据人们的共同意向而制定的，因而为人们所承认和遵守。

后人用"约定俗成"这个典故比喻人们经过长期实践而确定或形成的某种事物的名称、形式或某种社会习俗。

因棋失"兰亭"

《兰亭集序》是东晋大书法家王羲之的得意之作，王家视为珍宝，代代相传。到了唐代，太宗李世民能写一手好字，最喜爱王羲之的书法。他从民间搜罗了很多王羲之的字帖，可就是找不到真本《兰亭集序》，平常与人提起便感到十分遗憾。后来听说真本为永欣寺的大和尚辨才所藏，就把辨才邀请到宫中，询问此事，辨才矢口否认，说这是"谣传"，太宗也无可奈何。监察御史肖翼，为人狡猾多谋，为了博得皇帝的欢心，便自告奋勇，愿去寻找。

经过调查，他确信《兰亭集序》就在辨才手中。一天傍晚，他乔装便服为棋客，到永欣寺求宿。辨才正闲来无事在禅堂中打谱，听说有棋客来访，就邀请肖翼纹枰对座，切磋手艺。两人棋逢对手，杀得难解难分。第二天，辨才余兴未尽，就让肖翼留下来多住几日，两人通宵达旦地弈棋。一边下棋，两人一边闲谈，很是投机。

十几天过去了，肖翼见时机已经成熟，便把话题扯到书法上来，说："我自幼喜爱王羲之的书法，对羲之父子的书法真迹十分珍视，百看不厌，经常临摹，现在还有几幅带在身边。"辨才一听更加高兴，便说："明天可以拿来给我看看。"第二天肖翼带着事先准备好的几本字帖让辨才鉴赏，辨才仔细地看过之后，对肖翼说："这几本字帖倒是真迹，不过这并不是最好的。贫僧这里也有一幅真迹，是非同寻常的珍品。"肖翼问："什么字帖？"辨才说："《兰亭集序》"。肖翼听完，故意笑着说："这么多年，兵荒马乱的，哪里还能有什么真迹流传在世上。那一定是假的。"辨才见肖翼不信，就接着说："我的老师智永禅师，是王羲之的第七代孙。我跟他学习书法30年。怎么会是假的呢？明天你来，我让你看一看。"过了一天，肖翼又来找辨才下棋。辨才亲自从屋梁上把《兰亭集序》拿了下来。肖翼看过之后，还故意说是假的，并和辨才进行了长时间的探讨和研究，辨才眼看不能说服肖翼，又有事要到别人家里去作客，就把《兰亭集序》放在桌子上和肖翼一起出了门。肖翼等辨才走后，以手帕丢在屋里为由，骗过看门的小和尚，拿走了《兰亭集序》返回京城，交给了李世民。

这个故事说明：找准一个人的弱点，就可以达成自己的目的。

张冠李戴

典出明·田艺蘅《留青日札》卷二十二：谚云："张公帽掇在李公头上。"有人作赋云："物各有主，貌贵相宜；窃张公之帽也，假李公而戴之。"

东昌有个牛医的儿女名叫胭脂，又美丽又聪明，想嫁个好丈夫。而一般有身份的人家因她父亲是个牛医，瞧不起她家，所以迟迟没订婚。一天，她送邻妇王氏出门，见一少年经过，很有风度，他走远了，胭脂还远远望着他。王氏说："他是鄂秋隼秀才，跟你恰是一对，我给你做媒好吗？"胭脂羞红了脸，不答。但是心里以为王氏真的给她做媒，很喜欢。一等半月没消息，胭脂饮食无味，病了。王氏来看她，问她病因，她不说。王氏猜到了，在她耳边说："我丈夫出门做生意了，等他回来，叫他去鄂家做媒，好么？"胭脂喜上颜色。这王氏从小和一宿生要好，嫁了人还和宿生往来。这夜宿生又来了，王氏便把胭脂为鄂生而害相思病的事告诉了他。宿生早知胭脂美丽，第二夜便翻墙进了胭脂家，自称是"鄂生"，抱着她求欢。胭脂不肯，说："你再不放手我就叫了！"宿生怕搞僵，只得松手，胭脂说："我愿做你的妻子，但决不能私通，你请媒人来吧！"宿生脱下她一只鞋带走了。宿生没尝到甜头，于是又到王氏家睡觉。谁知把那鞋搞丢了，怎么也找不到。王氏问他找什么？宿生只好把经过告诉了王氏。谁知窗外一贼叫毛大听见了，恰恰又拾到了鞋，大喜。第二夜毛大翻墙来到胭脂家，胭脂父亲听得声音，持刀追贼，反被毛大杀死，那只鞋子丢在尸体旁。第二天，县官追问这鞋怎么会在尸旁的，胭脂为父亲悲痛之极，直说是"鄂生"脱去了。县官把鄂生捉来，不容分说，一阵毒打，便把鄂生定为凶手，判死刑，报到济南府。知府吴公很干练，一看鄂生不像凶手，追问之下，才知鄂生根本不认识胭脂，胭脂却曾托王氏做过媒。于是把王氏抓来，逼问之下，供出是宿生假冒鄂生之事。于是宿生死罪难逃了。大家都称赞吴太守英明。宿生虽脱履却未杀人，负屈上告。学使施公反复思考，接手此案，他把王氏找来，问她此事告诉过别人没有，王氏说："没有。""那么有哪些人调戏过你呢？"王氏说出毛大等四人。施公把这四人抓来，说："凶手必是你四人之一，让神来指出来！"于是黑夜把庙壁涂黑，把四人放入庙内，说："谁是凶手，神会在他背上写明的。"毛大心虚，怕神真的在他背上写字，把背靠着墙，背染上了黑墨。第二天，施公说："真凶是你！"不打，毛大就招了。

于是宿生、鄂生都释放了，鄂生和胭脂结为夫妻。此案假中有假，"张公帽戴在李公头上"，如果不仔细，险些冤杀鄂生或宿生。

谚语后来压缩成四字成语："张冠李戴"。后人用"张冠李戴"的这个谚语比喻"以此代彼"或"代人受过"。

猪八戒初进高家庄

典出《西游记》第十九回。

高家庄有个高太公,不曾有子,只生了三个女儿,大儿女、二女儿配与本庄人家,身旁留下三女儿翠兰,想招个养老女婿来撑门户。

一天,庄外来了一个黑胖后生,说是福陵山上人氏,姓猪,上无父母,下无兄弟,自愿给女家做上门女婿。高太公见他无根无绊,只有一个人,就招他进门,同小女翠兰成了亲。这个女婿,初进家门倒也勤快。他身粗力大,也能干活,耕田耙地,收稻刘麦,既不用牛具,也不用刀杖,样样都行。可是过了一些日子,这个黑胖后生,却变成一个长嘴巴、大耳朵的呆子,脑后又有一溜鬃毛,身体粗糙怕人,头脸就像个猪的样子。他一餐要吃三五斗米饭,早间点心,也得吃一百多个烧饼。更可怕的是,这个猪精还会腾云驾雾,飞砂走石,吓得高太公一家和左邻右舍都不得安生。他也知道自己惹人讨厌,怕人撵赶,索性将翠兰锁在后院里,自己早出晚归,云云雾雾,不知所往。高翠兰被关在里面,整天哭哭啼啼的,急得高太公一家人愁眉苦脸,一筹莫展。

后来,唐僧师徒往西天取经,路过高家庄借宿。孙悟空帮助高太公降伏了猪精。原来这个妖怪,就是观音菩萨劝善来给唐僧当二徒弟的猪八戒。

"猪八戒初进高家庄",比喻乔装打扮,掩盖真相。

左右逢源

典出《孟子·离娄下》:资之深,则取之左右逢其原。(原,同"源"。)

孟子,是战国中期的一位思想家和教育家。他重视环境和教育对人的影响,教人注意存心养性,深造自得,行有不得,反求诸己。要求达到"富贵不能淫,贫贱不能移,威武不能屈。"在谈到学习问题时,孟子说:学习必须经过自己的刻苦钻研,深切体会,才能获得高深的造诣。刻苦钻研,才能牢固地掌握知识;牢固地掌握知识才能使知识领域不断扩大,不断深化;知识积蓄多了,就像地底下的泉水,掘到深处,四面八方的水就会源源而来,取之不尽,用之不竭。

"左右逢源"这个典故,原意是说工夫到家后,自然用之不尽,取之不竭。后来比喻做事得心应手,顺利无碍。有时也用来讽刺为人圆滑,善于投机。

庄周梦蝶

典出《庄子·齐物论》:"昔者庄周梦为胡蝶,栩栩然胡蝶也。自喻适志与!不知周也。俄然觉,则蘧蘧然周也。"

战国时,著名哲学家庄周在大白天做了一个梦:梦见自己变成一只色彩斑斓的大蝴蝶,翩翩飞舞在开满鲜花的草地上,一会儿停在黄色的花朵上,一会儿停在白色的花朵上,一会儿又停在紫色的花朵上,多么轻松,多么愉快啊!此时此刻,根本不知道自己就是庄周,完全深深沉浸在一片欢乐之中。忽然间,庄周一觉醒来,睁开眼睛,不禁大吃一惊:咦,我怎么是庄周呢?刚才还是一只蝴蝶!他摇了摇头,认真地思索着这样一个问题:就我个人来讲,不知道是做梦化为蝴蝶,还是蝴蝶做梦化为庄周?不管怎样变化,万物的一生始终处在梦境之中。

这时,一个叫长梧子的人走来,庄周就将自己的想法告诉了长梧子,长梧子说:"你思考的这个问题很有意思,就连黄帝那样的人听了,也会疑惑不明的。我听说过这样一件事情:艾地有一个小官吏,他有一个女儿,名叫骊姬,长得十分漂亮。晋献公知道后,找人去把她接到宫里。离开艾地时,骊姬哭得很伤心,眼泪把衣服都湿透了。等她到了晋献公的宫里,看到富丽堂皇的宫殿,吃着山珍海味的佳肴,感到当初离开家乡时的哭泣是错误的。骊姬现在后悔当初的行为,又怎么知道今后不后悔现在的行为呢?"

庄周听了,哈哈大笑起来,拍着长梧子的肩膀说:"看来我们都处在似梦非梦之中!"

后人用"庄周梦蝶"比喻人生如梦,变化莫测。

中华典故

吴登美 编

第二卷

吉林大学出版社

第二卷 目录

闲 趣 篇

言 语 篇

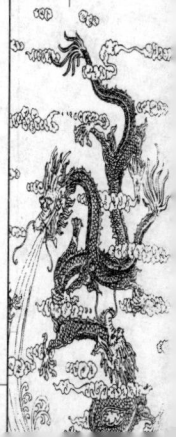

中华典故

第二卷 目录

中华典故

勤　政　篇

暴 政 篇

国 家 篇

闲趣篇

安步当车

典出《战国策·齐策四》：颜斶辞去曰："夫玉生于山，制则破矣，非弗宝贵矣，然大璞不完。士生乎鄙野，推选则禄焉，非不尊遂也，然而形神不全。斶愿得归，晚食以当肉，安步以当车，无罪以当贵，清静贞正以自虞。"

战国时候，齐国有个著名人物叫颜斶。一天，齐宣王召见他，齐宣王说："颜斶过来。"颜斶也说："大王过来吧。"

齐宣王听了很不舒服。左右的大臣都质问颜斶说："大王是一国之长，而你呢，不过是一个臣子，竟敢在大王面前这样放肆，成何体统！"颜斶说："不能这样说。要明白：如果我们走到大王的面前，这表示我们仰慕势利，奉承拍马。如果大王走到我面前，就显示着大王是尊重贤士。是叫我仰慕势利，奉承拍马好呢？还是请大王尊重贤士好呢？"

齐宣王听了忍耐不住，咆哮说："国王高贵呢？还是贤士高贵？"颜斶从容地说："当然是贤士高贵，这是有历史为证的：从前秦国攻打齐国，曾经下过一道命令说：'有谁在贤士柳下惠的墓地上砍伐树木的，处死刑。'又说：'能够取得齐王首级的，封大官，赏千金。'从这点看来，贵为国王的头还比不上一个贤士墓地的树木呢！"

齐宣王被弄得啼笑皆非，叹一口气说："好了，君子是不可以怠慢的。请你收我做弟子吧。以后你可以过荣华富贵的生活。"颜斶听罢，立刻辞别齐宣王说："谢大王的厚爱，我是布衣粗食惯了的人，我觉得安步可以当车，晚食可以当肉，我还是回家自食其力好了。"

"安步以当车"即以步行代替乘车，乃言其节俭。后来人们把"安步当车"引为成语，比喻人能不贪富贵，安于贫穷。

白衣送酒

典出南朝·宋·檀道鸾《续晋阳秋》：陶潜尝九月九日无酒，宅边菊丛中，摘

菊盈把,坐其侧久,望见白衣至,乃王弘送酒也。即便就酌,醉而后归。

我国古代许多著名的大诗人都喜欢喝酒,东晋大诗人陶渊明也不例外。他曾在自传体散文《五柳先生传》里说自己生性最爱好饮酒。但隐居山乡,家境贫困,不是常常都有酒喝的。亲朋故旧知道他的嗜好,有时便备办了酒菜请他去享用。他呢,只要一去,便要一醉方休。尽兴之后,便立即向主人告辞。他性格中的洒脱豪放,也可略见一斑。

有一年的九九重阳节,菊花盛开,南山清晰可辨,秋风吹拂,飞鸟翩然。这么美好的佳节,本是喝酒的好日子,但这天陶渊明家中一滴酒也没有。他只好无聊地坐在房屋外的菊花丛中,有意无意地一把把摘取菊花,以此来消磨时光。正在百无聊赖之时,陶渊明远远望见一个穿白衣服的人向他走来。走近一看,此人手里还抱了一大坛酒。原来,这个白衣人是刺史王弘家的仆役。他受主人的差遣,给陶渊明送来一坛酒。陶渊明真是喜出望外,他连忙向白衣人表示对朋友王弘的谢意,收下了这坛酒。

白衣使者刚走,陶渊明便迫不及待地打开坛盖,阵阵酒香向他袭来,他立即开始喝了起来,一杯又一杯,直到喝得酩酊大醉,方才心满意足地回到屋里。

后人用"白衣送酒"形容赠酒、饮酒。或咏重阳风物。

财神赵公明

据说,每年阴历的正月初五是财神的生日。古时候那些做生意的买卖人,到了这个日子,都得买些鸡鸭鱼肉、水果菜蔬之类的东西供在香案上,再烧上几柱香,放上几挂鞭炮,给财神爷祝寿。希望财神保佑生意兴隆,招财进宝。

财神爷名叫赵公明,又叫赵玄坛。据古书记载,他是秦朝时候终南山人氏,与捉鬼大神钟馗是同乡。那时他远离人世,一个人到深山老林去苦心修炼。修炼成仙后被玉皇大帝召去,封为神霄副元帅。他头戴铁盔,手执钢鞭,面色黝黑,两眼炯炯有神,胯下骑着一只猛虎。他的职责主要是掌管天界的安全,巡察四方的动静,发现什么地方有差错,就去纠正。过了段日子,玉皇大帝看他干得不错,便加封为玄坛元帅。赵玄坛的名字便由此而来。这玄坛元帅的职位可比那神霄副元帅的职位重要多了。他除了能呼风唤雨,驱雷役电,除病消灾外,还掌管天上各路元帅的功过赏罚。有成绩的就奖赏,干了坏事的就惩罚。赵玄坛赏罚分明,公正无私,深得各路元帅的信服。

由于赵玄坛的公平无私,人们有了冤枉、委屈的事情,在祭祀的时候便向他申诉,申诉后,就会得到公平的回报。那些想求财的,也向玄坛元帅祈求,祈求后也都发财如意了。尤其是买卖的事情,只要向赵公明祈祷,没有不发财的。于是,做生意的人们愈来愈相信赵公明,把他尊为财神爷,并在各地建了玄坛庙,画了财神像来祭祀。与赵公明常在一起的还有两个小神,一个叫招财,一个叫进宝,他们是赵公明的使者。

长沮桀溺

典出《论语·微子》:长沮、桀溺耦而耕,孔子过之,使子路问津焉。

春秋时代,孔子周游列国,宣传他的政治主张。一天,在路上看见有两个人在田中耕作。孔子叫子路去问他们渡口在什么地方。原来,这两个耕田人一个叫长沮,一个叫桀溺,是两位隐士。长沮问子路:"那个坐在车上手握缰绳的人是谁呀?"子路说是孔丘。长沮一听是远近闻名的孔子,便说:"他是最熟悉道路的人,何必来问我们呢?"子路又去问桀溺。桀溺又问他:"你是鲁国孔丘的徒弟吗?"仲由说是的。二位隐士对孔子周游列国的举动很不满意,就借此说道:"如今天下纷乱,如洪水滔滔,谁又能将它改变呢?你与其跟从那个逃避恶人的人,还不如追随那些逃避整个尘世的隐士呢。"然后继续埋头耕作,不再理睬孔子与他的弟子们。孔子听了两位隐士的话,感慨万端。他叹了一口气,说道:"让我隐居山林,与飞鸟走兽同群,我做不到;让我追随那些隐士离开社会和人群,是不行的。如果天下有道,政治清明,我又哪里用得着出来四处奔走谋求改变呢?"

后人用"长沮桀溺"的典故指避世隐居的高人;或形容退隐田间,逃避世事。又用"问津"指探问情况。

澄心堂纸

中国五代时的南唐,有位皇帝叫李煜,他长得文质彬彬,还最喜好诗词书画。他吟诗作画专用自己命名的"澄心堂纸"。

五代时,安徽池、歙二郡生产一种质地很好的纸。它幅面宽,长度可以随作画写字的需要剪裁,最长可达到50尺。纸面洁白光润,薄厚一致,深得书画家青睐。进贡到朝廷中,李煜也爱不释手,当做珍宝看待,并下令要二郡多生产这种好纸,供他使用。他又召专门官吏在金陵(现在的南京)皇宫内生产这种纸。等大批的纸张造出来,贮藏竟成了问题。此时李煜已经到了爱纸如命的地步,就下令把南唐第一个皇帝曾经读书、会客、批阅奏章的澄心堂腾出来,当做存纸的库房,并把这种纸命名为"澄心堂纸",一时间全国上下都以见到这种纸为荣了。

吃粽子祭先灵

清明过后，便进入夏季。每年农历的五月初五端午节，是我国夏季一个重要的节日。

端午节的风俗很多，但最主要的就是吃粽子。人们用竹叶、苇叶裹上糯米煮熟了，就成了粽子。吃粽子的风俗与我国战国时大诗人屈原有密切关系。

屈原是楚国的大夫，他忠义进谏，对楚怀王忠心耿耿。但楚怀王周围有一批搬弄是非的小人，他们嫉恨楚王对屈原的重用，常在楚怀王身边说屈原的坏话。昏庸的楚怀王竟信以为真，把屈原赶出朝廷，流放外地。

屈原满腔爱国热情却遭如此打击，他忧思满怀，沉痛万分，写下了大量的抒愤之作，最有代表性的是《离骚》。最后他实在承受不了这种精神痛苦，绝望之余，怀抱沙石投湖南境内的汨罗江自杀了。

屈原虽在朝廷受排挤，但人民却非常爱戴他。因此在屈原去世的那一天，即每年的五月初五，都举行各种活动来纪念屈原。人们常在江面上洒些米，祭奠屈原。有一年，湖南长沙有个人，他说有一次在汨罗江边散步时，看见一个头戴高帽、衣服宽大的人徘徊江边。那人见了他，自称是屈原。托他转告楚国百姓，以后祭奠他的时候，别直接把米洒在江里，因为这样的话，江里的鱼虾都把米抢吃光了。人们可以用竹叶把米包起来，再捆上带子，这样鱼虾就吃不着了。

从此，人们就遵从屈原的吩咐，每年祭奠的时候，把米包成粽子扔到江里。于是，端午吃粽子的习俗便流传下来了。

莼羹鲈脍

典出《世说新语·说鉴》：翰因见秋风起，乃思吴中菰菜、莼羹、鲈鱼脍，说："人生贵在适志，何能羁宦数千里以要名爵乎！"遂命驾而归。

晋代有一个人叫张翰，字季鹰。他曾多年在洛阳任齐王司马炯（jiǒng）的属官，官职不高，难以施展抱负。又因官府诸事繁杂，颇多不顺心之处。加之他预见到司马炯将要垮台，恐累及自己，便想避祸退隐。

他曾对同郡人顾荣说："现在天下战乱纷纷，祸难不断。凡有名气的人都想退隐。我本是山林中人，对官场难以适应，对时局又很绝望。看来，也该防患于未然，考虑一下以后的事了。"然而要断然放弃眼前的功名利禄也不是很容易的事,他迟迟未作出最后的决定。

一年秋天,季鹰在洛阳感受秋风阵阵,似乎带来了泥土的芬芳,他突然产生了强烈的思乡之绪。接着,他又回忆起家乡吴地莼菜羹和鲈鱼脍(kuài,切得很细的肉)等佳肴美味,更觉得乡情无法排遣。于是,他自言自语地说:"人生一世应当纵情适意。既然故乡如此值得留恋,我又何必定要跑到几千里之外,做这一个受拘束的官儿,去博取什么名位呢?"接着他毫不犹豫地到齐王那里辞了官,千里驱车,回到了自己的故乡。

就在季鹰辞官回乡不久,齐王司马冏因谋反被杀,他手下的人纷纷受到牵连,有好些人还丢掉了性命。只有张季鹰幸免于难,人们都称赞他有先见之明。

后人用"莼羹鲈脍"或"季鹰思归"等典故形容人不追求名利,凡事顺乎自然。或用以形容人对家乡的思念之情。

丹书铁券

《水浒》中梁山好汉里有一位宋代的皇亲国戚小旋风柴进,书中说:"他是大周柴世宗子孙,自陈桥让位,太祖武德皇帝敕赐与他'誓书铁券'在家,无人敢欺负他。"无奈他得罪了当朝的权贵,还是被抓起来投进了监狱。他在与知府论理时也说:"小人是柴世宗嫡派子孙,家有先朝太祖誓书铁券。"

这里的誓书铁券是什么东西呢?它的作用是什么呢?原来,它是封建社会的最高统治者皇帝给自己的王公大臣某些特权的一种凭据。《汉书·高帝纪》说,刘邦当了皇帝之后,又与功臣剖符作誓,丹书铁契,金匮石室,藏之宗庙。也就是皇帝发誓,永远给功臣的一种特权,为了保证这特权永远有效,要用朱丹写在铁制的契约上,这契约一分为二,一半由享受这类特权的王公家保留,另一半放在金盒里藏在石房子中。所以它称誓书铁券、誓书铁契,因是用朱砂写的,故也称丹书铁券。

到了唐代以后,铁券不再是用朱砂写了,而是用黄金镶了,说明更为朝廷所重视。那么它能给人什么特权呢?那要根据这位王公大臣的地位和功劳。例如唐代加封吴越王钱镠时所赐的铁券上写明:"卿恕九死,子孙三死,或犯常刑,有司不得加责……"也就是说,钱镠本人可以免除九次死罪,其后代可免三次,如果犯了一般的法,任何行政机构都不能加罪于他。

话再拉回到《水浒》上,因为当初宋太祖赵匡胤抢的是他拜把子兄弟柴让的天下,故而他赐给柴家铁券作为报答。但是到了柴进生活的时代(北宋末年),这种东西已不太灵光了,所以尽管柴进亮出自己的家谱,并声明有铁券,但还是无济于事,被判了重刑。要不是梁山人马倾巢出动,柴进的命是保不住的。

东坡作弊

自古以来，无论考试的关防怎样严密，只要有考试，就必然有舞弊，就连宋代的大文豪苏东坡也曾替朋友作过弊！

据《鹤林玉露》记载：苏东坡在宋神宗元丰年间任主考官，恰巧他的朋友李方叔参加这次科举考试。快要锁院开考的时候，苏东坡叫人给李方叔带来一封信，碰巧李方叔外出，那封信却被也去应试的章持和章援两兄弟偷偷拆开了，一看里面是一篇文章，叫"扬雄贤于刘向论"。于是，这两兄弟就把它塞在身上带入考场。

考试开始了，李方叔没有拿到苏东坡的文章，只好交白卷出场，章持和章援两兄弟却依照苏东坡那篇文章的大意，先打好稿子，等到密封的题目送到，打开一看正是苏东坡那篇文章的题目，他们就高兴地写了起来。

到拆卷放榜的那一天，苏东坡心里想，第一名一定是李方叔，揭开糊名条一看却是章援，第十名文章跟章援的气势相同，一看是章持，苏东坡大吃一惊，不知何故。

这虽然是传说，未必是真实情况，但历代科考中弊病百出却是实情，因此引起了许多人的不满。清代文学家蒲松龄考了一辈子竟一辈子不中，愤而写出不朽之作《聊斋志异》，其中就有很多篇是嘲讽科考的。

杜康美酒，醉伶三年

刘伶是魏晋时期的"竹林七贤"之一，诗文写得很好，是个著名的文学家。但他又是个著名的酒徒，随身带着个酒壶，走到哪儿喝到哪儿。

刘伶不仅爱喝酒，而且酒量非常大，没有人能比得过。当时，有个著名的造酒师叫杜康。他酿造的酒，味道香甜，但酒性很烈，一般人都不敢多喝。

刘伶听说杜康的酒很有名气，便特意登门造访。进了酒店后，杜康拿出小酒盅、小酒壶来招待刘伶。刘伶大手一挥："拿大碗、搬酒坛来！"杜康微笑着说："先生先喝一盅品品味再说嘛。"刘伶先喝了一盅，觉得味道异常甜美，接着又喝了一盅，头便开始发晕。他照样又喝了第三盅。这第三盅一下肚，刘伶觉得天旋地转起来，舌头打了结，话也说不出，眼也睁不开，趴在桌上起不来了。

杜康叫两个伙计把刘伶扶回家去。刘伶回家后，蒙头大睡。一直睡了7天

7夜，也不见醒来。他妻子急得要命，摸摸他的鼻息，发现没气了，大哭一场，把刘伶装进棺材里埋了。

一晃三年过去了。有一天，刘伶的妻子正在家里纺线，忽有人来访。此人正是杜康，他是来要酒钱的。原来刘伶三杯下肚便烂醉如泥，酒钱的事早忘得一干二净。他妻子一听，顿时发火道："原来我丈夫是喝了你的酒被醉死的！你要钱，我还要人呢！"说着，就要跟杜康拼命。杜康赶紧劝阻道："大嫂休怒！刘伶不会死的。不信我们看看去。"

两人来到刘伶坟前，挖开坟。刚打开棺材盖儿，红光满面的刘伶像刚睡醒似的，睁开眼，打了个哈欠。

从此后，杜康美酒，醉伶三年的故事便流传开了。后人曾为此事作诗云：

天下好酒数杜康，
酒量最大数刘伶。
饮了杜康酒三盅，
醉了刘伶三年整。

当然，这只是民间附会的传说而已，因为杜康和刘伶两人并非同一朝代的人。

二酉藏书

我们赞扬某人读书多、学问大，往往用"学富五车、书通二酉"来形容。这"二酉"是什么意思呢？

在湖南省沅陵县西北有座二酉山，山上有个二酉洞。洞外附近四块石头上刻着"古藏书处"四个大字。洞内钟乳石鳞次栉比，姿态万千。传说在秦始皇焚书坑儒时，京城咸阳有两个儒生携带着一批书籍逃难，他们遇路乘车，逢水坐船，千辛万苦逃到此山，把书深藏在这隐秘的山洞里。刘邦建立汉朝以后，这两位书生便把所有一千多卷简册带到京城，使这些宝贵书籍重见天日。人们无不称赞"二酉藏书，功德无量"。"书通二酉"，是赞扬某人对二酉洞那么多藏书都精通了的意思。

访 戴

典出《晋书·王徽之传》:尝居山阴,夜雪初霁,月色清朗,四望皓然,独酌酒咏左思《招隐诗》,忽忆戴逵。逵时在剡,便夜乘小船诣之,经宿方至,造门不前而返。人问去其故,徽之曰:"本乘兴而来,兴尽而返;何必见安道耶?"

东晋著名书法家王羲之有个儿子叫王徽之,曾经做过大司马桓温的参军。他性格豪放,做事不拘泥于一般的规律。

他居山阴时,有一晚大雪初霁(jì,雨后或雪后转晴),月色清朗,四周一片银白。王徽之独自一人在灯下饮酒,并朗诵著名诗人左思的《招隐诗》。忽然,他想起了老朋友戴逵,一时觉得十分思念他,想见到他。但是,戴逵住在剡(shàn)溪,挺远的。王徽之一时兴起,便连夜乘小船前往剡溪,去访问戴逵。

小船走了整整一夜,到天亮时才到达剡溪,眼见已经到了戴逵的家门口了,但王徽之忽然又感到他现在不想再见到戴逵了。于是,他放弃了去访问戴逵的打算,又慢慢地将小船划回家去了。

别人听说了此事,都觉得不可理解。有人向王徽之问起其中的原因。王徽之说:"当时我的兴致很高,所以乘着兴致划船而去。但等到了他家门口时,我的兴致已经消失,就返回家了。凡事乘兴而来,兴尽而回,就可以满意了。又何必一定要见到戴逵呢?"

后人用"访戴"的典故来指思念或访问朋友;或形容兴之所至,趁一时高兴的情趣。

富翁戴巾

典出《笑林》:财主命牧童晒巾,童晒之牛角上。牛临水照视,惊而走逸。童问人曰:"见一只戴巾牛否?"

有一个财主让牧童替他晒头巾,牧童把它晒在牛角上。

牛戴着头巾走到水边去照看,受惊跑掉了。

牧童见了人就问:"可看见一只戴大头巾的牛吗?"

后人用这则寓言说明:"此牛自知分量,胜却主翁多许。迩来术士闲汉,无不戴巾者,巾反觉有穷相,不若滂头(阔)帽子冠冕。"大概就是这则故事的寓意吧。

高阳应为室

典出《吕氏春秋·别类》：高阳应将为室，家匠对曰："未可也。木尚生，加涂其上，必将挠。以生为室，今虽善，后将必败。"高阳应曰："缘子之言，则室不败也。夫木益枯则劲，涂益干则轻。以益劲任益轻，则不败。"

匠人无辞而对，受令而为之。室之始成也善，其后果败。

高阳应打算盖房子，家里的匠人对他说："不行呀！木料还湿着呢，一加油漆在上面，一定要弯曲的。用湿木料盖房子，现在虽然好，以后一定会塌掉。"高阳应说："按照你的说法那么房子是不会塌掉的。木料越干就越硬，油漆越干就越轻；凭越来越硬的木料承受越来越轻的油漆，盖出来的房子就不会塌掉。"

匠人没有话回答，就接受命令盖房子。房子刚盖成的时候还好，以后果然塌掉了。

这篇寓言讽刺那些缺乏实践经验，只会夸夸其谈，机械地进行推理的人；他们自作聪明，不接受富有实践经验的劳动人民的意见，当然要遭到失败了。

狗皮膏药的祖师爷

铁拐李是八仙中的头号大仙。他跛着右足，挂着铁拐杖，背着个大葫芦，面孔又黑又脏，乱蓬蓬的头发用根金箍勒住，穿得破破烂烂。

铁拐李虽然长了这么副又丑又怪的模样，可在民间，人们非常尊敬他，尤其是卖药这一行，把铁拐李当成祖师爷供奉。因为，铁拐李身上的那个大葫芦里装满了包医百病的灵丹妙药，相传，狗皮膏药就是他发明的。

古时候，河南安阳一带有个专门做药膏买卖的王掌柜。王掌柜的药膏十分灵验，那些跌打损伤、长疮长痔的只要贴上王家的膏药，三五天就能好。而且，王掌柜天生一副菩萨心肠，无论贫富，只要有病他都给治，有些穷人交不起药费，他就白送膏药。因此，十里八乡的人都愿意找王掌柜治病，王掌柜的名气在安阳一带也渐渐大起来。

有一天，一个穿着破破烂烂，浑身上下都脏乎乎的瘸腿和尚来到了王掌柜的药店。他挂着根铁拐杖，背着个大葫芦。他走进药店后，往地上一躺，伸出瘸腿，腿上长了个疮。王掌柜拿出药膏给他贴上，他一言不发，起来后径自走了。第二天，这瘸腿和尚又来了，他一进门，便质问王掌柜："你那臭药膏怎么一点都不管

用?"王掌柜往他腿上一看,那疮疤不仅没好,反而大起来了。王掌柜又重新换了另一种药膏给他贴上,说:"长老这次放心好了,这药膏是本店最好的一种。"第三天,瘸腿和尚又来了。他一到便站在门口破口大骂起来:"什么臭膏药,把老僧的腿越治越跛!掌柜的你出来!"

王掌柜赶紧请和尚进屋,一看,和尚腿上的疮肿得像个鸡蛋那么大。他眉头紧锁,想了想,对和尚说:"长老请原谅,请随我到院来,我要重新为你配制药膏。"

两人往后院走去。王掌柜家后院养了只看家的大黄狗。它见了瘸腿和尚,扑上去就咬住他的瘸腿不放。王掌柜急了,抄起院中的木棍,一棍打去,竟把狗打死了。

王掌柜一边叫人把狗皮剥了,炖狗肉招待老和尚,一边为和尚配药。他把家中最好最名贵的药材都找出来,为和尚重新制了副药膏。这膏药贴上和尚的腿后,那疮疤还不下去。老和尚狡黠地笑了一笑,拉过剥下的狗皮,往膏药上一捂。鸡蛋大的疮疤顿时消下去了。王掌柜看得吃惊极了,拿起狗皮膏药仔细端详。当他再抬头时,老和尚已经无影无踪了。他顿时明白,是仙人送药方来了,于是跪下,向空中叩头拜首。

这瘸腿和尚就是大名鼎鼎的铁拐李。此后,做狗皮膏药的人就把铁拐李尊为祖师爷。

古墨飘香

墨是我们祖先在很早以前就创造出来的文化用品和工艺品,它对我们古老文化起到了积极的促进作用。人们还将那些专门用墨来写字绘画、抒发聪明才智的文人称为"墨客"。可是墨是由烟料加上胶制成的,不能保存太长的时间,因此要考察墨什么时候,由哪位发明家发明的就非常困难。相传是位叫邢夷的人最早发明了墨。

邢夷生活在2700年前的周宣王时代。有一天,他干完活来到溪边洗手,看见水中漂浮着一块被火烧成的木炭,邢夷顺手将它拾起来,可一看自己的双手,已经染上黑黑的颜色。邢夷灵机一动:要是用它来写字,既鲜明又省事,那该有多好啊!于是他赶忙跑回家中,把木炭捣成碎末,用水和成墨汁。字倒是可以写出来,但是用手一抹,写在绢上的字又掉了(那时还没有发明纸张)。邢夷并不气绥,天天琢磨着怎样才能让它又好用又可以牢牢黏在绢子上。他干活时想,吃饭休息时也想。有一天吃饭的时候,夫人把米粥端上来,不小心洒到桌子上一些,米汤稠稠的,像是要凝固了一般。邢夷一拍脑门:"对呀!用米汤做成墨块,问题就解决了啊。"

果不其然,邢夷把木炭用米汤和好,再拿手搓成圆形或是长条形的墨块,用时蘸上水在石头上或者瓦片上磨几下，黑黑的墨汁就流出来。最古老的墨就这样制成了。

秦朝时，墨已经比较多地用在写字和日常生活中。秦朝还制定了一种刑法，叫"墨刑"，是在犯人的脸上刻字，然后用墨涂在刻字的地方。时间一长，黑墨就留在肉里，犯人走到哪儿，人们都能辨认出来。

汉代出现了一位造墨高手叫田真，他造的墨使起来刚柔相济，得心应手。陕北一带是产墨最多的地方，其中隃（今天的汧阳县）所制的墨最好。古人诗词中也常常把墨称做"隃糜"。三国时期有一位大书法家叫韦诞，他在研习书法的同时，总结了制墨工匠的宝贵经验，亲手造出超乎寻常的好墨，皇帝很器重他，赐给韦诞很多好纸、好笔，再加上自己造的墨，可以尽情地写字、题诗、作画。

唐代以后，墨不仅成为文人的必备品，还成为赠友、收藏的艺术品。为了美观，人们在墨上题诗、绘画，进而制成墨模，大量生产各种式样、各种图案、各种用途的墨。在这样的环境下，制墨业就在中国应运而生了。

宋元明清几个朝代，我国的墨越做越精，并且漂洋过海，传到世界各地，充当着文化友好使者。安徽省徽州地区则成为中国墨的最重要产地，"徽墨"因此名扬天下，成了中国墨的象征。

归遗细君

典出《汉书·东方朔传》：伏日，诏赐从官肉，大官丞日宴不来，朔独拔剑割肉，谓其同官曰："伏日当早归，请受赐，即怀肉去。"大官奏之。朔入，上曰："昨赐肉，不待诏，以剑割肉而去之，何也？"朔免冠谢。上曰："先生起，自责也。"朔再拜曰："朔来朔来，受赐不待诏，何无礼也？拔剑割肉，一何壮也；割之不多又何廉也；归遗细君又何仁也！"上笑曰："使先生自责，乃反自誉。"复赐酒一石，肉百斤，归遗细君。

汉武帝宰了几头牲口，准备把肉赐给他的随从吃。东方朔听了武帝这个命令，便不管别人，自己拔出剑来，劈了一大块拿回家去。看守这些肉的人，不敢阻止，只得将这事告诉给武帝。武帝心里不高兴，便叫东方朔来，问他："你为什么不多等一会儿，等到叫你拿的时候再去拿呢？"东方朔是个很聪明的人，他不慌不忙地说："你既然是赐给群臣的，而我又亲自听到了，还用得着叫我去领才去领吗？这算不得是无礼。我见了肉，不等别人来割，自己拔剑来劈，这才是壮士的本色啊！"汉帝和群臣听了都笑起来。东方朔接着说："我把肉拿回家去，留给妻子来吃。这又充分表示我的爱。既不失礼，又有壮士的本色和感情，这没有什么不对吧？"汉武帝听了便没有再说什么。

后来人们把"归遗细君"比喻赠送财物给别人。

11

贵妃与贵妃鸡

　　唐明皇李隆基登基后,治理国家还算有所建树。在开元期间,唐朝的经济文化发展到新的高峰,史称"开元盛世"。但到晚期,他宠爱杨贵妃,生活骄奢淫逸,在长安整日寻欢作乐,笙歌达旦。有一天,他与杨贵妃饮酒对歌,弄得神魂颠倒,飘飘然了;最后,醉倒在地时还连声喊"好酒呀,好酒!"而杨贵妃呢,也在胡言乱语地嚷叫:"我要飞上天!"唐明皇糊里糊涂,听错了,以为贵妃要吃什么"飞上天"这道菜,就马上令太监关照厨师烧一盘"飞上天"的菜来。皇帝的话是金口玉言,必须照办,这可弄得厨师们伤透了脑筋,什么是"飞上天"呢? 有个厨师想,老鹰飞得顶高,大概就是"飞上天"吧! 于是,赶紧去弄来两只老鹰,洗净一烧,发觉老鹰肉是酸的,当然不行。几个厨师急得团团转,想不出什么好法子。在这时有个厨师把手一拍说:"有哉,弄几只童子鸡来,把斩下的翅膀配上香菇、淡菜、嫩笋、青椒,一起焖烧。这岂不叫飞上天吗?"于是他便试着干起来,待菜烧成,果然色香味俱佳。此刻,杨贵妃酒醉初醒,"飞上天"已摆在她面前。"呀,好香!"她尝了尝,连声赞道:"好吃,好吃!"唐明皇一听,随即问太监:"这菜叫什么名?"端菜的太监忙答道:"这就是陛下刚才所说的'飞上天呀'"。唐明皇一听,也似有所悟,他转脸一看,只见杨贵妃对他说道:"这道菜色艳、肉嫩、味香,与我贵妃相似,就叫它'贵妃鸡'吧!"

　　后来,这位苏州厨师告老回家,把这"贵妃鸡"烧制技艺传了出去,成为苏州一道名菜,一直传至今天。

海上沤鸟

　　典出《列子·黄帝》:"海上之人有好沤鸟者,每旦之海上,从沤鸟游,沤鸟之至者,百住而不止。其父曰:'吾闻沤鸟,皆从汝游,汝取来吾玩之。'明日之海上,沤鸟舞而不下也。"

　　在那遥远的海岸上,有个很喜欢海鸥的人。

　　他每天清晨都要来到海边,和海鸥一起游玩。海鸥成群结队地飞来,有时候竟有一百多只。

　　后来,他的父亲对他说:"我听说海鸥都喜欢和你一起游玩,你乘机捉几只回来,让我也玩玩。"

第二天，他又照旧来到海上，一心想捉海鸥，然而海鸥都只在高空飞舞盘旋，却再不肯落下来了。

后人用"海上沤鸟"的这个典故告诉人们：诚心才能换来友谊，背信弃义将永远失去朋友。此外，我们从另一个角度来看，也给人以这样的启示：主观愿望，并不等于客观事实。好鸥者从海鸥游，这是主观想法，实际上海鸥并不从好鸥者游。往日好鸥者不接近海鸥，海鸥即落下；今日好鸥者要捉海鸥，海鸥就盘旋不下来。可见主观愿望，并不是客观事实。

翰林院

唐朝初年，开始设置翰林这一职务，专门管给皇帝起草文章旨意。到了唐玄宗开元年间，专门设立了翰林院，网罗一批文人墨客，作为皇帝的近侍，为皇帝填词作诗，起草文件。这个制度流传下来，翰林院成了知识分子接近最高统治者、入仕升迁的最佳途径。

封建时代，选拔人才的主要途径是科举考试。头名状元照例入翰林院，授修撰，第二、三名榜眼、探花一般也入翰林院，授编修。所以翰林院专门选取科考中的尖子。

从明代开始，翰林院的地位越来越重要。明太祖朱元璋规定，不再设丞相，皇帝事必躬亲，自己裁断，而让翰林院的翰林们作为自己的智囊团。明成祖更规定翰林每日轮流入皇宫值班，随时顾问皇帝待决的朝政，成为实际的内阁成员。而且明代的翰林，优秀者可充经筵官，给皇帝讲书，成为皇室的老师。

到了清代，康熙明文规定不是翰林的不能作为皇室的老师，掌管文词的南书房行走和教育诸皇子的师傅上书房行走也都必须是翰林；不是翰林出身的贵族或权臣死后谥号中不许有"文"字。

正因为以上种种原因，封建社会的知识分子对翰林院趋之若鹜，它被认为是一个储材的场所，重臣宰辅都是从这里选拔的。另外，翰林院掌握着编修国史、实录、皇帝起居生活的重要任务。中国封建社会重文史，轻科技、商农，因而编修文史扬名天下的机会很多。翰林院的翰林又多在科举中充任考官或学政，这又是个敛财的肥官。基于以上种种原因，翰林院被一些人视为神仙宝地。由于封建社会走后门、买官鬻爵现象严重，翰林也常有滥竽充数的。所以清朝规定，每隔四五年，对翰林要临时抽考一次，成绩三等以下的，要罢斥、降调、离开翰林院。清末有些小说中曾描写翰林听说要考试了，急得尿裤子，这在一定程度上反映了当时的真实情况。

濠上之乐

典出《庄子·秋水》：庄子与惠子游于濠之上。庄子曰："鲦鱼出游从容，是鱼之乐也。"惠子曰："子非鱼，安知鱼之乐？"庄子曰："子非我，安知我不知鱼之乐？"惠子曰："我非子，固不知子矣；子固非鱼也，子也不知鱼之乐，全矣！"

庄子曰："请循其本：子曰'汝安知鱼乐'云者，既已知吾知之而问我，我知之濠上也。"

庄子和惠子都是战国时的哲学家。庄子主张"无为"，崇尚自然。就是说，人无须改造自然，只要顺应它就行了。惠子主张"合同异"，即认为事物之间都有差别，都是相对的同一。由于两人的认识不同，所以常常发生争论，两人都抓住对方的漏洞进行攻击。他俩濠上的争论就是很有意思的。

一天，庄子和惠子携手来到濠水的桥上。此时正是桃红柳绿的春天，暖风轻拂，莺歌燕语，春意盎然。桥下碧波荡漾，清澈见底，一条条银白色的鲦（tiáo）鱼紧贴着水中的石底，从容自在地游来游去。当庄子和惠子的影子倒映在水中，鲦鱼似乎是视而不见。庄子禁不住赞叹道："啊，它们是多么的快乐，你看鲦鱼游的样子！"惠子一听，连忙抓住话头说："你不是鱼，怎么知道鱼快乐呢？"庄子一听，仰头哈哈大笑，说："好，你说得好！但你不是我，怎么知道我不了解鱼的快乐？"惠子冷冷地笑，说："我不是你，所以不知道你心里的感受；但你不是鱼，你又怎么知道鱼的感受呢？"庄子转过身，望着惠子说："这就不对了！你最初不是问我'怎么知道鱼快乐呢'吗？既然询问我，就说明我是知道的。否则，你为何这样问呢？"

惠子忍不住笑起来，庄子真会诡辩，抓住了"怎么知道鱼快乐呢"这句话，既可表示疑问，又可表示反问，就偷换了概念！

后人用"濠上之乐"形容从容不迫地出游。

叫花童鸡

杭州名菜馆"楼外楼"除了西湖醋鱼外，还有杭州煨鸡、龙井虾仁等。其中杭州煨鸡俗称叫花童鸡，即烧鸡。这道菜的来历还有个有趣的传说呢。

以前有个叫花子从农家偷了一只鸡，但是他没有炊煮的工具，于是想出了一种特殊的烧煮法。整只鸡一毛不拔，只是从肛门处开一个小洞，从洞中取出鸡的内脏,然后用湿泥涂抹鸡的全身,放在火上烧烤,等湿泥全部烤干后一剥泥壳,鸡毛也会跟着剥落,如此一来就可以食用了,芳香可口,别具风味。用这种方法做出来的鸡叫煨毛鸡,又因为最先是叫花子想出来的办法,所以又称为叫花童鸡。

现在楼外楼杭州煨鸡的做法是将煨毛鸡的作法加以改良。首先将肥鸡去毛,取出内脏清洗后,将虾、肉、葱、香料、酒和酱油等调味品塞入鸡腹中再缝合,接着在鸡身上抹上一层猪油,用莲叶包起来,然后在莲叶外又涂一层湿泥,用炭火烧烤六个钟头左右,即可剥去泥壳上桌了。

金米银虾菜

唐代大诗人杜甫,一向关心人民的疾苦,憎恨当朝权贵。他常常写诗替百姓说话,揭露官吏的罪恶。有一年,他因为一首诗触犯了皇上,便被远放到夔州。

夔州是个非常贫困的地方,山恶水瘦。一般说来,在穷困地区生活的人民都面黄饥瘦,一副挨饿的样子。但是,夔州的百姓却一个个都身体健壮,面色红润。这是怎么回事呢?

杜甫刚到夔州时,衣食都没有着落,只有一间破草堂可以住。草堂里四壁空空,什么都没有。正当他发愁的时候,附近的百姓,听说大诗人杜甫来了,有的端着锅碗,有的拿着瓢勺,都帮杜甫安家来了。其中,有位姑娘端了碗黄澄澄的米饭,一碟白嫩嫩的咸菜,请杜甫吃。杜甫吃完后,觉得清香可口,精神也顿时振作起来。原来,这黄米饭是小米做的,咸菜是山上挖的小蒜腌制成的。当地的百姓一直吃这两样东西,虽然清苦,但一个个身体健康。

两年流放期满后,杜甫回到京城,去见皇上。皇上一见杜甫,大吃一惊。原先那个瘦弱、满脸愁苦的杜甫,变得身板硬朗、面色红润、精神抖擞,看上去像个仙人下凡。皇上好奇地问杜甫:"你在夔州吃了什么好东西变得这么精神?"杜甫郎声答道:"我在夔州天天吃金米银虾菜。"皇帝一听,心想:这天下的山珍海味、人参燕窝我都吃遍了,怎么没听说过这金米银虾菜?

皇上又问道:"这金米银虾菜是什么宝贝呀?"

杜甫从随身带来的口袋里捧出一把黄澄澄的小米,一把白嫩嫩的小蒜递给皇上说:"这就是金米银虾菜。"皇上顿时无话可说。

杜甫后来被称为"诗圣"。于是,又有人说杜甫是吃了"金米银虾菜"后才成了"诗圣"的。

金针度人

在七夕节乞巧活动中,历史上广泛流传着一个"金针度人"的故事。

唐朝时,有位姓郑的人家生了个女儿名叫郑采娘。这女儿自小就聪明伶俐,心灵手巧。长大后,更是贤淑端庄,十分可人。采娘从小就喜欢做针线活,挑花、刺绣都很精通。她做出来的东西,手工精巧,质量上乘,深得四邻妇女的称赞。然而,采娘总觉得自己的功夫还欠佳,缺少某种技巧。有一年七夕夜晚,她和母亲在香案上摆了供品,恭恭敬敬地跪在地上,对着天边的织女星祈祷,祈求织女赐给她做针线的绝技。

晚上,采娘入睡后,做了个梦。梦见下了场瓢泼大雨,雨中走来一位身穿七彩衣的仙女。仙女走到采娘的床前,对她说:"采娘,我是天上的织女。我见你做针线很用心,特地把这枚金针送给你。三天后,你就会得到做针钱活的绝技了,不久,还可以变成男子。但三天内,不准对任何人提及此事,否则,便前功尽弃。"织女说完后,便隐身不见了。

采娘醒来后,见床头果然有一根一寸长的金针,插在一张白纸上。她激动万分,把金针藏了起来。可是,彩娘天生心直口快,心里装不下秘密。她憋了两天后,忍不住把这事告诉了母亲。她母亲也十分好奇,便让她把金针拿出来看看,采娘把金针拿出来后,发现只剩下一张白纸,纸上仍有针痕,但金针已不翼而飞。

采娘还是没有得到针法绝招,但她死后,依仙女的话又托生变成了个男孩儿。

此后,"金针度人"便成为一个典故流传下来,比喻对人传授某种秘法绝招。

酒壮英雄色

三国时期,由于吴主孙权的鼓励和倡导,吴国饮酒之风甚盛。孙权自己就爱喝,据说是不醉不休,而他对自己的将士,从来都是以酒褒奖他们,即使打仗时也不例外。

一次曹操的大军从北面压上来,孙权派大将甘宁率本部人马迎敌。出征前,他亲自抬了许多好酒好菜来犒劳甘宁。甘宁了解孙权的性格,知道他喝酒时从不分卑尊,故而毫无顾忌地用银海碗斟满两碗灌了下去。可是部下们都很拘束,不敢在吴主面前放肆。甘宁对手下兵将说:"有酒就喝,难道还要吴主亲自请?"

这时众将才敢开怀畅饮起来,孙权看着十分高兴,居然也夹在将士中间喝五吆六地喝起来。因为送来的酒很多,一直喝到半夜。酒喝完了,甘宁趁着酒意,挑选出二百精悍的将士,每人身上系一块白巾为标志,轻骑快马直冲曹营。曹操的人马毫无准备,一时大乱,死伤无数。可甘宁的将士无一伤亡,全军大胜而归。后来曹兵一听甘宁的名字就闻风丧胆。

有一次孙权大宴群臣,命左辅都尉诸葛恪为监酒,并行酒令。酒令行到张昭面前,他素不能饮,故而不肯喝。孙权平时很敬重张昭,但这时却对诸葛恪说:"你一定要让他心服口服地喝下去。"诸葛恪于是对张昭说:"将军运筹帷幄之中,决胜千里之外,远征前、凯旋后皆要为手下庆功,将军若不能在饮酒上身先士卒,将士们如何为你效命?"张昭无奈,举起酒喝了下去。

孙权虽然好喝酒,但在酒醉时还是能听忠言劝谏的。孙刘两家战胜曹操之后,孙权大摆庆功酒宴,他心里高兴,喝多了,醉得向部下泼酒,并且说,今天所有的人不醉倒下不许停。张昭忍不住了,顶他说:"当年商纣王造酒池肉林,以致亡国。主公今日刚一小胜,就这样狂喝滥饮,怕是要学亡国之君吧!"一句话,吓得孙权出了一身冷汗,酒也醒了,赶紧谢过张昭,停止宴席。

君王象棋

宋太祖赵匡胤没有当皇帝时曾到处闯荡。有一次他走到华山,遇见隐士陈抟。陈抟邀请赵匡胤下象棋,棋走到一半,陈抟在子力上处于绝对劣势,但他却说:"这局棋我虽已处劣势,但有转败为胜的手段。"赵匡胤不信,陈抟便说:"要是我赢了,有朝一日你要是作了皇帝,就把华山给我。"赵匡胤想,自己一介武夫,怎么能作皇帝呢? 就爽快地答应了。赵匡胤后来果然做了皇帝,就为陈抟在华山盖了道观,并免除了华山一带百姓的赋税。

清康熙皇帝爱下象棋。有一次到塞外打猎,与一名侍卫对弈,形势不大妙,康熙愁眉不展。一位善于揣摩上意的太监心生一计,对康熙说:"那边发现了老虎,还是先打猎要紧。"康熙一听转忧为喜,临走时对侍卫说:"你在此等候,朕猎完虎再接着与你下。"康熙皇帝兴冲冲地走了。可怜那侍卫因未奉圣旨,不敢擅离,只好在那里呆守着棋局。过了几天,经人提醒康熙才想起此事。派人去看时,那侍卫已在原地冻饿而死了。

清末,慈禧皇太后垂帘听政。一次,慈禧太后同一个太监下象棋。那太监要吃慈禧的一匹马,于是战战兢兢地说:"奴才大胆,杀老祖宗这只马。"不料慈禧勃然大怒,说:"我杀你一家子!"于是立刻叫人把这个太监拖出去,乱棍打死了。

孔群好饮

典出《世说新语·任诞》：鸿胪卿孔群好饮酒。王丞相语云："卿何为恒饮酒？不见酒家覆瓿布，日月糜烂！"群曰："不，尔不见糟肉乃更堪久。"

鸿胪卿孔群很爱喝酒。丞相王导劝告他说："你为什么经常喝酒呢？你看，酒店里那些覆盖酒罐的布，一天天地霉烂了！"孔君回答说："不，你没看见浸在酒糟里的肉，不是能够保存更长的时间么？"

这个故事说明：喜欢给自己护短的人，总是要强词夺理，想方设法为自己辩解的。

李斯作小篆

秦始皇一统天下后实行中央集权制，在各个方面都进行统一和规范化。其中也包括对书写文字的规范化。在这个过程中，秦国的丞相李斯作了相当大的贡献。

李斯是秦代著名的政治家、文学家和书法家。秦统一前，由于诸侯长期割据分裂，形成了语言异声、文字异形的局面，这给疆域辽阔、政治统一的秦国迅速推行政令和传播文化带来了很大的障碍。秦始皇非常渴望有一种标准的字体来取代以前在各国流行的五花八门的字体。一天，有个侍臣向始皇推荐李斯，说他能胜任这个任务。秦始皇猛醒，因他深知李斯的才能和书法上的特长。于是连忙把李斯找来把自己的想法对他细说了一遍。这对李斯这种有雄心大志的政治家来说是再欢迎不过的了，他马上根据平时在练字时的经验，将周代传下来的大篆字体删繁就简，并进一步归并相同的字形笔形。大约不到半年工夫，李斯就整理出一套笔画比较简单、形状整齐的文字。现在人们称这种文字叫秦篆，它字形狭长，笔画之间距离匀称，上半部较紧凑，下半部比较舒展，给人以刚柔相济、浑圆挺实的感觉。李斯把这种字呈献给秦始皇，他看了这字，十分满意，下令在全国通用，定为官方标准用字，一切文书文件都必须用它。

小篆对汉字的规范化起了很大的作用，是汉字发展史上的一大进步。可当时，人们对篆书的书写规律还不太了解，很难写得称心如意。为此，李斯等人就写了《仓颉篇》、《爰历篇》和《博学篇》等范本，供大家临摹借鉴，其中以李斯的书法最好，大家都对他表示折服。

李子满天下，清白在人间

李白是唐代大诗人，素有"诗仙"之称，字太白，号青莲居士，祖籍陇西成纪（今甘肃秦安），幼时随父迁居绵州昌隆（今四川江油）青莲乡。少年即显露才华，吟诗作赋，博学广览，并好行侠。从25岁起离川，长期在各地漫游，对社会生活体验颇深。晚年漂泊困苦，卒于当涂。

在唐代诗坛上，李白与杜甫恰如双子星座，大放光辉。曾有"李杜文章在，光焰万丈长"之赞。而在民间却盛传，李白不姓李。

关于李白，有一段很有趣的传说。

李白出生在武则天当政的时候。武则天夺了夫家的皇位当了女皇。一位姓李的王子和辅保他的白姓大臣，害怕她加害他们，便隐姓埋名逃出京城。

一天，他们来到一个村子时已是入夜时分，又碰上天正下雨，两人便躲在村口一家前檐下避雨。到了半夜，忽听得门里传出婴儿落地的啼哭之声。正在这时，又听到一个老婆婆在说："呀！是个胖小子，真是咱家的福气呀！可惜他爹不在家，谁能给孩子起个名呢？"

姓李的王子和姓白的大臣听了，不禁倒吸一口凉气，他们俩分站门前"把守门户"，人家生了一个男孩，看来这个孩子将来有可能是一个贵人。

天渐渐明了，这家老婆婆开门准备往外泼脏水，一见门前有两个人站着，先是一愣，看看这两人并无恶意，这才问起话来："你们在我家门口干什么？"王子和大臣编了句慌话回答："我们是进京赶考的举人，不巧遇上雨天，只好借你家前檐下避雨。"老婆婆听说他俩是赶考的举人，高兴得不得了，便要他们给刚生的孩子取个名。两人一商量，决定用自己的姓氏来命名，也不枉为这孩子"把门守户"一场了，便说："叫李白吧！"老婆婆欢欢喜喜地记下了，并问这"李白"二字是什么意思。两人答道："'李'是李子满天下，'白'是清白在人间。"含意是多子多福世事清平。

羚羊挂角，无迹可求

典出宋·陆佃《埤雅·释兽》。

传说中，有一种野生的羊，名叫羚羊。它比绵羊要大一些，长着一对向前弯曲的角，这对角不但是它的武器，还有另一种奇妙的功用，夜晚，它跑到大树底

下，找到一根横枝，就高高一跃，把角挂在枝上，就这么吊着睡觉了。凶猛的虎豹沿着它的足迹，嗅着它的气味追踪而来，追到树下，突然足迹没有了，气味也消失了，——它们怎么会猜想到：羚羊高高挂在树上呢？山上的人们，有时在黎明时刻，看到了羚羊，还以为是有人在树上上吊死了呢！及至走近，它一跃而下，跑得飞快，一会儿就瞧不见了。

后人用"羚羊挂角，无迹可求"的这个典故比喻诗的意境超脱玄妙。宋代诗评家严羽说："盛唐诸人惟在兴趣，羚羊挂角，无迹可求，故其妙处，透彻玲珑，不可凑泊。"清代翁方纲也说："神韵这个东西呀，是在好文章中彻上彻下无处不在，却如羚羊挂角，无迹可求。"

重书轻财

古时候，请人写字画画，为了尊重艺术家们的劳动，都要送些礼物作酬谢，这就是"润笔"。当年的"润笔"不像今天的稿费，有统一的标准，它一看送礼的人的地位和财力，二看艺术家的名望。

唐宣宗李忱，和其他唐朝皇帝一样，也是个热爱艺术的君主。有一次在朝中，他命柳公权用不同字体给他写些字。柳公权思索片刻，大笔一挥，先用楷书写了"卫夫人传笔法于王右军"十个大字，接着又用草书写了"谓语助者焉哉乎也"八字。两幅字皆长数尺，楷书工整浑厚，草书龙飞凤舞。唐宣宗看了叹为奇观，当场赐柳公权十件名贵银器、彩瓶，皆价值连城。

柳公权本人官贵位重，请他写字的多为王公将相，故而"润笔"颇丰，计金银达数万两之多。但柳公权除了生活上必要的开支外，这些钱大多用来购买文房四宝、古今书籍、历代名帖墨迹等，在这方面，他收藏颇丰。

有一次，柳公权携家人外出探亲，一些知道他家底细的贼趁机撬开他家的门，偷走了大批金银、珠宝、玉器。柳公权回家后，发现房门被撬，首先查看自己的图书、碑帖，他见这些东西完好无损，十分欣慰地说："只要我的书和帖都还在，其余的又有什么好计较的呢？"

吕向连绵书百"福"

吕向，字子回，泾州人，唐玄宗开元年间被召入翰林，官至工部侍郎。吕向博古通今，满腹经纶，又善写草、隶书，常常一笔连环数十百字，世号"连绵书"，由于吕向的书法自成流派，名重一时，所以有很多的人求他写字题匾。

当时，有个附庸风雅的大财主，为人习钻、吝啬，但他听说吕向的书法很有名，也想弄到一幅来装点一下门面。一日，大财主拿了一张宣纸来到吕家求写"福"字。吕向听说过这个财主的品行，想捉弄一下这个财主，故意要价极高："写字可以，但得十两银子一个字。"大财主听了很犹豫，但又怕这事传出去人们会笑话他既吝啬又不识货，于是就硬头皮答应下来。他怕吕尚拖延时间，就说自己等着要用，吕向淡然一笑，请他明日来取。第二天，财主来取字，打开一看，是连绵不断的一百个"福"字，但老财主根本不认识，只觉得是鬼画符般的一串勾勾点点。他暗想，赔张纸就赔张纸吧，可犯不着为这一串串瞎涂瞎抹的东西赔上1000两银子，于是灰溜溜地走了。大财主到头来还是落了个既吝啬又不识货的笑柄。

当时有一位年轻的书生，酷爱书法，尤其爱临吕向的"连绵书"，但他很穷。他听说了这件事，就变卖了房产，请求吕向把字卖给他。谁知吕向却说："我并不是真的贪财，而是想教训教训那种为富不仁又要附庸风雅的家伙。你变卖家产来买我的字，说明你是真心喜欢，我怎么能要你的钱呢？"说着把这幅珍贵的一百个"福"字的连绵书送给了书生。

米芾趣事

宋代四大书法家之一米芾，字元章。他才华非凡，诗文书画都很有成就。他的绘画除了山水外，还擅长人物。由于浏览过历代名作，所以又精于鉴别。当时的皇帝宋徽宗对他甚为器重，令他掌领翰林书画院。由于米芾放荡不羁，行近颠狂，故而当时人们称之为"米颠"。关于他的趣闻很多，下面就讲几个他的小故事。

有一次，宋徽宗命米芾在御屏风上写字，他灵感突发，笔走龙蛇，写得十分得意。写罢，掷笔于地说："一洗二王（指王羲之、献之父子）恶札，照耀皇宋万古。"徽宗正在屏后，听了这话，就走出来看他为何如此自负，连二王都敢看不起，一

看,字果然写得神妙,于是大加赞赏。米芾乘机求徽宗把磨墨的那块非常名贵的端砚赐给他。徽宗马上答应了,他谢恩后当时就把端砚收进怀里,也不管墨汁淋漓,弄得朝服尽墨,惹得徽宗哈哈大笑。

米芾早年爱临古画,常向收藏家借画临摹,画罢便以真本临本一并送还原主,要人鉴别。他的临画本领极高,常教人难分真假。一天,有人拿了一张戴嵩画的牛要卖给他,米芾收下画,说看看再决定。晚上他连夜临摹一幅,然后将真本藏起,以临本还给那人。不料那人早知道米芾常常以假乱真,早有准备,看了临本一眼,马上揭穿他说:"原画牛的眼睛里画着牧童的影子,你的临本却忽略了这点,快把原画还我吧!"米芾听了,才知道戴嵩画牛的精到,不觉自叹不如,老老实实地把画还给了人家。

米芾家里原来颇有钱财,他做官以后,就把它散发给了族里的人。后来,米芾自己竟也渐入困顿,但他并不因此而后悔。见到名家书法和绘画,他仍必定要倾家荡产竭力购取才罢休。

有一次,米芾在船上见到一个叫蔡攸的人,手执一卷古人法帖出神地观看着,米芾一眼望去,知道这是王羲之的《王略帖》真迹,就趋步凑到蔡攸身旁不住地夸赞这卷书帖。一会儿,米芾就要求用别的字画和金帛交换。蔡攸不知道这就是大名鼎鼎的书画家米芾,朝他瞥了一眼,面露难色。等到米芾说了自己的真名实姓后,蔡攸才说:"米先生,失敬、失敬!这卷法帖是我家祖传之宝,你若真的想要,得拿一千两纹银交换!"米芾听说蔡攸答应出让墨宝,欣喜若狂,当即拿出随身带的三百两银子递给蔡攸说:"这些银子你先收下,不足部分等船靠岸后,我再变卖家产差人替你送去。"蔡攸以为米芾应该很有钱,这样说一定是想讨价还价,犹豫了一下,就从米芾手中取回了《王略帖》,米芾急了,搓搓手说:"你要是不相信我的话,我就投江去死。"说着,真的要跳下水去,蔡攸见状,知道米芾买帖是一片诚意,就慌忙拉住他的衣袖,把《王略贴》递给了他。

撕衣成书

裴休,字公美,唐代书法家。能文章,尤工楷书,宗法欧阳询和柳公权。

裴休年轻时家境清贫,发愤读书,后来考中进士,登上仕途,离开家乡时自己把故乡的几间老屋加以扩建,捐为僧舍,取名"成化寺"。

有一年,裴休外出巡察,途经故乡,就特地到成化寺拜望寺僧方丈。方丈见裴休荣归故里,连忙盛情款待。裴休在寺内小住两日,心里十分高兴。这天,裴休正欲告辞,方丈突然拉住他的衣袖,硬要他题词。裴休觉得情面难却,只得允诺。他见寺内墙壁粉刷不久,洁白干净,就叫寺僧端来砚台和墨,轻轻研磨起来。他边磨边想:写字难道非用毛笔不可吗?东晋书法名家王献之小的时候,有一次出门玩赏，见泥水匠正在粉刷墙壁，就快步走上前去，借来刷帚，沾上泥浆，写了一个一丈见方的大字。大家都赶来观看，王羲之闻讯后，也跑去观看，深为儿子的大胆创新而骄傲，我这次何不仿效王献之也来个独具一格呢？想到此，他眼睛一亮，于是解开衣襟，撕下一段下摆搓成一团，饱蘸浓墨，不假思索，神态自若地涂抹起来。不一会儿，写下了一首字势奇绝的即兴诗章，寺僧方丈见了墨宝连称是诗字双奇，拱手感谢。裴休回到家里，妻子见他衣襟散破，忙问何故。裴休乐呵呵地告诉她："我刚才正用衣襟布当笔替成化寺书题诗壁呢！"

平原督邮

典出南朝·宋·刘义庆《世说新语·术解》：桓公有主簿善别酒，有酒辄令先尝，好者谓"青州从事"，恶者谓"平原督邮"。

桓公（桓温）手下有个主簿，善于辨别酒的好坏。每有酒时，桓公都要叫他先尝。他把好酒叫做"青州从事"，不好的酒叫做"平原督邮"。因为青州有个齐郡，"齐"与"脐"同音，好酒的酒力一直达到小腹的脐部，所以称好酒为"青州从事"。平原郡有个鬲县，"鬲"与"膈"同音，不好的酒，酒力只能达到胸腹之间，所以称不好的酒为"平原督邮"。

后人把好酒叫做"青州从事"，不好的酒叫做"平原督邮"。

柳泉居士

我国著名古典小说《聊斋志异》的作者蒲松龄，有一个雅号——"柳泉居士"。然而有关这个雅号的趣闻轶事，却不大为人所知。

在腐朽没落的封建社会里，正直忠义得不到伸张，酷爱文学的蒲松龄因仕途坎坷，决计独辟蹊径，写一部"孤愤之书"，通过谈狐说鬼的形式，挞伐封建社会的黑暗，也只有借鬼说人才能达到揭露社会黑暗的真正目的。

柳泉距离蒲松龄的住所有一里之遥，因泉边有一棵百年大柳而得名。这里地处四岔路口，风景优美秀丽，是东南西北四面八方往来旅行者的必经之路。蒲松龄便在大柳树下，铺上席子，邀请途经这里的旅客坐下休息。他捧上清茶，递过烟袋，恳请他们讲述各地的奇闻趣事，然后一一认真地记下来。

数十年如一日，蒲松龄不避严寒酷暑，坚持去柳泉"采风"，从不间断。晚上，他在昏暗的烛光下伏案疾书，将白天听来的素材整理成文。就这样日复一日、年

复一年,经过二十余载的艰辛写作,《聊斋志异》终于问世了。

蒲松龄与柳泉结下了不解之缘,故他自号"柳泉居士"。

齐人有好猎者

典出《吕氏春秋·贵当》:齐人好猎者,旷日持久,而不得兽。入则愧其家室,出则愧其知友州里。惟其所以不得之故,则狗恶也。欲得良狗,则家贫无以。于是还疾耕,疾耕则家富,家富有以求良狗,良狗则数得兽矣。田猎之获,常过人矣。

非独猎也,百事也尽然。

齐国有个人,喜欢打猎,但空费时日,持续很久,什么野兽也没打到。一到家里,就感到对不起妻室儿女;走出家门,就感到对不起朋友乡邻。仔细想来,那打不到野兽的原因,就是喂的猎狗太不中用。想买一只好狗,家里又十分贫困,买不起。于是,他立即拼命种田。拼命种田,家里就富裕起来;家里富裕起来,也就有钱挑选好狗;猎狗的本领高强,于是每次都能捕获到野兽。从此,他那打猎的收获,经常超过了别人。

不只打猎是这样,其他事情也都是这样啊!

后人用这个故事说明:为了解决某一个问题,在找到问题的症结以后,要不畏走曲折的道路,不怕艰苦,才能从根本上求得解决。

作画助人

沈石田虽然是高人雅志,却非常宽厚。无论什么人持纸来求画,沈石田一概应允,毫无难色,甚至有的人来求题字作画出售,他也不追究,乐于应允。所以近自京师,远至闽、浙、川、粤,无人不以购求他的画为幸,视为珍宝,特别是他40岁以后,画名更著,求画的人也更多。每天清早,大门未开,远方来求画者的船只已塞满了苏州河的两岸。有一次游西湖,沈石田被求画者堵在舟上,进退不得,弄得很窘迫,友人刘邦彦还写了一首诗嘲笑他说:"送纸敲门索画频,僧楼无处避红尘;东归要了南游债,须化金身百红身。"因为求画者众,一双手无法应付,他就命弟子摹官塞责,所以虽然是他亲笔题志的画,又不见得是真迹。因为沈石田的画风行一时,真伪难分,不少画工摹仿他的画出售来谋生,所以赝品极多。相传有一寒士,平时靠假冒沈石田的画生活。一次,这人的母亲病重,为筹钱医治,他就

拿一张摹仿沈石田的画,请求沈石田题上几个字,以便卖得较好的价钱来医治母亲的病。沈石田看了他的画,觉得很不错,又见他实话实说,并不隐瞒,况且是为母筹钱治病,用意值得同情。于是他将画润色了一下,题上自己的名号,盖了图章,交那寒士拿去,果然卖得很高价钱,老人因此得救,寒士对沈石田感激不尽。

食不厌精,脍不厌细

典出《论语·乡党》:食不厌精,脍不厌细。

春秋时的孔子,虽然被劳动人民斥为"四体不勤,五谷不分",但他的吃穿居住却是很讲究的。

据《论语》记载,孔子吃饭,粮食舂(chōng 冲)得越精越好,肉切得越细越好。粮食陈旧了和变味了,鱼和肉不新鲜了,不吃。食物的颜色变坏了,不吃。色味不好,不吃。烹调不当,不吃。不时新的菜蔬,不吃。肉切得不方正,不吃。佐料放得不适当,不吃。席上的肉虽多,但吃得不超过米面的量。酒可以随便喝,但不能喝醉。从市上买来的酒和熟肉,不吃。每餐必须有姜,但也不多吃。

后人用"食不厌精,脍不厌细"形容对饮食极其讲究。

世外桃源

典出晋·陶潜《桃花源记》。

晋朝孝武太原年间,武陵地方,有个打鱼的人。有一天,他顺着小溪捕鱼,忘了路程的远近,一直往前走,走进了一片桃花林。此处风景十分优美,为世上所罕见。渔人觉得奇怪,总想看看这座桃林到底有多远多宽。当他把桃林走完时,便发现山旁有一个洞,里面似乎还有光亮。他便走进洞去,初时道路狭窄,再走几十步,"豁然开朗",简直是一片平原。平原上桃红柳绿,房舍俨然,男耕女织,"怡然自得",人人过着自由幸福的生活。他们看见渔人进来,家家都设酒杀鸡,招待渔人。在言谈中,渔人才知道里面的人是他们的祖先为避秦代的祸乱,才逃进这个洞里来的。他们与世外隔绝多年,也不想再出去了。外面是个什么世道,他们也不知道。渔人在这洞中的平原里玩了几天,受到各家各户的热情招待。当他辞别这些好客的主人们时,大家都告诉他:"洞中情况,'不足为外人道也'(意思是:不要给外边的人说)。"

渔人出来后沿着原来的路往回去,还处处做了标记。到武陵后,渔人就把这

事告诉了太守。太守马上派人去找那个世外的桃源，找来找去，毫无结果。

后人把这个故事所写的情景，称为"世外桃源"，用来比喻理想中的生活或安乐而幽美的环境；现在用以比喻一种空想的脱离现实的地方。

嗜书之心烧不死

明末清初，江苏有一位大藏书家名叫钱谦益。他一生刻苦攻读，嗜书成癖，留下许多有趣的故事。

青年时代的钱谦益就喜欢结交文人学士，搜罗古籍。远近书商们纷纷带着好书到他家登门拜访。可他不满足这些送上门的图书，经常对朋友说："要想得到好书，就得不怕吃苦，东求西访。一旦遇到好书，价钱再贵也要买下来。希望不费气力，坐在家中等好书上门，那简直跟守株待兔一样愚蠢。"

有一次和朋友闲谈之中，钱谦益得知宋代刻本《两汉书》非常珍贵，一个叫王合州的藏书家曾经用一座庄园换到一部，可是后来又散落民间。钱兼益听后很想得到此书，四处打听它的下落。几年以后，他果真花去1200两银子把《两汉书》弄到手。还有一次，钱谦益见到一部很珍贵的《高诱注战国策》，拿到手上就舍不得放下，好说歹说人家才答应让给他，后来钱谦益高兴地告诉别人："当我得到这本书时，觉得比获得一船珍珠还高兴。"

钱谦益56岁那年，带着家人到很远的广陵去访书，在一个富户人家看到一部《祝枝山书格古论卷》。他当时心情异常激动，要出高价买下，可主人不愿意卖，钱谦益就找来那人的朋友帮助劝说，最终还是用两个古彝宣炉的代价，半强半求地让人家把书卖给了他。钱谦益像得到稀世珍宝一样，当即宣布结束游历，星夜兼程赶回家中，并精心地把那部书修整好，珍藏进他的书楼内。

钱谦益为收藏图书建造起拂水山房，晚年又构筑了绛云楼。他爱书如命，惟恐藏书被人借去而丢失。浙江人曹溶在京城做官，官舍中有藏书六七千册。钱谦益经常去他家中看书，每当发现自己没有收藏的图书，必然借回去抄写一本。曹溶也很钦佩钱谦益的藏书，夸奖他的藏书之多甚至可以与皇帝的藏书一比高下。一次闲谈中，曹溶提出有机会必定回浙江，并到绛云楼借《九国志》和《十国纪年》来读，当时钱谦益满口答应下来。过不几年，曹溶真的回到浙江老家闲居。二人见面，曹溶提出要看那两部书，可钱谦益竟吞吞吐吐，赖起账来。说是自己一时记错了，原来并没有收藏。其实他是怕借出去会弄坏或丢失。为此事，曹溶好不生气，很长时间也没去答理钱谦益。

事隔3年，钱谦益的小女儿在绛云楼上嬉耍，不慎碰倒了烛火，将绛云楼和几万卷藏书化为乌有。钱谦益当时望着熊熊燃烧的大火，痛不欲生，悲怆地高呼："上苍能烧尽我楼内的图书，但是却不能烧掉我心中的书！"

梳头太监

提起慈禧太后，人们都知道她身边有个非常得宠的贴心太监李莲英。

李莲英原是河南人。他很小的时候，父母就去世了，成了孤儿。长大后，他曾经跟着别人偷偷贩卖硝磺（一种做火药的原料），被捕入狱。出狱后，他生计没有着落，只得以补皮鞋维持生活。所以，李莲英又有"皮硝李"的绰号。

当时，宫中有个叫沈玉兰的太监，是李莲英的同乡。他见李莲英生活艰难，便有些可怜他，想把他介绍进宫里当一名太监。那时候，北京城内的风流女人流行一种新发髻。慈禧太后知道后，也想梳那种发型。可是，周围的梳头太监没有一个会梳的。换了好几个太监来梳，慈禧太后都很不满意。沈玉兰在宫中打听了此事之后，便告诉了李莲英。于是，李莲英就在北京城内的大小妓院转悠，用心地学习那种新发型的梳法。没几天工夫，他就把技术学到手了。

沈玉兰便带着李莲英到宫中去，向慈禧太后推荐。李莲英当场就为慈禧太后梳了那种新型发髻。慈禧太后十分满意，就把他留在宫中做了名太监。

打那以后，李莲英一天比一天受宠。他由梳头太监一直升到总管的地位，并把持了朝廷的部分大权。

慈禧太后对李莲英很优待。看戏的时候，让他跟自己并排坐在一起，吃饭的时候，也让他在自己跟前侍奉。遇上李莲英喜欢吃的菜，慈禧太后还赐给他吃。李莲英40大寿时，慈禧赐给他的财物相当于最高级的大臣的数量，还在宫中为他大摆宴席，接受大臣们的贺拜。李莲英靠着一点小小梳头的技艺，如此受宠，大逞威风，确属罕见。

坦腹东床

典出《晋书·王羲之传》：时太尉郗鉴使门生求女婿于导，导令就东厢遍观子弟。门生归，谓鉴曰："王氏诸少并佳，然闻信至，咸自矜持。惟一人在东床坦腹食，独若不闻。"鉴曰："正此佳婿邪！"访之，乃羲之也，遂以女妻之。

晋王羲之，字逸少，山阴人，他很聪明，不但文章好，字也很好，十三岁时，已有名气。在拜谒周凯以后，他的名气更大了，因为当时周凯的声誉很高，士人们只要得到他称誉一句，身价就会很高。

当时太尉郗鉴,有一个女儿,不但美慧而且很有才学,一时找不到适合足以匹配的世家子弟。后来,想起了王家,郗太尉就派一个门生先到王府去观察,看看是否有适当的人。那位门人到了王府,向家长王导说明来意,王导叫他自己到东厢去观察。

王氏子弟,个个生得眉清目秀,都是一表人才,他们听说郗家遣人前来相亲,不禁都紧张起来,大家装模作样,态度都不很自然;只有一个青年,袒露着肚子,盘坐在东边的床上吃东西,意态自如,旁若无人的样子。

那位相亲的门生把这情形回去告诉了郗太尉,郗太尉说:"那位毫无矫揉造作,意态自如坦腹东床的青年,正是我心目中的佳婿。"于是就把女儿许配给那个人;那位佳婿就是王羲之。

由于郗鉴择婿的故事,后来人们凡是称谓女婿,就叫坦腹东床,也有人称"东床快婿",这句话含赞美的意思。

同乡棋圣

范西屏和施定庵是清代两位著名的围棋大师。又都是钱塘江畔的海宁县人,两人年龄仅差一岁,被誉为同乡棋圣。

范西屏天资聪颖,七八岁时就能与当地名手抗衡,他的父亲为把他培养成才,遍访浙江各地,为儿子择师学艺。听说山阴县高手俞长候棋品很高,虽不及国手徐星友等,但在省里也是首屈一指的大师,就重金请来教范西屏下棋。几年过后,到范西屏12岁时,已经和自己的老师旗鼓相当,不相上下了。

施定庵出身书香门第,自幼体弱多病,施父希望定庵能承继家业,就把他送到学馆去念书,后来发现施定庵的学习成绩不好。就在家教他琴、棋,以启迪他的智慧。施定庵对围棋产生了浓厚的兴趣,棋艺水平与日俱增,进步飞快。后来听说同乡范西屏有名师俞长候指导,非常羡慕,就在父亲的陪同之下,也拜在俞长候的门下,和范西屏成为同窗学友。

俞长候曾带领范西屏和施定庵到杭州去拜访过那时已是78岁高龄的棋坛名宿徐星友。徐老高兴地授两人三子对弈,并帮助复盘讲解。他那精辟的见解,深深地吸引住了两位小将。弈后徐老又将自己精心著作的《兼山堂弈谱》赠给他们。范、施得此书如获至宝,潜心研究了多年。

"当湖十局"是我国古代围棋最高水平的代表,也是范西屏和施定庵两位棋圣的代表作。当湖又叫拓湖,是浙江平湖的别称。"当湖十局"是两位棋圣在平湖所下的十局对抗赛的真实纪录。今天我们拿来欣赏,仍然可以从其中洞察到古代围棋艺术的精髓。

范、施同窗多年,彼此十分了解。一次范西屏在扬州与一位盐商胡启麟对弈。棋至中盘，胡启麟的一条大龙被范西屏攻杀，一时找不到好的对手，就称病要求改日接着下。然后带着对局的棋谱找到施定庵，请求指点。施定庵经过推敲，告诉了胡启麟一步摆脱困境的妙着。后来，胡、范接着比赛时，胡启麟按施定庵教给的着式下了一子。范西屏一看这着棋，立即就明白了，笑着说："定庵人没到这里，棋倒是先到了。"胡启麟一听，觉得很不好意思，马上推盘认输了。

王蓝田吃鸡蛋

典出《世说新语·忿狷》：王蓝田性急。尝食鸡子，以箸刺之，不得，便大怒，举以掷地。鸡子于地圆转未止，仍下地，以屐齿蹍之，又不得。瞋甚，复于地取内口中，啮破即吐之。

王蓝田是个性急的人。有一次吃鸡蛋，他用筷子去挟，没有挟起来，就大发脾气，把蛋拿起来丢到地上。鸡蛋在地上滚个不停。他就赶上前去，用木屐去踩它，又没有踩到。这下，他更愤怒了，又把它从地上捡起来，塞到口里，嚼碎之后就把它吐掉了。

这个故事说明：简单急躁，感情用事，不但无补于事，反而会留下笑柄。

百鸟朝凤

据说明朝的时候，苏州城里有个叫钱知节的，以算命打卦、占卜阴阳为生，人称钱半仙。

有一年值逢大旱。一百多天不落一滴雨，干得田地裂开了缝，不少人家的水井底朝天，连一碗水也淘不出来，地方官吏、乡绅和玄妙观里的道士一商量，决定通告众百姓去请钱知节求雨。钱知节一见乡亲来请，心中犹豫起来："平时我装神弄鬼欺骗百姓还算骗得过去，今天求雨却骗不了老天。若求不下来，今后这碗饭就吃不成了！"钱知节倒底是个机敏人，眉头一皱，计上心来。他故弄玄虚，掐指比划了一阵，然后一本正经地说："观音在西天赴宴，没空来。"百姓们一听央求说："无论如何请仙人救救黎民。"这样一来，把钱知节弄得无可奈何，只好勉强应允说："待我明日午时三刻，请观音取东海水在苏州降落……"钱知节这么一诌，引得众百姓连连叩头拜谢。

第二天，玄妙观的道士在大殿前搭起台，把钱知节请了上去。同时，官府命差役在台下架了木柴，并且宣告，如果钱知节求不到雨就要烧一把火，请他"升

天"，到玉皇大帝面前去恳求。钱知节看到此情此景，不由得心惊胆战。眼看着午时三刻到了，天上却一点云丝儿也没有，急得这个"钱半仙"惶惶不安起来。但是，"半仙"终究有些歪点子，心想："反正要死了，临死也得吃个饱、喝个醉，不能做饿死鬼"。于是，他手持杨柳条装神弄鬼地吩咐说："观音大驾已到！你们烧一盘'百鸟朝凤'献给观音下酒，她才肯去东海取水。"钱知节想出这瞎七搭八的菜名，为的是要难倒官吏。他一边说着，一边暗暗嘀咕："你们若烧不出这道菜，我可就死里逃生了。"

官吏听了钱知节的话，个个目瞪口呆，因为，从来还没有听说过这个菜名呀！就在这时玄妙观里的一个小道士忽然想出了一个办法。他马上跑到松鹤楼，关照厨师烧一只鸡放在盘子当中，四周放十只麻雀，辅以香菇、清笋、火腿、水晶肉圆等……就算"百鸟朝凤"了。

不多一会，小道士将这盘菜端到钱知节面前说："这就是皇宫里的名菜'百鸟朝凤'，请仙人品尝。"钱知节没想到弄假成真，心里着实有些发慌。他想："真有这种菜？唉，反正一不作二不休，吃饱了再死也不迟。"于是，他狼吞虎咽地大吃大喝起来。

说也凑巧，就在这时，南天边涌出朵朵阴云，北面吹来阵阵狂风，片刻之间，下起了倾盆大雨。钱知节这条性命总算保存下来。

不久，这折"求雨"的戏，被宣扬开了，"百鸟朝凤"这道菜也随之远近闻名，一直流传至今。

雅戏双陆

唐代时很盛行一种叫双陆的赌博。在古代，赌博的花样很多，如弹棋、蹴鞠等。大家都知道弹棋是一种游戏，玩的人常用财物赌胜负，而蹴鞠相当于今日的踢球、打球。蹴鞠变成赌博是从宋代的神宗皇帝开始的，那么双陆又是一种什么方式的赌博呢？关于赌双陆还流传着一个有趣的故事。

传说中国历史上唯一的女皇帝武则天有一天晚上梦见赌双陆，自己越赌越输，越输越着急，一着急就惊醒了。醒来后她不知是凶是吉，于是，第二天一上朝就命人把圆梦大师狄仁杰找来，请他上殿解梦。

过了一会儿，狄仁杰来到殿前，拜见武则天："陛下召见臣有何事！"武则天回答说："朕昨晚梦见赌双陆，而且赌输了，不知是祸是福，故今天请你来解解这个梦。"狄仁杰沉思了一下便开始解梦："臣认为，双陆是一种用箸做筹码、不要下子的赌博，陛下做这个梦说明皇宫无太子；上天托梦给陛下，陛下怎么可以久悬储位呢？"武则天对狄仁杰的解梦十分满意，随即奖赏了他。

从此，武则天对玩双陆产生了浓厚的兴趣。有一天，武则天叫梁公和自己的宠臣张昌宗赌双陆,武则天问梁公赌什么?梁公要用自己的朝服赌张昌宗身上穿的狐裘大衣。武则天对梁公说:"你穿的紫袍一点也不值钱,而张昌宗穿的狐裘却值一千金,这样悬殊怎么能赌呢?"

梁公回答说:"陛下知道,紫袍是大臣上朝时穿的朝服,张昌宗身上穿的狐裘是小人嬖幸宠遇时穿的服装,我的紫袍要比他的狐裘贵重得多,又怎么不能赌呢?"

张昌宗听了梁公的一席话,羞愧万分,很难为情,根本就静不下心来赌,结果一赌就输了。梁公赢了狐裘,走出朝门就把它送给了自己的仆人。

狄仁杰为女皇解梦的事传出宫外,许多王公大臣开始玩双陆上了瘾,不想办正事,有的人成天泡赌场,有的人通宵赌,倾家荡产的人比比皆是。

据考证,双陆有黑、黄两色筹码,每种颜色各有15个,玩的时候用两只骰子向赌盘上投,点子大的赢,两只骰子各得6点为最大,故名双陆。

也有人说,双陆是古代最文雅的赌博,又叫雅戏,它是从天竺传入中国的。早在三国时代,魏国就有人玩了,南朝的梁和北朝的魏齐以及隋唐以后各代都非常流行。

一日同观三绝

盛唐时代,人才辈出,令人目不暇接。那时出现了诗仙李白、诗圣杜甫;在绘画当中则出现画圣吴道子,人们给他以"吴带当风"之美誉。

吴道子从小父母双亡,家境贫寒,但他天资聪敏,喜欢作画,不到20岁,就画得很出色了,远近闻名。唐玄宗知道后,便把他召入内廷作供奉。开元年间,他随驾到洛阳,这时,他又遇见了当时最善舞剑的裴旻将军和草书大家张旭长史。他们三人一见如故,顿成莫逆之交。

这时裴旻的母亲刚死去不久,他早想请一位丹青高手在洛阳天宫寺给母亲画一幅壁画,因老人家生前笃信佛教,多次给天宫寺布施。这次碰到吴道子,真是机会难得。于是他备了厚礼,请吴道子前往天宫寺作画。吴道子当然不能收他的礼,但却说:"裴将军,久闻你的大名,如果你能为我舞一场剑,一饱我的眼福,比什么礼物都强。"裴旻一口答应。

这天,裴旻和张旭陪着画圣吴道子来到天宫寺。吴道子备好颜料和画笔,恭手而立。只见裴旻脱去战袍,里面是锦衣箭袖,早已扎束好了,他提剑在手,掐一个剑诀,舞动起来。吴道子屏气静观,从他那刚柔相济、动静结合、一张一弛的剑术中领悟着造化万物的规律。裴旻舞完,吴道子马上乘兴挥毫,回味着剑术给自己的启发,一口气就把壁画画完了。在一旁的张旭受了他们的感染,也笔走龙蛇,在壁画边上书了几行狂草。

唐朝人称吴道子的画、裴旻的剑术、张旭的草书为三绝。看一绝都是难得的幸事,何况是一天之内同看三绝。这一天逛天宫寺的人可真是眼福不浅啊!

优哉游哉

典出《左传·襄公二十一年》:优哉游哉,聊以卒岁。

春秋时代,晋国的大夫叔向因栾盈之党叛乱而受株连。被捕入狱后,有人对他说:"你之所以犯罪入狱,大概是因为你不聪明的缘故吧?"叔向自我安慰地回答说:"虽被囚了,但总比死了好些。《诗经》上说得好,'优哉游哉,聊以卒岁。'(意思是:悠悠闲闲,姑且混满一年。)这就是聪明的表现。"

叔向有个熟人乐王鲋,也是晋国的大夫。此人有些狡猾,是晋君身边的人。当他知道叔向入狱后,便去监狱看望叔向,并向叔向说:"我打算救你出狱。"叔向知道他的为人,就没有答应。乐王鲋走时,他也没有表示感谢。人们觉得奇怪,就责备他说:"乐王鲋是跟随晋侯的人,他可在晋侯面前为你说话呀!只要他肯救你,就一定能行啊!你为什么还不答应呢?"叔向说:"我希望一个秉公正直的人来救我。"他停了一下接着说:"这个人就是祁奚,他外举不避仇,内举不避子,多么公正的人哪!如果他知道我的情况,他一定会来救我。"乐王鲋受到叔向的拒绝之后,心中十分不满,总想报复叔向。后来,晋侯问乐王鲋:"叔向究竟犯了什么罪?"乐王鲋说:"叔向是栾盈的同谋。"可是,就在这时叔向受到株连的事被祁奚知道了,于是他马上坐着车子去找范宣子商量,希望他能把叔向救出来。范宣子也是晋国的大夫,而且为人公正,听说叔向是受株连,也就乐意出力。经范宣子的营救,叔向终于被救出狱了。叔向认为他们救他是为公而不是为私,所以没有去感谢他们。

后人用"优哉游哉"来形容悠闲无事。

玉屏箫笛

玉屏县在贵州东南,是个山青水秀、人口不多的边远小城,但出产的箫笛却是天下第一。据说,玉屏箫笛最盛的时候,满街都是做箫笛卖箫笛的。

这里流传着一个年代久远的故事:那还是在明朝万历年间,郑芝山的先人去黔东南古镇——镇远游玩,其间结识了一个云游道人。后来,那个道人到玉屏县游玩,住在郑家,不想老道病倒了,郑氏夫妇端汤送药,关怀备至。老道病好后,为表谢意,到玉屏的飞凤山中砍来几根青毛竹,制成几根箫笛,并把制箫笛的技艺传给了郑家。

后来,老道带玉屏箫笛云游到北京,住在紫禁城边的一个道观里,每到晚上就对月吹箫。一天,万历皇帝在御花园散步,听到这悠雅的箫声,不由自主地驻足品味,叹道:"此曲只应天上有,人间能得几回闻。"第二天晚上,万历皇帝又来听箫,但没有听到,急命太监前去打探。道观中的道士说,那是从贵州玉屏来的一个云游道士,已不知何往。万历下令让太监去玉屏找,一定要找到吹箫之人。

钦差千里迢迢到玉屏寻找道士,未寻见老道,却发现了玉屏出产的箫笛,它的音质浑厚,音色圆润,尤其是那种椭圆形的扁箫更是声音奇绝。从此,这种扁箫被指为贡箫,玉屏箫笛也就出名了。

重阳登高

农历九月九日是重阳节。重阳节这天,人们要在胸前佩戴茱萸,饮菊花美酒。茱萸,是一种中草药,又叫"艾子",味道苦而香,有驱虫去湿、延年益寿的作用。菊花酒是菊花加小米酿制而成,芬芳可口,舒筋活血,对身体很有益处。

除此之外,重阳节还有登高的习俗。兄弟姐妹,亲朋好友,相邀登高,望远抒怀,其乐无穷。登高的习俗起源于汉代。围绕登高有一个妙趣横生的传说故事。

东汉时,河南有个叫桓景的人,对道术很感兴趣,便到外地拜了个道士为师,悉心钻研。多年以后,他的学业大有长进。有一年秋天,他师傅告诉他,九月九日那天,他的家将有瘟神降临,让他务必回家一趟,并告诉了他消灾的办法。九月九日那天,桓景日夜兼程地赶回家里。他依照道士的吩咐,给家人每人发了个装有茱萸的绛色小袋挂在胸前,并让他们都喝了菊花酒。之后,他领着家人登上附近的一座山头,痛痛快快地游玩了一整天,直到夕阳落下时才回家。回到家里一看,养的猪、狗、猫、鸡、鸭等等统统死掉了,他想,只要家人都平安无事,死些鸡鸭又何妨。九月九日这天过后,他又辞别家人,回道士那里继续学习。见了师傅后,桓景把结果给师傅说了。道士捋着胡须,笑笑说:"那些猪狗鸡鸭都是替死鬼,代你家消灾避祸。"

这个故事传开后,登高的风俗便渐渐为人们所继承。登高望远具有了消灾避祸的意义。

清谈误国

我国古代的魏晋南北朝时期，一批有学问、有地位、向往"纯任自然"的老庄哲学的人，常常聚在一块儿海阔天空地聊，或是在一起分析哲理，其实，就相当于今天的"侃"，这就是历史上的清谈。

魏晋时代，许多仁人志士都沉溺于清谈之中，"竹林七贤"就是最突出的例子。竹林七贤包括嵇康、阮籍、山涛、向秀、阮咸、王戎、刘伶七人，他们常结伴在竹林中谈天，因而被人叫做"竹林七贤"。他们在竹林中痛快饮酒，大声的谈话，讨论周易、老子和庄子(叫做三玄)，他们表扬道家的玄学，攻击儒家的礼教。

竹林七贤不但在理论上崇尚玄学，在行为上也狂飙放浪。比如，刘伶常带一坛酒坐在车上，叫仆人拿着锄头跟在他身后，说如果他醉死了便把他就地埋掉。他有时还赤裸着全身在室内饮酒。

嵇康在学术界居于领导的地位，他被人害死时，他的学生已达 3000 多人。玄学越谈越有趣，人才也越来越多，"竹林七贤"之后又有做吏部尚书的王衍和尚书令乐广等人加入，清谈的队伍同时加入的还有不少名人。

在朝的人不断加入清谈，其他的官吏也就乐得寄情酒色，不管国事了。西晋朝野从此呈现一片颓唐，消沉的气氛。八王之乱发生，政局动荡了 16 年，匈奴人刘曜杀了晋愍帝，西晋亡了国。后人因而说西晋亡国是受了清谈的影响。

实际上，清谈对西晋的存亡，确有相当的影响，谈玄学的王衍被石勒捉住，被墙头压死的一刹那，他忏悔地说：我们虽不如古人，但我们如不崇拜浮虚，努力治理天下，哪里会走到今天这样的地步？桓温在北征的时候，同他的僚友登楼眺望中原，也很感慨地说，神州陆沉了，王衍他们不能不负责任呵！清谈误国这句话就这样传下来的。

画付酒账

　　很多人都看过《三笑》，其中的风流才子唐寅给大家留下了深刻的印象。唐寅是明代名噪一时的大书画家，祖籍江苏吴县，字伯虎，倜傥狂放、不拘小节。关于他的轶闻趣事非常多，下面我们就讲一个他与张灵、祝枝山三个人的小故事。

　　张灵，字梦晋，是唐寅的邻居，人物画很出名。祝枝山，名允明，是明代的大书法家，两人是唐寅最要好的朋友。当时，这三个人的书画，哪一个都得价值千金。一天，三位好友结伴到酒楼买醉，觥筹交错，开怀畅饮，十分尽兴。但最后结账时三人都傻了眼，原来谁都没带钱。这一顿吃了三十两银子，在当时可不是个小数目。最后祝枝山想出个办法，拿出一把一面写了自己诗的扇子，让唐伯虎在另一面画上烂熳怒放的桃花。然后对老板说："真是对不起，我们没带银子，不知这把扇子能不能抵这顿酒钱？"老板怎会不肯，满脸堆笑地答应了。这时有一位客人，认得这三位大名鼎鼎的文人，忙上前作揖道："三位，如果张先生能在这扇子上再画个人物，我愿用更高的价钱买下这把扇子。"张灵当时已经半醉，听了这话，夺过扇子，刷刷几笔，在桃花旁勾出一个半身美人。这把扇子同时有唐寅、祝枝山、张灵三人的字画，其价值简直难以想象。于是那位客人恭身施礼，接过扇子问："不知三位要价几何？"旁人以为这还不得要几千两，谁知唐伯虎却说："刚才这事，使我们原来很尽兴的一顿酒饭扫了兴，阁下能否请我们一顿，再让我们尽一次兴？"那位客人真是喜出望外，忙吩咐酒家把最好的菜、最好的酒端上来请三位书画家随意吃喝。结果这三个人又大吃大喝起来，最后都醉得东倒西歪了才离开酒楼。

　　那位客人可是得意地不得了，只用了几十两银子，就得到了价值千金的名家联名之作。

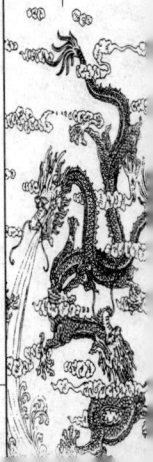

言 语 篇

"火"与"虎"

典出刘基《郁离子》:东瓯之人谓火为"虎",其称火与虎无别也。其国无陶冶而覆屋以茅,故多火灾,国人皆苦之。

海隅之贾人适晋,闻晋国冯妇善捕虎,冯妇所在则其邑无虎。归以语东瓯君。东瓯君大喜,以马十驷,玉二瓯,文锦十纯,命贾人为行人,求冯妇于晋。冯妇至,东瓯君命驾,虚左,迎之于国外,共载而入,馆于国中,为上客。

明日,市有火,国人奔告冯妇。冯妇攘臂从国人出,求虎弗得。火迫于宫肆,国人拥冯妇以趋火,灼而死。于是贾人以妄得罪,而冯妇死弗寤。

东瓯国人把火说成"虎",他们叫火和虎没有区别。那个国家没有制造陶器和冶炼金属的工业,就用茅草覆盖房屋,所以火灾很多,人们都因此而感到痛苦。

海边有个商人到晋国去,听说晋国的冯妇善于打虎,冯妇所住的地方,那里就没有虎。商人回国后,把冯妇的事告诉了东瓯国国君。国君非常高兴,拿出四十匹马,两双玉,十匹锦缎,任命商人为特使,去晋国邀请冯妇。冯妇来到时,东瓯国君命令套车子,把左边的位子空着,亲自到都城外迎接,一块坐着车子进城,安排他住在都城内的宾馆中,当作贵宾。

第二天,街市上发生了火灾,百姓们跑来告诉冯妇。冯妇挽袖子抡胳臂,跟着出去,到处找虎找不到。这时大火快烧近皇宫了。众百姓推着冯妇跑向大火,结果被火烧死了。于是那个商人因妄言胡说的罪名被治罪,而冯妇到死还不明白是怎么一回事。

这篇寓言说明,各地方言不同,不互相学习了解,就可能发生误解,甚至造成严重后果。由此也可以看出推广民族共同语的必要性。

谤书盈箧

典出《战国策·秦策二》:魏文王令乐羊将攻中山,三年而拔之。乐羊反而语功,文侯示之谤书一箧,乐羊再拜稽首曰:"此非臣之功,主君之力也。"

战国时期,魏国的国君魏文侯十分贤明,他对手下人很信任,善于运用他们的才能。

一次,魏文侯任命乐羊为将军,率兵攻打中山国。这场战争打得很艰苦,乐羊用了三年时间才攻克中山国,当乐羊得胜回来,向魏文侯报告作战经过时,流露出了炫耀战功、得意洋洋的神色。魏文侯察觉了乐羊的自大情绪,却没有说他什么,而是让手下人取出了两只箱子,让乐羊自己去看。原来,这两只箱子装的是这几年间魏国群臣宾客写给国君的奏书,内容都是责难攻打中山国之事以及诽谤乐羊的。乐羊看到这两箱谤书,吓得浑身直冒冷汗,明白了自己最终能取得这样大的战功,全靠君王对他的信任。于是,乐羊再三地向魏文侯磕头谢罪说:"这次攻打中山国成功,不是我的功劳,而是君王之力啊。"

后人用"谤书盈箧"的典故形容遭到别人的攻击、诽谤;或者形容是非不明、谗言可怕。

抱着琵琶进磨房

典出《弦明集·理惑论》。

牟融,是东汉末年的著名学者,对佛学颇有研究。有一次,他向儒家学者宣讲佛义,却引用了儒家的《诗经》、《尚书》来证明佛教的道理,而不直接用佛经回答问题。儒家学者感到奇怪,问他为什么这样做。牟融也不直接回答这个问题,却先向大家讲了一个有趣的故事。春秋时代,鲁国有个著名音乐家,名叫公明仪。他的七弦琴弹得十分出色。有一天,公明仪看见一头牛在低头吃草,他兴致勃勃,为牛弹了一曲高深古雅的清角调琴曲。但是,那头牛却无动于衷,仍然自顾吃草。公明仪仔细地观察了牛的神态,明白牛不是没有听见琴声,而是它根本听不懂这种高雅的曲调。公明仪弄清原因后,改变了弦法,重新弹琴,模仿着蚊子、牛蝇的嗡嗡叫声和小牛犊寻找母牛的悲鸣声。说也奇怪,那头牛立刻停止了吃草,摇着尾巴,竖起耳朵,踏着碎步,走来走去,好像很认真地听着琴声。

牟融讲完故事,对大家说:"我知道你们能理解儒家经典,所以对你们提出来的问题,就引用你们所懂得的《诗》、《书》来解释。不然,你们没有读过佛经,我同你们谈佛经,不是等于白讲了吗?"听了牟融这么一说,那些听讲的儒家学者都恍然大悟,更加心悦诚服了。

"抱着琵琶进磨坊",比喻对不懂道理的人讲道理,对外行人说内行话。含有瞧不起对方的意思。

赤口上天,白舌入地

典出宋代周密《武林旧事》卷三:又以青罗作赤口白舌帖子,与艾人并悬门楣,以为禳会。

鲁智深原是一个武官,因杀了人,避难为和尚,替开封大相国寺管菜园子。这一日,邻居众泼皮(小流氓)凑了些钱物,买了十瓶酒,牵了一头猪,来请鲁智深,都在廨宇安排了,请鲁智深居中坐了,两边一带坐定那二三十个泼皮饮酒。智深道:"什么道理,叫你众人坏钞。"众人道:"我们有福,今日得师父在此与我等众人做主。"智深大喜,吃到半酣里,也有唱的,也有说的,也有拍手的,也有笑的,正在那里喧哄,只听得门外老鸦哇哇地叫。众人齐道:"赤口上天,白舌入地。"智深道:"你们做什么鸟乱?"众人道:"老鸦叫,怕有口舌。"智深道:"哪里取这话!"那种地道人笑道:"墙角边绿杨树上新添了一个老鸦巢,每日只噪到晚。"众人道:"把梯子上去拆了,也得耳根清净。"李四道:"我与你盘上去,不要梯子。"鲁智深趁着酒兴,相了一相,走到树前,把直裰脱了,用右手向下,把身倒缴起,却把左手拔住上截,把腰只一趁,将那株绿杨树带根拔起。众泼皮见了,一齐拜倒在地,只叫:"师父非是凡人,正是真罗汉,身体无千万斤力气如何拔得起?"众泼皮从此见了智深,區區的伏。

"赤口上天,白舌入地":赤口、白舌,宋时形容语言恶毒,也指争吵。

后人用"赤口上天,白舌入地"这个谚语比喻人们希望和睦相处,不要有争吵。

床头捉刀人

典出《世说新语》。

东汉末年,曹操是汉朝的丞相,掌握大权,皇帝不过是傀儡,一切外国使者,都只找曹操商订两国间的大事,并不去见皇帝。

曹操眼睛细小,自己也知道不漂亮,因此有一次匈奴使者求见时,他请相貌堂堂的崔琰冒充自己见客,坐在胡床上穿上宰相服饰。曹操自己却打扮成侍卫人员,手里捉刀(握刀)站在床头。会见完毕,接待人员问匈奴使者对"曹操"的印象如何。那使者说:"'曹公'相貌固然很清雅,但是床头捉刀人却是一个英雄啊!"

后人用"床头捉刀人"（或简称"捉刀人"）这个典故比喻代替别人写文章或冒名代考的人。

大放厥词

典出唐·韩愈《昌黎先生集·祭柳子厚文》：玉佩琼琚，大放厥辞（词）。

唐朝时，有一位杰出的文学家、哲学家柳宗元（公元 773—819 年），字子厚，河东解（今山西运城解州）人，世称柳河东。他自幼学习刻苦，20 岁中进士，被授为校书郎，调蓝田尉，升监察御史里行。柳宗元与刘禹锡等参加了主张革新的王叔文集团，任礼部员外郎。革新失败后，他被贬为永州司马，后迁柳州刺史。

柳宗元文学成就很高，是"唐宋八大家"之一，"韩柳"并称。他的散文峭拔矫健，说理透彻；山水游记，写景状物，多所寄托。公元 819 年，柳宗元病逝在柳州，时年 46 岁。

在柳宗元死后的第二年，著名文学家、柳宗元的好友韩愈写了《祭柳子厚文》，寄托对柳宗元的哀思。祭文中对柳宗元的文采和才华大加称赞，说他"玉佩琼琚，大放厥辞。"意思是说，柳宗元的文章文笔秀美，尽力铺陈词藻，美如晶莹净洁的玉石。

"大放厥词"原来是赞扬柳宗元写出了大量的有文采的文章，含褒义。厥：其，他的。后来，人们在运用这个典故时，语义有了变化，常用来讽刺人大发议论多用于贬意。

大声疾呼

典出唐·韩愈《昌黎先生集·后十九日复上宰相书》：行且不息，以蹈于穷饿之水火，其既危且亟矣，大其声而疾呼矣！

唐朝时，有一位著名的文学家、哲学家叫韩愈，字退之，邓州南阳（今河南南阳）人。他 25 岁时中进士，到了 28 岁时尚未被任用，便写信给宰相赵憬，希望得到朝廷的任用。信发出以后，等了 19 尚未见复信，韩愈又写了第二封，即《后十九日复上宰相书》。

信中，韩愈大声疾呼朝廷应像救水火之灾那样，来援救和任用那些有才学而面临困境的人。他说：当一个人遭受水火之灾而向人们求救时，不仅亲属为他奔走呼号，就是旁观者也会大声疾呼，希望人们快来救救这个遭受灾害的人。这是

因为这个人所面临的情况实在危急，处境实在可悲。现在我的境遇也是这样既危险又急迫，因此我也大声疾呼，希望人们伸出救援之手……

后人用"大声疾呼"指向人迫切地大声呼吁，使人警觉。

道听途说

典出《论语·阳货》：道听而途说，德之弃也。

艾子，是春秋战国时的人，有一次他刚从楚国回到齐国，毛空告诉他说："有一个人家的鸭子一次生了一百个蛋。"艾子不相信问道："哪有这样的事呢？"毛空改口说道："那么是两只鸭生蛋。"艾子说："也不会有这样的事。"毛空又改口说："那么是三只鸭生的蛋。"后来毛空见艾子总是不相信，就一次又一次地把鸭子一直增加到十只。艾子问他道："你为什么不减少蛋的数目呢？"毛空说："我宁愿增加鸭子的只数，也不减少蛋的数目。"艾子只好不说话了。毛空却接着说："上个月天上掉下一块肉来，有三十丈长，十丈宽。"艾子说："没有这个道理。"毛空改口说："那么就是二十丈长。"艾子说也没有道理。毛空又改口是十丈。艾子忍不住了，问他："你看见这个世界上有十丈长、十丈宽的大块肉吗？"接着又问："你刚才说的鸭子是哪一家的？那块肉又掉在什么地方？"毛空老老实实回答道："我是听别人说的。"艾子马上转过脸对他的学生们说："你们可不要像他这样'道听途说'啊！"

从此以后，大家便把随便听来的，没有事实根据的传闻，叫做"道听途说"。

言之凿凿

典出清·蒲松龄《聊斋志异·段氏》：言之凿凿，确可信据。

从前有个大富翁名叫段瑞怀，年纪已经 40 岁了，膝下还没有儿子。他本想娶一个小妇人，但因其妻连氏十分妒嫉，所以一直不敢。他与一女婢有私，连氏发觉后又把女婢卖给了河间一个姓栾的为妻。段瑞怀年岁日益增长，由于没有儿子，所以他的侄儿们都来向他要钱要粮，可段瑞怀一文不给。段瑞怀考虑自己无子，准备选一个侄儿为子，但侄儿们都反对。这时段瑞怀才后悔过去不该对侄儿态度那么坏。没有办法，他只得大起胆子去买了两个妾，不久，二妾都怀了孕。但是两个妾的孩子一生下来就死了，全家失望恼气。过了一年多，瑞怀中风卧床不起，众侄子乘机来家自取牛马什物；连氏出来干涉，众侄子反而反唇相讥。不久瑞怀身死,众侄儿把他的财产分得精光。正分财产时,忽然一人前来吊丧。众人都不认识,便问他道:"你是何人? 为何前来吊孝?"那人答道:"死者是我的父亲。"众人惊异,便问其故。来人说:"我母亲曾是你家婢女,后被卖出。她卖来栾家后,五个月就生下我来。我在栾家,众兄弟都不分财产给我,都说我是段家的儿子。"他"言之凿凿,确可信据。"连氏听了非常高兴,说道:"我今天有儿子了。"众侄儿听罢不服,于是告到官府。官府问明情况,将众侄儿夺去的财物尽皆收回,发还原主。

后人用"言之凿凿"(凿凿:确实)形容说得非常确实,有根有据。

飞短流长

典出《聊斋志异·封三娘》:封泣下如雨,因曰:"妾来当须秘密。造言生事者,飞短流长,所不堪受。"十一娘诺。

从前有一个年轻美貌的姑娘,名叫范十一娘。父母很疼爱她,凡是来范家提亲的,父母都让女儿自己选择。有一年,七月十五庙会,范十一娘去游玩。在庙会上她遇见一位少女,长得与她一样漂亮,而且说起话来很有礼貌,两人情投意合,相互友爱像姐妹一样。范十一娘问她什么名字? 家住何方? 她回答说:

"我叫封三娘,父母早逝,家中只有一个老太太守家望门,我家住在不远的邻村。"

范十一娘邀请封三娘到家串门,封三娘答应了。

一晃去了两个月,封三娘没有如约来范家,范十一娘非常想念她,竟然忧伤出病来。一天傍晚,范十一娘闲得无聊,让丫环陪她去花园散心。她们刚在石头上坐定,忽然瞧见封三娘爬在墙上往院里望。范十一娘又惊又喜,忙拉她进园,一起畅谈起来。

范十一娘责怪她说:"你为何不守信用? 想死人家啦!"

封三娘解释说:"我也想念你呢,只是我家贫寒,你家富贵,与你交往我怕让你家仆人婢女耻笑呢!"

范十一娘流着眼泪说:"我为你都害病了呢,你这回不要离开我啦……"

封三娘也流下了眼泪,挽着范十一娘的脖子娇声说:"我来这里姐姐可要保守秘密呢! 让那些造谣生事的人知道了,流言飞语,说长道短,实在叫人受不了……"

范十一娘破涕一笑,欢喜地说:"只要你留下陪我,我什么都答应你!"

从此她们俩同睡一床,十分友爱,范十一娘的病也好了。父母听说女儿请来一位美丽的小姐,也非常满意……

原来封三娘是由狐狸精变的……

成语"飞短流长"意思是散布谣言、恶意中伤。

"飞短流长"也写作"蜚短流长"。

沸沸扬扬

典出《水浒传》第十八回:后来听得沸沸扬扬地说道:"黄泥岗上一伙贩枣子的客人,把蒙汗药麻翻了人,劫了生辰纲去。"

晁盖、吴用等智取了生辰纲之后,大名府留守梁中书、东京太师府蔡太师分别来书札和指令,要济州府府尹立即捉拿劫取生辰纲的"贼人"。蔡京限济州府十日内捉拿"贼人"归案,否则惟府尹是问。济州府尹得上司指令,慌了手脚,即唤捕快头目何涛从速破案,否则重罪加身,决不宽饶。

何涛领了台旨,焦躁得如热锅上的蚂蚁,立即召集许多做公的到机密房中商议此事。众做公的都面面相觑,如箭穿雁嘴,钩搭鱼腮,尽无言语。当初何涛只有五分烦恼,今见众做公的拿不出办法,又增添了五分烦恼。无奈,只得回到家中,独自一个,闷闷不已。

何涛之弟何清知道其兄的难处后,拍着大腿说:"这伙贼,我都捉在便袋里了。"何涛大惊道:"兄弟,你如何说这伙贼在你便袋里?"何清道:"我赌博输了,便去北门外十五里的安乐村给客店的店小二抄了半个月的文簿。六月三日,有七个贩枣子的客人来投宿,我认得其中一个是郓城县东溪村的晁保正。第二天,又有一个叫白胜的挑着担子从村前经过。后来听得沸沸扬扬地说道:'黄泥岗上一伙贩枣子的客人,把蒙汗药麻翻了人,劫了生辰纲去。'我猜不是晁保正,却是兀谁!如今只捕了白胜,一问便知端的。"

何涛听了大喜,随即报告了府尹,当下便差八个做公的去捉拿白胜。

后人用"沸沸扬扬"形容议论纷纷。

丰干饶舌

典出《宋高僧传》卷十九:二僧人曰:"丰干饶舌。"

唐朝时有个僧人名叫丰干。最初,他居住在天台山国清寺,作舂米的工役,后来行化到京兆。此时,京兆有个叫闾丘胤的要到台州去做太守,临行时他问丰干:国清寺有没有高明的和尚。丰干回答说:"有烧饭、洗碗的两个和尚,名叫寒山和拾得。"闾丘胤到任之后,就去拜访这两个和尚。当闾丘胤见到寒山、拾得说明来意后,这两个和尚笑着说:"你怎么会知道我们呢。一定是丰干饶舌。"闾丘胤笑笑说:"正是丰干告知我的。"

后人用"丰干饶舌"表示喜欢多嘴。

鼓闻百里

典出《笑府》:甲曰:"家下有鼓一面,每击之,声闻百里。"乙曰:"家下有牛一只,江南吃水,头直靠江北。"甲摇头曰:"那有此牛?"乙曰:"不是这一只牛,怎逻得这一面鼓?"

甲说:"我家里有一面鼓,只要敲击,百里之外都能听见。"乙说:"我家里有一头牛,如果在江南喝水的话,它的头就靠在江北。"甲摇摇头说:"哪会有这样一头牛?"乙说:"如果没有这样的牛,怎么会有你那一面鼓?"

后人用这则寓言讽刺吹牛、说大话。寓言中的甲是吹牛者,乙方揭露谎言者,乙采取的方法是以子之矛攻子之盾,使谎言不攻自破。

蛤蟆蛙蝇与晨鸡

典出《墨子间诂·附录》:子禽问曰:"多言有益乎?"墨子曰:"蛤蟆蛙蝇,日夜恒鸣,口干舌擗,然而不听。今观晨鸡,时夜而鸣,天下振动。多言何益?唯其言之时也。"

子禽问道:"多说话有好处吗?"

墨子回答说:"蛤蟆、青蛙、苍蝇,白天黑夜叫个不停,叫得口干舌疲,都没有人去听它。雄鸡在黎明按时啼叫,鸣声一起,天下振动。多说话有什么好处呢?重要的在于话要说得切合时机。"

后人用"蛤蟆蛙蝇与晨鸡"比喻话要说到点子上。夸夸其谈,废话连篇,不但毫无益处,还会惹人厌烦。

花言巧语

典出《诗经·小雅·巧言》:巧言如簧,颜之厚矣;《论语·学而》:巧言令色,

鲜矣仁。《朱子语类》中解释"巧言"说:"巧言,即今所谓花言巧语……"元·王实甫《西厢记》中,对"花言巧语"有形象地描写:"对人前巧语花言,没人处便想张生,背地里愁眉流泪。"

《西厢记》里说:张生和崔相国的女儿莺莺相爱,托莺莺的丫环红娘带了一封情书给莺莺。嫌贫爱富的相国夫人不许他们相爱,只许他们以兄妹相称。莺莺惧怕老夫人,见了张生的书信后,故意发怒道:"我是相国家的小姐,谁敢将这简帖来戏弄我!"当场责备了红娘几句,并写了回信让红娘送给张生。其实,莺莺信中却密约张生月下相会。红娘识破了小姐的用心,把信交给张生时,唱道:"我们小姐,对人前花言巧语,没有人时便想张生,背地里愁眉不展,暗自流泪。"

后人用"花言巧语"指虚伪而好听的话。

讳莫如深

典出《谷梁传·庄公三十二年》:讳莫如深,深则隐。

春秋战国时代,鲁国国君鲁庄公很喜爱他的妃子孟任,一心想要让孟任生的儿子班继承君位。庄公生病的时候,问他的第二个弟弟叔牙:谁可以继承国君。叔牙说庄公第一个弟弟庆父很有才能,可以继承。庄公见叔牙的意见不合自己的心意,又问第三个弟弟季友。季友说愿意用生命来辅助公子班做国君;并且叫大夫针巫把叔牙毒死了。鲁庄公死了以后,季友扶助公子班做了国君。可是庆父却联络庄公的夫人哀姜叫人把公子班杀了;另立哀姜的妹妹叔姜和庄公生的儿子开做国君,称为泯公。过了一年,庆父想自己做国君,又叫人把泯公杀了。鲁国的人民见庆父一连杀了两个国君,认为庆父不死,灾难不止,加之躲避在陈国的季友号召鲁国人民诛灭庆父,庆父非常害怕,便逃到齐国去了。

左丘明在《左传》里把这事写成"公子庆父如齐"。《谷梁传》解释说:"此奔也,其曰如,何也?讳莫如深。"意思是:庆父因为害怕鲁国百姓和季友要诛灭他,才逃到齐国;而《左传》说他是到齐国去,不说他是逃跑,这是替庆父隐讳了杀死国君的最严重的罪过。

从此以后,人们就引用"讳莫如深"这句话,比喻隐瞒得很紧,害怕别人知道。

惠子善譬

典出《新序·善说》:客谓梁王曰:"惠子之言事也善譬。王使无譬,则不能言矣。"王曰："诺。"明日见，谓惠子曰："愿先生言事则直言耳，无譬也。"惠子曰："今有人于此而不知'弹'者，曰：'弹之状何若？'应曰：'弹之状如弹'，则谕乎？"王曰："未谕也。"于是更应曰："'弹之状如弓，而以竹为弦'，则知乎？"王曰："可知矣。"惠子曰："夫说者固以其所知谕其所不知，而使人知之。今王曰无譬，则不可矣。"王曰："善。"

有一个门客对梁王说："惠子说话，就是善于打比方。大王如果叫他不打比方，那他就无法把一件事情说清楚了。"梁王说："行。"第二天，梁王遇见了惠子，对惠子说："希望先生今后讲什么事情就直截了当地说，不要打比方了。"惠子说："现在如果有一个不知道'弹'是什么东西的人在这里，他问你弹的形状像什么，如果回答说弹的形状就像弹，那他明白吗？"梁王说："不明白。"惠子接着说："在这时就应该告诉他：'弹的形状像把弓，却用竹子做它的弦'，那么他会明白吗？"梁王说："可以明白了。"惠子说："说话的人本来就是用人们已经知道的东西来说明人们所不知道的东西，从而使人们真正弄懂它。现在您却叫我不打比方，这就行不通了。"梁王说："你讲得好。"

这则故事形象地说明了比喻的妙用。它的寓意还在于：把别人的长处看作短处，并且强迫别人放弃自己的长处去说话、办事，那是行不通的。

击鼓骂曹

典出《三国演义》第二十三回。

祢衡，字正平，三国平原般（今山东临邑东北）人。他有才干，善辩论，擅长于笔墨文章，刚强傲物。

有一次，曹操召见祢衡，不叫他坐。祢衡仰天长叹说："天地虽阔，怎么没有一个人呢？"曹操问："我手下有数十人，都是当世英雄，怎么说没有人？"祢衡说："你手下这些人，我都认识，不是要命将军，就是要钱太守，都像衣架、饭囊、酒桶、肉袋之辈！"曹操听了大怒，叫他当个打鼓手，早晚朝贺和宴会，都叫他打鼓助乐，想用这个办法侮辱祢衡。

一天，曹操在大厅上宴请宾客，叫祢衡出来打鼓。按规矩，打鼓手要更换新衣服，可是祢衡仍然穿着破旧衣服出来打鼓。曹操左右的人问："为什么不换新衣服？"祢衡并不答腔，当场脱下衣服，裸体而立，浑身尽露，在众宾客面前，大出曹操的丑！曹操气得大骂："大庭广众下这样做，真是太无礼！"祢衡回答："欺君罔上，才是无礼。我露父母之形，以显出清白的身体！"曹操问："你清白，谁污浊？"祢衡慢条斯理地告诉他："你不识贤愚，是眼浊；不读诗书，是口浊；不纳忠言，是耳浊；不通古今，是身浊；不容诸侯，是腹浊；常怀篡逆，是心浊！"祢衡袒露着身体，当着众人面前，一边击鼓，一边历数曹操的罪恶行径。曹操当场被骂得

火冒三丈,立即令人将他遣送给荆州刘表。曹操借刀杀人,被刘表所识破,又转送给江夏太守黄祖。后来,祢衡被黄祖杀死。

"击鼓骂曹",比喻当面指出对方的错误,加以批评责问。

街谈巷议

典出《文选·张衡〈西京赋〉》:街谈巷议,弹射臧否(pǐ 匹)。

东汉时,封建统治阶级依仗他们手中的权力,残酷压榨人民,过着穷奢极欲的生活。封建皇帝自不待说,就是一些达官显贵、皇亲国戚也是肆意勒索,虎狼般地残害人民。据《后汉书》记载,中常侍侯览夺人宅屋三百八十一所、田地一万一千八百亩。侯览的哥哥侯参任益州刺史,肆意勒索。他搜括的金银锦帛珍玩用三百多辆车子都没装完。还有一些中、下层官吏,也是贪赃枉法,横行霸道。

封建统治者的穷奢极欲,引起了一些志士仁人的愤慨和谴责。有一个叫张衡的文学家,用十年时间写成了两篇名赋:《西京赋》和《东京赋》来讽谏统治者。在《西京赋》中,张衡描写了西汉统治者的奢侈生活,讽刺他们只图享乐而无远虑,借此讽谏东汉统治阶级。赋中讲了这样一个故事:西汉时,丞相公孙贺的儿子当太仆时,擅自动用了北军一千九百万元的军费,并因此下狱。公孙贺到处活动为儿子开脱。当时,正在追捕一个叫朱安世的人,公孙贺便串通捕吏捕获了朱安世来顶替自己的儿子伏法。对此,人们街谈巷议,纷纷提出批评和指责。

"街谈巷议"即大街上谈,小巷里议。

后人用"街谈巷议"这个典故比喻大街小巷里的人们对某件事情议论纷纷。

绝口不道

典出《汉书·丙吉传》:吉为人深厚,不伐善。自曾孙遭遇,吉绝口不道前恩,故朝廷莫能明其功也。

丙吉,字少卿,年少好学,为人忠厚,后来做过廷尉监。刘询未当皇帝之时,曾遇难入狱,丙吉为此多方设法营救,使他得以安全脱险。

刘询即位后,号称宣帝。这时丙吉被封为关内侯,但他从不矜夸自己的好处。尤其是关于营救过宣帝刘询之事,在任何时候、任何地点,他都"绝口不道",所以宫廷之中,没有人知道他营救过刘询的事。

丙吉做人忠厚,不谈己善,也不居功。后来刘询加封丙吉为博阳侯,采邑三百户。就在这时，丙吉病倒床褥，后经多方治疗，终于痊愈。丙吉康复之后，上书辞谢受封。他说功小受封，于心有愧。经宣帝劝说，他才勉强接受了。五年之后，他代魏相为丞相。

后人用"绝口不道"（亦作"绝口不谈"）来形容闭口不说，绝不漏嘴。

侃侃而谈

典出《论语·乡党》：朝，与下大夫言，侃（kǎn 砍）侃如也；与上大夫言，訚（yín 银）訚如也。

在周代的等级制度中，大夫是诸侯下面的一个等级，其中又分为两等，最高一级称为卿，即上大夫，其余称为下大夫。孔丘的地位相当于下大夫。

孔丘是一个一举一动都力求合乎周礼的人。在家乡，在朝廷之上，和上大夫说话，和下大夫说话，他都有不同的举止和言语。在家乡，他显得温和恭顺，好像不会说话一样；在祭祀和朝见的场合，却善于谈论，只是比较谨慎罢了。在朝廷上，当国君不在场时，他同下大夫说话，理直气壮；同上大夫说话，和颜悦色；君主来了，则恭敬而又不安，非常小心谨慎。

根据以上记载，人们从孔子和下大夫说话时的"侃侃如也"引申出"侃侃而谈"这句成语，指不慌不忙地谈着。

空穴来风

典出战国楚·宋玉《风赋》：臣闻于师，积句来巢，空穴来风。

楚国人宋玉，是屈原的学生，也是当时著名的文学家。有一次他陪着楚顷襄王到兰台去游玩，到了台上，刚好有一阵风飒飒地吹来，顷襄王披着衣襟，迎着凉风，觉得很凉快，口里说道："这阵风真凉快呀！这是我和老百姓们共有的呀！"宋玉因为顷襄王淫乐无道，又听了弟弟令君兰和上官大夫靳尚的话，把他的老师屈原放逐到湘北去，所以藉了"风"的题目去讽刺他。说道："这风是你大王独有的，老百姓哪里能和你共有呢？"顷襄王觉得风的吹拂，不分贵贱，现在听宋玉说是他独有的，倒觉得奇怪起来，就叫宋玉把道理讲出来。宋玉说："听我老师屈原说过：枳树弯曲了，就有鸟在上面做巢；空的洞穴中，会生出风来，因为它各有凭藉，那么风气就自然不同了。……"宋玉用讽刺的口吻，把风划分开来。他说："在高台上，皇宫里那些清静的地方风是清凉的，所以属于贵族的；老百姓居住低洼的

陋巷里，即使有风吹来，都是夹杂着许多泥沙和秽臭，所以是属于老百姓的……"

"空穴来风"，本来是宋玉藉题来讽刺顷襄王的，但后人把它引申了，意思是某种说法有一定的成因，或者比喻流言乘虚而入。

孔子马逸

典出《吕氏春秋·孝行览·必己》：孔子行道而息，马逸，食人之稼，野人取其马。

子贡请往说之，毕辞，野人不听。

有鄙人始事孔子者，曰："请往说之。"

因谓野人曰："子不耕于东海，吾不耕于西海也，吾马何得不食子之禾？"

其野人大说，相谓曰："说亦皆如此其辩也，独如向之人！"解马而与之。

孔子赶路，中途歇息时马饿了，吃了人家的庄稼，农民把他的马扣留起来。

子贡自告奋勇去说情，费尽了口舌，农民根本不听他的。

有个刚跟随孔子的乡下人，说："请让我去说一说。"

这人对农民说："您不是在东海种地，我不是在西海种地，我的马怎么能不吃您的庄稼？"

农民一听这话，大为高兴，互相议论说："说话也有这样雄辩的，哪像刚才那个人！"随即把马解下来归还给他。

后人用"孔子马逸"比喻只有真正熟悉农村生活的人，才能通情达理地对农民说出切实有力的语言，一语破的，解决问题。

口若悬河

典出《世说新语·赏誉》：王太尉云："郭子玄语议如悬河泻水，注而不竭。"

晋国时候有一个大学问家，名叫郭象，字子玄。他在年纪还小的时候，就很有才学，特别对于日常生活中发生的一切现象，肯下功夫思索。后来，他爱好老子和庄子的学说，并且具有深湛的研究。当时有许多人请他去做官，他一概辞掉了。只是拿研究学问和谈论哲理当做最快乐的事情。最后算是做了个黄门侍郎。

因为他的知识很丰富，能够把一切事情的道理讲得清清楚楚，又喜欢尽量发挥自己的见解，于是太尉王衍常常称赞他说："听郭象说话，好比悬在山上的河流

泻水,直往下灌,从来没有枯竭的时候。"后来的人就根据王衍的话,引申出"口若悬河"这句成语。

"口若悬河"比喻人健谈,言辞如河水倾泻,滔滔不绝。

口是祸之门

典出《艾子杂说》:艾子病热,稍昏,梦中神游阴府,见阎罗王升殿治事。有数鬼抬一人至,一吏前白之曰:"此人在世,唯务持人阴事,恐取财物;虽无过者,一巧造端,以诱陷之,然后摘使准法。合以五百亿万斤柴于镬汤中煮讫放。"王可之,令付狱。有一牛头捽执之而去,其人私谓牛头曰:"君何人也?"曰:"吾镬汤狱主也,固首主也,而豹皮裈若此之弊!"其鬼曰:"冥中无此皮,若阴人焚化方得,而吾名不显于人间,故无焚贶者。"其人又曰:"某之外氏猎徒也,家常有此皮,若蒙狱主见悯,少减柴数,得还,则焚化十皮,为狱主作裈。"其鬼喜曰:"为汝去'亿万'二字,以欺其徒,则汝得速还,兼免沸煮之苦三之二也。"于是又入镬煮之。其牛头者,时来相问,小鬼见如此,必欲庇之,亦不敢令火炽,遂报柴足。即出镬,束带将行,牛头曰:"勿忘皮也。"其人乃回顾曰:"有诗一首奉赠云:'牛头狱主要知闻,权在阎王不在君;减刻官柴犹自可,更求枉法豹皮裈。'"牛头大怒,又入镬汤,益薪煮之。艾子既寤,语于徒曰:"须信口是祸之门也。"

艾子病了发高烧,有些昏昏沉沉,在睡梦中灵魂去游阴曹地府,看见阎罗王升堂问事。有几个鬼抬上一个人来,一个鬼吏向前汇报说:"这个人在阳世上,只顾干些挟制别人隐私的缺德事情,用恐吓的手段诈取财物;就连清白无过的人,也被他巧设机关,诱惑下水,然后按他的指使照他的办法去干坏事。对此人应该用五百亿万斤柴火放在锅底下去烧煮他,煮过之后再放他回去。"阎王认为可以,命令交付牢狱去执行。有个牛头鬼上来揪住他,押了下去。那个人便私下询问牛头鬼说:"你是什么人呀?"

牛头鬼说:"我是镬汤狱的主管人,凡镬汤狱中的事情我都可以作主。"

那人又说:"既然是牢狱的主管人,必定是第一把手了,但为啥穿着这么破烂的豹皮裤子呀!"

牛头鬼说:"阴间没有这种豹皮,如果阳间有人焚化了才能得到。而我的名望在人世间并不显著,所以没有人焚化送给我。"

那人又说:"我的舅家是专门打猎的,家里常常有这种皮子,若得到您的怜悯,减少一些烧柴数字,我能够活着回去,就一定焚化十张豹皮,为狱主您做一条好豹皮裤子。"

牛头鬼大喜道:"我为你减去'亿万'二字,以欺骗那些小鬼,你就可以迅速回家,并可免除三分之二的开水沸煮的苦处了呀!"

接着便把那人又进锅里去煮。这个牛头鬼时时来问情况，小鬼们见牛头鬼这般态度，想必是要保护那人，也就不敢把火烧得太旺，并且报告说，柴禾已经烧够了。那人出了汤锅，扎好了腰带准备归程，牛头鬼走来说："可千万别忘了那豹皮呀！"

那人便回过头来对牛头鬼说："我有一首诗要赠送给你：牛头狱主要知闻，权在阎王不在君；减刻官柴犹自可，更求枉法豹皮裈。"

牛头鬼一听勃然大怒，立刻又把那人又进滚烫的水锅中，并加添了更多柴禾去烧煮他。

艾子醒了以后，就对他的徒弟们说："必须相信口是酿成祸灾的大门呀！"

后人用这则寓言说明：口是祸之门，说明多嘴多舌容易招致灾祸，这在旧社会是种消极的防御处世的办法，并不足取。揭示矛盾，暴露黑暗，并与之作针锋相对的斗争，才能推动事物发展，促使社会进步。但是，斗争的方式要考虑时间、地点、条件，不能盲目从事或孤军作战。

另外，这则寓言更揭示了旧社会官场中贪污受贿的黑暗现实。还有些狡猾的人，为保护自己不受法律制裁，千方百计寻机行贿，破坏法制，腐蚀拉拢他人下水，这也是十分值得警惕的事。

口口声声

典出《元曲选·秋胡戏妻》：你这厮，太无礼了。你待要偕比翼，你也曾听杜宇它那里口口声声撺掇先生，不如归去。

钜野县鲁家庄有个寡妇刘氏，她身边只有一个儿子名叫秋胡。她的邻居罗大户有个女儿叫做梅英。经媒说合，秋胡与梅英结为夫妻。成婚之后，媒人因嫌谢礼太少，便从中挑拨。她对梅英说："姐姐一表人才，当初应选一个财主，有吃有穿，一生受用，而今嫁给这个秋胡，穷困艰苦，看你今后怎样过活？"梅英道："至如他釜有蛛丝甑有尘（意思是：就是他穷得锅底朝天，甑上有灰尘），我也愿意。"

媒婆之言，梅英根本不听。

结婚不久，秋胡便从军服役去了。债主李大户趁机来向罗大户逼债，想借此机会将梅英弄到手。罗大户因无钱偿还，李大户便摆出一副财主的架式说："既无钱还债，就把你的女儿梅英嫁给我，以了此债。"他还造谣说："你女婿已经死了，你女儿又这么年轻，总不能老守活寡呀！若嫁给我李某，不但你女儿一生吃穿不愁，你这个当岳父的也可跟着享享清福哇。"经他这么一说，罗大户便动心了。

罗大户来到刘家对刘氏说："秋胡已死，我女儿年轻，不能守寡！而今李大户要娶梅英，他自家牵羊担酒送礼来了。"刘氏无法，只得叫梅英梳妆打扮。她对梅英说:"虽然秋胡不在家中,你是个年轻媳妇,也该梳梳头,收拾收拾呀!似这般蓬头垢面,不让人家笑话么?"梅英说道:"你儿不在家已五载十年了,妇道人家也该识个好歹高低呀!"婆媳俩正在说话之间,李大户偕同罗大户及罗大户的老婆,带着一班人吹吹打打,鼓乐喧天地到鲁家庄娶亲来了。

梅英对李大户的卑劣行为极力反抗,她坚决而愤怒地对他父母说:"要儿改嫁,要等那日从西边升起!"此时李大户死皮赖脸地对梅英说:"小娘子不要多言,我这模样可长得不丑呀!梅英听了,好不气愤,啪的一声,一巴掌打在李大户脸上。并且骂道:"你有钱,你有势,怎敢把我穷人欺,我虽穷,有骨气,你敢把我良家妇来调戏,滚滚滚,去去去,凤凰岂肯乌鸦配。"李大户见势不妙,只好暂时退去,妄想另找机会报复。

事后不久,秋胡便告假回家探亲来了。

秋胡入伍后,屡立奇功,现在已官至中大夫了。他告假回家,走到自己的桑园时,看见梅英正在采桑,便更衣去戏弄他的妻子。他说:"小娘子,左右无人,我央求你,采桑不如嫁郎,你就顺了我吧。"梅英怒骂道:"你这厮,太无礼了。你待要偕比翼,你也曾听杜宇它那里口口声声撺掇先生,不如归去。"秋胡还要和他纠缠,被梅英痛骂了一顿。

梅英夫妻团圆之后,秋胡便令钜野县官严惩李大户。县官立即捉拿李大户归案,将他重打四十大板,关押三个月,罚粮一千石,用于救济饥民。

后人用"口口声声"来形容把一说法经常挂在口头上。

老生常谈

典出《三国志·管辂传》:十二月二十八日,吏部尚书何晏请之,邓飏在晏许。晏谓辂曰:"闻君著爻神妙,试为作一卦,知位当至三公不?"又问:"连梦见青蝇数十头,来在鼻上,驱之不肯去,有何意故?"辂曰:"……今君侯位重山岳,势若雷电,而怀德者鲜,畏威者众,殆非小心翼翼多福之仁。又鼻者艮,此天中之山,高而不危,所以长守贵也。今青蝇臭恶而集之焉,位峻者颠,轻豪者亡,不可不思害盈之数,盛衰之期。……愿君侯上追文王六爻之旨,下思尼父象象之义,然后三公可决,青蝇可驱也。"飏曰:"此老生之常谈。"

三国时,魏国有个人叫管辂,从小对天文学很有兴趣,八、九岁的时候,和小朋友们一起玩时,便能在泥土上画日月星辰的形象,并加以解说。长大以后,对《周易》了解得很透彻。他常常替人占卜,每次都很灵验。有一次,吏部尚书何晏将管辂请了去,另一个尚书邓飏也在座。何晏对管辂说:"听说你能预卜先知,请你替我卜一卦,看我有没有作三公(最高的官职,即司徒、司寇、司空)的希望。最近连续梦见几十只青蝇飞到我鼻上来,赶也赶不走,不知何故?"

管辂说:"请原谅我直说,从前周公辅佐周成王,经常是坐着等待天亮,由于他的尽忠职守,才使成王国运兴隆,各国诸侯都拥护他,这完全是遵循天道的结果,不是卜筮可以说明的。现在你权高势赫,但感怀你德行的人少,畏惧你威势的人却很多,这不是好现象。相书说,鼻的位置在天中,青蝇贴面,主危。我希望你上追文王,下思尼父(孔子),则三公可望,青蝇可驱了。"邓飏在旁听了说:"这些话我都听厌了,一般人最爱发的议论,有什么新奇的呢?"

后来的人便把邓飏的这句话引申为"老生常谈"一句成语,比喻没有新意的言论。

李逵骂宋江

典出《水浒传》第七十三回。

黑旋风李逵和浪子燕青离开四柳村,将进荆门镇时,天色已晚,投宿在刘太公庄上。当晚,听说太公的女儿两日前被梁山泊宋江强夺去了。李逵信以为真,气得他一上梁山寨,便直到忠义堂来,拔出大斧,先砍倒了杏黄旗,把"替天行道"四个字扯得粉碎,又抢斧上堂,要杀宋江。众人慌忙拦住,问什么事。李逵气作一团,哪里说得出!还是燕青把经过情况说了一遍。宋江听了,便叫:"哪有这回事?"李逵睁圆怪眼,大声嚷叫:"我平时把你当做好汉,你原来却是畜生!快把女子送还刘老,不然,我早晚要杀了你!"宋江说:"你且不要闹嚷,那刘太公不死,庄客都在,可以同去面对。若对着了,我就拿脖子受你板斧;如果对不着,你这家伙没上下,该当何罪?"李逵说:"如果不是你,我这颗脑袋便输给你!"

众人来到刘太公庄上。李逵叫太公快来仔细认一认宋江,他提着板斧立在宋江身边,只等老汉说声是,便要下手。刘太公定睛看了又看,摇摇头说:"不是。"宋江说:"刘太公,我便是梁山泊宋江。你的女儿,是让假名托姓的骗夺去了。你如果打听出来,我替你作主。"回头又对李逵说:"回到寨里再来辩理!"说毕,宋江等人先回山寨。

燕青问李逵:"李大哥,怎么办?"李逵说:"只是我性太急,做错了事。既然输了这颗头,我自己一刀割下来,你拿去献给哥哥便了。"燕青劝他不要死,教他脱下衣服,绑缚麻绳,背上荆杖,拜伏在忠义堂上,请打求饶。事到如今,李逵无可奈何,只得同燕青回寨来,跪在堂上,负荆请罪,向宋江赔不是。

宋江佯装不饶,要按军令行事,拿头抵罪。众人都替李逵求情。宋江说:"要饶他也可以,不过,他要把那假宋江捉来,讨还刘太公的女儿。"李逵听了,高兴得跳起来,说:"我去瓮中捉鳖——手到拿来!"后来,李逵和燕青访得是牛头山王江和董海冒名所为,便杀了这两个绿林草贼,将女子送回刘太公庄上。

"李逵骂宋江",比喻得罪了人,过后向人赔礼道歉。

立木南门

典出《史记·商君列传》：（商鞅之）令既具，未布。恐民之不信己，乃立三丈之木于国都市南门，募民有能徙之北门者，予十金。民怪之，莫敢徙。复曰："能徙者，予五十金。"有一人徙之，辄予五十金，以明不欺。卒下令。

商鞅制定新法完毕，尚未颁布。他恐怕百姓们不信赖自己，于是在秦国都城的南门口竖立了一根三丈长的木杆，召集百姓，告示说："如果有人能将木杆移至北门，赏赐十金。"

众百姓听了很奇怪，不知他是什么意思，都不敢贸然去移。商鞅又说："能移木杆人，赏五十金。"这时，人群中走出一个人来，将立木搬至北门，商鞅当众赏赐了五十金，以表示自己言而有信，不欺骗百姓。

事后，他便颁布了新法。

后人用"立木南门"这个典故告诉我们办事情，应该言而有信，方能取信于民，绝不能朝令夕改，失信于人。

连篇累牍

典出《隋书·李谔传》：连篇累牍，不出月露之形，积案盈箱，唯是风云之状。

李谔(è)是隋朝初年管理文书的官员，他看不惯当时只追求词句的华丽，内容上却空洞无物的文章。因此，他向隋文帝上书，请求明令禁止这种浮华的文风。他在上书中说："写文章互相比赛词句华丽，已经成了恶劣的风气。文章不讲什么正当道理，只写一些虚幻的枝节，只讲究一个韵、一个字的奇特、巧妙；即使一篇又一篇地写了一大堆，甚至堆满桌子、塞满箱子，写的也不外乎什么月哟、露哟、云哟，这有什么意思呢（'连篇累牍，不出月露之形；积案盈箱，唯是风云之状'）？"隋文帝杨坚看了李谔的上书后，很是赞赏，但他弄不清对这种事具体该如何处理。李谔说："开皇四年，皇上不是向天下颁布命令吗？要求各种文章，都要照实记录下来。可是，当年九月，泗州刺史司马幼之所写的文章过于华艳，皇上就把他抓进狱中，交付给司法部门治罪。从那以后，公卿大臣再不敢写那种华而不实的文章了。"

隋文帝点头称是，于是，决定将李谔的建议颁行各地，好让地方官参照执行。

可是不久，隋文帝便死去，继承帝位的隋炀帝是个荒淫无道的暴君，他喜欢那种"风花雪月"的文章，所以，李谔的建议很快就落空了。

后人用"连篇累牍"形容数量很多而内容空洞重复的文章。

鲁鱼亥豕

典出《吕氏春秋·察传》：有读史记者曰："晋师三豕涉河。"子夏曰："非也，是己亥也。夫己与三相似，豕与亥相似。"至于晋而问之，则曰："晋师己亥涉河也。"

春秋时，有一次孔子的一名学生子夏到晋国去，经过卫国，听见有人琅琅念道："晋国伐秦，三豕涉河。"子夏听了，感到有些莫名其妙，为什么晋国的军队征伐秦国，有三只猪渡过黄河呢？恐怕不是什么"三豕涉河"，而是"己亥涉河"吧？他到了晋国，一问，果然是"己亥涉河"。

原来，汉字中有许多字形相同的字，像"鲁"和"鱼"，"亥"和"豕"等，搞不好就要弄错。

后人用"鲁鱼亥豕"表示书籍在传抄、刊印过程中的文字错误。

马谡用兵

典出《三国演义》第九十五回。

马谡，字幼常，三国时代襄阳宜城（今湖北宜城南）人。他好读兵书，在蜀汉军中任参军之职，常夸夸言兵。刘备临死时，嘱咐丞相孔明说："马谡言过其实，不可大用。"

一次，魏国将军司马懿率军攻打军事要地街亭（今甘肃秦安县东北）。马谡要求前往把守街亭。孔明说："曹魏欲取街亭，乃断我咽喉之路。街亭虽小，关系重大。你虽然深通谋略，但街亭没有城郭，又无险阻，防守很不容易啊！"马谡说："我自幼熟读兵书，颇知兵法，难道还守不住一个街亭？"表示愿以性命担保，并立下军令状。孔明只好答应，并派一向谨慎的大将王平相助。

马谡领兵来到街亭，看了地势，冷笑说："丞相太多心了。街亭这样偏僻，魏兵如何敢来？"他要屯兵于一座小山上。王平担心屯兵山上会遭敌围困。马谡说道："你的见识太浅。兵法说：'凭高视下，势如劈竹'。如魏兵来，叫他片甲不回！"王平劝他："这小山是一处绝地，如魏兵切断汲水的道路，就无法坚守。"马谡生气地说："兵书说，'置之死地而后生'。如山上断水，便只有死战，一人能当百人用！"他越说越得意忘形，"连丞相都经常向我请教，你却不信任我！"王平只好请求分兵在山下扎一小寨。

司马懿领兵来到，得知蜀军已经先扎下营寨，认为自己很难取胜。探得蜀兵屯驻山上,街亭大道路口并无寨棚,觉得自己有得胜的把握,感叹地说:"马谡徒有虚名,才能平庸,孔明重用此人,如何不误事!"于令部将张部引军挡住王平的来路,又派兵切断汲水的道路。司马懿亲率大军,将马谡围困在山上。蜀兵被围困了一天,饥渴难忍,人心惶惶。半夜,山南面的蜀兵大开寨门,下山降魏。魏军又在山的周围放火,制造更大的混乱。马谡料想死守不住,便带残部突围下山,逃回祁山,向丞相孔明请罪去了。后来,孔明深悔自己用人失误,挥泪斩了马谡。

"马谡用兵",比喻说话夸张失实,超过实际所能办到的;也指办事违背了客观规律。

满城风雨

典出《冷斋夜话》卷四:黄州潘大临工诗,多佳句,然甚贫。……临川谢无逸以书问有新作否。潘答书曰:"秋来景物,件件是佳句,恨为俗氛所蔽翳。昨日闲卧,闻搅林风雨声,欣然起,题壁曰:'满城风雨近重阳。'忽催租人至,遂败意,止此一句奉寄。"

秋天到来之后,自然界的景物,样样都可作为写诗的绝好材料。昨天无事,靠在榻上养神,听到从丛林中发出来的风吹雨打的声音,美妙极了,起身提笔,在墙壁上题诗:"满城风雨近重阳,……"刚写了第一句,忽然催收房租的人拍门进来,就此将我的诗兴败坏了,所以只能将这一句寄给你看。

"满城风雨"原指城内处处风雨交加的深秋景色,后来多用以比喻某事很快传播开来,人们议论纷纷。

强词夺理

典出《三国演义》第四十三回:座上一人忽曰:"孔明所言,均强词夺理,均非正论,不必再言。"

战国时代,宋国有一个大夫(官名),名叫高阳应,是一个强辩的人,没有理由的事情,他也要强辩硬说。别人虽然嘴里说不过他,可是心里就是不服。有一次,高阳应要建一座房子。一位有经验的木匠看了盖房子的材料向他说:"现在还不能动工,木头还没有干呢!用这样潮的木头做柱子,不久会有裂痕。木头一有裂痕,就会支撑不住房子了,将来房子会倒塌的。还是等木头风干以后再动工

吧!"高阳应却反驳说:"根据你的说法,恰恰相反,用潮木头做柱子,房屋不仅不会倒塌,反而应该更坚固。你看,木头越干就越有力,砖瓦泥土越干就越轻。现在木头还潮的时候,加上了屋顶尚且能支架得住,过了些时候,砖瓦的压力减少了,木头风干了,不是更能支持得了吗?怎么会倒下来呢?"

木匠被他这么一驳,无话可答,只好依着主人的意思去做。房屋很快盖起来了,但是没多久,不出木匠所料,房子果然倒塌了。

后人用"强词夺理"比喻硬用语言强辩,把无理说成有理。

巧发奇中

典出《史记·孝武本纪》:少君资好方,善为巧发奇中。

西汉武帝时,迷信之风盛行。上至天子,下至百姓,都以为求神祭神可以使子孙尊显,民可以益寿延年。有些以祠灶为业的人深得皇帝的尊崇。

当时,有一个叫李少君的人,被汉武帝召至宫中。李少君无妻无子,他隐匿自己的年龄,装神弄鬼,自言能用药物,使人长生不老。不少人很迷信他,争相馈赠。少君也确实有点小能耐,常常能说出上百年以前的事实而且准确无误。有一次,他和武安侯田蚡在一起饮酒,座中有一位九十余岁的老人。李少君对这位老人说,我曾经和你的祖父共游过某地。这位老人在孩子时曾随祖父到过此地,举座都为李少君的话而惊奇不已。还有一次,汉武帝召见李少君,说有一件旧铜器,问他认识否。李少君说:"这是齐桓公十年时放在柏寝的那件铜器。"后来证实就是此物,宫中诸人大为惊骇,都以为李少君是个神人,可能已是数百岁的人了。司马迁把李少君这种时时发言有所中的才能称之为"巧发奇中"。

后人用"巧发奇中"来形容善于发言而能适合人意。

巧言令色

典出《尚书·皋陶谟》:何畏乎巧言令色孔壬。

传说皋陶和禹在舜帝面前讨论过治理国家的事情。在讨论的时候,皋陶说:"相信并按照先王之道处理政务,就能使谋略实现,大臣之间也就能团结一致,同心同德。"禹说:"对呀,但如何才能做到这样呢?"皋陶说:"唉,这就应该严格要求自己,以身作则,努力提高品德修养,以宽厚的态度对待同族的人,同时也要使他们贤明起来,努力辅助你治理国家"禹非常佩服地对皋陶说:"你说得好啊!"

接着皋陶又说："还有呢，怎样用人也非常重要，一定要做到知人善任。"禹说："对！知人善任的人，才是有智慧的人；有智慧的人，才能用人得当。如果能做到这点，又'何畏乎巧言令色孔壬'（意思是：何必怕那些花言巧语善于谄媚的人呢？）"

后人用"巧言令色"来形容花言巧语，伪装和善的样子。

鸲鹆效声

典出《叔苴子·内篇》：鸲鹆之鸟生于南方，南人罗而调其舌，久之能效人言，但能效数声而止，终日所唱惟数声也。蝉鸣于庭，鸟闻而笑之。蝉谓之曰："子能人言甚善，然子所言者未尝言也。曷若我自鸣其意哉？"鸟俯首而惭，终身不复效人言。

八哥是生长在南方的一种鸟。人们用网捕到后，便训练它学说话，日久天长，八哥就能跟着人学舌了，但只能模仿几句而已，从早到晚所唱的也就是这么几声。

有只蝉在院里叫，一只八哥听到后便嘲笑它。蝉于是对八哥说："你能学人说话，这很好。然而你所说的都不是自己的话，实际等于没有说，哪里比得上我叫的都是自己的意思呢？"八哥听后，羞愧地低下头，一生再也不跟人学舌了。

后人用"鸲鹆效声"这个典故讽刺那些自己毫无主见，人云亦云，拾人牙慧还要到处吹嘘的人。

鹊集噪虎

典出《郁离子》：女几之山乾，鹊所巢。有虎出于朴薮，鹊集而噪之。鸲鹆闻之，亦集而噪。鸲鹆见而问之曰："虎，行地者也，其如子何哉而噪之也？"鹊曰："是啸而生风，吾畏其颠吾巢，故噪而去之。"问于鸲鹆，鸲鹆无以对。鸒鹆笑曰："鹊之巢木末也，畏风，故忌虎；尔穴居者也，何以噪为？"

在女婴南边，是喜鹊做窝的地方。有一只老虎从朴薮树后跳了出来，喜鹊一见便群集在树上对着老虎高声乱叫。八哥鸟听见了，也群集在树上高声乱叫。

寒鸦看见了便问喜鹊说："老虎是在地上行走的动物，它跟你有什么相干？对它乱叫是为什么？"

喜鹊回答说："这种长声吼叫可以生风，我害怕它把我的巢颠覆了，所以

才叫。"

寒鸦又询问八哥,八哥听了则无言以对。

寒鸦笑着说:"喜鹊把自己的巢搭在树枝上,怕风吹,所以畏惧老虎;而你住在山洞里,又何必跟着乱叫呢?"

后人用这则寓言讽喻毫无意义的多嘴多舌者。多嘴多舌的人,往往闻风便是雨,它们既缺乏是非感,也没有现实感。浑浑噩噩,随波逐流,却往往给生活增添许多不必要的麻烦。

人言可畏

典出《诗经·郑风·将(qiāng羌)仲子》:人之多言亦可畏也。

《将仲子》,是《诗经·郑风》中的第二篇。诗中描写了一位热情坦率的姑娘,热切地希望与自己相爱的人幽会,但又恐怕别人觉察,所以让他莫露形迹,以免遭到父母、兄弟和社会的非难。这个姑娘的心情是矛盾的,因而"言似拒之,实乃招之"。

《将仲子》全诗共三段,其中第三段的原文是:"将仲子兮,无窬我园,无折我树檀。岂敢爱之?畏人之多言。仲可怀也,人之多言亦可畏也。"大意是说:仲子(古歌者情人的名字),仲子,求求你呀,莫将我家墙跨,可别踩断檀树杈。我不是心疼这檀树,是怕人多嘴又杂。仲子,仲子,我想你呀,可人多嘴杂也可怕。

后人用常"人言可畏"这个典故来形容舆论对人的压力。

三寸不烂之舌

典出《史记·张仪列传》。

张仪有一次被邀参加楚国宰相的宴会,宴会散了后,楚相发现自己最贵重的玉璧不见了。侍从说:"一定是张仪偷的,他又穷又行为不端,除了他还能有谁呢?"于是,楚相派人把张仪抓来,百般殴打追逼,把他家抄了个遍,找不出来,只好把张仪放了。张仪的妻子因为张仪受了冤屈,又被打得体无完肤,因此守着张仪哀哀地哭。张仪说:"不要哭,不要哭,现在要紧的是:你看我舌头还在不在,被打烂了没有?"妻子被逗笑了,说:"舌头还在你口里。"张仪说:"只要舌头完好,那就不要紧。"后来,张仪西入秦国,凭着他的政治才能和无敌的口才,为秦国统一天下的大业,作出了卓越的贡献。

后人用"三寸不烂之舌"这个谚语比喻只要舌头不烂，就能凭借语言说服人。引申为巧舌如簧地说服别人。

三人成虎

典出《战国策·魏策二》：庞葱与太子质于邯郸，谓魏王曰："今一人言市有虎，王信之乎？"王曰："否。""二人言市有虎，王信之乎？"王曰："寡人疑之矣。""三人言市有虎，王信之乎？"王曰："寡人信之矣。"庞葱曰："夫市之无虎明矣，然而三人言而成虎。……"

战国时代，互相攻伐，为了使大家真正能遵守信约，国与国之间通常都将太子交给对方作为人质。

魏国大臣庞葱，将要陪魏太子到赵国去作人质。临行前对魏王说："现在有一人来说街市出现了老虎，大王可相信吗？"魏王道："我不相信。"庞葱说："如果有第二个人说街市上出了老虎，大王可相信吗？"魏王道："我有些将信将疑了。"庞葱又说："如果有第三个人说街市上出现了老虎，大王相信吗？"魏王道："我当然会相信。"

庞葱就说："街市上没有老虎，这是很明显的事，可是经过三个人一说，好像真的有了老虎了。现在赵国国都邯郸离魏国国都大梁，比这里的街市远了许多，议论我的人又不止三个，希望大王明察才好。"魏王道："一切我自己知道。"

庞葱陪太子回国，魏王果然没有再召见他了。

市是人口集中的地方，当然不会有老虎。说市上有虎，显然是造谣、欺骗，但许多人这样说了，如果不是从事物真相上看问题，也往往会信以为真的。

这故事本来是讽刺魏惠王无知的，但后世人引申这故事成为"三人成虎"这句成语，乃是借来比喻有时谣言可以掩盖真相的意思，能够以假乱真，无中生有。

生公说法

典出《莲社高贤传·苏州的传说》。

晋朝时，有个和尚俗名魏道生。他从小出家，苦读经书，钻研佛学，精通佛典，才华出众，大家叫他道生法师，尊称为生公。

生公在京城里传经布道，深受皇帝的器重。当时佛教盛行，佛教中又有许多不同的派别，朝廷里有的大臣见皇帝器重生公，产生嫉妒，奏本诬告生公是邪教。

皇帝听信了谗言,便把生公赶出了京城。

生公到处云游,四海为家。有一次,他来到苏州城,看到虎丘山风景特别好,便在这里居住下来,传经布道。苏州人听说虎丘山上来了名僧,大家都来听他讲经。一传十、十传百、百传千……来听经的人群把虎丘山上的一块大磐石都坐满了。

说起虎丘山上的这块大磐石,还有它的一段故事。早年吴王阖闾在虎丘造墓,为了不泄露机密,坟墓造好了,便下令将造墓的一千名工匠全部杀掉。工匠们拼死抵抗,在大磐石上和官兵肉搏厮杀,终因手无兵器,统统被杀害了。千人的鲜血染红了这块大磐石,后人取名"千人石"。千人的鲜血流到磐石边的水池里,殷红殷红,便取名"血河池",后来池中白莲盛开,改名叫"白莲池"。

生公在虎丘山上讲经的消息,在苏州城内外很快传开了,听他讲经的人越来越多。苏州知府知道后,害怕冒犯朝廷,得罪朝中大官,便下令不准生公讲经,并派出大批官兵将前来听讲的人全部赶走。那"千人石"上只留下一块块垫坐的石头。

生公并不灰心,依然坚持不懈,天天讲经。没有人,向谁讲?他面对一块块的顽石,像往常对着听讲的人群一样,一丝不苟地讲解佛经。说来也奇怪,每当生公讲经的时候,虎丘山上的百鸟停止了歌唱,都静静地听着;白莲池里的水也会盈满起来,所以说"生来池水满,生去池水空";那池里的千叶白莲听到生公讲经,也都一起开放吐香;连一块块垫坐石,听了也会频频点头。这是什么道理呢?有人说生公讲经讲得好。更多的人说,生公的意志坚韧不拔,精神十分感人,感动得花鸟也知情、顽石都点头!

"生公说法",比喻道理讲得透彻,使人心服口服。说法:讲解佛法,引申为讲述道理。

声色俱厉

典出南朝·宋·刘义庆《世说新语·汰侈》。

晋代有两个豪绅:一个叫石崇,一个叫王恺。王恺是晋武帝司马炎的舅父。晋武帝常常支持王恺与石崇争富。有一次,晋武帝送了一只高二尺多、枝条繁茂、世所罕见的珊瑚树与王恺。王恺十分得意,便拿去给石崇看,借以显示自己的富豪。石崇看了一看,便用铁如意将珊瑚打碎了。王恺既感到痛惜,又觉得是石崇嫉妒他有这样稀奇的宝贝,因而便声色甚厉地责备石崇。石崇却无所谓地对王恺说:"这有什么稀奇,还你一只得了。"当即便叫人把自己的珊瑚拿出来让王恺挑选。石崇的珊瑚树高三四尺不等,枝条主干姿态绝世,光彩夺目;六七只珊瑚,每只都比王恺的高大而瑰丽。王恺一看,不禁大吃一惊,顿觉愕然。

后人把"声色甚厉"说成"声色俱厉",用来表示说话的声音和脸色都很严厉。

拾人牙慧

典出《世说新语·文学》:殷中军云:"康伯未得我牙后慧。"

晋朝时有一个叫殷浩(字深源)的人,很有学问,又善于说话。曾被封为建下将军,统帅扬、豫、徐、兖、青五州兵马。后因作战失败,被罢官流放到信安(在今浙江省衢县境)。殷浩有一个外甥叫韩康伯,人非常聪敏,又有学问,殷浩也很喜欢他。殷浩在被流放时,韩康伯也随在一起。有一天,殷浩见他对人发表议论,显示出十分得意的神情。事后殷浩就说:"康伯连我的牙后慧还没有得到哩!"

牙慧,是指牙上的污秽。殷浩这句话的意思是:韩康伯连殷浩牙齿后面的污秽还没有得到,谈的道理实在和殷浩所知道的差得很远呢!后来的人,就根据这个故事,引申成"拾人牙慧"这句成语,来比喻沿袭别人说过的话,自己没有真知灼见。

驷不及舌

典出《论语·颜渊》。

有一天,卫国大夫棘子成和孔子的学生子贡一起谈论怎样才像一个君子。棘子成说:"君子只要有好的本质就够了,要那些礼节、形式干什么?"子贡说:"惜乎,夫子之说君子也!驷不及舌,文犹质也,质犹文也。虎豹之鞟犹犬羊之鞟。"(意思是:可惜呀,先生谈论的君子谈错了。一言既出,驷马难追。本质与文采〔即内容与形式〕是同等重要的。这就好比虎豹之皮与犬羊之皮的区别既在本质,也在文采。如果从虎豹、犬羊的皮上拔去有文采的毛,那末,这些兽皮的区别就很小了。)

后人用"驷不及舌"来表示说话应当慎重一些,因为话说出之后不能反悔。

滔滔不绝

原作"滔滔不竭",典出五代·王仁裕《开元天宝遗事》:张九龄善谈论,每与

宾客议论经旨，滔滔不竭，如下阪走丸也。

唐代时，有一个大臣叫张九龄，字子寿，一名博物，韶州曲江（今属广东）人。他中过进士，任过右拾遗。当时，吏部选拔人才，都由他和赵冬曦评定等第。开元二十一年（公元733年），张九龄任中书侍郎同中书门下平章事，主张不循资格用人，设十道采访使。

张九龄不但能很好地协助皇帝处理政务，他还是位很有才能的诗人。他善于言辞和辩论，每当和宾客们讲书论经时，总是滔滔不绝，像顺着斜坡滚弹丸一样，毫无阻碍。

开元二十四年（公元736年），因为奸相李林甫的攻击，张九龄罢相。

后人用"滔滔不绝"形容话多，连续不断。

天花乱坠

典出梁·释慧皎《高僧传》。

传说，梁武帝的时候，有一个名叫云光的法师天天讲经。由于他讲经讲得好，感动了天上的花神。由于花神高兴便把鲜花从天上撒下来。鲜花纷纷落地，五光十色，耀人眼目。

后人把这个故事概括为"天花乱坠"，用来比喻夸夸其谈，说得十分漂亮，但都不切实际。

顽石点头

典出《莲社高贤传·道生法师》：入虎丘山，聚石为徒，讲涅槃经，至阐提处，则说有佛性，且曰："如我所说，契佛心否？"群石皆为点头。

有一个叫竺道生的人，他信仰佛教，对佛家的道理有精深的研究。有一天，他独自一个人跑到虎丘的深山里去。找到了许多大石头，把它们一块一块地搬下来，整整齐齐地放在一块儿，把它们当作徒弟看待。他每天从早到晚，像学校里的老师教导学生一样，对着石头不厌其烦地给它们讲解《涅槃经》。不久，那一群大石头听了些道生讲的归真的道理时，都个个点起头来。

人们从这个故事引申成"顽石点头"这个成语，用来形容对人教育耐心，使人心服口服。

妄语误人

典出《阅微草堂笔记》：里人张某，深险诡谲，虽至亲骨肉不能得其一实语。而口舌巧捷，多为所欺。人号曰"秃项马"。马秃项，为无鬃，鬃、踪同音，言其恍惚闪烁无踪可觅也。一日，与其父夜行，迷路。隔陇见数人团坐，呼问："当何向？"数人皆应曰："向北。"因陷深淖中。又遥呼问之，皆应曰："转东！"乃几至灭顶，鳖薜泥涂，因不能出。闻数人拊掌笑曰："秃项马，尔今知妄语之误人否？"近在耳畔，而不睹其形，方知为鬼所绐也。

乡里人张某，品性十分险恶狡诈，虽是至亲骨肉，也不能讨得他一句实话。而且此人口齿灵巧敏捷，很多人被他欺骗过。因此人们给他起了一个绰号，叫做"秃项马"。马秃了项颈，就是没有鬃毛。"鬃"和"踪"同音，是在形容他的隐约难辨，像夜间闪烁的一点火花，突然无踪无影，不可找寻了。

有一天，张某和他的父亲夜间走路，迷了道。隔着田垄看见几个人围坐在一起，便打招呼问道："应当向哪里走呀？"那几个人都说："向北！"结果深陷在泥沼之中。又遥遥地再呼问，那几个人又说："转向东走。"向东一转，几乎遭到灭顶之灾，父子二人便在泥沼中盘旋地挣扎着，窘迫地难以移出。听见那几个人拍掌笑着说："秃项马！你今天可知道说假话害人了吗？"声音就在耳边，看不见人形，这才知道是被鬼所欺骗了呀。

后人用这则寓言说明害人者恒害己，甚至祸及家人，这是一条客观规律，并不是什么"为鬼所绐"。假若故事中的"数人"不是鬼，在现实当中也会实有其人。

为人说项

典出唐代杨敬之《赠项斯》诗：平生不解藏人善，到处逢人说项斯。

唐代时，有一个诗人叫项斯，字子迁，江东人。他在会昌四年（公元844年）中进士，曾任丹徒县尉。

项斯在未及第时，虽然诗写得不错，人品也好，但名声不大，几乎不为人所知。有一次，他带着自己的诗稿去拜访当时的名士杨敬之。杨敬之曾读过项斯的部分作品，很赞赏他的才华，这次见面之后，经过交谈，更觉项斯是个很有作为的人，便赠给了项斯一首诗：

几度见诗诗尽好，
及观标格过于诗；
平生不解藏人善，
到处逢人说项斯。

这首诗的大意是说：多次读到你（项斯）的诗，句句都好；现在见到你的人品，比诗还高。我从来不主张隐瞒别人的优点，不论碰到谁我都要为项斯称道。由于杨敬之的推荐介绍，项斯的诗很快在长安流传，项斯也因此出了名。

后人用"为人说项"（亦简称"说项"）称为人扬誉或说情。

闻所未闻

典出《史记·郦生陆贾列传》：大说陆生，留与饮数月。曰："越中无足与语，至生来，令我日闻所未闻。"

秦朝末年，原南海郡龙川令赵佗乘农民起义和楚汉相争之机，自立为南越王，占据南海、桂林等郡。刘邦建立西汉王朝以后，派陆贾出使南越，说服赵佗归顺汉朝。

赵佗虽是真定（今河北正定县）人，但因久居南方，对汉朝不甚了解。陆贾来到南越以后，赵佗问他："我和萧何、曹参、韩信比起来，谁的才能高？"陆贾说："你似乎比他们的才能更高。"赵佗又问："那么我与汉皇帝比呢？"陆贾说："汉皇从丰沛起兵讨伐暴秦，诛灭了强大的楚国，为天下兴利除害，继承了三皇五帝的事业。中国人多地大，土地肥沃，物产丰富，政令统一。你们南越，人不过数十万，地域狭窄，像汉朝的一个郡，怎么能和汉朝相比呢？"赵佗听了陆贾的介绍，顿开茅塞。他对陆贾说："陆先生来到南越，使我听到了以前没有听到过的事情。"后来，赵佗归顺了汉朝，刘邦封他为南越王。

后人用"闻所未闻"来指听到了从没听到过的事。

信口雌黄

典出《晋书·王衍传》：衍既有盛才美貌，明悟若神，常自比子贡。兼声名藉甚，倾动当世。妙善玄言，唯读《老》、《庄》为事。每捉玉柄麈尾，与手同色。义理有所不安，随即改更，世号"口中雌黄"。

晋朝时候有一个叫王衍的,在晋武帝(司马炎)时做了太子舍人;后来调做尚书郎等职。他从年轻的时候起,就喜欢清谈。做官以后,还是崇拜老子和庄子,整天讲"无为而治"的道理。因为他的才学很高,谈论很精辟透彻,因此,在当时享有很大的名气,许多读书人都佩服他,而且还模仿他的做法。

当王衍读解老庄玄理的时候,手里总是拿着一把玉柄拂尘表现出十分从容宁静的态度。而他有时把义理读解错了,就随口改正。于是人们说他是"口中雌黄"。原文最后一句是:"世号口中雌黄。"雌黄本来是山里一种黄赤色的矿物。古时候的人写字用黄纸,写错了,都用雌黄涂抹。"口中雌黄",便是随即改正说错的话的意思。

后来的人从此引申,便把人随口说出的没有根据不负责任的话,叫做"信口雌黄"。

信誓旦旦

典出《诗经·卫风·氓》:信誓旦旦,不思其反。反是不思,亦已焉哉!

古时候,有个小伙子爱上了一位美貌的姑娘。他借抱布换丝的名义,向姑娘求爱。俩人结婚后,一片恩爱之情。这位姑娘把家中百事一身担,爱夫之心没有变。可这个小伙子后来却变了心。他对待妻子横眉竖眼,百般虐待。

在悲苦无告的处境下,这位劳动妇女回忆了前前后后的遭遇,非常痛恨丈夫。她责骂丈夫说:"你说白头共偕老,想起这话使我怨。淇河滚滚也有岸,水注漫漫也有边。两小无猜共戏乐,说说笑笑玩得欢。明明白白发过誓,没想你会把心变。恨你变心不念旧,一刀两断就算完。"最后,她愤然决定和这个负心的丈夫一刀两断,彻底决裂。

后人用"信誓旦旦"指誓言说得极其诚挚。

徐庶进曹营

典出《三国演义》第三十六、三十七回。

徐庶,字元直,颍川(今河南禹县)人。他在少年时,好学击剑,因为人报仇,杀死人命,改名换姓,遍访名师,练就奇才。

徐庶化名单福,做刘备的军师,曾经大破曹仁的"八门金锁阵"。曹操得知单福即是徐庶,慕他才智,怕他帮助刘备对己不利,千方百计地想将徐庶拉拢来。

曹操知道徐庶自幼丧父,只有老母亲在许昌家里,无人侍养,便叫人将徐母取来,要她写信劝徐庶回许昌辅佐曹操,不要帮助刘备。徐母不肯,说刘备是当世的英雄,骂曹操:"托名汉相,实为汉贼,要叫我儿背明投暗,绝无此理!"曹操一见此计不成,又使一计。他将徐母软禁起来,模仿她的字体,假借徐母名义,写信召徐庶弃刘奔曹。徐庶为人至孝,见到母亲的手迹,事出无奈,只好辞别新野刘备,来投许昌曹操。徐母见到徐庶,勃然大怒,拍案骂他:"仅凭一纸伪书,不察详细,便弃明投暗,自取恶名,真是愚夫!我有何面目与你相见呀!"徐母骂罢,转入内室,上吊身死。

徐庶悲愤万分,懊悔无及!他深感刘备知遇之恩,表示对曹操终身不设一谋。后来,徐庶果然是这样做的。

"徐庶进曹营",比喻不讲话或不爱讲话。也指对人有意见对问题有不同看法,闷在心里不讲出来。

言不由衷

典出《左传·隐公三年》:言不由中,质无益也。明恕而行,要之以礼,虽无质,谁能间之?

春秋初期,郑国是一个新兴的诸侯国。国君郑庄公是周朝的卿士,执掌朝中大权,根本不把周王放在眼里。当时,周平王是个软弱无能的人,一方面他不得不依靠郑庄公处理朝政,另一方面他对虢(guó)公忌父又十分信赖,曾想让他代替郑庄公管理朝政。郑庄公知道后,对周平王非常不满。周平王害怕,赶紧向郑庄公解释说:"我并没有让他取代你的想法。"为了让郑庄公相信,周平王和郑庄公决定交换人质,周太子狐到郑国做人质,郑公子忽到周作人质。

公元前720年,周平王死后,平王的孙子周桓王(姬林)继承君位。周桓王也想让虢公忌父代替郑庄公做卿士,掌握政权。郑庄公知道后很生气,于是在这年春天,就派大夫祭(zhài)足带领兵马,到周朝的温邑,把麦子全部抢割,运到郑国。到了秋天,祭足又带领兵马到周朝的成周,把那里的谷子全部割掉,运回郑国。从此,周朝和郑国之间的关系就更加恶化了,结下仇恨。

当时的史官在评论这件事的时候说:"言语不发自衷心,即使交换人质也是没有用处的。如果能够设身处地为对方着想,相互谅解而后行事,并用礼仪加以约束,虽然没有人质,又有谁能够离间他们呢?"

成语"言不由衷"即由此演化而来。由:从;衷:内心。这句成语的意思是,说出的话不是发自内心。形容虚伪敷衍、不说真话。

言过其实

典出《三国志·蜀书·马良传》：先主临薨谓亮曰："马谡言过其实，不可大用，君其察之！"

三国时，刘备为关羽复仇，出兵伐吴，失败后退至白帝城，忧愤病倒，将要死的时候，托孤给诸葛亮说："马谡这个人，所说的话，往往夸大，言过其实，今后丞相用他时要格外谨慎。"刘备死后，司马懿出兵攻打街亭，马谡向诸葛亮请求自己愿意去守街亭，结果因才智不够，弄得街亭失守。诸葛亮以马谡不听军令，把他杀了，忽然想起了刘备临死的嘱咐，不禁大哭一场。

"言过其实"这句成语是指说话的人，语言浮夸，超过实际。

言犹在耳

典出《左传·文公七年》：今君虽终，言犹在耳，而弃之，若何？

春秋时，晋国赵盾执掌国政。第二年，晋襄公去世，因太子夷皋年少，晋人在立国君一事上感到十分为难。赵盾说："襄公弟弟雍年长有经验，而且为人和善，晋文公重耳在世时，对他十分喜爱。雍的母亲是秦伯的女儿，与秦国关系友好，如果立他为国君，国内稳定，外邻友好，再恰当不过了。"大夫贾季说："不如立襄公的另一个弟弟乐，乐的母亲很受晋怀公、晋文公的宠爱，立他，百姓一定高兴。"可是赵盾反驳说："乐的母亲生活很放荡，地位也卑贱。立国君应该找一个与大国有良好关系的人，乐的母亲是陈国人，陈国小，遇事无法援助。"赵盾坚持立公子雍而公子雍此时正在秦国，于是赵盾便派人往秦迎接。贾季也坚持要立公子乐，派人去陈国召来公子乐。赵盾非常愤怒，以贾季曾杀人为理由，废了他的大夫职位。太子夷皋的母亲缪嬴得知公子雍将回国，十分失望，日夜抱着夷皋在朝廷上痛哭。她诉说着："襄公有什么地方对不起大家？太子又有何罪？国内的不立，反而去国外迎接，你们将怎样处置太子呢？"下朝后，她又抱着夷皋到赵盾家哭诉："襄公生前把太子托付给你说，如果孩子成才，他便感激你；如果不成才，他便怨恨你。现在襄公死了，话还在耳边，你就抛弃太子，这是为什么呢（今君虽终，言犹在耳，而弃之，若何）？"

原来赵盾与诸大夫一向惧怕缪嬴，在她的再三逼迫下，只好答应立夷皋为国君，并派人阻止公子雍入境。

后人用"言犹在耳"形容对人家说过的话还记得很清楚。

以讹传讹

典出《红楼梦》第五十一回：这两件事虽无考，古往今来，以讹传讹，好事者竟故意的弄出这些来以愚人。

一天，李纨、湘云、宝钗、宝琴、黛玉、宝玉等在一起做灯谜儿玩耍。李纨先说道："我编了个《四书》上的，即'观音未有世家传'，打《四书》一句，请大家猜一猜。"黛玉笑道："我猜罢。可是'虽善无征'？"众人笑道，猜对了。李纨又说道："纨儿编了一个是'水向石边流出冷'，打一古人名。"探春笑笑说："是山涛吧？"李纨说："猜得对。"宝钗听了后说道："这些虽然很好，但不合老太太的意，不如做些浅近的，大家雅俗共赏才好。"湘云想了一想，笑道："我编了一支'点绛唇'，却真个是俗物，你们猜猜。"说着，便念道："溪壑分离，红尘游戏，真何趣？名利犹虚，后事终难继。"众人听后都不解。宝玉想了半天说："必定是耍的猴儿。"湘云笑道："正是这个。"众人问："那末一句怎么解释？"湘云回答说："猴儿不是剁了尾巴的么？"众人听了，都大笑起来。

大家笑过之后，李纨说："昨天听薛姨妈说宝琴妹妹见的世面多，走的道路远，诗又做得好，请她编几个谜语儿让大家猜猜。"过了一会儿，宝琴笑笑说："我走的地方不少，现挑了十个地方的古迹，做了十首怀古诗，每首诗暗隐俗物一件，请姐姐们猜一猜。"宝琴把诗写出来后，大家都争着看。看毕，大家都称奇道妙。宝钗道："这十首诗，前八首都是史鉴上有据的，后两首却无从考查，是不是另做两首？"黛玉马上接口道："后两首诗史鉴上无据何妨？宝姐姐太胶柱鼓瑟了。"李纨也接着说："这两件事无古稽考不要紧，古往今来，以讹传讹者甚多，只管留着。"对后两首所隐之物，大家猜了半天都没有猜着。

后人用"以讹传讹"（讹：谬误）表示把本来不正确的话又妄传开去。

应对如流

现在的电视台常常举办演讲会、辩论会，演说人口若悬河，各抒己见。在这里，演说人应具备一个特殊的本领，那就是随机应变、应对如流，对别人提出的问题要反应迅速，回答得体、理由充足。

这种随机应变、应对如流的才能，在我国古代是很重视的。中国有句古话，叫"一言以兴邦，一言以亡国"，许多人靠了这种语言才能，使国际或国内政治形势发生巨大变化。而这种才能的培养总是从小开始的。下面我们就讲几个这方面的故事。

东汉末年的文学家孔融，十岁时随父亲到洛阳。当时的司隶校尉李膺是非常有名的人，许多才名远播的人到洛阳都要去拜访他，以能和他结识交谈而感荣幸。如果不是名士，那必须是亲戚，门房才给通报。这天孔融自己来看望李膺，人家看他是孩子，不给通报。孔融就对门官说："我和你家大人是亲戚，快去通报！"及至李膺见到孔融，并不认识，就笑着问：

"你和我是什么亲戚呀？"

孔融回答："我的祖先是孔夫子，您的祖先是老子（老子姓李），孔子曾问学于老子，有师生之分，我和您可以说是几世的情谊，不和亲戚一样吗？"

在坐的大人对一个十岁的孩子能应对得这样巧妙得体都很惊叹，但其中有一位叫陈韪的有些不以为然地说："小时候会耍小聪明的人长大了未必就有用。"孔融接口说：

"大人想必小时候是专耍小聪明的！"

曹丕篡位以后称魏文帝，他手下有一位大臣叫钟繇。钟繇有两个儿子，一个叫钟毓，一个叫钟会，都有少年才子之名。有一次曹丕叫钟繇把两个孩子带来让他看看。孩子领到曹丕面前，钟毓有些慌张，满脸是汗，曹丕问他：

"你为什么出汗？"

钟毓回答："见到皇帝，战战惶惶，所以出汗。"

曹丕又问钟会："你为什么不出汗？"

钟会回答："见到皇帝，战战惶惶，汗不敢出。"

曹丕听了两人的回答后，更加喜欢钟会。

又有一次，钟毓、钟会两兄弟乘父亲午睡时偷酒喝，钟繇假装睡觉看他们的举动。只见钟毓先恭恭敬敬行了个礼，才灌了一口；而钟会则拿起来就喝。事后钟繇问他们为什么这样，钟毓说：

"酒是用来祭礼用的，所以先要行礼才能饮。"

可是钟会却说："偷东西本来就是非礼的，干嘛还要假么假事行礼呀！"

营丘之士

典出《艾子杂说》：营丘士，性不通慧，每多事，好折难而不中理。一日，造艾子问曰："凡大车之下，与橐驼之项。多缀铃铎，其何故也？"艾子曰："车、驼之为物甚大，且多夜行，忽狭路相逢，则难于回避，以借鸣声相闻，使预得回避尔。"营丘士曰："佛塔之上，亦设铃铎，岂谓塔亦夜行而使相避邪？"艾子曰："君不通事

理,乃至如此! 凡鸟鹊多托高以巢,粪秽狼藉,故塔之有铃,所以警鸟鹊也,岂以车驼比邪?"营丘士曰:"鹰、鹞之尾,亦设小铃,安有鸟鹊巢于鹰鹞之尾乎?"艾子大笑曰:"怪哉,君之不通也! 夫鹰准击物,或入林中,而绊足绦线,偶为木之所绾,则振羽之际,铃声可寻而索也,岂谓防鸟鹊之巢乎?"营丘士曰:"吾尝见挽郎秉铎而歌,虽不究其理,今乃知恐为木枝为绾,而便于寻索也!"

营丘地方有位先生,生性很不通达,平日好多事,喜欢与人辩论而且总是钻牛角尖儿、认死理。

一天,他登门拜访艾子,问道:"大车辕杆下和骆驼脖子上大都挂着铃铛,这是什么道理?"艾子告诉他:"马车、骆驼,体躯很大,而且经常走夜路,一旦狭路相逢就很难错让。所以借助铃声彼此照应,以便预先让路回避。"

营丘先生又问道:"佛塔上面也吊着铃铛,难道说佛塔也会夜行,需要借助铃声彼此回避吗?"艾子说:"您怎么不通事理到了这种地步! 鸟雀喜欢在高处筑巢,弄得寺塔污秽不堪。所以佛塔吊着铃铛用来惊吓鸟雀,这怎么能和大车、骆驼相比呢?"

营丘先生又问道:"那么,鹰、鹞的尾巴上也带着铃铛。难道鸟儿敢在它们的尾巴上筑巢吗?"艾子禁不住大笑说:"真荒唐,您真是不通事理啊! 鹰、鹞在捕猎的时候,有时会飞入林中,缚在脚上的丝带一旦被树枝挂住,那么在它奋翅挣扎的时候,就会振响铃铛,这样便于人们循声找寻,怎么能说是防备鸟雀筑巢呢?"

营丘先生听了恍然大悟,说:"噢! 我曾经看见送葬的时候,挽郎摇着铃铎,嘴里唱着歌,一直不懂其中的道理。现在才明白那是恐怕被树枝绊住,便于寻找啊!"

后人用"营丘之士"的这个典故告诉人们,不要把事物表面的一点联系绝对化,偷换论题,混淆概念。

有理言自壮,负屈声必高

典出《警世通言·金令史美婢酬秀童》第十五卷:秀童叫天叫地的哭将起来。自古道:有理言自壮,负屈声必高。

苏州昆山县有个叫金满的人,读书不就,将银援例捐了个令史,在本县为吏,身边蓄得一婢名金杏,生得甚有姿色,金令史平日爱如己女。还有一个小厮名秀童,却是自小抚养在家,今已二十余岁,对金令史一片孝顺之心,甚为乖巧。那金令史千方百计,钻营得管库房之职,不期十一月四日夜,金令史通宵值夜,不曾离库,亦不曾合眼,却失去四锭元宝。那金令史连声叫苦:"失去二百两银子,却把什么来赔补?"一边重新寻找,就把这间房翻转来,何尝有个影子。外边都知库房失盗,知县责令十日内补库。金令史正越想越恼闷,蓦然想到"这夜只有秀童拿递东西，进来几次，莫非是他偷了？"于是许了捕快二十两银子，请其拷问秀童。捕快一索子将秀童拖至城外冷铺里严刑拷打，吊、打、捞、夹都是不招，且叫天叫地哭将起来，说是："我自九岁蒙爷抚养成人，在家没半点差错，不想爷疑心到我头上，今日我只欠爷一死，更无话说。"说罢闷绝去了。自古道："有理言自壮，负屈声必高。"众捕快将其唤醒送得回来，已是七损八伤，一丝两气，金令史心中亦觉惨然。

原来那银却是门子胡美偷的。胡美父母双亡，跟着姐夫过活，喜欢赌钱、吃酒、美婆娘。这夜赌输了，没处设法，便下心来偷库房，见金令史坐着，几遍不好动手，恰值秀童进厨房取蜡烛，打翻了麻油，趁金令史进去看时，便乘机盗得四个元宝，夜夜使斧头敲得锭边使用。胡美间壁住着个姓陆的门子，夜夜听得他家打得一片响，从壁缝张看，只见他用斧头敲元宝。心知金令史银必是他偷了，跑来告知。金令史忙禀官搜捕，果然人赃皆获。

金令史因思屈了秀童，受此苦楚，没什么好处酬答他，乃收秀童为子，将金杏配他为妻，家业亦由秀童承顶。正是，凡一要凭真实见，古今冤屈有谁知？

后人用"有理言自壮，负屈声必高"这个典故比喻"理直气壮"的意思。

俞伯牙不遇钟子期

典出《警世通言·俞伯牙摔琴谢知音》。

俞瑞，字伯牙，相传生于春秋时代，楚国郢都(今湖北江陵县北)人，任晋国上大夫，善于弹琴。

一次，伯牙奉晋王之命，来楚国修聘。他因离楚十二年，思念故国江山名胜，待公事完毕，拜辞楚王，择水路绕道而回。行至汉阳江口，时当八月十五，中秋之夜。偶遇风雨，船只不能前进，停泊于山崖之下。伯牙独坐无聊，命童子焚香，捧出琴箱，置于案间。他亲自开箱取琴，调弦转轴，弹出一曲。曲犹未终，突然琴弦断了一根。伯牙大惊，按照古代说法，操琴断弦，不是有人盗听，便是遇有刺客。伯牙连忙叫左右的人上崖搜查。

原来有个樵夫，姓钟，名徽，字子期，因打柴晚归，避雨潜身岩畔听琴。俞伯牙令他上船相见，问其乐理，对答如流。伯牙大喜，将断弦重整，抚琴托思。弹到描写高山的曲调时，在旁听琴的钟子期说："善哉！峨峨兮若泰山。"弹到描写流水的曲调时，子期又说："善哉！洋洋兮若江河。"只两句话，就说中了弹琴者的心思。俞伯牙大惊，推琴而起，赞叹地说："相识满天下，知心能几人？"当即与钟子期结为兄弟。两人相见恨晚，谈论至东方发白。临别相约明年八月十六日，再到此地相逢。

第二年，俞伯牙如期前来赴约。不料钟子期自遇伯牙，意气相投，回家后，买

书攻读,白日采樵负重,夜间诵读辛勤,心力耗废,染成怯疾,不幸病亡。俞伯牙得此噩讯,悲痛欲绝。他来到钟子期坟前,取出瑶琴,挥泪两行,抚琴一操,寄以吊祭。邻近的山村乡民,闻得朝中大臣来祭钟子期,围绕坟前,争先观看。但闻琴韵铿铿,不知其间,鼓掌大笑而散。俞伯牙见状,感慨万分,取出随身携带的小刀,割断琴弦,双手举琴,向祭台上用力把琴摔碎,大哭地说:"摔碎瑶琴凤尾寒,子期不在对谁弹! 春风满面皆朋友,欲觅知音难上难。"

"俞伯牙不遇钟子期",比喻不再谈话或议论了。

渊材禁蛇

典出《谈言》:渊材尝从郭太尉游园,咤曰:"吾比传禁蛇方,甚妙,但咒语耳,而蛇听约束,如使稚子。"俄有蛇甚猛,太尉呼曰:"渊材可施其术。"蛇举首来奔,渊材无所施其术,反走汗流,脱其冠巾曰:"此太尉宅神,不可禁也。"

一次,渊材随从郭太尉在园中游玩,吹牛说:"我有一个祖传的禁蛇妙法,特别灵,只要念动咒语,蛇就听从约束,好比摆布小孩一样。"

不一会儿,园中窜出一条凶猛的蛇。太尉惊呼道:"渊材,快施展你禁蛇的本领。"正说着,那条毒蛇已昂首直奔过来,渊材毫无办法,吓得掉头就跑。他汗流满面,摘下帽子,气喘吁吁地说:"这是太尉的宅神,禁不得。"

后人用"渊材禁蛇"这个典故说明:靠吹牛皮、说大话混日子的人经不起实际斗争的考验。

辙中有鲋

典出《庄子·外物》:庄周家贫,故往贷粟于监河侯。

监河侯曰:"诺! 我将得邑金,将贷子三百金,可乎?"

庄周忿然作色,曰:"周昨来,有中道而呼者。周顾视车辙中,有鲋鱼焉。周问之曰:'鲋鱼,来! 子何为者邪?'对曰:'我东海之波臣也。君岂有斗升之水而活我哉?'周曰:'诺! 我且南游吴越之王,激西江之水而迎子,可乎?'鲋鱼忿然作色,曰:'吾失我常,与我无所处;吾得斗升之水然活耳,君乃言此,曾不如早索我于枯鱼之肆!'"

庄周家里很穷,因此去找监河侯借粮。

监河侯说:"好! 我就要收租税了,到那个时候,可以借给你三百两黄金,好吗?"

庄周气得脸色都变了,说:"我昨天来这里,半路上听到有呼救声,我回头一看,在车沟里有一条鲋鱼。我问它说:'鲋鱼,过来!你在喊什么呀?'鲋鱼答道:'我是东海里的水族,您可有一升半斗的水,救救我这条命吗?'我说:'好!我正要到南方去游说吴越的国王,让他们把西江的水引来迎接你,好吗?'鲋鱼气得变了脸色说:'我失去了正常的生活环境,已经没有地方可呆;我只求你给我一升半斗的水就得活命,可是你却说这样的话,还不如早早到干鱼摊子上去找我呢!'"

这则寓言讽刺了不着边际的华而不实的夸夸其谈。历来一切反动的统治者,对蚩蚩之氓都是口惠而实不至的;望梅止渴,画饼充饥,其结果不过是让人民渴死和饿死而已。激西江之水,迎鲋鱼于道辙以归东海,这么吹吹牛是不难的,但却连斗升之水也不肯拿出来,这实际上就是准备把鲋鱼送给枯鱼之肆,无怪乎鲋鱼要忿然作色了。

郑人争年

典出《韩非子·外储说左上》:郑人有相与争年者。

一人曰:"吾与尧同年。"

其一人曰:"我与黄帝之兄同年。"

讼此而不决,以后息者为胜耳。

郑国有两个人互相争辩自己的年岁大。

一个人说:"我同唐尧同一年生!"

另一个人说:"我和黄帝的哥哥同一年生!"

两个人就这样地争吵不休,谁最后住口就算是谁胜利了。

寓言"郑人争年",嘲笑了无聊的辩者:他们往往提出毫无意义、无法证明的命题,争论起来,孜孜不倦,喋喋不休,永远得不到结果,也不企求得到结果。他们嘴里嚼着干蜡,津津有味,实由于腹内空空,乐趣就全然在他们的嘴皮子上了。

直言贾祸

典出《左传·成公十五年》:子好直言,必及于难。

春秋时,晋厉公手下有个叫伯宗的大臣,为人耿直,对朝中的坏人坏事敢于直截了当地提出批评。当时,郤克、郤锜、郤至(世称"三郤")把持着晋国的朝政,

晋厉公又是一个昏君，所以，阿谀逢迎者得宠，忠言直谏者遭殃。

伯宗的妻子知道伯宗为人正直，敢说敢谏，所以伯宗每次上朝，她总是劝诫他说："盗贼憎恨主人，百姓讨厌大官，你喜欢直言，必然及于祸患。"后来，伯宗几次劝晋厉公削减"三郤"的权势，厉公不听。"三郤"知道后，在厉公面前说了不少诬陷伯宗的话。最后，伯宗终因直言被害。

后人用"直言贾祸"指直言不讳，会自招祸患。

指桑骂槐

典出《红楼梦》第十六回：咱家所有的这些管家奶奶，哪一个是好缠的？错一点儿他们就笑话打趣，偏一点儿他们就指桑骂槐的抱怨。

贾政寿辰那天，宁荣二府的人丁都来祝寿，热闹非常。正在这时，那夏太监骑马来到贾府，直至正厅下马，满脸笑容，走至厅上，南面而立，肃然说道："奉特旨：立刻宣贾政入朝，在临敬殿陛见。"说毕，连茶也没喝，便乘马去了。

贾政等连忙整装入朝。入朝后才知道元春被封为凤藻宫尚书，加封贤德妃。喜讯传来，宁荣二府上下内外，莫不欢天喜地，惟有宝玉，"置若罔闻"（意思是：好像没有听到这个喜讯一样）。且喜贾琏与黛玉要回来，先遣人来报信，明日就可到家了，宝玉听了方略有些喜意。

好容易等到第二天中午，贾琏才把黛玉接到贾府里来。宝玉端详了一番黛玉，觉得她比以前越发出落得超逸了。宝玉便将北静王所赠茯苓香串珍重地取出来，转送黛玉。黛玉却说："什么臭男人拿过的，我不要。"说着便扔还宝玉，宝玉只得收回，暂且无话。

贾琏见过众人之后，便回自家房中，问及别后家中诸事，又谢凤姐的辛苦。凤姐说："我呀，见识又浅，嘴又笨，心又直，'人家给个棒槌，我就拿着认作针了'。……你是知道的，咱家所有的这些管家奶奶，哪一个是好缠的？错一点儿他们就笑话打趣，偏一点儿他们就'指桑骂槐'的抱怨，……"

后人用"指桑骂槐"（指着桑树骂槐树）比喻明指甲而暗骂乙。

众口铄金　积毁销骨

典出《国语·周语下》：故谚曰："众志成城，众口铄金。"

周时，景王有一天叫人去铸造无射的大钟，单穆公反对，他说出了许多道理去劝止他，但景王不听他的话，固执地去铸造大钟，等到铸造好后，乐人报告景王说钟声已和平了。景王去问州鸠，州鸠说："还不知道究竟怎样呢？"景王问他什么缘故？他又说："在上位的制造了乐器，能和百姓共同快乐，才能算是和平，现在财尽民疲，百姓们没有一个不怨恨朝廷的，我们做臣子的不知道它的和平在哪里。因为民众所欢喜的事，没有不济事的；民众所痛恶的，没有一桩事情能够成功的。所以有两句歌谣说：'众志可以成城，众口可以铄金。'（铄，是磨灭的意思）在这三年里面，王铸钱造钟，弄得百姓怨声载道，我认为这两桩事情中，必须要废除一桩才好啊！"第二年景王便死了，那钟声终于不能和平。

明朝万历年间，有个木匠张权，儿子叫张廷秀，生得眉目疏朗，人物轩昂，书读得好，木匠活做得好，被大财主王员外看中了，认做义子。过后又把次女许配他为妻。王员外只生了两个女儿，大女婿赵昂原指望王员外去世后独占遗产，谁知凭空来了个张廷秀，义子兼女婿，眼看偌大个家产可能被他抢去，心中忌妒，便设计陷害。第一步买通了被捕的强盗，妄称张权是窝家，捉到牢里去打得半死，又定了死刑。第二步便买通阖家大小奴仆，众口一词天天在王员外前搬弄是非，说张廷秀在外嫖赌，品质不好。古话说："众口铄金，积毁销骨。"王员外耳根又软，被众人谗言一说，信以为真，把张廷秀赶出门去了。这赵昂又采取第三步计谋：竟买通船家，乘张廷秀搭船之机，把他捆绑了丢入江中喂鱼，张廷秀幸得人救起，发奋读书，竟得三榜及第，做了大官。后来向父亲辩冤；抓住了谋害他的船夫，追出了罪魁赵昂，使王员外明白了真相，夫妻获得团圆。

"众口铄金"（铄：销毁也，熔解也），意思是舆论的力量很强大，即使是其坚如金，也能将它消熔的。"众口铄金"这句成语，有正反两面的意义，就正面来说，是一个人做人做事，不顾道理，不顾多数人的利益，受到四面八方的攻击，批评得体无完肤。反面来说，是大家造谣或说坏话，众口一词，使人有口难辩，有冤难诉，名誉信用，都因而动摇。

转弯抹角

典出《水浒传》第三回：当下收拾了行头药囊，寄顿了枪棒，三个人转弯抹角，来到州桥之下一个潘家有名的酒店。

中秋之日，史进邀请少华山头领朱武、陈达、杨春前来庄上宴饮。正当他们在后园饮酒叙谈之际，忽听墙外喊声四起，火把乱明。史进上墙一看，只见华阴县县尉引着两个都头及三四百士兵前来捉拿朱武等人。史进并朱武等略为计议之后，即便放火焚烧庄院，带领小喽罗并庄客杀将出去。陈达、杨春一人一朴刀，结果了两个都头的性命，县尉吓得屁滚尿流，慌忙骑马奔逃，众官兵四散逃命。史进、朱武等杀散官兵之后，即来到少华山寨内，杀牛宰马，贺喜饮宴。

史进在少华山住了几日，辞别朱武等人去关西经略府寻师父王进。史进独自一人，夜住晓行，半月之后来到渭州。渭州也有一个经略府，史进想"莫非师父王教头在这里？"于是史进走进一家茶坊寻问。茶坊主人不知王教头的去向。恰在这时鲁智深走进茶坊，于是史进便向鲁提辖施礼请问。当鲁智深得知史进是史家村的九纹龙时，喜不自胜，挽着史进的胳膊便要去酒店饮酒。

二人出得茶坊，在街上走了三五十步，只见史进原来的师父打虎将李忠在街上使枪弄棒卖膏药，于是史进、鲁提辖便邀李忠一同去吃三杯。"当下收拾了行头药囊，寄顿了枪棒，三个人转弯抹角，来到州桥之下一个潘家有名的酒店。"三人在酒楼上饮酒说些闲话，较量些枪法，十分投合。

后人用"转弯抹角"形容行路曲折很多。也用来比喻说话不爽直。

自嘲自解

从前有一只狐狸走过葡萄架下，它看见一串串成熟的葡萄从架上垂下来，心想："这葡萄那么熟，一定很好吃，味道一定又甜又新鲜，可能比枣儿可口。"

它越想越爱吃，于是纵身一跳，仍然摘不到。想摘下一些葡萄来吃，可是因为葡萄的架子很高，它摘不到；再纵身一跳，仍然摘不到。它试了好几处，都摘不到一粒葡萄，弄得疲乏极了，只好垂头丧气地走开。

狐狸摘不到葡萄，一路上便自言自语地说："那葡萄一定很酸，没有什么好吃的。"

其实狐狸很想吃葡萄，摘不到，才这样自我安慰一番罢了。

后来的人，凡是看到人家做了，自己也去做，不能达到目的，遭遇了失败之后，没有尽力去争取，只作着自我安慰的，就叫做"自嘲自解"。意思是自己嘲笑自己，自己在安慰自己。

勤 政 篇

创业难,守成难,知难不难

典出唐·《贞观纪要》:

唐太宗有一天和众大臣在一起议论:是"创业"难呢? 还是"守成"难呢?

大臣杜如晦、房玄龄等人说:"创业"难。当建立一个国家、开创一个新朝代时,要战胜多少强敌,要战胜多少阴谋诡计,要经历多少危难,有时要牺牲多少勇士的生命,这需要多大的勇气、智慧和力量啊!

大臣魏征等人却说:"守成"难。历史上多少朝代不到两代人就亡了,远的如秦始皇,那么英雄,那么强大,到了儿子手里,亡了。近的如隋朝,文帝那么英明,隋朝那么强大,到了儿子手里,完了。"守成"需要克服多少错误,战胜骄傲自满,防止腐败、奢侈,要让人民生活好起来。这需要多么谨慎、廉虚、克制;需要多少智慧和管理能力;尤其是需要多么高贵的献身为国的品质啊!

唐太宗倾听了双方的意见后,说道:"你们双方说的都很有道理。杜、房等人是协助我创业的元老,他们和我一起经历过'创业'的艰苦,所以深知创业的艰难。魏征等人则和我一起治理国家,出了很大的力,所以知道'守成'不容易。我们既然知道难在哪里,有了认识,那么困难也难不住我们了。"

后人用"创业难,守成难,知难不难"的这个谚语比喻既认识了事物的矛盾所在,就容易克服了。这个谚语的重点在于"知难不难",《儒林外史》二十二回说得好:"读书好,种田好,学好便好;创业难,守成难,知难不难。"

白龙下清泠之渊

典出《新序·正谏》:白龙下清泠之渊,化为鱼。渔者豫且射中其目。白龙上诉天帝。

天帝曰:"当是之时,若安置而形?"白龙对曰:"我下清泠之渊,化为鱼。"天帝曰:"鱼,固渔者之所射也;若是,豫且何罪?"

白龙降落到清泠渊里,变化成一条鱼。渔夫豫且射中了它的眼睛。白龙回到天上,向天帝控诉。

天帝问它:"当时,你在哪里?你的形状怎样?"白龙回答说:"我降落在清泠渊里,变化成一条鱼。"天帝说:"鱼,本来就是渔夫所要追逐的。如果是这样,豫且有什么罪过呢?"

这个故事告诉我们:天帝如果偏听而又偏信,失察于毫末,渔夫岂不就要遭殃!

实地调查

典出《战国策·齐策》:邹忌修八尺有余,身体昳丽。朝服衣冠,窥镜,谓其妻曰:"我孰与城北徐公美?"其妻曰:"君美甚,徐公何能及君也!"……明日,徐公来。孰视之,自以为不如;窥镜而自视,又弗如远甚。暮寝而思之,曰:"吾妻之美我者,私我也;妾之美我者,畏我也;客之美我者,欲有求于我也。"于是入朝见威王曰:"……今齐地方千里,百二十城,宫妇左右,莫不私王;朝廷之臣,莫不畏王;四境之内,莫不有求于王。由此观之,王之蔽甚矣!"王曰:"善。"乃下令:"群臣吏民,能面刺寡人之过者,受上赏;上书谏寡人者,受中赏;能谤议于市朝,闻寡人之耳者,受下赏。"

有个知名之士叫淳于髡,他看见邹忌仗着一张嘴就当了相国,有点不服气。他带着几个门生来见邹忌。邹忌恭敬地招待他。淳于髡大模大样地往上头一坐。他那种瞧不起人骄傲自大的样子好像老子似的。他问邹忌说:"我有几句话请问相国,不知道行不行?"邹忌说:"请您多多指教!"淳于髡说:"做儿子的不离开母亲,做妻子的不离开丈夫,对不对?"邹忌说:"对。我做臣下的也不敢离开君王。"淳于髡说:"车辖轳是圆的,水是往下流的,是不是?"邹忌说:"是。方的不能滚转,河水不能倒流。我不敢不顺着人情,亲近万民。"淳于髡说:"貂皮破了,别拿狗皮去补,对不对?"邹忌说:"对。我决不敢让小人占据高位。"淳于髡说:"造车必须算准尺寸,弹琴一定得调准高低,对不对?"邹忌说:"对。我一定注意法令,整顿纪律。"淳于髡站了起来,向邹忌行个礼,出去了。

他那几个门生说:"老师一进去见相国的时候,多么神气!怎么临走倒向他行起礼来了呢?"淳于髡说:"我是去叫他破谜的。想不到我只提个头,他就随口而出地接下去。他的才干可不小啊。我哪能不向他行礼呢?"

从今以后,再没有人敢去跟邹忌为难了。邹忌真的把淳于髡的话当做金科玉律。他想尽办法规劝齐威王调查事实,别让左右的人用奉承的话把自己蒙蔽住。有那么一天,邹忌把人家称赞他长得漂亮的话对齐威王说了。原来邹忌身高八尺多,相貌堂堂,自己也很得意。他早上起来,穿好衣服,戴上帽子,对着镜子瞧瞧自己，问他的妻子，说："我跟北门的徐公比起来，哪个漂亮?"城北徐公是齐国有名的美男子，驺忌要听听他妻子的意见。他的妻子说："徐公哪比得上您呢?"他又问他的妾使唤丫头，她也说："您比徐公美。"过了一会儿，外面来了一位客人，两个人就坐着谈天。谈话当中，驺忌问他："我跟徐公比，哪个漂亮?"那个客人说："您漂亮，徐公比不上您!"第二天，巧极了，城北徐公来访问驺忌。驺忌一看，觉得自己不如徐公漂亮。他偷偷地照照镜子，再瞅瞅徐公，越看越觉得自己比徐公差得远了。到了晚上，他躺在床上琢磨着："我的妻子说我美是因为她对我有偏私;我的使唤丫头说我美是因为她怕我;我的客人说我美是因为他有求于我。"他把这段经过向齐威王说了一遍。接着他说："我明明知道我比不上徐公，可是我的妻子对我有偏私，我的丫头一向害怕我，我的客人有求于我，他们就都说我比徐公漂亮。现在齐国土地周围一千里，城邑一百二十个，王宫里的美女和伺候大王的人，没有一个不是讨大王的喜欢的，朝廷上的臣子没有一个不害怕大王的，全国各地的人没有一个不是有求于大王的。从这些情况看来，您的耳目一定被蒙蔽得很厉害的。"齐威王点点头，说："你说得对!"他立刻下了一道命令："不论朝廷大臣、地方官、人民等，能直言指出我的过错的，得上等奖赏。能上书指出我的过错的，得中等奖赏。能议论我的过错并让我耳闻的，得下等奖赏。"

驺忌不但这么规劝齐威王，他还挺仔细地调查全国各地的官员，要知道谁是清官，谁是赃官。他老向朝廷里的大官查问各地的情形，他们差不多都说："不知道从哪儿说起。我们只知道太守里头最好的是阿城大夫(阿城，在山东省阳谷县东北)，最坏的大概要数即墨大夫了(即墨，在山东省平度县东南)。"驺忌就照样告诉了齐威王，请齐威王暗地里派人去调查。

齐威王便装作无意中问起左右，大伙儿都说阿城大夫是太守里头数一数二的好人，那个即墨大夫是太守里头的坏蛋。好太守人人喜欢，坏太守谁都讨厌。朝廷上的大臣们和左右一帮人每回听见齐威王和驺忌提起这两个太守来，都挺起劲。他们知道，阿城大夫准能够步步高升，他升官了，他们也有好处。这就叫"与人方便，自己方便"。那个不懂人情世故、默默无闻的即墨大夫，早就该撤职查办了。果然，天从人愿，齐威王召回了那两个大夫来报告。"报告"只是个名义罢了，其实就是叫阿城大夫来领赏，叫即墨大夫来受刑。这还用说吗?

就在那天，文武百官朝见齐威王。齐威王叫即墨大夫上来。众人瞧见一个大锅烧着一锅开水，大伙儿都替他捏着一把冷汗，静悄悄地站着。齐威王对他说："自从你到了即墨，天天有人告你，说你怎么怎么不好。我就打发人到即墨去调查。他们到了那边，就瞧见地里长着绿油油的庄稼，人民都挺安分守己，脸上透着光彩，好像不知道有什么苦楚，有什么争纷似的。这都是你治理即墨的功劳。你专心一意地为了帮着人民，一点也不来跟这些大官们套关系，也不送点礼给大伙儿，他们就天天说你不好。像你这种老老实实、勤勤恳恳、不吹牛、不拍马的太守，咱们齐国能找得出几个? ——我加封你一万家户口的俸禄!"大伙儿一听，都觉得自己脸上热呼呼的，脊梁骨冒凉气，恨不得钻到地底下去。可是地不作美，没给他们临时开个窟窿。

齐威王回头又对阿城大夫说:"自从你到了阿城,天天有人夸奖你,说你怎么怎么能干。我就打发人到阿城去调查。他们到了那边,就瞧见地里乱七八糟地长满了野草,老百姓面黄肌瘦,连话都不敢说,只能暗地里叹气。这都是你治理阿城的罪恶。你为了欺压小民,装满自己的的腰包,接连不断地给我手下的人送礼,叫他们好替你吹牛,把你捧上天去。像你这种专仗着贿赂、买动人情、巴结上司的贪官污吏,要是再不惩办,国家还成个体统吗?——把他扔到大锅里去!"武士们就把他煮了。吓得那些受过阿城大夫好处的人都好像自己也被扔到大锅里一样,一个个站不住了。他们一会儿换换左脚,一会儿换换右脚,一会儿擦擦脑袋上的汗珠,一会儿挠挠脖子,愁眉苦脸地站在那儿。

齐威王回头叫那些平日不分青红皂白、颠倒是非的十几个人过来,骂着说:"我在宫里怎么能知道外边的事情呢?你们就是我的耳朵、我的眼睛,可是你们贪赃受贿,昧着良心,把坏的说成好的,把好的说成坏的。你们好比扎瞎了我的眼睛、堵上了我的耳朵。我要你们这些臣下干什么?——把他们都给我煮了吧!"这十几个人吓得跪在地下,直磕响头,苦苦地哀求着。齐威王就挑几个比较坏的,下锅煮了。

这么一来,贪污的官吏便不能再在齐国呆下去了,真正贤明的人有了发挥才能的机会。齐国的政治可就比以前清明多了。

齐威王看驺忌整顿得挺有成效,就封他为成侯。驺忌又对齐威王说:"从前齐桓公、晋文公当霸主,都借着周天子的名义。目前周室虽然是衰弱了,可是还留着天子的名义。要是大王奉了他的命令去号令诸侯,大王不就是霸主了吗?"齐威王说:"我已经当了王,怎能去朝见另一个王呢?"驺忌说:"他是天子啊。只要在朝见的时候,您暂且称为齐侯,天子必定高兴,您还不是要做什么就做什么吗?"齐威王就亲自到成周去朝见天子。这是公元前370年(周安王的儿子周烈王六年)的一件大事。

周朝的王室早就只剩下一个空名了,各国诸侯根本想不起还有朝见天子这个礼节来。如今齐侯来朝见,周烈王认为周朝的气运转了。这份高兴劲就不必提了。朝廷里的大臣们和京城里的老百姓都乐得敲锣打鼓,连蹦带跳地庆祝起来。周烈王叫人去瞧瞧库房里还有什么宝贝没有。说起来也怪寒酸的,库房里哪还有多少值钱的东西呢?可是老太爷不能在孝顺的子孙跟前丢人现眼!他只好咬着牙,搜寻了几件宝贝,赏给"齐侯"。齐威王从天子那儿回来,沿途上都是称赞他的话,乐得他满脸喜悦,装满一肚子的得意回来。

这个故事是讲齐威王听从驺忌的劝谏,用人唯贤,注重事实,讲求实效,堪称一个明君。

不燃官烛

典出《北堂书钞》卷三十八引吴·谢承《后汉书》

东汉时期，有一个人叫巴只，他曾任扬州刺史。

巴只为官清廉，品格端方，从来不愿意占公家一点便宜，将公家与私人的界限分得十分清楚。他当官时，从来不将妻室儿女接至任所。他的日常开支严格限制在自己的俸禄之内。他做官时，晚上若有私人的客人来访。他宁愿与客人坐在黑暗之中交谈，也不点官家一支蜡烛。

后人用此典形容地方官吏清正廉洁。

曹参饮酒，不改萧制

西汉的酒制每年正月造酒，当年八月酿成酒。朝廷上酿的酒叫九酝，又叫醇酎，是皇帝跟大臣们共饮的酒。当时，饮酒还没有什么严格规定的礼仪，宫中那些同刘邦同生死、共患难的大臣们常借酒疯胡言乱语，饮酒争功，搅得刘邦很是难堪，但又奈何不了这些功臣们。为此，汉高祖刘邦非常厌烦这样的饮酒方式。

叔孙通当时在朝做博士。他向高祖建议说："我愿意为陛下建立上朝的仪式。"七年以后，汉庭的乐宫落成，在大殿上设置了"法酒"。皇帝坐在正殿上受礼，大臣们跪在殿前，依地位的高低次序起立向汉高祖进酒。殿上有御吏纠仪，没有一个人敢失礼。这样一来，刘邦十分满意，对叔孙通说："今天才真正体会到皇帝的尊严和高贵。"

从此，汉朝饮酒之风日盛。萧何是汉代有名的开国丞相，汉朝的规章制度都是他一手订立的，他死后曹参继任。曹参接任以后，凡事都按萧何制定的政策行事，曹参只管每天坐在丞相府中饮酒，百事不理。卿大夫们见曹参不理朝务，甚是不满，要求拜见丞相，诘问他为何只顾饮酒不理朝纲。然而曹参一见来拜见他的人就先请人喝酒，直至喝醉了才准离开，前去拜见的人没有一个能说出要说的话。

曹参丞相府后面住的都是朝廷的官吏，曹参狂饮的消息传入他们耳中，他们也跟着大饮美酒，吵闹不堪。一天，曹参游后花园，周围一些喝醉酒的人一面喝酒一面高歌。曹参听见了不制止，反而叫人去取酒，干脆坐在后花园饮了起来，并跟在园外喝酒的官吏唱歌附和。其实，曹参只顾饮酒是因为他认为萧何所定

制度已经很完备，自己的才能也不如萧何，一切事情应完全按萧何的规定办，自己管多了反而会乱套。他的这种"萧制曹随"政策反而使他成为一代名相。

除恶务尽

典出《左传·哀公元年》："树德莫如滋，去疾莫如尽"和《尚书·泰誓下》："树德务滋，除恶务本"。下面故事出自《左传》。

公元前494年，吴王夫差在夫椒（在今江苏吴县西南太湖中）打败越国的军队，并乘胜攻破越都。开始，越王勾践带着全副武装的五千名士兵守住会稽山，派大夫文种通过吴国的太宰伯嚭向吴国求和，吴王打算答应。吴国大夫伍子胥说："不行。下臣听说：'建树德行最好不断培植，去掉毒害最好扫除干净。'……越国和我们同处一块土地，而又世世代代是仇敌，在这种情况下攻下了而不拿过来，打算让它继续存在下去，这是违背天而使仇敌壮大。到后来后悔也来不及了。"吴王不听伍子胥的劝告，准备接受越王勾践投降。伍子胥说："越国用十年生聚，十年教训，二十年以后，吴国的宫殿恐怕要成为池沼。"

果然，越王勾践屈服求和后，先是在吴国看坟养马。被释回国后，卧薪尝胆，刻苦图强，任用范蠡、文种等人整顿国家，十年生聚，十年教训，终于转弱为强，灭亡吴国。吴国"除恶未尽"，自食其果。

后人用"除恶务尽"指消除恶势力必须干净、彻底。

丰取刻与

典出《荀子·君道》：上好贪利，则臣下百吏乘是而后丰取刻与，以无度取于民。

《君道》是荀况论述封建君主在维护地主阶级统治中的重要作用的一篇文章。荀况把封建礼法看做是治理国家的根本，认为君主要治理好国家，必须"审之礼"。君主和臣下在维护封建礼法、巩固地主阶级政权中，具有重要的作用。因此，君主要成为臣下的表率，才能使臣下不致于胡作非为。

荀况说：如果君主好玩弄权术，那么臣下百官中那些好搞谎言欺诈的人就会乘这种机会进行欺骗；如果君主为人做事不公正，那么臣下就会乘机而偏私；如果君主喜欢颠倒是非，那么臣下便会乘机偏邪不正；如果君主贪利好奢，那么臣下便会乘机搜刮民财，对百姓多取少给。

后人用"丰取刻与"的这个典故比喻贪婪和掠夺的残酷。丰取：指大量的剥削掠夺；刻：刻薄；与：给。

关节不到，有阎罗包老

典出《宋史·包拯传》：人以包拯笑比黄河清，童稚妇女，亦知其名，呼曰"包待制"。进京师为之语曰："关节不到，有阎罗包老。"

包拯，北宋合肥人，进士出身，仁宗皇帝时，担任过监察御史、开封府尹、龙图阁直学士、直至枢密副使。他以廉洁著称，执法严峻，不畏权贵，深得人民爱戴，简直把他神化了，说他白天处理人间的不平事，晚上处理阴间的案件，叫他"包青天"、"包阎罗"。民间流传着许多有关他的故事。历来被人们视为救星。封建社会政治黑暗，所谓"衙门八字开，有理无钱莫进来"。有罪的，只要有钱、有后台就可以逃避法律制裁；无罪的，却可能被冤枉判刑。行贿受贿司空见惯，叫做"打通关节"。老百姓认为只要有包拯在，哪怕没钱、没关系网也不要紧，谚语说："关节不到，有阎罗包老。"

后人用"关节不到，有阎罗包老"这个谚语赞美正直无私的官员。

过门不入

典出《列子·杨朱》："鲧治水土，绩用不就，殛诸羽山。禹纂业事雠，惟荒土功，子产不字，过门不入，身体偏枯，手足胼胝，及受舜禅。"

后人用"过门不入"这句成语形容公而忘私的精神和勤恳的工作态度。从上面这个故事中还可引出一句成语："克勤克俭"，它出自《尚书·大禹谟》，原文是："克勤于邦，克俭于家"。意思是既能勤劳，又能节俭。

"过门不入"也可写作"三过家门而不入"。

海不扬波

典出《韩诗外传·五》：成王之时，越尝氏、重译而至，献白雉于周公。周公曰："吾何以见赐也?"译曰："吾受命国之黄发,曰:'久矣,天之不迅风疾雨也,海不波溢也,三年于兹矣,意者,中国殆有圣人,盍往朝之。'于是来也。"

周成王时候,周公摄行相事,处理国政,天下太平,人民安乐,国家治理得非常好,邻国都非常敬仰,纷纷来朝贡。

此时交趾国越裳氏也派了使臣重译来中国朝贡,向周公赠献珍禽白雉。周公很谦虚地说:"我国并没有恩德加给贵国,况且有道德的人,是不过份享受物质的,我们又没有好的政令设施,哪里敢把你们当臣属看待呢?"重译说道:"我来的时候,我们的国王黄耇对我说:'现在天下已没有猛烈的风暴,连绵不断的淫雨;灾难也已好久没有看到了,海不扬波也已经有三年了,我想中国一定出了圣人啦!我们应该去朝贺。'"使臣朝贡完毕,当他回去的时候,归途中迷失了方向,周公特地赐了他一辆指南车,并派人当向导。

后人把"海不扬波"比喻天下太平,好像大海一样,风平浪静,一点没有波涛,也比喻人民的生活非常安定,社会秩序非常良好。

河伯娶妇

典出《史记·滑稽列传》:魏文侯时,西门豹为邺令。豹往到邺,会长老,问民之所疾苦。长者曰:"苦为河伯娶妇,以故贫。"豹问其故,对曰:"邺三老、廷掾常岁赋敛百姓,收取其钱得数百万,用其二三十万为河伯娶妇,与祝巫共分其余钱持归。"当其时,巫行视人家女好者,云"是当为河伯妇",即聘取。洗沐之,为治新缯绮縠衣,闲居斋戒;为治斋宫河上,张缇绛帷,女居其中。为具牛酒饭食,十余日。共粉饰之,如嫁女床席,令女居其上,浮之河中。始浮,行数十里乃没。其人家有好女者,恐大巫祝为河伯取之,以故多持女远亡。以故城中益空无人,又困贫,所从来久远矣。民人俗语曰:"即不为河伯娶妇,水来漂没,溺其人民。"西门豹曰:"至为河伯娶妇时,愿三老、巫祝、父老送女河上,幸来告语之,吾亦往送女。"皆曰:"诺。"

至其时,西门豹往会之河上。三老、官属、豪长者、里父皆会,以人民往观者三二千人。其巫,老女子也,已年七十。从弟子女十人所,皆衣缯单衣,立大巫后。西门豹曰:"呼河伯妇来,视其好丑。"即将女出帷中,来至前。豹视之,顾谓三老、巫祝、父老曰:"是女子不好,烦大巫妪为入报河伯,得更求好女,后日送之。"即使吏卒共抱大巫妪投之河中。有顷,曰:"巫妪何久也?弟子趣之!"复以弟子一人投河中。有顷,曰:"弟子何久也?复使一人趣之!"复投一弟子河中。凡投三弟子。西门豹曰:"巫妪弟子是女子也,不能白事,烦三老为入白之。"复投三老河中。西门豹簪笔磬折,向河立待良久。长老、吏傍观者皆惊恐。西门豹顾曰:"巫妪、三老不来还,奈之何?"欲复使廷掾与豪长者一人入趣之。皆叩头,叩头且破,额血流地,色如死灰。西门豹曰:"诺,且留待之须臾。"须臾,豹曰:"廷掾起矣。状河伯留客之久,若皆罢去归矣。"邺吏民大惊恐,从是以后,不敢复言为河伯娶妇。

西门豹到了邺城,一看那地方非常萧条,人口也挺稀少,好像刚打过仗,逃难的居民还没回来的一座空城似的。他就把当地的父老们召集在一块,问他们:"这个地方怎么这么凄凉啊?老百姓一定有什么苦楚吧。"父老们回答说:"可不是吗!河伯娶媳妇,害得老百姓全都逃了。"西门豹一听,摸不清是怎么回事。又问:"河伯是谁?他娶媳妇,老百姓干嘛要跑呢?"父老说:"这儿有一条大河叫漳河。漳河里的水神叫河伯,他最喜爱年轻姑娘,每年要娶个媳妇。这儿的人必须挑选容貌好的姑娘嫁给他,他才保佑我们,让我们这儿风调雨顺,五谷丰登。要不然,河伯一不高兴,他就要兴风作浪,发大水,把这儿的庄稼全冲了,还淹死人呢。您想可怕不可怕?"西门豹说:"这是谁告诉你们的?"他们说:"还谁呢?就是这儿的巫婆。她手下有好几个女徒弟,这里的乡绅又都跟她一个鼻孔出气。我们这些小民没有法子,一年之中,要拿出好几百万钱。他们为了河伯娶妻,大概也得花二三十万,其余的就全都塞进他们自己的腰包了。"西门豹说:"你们就这么让他随便搜刮,不说一句话吗?"父老说:"要是单单为了这笔花费,还不太要紧。最怕的是每年春天,我们正要耕地撒种的时候,巫婆打发她手下的人挨家挨户地去看,瞧见谁家的姑娘长得好看一点,就说:这个姑娘应当做河伯夫人。这个姑娘就没命了!有钱的人家可以拿出一笔钱来做为赎身。没有钱的人家,哭着求着,至少也得送他们一点东西。实在穷苦的人家只好把女儿交出去。每年到了河伯娶妻那一天巫婆把选来的那个姑娘打扮成新娘子,把她搁在一只芦苇编成的小船上。那时候岸上吹吹打打,挺热闹的。然后把小船搁到河里随着波浪漂去。漂了一会儿,连船带新娘子就让河伯接去了。为了这档子事,好多有女儿的人家都搬走了,城里的人就越来越少了。"西门豹说:"你们这儿常闹水灾吗?"他们说:"全仗着每年给河伯娶妻,还好没碰到过大水灾。有时候夏天缺雨,庄稼枯萎了倒是难免的。要是巫婆不给河伯办喜事,那么,除了旱灾,再加上水灾,那就更不得了了!"西门豹说:"这么一说,河伯倒是挺灵的。下回他娶媳妇的时候,你们告诉我一声,我也替你们去祷告祷告。"

到了那天,西门豹带着几个武士跟着父老去"送亲"。当地的里长和办理婚礼的人,没有一个不到的。西门豹还派人去约了那些过去曾把女儿嫁给河伯的人家都来看看今年的婚礼。远远近近的老百姓都来看热闹。一时聚了好几千人。真是人山人海,热闹得厉害。里长带着巫婆来见西门豹。西门豹一看,原来是个三分像人、七分像鬼的老婆子。在她后头跟着二十几个女徒弟,手里拿着香炉、蝇甩什么的。西门豹说:"麻烦巫婆叫河伯的新媳妇上这儿来让我瞧瞧。"巫婆就叫她的女徒弟去把新娘子带来。只见她们挽着一个十四五岁的小姑娘走了过来。她还哭着呢。苍白的脸上擦着胭脂粉,有不少已经被眼泪冲掉了。西门豹对大伙儿说:"河伯夫人必须是个特别漂亮的美人儿。这个小姑娘我看还配不上。劳驾巫婆先去跟河伯说,'太守打算另外挑选一个更好看的姑娘,明天送

去．’请你快去快来。我在这里等你的回信。”说着，他叫武士们抱起那个巫婆，扑通一声，扔到河里去了。岸上的人都吓得连口大气也不敢出。那个巫婆在河里挣扎了一会，沉下去了。西门豹站在河岸上，静静地等着。聚在那儿的人张着嘴，顺着西门豹的眼睛向河心盯着。这么多人却一点声音也没有，只有河里的流水"哗哗哗"地响着。

过了一会儿，西门豹说："巫婆上了年纪，不中用。去了这么半天，还不回来，你们年轻的女徒弟去催她一催吧！"说着就扑通两声，两个领头的女徒弟又给武士们扔到河里去了。大伙儿吓得瞪着眼睛、张着嘴，一会望望河心，一会儿望望西门豹的脸，大伙儿叽叽喳喳地就议论起来了。又待了一会儿，西门豹说："女人不会办事，还是麻烦收取捐钱的善士们辛苦一趟吧！"那几个经常向老百姓勒索的土豪正想逃跑，早就被武士们抓住了。他们还想挣扎，西门豹大声喝着说："快去，跟河伯讨个回信，赶紧回来！"武士们左推右拽，不由分说，把他们推到水里，一个个喊了一声，眼看活不成了。旁边看着的人有的手指着河心，大骂这几个土豪。西门豹冲着大河行个礼，挺恭敬地又等了一会儿。看热闹的人当中有的害怕，有的高兴，有的直咬牙，可是谁也不愿意走开，都要看个究竟。

西门豹回头又说："这些人怎么这么没有用？我看还是麻烦当地的里长大伙儿辛苦一趟吧！"吓得那一班人的脸上连一点活人的颜色都没有了，直流冷汗，哆里哆嗦地跪在西门豹跟前，直磕响头。有的把脑门子都磕出血来了。西门豹就对他们说："什么地方没有河？什么河里没有水？水里哪儿有什么河伯？你们瞧见过吗？罪大恶极的巫婆，欺压良民的土豪，利用迷信，搜刮百姓的钱财，杀害他们的女儿。你们这些人，不去教导百姓也就罢了，怎么反倒兴风作浪，助长这种野蛮的风俗？你们已经害了多少女子，应该不应该抵偿？"一大群年轻小伙子好像唱歌似地嚷着说："对！应该！太应该了！这批该死的坏蛋，早就该治罪了。"那些里长连连磕头，说："都是巫婆干的勾当。我们真的是受了她的欺骗，上了她的当，并不是存心要这样干的。"西门豹说："如今害人的巫婆已经死了。以后谁要再胡说八道地说河伯娶妻，就叫他先去跟河伯见见面！"群众都嚷着说："对呀！把他扔到河里去！"

西门豹把巫婆跟土豪们的财产都分还给老百姓。从此以后，河伯娶妻的迷信破除了，以前逃走了的那些人慢慢地又都回到邺城来了。

这个故事讲述了西门豹以其人之道还治其人之身，狠狠打击了那些贪官污吏，破除了封建迷信习俗。

解狐举贤

典出《韩非子·外储说左下》：解狐举刑伯柳为上党守，柳往谢之曰："子释罪,敢不再拜。"曰:"举子,公也;怨子,私也。子往矣,怨子如初也。"

解狐推荐刑伯柳做上党的郡守,刑伯柳去向他道谢说:"你原谅我的过错,我怎么敢不再次拜谢你呢!"解狐说:"我推荐你,这是公事;怨恨你,这是私事。你去(上任)吧,我对你的怨恨,还像当初一样。"

后人用"解狐举贤"的这个典故比喻人要任人唯贤,以国事为重。

君瘦天下肥

唐朝是我国封建社会的全盛时期。唐朝那些有作为的皇帝都很重视用人之道,重用那些刚正不阿、敢于直言进谏的良臣。太宗时重用魏征,政治清明,出现了"贞观之治"的盛世局面。

到了玄宗时期,他重用了一个叫韩休的大臣做宰相,韩休为人正直,办事认真,他那一丝不苟的工作态度使得很多大臣都惧他三分,连玄宗也不敢任意妄为。

有一次,玄宗在宫中举行游宴,吃喝弹唱,和众妃嫔尽情地享乐。忽然,玄宗想起了韩休,赶紧问手下的人说:"韩休知道我在这里玩乐吗?"

玄宗的话音刚落,部下立即汇报,韩休的谏议书送来了。玄宗打开一看,韩休在谏议书中对玄宗这种纵情声色的行为作了一番指责。

玄宗看完后,情绪没了。他命令众人撤去宴席,自己也闷闷不乐地回到了后宫。

到了宫中后,玄宗举起镜子,看着自己的脸默默不语。他左右的侍臣说:"自从韩休当上了宰相之后,皇上您瘦多了。韩宰相也太严厉了,您为什么不把他撤掉呢?"

玄宗放下镜子答道:"我虽然瘦去许多,但天下却肥了不少。韩休是位良相,自从他当宰相以来,我的日子是不太顺心。他从来不顺从我的旨意,任何过失也逃不过他的眼睛。我虽然不能为所欲为,但天下的百姓却能更加遂心如愿。我总不能为了自己的肥,而让天下瘦呀。"

有如此开明的皇帝和认真负责的宰相,使玄宗时,出现了"开元盛世"的局面。百姓安居乐业,家家的粮仓都是满满的,国力强盛,国库也很充实。唐代大诗人杜甫曾在《忆昔》一诗中,这样写道:"忆昔开元全盛日,小邑犹藏万家室。稻米流脂粟米白,公私仓廪俱丰实。"

励精图治

典出《汉书·魏相传》：（原作"励精为治"）宣帝始亲万机，励精为治，练群臣，核名实。

公元前74年，汉宣帝（刘询）继位。大将军霍光凭借着迎立之功专擅朝政，朋党亲友充塞朝廷，宣帝见了他都惧怕三分。有时，连宣帝都不允许的事，霍光竟然任意发号施令。为了使自己能长期把持朝政，霍光伙同他的老婆霍显买通女医毒死了许皇后，把自己的小女儿纳入宫中。

公元前68年，霍光病死。汉宣帝摆脱了羁绊，开始亲自执政。他决心改变霍光在世时的弊政，振奋精神，把国家治理好。后来，霍光夫妇杀害许皇后的阴谋被揭发，宣帝下令诛灭了霍氏三族。

由于除掉了前进路上的绊脚石，宣帝又勤勤恳恳地亲理朝政，制定了一些有利于发展生产、减轻人民负担的措施，汉朝出现了国家富强、民安其业的中兴局面。

后人用"励精图治"的这个典故比喻振奋精神，想办法把国家治理好。

南山可移

典出《旧唐书·李元纮传》：累迁雍州司户，时太平公主与僧寺争碾硙……元纮遂断还僧寺，窦怀贞为雍州长史，大惧太平势，促令元纮改断。元纮大署判后曰："南山或可改，此判终无动摇。"

唐代有个正直的官吏叫李元纮，他从小就显出严谨而厚道的性格。他在雍州当司户参军时，在州署中掌管户籍和审理民事纠纷。由于他人很正派，处理事情公正，所以颇受百姓欢迎。但有一次，他遇上了一个棘手案子。

原来，太平公主仗恃着皇帝的喜爱，十分霸道。她名为"太平"，实则是一个祸害，任意胡作非为。民间无论田产财物，只要她看得上的，便肆意掠夺。朝廷上下的官员都趋炎附势，争着讨好她，不管她侵犯到何人的利益，也没人敢出来说句公道的话。

一天，一所寺院来州署告状，说有人强占了庙里的磨坊。李元纮一查，原来强占磨坊的就是太平公主。李元纮将事情调查清楚后，作出了公正的判决：令太平公主将磨坊归还寺庙。

这个判决作出后,李元纮的顶头上司、雍州长史窦怀贞急坏了,唯恐得罪了太平公主。他立即向李元纮施加压力,要他改变判词,李元纮见之面不改色,还提起笔来在原来的判词后面大书了八字:"南山可移,判不可改!"南山,是长安城南的一座大山,李元纮用这八个字表现了他坚决秉公办案、不阿谀权贵的坚强意志。窦怀贞见李元纮决不动摇,也拿他没办法。李元纮后来不论任什么官职,都颇有政绩。他一直做到太子少傅,死后谥曰文忠。

后人用"南山可移"的典故形容案件的判决或一个决定已成,绝对不可再行更改。

黄羊任人

典出《吕氏春秋》:晋平公问于祁黄羊曰:"南阳无令,其谁可而为之?"祁黄羊对曰:"解狐可。"

平公曰:"解狐非子之仇邪?"对曰:"君问可,非问臣之仇也。"平公曰:"善。"遂用之,国人称善焉。

居有间,平公又问祁黄羊曰:"国无尉,其谁可而为之?"对曰:"午可。"平公曰:"午非子之子邪?"对曰:"君问可,非问臣之子也。"平公曰:"善。"又遂用之,国人称善焉。

晋平公问祁黄羊说:"南阳没有县官,你看谁可去做县官?"祁黄羊回答说:"解狐可以。"晋平公说:"解狐不是你的仇人吗?"祁黄羊说:"你问我谁可以当县官,没有问谁是我的仇人。"晋平公说:"好。"于是晋平公便任用了解狐,百姓都称赞解狐是个好县官。

过了一段时间,晋平公又问祁黄羊说:"国家没有法官你看谁可以做这个工作呢?"祁黄羊回答说:"祁午可以。"晋平公说:"祁午不是你的儿子吗?"祁黄羊回答说:"您问谁可以(做法官),并没问谁是我的儿子。"于是又任用了祁午,百姓都称赞祁午是个好法官。

后人用"黄羊任人"的这个典故比喻大公无私、任人唯贤、因材荐录的高尚精神。

求媚受责

太宗幸蒲州,刺史赵元楷课父老服黄纱单衣,迎谒路左,盛饰廨宇,修营楼雉

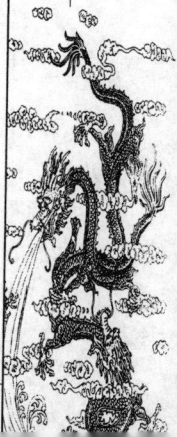

以求媚。又潜饲羊百余口、鱼数千头,将馈贵戚。太宗知,召而数之曰:"朕巡省河、洛,经历数州,凡有所需,皆资官物。卿为饲羊养鱼,雕饰院宇,此乃亡隋弊俗,今不可复行。当识朕心,改旧态也。"元楷惭惧。

唐太宗到山西蒲州去视察,蒲州刺史赵元楷强行要求百姓士绅穿黄纱单衣,在大路左边拜见接迎太宗,大肆装饰官衙和房屋,修饰城墙,以求得太宗的好感。同时又暗地里饲养了上百头羊和上千条鱼,准备用来送给(随行的)皇亲国戚。

太宗知道了这些事,就把赵元楷召来责备他说:"我巡视黄河、洛河一带,经历了好多州,凡是我所需要的,都是由官府供应。你又特备羊和鱼,修饰房屋,装点庭院,这些都是使隋朝灭亡的坏作风,今天你就不应该再那样做了。你应当了解我的心思,改掉旧的坏作风。"赵元楷听了是又惭愧又害怕。

后人用"求媚受责"的这个典故比喻那些想凭借逢迎拍马青云直上的人,往往当场受责,丑态百出。

荣州梧桐

典出《夷坚志》:显谟阁待制董正封,知荣州。使宅一楼极高,可以远眺,而为大梧桐所蔽,举目殊有妨。命伐去。吏辈罗拜乞留,曰:"此木为吾州镇,盖逾二百年,有神物居之,颇著灵效。寻常事以香火,不敢怠。若除之,定起大祸,兼亦未必可致力。"董赋性刚烈,叱众退,自率工匠,运斤斧,自朝至暮,木已倒仆芟削。忽暴风驾云起根中,屋瓦飘扬,雷电晦冥,骤雨倾泻。董与家人共聚一室。其上如奔马腾踏,兽蹄鸟爪,穿透椽箔,如欲攫人之势。老幼咸怖,泣叫相闻。董怡然不为动。未三刻许,风雷皆息,内外晏如,略无所挠。郡人如叹诵其明决。董寿过八十,乃终。

显谟阁待制董正封,主持荣州军政事务的时候,荣州官府有一座很高的楼,可以极目远望,却被一棵高大的梧桐树遮挡,视野很受妨碍。于是董正封下令把它砍去。

官吏们一听,围着他下拜,请求留下这棵梧桐,说:"这棵树是我们荣州镇风水的宝物。已经历时二百年之久,有神物住在上面,很有灵验。平时烧香磕头,不敢怠慢。如果砍掉它,一定要引起大祸,而且也未必能够砍掉。"

董正封性情刚强暴烈,叱退众人,亲自率领工匠,挥动斧头,从早干到晚,梧桐树终于被砍倒了。

这时,忽然一阵狂风迷雾从树根而起,把屋顶上的瓦席卷而去,四下飞扬。刹时间,雷电交加,天昏地暗,暴雨倾盆。董正封和家里人聚集在一间屋里,只听得房上好似奔驰的烈马在挤力腾踏,又仿佛猛兽恶鸟伸出蹄爪,就要穿透屋顶椽箔,大有把人攫去之势。全家老小都很恐惧,哭叫声响成一片。董正封却安然不动。未时三刻左右，终于风平雷息，内外平安无事，没有什么扰乱。荣州百姓这才赞叹董正封决断英明。

后来，董正封年过八十才去世。

后人用"荣州梧桐"的这个典故告诉人们，董正封不信邪，敢于触动荣州梧桐这个庞然大物，把偶像打翻，在恶势力所掀起的报复凶焰面前，又能镇定自若，坚持斗争，这种大无畏精神是很值得学习的。

三过家门而不入

典出《孟子·离娄下》：禹，稷当平世，三过其门而不入，孔子贤之。

传说上古尧的时候，天下洪水滔滔，淹没了山川大地，老百姓流离失所。尧非常焦急，便选择了一个叫鲧(gǔn)的人来负责治理洪水。可是九年过去了，鲧并没有治服洪水，整个大地依然是水患成灾，哀鸿遍野。尧感到这是自己的失职，就把帝位让给了舜(shùn)。

舜行使天子权力后，就去鲧治水的地方视察，在确认治水毫无进展后，就将鲧杀死在羽山。然后舜推举鲧的儿子禹接替治水的工作。舜对禹说："相信你能够完成这件任务，你努力去办吧。"舜又对大臣们说："我这样做，是因为禹为人慧敏而勤俭，贤德而又不违使命，可亲可近，言行举止符合纲纪法律，他的父亲治水虽然失败了，但我相信他却可以获得成功。"

禹和伯益、后稷(jì)一起，率领诸侯、百姓把堵塞的江河大川疏通。原来，鲧治水是采用"堵"的方法，把河流都堵起来，结果水愈积愈多，造成的灾害也更大。禹改变了父亲的方法，采用"疏通"和"引导"，使洪水流入大海。过了一年又一年，肆虐的洪水终于被征服。

当禹开始治水时，他为父亲治水失败被杀感到十分悲伤，所以，他不敢有半点儿松懈，终日忧心忡忡。为了治好水，他在外居住了13年，曾三次经过家门都没有进入。由于他治水的方法正确，又处处以身作则，最后终于获得了成功。

后人用"三过家门而不入"形容热心工作，公而忘私。

食少事繁

典出《晋书·宣帝纪》：亮使至，帝问曰："诸葛公起居何如？食可几米？"对曰："三四升。"次问政事。曰："二十罚已上皆自省览。"帝既而告人曰："诸葛孔明

其能久乎!"竟如其言。

三国时,魏、蜀、吴各据一方,刘备死后,诸葛亮辅助幼主继承刘备遗志,欲一统天下,便率了十万大军向魏进攻,在渡渭水之前,曾派使者去魏国,魏国大将司马懿很敬重诸葛亮,向使者询问诸葛亮的日常生活情形。"诸葛孔明先生生活得很好吗?他的饮食如何?能吃多少饭?"使者说:"只有三四升。"接着又问诸葛亮处理政事的情形,使者说:"凡是处二十(指挨打)罚以上的公文,诸葛丞相都要亲自审查。"事后,司马懿对他左右的人说:"诸葛孔明的食量这样少,而工作又这样繁重,他能长命吗?"后来真的被他说中了。

后来的人便将司马懿所说的话引申为"食少事繁"一句成语,比喻吃的饭很少,事务却很繁多。这成语多用来劝告别人要注意身体的健康,切不要只顾工作,大量支出精力,而对饮食、健康弃之不顾。

五日京兆

典出《汉书·张敞传》:(敞)为京兆九岁,坐与光禄勋杨恽厚善,后恽坐大逆诛,公卿奏恽党友不宜处位,等比皆免,而敞奏独寝不下。敞使贼捕掾絮舜有所案验,舜以敞劾奏当免,不肯为敞竟事,私归其家。人或谏舜,舜曰:"吾为是公尽力多矣,今五日京兆耳,安能复案事?"敞闻舜语,即部吏收舜系狱。是时冬月未尽数日,案事吏昼夜验治舜,竟致其死事。舜当出死,敞使主簿持教告舜曰:"五日京兆,竟何如?冬月已尽,延命乎?"乃弃舜市。

西汉宣帝年间,京都长安闹贼,百姓家里常常被贼窃,闹得家家户户都不安。京都的治安归由京兆尹(相当于今日的首都市长)负责,可是历任的京兆尹都不能把偷窃根绝。宣帝听说在胶东做官的张敞是个能吏,就把张敞调来做京兆尹。张敞到任后,首先亲到民间察访,查知这些窃贼是一个有组织的集团,有几个为首的人在发号施令,而这几个为首的人,平时出站都骑马坐车,住宅豪华,婢奴成群。张敞便收买了这几个为首的人,设计把全城的窃贼都捉到了,从此长安果然再没有盗案发生了。

张敞做了几年京兆尹,因他的朋友杨恽犯了大逆不道之罪被杀,朝中公卿大夫奏请凡是杨恽的亲友,在朝做官的都应削职,张敞也在所难免。这时张敞手下有个管窃案的府吏名叫絮舜,张敞要他出去办案,他不去,对人说:"张敞公还能做几天京兆呢?五日京兆罢了,我为什么还要给他办事?"张敞知道了,很生气,就办絮舜抗命之罪,下在狱中,数日内便将他上刑致死。

后人便将絮舜所说的"五日京兆耳,安能复案事?"引为"五日京兆"一句成语,用来比喻做官的不能久安于位、仕职不能长久;即事情做不了多久便要被撤职或辞退的。

昔郭君出亡

典出《韩诗外传》:昔郭君出亡,谓其御者曰:"吾渴欲饮。"御者进清酒。

曰:"吾饥欲食。"御者进干脯梁糗。

曰:"何备也?"

御者曰:"臣储之。"

曰:"奚储之?"

御者曰:"为君之出亡而道饥渴也。"

曰:"子知吾且亡乎?"

御者曰:"然。"

曰:"何以不谏也?"

御者曰:"君喜道谀而恶至言。臣欲进谏,恐先郭亡,是以不谏也。"

郭君作色曰:"吾所以亡者,诚何哉?"

御转其辞曰:"君之所以亡者,太贤。"

曰:"夫贤者所以不为存而亡者,何也?"

御曰:"天下无贤而君独贤,是以亡也。"

郭君喜,伏轼而笑,曰:"嗟乎!夫贤人如此苦乎?"于是身倦力解,枕御膝而卧。御自易以备,疏行而生。身死中野,为虎狼所食。——此其不生者。

从前,虢国国君逃亡在外,对他的赶车人说:"我渴了想喝水。"赶车人就给他送上清酒。

虢君说:"我饿了想吃东西。"赶车人就给他送上肉脯和干粮。

虢君问道:"是哪儿弄来的这些东西?"

赶车人说:"我储备的。"

虢君问道:"为啥要储备这些东西?"

赶车人说:"为君王逃亡在外路上饿了渴了时用呀。"

虢君说:"你知道我将要逃亡吗?"

赶车人说:"对了。"

虢君说:"为什么不早给我进谏呢?"

赶车人说:"您喜欢听阿谀奉承的话,而讨厌听深切中肯的言语。我想要进谏言,但怕先于郭君而死,所以我才不谏的呀。"

虢君改变了脸色说:"我要逃亡的原因,究竟是什么呢?"

赶车人转过话头说:"国君您之所以会逃亡,是由于太有才能的缘故。"

虢君问道:"有才能的人不能站住脚而要逃亡的原因,是什么呢?"

赶车人说:"天下的君王都不肖,而国君您独自有才能,所以要逃亡呀。"

虢君听了很高兴，倚在车前横木上笑起来，说道："唉！有才能的人要遭到这般困苦吗？"说罢，于是感到浑身疲乏无力，就枕在赶车人的膝盖上睡着了。赶车人就暗自抽出膝盖给他换上一块石头，漫步扬长而去了。结果，虢君就死在郊野之中，被老虎恶狼吞食了。——这就是不觉悟者的下场呀。

这则寓言讽刺了这个虢君可谓如醉如痴的不觉悟者了。诗曰："听言则对，诵言如醉。"他刚愎自用，喜欢阿谀奉承，而厌恶真切诚实的谏言，结果遭到国灭身亡，这完全就是咎由身取，可悲可鄙。赶车人作为一个劳动群众，他对虢君的出亡下场早已观察透彻，这才是真正的有才能的"贤者"；最后他甩掉虢君扬长而去，更是令人推重钦敬。

夏天的太阳

典出《史记·晋世家》：太子母缪嬴日夜抱太子以号泣于朝，曰："先君何罪？其嗣亦何罪？舍适而外求君，将安置此？"出朝，则抱以适赵盾所，顿首曰："先君奉此子而属之子，曰：'此子材，吾受其赐；不材，吾怨子'。今君卒，言犹在耳，而弃之，若何？"赵盾与诸大夫皆患缪嬴，且畏诛，乃背所迎而立太子夷皋，是为灵公。发兵以距秦送公子雍者。赵盾为将，往击秦，败之令狐。先蔑、随会亡奔秦。

晋国给秦国打败以后的一二年里，重要的大臣如赵衰、栾枝、先且居、胥臣等相继死了。赵衰的儿子赵盾做了相国，掌握晋国的大权。公元前620年（周襄王三二年），晋襄公病了，他在床榻上嘱咐赵盾和大臣们立公子夷皋为国君。晋襄公死了以后，大臣们正打算依照先君的遗嘱立夷皋为国君。赵盾却提出异议。他说："从前先君文公去世的时候，还没出殡安葬，秦国就来侵犯。辛亏新君有本事，才渡过了难关。现在晋国的处境比那时候更危险：外有秦人和狄人虎视眈眈，内有不少重要的大臣陆续谢世。公子夷皋今年才七岁，你们认为他能担当重责大任吗？为了国家的安全，也为了继承先君的霸业，我想还不如立一位年纪大些、能肩挑重任的公子为国君。先君的兄弟公子雍（晋文公的儿子）在秦国，秦伯对他很礼遇。如果能请他来即位，不但国内的事有人筹谋运作，就是秦、晋两国也能重拾交情，友好往来。你们觉得怎么样？"狐射姑说："我也不赞成立小孩子。不过秦国跟咱们不和，咱们干嘛去求他们呢？那不是自取其辱吗？我看，还不如到陈国去迎接公子雍的兄弟公子乐。"赵盾说："陈是小国，距离咱们这儿又远；秦是大国，距离咱们又近。立了公子雍，就能和一个又近又大的国家攀上交情。还是立公子雍比较恰当。"大臣们全赞成赵盾的主张。他们就派大夫先蔑和随会到秦国去报丧，同时叫他们顺便把公子雍接回来。

狐射姑很不服气，悄悄地派人到陈国去接公子乐。有人把这消息秘密告诉了赵盾。赵盾就授意他的心腹公孙杵白在半路上埋伏，杀了公子乐。狐射姑因此更不能谅解赵盾，决心报这个仇。他认为阳处父是赵盾最得力的助手，就派他的心腹暗杀了他；可是杀手当场被捉住了。赵盾不希望事态扩大，只把杀手办了死罪，就不再追究了。狐射姑则乘隙逃到他外婆家潞国（就是山西省潞城）那儿去了。赵盾禀性倒还善良，虽然他有时表现得很阴狠，骨子里却非常慈悲。他对大臣们说："贾季（狐射姑的字）自觉有罪，跑了，也就算了！可是他随先王文公奔波了十九年，回国以后也立下了不少功劳。咱们可不能让他老来孤独。我打算把贾季的妻子儿女送去潞国，也不枉费咱们同事一场，诸位认为怎么样？"大家都赞成这意见，就这么办了。

另一方面，晋襄公夫人看透了赵盾是个软心肠，就拉着夷皋到朝堂上去又哭又闹。她说："夷皋是先王的亲骨肉，早就立为太子了。先王也嘱托你们立他为国君，你们怎么反而甩了先王的骨肉，去找别人呢？夷皋犯了什么罪？你们为什么废了他呢？"她哭得像个泪人儿，弄得大臣们六神无主。散朝之后，她又拉着夷皋到赵盾家里去哭闹，跟他说："你发发慈悲，干脆把我们这孤儿、寡母两个人杀了吧！"她的泪水攻势击败了赵盾。赵盾没有办法，只好立夷皋为国君，就是晋灵公。另外也打发人到秦国去辞谢。

当时秦穆公已经过世了，太子即位，就是秦康公。秦康公接见了先蔑和随会，答应晋国的请求，即刻打发白乙丙率领人马送公子雍回晋国去。等到赵盾失了信，派人来辞谢时，秦国的兵马和公子雍已经渡过黄河，到达了令狐（在山西省猗氏县西）。赵盾唯恐秦国人不见谅，故意找借口挑衅，就对大臣们说："如果咱们立公子雍，秦国就是咱们的朋友；现在既然拒绝公子雍，秦国就是咱们的敌人了。"于是他亲自出马，率领着大将朱克、荀林父等去对付秦国人。秦国人看见晋国人来了，还以为是来迎接公子雍的，根本没作打仗的准备，冷不防地被晋国人打得七零八落。公子雍死在乱阵之中；先蔑和随会大骂本国失信于人，气得不肯回去，宁可随着秦军回到秦国去。秦康公非常欣赏他们，拜他们为大夫。

赵盾为了保住晋灵公的君位，打退了秦国的兵马，逼走了先蔑和随会，内心常觉得惴惴难安。他也像对待狐射姑一样，把先蔑和随会的家人送往秦国。可是那些和先蔑、随会有交情的大臣背地里仍埋怨赵盾三心二意，不讲信义。其中有五个大臣秘密研商了好几次，打算集体反对赵盾。赵盾一获得情报，马上机灵地吩咐荀林父、栾盾等逮捕这五位大臣，关入监狱里。他还禀告晋灵公，请他定他们死罪。晋灵公只是个懵懵懂懂的小男孩，他回到宫里，就告诉他娘说明天要杀五个大臣，吵嚷着要去看热闹。襄公夫人大吃一惊，说："他们只不过是争权夺利，谁也没有杀害国君的企图，怎么能定他们死罪呢？近来朝廷里的大臣几乎都老了，现在一杀就是五个怎么行？千万别这么办啊！"第二天，晋灵公宛如诵书似地把他娘的话全告诉了赵盾。赵盾说："您岁数还小，不懂什么。如果大臣们不能全心全意地辅助您，只顾着尔虞我诈，争权夺利，国家就太平不了啦！不处治乱党，怎么能树立威信呢？"晋灵公似懂非懂，皱着眉头，不知如何对答。结果，五个大臣全给杀了。此后，朝廷里的大臣都把赵盾看作阎罗王，避之唯恐不及。

在潞国避难的狐射姑听见这则消息，捏了一把冷汗，说："要是我留在国内，

哼！我这脑袋瓜早就跟身子分家了！"旁边的人就问："赵盾是怎么样的一个人？比起他爹赵衰怎么样？"狐射姑说："他们父子俩都很杰出，可是赵衰是冬天的太阳，人人喜欢；赵盾是夏天的太阳，人人畏惧！"

这个故事用"冬天的太阳"和"夏天的太阳"来比喻赵衰、赵盾父子俩为政、待人的不同。

驺忌论琴

典出《史记·扁鹊仓公列传》：

齐桓公午死了以后，他儿子即位，就是齐威王。就在这一年，姓姜的齐康公死在海岛上，恰巧他没有儿子，田太公的孙子，齐桓公午的儿子齐威王算是继承齐康公的君位。从此以后，齐国姜氏的君位绝了根。以后的齐国，虽然还叫齐国，可是已经是田家的了。

齐威王有点像当初楚庄王一开始时候的派头，一个劲儿地吃、喝、玩、乐，国家大事他都不闻不问。人家楚庄王"三年不飞，一飞冲天；三年不鸣，一鸣惊人"，可是齐威王呢，一连九年不飞、不鸣。在这九年当中，韩、赵、魏各国时常来打齐国，齐威王从没放在心上，打了败仗他也不管。

有一天，有个琴师求见齐威王。他说他是本国人，叫驺忌。听说齐威王爱听音乐，他特地来拜见。齐威王一听是个琴师，就叫他进来。驺忌拜见之后，调着弦好像要弹的样子，可是他两只手放在琴上不动。齐威王挺纳闷地问他，说："你调了弦，怎么不弹呢？"驺忌说："我不光会弹琴，还知道弹琴的道理！"齐威王虽说也能弹琴，可是不懂得弹琴还有什么道理，就叫他仔细说来听听。驺忌海阔天空地说了一阵，齐威王有听得懂的，也有听不懂。可是说了这些空空洞洞的闲话有什么用呢？齐威王听得有点不耐烦了，就说："你说得挺好，挺对，可是你为什么不弹给我听听呢？"驺忌说："大王瞧我拿着琴不弹，有点不乐意吧？怪不得齐国人瞧见大王拿着齐国的大琴，九年来没弹过一回，都有点不乐意啊！"齐威王站起来，说："原来先生拿着琴来劝我。我明白了。"他叫人把琴拿下去，就和驺忌谈论起国家大事来了。驺忌劝他重用有能耐的人，增加生产，节俭财物，训练兵马，好建立霸业。齐威王听得非常高兴，就拜驺忌为相国，加紧整顿朝政。

这个故事是用来劝喻君王在其位要谋其政。

暴 政 篇

"阉党"魏忠贤

太监专权是我国封建社会特有的产物。在历代专权太监中,权势最大、危害最深的要数明朝后期的魏忠贤。

魏忠贤原是一个目不识丁的市井赌徒。在一次赌博中,他输得精光,走投无路,只得把自己阉割了,进宫做了太监。

刚开始,魏忠贤只是个打杂太监。由于他善于巴结讨好权贵,又被太子宠信,以后便一步步升到高位,最后担任了司礼监秉笔太监,帮助皇帝处理来往公文,起草圣旨。后来又掌握了特务机关东厂的大权。有了这两个特殊的权力之后,魏忠贤便肆无忌惮地为非作歹,专横跋扈起来。

当时,明朝的朝中大臣分为两派。一派称东林党,东林党的人大多比较正派、忧国忧民。一派便是以魏忠贤为首的"阉党"。

魏忠贤掌揽朝政大权后,便大肆屠杀东林党人,铲除与自己对立的大臣,把朝廷大权独揽到自己手中。朝廷中那些势利的大臣,不顾自己年岁已大,头发胡子都花白了,纷纷投靠到魏忠贤的门下,做他的干儿子、干孙子。

于是,明朝的天下便成了以魏忠贤为首的"阉党"的天下。他们无恶不作,残害忠良,滥杀无辜,把明朝的统治搞得一塌糊涂。

趋炎附势的地方官吏们,为了讨好魏忠贤,竟在当地为他建祠堂(称为生祠),为他塑像,把他供起来,称呼他为"九千岁,九千九百岁"。魏忠贤的权势与威风简直不下于皇帝。

魏忠贤的罪恶和专横,引起了天下百姓的极大愤慨。当魏忠贤屠杀东林党人时,成千上万的父老乡亲们为被捕的东林党人送行。有的甚至奋不顾身地扑上去,跟魏忠贤的爪牙们拼命。

昏庸无能的熹宗死去之后,魏忠贤便失去了靠山。崇祯早已对魏忠贤深恶痛绝,他继位后便把"阉党"一网打尽。魏忠贤见大势已去,被迫自杀。

魏忠贤由一名不识一字的市井无赖,在短短的 7 年间竟成了专横天下、把持朝政的权臣,这正说明当时封建统治的极端腐败。

哀鸿遍野

典出《诗经·小雅·鸿雁》：鸿雁于飞，肃肃其羽。之子于征，劬劳于野。爰及矜人，哀此鳏寡。鸿雁于飞，集于中泽。之子于垣，百堵皆作。虽则劬劳，其究安宅？鸿雁于飞，哀鸣嗷嗷。维此哲人，谓我劬劳。维彼愚人，谓我宣骄。

春秋战国时代，诸侯互攻，战争不息，老百姓经常被派遣在外服役，诗人们便借用"鸿雁"为题，写了一首替人民诉说辛劳的诗，来道出人民的苦难。

全诗的意思是：对对的雁儿在空中飞行，他们的翅膀发出沙沙声。那个人的儿子出门，到郊外去作牛马卖命。我们都是受苦难的人，可怜的是既老又无亲。鸿雁儿对对飞去，一同聚集在湖沼里。那个人去筑墙，百丈墙身都已筑起；他吃尽了辛苦，何处是他安身的地方呢？雁儿们已经飞去，它们在空中发出声声叫啼，明白我们的人，说我们是劳苦的；只有那些糊涂虫，还觉得我们不安分！

"哀鸿遍野"便是从这首诗引申出来，比喻到处可以看到呻吟呼号、流离失所的灾民。

跋扈将军

东汉时，外戚专权的情况十分严重。外戚，就是皇后的亲戚，比如兄弟、父亲、叔叔等。在东汉专权的外戚中，数梁冀最专横跋扈，不可一世。

梁冀是东汉中期的人，他的两个姑姑被顺帝选入后宫，分别册封为皇后和贵人。他的父亲便是东汉的权臣，大将军梁商。

凭借着外戚的特权和将军之子的身份，梁冀一开始就官运亨通，青云直上。最后，他继承了父位，当上了大将军，把持朝政大权。

汉顺帝死后，为了继续掌握朝廷，梁冀立了一个两岁的小孩为帝，这就是汉冲帝。但不久，汉冲帝又死去，梁冀又立了一个8岁的小孩为帝，这就是汉质帝。

质帝虽然年幼，但人很聪明。梁冀的专横跋扈，独断专权，他居然看出来了。可是他太小，不懂得利害关系。有一次，在群臣朝拜的时候，小小的汉质帝开玩笑似地指着梁冀说："你是个跋扈将军。"

不料，这句话却给质帝招来了杀身之祸。梁冀当时一听这话，吓得出了一身冷汗。事后，他下决心除掉质帝，以防将来他长大了对自己不利。于是，他指令手下人把毒药放在饼中，给汉质帝吃。

质帝吃了饼后,觉得肚子疼,于是就要水喝。梁冀当时也在场,他不准手下的人给质帝喝水,还假惺惺地说:"别喝水,喝了水会呕吐的。"

质帝肚子愈来愈疼,大叫起来,倒在地上,挣扎了几下,便死了。

梁冀的确是个心狠手辣的跋扈将军,连几岁的小孩也不轻易放过。在他专权期间,伤害了无数人命。汉桓帝时,梁冀及其亲信党羽被一网打尽,他自己也被逼自杀。

逼上梁山

典出《水浒传》:豹子头林冲,是北宋京都汴梁(今河南省开封市)八十万禁军枪棒教头。他为人忠厚正直、安分守己。

一天,林冲带着妻子去岳庙进香。途中,遇见花和尚鲁智深在耍一把六十多斤重的浑铁禅杖。众人齐声叫好,林冲也被吸引过去观看。鲁智深与林冲两个好汉一见如故。结义为兄弟。正在这时,侍女锦儿慌忙报信儿说,林娘子在路上被歹徒拦截。林冲急忙与鲁智深告辞,去岳庙追赶歹徒。林冲抓住歹徒举拳要打时,发现此人原来是他的顶头上司、奸臣高俅的义子高衙内。高衙内一伙一看那女子是林教头的妻子,害怕打起来不是对手,便假惺惺地劝解:"衙内不认得,多有冲撞。"说罢,将高衙内拥走。这时,鲁智深也急忙赶到,听明情况要去追打高衙内,被林冲劝阻。林冲忍下了这口恶气。

高衙内逃走以后仍不死心,还想霸占林娘子。他与高太尉一起设计,以看刀为由将林冲骗进高府,诬陷林冲持刀闯入白虎节堂,将他下狱拷打。高俅一伙不便在京公开杀害林冲,于是将林冲发配沧州(今属河北省)充军,买通差人,阴谋在路经野猪林时将他杀害。鲁智深暗中保护林冲,大闹野猪林,高俅的阴谋未能得逞。

到沧州后,林冲被分配看管大军草料场。高俅父子贼心不死,又派心腹之人前往沧州,放火烧草料场。这样,即使林冲不被烧死,也会因草料场失火而被处死。当草料场起火燃烧时,林冲听到高俅的心腹们得意地谈论暗害林冲的计谋。这时,林冲再也按捺不住心头的怒火,将仇人一个个杀掉。以后,林冲毅然上山,参加农民起义队伍。

后来就用"逼上梁山"这句成语比喻被迫进行反抗。也比喻不得不做某件事情。

不教而诛

典出《论语·尧曰》:子张问于孔子曰:"何如斯可以从政矣?"子曰:"尊五美,屏四恶,斯可以从政矣"。子张曰:"何谓五美?"子曰:"君子惠而不费,劳而不怨,欲而不贪,泰而不骄,威而不猛。"子张曰:"何谓惠而不费?"子曰:"因民之所利而利之,斯不亦惠而不费乎? 择可劳而劳之,又谁怨? 欲仁而得仁,又焉贪? 君子无众寡,无小大,无敢慢,斯不亦泰而不骄乎? 君子正其衣冠,尊其瞻视,俨然人望而畏之,斯不亦威而不猛乎?"子张曰:"何谓四恶?"子曰:"不教而杀谓之虐;不戒视成谓之暴;慢令致期谓之贼;犹之与人也,出纳之吝谓之有司。"

孔子的学生子张问孔子说:"怎样才可以管理政事呢?"孔子回答道:"尊重五种美德,排除四种恶政,就可以管理政事了。"子张问:"什么是五种美德?"孔子答道:"君子使老百姓受到好处,而自己却不耗费;让老百姓劳作,老百姓却不怨恨;追求仁德而不贪图财利;庄重而不傲慢;威严却不凶猛。"子张问:"怎样才能使老百姓得到一些好处,而不掏自己的腰包呢?"孔子答道:"叫老百姓做对他们自己有利的事,这不就是对老百姓有好处,而不掏自己的腰包吗? 选择老百姓能干的活,让他们去干,谁还会怨恨呢? 自己追求仁德而得到仁,怎能叫做贪图财利呢? 无论人多人少,势力大小,君子都不敢怠慢,那不就是庄重而不傲慢? 君子衣冠整齐,目光严肃端正,使人望而生畏,这不也就是威严而不凶猛吗?"子张问:"什么是四种恶政呢?"孔子回答道:"事先不教化而杀人,叫做虐;事先不预告,而要求立刻成功,叫做暴;命令下达很晚,又要求限期完成,叫做贼;同样给人东西,却很吝惜,这就叫做小气。"

"不教而诛"就是从文中"不教而杀"一语变化来的。它的意思是平时不加管教,一旦犯了罪便轻易处死。可用它比喻平时不教育,一旦出了问题便一棍子打死的官僚主义行为。

不怕官,只怕管

典出《醒世恒言》二六:俗谚有云:不怕官,只怕管。岂是我管不着你,一些儿不怕我了。

有个名叫王进的东京八十万禁卫军拳棒教头,他的父亲曾经和小流氓高俅比棒,只一棒就把高俅打翻在地,将息了几个月才能走动,因此高俅怀恨在心。

十几年过去了，王进的爸爸早已去世，那高俅却因会踢球得宋徽宗赏识，一路升官升到殿帅府太尉（禁卫元帅），第一天上任，便发现王进请病假在家未来参见，大怒，着人将王进拿来，问道："这厮是都军教头王升的儿子？"王进禀道："小人便是。"高俅喝道："你爷是街市上使花棒卖药的，你省的什么武艺？前官没眼，参你做个教头，如何敢小觑我，不伏俺点视，推病在家，安闲快乐？"王进告道："小人怎敢，其实患病未愈。"高太尉骂道："贼配军，你既害病，如何来得？"王进又告道："太尉呼唤，不敢不来！"高太尉大怒，喝令左右拿下，"加力与我打这厮！"众多牙将都是和王进好的，只得告道："今日太尉上任，好日头，权免此人这一次。"高太尉喝道："你这贼配军，且看众将之面，饶恕你今日，明日却和你理会。"王进谢罪罢，抬头看了，认得是高俅。出得衙门叹口气道："俺的性命今番难保了。俺道甚么高殿帅，却原来正是高俅。他今番发迹，正待要报仇。我不想正属他管。自古道：'不怕官，只怕管'，俺如何与他争得？怎生奈何是好？"——回家后，连夜带了老母，投奔边镇延安府去了。

后人用"不怕官，只怕管"的这个典故，道出了封建社会塔形政权结构中，上级欺压下级，无法无天的人际关系。

不知天寒

典出《晏子春秋·内篇谏上》：景公之时，雨雪三日而不霁。公被狐白之裘，坐于堂侧阶。晏子入见，立有间，公曰：怪哉！雨雪三日而天不寒。"

晏子对曰："天不寒乎？"

公笑。

晏子曰："婴闻古之贤君，饱而知人之饥，温而知人之寒，逸而知人之劳。今君不知也。"

齐景公时，大雪连下三日而不停。景公穿着狐皮大衣，坐在大厅一侧的台阶上。晏子进来拜见，侍立了一会儿，景公说："奇怪呀！下雪三天而天气一点也不冷。"

晏子反问道："天不冷吗？"

景公笑了笑。

晏子说："我听说古代贤明的君主，自己吃饱而能知道老百姓受饥饿，自身穿暖而能知道老百姓受寒冻，自己安乐而能知道老百姓劳苦。现在您却是一点不知道。"

后人用"不知天寒"来讽喻养尊处优、脱离人民的人，是不会懂得人民的疾苦的。

豺狼当道

典出《后汉书·张晧传》:汉安元年,选遣八使徇行风俗,皆耆儒知名,多历显位。唯纲年少,官次最微。余人受命之部,而纲独埋其车轮于洛阳都亭,曰:豺狼当道,安问狐狸。

东汉顺帝汉安元年(公元142年),朝廷选派了特使,巡行各地,考察政治,如发现刺史太守有贪赃枉法行为,就上急奏弹劾,县令以下的官,可不待奏报,即时逮捕法办。至于清廉而政绩好的则奏闻加以表扬。这些特使都是年高望众的,只有张纲年纪最轻,官位最低。别人都受命出发了,张纲独把自己的车轮卸下,扔在洛阳城外的驿站旁。人们很诧异地问他为什么?他感慨地说:"豺狼当道,安问狐狸。"意思是说:大恶不除,何必去问那些小恶?他所指的就是那时当权的大奸臣梁冀,政治的败坏都是由梁冀引起的。因此上了一封奏章,严厉揭发他的罪恶。但梁冀身为国舅,皇帝虽然明白张纲所弹劾的事实,可是不便发作,加之满朝都是梁冀的死党,怎能动摇他的分毫呢?

梁冀从此恨他入骨,屡欲借机把他害死。

这时广陵郡张婴聚众数万反抗官吏,杀死刺史太守,为时十几年,朝廷始终没有办法。梁冀便进言尚书,选派张纲担任广陵太守,以为张纲会被害死。怎知张纲到任后,亲自去见张婴,晓以大义,体谅民疾,抚恤招安,张婴便率众自动放下武器,十几年不能解决的问题,就此瓦解冰消。可惜张纲到任只一年就病死了。

后人把张纲所说的"豺狼当道",引为成语,比喻坏人掌握大权。

朝廷缺清要官

典出《广谈助》:朝廷缺清要官,政府问谁可任者。或以公论对。政府曰:"公论如今甚无用。"或以古道对。政府曰:"古道如今亦难行。"或以糊涂对。政府曰:"糊涂如今却去行。"

最后有力者举智巧,政府喜曰:"尔举甚好,此其人我尝闻之,能折腰舐痔,惟人颐指气使,而莫予违者。"遂以属铨司。

朝廷缺一个清要官职,政府询问谁可以担任。有人说公论可以担当。政府说:

"公论现今是最没有用的。"

有人说古道可以担任。政府说："古道如今也难以实行了。"

有人说糊涂可以担任。政府说："糊涂其人如今却可以去干得。"

最后有个有力量的人举荐了智巧，政府大喜说："你举荐的极好，这个人的人品我曾听说过，他善于弯腰拜揖、舐人屁股；只是他指挥别人却态度傲慢、气焰嚣张，是一个不能违抗他的人。"于是便立即授予了他应得的官职。

这是一幅腐败的封建专制官僚机构的讽刺画。在封建社会没落时期的清朝朝代，官僚制度日趋腐败，真正有才干、能主持公道的士子是难以挤身政府的，而大量"折腰舐痔"以趋奉上级、"颐指气使"以凌辱人民的"智巧者"，却充斥了政坛。很显然这样的政体是难以久存的，处在文字狱猖獗的历史时期，作者通过寓言形象，如此大胆而尖锐地揭示封建官僚制度的丑恶本质，是难能可贵的。

打算养老

郑庄公为了征服许国，丧失了颖考叔和公孙子两员大将，非常悲痛。可是拿下了戴国和许国，总算得上是大收获，内心就舒坦多了。

郑庄公分别派了两个使臣，带着礼物和信去聘问齐僖公和鲁隐公。到齐国去的使臣圆满完成任务回来，到鲁国去的却带着原封未动的礼物和信回来了，郑庄公问："这是怎么回事？"他回答说："我一到鲁国，就听说鲁侯被人刺死了，新君刚刚即位。主公的礼物和信是要交给前一个鲁侯的，怎么敢随便交给这一个鲁侯呢？"郑庄公很纳闷地说："鲁侯谦让宽柔，是个贤明的君主，怎么会给人谋害呢？"那个使臣说："我已把事情打听得清清楚楚。"于是，他把鲁隐公遇害的情形一五一十说了出来：

鲁隐公的父亲是鲁惠公，鲁惠公的夫人早死，他把一个宠妃扶正当夫人，生了个儿子叫公子轨。鲁隐公则是另外一个妃子生的，他的岁数比公子轨大，地位却比公子轨低。按照一般的规定，鲁惠公的君位应该传给公子轨。可是鲁惠公死的时候，大臣们见公子轨年岁太小，就立他的哥哥当国君，就是鲁隐公。鲁隐公为人忠厚老实，他常口口声声说："我只是暂时代理国政，等公子轨长大了，我就把君位交还他。"这样过了十一年。公元前712年，公子翚从许国打了胜仗回来，再加上他上次又卖命攻下了宋国的部城和防城，自觉立下了汗马功劳，就央求鲁隐公给他做太宰（和后来的宰相差不多）。鲁隐公说："你想当太宰，还是等公子轨长大当了国君的时候，再去央求他吧！我这代理的国君是做不长的。"

公子翚听了这番话，心里很不痛快。其实，鲁国的大权掌握在他手里，当不当太宰并没有什么关系，只不过名义上好听些罢了。不过，他可真替鲁隐公悲哀，他想："主公是先君的大儿子，又是大臣们立的，也当了十一年的国君，很受百

姓爱戴，地位应该稳如泰山了，现在他眼看公子轨渐渐长大了，会不会有隐忧呢？他真是个可怜的老实人，不让位吧，怕流言满天飞；让位吧，又万般舍不得。只凭他一句话，我就可以堂而皇之的当个太宰，他何苦这么推三阻四，老顾虑着公子轨呢？嗯，他八成是不甘心让位！"这么一来，就得替鲁隐公设计个办法，以保住他的君位。可是公子翚退一步又想："也许主公真的要让位，这很难说！不对，他真要让位的话，为什么还这样磨磨蹭蹭呢？是不是嫌公子轨还太小呢？看样子，他大概要代理一辈子了。谁不喜欢当国君？哪儿有当了十一年的国君，还肯将君位平白让人的？"

公子翚想到这儿，脑子里已经有了盘算。有一天，他趁着旁边没有人，悄悄对鲁隐公说："主公当了十几年国君，全国人都对您心悦诚服，满朝文武也都推崇敬爱您。只要主公不让位，就能把君位世世代代传下去。可是如今公子轨长大了，再下去，可能对主公非常不利，为了您好，我想干脆杀了他，免得以后他碍手碍脚。"鲁隐公忙把耳朵捂起，说："你疯了吧？怎么可以这样胡说八道！我已派人在菟裘（在山东省泗水县北）盖房子，作养老的打算，过不了多久就要把君位还给公子轨，你怎么竟说要杀他呢？"公子翚默默退出，很后悔说了那些话。可是话已经说出，也收不回来。他回到家里，愈想愈着急，就怕国君把他的话传告公子轨，果真那样的话，公子轨无论如何是不会放过他的。他想："还是先下手为强！"他立刻到公子轨那儿去。

公子翚见到公子轨，对他说："主公看您长大了，怕您抢他的君位，今天特地召我进宫，秘密嘱咐我暗杀您。"公子轨听了，吓得浑身冷汗，结结巴巴地说："那……那怎么办呢？你想个法子救……救……我呀！"公子翚搔着脑袋瓜子，想了一想，说："他既这么不仁不义，你何不以其人之道还治其人之身，先下手杀了他！"公子轨说："他当了十一年的国君，臣民信服，我凭什么杀他呢？万一事情不成，我也会遭殃啊！"公子翚说："那您就坐着等他下手吧！"公子轨急得直搓手，说："哎，哎，你给我出个主意吧！"公子翚背着手，在房子里来回踱步，说："有了！每年这个时候，主公都会到城外去祭神，顺便在寪大夫家住一晚。到时，我先叫一个勇士冒充仆役，混杂在人堆里，主公一定不会起疑。等到三更半夜，他睡熟了，就神不知鬼不觉地刺他一刀，不就好了吗？"公子轨迟疑了老半天，说"好倒是好，就怕人家说我谋害国君，最后弄得我声名狼藉，那就得不偿失了。"公子翚说："这一点您倒可以放心！我会事先吩咐勇士叫他行刺之后立刻潜逃，再把罪过推到寪大夫身上。"公子轨没有更好的办法，只得把心一横，说："一切都拜托你了！等事成之后，一定让你当太宰。"

公子翚依照计谋行事，果真刺死了鲁隐公，立公子轨为国君，就是鲁桓公。鲁桓公拜他为太宰，一面向诸侯报丧，一面治寪大夫的罪。大臣们虽然都知道事情的真相，但公子翚大权在握，谁都不敢多话。

郑庄公听完那个使臣的报告，对大臣们说："怎么样？咱们是去征讨鲁国好呢？还是跟他们维持友好关系呢？"祭足说："按照道理来说，谋刺国君应该受到征讨，可是鲁侯既然是代理的，早就应该让位了。他光是嘴里说打算养老，一直没有做到，也有不对的地方。依我看，咱们跟鲁国的友情向来不错，就别破坏这份友好关系吧！说不定他们会派人来敦睦一番呢！"

祭足的话还没说完，鲁国的使臣真的就来了，他对郑庄公说："敝国新君刚即位，特地派我来聘问，并请求您跟敝国订立盟约。"郑庄公一心想拉拢列国，就一口答应了。后来，郑庄公和鲁桓公当面订下盟约，发誓永好不渝。

后人用"打算养老"比喻要辞去公职，养老休息。

弹冠相庆

典出《汉书·王吉传》：王阳在位，贡公弹冠。

汉朝王吉和贡禹是一对好友，他们二人自幼好学，通晓五经，学识渊博，为人廉洁。由于他们爱好相同，抱负相同，所以关系特别亲密。正因为如此，在当时的人们看来，"王阳在位，贡公弹冠。"（意思是：王阳做了官，贡禹就会弹去帽子上的灰尘，准备去做官。）后来，王吉、贡禹都当了官。汉宣帝时，王吉为博士谏议大夫，因他对宣帝的宫室陈设、车服装备太盛，上书劝谏，被宣帝认为是迂阔，因而不得宣帝信任。王吉心中闷郁，就称病辞官归家。与此同时，贡禹也有类似的遭遇，他作河南令也被罢官掉职。由于他们为官比较廉正，汉元帝刚继位就派使臣前往征聘。二人被召之后，做事勤谨，忠心耿耿，因而颇得元帝的信任。

后人把"王阳在位，贡公弹冠。"说成"弹冠相庆"，比喻作好做官的准备或准备上台做官而互相庆贺。

倒行逆施

典出《史记·伍子胥列传》：

伍子胥，战国时的楚国人，他的父亲叫伍奢，是皇太子的太傅。楚平王为太子娶秦国之女为妻，秦女来了，平王见她绝美，便自己要了，又怕太子不满，派人去杀太子，太子逃走了，便把忠于太子的伍奢抓了起来。楚平王知道伍奢有两个儿子，一个叫伍尚，一个叫伍员（即伍子胥），都很能干，怕杀了伍奢后两人作乱，就派使者去召两人，说："你们来，我不杀你父亲；不来，我马上杀他。"使者一到，伍尚说："我知道，去了不过和父亲一起死而已，但不去，心里不安。"他去了，果然和父亲一起被杀。伍子胥说："我去，和父亲一起死，何益？不如活着给父亲报仇。"于是弯弓搭箭对着使者，使者不敢抓他，他逃了。

他逃到昭关，过不了，急得一夜须发皆白，才混过关。于是独身疾行，至江边，追兵在后，江上一渔夫可怜他，把他渡过长江。行至丹阳，病了，只好靠讨饭生活。总之，受尽千辛百苦逃到吴国，成为吴王阖庐的谋臣。五年后，楚平王死了。九年后，他带领吴兵五战而占领楚国的国都。于是，伍子胥把楚平王的尸首挖了出来，鞭打三百才泄愤怒。他的朋友申包胥派人对他说："你这样报仇，未免太过分了吧！"伍子胥说："请你原谅，我日暮途穷，所以才'倒行而逆施之'也。"（我实在是被逼得无路可走了，所以行事才违背常理啊！）

后人用"倒行而逆施之"的这个典故比喻违背历史潮流的反动行为。

得丈人力

典出《雅谑》：有以岳丈之力，得中魁选者，或作语嘲之曰："孔门弟子入试，临揭晓，先报子张第十九，"人曰："他相貌堂堂，果有好处。"又报子路第十三，人曰："他粗人也中得高，全凭那一阵气魄。"又报颜渊第十二，人曰："此圣门高足，屈了他些。"又报公冶长第五，人骇曰："此子平日不见怎的，如何倒中正魁？"或曰："全得他丈人之力耳。"

有一个仰仗老丈人势力得中科举第一名的人，人们编造了一段话嘲讽他，说道："孔门的弟子去参加考试，临揭榜时，先通报子张中了第十九名，人们说：'子张相貌堂堂，果然有他不平凡的地方。'又通报子路中了第十三名，人们说：'子路是个粗鲁人，也能高中，大概全凭他那一副坚强的气魄吧。'又通报颜渊中了第十二名，人们说：'颜渊是孔圣人的高足，中十二有些委屈了他。'又通报公冶长得中第五名，人们惊讶地说：'此人平时表现不怎么样，这次如何反而能得中正魁？'旁边有人答说：'全仗他老丈人的力量呀！'"

后人用这则寓言说明借凭老丈人的势力得中高魁，这在以血缘关系为纽带的封建宗法社会里，是司空见惯的。人们借《论语》的篇目次序，借孔子和公冶长的翁婿关系，编造寓言，讽刺宗法势力，抨击裙带关系，在孔子被称为"至圣先师"、《论语》被奉为经典的历史条件下，是极其难能可贵的。

帝不果觞

典出《龚定安全集》：群神朝于天。帝曰："觞之！"帝之司觞，执简记而簿之，三千秋而簿不成。帝问焉。曰："皆有异之与者。"帝曰："异者亦簿之。"七千秋而簿不成。帝又问焉。乃反于帝曰："舁之与者，又皆有其舁之者！"帝默然而息，不果觞。

天上各方神仙都来朝拜天帝。天帝命令说："赐给他们酒喝！"

天帝司觞的大臣，便拿了简记去登记每个神仙的姓名，但是登记了三千年也没登记完。

天帝问是什么缘故。司觞大臣报告说："各位神仙都带着抬轿的轿夫。"天帝说："轿夫也登记赐酒。"但是用了七千年也没登记完。天帝又问缘故。司觞大臣报告说："抬轿的轿夫也带了抬他们的轿夫。"

天帝默默地叹了一口气，没有赐成酒。

后人用这则寓言讽喻了清廷官僚机构的极度臃肿重叠。连杯酒都赐不成，可知，办件正事将是难上加难了。如此腐败政体，不"更法"、"改图"如何得了？作者对清朝末年"衰世"的批判和揭露，是极其辛辣和尖刻的。

东海王鲔

典出《燕书》：东海有巨鱼，名王鲔焉。不知其大多少，赤炽曳曳，见凫赭间，则其鬣也。王鲔出入海中，鼓浪歔沫，腥风盖然云。逢鳢、鲣、鲏，必吞，日以十千计，不能餍。出游黑水洋，海舶聚洋中者万，王鲔一喷，皆没不见。其从雄行海间，孰敢向问之者？沂潮上罗刹江，潮退胶焉，蠢若长陵，江滨之人，以为真陵也。涉之，当足处或战，大骇，斫甲而视，王鲔肌之。乃架栈而脔割之，载数百艘。乌鸢蔽体，群啄之，各饫。夫王鲔之在海也，其势为何如？一失其势，欲为小鲡且不可得，位其可恃乎哉！

东海里有一种大鱼，名叫"王鲔"，不知道它的身躯有多么大，在水面上只见有赤色的火苗子一排排地拖延着，现出赤红和土红混合的颜色，原来是王鲔的鳍毛。王鲔出入于大海之中，掀起巨浪，喷射出泡沫，一阵腥风盖天而来，好像灰蒙蒙的云雾。只要碰见白鱼、泥鳅、鲣鱼和鲂鱼等，必定会把它们吞掉，一天要吃上万，也不能填饱肚皮。王鲔出游到黑水洋，海船聚集在大洋中有上万只，王鲔一喷水，它们就沉没不见了。王鲔放纵而神气地游行在大海间，谁敢对他干预一下呢？

涨潮的时候，王鲔窜上了罗刹江，退潮的时候被搁浅了，身体笔直耸立着像一条长长的土山，江边的人们还以为真的是一条土山呢！徒步走上去，脚踩的地方突然一阵颤动，害怕极了，便用锄头砍破表面的硬壳，王鲔的肌肉就露出来了。于是用竹木编成了架子，登上栈架把它割成一块一块的肉，装载了数百只大船。一群群乌鸦和鹞鹰飞下来盖满了王鲔的尸体，一齐啄食，饱吃了一顿。

唉，王鲔在海上呀，它的气势有多大！一旦失去了气势，想要当个活蹦乱跳

的小鱼他都不可能了,势位是可以依靠的东西吗?

作者借王鲔在海中的气势,比喻封建统治阶级在位者的覆灭,是颇有警戒意义的。他说:"德称其位者,恒下卜(对人民关怀体恤);反是,则骄(骄横),是何也? 德则虚(谦虚),不德则盈(自满);虚则能容(宽恕容人),盈则覆(覆灭)。理也!《传》曰:'君子以虚受人。'又曰:'日中则昃(zè,日西斜)',可不信夫?"

历史上一切以权势地位骄人的统治者,平时肆意横行,不可一世;而一旦失势,常会人头落地,到那时想当一个普通老百姓也是很困难的了。清人梁树珍在评论这则寓言时,举出李斯为秦始皇相的史实说:"如李斯为相,声势炎炎,位何如之? 及后临刑时,顾谓其子曰:'吾欲与若,复牵黄犬俱上蔡东门,逐狡兔,岂可得乎?'遂相向而泣。噫! 位安可骄人哉!"历史上残害人民的暴君,其势位要比李斯更为煊赫,但他们的可耻下场,又有哪一个会比李斯的结局更好一些呢?

文字狱

清朝顺治皇帝时,有位叫毛重倬的刻书家,他开设有一间刻印图书的作坊。一次偶然的机会他得到一本《制艺》,于是就刻印一些。当管事的官吏拿到此书,发现书的序言中没有使用顺治的年号,而只用干支纪年时,马上报到朝廷,官府定罪说毛重倬目无朝廷,阳奉阴违,立即把他抓来杀掉。这就是历史上的一起"文字狱"。

康熙初年,庄廷鑨写了一本《明史稿》。本来是对明朝历史的记述,并没有什么其他意图。可当朝官吏说他的书中有思念明朝,反抗清朝的意思。通缉令发下来,可庄廷鑨此时已经病死了,官吏们又转怒于他的家人和参加《明史稿》校对、刻印、装订、作序、题名的人。官府把有关联的300多人统统抓进监狱,严加审问、拷打,最后庄氏家族的人不是杀头,就是被流放到盛京(今天的辽宁省沈阳)。那些参与此书出版的人也有不少丢了脑袋,最后算下来,有230多人成为屠刀下的冤鬼。康熙末年还发生"戴名世《南山集》案"。康熙皇帝列举的罪只是作者"想"把清朝年号删除,列入明朝的历史中,结果是戴名世整个家族满门抄斩,惨不忍睹。

雍正皇帝当朝以后,制造出"查嗣廷试题案"、"吕留良文选案",两次文字狱遭受灭顶之灾的不下几百人。

乾隆皇帝继承皇位以后,文字狱有过之而无不及,仅乾隆一朝,史书上记载的文字狱多达30多起。乾隆还多次发布禁书法令,规定凡是有民主思想和民族色彩的著作,一律停止销售,并追究作者和印刻图书者的责任。仅仅1775—1776年间,政府就烧过24次图书,把13800多部图书给毁掉了。有两个文人方国泰和卓天柱,因为收藏自己祖辈的作品没有上缴,竟被治罪杀了头。

由于清朝政府大兴文字狱，吓得知识分子再不敢谈论国家大事，不是闭门不出，就是尊口难开，一心钻在故纸堆中做些校勘、考证的事，结果使中国文化的发展步伐缓慢下来。

烽火戏诸侯

典出《史记·周本纪》：褒姒不好笑，幽王欲其笑万方，故不笑。幽王为烽燧大鼓，有寇至则举烽火。诸侯悉至，至而无寇，褒姒乃大笑，幽王说之。数举烽火其后不信诸侯益不至。

周宣王死后，他的儿子即了王位，就是周幽王（公元前 781—7717 年）。这位天子怠忽朝政，一心只想吃喝玩乐，除了酒肉，就是女人。他打发左右的人到各地去找寻美女，根本置国家大事于不顾。他喜欢谄媚的人；对于劝告他的人却怀恨在心。最令他嫌恶的是赵叔带大夫，因为他竟胆大包天，写了一份奏章，说："国家正面临许多灾难，一些地方发生了地震、山崩、饥荒。天子应当想法子访求能干的人来辅佐朝政才对，怎么能在这节骨眼上去找美女寻欢取乐呢？"

周幽王不听劝告也就罢了，谁知他竟老羞成怒，革去赵叔带的官职，把他赶出宫去。他这么做为的是"杀鸡儆猴"，免得别人再到他跟前说些不中听的话。没想到另一位大臣褒珦，还是怀着忠义之心去见天子，对他说："天子不把天灾看在眼里，不关心国家大事，反而亲信小人，赶走大臣。你再这样下去，咱们的国家恐怕要保不住了！"周幽王大怒，不想与他争辩，仅吆喝了一声，就下令把他囚禁到监狱里，从此以后，再也没有人敢劝谏他了。

褒珦在监狱里待了三年，一直没有获得释放。他的家人非常着急，四处奔走、想法子。他们想："天子既然贪爱美色，我们就在这上面动脑筋吧。"于是，他们到处寻觅，终于找到了一个花容月貌的美女。他们花了许多绢、帛，买下那个乡下姑娘。但小姑娘怎么也不愿意，哭得死去活来，就是不肯走。她的爹娘过怕了穷困的日子，不肯错失这笔买卖，就一边流着泪，一边劝女儿发发孝心，照顾照顾他们这又穷又苦的老两口。小姑娘无奈，就咬紧牙根随着褒珦的家人到了京城。她就是在中国历史上顶顶有名的美女褒姒。

周幽王一看见褒姒，心花怒放，褒姒的美色，他梦也没有梦见过，宫里的美女跟她一比，一个个都黯然失色。他立刻赦免了褒珦的罪，放他出狱。从此以后，天子日日夜夜迷恋这位美女，把她当成心肝宝贝。但褒姒却不喜欢他。她总觉得自己是个苦命女子，被买了来听人的摆布，像个玩物一般。因此她入宫以后，老是心事重重、愁眉不展。周幽王想尽办法要逗她一笑，都没有用。于是，天子就诏告天下："有谁能叫娘娘笑一下的，就赏他一千两黄金。"

这个消息一经传出，就来了许多想发财的人。可是他们徒然令褒姒生气，有的甚至被她撵了出去。有个专会奉承天子的小人，叫虢石父，颇有点儿小聪明，想出了一个"好"法子。他对周幽王说："从前的君王为了防备西戎侵犯京城，就在骊山（在陕西省临潼县西南）那一带，造了三十多座烽火台。万一敌人攻过来，就燃起一连串的烽火，示意附近的诸侯出兵相救，现在天下太平，烽火台就没有用了。我想请天子跟娘娘到骊山去玩几天，到晚上，咱们把烽火点着，戏弄诸侯，叫他们上个大当。娘娘见到一大批的兵马一会儿奔过来，一会儿跑过去，包管会笑弯了腰。你说我这个办法好不好？"周幽王眯着眼睛，拍手叫道："太好了，就这么办吧！"

他们立即动身，带着褒姒到了骊山。有一位伯爵诸侯（那时候诸侯分为公、侯、伯、子、男五等，伯爵是第三等诸侯），也就是周宣王的兄弟、周幽王的叔叔郑伯友听到这个消息，怕他们酿成事端，马不停蹄地一口气赶到骊山，劝天子别这么做。周幽王正兴致勃勃，哪儿听得进劝告，他生气地说："我在宫里闷得慌，难得和娘娘出来玩一趟，放放烟火，跟诸侯开开玩笑，这也用得着你管吗？"

周幽王随即下令点燃烽火，诸侯一个个领兵点将，连夜赶到骊山，没想到，到了那儿，一个敌人的影子也没看见，只传来饮酒作乐的声音，大伙儿你看我、我看你，都不知道是怎么回事。周幽王派人对他们说："辛苦了，各位！没有敌人，放烽烟只是为了博得娘娘的欢笑，你们回去吧！"诸侯们这才发觉上了天子的大当，一个个气愤填膺。

褒姒根本搞不清楚他们闹的是什么玩意儿，她瞧见大批人马在那儿忙来忙去地瞎撞，觉得非常无聊。她问周幽王："这是怎么回事？"周幽王一五一十地告诉她，还侧着头，笑嘻嘻地问："唔，好看吗？"褒姒觉得好气又好笑，不由得冷笑了一声，说："呵呵，真好看，亏你想得出这玩意儿！"这位昏庸的天子还当真以为褒姒笑了，满心欢喜，立刻就把一千两黄金赏给了那个小人虢石父。这才高高兴兴地回宫。

褒姒生了一个儿子，名叫伯服。公元前177年（周幽王五五年），周幽王废了原来的王后和太子宜臼，改立褒姒为王后，伯服为太子。宜臼的母亲是申侯的女儿，于是宜臼就逃往他外祖父家申国（古国名，在河南省南阳市以北）去。申侯获知周幽王要攻伐他，还要杀害宜臼，就勾结西戎兴兵进攻周室。周幽王赶忙叫虢石父把烽火点起来。但由于那些诸侯先前被戏耍了一次，以为天子又在开他们玩笑，全都按兵不动。烽火兀自燃烧着，却没有一个救兵前来。镐京城里的兵马本来就不算多，又只有郑伯友一个算得上是大将，他出去抵挡了一阵，终因人马太少，给敌人团团围住，被乱箭射死了。周幽王和虢石父以及伯服，仓皇逃往骊山，半路上都给西戎杀了，连那个没有真正展露过笑容的绝色美女，也被他们抢去了。

这次战乱死了不少人。那些四处避难的大臣们虽然畏缩无能，可是记性特别好。这下子，他们想起周宣王叫杜伯捉拿妖精那件事来了。他们说："褒姒一笑，烽火台就不管用了，这不就是妖精为祸吗？她给人抢了去，是罪有应得！"老百姓也都认为，周幽王、虢石父两人死有余辜，但申侯借用西戎的兵马来攻打自己人就太不应该了。至于郑伯友，他为国尽忠，却死于万箭之下，实在令人痛惜，老百姓都盼望能再有人像他那样，勇于出面抵抗西戎。

后人用"烽火戏诸侯"告戒人们不要轻易戏弄别人。

蛤蟆夜哭

典出《艾子杂说》：艾子浮于海，夜泊岛屿。中夜闻水下有人哭声，复若人言，遂听之。其言曰："昨日龙王有令，一应水族有尾者斩。吾鼍也，故惧诛而哭。汝蛤蟆无尾，何哭？"复闻有言曰："吾今幸无尾，但恐更理会蝌蚪时事也。"

艾子在海上航行，晚上停泊在一个岛屿的附近。半夜时分，听到水底下有人发出哭泣的声音，又像是有人在说话，他就认真地听了下去，那说的话是："昨天龙王下了命令，水中的动物，凡是有尾巴的都必须斩首。我是鼍，有尾，所以害怕遭到杀戮，便哭了起来，你是蛤蟆，没有尾巴，为什么也在哭？"又听到有声音说："我现在幸而没有尾巴；但是我害怕会追究到我蝌蚪时代的事上去，因为那时我是有尾巴的。"

这个故事告诉我们：横加罪名，株连无辜。这正是封建专制政治的一个重要侧面。

官官相护

典出清·刘鹗《老残游记》第五回：我去是很可以，只是于正事无济，反叫站笼里多添一个屈死鬼。你想，抚台一定要发回原官审问；纵然派个委员前来会审，官官相护，……他是官，我们是民……这官司打得赢打不赢呢？

曹州于家屯那个地方，有个财主名叫于朝栋，他有两个儿子。有一年秋天，他家被强盗抢了一次，于家即到官府报案，结果有两个小强盗被捉去杀了，因而强盗与于家结了仇。强盗为了报复，在一次抢劫之后，把一部分赃物悄悄地放进于家一间放杂物的屋子里。

曹州长官玉贤带领人马追捕强盗，途中在于朝栋家搜出了强盗所藏的赃物，于是不由分说，将于朝栋父子三人抓去。此事明明是冤枉，但曹州府玉贤既不调查核实，又不听从下人的意见，硬把于朝栋父子三人放在站笼里活活折磨死了。

于朝栋等死后，众人愤愤不平。

不久，众人议论开了，有的人建议：此事应往上告，要上面重审。有人却不同

意这样做。理由是：民家被官家害了，除了忍受，没有别的办法。倘若上告，照例仍旧发回来审问，这样又落在他手里，岂不是又要倒霉么？当时又有人建议，请于朝栋的女婿去上告，因他是秀才，知书识理，一定有办法。于朝栋的女婿对众人说："我去是很可以，只是于正事无济，反叫站笼里多添一个屈死鬼。你想，抚台一定要发回原官审问；纵然派个委员前来会审，官官相护，……他是官，我们是民……这官司打得赢打不赢呢？"众人听了，觉得很有道理，没有办法，只好罢了。

后人用"官官相护"或作"官官相为"表示官吏们互相包庇。

官虎而吏狼

典出《聊斋志异·梦狼》：

直隶白翁的长子白甲在南方做官，一夜白翁梦见自己来到了儿子的官衙，守门的是一只大狼，他正恐惧时，白甲出来了，看见爸爸很欢喜，引他进了门。只见堂上、堂下坐的卧的都是狼。天井里白骨如山，坐了一会儿，一只大狼衔一死人来，白翁更怕，问道："这尸体衔来作什么？"白甲说："给您做午餐啊！"白翁吓死了，连忙推辞。这时忽然有两个金甲神人进来，拿出黑索捆住了白甲，白甲仆地变成了老虎，牙齿锋利如刀，一神出剑欲斩虎头，另一神人说："不忙，那是明年四月事，不如敲齿去。"于是拿出大铁锤锤虎齿，齿尽落，虎大吼，白翁醒来才知是梦。他心里记挂儿子，就派次子去南方探望。次子到南方见了哥哥，见他门牙尽落，大惊，一问，原来是骑马跌下来撞落的。而时间正是白翁做梦的那一天。次子住了几日，见白甲用的人都是污吏，而每天白甲接受贿赂，门庭若市。于是流泪劝告哥哥别这样。白甲说："你不懂，做官的上级喜欢你就是好官，就被提拔；爱百姓有什么用？拍上级马屁没钱行么？"弟弟知道劝他不动，只好回家把情况告诉爸爸，白翁听了大哭。果然第二年四月，白甲被强盗杀了——原来那些"强盗"并不要钱，而是为老百姓杀贪官泄愤的。

作者蒲松龄说："天下'官虎而吏狼'者，到处都是，何况还有比老虎更凶的政令呢？"

柜中刺史

典出《雅谑》：刺史孙彦高，被突厥围城，不敢出厅视事，征发文符，俱以小窗接入。及报贼登垒，乃锁州宅门，身入柜中，令奴曰："牢掌钥匙，贼来慎勿与。"

刺史孙彦高被突厥军队围困在城中,吓得不敢升堂理事,收发文书、符令,都从小窗口传递。当得到突厥军队登城的消息以后,他就把州衙、宅院的大门统统锁住,自己藏到柜子里,吩咐家奴说:"牢牢掌好钥匙,贼兵来了,千万不要给他们。"

后人用"柜中刺史"的这个典故描述封建官僚的腐败愚蠢和那些封疆大臣贪生怕死的丑态。

鸡犬不宁

典出唐·柳宗元《河东先生集·捕蛇者说》:虽鸡狗不得宁焉。

永州乡下有一种很特殊的蛇。这种蛇毒很重,接触草木,草木全死;人若被咬,无药可治。但这种毒蛇捉来风干之后,可以做药。捕到这种毒蛇,可以拿去抵纳租税。

有一个姓蒋的人,祖孙三代都靠捕这种毒蛇抵租税。他祖父死在捕蛇上,他父亲又死在捕蛇上,他自己也几次差点死在捕蛇上。有人觉得奇怪,就问他:"你为什么一定要冒着生命危险去捕蛇呢?我打算告诉那些当事者们,免去你捕蛇抵纳租税的苦差事。"那个姓蒋的听了非常悲伤地说:"唉!租税重得压死人啊!……每年那些征收赋税的残暴凶横的官吏一到乡下,就到处乱喊乱叫,乱冲乱闯,到处骚扰,不仅人们被吓得提心吊胆,'虽鸡狗不得宁焉。'(意思是:就是鸡狗也得不到安宁。)老百姓一年劳动所得的全部东西还不够交租税。人们无法生活,被迫流落他乡,饥冻而死的人不计其数。而我呢,虽然是冒着生命危险去捕蛇抵税,但比起我的同乡来还是好一点儿啊!所以,我宁愿冒死去捕蛇也不愿意免去我捕蛇纳税的苦差事。"

后人把"虽鸡狗不得宁焉"说成"鸡犬不宁",用来形容骚扰十分厉害。

画影图形

典出《史记·楚世家》:平王二年,使费无忌如秦为太子建取妇,妇好,来,未至,无忌先归,说平王曰:"秦女好,可自娶,为太子更求。"平王听之,卒自娶秦女,生熊珍。更为太子娶。是时伍奢为太子太傅,无忌为少傅。无忌无宠于太子,常谗恶太子建。……无忌曰:"伍奢有二子,不杀者,为楚国患。"……伍胥弯弓属矢,出见使者,曰:"父有罪,何以召其子为?"将射,使者还走。遂出奔吴。伍奢闻

之,曰:"胥亡,楚国危哉!"楚人遂杀伍奢及尚。

楚平王见本国的人安居乐业,属国的诸侯都信服他,到处是太平盛世的样子,就渐渐疏懒荒唐起来。历来荒唐的君王最喜欢人家阿谀奉承他,因为这种人会讨他欢心,给他出新鲜的花样,叫他称心如意。这时候,楚平王的朝廷里有一个专会逢迎拍马的人叫费无忌。他虽然赢得了楚平王的宠信,太子建却相当厌恶他,常常在他父亲面前数落他。而费无忌当然也在楚平王跟前编造太子建的不是。两个人就这样成了冤家对头。

有一天,楚平王派遣费无忌带着金珠彩币到秦国去替太子建迎娶新娘子孟赢。费无忌将孟赢迎至半途,发觉她有绝世之色,就兴起了一个坏念头。他先跑回来向楚平王报告,君臣俩窃窃商议了一番,楚平王就叫费无忌设法把孟赢送到宫里去。费无忌眯缝着眼,下巴抬得高高地,很自得地说:"我早就替大王设想好了。新娘子的丫头里有一个长得仪容端整,我已经跟她谈好,叫她冒充孟赢,嫁给太子,把真的孟赢留给大王,您说好不好?"楚平王听了,眉开眼笑地对费无忌说:"你真行!好好地去办吧!"

楚平王娶了太子建的妻子,自以为神不知鬼不觉的;但外头却蜚短流长,议论纷纷。费无忌生怕太子发现了事实,会对他不利,就请楚平王派太子建到城父去镇守边疆。楚平王觉得让他离得远些也好,就真的叫太子建去城父,又叫伍奢(伍举的儿子)和奋扬去帮助他,对他们说:"好好伺候太子。"他们离去之后,楚平王就改立孟赢为夫人,把原来的夫人,就是太子建的亲娘蔡姬送回蔡国。

过了一年,孟赢生了个儿子,就是公子珍。楚平王觉得自己年事渐高,而孟赢每天又闷闷不乐,就想讨好她,答应立公子珍为太子。如此一来,太子建的命就难保了。费无忌是楚平王肚里的蛔虫,楚平王的心思他揣测得一清二楚。他耸耸肩膀,对楚平王说:"听说太子跟伍奢在城父操练兵马,还暗中结交齐国跟晋国。他们这么做,不仅对公子珍不利,恐怕也会威胁到大王哪!"楚平王说:"不至于吧!"费无忌说:"大王说不至于,想必是不至于吧!不过我可不愿意在这儿等着我的脑袋搬家,请您开恩,让我躲到其他的国家去吧!"楚平王说:"办法总是有的。我先把太子废了,好不好?"费无忌说:"太子有的是兵马,又有他师傅帮助他。大王如果废了他,他一定会发兵攻打过来。我想不如先把伍奢叫回来,再派刺客去杀死太子,这是最方便省事的了。"楚平王就依照费无忌的话,把伍奢叫回来。伍奢见了楚平王,正要开口,楚平王已抢先问他:"太子建打算造反,你知道吗?"伍奢一听这话,不由得生起气来。他义正词严地说:"大王您夺了他的妻子,已经不对了。怎么又听信小人的谗言,胡乱猜疑自己的骨肉呢?您这么做于心何忍哪!"费无忌一脸不悦地插嘴说:"伍奢骂大王娶了儿媳妇,这不明摆着他跟太子是心怀怨恨吗?如果大王不把他杀了,他们迟早会来谋害大王。"伍奢正想破口大骂费无忌,一旁的武士们已把他推向监狱里去了。

楚平王说:"该叫谁去处治太子呢?"费无忌说:"奋扬还在城父。这件事就交给他办吧!"楚平王派人去嘱咐奋扬,说:"你杀了太子就有重赏,要是你走漏消息,把他放了,就有死罪!"另外又强迫拘押在监牢里的伍奢,写信给他的两个儿

中华典故

子伍尚和伍员。伍奢没有办法，只好照着费无忌的意思写着："我得罪了大王，押在牢里。现在大王看在咱们上辈祖宗过去的功劳上，有意免我一死。你们兄弟俩见了这封信，尽快回来给大王谢恩。否则，大王就要治我的罪。"

楚平王处理了这两件事，就天天等着回音。几天后，只见奋扬坐着囚车来见楚平王，对他说："太子建和公子胜（太子建的儿子）已经跑到别的国家去了。"楚平王听了，顿时火冒三丈。他说："我叫你秘密杀了他，谁把他们放了就是死罪！"奋扬说："当然知道。不然，我怎么会坐着囚车回来？当初大王嘱咐我好好伺候太子，我就是为了要好好伺候太子，才放走了他，更何况太子并没有造反的行为，连造反的意图都没有。大王怎么能把他杀了呢？现在我救了大王的太子，又救了大王的孙子，我就是死了，也问心无愧。"楚平王听了这番话，就说："算了，算了，难为你有这一份忠心。回去好好镇守着城父吧。"那个替伍奢送信的人带着伍尚回来了。费无忌把伍尚和伍奢关在同一牢房。伍奢见伍尚单独回来，忧喜参半，他说："我就知道员儿不肯回来。可是从此以后楚国很难有太平的日子了。"伍尚说："我们早就料到那封信是大王逼迫爹写的，可是我宁愿与爹一起死。弟弟说，他要留着一条命给咱们报仇。他已经跑了。"

楚平王叫费无忌押着伍奢和伍尚到达法场。伍尚振振有词地骂费无忌，说："你这个诱惑君王，杀害忠良，祸国殃民的奸贼，看你作威作福，能够享受几天富贵！你这个猪狗不如的小人！"伍奢制止他，说："别这样骂人！忠臣奸臣自有公论，咱们何必计较呢？我担心的是员儿，如果他回来报仇，岂不是要连累楚国的老百姓吗？"说完就伸长脖子，不再开口。费无忌把他们父子俩斩了首，场外的老百姓都偷偷地拭泪。

费无忌对楚平王说："伍员这小子虽然跑了，不过他还跑不了多远。咱们应当赶紧派人去追，伍奢临死的时候不是说担心他回来报仇吗？这小子迟早会回来报仇，非把他捉住不可。"楚平王一面打发人去追伍员，一面又发出一道命令，说："捉住伍员的，赏粮食五万石，并封为大夫；收容伍员的，全家都有死罪。"楚平王还叫画师画了伍子胥（就是伍员）的图像，悬挂在各关口，叮嘱各地方的官员仔细检查来往的行人。像这样画影图形，捉拿逃犯，伍子胥就是插翅也难飞呀！

活埋赵兵

典出《史记·秦本纪》：四十七年，秦攻上党，上党降赵，秦因攻赵，赵发兵击秦，相距。秦使武安君白起击，大破赵于长平，四十余万尽杀之。

秦昭襄王按照范雎"远交近攻"的计策，一边跟齐国、楚国交好，一边侵略临近的小国，首先是韩国。

公元前261年（周报王五十四年），秦昭襄王派大将王龁攻打韩国，占领了野

王城,(在河南省沁阳县),切断了上党(在山西省东南部)和韩国都城(在河南省新郑县)的联系。这一来,上党的军队可就变成了孤军了。这部分军队的首领冯亭对将士们说:"秦国占领了野王城,上党再也守不住了。我想,与其投降秦国,还不如去投降赵国。赵国得到了上党,秦国一定会去争。这么一来,赵国跟韩国就不得不联合在一起去抵抗秦国了。"大伙儿全都赞成他这个办法。当时就打发使者带着上党的地图去献给赵孝成王。

赵孝成王叫相国平原君(平原君回到赵国之后,赵王因为虞卿走了,就拜他为相国)带领五万人马到上党去接收土地。平原君到了上党,仍然拜冯亭为上党太守,又封他为华陵君。冯亭关了门,在屋子里哭着,不愿意跟平原君见面。平原君左三右四地请他出来,他总是推辞说:"我有三件大罪,没有脸见人:我不能为国君守住城,这是头一件大罪;自作主张把土地献给了赵国,这是第二件大罪;断送了国家的土地,自己得了富贵,这是第三个大罪。我身上背着这么大的罪过,怎么还能当太守呢?"平原君在门口等着不走,冯亭只好含着眼泪出来跟平原君见面。他请示平原君接收上党,另外派个人去做太守。平原君很诚恳地叫他保卫上党,维持秩序。冯亭实在推辞不了,只好接受了太守的职位,可是不受封号。平原君临走的时候,冯亭对他说:"上党归了赵国,秦国一定要来攻打。公子回去之后,请赵王赶快派大军来,才能够把秦军打退。"

平原君回去把所有的经过报告了赵孝成王,赵孝成王得了上党,非常高兴,天天喝酒庆祝,反倒把抵抗秦国的事搁下了。秦国的大将王齕随后就把上党围住。冯亭这点儿军队不顾死活地守了两个月,一直不见赵国的救兵。将士们和老百姓急得没有法子,只好开了城门,挤着死命往赵国逃跑。冯亭的残兵败将,带着上党的难民,一直到了长平关(在山西省高平县西北),这才碰见赵国的大将廉颇带着二十万军队来救上党,可是上党已经丢了。

廉颇和冯亭会合在一起,打算反攻。秦国的兵马跟着就到了,一下子把赵国的前哨步队打败了。廉颇急忙退下去,守住阵脚,叫士兵开始增高堡垒,加深壕沟,准备跟远来的秦军对峙下去,作个长期抵抗。他出了一道命令说:"谁要出去跟敌人开仗,就有死罪,就算打了胜仗,也照样定罪。"王齕三番两次地向赵军挑战,赵军说什么也不出来。两下里耗了足有四个多月,王齕想不出进攻的法子。他派人去禀报秦昭襄王说:"廉颇是个有经验的老将,不轻易出来交战。我们老远地到了这儿,本来想痛痛快快决战一下。真要是这么长期对峙下去,粮草接济不上,可怎么好呢?"

秦昭襄王请应侯范雎想办法。范雎说:"要打败赵国,必须先想个办法叫赵国把廉颇调回去。"秦昭襄王说:"这哪办得到呢?"范雎说:"让我试试看。"

过了几天,赵孝成王的左右纷纷地议论说:"廉颇太老了,哪还敢跟秦国开仗呢?要是叫那年轻力壮的赵括去,秦国这点儿兵马早就被他打散了。"赵孝成王听了这种议论,就真派人去催廉颇快点跟秦国开仗。廉颇还是照旧不动声色地守住阵线。这下子可把赵孝成王气坏了。他把赵括叫来,问他能不能把秦军打退。赵括说:"要是秦国派白起来,我还得考虑一下。如今来的是王齕,他不过是廉颇的对手。要是碰上我，不是我说句大话，简直就像秋天的树叶子遇见大风，全都得刮下来!"赵孝成王一听，特别高兴，当时就拜他为大将，去替换廉颇。

赵括还没动身，他母亲上了一道奏章，请求赵孝成王别派她独生子去。赵孝成王不知道其中底细，把她召了来。赵括的母亲见了赵孝成王，说："他父亲赵奢临死的时候，再三嘱咐过，他说，'打仗是多么危险的事儿，战战兢兢，处处都顾虑到，还怕有疏忽的地方。赵括这小子倒把军事当作闹着玩儿似的，一谈起兵法来，就眼空四海，目中无人，纸上谈兵，大放厥词。将来要是大王用他为大将的话，我们一家大小遭了灾祸还在其次，怕的是连国家都要断送在他手里。'为这个，我请求大王千万别用他。"赵孝成王说："我已经决定了，你不必说了。"她说："那么万一有个三长两短，请别连累我们一家大小。"赵孝成王答应了她，就叫赵括带领二十万兵马，从邯郸一直向长平关开去。

公元前260年，赵括到了长平关，请廉颇验过兵符，办了移交。廉颇带着一百多个手底下的人回邯郸去了。赵括统领着四十万大军，声势非常浩大。紧跟着他就把廉颇的法令废了，换了一些将士，出了一道命令说："要是秦国来挑战，必须迎头打回去；敌人要是打败了，就一直追下去，非杀得他们片甲不留不算完。"冯亭极力劝止他，把廉颇打算消耗秦国兵马的意义说了一遍，还劝他像廉颇那样守住阵地。赵括说："他懂得什么?"

当天就有两三千的秦国士兵来挑战。赵括立刻出兵一万，跟他们交战。秦国兵马败了下去，退了十几里地。赵括一看前线得胜了，第二天亲自带领着大队兵马追赶下去。冯亭赶紧拦住他说："秦国人向来狡猾，将军千万别上他们的当。"赵括哪肯听。他说："这种西戎，不值一打。"他带着士兵一气又追下了十几里地。他接着往下追，催促后队人马一起上来。王龁只好反攻为守，不跟赵括交战。

赵括进攻了好几天，王龁不让秦国军队出去。赵括笑着说："我早就知道王龁不过如此!"他正在得意的时候，忽然一位将军慌慌张张地跑来报告，说："后面的大军给秦国人切成两截，过不来了。"话还没说完，接着又有一位将军跑来报告说："西边全是秦国的军队，东边一个人也没有。"赵括只得指挥着军队，往长平关退却。

他们跑了四五里地，横斜里冲出一队人马来，带队的是秦国的大将蒙骜。就听蒙骜高声喊着说："赵括，你中了武安君的计了! 还不快快投降!"赵括一听说"武安君"这个名儿，吓得脸色都白了。他早就说过，他不怕王龁，就怕白起。哪知道范雎一得到赵括替换了廉颇的消息，就暗中叫武安君白起去指挥王龁。这下子可真把赵括吓坏了。他连忙在半路上驻扎下来，准备守在那儿。冯亭对他说："咱们虽然打了一阵败仗，要是大家同心协力，跟秦军挤个你死我活，咱们还能够回到大营去。要是在这儿驻扎下来，万一给他们前后围起来，咱们说什么也跑不了了!"赵括不理他，照旧吩咐士兵们筑堡垒，也不跟敌人交战。白起早把他们围上了。

赵括的大军就这么变成了孤军，受尽艰难困苦，守了46天，眼瞧着粮草接济

117

不上,救兵也没有。赵括只得把大军分为四队,四面八方地冲出去。白起早就挑选了弓箭手,四下里埋伏着。赵国军队一出来,就见乱箭像狂风暴雨似地一起射过来了。他们一口气往外冲了三四回,全给人家的箭射得没法出去。

赵括的人马实在冲不出去。他们在那圈里凑合着又待了几天。士兵们一见内无粮草,外无救兵,就乱起来了。赵括带着五千名精兵作最后一回的挣扎。他首先骑着一匹快马冲出去。没想到迎头来了两位大将,一瞧正是王翦和蒙骜。赵括哪还敢对敌?急忙往横斜里跑下去,没留神踩了个空,连人带马掉了下去,给乱箭射死了。赵国军队大乱起来。那些有本事的将军,趁着乱哄哄的机会,有的跑出去了。冯亭叹了一口气说:"我接连劝了他三回,他死也不肯听。这真是无可奈何,我还跑个什么呢?"他就自杀了。

白起叫人竖起一面大旗,叫赵军投降。赵军一见,全把家伙扔了。白起又叫人挑着赵括的脑袋,到赵国另一个兵营去招抚其余的士兵。那边赵国兵营里还有二十多万人。他们一听说主将给敌人杀了,全都投降了。盔甲兵器,真是堆积如山,营里的辎重也全给秦军拿去了。

白起一检查赵国前后投降的人数,一共有四十多万人。他把他们分为十个营,每个营配上秦国的士兵,由秦国的将官管理着。当天晚上,秦国兵营里,把牛肉和酒都搬到赵国兵营里来,给赵国的将士们大吃一顿,对他们说:"明天武安君要改编军队。赵国的士兵情愿编在秦国兵营里的都发给兵器,其余年岁大的,身子不太好的,还有不愿意或是不便到秦国去的,武安君都让他们回赵国去。"四十万赵兵一听到这个命令,大伙儿全都欢天喜地地睡觉去了。

王龁偷偷地跟白起说:"将军干什么这么优待他们?"白起说:"别傻了!上回你打下了野王城,上党不是早就在你手里了吗?可是他们不愿向你屈服,反倒投降了赵国。由这点就可以看出这儿的人并不是愿意归附秦国的。如今赵国投降的人数,前前后后有四十多万,随时随刻都能叛变。谁管得住他们?你去通知咱们那十个将军,叫每个秦国人都拿块白布包上脑袋。这么着,凡是脑袋上没有白布的,全是赵国人,把他们统统杀了。

秦国的士兵们得到了这个秘密的命令,一起动起手来。那些投降了的赵国人,一来没有准备,二来手里没有家伙,全给秦国人捆上。四十多万人怎么杀呢?再说这些尸首扔到哪儿去呢?白起早就叫人挖了好几个大坑,把俘虏全都埋了。这是战国时代最残酷的一个大屠杀。赵国四十多万士兵,一夜工夫全结束了性命,只留下二百四十人,叫他们活着回邯郸去传扬秦国的"威力"。

后人用"活埋赵兵"这个典故比喻残酷的大屠杀或手段残忍的做法。

一人飞升,仙及鸡犬

典出晋·葛洪《神仙传》:临去时,余药器置在中庭,鸡犬啄之尽得升天。

汉朝时，淮南王刘安十分潜心学道，因此感动了神仙来传授他炼仙丹的技术。他在山上结了个茅屋，排斥了种种物质享受，不顾妖魔鬼怪和猛兽的恐吓，抗御了幻化成美女的妖精的诱惑，终于炼成了仙丹。这天他吞下了仙丹，天上响起了仙乐，许多仙人来把他迎上天去。这时，他炼丹的鼎罐留在地上，家里的鸡狗跑来舔的舔、啄的啄，把仙丹的碎末末吃了，竟也变成了仙鸡、仙狗，也一起飞上天去了。

后人用"一人飞升，仙及鸡犬"的这个典故比喻一个人当官得势，他的亲戚朋友也跟着沾光、仗势。

狡兔死，走狗烹

典出《史记·越王勾践世家》：范蠡遂去，自齐遗大夫种书曰："蜚鸟尽，良弓藏；狡兔死，走狗烹。越王为人长颈鸟喙，可与共患难，不可与共乐。子何不去？"

吴王夫差自从黄池大会之后，给越王勾践打败，心里老是闷闷不乐。西施拿着一把宝剑跪在夫差跟前，请他处死。夫差把她搀起来，说："你又没犯罪，干嘛叫我杀你？"西施说："勾践无礼，得罪了大王。我本来是越国人，按理也应当领罪。"夫差挺豪爽地说："别这么傻啦！一个人生下来总有个落地的地方。难道说这会儿在越国刚生下来的娃娃跟我们有仇吗？你又不是勾践的女儿，为什么要替他领罪呢？你是受吴国保护的，不是受越国保护的。唉！从现在开始，你别再提这些啦！来吧，咱们俩干一杯吧！——好，再来一杯吧！"此后，夫差灰了心，天天陪西施饮酒解闷，索性连政事也不管了。

公元前473年（周敬王的儿子周元王四年），越王勾践带着范蠡、文种，亲自率领着大队人马又来攻打吴国。吴国兵马一口气打了几回败仗，在笠泽（就是江苏省松江县）打得一败涂地。夫差打发王孙雄上越国兵营去求和，情愿当个属国。王孙雄来回跑了六七趟，勾践坚决不答应。夫差没有法子，只好叫伯嚭守着城，自己带着王孙雄逃到阳山（在江苏省吴县西北，近太湖）去了。范蠡、文种的兵马接连不断地攻打。伯嚭抵挡不住，先投降了。越国的兵马追上夫差，把他围困起来了。

夫差写了一封信绑在箭上射到范蠡的兵营里去。范蠡跟文种拿来一看，上头写着："狡兔死，走狗烹；敌国灭，谋臣亡。大夫为什么不留着吴国给自己做个退步呢？"他们写了一封回信，也用箭射了过去。夫差拿来一看，上头写着："你杀害忠臣，听信小人；专凭武力，侵犯邻国；越国杀了你的父亲，你不知道报仇，反倒放走了敌人。——你犯了这么些罪过，哪能不死呢？二十二年前，老天爷把越国送给你，你不要；如今老天爷把吴国送给越王，越王怎么能违背天命啊？"夫差念到末一段，止不住流下泪来。王孙雄说："我再去求求越王，瞧他还有人情没有？"

过了一会儿，王孙雄回来说："越王看在过去的情义上，把大王送到甬东的岛上去（指浙江省定海），给您五百家户口，养您到老。"夫差苦笑着说："要是不废去吴国的宗庙，让吴国当个属国也就罢了，想不到要把我赶走，我已经上了年纪，何必再受这种罪！"回头又对王孙雄说："你拿衣裳挡着我的脸。我还有什么脸去见伍子胥呢？"说着就自杀了。王孙雄脱下自己的衣裳，包上夫差的尸首，他也自杀了。跟着，士兵们有的死了，有的逃跑了。剩下的都投降了越国。

越王勾践进了姑苏城，坐在吴王夫差的朝堂上。范蠡、文种和别的文武百官都来朝见他。吴国的相国伯嚭挺得意地也站在那儿，捻着几根七长八短的胡子，等着受封。勾践对他说："你是吴国的太宰，我哪儿敢收你做臣下呢？如今你的国君在阳山，你怎么不去呀？"伯嚭听了这话，低着脑袋，垂头丧气地退出去。勾践派人追上去，把他杀了。

公元前473年（周元王四年），勾践带着大队兵马渡过淮河，在徐州（古地名，在山东省滕县南）会合了齐国、晋国、宋国、鲁国的诸侯。当初中原诸侯最怕的是楚国，自从楚国给吴国打败以后，就转过来怕吴国；如今吴国又给越国灭了，他们只好听从勾践的了。勾践做了诸侯的头儿，就想表现头儿的样子和气派。他开始尊重天子，还要中原诸侯都向天子朝贡去。这时候，周敬王的儿子周元王当上天子。周元王派人送祭肉给勾践，承认他为东方的霸主。各国诸侯都向勾践庆贺。楚国也打发使者去朝见。勾践也真有一套。他把以前吴国从楚国夺去的地方交还给楚国，从宋国夺去的地方交还给宋国。又叫楚国把以前从鲁国夺去的地方交还给鲁国。这么一来，各国诸侯都说勾践大公无私。

勾践从徐州回到姑苏，就在吴王的宫里开了个庆功大会，一直闹到半夜。大伙儿正乱哄哄地喝酒、唱歌、作乐的当儿，勾践忽然觉得好像少了个人似的，细细一查看，原来是范大夫不见了。勾践赶紧叫人去找，哪儿有他的影儿呢？勾践怕他变了心，连忙叫文种去接收他的军队，一面又派人上各处去找。大伙儿忙乱了一晚，还是找不到他。

到了第二天，勾践正担心着这回事，有几个派出去的人回来了，说："范大夫自杀了。我们在太湖边找着了他的外衣，衣服里还有一封信。"说着，就把衣裳和信递了上去。勾践赶紧先看那封信，上头写着说："大王灭了吴国，当上了霸主，我的本分总算尽了。可是还有两个人，留着他们对大王没有好处。一个是西施，她迷惑了夫差，弄得吴国灭亡了，如果留着她，也许能迷惑大王，因此，我带她去了。一个就是我范蠡，他帮着大王灭了吴国，留着他，他也许要扩大自己的势力，因此，我也带他走了。"勾践知道范蠡杀了西施以后，他自己也死了。这才放了心。他半天没言语，拿起范蠡的衣裳，说："我全靠你，才有今天。我正想报答你的功劳，你怎么就这么扔下我呢？"大伙儿都有点难受，文种更觉得闷闷不乐，没精打采地出来了。

过了些日子，忽然有人给文种送来一封信。文种拿过来一看，上头写着说："你还记得吴王说的话吧，'狡兔死，走狗烹；敌国灭，谋臣亡'。越王这个人能够容忍敌人的欺负，可不能容忍有功的大臣。我们只能够同他共患难，可不能同他

享安乐。你现在不走，恐怕将来想走也走不了啦！"文种才知道范蠡并没死，他原来带着西施隐居起来了。其实范蠡已经带着财宝珠玉，弃官经商，改名更姓，到了齐国。后来搬到当时人口众多、交通便利、买卖发达的大城市定陶，称为朱公，财富到万万，就是后来称为陶朱公的大富商。当时文种回头叫那个送信的人，那个人早就跑了。文种就把那封信烧了。心里挂念着老朋友，可是不怎么相信他这些话。他认为勾践不过对待敌人刻薄点，要说他想杀害有功劳的大臣，这未免太多心了。天下不可能有这么没良心的人。

勾践灭了吴国之后，反倒没有一天过着快活的日子。对那些和他一起共过患难的人，因为如今没有什么患难可共了，就慢慢地疏远了。他向来知道文种的才干，可是这种越有才干的人越是靠不住。万一他变了心，可难对付了。他真有几分怕他。加上文种也有让他起疑的地方。他为什么老病着不上朝呢？

有一天，勾践上文种家里去看望他。他坐在文种的卧榻上，对他说："你有七个好计策，我用了你四个计策，就灭了吴国，你还有三个计策没使出来呢。我灭了吴国，万一吴国的祖宗跟我报仇怎么办？寿梦、僚、阖闾他们都是挺厉害的，你得替我想法儿对付他们才好！"文种听得有点糊里糊涂，不知道他葫芦里卖的是什么药。他刚要问是怎么回事，勾践已经站起来了，却把自己的宝剑落在文种的身边。文种拿起来一瞧，嗬！原来是"属镂"，就是当初夫差叫伍子胥自杀的宝剑。文种这才明白了，他对天叹息着说："走狗不走，只好让主人烹了。我没听范大夫的话，真是该死！"他又笑着说："这把宝剑杀了伍子胥，又杀了我。它把我们结成了'刎颈之交'（生死朋友的意思），我还有什么不满意的！"说着，他就自杀了。

后人多用"狡兔死，走狗烹"来比喻那些患难中出谋献策、拼死卖命的勇士谋臣，功成后却被抛弃甚至杀害；影射了那些利用别人的人。

荆书杨版写诏书

晋朝武帝死了，他的儿子晋惠帝接位。晋惠帝从小在宫廷里长大，不懂人情世故。有一天夜晚听见青蛙鸣声一片，他问道：这些叫的东西是公家养的还是私人养的？引起近侍们的嘲笑。又有一次有个大臣禀告：关中大早，老百姓饿得没有饭吃了。晋惠帝说："没有饭吃，为什么不吃肉糜？"引起了朝臣们的耻笑。这样的皇帝怎么能治理国家呢？大权便落在楚王司马炜和大臣杨骏的手里。民间说："二月末，三月初，荆书杨版写诏书。"意思是："皇帝的诏书只不过是荆（楚）王说的话，写在杨（骏）的木版上。"正因为皇帝是傀儡，所以没多久，皇后贾氏也跳了出来，让楚王杀了杨骏，又叫人杀了楚王，从而引起天下大乱，导致晋国的灭亡。

后人用"荆书杨版写诏书"的这个典故比喻皇权旁落,权臣乱政。

景公求雨

典出《晏子春秋·内篇谏上》:齐大旱,逾时,景公召群臣问曰:"天不雨久矣,民且有饥色。吾使人卜,云祟在高山广水,寡人欲少赋敛以祠灵山,可乎?"群臣莫对。

晏子进曰:"不可,祠此无益也。夫灵山固以石为身,以草木为发,天久不雨,发将焦,身将热,身将热,彼独不欲雨乎? 祠之何益!"

公曰:"不然,吾欲祠河伯,可乎?"

晏子曰:"不可。河伯以水为国,以鱼鳖为民,天久不雨,水泉将下,百川将竭,国将亡,民将灭矣,彼独不欲雨乎? 祠之何益!"

景公曰:"今为之奈何?"

晏子曰:"君诚避宫殿暴露,与灵山河伯共忧,其幸而雨乎。"

于是景公出野暴露。三日,天果大雨,民尽得种时。

有一年,齐国发生了大旱灾,错过了播种季节。国王景公召集群臣,问道:"天很久没有下雨了,老百姓将要饿得面黄肌瘦。我叫人占卜,说是山神河伯作怪,我想稍微征收一点钱来祭祀山神,可以吗?"臣子们一声不吭。

相国晏子走上前去对国王说:"不行,祭祀山神没有用处。山神本来就是用石头作躯体,用草木作毛发。长久不雨,山神的毛发将会晒得枯焦,躯体将要晒得滚烫。它难道不要雨吗? 你去祭祀它,有什么用呢?"

景公说:"如果不这样,我打算去祭祀河伯,行吗?"

晏子说:"不行,水是河伯国土,鱼鳖是河伯的臣民。长久不雨,泉水将要枯竭,地要干涸。它的国土将要沧丧;它的臣民也将干死。它难道不要雨吗? 你去祭祀它,又有什么用呢?"

景公说:"那么,现在怎么办呢?"

晏子说:"国君如果能够离开宫室,在外经受日晒夜露,同山神、河伯一样,为自己的土地和人民担忧,天也许会要下一场雨呢。"

景公果真走出深宫,来到荒野,日晒夜露,察看民情。过了三天,天果然下了倾盆大雨,全国的老百姓都能栽种起来。

后人用这个故事说明:在上位的人,只有走出深宫,了解民情,与老百姓同甘共苦,才能克服困难,度过难关。

景公游牛山

典出《晏子春秋·内篇谏上》:景公游于牛山,北临其国城而流涕,曰:"若何滂滂去此而死乎?"艾孔、梁丘据皆从而泣。晏子独笑于旁。公刷涕而顾晏子,曰:"寡人今日之游悲,孔与据皆从寡人而涕泣,子之独笑何也?"晏子对曰:"使贤者常守之,则太公、桓公将常守之矣;使勇者常守之,则灵公、庄公将常守之矣。数君者将常守之,则吾君安得此位而立焉?以其迭处之,迭去之,至于君也。而独为之流涕,是不仁也。不仁之君见一,谄谀之臣见二,此臣之所以独窃然笑也。"

齐景公到牛山山上游览,向北面对着都城流下了眼泪,说:"我就要像流水一样离开我的国家而死去了,怎么办呢?"艾孔和梁丘据两个大臣都跟着哭了起来。晏子独自在一旁发笑。景公擦掉眼泪,回头看着晏子,说:"我今天游览,感到悲伤,艾孔和梁丘据都跟着我哭泣,你为什么独自发笑呢?"晏子回答说:"假使贤德的人能够记得据有这个国家,那么姜太公和齐桓公就将永远据有它了。如果这几位国君永远据有齐国,那么我的君王您又怎么能够得到这个国君的位子呢?正是由于他们一个接一个地据有它,又一个接一个地离开它,所以才到了您现在这样的地步。您却偏偏为了这个流泪,这是不仁德的。不仁德的国君我看见一个,谄媚奉承的大臣我看见两个,这就是我独自暗暗发笑的原因。"

这篇寓言对古代社会中妄想永远骑在人民头上的统治者和随声附和、看上面的脸色行事的人,进行了有力的讽刺。

君杀唐鞅

典出《吕氏春秋·淫辞》:宋王谓其相唐鞅曰:"寡人所杀戮者众矣,而群臣愈不畏,其故何也?"唐鞅对曰:"王之所罪,尽不善者也;罪不善,善者故为不畏。王欲群臣之畏也,不若无辨其善与不善而时罪之,若此则群臣畏矣。"居无何,宋君杀唐鞅。

一天,宋王问他的相国唐鞅说:"我平素杀戮的人够多的了,可是大臣们反而越发不畏惧我,这是什么原因呢?"

唐鞅回答说:"这是因为大王杀戮的人,都不是好人;您只杀坏人,好人自然不畏惧您。大王如果想让大臣们敬畏,不如不分好坏,不断地杀戮,这样,他们朝

不虑夕,就会敬畏您了。"

唐鞅给宋王出了这个主意后,没有多久,宋王就把他杀了。

后人用"君杀唐鞅"的这个典故告戒人们,不要为那些坏人出主意。为坏人出坏主意,往往自食恶果,落个"请君入瓮"的下场。

君王末路

典出《史记·管蔡世家》:楚灭蔡三岁,楚公子弃疾弑其君灵王代立,为平王。平王乃求蔡景侯少子庐,立之,是为平侯。是年,楚亦复立陈。

楚灵王正在饮酒作乐的时候,忽然有一个名叫郑丹的臣下,慌慌张张地跑到他跟前,说:"公子干做了国王,这里的人也散了一大半!"楚灵王听了,焦急如焚,一时也没了主意。不多久,又有人来报告:"新王派遣蔡公带领大队人马朝乾奚杀过来了。"楚灵王只好勉强统领着剩下的兵马,往郢都的方向迎上去。将士们跟着楚灵王来侵犯别的国家本来就已经不大愿意,现在又要他们去攻打本国人,不满的情绪当然更高涨。楚灵王拔出宝剑,当场砍了几名打算开溜的小兵。没想到这么一来,逃跑的人更多了。最后,只剩下一百多个士兵。楚灵王看大势已去,长叹一口气,摘下帽子,把外衣也脱下来,挂在河边的一株柳树上,打算独自逃跑。郑丹说:"咱们还不如混进郢都去,探听探听到底是怎么一回事。"楚王沮丧地叹口气,说:"唉! 全国的人都变了,还去探听什么?"郑丹说:"那么,暂时先躲到别国去,慢慢再想办法吧!"楚灵王说:"哪个诸侯不恨我? 何必自讨没趣呢?"郑丹知道跟着他也没指望了,就溜了。

楚灵王一回头,不见了郑丹,愈发觉得孤伶。到最后,他身边一个亲信的人都没有了。腿酸脚麻,饥肠辘辘,他想到村子里去找点儿食物,却不知道该往哪儿走。老百姓当中虽也有人知道他是楚灵王,可是他们听逃出来的士兵说,新王的命令非常严厉,因此没有一个人敢冒险帮助楚灵王。楚灵王一连三天没吃一口东西,饿得眼冒金星,有气无力地倒在路旁,眼巴巴地盼望能有个熟人从旁经过,拉他一把。忽然楚灵王眼睛一亮,他看见一个以前给他看门的使唤人,从远处走过来。楚灵王就央求他,说:"你救救我吧!"那个人只好靠近去,向他磕头。楚灵王说:"我已经饿了三天,求你替我找点吃的来,我绝不会忘记你的好心搭救。"那个人说:"老百姓都怕新王的命令,我到哪儿去找食物呢?"楚灵王叹口气,叫他过来,坐在旁边。楚灵王实在支持不住,就把头枕在那个人的大腿上歇着。过一会儿,那个人见楚灵王睡着了,就轻轻抽出自己的大腿,另外从旁边拿了块石头搁在他头底下,偷偷地走了。楚灵王醒来,不见那个人,摸摸颈脖下面,原来枕着的是块石头。他不禁心酸得落下泪来,心想:"我真到了穷途末路了。"他愈想愈觉得伤心。

过了一阵子,有个以前做过官的人乘着一辆小车过来,听见哭泣声,仔细一瞧,原来是楚灵王,就行了礼,扶着楚灵王上车,把他接到自己家里去。

楚灵王平常住的是细腰宫、三休台、乾溪的行宫。现在到了乡村里,只得低着头进入小屋子,越想越觉凄凉,眼泪又扑簌簌落下来。当天晚上,楚灵王也没宽衣就寝,只是一味伤心叹气。到了黎明将至的时候,终于上吊自杀了。

同一时候,蔡公、朝吴、夏啮这些将士,找不到楚灵王,只好将他挂在柳树上的帽子和衣裳拿回去。蔡公眼珠一转,又想出了一个计谋。他嘱咐观从带着几百个士兵,假装成被楚灵王打败的样子,慌慌张张地跑到城里,散布谣言,说:"蔡公已经给楚王杀了。楚王的大军随后就到城里来了!"有的说:"大王已经进了东门。"有的说:"大军已经把王宫包围了。"子干和子皙听见这些传闻,都慌成一团。忽然瞧见一个将军气喘吁吁地跑进来,说:"大王气冲冲地杀进宫里来了!"说完,他就像火烧眉毛似地跑出去了。子干、子皙急得心如火焚,抱头大哭,说:"咱们上了朝吴的当了。"他们知道无路可走,只得自杀了。公子弃疾就这样灭了楚灵王、子干、子皙三个兄长,自己踏踏实实地登上了王位,就是楚平王。

楚平王埋葬了子干、子皙,大封功臣。大臣们竞相向楚平王谢恩,只有朝吴、蔡洧、夏啮不但不来谢恩,反而表示想辞职回去。楚平王问他们为什么不愿意做官。他们说:"我们出生入死地帮助大王,为的是想恢复自己的家邦。如今大王已经得了王位,可是陈国和蔡国并没有恢复,我们还有什么面目见人呢?我们若继续呆在这儿享受荣华富贵,而忘了父母之邦,简直是猪狗不如啊!从前楚王因为并吞陈国和蔡国,失了民心,才弄得一败涂地。大王怎么竟要学他的样子呢?"楚平王说:"你们别急,我答应你们就是了。"他就打发人去找陈侯和蔡侯的继承人。他们找着了偃师的儿子公孙吴和公子有的儿子公子庐。楚平王叫他们分别回到本国去当国君,就是陈惠公和蔡平公。朝吴、蔡洧、观从跟着蔡平公回到蔡国,夏啮跟着陈惠公回到陈国。楚平王生怕自己的王位不稳,有意收买民心,索性一不做二不休,叫当初被楚灵王强送到荆山去的六个小国的老百姓回到本乡本土去。六国的老百姓于是兴高采烈地重返了自己的家园。

这个故事讲述了楚灵王穷兵黩武,劳民伤财,失去了民心,引起了国内外的反抗,终于使自己走上了穷途末路。

考弊司舞弊

典出《聊斋志异·考弊司》:闻人生,河南人,抱病经日,见一秀才入,伏谒床下,谦抑尽礼。已而请生少走,把臂长语,刺刺且行,数里外犹不言别。生伫足,拱手致辞。秀才云:"更烦移趾,仆有一事相求。"生问之,答云:"吾辈悉属考弊司辖,司主名虚肚鬼王。初见之,例应割髀肉,浼君一缓颊耳。"生惊问:"何罪而至

于此?"曰:"不必有罪,此是旧例。若丰于贿者,可赎也。然而我贫。"生曰:"我素不稔鬼王,何能效力?"曰:"君前世是伊大父行,宜可听从。"

闻人生,是河南人。他患病多日,卧床不起。有一天,忽然有一个秀才推门进来,伏在他的床前拜见,毕恭毕敬,礼节周全,然后请他外出走动一会儿。一路上挽着他的臂膀,一边行走,一边说个没完没了,走出数里后还不道别。闻人生只好停住脚,拱手作礼,主动告辞。秀才说:"烦劳您再走几步,我有一件事求您帮忙。"闻人生问是什么事,秀才回答:"我们这些人死后,全部归属考弊司管辖,司主名叫虚肚鬼王。初次见他照例要被割下大腿上的肉,请您代为求情。"闻人生吃惊地问:"犯了什么罪,竟至于这样呢?"秀才说:"不必有什么罪过,这是惯例。如果能用大量钱财行贿,就可以赦免,然而我却很穷。"闻人生说:"我与鬼王素不相识,怎能替您出力呢?"秀才说:"您前世和鬼王的祖父同辈,他会听从的。"

后人用"考弊司舞弊"的这个典故讽刺那种依仗职权、纳贿徇情、执法违法、营私舞弊的人的不正之风。

苛政猛于虎

典出《礼记·檀弓下》:孔子过泰山侧,有妇人哭于墓者而哀。夫子式而听之,使子路问之,曰:"子之哭也,壹似重有忧者。"而曰:"然,昔者吾舅死于虎,吾夫又死焉,今吾子又死焉。"夫子曰:"何为不去也?"曰:"无苛政。"夫子曰:"小子识之,苛政猛于虎也。"

孔子和他的学生在泰山旁边走过,听到一位妇人在坟边哭得很厉害。那悲惨沉痛的哭声,竟使孔子的态度也严肃庄重起来。他叫子路过去问明白。

子路走到妇人身边,问他。那妇人摇头。子路又说:"我们听你哭得很凄惨,想必有些使你特别伤心的事情吧?"那妇人才勉强点点头,刚开口,泪水又滚滚出来了:"就是呀!这一带老虎很多,时常吃人。早先,我的公公在这儿被老虎吃掉,后来,我的丈夫又被老虎吃掉了。唉,前几天,我的孩子又被老虎咬死啦。"

孔子听了,怪这妇人真不懂事,还带了点责备的口气问她:"哎呀!那你们这家人为什么不趁早搬走呢?"这话一出口,更引起了对方的伤心,她说:"先生,你讲得好容易。到别的地方呀!可是,我们办不到。你要知道这儿老虎会伤人,但是这儿却没有苛捐杂税呀!"

妇人的这番话给了孔子很大的启发,他像觉悟到什么深奥的道理似的,对子路说:"子路,你该记住这话:苛捐杂税,真比老虎吃人不知厉害多少倍呢!"

后人用"苛政猛于虎"比喻残酷压迫、剥削人民的政治。

老不中书

典出《韩昌黎文集·毛颖传》：颖为人强记而便敏，自结绳之代以及秦事，无不纂录；阴阳、卜筮、占相、医方、族氏、山经、地志、字书、图画、九流、百家、天人之书，及至浮图老子、外国之说，皆所详悉；又通于当代之务，官府簿书，市井货钱注记，唯上所使自秦始皇帝及太子扶苏、胡亥、丞相斯、中车府令高，下及国人，无不爱重。又善随人意，正直、邪曲、巧拙，一随其人。虽见废弃，终默不泄。惟不喜武士，然见请亦时往。累拜中书令，与上益狎，上尝呼为中书君。上亲决事，以衡石自程，虽宫人不得立左右，独颖与执烛者常侍，上休方罢。颖与绛人陈玄、弘农陶泓及会稽褚先生友善，相推至，其出处必偕。上召颖三人者，不待诏，辄俱往，上未尝怪焉。后因进见，上将有任使，怫试之，因免冠谢。上见其发秃，又所摹画不能称上意，上嘻笑曰："中书君，老而秃，不任吾用！吾尝谓君中书，君今不中书邪！"对曰："臣所谓尽心者。"因不复召。归封邑终于管城。

毛颖先生博闻强记，而且机敏灵活。从结绳记事的上古时代到秦氏王朝的历代史事，他没有一件不予记载。诸如阴阳、卜筮、相术、医药、姓族、山河地理、字书图画、九流百家、天道人事，以及佛教道家、国外传闻，他都无所不知、无所不晓。而且他还精通当今的事务，凡官府文书、店栈账纸，都听凭人们使用。

上自秦始皇帝、太子扶苏、世子胡亥、丞相李斯、中车府令赵高，下至平民百姓，都很爱重他。

毛颖先生还善于随附人的意愿，不管正直、奸邪、圆滑、笨拙的人，一概听凭使唤。有时虽被废弃，也默不作声。他唯独不爱舞枪弄棒的武士，但如果邀请，也肯前往。

毛颖先生后来升官做了中书令，与皇上更加亲近，皇上曾亲昵地称他为中书君。皇上每天要亲自处理大量奏章，即使宫人都不准站立左右，而唯有毛颖先生和持蜡烛的侍者经常在旁边侍候，直到皇上休息为止。

毛颖先生和绛州陈玄、弘农陶泓、会稽褚先生最为友好，彼此推心置腹，形影不离。毛颖先生和他的三位好友，有时不等皇帝诏令，就一齐前往，皇上也从不怪罪他们。

后来一次皇上召见，准备用他，轻轻一拂，毛颖先生脱帽谢恩。皇上见他发疏头秃，所书写的字画也不称心如意，便取笑地说："中书君，您年老头秃，已经不胜任了！从前我曾称您中书，而您现在却不中书了！"毛颖先生答辩说："我算得上是尽心竭力的臣子啊！"但皇上从此便不再召用他了。

毛颖先生只好回到自己的封地，老死在管城里了。

后人用"老不中书"的这个典故揭露最高封建统治者的冷酷无情，需要时则

加官进爵，不用时则一脚踢开。

厉王击鼓

典出《韩非子·外储说左上》：楚厉王有警，为鼓以与百姓为戍。饮酒醉，过而击之也，民大惊。使人止之，曰："吾醉而与左右戏，过击之也。"民皆罢。

居数月，有警，击鼓而民不赴。

楚厉王曾通令，遇有国家危急的情况，就打鼓为号，通知老百姓来防守。有一次，厉王喝醉了酒，误把鼓咚咚地敲起来，老百姓大惊，纷纷跑来。厉王派人去阻止他们，说："我喝醉了酒，跟周围的人闹着玩，胡乱打一阵鼓。"老百姓解散回去了。

过了几个月，真的发生了紧急情况，厉王拼命敲鼓，老百姓再不去救援。

后人用"厉王击鼓"比喻"人而无信，不知其可。"在上位者，对人民失信，更会带来无穷的后患。

潞令当死

典出《聊斋志异·潞令》：宋国英，东平人，以教习授潞城令。贪暴不仁，催科尤酷，毙杖下者，狼藉于庭。余乡徐白山适过之，见其横，讽曰："为民父母，威焰固至此乎？"宋扬扬作得意之词曰："喏，不敢，官虽小，莅任百日，诛五十八人矣！"后半年，方据案视事，忽瞪目而起，手足挠乱，似与人撑拒状。自言曰："我罪当死！我罪当死！"扶入署中，逾时寻卒。呜呼！幸有阴曹兼摄阳政，不然，颠越货多，则卓异声起矣，流毒安穷哉！

宋国英，是东平人，在教习学业期满以后，做了潞城县令。他贪婪凶狠，而催索赋税，尤其残酷，为此死在仗刑之下的人，横七竖八地丢在庭堂。我的同乡徐白山有一次正好路过，看到他这样暴戾，讽刺地说："身为百姓的父母，威风势焰竟然达到这般地步吗？"宋国英神采飞扬，得意地说："噢，不敢当，我官职虽小，到任仅一百天，已杀掉五十八个人啦。"

过了半年，宋国英刚坐在案前办理公事，忽然瞪着眼睛站起来，手挠脚蹬，胡乱挣扎，仿佛抵抗人捉的样子，自己嘴里不住地喊："我罪该死！我罪该死！"被人扶入内室，过了一会儿很快就死了。

啊！幸亏有阴曹地府兼管着阳世人间的政事，不然的话，杀人抢劫的事情干得愈多,清正廉洁的官声就愈加卓著,怎能不流毒天下,贻患无穷呢!

后人用"潞令当死"的这个典故告诉人们,封建官僚,暴戾恣睢,草菅人命。然而,压迫愈深,反抗愈烈,血债总是要用血来还的。

率兽食人

典出《孟子·梁惠王上》:庖有肥肉,厩有肥马,民有饥色,野有饿莩(piáo),是率兽食人也。

战国时代,是我国历史上战乱最多的一个时代。由于诸侯间的连年战争,搞得老百姓流离失所,痛苦异常。孟轲是生活在战国中期的一位思想家。他主张施仁政,并且游说于齐、宋、滕、魏各国,宣传自己的政治主张。

有一次,孟轲在魏国和国君魏惠王(即梁惠王)谈论政事。当谈到如何治理国家的时候,孟轲说:要富国强兵,必须爱护人民。针对梁惠王不体恤民情的情况,孟轲说:"现在大王王宫的厨房里藏着肥肉,马厩里养着肥马,然而国内老百姓却面带饥色,野地里遗弃着死者的白骨。这等于率领着野兽去吃人。"

后人用"率兽食人"的这个典故比喻虐害人民。

乱臣贼子

典出《史记·卫康叔世家》:州吁新立,好兵,杀桓公,卫人皆不爱。石碏乃因桓公母家于陈,详为善州吁。至郑郊,石碏与陈侯共谋,使右宰丑进食,因杀州吁于濮,而迎桓公弟晋于邢而立之,是为宣公。

春秋时候,郑庄公和大臣们正商议着去朝见天子,卫国(在河南省淇县东北,是周公封给他兄弟康叔的,先是伯爵,后来改封为侯爵,到卫桓公时已经是第十三代的君主了)的使臣来到,说卫桓公去世,公子州吁即位。郑庄公满腹怀疑,觉得这件事里面另有文章,就叫祭足去打听真相。祭足说:"外传卫侯是给州吁谋害的。"郑庄公听了,皱眉顿足说:"州吁谋害了国君,看样子,他马上会朝咱们这儿攻过来,咱们一定得早做准备啊!"大臣们你看我、我看你,都不明白卫国的内乱,怎么会殃及到郑国呢?

原来卫桓公有两个兄弟,一个是公子晋,另一个是州吁。州吁向来喜欢发兵打仗。他见哥哥卫桓公生性懦弱、憨厚无能,非常瞧不起他,就与心腹石厚密谋抢夺君位。公元前719年(周桓王元年)卫桓公要到雒邑去觐见天子,州吁就在

西门外安排筵席为他送行。他举杯向卫桓公敬酒，说："哥哥要出远门，弟弟敬您一杯！"卫桓公说："多谢您费心！我这一去只不过月余就回来，有劳贤弟代理朝政，小心留意。"也斟了一杯酒回敬。州吁双手去接，故意失手使酒杯落地，然后趁弯身捡起酒杯的时候，闪到卫桓公背后，抽出短剑朝他刺去。卫桓公当场重伤而死。但四周布满了州吁的人，有谁敢出面说话呢？

于是州吁自立为君，拜石厚为大夫，对外就说卫侯是得了急病死的，逐一向诸侯报告。可是卫国境内流言满天飞，都传说国君遭到了州吁和石厚的谋害。国君非常畏惧风言风语，如果国内的老百姓和国外的诸侯不服，君位往往保不住。州吁和石厚对这一点也不敢掉以轻心。他们左思右想，非得弄个办法让人家服气不可。他们认为最好的计策是轰轰烈烈地打场胜仗，顺便还可劫掠些粮食。可是发兵打仗，总得有个冠冕堂皇的理由，至于要攻打哪一国呢？也得有个正当的名义才行。他们就在临近诸国里东挑西选，找人家的把柄。突然，石厚灵机一动，说："有啦，郑伯寤生杀了他兄弟，又撵走他母亲，天理难容、罪该万死，咱们就冲着他去吧！"州吁直点头，然有介事地说："对！这理由够充分，像寤生那么不孝顺母亲，不爱护兄弟的家伙，就让咱们来重重地处罚他吧！"

州吁打算联合郑国（在河南省开封市东，是周武王封给虞舜的后人胡公的）和蔡国（在河南省上蔡，后来迁到新蔡，是周武王封给他兄弟叔度的）共同出兵。石厚献计说："最好能再联合宋国（在河南省商丘县，是周武王封给商朝的后人微子的）和鲁国（在山东省曲阜县，是周武王封给他的兄弟周公旦的）的力量，这样一来，五国一起出兵，还怕不能一举打垮郑国吗？"州吁说："陈、蔡两国向来顺从天子，现在天子和寤生意见不合，他们为了讨天子的欢心，一定会答应跟咱们去打郑国。可是凭什么叫宋国和鲁国兴兵相助呢？"石厚说："主公有所不知，现在的宋公是宋穆公的侄子，宋穆公自己的儿子子冯反而出奔到郑国，宋公老是担心郑伯会帮助公子冯去抢他的君位，咱们约他去袭击郑国，不等于也帮他去灭公子冯吗？这正合他心意，他哪有不答应的道理。至于鲁国嘛，大权全握在公子翚手里，他根本不把鲁君放在眼里，咱们只要多送给他厚礼，他一定会鼎力帮忙。"

州吁听了石厚这番话，高兴极了，立刻积极进行部署，事情正同石厚说的一模一样，宋、鲁、陈、蔡都按照州吁规定的日子，领着兵马帮助卫国。五国的人马把荥阳的东门团团围住，挤得水泄不通。郑庄公紧急和大臣们研究对策。大臣们一个个方寸大乱，有人主张讲和，有人主张迎战，闹成一团。最后，郑庄公笑着说："这些都不是好法子，在这五国里头，除了宋国因为咱们收留公子冯，而与咱们有嫌隙之外，其他国家都和咱们无怨无仇。州吁刚刚篡夺了君位，不得民心，所以才借故煽动四国出兵打来，目的只不过是为了打场漂亮的胜仗，以耀武扬威，好取得老百姓的信赖，咱们只消给他一点面子，他就会退兵了。"于是，他叫公子冯躲避到长葛（郑国地名，在河南省长葛县）去，另外派人去对宋公说："公子冯投奔到我们这里来，我们不好意思杀他，现在他躲到长葛去了，杀不杀他都不干我的们事，请宋公自个儿看着办吧！"宋公出兵本来就是为了要消灭公子冯，听到这番话，当然就把军队调往长葛去了。蔡、陈、鲁三国见宋国兵马走了，也都意兴阑珊,想班师回去。

此时,郑庄公就派公子吕去跟卫国人交战,并嘱咐他:"无论如何要给他留点面子。"于是,公子吕领着一队人马出了城门,石厚就引兵招架。另外三国的将士全都抱着胳臂肘,在旁边看热闹。公子吕和石厚交锋了几回合,就往西门跑去,石厚带着人马紧追不舍,谁知公子吕的军队进了城,闭上城门,竟不出来了。石厚只好叫士兵把西门外的稻穗全割下来,送回卫国,大摇大摆地如同打了胜仗般领兵回去。四国的兵马就这样莫名其妙地各自散了。

州吁、石厚"凯旋而归",原以为卫国的人会夹道欢迎,赞扬他们的神勇英明,谁知老百姓反而窃窃私语,抱怨他们无缘无故发动战争,扰得大家不能过太平的日子,有人甚至想结伴到雒邑去向天子告状。州吁对石厚说:"唉,国人仍然不服我,怎么办呢?"石厚说:"我父亲当年在朝廷里,口碑很好,人人佩服他,如果把他老人家请出来,参与国家大事,老百姓一定没话说,您的君位也就可以确保了。"州吁也认为,找个德高望众的人支持他,也许比攻打郑国更能得人心,就叫石厚去求他父亲。

石厚的父亲石碏,就是因为不耻州吁的所作所为,才告老还乡的,此次,仍借口重病,坚决拒绝入朝当官。石厚只好请示他:"新君担心人心不服、君位不定,请问您有什么好主意帮助他?"石碏说:"诸侯即位应该经过天子的许可,只要天子同意了,也就名正言顺了。"石厚点点头,说:"话是不错,就怕天子不同意,总得先有人从旁说和才好哇。"石碏一边抚着银白色的胡子,一边说:"唔,我想想看……有了,陈侯对天子百依百顺,天子非常厚爱他,咱们和陈侯向来也交情深厚,你们先到陈国去,请陈侯先在天子前面美言几句,然后你们再去觐见天子,这不就行了吗?"石厚把父亲的好主意转告了州吁,两人高兴得拍手叫好,立刻置备了一些玉帛礼物,往陈国去了。另外,石碏也写了一封信,暗地里打发人送给他的好朋友陈国的大夫子针,请求他助一臂之力。

州吁和石厚满怀着希望到了陈国,陈桓公(陈国的第十二代君主)叫子针招待他们,请他们到太庙里相见。子针事先早把太庙摆设的整整齐齐,还刻意安排了许多武士准备伺候两位贵宾。他们由子针引导着到了太庙门口,只见门外立着一块牌子,上面写着:"不忠不孝的人不准进入。"州吁和石厚倒抽一口冷气,满腹惊疑,不知该不该进去。石厚问子针:"这块牌子在这里是什么意思?"子针说:"这是敝国的规矩,先君的遗意,没有什么特别的用意。"他们这才放了心,大胆地进去。到了庙堂上,州吁和石厚正要向陈桓公行礼,却听见陈桓公拉着嗓门大声地说:"天子有令:逮捕害卫侯的乱臣州吁和石厚!"他的话声一落,旁边的武士一拥而上,立即把他们俩擒住。子针拿出石碏的那封信,当众朗读,大意是说:外臣石碏写信给敬爱的郑侯:卫国不幸,发生了谋杀国君的大祸,这全是州吁和石厚的败德恶行,如此不忠的人若不治罪,往后乱臣贼子势必更加嚣张,横行天下,祸国殃民。我的年岁大了,没有力量处治他们,实在有负先公对我的爱护。现在我想了个办法叫他们前来贵国,请您本着天理正义,严惩他们,这不光是替卫国除害,也是为天下除害!

直到此刻，州吁和石厚才知道他们中了石碏的计谋。陈桓公想当场把他们俩杀了，子针上前拦阻说："先别杀！石厚是石碏的亲生儿子，咱们不便杀他。还是通知卫国，请他们自个儿看着办吧！"陈桓公于是吩咐手下将他们俩分两处监禁，以免他们互通消息，还打发使臣连夜去通知石碏。

石碏自从告老还乡后，就不再过问朝廷里的事了。今天接见了陈国的使臣，才特地到朝堂去找大臣们。大家知道了事情发生的来龙去脉，个个惊惶骇异，都说："这是国家大事，全凭国老作主。"石碏说："他们俩犯的是死罪，咱们只要派人到陈国去杀了他们就行了。"有位大臣挺身而出，说："乱臣贼子，人人都可以杀。我去杀州吁吧！"大臣们都说："好！不过，主犯既然判了死罪，从犯就从轻发落吧！"他们这么说，为的是不忍石碏遭到丧子之痛。不料石碏却火冒三丈，说："州吁的罪，全是我那没出息的小子拨弄出来的，你们网开一面，留他活命，岂不是以情害义吗？你们当我是什么人？……谁去杀石厚？……谁去杀石厚？"问了两声，都没有人回应，朝堂上一片死寂。石碏气得满脸通红，咬牙眦目，最后他说："没有人肯去？好，我自个儿去！否则我无颜见人！"他的一个家臣赶忙上前说："国老别生气，我去就是了。"于是两人就依照卫国大臣们的意见去处治州吁和石厚。他们到了陈国，先去拜见陈桓公，感谢他除暴安良的恩德，然后分头去办事。州吁见了来人，大声吆喝说："你是我的臣下，怎么敢来杀我？"那个人就说："你不是杀了国君吗？我只不过是学习你的榜样罢了。"州吁无言以对，只好俯首受刑。石厚见了来人，央求说："我罪该万死，但请让我见见我父亲再死吧！"那个家臣说："我奉你父亲的命令来杀你，你如顾念父子之情，我就拎着你的脑袋回去见他吧！"然后拔剑斩杀了他。

石碏和卫国的大臣们治死了州吁和石厚，立公子晋为国君，就是卫宣公。卫宣公因为上次卫国联合四国攻打郑国，担心郑伯前来报复，就打发使臣去聘问，也算是向郑国赔不是，藉以敦睦邦交。

后人用"乱臣贼子"这个成语指不守臣道，心怀异志的人。现在大多指破坏国家统一，危害人民利益的人。

马驮三千石

典出《幕府燕闲录》：故事边郡，纳粟三千斛授本州助教。岐山王生纳粟授官，以厚价市骏马犹不如意，每以为恨。尝骑过市，医生李生滑稽能谑，遮道谓曰："君马新市，其价几何？"曰："一百五十千。"李生盛称"壮健"，以为价贱。王怪问之。李生曰："驮得三千石谷，岂非壮健耶？"

为了建设国境边郡，政府规定交纳粟米三千斛者可以授予本州助教的官职。

岐山的王生，交纳了三千斛粟米，被授予助教的官职。（为炫耀自己的地位）

他用优厚的价钱买了一匹骏马尚不称心如意,并每每以是懊丧。有一次他骑着骏马过街,有个医生李生能言善辩、口齿伶俐而且善开玩笑,他便拦住王生的路说:"您新买了这匹马,它的价钱是多少?"

回答说:"一百五十千。"

李生大加称赞"骏马肥壮强健",并说价钱实在太便宜了。

王生很奇怪地问他什么原故。

李生说:"这牲口能驮得三千石谷,难道不是非常肥壮强健吗?"

后人用这则寓言说明医生以马能"驮得三千石谷",巧妙地讽刺了纳粟三千斛授本州助教的王生,抨击了当时的卖官制度。

卖柑者言

典出《郁离子》:杭有卖果者,善藏柑,涉寒暑不溃,出之烨然,玉质而金色。置于市,贾十倍,人争鬻之。予贸得其一,剖之,如有烟扑口鼻,视其中,则干若败絮。

予怪而问之,曰:"若所市于人者,将以祀,供宾客乎,将炫外以惑愚瞽乎?甚矣哉,为欺也!"

卖者笑曰:"吾业是有年矣,吾赖是以食吾躯。吾售之,人取之,未闻有言,而独不足于子所乎?世之为欺者不寡矣,而独我也乎?吾子之未思也!今夫佩虎符、坐皋比者,洸洸干城之具也,果能授孙、吴之略耶?峨大冠、拖长绅者,昂昂乎庙堂之器也,果能建伊、皋之业耶?盗起而不知御,民困而不知救,吏奸而不知禁,法斁而不知理,坐糜廪粟而不知耻。观其坐高堂、骑大马、醉醇醴而饫肥鲜者,孰不巍巍乎可畏,赫赫乎可象也?又何往而不金玉其外败絮其中也哉?今子是之不察,而以察吾柑!"

予默然无以应。退而思其言,类东方生滑稽之流。岂其愤世嫉邪者耶?而托于柑以讽耶?

杭州有一个卖水果的人。他善于保藏柑子,能使柑子经历严寒和暑热而不溃烂。他的柑子拿出来光闪闪的,质地坚实如玉,颜色橙黄如金。到市上去卖,价钱即使比人家的高十倍,大家还是争着买。我也买了一只,剖开它时却有像烟尘一样的东西直冲口鼻,仔细一看,已经是干枯得像破旧的棉絮了。

我责怪地问他说:"你卖给人家的柑子,是用来放在器皿中作为祭祀神灵、招待宾客用的呢,还是只是炫耀那外表以愚弄蠢人和瞎子呢?你欺骗得太过份了啊!"

卖柑的人笑着说:"我从事这职业已经多年了,我专门依赖这个办法养活自己。我卖出柑子,人家取走柑子,从来没讲过什么,难道独独不能满足你的需要

啊！现在,那些掌握兵符、坐在虎帐中的人,威威武武地好像是国家的长城,他们果真能够制订出像孙膑、吴起那样的战略吗？还有那些戴着高帽、拖着腰带的人,趾高气扬地好像是朝廷的栋梁,他们果真能够建树起象伊尹、皋陶那样的事业吗？现在的实际情况是,盗贼四起却不知道防御,百姓困苦却不知道救济,官吏奸猾却不知道禁止,法纪败坏却不知道整顿,他们空空地消耗国库中的粮食而不晓得耻辱。你看看那些坐高堂、骑大马、痛饮美酒、饱餐佳肴的人,从外表看来哪一个不是形象高大,叫人感到可敬,威灵显赫,可以作为榜样呢？这样看来,什么地方没有金玉其外、败絮其中的现象啊！现在,你不去考究这些,却来考究我的柑子!"

我默默地无话可答。回过头来细想他讲的道理,觉得他很像是东方朔一类的人物。难道他是因为痛恨世上邪恶行为而假托柑子来进行讽刺吗？

这个故事告诫人们要有真才实学,不能哗众取宠。卖柑者的层层反诘,词锋犀利,发人深省。

民不聊生

典出《史记·张耳陈余列传》:财匮(kuì 愧)力尽,民不聊生。

秦朝末年,陈胜、吴广领导的农民起义军打下陈地(今河南省淮阳)以后,曾派一个名叫武臣的人,带领三千士兵北渡黄河向河北进攻。武臣是一个善于用兵的人,他觉得自己的兵力不足,必须加以壮大和充实。于是,一过黄河,他就把当地一些有影响的人物召集起来并对他们说:"秦朝的残酷统治已经很多年了。他们派差出役接连不断,苛捐杂税多如牛毛,弄得老百姓家家无余财,户户没劳力,实在是民不聊生啊。"

武臣的政治宣传得到了当地百姓们的支持,因而很快扩充了部队,并占领了十几座城市,使陈胜的农民起义军在黄河以北一带接二连三地取得了重大胜利。

后人用"民不聊生"这个典故比喻老百姓没有赖以生活的东西。现常用来形容在剥削阶级的残酷统治下,劳动人民极端贫困,无法生活下去。

民生凋敝

典出《汉书·循吏传》:孝武之世,外攘四夷,内改法度,民用凋敝,奸宄不禁。

西汉武帝刘彻是西汉皇帝中的一位佼佼者。他在位 47 年。在位期间,打击富商大贾,同时兴修水利,移民西北屯田,有利于农业的发展。他曾派张骞两次至西域,加强了对西域的统治,并发展了经济文化交流。

但是,汉武帝崇尚武力,在位期间,连连进行战争。虽然这些战争打击了匈奴贵族,保障了北方经济文化的发展,但连年战争也消耗了大量的人力财力,使人民遭到了严重的灾难。

《汉书》作者班固在编写《循吏传》时指出:"汉武帝在位期间,连年对外用兵,内政也必须适应战争需要,军费开支浩大,广大农民负担沉重,以致民生凋敝,犯罪行为增多。"

后人用"民生凋敝"形容在剥削阶级统治和压迫下,社会经济衰败,人民生活极端困苦。

宁为太平犬,莫作离乱人

典出《醒世恒言·白玉娘忍苦成夫》:忙忙如丧家之犬,急急如漏网之鱼。正是:"宁为太平犬,莫作离乱人。"

宋末元初,有一个叫程万里的人,原是官宦的子弟,去江陵投奔亲友,谁知在路上遇到元将兀良哈歹统率精兵杀来。夜里逃难的人奔走不绝,哭哭啼啼耳不忍闻。程万里奔避不及,被元兵一索捆翻,送给大将张万户为奴。张万户把掳到的男女带回家中,强壮的留下几个,其余都转卖给人。多有妻离子散、家破人亡的。张万户把留下的奴婢召集起来,说:"你等或有父母妻子,料必死于乱军之中,你们幸亏遇着我,若逢着别人,死去多时了。今晚分配妻子给你们,今后安心在此,勿生异心。"晚上果然把那掳来的妇女,胡乱一人分配一个,真是"宁为太平犬,莫作离乱人"。

程万里分配到的女子叫白玉娘,是宋朝武将之女,父亲殉国阵亡,她便被掳来做了奴婢。白玉娘是个有志的人,力劝程万里潜逃摆脱奴隶命运,因此被张万户发觉,转卖出去,后来做了尼姑。程万里伺机潜逃,回到南宋领地,逐渐做了大官。为了感念白玉娘而终身不娶。后来时局逐渐安定,程万里千方百计竟然找到了白玉娘,尽管分别了二十来年,两人相爱之心不变,终于获得团圆。

后人用"宁为太平犬,莫作离乱人"的这个典故比喻乱世人民生活绝无保障,性命比狗还不值钱,因此羡慕起太平时期的狗来。鲁迅在《灯下漫笔》中写道:"假如有一种暴力,将人不当人,不但不当人,还不及牛马,不算什么东西。待到人们羡慕牛马,发生'离乱人不及太平狗'的叹息的时候,然后给予他略等于牛马的价格……则人们便要心悦诚服,恭颂太平的盛世。"

岂非同院

典出《幕府燕闲录》：国子博士王某知扶风县，有李生以资拜官，每见王辄称"同院"。王不能平，因面质曰："某自朝士，与君名位不同，而见目同院，何邪？"李生徐曰："固知王公未知县事时，自是国子博士，谓之'国博'。某以纳粟授官，亦'谷博'也，岂非同院乎？"王为之大笑。

国子博士王某在扶风当知县，有一位李生以他的官位资格会见他，每次见面就称为"同院"。王某心中不平，因而当面质询道："我自是朝廷国子博士，和您名位身份不同，而一见面就视作'同院'，是什么道理？"

李生慢条斯理地说："我早就知道王公您未当知县时，自是国子博士，称之为'国博'。而我用交纳粟粮的办法被授予了官职，也可称作'谷博'了，这样，我们俩岂不是'同院'了吗？"

王某听后为之大笑。

后人用这则寓言说明李生纳粟授官，不以为耻，反以为荣，以"谷博"与"国博"音近，死乞白赖，勉强与王某称"同院"。故事揭露了封建社会卖官鬻爵者的丑恶面目。

千里无鸡鸣

典出曹操《蒿里行》：白骨露于野，千里无鸡鸣。生民百遗一，念之断人肠。

东汉末年，大军阀、陇西豪强地主武装集团的头子董卓篡夺了汉王朝的军政大权。关东各军阀，推举北方豪强地方的首脑袁绍为盟主，"联合"起来讨伐董卓。曹操为了统一全国，也参加了当时的讨董联军。联军虽然组织起来了，但各地军阀各怀异心，勾心斗角，争权夺利，根本无心讨董。此后各军阀间的矛盾日益激化，互相残杀，连年混战，使广大人民惨遭浩劫，死尸遍野。曹操见此情景，便写了一首反映这种现实的诗《蒿里行》。诗曰：

> 白骨露于野，
> 千里无鸡鸣。
> 生民百遗一，
> 念之断人肠。

诗意是：茫茫大地，白骨成堆；千里焦土，荒无人烟；百姓惨死，百不余一；思念起来，令人悲伤。

这首诗较真实地反映了军阀连年混战给人民带来的严重灾难。

后人用"千里无鸡鸣"来描写战争给人民带来的深重灾难。

强者反己

典出《雪涛谐史》：黄郡一孝廉，买民田，收其旁瘠者，遗其中腴者，欲令他日贱售耳。

乃其民将腴田他售，孝廉鸣之官，将对簿。其民度不能胜，以口衔秒，唾孝廉面。他孝廉群起，欲共攻之。时乡绅汪某解之曰："若等但知孝廉面是面，不知百姓口也是口！"诸孝廉皆灰心散去。乡绅此语，足令强者反己，殊为可传。

黄郡有位孝廉，买老百姓的田地时，只买旁边那些瘠薄的土地，却留下中间的肥田，为的是想叫老百姓将来贱卖给他。但是老百姓却将肥田卖给别人，那孝廉便告到官府里去，即将升堂审讯。老百姓估计不能胜过对方，就含着满口唾沫，唾在孝廉的脸上。其他一些孝廉都跳将起来，企图群起而攻之。

这时，姓汪的乡里绅士出来解围说："你们只知道孝廉的脸是脸，不知道老百姓的口也是口呀！"众孝廉都灰心丧气地走散了。

乡里绅士的这番话，足可使强者反责自己，是最可传扬的了。

后人用这则寓言说明孝廉倚仗权势欺压百姓，而官吏也是官官相护，百姓自知不能胜，只能含秒唾其面。"孝廉面是面，百姓口也是口"，在豺狼横行、暗无天日的封建社会，能替老百姓说一句这样的公道话，也是难能可贵的。作者认为"乡绅此语，足令强者反己"，是希望强盗发善心，把寄托在恶者的道德自我完善上，这完全是不切实际的幻想。

庆父不死，鲁难未已

典出《左传·闵公元年》：齐国大夫对齐国国君说："不去庆父，鲁难未已。"

春秋时代，鲁国有个名叫庆父的人，他是鲁君庄公的异母兄弟。这个人野心很大，手段毒辣，诡计多端，一心想自己来做鲁国的君主。庄公死了，由他儿子子般继位，庆父派人刺杀子般；子般死了，由鲁闵公继位，第二年他又派人刺杀闵公。一再制造内乱，引起国人共愤，形成谚语："庆父不死，鲁难未已。"（如果庆父

不死,鲁国的内乱就没有个完了的时候。)国人联合起来声讨他,庆父逃到齐国的莒地。鲁国向莒地官府付出重金,要求把庆父抓回来,庆父在被解回鲁国的途中,自缢死了。

后人用"庆父不死,鲁难未已"的这个谚语比喻首恶不除,动乱不止。

取道杀马

典出《吕氏春秋·用民》:宋人有取道者,其马不进,倒而投之溪水。又复取道,其马不进,又倒而投之溪水。如此三者。虽造父之所以威马不过此矣。不得造父之道,而徒得其威,无益于御。

人主之不肖者有似于此。不得其道,而徒多其威。威愈多,民愈不用。

宋国有个急于赶路的人,他的马不肯前进。他便掉转马头,把它赶入溪水,淹得它奄奄一息。这样连续反复三次,那马死活都不肯前进。即使像造父那样最善于驾马的人,他用来威慑马的手段也决不会超过这个宋国人了。他没有学到造父驾马的诀窍,徒然模仿他那驭马的威严。这对于驾马,是没有丝毫益处的。

那些昏庸的国君同这宋国人何等相似啊!治理民众,没有正确的方法,只知采用各种威压手段。结果,威压越厉害,民众越不替他效力。

后人用这个故事批评了不讲究正确方法而只知严刑峻法的政治现象。

肉脯可充腹

典出《传家宝·笑得好》:晋惠帝御宴,方食肉脯,东抚奏旱荒,饥民多饿死。帝曰:"饥民无谷食,便食这肉脯,也可充腹,何致饿死?"

一天,晋惠帝大摆宴席,正津津有味地吃着肉脯。这时,派往东方的巡抚报告说那里旱灾严重,很多饥民都饿死了。惠帝听了,说:"那些饥民们即使没有五谷粮食吃,就是吃这种肉脯也可以充饥,怎么能至于饿死呢?"

后人用"肉脯可充腹"的这个典故批判那些高高在上,锦衣玉食,却丝毫不了解民间老百姓的疾苦的最高统治者。

如狼牧羊

典出《史记·酷吏列传》：御史大夫弘曰："臣居山东为小吏时，宁成为南都尉，其治如狼牧羊。成不可使治民。"

西汉时，有一个叫宁成的官吏，南阳穰县（今河南邓县）人。宁成当过济南都尉，后升中尉。他为人狼毒刻薄，执法严峻，为宗室、豪强所畏惧。

汉武帝即位以后，宁成升为内史（掌民政的官），因被外戚诽谤，被捕入狱。后来，宁成从狱中逃出，在乡间买了一千多顷陂田（山坡地），役使贫民数千家为他耕种。几年以后，宁成靠着收租剥削，成了一个有万贯家财的富豪。武帝想再度起用他当郡守。御史大夫公孙弘说："我在山东当小官的时候，宁成是济南都尉，他管理起百姓来，就像豺狼放牧绵羊一样。这个人不可以让他治理百姓。"后来，武帝虽没有任命宁成为郡守，但拜他为关都尉，出入关的人见到宁成都不寒而栗，说："宁可和老虎相见，也不愿面对宁成之怒。"

后人常用"如狼牧羊"来比喻酷吏欺压人民。

三石之弓

典出《吕氏春秋·贵直论·壅塞》：齐宣王好射，说人之谓己能用强弓也。其尝所用不过三石，以示左右，左右皆试引之，中关而止，皆曰："此不下九石，非王其孰能用是？"

宣王之情，所用不过三石，而终身自以为用九石，岂不悲哉？

齐宣王喜欢射箭，专爱听别人吹捧自己能使用强弓。他曾使用的不过是拉力三石的弓，故意拿给左右的臣子看，左右的臣子一个个试着拉，只拉开一半就停下来，都异口同声地说："这弓拉力不下九石，要不是大王谁能使用它？"

宣王的真实情况，所使用的不过是三石之弓，而终身自认为用的是九石之弓，这难道不可悲吗？

后人用"三石之弓"抨击了自己本来能力不大，却爱听别人的吹嘘，而毫无自知之明的人。

尸位素餐

典出《尚书·五子之歌》：太康尸位，以逸豫灭厥德，黎民咸贰。

《汉书·朱云传》：今朝廷大臣，上不能匡主，下亡以益民，皆尸位素餐。孔子所谓"鄙夫不可以事君，苟患失之，亡所不至"者也。

尸，是古代祭礼中的一个代表神像、端坐着而不需要做任何动作的人。《书经》有句道："太康尸位"，"尸位"就是源出于此；用来比喻一个有职位而没有工作做的人，正如祭礼中的尸，只坐在位子上，不必做任何动作一样。"素餐"见于《诗经》："彼君子兮，不素餐兮。"后人于是用"素餐"来比喻无功食禄的人。把"尸位"和"素餐"两者连合成为一句成语，应该说是出于《汉书汉书·朱云传》，该书说："今朝廷大臣，上不能匡主，下亡以益民，皆尸位素餐"。整句成语的意思，也是和上述的"尸位"和"素餐"相同。

后人用"尸位素餐"比喻居位食俸而不理政事。

时日曷丧，予及汝皆亡

典出《尚书·汤誓》：时日曷丧，予及汝皆亡。

传说中，夏朝的末代君主名叫桀，他和一批奴隶主非常残酷地役使奴隶，残暴地杀害他们。所用的刑罚惨绝人寰。大批奴隶被害致死，于是爆发了历史上最大的一次奴隶起义，他们悲愤地发出誓言道："时日曷丧，予及汝皆亡。"译作现代口语是："这日子几时算完？我和你一起死？"（也有译作："倘若注定我要死，我就和你一起死吧！"你，指的是桀和奴隶主们。）他们在名叫汤的人领导下，终于杀了桀，推翻了夏朝。

后人用"时日曷丧，予及汝皆亡"这个典故于反抗残暴统治的场合。

蜀贾卖药

典出《郁离子·千里马篇》："蜀贾三人皆卖药于市，其一人专取良，计入以为出，不虚价，亦不过取赢。一人良，不良皆取焉，其价之贱贵，唯买者之欲，而随以其良、不良应之。一人不取良，唯其多，卖则贱其价，请益则益之，不较。于是争趋之，其门之限月一易。岁余而大富。其兼取者趋稍缓，再期亦富。其专取良者，肆日中如宵，旦食而昏不足。

郁离子见而叹曰："今之为士者亦若是夫！"

蜀地有三个商人都在街上卖药材。其中一个人，专门收购好药材，根据药材收购价格决定卖出的价格，不漫天要价，也不过多地谋取利润。另一个人，好药材、劣等药材都收购，他卖出的价格高低不等，只看顾客的要求，用不同的药材来应付，出的价钱高就给好药材，出的价钱低就给劣药材。还有一个人，不收购好药材，只收购大量的劣等货，卖时定价很低，顾客要求多拿点药就多拿点，从不争执。于是，顾客都争着去他那里买药。他家的门坎都被踩得磨损了。他一年多便成了大富翁。那个好药、差药都卖的人，顾客去得少一些，但过了两年也富足了。只有那专门贩卖好药的人，他的店铺里白天也像夜晚一样冷冷清清，弄得吃了早饭断晚饭。

郁离子见到这种情况后叹息说："现在做官的人也像这些商人一样啊！"

作者借商场比官场，说明元朝吏治腐败，廉直的人受到冷落，狡诈作伪的人飞黄腾达。

鼠技虎名

典出《雪涛小说》：楚人谓虎为老虫，姑苏人谓鼠为老虫。余官长洲，以事至娄东，宿邮馆，灭烛就寝，忽碗碟峥然有声。余问故，阍童答曰："老虫。"余楚人也，不胜惊错，曰："城中安得有此兽？"童曰："非他兽，鼠也。"余曰："鼠何名老虫？"童谓吴俗相传尔耳。

嗟嗟！鼠冒老虫之名，至使余惊错欲走，良足发笑。然今天下冒虚名骗俗耳者不少矣！……夫至于挟鼠技，冒虎名，立民上者皆鼠辈。天下事不可不大忧耶！

楚地人称老虎叫老虫，姑苏人称老鼠为老虫。我在长洲当长官，因公事到娄东去，夜宿驿站旅馆中。刚吹熄了灯想睡觉。忽听见碗碟磕碰的声响。我问什么缘故，看门的仆人回答说："是老虫。"

我是楚地人，听了不禁惊慌失措，问道："在城里怎么会有这种野兽？"

看门的仆人说："不是什么别的野兽，是老鼠呀！"

我说："老鼠为什么叫老虫？"

看门的仆人说，这是吴地的习俗，一直传到今天罢了。

唉唉，老鼠冒老虎的名，以致吓得我惊恐地想逃走，实在令人发笑。然而如

今天下那些冒虚名恐吓老百姓的人可真不少呀！……至于那些挟持老鼠技能，假冒老虎虚名，高踞在老百姓头上的人，实在都是些鼠辈。天下的事情不可以不令人严重担忧啊！

后人用这则寓言说明作者讲述自己亲自经历的生活故事，目的在演绎出“鼠技虎名”的道理，并以之印证当时社会、官场的种种类似黑暗现象，加以抨击和讽刺，因而这则真实的生活故事便成了寓言的素材。作者是有意把自己经历的生活故事当作寓言来讽喻现实。

桃园打鸟

典出《史记·晋世家》：灵公壮，侈，厚敛以雕墙，从台上弹人，观其避丸也。……过朝，赵盾、随会前数谏，不听……灵公患之，使鉏麑刺赵盾。

晋灵公长大了，却只知道贪玩胡闹，国家大事一概推给赵盾去处理。赵盾一心一意想恢复文公的霸业，对晋灵公的怠忽职守，非常不满，常常是阴着一张脸。晋灵公对他又恼又怕，巴不得他离开朝堂，免得一天听他三次训话。只有大夫屠岸贾（屠岸夷的孙子）最能讨他欢心，叫他精神百倍。

屠岸贾就像晋灵公肚子里的蛔虫，把他捉摸得一清二楚，只要晋灵公心机一动，他准能料到八九分。他替这个贪玩的国君造了一座花园，由于里头种植了许多桃树，所以就叫做“桃园”。桃园里砌了一座高台，四面围着栏杆，登台一眼望去，全城的房屋和街道都映入眼帘。晋灵公和屠岸贾两个人经常在那儿玩乐。有时候他们拿着弹弓打鸟，比赛谁的手快、眼明；有时候喝酒、唱歌，还叫宫女们上台跳舞助兴。一些老百姓也在园外凑热闹，目瞪口呆地瞧着园内的欢乐景象。有一天，晋灵公发觉园外的人比园里的鸟儿更多，一时心血来潮，对屠岸贾说：“咱们老是打鸟也没啥意思，今天换个新花样吧！咱们用弹弓来打人怎么样？打中眼睛，算是十分；打中耳朵，八分；打中脑袋，五分；打中身体，一分；打不着人的，罚酒一杯。”屠岸贾当然拍手赞成。于是他们张起弹弓，往墙外人堆里打去，直打得老百姓乱叫乱逃，各自捂着伤处喊疼嚷痛。晋灵公忍不住哈哈大笑，打人比打鸟有趣多了。

赵盾和随会知道了这件事。第二天就进宫去见晋灵公。晋灵公还没出来，他们就看见两名宫女抬着一个箩筐，从箩筐里露出一只人手来。赵盾、随会走过去一瞧，原来里面装着一堆肢解了的尸体。赵盾问她们：“这是从哪儿来的？”她们说：“这是厨子老二。因为他没把熊掌煮熟，主公大发脾气。”赵盾转头对随会说：“他把人命当草芥一般看待，简直太过份了！”随会说：“还是让我先去劝劝他吧！要是他不听，您再来。”随会进去了。晋灵公一看见他，就挥挥手说：“哎，你别说了！从今以后，我改过就是了。”随会瞧他这么坦白，反而不好意思再多说话了。

　　几天后，晋灵公没到朝堂去，又坐着车往桃园去了。赵盾赶紧抢先赶到桃园门口等着，一瞧见晋灵公过来，就跪在地下。晋灵公很不高兴，板着脸，说："相国有事吗？"赵盾说："主公游玩取乐，总得有个节制。怎么可以拿弹弓打人呢？厨子偶尔犯点小错也不能治死他呀！主公再这样继续下去，迟早会出乱子。我怕主公、晋国会遭逢不幸，因此宁可得罪您，也要请您回去！"晋灵公低垂着头，眼睛凝视着鞋尖，说："你去吧！这次让我玩玩，下次一定听你的，可以吧？"赵盾挡在大门口，坚持叫他回去。屠岸贾说："相国劝主公，当然是出于一番好意。不过主公既然到了这儿，您好歹行个方便，有什么要紧的事，明天再说吧！"赵盾无可奈何，用一双犀利的眼瞪了瞪屠岸贾，侧身让他们进去了。

　　他们刚进入桃园，屠岸贾就跟晋灵公说："唉！这可是最后一次玩了。从明天起，您得关在宫里，受相国管教了！"晋灵公扯扯屠岸贾，说"拜托你想个法子啊！"屠岸贾冷笑一声，说："嘿！有了，我家有个大力士叫鉏麑。我叫他一刀刺死那个老不死，咱们就不必受他管了。"晋灵公说："唔，就这么办吧！"

　　当天晚上，屠岸贾嘱咐鉏麑在五更上朝以前把赵盾刺死。鉏麑就在当夜潜入赵盾家的院子，躲藏在大树底下。过了四更天，天色还暗，赵盾家的人已经起来预备车马，堂屋的门也推开了。他暗暗窥视，只见堂屋上燃着烛火，一位大臣已经穿好上朝的衣饰，坐在那儿等待黎明。鉏麑是有良心的汉子，内心不禁有几分感动。他再仔细观察堂屋的摆设，都是一些粗糙的家具，跟他想像中的相府排场完全是两个样子。他心想："这么忠诚敦厚的大臣，叫我怎么忍心下手呢？"他就跑到堂屋门口，高声地说："相国，您听着：有人派我来刺杀您，我可不能丧尽天良，杀害好人。可是也许还会有人来下毒手，您千万多留神啊！"说完转身就走。赵盾壮着胆子，追出去想问个明白。他还没张嘴，就听见那刺客自言自语地说："我要是杀了忠臣，自己就是不忠；要是不杀，对那派我来的人就是不信。像我这么不忠不信的人还有什么脸苟活着呢？"于是他朝一株大槐树猛撞过去，顿时头破脑裂。赵盾看得瞠目结舌。他随即吩咐属下的人趁着天还未大亮，把刺客尸首埋在槐树下面。

　　那天早上，赵盾依旧准时上朝，晋灵公和屠岸贾暗暗吃惊：莫非鉏麑出了差错？散朝以后，屠岸贾对晋灵公说："我有一只猎狗，凶猛极了。要杀赵盾，非它不可！"他又把详细办法说了一遍，乐得晋灵公连连称好。屠岸贾回家以后，做了一个稻草人，替它套上跟赵盾一模一样的衣服，又在它的胸腔部位塞着羊肉。天天训练那只狗扑向稻草人，撕裂它胸脯，饱吃一顿。经过几天的训练，那只猎狗一瞧见那个稻草人，就毫不犹豫地扑过去，往它的胸口上又抓又撕。

　　有一天，晋灵公召赵盾到宫里去喝酒，赵盾的家臣提弥明陪他同去。屠岸贾当然也在座，他说："主公请相国喝酒，其他的人不准上来。"提弥明只好站在堂下。群臣吃吃喝喝、说说笑笑，气氛倒还十分融洽。谈话当中，晋灵公忽然一再赞赏赵盾的宝剑，要他拔出来让他赏玩赏玩。按照规矩，做臣下的如果在国君面前拔出剑来，就等于犯了行刺国君的大罪。赵盾没有想到这一层。当他正要拔

出宝剑的时候，提弥明在堂下急切地嚷着说："且慢！主公面前不得无礼！"赵盾经他这一提醒，才知道这是他们的诡计，就快快不乐地起身告辞。提弥明怒容满面地搀着他出来。屠岸贾立刻放出那只猎狗去追赵盾。它一眼看见活的"稻草人"，就不由分说地扑过去。提弥明眼明手快，一瞧状况不对，赶紧挨过去，将那只猎狗的脖子一扭，当场结束了那条狗命。宫里顿时惊乱了起来。晋灵公大发雷霆，叫武士们去杀赵盾和提弥明。提弥明非常英勇，既要保护赵盾，又要还手抗敌；他杀了几名武士之后，终于也被杀了。剩下赵盾独自往前奔逃，武士们在后头紧追不舍。其中有个武士特别卖力，比别人跑得更快，三两步便追上了赵盾。赵盾瞧了他一眼，随即眼前发黑，倒在地下，一动也不动了。那个武士一把拉起赵盾，背着他就跑。

这时候赵盾的儿子赵朔，已经带着家丁来接他爹。那个武士把赵盾安放在车上，就拔出刀来，准备跟国君的卫兵拼命。那班卫兵看见赵家人多势众，就放弃追杀，回去了。赵盾问那武士："他们都要来杀害我，你怎么反而救我呢？你是谁呀？"他说："相国难道忘了那个在路旁饿得奄奄一息的人吗？"原来五年前赵盾打猎回来，看见路旁躺着一个汉子，以为是刺客，叫人把他抓来。那个人已经饿得站不起来了。赵盾问了他的来历，才知道他叫灵辄，在卫国游学三年，这次回来，穷得一无所有，已经饿了三天。赵盾很同情他，就给了他一些干粮和盘缠。后来灵辄作了卫灵公的卫士，常常想起赵盾的恩情。正巧屠岸贾唆使国君，要杀害赵盾，灵辄就决意要救他的命。赵盾脱了险，就和他儿子投奔到国外去，他们本想带着灵辄同行，可是灵辄早已不知去向了。

这个故事讲述了晋灵公骄奢无道，相国赵盾屡屡劝谏，反而招来杀身之祸，被迫逃亡。

兔死狗烹

典出《史记·越王勾践世家》：范蠡遂去，自齐遗大夫种书曰："蜚鸟尽，良弓藏；狡兔死，走狗烹。越王为人长颈鸟喙，可与共患难，不可与共乐。子何不去？"

越王勾践的大夫范蠡，曾替越国出过不少力；在越国和吴国发生战争，越方军事失利时，范蠡劝勾践向吴王夫差暂时忍辱投降；等到时机成熟，形势有利时，又替勾践策划兴兵攻吴，结果越王能够复国报仇。在越国来说，范蠡实在是一个大功臣，本来可以在勾践复国后，安享富贵，来补偿以往所付出的辛劳代价；但是范蠡没有这样做，宁愿舍弃了富贵荣华，自行引退，过着闲云野鹤般的生活。后来，托人带了一封信给从前的同事大夫文种，劝文种也舍弃功名富贵，以免招惹灾祸。

范蠡在信中对文种说："用来射鸟的弓，等到没有鸟时，人们会把弓收藏起来,对弓亦没有什么损害;而用来猎兔的狗,在行猎时,说不定会被凶猛的野兽伤害,等到兔子被捕杀后,主人更把它宰了来吃,连性命也保不住。越王是可以与之共患难的人,而不可以与他共享乐。你为什么还不离去呢?"文种没有听从范蠡的劝告,最后终被勾践所杀。

后人用"兔死狗烹"比喻事情办成以后,就把有贡献的人害死或一脚踢开,多指君主杀戮功臣。

威震主者不畜

典出《汉书·霍光传》:威振主者不畜。

汉朝时,大臣霍光专政,汉昭帝年幼接位,全部政事都是霍光说了算。汉昭帝死后,他拥立昌邑王刘贺为帝,不久,他又把刘贺废了,拥立汉宣帝。霍光掌权共二十来年,真是权倾天下。汉宣帝被他拥戴为帝,第一件事是去参拜祖庙。向祖宗的牌位礼拜是一个大典,惯例是由宰相坐在皇帝的车夫身边陪同去行礼。宣帝心里非常忌惮他,觉得他在身边自己就浑身不自在,好像内衣里有芒刺一样不舒服。俗话说:"威振主者不畜。"(权威太大,使皇帝惊恐不安的人,皇帝是不会让他继续在位的。)果然,霍光一死,他的家属就受到祸害了。

后人用"威震主者不畜"的这个谚语比喻封建王朝君臣之间相忌恨的矛盾。

为渊驱鱼

典出《孟子·离娄上》:为渊驱鱼者,獭也;为丛驱爵(通雀)者,鹯也;为汤武驱民者,桀与纣也。

据历史记载,我国夏、商时有两个极其残暴无道的国君夏桀和商纣王,后来被商汤和周武王分别推翻。孟轲在总结这段历史教训时说了上述这番话。意思是说:替深潭把鱼赶来的是水獭(一种以捕鱼为食的兽类);替树林把鸟雀赶来的是老鹰;替商汤和周武王把人民赶来的是夏桀与商纣。

后人用"为渊驱鱼"这个典故比喻反动派的凶残使自己失去了人民。

文恬武嬉

典出唐·韩愈《昌黎先生集·平淮西碑》：相臣将臣，文恬武嬉。

唐玄宗李隆基是唐代帝王中在位时间较长的一个，从公元712年到公元756年，先后统治了45年。李隆基执政期间，先后任用李林甫、杨国忠等奸臣，到开元末年，政治日趋腐败。李隆基本人则爱好声色，奢侈荒淫。同时，由于府兵制遭到破坏，京师和中原地区武备空虚，西北和北方各镇节度使掌握重兵，天宝十四年（公元755年）暴发了安史之乱。第二年，玄宗逃往四川。至德二年末（公元758年）回长安，后郁闷而死。

到了唐宪宗时，淮西节度使吴元济又发动叛乱。公元817年，著名文学家韩愈随宰相裴度前往淮西平叛。叛乱平息以后，宪宗命韩愈撰写《平淮西碑》，以记述此事。韩愈在碑文的开始，首先指出了淮西叛乱发生的根源：唐玄宗时，自恃国力强盛，享乐腐化。安史之乱虽然平息了，但北方的人民却蒙受了深重的灾难。由于皇上荒淫，朝中的文官只知安逸享乐，武将也一味追求声色狗马。这种风气如果延续下去，国家的前途便不堪设想了。

后人用"文恬武嬉"形容文武官僚荒淫腐化，一点也不把国家大事放在心上。

五马分尸

典出《战国策·秦策》：卫鞅亡魏入秦，孝公以为相，封之于商，号曰商君。……孝公行之八年，疾且不起，欲传商君，辞不受。孝公已死，惠王代后，执政有顷，商君告归。……商君归还，惠王车裂之。

秦孝公一见卫鞅得了西河，打了个大胜仗，就封他为侯，把商于（在河南省淅川县西）一带十五座城封给他，称他为商君。卫鞅就叫商鞅了。

商鞅谢恩回来，非常得意。家臣们和亲友们都向他庆贺。有的说，秦国能够这么富强，全是他的功劳；有的说，他是自古以来最出名的改革家；有的说，他改变了土地制度，真了不起；有的说，他压住了贵族，实行连坐法，哪一件不是大事情。大伙儿你一言、我一语，说得商鞅心里挺舒服。他挺自傲地问他们："我比五羊皮大夫怎么样？"大伙儿都奉承着他，说："他哪儿比得上你呢？"其中有位门客，叫赵良，听了这些话，实在忍不住了，大声地说："你们都在商君门下吃饭，怎么不替他担点心事，反倒胡说八道，一味地奉承他！"大伙儿听了，不敢出声。商君有点不高兴，在他发光的脸上浮上一层怒气，问他："先生有什么话要说？"赵良说："您要知道一千个人瞎称赞，不如一个人说真话。要是您不见怪的话，我就说给您听听。"商鞅挺会拢络门客，立刻改了样儿，挺恭敬地说："俗语说，'良药苦口'，请先生指教。"

赵良一想，要说就说个透，要骂就骂个够。他挺郑重地对商鞅说："您说起五羊皮大夫，我就把他跟您来比一下吧。百里奚在楚国给人看牛，秦穆公知道了，想尽法子，请他来当相国。您呢？三番两次地托个小人景监给您介绍。百里奚得到了秦穆公的信任，就推荐别人。百里奚当了六七年相国，一连三次平定晋国的内乱，中原诸侯个个佩服，西方的小国都来归附。您呢？冤了朋友，夺了西河，只讲武力，不顾信义，谁还能诚心诚意地相信您？百里奚处处替老百姓着想，减轻兵役，不乱用刑罚，叫老百姓能够安居乐业。您呢？把老百姓当作奴隶，拿最严厉的刑罚管理老百姓。百里奚自己平时生活非常俭朴，出去的时候不用车马，夏天在太阳底下走，也不打伞。您呢？每逢出去的时候，车马几十辆卫兵一大队，前呼后拥，吓得老百姓来不及躲。百里奚一死，全国男男女女痛哭流涕，好像死了自己的父亲。您呢？把太子的师傅公子虔割了鼻子，在太师公孙贾脸上刺了字，一天之中杀了七百多人，连渭河的水都变红了。上上下下，哪一个不恨您，说句不中听的话，他们恨不得您早点死呢。别人一味地奉承，我可真替您担心哪。"

商鞅听了这番话，一句话也没说，跟着叹了口气，说："我这么为秦国尽心竭力地打算，怎么反倒叫人家都怨恨起来？这是什么道理？"赵良说："我知道您替老百姓打算，可是您的办法很不妥当。您有两个最大的毛病：第一、您光是说服了国君，得到他一个人的信任，可是没有别的人来帮助您；第二、只管替老百姓打算，不管人家愿意不愿意，就推行新法，可不许老百姓替自己打算。老百姓就算得到了好处，他们不但不感激您，还都怨恨您。您自以为事事都替老百姓着想，其实，您的心目中连一个小民也没有。"商鞅插嘴说："他们知道什么？"赵良说："您以为用不着听从老百姓的意见。老实说吧，自古以来，没有一个国君或是一个大臣单凭着自己的威力，违反老百姓的意志，能够成功的。俗语说，'顺天者昌，逆天者亡'。这句话一点也不错。违反了老百姓的意志，就是违反天意。违反了天意，没有不失败的。天是什么啊？天没有耳朵，他凭着老百姓的耳朵来听；天没有眼睛，他凭着老百姓的眼睛来看。我看着上上下下的人都怨恨您，就知道天也怨恨您。为这个，我非常替您担心。为什么您还不快点推荐别人来代替您呢？要是您现在能够立刻回头，安分守己地去种地，也许能够保全您自己的生命。"商鞅听了赵良这些话，心里头闷闷不乐。可是他哪舍得把大权交给别人？种地也得有福分哪！

公元前338年（周显王三十一年，秦孝公二十四年），秦孝公得了重病。他想把君位传给商鞅，商鞅怎么也不肯接受。秦孝公一死，太子驷即位，就是秦惠文王。他做太子的时候，为了反对新法，被商鞅给定了罪，割去了公子虔的鼻子，又在公孙贾脸上刺了字。如今太子当上了国君，公子虔和公孙贾他们就得了势。

这一帮人都是商鞅的冤家对头。以前的仇恨可得清算一下。秦惠文王就加了个谋叛的罪名,下令逮捕商鞅。

商鞅打扮成一个老百姓,打算跑到别国去。他到了函关(在河南省灵宝县南),天黑下来了,只好上一家客店去住。客店老板要检查凭证,商鞅可交不出来。老板说:"你这位客人真不明白。商君下过命令,不准我们收留没有凭证的人。我要是收留你,我的脑袋可就保不住了。"商鞅一听,这可真是哑巴吃黄连——有苦说不出。

当天晚上,他不能住店,不过他混出了函关,连夜逃到魏国。魏惠王恨他当初欺骗了公子印,夺去了西河,正想抓他,好报当年的仇。商鞅这才觉得这么大的天下,容不下他这么一个人。他又跑回商于。秦惠文王立刻发兵转往商于,把商鞅活活地逮住,用最残酷的刑罚把他弄死。有的说,他的身子是叫车马撕开的。有的说,他的脑袋和两只手两只脚上各拴上一匹马,有五个人往五个方向打马,那五匹马分头一跑,商鞅的身子就这么扯成五六块。这就叫"五马分尸"。商鞅自己被弄死了不算,全家还被灭了门。

五马分尸是一种极其残酷的刑罚,商鞅推行变法,立下不小的功劳,在历史上也有很深的影响,但他自己却没有处理好多方面的关系,因而得到了一个走投无路的结局。

下马作威

典出《汉书·序传》:定襄闻伯素贵,年少自请治剧,畏其下车作威,吏民悚息。

西汉有个叫班伯的少年,家世显贵,常出入宫中,很受皇帝的信任。

当时,定襄石、李两家大姓对抗朝廷,捕杀地方官吏,弄得定襄一带人心惶惶。班伯正准备出使北方的匈奴,听到此事,主动向皇上请求去定襄做太守。

定襄的豪绅大姓听说来了一位年少气盛的新太守,料定他走马上任初期,要雷厉风行,大抓大杀,显示一下威风("定襄闻伯素贵,年少自请治剧,畏其下车作威,吏民悚息")。因此,他们把犯了罪的人藏起来,然后静静地观看。

班伯首先请来了当地的豪绅大姓,对他们客气地说:"在座的都是父兄师父,今后有什么事,还需要大家鼎力支持。班伯一人治理不好定襄,也不打算在定襄呆得太久。定襄是在座诸位的,要治理好也是诸位的事。我这次来,只同大家交上朋友。"说完,班伯对年长的行了儿、孙礼。从这以后,班伯果然不问定襄的事,日日广交朋友。久而久之,他结交了不少的人,逐渐了解到那些犯法的人匿藏在何处。于是,班伯召集民吏,分头捕获,不到十天,郡中震动。定襄很快恢复了秩序。

后人将此典概括为"下马威",指新官上任,装腔作势地显示威风。

仙鹤坐车

典出《史记·卫康叔世家》:懿公即位,好鹤,淫乐奢侈。九年,翟伐卫,卫懿公欲发兵,兵或畔。大臣言曰:"君好鹤,鹤可令击翟。"于是遂入,杀懿公。

春秋时期,齐桓公自从打退山戎,救了燕国,又确定了鲁国的君位以后,威名更盛,各地的诸侯都对他心悦诚服,把他看做安定列国的领袖,齐桓公成了名副其实的霸主,他有管仲可以信赖,就放怀饮酒,打鼠取乐,把自己养得肥肥胖胖、福福泰泰。没想到到了公元前 661 年,竟来了一个卫国的使臣,说北狄(北狄是北方游牧部族的总称,一部分进入渭水流域,一部分进入河北平原。灭了卫、邢两国的就是进入河北平原的北狄)侵犯进来,情况相当危急,请霸主出兵抵抗。齐桓公却懒洋洋地打了个哈欠,说:"齐国的兵马到现在还没好好地休息呢!"谁知才过了几个月,卫国的大夫上气不接下气地跑到齐国,报告说:"北狄已攻进卫国,杀了国君,卫国的老百姓眼看家园遭到破坏,无法再住下去,都逃到漕邑(在河南省滑县东南)去了,他们派我到您这儿来报告,请霸主作主。"齐桓公听了,很羞愧地说:"唉!这全是我的错,没有及早去救卫国。不过,现在还来得及,我马上去打退北狄,替你们的国君报仇雪耻。"他随即准备出兵到卫国去。

那个被北狄杀害的国君叫卫懿公,他是卫惠公朔(就是杀了急子和公子寿的那个人)的儿子。他在位期间怠忽国政,只顾取乐,他有个特别的嗜好,就是豢养仙鹤。他把养仙鹤的人都封为大官,那些原来的大官有的反而失去了职位;为了养仙鹤,他向老百姓强索粮食,老百姓饿死冻死,他却无动于衷。公子燬(卫宣公的孙子)眼看这种局面,预料卫国终将灭亡,就投奔齐桓公,住在齐国。卫国人向来念念不忘急子的委屈,痛恨着卫惠公,谁料到昏君的儿子又是个昏君,于是就把希望寄托在贤德的公子燬身上。后来连公子燬也出奔了,卫国人就更埋怨卫懿公了。有一天,卫懿公载着几车仙鹤出去玩。他的仙鹤也依照地位的高低分等级,甚至连大夫也得将棚车让给仙鹤坐。那些坐在棚车上的仙鹤叫"鹤将军",卫懿公一出游,就有不少"鹤将军"前呼后拥地"保驾",他觉得自己在鹤群中威风八面,而那些仙鹤也神似一队文武百官。这一天,他正玩得兴致勃勃,忽然有人来报告,说:"北狄攻进来了!"这真是太扫兴了,他一面赶着回宫,一面派人去守城,谁知老百姓全争着逃难,士兵们也不拿兵器,不穿铠甲、不去应战。卫懿公问他们:"为什么不去打北狄呢?"他们说:"打北狄也用不着我们,您还是叫将军去吧!"卫懿公说:"哪个将军?"他们冷笑一声,不屑地说:"当然是鹤将军喽!"卫懿公才明白他已失去了民心,懊恼地敲着脑袋,再三向老百姓认错,并把仙鹤全放了。可是那些娇生惯养的鹤却赶也赶不走,还伸长脖子,拍打着翅膀,频频向卫

懿公献殷勤。卫懿公又羞又恼。这些仙鹤，越是在大家跟前炫耀它们美丽的红冠和鲜艳的羽毛，越叫他无地自容，他掐死了一只仙鹤，狠心地把它扔了，表明自己真心悔过，这才勉强召集了一队人马。

卫懿公看见国人惨遭杀戮，他火大了，仿佛变了个人似的，奋不顾身打杀出去，可是人数实在太少了，根本抵挡不住如狼似虎的北狄。士兵们请卫懿公先化装潜逃，他坚决拒绝，他说："我已经愧对全国人民了，在这节骨眼上要是再贪生怕死，那不是罪上加罪吗？我无论如何要跟狄人拼到底！"结果，卫国全军覆没，卫懿公也给北狄杀了。敌人进了城，来不及逃跑的老百姓几乎都被屠杀了，卫国的府库及民间值钱的东西全被掠夺殆尽。这些来自草原上的北狄，平常只会牧马放羊，不懂得耕种，袭击卫国，为的是劫财掠宝，并没有占领地盘的意图。他们为了下次行抢时方便，竟把卫国的城墙拆毁了。当卫国的使臣到达齐国报信时，北狄早就满载而归了。

齐桓公获知卫国国破人亡，立刻派公子无亏带领一队人马，送公子燬回国。公子燬到了漕邑，只见那儿一片荒凉，只算是个小村落，称不上是个都城。他伤心得泪如雨下。他把幸免于死的卫国男女老少集合起来，一共才730人，北狄杀戮之多，怎不叫人齿寒！他只好从别的地方另外召集了一些老百姓，才勉强凑成五千人。这五千人敲锣打鼓地重新建立国家，立公子燬为国君，就是卫文公。卫文公跟着老百姓一起生活，穿的是粗麻布衣，吃的是生果野菜，住的是茅草房子。他以身作则，勤奋地工作。他安慰老百姓，叫他们刻苦耐劳，期望有一天能恢复卫康叔（卫国第一代的国君）的太平盛世。他这种不畏艰辛、不怕流汗的精神不但感动了老百姓，就连齐国的将士也刮目相看。

公子无亏见北狄跑了，打算回去，可是漕邑连城墙都没有，万一北狄再来，怎么抵挡得住呢？他思量再三，终于决定留下三千个齐国人屯驻在那儿，协助戍守漕邑，自己就向卫文公辞别了。他回国见到了齐桓公，就把卫国筚路蓝缕的建国气象，一五一十地告诉了他。齐桓公感叹地说："咱们真该好好地帮助卫国。"管仲也说："留下三千人也不是办法，咱们不如替卫国砌筑城墙，这样就一劳永逸啦！"齐桓公很赞成这个主意，就打算联集列国诸侯，共同出力去协助卫国。

后人用"仙鹤坐车"这个典故比喻玩物丧志，丧失进取心。

笑骂由他笑骂，好官我自为之

典出《宋史·邓绾传》：绾谀王安石，除集贤校理，乡人在都者，皆笑骂绾云：笑骂从汝，好官须我为之。

宋朝神宗年间，国势衰微，财库空乏，军事力量薄弱，外寇日逼，政治腐败，已经到了非改革无法生存的地步。这时大政治家王安石被任命为宰相，提出："天变不足畏,祖宗不足法,人言不足恤"的改革指导思想,(天象变异不用怕;祖宗老办法不必遵守;人们的非难诽谤不必担心和顾虑。)推行青苗、均输、市易、免役、保甲保马等新法。这些新法本来是正确的,切中时弊的。可是,一些无耻小人,表面积极拥护新法,谋求了有权的官职;背地里却钻新法的空子,更加残酷地剥削农民,谋求私利。结果破坏了新法,使改革归于失败。这批无耻之徒中,有一个叫邓绾,他满口拥护改革,私下贪污、受贿、弄权,发了横财,他的亲友都十分鄙视他,背后嘲笑他、辱骂他,这些笑骂的话传到邓绾耳里,邓绾却无耻地笑道:"笑骂由他笑骂,好官我自为之。"(管他们笑骂什么,我仍然做我的好官)后来王安石感到改革彻底失败,辞职了,邓绾也被罢了官。

"笑骂由他笑骂,好官我自为之",后来压缩成四字成语"笑骂由人"。

后人用"笑骂由他笑骂,好官我自为之"的这个典故比喻贪官污吏的无耻心态。

兄弟俩坐船

典出《史记·卫康叔世家》:初,宣公爱夫人夷姜,夷姜生子急,以为太子,而令右公子傅之。右公子为太子取齐女,未入室,而宣公见所欲为太子妇者好,说而自取之,更为太子取他女。宣公得齐女,生子寿、子朔,令左公子傅之。太子急母死,宣公正夫人与朔共谗恶太子急。宣公自以其夺太子妻也,心恶太子,欲废之。及闻其恶,大怒,乃使太子急于齐而令盗遮界上杀之。与太子白旄,而告界盗见持白旄者杀之。且行,子朔之兄寿,太子异母弟也,知朔之恶太子而君欲杀之,乃谓太子曰:"界盗见太子白旄,即杀太子,太子可毋行。"太子曰:"逆父命求生,不可。"遂行。寿见太子不止,乃盗其白旄而先驰至界。界盗见其验,即杀之。寿已死,而太子急又至,谓盗曰:"所当杀乃我也。"盗并杀太子急,以报宣公。

春秋时,卫宣公(当初石碏治死了州吁和石厚之后立的那个公子晋。)他还没当国君以前,就跟夷姜暗中交往,生了一个儿子叫急子。后来他即了位,也明媒正娶,有了夫人,却仍跟夷姜如胶似漆,非常要好。不久,他把她立为二夫人,确定了夷姜的名分,又把急子立为太子,打算将来把君位传给他。急子16岁的时候,卫宣公计划为他娶房媳妇。听说齐僖公有两个女儿,大的叫齐姜,小的叫文姜,都长得风华绝代、聪明伶俐。他就托人做媒。齐僖公答应结这门亲事,就把齐姜送过来。谁知卫宣公贪爱她的美貌,竟把她据为己有。齐姜做了卫宣公的三夫人,后来人们就称她为宣姜。

宣姜生了两个儿子,就是公子寿和公子朔。卫宣公和宣姜朝欢暮乐,早把原先的心上人夷姜撇在一边,甚至想把卫国江山传给公子寿。可是急子早当了太子,而且温柔谨慎,没有犯下什么错误,不便废掉他。卫宣公因此对急子格外反

感。公子寿和公子朔虽然都是宣姜生的,秉性却大不相同。哥哥公子寿为人忠厚,眼看公子朔阴险虚伪,私下还蓄养了一些不三不四的武士,非常厌烦他。他愈瞧不起公子朔,就愈与急子亲近,三番两次在他父亲跟前赞美急子哥哥。但是他母亲和他兄弟正好相反,总是在卫宣公耳朵旁数落急子的不是。卫宣公宠信宣姜,想及早处置急子。正好这时齐僖公邀约卫国出兵去打纪国,卫宣公和宣姜商量决定依照宣姜的意思,打发急子到齐国去订出兵的日子,并交给他一面旗子当记号。

公子寿见他们交头接耳地商量着,不免怀疑他们心怀鬼胎。当天就特地到他母亲那儿去探听消息。宣姜看他是自己亲生的儿子,就毫不隐瞒地告诉他说:"莘野(卫国地名,在山东省聊城县西南)是到齐国去的必经之路,我们早在那里设下了埋伏,只要急子赶路到那儿,他就没命了,到时你可就是太子啦!"公子寿心想,事情已发展到这地步,他再说些劝告的话也不管用了。他装出笑容,谢过了他母亲的"用心良苦",一出宫门,就三步并做两步赶去见急子,把他们的阴谋告诉了他,还说:"哥哥这一去,凶多吉少,还不如出奔到别的国家,再作打算。"急子说:"天下没有责备父亲的,父亲的话我无论如何得听从。"他还是带着那面旗子,毅然上船走了。

公子寿心想:"哥哥真是个仁人君子!他这一去,半路上若给杀害了,父亲立我为太子,我也于心难安啊!唉!怎么办呢?可真把人给急死了!"突然他灵机一动,说:"有了!我代他死吧!这样也许能够使爹娘觉悟改变他们的心意。"于是他坐上另一只船,还预备了酒食,叫人尽快把船划到急子的船旁边,请急子过来喝酒,算是为他送行。急子回答说:"多谢费心!可是君父有令叫我去办事,我不能到你那边去。"公子寿没有办法,只好自己带着酒食,登上急子的船。

兄弟俩喝着酒。公子寿斟满酒杯敬急子,还没开口说话,泪珠已滚落酒杯里。急子见了,赶忙接过酒杯,一饮而尽。公子寿说:"啊!哥哥!那杯酒已经脏了,怎么还喝呢?"急子说:"这是最干净、宝贵的一杯酒,杯里是兄弟的情意啊!"公子寿拭着泪水,说:"这次喝的是咱们兄弟俩的决别酒,哥哥得多喝几杯呀!"急子说:"兄弟盛情感人,咱们就喝个痛快吧!"两人一边流着泪,一边互相劝酒。公子寿存心要灌醉急子。急子酒量本来不大,一会儿就醉倒了,睡在船上鼾声大作。

过了许久,急子才醒过来,他左顾右盼没瞧见公子寿。手下的人将公子寿留下的纸条交给他,他拆开一看,上面写着:"我顶替哥哥去了,哥哥快跑吧!"急子急得眼泪都要掉出来了,嚷着说:"快!快!赶上去!别叫他们害了我兄弟!"说罢,真的就泪如雨下。船夫不知道是怎么回事,只好拼命地赶、使劲地划。

那天晚上,月明如水,把整条河照得透亮。那只船就像射出去的箭,飞也似地顺河而下。急子站在船头,目不转睛地望着前方,一心想尽快看见公子寿的船。终于,他远远瞧见了一只船的影子,就欣喜地对船夫说:"快一点,赶上前面那只船!"船夫说:"用不着赶,那只船是往这边来的。"急子很纳闷,就叫船夫把船靠拢过去,只见船上有一批贼党,却没发现公子寿的人。忽然急子在船仓里发现公子寿的头颅，他捧着公子寿的头颅，仰天大哭，说："天哪！天哪！冤枉啊！"那些贼党都吓得愣在原地。急子本来就不愿意跟父母兄弟明争暗斗，弄得一家人乌烟瘴气，他早就认输了。这下贼党错杀了公子寿，他回去有口也难辩。反正是个死，他心一横，就破口大骂贼党："该死的家伙！你们怎么有眼无珠！怎么把公子寿杀了呢？"贼党们一见急子，知道杀错了，惟恐回去无法交待，索性就把他也杀了。他们连夜赶进城，先去拜见公子朔，呈上那面旗子，然后战战兢兢地把误杀公子寿的原因细说了一遍。谁知"一箭双雕"正中了公子朔的心意。他拿出金帛，重重地赏了他们，然后到宫里去见他母亲。宣姜听到公子寿也死了，更加疑惑，就假装问道："公事办完了吗？"那批贼党并不认得急子，还以为他是国君派来接应的，就回答说："办完了，他一上岸，我们就把他杀了。"说着就把公子寿的脑袋拿给他瞧。宣姜难免心疼，可是杀死了急子也真够痛快的，她的内心忧喜参半。至于卫宣公，听说两个儿子都给杀了，顿时脸色发青，半天说不出话来。他虽然对急子有反感，却非常怜爱公子寿。他百感交集，想起公子寿的厚道、急子的孝心和夷姜的恩爱，忍不住悲从中来，泪如雨下，觉悟了似地连声说："唉！齐姜害了我！齐姜害了我！"从此以后他就成天唉声叹气，终于一病不起，不到半个月就死了。卫国不能派人去会见齐僖公，就是因为这缘故。

燕王好乌

典出《郁离子》：燕王好乌，庭有木，皆巢乌，人无敢触之者，为其能知吉凶而司祸主也。故凡国有事，惟乌鸣之听。乌得宠而矜，客至则群呀之，百鸟皆不敢集也。于是，大夫国人咸事乌。乌攫腐以食，腥于庭，王厌之。左右曰："先王之所好也。"一夕，有鸥止焉，乌群睨而附之，如其类。鸥入宫，王使射之，鸥死，乌乃呀而啄之，人皆丑之。

燕国国王爱好乌鸦，庭院里种植的树木，都被乌鸦筑上巢窝，人们没有一个敢触犯它们的，这是因为乌鸦能够预知吉凶而掌管祸福的缘故呀。因此，凡是国家有事，只依靠听乌鸦的叫声做决断。乌鸦因为得到宠爱而矜骄倨傲，有什么鸟飞来，它们就群起而攻之，所以百鸟都不敢停集在这里。于是，国内的人和士大夫们都恭恭敬敬地侍奉乌鸦。

乌鸦喜欢抓取腐烂的动物尸体吃，弄得国王的庭院里腥臊恶臭，国王很讨厌这一点，左右官员们却对国王说："乌鸦是开国祖先所喜爱的呀！"

一天晚上，有一只猫头鹰栖止在庭院里，乌鸦都侧目而视，并去靠近依附，像它的同类一样。猫头鹰飞进宫殿大声号叫，国王命令弓箭手去射它，猫头鹰被射死了，乌鸦便张口叫着去啄食它的肉，人们都耻笑猫头鹰愚蠢。

这是一幅辛辣的讽刺画。"乌鸦群"比喻朝中奸佞权臣。他们由于善于玩弄

权术和诈术,骗取国王的宠爱和信任,因而能在朝中陷害忠良、为所欲为。尤其是可怕的是,他们有时还能乔装打扮,把自己改扮成忠良的模样,混在勇于直谏者的队伍里,利用国王的权势,把直谏的忠臣杀害,再去啄食忠臣的肉,作为自己邀功请赏的资本。"凡国有事,惟乌鸣之听"的现象存在时,这个国家必将面临灭亡的绝境。

当然,寓言中的"鸥"也是一种食腐鼠的禽类,它未必专指"忠良";但它能够栖止乌鸦群集的庭院,并敢于闯进宫中大声号叫,也颇表现出它的勇猛气概。

羊胃羊头

典出《后汉书·刘玄传》:所授官爵者,皆群小贾竖,或有膳夫庖人,多著绣面衣锦裤、襦诸于,骂詈道中。长安为之语曰:"灶下养,中郎将;烂羊胃,骑都尉;烂羊头,关内侯。"

东汉刘玄,破王莽后,即位为帝,滥封官爵,用了好多小人,连做厨子的都穿了锦绣的衣服,在长安市上招摇,当时有民谣道:"烂羊胃,骑都尉;烂羊头,关内侯。"骑都尉、关内侯是官爵名。羊头羊胃的解说有三种:一是喻其贱;二是喻其多;三是讽刺厨子做官。

后人引用"羊胃羊头",是指泛滥的官吏、官职。

安史之乱

唐朝最大的宦官当数杨国忠。杨国忠是唐玄宗最宠爱的妃子杨贵妃的远房堂兄。杨贵妃得宠后,她的兄弟姐妹们都跟着她享尽荣华富贵,得权得势。

杨国忠凭着与杨贵妃的亲戚关系进宫后,一天比一天升得快。当时,另有一个权臣叫李林甫,人称他"口蜜腹剑"。杨国忠曾经与他争夺宰相的权位。他死了后,杨国忠便继任宰相,独揽朝政大权。

唐玄宗后期,自从得到倾国倾城的美人杨贵妃后,就终日沉湎于酒色之中,不理朝政。朝廷大权被杨国忠及其党羽把持,他们任意妄为,干尽坏事,天下百姓对他们痛恨万分。

天宝十四年,驻守在河东三镇的节度使安禄山和其部下史思明,以讨伐杨国忠为名,发动叛乱,史称"安史之乱。"

当时,唐朝的统治已经摇摇欲坠,国力空虚。杨国忠隐瞒了战乱的实际情况，对玄宗说："皇上不必担心。咱们唐国大军成千上万，饷粮充足，一个小小的安禄山算得了什么？"唐玄宗信以为真，依然过着花天酒地的生活。

直到安禄山的部队已经攻下洛阳城，直逼长安时，唐玄宗才明白大势已去，带着杨贵妃及宫中妃嫔和杨国忠及朝中部分大臣和一批将士向西逃命。

当他们行进到马嵬坡时，随行的将士发动叛乱，杀死了杨国忠。杨国忠被杀之后，将士们仍不肯再护驾前行，因为杨贵妃还在玄宗的身旁，杀杨国忠的人担心她将来报复，于是强烈要求杀掉杨贵妃，否则就不护驾西行。

将士们在马嵬坡下吵闹不止。玄宗见事情已到这种地步，不杀杨贵妃是不能平定大家的情绪的，便哭着赐杨贵妃自缢身死。正像白居易诗中写的，"六军不发可奈何，婉转娥眉马前死"。

此后，唐王朝一共花了8年时间才平定了这场"安史之乱"。

"安史之乱"后，唐朝由盛转衰，日趋走向灭亡的道路。而这一命运的造成，跟杨国忠专权误国是密不可分的。

养鸷词

典出《刘梦得文集》：途逢少年，志在逐禽兽。方呼鹰隼，以袭飞走，因纵。观之，卒无所获。行人有常从事于斯者曰："夫鸷禽，饥则为用。今哺之过笃，故然也。"予感之，作《养鸷词》。

> 养鸷非玩形，所资击鲜力。
> 少年昧其理，日日哺不息，
> 探雏网黄口，旦暮有余食。
> 宁知下韝时，翅重飞不得，
> 毰毸止林表，狡兔自南北。
> 饮啄既已盈，安能劳羽翼？

唐王朝后期，藩镇割据，不服从中央政令；朝廷派往讨伐藩镇的武将，大都高官厚禄、养尊处优，毫无战斗力。这首《养鸷词》便是讽刺这种现象的。诗中以不明养鸷办法的少年比喻不知养兵用将之道的朝廷；以鸷（猎鹰）比喻不能战斗的武将；以狡兔比喻横行无忌的藩镇。

一骑红尘妃子笑

典出《新唐书·后妃传》:妃每从游幸,乘马则力士授辔策。凡充锦绣官及冶瑑(zhuàn)金玉者,大抵千人,奉须索,奇服秘玩,变化若神。四方争为怪珍入贡,动骇耳目。于是岭南节度使张九章、广陵长史王翼以所献最,进九章银青阶,擢翼户部侍郎,天下风靡。妃嗜荔枝,必欲生致之,乃置骑传送,走数千里,味未变已至京师。

杨玉环(公元710年—756年),唐代蒲州永乐(今山西永济)人,晓音律,善歌舞,曾做女道士,号太真。唐玄宗(李隆基)召她入宫,封为贵妃,备加宠爱。

杨贵妃经常跟随唐玄宗出游,只要骑马而行,就由太监高力士牵着缰绳,赶马伺候。为她服务的,有担任管理制作朝服的绣官,以及铸造金属器物、雕刻玉石的匠人,共有上千人。他们负责满足杨贵妃的各种需要,从新奇的服装到珍稀的古玩,应用尽有,变化莫测。四面八方的官员,都争先搜罗珍奇、古怪的宝物进贡,真是令人触目惊心。当时,岭南节度使张九章、广陵长史王翼所献的宝物最好,于是,张九章被授予银印青绶的官阶,享受2000石以上俸禄,王翼也被提拔为户部侍郎,为朝廷掌管户口、财赋,捞到一个肥差。争献宝物的举动,在全国上下风行一时。杨贵妃特别喜欢吃荔枝。但必须是刚摘下来的新鲜荔枝,送来后她才肯吃。为了满足她的要求,官吏们让驿站的骑士日夜兼程,飞驰传送,奔跑几千里路,荔枝的鲜味一点儿也没变,就已经送到京城。

唐代诗人杜牧在《过华清宫》一诗中,写道:"一骑红尘妃子笑,无人知是荔枝来。"对杨贵妃的奢侈生活作了辛辣的嘲讽。

"一骑红尘妃子笑"就是从这个故事概括而来的。红尘:本指尘埃。在这个故事中"红尘"指荔枝。后来,人们用"一骑红尘妃子笑"讽刺帝王后妃的腐朽糜烂的生活。

隐身草

典出《笑赞》:有遇人与以一草,名隐身草,手持此,旁人即看不见。此人即于市上取人之钱,持之径去。钱主以拳打之。此人曰:"任你打,只是看不见我。"

有一个人,别人送他一根草。对他说:"这就是隐身草。手里拿着他,别人就看不见你了。"这人信以为真,到街上去,拿了别人的钱便走。主人用拳头揍他。

他说:"随你打,只是你看不见我。"

这则寓言愤怒地讽刺了这样一种社会现象——有人用隐蔽的方式掠夺别人,有人用强力掠夺别人;只有强硬不够、隐蔽手段不高明的人,才可能受到惩罚。真是"窃钩者诛,窃国者侯"!

勇略震主者身危,功盖天下者不赏

典出《史记·淮阴侯列传》:臣闻勇略震主者身危,功盖天下者不赏。

宋朝时,大臣王沂公奉命出使辽国,辽国派与他地位相当的大臣耶律祥作"客伴使"(接待大臣)。耶律祥是皇亲,又是武将,所以在接待过程中,很有些骄傲和礼节不周的地方,王沂公觉得必须挫一下他的傲气。

有一天,在酒宴中,耶律祥又吹嘘起来,他说自己功劳很大,作战如何威猛,皇帝如何信任他。最近皇帝还赐给他"铁券",铁券上刻着皇帝的誓言,说永远不会加罪于他。王沂公静静地听着,等他说完了,才慢慢地讲道:"我们宋朝有谚语说:'勇略震主者身危,功盖天下者不赏。'当君臣双方互相有了疑忌时,为了使对方安心,才赐给'铁券'。现在贵国皇帝对你一定有了猜忌,不然你又是皇亲,又这么贤良,应该毫无隔膜才是,又用得着什么铁券,赌咒发誓、保你平安呢?"王沂公的话,正说中耶律祥的心病,原来他早就在和皇帝勾心斗角,互相提防了。听了王沂公的话,脸色苍白,气焰顿挫,再不敢那么嚣张了。

后来,耶律祥果然被杀——哪怕他有什么"铁券"呢。

这谚语后来压缩成四字成语:"功高震主"、"功高不赏"。

羽翼已成

典出《史记·留侯世家》:汉十二年,上从击破布军归,疾益甚,愈欲易太子。留侯谏,不听,因疾不视事。叔孙太傅称说引古今,以死争太子。上详许之,犹欲易之。及燕,置酒,太子侍。四人从太子,年皆八十有余,须眉皓白,衣冠甚伟。上怪之,问曰:"彼何为者?"四人前对,各言名姓,曰东园公、甪里先生、绮里季、夏黄公。上乃大惊,曰:"吾求公数岁,公辟逃我,今公何自从吾儿游乎?"四人皆曰:"陛下轻士善骂,臣等义不受辱,故恐而亡匿。窃闻太子为人仁孝,恭敬爱士,天下莫不延颈欲为太子死者,故臣等来耳。"上曰:"烦公幸卒调护太子。"四人为寿已毕,趋去。上目送之,召戚夫人指示四人者曰:"我欲易之,彼四人辅之,羽翼

成,难动矣。吕后真而主矣。"戚夫人泣,上曰:"为我楚舞,吾为若楚歌。"歌曰:"鸿雁高飞,一举千里,羽翮已就,横绝四海。横绝四海,当可奈何!虽有矰缴,尚安所施!"歌数阕,戚夫人嘘唏流涕。上起去,罢酒。竟不易太子者,留侯本招此四人之力也。

汉高祖(刘邦)在未作皇帝前,和一个姓吕的女子结婚,已生有一个儿子,后来作了皇帝,吕氏被封为皇后(即吕后),儿子被封为赵王。高祖因爱戚夫人,早想立赵王为太子,因大臣们力争,一时未将太子废除。后来吕后用留侯(张良)计,请出了四位年高德重的人来辅助太子。

有一次,高祖宴大臣,太子在旁伺候,那四位长者也随在太子身旁,四位长者都是八十多岁人,发眉浩白,穿戴十分雄伟,高祖奇怪地问他们的名,原来就是他几次请求辅佐他而不得的。四人向高祖敬酒后便走了。高祖目送他们远去,将戚夫人叫出来,指着四人的背影向他说:"我本想换你的儿子作太子,但这四个人都已出来辅助原来的太子,太子身旁有了这几个人,就等于鸟类的翅膀已长成,很难再变动,吕后真的是你的主人了。"戚夫人立刻哭了起来,高祖乃叫她跳楚国的舞蹈,自己接唱道:"鸿鹄高飞,一举千里。羽翮尚安所施!"终于未叫太子更换。

后来便将高祖所说的"羽翼已成"引为成语,因为鸟类须藉翅膀才能在空中飞翔,而飞翼则是生长在身子的两旁,故这句成语乃是用来比喻左右已有辅佐的人这种情况。

郑人惜鱼

典出《燕书》:郑人有爱惜鱼者,计无从得鱼,或汕或涔,或设饵笱之。列三盆庭中,且实水焉,得鱼即生之。鱼新脱网罟之苦,惫甚,浮白而喝。逾旦,鬣尾始摇。郑人掬而观之,曰:"鳞得无伤乎?"未几,糁麦而食,复掬而观之,曰:"腹将不厌乎?"人曰:"鱼以江为命,今处以一勺水,日玩弄之,而曰'我爱鱼,我爱鱼。'鱼不腐者寡矣!"不听,未三日,鱼皆鳞败以死。郑人始悔不用或人之言。

郑国有一个非常喜爱鱼的人,想了一些办法没有得到鱼,就用捕鱼的工具或者积水成坑诱鱼,或者编制笱笼投饵捕鱼。他在庭院里摆了三只盆子,都盛满了水,捕到鱼就放到水盆里养着。

那些鱼由于刚刚摆脱了鱼网的折磨,身子疲乏得很,把白色的肚皮翻浮在水面上,或者把嘴露在水面上争着喘气。过了一天,鬣尾才开始摇摆起来。

郑人把鱼捧出水盆来观看,说道:"这鱼莫不是受伤了吗?"

过了一会,就拿饭粒和麦子去喂鱼,再把鱼捧出水盆来观看,说道:"肚子吃不饱吗?"

旁边有人对他说:"鱼儿依凭江河的大水才能活着,如今处在一勺之小的水中，你还天天拿在手里玩弄它们，嘴里嚷着'我爱鱼呀，我爱鱼呀！'鱼要是不死，恐怕是很少了！"

郑人不听，没过三天，所有的鱼都脱鳞死去了。郑人这才懊悔自己没有听信那劝告人的话。

后人用这则寓言说明郑人企图活鱼，却恰好害死了鱼，这是由于他把鱼当作自己的玩物，并不是真正爱惜鱼。作者通过这则寓言，讽喻了封建统治阶级统治人民的腐败政策，他说："民犹鱼也，今之治民者，皆郑人也哉！"

捉捕妖精

典出《史记·周本记》：四十六年，宣王崩，子幽王宫涅立。幽王二年，西周三川皆震。伯阳甫曰："周将亡矣。夫天地之气，不失其序；若过其序，民乱之也。……夫国必依山川，山崩川竭亡国之征也。"

周宣王四○年（公元前788年）的时候，市井间谣传周朝的大好江山将会毁在一个女妖精手里。周宣王向来英明有道，但无意间听到这个传闻，竟乱了手脚。他派遣一个名叫杜伯的大臣去捉捕妖精，把有嫌疑的女人全都逮来治罪，因而使许多无辜的女人遭到了迫害。

过了三年，也就是公元前785年（周宣王四三年），这位对妖精心怀恐怖的天子作了一个梦，梦里尽是妖精的影子。他从梦里惊叫醒来，一颗心扑通扑通跳个不停。第二天临朝的时候，他问杜伯："妖精的事办得怎么样了？"杜伯是个敦厚笃实的人，他既不乱置人于死，也不相信真有什么妖精，这三年来，他早就把这个没有道理的命令放置脑后了。这下天子既然问了他，他就说："有几个有嫌疑的女人早就杀了。如果再继续搜捕，一定会弄得鸡犬不宁。那叫全国的老百姓怎么安心过活呢？所以我就没再往下办了！"

周宣王听了这番话，大发雷霆，怒喝着说："你好大的胆子，竟敢不服从我的命令，我要你这么不忠心的人干什么？"随即对武士们说："把他推出去斩了！"站在一旁的大臣们一个个吓得脸色发白，其中有个大臣叫左儒，他赶紧上前拦住武士，对天子说："不能杀，不能杀呀！"其他畏畏缩缩的大臣们见状，都瞪大了眼睛注视左儒。左儒对周宣王说："唐尧的时候闹过很多次水灾，成汤的时候闹过七年旱灾；但唐尧和成汤还是被视为贤明的君王，而名留青史。天子把杜大夫杀了，全国老百姓势必真以为有了妖精，而惶惶不可终日。这件事如果传到列国诸侯耳里，一定会当它是笑柄。我央求天子还是饶了他吧。"

周宣王鼻子里哼了一声，说："我知道你是杜伯的朋友，果然，你把朋友看得比君王还重要！"左儒说："要是君王对，朋友错，我无论如何也得顺着君王；要是君王错，朋友对，那我就得站在朋友那一边了。"周宣王勃然大怒，高声嚷着："你找死吗？竟敢顶撞我！"那些愣在一旁的大臣们都替左儒捏把冷汗。但左儒本人

可毫不在乎,他挺一挺身子,说:"大丈夫不能因为贪生怕死,而故意是非不分。杜大夫并没有犯下死罪,天子如果把他杀了,天下的人就会说您不对。"周宣王不理他,仍然坚持非杀杜伯不可,左儒就说:"好吧! 天子既然非杀他不可,干脆请您把我也一块儿杀了吧!"

左儒这种不畏生死的精神,很令周宣王佩服;而那个杜伯,不发一语,反而惹得周宣王火冒三丈。周宣王对左儒说:"用不着你多嘴!"随即转身对武士们说:"把杜伯斩了吧!"武士们就把他推出去杀了。

左儒长叹一声,不再言语,他闷闷不乐地回到家里,就在当晚自刎而死。

周宣王获知左儒自杀的消息,有点儿过意不去。他想,实在不应该杀杜伯,就为了自己一时气愤,竟死了两个大臣,真是太糊涂了。

又过了三年(周宣王四六年),有一天,周宣王带着弓箭,跟诸侯们凑热闹一起去打猎,玩得十分尽兴。傍晚,在回宫的路上,周宣王因为太累了,脑袋发胀,胸口也有点痛,不知不觉竟打起盹儿来。忽然看见迎面来了一辆小车,车上站着两个人,穿戴着大红的衣帽,拿着大红的弓箭,向他射来。周宣王定睛一瞧,一个是上大夫杜伯,一个是下大夫左儒。他正想喝退他们,心窝上却已经中了一箭。周宣王大叫一声,吓出一身冷汗,原来是个梦。回到宫里,他就病倒了,病情严重的时候,他一合眼,就恍惚看见杜伯和左儒站在他跟前,他的心绪更加不宁,过不了几天就死了。临死时,他还真以为是因为没有逮到妖精,自己才给冤魂捉去的。这个故事发生在"三川皆震"的前五年,描写了周朝气数将尽,市井谣言四起、人心惶惶的场面。

自来旧例

典出《湘山野录》:杨叔贤郎中,眉州人。言顷有太守初视事,大排乐。乐人口号云:"为报吏民须庆贺,灾星移去福星来!"守大喜,问:"口号谁撰?"优人答曰:"本州自来旧例,止此一首。"

郎中杨叔贤,眉州人。他听说不久有新太守走马上任了,就大排乐队奏乐欢迎。乐人的"口号"颂道:"为了酬报官吏民众,需要大大庆贺,因为灾星走了,福星来临了!"

太守听了大喜,问:"这个'口号'是谁作的?"

优人们回答说:"这是本州历来的老规矩,只此一首!"

后人用这则寓言说明讽喻封建官吏从来都是"一年清知府,十万雪花银"的残酷压榨百姓的"灾星",每次官员调遣,虽然都要喊"灾星移去福星来"的口号,但是对人民群众来说,从来是走了一个猴,又来一个孙悟空,换汤不换药,都是压榨人民的"灾星","本州自来旧例,止此一首。"优人的答复是实实在在的,而又是何其幽默啊!

国 家 篇

安居乐业

典出《老子》第八十章："甘其食，美其服，安其居，乐其俗"。又见《汉书·货殖传》："各安其居而乐其业，甘其食而美其服。"此据《老子》。

老子处在由奴隶社会向封建社会过渡的大动荡、大战乱的时代。当时，阶级斗争非常激烈，人民不满意自己的"食"、"服"、"居"、"俗"，不"重死"，敢于犯上作乱，暴动起义，而且有了频繁的战争。

针对这种现实，老子提出了他的想象：建立一个国小人少的社会。这个社会不要提高物质生活，不要发展文化生活，人民无欲无知，满意于朴素、简单的生活条件和环境，使人民认为他们的饮食香甜，衣服美好，住宅安适，生活满足。

老子的这种想象是复古倒退的，但他的动机是反对奴隶制，反对一个阶级剥削压迫一个阶级。从这一方面看，尚有它的积极意义。

"安居乐业"即居住的地方安定，对自己的职业喜爱。

后人用这个典故比喻安定地生活，愉快地劳动。

北杏大会

公元前681年（周庄王的儿子周僖王元年、齐桓公五年、鲁桓公十三年），齐桓公问管仲："如今齐国兵精粮足，可不可以会合各国诸侯？"管仲回答说："当今比齐国强大的诸侯不在少数，咱们凭什么会合诸侯呢？周天子虽然衰弱，毕竟是天下的共主，主公唯有奉着天子的命令，才可能把天下的诸侯都会合起来。"齐桓公说："你说得对！可是该如何进行呢？"管仲说："办法倒有一个。周庄王刚死，新王（周僖王）才即位，主公不妨派人去道贺，顺便跟他说宋国有内乱，新君也才即位，请天子出令确定宋国的君位。只要主公得到天子的命令，就可以名正言顺地联合各国诸侯，大家一起商量办法，订立盟约，共同保卫中原，抵抗外族；列国中有谁遇到困难，大家就出力帮助他；有谁横暴无道，大家就出兵讨伐他。这样

一来，主公可以不损一兵一车，就被推举为霸主。"齐桓公喜出望外，马上一一照办。

自从郑庄公和周桓公对打，祝聃射伤了天子的肩膀，后来齐襄公又与宋、鲁、陈、蔡四国联手打败了周庄王，周朝早就威风尽失，列国诸侯根本不把周天子放在眼里，既不去朝见他，也不肯定期贡献财物。周朝又穷又弱，天子成了名不副实的共主，是个道道地地的傀儡。如今周僖王刚即位，看见齐国派使臣来朝见，受宠若惊，毫不考虑地就请齐桓公去确定宋国的君位。齐桓公手握这道命令，就堂堂皇皇地通告宋、鲁、陈、蔡、卫、郑、曹（在山东省定陶县西北）、邾（在山东省邹县东南，后来称邹国）各国，约他们三月初一到北杏（齐国地名，在山东省东阿县北）开会，共同讨论宋国的君位。

宋国的内乱是从宋闵公的时候开始的。因为南宫长万一度被鲁国捉去当俘虏，宋闵公就常对他冷嘲热讽。有一天，宋闵公跟南宫长万比戟，宋闵公输了，他觉得很下不了台，就想比别的，好叫南宫长万也当众出丑。他提议跟南宫长万奕棋，约定输一盘棋，罚喝一大杯酒。南宫长万连输五盘，喝了五大杯罚酒，宋闵公得意洋洋地挖苦他说："你是老吃败仗的将军，怎么能跟我比呢？"旁边侍候的人哄然大笑。南宫长万憋住一肚子的怒火，没吭一声。忽然周天子归天的消息传报过来，南宫长万就毛遂自荐说："要是主公打算派人去吊丧，就派我去吧！我没去过洛阳，顺便可以开开眼界。"宋闵公斜睨着眼讪笑地说："宋国就没有人了吗？怎么可以派一个俘虏当使臣呢？"一旁的人都知道宋闵公存心挖苦他，就附和着大笑。南宫长万恼羞成怒，再加上多喝了几杯酒，顿时暴跳起来，破口大骂："你这无道的昏君！你知道俘虏也能杀人吗？"宋闵公也火大了，怒喝说："你敢！"说着就抄起戟朝南宫长万刺去。南宫长万往旁边一闪，避过了攻击，顺手拿起棋盘，倾所有力量向宋闵公的脑袋砸去，再拳打脚踢一番，当场把宋闵公打死了。手下的人惊愕得四处乱跑。南宫长万的怒火更加不可收拾，他拿起一枝戟走出来，迎面碰见大夫仇政。仇政问他："主公在哪里？"他说："早给我打死了！"仇政笑着说："你在说醉话吗？"他不满地说："我没醉！是实话实说。你瞧！"他双手摊开在仇政眼前，仇政一看那血污的手，脸色大变，气呼呼地骂他说："你这弑君的贼！简直天理难容！"随即出手跟他也打起来，他哪儿是南宫长万的对手，没两下就被打死了。太宰华督听到消息，赶紧坐上车，打算出兵平乱，半路上遇到南宫长万，南宫长万一语不发，朝他当胸一戟，就置他于死地了。

南宫长万立宋闵公叔伯的兄弟公子游为国君。宋闵公的亲兄弟公子御说到外国借兵，想为他哥哥报仇。宋国的老百姓和公子御说的兵马连成一气，杀了公子游和南宫长万，立公子御说为国君。

管仲就借题发挥，要齐桓公奉着天子的命令召集列国诸侯，确定公子御说的君位。齐桓公问管仲："这次开会，要带多少兵车？"管仲说："主公奉天子的命令召开大会，要兵车干嘛？咱们开的是'衣裳之会'（不带兵车的和平会议）呀！"齐桓公于是叫人先到北杏去布置会场，会场上设有天子的座位。

到了二月底,宋公子御说率先到达,对齐桓公的一片好意再三致谢。接着,陈、蔡、邾三国的诸侯也来赴会。他们看齐桓公没带兵车,十分惭愧,就自动把兵车撤到二十里之外。通知了八个诸侯,才来了四个,怎么办?齐桓公很苦恼,想改期举行。管仲说:"三人成众,现在已有五个国家,也不算少了。如果改期,就是无信,第一次会合诸侯就这个样子,怎么称霸呢?"五个诸侯就照原订的日子开会。齐桓公拱手对四国诸侯说:"王室失势,各国诸侯好像没有个共同的主人似的,各地叛乱时有所闻,弄得天下大乱、人心惶惶。敝人奉了周天子的命令,请各位来确定宋国的君位,同时商量办法,一起辅助王室,抵御外族。不过,在这么做之前,得先推选一个人做盟主,才带动得起来。"四国诸侯听了,议论纷纷。论地位,宋是公爵(第一等诸侯),齐国是侯爵(第二等诸侯),宋公的爵位比齐侯高;论实情,宋公的君位还得齐侯来确立,齐侯显然又比宋公更具说服力。大家七嘴八舌,一时难作结论。后来还是陈宣公义正词严地站起来说:"天子托付齐侯会合诸侯,就该推他为盟主,这还用说吗?"大家异口同声赞成。齐桓公先推让了一阵子,然后理直气壮地当上了盟主。他领着诸侯们先在天子的座位前行礼,彼此再相互行礼。随后大家研究一番,订立了盟约,大意是:

某年某月某日,齐小白、宋御说、陈杵臼、蔡献舞、邾克等,奉天子的命令,在北杏开会,共同决定:一心扶助王室,抵御外族,济弱扶倾。有违反本约者,列国共同惩罚之。

会后,管仲走上台阶,说:"鲁、卫、曹、郑不听天子的命令,不来与会,非得惩罚他们不可。"齐桓公向四国诸侯说:"敝国兵马有限,请各位帮忙!"陈、蔡、邾三国的诸侯一致说:"当然!当然!"只有宋公御说默不作声。

当天晚上,宋公御说对随行的人说:"齐侯妄自尊大,越级主持会议,还想调遣各国兵马,那咱们将来不是疲于奔命啦?咱们宋国是第一等诸侯,干嘛听二等诸侯的使唤!反正咱们的君位也确定了,还跟着他们干嘛?"那批臣下也不服地说:"就是嘛!咱们不如回去吧!"没等天亮,他们就不声不响地回去了。

第二天,齐桓公听说宋公御说不辞而别,十分震怒,就要发兵去追。管仲上前说:"别急!宋国远,鲁国近,先打鲁国才是上策。"齐桓公问他:"需不需要叫别的诸侯引兵帮忙?"管仲说:"齐国的威信还不大,他们未必乐意听咱们的,再说这次也用不着别人帮忙,还是让各位君主去吧!"诸侯们就此散会,各自走了。齐桓公率兵直驱鲁国。鲁庄公惊急地和群臣们研商对策。施伯说:"不如讲和吧!人家奉了天子的命令叫咱们去开会,咱们不该不去,既然理屈,就别勉强跟人家开打。"大家商议未定,又接到齐桓公的信,逼问鲁国为什么不赴会。太夫人文姜得到消息,也赶来劝她儿子跟齐国修好。鲁庄公回了信,要求齐国先退兵,他随后就去会盟。

齐桓公就先退了兵,再请鲁庄公到柯地去会盟。鲁庄公带着大将曹沫同行,到了柯地,只见会场四周布满了齐国的兵马,吓得鲁庄公心惊胆战;曹沫紧随着他登上台阶,却毫无惧色。两君相见,才说了几句话,齐国的大臣就捧着装有牛

血的玉盂,请两位君主"饮血为盟"(一种郑重的会盟仪式。蘸血抹在嘴上,表示对天起誓的意思)。就在这一瞬间,曹沫抢前一步,一手持剑,一手扯住齐桓公的袖子,怒形于色,仿佛要行刺似的。管仲赶忙挡在齐桓公的身前,说:"大夫干嘛?"曹沫说:"敝国三番两次受人欺负,国都快亡了。你们不是说要'济弱扶倾'吗?为什么不替鲁国出口气?"管仲问:"你打算怎么样?"曹沫回答:"你们仗着兵强将勇侵犯我们,霸占了我们汶阳的土地。你们若是真心想订立盟约,就请先将这片土地归还我们。"管仲转头对齐桓公说:"主公就答应他们吧!"齐桓公拭拭额上冒出的冷汗,对曹沫说:"大夫别担心!我答应就是了。"曹沫这才收起剑,接过玉盂,请两位诸侯"饮血"。等他们饮完了他又对管仲说:"您主管齐国的政事,我也跟您'饮血'吧!"齐桓公说:"不用了,你放心,我对天发誓,一定把汶阳那片土地归还鲁国。"曹沫于是放下玉盂,向齐桓公拜了两拜。

散会后,齐国的大臣个个愤愤不平,都想杀掉鲁庄公他们来出出气。齐桓公也有点后悔。管仲沉着脸,说:"这可不行哪!咱们言出必行,既然答应了就不能反悔。有了那片土地,天下的人都背弃咱们;没有那片土地,天下的人都信服咱们,对咱们刮目相看。怎么样比较值得?"齐桓公终究不失盟主的气魄,听了管仲的话,就殷勤周到地招待了鲁庄公,当天就把土地交割清楚。鲁庄公一行人心满意足地回去了。这件事传到各国诸侯耳里,都对齐桓公油然起敬。于是卫、曹二国主动派人来谢罪,要求订立盟约。齐桓公就顺水推舟,邀约他们共同出兵打宋国。

地利人和

典出《孟子·公孙丑下》:天时不如地利,地利不如人和。

孟轲,是战国时的一位思想家,是孔子学说的继承者和发扬者。他认识到民心向背的重要,提出要以"仁政"治国和"民贵君轻"的学说。但他又宣扬"劳心者治人,劳力者治于人"的阶级压迫和阶级剥削的合理性。

孟轲的政治主张、哲学理论等收集在《孟子》一书中。地利人和之说,见于《孟子·公孙丑》的下篇。文中,孟轲论述了战争的胜负决定于人心向背的道理,突出地强调了"人和"在战争中的重要作用。指出,天时有利不如地形有利重要,地形有利不如得人心重要。

根据孟轲的论述,后人引伸出了"地利人和"这句典故,比喻地理条件和群众基础都好。

儿妇人口不可用

典出《史记·陈丞相世家人》：面质吕媭于陈平曰："鄙语曰'儿妇人口不可用'，顾君与我何如耳。无畏吕媭之谮也。"

汉高祖派大将樊哙带兵去平乱，部队已出发了，这时有人向汉高祖说："樊哙见您病重，希望您早点死，以便他掌握大权呢！"汉高祖大怒，召大将周勃和宰相陈平叫到他的病床边来，命令道："你两个立即出发追赶樊哙。赶上后，周勃代替樊哙率领军队，陈平立即砍掉樊哙脑袋，带回来见我！"

陈平、周勃接受命令后，一路商量道："樊哙是汉高祖的老朋友、老部下了，功劳又大，他老婆吕媭是吕皇后的妹妹，这么亲近，高祖一时忿怒要杀他，万一后悔，我两人就糟了。不如不杀，把他捆回来，由汉高祖自己处理，要杀要放，和你我就无关系了！"商量一定，用计把樊哙抓住，陈平押了他回京。谁知走过半路，忽然听说汉高祖死了。陈平立即知道：新皇帝年轻，大权必然操在吕皇后手里，倘若吕媭怪他协助高祖，抓了她丈夫樊哙，向她姐姐进谗言，自己性命难保。于是立即日夜奔波，赶回京城，在高祖棺前痛哭，并借机向吕后说明自己没有按照高祖吩咐，保全了樊哙性命的事。吕后很感动，说："累了你了，你休息吧！"于是任命他做"郎中令"，请他教诲新皇帝，因此，吕媭来不及陷害他。樊哙到京，立即被放，恢复大权。

陈平很聪明，知道吕后忌惮他功劳大、计谋多，时时提防他作乱。所以故意不管政事，日饮醇酒，接近女人、戏子，吕媭于是向吕后进谗言道："陈平一天到晚玩，不管事，喝得醉醺醺的。"吕后听了，不但不怒，反而欢喜，认为陈平决不会和她作对，于是把他找来，当着吕媭的面说道："'儿妇人口不可用'，这谚语是对的，你不必怕我妹妹吕媭谗害你，只要你忠于我就行了！"因此，直到吕后去世，陈平终于安然无恙。

后人用"儿妇人（或女子）口不可用"的这个典故比喻孩子、家庭妇女的话听不得，不能听她们的话来处理政治事务。

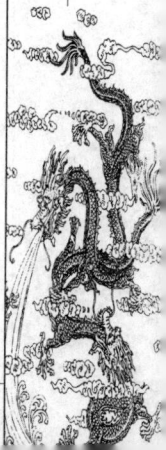

各自为政

典出《左传·宣公二年》:畴昔之羊,子为政;今日之事,我为政。

公元前607年,郑国的军队侵犯宋国,宋文公任命大夫华元为主帅,率领宋军进行抗击。开战前,华元为了鼓励将士,杀了一些羊进行慰劳,并亲自主持分赏。不想却忘记了赏给为他驾车的车夫羊斟。为此,羊斟怀恨在心。

等到战斗开始,羊斟对华元说:"前日赏羊的时候是由你当家做主,想分给谁就分给谁;今天驾车由我做主,想把车驾往何处就去何处。"说完,羊斟驾着马车长驱直入郑军的阵地。郑军见了将他们团团围住,华元寡不敌众,只好眼睁睁当了俘虏。

宋文公得知华元被俘,很是惋惜,就用了一百辆兵车,四百匹马作为礼物,向郑军赎回华元。可是礼物还没有送到,华元已经逃回了宋国。结果送去的礼物让郑国白白地得了。

华元回到宋国后,见到了羊斟。华元说:"是那匹驾车的马使我当了俘虏吗?"羊斟回答说:"不是马,而是赶马的人。"华元在宋国深受宋文公的宠爱,羊斟怕遭到报复,就逃到了鲁国。

后人将羊斟在战斗时讲的话概括为"各自为政",表示各人按自己的主张办事,不顾整体,也不与别人配合协作。

划一制度

典出《史记·秦始皇本纪》:分天下以为三十六郡,郡置守、尉、监。更名民曰"黔首"。大酺。收天下兵,聚之咸阳,销以为钟鐻,金人十二,重各千石,置廷宫中。一法度衡石丈尺。车同轨。书同文字。

在秦始皇统一中原以前,列国诸侯向来就没有一个划一的制度。不说别的,就拿交通来说吧,各国都有车马,主要的地方都有通车马的道路,可是道路有宽有狭,车辆有大有小。各地方的车只能够在自己的地方行驶。当然秦国的兵车要在三十六郡的道路上都能很快地行驶,可就办不到了。要是秦国的兵车不能立刻开到每个郡县,这么多城怎么管得住呢?秦始皇就规定车轴上两个车轮子的距离,一律改为六尺。车的大小规定好了,道路自然就得修一修。这就是说,三十六郡都应当有一定宽窄的"驰道"(就是"马路"或者"公路"的意思)。这样,一面改造车辆，一面赶修"驰道"。天下三十六郡都修起驰道来，从咸阳出发，北边通到燕国，东边通到齐国，南边通到吴国、楚国，甚至湖边、海岸上都修了驰道。驰道宽五十步（秦以六尺为一步），每隔三丈还种上青松。好在天下已经统一，各地方不再打仗，所有的兵器都搬到咸阳来，铸成了十二座很大的铜像（古文叫金人）跟好几个大钟。各地方不打仗，原来士兵的一部分变成了修路的人。改良交通这件事，很快地就办到了。

交通一方便，商业跟着就发达起来了。商业一发达，麻烦的事又多了。除了秦国以外，各地方的尺寸、升斗、斤两全不一样，怎么做买卖呢？比方说：东郡的一丈绢到了南郡一量，才合八尺；三川郡的一斗大麦，用钜鹿郡的斗一量，倒多了一升；南阳郡的十斤腌肉，到了九江郡，才够八斤四两。各地方的买卖人必须来回地折合计算，要不然，就得带着好几十种不同的尺、斗、秤，才能做买卖。那时候，中国早已出现了不少工商业者聚会在一起的大城市，像：咸阳、洛阳、临淄、定陶、邯郸、大梁、寿春等等。在这些大城市差不多什么东西都能买到，比如说：北方的马、牛、羊、大狗；南方的羽毛、象牙、犀牛皮、油漆颜料；东方的海鱼、食盐、西方的皮革、毛织品等。又因为手工业的发达，农民自己不打铁，不烧窑；工商业者自己不种地，不养蚕，也随时可以买到粮食和布帛，甚至绣花的丝织品。全中国工商业的发展，为了通商的方便，也要求有个统一的制度。秦始皇就规定全国一律的度、量、衡，禁止使用旧有且杂乱的度、量、衡。这么一来，全国的老百姓可就方便得多了。

交通和商业的发达促进了度、量、衡的统一。可是还有一件多少年来最难办的事情，也必须有个妥当的改革办法，才能叫三十六郡的官长、百姓，彼此都能交往和了解。那就是中国的语言和文字。中国从夏、商、周三代以来，已经不是一个单纯的民族了。比方说，夏朝人还把东部的人当做夷族，就是所说的"东夷之人"；商朝人把周人当做"西夷之人"。这些"东夷之人"和"西夷之人"全都变成了中国人，中国的民族已经够杂的了；还有南方的群蛮、百濮，北方的匈奴，辽东的东胡和西方的西戎等等好多个部族。这么多人合成了一个国家，当然各有各的语言。那时候，各地方虽然都有"方言"，可是已经有了一种比较普通的互相可以听得懂的语言，叫做"雅言"，如同书面官话。这种雅言老百姓不怎么听得懂，可是各国的大夫和念过书的人都能够南腔北调地说几句。秦始皇就把这种雅言作为正式的语言，好像我们现在所说的共同语。

可是口头的雅言写在书面上应当用哪一种文字呢？别说那时候中国有了几种不同的文字，就是一样的文字拿不同的文具写就变了样。那时候，有拿刀子刻在竹片上的，有拿生漆写在羊皮上或是绢上的。拿刀子刻的字，当然就是直线，因为曲线是不容易刻的。拿生漆写的字老是头大尾巴细，因为蘸了生漆，一下笔，就是一个大点子，以后生漆一少，笔划就细了，写出来的字，正跟蛤蟆菇朵儿一样，所以叫蝌蚪文。可是拿生漆写的比拿刀子刻快得多，再说羊皮和绢也比竹片轻便得多。秦始皇就决定采用比较方便的书法，规定为正式的统一文字，其余

各地写法不同的文字,也跟那些杂乱的度、量、衡一样,一律废除。

秦始皇费了挺大的力量,规定了"书同文字",可是当时各地方的儒生都起来反对。他们学会了的文字是他们已经得到了的宝贝,谁也不愿意把自己的宝贝扔了,重新来学另一种东西。废除旧文字比废除旧车轮和旧升斗要麻烦得多。邹、鲁一带尊重孔子、孟子的那些念书的人,对秦始皇废除古代圣贤所规定的分封的制度,早就不满意了。如今连他们用惯了的文字也要改,就格外反对,他们背地里相约推举齐国人淳于越当头,去跟秦始皇反抗。可是"手无缚鸡之力"的书生,怎么能反抗得了这么威武的皇帝呢? 他们总得藉个名目,去拉拢那些带兵的将军们,才有力量。他们一想,要是他们请求皇帝恢复古代的分封诸侯的制度,那么那些有过功劳的大将都能封为诸侯,他们自然会赞成念书的人了。古代分封诸侯的制度一恢复,那么别的制度也都能改回来,旧式的文字就能够抬头了。

恢复家邦

典出《史记·管蔡世家》:十一月,灭蔡。使弃疾为蔡公。

公孙归生和公子有等了又等,不见蔡洧回来,也不见救兵来到,急得焦头烂额。后来他们获得一个消息,说蔡洧回国的时候,被楚国人抓去,已经拘押在公子弃疾的兵营里了。公孙归生对公子有说:"咱们不能枯坐在这儿等死。不如我亲自到楚国兵营去见公子弃疾,也许能劝他撤兵。这是无可奈何的一个指望了。"公子有说:"现在城里的一切全靠你调度,你一走,怎么办呢?"公孙归生就叫他自己的儿子朝吴去。公子有和公孙归生泪水盈眶地目送朝吴去见公子弃疾。他们提心吊胆,就怕朝吴是羊入虎口,凶多吉少。

朝吴见了公子弃疾,对他说:"您来攻打敝国,敝国一定会灭亡。可是敝国到底犯了什么罪? 就算先君做错了事,他已经给楚王治死了。他的儿子有什么罪呢? 敝国的老百姓又有什么罪呢? 请您仔细想一想,发发慈悲吧!"公子弃疾说:"我倒能够体谅你们,可是我是奉了大王的命令来攻打贵国的。如果我违抗他的命令,我就有罪。这一点你总该明白吧!"朝吴说:"是啊! 不过我还有一件要紧的事禀告您,不知道方便不方便在这儿说?"公子弃疾说:"左右都是我的心腹,你有话尽管直说。"朝吴说:"楚王篡夺君位,您是知道的。贵国的大臣哪一个不是敢怒不敢言? 他又大兴土木,劳民伤财,失了民心;欺负小国,跟诸侯结怨。您想过没有? 他实际上是您的仇人哩! 当初楚共王本来要立您当太子,楚国人全都知道这件事。现在他们依然巴不得能让您当国君。您怎么反而替仇人奔波效命呢?"公子弃疾听到这儿,思忖片刻,向朝吴睁了一眼,忽然把脸往下一沉,喝叱着说:"你来干什么? 你这么胡说八道,该当何罪? 我本该把你杀了。现在暂且放回去,快点叫蔡国投降,免得全国的人受苦受罪!"说完,又瞥了一眼,吩咐左右把他轰出去。朝吴向公子弃疾点头行礼,就出来了。

蔡国从公元前530年4月被围,苦撑到11月,再也无法支持了。公孙归生得病死了。城里的人饿死了不少;守城的人也都是心余力绌。最后,楚国终于攻破城墙。公子弃疾进了城,安抚百姓,把公子有和蔡洧押上囚车,送到楚灵王跟前去献功,唯独把公孙归生的儿子朝吴留在身边。楚灵王把蔡国改为一个县,封公子弃疾为蔡公。

楚灵王杀了公子有,将他拿去祭祀鬼神。蔡洧见公子有被杀,整整痛哭了三天。楚灵王很受感动,就把他收在自己手下。从此,蔡国的朝吴伺候着蔡公弃疾,蔡洧伺候着楚灵王。这两个亡国大夫忍辱偷生,投降了敌人。

楚灵王消灭陈国和蔡国之后,又把许、胡、沈、道、房、申六个小国的老百姓遣送到荆山(在湖北省南漳县西)一带去开垦荒地。这些被楚灵王逐出去的"移民"个个咬牙切齿,恨透了楚国。楚灵王却自鸣得意,他踌躇满志,打算灭完了诸侯,再去废掉天子。他嘱咐伍举和蔡洧辅助太子,管理国事,派司马督率领三百辆兵车去侵略徐国,自己则统领着大军,驻扎在乾谿(在安徽省亳县东南),作为接应。那年(公元前530年)冬天,酷寒肆虐,几乎天天下雪。徐国的人民又顽强守城,司马督攻不下来。楚灵王只好在乾谿过冬。过完年,楚灵王发现当地的春天比郢都舒爽,景致更是美不胜收,就叫人在乾谿营建起宫殿,作为行宫。他住在那儿,打打猎,喝喝酒,再也不想回郢都了。

蔡国大夫公孙归生的儿子朝吴,殷勤地伺候着蔡公,但内心时时刻刻都想着要光复蔡国。朝吴有个心腹叫观从,趁着楚灵王正乐不思蜀的时候,他和观从正积极商量着光复蔡国的事。观从说:"楚王黩武用兵,这下他离开本国到那么远的地方去,郢都没有留存多大的实力,咱们索性帮助蔡公攻打进去,废了楚王。咱们既然帮助蔡公得了君位,你又是他最亲信的人,到时候,你劝劝他,他一定也会答应我们复国。"朝吴说:"万一蔡公不愿意做国君,怎么办?"观从说:"当年昏王篡夺君位,他的兄弟子干、子皙、弃疾他们没有一个是甘心的。子干和子皙赌气跑到晋国去了。蔡公弃疾本来就最机灵,他能够屈意听从昏王,八成另有目的。咱们何不假传蔡公弃疾的命令,叫子干和子皙到这里来。就说蔡公愿意保护他们回本国去,他们一定会回来。"朝吴就偷偷地发出了蔡公的命令,把子干和子皙都召回来了。

朝吴先到城外迎接他们,并和他们订了盟约,要替先君报仇。会盟之后,他们才进入城里。一见到蔡公,他们就抱着他痛哭流涕,说:"事情已经发展到这步田土,大丈夫做事,应该果敢决断,别再犹豫不定了。"蔡公说:"别这么急躁,总得让我考虑考虑。"朝吴不由分说,就叫人到外面去喧嚷,说:"楚王无道,灭了我们蔡国。现在蔡国要发兵去征讨昏君,允许我们恢复家邦。你们都是蔡国的老百姓,难道愿意一辈子当亡国奴吗?凡是不愿意当亡国奴的,都应当起来,跟着蔡公去打昏王!"蔡国人民一听见这号召,立刻集拢起来,手持长矛、短刀、锄头、铁

耙跟着朝吴群聚在蔡公的门口。蔡公被逼得慌了手脚。朝吴说："民众都归附您，您应当利用他们。要不然，也许就要演变出其他的事端了。"蔡公说："你这不是逼我骑虎难下吗？"朝吴说："我们不是逼您去骑虎，而是请您乘龙。您赶紧跟两位公子带着蔡国的兵马先往郢都进发，我到陈国去请陈公发兵来接应，保证万无一失。"蔡公弃疾只好答应了。

朝吴吩咐观从连夜急奔陈国去见陈公。观从在半路上巧遇一位朋友夏齧，他是夏徵舒的玄孙。两个人就交谈起来。夏齧说："我在陈公手下做事，随时随地都想光复陈国。你们计划进攻楚国，正符合了我的心意。目前陈公正病着，大大小小的事都由我作主。你用不着去见他，我带着陈国的兵马来帮助你们就是了。"观从高兴极了，立刻回去报告了蔡公。朝吴另外又打发心腹带着一封信去见蔡洧，约他作为内应。没有几天工夫，夏齧的兵马到了。他们就一起往郢都进发。

蔡洧一见蔡国兵马到达，立刻敞开城门让他们进入，又对楚国人说："蔡公已经把楚王杀了，大军随后就到，你们赶快去迎接吧！"楚国的老百姓向来怨恨楚灵王，宁愿奉公子弃疾为王，因此没有一个人出来反抗蔡公的兵马。朝中一些忠于楚灵王的臣下，有的自杀了，有的逃跑了。楚灵王的两个儿子也被人杀了。蔡公弃疾接着进了王宫，要立子干为王。子干再三推辞。蔡公说："你是我的兄长，应当由你继承王位。"子干只得即位，拜子晳为令尹，蔡公为司马。

朝吴私下对蔡公弃疾说："您怎么把王位拱手让人呢？"蔡公说："这你就不清楚啦！楚王还在乾谿，这个王位靠得住吗？再说，我上面有这两个兄长，要是我越过他们，不是遭人非议吗？"朝吴这才明白了他的深谋远虑，就提议说："楚王一定不会善罢干休，咱们干脆先打发能言善道的人去安抚好楚王那边的将士们，劝他们投靠到这边来，然后再发兵去攻打，一定能制住楚王。"蔡公觉得这个办法可行，就打发观从到乾谿去。观从到了那边，向大众宣扬说："蔡公已经奉公子干为王，废了楚国王。新王有命令说：'先回到本国去的，有赏；后回去的，削去鼻子；跟随昏王不回去的，满门抄灭；敢供应昏王饮食的，以死罪论处。'"将士们听了这番话，闹哄哄地散了一大半。

将相和

典出《史记·廉颇蔺相如列传》：既罢归国，以相如功大，拜为上卿，位在廉颇之右。廉颇曰："我为赵将，有攻城野战之大功，而蔺相如徒以口舌之劳，而位居我上。且相如素贱人，吾羞，不忍为之下。"宣言曰："我见相如，必辱之。"相如闻，不肯与会。相如每朝时，常称病，不欲与廉颇争列。已而相如出，望见廉颇，相如引车避匿。于是舍人相与谏曰："臣所以去亲戚而事君者，徒慕君之高义也。今君与廉颇同列，廉君宣恶言而君畏匿之，恐惧殊甚，且庸人尚羞之，况于将相乎！臣等不肖，请辞去。"蔺相如固止之，曰："公之视廉将军孰与秦王？"曰："不若也。"相如曰："夫以秦王之威，而相如廷叱之，辱其群臣，相如虽驽，独畏廉将军哉？顾吾念之，强秦之所以不敢加兵于赵者，徒以吾两人在也。今两虎共斗，其势不俱生。吾所以为此者，以先国家之急而后私仇也。"廉颇闻之，肉袒负荆，因宾客至蔺相如门谢罪。曰："鄙贱之人，不知将军宽之至此也。"卒相与欢，为刎颈交。

　　渑池会后，赵惠文王回到本国，正好是三十天工夫。从此以后，他就更加重用蔺相如，拜他为上卿，地位比大将廉颇还高。这可把廉颇气坏了。他回到家里，满脸通红，气呼呼地对自己的门客说："我是赵国的大将，拚着命替赵国打仗，立了多少功劳！他呢，一个宦官手下的人，仗着一张嘴，有什么了不起的，倒爬在我的头上来了！有朝一日，他要碰在我的手里，哼！就给他点儿厉害瞧瞧！"早就有人把这话传到蔺相如的耳朵里，蔺相如装病，不去上朝。就是有公事，也不跟廉颇见面。蔺相如手下的人都说他胆小，三三两两地谈论着，替他不服气。

　　有一天，蔺相如带着一群随从出去。真是冤家路窄，老远就瞧见廉颇的车马迎面过来了。他连忙叫赶车的退到东口，走另一条道儿。等到他们退到东口，就瞧见廉颇的车马正从那边过来。蔺相如只好叫赶车的再退回西口。万没想到廉颇的车马很快地又把西口堵住了。蔺相如耐着性子，劝告手下叫赶车的退到小巷里去躲一躲，让廉颇的车马过去了再出来。这一来，可把门客和底下的人都气坏了。他们私下里商量，派几个领头的去见蔺相如，对他说："我们远离家乡，投奔在您的门下，还不是为了敬仰您吗？如今您和廉颇同处一室，地位又比他高，他骂了您，您反倒怕了他，在朝上不敢跟他见面，半路上碰见他，也这么藏藏躲躲的，叫我们怎么忍受得了！要这么下去，人家还要骑在我们脖子上来呢！我们没有涵养，只好跟您告辞了！"蔺相如拦住他们，说："诸位看廉将军跟秦王哪个势力大！"他们说："那当然是秦王的势力大啊！"蔺相如说："对呀！天下的诸侯，哪个不怕秦王？哪个敢反对他？可是我蔺相如就敢在秦王的朝堂上当面骂他。怎么我见了廉将军反倒会怕了呢？你们替我抱不平，难道我自己就没有火气吗？可是各位要知道：那样强横的秦国为什么不敢来侵犯咱们赵国呢？还不是因为咱们同心协力地抵御敌人吗？要是两只老虎斗起来，准是'两败俱伤'，秦国听见之后，一定会来侵犯赵国。为了这个缘故，我只好厚着脸皮，忍气吞声。你们想想：是国家要紧呢，还是私人的面子要紧？"他们听了这番话，一肚子的气全消了。从此以后就更加佩服蔺相如了。

　　后来他的门客碰见廉颇的门客的时候，都能够体贴主人的心意，总是让他们几分。可是廉颇反倒越来越自高自大了。

　　这件事情让赵国的一位名士叫虞卿的知道了。他告诉了赵惠文王。赵惠文王就请他去做和事佬。虞卿见了廉颇，先夸奖他的功劳。廉颇听了，很高兴。虞卿接着说："要论起功劳来，蔺相如比不上将军；要论起气量来，将军可就比不上他了。"廉颇听了，又犯起他那蛮横的劲头来了，他说："他有什么气量啊？"虞卿就

把蔺相如对门客说的话跟他说了一遍。廉颇当时脸就红了。虞卿说："秦王独霸天下,列国诸侯全都怕他,可是蔺相如就敢当面骂他,多么勇敢啊!他为了国家,为了共同对付敌人,却又好像挺胆小似地躲避将军,这才是真正的勇敢哪!将军把他看作胆小鬼,错了!说他气量小,更错了!"廉颇举起拳头来,连连敲着自己的脑袋,低着头说:"我是个粗鲁人。先生要不说,我还被蒙在鼓里呢!这么说来,我……我太对不起相国了!"说完廉颇露着上身,背着荆条,跑到蔺相如家里,跪在地下说:"我是个粗人,见识少,气量小。哪知道您竟这么容忍我,我实在没有面目来见您。请您只管责打我,就是把我打死了,我也甘心。"蔺相如连忙跪下说:"咱们两个人一心一意地伺候君王,都是重要的大臣。将军能够体谅我,我已经感激万分了,怎么还来给我赔罪呢?"廉颇连话也说不出来,只是流着眼泪。蔺相如也哭了。两个人很亲热地抱着,好久不放。将军跟相国不但就这么和好了,还做了知心朋友。

两只老虎做了好朋友,秦国就真不敢来侵犯。自从渑池会之后,整整十年工夫,秦国和赵国没发生过什么大的冲突。可是在这十几年里头,秦国从别国得到了不少土地。大将军白起打败了楚顷襄王,楚国的郢都就变成了秦国的南郡(公元前278年);大将魏冉打下了黔中,楚国的黔中就变成了秦国的黔中郡(公元前277年);白起围困了大梁,魏国割让了三座城(公元前275年);胡伤打败了魏国的大将芒卯,魏国的南阳就变成了秦国的南阳郡(公元前273年)。

君终无适子,其国可破也

典出《史记·魏世家》:君终无适子,其国可破也。

魏国武侯死的时候,没有定下继位的人。他两个儿子子莹和公子缓争为太子,一个人占领了一半魏国国土,争斗不休。君终无适子(国王死了没有定好继位的人),其国可破也(这个国家就可以被外力征服)。于是,赵国成侯和韩国懿侯乘机入侵,大败魏军,围住了子莹。赵成侯主张杀掉子莹,立公子缓为魏王,两国各割取魏国部分土地。韩懿侯则主张把魏国一分为二,则两部分都很弱,就可以永远没有魏国的威胁,可以控制两部分魏国。两国争论不休,统一不了意见,韩懿侯一怒带兵回国了,赵国也只好撤围而去了。子莹濒危没有死,于是统一了魏国,魏国才又强大起来。

后人用"君终无适子,其国可破也"的这个谚语比喻一个国家(或单位),没有解决好接班人问题,必会大乱。

流芳百世，遗臭万年

典出《世说新语·尤梅》:恒公(恒温)卧语曰:"作层此寂寂,将为文景所笑。"既而屈起坐曰:"既不能流芳百世,亦不足复遗臭万载邪。"

东晋名将桓温,字元子,是明帝的女婿。他长年南征北战,屡立战功。朝廷封他为大司马,位在诸侯王之上,手握重兵,待遇特殊。

桓温虽已位极人臣,权倾一世,但他仍不满足。他一心收复中原,想以军事上的胜利来建立更高的威望,以便夺取政权,实现做皇帝的梦想。

有一次,桓温在亲信们面前闲谈时,表露了想当皇帝的想法,众人都不敢答话。桓温本来躺在床上,激动之余,从床上坐起来抚枕说道:"大丈夫既不能流芳百世,不足复遗臭万年载乎!"意思是说大丈夫如果不能让好名声长久流传,也应当让恶名声在死后留存于世。

公元373年,桓温已经61岁了,而且身患重病,已经不久于人世。但是,他仍念念不忘称帝的梦想。病危之际,他还命令手下的才子袁宏起草诏书,给自己加九锡(古代帝王赐给有大功或有权势的诸侯大臣的九种物品),好为取代晋帝自当皇帝铺平道路。

后人用"流芳百世"的典故表彰有益于人民的人,好名声代代流传;用"遗臭万年"的典故指坏人死了,坏名声却留在世上,永远受人唾骂。

佩珏逐菟

典出《淮南子·氾论训》:楚王之佩珏而逐菟,为走而破其珏也。因珮两珏以为之豫。两珏相触,破乃逾疾。

乱国之治,有似于此。

楚国国王佩带着玉珏去追赶兔子,因为跑得太快而把玉珏碰破了。为此,他便佩带上两块玉珏以做好准备。结果,两块玉珏互相碰撞,破得更快了。

楚国的政治,很像这件事。

这一则寓言讽刺了过惯了骄奢淫逸生活的剥削阶级,不懂得实践的经验。正像治理国家大事一样,不懂得政治的要领,不顾及实际的矛盾,一味按一己之好恶去办事,就肯定会把国事搞乱。带着佩玉去追赶兔子当然会把佩玉碰坏,这道理是极为浅显的。但是楚王不知道检讨佩玉追兔是不合时宜的,反而佩了两

块玉去追兔,结果是越多越坏。

巧退秦兵

典出《淮南子·人间》:秦穆公使孟明举兵袭郑,过周以东,郑之贾人弦高,蹇他相与谋曰:"师行数千里,数绝诸侯之地,其势必袭郑。凡袭国者,以为无备也,今示以知其情,必不敢进。"乃矫郑伯之命,以十二牛劳之。三率相与谋曰:"凡袭人者,以为弗知,今已知之矣,守备必固,进必无功。"乃还师而反。

秦穆公派孟明等出兵偷袭郑国。(军队)来到郑国以东,郑国的商人弦高和蹇他共同商议说:

"秦国的军队已经远涉几千里,频繁地突破了很多国家,看他们的趋势,一定(是要)偷袭咱们郑国。凡是偷袭侵犯他国的,(侵略者)都以为他国(不知道),没有准备。如果我们表示知道了他们的真情,他们就一定不敢再前进,(这样就可保住郑国不遭侵略)。"

于是弦高和蹇他就假称是受郑王的命令,用十二头牛,去犒劳秦军。(秦国的)三个统帅(觉得很奇怪,认为郑国已经发觉了)就互相商议说:

"凡是偷袭别国,都是因为对方不知道。现在人家已经知道了,(特地派人来慰劳),那就一定加强防守了,所以,再按原计划行动,怕是没有好结果。"于是就退兵回国了。

后人用"巧退秦兵"的这个典故比喻爱国主义精神。

取之于民

典出《孟子·万章下》:

孟子的学生万章想知道在交际中如何待人,就去问孟子。孟子说:"对人应该恭敬。"万章说:"今后我一定恭恭敬敬地对待别人。"万章接着又问:"俗话说'却之却之为不恭'(意思是:一再拒绝别人的礼物,这是不恭敬),这又是为什么呢?"孟子说:"尊贵的人送东西给你,如果你先考虑这些东西是否合于义,想好之后才接受,这是不恭敬的。因此,尊贵的人送东西给你,那就不要拒绝。"万章说:"今天的诸侯,他们的财物都是取之于民,也可说是不义之财,假如他们把礼物送给我们,我们可以接受吗?"孟子说:"孔子在鲁国做官的时候,鲁国人争夺猎物,孔子也争夺猎物。争夺猎物都可以,接受尊贵的人的赏赐又有什么不可以呢?"

万章想:老师都认为可以,也就不用再问了,于是告辞而去。

后人用"取之于民"表示从百姓那里取得财物。

三家灭智

典出《史记·赵世家》:三国攻晋阳,岁余,引汾水灌其城,城不浸者三版。……乃夜使相张孟同私于韩、魏。韩、魏与合谋,以三月丙戌,三国反灭知氏,共分其地。

吴王夫差和越王勾践一先一后起来的时候,中原诸侯非常衰弱。因此,黄池大会,夫差当上了霸主;徐州大会,勾践当上了霸主。可是中原诸侯越是衰弱下去,大夫的势力越发大了起来。那时候,鲁国的"三桓"把持着鲁国的大权;齐国的田恒(就是陈恒)把持着齐国的大权;晋国的"六卿"把持着晋国的大权。这三国的君主全成了挂名的国君。黄池大会之后,田恒杀了齐简公,灭了鲍家、晏家、高家、国家,把齐国的土地从平安以东都作为他自己的封邑,齐国的大权全把持在他自己手里。晋国的六卿眼见田恒杀了国君,灭了各大家族,还得到了齐国人的拥护,他们也就自己并吞起来了。

晋国的"六卿"乱七八糟地混战了一阵。末了,范氏和中行氏给人家打败了,晋国的大权可就归了四家,就是:智家、越家、魏家、韩家。这四家暗地里把范氏和中行氏两家土地分了,晋出公(晋定公的儿子)挺生气。他以为范氏和中行氏既然灭了,那两家的土地按理应当归还公家,怎么能让四家大夫自己分了呢?他就背地里派人去约齐国和鲁国一起来征伐那四家。那时候各国的大夫占有着大量的土地,直接剥削农民的劳动,势力超过国君,而且农民在他们的手底下比在国君的直接统治下日子好过一些,压迫和剥削也轻一些,有不少人因为受不了国君的压迫和虐待,情愿逃到大夫的封地里去做农奴或佃农的。各国的大夫为了保持自己的势力,国内对老百姓作了一些让步,让他们的生活能好一些,国外都跟别国的大夫连成一气。齐国的田家和鲁国的三家反倒把晋出公的计划向晋国的智家泄了底。智家得到了这个消息就在公元前458年(周贞定王十一年)跟那三家一块儿对付晋出公。晋出公自讨苦吃,只好逃到别国去了。不料他死在路上,四家就把晋昭公的曾孙拉出来当个挂名的国君,就是晋哀公。

晋国的四家——智伯瑶、赵襄子无恤、魏桓子驹、韩康子虎——之中,要数智伯瑶的势力最大。他对赵、魏、韩三家说:"晋国素来是中原的霸主,没想到在黄池大会上,赵鞅让吴国占了先,在徐州大会上又让越国占了先。这是咱们的耻辱。如今只要能够把越国打败,晋国仍然能够当上霸主。我主张每家大夫拿出一百里的土地和户口来归给公家。这样,公家增加了收入,才能够有实力。"这三家大夫早就知道智伯存心不良,他是想独吞晋国。他所说的"公家"其实就是"智

家"。可是他们三家心不齐,没法跟智伯闹别扭。智伯派人向韩康子虎要一百里的土地和户口,韩康子虎如数交割了。智伯派人向魏桓子驹要一百里的土地和户口,魏桓子驹也如数交割了。智伯就这么增加了二百里的土地和户口。跟着他又派人去找赵襄子无恤要一百里的土地和户口。赵襄子无恤可不答应。他说:"土地是先人的产业,我哪儿能随便送给别人呢?韩家、魏家他们愿意送,不关我的事;我可不行!"来人回去把赵襄子的话向智伯说了一遍。智伯气得鼻子呼呼地响。他派韩、魏两家一块儿发兵去打赵家,还应许他们灭了赵家之后,把赵家的土地三家平分。

智伯自己统率着中军,韩家的军队在右边,魏家的军队在左边,三队人马直奔赵家。赵襄子知道寡不敌众,就带着自己的兵马退到晋阳(在山西省太原)城里,打算在那儿死守。这个晋阳城是赵家最严实的一座城。当初由家臣董安于一手经营,里头盖了挺大的宫殿,宫殿的围墙内部全用苇泊、竹子、木板做成,外头再用砖和石头砌上。宫殿里的大小柱子全都是顶好的铜铸成的。所有的建筑又结实又好看。董安于之后又有家臣尹铎治理晋阳城。这个尹铎老想着办法去安抚老百姓,很得民心。这回晋阳人一听到赵襄子来了,全都去迎接。赵襄子一见晋阳城挺严实,粮草又充足,老百姓都乐意跟他在一块儿,他就放心多了。

没有多大工夫,三家的兵马把城围上了。赵襄子吩咐将士们只许守城,不准交战。每逢三家攻打的时候,城上的箭就好像雨点似地落下来,智伯一时打不进去。晋阳城就仗着弓箭守了一年。可是把箭都使完了,怎么办呢?赵襄子为了这个,闷闷不乐。家臣张孟谈对他说:"听说当初董安于在宫殿里预备了无数的箭,咱们找找去。"这一下子把赵襄子提醒了,他立刻叫人把围墙拆了一段。果然里头全都是做箭杆的材料。又拆了几根大铜柱子,做成了无数的箭头。赵襄子叹息说:"要是没有董安于,如今上哪儿找这么些兵器去呢?要是没有尹铎,老百姓哪儿能这么不怕辛苦、不怕死地守住这座城呢?"

三家的兵马把晋城围了两年多,没打下来。到了第三年(公元前453年,周贞定王十六年),有一天,智伯正在察看地形的时候,忽然想起晋阳城东北的那条晋水来了。晋水由龙山那边过来,绕过晋阳城往下流去。要是把晋水一直引到西边来,晋阳城不就淹了吗?他就吩咐士兵们在晋水旁边另外挖了一条河,一直通到晋阳城,又在上游那边砌了一个挺大的蓄水池。在晋水上垒起土堆来,让上游的水不再流到晋水里去。这时候正是雨季,一连下了几天大雨,蓄水池里的水都满了。智伯叫士兵们开了一个大口,大水就一直向晋阳城灌进去。不到几天工夫,城里的房子多半都淹了。老百姓跑到房顶上避难。竹排,木头板子都当了小船。烧火,做饭都在城墙上。可是全城的老百姓,宁可淹死,决不投降。

赵襄子叹息着说:"这全是尹铎爱护百姓的功德啊!"回头又对张孟谈说:"民心虽说没变,要是水势再高涨起来,咱们不就全完了吗?"张孟谈说:"形势当然非常紧急,可是我老觉得韩家跟魏家绝不会把自己的土地平白无故地让给智伯。他们也是出于无奈,才跟着他来打咱们。依我说,主公多预备小船、竹排、木头板子,再跟智伯在水上挤个死活。我先去见见韩、魏这两家去。"赵襄子当天晚上就派张孟谈偷偷地去跟两家相商。

第二天,智伯请韩康子和魏桓子一起去察看水势。他指着晋阳城,挺得意地对他们说:"你们知道吗? 水能灭国。早先我以为晋国的大河像城墙一样可以挡住敌人;照晋阳的情形看来,大河反倒是个祸患了。你们瞧:晋水能够淹晋阳,汾水就能淹安邑(魏家的大城),绛水也就能淹平阳(韩家的大城)。"他们两个人连连答应着说:"是,是!"智伯见他们答话有点慌里慌张,好像挺害怕的样子,自己才觉得话说错了。他笑着说:"我是直心眼,有一句话说一句,你们可别多心!"他们又都连着回答说:"哪儿会呢! 哪儿会呢! 您是顶天立地的英雄。我们能够跟着您,蒙您抬举,真是非常荣幸了。"他们嘴里尽管这么说,心里可都觉得赵襄子派张孟谈来找他们,对他们是有好处的。

第三天晚上,约莫四更天光景,智伯正在梦里,猛然间听见一片嚷嚷声。他连忙从卧榻上爬起来,衣裳和被窝已经湿了。兵营里全是水。他想大概是堤防决口了,赶紧叫士兵去抢修。不一会儿工夫,水势越来越大。智伯的家臣智国和豫让带着水兵,扶着智伯上了小船。智伯在月光下回头一瞧,就见兵营里的东西在水里漂荡着。士兵们在水里一起一沉地挣扎着。智伯这才明白是敌人把水放过来的。正在惊慌不定,满眼凄惨的当儿,一霎时四面八方都响起战鼓来了。一看韩家、赵家、魏家三家的士兵都坐着小船和木排,一齐杀了过来,见了智家这些"落水狗",就连打带砍,一点不肯放松。当中还夹带着喊叫的声音:"别放走了智瑶! 拿住智瑶的有赏!"智伯对家臣豫让说:"原来那两家也反了!"豫让说:"别管他们反不反,主公赶紧往那边走,上秦国借兵去吧! 我留在这儿豁出命对付他们。"说着,他跳上一只木排,把敌人杀散,叫智国保护着智伯逃跑。

智国保护着智伯,坐着小船一直向龙山那边划去。这一带没有追兵。智伯这才喘了口气。好容易他们把船划到龙山跟前,急急忙忙地上了岸。幸亏东方已经发白,他们顺着山道走去。跑了一阵子,略略宽了宽心。不料刚一拐弯,迎头碰见了赵襄子! 赵襄子早就料到智伯会打这条路儿跑,预先带了一队兵马在这儿等着他。当时就逮住智伯,砍下他的脑袋。智国也就自己抹了脖子了。

三家的兵马会合到一块儿,把沿着河边的堤防拆了,大水仍旧流到晋水里去,晋阳城又露出干地来了。

赵襄子安抚了居民之后,就向韩康子和魏桓子道谢。他说:"这回全仗着二位救了我的命,实在出乎意料。可是智伯虽然是死了,他的同族人还多着呢。斩草得除根,不然的话,终究是个祸患。"韩康子和韩桓子一起说:"一定得把他的全族灭了,才能解恨!"他们一同回到绛州,宣布智家的罪恶,就照古时候的习惯把全族的男女老少杀得一干二净。赵襄子气恨还不消,他把智伯的脑壳做成一个瓢,外面涂上油漆,解恨的管它叫"夜壶"。

韩家和魏家的一百里土地,当然又由各家收了回去。他们把智伯的土地三股平分了。晋哀公当然没有份。

这个故事讲述了那一段历史事实。

收服中山

典出《战国策·魏策》：乐羊为魏将而攻中山，其子在中山，中山之君烹其子而遗之羹，乐羊坐于幕下而啜之，尽一杯。文侯谓睹师赞曰："乐羊以我之故，食其子之肉。"赞对曰："其子之肉尚食之，其谁不食！"乐羊既罢中山，文侯赏其功而疑其心。

"三晋"里头，最盛的要属魏国。魏文侯斯相当贤明。他知道要富国强兵，先得增加粮食生产。远在公元前412年(周威烈王十四年，就是魏斯正式封为诸侯之前九年)，他就重用了一个当时很出名的法家学者(法家，注重刑名法术的一派学者)李悝(一说是李克)；采用他的计划，兴修水利，改进耕种的方法，实行"平籴法"。李悝替魏斯仔细算了算土地的产量。他拿一百里的地界估计一下，除了山地、有水的洼地、还有城镇占的土地以外，能够耕种的土地只有六百万亩。耕种得好，每亩可多生产三斗粮食，这是完全办得到的。耕种得不好，每亩会少生产三斗粮食，这也不是什么意外的事。可是一百里地方的粮食多点或者少点就相差一百八十万石，全国计算起来就差得远了。再说到粮食的价钱，李悝认为：粮价太高了，不种地的老百姓就难过日子；太低了，农民受不了。应该叫粮价不高不低，每年平平稳稳。他把丰年富余的粮食由公家照平价籴(买)进。荒年所短少的粮食由公家照平价粜(卖)出。这么一来，不管年成好不好，也不管是不是荒年，粮价总是平稳的。这种由公家统一掌管粮食和粮价的方法，叫"平籴法"。

平籴法使商人地主不能任意操纵粮食，多少减轻了他们对农民的剥削。粮食由官家来调剂，老百姓的生活就比以前安定得多了。

魏文侯全力地收罗人才。当时各国的人才没有一国像魏国那么多。可是魏文侯还想找一位有能耐的大将去收服中山(古国名，在河北省定县)。中山在魏国的东北边，原来由狄人占领，后来中山的狄人归附了晋国，中山就做了晋国的属国。自从三家分晋以后，中山就没向谁进贡过。魏文侯又怕韩国或是赵国把中山夺过去，再说中山国君荒淫无道，对待老百姓非常凶暴，魏文侯早就打算发兵去征伐中山。他老觉得还少个有能耐的大将。谋士翟璜('翟'，原来和狄国的'狄'通用，翟璜以国为姓)，向他推荐了一个人。这人叫乐羊。他说："乐羊文武全才，品行端正，道德高尚。"魏文侯说："何以见得？"翟璜说："当初乐羊在路上捡了一块金子拿回家去。他的妻子说：'这块金子来历不明，你怎么就拿回来呢？'乐羊就把那块金子搁在原来的地方。后来，他到别的国去游学，过了一年多，他从外面回来。他的妻子正在织帛，见他回来了，就问他：'你的学业完成了吗？'乐羊说：'还没呢；我挺想念你，先回来一趟。'他的妻子拿起剪子来，把织布机上的丝线铰断了,对他说:'这就叫半途而废!'乐羊就又出外走了,一去就是七年,直到学业学成了才回到家里。他的才能和志气可以说都高人一等。他现在正巧在本国。咱们国里有这样的人才,为什么不用呢?"

魏文侯听了翟璜的话,就打算把乐羊找来。有人反对,说:"乐羊的儿子乐舒,如今正在中山做大官。咱们哪能叫他去打中山啊?"翟璜说:"怎么不成呢?乐羊是个挺有见识的人,他儿子曾经奉了他们国君的命令去请他,他不但没去,反倒叫他儿子离开中山,说中山的国君荒淫无道,不能跟他一块自找灭亡。我说,主公只要吩咐乐羊去打中山,准能成功。"魏文侯就叫翟璜去请乐羊。

过了几天,乐羊跟着翟璜来见魏文侯。魏文侯对他说:"我打算托你去征伐中山,只是你的儿子在那边,怎么办?"乐羊说:"大丈夫为国立功,哪能够为了儿子的私情不顾公事呢?我要是灭不了中山,情愿受您的处治!"魏文侯挺高兴,公元前408年(魏文侯十七年),就派乐羊为大将,西门豹为先锋,率领着五万人马去打中山。

中山的国君姬窟派大将鼓须去抵挡魏国的兵马,两边打了一个多月,也没见胜败。后来乐羊和他的助手西门豹拿火攻的法子把鼓须打败,一直追到中山城下。

中山的大夫公孙焦对姬窟说:"乐羊是乐舒的父亲,主公不如叫乐舒去要求乐羊退兵。"姬窟就叫乐舒去办。乐舒推辞说:"早先我不是去请过他吗?他始终不干。如今我们父子俩各人为了各人的主人,他决不能答应我。"姬窟逼着他去说。他只好上了城门楼,请他父亲跟他相见。乐羊一见他儿子,就骂他,说:"你就知道贪图富贵,不知道进退,真是没出息的东西。赶快去告诉你的国君投降,咱们还有见面的日子。要不然,我先把你杀了。"乐舒说:"投降不投降在于国君,我不能作主。我只求父亲暂时别再攻打,让我们商量商量。"乐羊说:"这么说吧,为了父子的情义,给你一个月的期限,你们君臣早点打定主意。"乐羊就下令把中山围住,不许攻打。

姬窟满以为乐羊心疼儿子,决不至于再急着攻打。他仗着中山城结实,粮草又充足,不打算投降。一个月过去了,乐羊就准备攻城。姬窟又叫乐舒去求情,再宽限一个月。这么着,一连三回,三个月拖过去了。魏国朝廷里就有不少人议论纷纷,都说乐羊不好。魏文侯没言语,接连不断地打发人去慰劳乐羊,还告诉他国君正在盖房子,预备等他得胜回朝的时候,送给他住。乐羊非常感激,可就是按兵不动。西门豹也着急了。他说:"将军还打算不打算攻打中山?"乐羊说:"没有的话,咱们为了中山国君虐待老百姓才来征伐。要是咱们性子太急,老百姓也许会说咱们同样凶暴。我三番两次地答应他们,让他们三番两次地失信。为的是让老百姓知道谁是谁非。我可不是为了保全父子的情义,为的是要中山的民心。"西门豹听了,这才放心。

又过了一个月,中山还不投降,乐羊可就开始攻击。姬窟眼瞧着再不能支持,就把乐舒捆在城门楼上,准备杀他。乐舒嚷着说:"父亲救命!"乐羊骂他,说:

"你当了大官,不能劝告国君改邪归正,又没法守城,投降又不能投降,抵御又不能抵御,还像个吃奶的孩子哭哭啼啼的干什么?"他拿起弓箭,打算射上去。公孙焦叫人把乐舒拉下来。他对姬窟说:"他父亲来打咱们,他也不能说没有罪。"姬窟就把乐舒杀了。公孙焦见乐舒死了,就想出一个主意来。他对姬窟说:"人最亲的莫过于父子。咱们把乐舒的肉做成肉羹去给乐羊送去。他一见儿子的肉羹,必定难受,也许难受得神魂颠倒,就没有心思再打仗了。"姬窟依了公孙焦的话,打发人把乐舒的肉羹给乐羊送去,还跟他说:"小将军不能退兵,我们把他杀了。作一碗肉羹送给你!"乐羊一时怒火中烧,指着瓦罐骂着说:"你一心想侍奉无道的昏君,早就该死!"他把瓦罐狠狠地往地下一摔,对来人说:"你们会做肉羹,我们的兵营里也有大锅,正等着你们的昏君啊!"乐羊好像受了伤的老虎,非把中山吞下去不可。魏兵加紧攻城,急得姬窟没有法子,只好自杀。公孙焦开了城门。乐羊数落他的罪恶,把他杀了。接着,他安抚了中山人,叫西门豹带着五千人留在中山,自己带着大队人马回去了。

他到了安成外,就瞧见魏文侯亲自在那儿等他。魏文侯慰问他说:"将军为了国家,牺牲了自己的儿子。这全是我的过错。"乐羊磕着头回答说:"公而忘私,原本是做臣下的本分。"魏文侯和大臣们到了朝堂,乐羊献上中山的地图和拿回来的东西。魏文侯请他到宫里去喝酒。乐羊因为立了大功,非常得意。宴会完了,魏文侯赏了他一只箱子,箱子上下封得很严紧。乐羊一看,就知道不是黄金,就是白玉。他想:大概魏文侯怕别人见了引起嫉妒,才这么封着。他越想越得意,更显出骄傲的神气来了。当时就叫手下的人把箱子搬到家里去。

乐羊赶紧回到家里,打开箱子,一看里面的东西便愣住了。原来箱子里装的全是朝廷里大臣们的奏章! 他随便拿起一个奏章来瞧瞧,上面写着:"乐羊连打胜仗,中山眼瞧就能攻下来了。可是为了乐舒的一句话,就不打了。父子之情,于此可见。"他又拿起一个奏章,上头写着:"……主公如不叫回乐羊,恐怕后患难防。"其余的奏章大都写着:"别想得到中山,怕是连五万大军也要送给敌人了";"突然拜他为大将,已经错了主意";"人情莫过于父子,他怎么可能牺牲自己的骨肉呢?"乐羊掉着眼泪,说:"想不到朝廷中有这么些人,鸡一嘴、鸭一嘴地毁谤我!要是主公不能坚决地信任我,我哪能成功呢?"

第二天,乐羊上朝谢恩。魏文侯要封他,乐羊再三推辞,说:"中山能够打下来,全是主公的力量。我有什么功劳可说呢?"魏文侯说:"这倒也是真的,除了我,没有人能够这么信任你;可是除了你,没有人能够收服中山。——你也够辛苦了。我封你为灵寿君。"魏文侯就把灵寿(中山国的地名,在河北省正定县北)封给乐羊,也收回了他的兵权。

"收服中山"的故事讲述了乐羊的公而忘私,有胆有识;但同时也告诉我们:在那种时代里,权势之争,勾心斗角,真正有勇有谋的人,要成就一番事业,是要付出相当代价的。

亡国怨祝

典出《论衡·解除》：晋中行寅将亡，召其太祝，欲加罪焉。曰："子为我祀，牺牲不肥泽也，且斋戒不敬也，使吾亡国，何也？"祝简对曰："昔日吾先君中行密子，有车十乘，不忧其薄也，忧德义之不足也；今主君有革车百乘，不忧义之薄也，惟患车之不足也。夫船车饬则赋敛厚，赋敛厚，则民谤诅。君苟以祀为有益于国乎？诅亦将为亡矣！一人祝之，一国诅之，一祝不胜万诅，国亡不亦宜乎？祝其何罪？"中行子乃惭。

晋国的中行寅，在家族大难当头的时候，召来掌管祭祀的太祝，想问罪处治。

他质问道："你为我祭祀，想必是供神的三牲祭品不肥美，斋戒的心境不虔诚，以致激怒了鬼神，使我们家族处于灭亡的境地。你为什么要这样？"

太祝简回答说："当年我们的先君中行密子，仅有车十乘，但他并不嫌少，每天思虑的是修养德行，崇尚正义，唯恐有所过失。而现在您已拥有兵车百乘，却不考虑修养德行，只嫌兵车不足。要知道滥造战船兵车，穷兵黩武，势必加重对百姓的征敛；赋税徭役过重，必然招致百姓的怨恨和责骂。您难道真以为祈祷上天会造福家族吗？民怨沸腾，人心背离就会灭亡！而且您想我一人为您祝福，而举国上下却在诅咒您，一口称颂难平万众怨恨，您的家族将亡不是很自然的事吗？我又有什么罪呢？"

中行寅听了羞愧万分。

后人用"亡国怨祝"的这个典故告诉我们一个真理：国家兴亡在于人心向背。

文事武备

典出《史记·孔子世家》：孔子摄相事，曰："臣闻有文事者必有武备，有武事者必有文备。古者诸侯出疆，必具官以从。请具左右司马。"

公元前501年（周敬王十九年），齐景公正打算拉拢鲁国跟别的中原诸侯，把齐桓公当年的事业重新干一番，可巧鲁国的阳虎跑到齐国来，请齐景公派兵帮他去打鲁国。

提起阳虎，他是鲁国大夫季孙氏的家臣。

原来是这么一回事：鲁国的国君鲁昭公被大夫季孙如意（季孙行父的孙子）轰出去了（公元前517年，周敬王三年，鲁昭公25年），压根儿就没能够回来。鲁

国的老百姓都护着季孙氏，说鲁昭公失了民心，不配做国君。他死在国外，谁也不去可怜他。鲁国的政权全在季孙氏、孟孙氏、叔孙氏三家大夫手里。鲁昭公死在外头，三家大夫立鲁昭公的兄弟为国君，就是鲁定公。鲁定公也是个挂名的国君，大权还是在他们三家手里。那时候，周天子的实权早就掌握在诸侯手里，而诸侯的实权又多半又掌握在大夫手里。这是因为大夫要从诸侯那里夺取实权，不得不向老百姓让步来换取他们的拥护。

一国的几家大夫得到了实权，国君独尊的局面就给打破了。大夫夺取国君的实权，大夫的家臣又想夺取大夫的实权。

公元前502年，季孙氏的家臣阳虎不但要夺取季孙氏的大权，而且还要把季孙、孟孙、叔孙三家灭了，打算把整个鲁国大权拿到自己手里来。"三桓"给逼得没法儿，只好合到一块儿去对付阳虎，才把阳虎打败。他跑到齐国，请齐景公派兵帮他去打"三桓"。齐景公觉得这不行。晏平仲请齐景公把阳虎送回鲁国去。齐景公就把阳虎逮住押回鲁国去。半路上阳虎买通了看守他的人，逃了。齐景公给鲁定公写了一封信，告诉他阳虎偷跑了，还约鲁定公到齐、鲁交界的夹谷（在山东省莱芜县）开个会议。鲁定公自己不敢作主，就把三家大夫请来商量。

季孙斯（季孙如意的儿子）对鲁定公说："齐国为了袒护先君昭公，三番两次地来打咱们，弄得咱们总没安定。现在他们愿意和好，咱们怎么能不去呢？"鲁定公说："我去开会，谁当相礼跟我一块儿去呢？"大夫孟孙何忌推荐鲁国的大司寇去。大司寇是谁呀？

孟孙何忌推荐大司寇孔丘当相礼。孔丘就是闻名天下的孔子。他父亲是个地位并不高的武官，叫叔梁纥。叔梁纥已经有了九个女儿和一个儿子了。他儿子的腿有毛病，也许是个瘸子。叔梁纥虽然上了年纪，可是还想生个文武双全的儿子。他又娶了个小姑娘叫颜征在。他们曾经在曲阜东南方的尼丘山上求老天爷赐给他们一个儿子。后来他们果然生了个儿子，他们觉得这个儿子是尼丘山上求来的，就给他取名叫孔丘，又叫仲尼（'仲'就是'老二'的意思）。孔子三岁时死了父亲。母亲颜氏受人歧视，孔家的人连送殡也不让她去。她们母子日后的生活不用说多么难过了。颜氏挺有志气，她带着孔子离开老家邹邑的昌平乡，搬到曲阜去住，靠着自己一双手来抚养孔子。孔子小的时候，没有什么可以玩的，他好几次见过他母亲祭祀他去世的父亲，也就摆上小盆、小盘什么的玩着祭天祭祖那一套东西。

孔子十七岁那一年，母亲死了。他不知道父亲的坟墓在哪儿，只好把他母亲的棺材埋在曲阜。后来有一位老太太告诉他，说他父亲葬在防山（在曲阜县东），孔子才把他母亲的坟移到那边。那一年，鲁国的大夫季孙氏请客招待读书人。孔子想趁着机会露露脸，也去了。季孙氏的家臣阳虎瞧见他，就骂着说："我们请的都是知名之士，你来干什么？"孔子只好扫兴地退了出去。他受了这番刺激，格外刻苦用功，要做个有学问、有道德修养的人。他住在一条叫达巷的胡同里，学习"六艺"，就是礼节、音乐、射箭、驾车、书写、计算等六门课程。这是当时一个全才的读书人应当学会的本领。达巷里的人都称赞他，说："孔丘真有学问，什么都会。"孔子很虚心地说："我会什么啊？我只学会了赶车。"

孔子在二十六七岁的时候，担任了一个小小的职司叫"乘田"，工作是管理牛羊。他说："我一定把牛羊养得肥肥的。"果然，他所管理的牛羊都很肥。后来他做了"委史"，做的是会计的工作。他说："我一定把帐目弄得清清楚楚。"果然，他的帐目一点也没出差错。孔子快到三十岁的时候，名声大起来了。有些人愿意拜他做老师。他就办了一间私塾，招收学生。贵族学生、平民学生他都收。过去只有给贵族念书的"官学"，孔子办了"私塾"，以后贵族独占的文化教育也可以传给一般人了。鲁国的大夫孟嘻子临死的时候，嘱咐他两个儿子孟懿子和南宫适到孔子那儿去学礼。后来南宫适向鲁昭公请求派他和孔子一块儿去考察周朝的礼乐。鲁昭公给了他们一辆车、两匹马和一个仆人，让他们到洛阳去。那一年，孔子正三十岁（公元前五二二年，周景王二十三年，鲁昭公二十年）。他到了洛阳，特地送了一只大雁给老子作为见面礼，向他请教礼乐。

老子姓李，名聃，年纪比孔子大得多，在洛阳当周朝守藏室的大官（相当于现代中央图书馆馆长）。他见孔子向他虚心求教，很喜欢，还真拿出前辈的热心来，很认真地教导孔子。末了，还给孔子送行。他说："我听说有钱的人给人送行的时候，送钱；有德行的人给人送行的时候送几句话。我没有钱，就冒充一下有德行送你几句话吧：第一、你说的那些古人早已死了，骨头也都烂了，只有他们的话还留着；第二、君子遇着好时机，就驾着车去，时运不好，就走吧；第三、我听说会做买卖的人，把货物藏起来好像没有什么似的，道德极高的人看上去好像挺笨的似的；第四、你应当去掉骄傲、去掉欲念，因为这些对你都没有好处。我要告诉你的话就是这几句。"孔子一一领受了。他回到鲁国，对他的门生们说："鸟，我知道它会飞；鱼，我知道它会游；走兽，我知道它会跑。可是，会跑的可以用网去捉；会游的可以用钩子去钓；会飞的可以用箭去射。至于龙，我就不知道它是怎样风里来、云里去，又怎样上天的。我见了老子，没法捉摸他，他大概像一条龙吧！"

就在孔子会见老子的那一年底，郑国的大夫子产死了。郑国人都伤心流泪，也有哭得好像死了亲人似的。孔子一听到子产死了，也哭起来。他说："他真的就像我所想念的古代爱人民的贤人！"孔子很钦佩子产，也跟他见过面，像尊敬老大哥那样尊敬子产。在想法上也多少受了他的影响。比方说，郑国遭到了火灾，别人请子产去求神，还说："要不然，接着还会发生火灾。"子产可不答应。他说："天道远，人道近；我们要讲切近百姓利益的人道，不讲渺渺茫茫的天道。"郑国有了水灾，别人又请他去祭祀龙王爷。子产又不答应。他说："我们求不着龙，龙也求不着我们。谁跟谁也不相干。"孔子在讲天道、人道方面是跟子产相像的。

鲁昭公被季孙如意撵出去的时候，孔子才三十五岁。那时候，"三桓"争权，鲁国很乱，齐景公正想做一番事业。孔子就到了齐国，想实现他的理想。齐景公对他很客气，还想重用他。他先探听晏平仲的意见。晏平仲虽然挺佩服孔子的人品和学问，可是不赞成他的主张。他对齐景公说："孔丘那一派讲究学问的人

183

有两种毛病,一种是太清高;一种是太注重礼节。太清高了,就看不起别人,像这种自命不凡、举动傲慢的人,就不能够跟底下的人打成一片。国家大事几个人哪办得了?这是一点。太注重礼节,就顾不到穷人的生活。咱们齐国人,一天忙到晚,还得处处节省,才能够勉强过日子。他们哪儿有闲工夫,哪儿有多余的钱,去琢磨琐琐碎碎的礼节跟那些又细致又麻烦的仪式呢?孔丘出来的时候,车马的装饰可讲究了;吃饭的时候,对于饮食式样的那份讲究,就更不必说了。走路得有一定的样儿;上台阶得有一定的步法。人家连衣服都穿不上,他还要在那儿讲究礼乐;人家没有房子住,他还要叫人讲究排场,倾家荡产地去办丧事。要是咱们真把他请来治理齐国,老百姓可就要让他弄得更穷了!"

晏子和孔子的主张不同,两个人合不来。晏子对孔子的态度是:恭敬他,可是远远地躲着他。齐景公后来也就没用孔子。

孔子在齐国待了三年。他三十七岁的时候,又回到了鲁国。他把全副精神放在教育事业上。他教学生注重仁爱、研究历史、学习文艺、关心政治、讲究礼节,而礼节当中最要紧的是谦虚。他的门生之中,德行、政治、言语、文学等成就特别高的就有七十二人。他们老师和门生之间好像一家人那么亲密,大伙儿对孔子非常尊敬,把他当作他们的父亲一样。

到了公元前五零一年,孔子已经五十岁了。他在鲁国做了中都宰。第二年,做了司空,又由司空升为大司寇。齐景公约鲁定公到夹谷去开个会议。鲁定公请孔子做相礼,准备一块儿到齐国去。孔子对鲁定公说:"我听说讲文事的事必须有准备。就是讲和,也得有兵马防备着。从前宋襄公开会的时候,没带兵车去,结果受了楚国的欺负。这就是说,光有文的没有武的不行。"鲁定公听了他的话,便让他去安排。孔子就请鲁定公派申句须和乐顾两名大将带领五百辆兵车跟着上夹谷去。

到了夹谷,两位大将把兵马驻扎在离会场十里的地方,自己随着鲁定公和孔子一同上会场里去。开会的时候,齐景公有晏平仲当相礼,鲁定公有孔子当相礼。举行了开会仪后,齐景公就对鲁定公说:"咱们今天聚在一起,实在不易,我预备了一种挺特别的歌舞。请您看看。"说话之间他就叫乐工表演土人的歌舞。一会儿台底下打起鼓来,有一队人扮做土人模样,有的拿着旗子,有的拿着长矛,有的拿着单刀和盾牌,打着呼哨,一窝蜂似地拥上台来,把鲁定公的脸都吓白了。孔子立刻跑到齐景公跟前,反对说:"中原诸侯开会,就是要有歌舞,也不应该拿这种土人打仗的样子当作歌舞。请快叫他们下去。"晏平仲也说:"说的是啊。我们不爱看这种打架的歌舞。"晏平仲哪儿知道这是齐国大夫黎弥和齐景公两个人使的诡计。他们本来想拿这些"土人"去威胁鲁定公,好在会议上向鲁国再要些土地。经晏平仲和孔子这么一说,齐景公也觉得怪不好意思的,就叫他们下去。

黎弥躲在台下,等着这些"土人"去吓唬鲁定公,自己准备在台底下带着士兵一起闹起来。没想到这个计策没办到,只好另想办法,散会以后,齐景公请鲁定公吃饭。正在宴会的时候,黎弥叫了几个乐工来对他们说:"你们上去唱'文姜爱齐侯'这首歌，把调情那一段表演出来，为的是当面叫鲁国的君臣丢脸。完了之后，就重重地赏你们。"他布置完了，上去对齐景公说："土人的歌舞不合鲁君的胃口，我们就唱个中原的歌儿吧！"齐景公说："行，行！"

那些擦胭脂抹粉的乐工就在齐、鲁两国的君臣跟前连唱带跳地表演起来了。唱的是"夫人爱哥哥，他也莫奈何！"这些下流词儿。气得孔子拔出宝剑，瞪圆了眼睛，对齐景公说："他们竟敢戏弄诸侯，应当定罪！请贵国的司马立刻将他们治罪！"齐景公没说话。乐工们还接着唱："孝顺儿子没话说，边界起造安乐窝！"这明摆着是侮辱鲁国的君臣，孔子忍不住了，就说："齐、鲁两国既然和好结为弟兄，那么鲁国的司马就跟齐国的司马一样。"跟着他就扯开了嗓子向台下说："鲁国的大将申句须和乐顺在哪儿？"那两位大将一听见孔子叫他们，飞也似地跑上去把那两个领头的乐工拉出去。别的乐工吓得慌慌张张地全跑了。齐景公吓了一大跳，晏平仲挺镇静地请他放心。这时候，黎弥才知道鲁国的大将也在这儿，还听说鲁国的大队兵马都驻扎在附近的地方，吓得他也缩着脖子退出去了。

宴会之后，晏平仲狠狠地数落黎弥一顿。他又对齐景公说："咱们应当向鲁君赔不是。要是主公真要做霸主，真心诚意地打算和鲁国交好，应当把咱们从鲁国汾阳地方霸占过来的灌阳、郓城和龟阳这三块土地还给鲁国。"齐景公听了他的话，就把三个地方都退还给鲁国。鲁定公却不怎么高兴，向齐景公道了谢，就回国去了。

这个故事告诉我们：要有勇有谋，有胆有识，治国如此，做人也如此。

戏弄使臣

典出《史记·齐太公世家·晋世家》：六年春，晋使郤克于齐，齐使夫人帷中而观之。郤克上，夫人笑之。郤克曰："不是报，不复涉河！"请伐齐，晋侯弗许。……

"夏，与顷公战于鞌，伤困顷公。顷公乃与其右易位，下取饮，以得脱去。齐师败走，晋追北至齐。顷公献宝器以求平，不听。郤克曰：'必得萧桐子为质。'齐使曰：'萧桐子，顷公母；顷公母犹晋君母，奈何必得之？不义。请复战。'晋乃许与平而去。"

孙叔敖死了四年之后，楚庄王也去世了。晋景公打算利用这机会，耀武扬威一番，就引兵先去攻打齐国。

原来这时候中原的诸侯国如郑国、陈国、宋国等都归附了楚国，就连齐国和鲁国也跟楚国亲善起来。晋景公眼看情势的发展对晋国十分不利，心里非常焦急。他采纳了大夫伯宗的建议，派遣大夫郤克去访问齐国和鲁国，打算先将这两个国家结合起来。公元前592年，郤克访问过鲁国之后，正准备前往齐国。鲁国

正好也有意和齐敦睦一番。两年前（公元前594年，鲁宣公十五年），鲁国刚实施了一项大改革，把以前的公田制改为按亩数收税的"税亩制"。这对于国君大有好处。因为公田制只是收取公田上的谷物，农民无法既耕种公田，又同时供应军役，遇有战事，公田一旦乏人耕种，公家的收入就受影响。现在改为税亩制，农民仍然有服军役的义务，可是五谷的收成是好是坏，公家不管，只是向有田地的人按亩数收税。如此一来，农民既要负担赋税，又要当差打仗，日子就更苦了。然而鲁宣公根本不顾虑这些，还一心一意想借这项新措施来富国强兵。此时鲁国的大臣东门遂和叔孙得臣已经相继死了，大权掌握在季孙行父手里。鲁宣公就派遣季孙行父跟郤克同行。这两国的大夫来到齐国的边界，凑巧遇见了卫国的使臣孙良夫及曹国的使臣公子首。他们也要到齐国去。四国的使臣就一起到齐国去见齐顷公（齐桓公的孙子，齐惠公的儿子）。齐顷公见了他们差点笑出声音来。他强忍着笑，办完了公事，请他们第二天到后花园参加宴会。

齐顷公回到宫里见到母亲萧太夫人，就噗嗤笑了出来。太夫人问他什么事这么好笑。齐顷公说："今天晋、鲁、卫、曹四国的大夫一块儿来访问，已经够巧的了。谁知晋国的大夫郤克瞎了一只眼睛，只眨巴着一只眼睛看人；鲁国的大夫季孙行父是个秃子，头上无发，又光又滑，永远不必梳头；卫国的大夫孙良夫是个瘸子，两条腿，一条长，一条短；曹国的大夫公子首是个驼子，老是弯着腰。您想一个瞎子，一个秃子，一个瘸子，一个驼子，不约而同地到了这儿，不是挺有意思的吗？"萧太夫人说："真有这种怪事吗？明天我可要好好瞧一瞧。"

齐顷公连年进犯邻近的小国，处心积虑想做东方的霸主。以前他只怕西方的晋国和南方的楚国，后来晋国在邲城被楚国重挫锐气后，齐国跟楚国又订立了盟约，他还怕谁呢？这一次，他存心跟这四国的使臣开个玩笑，看他们服不服他，也算是试探他们对齐国的态度。

第二天，齐顷公特地挑选了四个人招待这四个大夫，陪着他们到后花园来。接待瞎子郤克的也是一个瞎子，接待秃子季孙行父的也是一个秃子，接待瘸子孙良夫的也是一个瘸子，接待驼子公子首的也是一个驼子。萧太夫人在楼台上瞧见单眼瞎子、秃子、瘸子、驼子，成双成对地走过来，不禁捧腹大笑。旁边的宫女们也跟着笑弯了腰。郤克他们起初瞧见那些招待人员都带点残疾，还以为是凑巧的事，并不十分在意。一听见楼台上不绝于耳的笑声，才意识到是齐顷公故意戏弄他们，个个气得脸色铁青。

他们敷衍地喝了几杯酒，就告辞出来，一打听出在楼台上嘲笑他们的竟是国母萧太夫人，就更加恼火。三国的大夫异口同声对郤克说："咱们诚心诚意地来访问，他竟戏弄咱们，给这些妇女们取乐，简直岂有此理！"郤克说："咱们遭受这种侮辱，如果不想办法报仇，哪算得上是大丈夫！"其他三个大夫都摩拳擦掌地说："只要贵国兴师攻打齐国，我们一定请求国君发兵，鼎力帮助您。"于是四国大夫当场对天发誓，准备报仇。郤克回到晋国，立刻怂恿晋景公去征伐齐国，但是晋景公不答应。郤克只好忍辱暂时搁下这件事。翌年，鲁宣公去世了。他的儿子鲁成公不像他那样小心翼翼地服事齐国,反而有归附晋国的意思。齐顷公就毫不客气地进攻鲁国的北边,夺下了一座城和邻近的土地。齐国乘胜又顺便去侵犯卫国,卫国的孙良夫出兵抵抗,被打了个落花流水。他急奔到晋国去求救,此时鲁国也正向晋国请求救兵。晋景公为了保有中原盟主的地位,不得不发兵去征讨齐国。

公元前589年(周定王十八年,晋景公十一年,齐顷公十年,鲁成公二年),晋景公拜郤克为中原大将,带着蛮书、韩厥等人率领八百辆兵车浩浩荡荡向齐国进发。鲁国季孙行父、卫国孙良夫、曹国公子首也各自带领着兵车前来会合,四国兵车绵延三十多里,一辆接一辆地往前奔去。

齐顷公听说四国出兵来犯,就挑选了五百辆兵车去迎战。双方在鞌地(就是历下,在山东省历城县)遭遇上了。齐顷公派国佐、高固两个大将去对付鲁、卫、曹三个小国的军队,自己带领着一队兵马去跟晋国军队交战。他吩咐士兵们拿着弓箭,一起朝他的车马奔跑的方向射过去。他亲自领了一个"冲锋队",直冲到晋国的阵地里;齐国人的箭随着如蝗虫般纷飞而至,晋国的人马死伤了不少。齐顷公本人在大批的箭矢掩护下,并没有多大的危险。晋国的解张(解扬的儿子)替中军大将郤克赶车,不料胳膊上中了两箭,他咬紧牙,忍着痛,依旧不放松缰绳。郤克亲自擂鼓,激励将士们勇往前进。冷不防迎面飞来一支箭,射中了他的肩膀,他的上衣、下裳和靴子顿时染满了血渍,鼓声就慢慢地微弱下来了。解张急嚷着说:"中军的旗鼓是全军的耳目,如果将军还有一分力气,就请把它全使出来吧!"郤克猛然醒悟,就不顾死活,狠狠地将军鼓擂得震天价响。那辆兵车好似受伤的老虎猛往前冲去,两旁擂鼓的兵车也跟着一起冲过去。鼓声打得越来越急,越急越响,简直是地动山摇。晋国的大军还以为前边打了胜仗,大家精神抖擞,排山倒海似地压了下去。齐国的军队抵挡不住,大败而逃。司马韩厥看见郤克身负重伤,赶忙请他先回去休息,自己代他去追击齐顷公。齐国人已被打得乱窜乱逃。齐顷公往华不注山(在山东省历城县东北)的方向逃去。韩厥在后面紧追不舍。不多久,晋国的士兵越来越多,团团围住了华不注山。

齐国的将军逢丑父对齐顷公说:"咱们已经被围住了。主公赶快跟我换穿衣裳,交换座位,让我假扮主公,主公您假扮臣下,也许还能够有条活路。"齐顷公只好照办。他们刚穿好衣服,换妥座位,韩厥的人马便赶到了。韩厥上前拉住齐侯的马,向假扮的齐侯逢丑父行个礼,说:"寡君答应了鲁、卫两国来向贵国责问,我只好尽我军人的职责,请君侯跟我到敝国去吧!"逢丑父用手指头指着喉咙,显出一副渴得不能说话的样子,然后拿出一个水瓢,交给齐顷公,挣扎着说了一句:"丑父,给我舀点水来。"齐顷公下了车,向韩厥行个礼,征得了他的许可,就拿着水瓢假装去舀水,终于逃跑了。韩厥等了一会儿,不见那舀水的回来,就把那装扮成齐侯的逢丑父带回兵营里去。大家听说擒住了齐侯,都兴奋极了。没想到郤克出来一瞧,却说:"这不是齐侯!"韩厥大怒,揪住他问:"你是什么人?齐侯呢?"他说:"我是逢丑父。主公已经拿着水瓢走了。"郤克说:"你冒充齐侯瞒骗我

们，还想活吗？"逢丑父说："像我这样肯代国君死的忠臣，竟要被贵国杀害了。"郤克听了，若有所悟，就只把他拘押起来。郤克领着大军及鲁、卫、曹三国的兵马往临淄进攻，决心灭掉齐国。齐顷公只好打发国佐携带着厚礼到晋国兵营去见韩厥，向他求和。韩厥说："因为贵国屡次侵犯鲁、卫两国，他们才请寡君出面主持公道。本来我们和贵国是无冤无仇的呀！"国佐说："寡君愿意把从鲁国和卫国夺来的土地还给他们，这样总该可以讲和了吧？"韩厥说："这个我不能作主。咱们去见中军大将吧！"

韩厥引着国佐去见郤克。郤克说："如果你们真心打算求和，就得依我两件事：第一、萧同叔子（就是萧太夫人）必须到晋国来做人质；第二、齐国境内田地的垄亩全得改为东西向。万一齐国违反盟约，我们就杀了人质，兵车顺着垄亩由西向东直攻到临淄。"国佐说："将军您这个主意行不通呀！萧太夫人是齐国的国母，列国的争端再多，也没有拿国母当人质的道理。至于田地垄亩的方向全是依天然形势辟成，哪能统一改成一个方向呢？将军提出这两个条件，想必是不答应讲和了！"郤克说："偏不答应，你敢怎么样？"国佐说："将军您别太瞧不起齐国，虽然我们打了个败仗，也不至于一蹶不振。要是您不答应讲和，我们还可以再打一次；第二次如果又打了败仗，还可以来第三次；第三次如果又败了的话，顶多是亡国，也不至于拿国母当抵押，更用不着改变垄亩的走向。您不答应就算了！"说毕，他站起来，走了。鲁大夫季孙行父、卫大夫孙良夫听说了这件事，生怕事端扩大，都力劝郤克宽容一些。郤克是个聪明人，就顺水推舟地说："只要两位大夫同意他们讲和，我也不坚持己见。可是齐国的使臣已经走了，怎么办呢？"季孙行父说："我去追他回来。"

齐国就这样又归到晋国这边来了。齐顷公还依约把从鲁国和卫国夺得的土地退还他们。大家订了盟约。晋国把逢丑父释放回齐国，四国的军队全都撤回本国去了。

这个故事告诉我们，不要讥笑别人的身体缺陷，并说明了恶有恶报的道理。

小康大同

典出《礼记·礼运》：

有一次，孔子参加当地的祭典礼，典礼结束后，他信步来到一座高台上，举目望去，只见远处雾茫茫的一片。这样，他想到诸侯各国征战不止，周王室日渐衰弱，禁不住发出长长的感叹来。

他的学生言偃在一旁问道："先生为什么长吁短叹？是不是为鲁国的前途忧虑呢？"

孔子语重心长地说："我没有赶上尧、舜、禹的时代。那时，天地间的一切财物是大家拥有，所选拔的官吏也是贤明有道德的人；人与人之间和睦相处，讲求信义和友谊，人们不像现在这样，只关心自己家里的人，而对别人家的老人和孤儿寡母也一样的关怀。那样的社会真好啊！"

言偃说："先生说过：那时的东西丢在路上都没有人要，人们唯恐自己的力量贡献不出来，一切财富归公家所有，需要时，人们去取来就是。"

孔子接着说："是的，这就是所谓的'大同社会'（是谓'大同'）。"

言偃又问道："先生曾说过'小康社会'，那又指的是什么？"

孔子回答道："禹、汤、文王、武王、成王、周公，都是以礼义治理天下。他们以此来分清是非，考察人诚实不诚实，树立仁爱的榜样，给人民揭示了生活的准则。如果有人公然违反礼义，群众会把他看成是祸害，使他陷于孤立。这样的社会，就叫做'小康'（是谓'小康'）。"

言偃说："看来礼义是最重要的。但小康社会还会出现吗？"孔子说："恐怕不容易了。"

"小康"与"大同"是儒家所追求的两种理想社会。"小康"指天下统一，用封建道德来巩固君臣、父子、夫妇等封建秩序；现指丰衣足食，国家较为强大的一种社会。"大同"是儒家将原始共产社会理想化的一种无法实现的社会。

畜犬吠贼

典出《辍耕录》：国家置臣子，犹人家畜犬。譬有贼至而犬吠，主人初不见贼，乃箠犬，犬遂不吠。岂良犬哉！

国家设置臣子，像人们家里养狗。

譬如说，有个盗贼来到，狗便叫了起来。主人开初未能看见贼影，便气愤地鞭打狗。于是，狗从此不再叫了。

这难道是好狗吗？

后人用这则寓言以犬喻臣，确实不恭；但譬喻贴切，抓着要点。它说明当臣子的忠君"爱国"，应该是无条件的，绝对的，纵然有时遭误解，受打击，也还要百折不挠，鞠躬尽瘁。如果被打了几棒子，便"犬遂不吠"，那么"岂良犬哉！"这里讲的是封建君臣关系，不是以"义属"、以思想相结合的个人与集体的关系。二者是不可相提并论的。

一国三公

典出《左传·僖公五年》：（士蒍）退而赋曰："狐裘龙茸，一国三公，吾谁适从？"

春秋时，晋献公在晚年的时候去伐小国骊戎，骊国送了两个美女给献公，一个是骊姬，一个是少姬。后来两人都生了男孩，骊姬因得献公宠爱，要立自己的儿子为太子，当时晋太子申生屡立战功，献公没理由废掉他，骊姬便作出主张，将太子申生放出去守曲沃（晋国大城），另两个大儿子重耳、夷吾派去守蒲与屈两个小城。当时蒲、屈两地都是一片空地，献公命大臣士蒍去筑城。士蒍到了那里，命人用柴草夹在泥土中，很草率的完成了筑城的工作。有人便说："你筑的城恐怕不坚固吧？"他笑着说："过几年后，这里便是仇人的城了，何必要坚固呢！"夷吾知道了这件事，去告诉献公。献公派人去责备他，士蒍于是作了一首诗，说"狐裘龙茸，一国三公，吾谁适从。"意思是权贵者众多，各说其是，自己不知怎样做好。

后人便将士蒍诗中所说的"一国三公"引为一句成语，来形容主持政事的人太多，意见庞杂，号令不统一，让人无所适从。

殷鉴不远

典出《诗经·大雅·荡》：殷鉴不远，在夏后之世。

在我国历史上，第一个朝代叫夏。相传是夏后氏部落领袖禹的儿子启所建立的奴隶制国家。夏建都安邑（今山西夏县北）、阳翟（今河南禹县）等地。夏朝共传了十三代、十六王，最后一个君王叫桀，又称夏桀。夏桀是一个荒淫暴虐的君王，终于被汤所灭。

汤灭夏桀后，建立了商朝。这个朝代共传了十七代、三十一王，最后一个君王叫纣，又称商纣。商纣王也是一个荒淫暴虐的君王，执政期间，政治腐败，当时的周族领袖伯昌曾善意地向纣王提出劝告，说：殷商的教训不必向远处去找，就在夏桀那一代。也就是告诉纣王：夏代的灭亡，应当作为殷商的鉴戒。但是，昏君纣王不听劝告，还囚禁了伯昌。最后商朝终于毁灭在纣王的手里。

后人用"殷鉴不远"指前人失败的教训就在眼前。

右 袒

　　淖齿把齐闵王和夷维害死之后,回到莒城,才想起还得去杀齐太子法章。谁知道法章早就跑了。淖齿把大军驻扎在城外,自己住在齐闵王临时的王宫里,喝着酒、搂着美女,眉开眼笑地当上了"齐王"。他正在得意忘形的时候,有个十几岁的小孩子叫王孙贾,带着四百多个壮丁,杀到宫里来了。

　　王孙贾是齐闵王的手下。他十二岁的时候,死了父亲。齐闵王见他可怜,又喜欢他的机灵,便把他留在身边,当个"小大夫"。齐闵王逃难的时候,他跟着那几十个文武大臣在一块。后来齐闵王和夷维、法章偷偷地从卫国逃出来,王孙贾就和他们失散了。他只好独自逃跑,吃尽了苦头,才回到家里。

　　他娘一见他,就问:"君王到哪儿去了?"他说:"我们在卫国失散了,如今下落不明。"他娘咬着牙骂他,说:"你做臣下的半夜里跟着君王一块儿逃出去,如今君王不知下落,你独自回来。天下哪有像你这种做臣下的,亏你还有脸来见我!"王孙贾红着脸,辞别了母亲,又去寻找齐王。

　　他好不容易打听到了齐王的下落,等他跑到莒城,淖齿已经把齐王弄死了。他得到这个消息大哭起来,就用左手把衣裳的右边撕下了一块,露出右边的肩膀来(文言就叫'右袒'),在莒城街上嚷嚷着说:"淖齿当了齐国的相国,把君王杀了,这种不顾忠义、没有廉耻的人就应该治罪!齐王虽然有过错,齐国到底是咱们的国家,哪能让这种狼心狗肺的外人骑在咱们的脖子上呢?难道齐国没有人了吗?怎么全不起来呀?谁愿意跟我一块去杀那乱臣贼子的,请右袒!大家跟我一起去吧!"街上的人全聚拢过来,乱哄哄地嚷嚷着说:"这么个小孩子都知道忠义,难道咱们还不如他吗?大伙儿去吧!"一会儿就有四百多个年轻小伙子都露着右肩膀,拿着刀、叉、锄头、棍子什么的,跟着王孙贾拥到宫里去,后头还跟着一大队人大声嚷嚷着"右袒!右袒!"

　　楚军虽然有二十万,可是全都驻扎在城外,宫里只有几十个卫兵。冷不防地见这些人拥了进来,摸不清是怎么回事,大伙儿慌了。这一群老百姓不顾死活地抢过卫兵的家伙,杀到宫里去,七手八脚地就把淖齿逮住。你一下、我一下地把他剁成了肉泥烂酱。群众的队伍越来越大。他们杀散了城里的楚国士兵,马上守着莒城。城外的楚国军队一听说大将给人家杀了,有一部分人投降了燕国,其余全回去了。

　　这件惊天动地的群众杀敌的事情一下子传遍了齐国。同时,齐国的一个老头儿王蠋自杀的事件也轰动起来了。齐闵王当初有两个老大臣,一个是太傅王蠋,一个是太史嫩。他们都劝过齐闵王别太凶暴。也因此,差点给齐闵王杀了。他们就告了病假,扔了官职,隐居起来。后来乐毅打到画邑(在山东省临淄县西

北)地方，听说太傅王蠋的老家就在那儿。乐毅打算借着"德高望重"的王蠋当个幌子去收服齐国的民心。他打发人带了一分厚礼去请王蠋，对他说："上将军请太傅出来，这对齐国、对太傅都有好处！要不然大军可就要打到城里来了。"王蠋坚决地说："君王不听忠告，我已经辞官不干了。如今君王死了，国也亡了，你们还要逼着我投降吗？我出来替你们做事，怎么对得起全国的人呢？不忠不义地多活几年，还不如清清白白地早点儿死去！"说着，就自杀了。

"右祖"本意指用手把衣裳的右边撕下一块，露出右边的肩膀来显示救主的决心。后人用"右祖"这个典故比喻做事下了很大的决心的样子。

治大者不治细

典出《列子·杨朱》：杨朱见梁王，言治天下如运诸掌。

梁王曰："先生有一妻一妾，而不能治；三亩之园，而不能芸。而言治天下如运诸掌，何也？"

对曰："君见其牧羊者乎？百羊而群，使五尺童子荷以、箠而随之，欲东而东，欲西而西。使尧牵一羊，舜荷箠而随之，则不能前矣。且臣闻之：吞舟之鱼，不游枝流；鸿鹄高飞，不集污池。其极远也。黄钟大吕，不可从烦奏之舞。何则？其音疏也。将治大者不治细，成大功者不成小，此之谓矣。"

杨朱去谒见梁王，夸口说治理天下如同反掌那么容易。

梁王说："先生有一个妻子和一个妾，尚且不能把她们管好；三亩地的园子，还不能除草治理好。而你却说治理天下易如反掌，这是为什么呢？"

回答说："您见过牧羊的人吗？有成百只的羊群，派一个五尺高的孩童，扬起鞭子尾随着它们，说向东就向东，说向西就向西。假使让尧帝牵一只羊，让舜帝扬起鞭子在后面跟着，那羊也不会听话往前走了。况且我还听说，口能吞船的大鱼，从来不到水的支流里去游泳；鸿鹄飞得很高，从来不翔集在脏水池边。这是为什么呢？是由于它们的目标更加远大呀。黄钟大吕这种乐调，不能伴奏烦杂凑合的舞曲，这是为什么呢？是因为它的声调节奏过于稀疏呀！所以说，将要管理国家大事的不去顾及琐屑的生活小事，要成就大功业的不去纠缠小的利益。说的就是这个道理呀！"

这则寓言向人们表明：巨细大小，本来是相比较而存在的，在它们之间并没有不可逾越的鸿沟。古人所说的修身、齐家、治国、平天下，除了反映出封建意识外，作为事物发展过程中的各个发展阶段来说，首先彼此是相通的，其次情形又往往互相区别。从前一方面看，矛盾的普遍性是绝对的，成大不成小，这说法是难以成立的；从后一方面看，矛盾的特殊性是相对的，治大不治细，这说法是能站住脚的。具体事物具体分析，无论做什么事情，都必须抓住要害，亦即掌握主要矛盾。杨朱不能治家,却自称治天下如运诸掌。这话并不是不可理解。

自矜犝牛

典出《燕书》:"南海之滨,有昭支曷者,居汭湿之丘。汭不产牛,有绳犝来者,大如獒,其角茧尔栗尔。昭支曷怖曰:'是何物也?'其友伯昏氏告曰:'此谓犝牛,《易》称'童牛之牿'是也。'昭支曷曰:'吾见貌牛者,形咫尺耳!其大有若斯乎?'恳其人购以归,骄其比邻,矜其舆皂,自以为无敌也。他日,宁宣子过焉,谓之曰:'是未足为大也。高凉之山,有牛曰犐,其有黄其尾,玄其色,类乎卷牛,其肉重三百余斤,子盍致之?'昭支曷复往购以归,又自以为无敌也。他日,爱子膻过焉,谓之曰:'是未足为大也。空宾之林,有牛曰㸲,赤鬣蔽髀,体长而多力,其肉重六百斤,子盍致之?'昭支曷复往购以归,又自以为无敌也。他日,倨无膝过焉,谓之曰:'是未足为大也,巴峡之中,有牛曰㸘,其毛拳然,其睛煜然,其角熠然,其肉重一千斤,子盍致之?'昭支曷复往购以归,又自以为无敌也。他日,梁都之舟过焉,谓之曰:'是未足为大也。合浦之间,有牛曰犇,项肉上葵,龙胡下绥,迅行如飞,其肉重三千斤,子盍致之?'昭支曷复往购以归,且诧人曰:'如此尚有可敌者耶?'岸舞焉悦,嚣嚣然自溢也。他日,公孙伯光过之,昭支曷出牛雠之。公孙伯光曰:'是犹未足为大也。岷峨之谷,有牛曰犟,镘荡以为项,鹄象以为眼,雕璧以为背,填脂以为尻,其肉重七千斤,子盍致之?'昭支曷惑曰:'有是哉?虽然,且将验之。'迨至,果如伯光言。因叹曰:'使人不我告,我终矜犝大于天下牛也!'"

在南海边上,有一个叫昭支曷的人,他居住在藏蛟水弯处的山丘上。水弯地方不产牛,有一个人牵来了一头犝牛,它的体形像四尺长的大狗,而角却像蚕茧、栗子一般小。昭支曷看了以后惊疑地说:"这是个什么东西呀!"他的朋友伯昏氏告诉他说:"这叫做犝牛。《易经》书上称之为'童牛之牿'的就是它呀"。昭支曷说:"我看见画上的牛,它的形体不过咫尺长罢了,活牛竟有这样大的吗?"便恳求牛的主人,买了那头牛牵回家来,向他的近邻夸耀着,对他的差役们吹嘘着,自以为是天下无可匹敌的。

过了几天,宁宣子走过这里,对他说:"这并不足以称为庞然大物呀。在高凉山上,有一种牛叫做犐牛,它有黄色的尾巴、黑色的身子,体形肥壮像个圆筒子,它的肉重三百多斤,你为什么不去寻求来呢?"昭支曷再去把犐牛购买回来了,又自以为是天下无可匹敌的。

再过几天,爱子膻走过他的家,对他说:"这也不足以称为庞然大物呀。在空宾的森林里,有一种牛叫做㸲牛,红色的毛,下垂到大腿,天青色的牛尾毛遮蔽着膝盖。体形很长,力气又大,它的肉重六百斤,你为什么不去寻求来呢?"昭支曷再去把㸲牛买回家来,又自以为是天下无可匹敌的。

又过了几天，倨无膝走过他的家，对他说："这不足以称为庞然大物呀。在巴峡里面，有一种牛叫做摩牛，它的毛卷曲着，它的眼睛明亮闪光，它的角非常锐利，它的肉重一千斤，你为什么不去寻求来呢？"昭支昷再去把它购买回来了，又自以为是天下无可匹敌的。

再过几天，梁都之舟走过他的家，对他说："这也不足以称为庞然大物呀。在合浦那里，有一种牛叫做犎牛，脖颈上的肉向上隆起，神髯般的胡子往下垂到大腿，跑起来像飞一般快，它的肉重有三千斤，你为什么不去寻求来呢？"昭支昷又去把它购买回来，并且向人们夸耀说："像这样大的牛，世界上还有可以与之相匹敌的吗？"便趾高气扬蹦跳着，傲慢自得地自吹自夸着。

过了几天，公孙伯光走过他的家门，昭支昷便拉出他的牛来应答着。公孙伯光说："这还不足以称为最大的牛呀。在岷峨的山谷，有一种牛叫做犩牛，像用瓦刀抹平的头顶，像天鹅伫立般的脚后跟，像纹彩璧玉般的脊背，填塞满了油脂的屁股，它的肉重七千斤，你为什么不去寻求来呢？"昭支昷听后疑惑地说："真有这样的牛吗？虽是这么说，明天我也要去验证一下。"及至走到那里，果然有像伯光所说的那样的大牛。因而叹了一口气说："假使别人不来告诉我这些情况，我将始终认为犚牛是天下最大的牛了！"

后人用这则寓言说明"君勿自足，自足则骄矣，骄则轻，轻则残民以逞，国欲治得乎？"作者用"自矜犚牛"的寓言比喻了治国之道，具有鉴戒作用。

坐井观天，往往不知天地之大。尤可悲者，反以井天自骄，这就贻笑大方了。故曰："人自狭者，其不可哉！"天地间的大物，岂独一头；凡人有自满自足者，观此寓言，可以深思。

这则寓言，在写法上运用了民间故事的迭次深入的技巧，文字虽长，但不感到累赘啰嗦。

中华典故

吴登美 编

第三卷

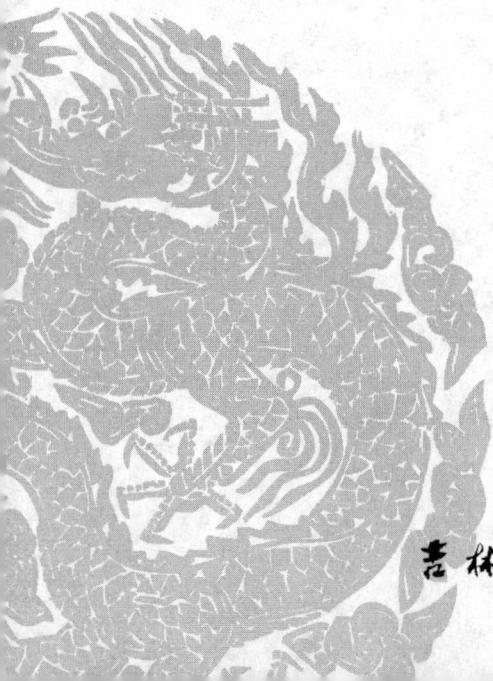

吉林大学出版社

第三卷　目录

中华典故

第三卷 目录

谋略篇

景 物 篇

时 令 篇

人 伦 篇

哲 理 篇

功 业 篇

技 艺 篇

中华典故

第三卷 目录

司　法　篇

大义灭亲

典出《左传·隐公四年》：石碏纯臣也，恶州吁而厚与焉。大义灭亲，其是之谓乎？

战国时代，卫国百姓因州吁杀了卫桓公自立为王，又任意驱使他们去打仗，十分不满，要派人到洛阳告诉周王。州吁大急，便和他的同谋者石厚商量怎样稳定人心，石厚说："我父亲在朝廷德高望众，如果把他老人家请出来，就好办了。"

石厚父亲石碏本是卫桓公重臣，因不满卫州吁的所作所为，告老还乡。今见石厚来问，便说："诸侯即位应得周王许可，要是周王答应了，还有什么说的。"石厚续问："怎么才能得到周王许可呢？"石碏答道："陈桓公得宠于周王，又和我们相好，如你们得到陈桓公帮助，在周王面前说几句好话，那周王一定会答应的。"石厚把他父亲的话转告州吁，两人大喜，立即带些礼物到陈国去。

石碏也写了一封信，暗地里打发人送给陈桓公，大意说：卫国不幸，出了祸国殃民的乱臣，这全都应由州吁和石厚两人负责。我年老了，无力处治他们，只好想法叫他们上贵国，请你本着正义，把他们办罪，给卫国除害。

州吁和石厚一到陈国，就被陈桓公捉住了。陈桓公派人到卫国问怎样处置这两个人，卫国派右宰丑赴陈国杀了州吁。关于石厚，大家为了讨好石碏，都主张从轻处治。但石碏说："小子不忠不义，留他何用。"立即派管家孺羊肩赴陈国把石厚杀了。石碏以国家之大义灭父子之私亲的做法，得到后世人的赞许。

后人便把石碏杀石厚的做法，引申为"大义灭亲"这句成语，本指为君臣大义而灭父子的私亲，后泛指为正义而不顾私亲的行为。

奉公守法

这句成语原作"奉公如法"，典出《史记·廉颇蔺相如列传》：以君之贵，奉公如法则上下平，上下平则国疆（强），国疆则赵固。

战国时,赵国有一个叫赵奢的人,当过田部吏(主管土地、租税等的官)。因他善于用兵,后来当了赵国的大将。在秦赵交兵中,他曾率军大破秦军。因功被封为马服君。

在赵奢当田部吏的时候,有一次征收租税,平原君赵胜(赵国的贵族,赵惠文王的弟弟)家拒不交租,赵奢依法杀了在平原君手下为虎作伥的九个打手。为此,平原君大怒,要杀掉赵奢。赵奢毫不畏惧,他对平原君说:"你身为赵国的贵公子,纵容家人抗租不交,这是无视国家法律的行为。国家的法律削弱了,国家就要衰败,国家衰败了,各国诸侯就会出兵攻赵,各国诸侯出兵攻赵,我们赵国就要灭亡了。到那时,你怎么还能有现在这样的荣华富贵呢?以你这样的权势和地位,如果能够奉公守法,那么上上下下都会敬佩你,从而使国家强盛,人民安宁,希望你能以国家的利益为重。"平原君听了赵奢的这番话,觉得很有道理,于是向赵王作了汇报,说赵奢是一个很贤明的大臣,赵奢也因此得到了赵王的进一步重用。

后人用"奉公守法"的这个典故比喻遵守国家规定的法令制度。含褒意。

画地为牢

典出司马迁《报任少卿书》:故士有画地为牢,势不可入……。

西汉时,李陵战败投降匈奴,汉武帝十分生气。大臣中原来赞颂过李陵士气旺盛的人,见此情况都反过来责骂李陵。唯独司马迁对李陵持有不同看法,他爽直地向汉武帝陈述了自己的意见。他说,我和李陵素来没有什么交情,各走各的路,但我看他的为人,很讲交情,很讲义气,恭敬俭朴。他常常想"奋不顾身"以殉国家的急难,确有国士的风骨。现在李陵出了问题,大家都全盘否定他,我实在想不通。这次,李陵只带五千步兵,深入敌境,尽心杀敌,不顾个人生死。他与单于打仗十多天,杀敌之数超过了自己军队的人数,杀得匈奴"救死扶伤"都来不及,个个震惊恐怖。匈奴单于在这种情况下,动员全国军事力量,共同攻击李陵,在敌强我弱的不利处境下,李陵辗转战斗,拼死鏖战,最后因箭射完了,粮食吃光了,归路被切断了,士兵很多伤亡了,才被迫停止战斗。他的投降实在处于迫不得已,他不是真投降,而是想等待有利时机报答国家。司马迁最后还说,李陵的功劳也可以抵补他战败的罪过。武帝听了司马迁的话,大发雷霆,立即把司马迁关进了监狱。廷尉杜周为了迎合讨好皇帝,对司马迁施行了当时最残酷、最耻辱的"腐刑"。

司马迁因身体和精神受到如此严重的摧残,内心极为痛苦,很想一死了之。但他冷静一想,如果真的死去,在达官贵人的眼中,不过像"九牛亡一毛,与蝼蚁何以异?"(意思是:像九头牛失掉一根毛一样,与蚂蚁有什么不同呢?)那样死了不但得不到同情,反而惹天下人耻笑。他认为"人固有一死,或重于泰山,或轻于鸿毛"(意思是:人本来都有一死,但有的人的死比泰山还重,有的人的死比鸿毛还轻),为什么要轻易了结自己的生命呢? 至于人身受到侮辱,是完全在意料之中的事。他想到猛虎在深山里为王时,百兽见了都震惊害怕,一旦被关进槛圈坑阱之中,也只得向人摇尾乞食,"故士有画地为牢,势不可入……"(意思是:所以士子见到地上划了一个算是监牢的圈儿,都不肯跑进去),而今我已被关进了监牢,有什么办法呢? 历史上的王侯将相,如文王、李斯、韩信、魏其都受过侮辱,何况我们这些人呢! 于是他决心活下去,忍受奇耻大辱,效法文王、屈原、左丘、孙子等人,在自己的残生尚存之日从事著述。由于艰苦地、顽强地努力,他终于写成了《史记》这部伟大著作。

后人用"画地为牢"比喻只许在规定的范围内活动。

居官守法

典出《史记·商君列传》:常人安于故俗,学者溺于所闻。以此两者居官守法可也,非所与论于法之外也。

战国时,秦国国君秦孝公准备任用商鞅进行变法。即将实行的新法将大大提高农民和将士的地位,对秦国在当时称霸于其他诸侯国十分必要。但是,新法又威胁到了贵族和大大小小的封建领主的利益,所以变法之前就遭到了一些权贵们的反对,弄得秦孝公左右为难。有一天,秦孝公让大臣们议论变法的事。大夫甘龙和杜挚极力反对变法。他们认为,风俗习惯不能改,古代的制度不能变,否则就会使大家不方便,国家就会灭亡。

面对这些人的反对,商鞅据理力争。他说:甘龙的话,是世俗之言。一般的人安于故俗,学者们沉溺于自己的所见所闻。这些人如果让他们当官谨守成法(居官守法)还可以,若和他们谈论成法以外的事,他们一窍不通。古代的制度也许正适合古人的需要,但后来别的都变了,以前的制度也就没有了。成汤和武王改革了古代制度,却兴了国。因此,古代应用古人的制度,今人应用今人的制度。要想国家强盛,就得改革制度,实行变法。死守古法,就会亡国。

秦孝公很同意商鞅的意见,便拜他为左庶长,于秦孝公三年(公元前359年)进行了变法。

后人用"居官守法"来指为官谨守成法,不知变通。

李逵断案

典出《水浒传》第七十四回。

梁山众好汉,为策应燕青与任原相扑,大闹泰安州。黑旋风李逵手持双斧,直到寿张县衙门,吓得知县开后门逃走了。李逵转入后堂寻找,见到一个幞头衣衫匣子。他扭开锁,取出幞头,插上展角,戴在头上,把绿袍公服穿上,系了角带,换上皂靴,拿着槐简,走到厅前。

李逵打扮成知县模样,大叫县衙门里的吏典人等,都来参见,要排衙升堂。众人无可奈何,只得上去答应,擎着牙杖,打了三通摆鼓,向前声喏,表示升堂。李逵见了,呵呵大笑,说:"你们当中也得有两个装着告状,来打官司,我好判案。"公吏们商量了一会,推上两个牢子装着打架的,前来告状。

李逵高坐公堂,县门外百姓都放进来看他办案。只见两人跪在厅前,这个告状说:"相公可怜我,他打了小人。"那个也告状说:"他骂了小人,我才打他。"李逵问:"哪个是挨打的?"原告说:"小人是被打的。"又问:"哪个是打人的?"被告说:"他先骂人,小人才打他。"李逵最后判决:"这个打人的是好汉,先放他出去。那个不长进的,怎么挨人家打了,给他戴上枷在衙门前示众。"说着,他把绿袍扎起来,槐简揣在腰里,拿出大斧,一直看着把那个原告枷了,押在县门前,然后也不脱去衣靴,便大踏步走了。看热闹的百姓见他这样判案,都忍不住哈哈大笑。

"李逵断案",比喻只要有权势、力量大,本来没有理也说成有理。

明察秋毫

典出《孟子·梁惠王上》:明足以察秋毫之末,而不见舆薪,则王许之乎?

战国时,有一次齐宣王请求孟子讲有关齐桓公、晋文公称霸的事,孟子回答说:"孔子的学生只学仁、义、道、德,从来没听说过以武力称霸的事,所以我不会讲。当然,如果大王愿意听有关'王道'的事,我会尽力讲好的。"齐宣王说:"您讲统一天下的事吧!"孟子回答道:"大王只要有同情心,就可以统一天下。"齐宣王笑了,说:"哪有这么简单,同情心与统一天下又没有联系。"孟子接着说:"我听人说,有一天,大王坐在堂上,有人牵着牛从堂下经过,大王看见了,就问去哪里。那人说,准备杀牛用它的血祭钟。你就叫那人放了,并说:'牛又没有罪,为什么要杀它呢?我不愿看到它被杀时那可怜的样子。'那人说:'那祭钟怎么办呢?'大王就叫他用一只羊代替。由此看出,大王是有同情心的,因为有同情心就会爱护老百姓,爱护老百姓国家就强大。"

齐宣王听了,摸着头说:"现在想来,真有些不能理解,齐国即使小,也不至于连一只牛都没有,难怪老百姓说我吝啬呀。"

孟子说:"这没有什么奇怪,老百姓不理解大王的深意。表面看,牛和羊都是死,大与小又有什么区别,但实质上却不同了。"齐宣王说:"我这种心情与王道有什么相同呢?"孟子回答道:"假使有人向大王报告:我的力量能举三千斤,却拿不动一根羽毛;我的目力能看清鸟兽的细毛,却看不清眼前的一车子柴火。大王相信吗(明足以察秋毫之末,而不见舆薪,则王许之乎)?肯定不信。大王只要有同情心,就应该把同情心推广到全国,这是能做到的。"

齐宣王最后说:"您说了这么多,但我还是不喜欢王道。"

后人用"明察秋毫"比喻目光敏锐,连极小的事物都看得清楚。

窃金不止

典出《韩非子·内储说上·七术》:"荆南之地,丽水之中生金,人多窃采金。采金之禁,得而辄辜磔于市,甚众,壅离其水也,而人窃金不止。

夫罪莫重辜磔于市,犹不止者,不必得也。

楚国南方之地,在丽水这条河流中生有砂金,人们多去偷着采金。

朝廷明令禁止采金,捉住采金的人就在市上施以分裂肢体的重刑。受刑的人很多,以致尸体把丽水拥塞不流了,但人们窃金的行为还不能停止。

这个寓言的主旨,说明——只有严刑峻法是不够的,必须还要杜绝人们的幸免心理。治罪没有比分裂肢体于市上更重的了,但人们还是窃金不止,这是由于总有幸脱的人。

辜磔于市,罪莫重矣;而窃金犹不止者,因为是"不必得也"。这正说明了"刑罚不必则禁令不行"。所以在讲述过这个故事之后,韩非接着说:今有人于此,对他说:"予汝天下而杀汝身。"庸人不为也。夫有天下,大利也,犹不为者,知必死也。故不必得,则虽辜磔,窃金不止;知必死,则天下不为也。

缇萦救父

汉朝第二个皇帝汉文帝是个很开明的君主,他曾下了一道命令,凡是老百姓

遇到解决不了的困难，都可以直接给皇帝上书。

公元前167年，一位叫淳于意的县令犯了罪，要把他解到长安去问罪。他有五个女儿，没有儿子，动身时叹到："唉，生女无用，没有一个能帮我！"小女儿缇萦听了，决定跟父亲一起去长安，沿路照顾他。缇萦到了长安，知道汉文帝的命令，于是写了一封十分诚恳的信，亲自送到皇宫，请侍卫官呈给皇帝。

缇萦在信里写道："我的父亲是个清官，又是个著名的医生。如今他犯了罪，理应治罪。但是现在治罪的肉刑太重了，脸上刺字、割鼻子、砍脚，都会害人一生，以后即使他想要改过自新也没有办法了。希望皇帝能下令改正这种残酷的肉刑，用其它刑罚来代替它们。"汉文帝看了信，觉得这小姑娘的态度肯切，是实话，就召见主管法律的大臣，对他们说："刑法的作用是警戒人们不再犯法，如今这些肉刑，害人一辈子，应该改掉。"

丞相张苍和御史大夫冯敬研究之后，建议以做劳工来代替脸上刺字，以打板子来代替割鼻子和砍脚。汉文帝批准了这一建议，残酷的刑法终于被废止了。缇萦不仅救了父亲，也使天下所有罪犯减轻了痛苦。后来，汉文帝的儿子汉景帝又进一步改革了刑罚，把打板子规定为只许打屁股，板子改得又薄又窄，而且只许由一个人从头打到底。

这样，虽然肉刑没有被完全废除，但减轻了，对人民还是有利的。

鞅法太子

典出《史记》：令行于民期年，秦民之国都言初令之不便者以千数。于是太子犯法。卫鞅曰："法之不行，自上犯之。"将法太子。太子，君嗣也，不可施刑；刑其傅公子虔，黥其师公孙贾。明日，秦人皆趋令。

新法令在秦国施行整一年，然而来京城咸阳申诉新法不便的人数以千计。太子犯了法。商鞅说："法令行不通是上面人犯了法的缘故。"将要依法处治太子。太子是国君的继承人，不可加以刑罚；必须加刑给太子的辅佐公子虔，将太子的老师公孙贾涂面刺字。第二天，秦国人都急忙按新的法令办事了。

后人用"鞅法太子"这个典故比喻太子犯法与民同罪。

约法三章

典出《史记·高祖本纪》：与父老曰，法三章耳：杀人者死，伤人及盗抵罪。

秦二世荒淫无道,宠信赵高,陷害忠良,以致民不聊生,天下大乱。陈胜、吴广揭竿而起,继之江东项羽、丰沛刘邦也举起义师,拥立楚王孙心为怀王,建都盱眙。这时楚军上将军为宋义,项羽为次将,范增为末将,刘邦则自领丰沛起兵的军队,隶属于楚怀王。不久,刘邦封为沛公。

楚军志在灭秦,必先取得关中之地(函谷关以西,今陕西等地)。楚怀王这日登殿,询殿前诸将,谁愿进取关中? 项羽、刘邦,俱应声愿往。楚怀王说:"谁先进入关中,谁即为关中王。"项羽、刘邦整军出发,项羽从北路进发,刘邦从西路进军。

刘邦受命之后,率领参谋萧何、曹参、武将夏侯婴、樊哙、周勃等从彭城出发,西征暴秦。

西征军道经昌邑县城,就改道高阳西进。在高阳(今河南杞县境)又获得了一位谋士郦食其,因而取陈留、攻开封。在曲遇、白马等地,大败秦军。夺南阳,下宛城,经舟水,出胡阳,所过之处,有征无战,直入武关。

刘邦兵进关中,接连打了几个胜仗,秦地人民,为秦政所苦,楚军进关,反而箪食壶浆,夹道相迎。秦军望风而逃,刘邦直扑咸阳城下,秦二世、赵高等人,惊骇不已。

赵高杀了秦二世,另立秦王婴,想与楚军谋和。但秦王婴又杀了赵高,素车白马,出城向刘邦投降。

刘邦进入咸阳,就留恋皇宫的舒适,不肯出皇宫。这位泗上亭长出身的刘沛公,布衣时代,就贪酒好色,一旦身入宫廷,尽力享受豪华富贵,忘了自己干什么来的。樊哙进宫,劝他离去,他不听。张良又进宫劝说:"秦皇无道,天下大乱,你才能兵进咸阳,为的是替天下扫除残贼。你刚到了咸阳,就安于宫室犬马,醇酒妇人之乐,这岂不成为助纣为虐?"刘邦大悟,遂出宫回至霸上,召集关中豪杰开会,订立约法三章,一、杀人者死。二、伤人及盗抵罪。三、馀悉除去秦法。诸吏人皆安堵如故。

刘邦对大家说:"我这次出关,是为父老们除害,不是来侵犯父老们的,请你们放心。我不住在咸阳宫中,回到霸上行辕,为的是等待山东六国诸侯会师咸阳,而后再定约束。"

秦国父老们大喜,回家之后,牵着牛羊,抬着酒食,到刘邦军中劳军。刘邦不受,婉转地对父老们说:"我们军中有的是军粮,不能接受你们的酒食,但我们非常感谢你们的盛情,如果我们吃了你们的东西,花费了你们的钱食,就失去我们进关拯救你们的初衷了,东西请你们带回,心意我们领了。"

这和秦军搜括民脂民膏惟恐不尽的作风,完全相反。关中百姓争相走告:"如果刘沛公不回关东,在我们关中做秦王,我们就有好日子过了。"

刘邦入关,与民约法三章,把关中的人心立刻收买住了。

后人用"约法三章"比喻订立必须遵守的规章条款。

做贼心虚

典出《梦溪笔谈·权智》：陈述古密直知建州浦城县日，有人失物，捕得莫知的为盗者。述古乃绐之曰："某庙有一钟，能辩盗，至灵。"使人迎置后阁祠之，引群囚立钟前，自陈："不为盗者，摸之则无声。为盗者摸之则有声。"述古自率同职，祷钟甚肃。祭讫，以帷围之，乃阴使人以墨涂钟。良久，引囚逐一令引手入帷摸之，出乃验其手，皆有墨，唯有一囚无墨，讯之，遂承为盗。盖恐钟有声，不敢摸也。

枢密直学士陈述古任建州城知县时，有人丢失了东西，抓到一些人却不知道那个是真正的盗贼。于是陈述古骗他们说："某某庙里有一口钟，能辩认盗贼，特别灵验。"他派人把那口钟抬到官署后阁，祭祀起来，把这一群囚犯带到钟前，自己对犯人说："没有偷东西的人，摸这口钟，它不响，偷了东西的人一摸它，钟就会发出声响。"述古亲自率领他的同僚，在钟前很恭敬地祈祷。祭祀完毕后，用帐子把钟围起来，并暗地里让人用墨汁涂钟，过了很久，钟涂好以后，带领被捕的犯人一个个让他们把手伸进帷帐里去摸钟，出来就检验他们的手，发现都有墨汁，只有一人手上无墨。述古对这个人进行审讯，于是他才承认自己是盗贼。原来这个人是害怕钟响，没有敢去摸。

后人用"做贼心虚"的这个典故告诉人们，陈述古善于抓住"为盗者做贼心虚"这一致命弱点，巧设机关，很快破获了一起盗窃案。当然，陈述古采用的具体方法是不足取的，但他善于分析罪犯的心理，能够抓住罪犯的弱点，还是有借鉴意义的。

品 行 篇

安贫乐道

典出《论语·雍也》:"贤哉回也!一箪食,一瓢饮,在陋巷。人不堪其忧,回也不改其乐。"何晏集解引孔安国曰:"颜渊乐道,虽箪食在陋巷,不改其所乐。"又见《后汉书·杨彪传》:"安贫乐道,恬于进趣,三辅诸儒莫不慕仰之。"此据《论语》。

孔丘是春秋末期的一位思想家、政治家和教育家,是儒家的创始人。为了维护封建贵族的统治,孔丘提出了"己所不欲,勿施于人","己欲立而立人,己欲达而达人"等论点,即所谓"忠恕之道"。在此基础上,他还提倡德治和教化,反对苛政和刑杀。在孔丘的学说中,劝人安贫守法是一项重要内容。他曾提出"不患寡而患不均,不患贫而患不安"的论点,并以此作为衡量他的学生品行好坏的一项标准。

相传,孔丘教过的学生有三千人,其中著名的有七十二人。在这七十二人中,有一个孔丘最为得意的弟子叫颜渊,就是一个安贫乐道的典范。颜渊,春秋末鲁国人,名回,字子渊。孔丘曾称赞他说:颜渊真是一个很贤德的人啊!他虽然贫居陋巷,只有一个竹篮子用来吃饭,用瓢饮水,也不改其乐。

"安贫乐道"原是儒家所提倡的立身处世的态度,后来多指虽处于贫困境地,仍以守道为乐。这是剥削阶级提出的一种骗人的话,意思是要人们安于穷苦生活,愉快地接受他们的那套说教。

不欺暗室

典出《列女传》。

卫国的国君卫灵公,一天夜里突然听到一阵车马行驶的声音,由远而近,大约行到宫门口却无声无息了。过了一会又响起车马声,由近而远,慢慢地又无声无息了。卫灵公感到奇怪,就问他的夫人:"你知道这是什么人?"

夫人笑了,很自信地回答说:"这不会是别人,只能是您的大夫遽伯玉!"

"你怎么知道一定是他呢?"卫灵公越发奇怪起来,"莫非你会占卜?"

夫人一本正经地说:

"我听说凡是臣子路过王宫门前,都要下车致敬,这是朝中的礼节。忠臣和孝子既不在大庭广众之下故意做样子给人家看,也不在没人的地方疏忽自己的行为,遽伯玉是卫国有名的贤人,最为仁智,很遵守礼节。方才一定是他经过宫门,停下来表示敬意。虽然在夜间,无人看到,他仍旧那么遵守礼仪,不是他还能有谁呢? 如果您不信,可以派人去调查一下……"

卫灵公派人去问明了情况,夜里行车的果然是遽伯玉。但他想与夫人开个玩笑,故意对她说:

"哈哈,夫人猜错了,那人不是遽伯玉!"

夫人不慌不忙地斟了一杯酒,送到卫灵公面前,恭敬地说:"我祝贺君王!"

"贺我什么?!"卫灵公莫名其妙。

"原来我只知道卫国就一个大贤人遽伯玉,现在看来还有一位同他一样的贤大夫,您有了两位贤人。贤人越多,卫国越兴旺,我所以才祝贺君王呀!"

"原来是这样呀,你真是明智的女人哪!"卫灵公心里十分高兴,便把真相告诉了她。

从此之后,人们都说卫灵公夫人仁智、贤良、、知人、达理。

后人据此说遽伯玉"不欺暗室",并用它表示即使在无人的情况下,也不做违反规定的事情。

"不欺暗室"有时也写作"暗室不欺"。

不食周粟

典出《史记·伯夷列传》：武王已平殷乱，天下宗周，而伯夷、叔齐耻之，义不食周粟，隐守于首阳山，采薇而食之。

殷朝末年，孤竹国国君有两个儿子，大儿子伯夷，小儿子叔齐。国君在位时，有意让叔齐继承王位。国君死后，叔齐觉得自己比伯夷小，就让给伯夷。伯夷说："立你为国君，是父亲的意思，我怎么能接受呢？"两人相互推让，都不愿立为国君，最后，两人弃位逃往西部周文王处。

刚才走到半路，伯夷、叔齐碰上周武王的部队。原来周文王已死。武王继承了王位。还来不及埋葬父亲，他就用车载着周文王的雕像，往东讨伐纣王。

伯夷、叔齐拦住周武王的马头苦苦劝谏说："父亲死后不埋葬，反而兴兵讨伐，说得上孝道吗？以臣子的身份去杀害君王，说得上仁慈吗？"武王手下的士兵见了，想杀死他俩。姜太公说："他们是仁义之人。"就叫士兵把他俩扶开。

周武王平定殷朝之后，天下都属于周朝。为此，伯夷、叔齐感到耻辱，坚决不吃周朝的粮食，隐居在首阳山中（"伯夷、叔齐耻之。义不食周粟，隐于首阳山"），靠采摘蕨菜度日，他俩编了一首歌，歌中唱道："登上西山啊，采摘蕨菜。残暴代替残暴啊，不知谁是谁非（"以暴易暴兮，不知其非矣"注：伯夷、叔齐认为殷和周都是一样的残暴）？神农、舜和禹已经消逝啊，我们将依靠谁？往哪里啊往哪里？生命就这般衰微！"

后人用"不食周粟"的典故比喻坚决反对某种行动或主张；又用"以暴易暴"表示一种残暴的统治代替另一种残暴的统治。

超群绝伦

原作"绝伦逸群"，典出《三国志·蜀志·关羽传》：孟起（马超）兼资文武，雄烈过人，一世之杰，……犹未及髯（指关羽）之绝伦逸群也。

东汉建安十九年（公元214年），刘备领兵进攻益州（今四川），结果出师不利，只好给在荆州的诸葛亮写信，让他再派些兵马来。诸葛亮接信以后，马上召集关羽、张飞、赵云商议，决定留关羽镇守荆州，自己带张飞、赵云前去支援刘备。

来到益州不久，诸葛亮用计收降了西凉猛将马超。关羽得到消息以后，写信给诸葛亮，询问马超的才能。诸葛亮知道关羽这个人虚荣心比较强，于是回信

说："孟起（马超字孟起）文武兼备勇猛过人，是一代豪杰，可以和张飞并驾齐驱，然而不及你这样超群出众。"关羽见信后十分高兴。

"超群绝伦"指超出众人，同辈中谁也比不上。超，超出；绝，尽、断绝；伦，类，同辈。

舍儿救孤

典出《东周列国志》第五十七回、《元曲·冤报冤赵氏孤儿》。

春秋时代，晋灵公的武将屠岸贾，恃宠专权，陷害忠良。大臣赵盾家属三百人全部被杀害，只剩下一个刚出生不久的孤儿赵武，被赵盾的门客程婴救出，期望以后为赵家报仇。屠岸贾知道了赵氏有遗孤，下令要将晋国境内半岁以下的婴儿全部杀尽，以绝后患。

程婴为了拯救晋国婴儿，保存赵家孤儿，找晋灵公的退职老臣公许杵臼商量，甘愿以自己才生下来的儿子冒充孤儿献出，把赵武作为自己亲生的儿子隐藏下来。公孙杵臼曾与赵盾有"刎颈之交"，他也愿意自己认作隐藏孤儿的人，让程婴出首去告密。

屠岸贾得知孤儿下落，立即派武士跟着程婴去抓来公孙杵臼和婴儿，果真将程婴的儿子误认为是赵氏孤儿，把他活活地摔死了。公孙杵臼受尽严刑拷打，触阶而死。屠岸贾以程婴告密有功，收为门客，作为心腹，还将孤儿认作义子。

二十年后，赵武学成文武技艺，经过程婴点破，领悟自己的身世，乘机砍杀屠岸贾，为赵家报了仇。

"舍儿救孤"，比喻为了他人而牺牲自己的利益。

淳于髡荐贤

典出《战国策》：淳于髡一日而见七士于宣王。

王曰："子来，寡人闻之，千里而一士，是比肩而立；百世而一圣，若随踵而至也。今子一朝而见七士，则士不亦众乎？"

淳于髡曰："不然。夫鸟同翼者而聚居，兽同足者而俱行。今求柴胡、桔梗于沮泽，则累世不得一焉；及之睪黍、梁父之阴，则郄车而载耳。夫物各有畴，今髡，贤者畴也。王求士于髡，譬若挹水于河，而取火于燧也。髡将复见之，岂特七士也。"

中华典故

淳于髡在一天之内，就向齐宣王推荐了七名贤士。

齐宣王大为惊奇地对淳于髡说："请先生走近一点。我听说，在方圆千里的地方，能够找到一个贤士，就等于贤士肩并肩地站在面前；在百代之中，能够出现一个圣人，就算是圣人接踵而至了。现在，在短短的一天里。您就向我推荐了七个贤士，那贤士不是太多了吗？"

淳于髡说："事情并不如此。同类的鸟，往往聚在一起；同种的野兽，往往住在一起。如果我们到低湿的地方去寻找柴胡、枯梗，即使寻找几辈子，也将得不到一株；如果到睪黍山和梁父山的北面去寻找，那就多得要用车子装运了。世界上都是物以类聚的。今天，我淳于髡在贤者之列啊。大王向我寻求贤士，就好比到河里舀水，用火石取火一样。我将不断地向大王推荐贤能呢，难道就只有这七个么！"

后人用这个故事说明：不是没有人才，问题在于没有人通过适当的途径去发现，去推荐。

大瓠之用

典出《庄子·逍遥游》：夫子固拙于用大矣。……今子有五石之瓠，何不虑以为大樽而浮于江湖，而忧其瓠落而无所容，则夫子犹有蓬之心也夫！

战国时，有一次惠子对庄子说："我种了一种瓠（葫芦），容量达到五石。由于大而无用，我就把它打破了。"

庄子听后，嘲笑惠子说："怎么能说大而无用呢？只是你不善于使用大的东西罢了。同样的东西，在不同人的手里，却有不同的用法。你有容量五石的瓠，为什么不把它做成船呢？那样，可以乘上它遨游在江河湖泊之上。而你却感到忧心忡忡，最后打破了它。看来，是你的思想飘忽不定，没想到罢了。"

后人用"大瓠之用"比喻量材使用。

有眼不识荆山玉

典出《金瓶梅词话》第二十一回：不听你之良言，辜负你的好意，正是有眼不识荆山玉，拿着顽石一样看。过后知君子，方才识好人。

春秋时期，楚国有个名叫卞和的人，在荆山找到一块"璞"（中间有玉的石头），他认定璞中的玉一定是最好的，便去献给楚厉王。厉王把玉工找来一看，认

为它只是一块普通的石头，厉王大怒，把卞和的左膝盖骨切掉了。过了几年，厉王死了，楚武王接位，卞和不死心，又抱着璞去献给武王，武王的玉工说："这人来过一次的，是个骗子，那是什么'璞'？只是一块石头罢了！"武王也发怒了，把他右膝盖骨也割去了。又隔了几年，武王死了，楚文王继位，这时，卞和两只脚都残废了，抱着那块璞坐在荆山下痛哭，有个大官经过他身边，问明原因，说："你是不是因为残废了才痛哭呢？"卞和说："不是，我是为世人'有眼不识荆山玉'，为这块宝玉不能为人赏识而痛哭；我是为自己的一片忠心不为楚王理解而痛哭。"大官回京禀报了楚文王，文王派人把卞和接来，剖开璞，呀！当真是一块再好也没有的宝玉。于是重赏了卞和。据说历代皇帝的传国玉玺就是用这块玉刻成的。这块玉被命名为"和氏璧"，以纪念卞和的功劳。

后人用"有眼不识荆山玉"这个典故比喻人们不识好歹，不识人才。

中山猫

典出《郁离子·枸橼篇》：赵人患鼠，乞猫于中山。中山人予之猫。善捕鼠，及鸡。月余，鼠尽而其鸡亦尽。其子患之，告其父曰："盍去诸？"其父曰："是非若所知也。吾之患在鼠，不在乎无鸡。夫有鼠，则窃吾食，毁吾衣，穿吾垣墉，毁伤吾器用。吾将饥寒焉，不病于无鸡乎？无鸡者，弗食鸡则已耳，去饥寒犹远。若之何而去夫猫也。"

赵国有一户人家被老鼠害苦了，便从中山国讨取捕鼠的猫。中山人给了他一只。那只猫很会捕老鼠，也喜欢捉鸡。一个多月以后，他家里老鼠捉尽了，但他养的鸡也被吃光了。他儿子认为那只猫是个祸害，告诉他父亲说："为什么不赶跑它呢？"他父亲说："这件事，不是你能了解的。我们的祸患在于有老鼠，不在于没有鸡。有了老鼠，便偷吃我家的粮食，咬烂我家的衣服，钻穿我家的墙壁，啃坏我家的家具。这样，我们就要挨饿受冻，比没有鸡不是更有害吗？仅仅没有鸡，我们最多不吃鸡罢了，离开挨饿受冻还远得很呢。为什么要赶走那只猫呢？！"

这个故事说明：做事、用人都要权衡利害大小；做事不要怕付出代价，因噎废食；用人不要责备求全，以瑕掩瑜。

煮酒论英雄

典出:《三国演义》第二十一回。

东汉末期,刘备被吕布打败后,到许昌投奔曹操。他为了不引起曹操的猜忌和怀恨,便假装对天下大事毫不关心,成天在后园种菜。实质上,他胸怀称王天下的大志,而且还与国舅董承密谋除掉曹操。为此,他心中对曹操非常戒备。

一天,曹操邀请刘备去小亭中喝酒,桌上摆好了一盘青梅、一壶煮酒。二人开怀畅饮。酒兴正浓时,天上阴云密布,暴雨将临,一团浓云如飞龙悬挂天边。二人靠在栏杆上欣赏那天空中水墨画似的奇景,曹操有意问刘备:"先生知道龙的变化吗?"刘备说:"请您说说看。"曹操说:"龙能大能小,能显能隐,随时变化,如当世的英雄,纵横四海。先生您知道谁是当世的英雄吗?"刘备一连举了当时有势力的好几位,如袁术、袁绍、刘表、孙策等,曹操都认为够不上称"英雄"。最后,刘备只好假装湖涂地说:"那么还有谁才称得上英雄,我实在不知道。"曹操用手指指刘备,又指指自己,然后说:"天下英雄,只有您与我二人罢了。"

刘备一听这话,大吃一惊,手里拿的筷子"啪"地一声掉在地上。正好这时天上雷声大作,刘备乘机从容地拾起地上的筷子说:"雷声的威力可真大呀。"将自己惊惶失措的真正原因巧妙的掩饰过去,没有引起曹操的怀疑。

后人用"煮酒论英难"或"青梅煮酒论英雄"的典故比喻人与人之间评论功绩。

学 问 篇

白公堤

　　美丽的西湖有一道长堤,原来的名字叫白沙堤,可是后来百姓们都叫它白公堤,这是什么缘故呢?

　　中唐时期,有一年杭州大旱,西湖旁边的千顷良田,地皮都干裂了,稻禾枯黄。老百姓天天都到州衙门口去请求那些官老爷,放西湖水,救救干渴的农田。可是那些当官的,恐怕放掉了湖水,自己不能泛舟湖上、寻欢作乐了,一直不理睬百姓的请求。

　　有一天,百姓们又拥到衙门口,嚷着请求官老爷们放水浇田。知州大老爷被吵得气不过,跑到衙门口怒冲冲地问:"放西湖水,那湖里的鱼不都死了?"这时,人群中走出一位五缕长髯的老人,轻蔑地看着知州老爷问:"请问,鱼和百姓的性命哪个要紧?"

　　知州被咽住了,但又强词夺理地说:"那荷花菱角怎么办?"老人又冷冷一笑:"那再请问,荷花菱角和稻米哪个要紧?"

　　周围的百姓听老人说得有理,嚷得更厉害了:"说得对! 还是放水浇田吧!"知州早已气得浑身发抖,指着老人颤颤巍巍地问,"你,你,你是谁?! 竟敢煽动百姓闹事!"老人微然一笑,指着知州说:"你问我是谁? 我是白居易!"

　　知州一听,身子一下矮了半截,连忙满脸堆笑地说:"原来是新任刺史白大人到了,下官有失远迎,当面谢罪,谢罪!"

　　第二天,碧绿的西湖水,沿着无数水渠哗哗地流进了百姓的农田。干枯的禾苗,都像喝了甘露,一下子挺起了腰。百姓们望着得救的庄稼,高兴得泪水横流。不久,白居易又发动农民在钱塘门外修了一道堤,安上一座石闸,把湖水贮存起来。为了教导百姓和告诫以后的官员,他又写了一篇《钱塘湖石记》刻在石碑上,详细地写明堤坝的用处以及蓄水用水的方法,上面甚至还写明放一寸湖水能灌多少顷田,湖水最低可放到多深。

　　在白居易任刺史的时候,有一个贵公子命人在湖边填湖,要修一个水心亭。这事被白居易知道了,把这贵公子和他当官的父亲都叫来,对他们说:"西湖,是百姓的西湖,谁也没有权利占用它。现在,罚你家在湖边开一百亩田。"又有一次,白居易看见有人从湖边的山坡上砍了两棵树,他马上命衙役把那人抓来,罚他种上一百棵树。

终于，白居易任期满了，要离开杭州了。当仆人把他剩余的俸禄装进行李箱时，他说："把它们存到官库里，留着整治西湖吧！"

白居易离开杭州那天，成千上万的百姓跪在他的马前痛哭流涕，白居易眼含着热泪，把百姓一一扶起，和他们挥手告别。从那以后，杭州百姓为了纪念白居易，就把白沙堤叫作白公堤了。

不耻下问

典出《论语·公冶长》：子贡问曰："孔文子何以谓之'文'也？"子曰："敏而好学，不耻下问，是以谓之'文'也。"

春秋时，卫国有一个叫孔文的大夫，死后被谥为"文"。子贡就这件事询问孔子说："孔文子凭什么谥为'文'？"孔子回答说："他聪明灵活，爱好学问，并且谦虚下问，不以为耻辱，所以用'文'字做他的谥号。"

"不耻下问"的意思是不以向学识、地位不如自己的人请教为耻。

不求甚解

典出晋·陶潜《五柳先生传》：好读书，不求甚解。

从前有这样一个人，不知叫什么名字，因为他住宅旁边有五棵柳树，所以大家都叫他五柳先生。五柳先生有些沉默寡言，不大喜欢说话，但是他对各种问题都喜欢思考，对各种社会现象都留心观察，并且有他独到深刻的见解。不大喜欢说话，并非他的天性，只要遇到知己，他可以慷慨激昂地抒发胸中的积闷，抨击官场的劣迹、社会的弊端。他"好读书"，但"不求甚解"，一心领会它的精要之处；一旦解除了一个疑团，懂得了一些新的道理，便乐得手舞足蹈，有时甚至连饭都忘记吃了。五柳先生尤其可贵之处是不羡慕名利，不愿低三下四奉迎拍马，对那些仗势压人高高在上的官僚，他极为轻蔑鄙视，总是避而远之。由于他不愿与世俗相处，所以隐居故里。

"不求甚解"在这里是指读书只领会要旨，不在文句上下功夫。

后人用"不求甚解"来说明学习不够认真，不求深入了解，或了解情况不深入。

不学无术

典出《汉书·霍光金日磾传》：然光不学亡术。暗于大理……

"亡"通"无"。

我国东汉时期的著名史学家、文学家班固，用了二十年的时间写了一部《汉书》，书中叙事详赡，文辞渊。在《霍光金日磾传》的卷末，他写了这样一段赞语：

"霍光以结发内侍，起于阶闼之间，确然秉志，谊形于主。受襁褓之托，任汉室之寄，当庙堂，拥幼君，摧燕王，仆上官，因权制敌，以成其忠。处废置之际，临大节而不可夺，遂匡国家，安社稷。拥昭立宣，光为师保，虽周公、阿衡，何以加此！然光不学亡术，暗于大理，阴妻邪谋，立女为后，湛溺盈溢之欲，以增颠覆之祸，死才三年，宗族诛夷，哀哉！"

班固这里谈论的是汉代的大司马大将军霍光，由于生前犯了一个大错误而导致死后的祸灭九族之罪。原来霍光是朝廷上举足轻重的大人物，受到朝野上下万人景仰。他跟随汉武帝二十八年，深得皇帝的器重。汉武帝刘彻临终时，将幼子弗陵交给他辅佐。汉昭帝死后，他又改立刘询为皇帝。霍光掌握朝廷上的军政大权长达四十多年，可以说对刘氏朝廷功勋显赫。可是，有一件事情他没有做对，因此而带来了祸患。

那是刘询刚刚继承皇位的时候，霍光的妻子出于私利，想把小女儿成君嫁给刘询做皇后。然而刘询立了许妃为皇后，霍光妻子因此想阴谋害死许妃。她买通了女医淳于衍，趁许妃生病的时候，下毒药谋害了她。许后暴死，朝廷逮捕了女医淳于衍，关进大牢里严加审问。这件事霍光事先并不知道。他的妻子看女医下了狱，害怕事情败露，才如实告诉了丈夫。霍光一听，大为惊骇，想去举发，又不忍心让亲人伏罪，便将此事隐瞒起来，还替女医说情，把案子包庇下来了。

可是没有不透风的墙，纸里是包不住火的。等霍光死了以后，有人把这件事向皇帝告发了。皇帝派人调查处置这个案子。霍光妻子和家里人听到风声，又惊又怕。知道自身性命难保，便生了杀机，企图谋反朝廷，召集兄弟姊妹女婿一同策划举事。不料朝廷早已发觉他们的计谋，派兵将霍氏家族搜捕、杀戮。因这个案子受牵累的近亲、远戚有几千户人家，受到诛杀。

班固在评价霍光的功过时，指出霍光对自家人缺乏管教，过分宽容、放纵，所以才招致这样的结局。班固还说这是由于霍光不学无术，不明白大道理的缘故。

成语"不学无术"，意思是说人没有学问和办事的本领。

当垆卖酒

典出：《史记·司马相如列传》。

西汉时，临邛县的卓王孙富甲一方。有一天，他宴请宾客，请来了著名的才子司马相如。在宴席上，司马相如凭借自己的才华和风度，吸引住了卓王孙寡居在家的女儿卓文君。宴席之后，卓文君怀着仰慕的心情，背着父亲私自逃奔到司马相如那里。为了避免父亲的追赶，两人又连夜逃到成都。不料到了成都，卓文君才发现风度翩翩的司马相如，竟是家徒四壁，一贫如洗。

卓王孙得知女儿私奔，不禁勃然大怒，发誓说："想不到我女儿如此不争气！我不忍心杀她，但她休想得我一分钱！"

卓文君在成都住了一段时间，感到闷闷不乐，就对司马相如说："我们住在成都，生活如此艰难，不如回临邛去，我从亲戚那里借点钱来维持生活，犯不着过这种苦日子。"于是，她同司马相如一起回到邛城。

到了临邛，司马相如卖了车马，买了一间酒屋，做起卖酒的生意。司马相如穿着一条破烂裤子和长工酒保一起造酒，有时还把酒缸搬在街中洗刷。卓文君则站在酒台边卖酒边收钱。卓王孙知道后，感到无脸见人，就躲在家里闭门不出。

后来，卓王孙的叔父、弟弟都劝他说："既然卓文君已嫁给司马相如，司马相如虽然贫穷，但一表人材，又有才学，今后一定会有所作为的。"卓王孙这才分出一部分钱给两人。

后人用"当垆卖酒"或"文君当垆"比喻有学问的人做生意。

斗牛图

典出《独醒杂志》：马正惠公尝珍其所藏戴嵩《斗牛图》。

暇日展曝于厅前。有输租氓见而窃笑。公疑之，问其故。对曰："农非知画，乃识真牛。方其斗时，夹尾于髀间，虽壮夫膂力不能出之。此图皆举其尾，似不类矣。"公为之叹服。

马知节先生曾经非常珍视他所收藏的唐代名画家戴嵩画的一幅《斗牛图》。

有一个空闲日子，他将画展开在厅前晒太阳。一个前来送租税的农民见了这幅画，暗暗发笑。马知节疑惑不解，问他为什么发笑。那农民回答说："我这个

耕田人，不懂得画，但是却熟悉真正的活牛。那牛打架时，总是把尾巴紧紧地夹在大腿中间，即使身强力壮的人，使尽全身力气，也不能拉出它来。而这张斗牛图，牛都举起尾巴，这似乎很不相象啊。"马知节听了，对农民的见识很佩服。

这个故事说明：任何名家的东西都要接受实际生活的检验；有实际生活经验的人往往有真知灼见。

怪哉冤虫

典出《太平广记》：汉武帝幸甘泉，驰道中有虫，赤色，头、牙、齿、耳、鼻尽具。观者莫识，帝乃使东方朔视之，还对曰："此虫名怪哉"。昔时拘系无辜，众庶愁怨，咸仰首叹曰："怪哉！怪哉！"盖感动上天，愤所生也，故名"怪哉"。此地必秦之狱处。即按地图，信如其言。上又曰："何以去虫？"朔曰："凡忧者，得酒而解，以酒灌之当消"。于是使人取出置酒中，须臾糜散。

秦始皇统一六国后，建立起中央集权统治，推行严刑峻法。无辜百姓也常常被关在狱中，饱受折磨。

到了西汉时期，有一次汉武帝乘车前往甘泉宫。行至长平坂道中，走在前面的随从发现大路上有一种奇怪的虫，全身红得发紫，长着类似人的头和眼睛、嘴巴、牙齿等。众人感到惊奇，赶紧跑去报告汉武帝，汉武帝派了些有学问的人去察看，但谁也说不出这是什么虫。

汉武帝有一个臣子叫东方朔，最为聪明博学。他也跟着汉武帝出来了，在后面的车中。汉武帝派人叫东方朔去看虫，东方朔说："这是因为秦代拘禁无辜的老百姓在狱中，众人心中忧愁，糊里糊涂地吃了官司，都仰头叹息'怪哉'。这种虫就是忧冤之气所结，名叫怪哉。这个地方一定是秦代的监狱。"汉武帝派人去拿地图来对照，这里果然是秦代设监狱的地方。

汉武帝又问东方朔，该用什么方法对付这种虫。东方朔说："大凡人有忧愁，都喜欢用酒来化解。这种虫是忧冤所结，想来用酒也可消解。"汉武帝命人取了酒来。随从们将虫捉来放到酒里，果然一会儿就消散了。大家都佩服东方朔无所不知，真是奇才。

后人用"怪哉冤虫"的典故比喻人有冤愤，郁结难消。

韩干画马

唐朝画家韩干长于画马，被誉为有唐以来画马的第一人。

韩干幼年时家境贫寒，在一家酒店里作酒童。一天，他到诗人王维家去要酒钱，因久等无聊，便在地上画着人儿马儿玩。王维出来见了很惊奇，认为这孩子很有点画画的天才，就每年送他钱供他学画。韩干一连学了十余年，画得很出色，尤其是画马，堪称一绝。天宝初年，召入内廷为供奉。当时，陈闳画的马很著名，玄宗命他跟陈闳学画马，他不肯，玄宗非常奇怪，问他为什么，他回答说："陛下马棚内的马，都是臣的老师，韩干画马，反对模仿，愿意师法自然。"玄宗听了，大为赞赏。

据传，建中初年，有一个人牵了一匹伤了前足的马找兽医医治。这匹马的毛色骨相，和当地马的样子都不一样，兽医和他开玩笑说："我从未见过这样的马，这马的样儿，简直和韩干画的马儿一样。"恰好，韩干来了，就问韩干是否像他画的马，韩干仔细看了半天，惊奇地说："真有点儿像我所画的马。"韩干回到家中，再看自己刚画完的那匹马，前足正是有一点儿腐，才知道是他画的马通灵变活了。

囫囵吞枣

典出《湛渊静语》：客有曰："梨益齿而损脾，枣益脾而损齿。"一呆弟子思久之，曰："我食梨则嚼而不咽，不能伤我之脾；我食枣则吞而不嚼，不能伤我之齿。"狎者曰："你真是混沦吞却一个枣也。"遂绝倒。

有个客人说："梨子对牙齿有益处，却损害脾脏；枣子对脾脏有好处，却损害牙齿。"一个呆头呆脑的青年人想了很久，猛然醒悟地说："我如果吃梨子，就只嚼不吞，那就不能伤害我的脾脏了；我如果吃枣子，就只吞不嚼，那就不会伤害我的牙齿了。"有个熟人跟他开玩笑说："你真是囫囵吞下个枣子啊。"满座的人都笑得前俯后仰。

"你真是囫囵吞下一个枣"这个成语比喻不求甚解。

黄羊祭灶

在我国北方地区曾流传着这么一句俗语："腊月二十三，家家祭灶，送神上天。"这"神"就是指灶神、灶王爷。据说，每年的腊月二十三那天，是灶王爷升天的日子，所以家家户户都热热闹闹地送他上天。

相传，灶神名叫祝融，是远古时候的一个火官。死后被封为火神，到了人间就称为灶神。

灶神的任务是每年升天一次，向玉皇大帝汇报人间的事情。每家每户的事情，无论大小，他都一一讲给玉皇大帝听。玉皇大帝听了之后，就根据他所讲的事情来实行奖惩。如果有人做了好事，玉帝就赐福给他，让他升官发财，儿孙满堂；如果谁做了恶，玉帝就要惩罚他，让他受尽穷苦，断子绝孙。这样一来，灶神的职权可不小。因此人们为了讨好他，让他多说好话，在每年腊月二十三他升天那天，都要隆重地祭祀他，供他好吃的好喝的。于是，在供奉的灶神画像上，有人在他嘴上抹上密糖，让他到玉帝那里多说些甜言密语；有人在他嘴上抹些年糕，把他的嘴封住，让他到玉帝那里开不了口；还有人甚至在他嘴上洒些酒，让他喝醉，到玉帝那里胡言乱语，这样玉帝就不信他的话了。

总之，人们为了让灶王爷好事多说，坏事隐瞒，想尽了千方百计。然而，古时候最隆重的祭礼要数黄羊祭灶。这种祭礼来源于一个传说故事。

西汉时，有个叫阴子方的人，在腊月二十三那天，大清早就起来烧火做饭。当他刚一拨开火，忽然，火膛里跳出一个人来。此人身材高大，穿着黄色大袍，披散着一头黄发，留着长长的红胡须，面如红土，两眼似火。原来是灶神现形了。阴子方见了，赶紧跪下，连连叩拜。灶神祝福了他几句后，又跳回火膛里去了。

正巧，阴家养了只肥壮的黄羊，阴子方立即把黄羊杀了，摆在灶王爷像前隆重地祭祀起来。从那以后，阴家渐渐发了。过了三辈以后，更是人财两旺。别人听说以后，也跟着杀黄羊祭灶，以求得灶王爷的保佑，发财做官。于是，黄羊祭灶的风俗流传开了。

可是，过了一段时间后，人们发现尽管杀了许多黄羊给灶王爷吃了，贫穷的还是照样贫穷。于是，黄羊祭灶的风俗又渐渐被淘汰了。以后，人们也只买些糖果，放几挂鞭炮送送灶王爷，不指望富贵，只求他在玉皇大帝跟前少说坏话，多美言几句就够了。

将勤补拙

典出唐代诗人白居易《自到郡斋，公经旬日，方专公务，未及归游，偷闲走笔题二十四韵》诗：救烦无若静，补拙莫如勤。

公元825年，唐敬宗李湛任命大诗人白居易为苏州刺史。当时的苏州已是一个交通发达，商业繁盛，人口众多的重镇。白居易被派到此任职，深感自己肩负着重大的责任。

到职以后，白居易顾不上一洗旅途的疲劳，更顾不上去玩赏苏州的名胜古迹，马上投入了紧张的工作。他召集下属，询问公务，调查研究，制定治理措施，每天从早忙到晚，有时甚至工作到深夜。白居易喜好饮酒和音乐，但到苏州以后,由于公务繁忙,往往十天来滴酒不沾口,个把月不听一次音乐。

后来,白居易给他的朋友写了一首诗,谈了自己当时的心情,诗中写道:自己笨拙,担当不起苏州刺史这样的重任,除了用勤奋来补救外,没有其他办法。白居易以"将勤补拙"、勤政爱民的举动深得苏州人民的爱戴和崇敬。

"将勤补拙"指用勤奋补救笨拙,含自谦之意。

举一反三

典出《论语·述而》:举一隅(yú 于)不以三隅反,则不复也。

隅,角落;反,类推。

孔丘是我国历史上的一位教育家,据说,他门下的弟子有三千多人。《论语》是记录孔丘和他的学生对话的一本书。

据这本书的《述而》记载,有一天孔丘对他的学生们说:我举出一个墙角,你们就应独立思考,融会贯通,而联想推类到其余三个墙角,并用其余三个墙角来反证我指出的一个墙角;如果不是这样的用心去学习和灵活运用,那么我就不再教你们了。

后人用"举一反三"这个典故比喻善于推理,能由此知彼。

脍炙人口

典出《孟子·尽心下》:脍炙,所同也;羊枣,所独也。

春秋时的曾参是个孝子。他的父亲曾晳喜欢吃羊枣(一种野生小柿子,俗名牛奶柿)。曾晳死后,曾参竟不忍心再吃羊枣。因此被儒家传为美谈。

有一次,孟子的学生公孙丑就这件事向孟子提出了问题:脍炙(精美的肉食)和羊枣哪样东西好吃?孟子说:当然是脍炙好吃。公孙丑说:那么曾参父子一定都爱吃脍炙了,可为什么父亲死后,曾参只戒羊枣,不戒脍炙呢?

孟子回答说:脍炙,人所同嗜,是大家都爱吃的;羊枣却是曾晳的特殊嗜好,所以曾参继续吃脍炙而不吃羊枣。

后人用"脍炙人口",比喻人人赞美和传诵(多指诗文)。

老面鬼

典出《谐铎》：吾师张楚门先生设帐洞庭东山时，严爱亭、钱湘龄俱未入词馆，同堂受业。一夕，谈文灯下，疏棂中有鬼探着而入。初犹面如箕，继则如覆釜，后更大如车轴。眉如帚，眼如铃，两颧高厚，堆积俗尘五斗。师睨微笑，取所著《橘膜编》示之曰："汝识得此字否？"鬼不语。师曰："既不识字，何必装此大面孔对人！"继又出两指弹其面，响如败革。因大笑曰："脸皮如许厚，无怪汝不省事也。"鬼大惭，顿小如豆。师顾弟子曰："吾谓他长装此大样子，却是一无面目人，来此鬼混。"取佩刀砍之。铮然堕地，拾视之，一枚小钱也。

我的老师张楚门先生在太湖洞庭东山教书时，严爱亭、钱湘令都还没有进翰林院，他们在一个班上听张先生讲课。一天晚上，师生灯下谈论诗文，忽然，有一只鬼从那窗格里伸进头来。起初鬼脸不过撮箕那么大，接着，就像倒罩着的一口大锅，最后更加大得像口车轴。脸上的眉毛像扫把，眼睛如铜铃，两边的颧骨高高突起，上面堆积的尘土足足有半担。张先生瞟了它一眼，微笑着，拿出自己写的《橘膜编》给它看，说："你认得这些字么？"鬼默默不语。先生说："既然斗大的字都不认得，何必装成这么个大面孔来吓人！"接着，先生又伸出两个指头弹弹那鬼脸，响声就像那破败的牛皮一样。先生又大笑着说："原来脸皮这样厚，难怪不懂事呢。"鬼十分惭愧，一下子缩小得像一粒豆子。先生回头对学生们说："我说这怎么装出这么个大得吓人的样子，却原来是个完全没有面孔的家伙，跑到这里来鬼混。"顺手拿起佩刀对着鬼头砍下去，"铿锵"一声响，鬼头掉在地上，捡起来一看，原来是一枚小小的铜钱。

这个故事说明：知识就是力量！目不识丁的阔佬丝毫不足羡慕。

陋室铭

唐代诗人刘禹锡由于主张改革旧政，被从京城贬到和州（今安徽和县）当一个小通判。和州知府是个势利小人，看刘禹锡被贬，又对自己不恭敬，就想办法整治他。按规定通判应住三大间前廊后厦的大宅院，但知州却在城南门外给他三间小瓦房住。谁知刘禹锡根本就没理会房大房小，一看房子正对大江，还挺高兴，随手写了一副对联贴在门上："面对大江观白帆，身在和州思争辩。"

过了几天，知州听说刘禹锡对住房无所谓，每日吟诗读书，挺自在，又恼又怒,吩咐下人给他搬家,搬到只有一间半的北门外一处茅草房里。这次刘禹锡明白知州的用意了,但他仍不露声色,依旧读书作诗,游山玩水,而且又在门前贴了副对联:"杨柳青青江水平,人在历阳心在京。"

知州见刘禹锡还是不买自己的账,既不来拜访自己,也不来送礼,气得胡子都撅了起来,于是又命人给刘禹锡搬家。刘禹锡这半年多时间,连搬三次家,这回只是一间房。刘禹锡心想,皇帝老爷贬我的官,把我赶出京城都没整倒我,你一个小小的知州又能怎么样我?你要我发愁,我偏乐呵呵的,看你怎样!一到住处,刘禹锡看到房前有一棵枯树,而旁边却是一片欣欣向荣的绿荫,他当即又在门前贴上一副对联:"沉舟侧畔千帆过,病树前头万木春!"

刘禹锡依然是每日读书访友,和当地的文人墨客联诗联句。转眼又是一个多月过去了,知州还不见刘禹锡对自己有什么表示,心想,这准是个书呆子,是块石头!于是他命人把放在衙门口前的一块上马石给刘禹锡送去,想要羞辱刘禹锡一番。

这天,刘禹锡访友归来,心情很好,看看自己的小屋子,里面一张床、一张桌、一张椅、一架书,不觉欣然命笔,写了一篇盛赞这小屋的《陋室铭》:

"山不在高,有仙则名;水不在深,有龙则灵,斯是陋室,唯吾德馨……"

短短的百字小文,却洋溢着蓬勃向上,傲岸不屈的精神。谁知刚写完,知州那块石头就送到了。刘禹锡看看这块三尺半长,一尺多高,一尺多宽的石头,顿时一个主意涌上心头。他满脸笑容地对来人说:"请回去对知州大人说,我刘禹锡多谢他的礼物!"知州听完回报,心里又好气又好笑,更觉得这是个十足的书呆子了。

可谁知,刘禹锡请一位石匠,把自己那篇《陋室铭》工整地刻在了这块石头上,放在自己的书架前。

直到今天,《陋室铭》石刻一直保留在和州,供来往的人们观赏凭吊。同时,人们也通过这块石刻,了解了刘禹锡身居陋室,不改高洁本性的品质,同时也看到了当年那个知州的丑恶嘴脸。

妙笔生花

典出五代·王仁裕《开元天宝遗事·梦笔头生花》。

唐代诗人李白是继屈原之后我国古代又一伟大的浪漫主义诗人。他的诗歌在我国文学史上闪耀着灿烂的光芒。传说,他少年时代曾做过一梦,梦见他的笔头上生了花。后来便天才赡溢,文思敏捷,斗酒百篇,超群出众。

而今天看来,李白在诗歌创作上的伟大贡献,绝非得力于梦,而是他丰富的经历和刻苦学习的精神所铸成的。

后人把"梦见笔头生花"说成"妙笔生花",用来称赞别人杰出的写作天才。

名人酒徒

东晋偏安江南约一百年,当时最流行的风俗是清谈。有人不务世事、高谈空论;有人放浪形骸,饮酒高歌,竹林七贤中的刘伶就是纵酒放荡最出名的一个。

刘伶当时在东晋做建威将军,每天都要饮一石酒。有时不醉、有时微醉,酒醒以后又继续饮五斗。刘伶一想喝酒就向其妻要,他的妻子很不赞成刘伶这样狂饮,就对他说:"喝酒非养生之道。"劝他戒酒,刘伶回答说:"你的意见很对,我发誓从此戒酒,今天你给我买五斗酒,饮最后一次。"刘伶拿到五斗酒以后,又说:"天生刘伶,以酒为名,一饮一石,五斗解酲,妇人之言,慎莫可听。"说完又狂饮起来。

当时,如刘伶这样嗜酒的不乏其人,下面略举一二。

晋末宋初的陶渊明是名闻遐迩的田园诗人,他辞官以后就住在庐山的栗山与里山之间的一块大石头旁。这块大石可坐10人,在此可仰视瀑布,他在兴致来时坐在大石上饮酒,酒醉后就仰卧在大石上。他的朋友颜延之顺路来看他。就与他同饮。见他生活困顿,临走留下二万钱让他买米,而陶渊明得到钱却又送给酒家了。

据说吴兴太守陆纳与大司马桓温是酒友。陆纳问桓温的酒量,桓温说:"饮酒三升就会醉,吃肉不过十块。"陆纳临行时邀桓温喝酒,桓温欣然接受。陆纳只带来酒一斗,鹿肉一块,同坐的人怪他带的酒肉太少。陆纳则说:"桓公的酒量只有三升,我的酒量只有二升,所以只带一斗酒来。"说完,宾客们才觉得陆纳为人的确率真,他只管自己和约好的酒友。

牛角挂书

典出《新唐书·李密传》:闻包恺在缑山,往从之。以蒲鞯乘牛,挂《汉书》一帙角上,行且读。越国公杨素适见于道,按辔蹑其后,曰:"何书生勤如此?"密识素,下拜。问所读,曰:"《项羽传》。"因与语,奇之。

隋代襄阳人李密,专心向学,从来不浪费一分钟,因此,他的学习生活是相当紧张的。有一次,他到绥山(有作猴山)去,他怕旅途之中耽搁时间太多,出发以前,想出了个一面行路一面读书的好办法:他用蒲公英编织了个鞍子放在牛背

上，把要看的汉书挂在牛角上。就这样，他很舒服地骑着牲口，一手拿书本，一手牵缰绳，走着走着，几乎跟在屋子里没有两样。

走在途中，因为李密的注意力太集中了，他一动也不动，像是一座雕塑摆在牛背上。正巧，当朝大臣杨素也经过这里，见到牛上还有这般好学的人，便顾不得自己赶路，偷偷地紧跟在后边，走上一大段路，李密一点都不知道。直到他挪转牛头，准备另换一本书的时候，杨素才和他谈话，问他看什么书？这时候，李密也只是勉强动了动脑袋，向身边一瞥，漫不经心地说："看《项羽传》!"

后人用"牛角挂书"比喻勤奋读书。

歧路亡羊

典出《列子·说符》：杨子之邻人亡羊，既率其党，又请杨子之竖追之。杨子曰："嘻！亡一羊，何追者之众？"邻人曰："多歧路。"既返，问："获羊乎？"曰："亡之矣。"曰："奚亡之？"曰："歧路之中又有歧焉，吾不知所之，所以返也。"

杨子是战国时代的一个大学问家，有一天，他的邻居走失了一只羊。那人央请了许多亲戚朋友一道去寻找。杨子说："走失了一只羊，何必要这么多人去寻找呢？"邻居说："因为岔路太多，不多请些人，就不能分头寻找呀！"等了一会，找羊的人都先后空手回来。

杨子说："这么多的人去寻找，怎么还会让一只羊走失呢？"邻居说："因为岔路太多呀！每条岔路之中又有许多岔路。因此没有办法寻找，人们只得回来了。"杨子听了，低下头，整天闷闷不乐。一个学生问杨子，说："邻居走失了一只羊，这算不得什么大事，也和老师没有什么牵连，又何必为了这事整天发愁呢？"杨子说："你说的也不错，但我整天想的并不单是邻居走失了羊这件事情；而是连带想到求学问的道理。我们求学问要是没有正确的方向而只是盲目的东钻钻、西钻钻，那就会白白花费了很多的时间与精力，永远达不到目的。结果将要像岔路上寻羊一样，还是寻找不到。"

后来人们用"歧路亡羊"比喻迷失方向，或者比喻事理复杂、事绪纷繁，容易犯错误。

切磋琢磨

典出《诗经·卫风·淇奥》中"如切如磋，如琢如磨"。

《淇奥(yù 玉)》,是《诗经·卫风》的第一篇。《诗序》以为这首诗是赞美周平王的卿士卫武公的。意在说卫武公"有文章,又能听其规谏,以礼自防,故能入相于周"。也有人认为,这首诗是古代贵族女子与丈夫分别后的思夫夸夫之歌。

《淇奥》共三段,第一段的原文是:"瞻彼淇奥,绿竹猗猗。有匪君子,如切如磋,如琢如磨。瑟兮僩(xiàn 县)兮,赫兮咺(xuān 喧)兮,有匪君子,终不可谖(xuān 喧)兮!"大意是说:看那淇河岸边,绿竹葱翠一片。君子神采奕奕,有如细切细磋,有如精雕精磨。风度庄重胸宽大啊,威武英俊容光焕发啊,君子神采奕奕,永远不能忘记他啊!

切、磋、琢、磨,据《尔雅》的解释是:治骨曰切,治牙曰磋,治玉曰琢,治石曰磨。诗中"如切如磋,如琢如磨"一句,本是形容人文采美好、素质纯正而有修养。

后人据此引申出"切磋琢磨"比喻学习和研究问题,互相讨论,取长补短。

取长补短

典出《孟子·滕文公上》:今滕,绝长补短,将五十里也,犹可以为善国。

战国时代,滕文公做太子时,曾去各国访问。有一次,他去楚国路经宋国时,会见了孟子。孟子给他讲了一些人性本是善良的道理,又勉励他要以尧舜之道来治理天下。滕文公回国时又在宋国会见了孟子。孟子怕他还不明白人性本善和以仁政治理天下的道理,又给他讲了文王、周公的治国之道。当谈到滕国还是可以治好时,他说:"现在的滕国,如果截长补短,将近有五十万平方里的国土,如能以仁政治政来治理天下,滕国还能成为一个好国家。"他停了一下接着说:"但如不振作精神去痛除积弊,那也就难说了。"滕文公听了孟子这番议论未置可否,只是微微笑了一笑。

文中的"截长补短"是那时丈量土地的方法,相当于现在的"切角补弯"。

后人把"绝长补短"说成"取长补短",用来表示虚心学习别人的长处,用以弥补自己的短处。

三豕涉河

典出《吕氏春秋》卷二十二"察传":子夏之晋,过卫,有读《史记》者曰:"晋师三豕涉河"。子夏曰:"非也,是己亥也,夫己与三相近,豕与亥相似。"至于晋而问之,则曰晋师己亥涉河也。

孔子有一个学生,名叫卜商,字子夏。有一年子夏去晋国游学,路过卫国的时候,碰见一位学者正在阅读史书,他们就谈起学问来。这位学者谦虚地请教说:

"听说你是孔子的门生,一定很有学问的,有一个问题想请教你……"

子夏忙说:"不要这样讲,你尽管说,我们一块商讨……"

"哦,这卷书里说'晋师三豕涉河',这是什么意思呢? 豕是猪呀,怎能说晋师里有三只猪过河呢? 所以请你解释一下……"

子夏拍拍脑袋,怎么也想不出其中的道理来。他想呀、想呀,忽然兴奋地叫起来:

"那不是'三豕'呀,是'己亥'二字,这两字古时的写法与'三豕'相近,可是抄写的人给抄错了,就这样讹传下来。"

卫国的学者也恍然大悟,说:"对呀,如果是己亥二字就能够讲通了,己亥是表示年代顺序的呀,那么这句话的意思就是:'晋国的军队在己亥这年时渡河'。我谢谢你啦,这句话憋得我好苦呀!"

几天以后,子夏到达晋国,问晋国的朋友说:"贵国有'晋师己亥涉河'的事情吗?"

"有呀,就是己亥涉河呀!"

当子夏把路上所发生的故事讲给那位朋友时,两人不禁放声大笑。

后人用"三豕涉河"这句成语比喻文字传写或刊印的讹误。

"三豕涉河"也可写作"三豕渡河"。豕:音(shǐ),猪。

身有至宝

典出《龙门子凝道记·先王枢》:西域贾胡有持宝来售,名曰璊者,其色正赤如朱樱,长寸者,直逾数十万。龙门子问曰:"可乐饥乎?"曰:"否。""可已疾乎?"曰:"否。""能逐厉乎?"曰:"否。""能使人孝悌乎?"曰:"否。"曰:"既无用如是,而价数十万,何也?"曰:"以其险远,而获之艰深也。"龙门子大笑而去,谓弟子郑渊曰:"古人有云:黄金虽重宝,生服之则死,粉之入目则眯。宝之不涉于吾身者尚矣。吾身有至宝焉,其值不待数十万而已也。水不能濡,火不能,风日不能飘炙;用之则天下宁,不用则身独安,乃不知凤夜求之,而唯此为务,不亦舍至近而务至远者耶!"

西域的一个经商的胡人,拿着一件名叫璊的宝玉前来出售。宝玉的颜色像樱桃一样鲜红,直径不过一寸,价值却超过了数十万。

龙门子问道:"可以充饥吗?"回答说:"不可。""可以治病吗?""不可。""能够驱灾免祸吗?""不能。""能够使人孝悌吗?""不能。"龙门子然后说:"既然如此无用，为什么价值高达数十万呢？"胡商说："因为它藏于险峻的地方，很难获得。"

龙门子听了大笑，拂袖离去，对弟子郑渊说："古人曾经讲过，黄金虽然贵重，但生吞下去，人就会死去，它的粉末进入眼里，人就会变瞎。宝物对我们自身没有什么好处，如此，那么要它干什么呢！其实，人类自身就有无价之宝，它的价值绝不只数十万；而且水不能淹没它，火不能烧毁它，风吹日晒也不能损伤它；应用它可以使天下安宁，不用它也可以保重自身。这样宝贵的东西居然不知勤奋探求，而专为寻找珊一类的宝物去忙碌奔波，不也是舍近求远吗？"

后人用"身有至宝"的这个典故告诫人们，要广开才路，特别要重视人才的使用。人是最宝贵的，人的聪明才智是比任何珠宝都贵重的。

食肉寝皮

典出《左传·襄公二十一年》：食其肉，而寝处其皮矣。

晋国有个州绰，此人聪敏、勇敢而又善战。有一次，齐晋两国在平阴打仗，州绰获胜，并生俘了齐国勇士殖绰和郭最。后来，州绰的好友栾盈与晋国当权的范宣子有矛盾，栾盈被囚，州绰因此出奔齐国。

有一天早朝，齐庄公指着殖绰、郭最说："他们是我的勇士啊！"州绰心中不服，便说："大王认为他们是勇士，谁又敢说不是呢？不过在平阴一战，他们是被我生俘过的。"

不久，庄公准备封一批勇士，其中有殖绰、郭最，但却没有州绰。为此，州绰很不满意地对庄公说："前次齐晋之战，我从平阴打到了齐国的都城，在都城的东门从容不迫地数点过东门的门板，难道还不算勇敢吗？"庄公解释说："你那时是替晋国打我们齐国啊！你到我们齐国来还不久啊！"州绰十分恼怒地说："我在齐国虽是新仆，但殖绰、郭最被我生俘时，他们好比禽兽一般，我恨不得'食其肉，而寝处其皮矣'（意思是：吃他们的肉，把他们的皮剥下来垫着睡觉），那算什么英雄！"齐庄公不管州绰如何恼怒，还是没有封他为勇士。

后人把"食其肉，而寝处其皮"简缩成"食肉寝皮"（寝皮：把皮剥下来当褥子），用来表示仇恨极深。

司马懿攻八卦阵

典出《三国演义》第一百回。

诸葛亮出师北伐,魏国将军司马懿率军到祁山,与蜀汉军对抗于渭滨。这里一边是河,一边是山,中央平原旷野,确是一处好战场!

两军相迎,各用箭射住阵脚。三通鼓罢,魏阵中门旗开处,司马懿出马。这边孔明端坐在四轮车上,手摇羽扇,态度安闲。司马懿劝孔明回兵。孔明笑答:"等我收了中原,自然回兵。"司马懿大怒,要与孔明决一胜败。孔明笑问:"你要斗将?斗兵?斗阵法?"司马懿要先斗阵法。孔明轻摇羽扇,把早在汉中操练精熟的八卦阵布成,问:"识得此阵吗?"司马懿说:"这是八卦阵,怎么不识!"孔明又问:"识是识了,可敢攻打?"司马懿说:"识了便敢打。"他叫三名将领各引三十名骑兵,吩咐他们从正东生门杀入,往西南休门杀出,再由正北开门杀入。三人领兵杀入生门,往西南冲去,却被蜀兵射住,冲突不出。阵中门户重重迷迷,难分方向。三将不能相顾,只管乱冲乱撞,弄得魏军精疲力竭,昏昏沉沉,一个个都被缚住。孔明下令将他们的衣服脱了,脸上涂墨。放出阵去。叫他们回去告诉司马懿,"再读兵书,策观战策,那时再来决雌雄,也不为晚"。

三个魏将和九十名军士,面涂黑墨,光着上身,从蜀阵中步行逃出,向魏阵奔来。司马懿一见,咬牙切齿,怒气冲天,说:"如此挫败锐气,有何面目见中原大臣!"他拔剑在手,指挥三军,向蜀军冲来,想一举攻破八卦阵,报仇雪耻。结果,八卦阵没有攻破,魏兵反被伤亡了十分之六七,司马懿只好败退了。

"司马懿攻八卦阵",比喻态度不老实,不了解事情的真相假装了解,结果自己吃亏。

探玄珠

典出《叔苴子·外编卷二》:昔人闻赤水中有玄珠也,相与泳而探之。维时有探得螺者,有探得蚌者,有探得石卵与瓦砾者,各自喜为获玄珠也。

象罔闻之,掩口失声而笑。人攻象罔。象罔逃匿黄帝所,三年不敢出。

吁,今学士之测经索理,皆是类也。

从前,人们听说赤水里有玄珠,都争着游泳去摸取。当时,有的摸到一只螺蛳,有的摸到一只蚌蛤,有的摸到一颗鹅卵石,有的摸到一块瓦片。大家都非常高兴,自以为摸到了真正的玄珠。

象罔听到这件事,禁不住掩着嘴巴笑起来。大家听说象罔嘲笑他们,都围攻象罔。象罔没法,只好逃到黄帝那里躲避,三年不敢出来。

唉,现在那些轻易猜测和解说经典的书生,都是这一类人啊。

这个故事说明:强不知以为知者最怕别人揭他的底。

王寿负书而行

典出《韩非子·喻老》：王寿负书而行，见徐冯于周涂。

冯曰："事者，为也。为生于时，知者无常事。书者，言也。言生于知，知者不藏书。今子何独负之而行？"

于是，王寿因焚其书而舞之。

王寿背着一大包书走路，在四通八达的大道上碰见了徐冯。

徐冯说："做事情，是人们的行为。人们的行为都是在适当的时机中产生的，因此，智者没有固定不变的行为。书本上所记载的，都是人们的言论。言论是由人们的智识而产生的，因此知者不藏书。现在，你为什么要背着书走路呢？"

于是，王寿便烧了那些书，并且高兴地跳起舞来。

这个寓言的主旨，在于说明"知者无常事"，固然是对的，教人不要死读书、不要读死书、不要读书死，也都是对的；可是，"知者不藏书"，反知识，反学习，以致"焚其书而舞之"，这就成为读书无用论的老祖宗，无非是原始的农民意识的折光反映。韩非在引述了这个故事后，紧接着说："故知者不以言谈教，而慧者不以藏书箧，此世之所过也，而王寿复之，是学不学也。故曰'学不学，复众人之所过'也。""学不学，复众人之所过"也是《老子》六十四章文。韩非正是以"王寿焚书"来释解老子的。

韦编三绝

典出《史记·孔子世家》：孔子晚而喜《易》，读《易》韦编三绝。

孔子到了晚年，特别喜欢阅读《易经》。司马迁在写《孔子世家》时说："孔子晚而喜《易》，读《易》韦编三绝……假我数年，若是，我于《易》则彬彬矣。"（意思是：孔子晚年喜欢读《易经》，翻来复去地读，把编简册的绳子都翻断了多次……在这种情况下，他还自言自语地说：就这样读它几年，那我对《易经》也就学深学透了。那时，我一言一行都会更加文质彬彬的了。）

后人用"韦编三绝"来形容读书认真，百读不厌。

问一得三

典出《论语·季氏》:陈亢退而喜曰:"问一得三:闻《诗》,闻《礼》,又闻君子之远其子也。"

春秋时,孔子有个亲生儿子叫孔鲤,字伯鱼。当时,在孔子的学生中,有些人认为孔子在教学上不一定把全部知识都传授给学生,还有人怀疑孔子对自己的儿子可能教的更多一些。

有一天,孔子的学生陈亢问伯鱼:"您在老师那里听到过什么特别的教导吗?"伯鱼回答说:"没有。有一天,他(孔子)一个人站在那里,我快步经过庭院。他问我:'学过《诗》吗?'我说:'没有。'他说:'不学《诗》,(在官场中)就不会说话。'我回去就学《诗》。又有一天,他又是一个人站在那里,我从他面前快步经过庭院。他问我:'学过礼吗?'我说:'没有。'他说:'不学礼,就站不住脚。'我回去后就学礼。我只知道这两件事。"

陈亢听了孔鲤的回答,心里很高兴。他说:"我提一个问题,得到三点收获:了解到学《诗》的道理;了解到学礼的道理;又了解到君子不偏向自己的儿子。"

后人用"问一得三"比喻问的少,得到的多。

无益反损

典出《笑禅录》:举:《坛经》云:"诸佛妙理,非关文字。"说:一道学先生教人只体贴得孔子一两句言语,便受用不尽。有一少年向前一恭,云:"某体贴孔子两句极亲切,自觉心广体胖。"问:"是哪两句?"曰:"食不厌精,脍不厌细。"颂曰:自有诸佛妙义,莫拘孔子定本;若向言下参究,非徒无益反损。

有一个道学先生本身就是半瓶子醋,他教育他的学生说:"只要懂得孔老夫子的一两句言语,就会受用不尽。"话刚讲完,有一个学生上前深鞠一躬说:"老师说得太好了,我对孔老先生的两句话感到非常亲切。"这位先生问:"是哪两句话啊?"学生说:"'食不厌精,脍不厌细'。"

后人用这则寓言强调对于经典著作的言论不能寻章摘句,机械执行,否则无益反损。道学先生教人只要能体会孔子一两句话便受用不尽,他们把孔子由凡人捧为神人,认为孔子的言论一句顶一万句,完全是欺人之谈。

学而不厌

典出《论语·述而》：学而不厌，诲人不倦，何有于我哉？

孔子在教学上有丰富的经验，常常和学生们一道研讨问题。他一走入学生群中，学生们总是提出各种问题来请教他，而孔子总是耐心地给学生解答。一天上课之余，一个学生问孔子道："老师，你苦口婆心地教导我们，希望我们将来有所出息，根据目前我们的实际情况，你觉得哪些问题应该引起我们注意，哪些事情是你最忧心的呢？"孔子和善地看了看这个学生然后说："品德没有很好地培养，学问没有很好地深钻巩固，听到说要做好事，却不身体力行，自己有了缺点，却不立即改正，这些都是我的忧虑。"接着另一个学生问道："老师，我们学得的知识怎样才能巩固呢？"孔子回答说："'学而时习之'（意思是：学了之后，要经常复习）才能把学得的知识巩固下来，才会越学越有兴趣。"孔子给学生解答问题恳切又耐心，释去了学生脑海中一个又一个的疑问，大家很受感动，情不自禁发出了感叹：老师真好啊！老师不但在学习上不知疲倦，而在教导我们上又这样耐心，真是难能可贵啊！孔子听了学生们的赞扬，谦逊地说："学而不厌，诲人不倦，何有于我哉？"（意思是：学习努力不厌弃，教导别人不知疲倦，这些事我做到了哪些呢？）

后人用"学而不厌"表示专心学习，不知疲倦，不知满足。

晏子使楚

典出《晏子春秋·内篇杂下》：晏子使楚。楚人以晏子短，为小门于大门之侧而延晏子。晏子不入，曰："使狗国者从狗门入，今臣使楚，不当从此门入。"傧者更道，从大门入。

见楚王。王曰："齐无人耶？使子为使。"

晏子对曰："齐之临三百闾，张袂成阴，挥汗成雨，比肩继踵而在，何为无人！"

王曰："然则何为使子？"

晏子对曰："齐命使，各有所主。其贤者使使贤主，不肖者使使不肖主。婴最不肖，故宜使楚矣。"

齐国的晏子，出使到楚国去。楚国人认为晏子身材矮小，想奚落他一顿，事先特地在大门旁边开了个小门。晏子到了，楚人请晏子从小门进去。晏子不肯进去,说:"只有出使狗国的人,才从矮小的狗洞中爬进去。今天,我是出使堂堂的楚国,不应当从这张狗门进去。"招待他的人只得换一条路,让晏子从大门进去了。

晏子拜见楚王。楚王说:"齐国没有人吧? 怎么派遣你作使者!"

晏子回答说:"齐国的都城临淄横街竖巷,鳞次栉比,人来人往,熙熙攘攘,人们张开袖子,可以遮住半边天;大家甩一把汗,整个天空就会像下雨一样,喧腾的人流中,人们肩并着肩,脚挨着脚,怎么会没有人呢!"

楚王说:"既然如此,那么为什么要派遣你这样的人?"

晏子回答说:"我们齐国派遣使者,各有一定的对象。哪个国家的君主贤明,就派有远见卓识的使者到那里去;哪个国家的君主昏庸,就派不学无术的使者到那里去。我晏婴最没有出息,所以最适宜出使到楚国来。"

一目十行

典出《梁书·简文帝纪》:太宗幼而敏睿,识悟过人,六岁便属文,高祖惊其早就,弗之信也,乃于御前面试,辞采甚美。高祖叹曰:"此子,吾家之东阿。"既长,器宇宽弘,未尝见愠喜。方颡丰下,须鬓如画,眄睐则目光烛主。读书十行俱下。九流面氏,经目必记,篇章辞赋,操笔立成。

南北朝时期梁国的简文帝萧纲,是梁武帝萧衍的第三个儿子。萧纲小时候十分聪颖,识悟过人,刚刚六岁他就会写文章,大家都感到惊奇,不肯相信。一天,他的父亲梁武帝,把萧纲叫到跟前,给他出了一个题目,说:

"你就坐在我面前写,我亲眼看着,就知道你到底会不会写文章!"

梁武帝吩咐左右,取来纸笔,萧纲便提起挥写,一会儿工夫便写完了。梁武帝边读边摇晃脑袋,嘴里不停地称赞说:

"好啊,语句流畅,辞采甚美,我这个儿子快赶上七步成诗的曹植啦……"

萧纲长大以后,非常喜欢读书,而且看得极快,一眼可以看完十行文字,别人对他看书的速度简直不敢相信。萧纲对各种各样的书籍都看,九流百氏,诸家学说,无所不晓。尤其喜欢诗辞歌赋,拿起笔来就能写上一篇。他办事也很干练,十几岁就能独立处理事物。

梁武帝死后,萧纲即位,当上了皇帝,但没有几年就被废掉,接着又被害死,死的时候只有四十九岁。

成语"一目十行"就是由该文中的"十行俱下"一句演变而来,意思是一眼看十行书,后人用它形容看书的速度快。

一知半解

典出清·御选《唐宋诗醇》卷三十二:洵乎独立千古,非一代一人之诗也;而陈师道顾谓其初学刘禹锡,晚学李太白,毋乃一知半解。

宋朝诗人陈师道称赞苏东坡的诗,初学刘禹锡,后学李太白。到了清朝乾隆十五年御定的《诗醇》却不同意这种说法。《诗醇》在评论苏轼的诗时写道:"洵乎独立千古,非一代一人之诗也;而陈师道顾谓其初学刘禹锡,晚学李太白,毋乃一知半解。"(意思是:相信宋代大诗人苏轼的诗真是独立千古,不能当作一个时代一个人的诗来看,而宋代诗人陈师道认为苏轼的诗开始学刘禹锡,晚期学李太白,这是对苏轼之诗并不十分了解的说法。)

后人用"一知半解"来表示对问题了解得不深不透,所知不多。

依样画葫芦

典出《东轩笔录》卷一(宋·魏泰):(陶)谷不能平,乃俾其党与,因事荐引。以为久在词禁,宣力实多。亦以微伺上旨。太祖笑曰:"颇闻翰林草制,皆捡前人旧本,改换词语,此乃俗所谓依样画葫芦耳,何宣力之有?"谷闻之,乃作诗于玉堂之壁曰:"官职须由生处有,才能不管用时无。堪笑翰林陶学士,年年依样画葫芦。"太祖益薄其怨望,遂决意不用矣。

宋代陶谷文才出众,任翰林院学士,自认为才高位低,心中愤愤不平,于是使亲朋好友在宋太祖(赵匡胤)面前举荐,声称陶谷久居宫廷词林,为陛下写了不少文章,出力很多,应该提拔。陶谷本人也巧妙地对宋太祖进行暗示,略表不满。宋太祖笑着说:"我经常听说,翰林学士们写文章,都是抄袭前人旧作,改换改换词语而已。这正如俗话所说:照着葫芦的样子画葫芦,有什么费力之处呢?"陶谷听到宋太祖的话以后,就在玉堂壁上题了一首诗,发泄自己的不满。他写道:"官职须由生处有,才能不管用时无。堪笑翰林陶学士,年年依样画葫芦。"宋太祖对他的怨望之意更加瞧不起,下决心不再任用他。

"依样画葫芦"就是从这个故事来的。一作"依样葫芦"。人们用它比喻模仿别人,缺乏新意,没有创意。

映月读书

典出《南史·孝义传》：江泌，字士清，……少贫，昼日斫屐为业。夜读书，随月光，光斜则握卷升屋，睡极堕地则更登。

南朝齐江泌，小时家穷。白天，他要帮助家庭搞些手工业来维持生活。晚上，人们休息了，他却抓紧时间来学习。屋子里没灯光，他把书本拿到屋子外面，利用月光学点东西。月光是要移动的，慢慢地西斜了，江泌就搬梯子来，搁在墙脚下，站在梯子上念书；跟着月亮下坠，他也一级一级升高，一直爬到屋顶。有时，他白天工作累极了，晚上精神支持不住，看看书本，人渐渐地迷糊起来，眼睛闭上了，一下子，人从梯子上摔下来，江泌摔痛了，也摔醒了，神志反而振作起来。于是，他拾起地上的书本，好像没这回事似的，身上的泥土也不挥掉，又赶紧爬上了梯子，继续一句一句地读下去。

后人用"映月读书"形容勤奋读书。

愈头风

典出《三国志·魏书·王粲传》裴松之注引《典略》：琳作诸书及檄，草成呈太祖。太祖先苦头风，是日疾发，卧读琳所作，翕然而起曰："此愈我病。"数加厚赐。

陈琳，字孔璋，东汉广陵射阳人。当初，他在大将军何进手下任主簿，后来归依袁绍，曾经为袁绍作檄文声讨曹操，历数曹操的罪状。袁绍失败后，陈琳投奔曹操，曹操爱惜陈琳的才华，并不责怪他，还任他为记室，替曹操起草文书等。

陈琳奉命起草文书、奏章、檄文等，将初稿呈送曹操审阅。曹操素有头痛病，那天正好发作，疼痛难忍。曹操躺在床上审读陈琳起草好的文书，读着读着，一下子坐了起来，说："陈琳的文章治好了我的病。"几次对陈琳予以优厚的奖赏。

"愈头风"就是从这个故事来的。也作"檄愈头风"，人们用它形容文章写得美妙动人。

捉刀代笔

典出南朝·宋·刘义庆《世说新语·容止》：魏王雅望非常，然床头捉刀人，此乃英雄也。

东汉末年，曹操挟持汉献帝，把持朝政。有一次，曹操将要接见匈奴的使者，但他认为自己相貌丑陋，不能够在匈奴使者面前显示威武，就让崔季珪代替。这个崔季珪长得眉清目秀，一表人才，《三国志·魏志》说他"声姿高畅，眉目疏朗，须有四尺，甚有威重"。

接见这一天，崔季珪穿戴起曹操的衣帽，曹操自己却握刀站在崔季珪座位的旁边。接见以后，曹操派人去问这个使者："您觉得魏王（曹操）这个人怎么样啊？"匈奴使者回答说："魏王的威望非常高，然而在座位旁边握刀的人，才是英雄啊！"曹操听了以后，派人杀掉了那个使者。

根据这个故事，后人演变而称代人作文为"捉刀"并引申出"捉刀代笔"这句成语，指替人代笔写文章。

自出机杼

典出《叔苴子·外编卷二》：昔王丹吊友人之丧。有大侠陈遵者，亦与吊焉；赙助甚盛，意有德色。丹徐以一缣置几而言曰："此丹自出机杼也。"遵大惭而退。

今学士之文，其能为王丹之缣者几何哉？

从前，王丹去吊友人的丧。大侠陈遵也参加吊丧；陈遵资助的东西很多，露出骄傲得意的神色。王丹慢慢地把一匹细绢放在几上，向友人的灵位拜着说："这是我亲手从织布机上织出来的。"陈遵看自己的礼物没有一件是自己做的，就十分惭愧地退走了。

现在学士们的文章，能像王丹自织的细绢一样的又有多少呢？

这个故事说明：贵在独创，做事看问题一定要有自己的见解和主张。

谋 略 篇

乘虚直入

典出《资治通鉴·唐纪》:守州城者皆赢老卒,可乘虚直抵其城。

唐代安史之乱以后,唐王朝的统治大大削弱,各地藩镇兴起,它们各自为政。当时淮西节度使吴元济盘据蔡州,为非作歹,烧杀抢掠,无所不为,闹得民众困苦不堪。唐王朝虽曾派兵征讨,但却无法平息。宪宗元和十年(公元 816 年)十二月又派李愬前往讨伐。

李愬到蔡州后,故意放出风声说:"我是来安抚蔡州军民的,不是来打仗的。"以此麻痹乱军,使其放松警惕,同时,李愬积极前往慰问降兵降将,了解吴元济军中情况。有一天李愬和降将李祐一起聊天,谈到吴元济军中情况时,李祐对李愬说:"蔡州精兵全在洄曲及四境拒守,'守州城者皆赢老卒,可乘虚直抵其城'(意思是:守蔡州城的都是些老弱残兵;可乘其不备,径直攻打蔡州)。"李愬听了,觉得此计可行,十分高兴。之后,李愬作好了进攻的准备,选了个大雪纷飞的夜晚,带领人马,飞奔蔡州,给吴元济一个突然袭击。李愬之军进入城内,竟没有人觉察。凌晨时分,李愬潜入吴元济宅外,吴元济还在熟睡之中。李愬命令下属攻打牙城,夺取武库,烧其南门,百姓争先恐后负薪相助。全面进攻一开始,城头上飞箭如雨,杀声震天,到了申牌时分,吴元济自知无力抵抗,便上城请降。

"可乘虚直抵其城"后被简化成"乘虚直入"或"乘虚而入"。

后人用"乘虚而入"表示趁着某些虚弱的地方侵入或进攻。

出奇制胜

典出《史记·田单列传》:兵以正合,以奇胜。善之者,出奇无穷。奇正还相生,如环之无端。

战国时,齐湣王田地骄傲自大,享受腐化,不问国事。临近的燕国乘着这个机会,派大将乐毅带领了五十万精兵,又联合了秦、赵、魏、韩四国兵马,共同进攻

齐国,把齐兵打得落花流水,占领了齐国七十座城,只剩下莒城和即墨两个小城没被攻破。田地也在逃亡中被人杀死了。

齐国百姓当初恨透了田地,大家无心抗敌,但后来他们看到燕兵奸淫掳掠,都感到国破家亡的痛苦,于是纷纷逃往莒城和即墨,誓死守城抗敌。不久,即墨大夫死了,大家推行田单为守城领袖。

田单是齐王的远族,很有智谋,又懂得兵法,他带领全城军民奋力守城,乐毅围城三年,都没法攻下这座小城。一天,田单知道燕昭王死了,燕惠王继位,他便派人到燕京去散布流言,造成燕王和乐毅之间的猜疑,燕王便派骑劫去代替乐毅。

骑劫是个残暴而又愚蠢的人,他到了齐国,虐待士兵,弄得全军士气低落,人无斗志。田单便乘这一时机,突然发动反攻,乘黑夜用火牛车大破燕兵,不到几个月光景,便完全收复了失地。因而齐人称田单为"齐国之父"。司马迁在《史记·田单列传》中赞扬他说:"兵以正合,以奇胜,善之者,出奇无穷,奇正还相生。"

后来人们引申为"出奇制胜"这句成语,意思是使出神奇的策略,取得胜利。

毒蝎去尾

典出《七经纪闻·记蝎》:管子客商邱,见逆旅童子有蓄蝎为戏者,问其术。曰:"吾捕得,去其尾,故彼莫予毒,而供吾玩弄耳。"索观之,其器中蓄蝎十数,皆甚驯,投以食则竟集,撩之以指,骇然纷起音。观其态,若甚畏人者然。

我旅居商邱的时候,见客舍的孩子们有养蝎子作游戏的,我就同他们制服蝎子的办法。小孩说:"我捉到以后,去掉它的尾刺,所以它就不能毒害我而供我玩耍了。"

我请他们拿来一看,盛放的器具中养了十几条蝎子,都非常驯服。扔进食物,它们就聚集在一起争着吃;用手指去撩拨,便吓得纷纷逃窜。看它们的样子,好像是十分怕人一样。

后人用"毒蝎去尾"这个典故告诉人们,要战胜凶恶的敌人,必须击中要害,解除他们的武装。正如蝎子虽毒,然而一旦去掉它的尾刺,便不能危害于人。

管庄子刺虎

典出《战国策·秦策二》:有两虎争人而斗者,管庄子将刺之。

管与止之曰:"虎者,戾虫;人者,甘饵也。今两虎争人而斗,小者必死,大者必伤。子待伤虎而刺之,则是一举而兼两虎也。无刺一虎之劳,而有刺两虎之名。"

有两只老虎,争吃人肉,正在拼死拼活地厮打着。管庄子遇见后,想上前去刺杀它们。

管与连忙阻止他,说:"老虎,是凶猛的野兽;人肉,是老虎最美好的食物。现在,那两只老虎为了抢夺人肉,正在疯狂搏斗,弱小的定会被咬死,强大的也定会被咬伤。等到死的死了,伤的伤了,你再去刺杀,那就能一举刺死两虎。你没有刺杀一只老虎的劳苦,却能得到杀死两只老虎的美名,这该多好啊!"

这个故事说明:办事要把握时机,才能事半功倍,一举两得。

鸿门宴

典出《史记·项羽本纪》:沛公旦日从百余骑来见项王。至鸿门,谢曰:"臣与将军戮力而攻秦,将军战河北,臣战河南,然不自意能先入关破秦,得复见将军于此。今者有小人之言,令将军与臣有郤。"项王曰:"此沛公左司马曹无伤言之;不然,籍何以至此?"项王即日因留沛公与饮。项王、项伯东向坐,亚父南向坐。亚父者,范增也。沛公北向坐,张良西向侍。范增数目向王,举所佩玉玦以示之者三,项王默然不应。范增起,出召项庄,谓曰:"君王为人不忍,若入前为寿,寿毕,请以剑舞,因击沛公于坐,杀之。不者,若属皆且为所虏。"庄则入为寿。寿毕,曰:"君王与沛公饮,军中无以为乐,请以剑舞。"项王曰:"诺。"项庄拔剑起舞,项伯亦拔剑起舞,常以身翼蔽沛公,庄不得击。于是张良至军门,见樊哙。樊哙曰:"今日之事何如?"良曰:"甚急。今者项庄拔剑舞,其意常在沛公也。"哙曰:"此迫矣,臣请入,与之同命。"哙即带剑拥盾入军门。交戟之卫士欲止不内,樊哙侧其盾以撞,卫士仆地,哙遂入,披帷西向立,瞋目视项王,头发上指,目眦尽裂。项王按剑而跽曰:"客何为者?"张良曰:"沛公之参乘樊哙者也。"项王曰:"壮士!赐之卮酒。"则与斗卮酒。哙拜谢,起,立而饮之。项王曰:"赐之彘肩。"则与一生彘肩。樊哙覆其盾于地,加彘肩上,拔剑切而啗之。项王曰:"壮士,能复饮乎?"樊哙曰:"臣死且不避,卮酒安足辞!夫秦王有虎狼之心,杀人如不能举,刑人如恐不胜,天下皆叛之。怀王与诸将约曰'先破秦入咸阳者王之'。今沛公先破秦入咸阳,毫毛不敢有所近,封闭宫室,还军霸上,以待大王来。故遣将守关者,备他盗出入与非常也。劳苦而功高如此,未有封侯之赏,而听细说,欲诛有功之人。此亡秦之续耳,窃为大王不取也。"项王未有以应,曰:"坐。"樊哙从良坐。坐须臾,沛公起如厕,因招樊哙出。沛公已出,项王使都尉陈平召沛公。沛公曰:"今者出,未辞也,为之奈何?"樊哙曰:"大行不顾细谨,大礼不辞小让。如今人方为

刀俎，我为鱼肉，何辞为？"于是遂去。

楚上将军项羽，降服了秦将军章邯，指挥大军，进取咸阳。殊不知沛公刘邦，已兼程改道，进入关中，先项羽而占领咸阳了。并听鲰生的话，驻重兵于函谷关，阻项羽军队前进。项羽大怒，奋力攻关，刘邦守关将士，抵挡不住，弃关而逃。项羽指挥大军，一路追到新丰，在鸿门设下大营。

项羽的谋士范增说："刘邦本为贪财好色之徒，进入咸阳以后，他的行为有些改变，不近女色，不敛钱财，可见他的志向不小，不如乘他羽毛未丰的时候，一鼓作气把他消灭。如果听任他发展壮大，将来后悔也来不及了。"

项羽接受了这个计划，准备以奇兵袭击刘邦。但为项羽叔父项伯知道了。项伯与刘邦的谋士张良私交甚厚，他既知项军要消灭刘邦，张良在刘军，必被连带毁灭。因此，他来到了刘军驻地灞上，叫张良迅速至项羽军中避祸。

张良获得这个消息，连忙告诉沛公。沛公吓得目瞪口呆，连说："怎么办？怎么办？"

张良说："是谁为你出谋划策，闭关不让项羽军队进来？"

"是鲰生，他说守住函谷关，关中之地就尽归我有了。"沛公情急而惶恐地说。

张良说："你现有的军队能战胜项羽吗？"沛公说："不能！但事已至此，又怎么办呢？"

"为今之计，只有请项伯帮忙了，请他向项羽解释，就说你不敢背叛上将军而自立，外面的谣言请上将军不要轻信。"

沛公刘邦依言办理，设盛宴，把项伯请入席中，恭谨地说："刘邦进关以来，连一根草也没敢动，秦国的府库，我封存起来，秦国的官吏，我登记起来，等候上将军进关处理。至于在函谷关驻守了军队，那是怕其他零散部队，骚扰关中，这是一种非常措施，绝非阻止上将军进关。我在灞上，日夜盼望上将军来，好有个交代。我怎敢谋反称王，拒抗大军呢？请你代我转告，我生生世世，也忘不了你的恩德。"

项伯是个老实人，以为刘邦说的是真话，就允诺转告项羽，并叫刘邦亲自到鸿门，向项羽谢罪。刘邦当然遵命办理。

项伯回到鸿门，把刘邦的话复述一遍，并说："刘沛公是个好人，人家先进关，替你在前面铺好了路，让你不费气力进来，有大功不赏，还要打人家，情理如何说得过去？他明天就来拜见你。他如果真想造反，他敢来吗？你应该备了酒宴，好好款待人家。"

项羽耳朵软，喜欢人奉承，同时也看不起刘邦，觉得他没有造反的胆量，就取消了攻击刘军的计划，改在鸿门设宴，等候刘邦谢罪。

沛公刘邦怀着一颗忐忑的心，带领谋士张良，勇士樊哙赴鸿门宴。虽然这是一个危机四伏的宴会，但终因张良之谋，樊哙之勇，得以脱险归去。

后人用"鸿门宴"比喻加害客人的宴会。

借箸代筹

典出《史记·留侯世家》：[郦]食其未行，张良从外来谒。汉王方食，曰："子房，前！客有为我计桡楚权者。"见以郦生语告，曰："子房何如？"良曰："谁为陛下画此计者？陛下事去矣。"汉王曰："何哉？"张良对曰："请借前箸为大王筹之。"

秦朝末年，项羽把刘邦包围在荥阳，刘邦忧心忡忡，与谋臣郦食其谋划对付项羽的办法。郦食其说："从前汤武讨伐夏朝的桀，分封其后代在杞，周武王讨伐商代的纣，分封其后代在宋。后来秦国背信弃义，侵略诸侯，灭了六国，他们的后代失去了生存的地方。假如陛下恢复六国，送去大印，他们一定会感恩戴德，为陛下效劳。这样，项羽就会势单力薄。"刘邦说："此计果然不错。你立刻负责刻印，然后送往六国。"

这时张良从外面进来。刘邦正在吃饭，招呼张良说："你来得正好，刚才有人建议分封六国的后代，你看怎样？"张良听了，叹息一声说："谁出的主意？陛下的大事完了！"刘邦惊奇地说："为什么呢？"张良说："请陛下把前面这支筷子借给我一下。"张良接过筷子后，一边画来画去，一边说："从前汤武、周武王分封灭亡国家的后代，是他们能将敌国置之死地，现在陛下能将项羽置之死地吗？"刘邦摇头说："我被项羽包围，怎么能置他于死地呢？"张良接着说："汤武、周武王的分封都是在消灭敌人，销毁兵器，战马放归，天下平安以后才进行的，现在跟随陛下的将士，都来自六国，他们抛妻别子，血洒疆场，无非是希望有朝一日获得一块土地。如果恢复六国他们将离去，谁给陛下打天下呢？所以我说陛下的大事完了。"

刘邦听后，将口里的食物喷向郦食其，大声骂道："呸，你这个臭书呆子，差点坏了我的大事！"

后人用"借箸"或"借箸代筹"表示代人策划。
见："虎怒决蹯"

马陵道上

典出《史记·孙子吴起列传》：孙子度其行，暮当至马陵。马陵道狭，而旁多阻隘，可伏兵，乃斫大树白而书之曰："庞涓死于此树之下。"于是令齐军善射者万弩，夹道而伏，期曰"暮见火举而俱发"。庞涓果夜至斫木下，见白书，乃钻火烛之。读其书未毕，齐军万弩俱发，魏军大乱相失。庞涓自知智穷兵败，乃自刭，

曰:"遂成竖子之名!"齐因乘胜尽破其军,虏魏太子申以归。孙膑以此名显天下,世传其兵法。

齐威王喜欢赛车跑马,老跟宗族里的公子们比赛,还下了相当大的赌注。田忌有几匹好马,可是他的车马跟齐威王的车马比赛,不是差了几尺,就是差了几丈。一场、二场、三场都是这么样。他老不敢多下注。孙膑看了一回之后,就对田忌说:"下回比赛的时候,我包你赢,只管多下点注。"田忌还不知道怎么赢法,可是他挺相信孙膑的。到了比赛的时候,他对齐威王说:"每回赛马,老是我输。这回我要好好地跟大王赌个输赢。每场下注一千两金子,三场三千两,行不行?"齐威王笑着答应了他。到了比赛的那天,齐威王的车夫驾着四匹马出来。孙膑就叫田忌的车夫出去比赛。头一场跑下来,田忌的车马和齐威王的车差得很远。田忌输了一千两金子。齐威王哈哈大笑。田忌说:"还有两场呢!"接着第二场跑下来,田忌赢了。第三场,齐威王又输了。末了,田忌还赢了一千两金子。齐威王真有点不明白怎么会连输两场。田忌就禀告说:"今天我赢了,并不是我的马好,这全是孙先生的计策好。"齐威王说:"这还有什么计策吗?"田忌说:"孙先生让我先把三等马跟大王的头等马比赛,头一场我当然输了。可是第二场,我的头等马跟大王的二等马比,第三场我的二等马跟大王的三等马比,这后两场我就全赢了。"齐威王赞叹着说:"从这种小事上就能看出孙先生的才能来了。"因此,齐威王就更加尊敬孙膑了。

公元前353年(周显王十六年,魏惠王十八年,齐威王二十六年,秦孝公九年),魏惠王派庞涓进攻赵国,围住了邯郸。赵国的国君赵成侯派使者上齐国去求救,情愿把中山送给齐国作为谢礼。齐威王知道孙膑的才能,要派他为大将去救赵国。孙膑推辞说:"不行,我是个残疾的罪人,当了大将会给敌人笑话。大王还是请田大夫为大将吧。"齐威王同意孙膑的话,拜田忌为大将,孙膑为军师,发兵去救赵国。孙膑对田忌说:"目前魏国的兵马已经把邯郸围上了,赵国的将士又不是庞涓的对手,咱们去救邯郸已经晚了。咱们不如在半道上等着,就说去打襄陵(魏国地名,在河南省睢县西)。庞涓听到,一定会往回跑。咱们迎头痛击他一顿,一定能把他打败。"田忌就按照他的计策去做。

果然,邯郸敌不过庞涓,投降了。庞涓打发人去报告魏惠王。忽然听说齐国派田忌去打襄陵,他着急起来,立刻吩咐退兵。刚退到桂陵(在山东省菏泽县东北)地界,正碰上齐国的兵马。一开仗,魏国就败了。庞涓正在心慌意乱的时候,忽然瞧见一面大旗,上面有个'孙'字!这一吓,差点把他从马上摔下来。幸亏庞英、庞葱两路兵马赶到,总算把他救了。庞涓逃了活命,可是损失了两万多士兵。齐国人大胜而归。

齐威王重用田忌和孙膑,把齐国的兵权交给他们。有人在齐威王面前说田忌的坏话,说他权力太大,也许自己要做王了。齐威王起了疑心,天天派人暗中察看田忌的行动。田忌就告了病假,把兵权交了出去。孙膑也辞了军师的职位。

庞涓听见了这个消息,又抖擞起精神来了,他说:"如今我可以横行天下了。"那时,韩国早把郑国灭了(公元前385年),势力大了起来。赵国要报邯郸的仇,就跟韩国商量一起去打魏国。韩国答应了。庞涓得到了这个消息,就请魏惠王先发兵去打韩国。魏惠王仍旧叫庞涓为大将,把全国大部分的兵马都调出去打韩国。

这时候,齐威王知道了田忌的委屈,又重新重用他和孙膑。庞涓并不知道这事。他带领着兵马去攻打韩国,打了几回胜仗,眼看着要打到韩国的都城来了。韩国接连不断地向齐国求救。公元前343年(周显王二十六年),齐威王派田忌为大将,田婴为副将,孙膑为军师,发兵去救韩国。孙膑又使出他的老办法来了,他不去救韩国,直接去打魏国。

庞涓得到了本国告急的消息,立刻退兵赶回去。等到庞涓的军队到了魏国的边境,齐国的兵马已经过去了。庞涓一察看齐国军队扎过营的地方,发现了齐国的营盘占了挺大的地界,就叫人数了数地下做饭的炉灶,足够十万人吃饭用的。庞涓吓得说不出话来。他想:"齐国有这么多兵马进了魏国的本土,怎么能把他们打出去呢?"第二天,他们又到了齐国军队第二回扎过营的地方,又数了一数炉灶,只有够供给五万多人用的了。第三天,他们追到了齐国军队第三回扎过营的地方,就算出大约也只剩下两三万人了。庞涓这才放了心,笑着说:"还好!还好!齐国人都是胆小的。十万大军到了魏国,才三天工夫,就逃了一大半。田忌!这回是你自己来送死。上回桂陵的仇,我这回可以报了。"他就吩咐大军日夜兼程地按照齐国军队走的路线追上去。

他们这一追,一直追到马陵(在河北省大名县东南),正是天快黑的时候。马陵道是在两座山的中间,山道旁边就是山涧,有点像当初孟明视全军覆没的崤山。这时候正是十月底,晚上没有月亮。庞涓恨不能一步追上齐国的军队。虽然是山道,反正是本国的地界,就吩咐大军顶着星星接着往下赶。忽然前面的士兵回来报告说:"前头山道被木头堵住了。"庞涓骂着说:"这也值得鸡猫子喊叫的吗?齐国人怕咱们今天晚上追过去,就堵住了道路。大伙儿一起下手搬开木头不就结了吗?"庞涓亲自指挥着士兵,只见道路旁边的树全砍倒了,只留着一棵最大的没砍。他奇怪为什么单单留着这一棵呢?细细一瞧,那棵树一面被刮去了树皮,露着一条又光又白的树干来,上头隐隐约约的好像写着几个字,就是瞧不清楚。庞涓就叫小兵拿火把来照。有几个小兵点起火来。庞涓在火光之下,看得非常清楚,上面写的是:"庞涓死于此树之下。"庞涓心里一惊,说:"哎呀!上了瘸子的当了!"回头对将士们说:"快退!快……"第二个"退"字还没说出,也不知道有多少枝箭,就像下大雨似地朝他身上射来。庞涓自然就没了命。原来孙膑存心天天减少了炉灶的数目,引诱庞涓追上来,早就算准庞涓到这儿的时候,左右埋伏着五百名弓箭手,吩咐他们说:"一见树下起了火光,就一起放箭。"

一会儿,山前山后,山左山右,全是齐国的士兵,把魏国的兵马杀得连山道都变成了血河。直闹到东方发白,才安静下来。魏国的士兵不是投降,就是跑了,那些没投降、没跑了的全都躺在地上,再也起不来了。齐国的军队带着俘虏和好多东西从原道回去。走了一程,碰见了魏国后队的兵马,领队的大将正是庞涓的侄儿庞葱。孙膑叫人挑着庞涓的脑袋给他瞧。庞葱只好跪下哀求饶命。孙膑对

他说:"我给你一条活路,赶紧回去,叫魏王上表朝贡,要不然,魏国的宗庙也保不住啦!"庞葱连连磕头,抱着脑袋逃回去了。

魏惠王打了败仗,只好打发使臣向齐国朝贡。韩国和赵国的国君更加感激齐国,都去朝贡。齐国的威名从此就大了起来了。相国驺忌告了病假,交出了相印。齐威王就拜田忌为相国,还要加封孙膑。孙膑不愿受封,亲手把兵法十三篇写出来,献给齐威王,辞了官职,隐居起来了。

这个故事是说孙膑运筹帷幄,神机妙算,终于打败庞涓,报仇雪恨;同时也协助田忌辅佐齐威王建立起自己的威望。

南山之蛟

典出《郁离子·鲁般篇》:汉愍帝之季年,东都大旱,野草皆焦,昆明之池竭。洛巫谓其父老曰:"南山之湫有灵物可起也。"父老曰:"是蛟也!弗可用也。虽得雨,后必有忧。"众曰:"今旱极矣!人如坐炉炭,朝不谋夕,其暇计后忧乎?"乃召洛巫,与如湫,祷而起之。未毕三奠,蛟蜿蜒出,有风随之,飕飕然,山谷皆殷。有顷,雷雨大至。木尽拔,三日不止,伊、洛、瀍、涧皆溢,东都大困。始悔不用其父老之言。

汉愍帝末年,东都洛阳大旱,野外的草木都枯焦了,巨大的昆明池也干涸了。洛阳的神巫们对那些管理公共事务的老人说:"南山有一个大水池,其中有一个能兴云作雨的神物,可以请它出来。"老人回答说:"那东西是蛟龙啊!不能用它来救旱。用了它,即使可以得雨,但必有忧患。"人们却说:"如今干旱到了极点,人们好像坐在生着炭火的炉子中一样,早晨不晓得晚上的事,难道还有工夫去考虑往后的忧患吗?"便请来神巫,跟他们一道到那水池边去,向蛟龙祈祷,请它出来。第三轮祭奠还没有完毕,蛟龙便弯弯曲曲地爬出来了。随之而来的是一阵凉飕飕的冷风,吹得山谷都震动起来。一会儿,便是大雷大雨。大风把树木都连根拔了起来;大雨连绵三天下个不停,伊水、洛水、瀍水、涧水猛涨,泛滥成灾,东都洛阳遭受了极大的灾难。这时,大家才悔恨没有听取老人的正确意见。

这个故事说明:做事、用人都不能只顾眼前,不管将来,而应权衡利弊,通盘考虑。

犬牙相制

典出《史记·孝文本纪》:夫秦失其政,诸侯豪杰并起,人人自以为得之者以万数,然卒践天子之位者,刘氏也,天下绝望,一矣。高帝封王子弟地,犬牙相制,此所谓磐石之宗也。

西汉初年,汉高祖刘邦为了巩固刘氏天下,封了许多同姓王。刘邦死后,吕后一度专权,吕后的近亲也从各方面把持了朝政。公元前180年,吕后病重死去,大将周勃、陈平等诛灭诸吕,迎接代王刘恒为帝。

当使者来到代地,向刘恒报告朝廷大臣公推他即位,请他立即动身时,刘恒不敢轻易答应。他召集大臣们询问对策。郎中令张武说:"朝廷上的大臣都是高帝(刘邦)手下的将军和谋士,他们只知欺诈,不讲信义,大王不如推说有病,看看动静再说。"中尉宋昌不同意张武的意见,他对刘恒说:"大王尽可放心地去。残暴的秦皇失了天下,诸侯豪杰一窝蜂似地起兵,谁都想做皇帝,然而只有高帝成功了,统一了天下。高帝封了同姓王,使他们地界相连,如犬牙相制,使刘氏天下坚如磐石。现在老百姓厌乱思治,就算有的大臣想作乱,老百姓也不肯听从。大王可以放心地回去即位。"

刘恒觉得宋昌的话有道理,又派娘舅薄昭到长安见太尉周勃,探听到朝臣们拥他为王是真心实意,便动身回京,做了皇帝,就是汉文帝。

后人用"犬牙相制"形容地界相连,如犬牙交错,可以互相牵制。

上楼去梯

典出《三国志·蜀志·诸葛亮传》中:共上高楼,饮宴之间,令人去梯。

东汉末年,山阳高平(今山东邹县)有一个皇族姓刘名表,字景升。初平元年(公元190年),刘表任荆州刺史,取得豪族蒯良、蒯越等人的支持,据有今湖南、湖北地方,后为荆州牧。官渡之战后,曾一度依附袁绍的刘备,在曹操的逼迫下,投靠了刘表。

当时,刘表很宠爱蔡夫人生的小儿子刘琮,而不大喜欢大儿子刘琦,刘琦因此很苦闷。刘备和诸葛亮来到荆州后,刘琦曾多次找到诸葛亮,请他为自己想个自全之策。诸葛亮怕招惹是非,没有答应。有一天,刘琦约诸葛亮到后花园游玩,一同登上高楼饮酒。欢宴之际,刘琦令人把楼梯抽去(古时楼房,楼梯为木制,可以搬动),然后对诸葛亮说:现在上不着天,下不着地,你说我听,没有外人,请先生赐教。诸葛亮见刘琦处境确实危险,便示意说:春秋时,晋国公子申生在国内而遭害,公子重耳弃国出走而保全。刘琦听了,顿时醒悟。正好当时江夏太守黄祖死了,刘琦便乘机请求出任江夏太守。

后人用"上楼去梯"比喻极端秘密的策划;也用来比喻诱人上前而断其退路。

食指跳动

　　有一天，郑国的大夫公子宋和公子归生一起去上朝，公子宋的食指忽然跳动起来。他伸手给归生瞧。归生看了看，说："怎么啦？你这个指头抖得这么厉害，是不是抽筋了？"公子宋吹嘘地说："哈！我这根手指头一跳，就有好东西吃了。"归生听了，笑一笑，并不当它是一回事。他们到了大厅上，就看见一只大鼋拴在那里。问了问仆役，才知道是国君预备给大臣们吃的，两人不由得相视而笑。正好郑灵公（郑穆公兰的儿子）出来，看见他们两人笑得前俯后仰的，就问他们："你们怎么笑得这么痛快？"归生指着公子宋，回答说："刚才他的手指头跳个不停，说有好东西可吃，我还不信；现在瞧见这只大甲鱼，又听说是主公赏给臣下吃的。我不得不承认他的手指灵验，所以就笑了起来。"郑灵公撇了撇嘴，戏谑地说："唔，灵不灵验，还得看我的哪！"

　　到了下午，郑灵公特地叫大臣们进去，依次序坐下。郑灵公开口说："有人在江汉一带逮着一只大鼋，进献给我。这是非常难得吃到的好东西，请大家尝一尝。"大臣们垂涎欲滴地谢过国君。不多久，厨子端上甲鱼羹来，先端给郑灵公一碗。他吃了一口，舔舔嘴唇，说："嗯！真不错！"然后对厨子说："每位一碗，从下位送起。"厨子一碗一碗地端上来。端到最后两个最高的座位，厨子禀告说："只剩下一碗了，端给哪一位？"郑灵公说："给子家吧！"（公子归生，字子家）这么一来，大臣们全吃到了，就是少了公子宋的一份。郑灵公眯着眼笑起来，他说："我本来说每人一碗，没想到轮到你这儿，正好没有了。这真是不凑巧。可见你的手指头并不灵验！"公子宋既已在归生跟前吹嘘过了，如今大家人手一碗，唯独没有他的份，怎不叫他难堪呢？他的心跳急剧地加快，脸红得发紫。再加上郑灵公那含有深意的笑容，他恼火地跳起来，跑到国君面前，把手指头戳进郑灵公碗里，蘸了一蘸，放在嘴里吮了吮，也眯缝着眼，笑着说："嗯！我也尝到了。我的手指头终究是灵验的。"然后一溜烟跑了。郑灵公气呼呼地骂着说："简直不像话！竟敢对我无礼！哼！你等着瞧吧！"归生和其他的大臣都跪下来，央求说："他跟主公向来熟络，这次是太鲁莽了，可是他绝不是存心冒犯您，请主公看在平日的情份上，原谅他吧！"郑灵公不便发作，只好怀恨在心里。大家不欢而散。

　　归生出了朝堂，心里很得意。他和郑灵公的兄弟公子去疾交情深厚，有心要废掉郑灵公，立公子去疾为国君。但是一来他没有这个胆量，二来公子宋和郑灵公往来密切，因此他迟迟不敢下手。今天目睹公子宋和郑灵公闹别扭，归生就打算借着公子宋的手去掐郑灵公的脖子。他唯恐郑灵公和公子宋只是闹闹脾气，今天吵，明天好，就故意扩大双方的嫌隙。他跑到公子宋的家里，告诉公子宋，说郑灵公大发雷霆，还附加上一句："主公坚持要处治您，我真替您难过。"公子宋不悦地骂着说："昏君自己失礼，还想处治我？"归生假意劝告他，说："话虽如此，他究竟是国君，您多少得忍耐些，明天去向他道个歉吧！"公子宋怎么听得进这番劝告呢？第二天，归生硬拉着公子宋去见郑灵公。郑灵公坐在那儿闷不吭声，公子宋站在那儿"死鱼不张嘴"。归生一再向公子宋做手势，公子宋无动于衷。归生只好代他向郑灵公说："子公（公子宋，字子公）鲁莽，特地来向主公道歉。请主公饶了他吧！"然后又朝郑灵公挤眉弄眼地示意着。郑灵公一看公子宋赌气的样子，就绷紧着脸，说："哼！他怕得罪我吗？是我得罪了他吧！"接着袖子一甩，头也不回地进去了。

公子宋随归生出来后，对他说："他恨我入骨，看样子会杀我泄愤。俗语说：'先下手为强'，干脆咱们先下手吧！"这正中归生的下怀，但他表面上仍装出一副事不干己的态度，说："哎，这可万万使不得啊！您别拖我下水呀！"公子宋一向机灵，立刻见风转舵，笑着说："您别当真，我是说着玩的！"归生听他这么一说，心上仿佛被浇了一盆冷水，脸上写满了失落的神色。

第二天，公子宋索性捕风捉影地和别人瞎聊，说归生和公子去疾包藏祸心，图谋不轨。归生一听，吓得心惊胆跳，私下对公子宋说："您胡扯些什么？您要我的命是不是？"公子宋说："您不站在我这一边，就是存心见死不救。既然如此，我何不叫您也陪着一起死！"归生说："您打算怎么样？"公子宋圆睁着眼睛，狠狠地说："他分明是个昏君！从分食甲鱼羹这件事就能看出来。您既管理国家大事，就该拿出魄力来。坦白说，咱们不如请公子去疾做国君，归附晋国，郑国才可能太平。"归生的心事全被说穿了，心虚得直打哆嗦，说："那……那您……您就瞧着办吧！……我……我……我不说出去就是了。"

公子宋只要归生点了头，就什么都不怕了。他明目张胆地杀了郑灵公。然后他们去请公子去疾即位。公子去疾百般推辞，说："我们有十几个兄弟。论岁数，公子坚比我大；论品行，我更不行。无论如何，我绝不要这个君位。"归生和公子宋只好立公子坚为国君，就是郑襄公。随后立即打发使臣到晋国去说情，跟他们订立了盟约，向晋国纳税进贡。

这个故事中以"食指跳动"这一生理现象为契机，引发一起争权夺利的弑君事件。

孙庞斗智

典出《史记·孙子吴起列传》：魏伐赵，赵急，请救于齐。齐威王欲将孙膑，膑辞谢曰："刑余之人，不可。"于是乃以田忌为将，而孙子为师，居辎车中，坐为计谋。田忌欲引兵之赵，孙子曰："夫解杂乱纷纠者不控卷，救斗者不搏……君不若引兵疾走大梁，据其街路，冲其方虚，彼必释赵而自救。是我一举解赵之围而收

弊于魏也。"田忌从之,魏果去邯郸,与齐战于桂陵,大破梁军。

战国年间,有一位鬼谷先生,他收了很多门徒,有的学兵法,有的学诡辩。其中有两个徒弟,一个名叫孙膑,一个名叫庞涓。都是学习兵法的。孙膑为人很和善,但庞涓则猜忌孙膑,他们在鬼谷先生门下,学了很多年,对兵法都很精通。庞涓听说魏王出榜招贤,就辞别老师,回国效力。在临行前,与孙膑告别,并对孙膑说,到了魏国以后,只要能得到魏王重用,立即推荐孙膑,共事魏王。庞涓本是魏国人,揭榜面君,把他在鬼谷子门下所学的兵书战策,对魏惠王滔滔不绝地一说,魏王大喜,拜为大将,兼当军师。立即出兵侵伐卫、宋等弱小国家,连战皆捷,以后鲁、郑等各国亦相率来朝。

一天,墨子往游鬼谷山,得见孙膑,对于他的才能非常赞赏,于是把他推荐给魏惠王。魏王问庞涓是否认识孙膑,庞涓只得说:"臣早有荐孙膑之心,只因他是齐国人,恐其不能为魏国效忠,所以没有举荐。"魏惠王说:"士为知己者死,何分国籍?"庞涓说:"大王既有意延揽孙膑,臣当作书召之。"其实庞涓不想孙膑来,唯恐孙膑分其权柄,夺其爱宠,但事已至此,只得下函召孙膑来魏。

孙膑到了魏国,庞涓觉得自己的才智远不如孙膑,心里非常忌妒,便假造了种种罪名,说孙膑私通齐国,出卖魏国,魏王盛怒之下把孙膑判处了断足的刑法,从膝盖之下,把两条腿切去,并在脸上刺字,使其永无出头之日。

孙膑刚开始的时候不知是庞涓罗织罪名陷害自己,等知道以后,自知性命难保,就装疯卖傻,逃过了庞涓耳目。后来齐国使臣来到魏国,使团中有墨子的弟子禽滑,把孙膑载入车中,带回齐国。齐国大将田忌,久闻孙膑之名,把他推荐给齐威王。齐威王问了许多问题,孙膑对答如流,威王十分高兴,即欲拜官,孙膑说:"臣无尺寸功,安敢受爵,且庞涓闻臣在齐,又起猜妒;不如姑隐其事,容臣日后效力。"齐王答应了孙膑的请求,就叫他住在田忌府中。

不久,魏王遣庞涓伐赵,赵求救于齐,齐王派田忌为将,孙膑为军师,用"围魏救赵"之计,迫退魏兵。

不久,魏王又派遣太子申与庞涓攻韩,韩又向齐求救。这时齐威王已死,齐宣王继位,仍命田忌为将,孙膑为军师,救韩御魏。

孙膑对田忌说:"魏国军队,素称强悍,且轻视齐兵。我们就利用他们这种看法,诱其中计。我军进入魏境,用灭灶之法,第一天造十万锅灶,第二天造五万个,第三天造三万个,让敌人以为我们军队日渐减少,使其舍命穷追,我设伏擒之。"

田忌用其计,庞涓果然以为齐兵天天在逃,没出三天,已逃了一半。于是不用步兵,以轻骑兵,一天飞奔三天的路,尽力追赶。

孙膑预先在马陵山的夹道里,埋伏下弓箭手,计算出庞涓夜间必过此处。他在道中一棵大树上,剥了树皮刻字,嘱咐弓弩手,见火起处,乱箭射之。

果然庞涓夜经此处,见大树上有字,星光下看不清楚,急命举火视之,原来是"庞涓死于此树之下"八个大字。庞涓大惊,正待回马,忽闻四面弓弦响,乱箭射来,庞涓叹曰:"我没有杀得了孙膑,反被孙膑杀了,使竖子成名!"遂自刎死。

后人用"孙庞斗智"比喻彼此勾心斗角，互用计谋。

智子疑邻

典出《韩非子》：宋有富人，天雨墙坏，其子曰："不筑，必将有盗。"其邻人之父亦云。暮而果大亡其财，其家甚智其子，而疑邻人之父。

宋国有个富人。一次，天降大雨，他家的院墙塌了一个缺口。他儿子着急地说："要不赶快修好，一定会被盗。"邻居老人看见，也这样劝告他。

当天夜晚，果然丢失了很多财物。

富人一家痛悔之余，都称赞自己的孩子有先见之明，但对邻家老人却发生了怀疑。

"智子疑邻"这个典故告诉我们：从个人感情出发去判断是非，用主观臆测去鉴别事物，是不可能得出正确判断的。邻人和其子的建议，完全一样，为什么称赞其子聪明，而怀疑邻人偷了他的东西呢？这是从感情出发，主观臆断。

童子之谋

清朝的康熙皇帝在位时间长达六十一年，是中国历史上在位时间最长的皇帝。

康熙继位时，才八岁，还是个孩子，朝廷大事主要由四个大臣掌管。其中有一个叫鳌拜的，权力最大。他勾结党羽，培植了很多亲信。把持朝政大权，甚至多次制造假诏，借康熙帝的名义陷害很多反对他的大臣。

康熙帝成年以后，开始亲自管理国家大事。无奈，朝廷大事都被鳌拜管得死死的，他只能做个傀儡皇帝，有名无权，他的许多想法不能实现，对此康熙帝非常气愤，决心除掉鳌拜及其党羽。

由于身边都是鳌拜的亲信，康熙帝不得不表面上和颜悦色地和鳌拜周旋，暗中却挑选了一批十四五岁的贵族青年到皇宫里来，练习摔跤。

以后，这些青年公开地在皇宫里摔跤游戏，见了鳌拜，也不躲闪。鳌拜觉得这只是一帮玩闹的贵族子弟而已，并没放在心上。

康熙帝自己也经常练武，剑不离身。有一次，鳌拜病了，康熙帝前去探望。鳌拜见他身上带着兵器，有些吃惊。康熙帝解释道，佩戴宝剑是满族的风俗，不足为怪。因此，鳌拜一直以为康熙帝年纪小，不懂事，对他很轻视，不放在眼里。

可是康熙却在暗中布置,搜集了鳌拜大量罪状,等待时机。

这天,鳌拜上朝时,刚走进皇宫,就被那群摔跤的青年贵族围上去,有的抱腿,有的拽胳膊,把鳌拜活捉了。康熙当场列举他的罪状,打入死牢。

康熙帝又派羽林军把鳌拜的党羽一网打尽。他然后向全体大臣宣布了鳌拜的罪状,判他终身监禁,并把他的亲信党羽们都统统杀掉。

于是,朝廷大权完全掌握在康熙手里,他开始真正管理朝政。从此,清朝进入了鼎盛时期——康乾盛世。由于这次活捉鳌拜之事得力于那帮摔跤的童子军,因此,这次朝廷政变又称为"童子之谋"。康熙帝策动这次政变时也只有十八九岁。

未雨绸缪

典出《诗经·豳风·鸱鸮》:迨天之未阴雨,彻彼桑土,绸缪牖户。

"鸱鸮"是一种体小,嘴尖,性驯的小鸟。这首诗的作者通过一只失去小鸟,但仍努力营筑巢室的母鸟的哀怨口吻,写出它自己的辛勤劳瘁。

"迨天之未阴雨,彻彼桑土,绸缪牖户。"意思说:趁着天还没有下雨,用桑根的皮把巢室的空隙之处缠缚紧了,只有巢室坚固,才能免去人的侵害。

以后人们把这几句诗引申为"未雨绸缪",意思是做任何事情都应事先准备,以免临时手忙脚乱。

胸有成竹

典出宋苏轼《文与可画筼筜谷偃竹记》:故画竹,必先得成竹于胸中,执笔熟视,乃见其欲画者,急起从之,振笔直遂,以追其所见,如兔起鹘落,少纵即逝矣。

我国宋朝有一个读书人,姓文名同,字与可。他很擅长写生,喜欢用水墨画的形式画一些花鸟石鱼、翔鹰飞燕、旭日晚霞之类。

他生平很爱竹,就在自己的寓所前,对着窗子栽植许多青竹,自己耐心地培育这些心爱的东西;从早春到隆冬,从晴天到阴雨,从早霜到晚雾,他凭窗仔细观察,品评竹叶和竹枝在每一个季节、每一种气候里的变化和不同的姿态。时间过得久了,他对竹的各种变化和姿态便十分熟悉,甚至能瞑目成形,把竹叶和他的枝干细致地默绘出来,而且每幅作品都很动人而富有生气。

有一天,他的一位知己晁补之来找他,看到了这种情况,便赋了一首诗,诗中写道:"与可画竹时,胸中有成竹。"意思说文与可下笔画竹之前,心中早已孕育了竹的形象。故诗画家苏东坡在其所作《画竹记》中,也有"画竹必先得成竹在胸中"之句。

后来,人们用"胸有成竹"比喻做事已经有成熟的计划。

移花接木

典出《战国策·楚策四》:楚考烈王无子,春申君患之,求妇人宜子者进之,甚众,卒无子。赵人李园,持其女弟,欲进之楚王,闻其不宜子,恐又无宠。李园求事春申君为舍人,已而谒归,故失期。还谒,春申君问状。对曰:"齐王遣使求臣女弟,与其使者饮,故失期。"春申君曰:"聘入乎?"对曰:"未也。"春申君曰:"可得见乎?"曰"可。"于是园乃进其女弟,即幸于春申君。知其有身,园乃与其女弟谋。园女弟承间说春申君曰:"……今妾自知有身矣,而人莫知。妾之幸君未久,诚以君之重而进妾于楚王,王必幸妾。妾赖天而有男,则是君之子为王也,楚国封尽可得,孰与其临不测之罪乎?"春申君大然之。乃出园女弟谨舍,而言之楚王。楚王召入,幸之。遂生子男,立为太子,以李园女弟立为王后。楚王贵李园,李园用事。李园既入其女弟为王后,子为太子,恐春申君语泄而益骄,阴养死士,欲杀春申君以灭口,而国人颇有知之者。……楚考烈王崩,李园果先入,置死士,止于棘门之内。春申君后入,止棘门。园死士夹刺春申君,斩其头,投之棘门外。于是使吏尽灭春申君之家。而李园女弟,初幸春申君有身,而入之王所生子者,遂立为楚幽王也。

战国时,楚考烈王没有儿子,春申君想得有办法别让他绝了后。他曾经给楚王献上过好几个女子,她们连一个也没生养过。急得春申君想不出主意来,只能叹气出神。他这件心事给一个从赵国来的门客,叫李园的,瞧出来了。李园想把他妹妹献给楚王,又怕她照样不能生养,白费心机。为了这点,他还得费点脑筋。

他向春申君告假,说是要回老家去一趟,到了日子一定回来。春申君答应了。李园到了赵国以后,存心误了限期才回楚国去。春申君问他,为什么在家里住了这么些日子。李园唧嘟着嘴,翻着白眼说:"都是受了我妹妹嫣嫣的累!因为嫣嫣长得有几分姿色,连齐国人都知道了。没想到齐国还真派人来求婚,我只好招待他几天。"春申君一想:"赵国的女子,连齐国也全知道,一定是个天下无双的!"不由得就问:"你答应齐人了吗?"李园说:"还没呢。""那么,能不能叫我见见面?"李园连连点头,说:"我在您门下,我妹妹就是您的丫头,这还用说吗?"李园把妹妹送给了春申君。不到三个月工夫,嫣嫣有了身孕。兄妹两个一商量,就想"移花接木",来夺取楚国的大权。

有一个晚上,圆圆的月亮照得屋子直发亮,春申君指着天上的月亮对嫣嫣

说："你瞧,月亮也像咱们一样,又圆满又快乐。"妈妈叹了口气,说:"我也想咱们两个人能够天长地久,永远团圆。可是咱们大王还没有儿子,千秋百岁之后,王位就得传给他的兄弟。您做了二十多年相国,一向得到大王的重用;将来的新王不见得还能够这么重用您。"春申君一声没言语。妈妈接着说:"不能再做相国,倒也没有什么。我知道您在这几十年当中,难免有得罪人的地方。万一您得罪过的人当上了君王,您还想有好日子吗?"春申君一下子就坐了起来,着急地说:"这倒是真的!怎么办呢?"一阵微风吹过来,有些透着凉意。妈妈给春申君披上一件上衣说:"计策倒是有,不光能够躲过祸患,还能福上加福。只是我说不出口来。说出来怪难为情的。"春申君催促说:"你替我打算,有什么不好说的呢?我一定听你的。"妈妈抬起头来,咬着他的耳朵,说:"我已经有喜了,连您还不知道呢。您要是把我献给大王,大王一定会宠我。要是天从人愿,养个儿子,他可就是楚国的太子,也就是您的亲骨肉。将来您的亲骨肉当了楚王,您还怕什么呢?您瞧这个'移花接木'的计策好不好?"春申君眉开眼笑地说:"天下竟有像你这么机灵的女子!"春申君就替楚考烈王做媒,把李园的妹妹妈妈送到后宫。到了生产的时候,妈妈不光替老年的楚王养了个儿子,而且还是个双胞儿。楚王就立妈妈为王后,长子为太子,李园为国舅,跟春申君一块儿管理朝政。

李园虽然得了势,可是对春申君却特别恭敬。只要能叫春申君高兴的事,他都肯干,心甘情愿地去干。

迁都以后第三年(公元前238年,秦王政九年,楚考烈王二五年),楚考烈王病了。春申君静静地等待着,他那"亲骨肉"眼看就要即位了。一到那时候他就是太上皇了。忽然有一天,他的门客朱英来见他,对他说:"天下有意想不到的福气,有意想不到的灾祸,还有意想不到的人。您知道吗?"春申君说:"你别让我猜谜,痛痛快快地说吧。"朱英说:"您做了二十多年相国,富贵无双。如今大王得了重病,没见好转。一旦小王即位,您就是伊尹、周公。这就是意想不到的福气。可是那位国舅李园外表上透着恭敬,背地里可养着武士。为了他妹妹的事,他怎么能放过您呢?大王一死,他一定先来对付您。这就是意想不到的灾祸。"春申君笑着说:"他哪敢?——还有意想不到的人呢?"朱英指着自己的鼻子,说:"我替您去对付李园,免得您落在他手里。我就是一个意想不到的人。"春申君说:"李园这么殷勤地伺候着我,哪能害我呢?你别瞎猜别人!"朱英微微一笑,说:"当断不断,反受其乱。原来您也是一位意想不到的人哪!"

朱英劝不了春申君,就跑到别的国家隐居起来了。

朱英走了之后,过了十几天,楚考烈王死了。李园叫人去报告春申君。春申君赶到宫里,就给李园的武士们围上,嚷嚷着说:"奉王后密令:黄歇谋反,理应处死!"春申君就这么遭到了意想不到的灾祸,全家灭了门。

后人用"移花接木"这个成语指把一种花木的枝条嫁接到另一种花木上,比喻暗中使用手段以假换真欺骗他人。

以夷制夷

典出《后汉书·邓训列传》：议者咸以羌胡相攻，县官之利，以夷伐夷，不宜禁护。

东汉汉章帝时候，有一年因为护羌校尉用兵失策，引起羌人愤怒，起兵犯境，朝廷命邓训为校尉，前去平叛。

当时羌人有四万多，聚会结盟，打算等冬天封冻以后渡河，攻打邓训的军队。羌人首领是迷唐，他率领一万骑兵先去胁迫月氏胡。月氏胡有二三千骑兵，虽兵数不多，但是十分骁勇善战，每次与羌人作战，总能以少胜多。邓训的部下得知羌人攻打月氏胡，心里很高兴，对邓训说："真是老天助我，羌人打月氏胡，月氏胡打羌人，让他们互相打吧，我们可以坐等他们的毁灭，这是以夷伐夷的谋略呀……"

邓训却不这样想，他深谋远虑地说：

"你们的想法不对呀，前任护羌校尉所以失策，就在于他失信于羌，惹得羌有骚乱，结果让朝廷兴师动众，耗费巨资，又使边塞百姓不得安生。让羌胡服从汉朝，必须获得他们的信任。若想让他们信任，就应该对他们有恩赐。眼下月氏胡危难，遭到迷唐的围击，我们要救援月氏胡！"

汉军按照邓训的命令，打开城门，让月氏胡的妇女、老人、孩子和伤员进城，然后严兵防御。迷唐的羌兵退走以后，月氏胡的兵士看到自己的父老、妻子受到汉军的保护，深受感动。他们纷纷跪伏地上，给邓训叩头，流着眼泪说：

"邓使君待我们胡人这般慈爱，我们真是感恩不尽呀，以后我们一切听从邓使君的，决不与汉朝三心二意！"

邓训从胡人中，挑选一批年轻力壮的，作为汉军兵士。胡人欢天喜地，愿同汉人结为一家。

当时羌人和胡人中流行一种风习，人生了病，久治不愈，便用刀自刺而死，认为病死是一种耻辱，不如自杀。邓训想改变这种恶习。他听说谁家胡人生了病，就去问候，并且将病人隔离开，收取他的刀剑，然后派医生为他耐心治疗。这样一来，好些病人痊愈了，一传十，十传百，胡人对邓训更加崇拜和敬仰。

不久，邓训依靠月氏胡骑兵的帮助，平定了迷唐的叛军，俘虏了他们的将领，主要头目多被杀死，边境从此安定下来。

邓训53岁时病死了。羌胡人听说后非常悲痛，成千上万的人为他送葬，胡人号啕大哭，用刀子割下自己的肉，又杀死犬马牛羊，表达自己的哀痛。他们哭喊着："邓使君死了，我们也不愿活着！"后来胡人家家设立邓训祠庙，像供奉神一样供奉他，谁有了病，就向邓训祠讨寿求福。

"以夷制夷"原指封建统治阶级对待其他民族的一种民族分化政策,后来也可用它表示利用一国势力抵制另一国的势力。"以夷制夷"也可写作"以夷伐夷"。夷:音 yí,古代泛指外族或外国。

欲取先予

典出《国策·魏策一》:君予之地,知伯必骄骄而轻敌,邻国惧而相亲。以相亲之兵,待轻敌之国,则知氏之命不长矣。《周书》:将欲败之,必姑辅之,将欲取之,必故予之。(予:给。姑:暂且。辅:帮助。)

春秋末期,晋国的一个当权贵族知伯向另一个贵族魏桓子强要土地,魏桓子拒绝了。一个叫任章的人劝魏桓子还是把土地割让给知伯。他说:"你把土地割给他,知伯必然骄傲而轻敌,而邻国必然惧怕他而互相团结起来。以互相团结的诸国之兵,来对付骄傲而轻敌的晋国,那么知伯的命就不会长了。《周书》上说的好,要想打败对方,必须暂时扶植他;要想从对方得到什么,必须先给他一点东西。"后来魏桓子照任章的话做了,知伯果然因为骄横、贪得无厌而丧了命。

后人用"欲取先予"这个典故比喻要想从对方得到什么,必须先给对方一点甜头。这句成语有时也写作"将欲取之,必先予之"。

斩草除根

典出《左传·隐公六年》:周任有言曰:"为国家者,见恶如农夫之务去草焉,芟夷蕴崇之,绝其本根,勿使能殖,则善者信矣。"

春秋时期,有一次卫国与陈国联合去讨伐郑国。郑国的郑庄公请求陈国的陈桓公,希望讲和。陈桓公不答应,他的弟弟陈五父劝他说:"与善人亲近,与邻国和睦相处,是最宝贵的东西,不能失掉。我看还是与郑国讲和吧!"

听了弟弟的话,陈桓公很生气,说:

"宋国和卫国是强大的国家,我害怕他们难为我;可郑国是一个小国,我去攻打它,它难道还能把我怎么样呢?"于是继续攻打郑国。

两年以后,郑国强大起来,派兵侵袭陈国,把陈国打得大败。邻国眼看着陈国吃了败仗,然而却坐视不救。人们议论说:这是陈国自找苦吃,长期作恶事不知改悔。古书有言,做恶事容易,这犹如燎原烈火一样,无法扑灭,必然最后将大祸引到自己头上。周朝的大夫周任讲过这样的道理:

"作为国家的国君,对待恶事应像农夫对杂草一样,将它们铲除,连根挖掉,不让它们再生长出来,这样做的结果,善事才能伸张起来。"

"斩草除根"这句成语就是从这里演变来的,比喻除掉祸根,以免后患。

"斩草除根"也称"剪草除根"。

成语"怙恶不悛"也是由上面这个故事中来的。原文为"善不可失,恶不可长,其陈桓公之谓乎! 长恶不悛,从自及也。虽欲救之,其将能乎!"后人将"长恶不悛"改为"怙恶不悛",表示一贯作恶,不肯改悔。

怙,音(hù),依靠、凭恃;悛:音(quān),改过、悔改。

悛,不可读作(jùn)。

诸葛亮的锦囊

典出《三国演义》第五十回、五十五回。

孙权为了取得荆州,采用周瑜使的"美人计",想以假招亲把刘备诱去东吴。当时,刘备犹疑不决,诸葛亮却说:"主公,你尽管去吧! 我已定下三条计策,要赵云陪你去才行。"他把赵云唤到近前,附耳低言交代:"你保主公到东吴,要带上这三个锦囊,囊中有三条妙计,依次而行。"

这锦囊,是用锦做成的袋子,古人多用以藏机密文件或诗稿。诸葛亮是一个足智多谋的人,他常把可能发生的事变,以及应付的办法,用纸条写好装在锦囊里,交给办事的人,嘱咐在遇到紧急情况时拆看,按照预定的办法去应付。当下,赵云接过诸葛亮递给的三个锦囊,将它贴肉收藏,到了东吴,依着锦囊妙计,一一行事。

首先一到东吴的南徐,赵云就打开第一个锦囊,按计为刘备来东吴招亲大造舆论,说动乔国老和吴国太在甘露寺看新郎,促成亲事。刘备在东吴成亲后,沉溺于安乐生活中,忘了荆州,忘了国家大事。赵云到年终,打开第二个锦囊,依计而行。他谎报曹操大军进攻荆州,及时使刘备猛醒,商同孙夫人离开南徐。孙权闻信,派兵追赶,情势危急! 这时,赵云又拆开第三个锦囊,刘备依计智激孙夫人,怒斥东吴追兵,终于安然无恙地回到了荆州。

"诸葛亮的锦囊——用不完的计",比喻善于用计,能及时提出解决紧急问题的办法。

醉翁之意

典出宋·欧阳修《醉翁亭记》：太守与客来饮于此，饮少辄醉，而年又最高，故自号曰醉翁也。醉翁之意不在酒，在乎山水之间也。

北宋时期，有一位大文学家，同时也是一位大政治家，名叫欧阳修，字永叔，卢陵人（今江西吉安）。仁宗年间举进士甲科。他在很年轻的时候，父亲就死了，完全是母亲负责教养。他常到南州一个姓李的大户人家，找他家旧筐中藏贮的书，有一天找到了六卷唐《昌黎先生集》（韩愈文集）。就借回家读，爱不忍释。当时天下学者，是以能诗文取科第。将来出人头地，夸耀人间，都赖时文。像韩文这种古朴的章法，是无人问津的。欧阳修立志，等到一旦显贵，决定提倡韩昌黎体例的古文。他进士及第之后，就与尹师鲁等人，竭力倡韩文，把从前那部昌黎先生集，补缀校定，以致天下学者渐趋于古。韩文没而不见二百余年而得欧阳修之倡，始得盛行于世，那时如苏家父子、王安石等，莫不习韩文。今日有"唐宋八大家"之称号，即指"文起八代之衰"的韩愈为首，次及柳宗元、欧阳修、苏洵、苏轼、苏辙、王安石、曾巩八人而言。

王安石为相，倡新法，欧阳修是站在以司马光为首的旧派这一边，反对新法的。他做陈官，论事切直，被贬为滁州太守。滁州有一座琅琊山，风景绝佳。欧阳修做滁州太守时，琅琊山的寺僧建了一个亭子，欧阳修常到这个亭子上与客饮酒。他写了一篇文章，叫《醉翁亭记》。文章说："环滁皆山也。其西南诸峰，林壑优美，望之蔚然而深秀者，琅琊也。山行六七里，渐闻水声潺潺，而泻出于两峰之间者，酿泉也。峰回路转，有亭翼然临于泉上者，醉翁亭也。作亭者谁？山之僧智仙也。名之者谁？太守与客来饮于此，饮少辄醉，而年又最高，故自号曰醉翁也。醉翁之意不在酒，在乎山水之间也。山水之乐，得之心而寓于酒者也……"。

后人用"醉翁之意"比喻本意不在此而在彼。也比喻别有用心。

景　物　篇

高屋建瓴

典出《史记·高祖本纪》:(秦中)地势便利,其以下兵于诸侯,辟犹居高屋之上建瓴(líng)水也。

西汉初年,刘邦刚刚平定了天下,就接到下面的报告,说大将韩信准备谋反。刘邦一向怕韩信本领大、不好对付,现在听说他准备谋反,十分害怕,便召集大将周勃、樊哙、灌婴等人商量对策。这些大将都主张用武力征伐。刘邦又和陈平商量。陈平不同意,他说:"韩信不比别的将军,要是他真的叛乱,没有人能抵挡过他。皇上不如假装游云梦,让诸侯来陈城朝见,等韩信一到,叫武士捉拿。"

刘邦采纳了陈平的计策,假装游云梦,打发使者去通知诸侯到陈城会见。当时,韩信并无意叛乱,所以也来朝见刘邦,被刘邦捉拿。刘邦把韩信带到了洛阳,一面准备惩办他,一面下令大赦天下,以表明自己的政德。

不少大臣听到要大赦天下的消息,都向刘邦道贺。有一个叫田肯的大夫祝贺说:"皇上逮到了韩信,又收复了三秦,建都关中。三秦幅员广大,山河相隔有千里之远。秦地兵员众多,地势险要。以此来加兵于诸侯,将高屋建瓴,势如破竹。除此以外,皇上又收复了齐地。三秦和齐地都是很重要的地方,除了嫡亲子弟以外,皇上千万不可把这两个地方封给别人啊!"

刘邦是个聪明人。他知道,三秦和齐地都是韩信打下来的。田肯名为祝贺,实际上是替韩信说情来了。再说,说韩信造反,也没抓住真凭实据,杀了韩信,反遭大臣议论。于是免了韩信的罪,封为淮阴侯。

"高屋建瓴"比喻居高临下,不可阻遏的形势。

虎踞龙盘

典出《太平御览》引张勃《吴录》：钟阜龙盘，石城虎踞。

南京，是我国的一座古都。战国时，楚置金陵邑，秦称秣陵，三国时吴称建业，晋时称建康，明时称南京，清为江宁府治所在地。三国吴、东晋、宋、齐、梁、陈、五代南唐、明初、太平天国及辛亥革命时均建都于此。

南京滨临长江，地势险要。东汉末年，刘备、孙权、曹操分别割据一方。刘备的军师诸葛亮在同孙权谈论政治军事形势时，说："钟阜龙盘，石城虎踞。"意思是，钟山像龙盘绕在东面，石头城（即南京城）像虎蹲在西面。劝孙权凭借天险，独据一方，进而联刘灭曹。

钟阜，即钟山，又名紫金山，在今南京市东郊。石城，又名石头或石头城，南京市的别名。

"虎踞龙盘"是用来指南京城的，有赞美其地势险要、雄伟的意思。

火树银花

典出《南齐书·礼志上·晋傅玄朝会赋》："华灯若乎火树，炽百枝之煌煌。"

唐·苏味道《正月十五夜》（一作《观灯》）诗：火树银花合，星桥铁锁开。暗尘随马去，明月逐人来。游妓皆秾李，行歌尽落梅，金吾不禁夜，玉漏莫相催。

唐睿宗是唐代君主中最会享受的一位皇帝，虽然他只当了一年的皇帝，但不管什么事情，他总要用很多的物力人力去大肆铺张。他每年逢正月元宵的夜晚，一定要扎起二十丈高的灯柱，点起五万多盏灯，号为"火树"。后来诗人苏味道就拿这个做题目，写了一首诗，描绘它的情形。"火树银花合，星桥铁锁开，暗尘随马去，明月逐人来。游妓皆秾李，行歌尽落梅，金吾不禁夜，玉漏莫相催。"这首诗把当时热闹的情况真实地描写了出来。

后人用"火树银花"形容辉煌的灯火。

金碧辉煌

典出元·汤垕(hòu 后)《画鉴·唐画》：李思训画着色山水，用金碧辉映，自成一法。

唐代时，有一位著名的画家叫李思训，字建，一作建景。唐高宗时，李思训为江都令，武则天临朝后，他弃官潜匿，中宗时又出而为官，到了唐玄宗李隆基时，他官至左(一作右)武卫大将军。

李思训的书画造诣很深，他工书法，尤擅山水树石，笔力遒劲。他好写湍濑潺湲、云霞缥缈之景，鸟兽草木，亦得其态。他曾应诏画大同殿壁和掩障，几个月才画完。

在中国绘画史上，李思训以金碧辉映的山水画独创一格。他的画笔法工整，色彩鲜艳，装饰性强，给人以绚烂多姿和富丽堂皇的印象。元代书画评论家汤垕说："李思训画着色山水，使用泥金和青绿，色彩艳丽，独具风格。"据说，存世的《江帆楼阁图》，为李思训的作品。

"金碧辉煌"形容建筑物装饰华丽，光彩耀眼。

天涯海角

典出南朝·陈徐陵《徐孝穆集四武皇帝作相时与岭南酋豪书》：天涯藐藐，地角悠悠。言面无由，但以情及。

唐朝大诗人白居易的亦有："天涯海角无禁利，熙熙同似昆明春"的诗句。

据说宋代的大文豪苏轼(别号东坡居士)和这句成语大有关系。苏东坡在59岁那年，因被人告他所作诏令(皇帝对下属或对百姓所出的告示)有斥责先朝(皇帝的祖先或上一时代)的话，被贬到海南岛的昌化，他在昌化时，常到"角岭"一带去游览。这一天，他正在海边欣赏那水连天的景色，忽然狂风暴雨，波涛翻滚。这番情景，引起了他的兴致，便在避风雨的那块大石上题了"天涯"和"海阔天空"六个大字。事后，石匠便把这几个字刻在石上。久而久之，这个地方就被人们称为"天涯"，又因这里本是"角岭"的一部分，所以后来的人把"天涯"和"角岭"结合成"天涯海角"这个名词。

天涯：天边，遥远的意思；海角：海隅，也是遥远的意思。两个词都是表示遥远，比喻极其边远的地方。又作"天涯地角"。

万紫千红

典出南宋·朱熹《春日》诗:等闲识得东风面,万紫千红总是春。

朱熹,是南宋时的哲学家和教育家,字元晦,一字仲晦,号晦庵,别称紫阳。徽州婺源(今属江西)人,侨寓健阳(今属福建)。他曾任秘阁修撰等职,主张抗金。朱熹广注典籍,对经学、史学、文学、乐律以至自然科学有不同程度的贡献。他的理学一直成为后来封建地主阶级统治人民的理论工具,在明清两代被提到儒学正宗的地位。他的博览和精密分析的学风,对后世学者很有影响。

据记载,有一天,朱熹到郊外去游春踏青。这天,天气晴朗,风和日丽,朱熹所到之处,遍地百花盛开,绚烂多姿。无限春光引得朱熹诗兴大发,回家后,他把这次郊游的感受写成了一首题为《春日》的诗:"胜日寻芳泗水滨,无边光景一时新;等闲识得东风面,万紫千红总是春。"

"万紫千红"原来形容春色艳丽。现在,人们常用这句成语比喻事物丰富多彩或景象繁荣兴旺。

时 令 篇

不舍昼夜

典出《论语·子罕》:"逝者如斯夫! 不舍昼夜。"

孔子到了晚年,也常和他的学生在一起。有一天,他和学生一道去散步,走到河边,眼望着奔腾不息的河水久久不语。学生们不知他在想什么,没有去打扰他。他望了很久,然后叹了一口气道:"逝者如斯夫! 不舍昼夜。"(意思是:〔光阴〕一去不复返啊,它大概就像这河水一样,昼夜不停地奔流吧。)学生们听了孔子的慨叹,领会到孔子说这话的深意,于是,立刻向孔子表示:"老师,我们一定好好学习,爱惜光阴,决不辜负您的期望。"孔子听了深有所感地说:"应该爱惜光阴,认真学习啊!"

后人用"不舍昼夜"表示时间不停地流逝之意。

旷日持久

典出《战国策·赵策四》:"今得强赵之兵以杜燕将,旷日持久数岁,令士大夫余子之力,尽于沟垒。"

战国时期,燕国封宋人荣蚠为高阳君,派他率领军队攻打赵国。荣蚠很能打仗,赵王非常害怕。他与平原君赵胜(宰相)商量,准备割让济东合卢、高唐、平原等三座城池五十七处地方送给齐国,以此请求齐国名将安平君田单担任赵军统帅,抵抗燕军的进攻。赵国大将马服君赵奢反对这种主张。他对平原君赵胜说:"难道我们赵国就没有能率兵打仗的大将吗? 仗还没有打,就先割让三座城池五十七处地方送给齐,这怎么行呢! 大王为什么不派我为统帅呢? 我熟悉燕国地形,派我领兵作战,一定能够取胜。为什么要求助于田单呢?"

接着,赵奢进一步指出,即使请田单指挥赵军作战,赵国也不可能取胜。他说:"第一,如果田单愚蠢,那他一定打不过荣蚠,这样就白请他来了;第二,如果田单聪明、有本事,他也未必肯为赵国出力,因为赵国取胜强大起来,对齐国称霸

是不利的。"

赵奢最后说:"依我看,让田单领兵作战,他一定会把赵国军队拖在战场上,荒废许多时间。长久地拖下去,就会把我国的人力、财力、物力消耗掉,后果不堪设想。"

赵王和赵胜没有听取赵奢的正确意见,到底割让三座城池送给齐国,请田单统率赵国军队。结果,不出赵奢所料,战争拖了很长时间,赵国付出很大代价,却没有取得理想的胜利。

成语"旷日持久"即由此而来。旷:荒废。这句成语形容空废时日,拖延很久。"旷日持久"也作"旷日弥久"。

日不暇给

典出《汉书·高帝纪下》:"虽日不暇给(jǐ 几,不读 gěi),规摹宏远矣"。颜师古注:"给,足也。日不暇足,言众事繁多,常汲汲也。"(汲汲:心情急切的样子。)

西汉的开国皇帝刘邦从泗水亭长兵戎起家。起初,他重武轻文,看不起儒生,曾往儒生的帽子里撒过尿。得天下以后,儒生陆贾时常和他说起《诗》、《书》的重要,劝他文武并重。刘邦说:"老子是在马上得天下的,《诗》、《书》有什么用?"陆贾说:"陛下在马上得天下,难道能在马上治天下吗? 打天下当然要用武力,但治天下就不能不用文教,文武并重,才能长治久安。"刘邦觉得陆贾说的挺有道理,便重视起文教和儒生来,并命陆贾著《新语》。书成后,刘邦十分满意。

《汉书》的作者班固在评价刘邦时说:"高祖在天下平定以后,曾命令萧何颁布法令,韩信定军法,张苍制定律令法规,叔孙通制定朝仪,陆贾著《新语》。这些事情虽然很多,使他日不暇给,但却是深谋远虑的治国之策。"

后人用"日不暇给"形容事情多,时间不够用。

岁不我与

典出《论语·阳货》:"不可,——日月逝矣,岁不我与。"

季氏几代都把持着鲁国的政权。季氏有个家臣名叫阳货,他手握权柄之后,就想利用孔子做他的助手,以稳定政局。为此,他要孔子去拜会他,可是孔子不去。于是他便想了一个方法,即趁孔子不在家的时候,送了个蒸熟的小猪去,这样使孔子不得不去道谢。

孔子不愿见到阳货，也想了一个方法，即打听到阳货不在家的时候去拜谢他。没有料到孔子去的时候在路上碰见了阳货。阳货叫孔子道："来，我给你说。"孔子无可奈何，只得走过去。阳货以奉承又带责备的口吻说："国家乱纷纷的，你有一身本领，对国事却不闻不问，这难道叫仁爱么？"孔子听了，没有吭声。阳货接着又说："一个人喜欢做官，却又屡次错过机会，这叫做聪明么？"孔子仍不吭声。阳货无法，只好自言自语地说："不可，——日月逝矣，岁不我与。"（意思是：不行，光阴一去不复返啊！时光也不会等待我。）

后人用"岁不我与"表示时光一去不返，它是不会等人的。

宣统登基

公元1908年11月中旬，清朝光绪皇帝和慈禧太后，在两天内先后死去。光绪没有儿子，皇位由他弟弟醇亲王载沣的儿子溥仪继承，号称宣统。

12月2日，宣统正式登基时才六岁。他坐在宽大的"龙床"上，望见下面王公大臣们一起一落地跪拜，不知道是怎么一回事，急得大哭大闹。跪在旁边的载沣连忙哄他说："别哭，快完了，快完了！"意思是这个接受百官朝贺的礼仪快要结束了。可是，前面的王公大臣们却是一怔，感到载沣这话，正是他们列祖列宗创下的清王朝快要完蛋的预兆。

当时，人民群众也给清王朝算了命。陕西盛传一首民谣说："不用掐，不用算，宣统不过两年半。今年猪吃羊，明年种地不纳粮。"大家这样说，是看到了资产阶级革命党的武装起义和群众反抗斗争日益高涨的形势，对推翻清朝统治充满信心。据不完全统计，1905年共发生各种群众反抗斗争88起，1090年增至113起，而到1910年骤增至290多起。1911年清王朝出卖铁路修筑权，激起了遍及数省的保路风潮。10月10日武昌起义爆发，各省纷纷响应，两个月内就有十多个省先后宣布独立。清王朝迅速解体，登基才三年的宣统皇帝，就这样下台了。1912年元旦，孙中山在南京宣誓就任临时大总统，成立南京临时政府，宣告了封建帝制的终结和清王朝的灭亡。

"宣统登基"，比喻不长久。

一朝一夕

典出《周易·坤·文言》：臣弑其君，子弑其父，非一朝一夕之故，其所由来者渐矣。又见《列子·力命》:病非一朝一夕之故,其所由来渐矣。下面故事从《列子》。

战国时,有一个叫季梁的人生了病,而且越来越严重。季梁的儿子见父亲的病挺厉害,就去请了三位医生。

矫医生对季梁的病进行了诊断,说:"你冷暖没有节制,虚实失调,中气不足。病源是饥饱失度,纵欲斫丧(zhuósàng 灼桑,摧残、伤害的意思),慢慢地就可治好。"季梁听后说:"这是个一般的医生。"

俞医生对季梁的病情进行了诊断,说:"你的病不是一早一晚形成的,病由来已久,恐怕治不好了。"季梁听后说:"这是位良医。"

卢医生对季梁的病情进行了诊断,说:"药物对你已经没有什么作用了。"季梁赞许地说道:"你真是一位神医啊!"于是送给卢医生礼物,让他回去了。

原来,季梁得的是精神方面的病症,没过多久,就自个儿好了。

后人用"一朝一夕"这个典故形容短期间内。

一日三秋

典出《诗经·王风》的《采葛》篇:"彼采葛兮,一日不见,如三月兮。彼采萧兮,一日不见,如三秋兮。彼采艾兮,一日不见,如三岁兮。"

葛:一种多年生蔓草,古人用来作织布原料。萧:蒿类草,有香味,古人用来供祭祀用。艾:菊科植物,嫩叶可食,干后可作药用。三秋:有三种解释。一说是以一秋为一年,谷子在秋天成熟,故古人以谷熟为秋,除南方外,谷类多一年一熟,故三秋便可说是三年。第二种说法是三季,就是九个月。第三种说法是仅指秋天的三个月为三秋。

这是一首怀念人的诗,被怀念者可能是女性。古时的歌谣很多是歌唱爱情的,因此这首诗可以当作男人思念爱人的歌辞。全诗的意思是说:我忆念中的人儿啊!她在外面采摘葛藤,一天不看见她,就如三个月不见那样。我忆念中的人儿啊!她正在野外采摘萧草,一天看不见她,就像有九个月那么长啊!我忆念中的人儿啊!她正在野外采摘艾草,一天没有见她的面,就像隔了三年哪!

很显然的,这是一首"怀情"的诗歌,是男人怀念女人的"一日三秋"——一天不见面,就好像分别了三个月、三季或三年那么长,这充分描写出思念之切,这种心情是每一个正在热恋中的男女所能深切体验的。

"一日三秋"这句成语便是比喻分别了一天,想念的心思好像隔别了很长的一段时间。但现在应用这成语,已不限于男女之间的相思,举凡朋友、亲戚、同学、同事间的别后怀念,都可用"一日三秋"来形容。

人 伦 篇

"表壮不如里壮"与"篱牢犬不入"

　　典出《水浒传》第二十四回:"我哥哥为人质朴,全靠嫂嫂做主看觑他。常言道:'表壮不如里壮。'"及武松再筛第二杯酒,对那妇人说道:"嫂嫂把得家定,我哥哥烦恼做甚么? 岂不闻古人言:'篱牢犬不入。'"

　　武松是山东阳谷县的步兵都头,这一日被县官差往东京去干事,心中放心不下他的哥哥武大郎。他知道哥哥懦弱,嫂嫂潘金莲不但漂亮而且淫荡,生怕自己走后,嫂嫂会勾引男人闹出事来。因此买了一瓶好酒并菜蔬之类,径投武大家来。让哥嫂上首坐了。酒至数巡,武松筛了杯酒,拿在手里,看着武大说:"大哥在上,武松今日蒙知县差遣去东京干事,多是三个月,少是一月便回。有句话特来对你说,你从来为人懦弱,我不在家恐怕外人来欺侮。你从明日起,少卖些炊饼,每日迟出早归,不要和人吃酒,归家便早闭门,省了多少是非口舌。若是有人欺侮你,不要和他争闹,等我回来自和他理论。大哥你依我时,满饮此杯。"武大接了酒道:"兄弟见得是,我都依你。"吃过了一杯酒。武松再斟第二杯酒,对那妇人说:"嫂嫂是个精细的人,不必要武松多说。我的哥哥为人质朴,全靠嫂嫂做主,常言'表壮不如里壮',嫂嫂把得家定,我哥哥烦恼甚么? 岂不闻古人云'篱牢犬不入'?"那妇人听了这句话,紫涨了面皮,指着武松便骂:"你这混沌东西,有甚言语在别处说来,欺侮老娘,我是个不戴头巾的男子汉,丁丁当当响的婆娘,拳头上立得人,胳膊上走得马,自从嫁了武大,真个蚂蚁不敢入屋里来,甚么篱笆不牢狗儿钻得入来? 你一句句都要下落,丢下一块砖瓦儿,一个个也要着地。"武松笑道:"若得嫂嫂做主最好,只要心口相应,我武松记得嫂嫂的话了,请饮过此杯。"那妇人一手推开酒杯,一面哭下楼去了。——这件事过去不久,武松还未回来,他嫂嫂便与奸夫谋杀了武大郎。

　　后人用"表壮不如里壮"这个谚语比喻有个贤惠妻子,比丈夫能干更重要。"篱牢犬不入"比喻只要家庭和睦,坏人钻不了空子。

乘龙佳婿

典出《列仙传》：萧史者，秦穆公时人也，善吹箫，能致白孔雀于庭。穆公有女子弄玉，好之。公遂以女妻焉。日教弄玉作凤鸣，居数年，吹似凤声，凤凰来止其屋，公为作凤台。夫妇止其上，不下数年，一旦皆随凤凰飞去。故秦人为作凤女祠于雍宫中，时有箫声而已。

春秋时代，秦穆公有一个最小的女儿名叫弄玉，长得很漂亮，又善于吹笙，穆公非常喜欢他，一心要替她选择一个理想的丈夫。

有一天夜里，弄玉梦见天上西南方出现一个美貌的男子，骑着彩凤到了她所住的楼房前的凤台上，对她说："我是太华山的主管人，玉帝叫我来和你配成夫妇，应当在中秋节这一天见面。"

说着，就拿出身边带来的赤玉箫吹起来，音调非常好听；弄玉听得不觉陶醉了。第二天，她把这梦告诉穆公，穆公立时派人到太华山去找这个吹箫的人，后来在太华山找到了一个名叫萧史的人，随即带到穆公的面前，并且叫他吹箫。这一次吹出来的箫声，比弄玉在梦中听到的，还要美妙。穆公非常高兴，而弄玉在厅子后面偷听，也情不自禁地说："他真是我的好丈夫啊！"

当天正是八月十五的中秋节，他俩结婚了。结婚不久，萧史教弄玉学会吹箫。大约半年以后的一个夜里，夫妇俩正一同在月光下面吹箫，忽见一双紫色的凤停在凤台左边；又有一条赤色的龙停在凤台右边。这时萧史才说他本是天上的神仙，因为和弄玉注有姻缘，所以特地前来配婚，但不应该长久住在人间；于是萧史乘龙，弄玉骑凤，双双腾空而去了。

这是一个神话故事。因故事里面萧史是乘着一条龙飞回天上的，而他又是秦穆公喜爱的好女婿，所以以后的人凡称赞别人的女婿，就说是他的"乘龙快婿"或"乘龙佳婿"。

风树之叹

典出《韩诗外传》：皋鱼曰："……树欲静而风不止，子欲养而亲不待也。"

春秋时，有一次孔子带了一群学生出门去。走在路上，听到前面传来一阵哭声，很是悲伤。孔子对赶车人说："快点赶上去，看看是什么人在那里哭泣。"

他们走近一看，正在哭泣的是一个须发斑白的老人。孔子问他："先生是谁？

为什么在这里哭?"老人回答说:"我叫皋(gāo)鱼,因为想起平生的三次重大损失,所以伤心痛哭。"孔子又问:"您的三次重大损失是什么?"皋鱼说:"一是我年少时就外出求学,父母很早就双双去世;二是我自命清高,立志不为昏君做事,如今年老却一事无成;三是我原有不少情谊深重的朋友,但却中途断绝了与他们的友情。现在我想起这些,心潮难平,就像树木想安静下来怎奈风要吹个不停。我想尽孝奉养双亲,他们却过早去世。想到人的年龄一去不复返,双亲死后永不能再见,我实在悲痛难忍。从此,我要与这个世界永诀了。"说罢,皋鱼便如枯木一般呆立不动,孔子仔细一看,原来他已经气绝身亡了。孔子立即告诫学生们要记住皋鱼的教训,马上就有十几名学生告辞回家去侍奉父母。

后人用"风树之叹"的典故表现孝道,或感叹对父母未能尽孝;又用"树欲静而风不止"形容本想保持宁静的心态,但却有某事影响人的情绪,使人心潮难平。

孤犊触乳,骄子骂母

典出《后汉书·仇览传》:谚曰:"孤犊触乳,骄子骂母。"

有一个人,因为是独子,所以受到母亲的娇惯,他由撒娇而顶嘴,由顶嘴而骂母亲,最后竟打起母亲来。众邻居看到她被打得鼻青脸肿,还依然关注儿子的脉脉眼神,都感到气愤。有一天,这儿子看见一群人围在一起议论纷纷,他挤进去一看,只见一只母牛的奶子鲜血淋淋的,原来是被小牛用角触伤了。有人大声说:"把这没良心的小牛杀了算了,它竟这样对待妈妈。"有人说:"谚语讲:'孤犊触乳,骄子骂母。'牛是畜生嘛,可是有的人比畜生还不如。"儿子觉得大家好像全看着他,眼中充满了鄙夷,因此又羞又怕,天良发现,从此改过,成为受人尊敬的孝子。

后人用"孤犊触乳,骄子骂母"这个谚语比喻对孩子娇惯不得,孩子的不孝往往是父母娇生惯养的结果。

人伦篇

中华典故

鼓盆之戚

典出《庄子·至乐》：庄子妻死，惠子吊之，庄子则箕踞鼓盆而歌。

战国时，庄子的妻子去世了，他无钱安葬妻子，就把她停放在露天，用一张旧席子掩盖着。

惠子听说庄子的妻子去世，前去吊丧。他在路上想，庄子一定很悲痛。但当他看见庄子时，只见他蹲坐在地上，披头散发，衣衫破烂，手里拿着一根木棍，在不断地敲着铜盆，大声地唱着歌。惠子惊异地说："你和她长期生活在一起。她在世时，为你生儿育女，抚养老人，如今死了，你不痛哭也罢，为何要敲着盆子唱歌，岂不太过分了吗（"与人居，长子、老，身死，不哭，亦足矣，又鼓盆而歌，不亦甚乎"）？"

庄子对惠子说："妻子去世，我难道不悲伤吗？可是后来我觉悟到一个人在最初本来是没有生命的；不仅没有生命，而且还没有形体；不仅没有形体，甚至还没有气息，处在若有若无之中。后来逐渐变成气息，气息变成形体，形体变成生命；现在又回归了自然。如此生生不息，就像春风，夏日，秋雨，冬雪一样，周而复始，四时运行。现在，我妻子静静地躺在大地上，灵魂飘游在白云之间，最终融合到大自然之中，找到了自己的归宿。我何必哭哭啼啼的呢？唉，人应该了解生命的来龙去脉，才能通达！"庄子继续敲着盆，唱着歌。

后人用"鼓盆之戚"表示丧妻及丧妻之哀。

横眉冷对千夫指
俯首甘为孺子牛

典出鲁迅先生《自嘲》诗。全诗共八句："运交华盖欲何求，未敢翻身已碰头，破帽遮颜过闹市，漏船载酒泛中流。横眉冷对千夫指，俯首甘为孺子牛。躲进小楼成一统，管他冬夏与春秋。"其中"孺子牛"一语见于《左传·哀公六年》："汝忘君之为孺子牛而折其齿乎？"晋朝杜予解："孺子荼也，景公尝衔绳为牛，使荼牵之，荼顿地，故折其齿。"

春秋时，齐国国君齐景公有个儿子名荼，号安，他幼年时为景公所钟爱。只要儿子喜欢，景公什么事都依着他。有一次，景公竟爬在地上当牛，除了让儿子骑在背上驮着走之外，还在嘴里咬着一根绳子，叫孺子荼牵着跑。不料用力过猛，竟把景公的门牙给拉断了，弄得满嘴是血。虽然如此，景公毫不责怪儿子，他心甘情愿这样做。

这个故事本身非常陈腐，但鲁迅先生化腐朽为神奇，赋予它极深刻的含义。

后人用这两句诗形容革命者憎恨敌人，热爱人民的鲜明立场。

姜子牙娶媳妇

典出《封神演义》第十五回。

姜子牙，名尚，号飞熊，俗称姜太公。他32岁在昆仑山跟元始天尊学道，72岁奉师父之命，下山辅佐周室。80岁在渭水边为周文王访得，拜为宰相。从此以后，他帮助周武王起兵伐纣王，统率许多道术之士，经过与纣军的激烈斗法，终于完成兴周的大业，最后奉命发榜封神。

姜子牙在昆仑山修行40年。一天，师父元始天尊命他下山封神，扶助明主。姜子牙收拾琴剑衣囊，拜别师尊，又辞众位道友，出玉虚宫下山。他想，自己上无叔伯、兄嫂，下无弟妹、子侄，只好投靠朝歌城里的一位结义仁兄宋异人。

姜子牙来到朝歌城，见了宋异人，旧友重逢，格外高兴。宋异人问他在昆仑山上四十年，有没有学些道术。子牙回答："怎么没学？有挑水，浇松，种菜，烧火，扇炉，炼丹。"宋异人笑着说："这些都是奴仆干的杂役，怎能说是道术呢？如今贤弟既然回来，就住在我家里，找些事做，不必出家，也不要住别处去了。还有，明天我跟你找一门亲事，安个家，好好地过日子吧。"

于是，姜子牙就在朝歌城宋家庄住下来。宋异人果真为他议了一门亲事。新娘子是马家庄员外马洪的女儿，是个68岁的老姑娘。当即，择选良时吉日，迎娶马氏。姜子牙同马氏洞房花烛，结成夫妻。这正是："离却昆仑到帝邦，子牙今日娶妻房。六十八岁黄花女，稀寿有二做新郎。"

"姜子牙娶媳妇"，比喻晚年遇到喜事。

九子不葬父，一女打荆棺

典出《全唐诗》八七七：荆棺峡谚：峡壁有棺，以荆为之。相传九子，不能葬，女编荆为棺。土人谚云：九子不葬父，一女打荆棺。"

在长江三峡险峻的峡壁上，可以看见有一具用荆梗编成的棺材。过往的船

上人看见了,船夫便会告诉你一个传说故事:从前有个人生了九个儿子和一个女儿。他偏爱儿子,总觉得女儿没有用。后来他死了,如何埋葬父亲呢? 九个儿子互相推诿,谁也不肯拿钱出来买棺材,也不愿费力操办后事。小女儿哀哀地哭着,她很穷,买不起棺木。于是她去割荆条,削去刺,一根一根编起来,打成一具荆条棺,装殓了父亲,她的手指被刺破,血染红了荆条。又怕泥土腐蚀荆条,便背呀、推呀,把荆棺送上峡壁,搁在岸石凹处,终于耗尽体力,堕江而死。因此人云:"九子不葬父,一女打荆棺。"

后人用"九子不葬父,一女打荆棺"这个谚语比喻子不如女;也用来比喻办事人多,互相推诿,反而不如一个人负责容易成事。

龙生九子

典出明·徐应秋《玉芝堂谈荟·龙生九子》引李东阳《怀麓堂集》:龙生九子不成龙,各有所好。

东海龙王,生了九个儿子:大儿子叫囚牛,爱好音乐,尤喜胡琴;今胡琴头上刻的兽形,就是他的遗像。老二名叫睚眦,平生好杀,今金刀把上刻的龙吞口就是他的遗像。

老三名叫嘲风,一生喜欢探险,今殿角上的走兽就是他的遗像。

老四名叫蒲牢,平生好鸣,今钟上兽钮,就是他的遗像。

老五人唤狻猊,平生好坐,今佛座狮子,是他的遗像。

老六霸下,素爱负重,今碑座兽,为其遗像。

老七狴犴,平生好讼,今监狱门上的狮子头,为其遗像。

老八负屃,平生好文,今碑两旁文龙,为其遗像。

老九螭吻,平生好吞,今殿脊兽头,为其遗像。

龙王的九个儿子性格各不相同,各有所长,各有所好。

后人用"龙生九子"比喻同胞兄弟性格志趣各不相同。

鲁有恶者

典出《吕氏春秋·去尤》：鲁有恶者，其父出而见商咄，反而告其邻曰："商咄不若吾子矣！"且其子至恶也，商咄至美也。彼以至美不如至恶，尤乎爱也。

鲁国有个丑八怪。他父亲外出，看见了美人商咄，回到家里告诉邻居说："商咄的容貌比不上我的儿子啊！"这个人的儿子是个最丑的人，商咄是个最美的人。而他竟然以为最美的人比不上最丑的，这是由于他被对儿子的偏爱迷住了心窍。

后人用"鲁有恶者"这个典故比喻爱是伟大的、神圣的，但偏爱却是出于自私，这样的"爱"犹如害。

陆绩怀桔

典出《三国志·吴书·陆绩传》：绩年六岁，于九江见袁术。术出桔，绩怀三枚去，拜辞堕地。术谓曰："陆郎作宾而怀桔乎？"绩跪答曰："欲归遗母。"术大奇之。

陆绩是三国时东吴的一位学者，他幼年做客怀桔的故事，广为后人流传。

陆绩六岁那年，在九江见到袁术（东汉末年的大军阀）。袁术见他聪明伶俐，就叫人拿出桔子来招待他。他见袁术与别人说话时没注意，就拿了三只桔子揣在怀中。

临走时，陆绩向袁术弯腰行礼，想不到怀中的三只桔子骨碌骨碌地滚了下来。但他却不慌不忙地又把三只桔子拾起来放进怀里。袁术感到奇怪，问他说："小孩儿，你做客还偷带主人的桔子吗？"

陆绩跪下说："我很想带回去给母亲尝尝。"

袁术很感动，赞叹道："这孩子不寻常啊！"

后人常用"怀桔"二字表示对父母的孝顺。

妻离子散

典出《孟子·梁惠王下》："吾王之好鼓乐，夫何使我至于此极也？父子不相

73

见,兄弟妻子离散。"

　　齐国的大臣庄暴对孟子说:"齐王说他喜欢音乐,我不知道好不好。"孟子说:"如果真的那样,齐国便很不错了。"

　　过了几天,孟子去见齐王,他问齐王:"庄暴说你喜欢音乐,是吗?"齐王不好意思地说:"我并不爱好古代音乐,只喜欢一般流行的音乐。"孟子说:"只要你爱好音乐,那齐国就会很不错了"。接着孟子又说:"一个人单独欣赏音乐和跟别人一道欣赏音乐,究竟哪一种更快乐呢。"齐王回答说:"当然跟别人一道欣赏更快乐啊!"孟子又进一步问:"跟少数人一道欣赏音乐,和跟多数人一道欣赏音乐,又是哪一种快乐呢?"齐王微笑着说:"当然跟多数人一道欣赏快乐。"孟子接着便说:"假如你在这儿奏乐,老百姓却感到头痛,埋怨道:'大王这样爱好音乐,为什么让我们受苦呢? 为什么使我们父子不能相见,兄弟妻子离散(意思是:弟兄妻儿东逃西散)?'如果这样,就是大王只图自己快乐,而没有'与民同乐'!"齐王听了,不知如何说才好。孟子看到齐王没有反对的意思就接着说:"如果大王在这儿奏乐,百姓听到钟鼓箫笛之声,就互相转告说:'我们国君很健康,他还在奏乐呢?'这就做到了王与百姓同乐了。 如能与百姓同乐,就可以使天下的人都归服。"齐王觉得孟子讲得有理,也就没有再说什么了。

　　后人把"兄弟妻子离散"说成"妻离子散",用来形容一家人被迫分离四散。

生男无喜,生女无悲

　　典出清·李春荣《水石缘》一:叹道:"生男勿喜,生女勿悲。怎么连这话也就忘了?"

　　汉武帝刘彻即位后,好几年没有生儿子。他的姐姐平阳公主很关心这事,就挑选了十几个美女藏在家里。有一天汉武帝到她家来,平阳公主让美女们侍候他,谁知汉武帝一个也看不上。后来,宴会时,歌女卫子夫出来表演,只见她星目流盼,姿态灵动,艳媚入骨,汉武帝被她迷住了,就把她接进宫去,尊宠日隆,后来立为皇后,生三女一男。卫家亲戚竟有多人封侯,其中包括抗击匈奴有大功劳的卫青(卫子夫的弟弟)、霍去病(卫子夫姐姐的儿子)。卫青的几个儿子也封了侯,贵显天下,因此,民间流传谚语说:"生男无喜,生女无悲。"

　　后人用"生男无喜,生女无悲"这个谚语比喻生女如卫子夫,也可使全家光荣。"生男无喜,生女无悲","无"字作"不要"解,是针对重男轻女观念而言的。

舐犊情深

典出《后汉书·杨彪传》:后子修为曹操所杀。操见彪问曰:"公何瘦之甚?"对曰:"愧无日磾先见之明,犹怀老牛舐犊之爱。"操为之改容。

东汉时代有一个叫杨修的人,字德祖,华阴(今陕西省华阴县)人氏。他很有学问,又有很高的才智,曾给曹操当主簿。有一次,曹操领兵打到汉中,驻在斜谷界口,想再去打刘备;但心里盘算当时的情势,既不能进,又不能守,退又要丢面子,正在为难的时候,恰巧厨师送上一碗鸡汤,曹操看见汤里面有几块鸡肋,引起了一阵感触。这时部将夏侯惇来问夜里的口令,曹操随口说:"鸡肋!鸡肋!"杨修听到这个口令,马上收拾行李,准备回去。夏侯惇吃惊地问他这是为什么,他说:"鸡肋这东西,吃之无肉,丢掉它却觉得还有点滋味。我们现在进不能取胜,退又恐惹别人耻笑,住在这里既没有益处,不如早点回去。丞想既然说出'鸡肋'两字,一定就要回去了。所以我预先收拾行李,免得临时忙乱。"后来曹操果然下令班师,并且知道杨修猜中了他的心思。曹操对杨修本已疑忌,就藉此机会说他惑乱军心,把他杀了。杨修死时才三十四岁。

后来曹操见到杨修的父亲杨彪,问他为什么瘦得这样厉害,杨彪流着泪哀声说:"我很惭愧没有金日磾那样能对事情有预见,还深深地怀着'老牛舐犊之爱'哩!"曹操听了之后也为之感动。

犊:小牛,老牛因为非常爱怜小牛,总是用舌头舐小牛的身体。以后的人便根据杨彪所说的这句话,引申成"舐犊情深"这句成语,用来形容父母对儿女情感的深挚。

徐德言买半镜——破镜重圆

典出《本事诗·情感第一》、《说唐》第十二回。

徐德言,南北朝时人,妻子乐昌公主是陈朝末代国君陈叔宝的妹妹。夫妻两人情投意合,十分恩爱。徐德言看到当时社会腐败,预感到陈朝很快就会发生大乱。他把一面铜镜破做两半,自己留下半块,另外半块给乐昌公主,说:"万一今后咱俩分散,你就让人在正月十五日,拿它上街叫卖。我如果活着,看到这片破镜,就能设法找到你。"

果然,没有多久,陈朝被隋文帝杨坚灭亡了。灭陈有功之臣杨素,被封为越

国公,得到了许多赏赐,其中包括乐昌公主及女妓十四人。徐德言在战乱中四处避难,后来为了寻找妻子,又设法回到了京城。

正月十五这一天,徐德言来到闹市,见到有个老人拿着半面铜镜高声叫卖。他接过镜子一看,跟自己的半面镜子恰好相合。徐德言悲喜万分,对老人说:"卖给我吧!"原来这老人是越国公府里的老家人,是乐昌公主叫他来"卖镜"的。

徐德言买了半镜,睹物伤情,思绪万千。他提笔写了一首诗:"镜与人俱去,镜归人不归;无复嫦娥影,空留明月辉。"交老人带回去给乐昌公主。公主读了这首诗,想到当年夫妻恩爱的情景,十分伤心,整天泣不成声,茶饭点滴不进。杨素知道了这件事情之后,深表同情,召徐德言进府,设宴款待徐德言和乐昌公主。席间,杨素令公主赋诗。乐昌公主当即写了一首,描绘她此时此地的复杂感情,诗中说:"今日何迁次,新官对旧官;笑啼俱不敢,方验作人难。"杨素看了这首诗,受到感动,就让乐昌公主随她丈夫回去。徐德言夫妻重逢,悲喜交集。两块半镜在他俩手中重又拼成一面明镜。

后来,徐德言带着乐昌公主归返江南,不乐于仕宦,甘愿林泉自隐。

"徐德言买半镜——破镜重圆",比喻夫妻失散或决裂后重新团聚。

一马不两鞍

典出《元史·列女传》:衣氏,汴梁儒士孟志刚妻。志刚卒,贫而无子,有司给以棺木。衣氏绐(dài)匠者曰:"可宽大其棺,吾夫有遗衣服,欲尽置其中。"匠者然之。是夕,衣氏具鸡黍祭其夫,家之所有悉散之邻里及同居王媪,曰:"吾闻一马不被两鞍,吾夫既死,与之同棺共穴可也。"遂自刭死。

元代,有一个姓衣的贞烈女子,是汴梁(今河南开封市)的一个书生孟志刚的妻子。孟志刚死了,家贫如洗,又没有儿子,官吏给送来了棺木,以做安葬之用。衣氏哄木匠说:"请你把棺柩做得宽大些,我丈夫遗留的衣服多,我要把这些衣物都装进棺柩,给丈夫带走。"木匠觉得她说得有道理,就答应了。这一天的晚上,衣氏杀鸡做饭祭奠丈夫,把家里所有的东西都送给邻居和同住的王婆婆,说:"我听说,一匹马不披用两副鞍子,既然我的丈夫已死,我应当与他同棺共穴。"说着,就用刀割脖子,也死去了。

"一马不跨两鞍"就是从这个故事来的。人们用它比喻贞女不事二夫。

玉镜台

典出《世说新语·假谲》:温公丧妇,从姑刘氏,家值乱离散,唯有一女,甚有姿慧,姑以属公觅婚。公密有自婚意,答云:"佳婿难得,但如峤比云何?"姑云:"丧败之余,乞粗存活,便足慰吾余年,何敢希汝比?"却后少日,公报姑云:"已觅得婚处,门地粗可,婿身名宦,尽不减峤。"因下玉镜台一枚。姑大喜。既婚,交礼,女以手披纱扇,抚掌大笑曰:"我固疑是老奴,果如所卜!"

温峤(公元288—329年),晋代太原祁县人,字太真。东晋元帝(司马睿)时期,在大将军刘琨(公元270—318年)手下当右司马。东晋明帝(司马绍)即位,温峤被拜为侍中,转中书令。后为讨平王敦和苏峻叛乱立下功劳,当上骠骑大将军。

温峤曾经丧妇,欲娶后妻。其姑母刘氏家中离散,身边只有一女,甚是美丽、聪明,姑母拜托温峤给她找个好女婿。温峤自己很想娶这个女郎,回答说:"好女婿很难找到,像我温峤这样的人,可以吗?"姑母说:"兵荒马乱的年月,我家已经遭到丧败,能混口饭吃凑合活着,我在有生之年就感到心满意足了,怎敢奢望找一个像您这样的女婿?"过了几天之后,温峤告诉姑母说:"已经找到女婿了,门第尚可,女婿是个大官,其官职不低于我。"又取出一个玉镜台作为聘礼,姑母十分高兴。结婚那一天,新郎新娘交拜成礼后,新娘分开纱扇一看,拍手大笑说:"我早就怀疑是你这个老东西,果不出我所料!"

"玉镜台"就是从这个故事来的。人们用它指求婚事,或用以咏镜。

月下老人

典出《续幽怪录·订婚店》:韦固,少未娶,旅次宋城,遇老人倚囊而坐,向月检书,固问之,答曰:"此幽明之书。"固曰:"然则君何主?"曰:"主天下之婚姻耳。"因问囊中赤绳子,曰:"此以系夫妻之足,虽仇家异域,绳一系之,终不可易。君妻乃此店北卖菜陈妪女尔。"后十四年,参相州军事,刺史王泰妻以女,年十六七。女曰:"妾郡守之犹子也,父卒于宋城任,时方襁褓,乳母鬻蔬以给朝夕。"宋城宰闻之,名其店曰"定婚店"。

唐朝,有一个人名叫韦固。一次到宋城旅行,住在南店里。一天晚上,他看见一个老人在那里对着月光翻检一本又大又厚的书,韦固问他说:"老爷爷,你看

的是什么书?"那老人答道:"这本是天下男女的婚谱。"韦固又问:"你袋中这么多红绳又有什么用呢?"老人说:"这些绳用来系夫妇之足,虽然男女两人现在是仇家,或分居异地,只要用这些红绳一系,他们必定和好结合为夫妇。"韦固与老人同走入米市,见一盲眼的老妇人抱着一个三岁左右的小女孩走来,老人便对韦固说:"这盲妇抱的女孩子就是你的妻子。"韦固大怒,以为这老人有意开他玩笑,回去便磨尖一把小刀,叫一个家奴把那女孩子杀掉。那家奴拿了小刀当众刺了女孩子一刀便走了。事隔十四年,相州刺史王泰将女儿许配韦固,这女子容貌十分美丽,只是眉间有一伤疤。韦固问道:"她为什么有这个伤疤呢?"王泰说:"十四年前,她的保姆陈氏抱她到米市行走,为一狂徒刺伤。"韦固又问:"那保姆是不是一个盲眼的老妇?"王泰说:"对!"于是韦固将十四年前的遭遇对王泰说了一遍,岳婿二人都不禁惊奇不止。此后韦固夫妇十分恩爱。这件事为宋城耆老知道,大家便题名那南店为订婚店。

以后人们称男女婚姻介绍人为"月下老人"或称"月老"。

遇人不淑

典出《诗·王风·中谷有蓷》:中谷有蓷,暵其乾矣。有女仳离,嘅其叹矣。嘅其叹矣,遇人之艰难矣。中谷有蓷,暵其脩矣。有女仳离,条其歗矣。条其歗矣,遇人之不淑矣。中谷有蓷,暵其湿矣。有女仳离,啜其泣矣。啜其泣矣,何嗟及矣。

这一首诗,是描写一个"遇人不淑"的女子,在凶年饥馑的日子里,被丈夫抛弃,道出了内心的悲愤。全诗的意思是:山谷里生长的夏枯草,它快被太阳晒干了。有个女子因天灾而被丈夫抛弃,她正在深深的叹息,选择丈夫是多么艰难不容易? 山谷里的夏枯草,被太阳晒枯了枝条。这个被抛弃的女子多么美好,她正在哀怨地长啸! 她正在哀怨地长啸! 为的是她被丈夫抛弃了。山谷中的夏枯草,虽然生长在水边也干枯了。这个女子因灾荒被抛弃,她伤心地哭了! 她伤心地哭了! 事到如今,不知如何是好。

"遇人不淑"的意思是遇到不善良的人,指女子嫁了个不好的丈夫。

哲　理　篇

白往黑归

典出《韩非子》：杨朱之弟杨布，布素衣而出。天雨，解素衣，衣缁衣而反。其狗不知而吠之。杨布怒，将击之。杨朱曰："子毋击也，子亦犹是。向者使汝狗白而往，黑而来，子岂能毋怪哉？"

杨朱，是战国时有名的思想家，主张万事"为我"，反对"兼爱"，他认为，人的本性就是自私自利的。杨朱有个弟弟，叫杨布，家里养了一只活蹦乱跳的小白狗，杨布很喜欢它。他对杨朱说："我这只小白狗真讨人喜欢，一见到我，就摇头摆尾，亲热极了。"杨朱反驳说："这并不表明什么，你经常喂它，所以它才对你亲热，这样可以骗得更多的食物。"杨布听了，心中很不愉快："你那套'为我'的自私学问，甚至用到狗身上！"他讽刺说。

杨布平时爱穿白衣服，一天外出，淋了一身雨，就把外面的白衣换成黑衣。返回家里，那小白狗竟向他"汪、汪、汪"地吠叫起来。杨布非常愤怒，随手拾起一根棍子就要打，一道来的杨朱立刻劝住了他，并说："何必呢？它把你认成了另一个人，所以要吠叫。现在不妨换个角度，你的小白狗外出，回来时变成了一条小黑狗，你难到不感到奇怪吗？你会认为是别人的狗，而别人的狗，不会对你摇头摆尾地表示亲热。因此，你也会表现出不能理解的样子。"杨布知道杨朱在讽刺他，但细细一想，果然有一些道理。

后人用"白往黑归"比喻只看表面现象而不注重本质，或首尾不一。

扁鹊说病

典出《韩非子·喻老》：扁鹊见蔡桓公，立有间。

扁鹊曰："君有疾在腠理，不治将恐深。"

桓侯曰："寡人无疾。"

扁鹊出，桓侯曰："医之好治不病以为功。"

79

居十日，扁鹊复见曰："君之病在肌肤，不治将益深。"桓侯不应。扁鹊出，桓侯又不悦。

居十日，扁鹊复见曰："君之病在肠胃，不治将益深。"桓侯又不应。扁鹊出，桓侯又不悦。

居十日，扁鹊望桓侯而还走。桓侯故使人问之。

扁鹊曰："疾在腠理，汤熨之所及也；在肌肤，针石之所及也；在肠胃，火齐之所及也；在骨髓，司命之所属，无奈何也。今在骨髓，臣是以无请也。"

居五日，桓侯体痛，使人索扁鹊，已逃秦矣。桓侯遂死。

扁鹊去谒见蔡桓侯，在旁边站了一会。

扁鹊说："君王有病在皮肤里，如果不医治恐怕要加重。"

桓侯说："我没有什么病。"

扁鹊走出去了，桓侯说道："医生爱医治没有病的人，借以显示他的医术高明。"

过了十天，扁鹊又去谒见蔡桓侯，说："君王的病已经发展到肌肉里了，再不医治便会越发厉害。"桓侯不理睬。扁鹊走出去了，桓侯又很不高兴。

再过了十天，扁鹊又去谒见桓侯，说："君王的病已经蔓延到肠胃里去了，再不医治将会越发严重！"桓侯仍是不理睬。扁鹊走出去了，桓侯又很不高兴。

又隔了十天，扁鹊一看见蔡桓侯，扭头便走掉了。桓侯特意找人去问他是什么缘故。

扁鹊说："人的病要是在皮肤，用汤药洗或者用热敷，药力都是可达到的；病在肌肉里，扎针的功效是可以达到的；病在肠胃里，服火剂汤的力量也是能够达到的；病在骨髓里，那便属于掌管生死大权的神明的事情了，就无可奈何了。如今君王的病，已经深入骨髓，所以我便不再要求给他治疗了。"

过了五天，桓侯浑身疼痛，叫人到处去找扁鹊，扁鹊已经逃往秦国去了。于是桓侯便死了。

这则寓言非常深刻的揭示了一切事物都有其发生、发展的过程，如果能够寻见了它发生的根源，把握了它发展的趋势，就可以从开始时给它施加影响，引导它朝着有利于人类的方向成长。"图难于其易，为大于其细。天下难事必作于易，天下大事必作于细。"文见《老子》六十三章。韩非采取"扁鹊说病"这一历史传说或民间故事，加以点染，改编为寓言，便恰好用以说明《老子》的旨义。看来是难事也必定作于易，大事也必定作于细，要"早从事焉"。早从事的关键是依照客观规律办事。韩非的这种观点和方法，是符合唯物主义原则的，对我们仍有启发性。谁要忽视并违反这一原则，便免不了要步蔡桓公的后尘。

后人用"扁鹊治病"这个典故告诫人们：有了错误，必须认真检讨，及时纠正，慎易避难，防微杜渐。如果自以为是，讳疾忌医，拒绝别人的善意批评，错误就会越犯越重，甚至会发展到不可救药的地步。

不可同日而语

典出《战国策·赵策二》：夫破人与破于人也，臣人之与臣于人也，岂可同日而言之哉。

战国时期，苏秦是主张"合纵"的，他建议燕、赵、韩、魏、齐、楚六国联合起来，共同对付秦国。为了说服赵国的君主采纳他的意见，他从燕国来到赵国。赵王比较年轻，做君王的时间不长，很想听他的主张，便热情地接待了他。

苏秦婉转地对赵王说：

"现今贵国疆域有二千多里，军队有几十万，战车千部，战马几万匹，粮食够吃十年。就地形而论，西有常山，南有漳，河东有清河，北邻燕国。目前秦国虎视眈眈，想把赵国吞掉，然而迟迟不敢举兵来征伐，是担心韩国和魏国打他的主意。所以说韩、魏两国也是贵国的屏障。可是秦国一旦占了韩、魏，那么赵国就大祸临头了。这就是我为大王忧虑的问题呀！想当年，尧没有什么地盘，舜也无一点土地，却能占有天下。禹不足一百个部属，却成为诸侯的领袖。成汤和周武王也不过三千士卒，三百战车，也做了天子。这是什么缘故呢？因为他们都具有卓识远见。圣明的君主能够了解敌国的强弱，清楚自己士兵的数目、将士的优劣，不必等到战场上厮杀，对于胜负、存亡就已经心中有数了。哪有光听议论，糊涂地决定国家大事的呢？我计算过各国的版图，六国的土地比秦国大五倍；六国的军队比秦国多十倍。如果你们六国合成一体，共同讨伐秦国，那秦国必定失败。可是你们现在不做长远打算，盘算着屈服秦国，情愿做人家的臣子。你们可应该知道呀，打败敌国和被敌国打败，别人当自己的臣子和自己当别人的臣子，这两种境遇可是不能够放在一起相比着说的呀！我的意见请大王深思啊！"

赵王对苏秦的主张很感兴趣，决定封他为武安君，给他一百辆车子，二万两黄金，一百双白璧和许多绸缎、衣物，让他去劝说其他几个国家。

后来便从中演变出"不可同日而语"一句成语，用来说明两种情况完全相反或差别很大。

吃　素

典出《笑林》：猫项下偶带数珠，老鼠见之，喜曰："猫吃素矣！"率其子孙诣猫言谢。猫大叫一声，连啖数鼠。老鼠急走，乃脱，伸舌曰："他吃素后越凶了！"

猫在脖子下面偶然挂起了几颗佛珠,老鼠看见了,非常高兴地说:"猫吃素了!"便率领着自己的子孙后代,前往猫的居处表示感谢。猫突然大叫一声,一连吃了好几只老鼠。老鼠急忙逃窜,才脱了险,便伸出舌头来说道:"他吃素念佛之后更加凶狠了!"

后人用这则寓言告诫我们,对待任何事物,要看其本质,不要被一时的非本质的表面现象所迷惑,否则就要吃亏上当。

唇齿相依

典出《三国志·魏书·鲍勋》:王师屡征而有未克者,盖吴、蜀唇齿相依,凭阻山水,有难拔之势故也。

鲍勋字叔业,泰山平阳人。魏文帝时,任御史中丞。魏文帝想攻打吴国,鲍勋就面见魏文帝说:"王师屡征而有未克者,盖吴、蜀唇齿相依,凭阻山水,有难拔之势故也。"(意思是大王的军队曾几次远征都没有取胜,究其原因是吴国和蜀国地势相连,有如嘴唇和牙齿的关系一样,他们相互支援,其次是路途太远,山水相阻,行军困难,故要战胜吴国是很困难的。)文帝不但不考虑有益的意见,反而十分忿怒,把鲍勋从右中郎将降为治书执法。

后人用"唇齿相依"来比喻关系密切,互相依存。

蹈水之道

典出《庄子·达生》:孔子观于吕梁,县水三十仞,流沫四十里,鼋鼍鱼鳖之所不能游也。见一丈夫游之,以为有苦而欲死也,使弟子并流而拯之。数百步而出,被发行歌而游于塘下。

孔子从而问焉,曰:"吾以子为鬼,察子则人也。请问,蹈水有道乎?"曰:"亡,吾无道。吾始乎故,长乎性,成乎命。与齐俱入,与汩偕出,从水之道而不为私焉。此吾所以蹈之也。"

孔子曰:"何谓始乎故,长乎性,成乎命?"

曰:"吾生于陵而安于陵,故也;长于水而安于水,性也;不知吾所以然而然,命也。"

孔子在吕梁观赏瀑布的景色,那水流从三十仞的高处直泻而下,江面水珠飞溅,直到四十里之远,鼋鼍鱼鳖都不能在这里浮游。忽见一个男子游在江中,以为是有什么痛苦而自寻短见的，便让他的学生沿河往下游去救他。却见这人游到数百步外便从水中出来，披散着头发，在堤岸下悠游自在地边走边唱起来。

孔子赶忙跟上去问他，说："我以为你是鬼，细看却还是人。请问，你游水有秘诀吗？"

回答说："没有，我并没有什么秘诀。我凭着人类的本能开始了我的生活，又依靠人类的适应性而成长，顺乎自然而成功。同漩流一起潜入水底，随涌流一同浮出水面，完全顺从水性而不凭主观意志从事。这就是我能驾驭汹涌的急流的缘故。"

孔子问："什么叫做凭本能开始生活，靠适应性而成长，顺乎自然而成功呢？"

回答说："我生在陆地而安于陆地，这就是本能；长在水上而安于水，这就是适应性；不知道我为什么会这样而结果是这样，这就是顺乎自然。"

后人用"蹈水之道"说明做任何事情只有按照客观规律行动，从而才能完全驾驭它。

东野稷之御

典出《庄子·达生》：东野稷以御见庄公，进退中绳，左右旋中规。庄公以为文弗过也，使之钩百而反。

颜阖遇之，入见曰："稷之马将败。"公密而不应。

少焉，果败而反。公曰："子何以知之？"

曰："其马力竭矣，而犹求焉，故曰败。"

东野稷给鲁庄公表演驾车的技巧，进退笔直，左右旋转就像画圆规，处处合乎驾车的规矩。庄公认为这种驾车的姿式就是天下最美的了，又让他在路中间原地来回反复绕圈子。

颜阖见到这种情况，便去见庄公，说："东野稷的马将被毁掉。"庄公闭口不答理他。

一会儿，东野稷果然失败回来了。庄公这才问颜阖说："你凭什么知道要坏事呢？"

回答道："他的马体力已消耗完了，却还要继续驱使它，所以说一定会毁掉。"

后人用"东野稷之御"比喻做任何事情，都要适可而止，不应过分。这就是使主客观统一，主观愿望不超过客观条件的许可。矜智逞能，忘乎所以，以致超出客观条件所许可的限度，是没有不失败的。

饵同钓异

典出《田间书》：予尝步自横溪，有二叟分石而钓，其甲得鱼至多且易取；乙竟日亡所获也，乃投竿问甲曰："食饵同，钓之水亦同，何得失之异耶？"甲曰："吾方下钓时，但知有我而不知有鱼，目不瞬，神不变，鱼忘其为我，故易取也。子意乎鱼，目乎鱼，神变则鱼逝矣，奚其获？"乙如其教，连取数鱼。予叹曰："旨哉！意成乎道也。"

我曾经散步到横溪，有两个老汉分别蹲在两块石头上钓鱼，其中甲老汉很容易地钓了许多鱼；乙老汉终日没有钓得一条鱼，他就把钓竿扔在地上询问甲老汉说："咱们两个人钓鱼食相同，钓鱼的水也相同，但为什么得失之间有这么大的区别呢？"

甲老汉说："我刚要放下钓钩时，只知道有我这个人而不知道有鱼，眼睛不眨，神情不变，鱼忘了有我这个钓鱼的人，所以非常容易钓到鱼呀。而你呢，心里总想着鱼，眼睛总望着鱼，神情变幻多端，鱼就吓跑了，怎么还能钓得到鱼呢？"

乙老汉按照他的教导去做，一连钓了好几条鱼。

乙老汉叹了一口气说："多好啊！意愿的实现在于掌握规律呀！"

后人用这则寓言说明"旨哉，意成乎道也。"就是这则寓言的旨义。它告诉我们，无论做什么事情都必须按规律办事。同时还告诉我们，办事不能光想到利，精力不集中是难以成功的。

佛道自尊

典出《传家宝·笑得好》：一庙中塑一老君像在左，塑一佛像在右。有和尚看见曰："我佛法广大，如何居老君之右？因将佛搬在老君之左。"又有道士看见曰："我道教极尊，如何居佛之右？"因将老君又搬在佛之左。彼此搬之不已，不觉把两座泥像都搬碎了。

一所庙堂上塑着两尊泥像，左面是老君，右面是佛祖。一天，有个和尚走来看见，不满地说："我们佛法无边，怎么能屈居老君之下，放在右边呢？"于是就把佛像搬在老君像左。后来，又有一个道士看见，不平地说："我们道教极其尊贵，怎么能屈居佛教之下，放在右边呢？"说着又将老君像搬在佛像左面。

就这样，彼此不停地搬来搬去，最后竟然把两尊泥像都搬弄碎了。

后人用"佛道自尊"的这个典故告诫人们,光有良好的动机和愿望而不看客观效果,并不是真正的好心。

好猎者

典出《吕氏春秋·不苟论·贵当》:齐人有好猎者,旷日持久而不得兽,入则愧其家室,出则愧其知友州里。惟其所以不得之故,则狗恶也。欲得良狗,则家贫无以。于是还疾耕,疾耕则家富,家富则有以求良狗。狗良则数得兽矣,田猎之获,常过人矣。

齐国有个喜爱打猎的人,长年累月打不到野兽,回到家里,在妻子面前感到羞愧,走出家门,在乡邻亲朋跟前也感到不好受。思考他所以得不到野兽的原因,那是由于猎狗不好。他想得到好狗,但家里贫苦没有办法。于是他就回家加倍卖力种地,家里就富了,家里富了,就有办法买来好狗。由于狗好,他就屡次猎得野兽了,打猎所得的东西,常常超过别人了。

后人用"好猎者"比喻要做好一件事情需有一定的物质条件,没有这种条件,即使主观愿望再好,事情也是做不好的。

狐裘而羔袖

典出《左传·襄公十四年》:余狐裘而羔袖。

春秋时期,卫国的右宰相名字叫榖,他居官清正、辛勤,很有政绩,可是却不善于打仗。在一次战争中,他率领的军队被打得大败,榖逃了回来,听候处分。卫君和大臣们商议后,认为丧军辱国,罪很大,决定判处他死刑,问他有什么辩护的意见没有。榖说道:"就这次打仗的失败而言,您的处分是适当的。我决不为此而辩护。但是,我正如谚语说的,是'狐裘而羔袖'者也,你们可不可以整体地评价一下我的功过呢?"卫君听了,回忆起榖一生的功绩,于是下令赦免了他的罪行。

"狐裘而羔袖",是说:一件袍子,整体都是用极贵重的狐皮做的,只有袖子用的是贱价的羊羔皮。

后人用"狐裘而羔袖"这个典故比喻大体很好,只是稍有不足之处。

画荚者

典出《韩非子·外储说左上》:客有为周君画荚者,三年而成。君观之,与髹荚者同状。周君大怒。

画荚者曰:"筑十版之墙,凿八尺之牖,而以日始出时加之其上而观。"

周君为之,望见其状尽成龙蛇禽兽车马,万物之状备具。周君大悦。

有一个人给周君画荚,三年才画成。周君一看,和用漆漆满的荚一个样。周君大发雷霆。

画荚的人说:"筑十版高的墙,凿开一个八寸大小的窗户,在太阳刚出来时把它放在窗户上观看。"

周君照着办,看见那上面画满了龙蛇禽兽车马,万物的形状都包罗了。周君非常高兴。

后人用"画荚者"比喻对待事物粗枝大叶,不细致观察,深入研究,往往分不清好坏,辨不清是非。

即且遇蛋

典出《郁离子》:即且与蛋遇于瞳,蛋骞首而逝。即且追之,蹁旋焉绕之。蛋迷其所如,则呀以待。即且摄其首,身弧屈而矢发,入其肮,食其心,龁其啓,出其肮。蛋死不知也。他日,行于熜,见蛣蜣,欲取之。眩谓之曰:"是小而毒,不可触也!"即且怒曰:"甚矣!尔之欺予也!夫天下之至毒莫如蛇,而蛇之毒者又莫如蛋。蛋噬木则木翳;龁人兽,则人兽毙。其烈犹火也,而吾入其肮,食其心,菹鲊其腹肠,醉其血而饱其膂,三日而醒,融融然。夫何有于一寸之蛇蠕乎?"跂其足而凌之。蛣蜣舒舒焉,曲直其角,煦其沫以俟之。即且粘而颠,欲走则足与须尽解,绲绲而卧,为蚁所食。

蜈蚣和蛋子在郊外碰到一块,蛋子昂起头逃跑了。蜈蚣去追它,旋转着围绕着它。蛋子迷失了方向,不知道要往哪里去,便张大了嘴等待对方处置。蜈蚣缩起头,弯屈了身子,像射箭一般突然冲向蛋子,钻进蛋子的喉咙里,吃了它的心,咬断了它的肠子,最后从它的尾部爬了出来。蛋子到死还不知道是怎么回事呢。

有一天,蜈蚣在灶上爬行,遇见蜣蜋,又想把它抓住,马陆告诉蜈蚣说:"这个东西虽小,可是有毒,不可触动它!"蜈蚣生气地说:"太过分了!你是在欺骗我呀!天下最毒的东西莫过于蛇了，而蛇中最毒的莫过于蝅子了。蝅子咬了树木，树木就会枯萎；咬了人和兽，人和兽就会死掉。它的毒像烈火一般凶猛，但是我钻进它的喉咙里，吃了它的心，把它的肠胃当肉酱吃，把它的血当酒喝醉了，饱餐了它的油脂，三天后才醒过来，简直畅快极了。我怎么会在乎这个寸把长的蠕动小虫呢？"

于是蜈蚣踮起脚尖去欺凌蜒蚰。蜒蚰舒展了身子，把头上的角一屈一伸，吐着粘液等待着它。蜈蚣刚走到蜒蚰身旁，就被黏住翻倒在地，想抽身逃跑，脚和须都被黏断，瘫痪在地上不能动弹，最后被一群蚂蚁吃掉了。

后人用这则寓言说明所谓"一物降一物，卤水点豆腐"。世界上任何事物，都有它的对立面；即使它有强大的进攻武器，但总有胜过它的其它事物。所以决不能恃才傲物，盲目自大。否则，即使强者，也可能败于弱者。蜈蚣可以战胜最毒的蛇，然而却被看来似很软弱的蜒蚰所击毙，在这一胜一败之间，很能领悟到一些生活辩证法的道理。

解铃还须系铃人

典出《指月录》卷二十三：金陵清凉泰钦禅师，性豪逸，众易之。法眼独契重。一日眼问众："虎项系铃，是谁解得？"众无对。师适至，眼举前语问，师曰："系者解得。"

金陵清凉山法灯禅师，还是一个普通的小和尚的时候，聪明机智，性格豪迈，并不一天到晚念经拜佛，大、小和尚都瞧不起他，只有主持方丈法眼禅师特别器重他，以为他对佛学造诣领悟最深。一天，众和尚聚会听法眼讲经，法眼突然向大家问道："虎项金铃，是谁解得？"半天，没一个人答得出来，恰值这时，法灯从外面进来，法眼禅师又把这个问题问他，法灯不假思索地答道："是谁把铃子系到虎颈上去的，谁就能解下来。"法眼禅师非常赞赏他的回答，向大家说道："听见没有？你们轻视他不得呢！他将来的成就必定高于你们。"后来，法灯果然成为一代名僧。

后人用"解铃还须系铃人"这个典故比喻谁惹出来的问题，仍应由谁去解决。

荆人涉

典出《吕氏春秋·察今》：荆人欲袭宋，使人先表澭水。澭水暴益，荆人弗知，

循表而夜涉。溺死者千有余人，军惊而坏都舍。

向其先表之时可导也。今水已变而益多矣，荆人尚犹循表而导之，此其所以败也。

楚国想攻打宋国，派人先去测量澭水的深浅做好标志。澭水突然大涨，楚国人不知道，依然按照旧标志在深夜中涉渡。结果淹死了一千多人，三军惊哗，好像都市中的房舍倒塌一样。

原先做标志的时候本是可以渡过去的，如今河的情况已经发生变化，水已涨了，楚国人仍然依着旧标志渡河，这就是他们失败的原因呀。

作者采录这样一则历史传说作为寓言，是嘲讽当时泥古不化反对变法的人。这些人看不出矛盾的斗争已将客观过程推向前进了，而他们的认识仍然停止在旧阶段。他们也像这一伙荆人一样，脑子里死记住一个"表"，无论形势发生了多少变化，还是"循表而夜涉"，这就是由于"他们的思想离开了社会的实践"，因而"他们的认识仍然停止在旧阶段"。即使原先是正确的，现在也行不通了："向其先表之时可导也，今水已变而益多矣，荆人尚犹循表而导之，此其所以败也"。忘记了对具体情况作具体分析，忘记了适应着已经发展和改变的局势而改换对策，事必败也。

枯梧树

典出《吕氏春秋·去宥》：邻父有与人邻者，有枯梧树。其邻之父言梧树之不善也！邻人遽伐之。邻父因请以为薪。其人不说曰："邻者若此其险也，岂可为之邻哉？！"

此有所宥也。夫请以为薪与弗请，此不可以疑梧树之善与不善也。

邻居中有个老头，与人相邻而居。那人屋旁，有棵快要枯萎的梧桐树。老头儿告诉那人说，这株梧桐树不好，那人连忙砍下了它。老头儿就请求那人把这棵树送给他做烧柴。那人很不高兴地对别人说："这老家伙居然险恶到这种地步啊！我怎么能继续跟他做邻居呢？"

这说明，那人见识闭塞、浅薄。老头儿求不求那棵梧桐树做烧柴，这并不能证明那梧桐树本身的好坏。

后人用"枯梧树"这个故事说明：遇事主观臆断当然不好，但做事没有主见也不好。

率　然

典出《孙子·九地篇》：率然者，常山之蛇也。

击其首则尾至，击其尾则首至，击其中则首尾俱至。

率然，是常山地方的一条大蛇。打它的头，尾巴就来救应；打它的尾巴，头就来救应；打它的当中，头和尾巴都来救应。

这个寓言是说善于用兵的人，能使部队象"率然"一样，也就是能使士兵好像一个人的左右手互相支援，才能打胜仗；而要使部队"齐勇若一"去作战，这在于将帅领导的得法；要使全军"刚柔皆得"发挥作用，这在于地形利用的适宜。所以善用兵者必须胸有全局，使全军首尾呼应，才能攻无不克，防如铁壁。

墨鱼自蔽

典出《田间书》：海有虫，拳然而生者，谓之墨鱼。其腹有墨，游于水，则以墨蔽其身，故捕者往往迹墨而渔之。噫！彼所自蔽者，所以自祸也欤？人有恃智，亦足以鉴。

海里有一种动物，屈曲而生长，称之为墨鱼。它的肚子里有一个墨囊，游动在水中，能放出墨汁来掩蔽自己的身体，渔翁往往跟着墨汁的踪迹去捕捉它。

唉！它所用来掩蔽自己的，恰好是给自己招来祸灾的原因呀！那些凭借个人小聪明的人，也是可以以此作为借鉴了。

后人用这则寓言说明墨鱼"所自蔽者，所以自祸也。"任何事物都有其两重性，在一定条件下，好事往往能够转化为坏事，这则寓言具有朴素辩证法的因素。

作者的目的，是从墨鱼自蔽的教训过渡到人。人有聪明智慧，原本是件好事；但是一味凭借个人才智，处处要弄小聪明也必将引火烧身，招来祸灾。这样的教训，在日常生活中不乏其例。

其父善游

典出《吕氏春秋·察今》：有过于江上者，见人方引婴儿而欲投之江中，婴儿

89

啼。人问其故。曰："此其父善游。"

其父善游,其子岂遽善游哉?

有个人从江边经过,看见一个人正拉着一个婴儿要把他投到江里去,婴儿吓得大哭。这个人就问那个人是什么缘故。那个人说:"这个娃娃的爸爸善于游水。"

爸爸善于游水,他的孩子难道也就善于游水吗?

这篇寓言对那些惯于机械推理,抱有历史成见或血统论观点的人,都是有力的讽刺。

两个茅茨

典出《增补万宝全书》:昔年有兄弟二人,父死,拆烟。其兄乖巧,其弟痴蠢。兄于十字路口起造茅茨一间,每年不胜其利。弟妇不忿,怒骂其夫。弟亦于路口做茅茨,用石灰粉壁,绘画干净。过者疑为庙宇,往来无一解手。

从前,一户人家有兄弟二人,父亲死后,兄弟俩分了家,哥哥为人办事聪明能干,弟弟却痴呆无能。

哥哥在十字路口搭起一间茅厕,每年受益不少。弟媳妇忿忿不平,埋怨责怪自己的丈夫。弟弟于是也在路口盖了一间茅厕,用石灰粉刷了墙壁,又在上面彩绘了图画,装饰得优雅干净。过往行人都以为这是一座庙宇,没有一个人进去解手。

后人用"两个茅茨"这个典故告诫人们,搞形式主义、不讲实际效果,是无益而有害的。

轮扁斲轮

典出《庄子·天道》:桓公读书于堂上。轮扁斲轮于堂下,释椎凿而上,问桓公曰:"敢问,公之所读者何言邪?"

公曰:"圣人之言也。"

曰:"圣人在乎?"

公曰:"已死矣"

曰:"然则君之所读者,古人之糟魄已夫!"

桓公曰:"寡人读书,轮人安得议乎!有说则可,无说则死。"

轮扁曰："臣也以臣之事观之。斲轮,徐则甘而不固,疾则苦而不入。不徐不疾,得之于手而应于心,口不能言,有数存焉于其间。臣不能以喻臣之子,臣之子亦不能受之于臣,是以行年七十而老斲轮。古之人与其不可传也死矣,然则君之所读者,古人之糟魄已夫!"

齐桓公坐在堂上读书。轮扁在堂下斫削木头造车轮,他放下工具走到堂上,问齐桓公说:"请问,您读的这玩艺儿都说些什么呢?"

桓公答道:"是圣人之言。"

问:"圣人还活着吗?"

回答说:"已经死了。"

轮扁说:"那么您所读的,是古人的糟粕了!"

桓公生气地说:"我在这里读书,做轮子的匠人怎么可以随便议论呢! 说得出道理来则罢,说不出道理就要你的命。"

轮扁从容回答说:"我用我所从事的工作来考察它。斫削车轮,活做得太慢,卯起来就松弛而不牢固;活做得太快了,又会因卯太紧而安不进去。不慢不快,得心应手,用语言无法表达,却有技巧存在于其间。这种技巧我不能用语言直接传授给我的儿子,我的儿子也不能靠我口传直接学到,因此到了七十岁的晚年我还在斲轮。古人和他们那些不能用语言传给后人的技巧都一起埋没了,那么您所读的东西,不正是古人的糟粕吗!"

后人用"轮扁斲轮"嘲讽了历史上那些轻视劳动人民的实践,专靠搬弄"圣人之言"装璜门面的统治者,强调了通过自身长期的实践取得直接经验的重要性。然而完全否定从书本获得间接经验的可能性,则未免失之片面。

盲人摸象,各执一见

宋·释道原《景德传灯录》卷二十四:有僧问:"众盲摸象,各说异端,忽闻明眼人又作么生?"师曰:"汝但举似诸方。"师经行次,众僧随从。

古时候,有个皇帝召集了一批瞎子,让他们各摸大象的一个部分。等他们摸完了,然后逐个问他们:"大象是什么样子的?"摸象牙的人说:"大象像一个长萝卜。"摸耳的人说:"它像一只簸箕。"摸头的人说:"它简直是一块大石头。"摸鼻子的人说:"不,它像一根木杆。"摸背的人说:"它像一只大床。"摸肚子的人说:"怎么我觉得它像一只大瓮子呢?"摸尾的人说:"你们说的都不对,大象像一根绳子。"他们各根据自己的触觉各执一见,争论不休,其实谁也未见整体,都说错了。

后人用"盲人摸象,各执一见"的谚语比喻不见整体者必执偏见。

蹑迹纵緤

典出《新序·杂事第五》：得齐有良兔曰东郭逡，盖一旦而走五百里。于是齐有良狗曰韩庐，亦一旦而走五百里，使之遥见而指属，则虽韩庐不及众兔之尘。若蹑迹而纵緤，则虽东郭逡亦不能离。

从前，齐国有一种狡兔叫东郭逡，一天能跑五百里。还有一种好狗叫韩庐，一天也能跑五百里。

假如向狗指示兔子远去的踪迹，令狗追赶，那么即使是韩庐也望尘莫及。

倘若狗预先潜伏起来，再突然跳出捕捉，那么即使是东郭逡也不能逃脱。

后人用"蹑迹纵緤"的典故告诉人们，对待强敌，必须讲究战略战术，出其不意，攻其不备，这样才能战而胜之。

临河而钓

典出《淮南子·人间训》：夫临河而钓，日入而不能一鲦鱼者，非江河鱼不食也，所以饵之者非其欲也。及至良工执竿，投而摆唇吻者，能以其所欲而钓者也。

有个人坐在河边钓鱼，直到日薄西山也没有钓上一条鱼。这并不是因为鱼不贪食，而是因为他所用的钓饵，不合鱼的口味。

等到另一个善于钓鱼的人执竿垂钓，鱼儿纷纷上钩。这是因为他能够用鱼爱吃的东西做钓饵的缘故。

后人用"临河而钓"的典故说明，只有根据事物的特点，采取相应的办法，才能取得较好的效果。两个人在同一地方钓鱼，收获如此悬殊。两个人从事相同的工作，所得却往往不同，其中既有认识问题，也有方法问题。

落茵落溷非因果

典出《梁书·范缜传》。

南北朝时，佛教在中国迅速扩大影响，不论北魏、北齐，还是南梁，佛教成为国教,皇帝自己讲经,梁武帝甚至两次做了和尚。寺庙遍国,国家花大量钱修寺、修佛像。由于做和尚可以不服劳役、兵役,出家人激增,国家税收锐减。在这种情况下,公开反对信佛的人,是要有巨大勇气的。梁朝的尚书左丞范缜,公开反对迷信,他认为形体存在则灵魂存在,身体死亡则灵魂也灭亡了,两者不可分,正如刀刃存在,锋利存在,刀刃消失,锋利也没有了。他著《神灭论》宣传唯物思想。他认为佛教在精神上毒害了人民,在物质上破坏了生产。当时,梁朝奉佛教为国教,因此朝廷对他非常恼火。梁武帝命王公、大臣、僧正六十余人和他在朝廷上辩论,仍不能辩赢他,皇帝说:"你不放弃你的言论就罢你的官。"范缜说:"我不能'卖论取官'。"毫不屈服。

梁朝竟陵王肖子良虔信佛教,集合许多高僧和他辩论"因果报应"的有无,肖子良说:"假如没有前世因果,世上人为什么有人富贵、有人贫穷呢? 这是他们有的前世积善、有的前世积恶的报应啊!"范缜说:"人的一生,譬如一树开的花,被风吹落,有的落在茵席上,像你殿下就是这样;有的落在粪坑里,像我就是这样。你富我贫,是生下来环境不同,有什么因果报应呢?"

"落茵(席)落溷(粪坑)非因果",强调唯物论思想,批驳了宿命论。

孟子休妻

典出韩婴《韩诗外传》:孟子妻独居,踞。孟子入户,视之,白其母曰"妇无礼,请去之。"母曰:"非妇无礼,乃汝无礼也。《礼》不云乎:'将上堂,声必扬;将入户,视必下。'不掩人不备也。今汝独燕私之处,入户不有声,令人踞而视之。是汝无礼也非妇无礼也。"孟子自责,不敢去妇。

孟子的妻子一个人在屋里,两脚岔开坐着。孟子走进门内,看见这种情况,就禀告他的母亲说:"我的妻子不守礼法,请求把她赶走。"孟子的母亲说:"不是你的妻子不守礼法,而是你自己不守礼法呀。《礼》书上不是说吗:'将要走上庭堂,声音必须高扬;将要走进房门,眼睛必须下视。'这是不让乘人不备呀。今天你单独去卧房,进门时没有一点声音,使你的妻子不知防备,岔开两脚坐着而让你看见。这是你不守礼法,不是你的妻子不守礼法啊。"孟子责备自己错了,也不敢休掉妻子了。

这篇寓言告诫人们,看问题办事情要有全面观点,实事求是。如果看到一点不加分析,主观妄断,有时自己错了,却要责怪别人,就往往会把事情办坏。

骑马顶包

典出《嘻谈续录》：一人头顶被包，骑在马上，或问之曰："因何顶包不梢在马后?"答曰："恐马负太沉，顶在头上，可省马力。"

一个人头顶着被包，骑在马上赶路，晃晃悠悠，十分吃力。有人见他这副狼狈样，奇怪地问："为什么要顶着被包，而不把他搭在马背后呢?"那人回答说："恐怕马的负担太重，顶在头上，可以省些马的力气。"

后人用"骑马顶包"的典故告诫人们，认识事物一定要认识事物之间的依从关系。不能把彼此关联的事物孤立起来。

前车可鉴

典出《荀子·成相》：前车已覆，后未知更何觉时。

《汉书·贾谊传》："前车覆，后车诚。"

贾谊，是西汉时洛阳人，有一次，他上治安策给汉文帝，讲述治理国家的道理说："秦朝的时候，宦官赵高教导秦始皇次子胡亥，单教他怎么去处决犯人，他所学习的，不是斩杀犯人，就是灭绝犯人的全族!"

秦始皇崩于沙丘，次子胡亥做了皇帝，第二天就射杀人了。有人用忠言去劝他，他认为是诽谤；有人给他贡献治国的计策，他认为是妖言。他杀起人来，简直像割草一样。难道胡亥的本性生来就是那样凶残吗? 不是的，因为是教导他的人，教得不合道理罢了! 俗语说："不熟悉做官的，只要看他所办的公事成绩如何就可以知道!"又说："前车覆，后车鉴"这一句成语，它的意思是教人注意从前自己或别人做事的失败，作为后来做事的警戒，要特别小心，不可再蹈从前失败的覆辙。

这是用来警惕自己劝喻别人做事要谨慎的话。这句话也有人叫做"前车之鉴"或"殷鉴不远"（"殷鉴"，是说夏后的事），也有人用"前事不忘，后事之师"。这都是同一意义，劝人不要再蹈从前覆辙的话。

秦西巴释鹿

典出《新序·贵德》:孟孙猎,得麑,使秦西巴持归。其母随而鸣。秦西巴不忍,纵而与之。孟孙怒而逐秦西巴。居一年,召以为太子傅。左右曰:"夫秦西巴有罪于君,今以为太子傅,何也?"孟孙曰:"夫以一麑而不忍,又将能忍吾子乎?"

孟孙打猎时捉到了一只小鹿,便派秦西巴送回去。母鹿哀啼着紧紧地跟在后面。秦西巴看到这情景,很不忍心,就让那小鹿跟母鹿走了。孟孙发现秦西巴放走了小鹿,大发脾气,就把秦西巴赶走了。过了一年,孟孙又把秦西巴召来,做太子的老师。左右的人问他:"过去秦西巴得罪了您,您驱逐了他,为什么现在又叫他做太子的老师呢?"孟孙说:"他对待一只小鹿尚且那样的怜惜,又怎能不怜爱我的儿子呢?"

后人用这个故事体现了:由表及里,因小见大。

人面逐高低,世情着冷暖

典出《古今小说》四十:常言道:"人面逐高低,世情着冷暖。"冯主事虽然欠下老爷银两,见老爷死了,你又在难中,谁肯唾手交还?

明嘉靖年间,奸相严嵩父子弄权,卖官鬻爵,杀害忠良,举朝侧目缄口,岂敢得罪宰相,却有那不怕死的忠臣沈练一再揭露其劣迹,虽屡遭贬斥,仍不退缩,终于被杀害,连其妻子也被流放边荒。那严嵩深恨沈练,为了斩草除根,嘱心腹杨顺买通公差张千、李万,命其于解送途中杀害其子沈小霞。小霞和妻闻氏看出解差不怀好意,用心提防。见他们不住交头接耳,又见他包裹中有倭刀一把,其白如霜,害怕起来,对闻氏说:"明日是济宁府界上,过了府去,便是太行山,一路荒凉,倘若行起凶来如何是好?"闻氏道:"官人如有脱身之计,请自方便,留奴家在此,不怕两个泼差生吞了我。"计议已定,次日黎明早在济宁城外,住下店来。沈小霞道:"东门冯主事借过先父二百两银子,想去取讨前欠,路上盘缠也得宽裕。"闻氏道:"常言道:'人面逐高低,世情着冷暖。'你在难中,谁肯唾手还你?还不如休去讨人厌贱。"李万贪这两百两银子,一力撺掇该去。小霞便与李万两个望东门而去。李万不合内急起来,登坑方便,沈小霞借机急奔冯主事府,冯主事仗义将其藏在复壁之内,待得李万走到查问,冯主事怎肯承认?到处寻小霞不见,两个差人慌作一团。闻氏听说丈夫去了,心中欢喜,却噙着眼泪,双手扯住公差叫

起屈来，口口声声说他们谋杀了丈夫，于今又打算奸骗自己，竟自奔到兵备道前，击鼓鸣冤。张千、李万说一句，闻氏就剪一句，说得句句在理。官府道："你做公差的所管何事？若非谋杀，必然得财买放。"将那两公差重责三十大板，将闻氏发尼姑庵住下，差四个民壮锁押张千、李万追寻沈小霞，五日一逼。挡不得闻氏每到五日，必去府里啼哭，要生要死。官府无奈，只得惩处两差，每人打十几鞭，打得两差爬走不动，张千得病身死，李万逃命去了。

那沈小霞在冯主事家一住八年，直至严嵩被参倒，被害诸臣尽行昭雪，才敢出来，到尼姑庵访见闻氏，夫妇抱头大哭。闻氏离家时已怀孕三月，今在庵中生下一子，也已十岁了。

后人用"人面逐高低，世情着冷暖"的典故比喻在世风不好的情况下，对待人的态度是随你地位高下、处境好坏而有所不同的。

三人同舍

典出《淮南子·诠言训》：三人同舍，二人相争。争者各自以为直，不能相听。一人虽愚，必从旁而决之。

非以智，不争也。

有三个人同住在一间房屋里，其中有两个人互相争辩不休。争辩的人都说自己的意见是正确的，而且互不相让。另外一个人虽然很愚笨，必定能从旁边决断谁是谁非。

不是因为他聪明，而是因为他没有参加争辩的缘故。

这个寓言的主旨，在于说明陷于争论的双方，由于都想在争论中取胜，往往自以为是，强词夺理，各持己见，互不相让；旁观者由于置身事外，故能心平气和，摈除利害之心，自见是非之理，于是便能够根据事实，秉公而断。谚云："当局者迷，旁观者清。"此之谓也。

神奇化腐朽，腐朽化神奇

典出《庄子·知北游》：纂腐复化为神奇，神奇复化为臭腐。

智慧想弄懂世间的一切道理，便到北方游历。一天，智慧来到玄水边，碰到无所谓。智慧对无所谓说："我想问你一些问题，具有怎样的思想，怎样的考虑，才真正懂得道理呢？具有怎样的地方，怎样的行动，才能与道理相处呢？从什么路径,用什么方法,才可以得到道理呢?"智慧连问三次,无所谓都没有回答。

智慧得不到解答,便来到白水的南边,无意中又碰到了狂屈,智慧又将上述问题去问狂屈。狂屈说:"唉!道理我是懂得,我告诉你吧!"狂屈心里正想说出来,可立刻又忘掉了他想说的话。

智慧还是没得到解答,就回到帝宫里去见黄帝,向他请教,黄帝说:"没思想,没有考虑,才能懂得道理;没有地方,没有行动,才能与道理相处;没有路径,没有方法,才能得到道理。"智慧接着问道:"你能说出道理,无所谓和狂屈都说不出来,究竟谁真正懂得道理呢?"黄帝说:"无所谓是真正的懂得的,狂屈还差不多,我和你终究是不懂道理的人。因为真正的道理是说不出来的,能说的就已经不是道理了。人们往往把喜欢的认为是神奇,把厌恶的认为是臭腐,但天地间的事很奇怪("纂腐复化为神奇,神奇复化为臭腐。")。智慧听了黄帝的话后,认为黄帝说得很对,就再不去弄懂道理了。

后人将好的东西变成不好的东西形容成"神奇化腐朽",将不好的东西变成好的东西形容成"腐朽化神奇"。"神奇化腐朽,腐朽化神奇"两句合用则表示事物的好坏是相互转化的。

师旷调琴

典出《郁离子》:晋平公作琴,大弦与小弦同。使师旷调之,终日不能成声。公怪之。师旷曰:"夫琴,大弦为君,小弦为臣,大小异能,合而成声,无相夺伦,阴阳乃和。今君同之,失其统矣。夫岂瞽师所能调哉?"

晋平公让人作了一张琴,琴上的弦精细一样,没有大弦、小弦的区别。

琴作好后,他让乐官师旷来调音。师旷调了一整天,也没调出个曲调来。

晋平公很不满意,怪怨师旷不会调琴。师旷回答说:"一张琴,大弦为主,小弦为辅,大弦小弦各有各的用途。它们彼此配合,才能合成音律;它们有条不紊,才能奏出和谐悦耳的音乐。您现在把琴弦搞得一模一样,破坏了它们应有的系统。这样的琴让我怎么调呢!"

后人用"师旷调琴"这个典故说明:人们要进行正常的生活和有秩序的生产,就必须以一定的方式组织起来,分工协作。

顺者昌,逆者亡

典出《史记·太史公自序》:夫阴阳四时、八位、十二度、二十四节各有教令,

顺之者昌,逆之者不死则亡(逃亡)。

在我国漫长的奴隶社会和封建社会中,统治阶级为了维持其统治,规定了一整套等级制的社会规范和道德规范,称之为礼。统治阶级及其御用文人们认为,"齐之以礼"是维护其统治的手段。因此,以"礼"为重点,制定了数不尽的纲常之伦,特别是"君为臣纲,父为子纲,夫为妻纲"的三纲和"仁、义、礼、智、信"这五常,成了不可侵犯的维护封建等级制的道德教条。鼓吹"作为父子君臣,以为纪纲。纪纲即正,天下大定"(《礼记·乐记》)《史记》的作者司马迁,是封建社会的史官,因此,维护封建等级制度,鼓吹纲常之伦是他所处的时代和他的世界观所决定了的。司马迁指出,遵循这些"纪纲"是"天道之大经",就像要遵循阴阳四时一样,顺从就生存,违抗就灭亡。

后人用"顺者昌,逆者亡"典故比喻不可抗拒。

未分香臭

典出《金楼子》:昔玉池国有民,婿面大丑,妇国色鼻齆。婿求媚,此妇终不回家,遂买西域无价名香而熏之,还入其室。妇既齆矣,岂分香臭哉?

世有不适物而变通求进,尽皆此类也。"

从前,玉池国有户人家,丈夫长得奇丑,妻子生得倾国倾城,但是患有鼻塞病。丈夫向妻子讨好,但这妇人始终不愿回家。丈夫就买了西域出产的名贵熏香拿回来点燃,把妻子接回家来。但妻子鼻塞不通,怎么能够分辨出香臭来呢?

世界上凡是用不适当的办法去求得变通进取的,都是这一类人呀!

这个寓言揭示了光有良好的愿望,而对具体情况缺乏实际的调查研究,就不能对症下药,得不到预期的效果。此为主观主义者戒!

物腐虫生

典出《荀子·劝学》:肉腐出虫,鱼枯生蠹,怠慢忘身,祸灾乃作。

这句成语,最初见于"荀子"的"勤学篇":"肉腐生虫,鱼枯生蠹。蠹:蛀虫也。但后来成为一句能广泛地应用的成语,却是由于宋代大文学家苏轼的《范增论》而开始的。

范增是秦朝末年反抗暴秦的英雄之一项梁的谋士,项梁战死后,他侄子项羽继承了抗秦的事业;项羽是一个有武少谋的人,凭着勇武和范增的策划,取得了

98

诸侯的领导权。当时,范增以为能和项羽相争的便是刘邦,所以主张先将刘邦消灭,在有名的鸿门宴中,范增虽已安排好了杀刘邦之计,只因项羽没有决心,终给刘邦逃脱。从此,刘邦便从各方面造谣中伤范增,来离间项羽和范增的感情,项羽是个有勇无谋的人,果然中了刘邦的计,渐渐疏远范增,范增愤而离开项羽,不久便病死。项羽也终为刘邦所灭。

苏轼在《范增论》中谈到这事时,有"物必先腐也,而后虫生;人必先疑也,而后谗入之。"意思是说:一件物体(指有机物)一定是先腐烂了,然后才生出虫来;一个人对另外一个人先有了疑心,才会听信关于他的谣言和毁谤。

这是一句很有道理的成语,天地间的事物,必先自己内部起了变化,才影响到外界的。

喜获玄珠

典出《叔苴子》:昔人闻赤水中有玄珠也,相与泳而探之。维时,有探得螺者,有探得蚌者,有探得石卵与瓦砾者,各自喜为获玄珠也。象罔闻之,掩口失声而笑。人攻象罔,象罔逃匿黄帝所,三年不敢出。吁!今学士之测经索理,皆是类也。

从前,人们听说在赤水河里有一颗闪着黑光的明珠,便一道潜到水底去摸取。当时,有的摸到了螺蛳,有的摸到了蚌蛤,有的摸到了鹅卵石和碎瓦片,大家都各自很高兴,以为获得明珠了。

象罔听说了这件事,不禁捂着嘴巴笑出声来。人们都很气愤地攻击象罔,象罔就逃到黄帝那里躲藏起来,有三年的时间没敢出头露面。

唉!现在那些随便猜测、索解经典义理的学者,都是这一类人呀。

后人用这则寓言说明强不知以为知,随心所欲地评论事物,可谓瞎子摸象,管窥蠡测,徒劳无益。如果能"知之为知之,不知为不知",有点自我批评精神,还可重新认识和获得明珠;但可悲的是,明明蒙昧无知,反而自以为是、蛮横无理,那么,他就只能望远抱着那些碎石瓦片当作宝贝去了!

象虎遇駮

典出《郁离子》:楚人有患狐者,多方以捕之,弗获。或教之曰:"虎,山兽之雄也,天下之兽见之,咸詟而亡其神,伏而俟命。"乃使作象虎,取虎皮蒙之,出于牖

99

下。狐入遇焉，啼而踣。他日，豕暴于其田，乃使伏象虎，而使其子以戈掎诸衢。田者呼，豕逸于莽，遇象是反奔衢，获焉。楚人大喜，以象虎为可以皆服天下之兽矣。于是，野有如马，被象虎以趋之。人或止之曰："是駃也！真虎且不能当，往且败！'弗听。马雷呴而前，攫而噬之，颅磔而死。

楚国有一个遭狐狸祸害的人，他想尽法子捕捉狐狸，也没有捕到。

有人教给他一个办法说："老虎，是山中猛兽之王，天下的野兽看见了它，都会吓得丢魂丧魄、趴在地上等死。"

楚人便找人做了一个老虎模型，拿一张虎皮蒙在上面，放在窗户下边。狐狸溜进来碰见了，大叫一声便跌倒了。

有一天，野猪糟蹋了他地里的庄稼，他又叫人把老虎模型埋伏起来，并派他的儿子手持利戈在大路口把守。地里的人一齐叫喊，野猪逃奔到丛林里，恰好遇到老虎模型，返身就往大路上奔跑，便被捉住了。

楚人高兴极了，认为老虎模型可以降服天下所有猛兽。这时，野地里出现了一种像马的动物，他又披着老虎模型迎上去。

有人劝阻他说："这是駃呀！真老虎都不敢抵挡它，你去了一定会遭殃的！"楚人没有理睬。

那像马的大野兽雷鸣般地吼叫着冲到面前，把他抓住便咬，这个楚人就被撕裂了头颅死去了。

后人用这则寓言说明老虎的模型吓跑狐狸和野猪一类动物，并取得了一些效果，这原是带有一定偶然性的现象；其实，楚人本身并没有坚实而可靠的力量。可悲的是，楚人竟被"像虎"这种虚假"威力"所迷惑，并以此沾沾自喜，狂傲自大，结果，遇駃而亡。

寓言教育人们不要依靠投机取巧的伎俩自恃高明，更不可盛气凌人、一意孤行。因为生活的逻辑是"强中自有强中手，能人之上有能人"，要依靠真本事吃饭，要有自知之明，否则，必将遭致身败名裂的下场。

星火燎原

典出《书·盘庚上》：若火之燎于原，不可向迩。

《后汉书》："涓流虽寡，浸成江河；爝火虽微，卒能燎原。"

窦宪是后汉和帝的母舅，和帝接位时，因年幼由他母亲窦太后临朝，窦宪也从原来的虎贲中郎（官名）升为侍中的官。后来窦宪因犯了法请求率兵反击匈奴的侵略来赎罪，结果大破匈奴，回来后，封为大将军的官职，从此兄弟数人，执掌大权，差不多满朝都是他的爪牙。和帝成长后，疑忌他的权势，便设法治死了窦家兄弟；只有一个弟弟名叫窦瓌的侥幸地残留在朝中。那时有个御史叫周纾的，本与窦家有怨，很不放心；便怂恿和帝说："涓流虽寡，浸成江河；熠火虽微，卒能燎原。"劝告和帝斩草须除根，免生后患。这几句话的意思是说：细小的水虽少，慢慢地也会汇成江河；一把火虽很小，终能烧遍原野。

这成语原是"星星之火，可以燎原"的缩语，原来比喻小事故可能酿成大祸乱，现在用来比喻起初力量虽然很微小，但是会迅速发展壮大。

许由弃天下而家人藏其皮冠

典出《韩非子·说林下》：尧以天下让许由，许由逃之，舍于家人。家人藏其皮冠。

夫弃天下而家人藏其皮冠，是不知许由者也。

唐尧要把管理天下的重任让给许由，许由不愿接受而出逃，住在一家平民家里。那平民家的主人慌忙藏起了自己的皮帽子。

这个寓言表明：必须经过考验，才能取得信任，实践是检验真理的唯一标准。这样看来，许由能够抛弃天下，而平民家主人却藏起自己的皮帽子，真是不理解许由的人呀。许由敝屣天下，而家人藏其皮冠，这是"以小人之心度君子之腹"。不过这事也不能完全怪家人，因为许由额头上并没有刻写出"弃天下"三字呀。

循名责实

典出《韩非子·定法》：因任而授官，循名而责。

韩非子是战国末期的思想家。有一次，他和别人谈到申不害与公孙鞅二人的言论时，有人问他道："你认为申不害和公孙鞅这两家的言论哪家于国家有益？"韩非子说："申不害讲求术，公孙鞅讲求法。所谓术，就是'因任而授官，循名而贵（亦作"责"）实'（意思是：君主要依据人的才能而授给适当的官职，按照他的职务来要求他的实际工作），让当官的人掌握杀生之权，按照一定的标准来考核群臣。而法呢，就是国家要建立一定的制度，让人们去遵守，好的则赏，奸佞则罚，做到赏罚严明。"有人又问："术和法哪样重要呢？"韩非子说："一个君主没有控制和使用群众的技术，那君位就要发生危险；如果不讲法治，那下面就要乱套。所以，术和法都是统治者不可缺少的手段。"

后人用"循名责实"比喻因名求实,使名实相副。

养猿于笼

典出《郁离子》:人有养猿于笼十年,怜而放之,信宿而辄归。曰:'未远乎?'异而舍诸大谷。猿久笼而忘其习,遂无所得食,鸣而死。是以古人慎失业也。

有个人用笼子养了一只猿猴,已经十年了,心里十分怜悯,就把它放了。没过两夜,那猿猴又回到家来。这人心里说:"是送得还不够远吧?"他就派人抬着猿猴,一直送到深山大谷里。这只猿猴由于长期生活在笼子里,忘记野外取食的习性,终于没法获得食物,哀鸣而死。

所以古人采取谨慎的态度,防止失掉自己的专长。

后人用这则寓言说明"猿久笼而忘其习",说明外部的条件经久不息,水滴石穿,也能对内部的变化发生作用——显示出从量变到质变的过程。所谓"古人慎失业",可说在长期社会实践中得出的经验之谈。

一动不如一静

典出宋·张端义《贵耳集》:孝宗幸天竺及灵隐,有僧端相随。见飞来峰,问端曰:"既是飞来的,如何不飞去?"对曰:"一动不如一静。"

杭州西湖有个小山峰名叫飞来峰,据说有个印度和尚看到它,惊讶地说:"这个山峰原来是座落在西天灵鹫山前的,怎么会飞到这里来了呢?"听到这话的人说:"你怎么知道它是西天飞来的呢?"印度和尚说:"这峰中有个老猿,常常出来到灵鹫山听佛讲经,我见过多次,不信我把它唤出来你瞧瞧。"于是喂口作啸声,果然半山腰有个老猿应声出来,向印度和尚拱手行礼,从此人们叫它飞来峰。

这年,南宋孝宗皇帝到西湖游玩,看到飞来峰,就问跟随他一起游湖的和尚僧端:"这峰既然是飞来的,那么它为什么不再飞走呢?"僧端非常巧妙地回答道:"谚语不是说'一动不如一静'么?"他的回答,一方面宣扬了佛教动不如静的哲学思想,一方面规劝孝宗皇帝不要在政事上经常更变,骚扰百姓。

后人用"一动不如一静"这个典故比喻没有把握或无益的事,还是不做为妙。

一日千里

典出《后汉书·王允传》：同郡郭林宗尝见允而奇之，曰："王生一日千里，王佐才也。"

东汉时，山西太原有一个叫王允的人，字子师，他在少年时便以聪敏称于乡里，当时和他同乡的大学问家郭泰（字林宗），和他见面相谈之下，大为折服，事后尊崇地对人说："王生一日千里，王佐才也。"意思是说：王允的学问进步得很快，真是一日千里，将来必定是辅助帝王成大事业的人！从此以后，郭泰便和他成了要好的朋友。汉献帝时，王允曾做过司徒这个官职。那时，适值董卓专权，挟持了献帝，荒淫凶暴，整个朝廷弄得乌烟瘴气，老百姓也非常痛苦。王允表面上附和他，而暗中结交吕布（董卓的义子，勇武过人），密谋除掉他。后来终将董卓刺死；但王允却因不听从吕布除恶务尽的劝告，结果被董卓的部将李傕、郭汜所杀。

后来的人，便根据郭泰称赞王允的话，将"一日千里"引为成语，用来比喻在学习中或工作中进步得快，或是一件事物发展得很快。

医与王女药喻

典出《百喻经》：昔有国王，产生一女。唤医语言："为我与药，立使长大。"医师答言："我与良药，能使即大。但今卒无，方须求索。比得药顷，王要莫看；待与药已，然后示王。"于是即便远方取药。经十二年，得药来还，与女令服，将示于王。王见欢喜，即自念言："实是良医。与我女药，能令卒长。"便敕左右，赐以珍宝。

过去有位国王，生了一个女儿。他把医生叫来说："给我喂药，立刻叫她长大。"医生回答说："我喂她好药，便能叫他立刻长大。只是现在一下子没有，须要去寻找。但在我找药的当儿，请国王不要去看公主；等到给她喂了药，然后叫您看。"于是就到远方找药去了。过了十二年，才得到药转回京城。他将药喂给国王的女儿吃了，再带着她去见国王。国王一看女儿长大了，非常高兴，心想："实在是个好医生，给我女儿喂了药，叫她一下子便长大了。"于是命令手下的人，把珍宝赐给那个医生。

强迫别人去办做不到的事，就可能出现浮夸的现象，得到虚假的回答，使自己成为受愚弄的对象。医生的"医术"真妙极了，可谓对症下药。

庸医止风

典出《雪涛谐史》：有僧、道、医人同涉，中流遇风，舟楫危甚。舟人叩僧、道曰："两位老师，各祝神祈止风如何？"僧咒曰："念彼观音力，风浪尽消息！"道士咒曰："风伯雨师，各安方位，急急如律令！"医亦复咒曰："荆芥，薄荷，金银花，苦楝子。"舟人曰："此何为者？"答曰："我这几般，都是止风药！"噫！庸医执疗病，往往若此。

有和尚、道士、医生三个人共同渡河，在中流遇见大风，渡船的处境非常危急。船夫就向和尚、道士叩拜着说："两位大师，请赶快祷告神灵制止大风好吗？"

和尚便念咒道："念观世音菩萨的威力，风浪都要熄灭。"

道士念咒道："风神雨神，各回到自己的位置上去，急急如律令！"

医生也跟着念咒道："荆芥、薄荷、金银花、苦楝子！"

船夫问道："这些是干什么用的？"

医生答道："我这几种药，都是用做止风的药！"

唉！庸医开方治病，往往都像此人。

后人用这则寓言说明中医治病强调辩证施治，即通过望、闻、问、切四诊了解患者病情，对具体病人病情进行具体的分析、判断，然后给予具体的治疗，这也叫对症下药。如果离开具体病人的具体病情，妄图以一服药包医百病，那是十分荒唐的，就像这位庸医企图用止风药止自然界的"风"一样。

治病如此，干任何事情都是如此。不同性质的矛盾，要用不同的方法解决，一把钥匙开一把锁。我们看问题，做事情，都必须注意矛盾的特殊性，从客观实际出发，运用切合实际的具体办法去解决。

欲速则不达

典出：《论语·子路》：子夏为莒父宰，问政。子曰："无欲速，无见小利。欲速，则不达；见小利，则大事不成。"

子夏，姓卜名商，春秋时期卫国人，是孔子很得意的一个学生。莒父，是鲁国的一个县，现在已经不能确切地知道它的原址，据《山东通志》说，可能在今山东省高密县东南。

上面这段话的意思是：

子夏当上了莒父县的县令,他向老师孔子请教,如何处理好县政、事务。孔子回答说:"不要图快,不要只顾小利。图快,反而不能达到目的;只顾小利,就办不成大事。"

《韩非子》中也记载了一个欲速则不达的故事。

春秋末期,有一次齐国的国君齐景公正在海边游玩,忽然接到侍者的报告:"相国晏婴生病,十分危险!"晏婴是长期帮助景公治理国家的功臣,威望非常高。景公得到这个消息,非常着急,立刻下令火速返回都城。他挑选最好的驭手驾车,挑选最好的马拉车。在车上,他不住地催促"快点跑!快点跑!"虽然马车跑得飞快,但景公仍然觉得太慢。于是他把驭手推到一边,自己拿起鞭子赶车。这样跑了一阵,他还是觉得不够快。他心急如火,干脆跳下车子奔跑起来。跑了一会儿,便累得汗流浃背,上气不接下气。景公当然不会有四条腿的马跑得快,他一心想快,但这样做的结果反而更慢了,根本达不到他的预期目的。

成语"欲速则不达"就是根据孔子的上述话形成的。意思是说一味求快,反而达不到目的。欲:想;速:快;则:就;达:达到。

"欲速则不达"亦称"欲速不达"。

远水不救近火

典出《韩非子·说林上》:鲁穆公使众公子或宦于晋,或宦于荆。犁锄曰:"假人于越而救溺子,越人虽善游,子必不生矣。失火而取水于海,海水虽多,火必不灭矣,远水不救近火也。今晋与荆虽强,而齐近,鲁患其不救乎?"

鲁穆公为了结援晋楚两个大国,将有的公子派到晋国做官,有的派到楚国做官。犁锄说:"孩子掉到水里了,却跑到越国去请人来搭救,越国人虽然擅长游水,孩子一定活不了。已经失火了,却跑到海边取水回来灭火,海水再多,必定救不了火;这叫远水不救近火。当今晋楚虽然强大,而齐国离我们最近,你却不联合;鲁国的祸患大概无救了吧?"

后人用"远水不救近火"比喻舍近求远,缓不济急,是要误事的。

月晕而风,础润而雨

典出宋·苏洵(邵伯温伪托)《辩奸论》:事有必至,理有固然。惟天下之静者,乃能见微而知著。月晕而风,础润而雨,人人知之。

南宋初年,官僚大地主集团为了推卸北宋灭亡的责任,胡说北宋亡于金是王安石变法导致的。还在王安石变法时就竭力攻击新法的保守派人物邵伯温,配合当时有官僚集团反对政治的需要,假冒苏洵之名炮制了《辨奸论》,从性格、生活、行为等方面,对王安石进行了诋毁与丑化。因为苏洵死后三年,王安石才入朝执政,所以邵伯温把苏洵打扮成一个预言家,在《辨奸论》中说:早就知道王安石当政会造成祸害。月亮周围起了圆晕,就意味着要刮大风了;屋柱的石座湿润了,就意味着要下大雨了。从王安石不讲究吃穿,不剃头洗脸,可以看出他做事不近人情,是个大奸大恶。

"月晕而风,础润而雨"意思是月亮周围出现圆晕就要刮风,础石湿润了就要下雨。后人常用这句成语比喻事故或事情发生前的征兆。

臧谷亡羊

典出《庄子·骈拇》:臧与谷二人,相与牧羊,而俱亡其羊。问臧奚事?则挟策读书;问谷奚事?则博塞以游。二人者事业不同,其于亡羊均也。

臧和谷这两个孩子一块去放羊,两个人全都把羊丢了。主人问臧在干些什么?原来他是夹着羊鞭子在读书;又问谷在干些什么?原来他掷骰子玩去。两个人的行动虽然不同,但是对于跑丢了羊这件事却是相同的。

这则寓言说明:首先应该做好本职工作,如果心不在焉,各事所好,就会发生事故,造成损失。臧、谷亡羊有"读书"和"博塞"的不同原因,但二人亡羊却没有区别——一切失职的人,不论他们的原因多么不同,但没有完成任务则是完全相同的。

知其一,不知其二

典出《史记·高祖本纪》:上曰:"公知其一,未知其二。"

刘邦消灭了地方势力,统一中国,建立汉朝,于是在洛阳南宫宴请群臣。刘邦说:"你们大家不要隐晦,请明明白白地说,为什么我能胜利,项羽为什么失败呢?"有高起、王陵两个大臣说:"您为人傲慢又常常侮辱人,而项羽却对部下仁厚爱恤。但是,您对部下中不论是谁攻占了城、地,您就让他统管他占领的地方,所以人们乐意为此而努力。而项羽妒贤忌能,有功的人他忌妒,有才能的人他猜疑,战胜时他不给人记功,占领了地方他不让人自行管理,所以失去人心,因此您才能战胜他啊！"刘邦说："你们知其一，不知其二。运筹帷幄之中，决胜千里之外，我不如张良；镇国家、抚百姓，我不如萧何；统领百万大军，战必胜、攻必取，我不如韩信。这三个人都是杰出人才，我能信任他们，所以我能一统天下。而项羽只有一个范增是杰出人才。他却不信任，所以他被我战胜！"

后人用"知其一，不知其二"的典故比喻只看到事物的一方面，而不能全面分析问题。

知无涯

典出《雪涛小说》：楚人有生而不识姜者，曰："此从树上结成。"或曰："从土里生成。"其人固执己见，曰："请与子以十人为质，以所乘驴为赌。"已而遍问十人，皆曰："土里出也。"其哑然失色，曰："驴则付汝，姜还树生。"北人生而不识菱者，仕于南方，席上啖菱，并壳入口。或曰："啖菱须去壳。"其人自护所短，曰："我非不知，并壳者，欲以清热也。"

问者曰："北土亦有此物否？"答曰："前山后山，何地不有？"夫姜产于土，而曰树结；菱生于水，而曰土产；皆坐不知故也。……物理无穷，造化无尽，盖一例以规物，真瓮鸡耳！

楚地有个生来就不认识姜这种植物的人，他说："姜是从树上结出来的。"有人告诉他说："姜是从土里生成的。"这个楚人固执己见，说道："请你和我问十人，把他们的话当作评断，我愿用我骑的这头驴子打赌。"

不一会儿就问遍了十人，都说："是土里生长出来的。"

这个楚人顿时哑然失色，说道："这头驴就输给你了，可姜还是树上长的。"

北方有个生来就不认识菱角的人，在南方当官时，席上吃菱角，他连壳一块吞进口去。

有人对他说："吃菱角必须去壳。"

这北方人却为自己护短，说道："我并不是不知道，连壳一起吞下去，为的是想清火解热呀！"

问话的人又对他说："北方也有菱角吗？"

他回答说："前山后山，哪个地方没有呀？"

姜产在土中，却说是在树上结成；菱角长在水里，却说是在山里长成；这是由于无知的缘故造成的呀……自然界和万物的规律是无穷无尽的，如果拿一个模子去套一切事物，真和瓮中鸡一般见识短浅啊！

后人用这则寓言通过南方、北方人互不懂得姜和菱生长规律的故事，反复阐明了"物理无穷，造化无尽"——"知无涯"的道理，并强调指出"不经闻见"（实践），"盖一例以规物，真瓮鸡耳"的错误倾向，是很有启发意义的。

"实践出真知"。"不经闻见"而竟"固执己见",必然要在事实面前碰得头破血流。所以,任何人都不能强不知以为知;知无涯,学习也是无止境的。不然的话,必定会闹出"姜从树上结成"、"啖菱并壳入口"的笑话来;岂止闹出笑话,还会"坐不知"把自己的驴都赌掉了。

中天台

典出《新序·刺奢》:魏王将起中天台,令曰:"敢谏者死!"

许绾负蔂操锸入,曰:"闻大王将起中天台,臣愿加一力。"王曰:"子何力有加?"绾曰:"虽无力,能商台。"王曰:"若何?"曰:"臣闻天与地相去一万五千里,今五因而半之,当起七千五百里之台。高既如是,其趾须方八千里,尽王之地,不足以为台趾。古者尧舜建诸侯,地方五千里,王必起此台,先以兵伐诸侯,尽有其地;犹不足,又伐四夷,得方八千里,乃足以为台趾。材木之积,人徒之众,仓廪之储。数以万亿;度八千里之外,当定农亩之地足以奉给王之台者。台具以备,乃可以作。"

魏王默然无以应,乃罢起台。

魏王要修建一座中天台,同时发布命令说:"有敢劝阻的,就要杀他的头!"

许绾担着畚箕拿了铁锹进入宫廷,对魏王说:"听说大王要建造一座中天台,我愿意添一把力。"魏王说:"您有什么力添呢?"许绾说:"我虽然没有什么力气,但是能够商量筑台的事。"魏王说:"怎么样?"许绾说:"我听说天和地之间相距一万五千里,今天大王要筑一个半天高的台,就应当有七千五百里高。象这样高的台,台基就得方圆八千里,拿出大王的全部土地,还不够做台基。古时候尧舜设置诸侯,土地方圆五千里,大王如果一定要造这个台,首先就要出兵讨伐各诸侯国,占领他们的全部土地;这还不够,再去攻打四面边远的国家,得到方圆八千里的土地,才有了做台基的地方。积聚的筑台材料,众多的筑台工人,仓库中储备的粮食,数目都要以亿万为单位来计算;同时,估计方圆八千里之外,还应当规定种植庄稼的面积,以供应造台的人食用。具备了造台的各种条件,才能够动工造台。"

魏王默不作声,无话可答,就放弃了造台的事。

后人用这个故事说明:要循循善诱,以理服人。

周人怀璞

典出《尹文子·卷下》:郑人谓玉未理者为"璞";周人谓鼠未腊者为"璞"。

周人怀璞。谓郑贾曰:"欲买璞乎?"

郑贾曰:"欲之。"

出其璞视之,乃鼠也。因谢不取。

郑国人称没有处理过的玉石叫做"璞";周国人把没有制成干肉的老鼠叫做"璞"。

有一次,周国有一个人怀揣着他的璞,对郑国的一个商人说:"你想买璞吗?"

郑国的商人说:"想买。"

周国人便从怀里掏出他的璞来,一看,原来是一只老鼠。郑国商人便辞谢不要了。

这个寓言的主旨,在于说明璞玉璞鼠,同名异实。这正如称呼那个东西叫"彼",而"彼"不专用于那个东西,那末"彼"的称呼就不能成立;称呼这个东西叫"此",而"此"不专用于这个东西,那末"此"的称呼也就不能成立。这是因为,这些用来充当的称呼并不适当,拿不适当的来充当,就要乱套了。所以郑贾要买"玉",周人实怀"鼠",虽然两人口中说的都是"璞",这宗买卖当然做不成。可见判断事物,不能只凭名,不求实。

煮豆诗

典出:刘义庆《世说新语·文学》:文帝尝令东阿王七步作诗,不成者行大法。应声便为诗曰:"煮豆持作羹,漉菽以为汁。萁在釜下燃,豆在釜中泣:本是同根生,相煎何太急?"帝深有愧色。

魏文帝曹丕曾经命令他弟弟东阿王曹植在行走七步之内作出一首诗,如果作不出来就要把曹植杀掉。曹植应声就作出一首诗,说:"煮豆子磨豆浆,榨豆子做豆汁。豆秆在锅底燃烧,豆子在锅里哭泣:咱们本来是一条根生的,你为什么熬煎我这样急?"魏文帝听了,脸上露出很惭愧的神色。

这篇寓言反映了古代统治阶级内部的残酷斗争,也启发人们,自家人应该团结起来,不要互相刁难,勾心斗角,被人耻笑。

功 业 篇

一百零八将

施耐庵是一个穷书生,靠教书卖文为生,家里十分清贫。他只有一女儿,被他视为掌上明珠。女儿渐渐长大了,就要出嫁了,可是家里没有钱,办不起嫁妆,怎么办呢?施耐庵连夜写了一部书,名叫《宣和遗事》,写的是宋江等36个江湖好汉大闹东京的故事。他把书稿送给女儿,对她说:"孩子,爸爸很穷,没钱给你办嫁妆,这部书稿送给你,你拿到书坊中去卖,也许会有好价钱。"

女儿把这部书稿拿给一位书坊老板,那老板草草一翻,便觉是本难得的好书,暗暗惊叹,盘算着如何把书稿骗过来。于是他对施耐庵的女儿说:"姑娘,我们老板不在家,你这部书我看不出好坏。你把书留下,过几天再来听回话吧。"一个小姑娘,哪有那么多心眼儿,就留下书稿回家去了。那书坊老板连夜找了许多人分头抄书,没两天就把书全部抄去了。

第三天,施耐庵的女儿再去书坊时,老板换了一副面孔,对她说:"姑娘,这部稿子我们老板看过了,别人早已写过了,你这部书大概是抄别人的吧?你还是拿回去吧。"

施耐庵的女儿拿着书稿去见父亲,埋怨父亲不该糊弄自己。施耐庵忙问什么缘故,女儿把老板的话一五一十地告诉了父亲。施耐庵沉吟片刻,终于明白了事情的真相,知道女儿受了骗。他虽然心里很生气,但却笑着对女儿说:"孩子,你上了书坊老板的当了。这部书是我在江阴写的底稿,前几天才抄出来,怎么会有别人写过呢?一定是老板在这两天把它抄去了,却把原稿还给了你。"

女儿一听,急了,要去找老板算账。施耐庵把她拦住了,笑着说"那部书只写了40回,也只写了36个人,人物少,故事不完整,算不上什么特别好的书。等着吧,我再来写一本,这本书一出,那本书肯定没人再去看了!"

于是,施耐庵从当天夜里开始,就重新写起来。他把原书的36个人写成36天罡,然后又增加72人,算作72地煞,使人物成为108将。然后又把这个故事安排在水泊梁山,取名叫《水浒》,也就是水中陆地的意思。他这一写,可就收不住了。又足足写了60回。写到精彩处,他自己也不觉眉飞色舞起来。

《水浒》一书终于写出来了,108将的形象栩栩如生,故事曲折动人。正如施耐庵所说,《水浒》一问世,就没人再看《宣和遗事》了。

一代天骄

元朝是我国疆域最辽阔的王朝。其疆界东包括台湾海峡,北到西伯利亚,南接南海,西到新疆。

元朝能有如此辽阔的疆土,与元太祖成吉思汗的功劳是分不开的。

成吉思汗原名铁木真,是蒙古族一个部落酋长的儿子。他年少的时候,父亲就被仇敌害死,成了孤儿。他父亲的部落就此衰落下去。他和母亲及兄弟姐妹受尽了艰辛,吃尽了苦头。后来,在父亲的旧部下的帮助下,他重建了部落,成为部落首领,从此开始了他统一蒙古各部的战争。

公元 1206 年,在斡难河大会上铁木真被尊推为全蒙古的大汗(汗,即王的意思),称为成吉思汗,随后,建立了统一的蒙古帝国。

成吉思汗建立蒙古国后,结束了原来蒙古族那种半奴隶制的游牧生活,制订了很多有利措施,推动了社会文化与生产的发展,初步形成了中央集权的封建统治。同时,他对外发动了多次大规模的侵略战争,向西南曾征伐到伊朗印度一带,往北曾一直打到欧洲东部地区,大旗指处,所向披靡。但他最主要的还是先后灭掉了畏兀儿国和西辽国,彻底打败了西夏和金国,为他的子孙在中国建立元朝奠定了基础。

成吉思汗 1227 年在进攻西夏时染病身亡,整个蒙古帝国为他举哀。元朝建立以后,元世祖忽必烈根据汉人历代的习惯,追谥他为元太祖。

成吉思汗在历史上的功绩是不可磨灭的。但由于游牧民族的特点,在大多数战争中,蒙古大军铁蹄过处,片瓦不留;军刀过处,血流成河,给许多地区的百姓带来灾难。

杀敌致果

典出《左传·宣公二年》:狂狡辂郑人,郑人入于井。倒戟而出之,获狂狡。君子曰:"失礼违命,宜其为禽也。戎,昭果毅以听之之谓礼。杀敌为果,致果为毅。易之,戮也。"

春秋时候,晋国和楚国是大国,宋国、郑国是小国,小国只能听从大国的命令。有一年,晋国派荀林父领兵征讨宋国,迫使宋国向晋国媾和,降服晋国。楚国为此对宋国不满,第二年春天,楚王就命令郑国替他去讨伐宋国。郑国只好听

从楚王的命令,派公子归生率兵去攻打宋国。

宋国的军队由华元、乐吕统率,迎战郑军。双方在大棘打了一仗,结果宋军惨败,损失了460辆战车,250名军士被郑军俘虏,乐吕阵亡,华元也当了俘虏。

在交战中,有一个宋军士卒名叫狂狡,他作战很勇敢,心地十分善良。狂狡追击一个敌人,敌人吓得跳进井里。狂狡把戟倒过来,用戟柄将落井的郑军士卒搭救上来。可是这个郑国人上来后,非但不感谢狂狡的救命之恩,反而把他绑起来,当作俘虏交给将领了。

这件事后来传到宋国,宋国的人们说:"狂狡太可惜了,不过这是他自食恶果。打仗嘛,发扬果敢刚毅的精神,服从命令、击败敌人,这就叫做礼。杀死敌人就是果敢,作到果敢就是刚毅。狂狡丢掉了礼,又违背军令对敌人慈悲,所以才当了俘虏,这是自讨苦吃啊!"

后人从该文中引出一句成语"杀敌致果",用以表示勇敢杀敌以建立战功。果:果敢。

时不再来

典出《国语·越语》:臣闻之:得时无怠,时不再来;天予不取,反来之灾。

春秋时,越王勾践继承王位三年,率兵攻打吴国,结果反被吴国打败,被围困在会稽山上。最后,勾践答应把国库的钥匙交出,自己亲自去吴国当吴王的仆人,吴王才解除了包围。

三年后,吴王把勾践放回了越国,勾践请教谋臣范蠡说:"我继承王位后,因为年轻好胜,迷恋打猎喝酒,结果给越国带来了灾祸,让吴国来统治我们。可是吴国也太过分了,我想同你商量报仇的事。"范蠡说:"现在还不可以,应该顺应天时的转变。过早地打主意,事情反而难预料。"

过了一年,勾践听说吴王迷恋声色,疏远贤臣,就想进攻吴国。范蠡劝道:"人事上是可以报仇了,可天时还不到,大王暂且忍一下吧!"又过了一年,勾践听说吴王杀了宰相伍子胥,又想进攻吴国。范蠡又劝勾践暂时忍耐。再过了一年,勾践听说吴国遭受天灾,稻被蟹都吃光了,又想报仇。可范蠡还是认为时机不成熟。

勾践发怒说:"天时,人事都有了,为什么还要等呢?"范蠡说:"战争是无可奈何的事,只有天时和人事都配合好了才能得胜。"一年后,吴国国内人心涣散,范蠡才劝越王勾践出兵进攻。进军之前,范蠡说:"我听说得到了时机不能怠慢。时机一失去就不能再来;上天给予的不接受,反而会有灾难(臣闻之:得时无怠,时不再来;天予不取,反为之灾)。"勾践点头回答:"我听从你的建议,一定不盲目进攻;现在有了机会,自然会抓住不放。"

最后，勾践终于打败了吴王夫差。

后人用"时不再来"鼓励人要抓紧时机，时机错过了就不会再来了。

视为畏途

典出《庄子·达生》：夫畏途者，十杀一人，则父子兄弟相戒也。

春秋时，有个叫田开元的人见到了周威公，周威公对他说："听说一个人保护好肾脏就等于学会了养生之道。先生这次来，能不能给我讲些这方面的道理呢？"田开元回答说："我无非是个手拿扫帚的看门人，哪里有大王的学识渊博呢？"周威公满脸不悦地说："先生也太谦让了，随便讲讲，又有何妨！"田开元说："好吧。我曾听孔子说过，一个善于养生的人，就好比一个牧羊人。鞭打羊时，打它的头就不会走，打它的肚子就会损伤身体，只能鞭打它的后面。"

周威公听了，很不理解地说："为何这样比喻？"田开元说："举个例子吧。鲁国有个叫单豹的人，长期隐居山林，生活简朴，无忧无虑，年满七十却肌肤娇嫩，如婴儿的模样。不幸的是，一次出门遇见饿虎，被吃掉了。另有一个叫张毅的人，拼命追逐物质享受，居住在高门大户之中，有许多财物，可刚到四十岁就得疾病而死。单豹注重颐养性情，却被饿虎咬去了身体；张毅一心追求财富，却被疾病蚕食了精神。这两人，养生都不得其道，就像用鞭打羊打在肚子上一样。善于养生的人，不仅要注重身体和精神，还要注重文化修养，才算是真正的完人。"

庄子知道后，不禁感慨道："一个畏惧在道路上行走的人，听说前面杀了人，就会立刻回到家里告诫全家，然后带上刀刃，结伴而行。这的确是明智的行为！但那些注重吃喝玩乐和声色享受的人却不了解，他们的所作所为远远超过杀人的畏途，却不引以为诫，这不是十分错误的吗？"

后人借"畏途"一典比喻艰险可怕的事物。"视为畏途"是指把事情看得过于艰难。

守成不易

有一天，唐太宗问群臣："是创业艰难呢？还是守成艰难？"他的大臣房玄龄说："陛下创业初期，群雄并起，割据四方，经过大小数百次战役，才将他们荡平，统一天下。我深觉是创业艰难。"魏徵也点头说："自古以来帝王获得天下，大都经过一番困难，但却失之于安逸。因此，我以为守成才是真正的困难。"唐太宗听了他们的见解，便下结论说："玄龄跟着我平定天下，在大小数百战中，真个是从万死一生中走出来，他感到创业艰难是正确的。现在我已建立了唐朝，魏徵替我安抚天下，我也感到，一个人到了富贵的时候便会骄奢起来，骄奢了便会懒散，不再努力，到头来便要失败了。因此，创业实在不易，守成也是很困难的啊！"他叹了口气，有力地说："创业，已经创好了，那阶段的困难已成过去。第二个阶段的困难是怎样守成，我和你们都要鼓起勇气，要一点也不苟且地干下去才是啊！"

死马当作活马医

典出清·夏敬渠《野叟曝言》八无：既是这先生有起死回生的本事，死马当作活马医他一医罢了。

晋朝有个叫窦固的大官，他有一匹骏马，当真是日行八百，神骏异常，窦固以为天下再无第二匹马可与相比了，因此钟爱之至。谁知有一天，它突然病了，请了好些兽医来也治不好，死了。窦固痛惜之余，便向门房嘱咐道："我今天心里不痛快，谁来拜访我都不见。"郭璞听说此事后，跑来对门房道："我有办法能把死马救活。"门房通报进去。窦固半信半疑，又惊又喜，心想："死马当作活马医嘛，让他试试看。"于是立刻出来迎见。殷勤执行。并请他立即医马。郭璞道："此去东门外三十里有座小山，山上树林密布，你叫几十个人去敲锣打鼓，撵出一个像猴子样的动物来，活捉了，送来这里。"窦固立刻派了上百个士兵前去捉拿，不多时，果然捉来了。那动物比猴子略大，目放金光，灵动异常。它一看见死马，立即扑上去吸它的鼻孔，喷喷有声。吸了一会，那死马竟慢慢动了起来。再过一会儿，那马一跃而起，仰天鸣嘶、踢脚摆尾，竟似完全没有病死过一样。再看那猴子，却不知什么时候跑了。窦固大喜，重赏郭璞。

后人用"死马当作活马医"的典故比喻虽然已经没有希望了的事，也不妨再作一次努力寄希望于万一。

送块土块

春秋时期，晋惠公夷吾被拘留在秦国两个多月，每日提心吊胆，就怕公子重耳趁机去抢君位。回到晋国后，发现一切平安无事，这才放了心。郤芮说："公子重耳出奔在外终究是个后患，主公想要保住君位，最好除掉他。"晋惠公就打发勃鞮再去行刺。

当初重耳被勃鞮砍下一截袖子，奔逃到他外婆家狄国，就在那儿住了下来。晋国的有识之士大多数都跑来跟从他，其中最杰出的有狐毛、狐偃、赵衰、胥臣、魏犨、狐射姑（狐偃的儿子）、颠颉、介子推、先轸等。他们住在狄国，差不多有十二年光景。大家都各自娶了妻、成了家。重耳娶了个赤狄的女子叫季隗；赵衰娶的是季隗的姐姐叔隗。两个人都有了儿子，本以为就此能太太平平地住下去。突然有一天，狐毛、狐偃接到父亲狐突（重耳的舅舅）的信，上面写着："主公叫勃鞮三天内前往刺杀公子！"他们赶紧去通知重耳，重耳跟大家研究该逃往哪儿去。狐偃说："还是到齐国去吧！齐侯虽然已经垂垂老矣，终究是霸主；而且最近齐国又死了几个老大臣，他正需要人手，公子去投奔他，正是时候。"

那天晚上，重耳对他妻子季隗说："夷吾派人来行刺，我只好逃到别国去。只要我有了大国的帮助，将来总能回到本国去。你好好抚育两个孩子，要是过了25年，我还不能来接你，你才可以另嫁他人。"季隗流着眼泪，说："男子汉志在四方，我不敢挽留你。可是我现在已经25岁了，再过25年，差不多也离死不远了，50岁的老太婆要嫁给谁呢？你不必担心，我等你就是了。"

到了第二天，重耳叫管理庶务的仆人头须，尽快收拾金帛行李，打算天色一晚就动身。谁料到狐毛、狐偃竟慌慌张张地跑来，报告说："我爹又来了个急信，说勃鞮提早一天赶来了。"重耳听了，大惊失色，顾不得穿戴整齐，转身就跑，好像刺客已经迫在身后似地。他跑了一段路，跟从他的那班人也陆陆续续赶上了他；那平时管理车马的壶叔，还赶来了一辆车马，就差一个头须还没来。这可怎么办？行李、盘缠全在他那儿。赵衰最后赶上，说："听说头须把所有的细软、财宝等席卷潜逃了。"重耳至此真是愁闷极了，但事已如此，不得不继续往前行。

这一帮难民一心要投奔到齐国去，可是得先经过卫国。卫文公因为当初诸侯砌筑楚丘的时候，晋国并没帮忙，再说重耳又是个不走运的公子，就无意招待他，特地嘱咐管城门的人不许放重耳入城。重耳一行人气得火冒三丈，可是又能怎么样呢？他们只好绕了个大圈子过去。一边走，一边还强忍着饥饿。到了一个叫五鹿（卫地，在河北省濮阳县南）的地方，正巧看见几个农夫正蹲在地上大口大口地吃饭，诱得他们个个垂涎欲滴。重耳叫狐偃过去向他们要点儿饭。他们笑着说："哟！老爷们还向我们小百姓要饭吗？我们都是庄稼人，要是少吃一口，就拿不动锄头，拿不动锄头，就更没有吃的喽！"其中一个农夫戏谑说："怪可怜的，给他一点儿吧！"说着就拿起一个土块，嬉皮笑脸地送了过去，嘴里说："这个好吗？"魏犨是火爆脾气，眼看那个人寻他们开心，抑不住怒火，吵嚷着要痛揍他们一顿，重耳也气坏了，巴不得魏犨即刻动手。狐偃赶忙拦住魏双，接过那块土块，安慰公子，说："要弄点粮食来吃并不难，要弄块土地可就不容易了。土地是国家的根本嘛！老百姓送块土来，这不是一个好兆头吗？干嘛发脾气呢？"重耳也只好这么下了台阶，咬紧牙根向前走去。

又走了十几里，缺粮短草，人困马乏，真的再也走不动了，大家只好在大树底下休息。重耳又饿又累，就躺下来，头枕在狐毛的大腿上。其余的人摘了一些野菜，煮成野菜汤，自己还舍不得吃，先给重耳送去。重耳尝了尝，难以下咽，皱着

眉头又还给他们。狐毛说："赵衰还带着一竹筒的稀饭，怎么他又落在后面了呢？"魏犨撇了撇嘴，说："哼，别提了！一筒稀饭，都不够他自个儿塞牙缝，会留给我们才怪哪！"正在这时候，介之推端来一碗肉汤，送到重耳跟前。重耳一尝，觉得滋味甜美，连碗底也舔得一干二净。吃完了，才问介之推，说："你这肉汤哪儿来的？"介之推说："是我大腿上割下来的。"大家一听，都面面相觑，难以置信。重耳感动得眼泪夺眶而出，说："这……这怎么……行……我怎么对得起你呀！"介之推淡淡地说："我这一点皮肉痛算不得什么！但愿公子回国，做一番事业就是了。"这时候赵衰也赶到了。他说："脚底下被荆棘刺伤了，没办法走快！"说着，把一竹筒的稀饭奉给重耳。重耳说："你吃吧！"赵衰怎么肯吃呢？他汲了点水来，和在稀饭里，分给大家吃。狐毛朝魏犨眨了眨眼，魏犨低下头，当作没瞧见。

重耳一行人边走边寻觅食物，半饥半饱地终于到了齐国。齐桓公大摆筵席款待他们。他问重耳："公子带了家眷来吗？"重耳回答说："逃难的人自顾不暇，哪儿还能携家带眷呢？"齐桓公就挑了一个本家的貌美姑娘给重耳，又送给他20辆车，80匹良马以及不少房子，使得每一个跟随公子的人都有车有马，又有屋子；还派人送给他们米粮肉食。重耳感激零涕，对大家说："耳闻不如眼见，齐侯可真是个名副其实的霸主。"大家也都交相钦佩齐桓公那大方、豪迈的气魄。

后人用"送块土块"来说明公子重耳在落魄时期，也能识大体，听从别人劝说。

统一中原

典出《史记·秦始皇本纪》：丞相绾等言："诸侯初破，燕、齐、荆地远，不为置王，毋以填之。请立诸子，唯上幸许。"始皇下其议于群臣，群臣皆以为便。廷尉李斯议曰："周文、武所封子弟同姓甚众，然后属疏远，相攻击如仇雠，诸侯更相诛伐，周天子弗能禁止。今海内赖陛下神灵一统，皆为郡县，诸子功臣以公赋税重赏赐之，甚足易制。天下无异意，则安宁之术也。置诸侯不便。"始皇曰："天下共苦战斗不休，以有侯王。赖宗庙，天下初定，又复立国，是树兵也，而求其宁息，岂不难哉！廷尉议是。分天下以为三十六郡，郡置守、尉、监。更名民曰："黔首"。大酺。收天下兵，聚之咸阳，销以为钟鐻，金人十二，重各千石，置廷宫中。一法度衡石丈尺。车同轨。书同文字。

齐国灭亡以后，范雎和尉缭的"远交近攻"的计策完全成功了。从此以后，六国全归并到秦国，天下统一。东周列国，经过了五百年的变迁，才合成了一个大国。秦王兼并六国，统一中原，跟着就改变国家的制度。头一样，他知道"名不正，则言不顺"。当初六国诸侯都称为"王"，如今"王"没有了，那么自己又叫什么呢？他总得应比"王"的名号更大、更高吧。还有，君王的称号要等到他死了以后让大臣们共同来取，这不是叫臣下来议论君王吗？秦王把这种办法废了。他用了"皇帝"这个名称。自己是中国头一个皇帝，就叫"始皇帝"。以后就用数字计算：第二个皇帝，就叫"二世"，第三个叫"三世"……这么下去一直到万世，没完没了。他又叫玉器匠刻了一个大印，算是皇帝的玉玺。那玉玺刻好之后，大臣们全都给秦始皇庆贺。

秦始皇瞧了那些大臣们真是什么样儿的人才都有，朝堂上黑压压地都挤满了人。可是那个出计策收买各国大臣的尉缭在哪儿呢？他的门生王敖又在哪儿呢？这回兼并六国，统一中原，拿打仗来说，功劳最大的当然要数王翦、王贲父子俩了。可是拿对付各国的计策来说，尉缭和王敖师徒俩的功劳也不在他们两位大将之下。秦始皇就问大臣们这两个人到哪儿去了。大臣们正在怀疑：皇帝得了天下，怎么还不把土地封给他们呢？丞相王绾就借题发挥了。他说："尉缭、王敖帮助皇帝平定四海。他们的功劳好比周朝的太公、周公、当然指望皇帝封他们做诸侯。如今皇帝没分封有功的大臣，他们就走了。"秦始皇一听这话，眼珠子一转，又问大臣们："周朝分封诸侯的制度还能用吗？"他们都说："这是古时候的制度，怎么会不能用呢？再说齐国在东边，楚国在南边，燕国在北边，这么又大又远的地界，要是不封王、封侯，怎么管得住呢？"秦始皇想了一想，眼光就停在李斯身上。

李斯早就和秦始皇计划妥当了，跟背书似地说："周武王把天下分成好几百个小国，封给自己的子弟和功臣们。到后来，这些小国你打我、我打你，简直没有一天安静的日子。好不容易几百个小国并成了几十个，再由几十个并成了十几个，最后，就剩了七国。可是七国还是不安定。老是彼此不合，互相攻打。如今皇帝兼并六国，统一中原，哪能把一统的天下再分开来，重新顺到周朝那种混乱的老路上去呢？有大功的臣下，当然要有重赏。比方说，增加他们的俸禄，可不能割据国家的土地。咱们已经把列国改为郡县，那么，就应当用郡县制度来统治天下。"大伙儿听了，心里全不赞成，可又说不出反对的理由来。

秦始皇就采用了李斯建议的郡县制度，把天下分为三十六郡，就是 1. 内史郡 2. 三川郡 3. 河东郡 4. 南阳郡 5. 南郡 6. 九江郡 7. 鄣郡 8. 会稽郡 9. 颍川郡 10. 砀郡 11. 泗水郡 12. 薛郡 13. 东郡 14. 琅琊郡 15. 齐郡 16. 上谷郡 17. 渔阳郡 18. 右北平郡 19. 辽西郡 20. 辽东郡 21. 代郡 22. 钜鹿 23. 邯郸郡 24. 上党郡 25. 太原郡 26. 云中郡 27. 九原郡 28. 雁门郡 29. 上郡 30. 陇西郡 31. 北地郡 32. 汉中郡 33. 巴郡 34. 蜀郡 35. 黔中郡 36. 长少郡。

郡下面再分县。每个郡由朝廷直接任命三个最重要的官长。就是："郡守、郡尉和郡监"，管理全郡。郡守是一郡中最主要的官长。郡尉是个武官，在郡守的下头，管理治安，全郡的军队也由他统领。郡监执掌监察的事情。三十六郡全是这么统治的。全国行政机构都统一了，办起事情来当然提高了效率；可是好几千年来没统一过的国家，当初是各自为政的，如今天下统一了，种种矛盾就显现出来。要是这些毛病不去掉，三十六郡的事情就很难统一进行。秦始皇还得下个决心来个大改革。

后人用"统一中原"比喻把分散的势力联合起来成就伟大的事业。

完璧归赵

典出《史记·廉颇蔺相如列传》：赵惠文王时，得楚和氏璧。秦昭王闻之，使人遗赵王书，愿以十五城请易璧。赵王与大将军廉颇诸大臣谋：欲予秦，秦城恐不可得，徒见欺；欲勿予，即患秦兵之来。计未定，求人可使报秦者，未得。宦者令缪贤曰："臣舍人蔺相如可使。"……相如曰："王必无人，臣愿奉璧往使。城入赵而璧留秦；城不入，臣请完璧归赵。"赵王于是遂遣相如奉璧西入秦。

公元前283年（就是齐国人杀了淖齿立法章为齐王那一年），秦昭襄王听说赵王得了一块"和氏璧"，就是当初赵国丢了害得张仪受了冤枉的那块玉璧。他派使者带了国书去见赵惠文王，说秦王情愿拿出十五座城来换那块玉璧，希望赵王答应。赵惠文王就跟大臣们商量。想要答应秦国，又怕上当；要不答应，又怕秦国打进来。大伙商议了半天，还不能决定到底应当怎么办。赵惠文王问谁能够担当使者上秦国去办这件事。他瞧了瞧大将廉颇，廉颇低着头不说话。

当时有个宦官名叫缪贤的，他对赵王说："我有个门客叫蔺相如，他是个很有见识的谋士。我想让他到秦国去十分合适。"赵惠文王就把蔺相如召上来，问他："秦王拿十五座城来换赵国的玉璧，先生认为是答应好呢还是不答应好？"蔺相如说："秦国强，咱们弱，不能不答应。"赵王接着又说："要是把玉璧送了去，得不着城，怎么办呢？"蔺相如说："秦国拿出十五座城来换一块玉璧，这个价钱总算够高的了。赵国要是不答应，错在赵国。要是大王把玉璧送去，秦国不交出城来，那么错在秦国了。我说，宁可叫秦国担这个错儿，咱们可不能不讲道理。"赵惠文王说："先生能到秦国去一趟吗？"蔺相如说："要是没有可派的人，那我就去一趟。秦国交了城，我就把玉璧留在秦国；不然的话，我一定完璧归赵。"赵惠文王当时就拜蔺相如为大夫，派他到秦国去。

蔺相如带着"和氏璧"到了咸阳。秦昭襄王听说赵国送玉璧来了，非常得意地坐在朝堂上。蔺相如恭恭敬敬地把玉璧献了上去。秦王看完了，十分高兴。他把玉璧递给左右，大伙儿传着看，又交给后宫的美人们瞧了一回，大臣们都给秦王庆贺，一起欢呼万岁。蔺相如一个人冷冷清清地站在一边等着。等了老大半天，也不见秦王提起那十五座城的事。他想："秦王果然不是真心实意地想交换。可是玉璧已经到了他手里，怎么能拿回来呢？"他急中生智，上前对秦王说："这块玉璧，看着虽然很好，可是有点小毛病，别人不容易瞧出来，让我指给大王瞧一瞧。"秦王就叫手下的人把玉璧递给蔺相如。

蔺相如拿着玉璧，往后退了几步，靠着柱子，瞪着眼睛，气哼哼地对秦昭襄王说："大王当初派使者送国书的时候，说是情愿拿出十五座城来换赵国的玉璧。

赵国的大臣们都说：'这是秦国骗人的话，千万不能答应。'我反对说：'老百姓还讲信义，何况大国的君王？我们哪能以小人之心度君子之腹呢？'赵王这才斋戒了五天，然后叫我送了来。这是多么郑重的一回事啊。可是大王太不恭敬了。拿着这块玉璧随随便便地叫左右传着看，还送到后宫去给宫女们玩儿，没把它重视得像十五座城一样。从这点看来，我知道大王没有交换的真心诚意。为了这点，我把这块玉璧拿了回来。大王要是逼我的话，我宁可把我的脑袋跟这块玉璧在这根柱子上一起撞碎！"说话之间，他就拿起玉璧来，对着柱子要撞。秦昭襄王连忙向他赔不是，说："大夫别错怪了我的意思。我哪能说了不算呢？"他立刻就叫大臣拿上地图来，指着说："从这儿到那儿，一共十五座城，全给赵国。"蔺相如一想："可别再上了他的当！"他就对秦王说："好吧，不过赵王斋戒了五天，又在朝堂上举行了一个挺郑重的送玉璧的仪式。大王也应当斋戒五天，然后再举行一个接受玉璧的仪式。要这么恭恭敬敬地尽了礼，我才敢把玉璧奉上。"秦王说："就这么办吧。"他只好叫人把蔺相如送到客房去歇息。

蔺相如拿着那块玉璧到了客房。他想："过了五天，仍然得不到那十五座城，可怎么办呢？"他就叫一个手下的人扮做买卖人的模样，把那块玉包着系在身上，偷偷地从小道跑回赵国去了。

过了五天，秦昭襄王召集大臣们和几个在秦国的别国使者，大伙儿都来参加接受玉璧仪式。他想借着这个名目来向各国夸耀。朝堂上坐满了人，非常严肃。忽然传令官喊着说："请赵国的使臣上殿！"蔺相如不慌不忙地走上殿，向秦王行了礼。秦王见他空着两只手，就对他说："我已经斋戒了五天，这会儿举行接受玉璧的仪式吧。"蔺相如说："秦国自从穆公以来，前后二十多位君主没有一个不重用善于欺诈的人。孟明视欺骗了晋国，商鞅欺骗了魏国，张仪欺骗了楚国……过去的事一件一件地都在那儿摆着。我也怕受欺骗，对不起赵王，已经把那块玉璧送回赵国去了。请大王治我的罪吧！"秦王大发雷霆，嚷嚷着说："你说我不恭敬，我就依了你的话斋戒了五天。今天举行仪式，你竟把玉璧送回赵国去了。是你欺骗了我还是我欺骗了你？"他气呼呼地对底下人说："把他绑上！"蔺相如脸上丝毫不变颜色地对秦王说："慢着！让我把话说完了。天下诸侯都知道秦是强国，赵是弱国；天下只有强国欺负弱国，绝没有弱国欺负强国的道理。大王真要那块玉璧的话，请先把那十五座城交割给赵国，然后再打发使者跟我一块儿到赵国去取那块玉。赵国得到了十五座城之后，绝不敢不顾信义，得罪大王的。我的话说完了，请把我杀了吧。好在各国的使者都在这儿。他们都知道是我得罪了大王，不是大王欺负了弱国的使者。"

秦国的大臣们听了这篇话，你瞧着我，我瞧着你，大伙儿都不作声。各国的使者都替蔺相如捏一把冷汗。两边武士正要去绑他，秦昭襄王喝住他们，说："不许动手！"回头对蔺相如说："我哪能欺负先生呢？一块玉璧不过是块玉璧，我们不应该为了这件小事，伤了两国的和气。"他很恭敬地招待了蔺相如，让他回去。

秦昭襄王本来也不是一定要得到"和氏璧"的，不过要借着这件事去试探赵国的态度罢了。蔺相如这回的"完璧归赵"就表示了赵国不屈服的决心。可是秦

昭襄王总忘不了赵国。要是一个小小的赵国都收服不了,怎么还能够吞并六国呢?

后人用"完璧归赵"这个成语比喻把原物完好地归还原主。也作"原璧归赵"。

问鼎中原

典出《史记·楚世家》:八年,伐陆浑戎,遂至洛,观兵于周郊。周定王使王孙满劳楚王。楚王问鼎小大轻重,对曰:"在德不在鼎。"庄王曰:"子无阻九鼎!楚国折钩之喙,足以为九鼎。"王孙满曰:"呜呼!君王其忘之乎?昔虞夏之盛,远方皆至,贡金九牧,铸鼎象物,百物而为之备,使民知神奸。桀有乱德,鼎迁于殷,载祀六百。殷纣暴虐,鼎迁于周。德之休明,虽小必重;其奸回昏乱,虽大必轻。昔成王定鼎于郏鄏,卜世三十,卜年七百,天所命也。周德虽衰,天命未改。鼎之轻重,未可问也。"楚王乃归。

春秋时代的五霸之一楚庄王,是楚成王的孙子,楚穆王的儿子。他父亲死后,遂以世子的资格即位为君。他在位三年,什么事也不管,终日搂抱着妇人,饮酒取乐,或是到山野之间,打猎为戏。他为了禁止大臣在他面前罗罗唆唆的说废话,悬了一条禁令在宫门外:"有敢陈者,杀无赦。"那些说话的人,都不敢再说话了。但有一位仗着资历老的大夫申无畏,进了宫,见庄王左拥郑姬,右抱蔡女,踞坐在钟鼓之间,调笑作乐。申无畏说:"臣有一事不能明,要请问大王。"

庄王说:"有什么不能明的事,你讲吧!"

申无畏说:"楚国有一只大鸟,羽毛五色缤纷,栖息在高丘上已经三年,不见其鸣,不见其飞,不知这只鸟是什么鸟?"

庄王知道他是借题发挥,遂答道:"这只鸟不是一只普通的鸟,他不飞则已,一飞冲天,不鸣则已,一鸣惊人,你等着瞧吧。"

因为申无畏没指明谏楚庄王,所以楚庄王也没有治他的罪。但是庄王照样不理政事,照样醇酒妇人。

苏从按捺不住了,进宫大哭。庄王问他哭什么?

苏从说:"臣哭身将死而楚将亡也。"

庄王大怒说:"你是不是想进谏寡人,寡人悬禁令于宫门,敢陈者死,你看到了没有?你这人冒死来说话,难道不是太愚蠢了吗?"

苏从没有丝毫的畏惧,说:"大王居万乘之君,享千里之税,士马精强,诸侯畏服,四时贡献,不绝于庭,此万世之利也。今荒于酒色,溺于音乐,不理朝政,不亲贤才,大国攻于外,小国叛于内,乐在目前,患在日后。以一时之乐,弃万世之利,是大王太愚。臣之愚不过杀身,而身后可与龙逢、比干齐驱并驾,名垂千古。而大王之愚,虽求为一匹夫亦不可得,大王岂不愚之甚乎? 臣冒死直言,请赐大王佩剑以杀臣,以全大王之功令。”

庄王悚然而起,握着苏从的手说:“如果不是大夫的直言,寡人要误了大事。”于是摒弃郑姬、蔡女,修明政治,任用贤才,于是国家政治兴盛起来。伐宋救郑,与晋国争雄。征陆浑之戎,过洛水,扬威于周天子疆土之上。周天子闻楚军过境征陆浑,连忙派了大夫王孙满到楚庄王行辕慰问。这时庄王已不把天子放在眼里,颇有与天下共主,万国一尊的周天子一争雄长的意思。所以当天子使臣到了行辕,楚庄王很傲慢地问道:“寡人闻得大禹铸有九鼎,三代相传,以为世间至宝。此鼎现在洛阳,但不知鼎之大小轻重如何?”

王孙满说:“三代以德相传,岂在鼎哉。昔大禹有天下,九牧贡金,取铸九鼎。夏桀无道,鼎迁于商。商纣暴虐,鼎又迁于周。如有其德,鼎虽小亦重,如其无德,鼎虽大犹轻。成王定鼎于郏鄏,卜世三十,卜年七百,天命有在,鼎未可问也。”

楚庄王这才感到惭愧,不敢再有窥测周室之心。

后人用“问鼎中原”指某人有非分之想,妄图夺取天下。

西方的霸主

典出《史记·秦本纪》:三十六年,穆公复益厚孟明等,使将兵伐晋,渡河焚船,大败晋人,取王官及鄗,以报崤之役。晋人皆城守不敢出。于是穆公乃自茅津渡河,封崤中尸,为发丧,哭之三日。

公元前625年(周襄王廿七年,秦穆公卅五年,晋襄公三年)孟明视要求秦穆公发兵去崤山,报仇雪耻。秦穆公一口答应了。孟明视、西乞术、白乙丙三位大将率领着四百辆兵车朝晋国开去。晋襄公接到报告,就派中军大将先且居去迎敌。先且居是先轸的儿子。先轸为了上次向晋襄公啐了唾沫。老是觉得愧对国君。后来狄人前来侵犯,先轸打败了他们以后,竟自己跑到狄人的阵营,脱下盔甲,叫他们射死了。他是借着敌人的手来惩办他侮辱国君的大罪。晋襄公痛失良将,大哭一场,拜他儿子先且居为中军大将。由于晋国早有准备,所以两国的兵马一交手,孟明视又打了个败仗。这可真叫他懊丧极了。虽然这次秦军不似上次败得那么惨,可是孟明视的这份懊丧却比上次还厉害。他那争强好胜的个性受到了严重的打击。他愕然发觉自己实在不是什么了不起的人物。上次的失败,他始终认为是中了晋国人的圈套,而不肯认输。他总以为如果晋国人能够给他们机会,让大家跑出又小又窄的山沟,在大空地上,明刀明枪地比个高下,他一定能把对方打得跪地求饶。然而,这次晋国人并没有埋伏,交战的地方也不是在山沟里,他竟这样明刀明枪地又被打败了,还能有什么借口呢?他认输了。于是

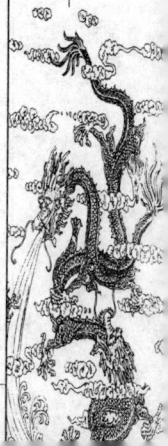

自己上了囚车,再也不敢奢望国君能免他死罪。

谁知秦穆公依旧有他自己的盘算。他清楚孟明视的才干,也很知道他的缺点。秦穆公认为,一向在顺风里驶船的不一定是好船夫,他宁可把国家的大船交给遇过大风浪、翻过船的人。孟明视在什么地方受到挫折,秦穆公就要他在什么地方重新站起来。他对孟明视说:"咱们一连吃了两个败仗,我不能责怪你。我自己要负最大的责任。我只注重兵马,没有留意到国家政治以及老百姓的苦衷,这怎么行哪!你要知道,一个国家的兴亡成败不是一个人的事,打胜仗也不是你一个人的功劳,打败仗也不是你一个人的过错。全体将士兵卒、全国的人,甚至连一个火夫,都荣辱与共。我怎么能光怪你一个人呢?"

孟明视听完秦穆公这一番话,内心激动极了。他觉得自己对于君主、对于国家,好像欠下了一笔极大的债,他决意用他的每一滴血、每一份精神来偿还。他把家财全部拿出来,送给阵亡将士的家属;他再也不要求吃大鱼大肉了,他跟小兵一起过着劳苦的日子。他们吃粗粮,他也吃粗粮;他们啃菜根,他也啃菜根。他天天训练兵马,埋头苦干。他再也不仗恃自己的神勇蛮力了。他注重每一个小兵的力量。两年来,他好似变了一个人,他不再那么冒失、任性、莽撞了。他的额际现出了深深的皱纹,头发也花白了不少,但目光却炯炯有神。

那一年冬天,孟明视获得报告,说晋国联合了宋、陈、郑三国往秦国的边界上来了。他嘱咐将士们好好守城,却不许他们跟晋国开打。先且居向秦国人挑衅,说:"你们已经道过谢了,我们也来还礼吧!"秦国人听了都气得摩拳擦掌,想跟晋国人拼个你死我活。孟明视却不声不响,依旧操练兵马,只把晋国的侵犯当作边界上的小事,终于让他们夺去了两座城。秦国有人指责孟明视贪生怕死,甚至有人请秦穆公撤换将军。秦穆公说:"你们先别急,孟明视他自有主张。"可是孟明视到底有什么主张呢?附近的小国和西戎部族,目睹秦国接连打了三个败仗,都以为秦国气数已尽,再也不听秦国的使唤了。

公元前624年(崤山之后的第三年)夏天,孟明视请秦穆公一起去攻打晋国。他说:"这次要是不能复仇雪耻,我绝不活着回来!"秦穆公说:"咱们连续败了三次,别说中原诸侯不把咱们放在眼里,就连西方的小国跟西戎的部族都不服从咱们了。如果这次再打个败仗,我也没有面目回来了。"君臣二人商量好了以后,孟明视挑选了国内的精兵,预备妥五百辆兵车。秦穆公拨出大量的财帛,把士兵的家属全都安顿好。士兵们个个精神抖擞,全国的老百姓也都同仇敌忾。在大军出发当天,国里的男女老少全来送行。年迈的父母、年轻的妇女都嘱咐他们的儿子、丈夫说:"不打胜仗,可别回来呀!"

大军渡过黄河后,孟明视对将士们说:"咱们这次出征,只能前进,不能后退!我想把这些船全烧了,你们认为怎么样?"大家异口同声说:"烧吧!赶快烧吧!打了胜仗,还怕没有船吗?如果打了败仗,还有脸回家吗?"全体将士可真是下了破釜沉舟的决心。

孟明视本人自愿当先锋,打头阵。士兵们憋了好几年的苦闷、委屈和仇恨,眼看就要一股脑儿迸发出来了。

不到几天的工夫，他们不但夺回了上次失陷的那两座城，还攻占了几座晋国的大城。警报传抵绛城（晋国的都城，在山西省翼城县），晋国上上下下人心惶惶。赵衰、先且居都成了缩头乌龟，不敢出面迎敌。晋襄公只好下令："只许守城，不准跟秦国人开打！"秦国的大军在晋国的土地上威风八面地找人打仗，可是没有一个晋国人敢出来跟他们拼命。最后，有人对秦穆公说："晋国已经屈服了。主公何不上崤山收埋死士的尸骨，洗雪从前的耻辱。"秦穆公就领着大军开赴崤山，只见遍地白骨森森，好不凄惨。他们把尸骨收拾起来，用草垫衬着埋在山坡下。秦穆公穿上孝衣，亲自祭祀阵亡的将士，见景生情，忍不住放声大哭。孟明视、西乞术、白乙丙三个人更是连哭带喊，悲不自胜。全体士兵没有一个不动容落泪的。

　　西方的小国跟西戎的部族，一听说秦国大败了中原的霸主，都争先恐后地去进贡，在短短的期间内就有二十几个小国和部族归附了秦国。秦国扩充了一千多里土地，做了西戎的霸主。周襄王也打发大臣到秦国去，赏给秦穆公十二只铜鼓，承认他是西方的霸主。

　　这个故事叙述了秦将孟明视在穆公用人不疑的支持下，三年后终于大败晋军于王官，洗雪了"崤山之役"的耻辱。

永垂不朽

　　典出《左传·襄公二十四年》：太上有立德，其次有立功，其次有立言，虽久不废，此谓之三不朽。

　　春秋时代，有一次，鲁国的穆叔到晋国去，晋国的范宣子接见了他。在交谈中，范宣子问穆叔道："'人死了也不会朽'这句话作何解释？"穆叔想了一阵回答说："据我所知：最高的是德行上有所建树，其次是建立功业，再其次是树立言论。能做到这样，虽然死了，也久久不会废弃，这就叫做'三不朽'。"

　　后人把"虽久不废，此谓之三不朽"说成"永垂不朽"，用来表示永远传于后世而不朽；用以形容光辉的事迹或伟大的精神永远流传，不会磨灭。

永乐大典

　　公元 1403 年,明朝永乐皇帝朱棣召见翰林学士解缙等人,对他们说:"天下古今的事物,都分散刊载于各种书籍中,卷帙浩繁,很不容易检阅。我想把以前书籍所刊载的事物,分类整理编纂在一起,如果需要找点什么资料,就能像从衣兜里取东西那样方便了⋯⋯"

　　遵照皇帝的旨意,在解缙主持下编纂《永乐大典》的庞大工程立即动手了。参加编辑工作的儒臣文士有 2000 多人,到 1408 年全部完成。这部大典所收集的古书,上自先秦下到明初,有七、八千种。书籍范围,经、史、子、集、佛藏、道经、音乐、戏剧、平话、工技、农艺等等,包罗万象。全书连目录、凡例在内共 22937 卷,37000 万字,装订成 11095 册。规模这么庞大,内容如此浩繁,在世界文化中也是绝无仅有的。大典以《洪武正韵》为纲,按韵分列单字,又按单字的顺序把书的内容发成天文、地理、人事、名物、诗文词曲等许多类别,一一抄写成书。文字都是整篇整段地辑录,为忠实于原著,一字也不改动。它完整地保存了宋元以前许多散佚的古典文献。

　　《永乐大典》自编成以后,屡遭厄运。原来曾经计划刻版印刷,由于工费太大,未能如愿,所以只有一套抄本。1557 年,北京皇宫失火,大典险些被焚。后来,明世宗担心再有火患,又让以徐阶为首的 100 多人摹写了一套副本,前后用去 5 年时间。正本和副本分别收藏在文渊阁和皇史宬。明末,文渊阁被烧毁,收藏在那里的大典正本也化为灰烬。到清代,那套副本也屡遭偷盗,到乾隆年间纂修《四库全书》时已缺了 2000 多卷。1900 年,《永乐大典》惨遭最后一次大劫,八国联军侵入北京,一部分被焚毁,大部分被侵略者抢掠走了,流散到英、美、法、日等国家。新中国成立后,经多方努力搜集,包括传抄本、复制本在内,现存只有 730 卷,相当于全书的百分之三。这实在是令人感到悲愤的遭遇!

技 艺 篇

"宋嫂鱼羹"轶事

宋嫂鱼羹，又叫"赛蟹羹"。这是一道在杭州享誉800多年，至今仍为人交口赞赏的传统名菜。

宋靖康二年，宋高宗在杭州称帝。高宗在位三十六年，不思收复失地，一天到晚寻欢作乐。后来，索性让位于孝宗，自己退居德寿宫养老，他常常爱乘大龙舫船在西湖中游荡。有个原来在汴京善作鱼羹的宋五嫂，也逃难来到临安，在钱塘门外开了个鱼羹店谋生，因为这里的鲤鱼不像黄河金鲤那样肥嫩，所以，她烹制的鱼羹并不怎么引人注意，生意很是萧条。

有一天，宋五嫂听说赵构的龙船又开到西湖里了，她想，反正店里生意清淡，倒不如乘此机会兜揽些生意，便乘只小船尾随龙舟而去。说来事也凑巧，有一个在赵构身边的太监认出了宋五嫂，连忙向赵构献媚说，他找到一个在汴京烧鱼羹拿手的厨娘。赵构一听大喜，连忙召宋五嫂上了龙舟。

宋五嫂来到赵构面前，赵构装模作样地询问一番。宋五嫂回想起老百姓逃难流离之苦，便一语双关，借烹制鱼羹来暗中讽喻。她说，原来以跳龙门名闻天下的黄河鲤鱼，躲到风平浪静的西湖里来求安逸，于是肉也粗了，味也淡了，让大家都厌了。现在，只有把专门吞噬小鱼的鳜鱼，捉来剥皮、别骨、粉身、烧鱼羹，才能得到大家的欢心。宋五嫂一边说着，一边把早已准备好的一条鳜鱼，按照自己的方法烧了一碗鱼羹呈上，让赵构品尝。赵构明知宋五嫂话外有音，言有所指，而自己又无言可对，只好装聋作哑，摆出一副"凄然含泪"的样子，他慢慢吞吞地吃完了鱼羹，对宋五嫂烹调鳜鱼的高超技艺称赞了一番，又拿出一大笔钱赏赐了宋五嫂。

不久，这件事传开了。主张收复失地的人赞扬宋五嫂机智勇敢，而那些苟且偷安，醉生梦死的人，则因为皇上赞赏此菜，也跟着凑热闹。大家都来吃宋五嫂的鱼羹，就这样，宋五嫂发了大财。

阿坤巧烹龙凤腿

慈禧太后对饮食十分讲究,要是吃得不称心,就要发脾气。有一天,小太监端上几盘京邦大菜,她扫了一眼,鼻孔里"唔"了一声,手一摆说道:"又是老一套!"一句话,吓得厨师们心里直哆嗦,连忙重新做了几道湖广名菜端上去。可是她又一甩袖子说:"端下去!"这可更难煞了御膳房一班厨师们,商量来商量去,也想不出什么好名堂来。这时,御厨里有一位苏州厨师姓王名阿坤。他想,"鲜"字拆开是"鱼"和"羊",何不用鱼和羊来试做一道新鲜菜呢?于是,他就以鱼肉、羊肉为主、配上虾仁、香菇、冬笋和各种佐料,拌和在一起,放在笼屉里蒸熟,然后再做成一只一只的鸡腿形状,再滚上一层蛋粉,下油锅里一氽,再将其每一只的细头插上熟笋,乍一看,就像鸡腿一样,"鸡皮"油光锃亮,连毛孔都隐约可见。慈禧觉得这道菜的样子很新鲜,便夹起一只尝了尝。顿时,那副老脸皮上露出了几根儿笑纹,她认为这道菜不仅味道鲜美,而且干中有卤、脆中有柔,便亲自赐名"龙凤腿"。

后来,王阿坤告老回乡,又把这道菜的烹调技艺带回苏州,传给一家菜馆。这家菜馆的老板为招徕顾客,挂起了"慈禧御赐名菜龙凤腿"的牌子,从此成为名菜。

八仙过海,各显神通

这句成语是根据我国的一个民间传说引申来的。

八仙,是古代民间传说中的八位神仙,他们是:

汉钟离:相传姓钟离名权,他受铁拐李的点化,上山学道。下山后又飞剑斩虎、点金济众。最后与兄钟离简同日升天,度吕纯阳而去。

吕洞宾:名喦(一作岩),号纯阳子。相传为唐京兆人,也有说是河中府(今山西永济县)人。唐朝会昌(公元841—846)年间,两举进士不第,因此浪游江湖,遇钟离权授以丹诀,时年已六十四岁。他曾隐居终南山等地修道,后游历各地,自称回道人。世传他曾在江淮斩蛟、岳阳弄鹤、客店醉酒等。

铁拐李:相传姓李名玄,曾遇太上老君得道。神游时因其肉身误为徒弟火化,游魂无所依归,乃附在一个饿死者的尸身上还阳。他蓬首垢面,坦腹跛足,并用水喷倚身的竹杖,变称铁杖,故称铁拐李,又叫李铁拐。

张果老:相传他久隐中条山,往来汾、晋间,唐武则天时已数百岁。武则天曾派遣丞相召见他,他装死不去。后人复见其居恒州山中。他常倒骑白驴,日行数万里,休息时即将驴折叠,藏于巾箱。曾被唐玄宗召至京师,演出种种法术,授以银青光禄大夫,赐号通玄先生。

韩湘子:相传是韩愈的族侄,性情狂放,曾在初冬时于数日内令牡丹花开数色,每朵又有诗一联,韩愈大为惊异。

蓝采和:传说他常穿破蓝衫,一脚着靴,一脚跣露,手持大拍板,行乞闹市,乘醉而歌,周游天下。后在酒楼,闻空间有笙箫之声,忽然升空而去。

何仙姑:相传是唐广州增城女子,住在云母溪。年十四、五岁时,食云母粉而成仙。她行动如飞,日往山中采果奉母。

曹国舅:相传他姓曹名友,宋代人。本为国舅,因其弟仗势作恶,恐受连累,遂散财济贫,入山修道。后由钟离权、吕洞宾引入仙班。

以上这八大仙人,传说中都是些神通(按古代印度的一些宗教说法,修行有成就的人能具备各种神妙莫测的能力,称之为神通)广大的人物,他们在过海时,各显各的神通,顺利渡过。

后人用"八仙过海,各显神通"的典故比喻在集体生活中,各有各的办法或本领,来完成共同的事业。

百步穿杨

典出《战略策·西周策》:楚有养由基者,善射,去柳叶者百步而射之,百发百中。

战国时,楚国有一位将军叫养由基。他射箭的技术非常高明,到了出神入化的地步,人称"神箭将军"。

养由基射箭极准,能百步穿杨。也就是说,他能站在一百步开外,一箭射穿小小的一片杨树叶子,见过的人都惊叹不已。

他射箭不仅是准,而且极为刚劲有力。有一次,人们将七层铠甲(kǎijiǎ)(古代兵士打仗穿的护身服装,多用金属片缀成)叠在一起让养由基去射。他一箭射去时,竟把又厚又重的七层铠甲穿透,真是天生神力。

楚王有一只心爱的白猿,它非常聪明,善解人意,楚王常常将它带在身边玩耍。有时候楚王要射箭,就叫白猿去站在对面的柱子前面,白猿不仅不害怕,反而轻而易举地将楚王射过去的箭接住,放在手里玩弄,看它的样子,还认为挺好玩的哩!

有一天,楚王叫养由基来射箭,也让白猿站在柱子旁接箭。但是,这只通人

性的畜生知道养由基的箭术非凡,它无论如何是接不住养由基射去的箭的。于是,它害怕极了。当养由基刚刚开始调整弓弦时,白猿已经吓得半死,抱住了柱子凄惨地号哭起来。楚王见白猿如此可怜,便不让它接箭了。

后人用"百步穿杨"的典故形容射击、射箭技艺精湛,本领高明。

扁鹊换心

典出《列子·汤问》:鲁公扈、赵齐婴二人有疾,同请扁鹊求治。

扁鹊治之,既同愈,谓公扈、齐婴曰:"汝曩之所疾,自外而干府藏者,用药石之所已。今有偕生之疾,与体偕长,今为汝攻之,何如?"

二人曰:"愿先闻其验。"

扁鹊谓公扈曰:"汝志强而气弱,故足于谋而寡于断;齐婴志弱而气强,故少于虑而伤于专。若换汝之心,则均于善矣。"

扁鹊遂饮二人毒酒,迷死三日,剖胸探心,易而置之,投以神药;既悟,如初。二人辞归。

于是,公扈反齐婴之室,而有其妻子,妻子弗识;齐婴亦反公扈之室,有其妻子,妻子亦弗识。二室因相与讼,求辨于扁鹊,扁鹊辨其所由,讼乃已。

鲁国公扈和赵国齐婴二人有病,共同去请扁鹊给他们医治。

扁鹊替他们治病,都给治好了,扁鹊便对公扈、齐婴说道:"你们先前所得的疾病,是从外表侵入到五脏六腑,原是药物所能治好的。现在你们都得了一种先天的病,与你们的身体一同生长着,如今我再为你们治疗一下怎么样?"

二人说:"我们愿意先听听这病的实情。"

扁鹊就向公扈说:"你的心智有余,气质很弱,所以你多智慧,却欠果断;齐婴心智不足,气质坚强,所以智慧少而好专断。假若把你们的心互换一下,就两方面都很好了。"

扁鹊就给二人喝了毒酒,让他们象死了似的昏迷三天,由着他剖开胸腔,挖出心来,互相换置,再敷上神效的药;他们醒来后,和从前一样正常。两个人便都告辞回去。

于是,公扈回到了齐婴的家,去寻他的妻子,但妻子不认识他;齐婴也回到了公扈的家,去见他的妻子,妻子也不认识他。

两家因此互相争讼起来,去求扁鹊辨认是非;扁鹊便把以前治病换心的经过告诉了他们,争讼才停止了。

这则寓言是说,心是人的主宰,形体是服从心的指挥的。心换了,形体的外表即使没变,而精神实质却都跟着心变了。剖胸探心,易而置之,这种作为外科手术的大胆设想,在医理上可并不能一律视为荒诞之言。魏世华佗能剖肠易胃,涮洗五脏,中国古代医学发展已有如此辉煌成就,攻心之议也就并非不可思议的了。

程咬金的武艺

典出《说唐》第二十一回。

程咬金,字知节,济州东河(今属山东)人。他出身贫苦,原是江湖上的流浪汉,性格憨直粗野,刚烈好斗。隋末,他随从李密参加瓦岗军,后来归顺唐高祖李渊,但是有时仍然流露出不甘屈服的神情。

程咬金结识尤俊达后,入伙为盗。尤俊达问他会使用什么兵器,程咬金说:"小弟不会使别的兵器,平常劈柴的时候,就把斧头提起舞舞弄弄,所以会使斧头。"尤俊达叫家丁取出一柄八卦宣花斧,重六十四斤,一路路地教程咬金斧法。不料,程咬金心性不通,学了第一路,忘记了第二路;学了第二路,又忘记了第一路。

当天夜间,程咬金在睡梦中,遇见一个老人教他骑马弄斧。这个老人举斧在手,一路路使开,把六十四路斧法教会了。程咬金觉醒起来后,想把梦中学到的斧法演习一番,没有马,便将厅上的一条板凳当马骑。他取一条索子,一头缚在板凳上,一头缚在自己颈上,骑了板凳,双手托斧,满厅乱跑,舞弄起来。尤俊达在房内被惊醒,从厅后门缝一看,只见月光照人,如同白昼,程咬金在那里骑着板凳,舞弄斧头,甚是奇妙,比日间教不会的时节,大不相同,心中大喜,便走出来,大叫"妙啊"!程咬金正舞到兴头上,突然被这一喝声冲破,结果只学得三十六路,后边的路数却忘记了。

正因为这样,程咬金的武艺,会使斧头,而他使用斧头,只是头三下厉害,后面就没有劲了。

"程咬金的武艺",比喻本事不大,只会那两下子。

操舟若神

典出《庄子·达生》:颜渊问仲尼曰:"吾尝济乎觞深之渊,津人操舟若神。吾问焉,曰:'操舟可学邪?'曰'可。善游者数能。若乃夫没人,则未尝见舟而便操之也。'吾问焉而不吾告,敢问何谓也?"

仲尼曰:"善游者数能,忘水也。若乃夫没有之未尝见舟而便操之也,彼视渊

129

若陵,视舟之覆犹其车却也。覆却万方陈乎前而不得入其舍,恶往面不暇？以瓦注者巧,以钩注者惮,以黄金注者婚。其巧一也,而有所矜,则重外也。凡外重者内拙。”

颜渊问仲尼说:“我曾经渡过觞深这个水潭,那摆渡的人驾船的技巧真是神妙。我问道:‘驾船可以学会吗?’他回答说:‘可以。擅长游水的人是由于反复学习才学会的。至于那些会潜水的人,即使平时没见过船,一旦见到就可以灵便地驾驶它。’我问的问题他不直接回答我,请问他说的话是什么意思?”

仲尼说:“擅长游水的人反复学习就会,是由于熟悉了水性,对水便不怀恐惧。至于会潜水的人没见过船就能驾船,那更是由于他看水就象陆地一样,看待翻船就象大车在上坡时打了滑倒退几步。即使翻掉船的种种危险同时出现在面前,照样沉着镇定,心里丝毫不受影响;这样,到哪里不轻松自如呢？一个搞赌博的人,用瓦块当赌注的时候,赌起来心灵手巧;用随身物品作赌注的时候,心中便有所顾忌;用黄金作赌注的时候,失去黄金的恐惧会搞得他心神昏乱。赌的技巧本来是一样的,而由于心里有了负担,表现出来的技巧就大不一样,这就是看重外物的结果。凡是看重外物的人内心一定是笨拙的。”

后人用“操舟若神”比喻只有抛掉得失之心,才能在各种复杂情况下充分发挥自己的技巧技能。

楚王田射

典出《郁离子》:楚王田于云梦,使虞人起禽而射之。禽发,鹿出于王左,麋交于王右。王引弓欲射,有鹄拂王旃而过,翼若垂云。王注矢于弓,不知其所射。养叔进曰:“臣之射也,置一叶于百步之外而射之,十发而十中,如使置十叶焉,则中不中非臣所能必矣。”

一次,楚王在云梦打猎。他让虞人把飞禽走兽轰起来,供自己射猎,当飞禽出现的时候,只见楚王的左边跑来一只鹿,右边窜出几只麋。他正要开弓射箭,又发现一只天鹅从他头顶的大旗上掠过,两只挥动的翅膀好像垂在天空的白云。楚王眼花缭乱,箭搭在弦上,却不知该射那一个。

大夫养由基上前说:“我射箭的时候,百步之外放一片树叶,能够十发十中;如果放上十片树叶,能不能射中,那就很难说了。”

后人用“楚王田射”的典故告诉人们,集中精力,专心一意,才能把事情办好。贪多嚼不烂。什么都想干,往往什么也干不成。

春蚓秋蛇

典出《晋书·王羲之传》：(萧)子云近世擅名汇表，然仅得成法，无丈夫气，行行若萦春蚓，字字如绾秋蛇。

梁朝的萧子云，自幼喜欢书法。他的书法虽出于近世，却独具一格，因而是闻名于长江一带。但当时有人却有不同看法，认为萧子云的书法"仅得成法，无丈夫气，行行若萦春蚓，字字如绾秋蛇。"（意思是：只能说他会写字，他的字没有骨气，每行字都象春天的蚯蚓，每个字都象秋天蜷曲的蛇。）

后人用"春蚓秋蛇"比喻书法拙劣。言其字象春天的蚯蚓和秋天的蛇的行迹一样，弯弯曲曲的。

绰绰有余

典出《孟子·公孙丑下》：我无官守，我无言责也，则吾进退，岂不绰绰然有余裕哉？

战国时，齐国大夫坻（chi）蛙担任灵丘县令，干得有声有色。过了一段时间，他想去国都担任谏官，就辞去了灵丘县令。他做了好几个月的谏官，却始终没向齐王劝谏过。

一天，孟子去见坻蛙，对他说："谏官是可以进言的官，你做了几个月，却始终没提过建议，看来你不适合做这样的官。"

坻蛙听了孟子的指责，心里很不好受，他知道齐王的脾气很不好，怕说了也不起作用，就很少劝谏。现在经孟子这么一说，才感到自己没尽到职责。于是，他向齐王辞去了谏官。

这件事齐国人知道了，纷纷议论说："孟子替坻蛙考虑得不错，但为什么不替自己好好考虑一下呢？他屡次向齐王进言，齐王不用，他却厚着脸皮不走，这难道是嫉妒么？"

公孝子把这些议论告诉了孟子，孟子满不在乎地说："我听人说，一个有官职的人，如果没尽到职责，就应该辞官；有进言责任的人，如果进言未被采纳，也应该离去。而我呢？既无官职，又无进言的责任，我的进退岂不是绰绰有余裕吗？"

后人用"绰绰有余"、"绰有余裕"形容某人办事有能力，足以应付。也可用以形容金钱、财物等充裕。

得心应手

典出《庄子·天道》：不徐不疾，得之于手而应于心。

春秋时期，齐国君主齐桓公，有一天坐在宫殿上读书，木匠轮扁在宫殿下面制作车轮。忽然，轮扁放下手中的工具，停止劳作，来到齐桓公面前问道："请问您读的书里面都讲些什么啊？"桓公说："都是圣人说的话。"轮扁又问："圣人还活着吗？"桓公回答说："都已经死了。"轮扁又说道："这样说来，您所读的，只不过是古人的糟粕而已。"齐桓公听了这话，非常生气，他严厉地喝道："我在这里读书，你这个车轮匠怎么敢如此胡言乱语？你如果能把刚才说过的话讲出道理，我就饶了你；如果讲不出道理，我就把你处死！"

轮扁并未因为桓公发怒而害怕，他不慌不忙地说："我是个制作车轮的人，现在就以我做车轮这件事作例子来说一说吧。轮笋作宽了，可能松动，车轮不坚固；而太紧了，就滞涩，装不进去。只有不宽不紧，不大不小，才正合适，做起来顺手，符合心意，才能做出合格的车轮。我虽然说不出其中的道理，但是这里却有一定的技术和经验。我无法把这技术单靠嘴说教给我的儿子，我的儿子也无法仅仅听我讲就能把技术学到手。所以，我虽然将近七十岁了，还是一个人在这里制作车轮子。古人的技术和不可言传的道理，因为人死了而无法传授下来。因此，您现在所读的古人的书本，只能说是古人的糟粕而已。"

成语"得心应手"即由此演化而来。意思是心里摸索到规律，做起来就自然顺手。开窍技艺纯熟，心手相应。也指做事非常顺手。得心：指摸索到规律。

苏轼《赠南屏谦师诗序》中写道："南屏谦师，妙于茶事，自云得之于心，应之于手，非可以言传学到者。"

沈括《梦溪笔谈·书画》中写道："予家所藏摩诘面《袁安卧雪图》，有雪中芭蕉，此乃得心应手，意到便成。"

雕虫小技

典出汉·杨雄《法言·吾子》：或问："吾子少而好赋？"曰："然。童子雕虫篆刻。"俄而曰："壮夫不为也。"

唐·李白《与韩荆州朝宗书》：至于制作，积成卷轴，则欲尘秽视听，恐雕虫小技，不合大人。

韩朝宗,是唐朝玄宗时候的人,曾经做过荆州的刺史。他非常爱护青年文士,乐于提拔后进的人才,有不少青年,经过他的推荐,都出人头地有所成就。所以,社会上的人非常敬慕他。

当时鼎鼎大名的大诗人李白,曾经写了一封信给韩朝宗,希望得到他的赏识,推荐一份工作。

李白写给韩朝宗的信,就是文学史上有名的《与韩荆州书》。信中除对韩朝宗的为人学问大大地赞颂一番外,就是述说自己的志愿以及写作方面的情形。信的末尾说:"恐雕虫小技,不合大人。"这是一句谦虚的话,意思是说,恐怕我所写的文章,是微不足道的玩意儿,不符合大人的口味。

后来的人便借用"雕虫小技"这句话,比喻微小的技能,多指文字技巧。

范川庄的故事

一 范川庄画怪物

范川庄是明代宗安人,家境贫穷,但十分爱好绘画,所作的画非常生动逼真。

有人要把范川庄荐到京城作画史,范川庄认为自己的水平还远远不够,决心拜师学画。他来到南京,听说有个姓陈的画家画得很好,就登门求见,并说:"我家里很穷,只打算给你当个听差的,每日替你洗砚研墨,观摩你作画,只要有我吃住的就行。"姓陈的画家答应了。一天,他看那位画家作画,并不怎样高明,只不过是一时的虚名,就想画一张画与他一较高低。他就借着去河边洗砚的时候,假说遇见了鬼怪,气喘吁吁地跑回来。那画家问人怎么回事,他说:"我刚才遇见鬼怪了!"那画家问他是什么样子,他说:"那样子说不清楚,还是用纸画一下吧!"于是便舒纸挥笔,顷刻画出了屈、伸、奔、跳、拉、扯等等形态的怪物来。那画家惊叹道:"你画得这样好,真应该是我的老师了。"范川庄看到人家态度非常诚恳,自己反而不好意思了,便悄悄地离开了陈家。

二 范川庄画鹅过年

范川庄回到家里,正逢过年,可家徒四壁,身无一文,怎么过年呢?一位邻居责怪他不该在这种时候回来。范川庄想了想说:"没有关系,我有一鹅,你到街上替我卖一下,就能解决问题了。"他取纸画了一张奋翅欲奔的鹅。邻人说:"快除夕了,谁还要这张画?"他说:"不妨,你只要见富家人有赶鹅过来的,就将我这张鹅贴在墙上,便会有人买这张画。"邻人照着他的话来到街上,见有一位牧鹅少年赶鹅过来,连忙将画的鹅贴在墙上。群鹅见了,都大叫着举起翅膀打算跟这只鹅跑,牧童怎么轰也轰不走。于是鹅的主人就用重金买下这幅画,拿画在前边引路才把这群鹅赶回家。这样,范川庄和邻居一起过了一个丰盛的除夕。

飞鸟惊蛇

典出《法书苑》：飞鸟出林，惊蛇入草。

我国的书法，有一种为书写便捷而产生的字体叫草书。草书始于汉代，当时通行的是草隶，即草率的隶书。后逐渐发展成为"章草"。到汉末，相传有一个叫张芝的书法家脱去了"章草"中保留的隶书笔划形迹，上下字之间的笔势，往往牵连相通，偏旁相互假借，成为"今草"，即一般所称的草书。

到了唐代，草书又有新的发展，出现了笔势连绵回绕，字形变化繁多的"狂草"。据载，唐代有一位僧人叫释亚楼，善草书，他曾自题一联："飞鸟出林，惊蛇入草"。意思是说，草书要写得活泼生动，犹如鸟儿飞射出林，惊蛇窜入草丛。

后人用"飞鸟惊蛇"这个典故，称赞优美的草书。

甘拜下风

典出《左传·僖公十五年》：君履后土而戴皇天，皇天后土，实闻君之言，群臣敢在下风。

春秋时，晋国因为闹灾荒，国内缺粮，便派使臣到秦国买粮。秦穆公和大臣经过商量，决定答应晋国的要求，并派了不少人，把大批的粮食送到晋国。过了一年，秦国国内闹灾荒，晋国倒是五谷丰收。这时秦国又派人到晋国买粮。可是，晋惠公不但不肯卖粮食给秦国，反而想趁着秦国的灾荒，派兵侵犯秦国。

公元前645年，晋惠公果然派兵进犯秦国。秦国国君秦穆公见晋惠公这样忘恩负义，便亲自带领大军前来迎战。经过一番激烈的战斗，晋军战败，晋惠公和大将韩简都当了俘虏。晋国的大夫披头散发，拔出帐篷，跟随晋侯。秦穆公见他们垂头丧气的样子，便对他们说：你们为什么这样凄凄惨惨的，我这次带着你们的国君回秦，不会把他怎么样的。晋大夫连连作揖，对秦穆公说：君王踩着后土而顶着皇天，皇天后土都听到了您的话，我们甘拜下风。

后人用"甘拜下风"这个典故比喻打心眼里佩服，自认不如对方。

弓人之妻

典出韩婴《韩诗外传》：齐景公使人为弓，三年乃成。景公得弓而射，不穿三札。景公怒，将杀弓人。弓人之妻往见景公曰："妾蔡人之子，弓人之妻也。此弓者，太山之南乌号之柘，骍牛之角，荆麋之筋，河鱼之胶也。四物者，天下之练材也，不宜穿札之少如此。且妾闻奚公之车不能独走；莫耶虽利不能独断，必有以动之。夫射之道，在手若附枝，掌若握卵，四指如断短杖，右手发之，左手不知。此盖射之道。"景公以为仪而射之，穿七札。蔡人之夫立出。

齐景公叫人做弓，三年才做成。景公拿着这张弓去射箭，射不穿铠甲的三层铁片。景公大怒，要杀做弓的人。做弓人的妻子去见景公说："我是蔡国人的女儿，做弓人的妻子。这张弓，是用从泰山向阳坡上找来的桑柘木，骍牛的角，楚国麋的筋，黄河里的鱼皮熬制的胶做成的。这四种材料，是从天下精选出来的好材料，用这种材料做成的弓不应当只射穿这样少的铠甲片。况且我听说过，奚仲造的车子不能自个儿跑；莫耶宝剑虽然锋利，不能自个儿砍断东西，都必须会有人使用它。射箭的方法，手要像攀着树枝，手掌要像握着鸡蛋，四个指头像断了的短棍，右手射出，左手毫无感觉。这就是射箭的方法。"景公把这些方法作为准则而后射箭，就射穿了七层铠甲片。这位蔡国女人的丈夫也立即被放了出来。

这篇寓言告诫人们，对于一种先进的工具，自己首先要掌握它的性能，学会使用它的方法，然后再评论其好坏。如果自己不懂，连使用的方法也不会，就妄下断语，轻易否定，是会把宝物当废物的。

公输刻凤

典出《刘子·知人》：公输之刻凤也，冠距未成，翠羽未树。人见其身者，谓之龙鸟。见其首者，名曰鸰鷃，皆訾其丑而笑其拙。及凤之成，翠冠云耸，朱距电摇，锦身霞散，绮翮焱发，翙然一翥，翻翔云栋，三日而不集，然后赞其奇而称其巧。

公输般雕刻一只彩凤，凤冠、凤爪尚未雕成，羽毛也没有刻完，围观的人就七嘴八舌地妄加非议。看见身子的人，说是猫头鹰，看见头的人，说是伽兰鸟，诋毁彩凤的样子丑陋，讥笑公输般技艺拙劣。

等到彩凤刻成，只见翠绿的冠子高高耸立，鲜红的爪距闪闪发亮，彩色缤纷

的身子像霞光散射,鲜艳美丽的翅膀像火花迸发。更引人注目的是,彩凤展翅奋飞,振翼有声,在屋梁上回旋飞翔,三天三夜而不落下。这时,这些人才齐声赞叹彩凤的精美奇巧,称颂公输般的非凡技艺。

后人用"公输刻凤"的典故告诫人们,必须注意用全面的、发展的观点去观察和判断事物。不能只看到某一过程、某一局部就指手划脚,轻易下结论。

公输为鹊

典出《墨子·鲁问》:公输子削竹木以为鹊,成而飞之,三日不下,公输子自以为至巧。墨子谓公输子曰:"子之为鹊也,不如匠之为车辖,须臾刻三寸之木,而任五十石之重。故所为功,利于人谓之巧,不利于人谓之拙。"

公输子用竹木削制了一只鹊鸟。做成以后,开动机关,鹊鸟展动翅羽,直上九霄,飞了三天,还没落下来。公输子十分得意,自以为巧极了。

墨子知道后,对公输子说:"您呕心沥血制作这只会飞的木鹊,实在不如一个普通匠人做车辖有意义。您看,他们花费很短的时间,使用极少的木料,做成之后插在车轴两端,便可载重负荷,经受五十石的重压。所以说,制作的东西,对人有利益,才能称为'巧';否则,没有实用价值,只能叫'笨拙'罢了。"

后人用"公输为鹊"的典故比喻科学技术上的发明创造,是为了提高劳动生产率,造福于人类。没有实际意义的玩意儿,即使做得再精巧,也是毫无实用价值的。当然,墨子的评论,也不尽周全。因为任何一项发明创造,都有它萌芽、幼稚阶段,有一个发展完备的过程。

公孙大娘的剑舞

盛唐开元五年(公元 717 年)在河南郾城的广场上,人山人海,都在翘首驻足等待观看一位名扬海内的民间女艺人舞《剑器》,她就是唐代杰出的民间舞蹈家公孙大娘。她演出时头梳高髻,耳戴明铛,匀称的身材,穿了件贴身锦绣的戎装;朝霞般的脸上,带着儿分既英武又秀美的姿色。只见她缓步走上广场,对观众轻施一礼,然后拔出双剑"亮相",骚动人群立刻安静下来。接着她舞起双剑,瞬间银光闪耀,剑影飞驰;她"点步翻身"像后羿射日,引弓欲发;提腿翘足似欲乘风直上九天;悠然间又像矫健的飞龙腾空翱翔;迅猛时勇如震怒的春雷。正当人们心情激动紧张万分时,她渐渐收住双剑,灵巧的身躯像飞鸟轻轻落在枝头,十分怡然自得;停下的双剑犹如无波的江面,凝聚着一道清光。静场片刻,人们才醒悟过来,公孙娘已经舞完了。掌声、喝彩声一下子有如雷霆般爆发出来。当时在人丛中看得入神有个六岁幼童,他就是后来成为一代诗圣的杜甫。几十年后,杜甫又观赏到孙大娘的弟子李十二娘表演的《剑器》舞,不胜感慨,即兴写下《观公孙大娘弟子舞剑器行》。诗中回忆了当年公孙大娘舞《剑器》时的神态、气势和情景,十分逼真感人。此外,据当时的草书家张旭和怀素看过公孙大娘的《剑器》舞之后,竟从她淋漓顿挫,刚柔相济的舞姿中得到启发,草书大有进步。

公孙大娘一生的经历也很曲折,她来自民间,对剑舞广征博采,具有精湛的技艺和独特的风格。唐玄宗的时候,她曾在宫廷里侍奉过一段时间,这也正是她艺术生活最辉煌的阶段。后来她又回到民间,有时在广场上献艺,有时在达官贵人家里演出,但最终这位民间艺术家还是因穷困潦倒而默默无闻地死去了。

鬼斧神工

典出《庄子·达生》:"梓庆削木为鐻,鐻成,见者惊犹鬼神。"

秦始皇一统天下之后,大兴土木,建造了很多宫殿楼台;其中有一座名叫"云明台",尤为宏伟。据说,建造这座台时,有两个工匠不用梯子、支架及绳索,能在空中挥斧弄凿,从子时(午夜)到午时(正午)这么短短的时间,便全部完工了,所以这座台又称"子午台";当时人们称这两个工匠精巧的手艺和快捷的工作为"鬼斧",喻其不是凡人所能做得到的。

西域骞霄国向秦始皇贡献了一个著名雕刻匠,名叫裔烈,秦始皇命他用玉石雕成各种兽类,每雕成一件,他便在那野兽胸前刻上完工日期,但所有野兽一律没刻上眼睛。有一天,秦始皇见两只玉虎没有眼睛,便用笔替它们各加一点,焉知过了几天,那对玉虎忽然不见了。到了第二年,西域有个国家进贡了两只白虎,秦始皇发觉白虎胸前都烙有日期,而且都只有一只眼睛,不觉奇怪,叫人一查,和失踪的玉虎雕刻日期相符,便叫人把两只白虎的眼睛挖下来,它们竟又变成玉虎了。人们惊叹于裔烈的技巧,便都称为"神工"。

后来的人用"鬼斧神工"形容制作的技艺高超、精妙。

画工传神

典出《道山清话》:昔人有令画工传神,以其不似,命别为之。既而又以不似,

137

凡三四易。画工怒曰："若画得似，复是其模样？"

从前，有一个人让画师给他画一张传神的像，因为画得不像，就叫画师另画一张。后来因为画得不像，又叫画师改了三四次画稿。

画师生气地说："要是画得真像了，那要成个什么样子！"

后人用这则寓言说明中国古代绘画艺术，强调形神兼备，不但要求画得像，还要画出神情和精神。张九龄说，最好的画是"意得神传，笔精形似"。形与神，二者是辩证的统一，不能偏废。如果只强调传神，忽视了形似，画的张三，却像李四，还有什么传神可言。这位画工滥发脾气："若画得似，复是其模样？"是以传神作借口，来掩饰其技有所不逮耳。传神是重要的，也是必要的，但不得以传神做藏拙的手段。当然被画者也许长得丑陋，有所避讳，而画工坚持艺术的真实性，不愿阿谀奉承，指出被画者缺乏自知之明。

画虎类犬

典出《后汉书·马援传》：兄子严、敦并喜讥议，而通轻侠客。援前在交趾，还书诫之曰："吾欲汝曹闻人过失，如闻父母之名，耳可得闻，口不可得言也。……龙伯高敦厚周慎，口无择言，谦约节俭，廉公有威，吾爱之重之，愿汝曹效之。杜季良豪侠好义，忧人之忧，乐人之乐，清浊无所失，父丧致客，数郡毕至，吾爱之重之，不愿汝曹效也。效伯高不得，犹为谨敕之士，所谓刻鹄不成尚类鹜者也。效季良不得，陷为天下轻薄子，所谓画虎不成反类狗者也。……"

东汉时代，被封为伏波将军的马援，有一次写信教训他的侄儿说："我希望你们在听到有人谈及别人的过失时，能够像听到有人说及父母的名字一样注意，龙伯高是一个敦厚、谨慎的人，我希望你们能够仿效他的品行。杜季良为人豪侠好义，但我却不愿意你们仿效他。因为如果模仿龙伯高不成，仍可以成为一个谨慎的人，像一个刻鹄不成，刻出一只鹜来，仍可以说刻成相类的飞鸟；如果模仿杜季良不成，将会成为一个轻浮的人，想画一只老虎，却画出一只狗来一样，变成性质根本不同的兽类了。"

"画虎类犬"这句成语，就是出于马援写给侄儿的这封信。因为虎是兽类中的权威者，一般野兽都畏惧老虎；而狗却是卑劣的兽类，只晓得摇头摆尾向人乞怜，所以后人便用"画虎类犬"比喻不切实际地攀求过高的目标，实现不了反而闹笑话。

怀素种蕉练字

唐朝是中国佛教大发展的时代,当时有许多僧人,不仅精通佛学,而且有着极其深厚的文化素养。湖南零陵人怀素就是这样一位和尚,尤以书法著称于唐朝初年。他的草书造诣很深,运笔连绵奇逸,结构富于姿采,字形、大小富于变化,然而法度严谨,布局一气呵成。他留传至今的《自叙帖》等一直被历代书家奉为草书中的瑰宝。

怀素家境贫寒,年少时就出家到永州镇绿天庵做了和尚,诵经坐禅等佛事之余,他对书法产生了浓厚的兴趣。一个穷和尚,买不起大量纸张,怀素就找来一块木板,涂上白漆书写。写满后,抹去墨迹再行重写。但是漆很光滑,不易着墨。怎么办呢?怀素想了个办法,他在寺院附近开辟了一块荒地,种植了一万多株芭蕉树。芭蕉长大后,他每日摘下芭叶,铺在桌上,临帖挥毫。他写好一张后,就钉挂在墙上,与帖仔细加以对照,分析哪些地方像,哪些地方不像,从中找出不像的原因。这样一张张练下去,直到熟练掌握了,才取下堆放在空室里。天长日久,他练过字的芭蕉叶竟堆了满满一间经堂。

由于怀素日夜不停地练字,老芭蕉叶剥光了,小叶又不能摘,摘光了树要死。于是他又想了个办法,干脆带了笔墨站在树前,在悬空的鲜叶上书写。盛夏,太阳就像一个火盆,晒得他汗流浃背;严冬,刺骨的北风卷着鹅毛大雪,冻得他双手皲裂,十指麻木,但怀素还是专心致志,坚持不懈地练字,写完一丛叶子,再写一处。悬空的叶子,必须悬腕悬肘提笔才能写上,对笔力要求极高。他的字一天比一天飘逸苍劲,心里有说不出的快乐与自豪。

绘声绘味

一幅好的画,不仅在视觉上给人一种美感,而且让人如闻其声,仿佛置身其中,美妙无比。

据说,宋代画院考画手时,曾以"深山何处钟"和"踏花归来马蹄香"为题让画师们作画。这两个题目一时真难住了一些画手。他们个个绞尽脑汁,寻求最好的画面来表现这两个不同的主题。其中有两名聪明的画手,一个画出和尚在山涧边弯腰汲水回首倾听着什么,另一个画了一群蜂蝶紧紧追逐着奔走的马蹄的画卷。前者顿时使人产生"深山藏古寺,钟声犹在耳"的感觉,后者使人马上就能

感觉到马蹄上散发着花香,从而十分巧妙恰当地体现了主题。

后来,现代著名作家老舍先生,曾以"蛙声十里出山泉"之句,请著名老画师齐白石作画,齐老略作思忖,就信笔在潺潺山溪里点染了一群活泼多姿的蝌蚪,令人想到,那群蝌蚪正欢快地游向画外那鸣叫的青蛙妈妈。

鸡鸣狗盗

典出《史记·孟尝君列传》:(秦昭王)因孟尝君,谋欲杀之。孟尝君使人抵昭王幸姬求解,幸姬曰:"妾愿得君狐白裘。"此时孟尝君有一狐白裘,直千金,天下无双,入秦献之昭王,更无他裘。孟尝君患之,遍问客,莫能对。最下坐有能为狗盗者,曰:"臣能得狐白裘。"乃夜为狗,以入秦宫藏中,取所献狐白裘至,以献秦王幸姬。幸姬为言昭王,昭王释孟尝君。孟尝君得出,即驰去,更封传,变名姓以出关。夜半至函谷关。秦昭王后悔出孟尝君,求之,已去,即使人驰传逐之。孟尝君至关,关法鸡鸣而出客,孟尝君恐追至,客之居下坐者有能为鸡鸣,而鸡齐鸣,遂发传出。出如食顷,秦追果至关,已后孟尝君出,乃还。

平原君收养门客的消息传到秦国。秦昭襄王叹息着对大夫向寿说:"像平原君这么贤明的人,天下少有!"向寿说:"不过他比起齐国的孟尝君来,还差得远呢?"秦昭襄王问:"孟尝君又是怎么样的人?"向寿说:"孟尝君田文继承他父亲田婴做了薛公(薛,在山东省滕县东南;田婴封于薛,叫薛公,田文继承他父亲,也叫薛公),就大兴土木,修盖房子,招待天下豪杰。只要是投奔他的,他都收留。他自己吃、喝、穿戴和住处,全跟大伙儿一样。孟尝君的家当就这么快花完了。门客的饭食,当然也不能再像先前那样丰富了。听说有一天晚上,有个客人见了那种饭菜,心里不高兴。碰巧他看见孟尝君独自一个人在上边正吃得香。他一想主人吃的准是山珍海味。就发了脾气,扔下筷子,说:"岂有此理!我干什么到这儿来吃这种东西?"孟尝君连忙拦住他,端着自己的饭菜让他瞧。这位门客一瞧,原来主人吃的跟他的一个样,这才叹了口气,说:"孟尝君这么真心诚意地待我,我还起疑心,我简直是个小人,还有什么脸在这儿住着呢?"说者,他就拔出宝剑,自杀了。可是平原君呢?放纵着女人欺负瘸子,答应了人家的请求,还舍不得把她治罪。直到门客慢慢地散了,这才去给人家赔不是,这不是已经晚了吗?"

秦昭襄王说:"我挺尊重这种人,怎样才能把孟尝君请到秦国来呢?"向寿说:"这没有什么难事。要是大王能够打发自己的子弟去齐国做抵押,然后请孟尝君到这儿来,我想齐国是不能不答应的。等到孟尝君到了这儿,大王拜他为丞相,齐国当然也不好意思不拜咱们的人当齐国的相国。这么着,秦国跟齐国联合到一起,要打算收服诸侯,事情可就好办得多了。"秦昭襄王真的就打发自己的兄弟泾阳君到齐国去做抵押,请孟尝君上咸阳来。

就在这短短的几天里,孟尝君和泾阳君交上了朋友。齐宣王在公元前301年死了,他的独生子即位,就是齐闵王。齐闵王不敢得罪秦国,只好叫孟尝君到秦国去。后来大臣当中有人对齐闵王说:"大王既然诚心跟秦国结交,何必把泾阳君留着做抵押呢?"齐闵王就把泾阳君送走了。

孟尝君带着一大帮门客,一块儿到咸阳去。秦昭襄王亲自去迎接他。他见孟尝君威风凛凛,仪表不凡,不由得更加敬仰起来。两个人说了一些彼此敬仰的话。孟尝君奉上一件纯白的狐狸皮袍子,作为见面礼。秦昭襄王知道这是很名贵的银狐,当时就挺得意地穿上,向宫里的美人们夸耀了半天。那时候天还暖和,他就把袍子脱下来交给手下的人好好地收藏起来。

孟尝君和他的那些门客到了咸阳之后,就有一批秦国的大臣怕秦王重用他,背地里商量怎样排挤他。秦王打算选个日子拜孟尝君当丞相。樗里疾首先反对说:"田文是齐国的贵族,手下的人又多,他当了秦国的丞相,一定会先替齐国打算。他要是仗着他丞相的权力暗中谋害秦国,秦国不就危险了吗?"秦昭襄王说:"那么,还是把他送回去吧!"樗里疾说:"他在这儿已经住了不少日子,秦国的事,他差不多全都知道了。哪能放他呢?不如杀了他,倒干脆,免得将来有后患。"秦昭襄王觉得不能杀,可也不能放,就先把孟尝君软禁起来。

泾阳君为了建立自己的势力,在齐国的时候,跟孟尝君已经交上了朋友。这会儿一听说秦王要谋害他,就替他想法子。他带了两对玉璧送给秦王最宠爱的燕姬,请她想个法子。燕姬拿手托着下巴,装腔作势地说:"叫我跟大王说句话倒是不难,你把这两对玉璧带回去,别的谢礼我不要,我只要一件银狐皮袍子就够了。"泾阳君把她的话告诉了孟尝君,孟尝君皱着眉头说:"就是那么一件,已经送给秦王了,哪还能要回来呢?"当时就有个门客说:"三讨不如一偷,我有办法。"他就跟管衣库的人做了朋友。

有一个晚上这位门客从狗洞里爬进宫里去,找着了衣库去偷那件狐狸皮袍子。他掏出好多钥匙,正在开门的时候,看库的人醒了,咳嗽了一声。那个门客装狗叫,"汪汪"地叫了两声,看衣库的人就又睡着了。那位门客进了衣库,开了箱子,拿出那件狐狸皮袍子,然后又锁了箱子,关上库房,从狗洞里钻出来。

孟尝君得到了这件皮袍子,送给燕姬。燕姬得着了这件宝贝,就甜言蜜语地劝秦王把孟尝君放回去。秦王最后依了她,发下过关文书,让孟尝君回去。

孟尝君得到了文书,好像"漏网之鱼",急急忙忙地往函谷关跑去。他怕秦王反悔,派人来追;又怕把守关口的人习难他,他就更名改姓,打扮成买卖人的样儿。

他的门客中有个专门假造文书的,挺巧妙地把那过关文书上的名字改了。他们到了函谷关,正赶上半夜里。依照秦国的规矩,每天清晨,关口要到鸡叫的时候才许放人。他们只好在关里等天亮。

那边樗里疾听说秦王把孟尝君放了,就去朝见秦昭襄王。他说让孟尝君回去,好比"纵虎归山",将来准有后患。秦昭襄王果然后悔了,立刻派人去追。那追上去的人赶到函谷关,查问守关的人,说:"孟尝君过去了没有?"他说:"没有。"

还拿出过关文书让他们瞧,果然没有孟尝君的名字。他们才放了心。觉得大概孟尝君还没到。

等了半天,孟尝君还没来,他们有点起疑,就跟守关的人说明了孟尝君的长相,还有他带着的门客的人数,车马的样子。守关的人说:"哦!有,有!他们早就过去了,是第一批过的关。"他们又问:"你什么时候开的城?我们到这儿,什么都还看不清楚呢。难道你半夜就把城门开了吗?"守关的人一楞,说:"我们也正在纳闷呢!城门是鸡叫的时候才开的,可是过了半天,东方才发白。我们还纳闷今天太阳怎么出来得这么晚?"他们哪知道孟尝君的门客之中各色各样的人都有。有会学狗叫唤的,有会学鸡叫唤的,还有会挖补文书的。孟尝君算计着秦王准得派人追上来,大伙儿愁眉苦脸地正在恨老天爷怎么还不叫天快点亮,忽然这些门客里有人捏着鼻子学起公鸡叫起来了。接着一声跟着一声地好像有好几只公鸡叫着。紧跟着关里的公鸡全都叫起来了。关上的人就开了城门。验过了孟尝君的过关文书,让他们出了关口。

以后人们把孟尝君的食客学狗偷东西、又学鸡叫骗过关的故事,引申为"鸡鸣狗盗"一句成语,比喻为达到某种目的而使用一些不正当的小伎俩,也指具有这种技能的人。

纪昌学射

典出《列子·汤问》:甘蝇,古之善射者,彀弓而兽伏鸟下。弟子名飞卫,学射于甘蝇,而巧过其师。纪昌者,又学射于飞卫。飞卫曰:"尔先学不瞬,而后者可言射矣。"

纪昌归,偃卧其妻之机下,以目承牵挺。二年之后,虽锥末倒眦而不瞬也。以告飞卫。

飞卫曰:"未也,必学视而后可。视小如大,视微如著,而后告我。"

昌以牦悬虱于牖,南面而望之。旬日之间,浸大也;三年之后,如车轮焉,以睹余物,皆丘山也。乃以燕鱼之弧、朔蓬之簳射之,贯虱之心,而悬不绝。以告飞卫。飞卫高蹈拊膺曰:"汝得之矣!"

甘蝇是古时候有名的神箭手,他把弓一拉开,野兽就倒在地上,飞鸟就掉了下来。徒弟飞卫跟着甘蝇学射箭,本领更超过了他的老师。有个叫纪昌的又跟飞卫学射箭。飞卫对他说:"你要先练习不眨眼睛,然后才可以谈射箭。"

纪昌回到家里,仰面躺在妻子的织布机底下,张大着眼睛,死盯着一上一下的脚踏板。两年之后,即便是锥子的尖头刺到他眼眶里,他的眼睛也不眨一眨了。纪昌把自己练功的经过告诉了飞卫。

飞卫说:"功夫还没到家,必须锻炼视力才行。直到能把小的东西看得大,把模糊的东西看得非常显著,然后再告诉我。"

　　纪昌回去用牦牛毛系上一只虱子悬挂在窗户上,面朝南,目不转睛地望着它。十天之间,看见虱子渐渐变大了;三年之后,看那虱子竟有车轮那么大。这时再看其它比虱子大的东西,都好比是山丘。于是就用燕国牛角造的弓,北方蓬梗做的箭,去射那虱子,不偏不倚正穿过虱子的心脏,而悬挂虱子的牛毛并没有射断。他把这情况告诉飞卫。飞卫高兴得跳起来,拍着胸膛说:"你把射箭的门道真正掌握了!"

　　后人用"纪昌学射"比喻射技高超。

空前绝后

　　典出我国古代三位画家的故事,见《宣和画谱》:顾冠于前,张绝于后,而道子乃兼有之。

　　晋朝时,有一位大画家叫顾恺之,学问很渊博,绘画闻名于当时。他画人物,从来不点眼珠,有人问其原因,他说:传神之处,正在这个地方。当时被人称为三绝:才绝、画绝、痴绝。

　　南北朝时的梁国,又出了一位大画家名叫张僧繇,此人善画山水人物及佛像,梁武帝时建了很多寺院佛塔,都命他作画。据说,有一次他在一个寺庙的墙壁上画了四条龙,没有点眼珠,别人问为什么不点睛,他说,恐怕点了眼珠这些龙破壁而飞走,人们再三要求他试一下,他便点了两条,果然破壁飞走,未点的两条仍在。这一传说虽然很荒诞,但说明他作画的功夫是很深的。

　　到了唐朝,又出了一个更加有成就的画家叫吴道子,他对画山水、佛像造诣很深,笔法绝妙,有书画之称。据说,他为唐玄宗画巨幅嘉陵江图,三百里山水竟在一天内画好了。他在景玄寺中画了"地狱变相图",不画鬼怪而阴森逼人,相传看过这幅画改过自新的大有人在。

　　《宣和画谱》在论及吴道子的作画成就时认为,顾恺之的成就超越前人,张僧繇的成就后人莫及,而吴道子则两者兼而有之。

　　后人用"空前绝后"这个典故比喻某件事情或某种艺术成就超绝古今。

老妪能解

　　典出宋·释惠洪《冷斋夜话》:白乐天每作诗,令一老妪解之,问曰:"解否?"

妪曰:"解",则录之;"不解",则易之。

在唐代的著名诗人中,白居易是位佼佼者。白居易,字乐天,晚年号香山居士。其先人为太原(今属山西)人,后迁居下邽(今陕西渭南东北)。贞元年间,白居易中进士,授秘书省校书郎。后任左拾遗及左赞善大夫。因上表请求严缉刺死宰相武元衡的凶手,得罪权贵,被贬为江州司马。长庆初年任杭州刺史,宝历初年任苏州刺史,后官至刑部尚书。

在文学上,白居易积极倡导新乐府运动,主张"文章合为时而作,歌诗合为事而作",强调继承《诗经》"风雅比兴"的传统和杜甫的创作精神,反对"嘲风雪,弄花草"而别无寄托的作品。白居易的诗,深入浅出,通俗易懂,历来受到广大人民群众的喜爱,他的长篇叙事诗《长恨歌》、《琵琶行》等,在唐诗中是很出名的,得到后人的称颂。

据宋代和尚释惠洪编的《冷斋夜话》记载,白居易作诗时,经常把酝酿好的诗句读给不识字的老妇人听,问她们懂不懂。老妇人说听得懂,他才采纳。否则,他便进一步修改,直到她们能听懂为止。白居易的诗歌"老妪能解"一直被后人传为佳话。

后人用"老妪能解"来形容诗文的通俗易懂。

林冲棒打洪教头

典出《水浒传》第九回。

林冲被高俅父子陷害,刺配充军,来到沧州投奔柴进。

柴进绰号小旋风,仗义好客,久闻林冲大名,今日相会格外高兴,特地设宴款待林冲。柴进家里有个武术教师洪教头,见到柴进厚礼款待林冲,心中不服,要同林冲比武。林冲看时,只见那教头歪戴一顶斗巾,挺着胸脯,神气十足,盛气凌人地说:"哼,林教头!他敢和我使一棒看,我便说他是真教头!"林冲虽然武艺高强,但因自己是囚犯,又是初来乍到,所以处处退让,不肯占先。洪教头妄自尊大,目中无人,对林冲的退让视为胆怯可欺。柴进一则要看看林冲的武艺,再则想杀杀洪教头的傲气,也同意他们二人比试比试,叫庄客取来二十五两的一锭银子,放在地上,说是谁赢了就送给谁。

正式比武时,洪教头怕林冲争去银子,又怕输了锐气,便连声喝道:"来,来,来!"随即将棒劈面打来。林冲往后一退,躲过一棒。洪教头抢上一步,又一棒打下来。林冲又躲过一棒。这时,洪教头脚步已乱了。就在这一刹那间,林冲把棒从下面横扫过去。洪教头措手不及,臁儿骨上挨了一棒,当即撇了棒,扑倒在地,一时挣扎不起来。众人见了,一齐大笑。两个庄客把洪教头扶了起来。洪教头羞惭满面,一拐一颠地到庄外去了。柴进又把林冲领入后堂饮酒,叫庄客把那锭银子送给林冲。林冲推辞不得,也就收下了。

破绽:衣物的裂口。这里指洪教头比武时露出的漏洞。"林冲棒打洪教头",比喻专门看准人家的漏洞,抓住弱点动手。

列子学射

典出《列子·说符》:列子学射,中矣,请于关尹子。尹子曰:"子知子所以中者乎?"对曰:"弗知也。"关尹子曰:"未可。"退而习之三年,又以报关尹子。尹子曰:"子知子所以中乎?"列子曰:"知之矣。"关尹子曰:"可矣。守而勿失也!非独射也,为国与身亦皆如之。"

列子学射箭,已经能够射中目标了,他高兴地来告诉关尹子。

关尹子问他:"您知道您为什么能射中吗?"列子想了想,回答:"不知道。"于是,关尹子对他说:"不行,您还没有学好。"

列子回去又练习了三年,然后,又来报告关尹子。

关尹子又问:"您知道您为什么能射中吗?"列子毫不迟疑地说:"知道。"

关尹子说:"行了!您已经学成了。这其中的道理,您应当永远记住,不要忘掉。而且不仅是射箭,治理国家和处事为人都应该这样。"

后人用"列子学射"的这个典故告诉我们:办事情不仅要知其然,还要知其所以然,把握事物的规律性。这样,才能克服盲目性,提高自觉性,把事情办得更好。

柳公权巧答唐穆宗

唐代书法家柳公权,字诚悬,京兆华原人,官至太子少师。他性格刚毅,忠直敢谏,人们不仅钦佩他的书法,也十分称道他的人品。他的书法,初学王羲之,后遍习各代名家而得益于当代的颜真卿、欧阳询。他的字骨格遒健、结构紧凑刚劲,自成一体,对后世影响极大,与颜真卿并称"颜柳"。自有"颜柳"以后,天下学书者开始习字,莫不宗此二家。

有一次,唐穆宗向柳公权说:"我也喜爱书法,常在一些寺庙中见到你的真迹。伫立良久,精心揣摩,但总是写不好,这是什么缘故呢?"柳公权是个聪明人,他想了一下,然后回答道:"心正笔犹,正就是写好字的要诀!"唐穆宗听罢,以为柳公权故意取笑他,大有欺君之意,便变色道:"哪有臣子讥讽皇上的!"柳公权赶

右侧竖排：中华典故　技艺篇

忙说:"臣原为布衣之民,承蒙皇上恩泽,拜为右拾遗侍书学士,怎敢讥笑皇上,常言道,'字如其人'。书法与绘画,文学等都一样,都能反映一个人的精神境界。从书法艺术角度来讲,每幅作品都是由'形质'和'神采'两部分组成的。所谓'形质',乃是可见部分,指字的笔法、间架和整幅字的布局等;所谓'神质',则是指不可见的部分,包括作者的性格、修养、思想以及写字时的具体感情。人品不高则'神质'不高,'神质'不高则'形质'不高,也就会落笔无法。这与陛下做皇帝管理万民和我们做官各司其职是一样的,人品好的皇帝和官吏自然只会对百姓做好事。"

唐穆宗听完,转怒为喜,点头称赞:"先生你是用书法的道理劝谏我的过失啊!"

鲁班门前弄大斧

相传唐代著名诗人李白的墓地,在安徽省当涂县境内的采石矶上。一次,明代进士梅之涣到采石矶游览,看到许多游人在李白墓地上题了不少诗句。这些诗句大都写得不好。他想到李白是一代诗人,这些人竟然在李白的墓前题诗,真是不自量力。于是,他也写了一首诗:"采石江边一堆土,李白之名高千古;来来往往一首诗,鲁班门前弄大斧。"

鲁班是春秋战国之际的能工巧匠,具有极高的土木建筑技艺。梅之涣借一些人竟然在鲁班面前卖弄用斧头的本领为喻,来嘲笑那些乱题诗的人。

"鲁班门前弄大斧",比喻在行家面前卖弄本领,过高地估计和表现自己。

卖油翁

典出《欧阳文公文集·归田录》:陈康肃公尧咨善射,当世无双,公亦以此自矜。尝射于家圃,有卖油翁释担而睨之,久而不去。见其发矢十中八九,但微颔之。

康肃问曰:"汝亦知射乎?吾射不亦精乎?"翁曰:"无他,但手熟尔。"康肃忿然曰:"尔安敢轻吾射!"翁曰:"以我酌油知之。"乃取一葫芦置于地,以钱覆其口,徐以杓酌油沥之,自钱孔入而钱不湿。因曰:"我亦无他,惟手熟尔。"康肃笑而遣之。

陈尧咨擅长射箭,是当代独一无二的,他也曾凭这(招儿)自夸。有一次,

（他）在家里的场地上射箭，有个卖油老汉放下担子站在附近斜着眼睛看他射，久久不离去。看到尧咨射出的箭十枝有八九枝射中了，（卖油老翁）对此只是微微点头表示赞许。

陈尧咨问（卖油老翁）："你也懂得射箭（的技艺）吗？我射箭（的技艺）难道不好吗？"卖油老翁说："没有别的（奥妙），只不过手熟罢了。"

陈尧咨气愤地说："你怎么敢看轻我射箭的本领！"

卖油的老汉说："凭我酌油（的经验）知道这个（道理）。"于是拿个葫芦放在地上，用铜钱盖住葫芦口，（然后）用勺子舀油慢慢注入葫芦，（油一滴滴地）从钱孔流入，钱上却没有沾一点油。于是（他）说：

"我也没有别的（什么奥妙），只是手熟罢了。"

陈康肃只好笑着让他走了。

后人用"卖油翁"的这个典故比喻熟能生巧。

美味的鲈鱼

闻名天下的鱼莫过于松江的鲈鱼。

松江的鲈鱼是在降霜后才开始生长的鱼。冬至前后盛行市面上的则是大头巨口，鳃边布满褐纹的四鳃鲈。

这种四鳃鲈在冬至前后产卵期尚未结束时，肉最肥味最美。在松江捕抓产卵前鲈鱼的时机仅有十几天，产卵后的鲈鱼不但味道欠佳，售价也贱。几乎所有的鱼都有鱼鳞，但松江的四鳃鲈从头到尾都没有鱼鳞，仅有一层薄膜般的皮。在烹饪调理时，必须用手很轻巧地将皮除去，若用菜刀除皮的话，肉会跟着皮一块儿剥下来，汁液也会四溢。如此一来味道就差远了。

据说清代有位出身松江的大官张某，长年在他乡任职，故乡的风味几乎都忘记了。因此一辞官回故里马上命令厨房做鲈脍，但做出来的味道极差，以致张某弃筷离去。后来才知道他带回家来的厨师是扬州人，不懂得鲈鱼的调理方法，未将鱼膜除去就下锅烹煮了。

另外清初重臣冯梦华，是位有名的美食家，也有过类似的故事。冯梦华在巡视江南时，为了品尝名菜鲈鱼也曾命令厨师做菜。但厨师却以糖醋鲤鱼的方式来调理鲈鱼，不但油腻且醋味冲鼻。因此冯梦华认为，当初张翰为了吃这么难吃的东西而辞官回故里，真是个天大的笑话。什么"松江鲈鱼"，也只不过是浪得虚名罢了。不用说，那位厨师根本不知道真正的鲈鱼调理方法。

烹调鲈鱼绝对不可用油或醋来炒或煮，调理鲈鱼时，首先要去掉那层鱼膜，再放入浓汤中烧煮。鲈脍之名，就是将新鲜的鲈鱼以"脍"的调理方式加以烹调。

蒙鸠筑巢

典出《荀子·劝学》:南方有鸟焉,名曰蒙鸠,以羽为巢,而编之以发,系之苇苕。风至苕折,卵破子死。

巢非不完也,所系者然也。

南方有一种鸟,名叫蒙鸠。这种鸟用羽毛做窝,并且用毛发把窝编织起来,然而却把它系在芦苇穗子上。一阵风吹来,芦苇穗子折断了,鸟蛋也摔破了,雏鸟也跌死了。

蒙鸠的窝做得并不是不完美,而是由于它所系的地方使得它这样的。

这篇寓言启示我们,无论做什么工作,都必须建立在坚实可靠的基础上。没有这样的基础,工作做得再细致也是不可靠的。

米芾悬腕书"蝇头"

宋代书法家米芾自幼勤奋练字,家中所藏的晋唐名家真迹,他无日不临摹。有的虽写过三四遍,但自觉还只有一两个字满意。晚上他又必定要把他们收放在一只小箱子里,然后安置在枕边才入寝。由于米芾长年累月地对书法努力追求,探索不息,因此到了38岁终于形成了自己的独特风格。41岁后更进一步博采众长,达到了一个新的高峰。据说他练字的纸可以盛满一两间屋子。

有一次,米芾的朋友陈伯修带着自己的儿子到米家,饶有风趣地对米芾说:"我的儿子在学书过程中碰到了一只'拦路虎',自己摆脱不了,特向你来求助。"米芾笑着问道:"是什么'拦路虎'?"陈伯修的儿子说:"悬腕执笔问题!"米芾就传授说:"悬腕写字,可使手转动灵活。如不悬腕,紧贴桌面写字,手就无法活动,笔管也就必然运转不灵。"陈伯修的儿子又问道:"写小楷也要悬腕吗?"米芾听罢,回首示意书童去拿宣纸。不一会,书童取来纸张,铺在案桌上,然后各用手镇住两端。米芾接着蘸墨挥毫,悬腕书写起来,他用笔端正严谨,虽字形小得像绳头一样,但章法格局却与大楷一样整齐。陈伯修父子站在一旁出神地看着,互相点头叹赏。于是就向他请教方法。米芾说:"这并没什么特殊的秘诀,只要平时将左手平覆在桌面上,右手腕搁在左手背上写,时间长了,抽去左手,右手自会逐渐稳定。"陈伯修父子听后深受启发,高兴地揖揖手,告辞而去。

欧阳询卧看索靖碑

欧阳询是唐代杰出的书法家,也是中国历史上最有名的书法家之一,擅长真(楷)、草、隶、篆各种书体,尤精于楷书,笔势险峻、体态秀逸,遒劲有力,被后世书家称为"欧体"。

欧阳询的书法艺术早在隋末就已名声雀起,并远渡东海,流传到日本。入唐以后,更是人书愈加老道、已臻炉火纯青。但是这位一代书法宗师并不满足已取得的成绩,依然读碑临帖,精益求精,力求博各家之长,创建稳定而独特的风格。

有一次,欧阳询外出云游,遍访天下名碑。当他路遇晋代书法家索靖所书的一方章草石碑时,开始粗粗地扫视了几眼,觉得很一般,没什么特别的地方。刚要拨马离去,转念一想,索靖既然被尊为一代书家,想必有他独树一帜的特点,我没发现这个特点怎么能走呢?于是又回到碑前,伫立静观。经过反复琢磨,才发现索靖的字骨峻势豪,体态玄妙,富于变化而不失品格。领悟到妙处,欧阳询不禁声叹道:"妙极、妙极,简直是出神入化,粗看当然体察不到它的妙处啦!

有了这样的体会,欧阳询干脆不走了,站着看累了又坐着看,但仍感不足,于是索性让随从搬来铺盖,卧于碑前,边看边比划,一看竟达三天三夜之久,直到完全领悟了索靖的运笔、间架、布局等特征与方法之后才满意地离开。据说欧体的骨势就有许多是来自索靖的碑书。

蒲元识水

典出《太平御览》:君性多奇思,于斜谷为诸葛亮铸刀三千口。刀成,自言汉水钝弱,不任淬;用蜀江爽烈,……乃命人于成都取江水。君以淬刀,言杂涪水,不可用。取水者捍言不杂。君以刀画水,言杂八升。取水者叩头云:"于涪津覆水,遂以涪水益之。"

蒲元有着出众的才智。他在斜谷替诸葛亮制造了三千把刀。刀铸成后,他说用汉江水淬火会使刀脆弱不锋利,不能用;用蜀江水淬火就能使刀清亮刚烈,……于是就派人到成都取蜀江水。水取回后,蒲元用它一淬刀,马上说这水里掺杂了涪江水,不能用。取水的人硬说没掺杂。蒲元就用刀划水,然后说,掺了八升涪江水。取水的人连忙跪下叩头说:"取水回来时在涪江渡口把水打泼了,就用涪江水来增补它。"

故事运用夸张手法,说明富有实践经验的可贵。

雀屏中目

典出《旧唐书·高祖太穆皇后窦氏传》:毅闻之,谓长公主曰:"此女才貌如此,不可妄以许人,当为求贤夫。"乃于门屏画二孔雀,诸公子有求婚者,辄与两箭射之,潜约中目者许之。前后数十辈莫能中。高祖后至,两发各中一目。毅大悦,遂归于我帝。

窦毅妻子生了一个女儿,他觉得她很可爱,便刻意抚养,到这个女孩子长大了,越发人材出众。窦毅心里特别爱惜这个女儿,更不愿她嫁个平平凡凡的人;于是,便想了一个替女儿招亲的法子,他叫人绣了一双孔雀在屏风上,如有来求婚的人,便叫他拿起弓箭来射,如果在百步以外能发两箭射中孔雀的眼睛,就将女儿嫁给他。这个消息传出去,那些懂得武艺的少年就纷纷来应试。可是孔雀的眼睛太小了,半年来就没有一个人射中。有一天,来了一个姓李的少年,他拿起箭来,把弓轻轻拉开,"嗖"的一箭,便正中孔雀的眼睛。窦毅高兴极了,便将女儿嫁给他。这个箭法高强的人,就是唐高祖李渊!

后人用"雀屏中目"比喻武艺高超。

傻贝子扬威

清光绪时,北京有一著名棋手,是满清皇帝的宗室。由于家道破落,他不谋生计,专注于象棋技艺的研究。他少年时因整天呆头呆脑,捧着本象棋书,被人称为傻贝子,成名后他挟象棋走江湖,以傻贝著称于世。

叶仪、耿四是光绪年间崛起的象棋名家,叶仪凭着实战起家,临场经验丰富。耿四则略有书卷味,熟习象棋古谱。一次,叶仪和耿四在茶社金山居进行象棋对抗赛,围观的人很多。耿四运用熟练的屏风马阵式,力拒叶仪凶悍的当头炮攻势。两人旗鼓相当,中盘过后叶仪虽略有先机,但是无隙可乘。经过兑子,终成和局。旁观棋迷,大都认为和是正着,谁变着便要吃亏。不料却有一人力排众议,认为和棋实在可惜。叶仪打量那人,相貌呆板,瘦骨嶙峋,衣衫破旧,心中很是轻视,但又想讨个究竟,就问那人有何高见。那人怡然答道:"假如你能不求兑子,弃车去象,在十几个回合之后,必可获得胜利。"叶、耿全都不相信,就与那人复盘拆解,结果不出所算,使众人大为惊异。

叶仪认为那人不过偶然言中,而且今天的事,有失他名手的身份,便邀那人对弈。那人也不推辞,当即坐下拉开架式。结果杀得叶仪连连败北,直落三局。在场群众看到名手出丑,都心花怒放,拍手称赞。耿四想替叶仪出出气,也登台比试。那人连出奇招妙算,真有鬼神不测之机,三局之后,耿四已无再战的勇气了。赛后,有认得那人的,拉住他的手,大叫:"傻贝!真有你的!"从此傻贝子之名轰动北京棋坛,人们争相传颂他一日连挫两员名手的奇闻。

北京西山卧佛寺有一高僧,佛号了然,棋艺精湛。与一般棋手对弈,或让一马,或让一炮,众所莫及。城里的高手也常到寺里与之角逐,皆为手下败将。有一个太监,听说傻贝之事后,就邀他与了然较量。开始了然要让傻贝一马,傻贝不受。开局时高僧的棋势很盛,大有棋开得胜,马到成功之态。傻贝开局古怪,好像不会象棋,一上来就拱一路卒,把车藏于卒后。了然没见过这种布局,以为是欺着,就运子直捣黄龙。傻贝临危不惧,连连闪将,弃双炮双卒一相一士一马,50余着,扳回先手,两只车二龙绞尾,将死对方的老帅。第二局,高僧为收复失地,就用尽平生技艺,用马兵炮猛攻。傻贝严守阵脚,毫不紊乱,30着后,转守为攻,双炮过河直逼九宫,双马退到盘端,十几着后,高僧再次败北。傻贝得胜而回,威风八面。高僧了然遭此惨败羞惭难当,第二天就悄然离京了。

善自为谋

典出《左传·桓公六年》:君子曰:"善自为谋。"

典出《南史·王昙首传》:高帝素善书,笃好不已,与僧虔赌书毕,谓曰:"谁为第一?"对曰:"臣书第一,陛下亦第一。"帝笑曰:"卿可谓善自为谋。"

南北朝南齐人王僧虔,因为写得一手好隶书,出了名,另外,他对待工作和对待别人的态度,也出了名,他的友人替他概括出八个字:"戒益守满,屈己自容"。拿现在的话来解释,便是:"工作不能做得太巴结,让人家先走一步吧!人家好坏,只要对自己没有影响,何必坚持自己意见。凡事得过且过,别要求高。有时,为了少找'麻烦',委屈一点也不碍事。"如果再说得通俗些,王僧虔便是一个"刀切豆腐两面光"的人物。

正巧,当朝的皇帝齐太祖也是非常爱好书法的。一天,他高兴起来,要在书法上和王僧虔比试比试。这位进退都为自己留一步的人,这次可不肯示弱了。他一笔一捺,特别用劲,写好以后,自己也很满意。但是,当齐太祖要他作个评论,说说谁的字够得上第一的时候,王僧虔愣住了。他顾前顾后,心想,把自己的评作第一吧!不行,当面怎能说皇上差呢?惹恼了齐太祖,这不是玩的。故意推说皇上的字得第一吧?不行,如果以后被他发现了是欺骗他的,这也不是玩的。思索了好半天,王僧虔才想出妥当的办法,他左躲右闪圆滑地说:"我看,我写的

字可以得第一；但是，我看，皇上写的也同样得第一。"齐太祖听了禁不住噗嗤一声。他说："王僧虔，你真不愧是一个'精明能干'，专替自个儿盘算的人。"

后人用"善自为谋"形容善于为自己设想打算。

身轻若燕掌上舞

赵飞燕是我国古代著名的舞蹈家，汉成帝时人。

赵飞燕原名宜主，生于富人之家，自小就聪明伶俐，喜好歌舞。而且她还"善行气术"，就是现在所说的气功。后来，宜主家道中落，她被一个叫赵临的人收养，又通过赵临的关系，到阳阿公主家当婢女。从此，她更加下工夫刻苦钻研，精心学习歌舞。因为她的舞姿特别轻盈，所以人们都称她为赵飞燕。在一个偶然的机会，赵飞燕被汉成帝看中立为皇后，专宠后宫。

赵飞燕腰肢纤细、体态轻盈、迎风而舞时，好像就要乘风而去一样。据传汉宫中有一池子，池中有一高出水面 40 尺的高台，赵飞燕身着南越进贡的云英紫裙，碧琼轻绡，在高台上表演歌舞。突然起了一阵大风，飞燕随风扬袖，仿佛就要乘风而去一样，成帝急忙叫人拉住赵飞燕，唯恐她飞走。汉成帝怕大风把赵飞燕吹跑，还特地为她筑起了"七宝避风台"居住。

赵飞燕最为著名的恐怕是她的掌上舞了。史书上记载，她"身轻若燕，能作掌上舞"。汉成帝曾特意令人造了一个水晶盘，令宫人托盘，让飞燕在盘上歌舞。赵飞燕凭借她极轻盈的身躯和舞姿，以及很好的控制力，在这小小的"舞台"上潇洒自如地舞蹈。只见她平展双臂，翻飞长袖，右腿微屈而立，左腿屈膝轻提，头部微倾，表情温婉，好一个令人神魂荡漾的美姿！

汉成帝死后，哀帝刘欣封赵飞燕为皇太后，哀帝在位 6 年即死。随即平帝刘衍即位，朝中大臣均指责赵飞燕"失妇道"，没生孩子，断了龙脉等，贬皇太后为孝成皇后，过了一个多月，又被贬为庶人，一代国母，就这样被迫自杀身亡。

赵飞燕的轻盈舞技在我国的舞蹈史上已达很高的艺术水平，特别是她能懂得"用气"控制呼吸，使舞姿轻盈优美，这对后代的舞蹈艺术有深远的影响。

升堂入室

典出《论语·先进》：子曰："由之瑟奚为于丘之门！"门人不敬子路。子曰："由也升堂矣，未入于室也。"

子路名仲由，春秋时卞（biàn）地人。他为人耿直，敢说敢做，常与他人争斗，平时喜欢戴一顶像雄鸡一样的帽子，衣服上佩戴着野猪样式的标志，以此表示自己的勇敢。后来，子路拜孔子为师，但年龄只比孔子小九岁，有时，他还欺负孔子。不过孔子了解他的性格，也不放在心上。

一次，子路问孔子说："有道德的人也崇尚勇武吗？"孔子回答说："仁义是最重要的。有道德的人崇尚勇武就会失去仁义，没有道德的人崇尚勇武就会去抢劫别人的财物。"又有一次，孔子看见子路在自己家里弹琴，就很不客气地指责说："你也太不讲礼貌了，怎么到我家里来弹琴！"

因此，孔子的学生都瞧不起子路。孔子发现学生们的情绪后，就解释说："其实，子路也有他的长处。如果他与衣着华贵坐着漂亮马车的人在一起，自己虽然穿得破烂，但他也不以此为耻辱；如果他治理一个中等国家，虽然他不讲仁义道德，但却可以管理好税赋。他来我这里学习，也学得了不少东西，但还没有真正学到一个读书人应该学习的知识（"由也升堂，未入室也"）。"

后来，子路去卫国做了大夫，卫国发生内乱，子路感到无颜见人，就上吊自杀了。

后人用"升堂入室"比喻学习所达到的程度有深有浅。后来则比喻学问或技艺已有相当的造诣。

胜任愉快

典出《史记·酷吏列传》：当是之时，吏治若救火扬沸，非武健严酷，恶能胜其任而愉快乎！

在封建社会中，统治阶级和封建文人对于如何治理国家、管理百姓，以便维持其封建统治，有两种不同的理论。一种认为应该用严刑酷吏；一种认为应该用礼仪、德政。孔子就曾经说过：用行政命令来治理老百姓，用刑法来约束他们，老百姓虽暂时能避免犯罪，但还不知道犯罪是可耻的；用德来治理老百姓，用礼来约束他们，老百姓就会有羞耻之心，而且也就守规矩了。司马迁很同意孔子的看

法。他认为：法令是治国的工具，但并非根除社会弊病的灵丹妙药。汉以前，各种法律法令多如牛毛（秦就有"法密于凝脂"之说），但奸伪层出不穷。当时的官吏只能治标，无暇治本，然本弊不除，则其末难止，若不是严刑酷吏，甚至都不能担起重任，令人满意地去完成任务。西汉开国以后，曾除其前朝的严法，以仁政治国，虽然法令太宽，致使一些坏人漏网，然而百姓却太平无事。由此看来，为政在道德，而不在严刑酷吏。

后人用"胜任愉快"指有能力担任某项任务或工作，而且干得很好。

师文学琴

典出《列子·汤问》：瓠巴鼓琴而鸟舞鱼跃，郑师文闻之，弃家从师襄游。柱指交钩弦，三年不成章。师襄曰："子可以归矣。"

师文舍其琴，叹曰："文非弦之不能钩，非章之不能成。文所存者不在弦，所志者不在声。内不得于心，外不应于器，故不敢发手而动弦。且小假之，以观其后。"

无几何，复见师襄。师襄曰："子之琴何如？"

师文曰："得之矣！请尝试之。"

于是当春而叩商弦以召南吕，凉风忽至，草木成实。及秋而叩角弦以激夹钟，温风徐回，草木发荣。当夏而叩羽弦以召黄钟，霜雪交下，川池暴。及冬而叩徵弦以激蕤宾，阳光炽烈，坚冰立散。将终，命宫而总四弦，则景风翔，庆云浮，甘露降，澧泉涌。

师襄乃抚心高蹈曰：'微矣子之弹也！虽师旷之清角，邹衍之吹律，亡以加之。彼将挟琴执管而从子后耳。'"

瓠巴弹起琴来，鸟儿飞舞，鱼儿跳跃，郑师之听到这事之后，便抛开家庭跟从师襄学习弹琴。他按指调弦，三年奏不成乐章。师襄说："你可以回家了。"

师文放下自己的琴，叹气说："我并不是弦不能调，乐章不可奏。我心里想的不在弦上面，所向往的不在乐调上。内心里没有深刻的感受，外面也就不能反应在乐器上，所以不敢放手去拨弄琴弦。姑且让我再琢磨些日子，看我以后的情况。"

没过多久，师文再去见他的老师师襄。师襄说："你的琴练得怎么样了？"

师文回答说："摸到门道了！请允许我试弹一弹。"

于是当奏曲调的时候，拨动商弦以奏出南吕之音，凉风忽然吹过来，草木结子成实。在奏秋天曲调的时候，拨动角弦以激发夹钟之音，和风慢慢回荡，草木荣华。当奏夏天曲调的时候，拨动羽弦以奏出黄钟之音，霜雪交加，河流池塘猛然冻结，正在奏冬天曲调的时候，拨动徵弦以激发蕤宾之音，阳光炎热，坚冰立即融解。乐章将要奏完的时候，让宫音来总括商、角、羽、徵四弦，便有南风微微吹佛，祥云浮现在天上，甘甜的膏露下降，醴泉从地下冒出来。

师襄高兴得抚摸着自己的心胸手舞足蹈起来，说："你的琴弹得太精妙了！即便是师旷奏清角，邹衍吹律管，也无法超过你。他们应当带着琴拿着管跟在你的后面当学生了。"

后人用"师文学琴"比喻要使自己在技艺上有精深的造诣，不但立志要高，还须下决心进行长期的刻苦的学习。

孙猴子七十二变

典出《西游记》第二回。

石猴要去寻仙访佛，学习本领。他离了花果山水帘洞，飘洋过海，遍寻名山，终于来到灵台方寸山斜月三星洞，拜菩提祖师学道。菩提祖师给他起名孙悟空，要他和众师兄一起专心修炼。

孙悟空聪明伶俐，勤快好学，师父十分喜爱他。一天，菩提祖师又登坛讲道。悟空站在一旁专心听讲，听到妙处，喜得他抓耳挖腮，眉开眼笑，忍不住又蹦又跳。菩提见了，便走下讲坛，在悟空头上打了三下，倒背着手，走进中门，将门关上，撇下大众而去。孙悟空领悟了祖师的哑谜，心想：祖师打我三下，是叫我三更时分前去；倒背着手，走入里面，将中门关上，是叫我从后门进去，单独传授法术武艺。他十分高兴，好不容易盼到夜深人静，大约三更时分，便到菩提祖师榻前，求师父传授给他长生之妙道。菩提见悟空心灵福至，虔诚好学，便将种种法术，一一传授。悟空洗耳用心，加紧修炼。几年过后，孙悟空跟着菩提祖师学会了七十二般变化，武艺高超，神通广大。

"孙猴子七十二变"，比喻本领高超，方法巧妙。

孙悟空进八卦炉

典出《西游记》第七回。

孙悟空大战天兵天将，没有防备太上老君暗中用"金钢琢"打来，跌了一跤，后腿又被二郎神的哮天犬咬住不放，结果被捉住了。

玉帝传旨，将孙悟空剁碎。众天兵把悟空押到斩妖台，绑在斩妖柱上，可是任凭刀砍斧剁，雷打火烧，都不能伤他一根毫毛。玉皇大帝和众仙束手无策。

这时,太上老君又来献策说:"这猴头吃了蟠桃,喝了御酒,又吞了仙丹,运用三昧真火,煅成一块,成了金钢的身体,所以伤损不了他。不如让老道领去,放在八卦炉中,用文火把他熔炼成灰烬。"玉帝即命老君领去。

于是,孙悟空被带到兜率宫,推入八卦炉中。架火童子将火煽起,顿时浓烟滚滚,烈焰熊熊,把兜率宫映得一片通红。孙悟空在炉中被燥热气闷得乱窜乱跳,无法出去。偶然间,他窜到炉中巽宫的部位,这里有风无火,比其它各宫部好受得多。只是风搅烟来,熏得厉害,结果把一双眼睛熏红了,所以称作"火眼金睛"。

经过七七四十九天的文武火熔炼,太上老君以为孙悟空在八卦炉内肯定化为灰烬了,下令开炉。万万没有想到,孙悟空在炉内还活着!他双手正捂着脸,在揉眼拭泪,忽听炉顶响动,抬头看见一片光明,当即将身一纵,跳出丹炉,"哗啦"一声,踢倒炉鼎,往外就跑。太上老君赶忙想要抱住,反被摔了个倒栽葱。孙悟空从耳中取出了如意金箍棒,不问三七二十一,一棒把丹炉打得粉碎,然后舞着棒,杀出兜率宫外去了。

"孙悟空进八卦炉",比喻本来不错,经过锻炼,在原有基础上又有新的提高。

王次仲创"八分"

"八分"是汉隶的一种称呼,是秦始皇末年一个名叫王次仲的人创造的。

传说王次仲是秦代篆书书法家,他小时候就很聪明伶俐,志气很高,博览群书而又善于独立思考,10多岁时,他的学识已很渊博。秦统一中国后,规定使用结构修长,笔画之间空距非常匀称的秦篆。文字虽然统一了,便于各地的文化交流,但这种字体很不便于书写,不必说民间使用,单是官府中的文吏面对堆积如山的公文也只好叹苦。年仅20多岁的王次仲深知文字改革的紧迫性和必要性,于是,他广泛收集各种钟鼎器皿和官方文件上的文字,把它们勾摹出来,按文字相同、形体不同排列在一起,然后反复比较,琢磨,度过无数个日日夜夜,终于创制出一套笔法带波折、撇捺,并向左右分开的"八分"书。

王次仲将这些文字上秦朝廷。秦始皇见了后,认为很简便实用,很利于快速书写,十分赞赏,便征召王次仲到京城咸阳做官,参预书写文书和法令,推广"八分"书。但王次仲生性孤傲,厌恶官场的倾轧和虚伪,三次拒诏,不赴咸阳。这下可触怒了秦始皇,认为他太不恭敬,就派人去抓他,押送赴京。王次仲素知始皇的残暴,自料此去凶多吉少,性命难保,就投河自杀了。可是王次仲所创造的"八分"书,却很快流传开来,蔚为风气,开隶书之先河。

王维画石飞高丽

王维是唐朝著名诗人，画家，字摩诘。他自己常说："宿世谬词客，前身应画师。"苏东坡曾说："味摩诘之诗，诗中有画；观摩诘之画，画中有诗。"

王维曾给岐王画过一幅"巨石"的画幅，笔墨酣畅，非常生动，岐王十分珍爱。岐王在余暇的时候经常注视研究这块石头，看着看着，就好似被引入到深山幽谷的幻境，怡然自乐。一天，忽然风雨齐来，雷电大作，只见一块大石，腾空而去，房子里也被撞坏了。岐王见状赶紧到房子查看，只见壁上挂的"巨石"画幅只剩下空轴，才明白那画石受日月风雨的灵气已飞走了。

许多年后，高丽（朝鲜）遣使臣来中国，说在他们国度里的神崇山上。一天忽然飞来一块奇石，上面有"王维"的字印，知道是中国的东西，自不敢留，故遣使臣前来奉还，皇帝命群臣将王维的手迹拿来比较一下，果然分毫不差。这时皇帝才觉得王维的画神妙，开始重视起来，并在各地搜寻王维的画，藏入宫中。

王羲之墨汁当醋蒜

王羲之出身于一个书法世家的门庭。他的父辈及堂兄弟都是当时的书法名手，家学渊源，为他日后成为我国伟大的书法家奠定了基础。

王羲之少年时常听老师卫夫人讲历代书法家勤学苦练的故事，在老师的影响下，他对东汉"草圣"张芝的书法产生了钦羡之情，决心以张芝"临池学书"的故事来激励自己。

为了练好书法，他常常跋山涉水四处寻找名碑，抄下来。几十年来，他积累了大量书法材料。他在书房内，院子里，大门边甚至厕所的外面，都摆着凳子放着笔、墨、纸、砚，每想到某个字的理想结构，就立刻写下，反复琢磨。他在练字时非常刻苦，以至废寝忘食。

有一次，王羲之正兴趣盎然地练字，竟又忘记了吃饭。他的妻子让书僮给他送去一盘刚刚蒸好的馍馍和一碗醋腌大蒜。书僮三番五次地催他趁热吃，王羲之只是点点头应几声："好！就吃！"便又自顾挥毫疾书，书僮无奈，只好请他的妻子去相劝。他的妻子来到书房，看见王羲之手里拿着一个沾满墨汁的馍馍正往嘴里送，直到嚼入口中，发觉又苦又涩，才赶快吐了出来，结果弄得满嘴乌黑。看到妻子，他不好意思地说："喔，错了，吃错了！"原来，王羲之在吃馍馍时，仍琢磨

着字的间架,一边想,一边吃,竟把墨汁当成醋蒜,蘸着吃了。

鼯鼠学技

典出《荀子·劝学》:螣蛇无足而飞,鼯鼠五技而穷。

田野里有一种小动物,名叫鼯鼠。据说这种动物学会了五种本领,即会飞、会走、能游泳、会爬树,也会打洞,但它的这些本领一样也没学精。会飞,但飞得不高;会走,但走得不快;能游泳,但游得不远;会打洞,但打得不深;会爬树,但爬不到树顶。名义上它学会了五种本领,用起来却一样也不中用。故有"鼯鼠五技而穷"之说。

后人把这个故事叫做"鼯鼠学技",用来形容人们在学习中贪多而学得不精。

惜墨如金

典出《辍耕录》:作画用墨最难,但先用淡墨,积至可观处,然后用焦墨、浓墨分了畦径远近,故在生纸上有许多滋润处,李成惜墨如金是也。

李成是五代宋初的著名画家。他很喜爱读书,读了许多经史,他又喜爱写诗,擅长弹琴、下棋。他最擅长的是画山水。

李成特别善于描写北方山野的寒林景色和风雨、明晦、烟云、雪雾等景色。他的山水画特别讲究画面的构图和笔墨的运用。他的笔势锋利,墨法精微,好用淡墨,落笔简练。所以,后人赞扬他说:"李成作画不轻易落笔,先用淡墨,后用浓墨,爱惜笔墨就像吝惜金子一样。

成语"惜墨如金"即由此而来。原指作画时用墨先淡后浓,后指写字、作画、作文不轻易下笔,力求精练。

相门有相

典出《史记·孟尝君列传》:文(孟尝君,姓田名文)闻将门必有将,相门必有相。

战国时,齐国有个贵族叫田文。有一次,田文问他的父亲田婴:"儿子的儿子是什么?"田婴回答:"是孙子。"又问:孙子的孙子是什么?"答:"是玄孙。"又问:"玄孙的玄孙是什么?"答:"不知道。"(按《尔雅》说:玄孙之子为来孙,来孙之子为昆孙,昆孙之子为仍孙,仍孙之子为云孙。)

田文对父亲说:"你在齐国为相,已侍奉了三代君王。现在你家财万贯,但家里不见一个有才能的人(田婴有子四十余人)。我听说:"将门必有将,相门必有相。现在你和全家都节衣缩食,还在不断积累财富,不知想留给何人。这样下去怎么能行呢?"田婴听了田文的话,便命田文广招门客。后来,田婴死了,田文承袭了他的封爵,封于薛(今山东滕县东南),称薛公,号孟尝君。田文门下的食客招到了数千人,声名闻于诸侯。

后人用"相门有相"指子弟能继承父兄的事业。

须千手观音才好

典出《笑府》:一待诏初学剃头。每刀伤一处,则以一指掩之。已而伤多,不胜其掩。乃曰:"原来剃头恁难,须得千手观音才好。"

这个故事说明:如果不下苦工夫学习技术,不精益求精,即使有一千只手也不解决问题。

纪渻子养斗鸡

典出《庄子·达生》:纪渻子为王养斗鸡。

十日而问:"鸡已乎?"曰:"未也。方虚憍而恃气。"

十日又问。曰:"未也。犹应响景。"

十日又问。曰:"未也。犹疾视而盛气。"

十日又问。曰:"几矣。鸡虽有鸣者,已无变矣,望之似木鸡矣,其德全矣,异鸡无敢应者,反走矣。"

纪渻子为国王驯养斗鸡。

养了十天,国王便问:"鸡可以斗了吗?"纪渻子回答说:"尚未训练好。正虚张声势,趾高气扬。"

过了十天,国王又问。纪渻子回答说:"尚未训练好。它一发现别的鸡,马上就想去争斗。"

又过了十天,国王又问。纪渻子回答说:"尚未训练好。它还是顾盼疾速,露出一副盛气凌人的样子。"

再过十天,国王又去打问。这时纪渻子说:"差不多了。虽然有别的鸡在它周围鸣叫,它的神色丝毫不变,看去就像一只木鸡了,作为斗鸡的品德已经完备了,别的鸡没有敢和它敌对的,见到它都回头就跑了。"

后人用"纪渻子养斗鸡"说明虚张声势,傲气十足的人,往往并无真才实学;而有才德有力量者,反倒不张扬于外表。

一箭中麋,毋曰自能;
百兔未得,未可遽止

典出清朝杜文澜的《古谣谚》:秃剌说:"俗谚云:'一箭中麋,毋曰自能;百兔未得,无可遽止。'"

元朝有个叫秃剌的大臣,自以为功劳大,资格老,对皇帝常常很不礼貌,甚至在许多人面前流露出轻视皇帝的看法。一次,他陪同皇帝去游湖,皇帝一时高兴便去划船。秃剌说:"划船很危险,你不要去划。"皇帝笑道:"不要紧,我划过的。"秃剌说:"俗谚讲:'一箭中麋,毋曰自能(一箭射中一只麋鹿,你不要自己以为很行——这可能是碰巧射中的);百兔未得,无可遽止(即使你射中许多兔子,只要还未达到百发百中的水平,也不可停止练习)。'你划船还差得远呢!"皇帝听了他老气横秋的训斥,气得要命,以后找一个机会,把秃剌杀了。

后人用"一箭中麋,毋曰自能;百兔未得,未可遽止"的谚语劝人们不要自满,学本领要精益求精。

羿射不中

典出《荀子》:夏王使羿射于方尺之皮,径寸之的。乃命羿曰:"子射之。中,则赏子以万金之费;不中,则削子以千邑之地。"羿容无定色,气战于胸中,乃援弓而射之,不中。更射之,又不中。夏王谓付弥仁曰:"斯羿也,发无不中,而与之赏罚,则不中的者,何也?"付弥仁曰:"若羿也,喜惧为之灾,万金为之患矣。人能遗其喜惧,去其万金,则天下之人皆不愧于羿矣。"

夏王指着一块一尺见方、靶心一寸的兽皮箭靶对神箭手后羿说:"请射吧!

如果射中了赏您万金；如果射不中，就削掉您千户的封邑。"

后羿听了夏王的话，脸色变化不定，神情十分紧张，气息急促难平。慌乱之中，挽弓射去，第一箭没有射中，第二箭跟着又落了空。

夏王问付弥仁："这个后羿，从来都是箭无虚发，而今天和他约了一个赏罚条件就射不中了。这是什么道理呢？"付弥仁回答道："后羿所以这样，那是因为情绪波动影响了他的射技，万金厚赏造成了他的失误。人们如果能够不计较得失，把赏罚置之度外，那么谁都能够成为无愧于后羿的神箭手了。"

后人用"羿射不中"的典故告诉人们，没有正确的思想作指导，纵然有高超的技艺，也不能得到充分的发挥。就像后羿，本来他的射术是很好的，只是因为背上了患得患失的思想包袱，结果屡射失误。

游刃有余

典出《庄子·养生主》：彼节者有间，而刀刃者无厚。以无厚入有间，恢恢乎，其于游刃必有余地矣。

《庄子·养生主》说：文惠君有一个厨子叫庖丁，他替文惠君杀牛的时候，只用手一触，用肩一倚，用足一踏，用膝一靠，就听到皮和骨头脱离的声音，他用起刀来，都是恰到好处。文惠君道："咦，真妙呀！你的技术怎么高明到这种地步呢？"庖丁把刀放下来，对文惠君说道："我所以技术好的原因，是因为知道了用刀的道理，运用到技术方面去。我刚学杀牛的时候，眼中所见的全是牛，三年之后，就没有看见过全牛。现在，只要凭我精神的感觉，依着这精神的运用，就能够知道牛身骨骼的组织，自自然然地肢解开来，不必再用眼去看牛，这是因为熟能生巧，运用起来，都能砍到紧要的地方。好的厨师，一年换一把刀，因为他是用刀去硬割；差一点的厨师，一月换一把刀，因为他用刀去硬砍。我现在所用的刀，已经十几年了，所杀的牛也有数千只，然而我这把刀，看起来好像还是新的，和刚刚新磨出来的一样。牛的骨骼之间是有节的，节当中有空隙的地方，而刀刃并不厚，用不厚的刀刃，剖向有空隙的地方，自然觉得这个空隙很大，刀刃在里面转动，还有空隙呢！"

后人用"游刃有余"比喻技巧熟练高超，做事轻而易举。

造父习御

典出《列子·汤问》：造父之师曰泰豆氏。造父之始从习御也，执礼甚卑，泰

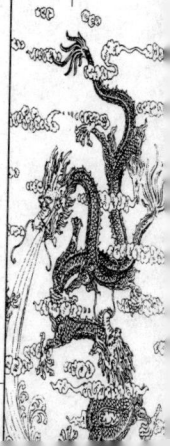

豆三年不告。造父执礼愈谨用,乃告之曰:"古诗言:'良弓之子,必先为箕;良治之子,必先为裘。'汝先观吾趣。趣如吾,然后六辔可持,六马可御。"

造父曰:"唯命所从。"

泰豆乃立木为涂,仅可容足;计步而置,履之而行。趣走往还,无跌失也。造父学之,三日尽其巧。

泰豆叹曰:"子何其敏也! 得之捷乎! 凡所御者,亦如此也。曩汝之行,得之于足,应之于心。推于御也,齐辑乎辔衔之际,而急缓乎唇吻之和,正度乎胸臆之中,而执节乎掌握之间。内得于中心,而外合于马志,是故能进退履绳而旋曲中规矩,取道致远而气力有余。诚得其术也,得之于衔,应之于辔;得之于辔,应之于手;得之于手,应之于心。则不以目视,不以策驱;以闲体正,六辔不乱,而二十四蹄所投无差;回旋地退,莫不中节。然后舆轮之外可使无余辙,马蹄之外可使无余地;未尝觉山谷之险,原隰之夷,视之一也。吾术穷矣,汝其识之!"

造父的老师名叫泰豆氏。造父刚开始跟从他学驾车时,谨奉礼节十分谦卑,而泰豆三年不给他传授技术。造父的礼貌愈加恭谨,于是泰豆便告诉他说:"古诗说过:'好的弓匠人的子弟学其技艺时,一定要先学习做箕;擅长冶金者的子弟学其技艺时,一定要先学习做裘。'你先看我快步走路。走得像我那样,然后才可以手拿六根马缰绳,驾驭六匹马的车。"

造父说:"完全按你的教导办。"

泰豆便竖起一根根木桩子作道路,大小仅够脚踩住;按照脚步的间隔安放在路上,踩在上面行走。快步来回跑,不会失足跌倒。造父学习它,三天就掌握了全部技巧。

泰豆感叹说:"你多么灵敏啊! 掌握得这样快啊! 大凡驾车这件事,也是这样的。前时你走路,得之于脚,应之于心。推广到驾车,步法协调由辔衔约束,速度快慢用嚼口调度;御车的度数,掌握在心中,控制在手上。内得于心,而外合于马的脾性,因之能做到进退全乎绳墨,旋转舞蹈弯合于规矩,跑到远方而还有余力。真正掌握驾车的技术,应当是:马嚼控制是顺应着缰绳,缰绳掌握得好,是顺应手的操纵;手的熟练动作,是服从心的指挥。那就可以不用眼看,不用马鞭驱赶;理得心安,体热端正,六根缰绳不乱,二十四只马蹄跨出去不会有差错;旋转进退,没有不合于节度的。这样,车道的大小能容纳车轮就足够了。道路宽窄能容纳马蹄也就可以了;不会觉得山谷的危险,原野的平坦,把它们看成一个样。我的技术给你全部传授完了,你记住它吧!"

后人用"造父习御"说明学习各样技术,必须严格训练基本功。要掌握驾车的技术,得先在仅可容足的木桩上练习快跑,做到趋走往返无跌失。

詹何之察

典出《韩非子·解老》：詹何坐，弟子侍。有牛鸣于门外，弟子曰："是黑牛也而白额。"

詹何曰："然，是黑牛也，而白在其角。"使人视之，果黑牛而以布裹其角。

以詹子之术，婴众人之心，华焉殆矣！

詹何坐，学生们围绕着他。忽然听到一头牛在门外叫，一个学生说："这一定是一头白额的黑牛。"

詹何说："是的，那是一头黑牛，不过白色在牛角上。"于是，派人到门外去看，果然是一头黑牛，而牛角是白布裹着。

用詹何这种论事的方法，来迷惑一般人，似乎很高明，然而实在太愚蠢了！

后人用"詹何之察"比喻没有根据，妄加猜测，不是研究问题的正确方法。即便偶然猜中了，这种唯心论的先验论的东西，也是极其有害的。

张丞相草书

典出惠洪《冷斋夜话》：张丞相好草书而不工，时流辈皆讥笑之，丞相自若也。一日得句，索笔疾书，满纸龙蛇飞动，使侄录之。当波险处，侄罔然而止，执所书问曰："此何字也？"丞相熟视久之，亦自不识，诟其侄曰："胡不早问？致吾忘之！"

张丞相喜欢写草字，但他写的草字不合规范。当时，同辈的人都讥笑他，可是张丞相却安然自得，毫不在乎。有一天，他想起了一些诗句，马上要来笔飞快地写，写得满纸像龙飞蛇舞一样，就叫他的侄儿抄写下来。他侄儿抄写时，遇到曲折难认的地方，不知如何是好，便停了下来，拿着他写的草字问："这是什么字呀？"张丞相仔细看了好一阵，自己也不认识，却骂他侄儿说："为什么不早问？使得我也忘了它是什么字了！"

这篇寓言讽刺了写字潦草，有时连自己也不认识的人。同时对做事马虎随便而又自以为是的人，也是一种嘲笑。

张衡脚绘怪兽图

提起张衡，人们就想起地动仪。大家都知道张衡是东汉时代杰出的科学家和文学家，殊不知，这位扬名神州的英才，还是个出色的丹青翰墨能手呢。

相传东汉时，今河北满城县山中的深潭里有一个怪兽，叫"骇神"。它人面猪身，相貌极为丑陋可怕，但却很善良。这个消息传到京城，传到皇帝的耳朵里，他很想知道这个怪兽到底是什么样子，就派张衡到满城县走一遭，给怪兽画张像让他看看。

当张衡来到满城山中的深潭边，只见"骇神"已经怡然自得地高卧在潭边的岩石上，正在晒太阳。他大喜过望，连忙打开画夹，正要对着这个丑怪物下笔，只听"扑通"一声，"骇神"已经一头扎进了深潭。这下可急坏了张衡，忙问当地人这是什么缘故。当地人回答说："这怪物很狡猾，它怕人们把它的像画走，所以才藏了起来。""它为什么怕人画呢？""它知道自己长得丑，怕人笑话它，不敬它。"

张衡听了当地人的话后，就把画具摆好，把素帛铺在地上，恭恭敬敬地拱手站在那里静静地等着。不一会儿，"骇神"果然又探头探脑地钻出水面，它看张衡对它很尊敬，就跳上岩石冲着他笑。张衡见此情景，依然拱手而立，却甩掉鞋袜，用脚趾蘸着墨，轻捷地在素帛上画起来。不久，一幅栩栩如生、维妙维肖的"骇神"图跃然纸上。

张衡回到洛阳，把这张用脚画的画献给皇帝，皇帝听了他作画的经过，大加称赞。一时，人们都称张衡是"全才"、"奇才"。

张天师捉妖

张道陵，是龙虎山中历代主持道教的正一天师第一代始祖。原名张陵，字辅汉，东汉末年沛国丰（今江苏丰县）人，是张子房第八世孙。

传说张陵七岁时，便能解说《道德经》，对河图谶纬书籍，无所不通。16岁，博通五经。他"身长九尺二寸，庞眉广颡（额），朱项绿眼，隆准（高鼻梁）方颐（颊），伏犀贯顶，垂手过膝，龙蹲虎步，使人望之可畏"。张陵曾任江州令，后来对仕途心灰意冷，专心修炼，欲求长生不死之术。有个名叫王长的愿拜他为师，二人前往四川鹤鸣山修道。公元141年（永和六年），张陵作道书二十四篇，并用符水咒法为人治病，创立道派，入道者须交五斗米，所以称"五斗米道"。后来，道教

徒尊他为"天师",世称"张天师"。他的后裔袭承道法,居龙虎山。

　　传说,张天师擅长降鬼驱邪。一天,张天师来到西城,看见一队人群熙熙攘攘,前面鼓乐引导,后面众人拥着一人赤身绑缚。原来这里有个妖怪,好饮人血。村里每年都要杀人祭祀,否则,妖怪大兴风雨,毁苗杀稼,殃及人畜。张天师见了,心中不忍,对众人说:"你们将他放了吧!"众人说:"怎能放了? 他因家贫,情愿舍身充祭,卖得我们五千钱,葬父嫁妹,钱已花尽;再说没人供神吮血享用,怪罪下来,如何是好?"天师说:"放了他,我代替。我自愿承担,死而无怨。"众人商量,反正是一条性命,便放了那人。张天师被众人拥进神庙后,独自瞑目静坐以待。半夜三更,一阵狂风,妖怪来到,一见有人,便要攫取。只见张天师口耳眼鼻中,都放出红光,罩定了妖怪。妖怪大惊,忙问:"你是何人?"张天师说:"我奉上帝之命,管摄四海五岳诸神,命我分形查勘。你是何方孽畜,敢在这里虐害生灵? 罪孽深重,天诛难免!"妖怪方欲抗辩,只见前后左右都是张天师的影形,红光遍体,唬得妖怪眼缝也开不得,叩头求饶,立誓永不生事害民,最后受戒而去,从此,西城革去人祭,免受妖怪侵害。

　　"张天师捉妖",比喻为最擅长的技术或工作。

张旭学书观万物

　　唐代书法家张旭,字伯高,吴郡人,精通各种字体,草书尤为知名。他性格豪放,嗜好饮酒,传说常在大醉后手舞足蹈、摇头晃脑地狂走一番,然后回到桌前,提笔落墨,一挥而就。有人说他疯颠,给他取了一个"张癫"的雅号。 其实他却很细心,他认为在日常生活中所接触到的事物,都能启发人的书法体会。有一次,张旭外出游览,在路上看到一位书生与挑夫在争道,凝视片刻,便领悟出书法布局要主次分明,互相避让的道理。 又有一次,张旭看了民间舞蹈家公孙大娘舞剑,在寒光剑影中,她那娇美的动态,刚柔交织的舞姿,使他意气飞扬,从此写字笔法变得流畅自如,不拘一格。张旭还认为,自然界中的山水崖谷、飞禽走兽、日月星河、雷霆霹雳等等,也能影响书法的变化。因此每有闲暇,他必仔细观察,偶有所获,即熔铸于自己的书法艺术之中,从而形成了"变动犹鬼神,不可端倪"的新风貌。盛唐时人们把他的草书,与李白的诗词,裴旻的剑舞合称"三绝"。

张芝临池学书

　　张芝,东汉敦煌酒泉人,是一位在书学上具有高深造诣和杰出贡献的名书

家,同时还以品德高尚、为人正直而闻名于世。张芝自幼苦读经史、勤学书法。

张芝练字不择纸笔,有时拿着抹桌布蘸水在石上写,有时执筷子在桌上划,甚至家里缝制衣服的布帛,也都是他先用颜色书写后再染了使用。他还十分讲究写字时的姿势,常常对着铜镜挥毫,这样可以很清楚地看见自己写字时的姿势,以便纠正。他认为写字时身要正,笔要直,鼻子正对笔端。

为了便于练字,张芝在自家的院里掘了一个方圆数丈的洗砚池。每天练完字他就在洗砚池中仔细地清洗毛笔和砚台,这样能更好地保护笔和砚台、延长它们的使用寿命,每天写,每天洗,他写呀、洗呀,久而久之,洗砚池中的水全都变黑了,由此可见张芝练字是多么刻苦。后来,人们把练字称做"临池",就是从张芝练字洗砚的故事中演变而来的。

张芝擅长隶、行、草几种书法,尤其长于草书,被三国的书诞称为"草圣"。东晋王羲之对汉魏书迹的评价认为首推钟(繇)、张(芝)两家,其余皆不足论。

赵孟頫画马

宋末元初;有一个大书画家叫赵孟頫。他与许多元、明的书画家不一样,他能批判地接受古代优良的写实传统,而不是一味地摹仿。

赵孟頫字子昂,别号松雪道人,是宋太祖赵匡胤的十一世孙。他善于画山水、人物和马。他画的马非常有名,而更奇特的是他画马的方法。

李公麟之后,画马就数赵孟頫了。他对于马有很深的研究,相传他在画马的时候,除了仔细观察外,还经常蹲在地上仿效马的各种姿势,认真地琢磨,慢慢地体会马的性格,争取在画马时不仅做到形似,还要神似,以达到"形神兼备"的境界。当时有个郭佑之称赞他画的马说:"人们只晓得拿他来比李公麟,哪知他的艺术早已超出古代画马名家曹不兴、韩干之上了。"

赵孟頫对自己画马的成就也颇得意,曾经说:"我从小就喜欢马,自以为可以把马的性格表现出来,别人说我比曹、韩画得好,那是过分夸奖了,但如果李公麟不死,我的作品是可以和他比一比的。"

赵人持的

典出《韩非子·说林下》:羿执鞅持扜,操弓关机,越人争为持的。弱子扜弓,慈母入室闭户。做曰:"可必,则越人不疑羿;不可必,则慈母逃弱子。"

羿右手戴着扦，双臂戴着臂套，拿上弓，拉满弦时，敌国的人也敢于争着替他拿靶子。小孩子拉弓射箭时，慈母就要躲入家里关紧门户。这是因为：必定能射中靶心，即便敌国人对羿毫不疑惧；不能必中靶心，所以慈母对亲生子也要躲避。

后人用"赵人持的"比喻一个人的本领高低，别人看得清清楚楚。人们的评价如何，也要靠自己的实际本领来决定。

赵襄主御马

典出《韩非子·喻老》：赵襄主学御于王于期，俄而与于期逐，三易马而三后。襄主曰："子之教我御术未尽也。"

对曰："术已尽，用之则过也。凡御之所贵，马体安于车，人心调于马，而后可以进速致远。今君后则欲逮臣，先则恐逮于臣。夫诱道争远，非先则后也。而先后心皆在于臣，上何以调于马？此君之所以后也。"

赵襄子向王良学习驾车的技术，随后便和王良竞赛，换了三次马，三次都落后。襄子说："您没把技术全教给我。"

王良回答说："技术已经全教完了，是您使用有过错。凡驾驭马车关键在于，马匹要安于驾车，人心要集中于调马，然后才可以加快速度，到达远方。现在您落后时想的是要追上我，领先时又恐怕被我超过。驾车赛跑这件事，不是领先就必落后。而您不论先后心思都在我的身上，更凭什么去调理马匹？这就是您落后的原因了。"

后人用"赵襄主御马"比喻在竞赛中让胜负得失的杂念束缚着自己，就不可能充分发挥自己的技术，必不能获得好成绩。

智过君子

典出《雪涛谐史》：语云："贼是小人，智过君子。"余邑水府庙，有钟一口。巴陵人泊舟于河，欲盗此钟铸田器，乃协力移置地上，用土实其中，击碎担去。居民皆窅然无闻焉。

又一贼，白昼入人家，盗磬一口，持出门，主人偶自外归，贼问主人曰："老爹，买磬否？"主人答曰："我家有磬，不买。"贼径持去。至晚觅磬，乃知卖磬者，即偷磬者也。又闻一人负釜而行，置地上，立而溺。适贼过其旁，乃取所置釜，顶于头上，亦立而溺。负釜者溺毕，觅釜不得。贼乃斥其人曰："尔自不小心，譬如我顶

釜在头上,正防窃者;尔置釜地上,欲不为人窃者,得乎?"此三事,皆贼人临时出计,所谓智过君子者也。

俗话说:"贼是小人,智慧却超过君子。"

在我住的城市里有一座水府庙,庙中有一口大钟。巴陵人在河边停船,想盗窃这口钟去铸造农具,就共同协力把大钟移放到地上,用土填满了中空地方,然后猛力击破担走了。当地的居民连一点声音也没听见。

又一贼,大白天溜进一人家里,盗走了一块磬,拿出大门时,主人突然从外面归来,那贼赶忙问主人:"老爹,买磬吗?"主人回答说:"我家里有磬,不买!"贼就径直拿走了。到了晚上,主人寻不见磬了,才知道在大门口卖磬的人,就是那偷磬的贼呀!

又听说有一个人背着一口锅走路,放在地下,站在那里小便。正好碰见一个贼走过身旁,贼便拿过那口锅来,顶在自己头上,也站在那里小便。背锅的人小便完了,到处寻锅不得。贼便从旁斥责他说:"你自己不小心,像我这样把锅顶在头上,正可以提防盗窃;你把锅放在地下,能不被贼偷走吗?"

以上三件事,都是盗贼临时生计脱身,这就是所谓的"智过君子"呀。

后人用这则寓言说明:"尺有所短,寸有所长。"盗贼不劳而获,损人利己,在任何社会里都是被否定的。但是他们盗窃时随机应变的"智慧",也可以使正直的人从中得到启发,用其人之道还治其人之身。

肿膝难任

典出《韩非子》:伯乐教二人相踶马,相与之简子厩观马。一人举踶马,其一人从后而循之,三抚其尻而马不踶。此自以为失相。其一人曰:"子非失相也,此其为马也,踶肩而肿膝。夫踶马也者,举后而任前,肿膝不可任也,故后不举。子巧于相踶马而拙于任肿膝。"

伯乐教两人相看有踢跌习惯的马。

一天,他和这两人一起前往越简子的马房去实际观察。

其中一人认出一匹踢马,另一人走到马的身后,连续拍了三次马的臂部,马都不踢一下。

辨认的人以为自己相错了。

另一人却说:"您并没有相错。这确是一匹踢马。只是它现在前腿肩胛筋骨损伤,膝盖肿胀。凡是踢马,举起后腿踢跌时,重心便落在前腿上。而这匹马,前膝肿痛,不能支撑全身重量,所以后腿举不起来,不能踢了。您很会辨认踢马,却看不出它前膝肿胀。"

后人用"肿膝难任"这个典故诉我们学习科学,观察事物,必须要全面观察认真掌握事物之间内在联系。否则,就不能够正确深刻地认识事物,灵活掌握科学知识。

左右开弓

典出《元曲选·白仁甫〈梧桐雨·楔子〉》:臣左右开弓,一十八般武艺,无有不会。

唐代时,有一个节度使叫安禄山,营州柳城(今辽宁朝阳南)胡人,本姓康,字轧荦山,因他的母亲嫁突厥人安延偃,故改姓安,更名禄山。安禄山懂六种少数民族语言,骁勇善战,被幽州节度使张守收为养子。

唐天宝十年(公元751年),张守派安禄山领兵六万进攻契丹,打了败仗,被押送回京城长安,请唐玄宗处置。唐玄宗见安禄山膀大腰圆,问:"你的武艺如何?"安禄山回答说:"我射箭能左右开弓,十八般武艺,没有不会的。我还懂六种少数民族语言。"玄宗听了很高兴,开玩笑地说:"你的肚子这么大,里面是什么东西呀?"安禄山说:"没有别的东西,只有一片赤诚之心!"唐玄宗听了愈加高兴了,不但没有追究他战败的责任,反而增加了对他的宠信。后来,安禄山兼任平卢、范阳、河东三节度使,有重兵十五万。天宝十四年(公元755年)冬,安禄山在范阳起兵叛乱,南下攻陷洛阳。次年称雄武皇帝,国号燕,年号圣武,但只一年,就被他的儿子安庆绪杀了。

"左右开弓"这句成语,原来是指双手都能射箭,后来用以比喻双手都能操作或几方面都在进行。

军 事 篇

哀兵必胜

典出《老子》第六十九章：祸莫大于轻敌，轻敌几丧吾宝（指国家的土地、人民、主权）。故抗兵相加，哀者胜矣。

《老子》第六十九章，是老子关于军事问题的一篇论述。其主要论点是：

一、不要发动侵略战争；

二、各国统治者都懂得"柔胜刚"的道理，天下就将没有战争；

三、抗击侵略者决不可轻敌；

四、反侵略的国家必胜。

老子说："古代用兵的人有这样的话：我不敢做主动发动战争的'主'，而要做被迫进行战争的'客'。我不敢进入别国领土一寸之近，可以退回本国领土一尺之远。王侯能这样'守柔'，国家就将没有战争。这就是说，在军事行动中，可以没有行伍，不用严阵；可以不用缠起衣袖，露出胳臂，表现出武打的架式；手里可以不拿兵器，可能不战而胜，要捉的敌人，可能根本没有了。这就是'柔弱胜刚强'的道理。如果真有敌人来攻，则万万不可轻视。灾祸莫大于轻视敌人。轻视敌人，差不多要丧失我们国家的土地、人民和主权。两国举兵相争，受侵略而怀着悲愤心情的一方（哀兵），必将打胜仗。"

后人用"哀兵必胜"的典故比喻被压迫、受欺侮而奋起反抗的军队一定能打胜仗。

百战百胜

典出《孙子·谋攻篇》：是故百战百胜，非善之善者也；不战而屈人之兵，善之善者也。

《谋攻篇》是孙子兵法上卷的第三篇。主要论述如何用计谋征服敌人。

孙武说：大凡领导战争的法则是：使敌人举国完整地屈服是上策，起兵去打破那个国家就差些;使敌人全军完整地降服是上策,击破敌人一个军(古时以一万二千五百人为一军)就差些;使敌人全旅(古时以五百人为一旅)完整地降服是上策,击破敌人一个旅就差些;使敌人全连完整地降服是上策,击破敌人一个连就差些;使敌人全班完整地降服是上策,击破敌人一个班就差些。因此,百战百胜,还不算是高明中最高明的,只有在进行具体战斗之前,就能够使敌人处于必败的地位,才算是高明中最高明的。

"百战百胜"就是打一百次仗,胜一百次,即每战必胜。

后人用这个典故比喻每战必胜,所向无敌。

兵不血刃

典出《荀子·议兵》:故近者亲其善,远方慕其德,兵不血刃,远迩来服。

《议兵》是战国时的思想家、哲学家荀子论述军事问题的一篇论文。荀子认为,战争是为了"禁暴除害",它的胜利是建立在政治上争取民心,取得人民支持的基础上的。因此,军事手段与政治手段应当结合起来。有时,政治方面的工作搞得好,可以达到军事上所起不到的作用。

荀子说:用兵的目的在于禁暴除害,而不在于争夺。仁义之兵统治的地方,就会达到大治的局面,仁人之兵所经过的地方,人民就会得到教化,就好象得了及时雨,没有人不高兴的。尧伐驩兜,舜伐有苗,禹伐共工,汤伐有夏,文王伐崇,武王伐纣,都是以仁义之兵行于天下。因此,近处的人都喜爱他们的美德,远方的人都仰慕他们的仁义。这样,军队用不着刀兵相见,远近的人就都来归服了。德行如果达到这样好的程度,它的影响就会遍及到四方远近的地方。

人们常用这个典故形容未经血战就获得了胜利。

步步为营

典出《三国演义》第七十一回:渊为人轻躁,恃勇少谋。可激劝士卒,拔寨前进,步步为营,诱渊来战而擒之:此乃反客为主之法。

刘备统率大军前去攻取汉中。守将夏侯渊得知消息,便差人报知曹洪;曹洪星夜赶去许昌,禀知曹操。操闻之大惊,遂起兵四十万亲帅抵敌。不一日,操军至南郑,曹洪向他汇报战斗情况。曹洪说张郃被打得大败,夏侯渊知大王兵到,今固守定军山,未曾出战。曹操说不出战是怯懦,赶快叫夏侯渊进兵。夏侯渊得

令，便派夏侯尚引三千军前去诱敌。蜀将黄忠见曹兵前来搦战，即派牙将陈式出战迎敌。夏侯尚与陈式交战，不数合，尚诈败而走，式赶去，行到半路，两山上滚木擂石打将下来，不能前进。正准备撤回时，背后夏侯渊突至，把陈式生擒了去。部卒多降。有败军逃回，报知黄忠，黄忠慌忙去找法正商议。法正说："渊为人轻躁，恃勇少谋。可激劝士卒，拔寨前进，步步为营，诱渊来战而擒之：此乃反客为主之法。"忠用其谋，遂把各种物资赏与军士，军士欢声满谷。黄忠军步步为营，每营住数日之后又前进。之后，黄忠又生擒了夏侯尚，占据了杜袭守卫的阵地。为此，夏侯渊怒不可遏，立即要出战黄忠。张郃劝夏侯渊说："这是法正的计谋，将军不可出战，只宜坚守。"夏侯渊拒不听从劝谏，分军围住对方，大骂挑战。任从夏侯渊百般辱骂，黄忠就是不出战。下午，法正见曹兵倦怠，乃将红旗招展，鼓角齐鸣，喊声大振，黄忠一马当先，驰下山来，犹如天崩地塌之势。夏侯渊措手不及，被黄忠一刀砍为两段，黄忠斩了夏侯渊，曹兵大溃，各自逃生。

后人用"步步为营"形容进军谨慎。有时也用来比喻行动、做事谨慎。

出其不意

典出《孙子·计篇》：攻其无备，出其不意。此兵家之胜，不可先传也。

《计篇》是孙子兵法上卷的第一篇，是孙武军事思想的概述，主要论述决定战争胜败的各项基本条件。

孙武在论述到军事家取胜的办法时说：打仗是一种奇诡多变的行动，要因时、因地、因事制宜，临机决断。实际能打而向敌人表示为不能打；实际准备要打而向敌人表示为不想打。准备从近处进攻，而表示为将从远处进攻；将从远处进攻而表示为将从近处进攻。敌人贪利就用利诱，乘敌人混乱而夺取胜利。敌人坚实，应严密戒备；敌人强大，应避开他们的锋锐。敌人暴躁易怒，就扰乱他，使之轻举妄动；敌人卑怯，就设计使之骄傲而丧失警惕。敌人安稳，就设法使他疲劳被动；敌人内部团结，就设法离间他。要以神速的行动，乘敌人不及防备、意料不到之时进击。这就是军事家取胜的办法，不能预先作出死板的规定。

后人用"出其不意"的典故比喻在敌人意想不到的时候进行袭击。

短兵相接

典出《楚辞·九歌·国殇》：操吴戈兮被犀甲，车错毂兮短兵接。

《史记·季布栾布列传》：季布母弟丁公，为楚将。丁公为项羽逐窘高祖彭城西，短兵接，高祖急，顾丁公曰："两贤岂相厄哉！"于是丁公引兵而还，汉王遂解去。

秦末楚汉相争的初期，有一次汉王刘邦攻占彭城（今江苏徐州），楚王项羽从山东回军南下包围彭城，刘邦大败而走；项羽的部将丁公，率军紧追。追到彭城之西，汉军不得不接战，两军挥剑阵前搏杀，形势非常危急，刘邦看情形很难脱身，便回头对丁公说："你我都是英雄，何必苦苦相逼呢？"丁公听了这话，便卖了个情面，引兵退去，刘邦才得脱身。

作者司马迁在描写两军相遇时，有"丁公逐窘高帝彭城西，短兵相接"之句，意思是说：丁公追逐刘邦到彭城之西时，两军迫近，用刀剑等短兵器交接战。古时打仗的兵器，弓箭称为"长兵"，刀剑称为"短兵"，近身作战，必须用短兵器，故叫做"短兵相接"。

其实，这个典故应该追溯到战国时楚国大诗人屈原所著的《九歌》，他在描写古代战争的《国殇》篇中，便已有"短兵接"的说法，所以司马迁不过是最早把它当作成语来运用而已。

"短兵相接"这句成语形容敌我逼近，战斗激烈。

攻城和守城

春秋时期，吴国攻破楚国都城，占领了楚国大部分地方。楚国已经被吴国弄得国破人亡，辛亏仗着申包胥借了秦兵，总算上下一心把楚国恢复过来。这回一见吴王夫差在黄池大会上占了晋国的上风，大伙儿又都担心起来。这时候，楚昭王死了，他的儿子即位，就是楚惠王。他仍然任命子西为令尹，子期为司马。令尹和司马两个人因为害怕吴国，就叫白公胜加紧防卫着边疆，不让吴国的士兵进来。

这个白公胜就是当初跟着伍子胥逃难的太子建的儿子公孙胜，孙武曾经劝夫差立他为楚王。自从楚国和吴国讲和之后，令尹子西把公孙胜叫回国来，楚昭王封他为白公，在边疆上盖了一座城，叫白公城。本族的人都住在那儿，就叫白家。白公胜没忘郑国杀了他父亲的仇恨，一心惦记着报仇。当初伍子胥看在那个打鱼老头儿的面子上，饶了郑国，又加上郑国挺小心地服侍着楚国昭王，一点没有失礼的地方，白公胜没法儿出去打郑国，只好忍耐着。后来楚昭王和伍子胥接连着都死了，他就对令尹子西说："郑国害死先太子，这事令尹是知道的。杀父之仇报不了，我哪儿还有脸做人呢？令尹要是顾念先太子的话，请发兵去打郑国，我情愿当先锋！"令尹子西也不说应当不应当去打郑国，只是敷衍了事地说："新王刚即位，国内还没十分安定，还不能跟人家开仗，你再等些日子吧！"

白公胜不死心，这回借着加紧防御边疆的名义，就在白公城招兵买马，训练军队。过了些日子，他又向令尹子西请求。令尹子西没有法子，只好答应他去打郑国。刚要发兵的时候，晋国的赵鞅倒先打起郑国来了。郑国还像过去一样，向楚国求救。令尹子西已经答应了白公胜去打郑国，这时候怎么能去救郑国呢？这不是自己打自己的嘴吗？可是令尹子西就爱打自己的嘴，他带着兵马去救郑国，还跟郑国订了盟约。这一来，简直把白公胜气死了。他大骂子西不讲信义。他说："既然答应我去打郑国，不帮着我倒也罢了，怎么反倒救了郑国呢？"因此，他就决心要杀子西。

公元前49年（周敬王四十一年，黄池大会之后的第三年），白公胜打到吴国的边界，打了一个胜仗，抢了不少盔甲、武器。他把这些东西拿到朝堂上报功。楚惠王坐着听他报告。令尹子西、司马子期在两旁伺候着。楚惠王一眼瞧见堂下站着两个武士，就说："这两个人是谁？"白公胜说："是我手下的两个将官，一个叫石乞，一个叫熊宜僚。这回打败吴国，全是他们的功劳。"说着，他就叫他们上来，拜见君王。他们两个人刚要上去，司马子期马上大声说："将官们只准在台底下磕头，不准上来！"石乞、熊宜僚哪儿听他这一套。全都带着武器，大模大样地上去了。司马子期赶紧叫卫兵去挡，熊宜僚用手一推，把卫兵们推得东倒西歪。石乞一见熊宜僚动手，拔出剑来就砍令尹子西。熊宜僚回头一把揪住司马子期。白公胜逮住了楚惠王。台底下站着的白公胜的士兵都拥上来了。一会儿工夫，朝堂变成了战场。令尹子西给白公胜杀了，司马子期和熊宜僚一块儿全死了，吓得楚惠王直打哆嗦。石乞把大伙儿杀得五零四散，就指着楚惠王对白公胜说："把他杀了，您就即位吧！"白公胜没有那份狠心，他说："小孩子家有什么罪过，把他废了就完了。"石乞说："小孩子本人不要紧，可是他活着，就有人死不了心。"白公胜终究没听石乞的话，只把楚惠王押起来，另外叫王子启（楚平王的儿子，楚昭王的哥哥）为国王。王子启再三不答应，白公胜一生气也把他杀了。自己当了楚王。没想到那个小孩子惠王竟给人家偷出去了。据说有人把墙挖了个窟窿偷出去的，又有人说是从里头背出去的。不管是怎么偷出去的，反正白公胜手下的人不是疏忽了，就是有人当了奸细。

大概过了一个月光景，叶公沈诸梁发兵来救楚惠王。这个沈诸梁是司马沈尹戌（就是带领着群众打死费无忌和鄢将师的那个将军）的儿子。当初楚昭王为了他们爹儿俩对国家有功劳，上回和吴国阖闾打仗的时候，沈尹戌死在战场上，楚昭王就封沈诸梁为叶公。楚国的民众对沈家一向是佩服的，尤其是对叶公，几乎没有不尊敬他的。这回听说叶公发兵来了，就有好些人跑到城外去迎接。他知道人心都归向他，就挑起一面大旗子来。城里一瞧见大旗子上有个"叶"字，知道叶公到了。大伙儿开了城门让他的兵马进来，跟着他去打白公胜。

打仗虽说得靠兵力，可是兵力也得有人拥护才有用。楚国人既然归向叶公，白公胜的失败就注定了。石乞打了败仗，打算保护着白公胜逃到别国去。刚逃到半道上，叶公的兵马眼瞧着就追上来了，逼得白公胜没有主意，自杀了。石乞把他的尸首埋在一个挺秘密的地方。不一会的工夫，叶公的兵马到了，把石乞活活地逮住。叶公问他:"白公胜在哪儿?"石乞说:"自杀了!"又问:"尸首呢?"石乞说:"埋了,还问它干什么?"叶公说:"乱臣的尸首还得示众,你怎么能把他私自埋了呢?埋在哪儿?快说!"石乞装作没听见。叶公气极了,叫人预备了一口大锅,烧开了一锅水。又对石乞说:"你要是说了,我就饶你不死;要不说,我可要煮你了!"石乞宁死不屈,立刻脱了衣裳,说:"事情办成了,我就是个功臣;失败了,我只有一死。这是很简单的道理!要我说出白公的尸首,叫你们随便去污辱,哼!别妄想了。我石乞可不是那种人!"说着,他跳到大锅里,当时就煮烂了。叶公叹息了半天,终究找不着白公胜的尸首。

叶公回到新郑,恢复了楚惠王的王位,自己告老,回到叶城去了。楚惠王请子西的儿子子宁为令尹,子期的儿子子宽为司马,整顿朝政,发奋图强,从此楚国转危为安,接连着兼并了陈国(公元前447年)、蔡国(公元前447年)、杞国(公元前445年)、莒国(公元前431年)。这一来,楚国又强大起来。

当楚惠王发奋图强的时候,他重用了一个当时最有本领的工匠,他是鲁国人,叫公输般,就是后世木工人奉为祖师的鲁班爷(班,是名,也写作'般',字公输,所以叫公输般)。公输般做了楚国的大夫,替楚王设计了一种攻城的工具叫云梯。从前楚庄王派公子侧攻打宋国的时候,造了几座跟城墙一般高的兵车叫"楼车"。公输般造的梯子比楼车还高,看起来简直可以碰到云端似的,所以叫"云梯"。公输般一面赶紧制造云梯,一面准备向宋国进攻。这种新的攻城云梯一传扬出去,列国诸侯都有些担心,宋国人认为大祸临头,更加害怕,有的还大哭起来。

公输般的云梯,还有撞车、飞石、连珠箭等。新的武器吓坏了某些人,可是也引起了另一些人的反抗,其中反抗最厉害的是那位主张互相亲爱、反对侵略战争的大师墨子。墨子名翟,也是鲁国人(也有人说是宋国人)。他也像孔子那样收了不少弟子,可是他的弟子跟孔子的弟子大不相同。因为墨子自己是农民出身,他反对不劳而食,反对铺张浪费,反对儒家所提倡的礼乐(歌舞),反对三年之丧的"久丧"和厚葬,主张劳动,提倡节约,他所收的弟子大多都是从事生产劳动的学者。墨子和他所创导的墨家,代表当时"庶民"的利益。所谓庶民就是真正从事生产的广大农人。墨家反对那种封建领主争城夺地而使老百姓掉进水里火里的封建混战,他们要求挨饿的要有饭吃,受冻的要有衣穿,劳累的要有休息的权利。墨子的理论在广大的农民中起了很大的影响。

这会儿墨子听到楚国要利用云梯、撞车等去侵略宋国,就派了三百个弟子帮助宋国人守城,自己急急地跑到楚国去,脚底起了泡,他撕了衣裳裹着脚再走,十天十夜,到了新郑。他劝公输般不要去打宋国。公输般自己以为用云梯攻城很有把握,楚王也以为这次非把宋国攻下来不可。墨子就直截了当地说:"你能攻,我能守。你占不了便宜。"他解下身上系着的皮带,在地上围着当作城墙,再拿了块小木板当作对付攻城的机械。公输般采用一种方法攻城,墨子就用一种方法抵抗;公输般改换一种攻城的工具,墨子就改用一种方法守城。一个用云梯,一个用火箭;一个用撞车;一个用滚木檑石;一个挖地道,一个用烟熏。公输般一连

用了九种攻城的方法,墨子就用了九种守城的办法把他打回去。公输般的九种方法用完了,墨子还有好几种守城的高招没有使出来。末了,公输般说:"我还有办法打胜你,我可不让你知道。"墨子说:"我还有办法抵制你,我也不让你知道。"两个人就这么结束了争论。

楚王偷偷地问墨子:"他说他有办法打胜你,他不说;你说有办法抵制他,可是你也不说。你们耍的到底是什么花招?"墨子老实告诉他,说:"公输般的意思我知道。他啊,他想杀我。他以为杀了我,他就能够攻破宋国了。他错了。就算杀了我,他也不能成功。我已经派了我的弟子禽滑厘他们三百多个人守住宋城,他们每一个人都能用我的办法和机械对付楚国人。你们侵略别人是占不到便宜的。我很诚恳地告诉您,楚国地方五千里,地大物博,你们只要好好地干,就可以大量地增加生产。宋国地方五百里,土壤并不肥沃,物产也不丰富。大王为什么扔了自己华贵的车马而去偷别人家的破车呢?为什么扔了自己绣花的绸缎长袍反而去偷别人家的一件破短褂呢?"楚王红着脸,点点头,说:"先生的话说得对!我决定不去进攻宋国了。"

"攻城与守城"的故事形象地讲述了兵法的奥妙无穷,变化多端;同时也体现了墨子的智慧与胆识。

疾风扫落叶

典出《三国志·魏志·辛毗传》:

以明公之威,应困穷之敌,击疲弊之寇,无异迅风之振秋叶矣。

北朝时,初步统一了北方的前秦皇帝符坚,打算一举消灭南方的东晋王朝,统一中国。这时候他的弟弟符融及一些有见识的大臣都劝他不可贸然从事,主要理由是:东晋目前比较安定、强大,而前秦王朝的军队是各少数民族联合的队伍,人数虽多,各族士兵却各怀异心,这场战争是没有必胜把握的。可是符坚却十分自信,他说:"我率领百万大军南下(其实是九十七万),投鞭可以塞断江流,较其强弱之势,犹疾风之扫落秋叶耳。"于是命令大军出发。军队的前锋已抵淮南,后军还未出都城,迤逦八百多里。符坚和符融亲临前线。这时,东晋派出了它最精锐的"北府兵",由大将刘牢之率领作为前锋;以谢玄为前锋大都督,率八万人迎战。在洛涧这个地方与秦军相遇。刘牢之说:"要乘敌军还未到齐的机会作战,等待观望必死!"于是大呼进击,一下子杀掉秦军一万多,大大地挫伤了秦军的锐气。这时符坚亲率援兵廿余万人赶到,两军夹淝水对峙。符坚登上高山望敌,看见晋军队伍严整,脸上变了色,说:"啊!这也是劲敌啊!"谢玄请求秦军略微退一点,好让晋军渡过淝水来决战。符融想到兵法中有"等待敌人渡过来一半时攻击敌人"的说法,便同意谢玄的请求,挥军后退。这时,后面的部队不知道为什么队伍后撤,而秦军中的汉族官员乘机造谣,大呼"秦军败了",于是军队大乱。晋军乘机渡水攻击,苻融奔下山来整顿队伍,马跌倒了被晋军杀死。于是,秦军大溃,一败不可收拾,互相践踏抢逃,死伤不计其数。逃兵望见八公山草木都以为是埋伏的晋兵,听见风声鹤唳也以为晋兵追来了。这一战就是历史上著名的以少胜多的"淝水之战"。战后,前秦精锐丧尽,苻坚也被人杀死。

后人用"秋风扫落叶"的典故比喻军队力量强大,以迅猛之势扫除溃败的军队或腐朽的东西。

减灶之计

典出《史记·孙子吴起列传》:……入魏地为十万灶,明日为五万灶,又明日为三万灶。

战国时,韩国因魏国的进攻向齐国求救。齐王派田忌为将,孙膑(bìn)为军师,率军进攻魏国都城大梁。魏军主帅庞涓得知后方敌攻击,连忙撤军回援。孙膑听说魏军撤了回来,便对田忌说:"魏军素来勇猛善战,不把齐兵放在眼里,我们何不加以利用呢?假如我军今天做饭时挖十万个灶头,明天挖五万个,后日挖三万个灶头。魏军会认为我们的兵力越来越少,因此麻痹轻敌。"田忌说:"行,就这样办!"

庞涓沿途见齐军的灶头越来越少,高兴地说:"想不到齐军如此胆怯,才入魏国境内三天,士兵就逃亡过半。"他下令丢掉步军,只率领少数骑兵追赶齐军。当行至狭窄的马陵道时,到处倒着树木,十分难走。庞涓见一棵树的树皮上写着字,便叫人举起火把照亮来看,上面写着:"庞涓死于此树之下!"这时,埋伏在两旁的齐军万箭齐发,魏军纷纷中箭,庞涓见难以逃命,就举剑自杀了。

后人用"减灶之计"表示在战争中隐瞒自己军队的实力,借此麻痹敌人。

金城汤池

典出《汉书·蒯通传》:先下君而君不利(之),则边地之城皆将相告曰:"范阳令先降而身死",必将婴城固守,皆为金城汤池,不可攻也。

秦朝末年,陈胜领导的农民起义军打下阵县(今河南淮阳)以后,派一个叫武臣的人为将军,带三千士兵渡过黄河,攻打河北各地。武臣一过黄河,攻打城池,招兵买马,使起义军的力量迅速扩大。但也有不少城池防守严密,守城者据险顽

177

抗。东郡范阳(在今山东省梁山县西北)是起义军攻打的下一个目标。范阳令徐公非常害怕,传令兵士日夜提防,加强守备。这时,有个叫蒯通的人来见徐公,劝徐公派他去见武臣,以免城破人亡。徐公派蒯通去见武臣。他见了武臣后说:"你知道范阳令徐公为什么不肯投降吗?就是因为怕投降了也被你杀掉。如果你真的把已投降的徐公杀了,其它城池的守将就会互相转告说:'反正投降也是死,还不如据城固守。'这样,那些城池就可能像金城汤池(金属铸造的城郭,滚烫的护城河)一样坚固,再攻起来就难了。如果你能优待徐公,其他城池的守将定会纷纷来降。"武臣接受了蒯通的建议,优待了范阳令徐公。其他城的守将见此,果然纷纷来降,武臣没费多大劲,就得到了三十多座城池。

后人用"金城汤池"的典故比喻城防坚固,极难攻入。

"金城汤池"这句成语有时也写作"固若金汤",意思相同。

立于不败之地

典出《孙子·形篇》:故善战者,立于不败之地,而不失敌之败也。

孙武是春秋时期著名的军事家,他留下的《孙子兵法》是中国最早、最杰出的一部兵书。他在兵法书"形篇"这一章中,这样写道:

"古时候善于作战的人,能设法发现对方的弱点,发动攻势,用不着反复布置兵力,也用不着拼力厮杀,能顺利地获得胜利。古时善于防守的人,以山川之阻,丘陵之固,使对方无法进攻;善于进攻的人则是依据天时的变化,水火的因素,在对方没有防备的条件下,以迅雷不及掩耳的速度发动攻击。因此说,善于打仗的人获得胜利,不一定非有突出的智慧、超人的武功不可。他们所以能百战百胜,不发生一点差错,是由于他们施展自己的长处,克制对方的短处,使对方处在失败的地位上。因此可以说,善于作战的人,应该使自己立于不败之地,还要抓住导致对方失败的机会。"

后人将"立于不败之地"作为一句成语,用来形容在任何情况下都不会失败。

令行禁止

典出《荀子·议兵》:以守则固,以征则强,令行禁止。

《议兵》是荀况的一篇军事论文。荀况从加强地主阶级专政、统一天下的政治需要出发,总结了战国末期兼并战争的经验,提出了自己的军事思想。他认

为,进行统一战争是为了"禁暴除害",它的胜利是建立在政治上争取民心,取得人民支持的基础上的

荀况指出:单纯的兼并并不难做到,但要保持和巩固下去就很困难了。他列举了历史上许多能夺人之地而不能固守的事例后,指出:只能兼并不能巩固,那就一定会得而复失;不能兼并又不能巩固其原有的土地、政权,那就一定亡国。如果得到了土地而且能够使它巩固下来,然后再去进行兼并,那么再强大的敌人也不在话下。……用礼来巩固士;用政来巩固民,这才是最大的巩固。如果能达到这样的政治局面,用来守住国土就会十分巩固;用来征讨别国就会十分强大,就会令行禁止。这样王者的事业就完备了。

后人用"令行禁止"(意即有令就行,所禁必止)的典故来比喻纪律严明。

前徒倒戈

典出《尚书·武成》:会于牧野,罔有敌于我师,前徒倒戈,攻于后以北,血流漂杵。

"前徒",是前面的士卒;"倒戈",是倒转矛头。

商朝的纣王是个暴虐的国君。人民对他非常痛恨。

当时,周国是商朝的附属国。周国的国君周文王精心治理国家,积极准备力量,决心消灭纣王。他很得人心,因此许多诸侯国都背离商朝,归附了周国。

周文王死后,他的儿子武王继位。周武王决心继承父亲的遗志,完成灭商的大业。

公元前1066年,武王率领兵士四万五千人,勇士三千人,战车三百辆,出征讨伐商纣王。各诸侯国纷纷响应,出兵参战。

周武王指挥大军向商朝别都朝歌,即现在河南省淇县发起猛烈的进攻。他没有遇到多大抵抗,就攻到牧野,即现在河南省汲县北部,距朝歌只有七十里路。周武王在牧野召开誓师大会,列举了纣王的种种罪状,号召将士团结战斗,奋勇杀敌。

此时,商纣王正在和妃子饮酒取乐,突然听到周武王进攻的消息,慌了手脚,匆忙率领七十万大军,赶到牧野迎战。商军官兵不愿替纣王打仗,战斗一开始,纣王前锋部队的士兵就倒转矛头,配合周军,反戈向纣王杀去。结果商军大败,死伤无数,尸体堆积如山,血流成河,把木杵都漂起来了。纣王走投无路,就点着了火,把自己烧死。从此,商朝灭亡了。

后来人们从这个故事中,引出"前徒倒戈"和"血流漂杵"两句成语。"前徒倒戈"用来比喻军队背叛,调转枪口攻击自己;"血流漂杵"用来形容战争中死伤众多,血流成河。

人有酤酒者

典出《晏子春秋·内篇·问上》：人有酤酒者，为器甚洁清，置表甚长，而酒酸不售。问之里人其故。

里人云："公之狗猛，人挈器而入，且酤公酒，狗迎而噬之，此酒所以酸而不售也。"

有这么个人是个卖酒的，他的酒器收拾得很干净，酒店的招帘挂得很长，可是酒却卖不出去，以致发了酸。他便问村里人是什么缘故。

村里人说："你的狗太凶猛，人家提着壶来，要买你的酒，而你的狗却迎上去咬人家，这就是你的酒直到变酸还卖不出去的道理呀。"

景公问治国何患，晏子第二次回答说是由于有"猛狗"。说完之后，又发挥说："夫国亦有猛狗，用事者是也。有道术之士，欲千万乘之主（向君王求职），而用事者迎而噬（咬）之，此亦国之猛狗也。这"猛狗"和前边的"社鼠"，大约是春秋时期流传极广的两则寓言，《韩非子·外储说右上》、《说苑·政理篇》皆作醒公问管仲；《韩诗外传》与《晏子春秋》相同，均作景公问晏子。

这篇寓言的旨意，是讽喻国君勿为左右壁佞所蔽，勿为用事权贵所遮，不要给奸邪钻了空子，要能任用有道术之士。这道理是极显著的。不过，寓言的形象意义，它所显示的哲理，则远不只此。人们根据"人有酤酒者"的故事，联想到：那些只能片面地孤立地看问题，却不能就事物本身和复杂的现象全面地联系地看问题的人，岂不是正像这位酤酒者那样！酤酒不售而不知其故，经里人指点，才晓得原来由于狗猛。这说明在特定条件之下，次要方面也会转过来表现为主要的决定的作用，这是不能忽视的。

深沟高垒

典出《孙子·虚实篇》：故我欲战，敌虽高垒深沟，不得不与我战者，攻其所必救也。又见《韩非子·说林下》：将军怒，将深沟高垒；将军不怒，将懈怠。此据《孙子》。

《虚实篇》是孙子兵法中卷的第二篇，主要论述如何使敌虚而我实，达到战斗中以实击虚，夺取胜利。

孙武说："进攻时，要使敌人不能抵御，就要急冲敌人空虚之处；退却时，要使敌人不能追击,就要退得迅速,使敌人无法追及。如果我军想打,敌人即使坚守深沟高垒,也要逼他打,要去进攻他不能不去援救的要害之地。如果我军不想打,就要划定地区坚守,使敌人想与我交战也不可能。这就要设计迷惑敌人,使他不知道向哪个方向前进。"

"深沟高垒"即指军队扎营时,把壕沟挖深,把壁垒筑高。

后人用"深沟高垒"的典故比喻防御工事的坚固。

师直为壮

典出《左传·僖公二十八年》:晋师退。军吏曰:"以君辟臣,辱也。且楚师老矣,何故退?"子犯曰:"师直为壮,曲为老,岂在久乎?微楚之惠不及于此,退三舍辟之,所以报也。背惠食言,以亢其仇,我曲楚直。其众素饱,不可谓老。我退而楚还,我将何求?若其不还,君退臣犯,曲在彼矣。"

春秋时,晋楚两国都很强盛,其它的小国如宋、郑、曹等国一向都屈从于楚国,但后来宋国忽然背叛了楚国改投晋国。楚国立即出兵伐宋。宋国在强兵压境的时候,派使者求救,晋文公听了大夫先轸的话,一面叫宋国去劝秦、齐两国和楚国交涉,一面将曹、卫两国君扣留起来作为要挟。楚将子玉派人去通知晋兵说:"你们送曹、卫君回去,重新把曹、卫恢复,我也就解除对宋国的围攻。"晋文公把楚国使者囚在卫国,又暗中答应恢复曹、卫两国,于是曹、卫便与楚国断绝关系。

子玉听到这个消息非常生气,便指挥军队进攻晋兵,晋兵奉令后撤。军官们很是不满,晋大夫狐偃说:"出兵而理直者,就是壮盛的,理亏者,就是衰老的,何必在乎时间的长久?我们若无楚国的恩惠(晋文公曾得楚君之助,得以回国接君位),到不了今天,退九十里避开他们,就是为报楚国旧日的恩惠。若我们忘恩失信,以仇怨相对,那么,我们理亏,他们理直,他们的士气很旺盛,不能算衰老。如我们退了以后,他们仍要进军,那就是他们理亏了。"

后人便将狐偃的这句名言"师直为壮"引为成语,指出兵理由正当,因而斗志旺盛,战斗力强。

孙子练兵

典出《史记·孙子吴起列传》:孙子武者,齐人也。以兵法见于吴王阖闾。

……阖闾曰："可试以妇人乎？"曰："可。"于是许之，出宫中美女，得百八十人。孙子分为二队，以王之宠姬二人各为队长，皆令持戟，……即三令五申之。于是鼓之右，妇人大笑。……复三令五申而鼓之左，妇人复大笑。……乃欲斩左右队长。吴王从台上观，见且斩爱姬，大骇，趣使使下令曰："……愿勿斩也。"孙子曰："臣既已受命为将，将在军，君命有所不受。"遂斩队长二人以徇，用其次为队长。于是复鼓之。妇人左右前后跪起皆中规矩绳墨，无敢出声。

庆忌终于除掉了，为了这件喜事，阖闾大摆酒席，大臣们全都向他庆贺。伍子胥对阖闾说："大王终於了了一桩心事，可是我的仇恨哪年哪月才能报得了呢？"伯嚭也请求阖闾发兵。阖闾说："发兵去打楚国，叫谁当大将呢？"伍子胥和伯嚭齐声说："听凭大王的吩咐，我们都愿意从命。"阖闾不作声，往四周瞧了瞧，叹口长气。伍子胥窥出阖闾还不愿意拜他为大将，赶紧接着说："不然，我再推荐一个人，我想大王一定会乐意用他。"阖闾欣喜地问："谁呀？"伍子胥说："他是齐国人，叫孙武，是个大军事家。他精研了许多打仗用兵的方法，还写了十三篇兵法。如果把他请来，拜为大将，那么吴国必能变成天下无敌的强国，大王就是霸主了。要对付楚国，那简直不算一回事。"阖闾听了，相当心动，当场就打发伍子胥带着贵重的礼物去请孙武。

伍子胥请来了孙武，一同去见阖闾。阖闾从朝堂上跑下来迎接孙武。随即问他用兵的方法。孙武把他自己写的十三篇兵法送给他。阖闾叫伍子胥从头到尾朗诵一遍。每念完一篇，阖闾就不停地点头称赞。他对伍子胥说："这十三篇兵法真是扼要精粹，好极了！可是咱们吴国国小兵微，怎么办？"孙武说："有了兵法，只要大王有决心，不仅男子、就是女子也行。男男女女，全都能够打仗，还愁什么人马够不够？"阖闾笑着说："女人怎么能打仗，这不是笑话吗？"孙武一本正经地说："大王要是不相信，请先拿宫女们试一试。我如果不能把她们训练得跟士兵们一样，我愿意认罪受罚。"阖闾於是派了一百八十名宫女，让孙武去操练。孙武请阖闾挑出两个爱妃当队长。阖闾也答应了。最后，孙武请求说："军队首重纪律。虽说拿宫女们试试，也得讲究纪律。请大王派个执掌军法的人，再给我几个武将当助手。不知道大王答应不答应？"阖闾全都答应了。

一百八十名宫女全都穿戴着盔甲，手执兵器，在操场上集合。孙武首先出了三道军令："第一，队伍不许混乱；第二，不许吵吵闹闹；第三，不许故意违背命令。"接着，他把宫女们排成了队伍，操练起来。那两个妃子队长以为她们穿上军衣，拿着长枪、短刀，是出来玩的，就带头嘻嘻哈哈地不听使唤，其他的宫女也跟着笑闹成一团。她们或坐，或站，或摆姿弄势，或来回奔跑，简直不当它是一回事。孙武于是传令，叫她们归队立正。其中还有人说说笑笑，不听命令。孙武传了三次令，那两个妃子队长和宫女们还是嬉笑如故。孙武大怒，瞪着眼睛大声地跟那个执掌军法的人说："士兵不听命令，不服约束，按照军法应当怎么处治？"军法官连忙跪下，说："应当斩首！"孙武就发出命令，说："先把队长正法，做个榜样。"武士们就将两个妃子绑起来，吓得宫女们全都花容失色。

阖闾在高台上远远瞧着她们操练，忽然看见两个妃子被绑上了，立刻打发伯嚭拿着"节杖"（代表君王权力的一根手杖）去求救，叫他传令，说："我已经知道将军用兵的才能了。这两个妃子是我最心爱的，请饶了她们吧！"

伯嚭急急忙忙地来见孙武，传出阖闾的命令。孙武对他说："军中无戏言。我既然受了大王的命令做了将军，就得由我管理军队。要是不把犯法的人治罪，以后我还能够指挥军队吗？"他还是把这两个妃子正了法，另外又挑了两个宫女当队长，重新操练起来。这批宫女在孙武严厉的训练下，居然操练得有模有样。

阖闾虽然佩服孙武的兵法，却仍不大愿意重用他。伍子胥对阖闾说："大王打算征伐楚国，领导各国诸侯，做一番惊天动地的大事业，就非得有个像孙武那样的大将不可。"阖闾经他这么一说，才拜孙武为大将，又称呼他为军师，吩咐他准备征伐楚国的事情。

孙武提议说："大王如果打算发兵远征，就必须先除掉内患才行。王僚的兄弟掩余在徐国，烛庸在钟吾（在江苏省宿迁县西北），他们两人随时都可能衔恨到吴国来报仇。咱们必须先铲除他们，然后再发兵。"阖闾和伍子胥都赞成他的主张，就派遣两个使臣分别去要求那两个小国交出逃犯来。徐国和钟吾不乐意，把掩余和烛庸都放了。阖闾怒不可遏，立刻命令孙武发兵去征伐这两个小国。孙武追上了掩余和烛庸，把他们杀了，又将徐国和钟吾并吞了。阖闾想乘胜打到郢都去。孙武说："不能让士兵们太劳累。先休息休息，逮到个好时机再去打，才能够百战百胜。"

这个故事讲述了治军必须纪律严明，带兵要遵循法则。

天下无敌

典出《孟子·离娄上》：夫国君好仁，天下无敌。

又见《庄子·说剑》，臣之剑十步一人，千里不留行。王大悦之，曰："天下无敌矣！"

有一次，有人去问孟子：怎样才能做到天下无敌。

孟子说："现在有些弱小国家想以强大的国家为师，但又以接受别人的命令为耻，这就好比学生以接受老师的命令为耻一样，这行吗？"来访者问："不以强国为师就没有别的办法了吗？"孟子沉思了一下回答说："当然不是说只能以强大的国家为师，因为我们可以文王为师。以文王为师，强大的国家只需五年，较小的国家只需七年，就一下可以得到统治天下的大权。""怎样才能做到以文王为师呢？"来访者问。孟子说："这就是要施行仁政。孔子说过：仁德的力量，是不能拿人的多少来计算的。如果君主爱好仁德，则'天下无敌'。"孟子说完之后，又强调一句说："仁者无敌。"

后人用"天下无敌"来形容战无不胜，哪里都没有能抵挡的。

军事篇

一鼓作气

典出《左传·庄公十年》：既克，公问其故。对曰："夫战，勇气也。一鼓作气，再而衰，三而竭。彼竭我盈，故克之。"

齐桓公采信鲍叔牙的话命管仲为相国。

这个消息传到鲁国，鲁庄公气得吹胡子瞪眼睛，说："我真后悔当初不听施伯的话把他杀了！照这样下去，鲁国的处境真叫人担忧啊！"他开始操练兵马，打造兵器，企图报仇。齐桓公知道了，想先趁鲁国措手不及时攻过去。管仲劝阻他说："主公刚即位，军政都还没安定，不宜急着用兵遣将。"但是齐桓公不听劝告，他一心想耀武扬威，证明自己的能力远远超过公子纠，以使大臣们心悦诚服。如果按照管仲的意见，先使政治、军事、生产等一件件都上了轨道，那还不知道要等到哪年哪月，他叫鲍叔牙当大将，率领大军。直逼鲁国的长勺（长勺，古地名）。

鲁庄公愤慨至极，脸红脖子粗地对施伯说："齐国欺人太甚了！咱们跟他们拼了！"施伯说："我推荐一个人，保证他对付得了齐国。"鲁庄公迫不及待地问："谁？"施伯回答："这人叫曹刿，能文能武，是将相之才，要是咱们诚心去请他，他也许愿意效命。"鲁庄公就叫施伯尽快去招请他。

施伯见到曹刿，把本国遭人欺负的事向他说明了，又用犀利的言词刺激他，想叫他出来替国家出点力气。曹刿咧嘴嘻笑说："怎么啦？你们做大官吃大肉的人还要跟我这吃野菜的小老百姓商量国家大事吗？"施伯腼腆地陪着笑脸说："勇士，别这么说嘛！"他好说歹说，千拜托万拜托，缠着曹刿要他无论如何助国君一臂之力。曹刿终被他说动了，就跟着他去见鲁庄公。鲁庄公问他用什么法子可以击退齐国人。他说："这很难说！打仗全凭随机应变，没有一成不变的法则可以依循。"鲁庄公很赏识他，就和他带着大军直驱长勺。

鲁国的兵马到了长勺，摆好阵势，和齐的兵营遥遥相对。鲍叔牙因在乾时一役大败鲁庄公的人马，难免有几分轻敌之心，即刻下令击鼓进兵。鲁庄公一听对方鼓声震天，就叫鲁兵也摆鼓对敌。曹刿制止他，说："等一等，他们上次打赢了，现在锐气还很旺盛，一直想再大干一番，咱们不如暂时以静制动，别跟他们交手。"鲁庄公就下令："不准喧嚷！不准开打！严阵以待！"齐国人在鼓声催促下冲了过来，却只遇到钢铁般的阵容挡在眼前，没办法打杀进去，只得退后。过了一会儿，齐国又打鼓冲锋，鲁国仍然不动声色，未见一个人杀出来。齐国人找不到对手交锋，悻悻然退回去了。但鲍叔牙仍然兴致勃勃，他说："他们不敢打，八成是在等救兵。咱们再冲一次，看他们上不上！"于是齐军第三次擂鼓。那些士兵连冲了两次，以为鲁国人只守不战，已经兴味索然，但军令不能不服从，只好勉强跑过去。谁知这时对方忽然鼓声大作，鲁国的将士霍地喊杀而出，刀砍箭射，打得齐国兵马七零八落，溃败而逃。鲁庄公想追过去，曹刿说："慢着，让我瞧瞧再说。"他就站在兵车上，极目远望，又下车审视齐兵的车印和脚印，再往四周瞧了瞧，才跳上车，说："追吧！"他们一连追了三十多里，抢获敌人的辎重和兵器无数。鲁庄公大败齐兵后，问曹刿："头两次他们击鼓进兵，你为什么不许咱们也击鼓呢？"曹刿说："打仗全凭一股气势。击鼓就是叫人打起劲来，头一次的鼓，力量最盛；第二次的鼓就差了；到了第三次，鼓就是震天价响，也不能带动兵马的劲头了。趁着他们不带劲的时候，咱们'一鼓作气'打过去，怎么会不赢呢？"鲁庄公一再点头表示赞同，但是他依旧不明白为什么对方逃了，还不尽快追上去。曹刿解释说："敌人逃跑也许是诈，说不定前面还有埋伏，非得瞧见他们旗倒了，车子乱了，兵也散了，才能确定他们已经溃不成军，也才能放胆地追上去。"鲁庄公翘起大拇指，佩服地说："你真可以说是个精通兵事的将军啊！"

齐桓公打了败仗，非常不甘心，这下不但在臣子们跟前抬不起头来，而且平白损失了无数的兵器和车马。鲁国真成了他的眼中钉。他随即叫人到宋国去借兵，想再对鲁国痛击一番。管仲知道齐桓公不碰几次钉子，不会觉悟一味用兵征战并不能稳固君位、赢得民心。他不曾劝阻齐桓公。齐桓公真的又出兵了。宋闵公（宋庄公冯的儿子）派南宫长万帮齐国打鲁国。结果齐国又败北了，连宋国的大将南宫长万也被俘虏了。齐桓公连败两次，非常懊恼，这才想到管仲的真知灼见，就去向他请教。管仲建议他整顿内政，开发资源；开采煤矿，设置铁官，用铁打造农具，大大地提高了耕作的技术；设置盐官制盐，鼓励百姓捕鱼。离海较远的诸侯国不得不依赖齐国供应食盐。管仲本人是商贾出身，很重视通商和手工业。他说服齐桓公，分全国为士乡（就是农乡和工商乡）、优待工商，使他们免服兵役，专心做买卖；优待甲士，使他们不必耕种，专练武艺。这些工作逐一实施后，齐国富强起来了、壮大起来了，开始有余力操练兵马，用青铜铸造兵器。齐桓公对管仲器重极了，凡事都请教他，甚至听他的劝告跟鲁国交好，还叫鲁国别跟宋国计较以前的过节，鲁国也很识趣，就把宋国的俘虏南宫长万释放了。从此以后，齐、鲁、宋三国和睦相处，前嫌尽消。齐桓公还野心勃勃，想进一步联络别的诸侯，叫大家共同订立盟约，辅助王室，抵御外族，使他自己俨然成为一个霸主。

"一鼓作气"原指战斗开始时，击一通战鼓，以鼓足士气。后人用以形容振奋精神，鼓足干劲儿，勇往直前。

易如反掌

典出《孟子·公孙丑上》：以齐王，由反手也。赵岐注：以齐国之大，而行王道，其易若反手耳。

唐太宗有一次听说高丽（即今朝鲜）大臣莫离支杀死了国王，宣告独立，就打

算亲自率领大军前往讨伐。但为了慎重起见,就征求他所亲近的大臣们的意思,褚遂良认为不能这样做,但尚书李却十分赞成。于是褚遂良正式上书规劝,其中有这样的几句话:"高丽王是你所立的,莫离支杀死他的国王,你趁此讨伐,并收复失地,自然是应该的。……但只要派两三个勇敢的将领,带兵四、五万前去,收回高丽就会易如反掌。……"

以后的人,便根据这褚遂良上书中的"有如反掌"那句话,引申成"易如反掌"这句成语,意思是说:像反过手掌那样轻而易举地容易成功,比喻事情非常容易办到。

迎刃而解

典出《晋书·杜预传》:昔乐毅藉济西一战以并强齐,今兵威已振,譬如破竹,数节之后,皆迎刃而解,无复著手处也。

晋武帝(司马炎)时,有一个叫杜预的人,不但学问非常渊博,而且见识又很广,他做了七年度支尚书,贡献很多。当时的人都称赞他无所不能,叫他"杜武库"。后来他调任镇南大将军,都督荆州军事,建议攻伐吴国,待到出兵以后,只用十天的时间,就接连占领了长江上游许多城市;紧接着沅、湘两水以南一带的州郡,也纷纷投降了,并俘虏了吴军督孙歆以下的文武官员二百多人。这时,有人说吴国是强劲的敌人,不能够一下子完全打败;而且时值夏季,河水正在泛滥;而且怕有疫病流行;应该等到明年春天再集中力量攻打。但杜预坚定地说:"从前乐毅由于在济西打了一仗,就吞并了强大的齐国。现在我们士气旺盛,用这样旺盛的兵力去打吴国,犹如去破竹,等到劈破几节之后,下面便都'迎刃而解',不会有碍手的地方了。"结果他带着队伍继续进军,真好像破竹子一样顺利和迅速,终于把吴国灭掉了。

以后的人,便根据这个故事引申成"迎刃而解"这句话,来形容处理事情(学习上、工作上、或人事上等)很容易。

有始有终

典出《战国策·齐策》

燕昭王始终认为乐毅是知己,乐毅也真心实意地去报答他。可是燕国的大夫骑劫,因为自己有点武艺,又懂得些兵法,早就想掌握兵权。就因为在他上面还有乐毅,他不能马上如愿。

骑劫和燕太子乐资一向亲密,就对他说:"齐王已经死了,齐国就剩了莒城跟即墨两处,其余的地界全在燕国军队的手里。乐毅能在半年之内打下七十多个城,为什么费了好几年工夫还打不下这两座城呢?这里头准有鬼。"太子点了点头,没言语。骑劫接着又说:"他要是存心打下这两个城,早就可以打下来了。听说他怕齐国人心不服,因此想拿恩德去感化他们。等到齐国人真正归附了他,他不就当上齐王了吗?他再要回到燕国来当臣下才怪呢!"太子乐资把这话告诉了燕昭王。燕昭王一听,蹦了起来,怒气冲冲地打了太子二十板子,骂他是个忘恩负义的畜生。他说:"先王的仇是谁给咱们报的?昌国君的功劳简直没法儿说。咱们把他当作恩人还怕不够尊敬,你们还要说他坏话?就是他真做了齐王,也是应该的呀!"

燕昭王责打太子之后,打发使者拿了节杖上临淄去见乐毅,立他为齐王。乐毅非常感激燕昭王的心意,可是他对天起誓,情愿死,也不愿接受这封王的命令。使者回报燕昭王。燕昭王感动得直流眼泪。

可是太子乐资为了乐毅挨了二十板子。这件事,虽然他不愿意计较,可也没办法忘记。公元前二七九年(周赧王三十六年,燕昭王三十三年,齐襄王五年,楚顷襄王二十年,赵惠文王二十年,秦昭襄王二十八年),燕昭王死了。太子乐资即位,就是燕惠王。俗语说,"一朝天子一朝臣",燕惠王信任骑劫正像燕昭王信任乐毅一样。他还算顾全大局,没把乐毅当作仇人。可是燕国人已经上了齐国人的当,听信他们散布的谣言,三三两两地传着说:"乐毅本来早就当了齐王了,为了不愿辜负先生,就没敢做王。如今新王即位,乐毅可就要做齐王了。要是新王另外派个将军来,莒城跟即墨准会完了!"

燕惠王听信了这种流言,就把乐毅调回来,派骑劫为大将去接替乐毅。

乐毅倒是比伍子胥更有见识,他相信"善始者不必善终",再说他和燕昭王的交情可以说已经是有始有终的了。要是他回到燕国,万一给新王杀了,丢了一条命倒不算什么,只是太对不起燕昭王了。最后他说:"我原本是赵国人,还是回老家去吧。"他就逃到赵国。赵惠文王封他为望诸君。

骑劫当了大将,接收了乐毅的军队。他有他的一套。他把乐毅的命令全改了。燕国的君臣都有点不服气,可是大伙儿敢怒不敢言。骑劫到了大营,休息了三天,就去围攻即墨,围了好几层,可是城里早就有了准备。守城的将军田单,把决战的步骤已经很周密地布置好了。

后人用"有始有终"这个成语比喻办事有头有尾,不中途而废。

玉汝于成

典出宋·张载《正蒙·乾称篇》:贫贱忧戚,庸玉女(汝)于成也。

北宋时，有一位哲学家叫张载，字子厚，凤翔郿县（今陕西眉县）横渠镇人，世称横渠先生。他青年时代学过兵法，曾想组织一些人收复被西夏夺去的洮西失地。后来，在范仲淹的引导下，张载专心研究学问，并逐渐形成了自己的哲学思想。张载曾当过崇文院校书，后讲学关中。宋神宗熙宁二年（公元 1069 年），张载回到横渠镇，并在这里读书治学。

横渠镇地处穷乡僻壤，自然条件很差。张载家中收入不多，生活很清苦。但是，张载面对清苦的生活却怡然自得。他认为，只有艰苦的环境，才能磨练人们的意志，帮助人们取得成功。正是在这种思想的指导下，张载刻苦自励，成了一位颇有成就的学者。他的哲学思想及其著作《正蒙》、《经学理窟》、《易说》等，对后世产生了很大影响。

据记载：张载在家乡治学期间，曾把《正蒙·乾称篇》的一部分写在书房的两扇门上，左书《砭愚》、右书《订顽》。后由理学家程颐将《砭愚》改称《东铭》；将《订顽》改称《西铭》。在《西铭》中，有一句话叫做"贫贱忧戚，庸玉女（汝）于成也。"意思是说，贫穷低贱和令人忧伤的客观条件，其实可以磨炼人的意志，用来帮助你达到成功。这是张载一生治学的宝贵经验，也是一句警世之言。

后人将"贫贱忧戚，庸玉女（汝）于成也"并用，写作"艰难困苦，玉汝于成"，用以激励人们在艰苦环境中努力奋斗，取得成功。

争先恐后

典出《韩非子》：赵襄主学御于王于期，俄尔与于期逐，三易马而三后。襄主曰："子之教我御术未尽也。"对曰："术已尽，用之则过也。凡御之所贵，马体安于车，人心调于马，而后可以进速致远。今群后则欲逮臣，先则恐逮于臣。夫诱道争远，非先则后也。而先后心皆在于臣，上何以调于马，此君之所以后也。"

赵襄子向有名的驾车能手王于期学习驾车的本领，不久，他和王于期比赛驾车。不料，换了三次马，都落在王于期的后面。

赵襄子有些不高兴，对王于期说："您教我驾车，没把本领全教给我。"

王于期解释说："我已经毫无保留地全教给您了，只是大王运用有所偏差。凡是驾车，最关键的是要把车马套合适，专心致志地调理马匹，然后才能谈得上纵马飞腾，奔驰千里。而您驾车时，落后了，想急切追上我；争先了，又唯恐被我追上。本来比赛就有前后之分，而您争先恐后，把注意力全放在我的身上，哪里还有心思注意车马呢？这才是您落后的原因。"

后人用"争先恐后"的典故比喻人们力争上游，不甘落后，你追我赶的进取精神。

振臂一呼

典出《文选·答苏武书》：死伤积野，余不满百，而皆扶病，不任干戈。然陵振臂一呼，创病皆起。

西汉时，匈奴屡次侵略边境，汉武帝在忍无可忍下，便派李陵率领五千人马去抵抗。李陵遇到了顽敌，孤军深入敌阵，以五千人马，对抗匈奴十万大军，等于以卵击石，以肉投饿虎，但李陵凭着他的英勇，身先士卒，却把敌人打得人仰马翻，并杀了他们的主将。后来匈奴动员了全国的人马来对付李陵。当时，李陵的部队陷在众寡悬殊的恶劣情势下。再加上敌人熟识地形，又有精锐的骑兵参战。一个人抵抗着千百个敌人，兵士们都忍住创痛，争先奋勇地杀敌，直至死伤积野，剩下几十个人，还不肯放下武器。这时，李陵仍挥动着手臂，号召残余的兵士们努力杀敌，直到箭射完了，刀折断了，大家手无寸铁的时候，失去了天时地利的条件，路途遥远，援兵不至，依然不肯投降，还徒手和敌人拼个你死我活。李陵的英勇，部下视死如归的精神，实在令人无限感动！

在《李陵答苏武书》中，曾经叙述当时恶战的情景，其中有"振臂一呼，创病皆起。举刃指房，胡马奔走"的句子。后来的人就引用"振臂一呼"这句话，来形容在战斗情绪低潮时，奋起呼喊，以提高士气。

壮士解腕

典出《三国志·魏志·陈泰传》：古人有言："蝮蛇螫手，壮士解其腕。"

陈泰是三国时期魏国的将领，曾担任过游击将军、并州刺史、尚书右仆射等官职。

陈泰在代理征西将军时，有一年蜀将姜维、夏侯霸分兵三路进攻魏国边境。雍州刺史王经连忙向陈泰报告。当时姜维率领几万兵马，到达军地方，准备直取狄道。陈泰命令王经进驻狄道，结果王经作战失利，遭到惨败。只有一万多士卒退到狄道城内坚守，其余的都逃散了。姜维乘胜把狄道城围住。陈泰领兵昼夜兼往，路上与邓艾的兵马汇合，一同进往陇西。邓艾对陈泰说："如今王经军队受到很大挫伤，姜维打胜了，士气很高涨。他们的气势不可阻挡，再说我们是继续在败军之后，将士信心不足，所以依我看，不如暂时放弃狄道城不管，避开姜维的锋芒。待他松懈下来以后再找机会救援狄道，这里割险自保，失去局部保全整

体。古人说过：毒蛇咬手，壮士就把手腕子砍下去，以便保护身体不被毒害。孙子兵法上不是也有兵有所不击、地有所不守这样的话吗？我的意见请你斟酌！"

陈泰沉吟了半晌，摇摇头说："不行啊，王经已经败了，若让姜维趁胜进兵向东，占据栎阳，积存粮草，收降残兵，招纳羌人、胡人，与我们争夺关、陇要地，那我们就被动了。现在必须速成，要迅雷不及掩耳那样袭去他！"

陈泰说服了邓艾，派兵进入高城岭，夜里偷偷登上狄道东南的高山，点燃烽火，吹起号角。狄道城内守兵看见援军已到，士气倍增，纷纷请战，姜维看援军来得这样快，以为必有奇谋，心中惊惧，便下令撤军。于是狄道城也就解围了。

后人以该文中的"壮士解腕"作为一句成语，比喻当机立断，不要因为犹豫而因小失大。

走马看花

典出唐·孟郊《登科后》诗：春风得意马蹄疾，一日看尽长安花。

唐朝时候，有一个诗人名叫孟郊，一直到将近五十岁才考中进士，欢喜之余写了一首《登科后》诗，其中有'春风得意马蹄疾，一日看尽长安花'之句，"走马看花"这句成语，便是从孟郊那首诗中的字句演变而来的。

关于这成语，在民间曾流传着一个有趣的故事，传说有个名叫贵良的小伙子，是个跛子，他想找个漂亮的妻子，便托朋友华汉做媒。刚巧有个名叫叶青的姑娘，鼻子有些缺陷，也托华汉给他找个如意丈夫。华汉心想正好把这两人配成一对夫妻。于是他叫贵良骑马从叶青门前走过，叫叶青拿一朵鲜花遮住鼻子，装作闻香的样子。叶青看到贵良骑在马上的那种年青英俊样儿，心里着实欢喜；贵良看着叶青鲜花遮羞，眉目清秀的容貌，也万分中意。一直到结婚的那天，夫妻两从见了面，谈起当初"走马看花"的情景，彼此才醒悟过来。这虽是一则民间传说，但对于成语"走马看花"也未始不可作为一个根源，故事的内容不也是说明马马虎虎的只略为一看便算了事，必然得不到美满的结果。

"走马观花"本来形容登科后得意愉快的心情，引申为观赏游览之乐，后来又比喻草草观察，不细看其究竟；或比喻人们一种学习与处事的态度，只作表面的涉猎，而不及细看其底蕴。

中华典故

吴登美 编

第四卷

吉林大学出版社

第四卷　目录

境遇篇

中华典故

罪戾篇

中华典故

失 策 篇

境遇篇

霸陵呵夜

典出《史记·李将军列传》：（广）还至霸陵亭，霸陵尉醉，呵止广。广骑曰："故李将军。"尉曰："今将军尚不得夜行，何乃故也！"止广宿亭下。

西汉时有一个名将叫李广，他与匈奴打过七十多次仗，屡立奇功，声名显赫。匈奴人很怕他，称他为"汉朝的飞将军"。有一次李广作战失败，被匈奴人抓去当了俘虏。他虽想办法逃了回来，但按当时的法律是犯了大罪，该被杀头。但皇帝念他功劳大，只是罢了他的官，贬为平民，闲居在蓝田南山中，一去数年。

李广喜欢射箭，隐居时，也经常与友人一起外出射猎。有一回，他误将草中的石头当作老虎，一箭射去，竟将箭深深地射入石中。李广真不愧为一代名将，箭术精湛，神力惊人。

一天晚上，李广带了一个随从出去射猎，又和别的人喝了不少酒，夜深了才往回走，归途中路过霸陵亭，遇上了霸陵县尉。县尉也喝了酒，醉醺醺的。当时的规定是夜晚不准在外行走，县尉就呵斥李广，不准他再往前走。李广的随从很不服气，就对县尉说："你知道这是谁吗？这是原来的李将军啊！"县尉却不买账，他大声叫道："就算是现任的李将军，也不能违反规定夜间行路，更何况是原来的李将军呢。"

在一个小小的县尉面前，名满天下的李广没有办法，只好与随从在霸陵亭住了一夜，第二天才返回家中。

后人用"霸陵呵夜"的典故形容失势后受到欺凌冷遇；也用来抒写失势后的郁闷心情。

白虹贯日

典出《史记·邹阳列传》：昔者荆轲慕燕丹之义，白虹贯日，太子畏之。

战国时，燕国太子丹想刺杀秦始皇，物色了一个叫荆轲的刺客。一天，荆轲

对太子丹说:"感谢太子对我的热情款待,我愿竭诚为太子去刺杀秦王。但我想了很久,用什么方法去取信秦王,接近秦王呢? 我想,最好带上燕国督亢地区的地图和樊将军的头颅去秦国,这样,秦王必然接见我,我就可以利用这个机会杀死秦王。"

太子丹犹豫地说:"樊将军得罪了秦王,从秦国逃出来投奔我,他的一家人因此被秦王杀害了。我怎么忍心割下他的头颅呢? 看是不是有其它的方法?"

等太子丹走后,荆轲私下见樊将军,骗他自杀,取得了头颅,用一个盒子把它装好,然后又在赵国购得一把锋利无比的匕首,淬上毒药。于是,荆轲带着樊将军的头颅、燕国督亢的地图和赵国匕首准备出发。

临行的那天,燕太子丹见荆轲不愿动身,就对他说:"荆大侠,太阳就快下山了,不知你是否愿意在今天出发?"荆轲一听,不高兴地说:"我本想等一个朋友,但迟迟不来。既然太子催促,那我就动身吧!"说完,荆轲愤然登上车子,不辞而别。这时,太子丹仰望天空,发现一道白色长虹横跨在蓝天之下,他不禁全身猛地一震,叹息说:"这次行动一定要失败啊! 白虹是不祥的预兆!"

后来荆轲刺杀秦王失败了,太子丹沮丧地说:"唉,我早就知道了!"

后人用"白虹贯日"表示不祥的征兆。

败军之将

典出《吴越春秋·勾践入臣外传》:范蠡曰:"臣闻……败军之将,不敢语勇。"又见《史记·淮阴侯列传》:广武君辞谢曰:"臣闻败军之将,不可以言勇;亡国之大夫,不可以图存。"

楚汉相争时,汉将韩信用背水之阵击败了赵军并俘虏了赵国的广武君李左车。韩信知道李左车是个人才,便向他请教攻燕伐齐的策略。李左车开始不愿说,他对韩信说:"我听说打了败仗的将军,没有资格谈论自己的勇敢;亡了国的臣子,不能希望保存自己的生命。"后见韩信诚心求教,才阐述了自己的见解并被韩信采纳。

后人用"败军之将"的这个典故比喻打了败仗的将军,后常用以讽刺失败的人。

别无长物

典出《晋书·王恭传》:恭曰:"吾平生无长物。"南朝·宋·刘义庆所著《世说新语·德行》中说:王恭对曰:"丈人不悉恭,恭作人无长物。"

东晋时期,有一个叫王恭的人,字孝伯,他做过大官,曾经担任过丹阳尹、中书令、太子詹事等职。王恭生活非常简朴、清廉,为官正直、敢言。

有一次,王恭随父亲光禄大夫王蕴,从盛产竹子的会稽(今浙江绍兴)到了东晋都城建康(今江苏南京),他的同族王忱去看望他。两人坐在一张六尺长的竹席上,亲密地交谈。王忱很喜欢这张竹席,他心想,王恭从盛产竹子的会稽来到这里,一定带了不少这样的席子。于是便开口向王恭要这张竹席。王恭爽快地答应了,派人把竹席送给王忱。因为王恭只有这一张竹席,所以以后他只好在草席上读书、吃饭。

王忱知道这个情况以后,非常吃惊,感到很过意不去。他找到王恭,非常抱歉地对他说:"我原来以为你有好几张竹席,所以才开口和你要了一张,实在没有想到你只有这一张。"王恭回答说:"您太不了解我,我王恭在生活上没有什么追求,从来就没有什么多余的东西。"王忱听动,对王恭的廉洁简朴的美德,更加敬佩。

成语"别无长物"即由以上记述演化而来。长物:指多余的东西。这句成语形容此外再也没有多余的东西了,空无所有。"别无长物"亦称"一无长物"、"身无长物"等。

病入膏肓

典出《左传·成公十年》:公疾病,求医于秦。秦伯使医缓为之。未至,公梦疾为二竖子,曰:"彼良医也,惧伤我,焉逃之?"其一曰:"居肓之上,膏之下,若我何?"医至,曰:"疾不可为也! 在肓之上,膏之下,攻之不可,达之不及,药不至焉,不可为也。"公曰:"良医也!"厚为之礼而归之。

春秋时代,晋景公有一次生病,十分严重,国内所有的名医,都没有办法医治,只好向临国请求名医。那时秦国有一位很高明的医生,姓秦名缓,字越人,又称扁鹊先生。于是景公派使者去请他,使者到了秦国,和秦伯商量,秦、晋两国,因为有婚姻上的关系,所以秦伯就教秦缓去医治景公。

当秦缓还没有到达晋国之前,景公做了一个梦,梦中见他的病,变化成为两个童子。其中一个童子对另一个童子说:"秦缓,是秦国的良医,如果他到来,恐怕会伤害我们,我看我们还是逃避他好。"另一位童子回答说:"怕什么呢? 我和你分居在肓的上面和膏的下面,他就没有办法奈何我们。"

景公醒来以后,觉得非常奇怪。

秦缓到了晋国,替景公诊视了一番后,对景公说:"你的病已经很重,没有办法医治了,因为你所患的毛病有两处:一处在肓的上面;一处在膏的下面,这两个

地方是药方所达不到的,所以没有办法了。"景公听秦缓说出来的病源,恰恰和梦中两个童子所说的话一样,不禁赞叹道:"唉!你真是一位好医生呀!"叫人送了很厚的礼物给秦缓,送他回去。

膏肓:中医学中人体部位的名称,膏指心下部分,肓指心脏至隔膜之间。旧说膏与肓之间是药力达不到的地方。后来用"病入膏肓"指病情非常严重,没有办法医治。或者指事态非常严重,已经无法挽救了。

不名一钱

典出《史记·佞幸列传》:及文帝崩,景帝立,邓通免,家居。居无何,人有告邓通盗出徼外铸钱。下吏验问,颇有之,遂竟案,尽没入邓通家,尚负债数巨万。长公主赐邓通,吏辄随没入之,一簪不得著身。于是长公主乃令假衣食。竟不得名一钱,寄死人家。

汉朝汉文帝当政时,朝廷有一个宠臣,名叫邓通。邓通本来没有什么本事,不过是一个撑船的把式。只因为皇帝做了一个梦,邓通便飞黄腾达了。

原来,一天夜里,汉文帝刘恒做了一个梦,梦见自己往天上飞,可怎么也飞不上去,这时来了一个戴黄帽儿的年轻人,从后面往上一推,就把他推上天去了。他忙回头一看,看见推他上天的人是从身后往前穿着衣服,带子在后面的。一觉醒来之后,他就到处找梦中推他上天的那个年轻人。一天,他看见了邓通,觉得他与梦里的人一模一样,心里非常欢喜,便将邓通安排在自己身边,视为心腹。赏给他几十万钱,又封他为上大夫的官职,然而邓通无德无才,只会奉承皇帝,陪皇帝游玩。

一天,汉文帝派一个相面的人去给邓通相面,相过面之后,他告诉皇帝说:"邓通这个人很贫穷,将来他会饿死。"

汉文帝心里很不安,忧虑地说:"能让邓通富起来的只有寡人呀,我怎么会叫他受穷呢?"说完,汉文帝下令把蜀郡严道的一座铜山赐给邓通,允许他自己铸钱。这一下邓通可发了大财。他铸造的铜钱布满天下,人人都知道有"邓氏钱"。

邓通从此对汉文帝更加感恩戴德,言听计从。有一年汉文帝背上生了一个疮,流脓流血不停。邓通见此觉得孝顺皇帝的机会到了,便天天进宫去,用嘴巴替皇帝吮吸脓汁。

一次皇太子刘启来问候皇帝病情,皇帝说:

"我的疮流脓流血,你来帮我吮吸一下吧,这样我会舒服一些……"

皇太子见疮口脓血模糊,腥臭难闻,禁不住一阵恶心。他又不敢违旨,只得硬着头皮吮吸一口。邓通却高高兴兴地吮吸起来,脸上露出谄媚的奸笑。皇太子看到这副媚态,十分讨厌,从此怨恨在心。

汉文帝死后，皇太子刘启即位，称为汉景帝。刘启免掉邓通的官职，让他回家闲居，不久有人告发邓通私自铸钱。刘启派御史查办，结果邓通的家产全被没收，邓通还负了几万钱的债务，顷刻之间便成了穷光蛋，连一个邓氏钱也没有了，吃饭、穿衣都要依靠别人救济。不久死在别人家里了。

成语"不名一钱"后来被人们用以形容极端贫穷，一个钱也没有。

得其所哉

典出《孟子·万章上》：昔者有馈生鱼于郑子产，子产使校人畜之池。校人反命曰："始舍之，圉圉焉；少则洋洋焉，攸然而逝。"子产曰："得其所哉！得其所哉！"

春秋时，郑国的子产是一位有德有能的政治家。他从郑简公时开始执政，经过定公、献公到声公，前后二十多年，把郑国治理得相当不错。而且，子产还是一个很有仁爱之心的人。

有一次，有人送了一条大鱼给子产。看见这条活蹦乱跳的大鱼，子产舍不得杀了吃。于是，他把管池子的人叫了来，命他把大鱼放到池子里去。管池人觉得把鱼放掉太可惜，就偷偷将它煮来吃了。然后，他还编了一大套很生动的谎话去回报子产。他说："我已经遵照您的吩咐把鱼放到池子里去了。刚把它放进池里时，它昏沉沉地不大活动；过一会儿，它摇摇尾巴，慢慢游动起来；又过了一会儿，它变得十分灵活，一溜烟地游走了。"子产听了管池人的话，十分满意，连连说道："得其所哉！得其所哉！"（意即那条鱼得到理想的去处了）管池人心中好笑，出来后悄悄对别人说："人人都说子产是聪明的能人，我看不怎么样。我已经将那条鱼煮来吃了，他还高兴得直说：'得其所哉！得其所哉！'"

孟子曾把这个故事讲述给别人听，他还说那个管池子的人编造的谎话实在太形象，十分合乎情理，以至于连聪明过人的子产也上当受骗了。

后人用"得其所哉"的典故形容一个人的境遇令他十分满意，符合自己的心愿。又用"各得其所"形容每个人都有了合适的去处。

鼎足之势

亦作"鼎足而居"，典出《史记·淮阴侯列传》：诚能听臣之计，莫若两利而俱存之，三分天下，鼎足而居，其势莫敢先动。

楚汉相争时,具有卓越军事才能的大将韩信投归刘邦以后,很快改变了楚强汉弱的局面。韩信握有重兵,成了一个"右投则汉王胜,左投则项王胜"的举足轻重的人物。

当时,有一个叫蒯通的人,深知天下为刘邦还是项羽所得,韩信是个关键。蒯通又从历史的教训中总结到,大凡帝王,只能与之共患难,不能同享乐。因此,他劝韩信不依附也不损害刘邦和项羽的任何一方,而是和他们三分天下,形成三足鼎立的局势,以图日后夺取天下。韩信没有听从蒯通的劝告。在刘邦得胜以后,终因谋反罪被吕后诛杀。临死前,韩信想起了蒯通的劝告,十分后悔地说:"我不该不听蒯通的劝告,以至死在妇人小子之手。"

"鼎足之势"比喻三方面分立的局面。

方寸已乱

典出《三国志·蜀书·诸葛亮传》:庶辞先主而指其心曰:"本欲与将军共图王霸之业者,以此方寸之地也。今已失老母,方寸乱矣!"

"方寸",指心脏;古代人以为一个人全身思想行动的器官由心脏主持,便将心脏误为主理身体的最重要部分,而不知道脑子才是真正的指挥者。

三国时代有一个叫徐庶的人,年轻时爱击剑,任侠仗义,好打不平。后来一心一意在学问上下功夫,很有成就,机智谋略,为当时的人所称道。刘备知道了徐庶是个有谋略的人,便请他在自己手下做事。当时曹操把徐庶的母亲扣在曹营,他只得向刘备辞别,他指着自己的心对刘备说:"我本来想和将军及诸位一起共同努力,建立王霸的事业,因为我心里一向倾佩你;现在我的老母被俘了,我的心混乱得很,对你们的事业没有帮助,我在这里向你告别了。"离别时,便特别推荐诸葛亮给刘备以代替自己,刘备才三顾茅庐将诸葛亮请出来作军师,创了一番事业。

后来的人便将徐庶所说的话,引伸为成语"方寸已乱"成语,用来说明心中非常紧张,顿时弄得六神无主,再没有心思来办事了。

飞将数奇

典出《史记·李将军列传》:猿臂善射,实负其能。解鞍却敌。圆阵摧锋。边郡屡守,大军再从。失道见斥,数奇不封。惜哉名将,天下无双!

李广是汉代的名将,在抵抗匈奴的战争中屡建奇功。他擅长骑射,勇敢果断,以少胜多,出奇制胜,曾打败过多次匈奴的入侵。匈奴的将士对李广又惧怕、又敬佩,称他为飞将军。有一年,匈奴入侵上郡,皇帝派朝廷内官跟随李广出兵抵抗。内官几十名骑兵发现三个匈奴骑兵,就向他们进攻。三个匈奴兵用箭射他们,把几十匹马全射倒了,还伤了一个内官。余下的人都跑来找李广。李广知道这三个匈奴人必是神箭手,便亲自率领百骑去追赶。李广张弓放箭,射中二人,活捉一人。这时李广士卒发现迎面山上有匈奴的几千骑兵,正在观察动静。汉兵见敌人那么多,自己才一百多人,十分惧怕,纷纷主张逃走。李广制止说:"谁也不许动!我们离营地几十里路,假如现在撤回去,匈奴骑兵追赶我们,我们就全完了。我们不动,匈奴会以为我们是诱兵之计,必不敢贸然来追。"李广命令下马解鞍,就地歇息。匈奴果然没敢来追。半夜时分,匈奴害怕汉军设有伏兵,就偷偷把骑兵带走了。李广平安地回到了营地。

还有一次,李广出雁门关迎战匈奴,因敌兵太多,汉军败退,李广被匈奴俘虏。匈奴首领单于知道李广是汉朝名将,下令说:"要李广活着来见我!"匈奴骑兵用两匹战马拉成一个网袋,托着李广。李广当时有伤在身,无法行动。匈奴兵看守也很放心。

李广在两马之间的网袋上躺着,一动不动,佯装死去。行至十几里时,李广突然跳起,推倒身旁马主的看守,跃上马背,往南飞驰。匈奴一百多个骑兵急忙追赶,李广举弓射杀,终于逃回汉营。可是朝廷说李广损兵折将,又当了俘虏,罪应斩首。后来他花了大量的钱,才算赎回性命。

李广待人和气,对部下和士卒很友爱,每次得了封赏,都分给士卒享用。所以大家愿意跟他去作战。

李广为汉朝抗击匈奴,作战几十次,建立大小功劳无数次。可是却得不到朝廷重视,升官加爵都没有他的份。李广的堂兄弟李蔡,能力不如李广,声望更在李广之下,开始是和李广一样做着小官。可后来却官位升到丞相。李广对这些很烦恼,常与朋友说:"我李广不比别人差呀,为什么以功封邑都没我的份呢?还是我的命运不佳呀!"后来,李广六十多岁时出征匈奴,因为受到排挤和挫折,他自杀而死。

《史记》上在列举了李广的功绩后,评论李广说:"可惜天下无双的名将啊,由于命运不好,得不到封赏呀!"

成语"飞将奇数"意思是命运不好。后人用这句成语比喻有才能的人遭遇不佳。奇,音jī;奇数,单数。

风中残烛

刘因,字梦骥,元时初年睿城(现在河北省容城县)人。他非常聪敏,并且肯

下苦功读书。著作有《静修集》、《四书集义精要》等。

他在幼小的时候就死了父亲，一向对母亲很孝顺，成人以后，曾在朝廷任右赞善大夫。后来他因为母亲生病，就辞去了官职，回家侍奉母亲。

不久，朝廷又叫他去做官，他却不愿意再去。有人问他为什么放弃做官的机会，他回答说："我母亲已经九十岁了，好比是'风中残烛'，我怎么可以远去贪图一时的富贵呢？"

"风中残烛"比喻在风中烧残的蜡烛，容易熄灭。人们用来形容老年人衰退三竭，在世不久的用语。"风中残烛"也有人叫"风前之烛"；在比喻年老病弱，朝不保夕时又可说成"风烛残年"。

负郭无田

典出《史记·苏秦列传》：使吾有洛阳负郭田二顷，吾岂能佩六国相印乎？

战国时，东周洛阳有个人叫苏秦，字季子。他本来穷困潦倒，连自家兄弟、妻子、嫂子也瞧不起他，对他很冷淡。

后来，苏秦周游列国，到处宣传他的"合纵"之说，即让六国缔约，合力抗秦。六国的君主接受了他的政治主张，封他为相，为纵约长，主持联合抗秦的事务。

当苏秦任六国之相，北上向赵王复命时，行经故乡洛阳。一路上车马众多，声势显赫，各路诸侯都以王侯之礼派遣使者相送。连周宣王听说后也感到恐慌，赶紧派人清扫街道，并派人到郊外慰劳。

苏秦衣锦荣归，一家人见他如此威风，都对他刮目相看。以前对他冷淡倨傲的兄弟妻嫂等人，如今变得毕恭毕敬，连抬头正视他都不敢，只是小心翼翼地跪在地上服侍他。

对比从前在家里的待遇，苏秦感叹地说："同是一个人，富贵了亲戚就敬畏他，贫贱时亲戚就鄙视他。更何况一般的人呢！"想到正是因为贫困，才促使他努力奋斗，终于成功，于是，他又庆幸道："假如当初我有靠近洛阳城郭的两顷良田，便会安心过着丰衣足食的日子。那么，我又怎么会有今天，佩上六国相印呢？"

后人用"负郭无田"的典故来表示家中没有产业。

高枕而卧

典出《战国策·魏策一》：为大王计，莫如事秦；事强大之秦国，则楚、韩两国不敢妄动；无楚、韩之患，"则大王高枕而卧，国必无忧矣。"

战国时期，张仪为了使齐、楚、燕、赵、韩、魏六国事秦，便去游说魏王。张仪到了魏国，魏王接见了他。他对魏王说："贵国地方不过千里，士卒不过三十万；既无山川之险，又无丰富的产物。况且魏国地处楚国之北，赵国之南，韩国之东，齐国之西。因此，你亲近其中任何一国，其他三国都可能联合起来向你进攻；你反对其中任何一国，则其他三国也可能联合起来反对你。可见你们的处境十分困难，十分危险。"魏王皱了皱眉头说："那么先生有什么办法改变我国的处境呢？"张仪故作为难地说："不好办哪！"他沉思良久才说："为大王计，莫如事秦；事强大之秦国，则楚、韩两国不敢妄动；无楚、韩之患，'则大王高枕而卧，国必无忧矣。'"魏王听说："事秦"，心中十分不悦，但又不好形之于色，只好婉谢道："先生的意见很好，可惜寡人有些愚蠢，还不敢立刻作出决断，等我和臣子们商量之后，再向先生请教。"张仪听后，便辞魏王而去。

后人用"高枕而卧"表示把枕头塞得高高地安安心心地睡觉；现在比喻思想解除武装，放松对敌人的警惕。

公冶非罪

典出《论语·公冶长》、南朝皇侃《义疏》。

春秋时期，有一个人叫公冶长，他是孔子很赏识的学生，不仅十分聪明，还懂得鸟语。

有一次，公冶长从卫国返回鲁国，走到两国交界处，听见鸟儿们相互招呼，前往清溪吃死人肉。走不多远，公冶长看见一个老婆婆在路上哭，问她哭什么，她说："我儿子前不久出去了，至今没有回来，恐怕已经死了，不知他在什么地方。"公冶长说："我方才听见鸟儿们要到清溪吃肉，怕是您儿子吧？"

老婆婆前去一看，果然是她儿子死在清溪边。她将此事报告了村中官吏。村官想："如果公冶长没有杀人，他又怎么会知道此事呢？"于是将公冶长逮捕入狱。在狱中，公冶长解释自己没有杀人，而是能听懂鸟语，才知道死了人。狱吏说："那么我们就试试你，如真能听懂鸟语，就释放你；如果听不懂，就让你偿命。"

公冶长被关在狱中六十天。一天，有麻雀飞到狱墙上吱吱喳喳地叫，公冶长听了，脸上现出笑容。狱吏问他笑什么，他说："麻雀唧唧喳喳地说，白莲水边有一辆装粮食的大车翻了，公牛折断了角，地上的粮食打扫不干净，麻雀互相招呼去啄食。"

狱吏不信，派人去看，果然同公冶长讲的一样。后来又发现他听得懂燕子的言语，于是方信他无罪，将他释放。

后人用"公冶非罪"的典故形容无辜蒙冤或入狱。

苟延残喘

典出明·马中锡《东田文集·中山狼传》：今日之事，何不使我早处囊中，以苟延残喘乎？

这是一则寓言故事。故事说：战国时候，赵简子在中山这个地方打猎，有一只狼被射中了。这只受了伤的狼拼命地逃命。跑着跑着，碰见了一位墨家人物东郭先生。狼苦苦哀求东郭先生救它一命。它见东郭先生背着一个大口袋，便说："今天这种情形，你何不让我赶快钻进袋中，苟延残喘以保性命？"东郭先生经不住狼的哀求，把狼装入了袋中。等到赵简子追来询问狼的下落时，东郭先生推说不知道，骗走了赵简子。可是，狼从袋子里出来以后，竟要吃掉东郭先生。幸亏这时来了一个老农，才设计打死了这只恶狼。

后人用"苟延残喘"的这个典故比喻暂时勉强维持生活。

关公战秦琼

传说山东大军阀韩复榘，给他父亲办生日，找了很多名演员，要连唱三天戏。

开演头一天，演员正唱着，韩复榘的父亲突然站起来大喊："别唱啦，把管事的叫来！"他问管事的："你们唱的什么戏？""是关公千里走单骑，过五关斩六将。"韩复榘的父亲问："关公是哪里人？"管事的答："山西人。""山西人为啥到俺山东来打仗？有俺的命令吗？"他很不满地说："为啥不唱俺山东的英雄？俺山东有好汉秦琼么！他俩谁本事大？叫他俩比试比试，来一出《关公战秦琼》！"

啊！一个在唐朝，一个在汉朝，哪能搁在一块呢？管事的只好讲："这出戏我们不会。""不会？那全别唱了！全不让走，饿你们三天，不管饭，看你们会不会？"管事的一听害怕了，连忙到后台跟大家商量。老板一想：来二百多人，三天不管饭，怎么办？给他唱！没词，上台现编。演关公的，现在。演刘备的，改扮成秦琼。两人上台一见面，秦琼问："来将通名。""汉将关羽。你是何人？""唐将秦琼。""为何前来打仗？""我知道为什么？"演员心里一生气，"唉"的一声叹了口气。这一"唉"，坏啦！按戏台上的规矩，这算"叫板"。后台的一听，还有唱的，便敲起锣鼓，拉起胡琴。唱什么？只好现编。秦琼唱："我在唐朝你在汉，咱俩打仗为哪般？""叫你打来你就打，你要不打——"扮关公的指着韩复榘的父亲，"他不管饭！"

"关公战秦琼——乱了朝代",比喻把时代搞乱了。讽刺不懂历史,知识贫乏。

黑云压城城欲摧

典出唐代诗人李贺的《雁门太守行》一诗中的一句话:黑云压城城欲摧,甲光向日金鳞开。角声满天秋色里,塞(sài)上燕脂凝夜紫。(甲:铠甲,古代战衣。金鳞:像金色的鱼鳞。角:古代军中的一种乐器,用以传讯。塞:关塞,边界上的险要之地。燕脂:即胭脂,一种红色的染料,又泛指红色。这里暗指战士的血迹。)

李贺是我国中唐时期的一个很有才华的诗人。当时,唐朝国内藩镇割据,边境上外族时有骚扰,李贺站在爱国主义的立场上,对抗击外族侵略的将士们给予了赞颂。这首诗就是描写北方边塞上一座城池被外族军队包围之后,在十分危急的情况下守城将士下定决心,坚决守卫,誓死报国的壮烈情景。原诗共八句,这是前四句,意思是:战事危急得就像浓厚的乌云笼罩,要把整个城池压毁一样,战士的铠甲在阳光照射下金光闪烁。在一片秋天的景色里,军中鼓角齐鸣,双方战斗激烈,边塞上战士鲜血染成的犹如胭脂一样的红土在夜里显得更加火红,凝成了紫色。

后人用这个典故比喻恶势力的一时猖獗及其造成的紧张局面。

猢狲入布袋

典出宋·欧阳修《归田录》卷二:梅圣俞以诗知名三十年,终不得一官职。晚年与修《唐书》,书成,未奏而卒,士大夫莫不叹息。其初受修《唐书》,语其妻刁氏曰:"吾之修书,可谓猢狲入布袋。"刁氏对曰:"君子仕宦,亦何异鲇鱼上竹竿耶!"闻者皆以为善对。

北宋梅圣俞是个有名的学者和诗人,为人澹泊,不追求功名利禄,和老妻两人居住在乡村里,读书、写文章,和邻居谈谈说说,觉得很自在,三十年没做一官半职。可是他有学问的名气很大,连皇帝也知道梅圣俞是个品学皆优的人,因此特地下圣旨,召他到京城去修《唐书》。他心里不愿意却又不敢违抗皇帝的任命,于是叹着气对妻子说:"我这一去,真可说是'猢狲入布袋'了。"(猴子是好动的,被塞进布袋该多难受?)他妻子也笑道:"你一生不愿做官,这一去恰如'鲇鱼上钓

11 ☯

竿',有得苦吃呢!"

后人用"獭狲入布袋"的这个谚语比喻野性受到约束,十分不情愿。

娇生惯养

典出《红楼梦》七十七回:自幼娇生惯养的,何尝受过一日委曲,如今一身重病,一肚子闷气,又没有亲爹娘,她这一走,是不能再见面了。

王夫人怕丫头们教坏了宝玉,于是来了一次大清洗,凡她认为不可靠的统统赶出去。一个名叫蕙香的丫环,聪明伶俐,只因她与宝玉是同日生的,王夫人便认定她是一个"没廉耻的货",被赶了出去。芳官是个唱戏的,王夫人认定唱戏的女孩子更是狐狸精,被赶了出去。其余唱戏的女孩子们,一概不许留在园里,统统弄出去嫁人。晴雯是侍候宝玉的丫头,她什么罪也没有,只因长得特别漂亮,便安上"妖精"的罪名被逐。宝玉见晴雯正在重病,四五天水米不曾沾牙,硬被从炕上拉了出去,心中极为难受。当着王夫人的面,宝玉不敢多言,王夫人一走,他便倒在床上大哭起来。袭人劝宝玉道"哭也不中用,……太太不过偶然听了别人的闲言,在气头上罢了。等太太气消了,你再求老太太,慢慢的叫进来,也不难。"宝玉说道:"怎么我们私自开玩笑的话太太知道了呢? 怎么太太单不挑你(指袭人)和麝月、秋纹的不是呢?"袭人听了这话,低头半日,无可回答。宝玉笑道:"你是头一个出了名的至善至贤的人,他两个又是你陶冶教育的,焉得有什么该罚之处?"袭人细揣宝玉的话,知道宝玉怀疑她告了密,竟不好再劝,因而叹息到:"天知道罢了! 此时也查不出人来了,白哭一会子,也无益了。"宝玉听了,冷笑几声,然后说道,晴雯"自幼娇生惯养的,何尝受过一日委曲,如今一身重病,一肚子闷气,又没有亲爹娘,她这一走,是不能再见面了。"说着,越发心痛起来。

后人用"娇生惯养"(娇:宠爱。惯:纵容、姑息)形容从小过分受父母的宠爱和姑息,没有受到教育和锻炼。

寄人篱下

典出《南史·张融传》:丈夫当删诗、书,制礼乐,何至因循寄人篱下。

南北朝时的齐国,有一个叫张融的人,字思光。此人长得体短貌丑,但精神清澈,思维敏捷。他家境虽贫,但能勤奋自学,其记忆力和理解能力都很好而且滑稽多辩。齐高帝(萧道成)对他很厚爱,常说:"此人不可无一,不可有二。"

有一次,高帝赐给张融一件衣服,张融前去向高帝请安。短短的一段路,张融走了很长时间。帝问何故,张融说:"我是从地下升到天上来,按理是不能快走的。"张融善草书,并常常为此自我欣赏。高帝曾说:"你的书法很有骨力,但无二王(指东晋书法家王羲之、王献之父子)的笔法。"张融说:"二王还不具备我的笔法呢!"

武帝继位以后,有一次张融请假东游。武帝问他住在何处。张融说:"我住的地方说是在陆上,但没有屋子;说是在船中,但船下又无水。"后来,武帝问张融的哥哥张绪。张绪说:"他住在一条泊在岸上的小船里。"武帝听罢哈哈大笑。

永明(齐武帝的年号)中叶,张融染病时作门律,并自作序言。序言中,他阐述了自己从事文章著述的情况。文中说:大丈夫应当删诗、书,制礼乐,文章著述自成一体,不能寄人篱下地因袭别人。

"寄人篱下"即像麻雀一样,寄居在人家的篱笆底下生活。

后人用"寄人篱下"的这个典故比喻依附别人过生活。

将信将疑

典出唐·李华《吊古战场文》:人或有信,将信将疑。

唐玄宗李隆基时,封建统治集团对内实行残酷的剥削和压迫,对外不断发动战争,天宝十四年(公元755年)又爆发了安史之乱。战争给人们带来了灾难,不少人家妻离子散,家破人亡。当时,有一个叫李华的人,字遐叔。他21岁进中士,官至吏部员外郎。安禄山攻陷长安时,李华被俘,并被迫接受了凤阁舍人的官职。安史之乱平息以后,他被贬为杭州司户参军,后来辞职隐居。

李华目睹了战争给人民带来的灾难,写了一篇《吊古战场文》,借描写一个古战场的凄惨情景,对战争进行了谴责。文中写道:天下民众,谁无父母?谁无兄弟?谁无夫妇?他们生前没有受到帝王的什么恩惠,为什么要害他们呢?他们存亡死活,家里人都不知道。有人传来消息,家里人将信将疑。大战之后必有荒年,人民又要流离失所。怎样才能避免这种祸害呢?只有实行王道,使四夷各为天子守土。

后人用"将信将疑"指不敢轻信,有些相信又有些怀疑。

尽善尽美

典出《论语·八佾》、《论语·述而》：子谓韶："尽美矣，又尽善也。"谓武："尽美矣，未尽善也。"

孔子35岁那年，鲁国国内发生动乱，君臣之间争权夺势，闹得百姓不得安生。孔子怕遭到灾祸，也带着少数几个弟子逃到齐国。

齐国的国君和大夫对孔子很尊敬，盛情地款待他，并且请他欣赏音乐。

有一天，齐国的乐人专门为孔子演奏"韶"的乐章，很得孔子的欢心。他听得入了迷，竟一连许多天都在回味着"韶"的音律，把肉的味道都忘记了。他一遍又一遍地说：

"真想不到呀，音乐感人之深竟能达到这样的地步！"

这时候有人问孔子说：

"先生，韶乐您欣赏过了，武乐您也听了，现在请您发表一下看法，是韶乐好呢？还是武乐好啊？"

孔子不加思索地说：

"当然是韶乐好呀，它的声音、旋律美极了，而且表达的意思也极好！至于武乐嘛，当然声音也是很不错的，但意思不够美呀……"

因为韶乐是虞舜时代的乐曲，孔子向往那个时代，所以极力赞美韶乐；武乐是周武王时代的乐曲，因为周武王的天子之位是由讨伐商纣而来，孔子不赞成，所以对武乐也有看法。

成语"尽善尽美"就是由此而来，意思是形式和内容、外表和实质都好到了顶点，后来人们用它形容事物达到最美好的境地。

景差为相

典出《说苑·政理》：景差相郑，郑人有冬涉水者，出而胫寒。后景差过之，下陪乘而载之，覆以上衽。晋叔向闻之曰："景子为人国相，岂不固哉！吾闻良吏居之，三月而沟渠修，十月而津梁成，六畜且不濡足，而况人乎？"

景差在郑国当相国时，有个郑国人在严冬季节，赤着双脚淌水过河。待走出水面后，两条小腿已经冻僵了。

恰好景差坐车过来，连忙把这个人扶上自己随从的车子，又给盖上一件衣裳。

晋叔向听说后,议论道:"景差身为相国,实在低能。我常听人讲,贤德的官吏所管辖的地方,三月就要疏通河沟渠道,到十月就得修复渡口桥梁,六畜尚且不再淌水,何况人呢?"

后人用"景差为相"的这个典故告诉人们,作为一个地区或一个国家的领导人,为全体人民着想,从根本上解决问题,而不能头痛医头,脚痛医脚。景差作为相国,如能教国人早把桥梁修好,全国的人民都不会在冬季涉水渡河了。

空空如也

典出《论语·子罕》:有鄙夫问于我,空空如也。

有个人对孔子十分崇拜,一次他碰见孔子,便十分热情地打招呼,并极为恭敬地说:"您知识渊博,真了不起啊!"孔子听后,有些惭愧地说:"我有知识吗?没有。"那人连忙说:"您何必客气呢?"孔子说:"我不是客气,的确知识贫乏。比如,有一次我到乡下去,但见碧野千里,一派繁忙景象。有的人在采桑,有的人在种地,他们驾轻就熟,干得很有条理。当我走近一群种地的农夫时,他们停下锄头,笑嘻嘻地和我打招呼。他们以为我很有学问,便七嘴八舌地谈开了。有鄙夫问于我,空空如也。(意思是:有个农夫问我一个问题,我却一点也不知道。)"孔子停了一下接着说:"他那个问题,我反复思考了很久,从正反两个方面加以推究,才有所领悟,然后才尽量地告诉了他。"那个人听了孔子的这番话,很诚恳而有礼貌地说:"您这种谦逊的美德很值得我们学习!"

后人用"空空如也"形容一无所有。

困兽犹斗

典出《左传·宣公十二年》:公曰:"得臣犹在,忧未歇也。困兽犹斗,况国相乎!"

春秋时,有一年楚国和晋国作战,因晋国的几位将军不服从元帅荀林父的命令,结果大败而回。荀林父自己请求判死罪,晋景公准备答应了,大夫士贞子劝阻说:"这是不相宜的。从前城濮之战,楚国败了,晋兵吃了楚军三天的粮食,文公(景公父)脸上还带着愁容,左右的人问他道:'应当欢喜的事反而忧愁,难道应该忧愁的事反而欢喜吗?'文公说:'得臣(楚国宰相,城濮之战役时的楚军元帅)

还在,不能就此放心呀!一头野兽被困住了还要挣扎,何况一国执政的人呢?'后来楚国杀了得臣,文公方才露出欢喜的笑容,说:'再没有人害我了,现在算是晋国又胜一次,楚国又败了一次了。'因为这样,楚国两代都兴不起来。……荀林父正是国家的柱石,怎可以杀死他呢?……"景公觉得士贞子的话很有理由,就免了荀林父丧师辱国的死罪,还将他原来的官职恢复。

后来的人,便将晋文公所说的比喻,引为"困兽犹斗"一句成语,来形容即使处在最困难的情况下,虽已是精疲力竭,也还是要尽力挣扎,起来抵抗。另一种意思,是形容那些坏人或坏的集团,在被压制的将要溃灭时,还要作无谓的顽抗。

狼狈不堪

典出《博物典汇》:狼前二足长,后二足短,狈前二足短,后二足长,狼无狈不立,狈无狼不行。故以为颠蹶困顿之喻。

晋·李密《陈情表》:臣欲奉表奔驰,则刘病日笃;苟顺私情,则告诉不许。……臣之进退,实为狼狈。

李密的品德、文才都高,很有名气。晋武帝司马炎仰慕他的品行才学,几次三番去召请他来做官,都被拒绝。

原来李密生下来六个月时,就死了父亲,四岁时,母亲又被舅舅逼迫改嫁了。所以全靠他祖母刘氏,抚养长大。他家境并不好,刘氏经过千辛万苦,才把他养大,供给他读书,到李密年长时,他的祖母已很老了。李密为了服侍他,不忍出去做官。

晋武帝不断下诏书去叫他,他写了一封很恳切的信给晋武帝,信里有这样的几句:"我生下来只有六个月,慈爱的父亲就死了,四岁时母亲被舅舅迫着改嫁,祖母刘氏,看我可怜,亲自扶养我长大,我家里既没有兄弟,又没有叔伯,孤苦伶仃……我当时要是没有祖母刘氏,不会活到今天,祖母刘氏今天要是没有了我,靠谁去服侍他的残年呢?所以我如不出去做官的话,又违背你的旨意,我今日的处境实在狼狈不堪呀……"

狼、狈是二种兽名,狼前足长,后足短;狈后足长,前足短,所以必须同进同出,同行同止。狼狈不堪,是形容人们的处境非常艰难、窘迫。

丧家之狗

典出《史记·孔子世家》:累累若丧家之狗。

春秋时,周游列国的孔子来到了宋国。在宋国,孔子每天率领弟子们来到一棵大树下演习周礼。宋国司马桓魋(huán tuí)对孔子这一套非常厌恶,叫人砍掉了那棵大树。第二天,孔子和弟子们又去时,不见了大树。一个弟子说:"我们赶快走吧,否则宋人要找我们的麻烦。"孔子说:"怕什么呢?我们的行为符合天地的德性,桓魋等人又把我们怎么样呢?"

后来,孔子离开了宋国,又和弟子们来到了郑国。不巧,孔子与弟子们失散了,只身来到东城门外。弟子们分散寻找,后来,一个人告诉子贡说:"我出城时,见东城门外有一个人站在那里东张西望,像等什么似的。"子贡说:"那人是什么样子?"这人说:"要说样子还真有些特殊,额头像上古时的尧,脖子像皋陶,肩膀又像子产,但腰以下很短,还不及从前大禹腰的三寸。一副疲惫不堪的样子,就像一条没有主人的狗一样。"

子贡来到东城门外,找到了孔子,就把刚才在路上的情况如实的告诉了孔子。孔子听了欣然笑道:"说我像没有主人的狗(丧家狗),虽然形状不像,但神情的确像啊!"

后人用"丧家之狗"嘲讽某人惨遭失败后的一副狼狈相。

离群索居

典出《礼记·檀弓》:吾离群索居亦已久矣。

孔子的学生子夏因儿子死了,把眼睛都哭瞎了。曾子去安慰他。他哭哭啼啼地对曾子说:"天哪!我有什么过错呀!为什么要受到这样严重的惩罚呢?"

曾子劝慰他说:"你怎么能说自己没有过错呢?你退居西河,一味炫耀自己,使西河的老百姓只知道有你,而不知道有老师孔子,这是你的过错之一;你死了父亲却不声不响,大家都不知道,这是你的过错之二;现在你的儿子死了,竟伤心得把睛眼都哭瞎了,前后对比,情况完全两样,这是你的过错之三,总起来说,你不尊师,不孝父母,却偏疼爱自己的儿子,这不是三件大罪过吗?"

子夏听了忙向曾子跪拜说:"吾离群索居亦已久矣(我离开朋友单独生活已经很久了),因而听不到朋友的规劝,放松了自己的修养。"

后人用"离群索居"来说明离开群众而孤独生活。

李斯叹黄犬

典出《史记·李斯列传》:斯出狱,与其中子俱执,顾谓其中子曰:"吾欲与若复牵黄犬俱出上蔡东门逐狡兔,岂可得乎!"遂父子相哭,而夷三族。

李斯,秦朝有名的丞相。秦始皇东巡死后,李斯和赵高一起,逼死太子扶苏,拥立胡亥做了秦二世皇帝,自己做了丞相。他先是阿谀奉承秦二世胡亥和赵高,后来又反对赵高专横独断。赵高就诬陷他和他的长子李由阴谋造反,并派人把他捆起来,关在监狱里。

在狱中,李斯遭受了毒打,被一连打了一千多棍,直打得他皮开肉绽,痛楚不已。他忍不住痛,就被迫承认了企图造反的罪行。不过他心里想:"现在我姑且承认,等皇上派人来审讯时,我再说明真相。"

赵高明白了李斯的想法,派了十多个心腹,假装成皇上派来的人,轮流去反复审讯李斯。李斯真以为皇上派来的人,就说出了真实情况。殊不知,他得到的又是一顿毒打。后来秦二世果真派人来验证他的口供,为了免遭皮肉苦,他只好承认有罪,并写下了供词。

秦二世二年七月,李斯被判处腰斩,在都城咸阳大街上示众。李斯蓬头垢面地从狱中出来,回头看了看身后的一大家子人,他们因受李斯的牵连,都要处以死刑。李斯不禁仰天长叹,泪流满面。他对二儿子说:"儿啊,我和你再牵着黄狗,到蔡东门外去追逐野兔,恐怕永远不可能了!"说罢,父子二人痛哭起来。

接着,李斯的三族亲人全被杀害。

后人用"黄犬之叹"表示因做官而招来横祸,事到临头后悔已迟。

林冲买宝刀

典出《水浒传》第七回。

一天,林冲到阅武坊巷口,见到有个男人在卖刀。他凑上前去,接刀一看,吃了一惊,失口叫声:"好刀!"问要卖多少钱。那人说:"索价三千贯,实价二千贯。"林冲说:"值是值得二千贯,不过没人买。若是一千贯,我便买。"两人经过一番讨价还价,最后那人叹口气说:"金子做生铁卖了。一千贯就一千贯,一文钱也不要少了我的。"林冲就这样买下了这把宝刀。他将宝刀带回家里,翻来覆去,看了再看,越看越喜爱。心想:高太尉府中有把宝刀,我几次要借看都不让,这回我自己也有了这把宝刀,将来再和他比试比试。

第二天中午,有两个当差的来叫林冲,说:"太尉钧旨,说你买了一把宝刀,要你拿去同他的宝刀比比看。太尉就在府里等你。"林冲暗想:这又是什么人告诉了他?只好带着宝刀,跟随他二人进府来到厅前。林冲立住了脚,两个当差的又说:"太尉一直在里面后堂内坐着。"三人转入屏风,到后堂,不见太尉,林冲又住了脚。两个当差的又说:"太尉一直在里面等你,叫引教头进来。"又过了两三重门,来到一个周围都是绿栏杆的地方。两个当差的引林冲到堂前,说:"林教头,你在这里稍等一下。我们进去禀报太尉。"

林冲哪会想到：太尉高俅的干儿子高衙内想霸占他的妻子，使出了种种阴谋诡计要陷害他！林冲眼看着这两个当差的进入堂内，自己拿着刀，立在屋檐前，左等右等，不见出来。他心中有些疑虑，就偷偷地掀着门帘，探头往堂里一看，只见檐前额上写着四个青字："白虎节堂"！林冲猛然省悟过来，吃惊地说："白虎节堂是商议军机大事的地方，怎么能够无故辄入？"连忙转身要走，只见他的顶头上司高太尉从外面进来。林冲一见，手执宝刀，向前拜见。高太尉大声喝喊："林冲！没有人叫你，怎么胆敢辄入白虎节堂？你手里拿着刀，是不是来刺杀我呀！"林冲急忙辩解说："刚才两个当差的叫我来，说是大人要我拿刀来比比看。"高太尉矢口否认说："我哪有叫人找你？是你手执利器，擅入节堂，想杀害我！"高太尉喝令左右排列军校，将林冲抓起来，投进监牢，刺配沧州。

"林冲买宝刀——中了诡计"，比喻遭到他人狡诈计谋的暗算。

令反侧子自安

典出《后汉书·光武帝纪上》：刘秀曰："令反侧子自安。"

后汉光武帝刘秀在和王郎争夺河北的战争中，敌强我弱，他部下的官吏为了自保，私下和王郎通信，人数竟达数千人。谁知后来王郎全军竟被刘秀消灭，这些信件全部落到刘秀手里。他的谋臣请刘秀逐个检查，把所有曾写信通敌的人杀掉，以纯洁队伍。刘秀不肯，反而一把火当众把信件焚毁，说："让这些害怕追究、翻来覆去睡不着觉的人安心吧。"

二百年以后，三国时期，曹操和袁绍在官渡对峙。袁绍兵力十倍于曹操，曹军人人自危，便也有许多人私下写信通敌。结果，袁绍大军被曹军打败，这些信件也全部被曹操缴获，曹操也学刘秀的办法，一把火当众把信件焚去，也说："令反侧子自安。"

又隔了七八百年，五代时郭威打败了敌人李守贞，搜得了一批人和敌军来往信件，他的主簿官王溥劝他："愿一切焚之，以安反侧。"郭威听从了这个建议，也把这些信烧了。

在上叙三件事中，有一个基本情况是相同的：即战争仍在继续，全国还未统一，自己力量还不够强大，需要显示宽大，巩固内部，笼络人心，不能株连过广，削弱自己。

吕蒙正赶斋

典出《吕蒙正风雪破窑记》。

吕蒙正,是宋朝洛阳城里的一个穷书生。他栖身城外的破窑里,苦读诗书,等候考试。这天,吕蒙正到城里散心,正从一座彩楼下经过,突然一个绣球从空中滚落在他怀里。他赶紧撩起破长衫裹住绣球。原来是刘员外搭彩楼让女儿月娥抛绣球选婿。刘月娥是个才貌双全的小姐,她看到吕蒙正虽然一身褴褛,但相貌端正,气宇不凡,心里暗自拿定主意,就把绣球抛给了他。刘员外对着这个叫化子似的女婿,细细审视一番,微微皱起眉头,劝说女儿打发他走算了。哪知月娥态度坚决,宁肯吃苦也不悔约,恼得刘员外大骂:"好吧!你不听我言,就赶出家门!"他命丫环梅香把月娥的首饰、衣裳都取了下来,嫁妆、金钱也一概不给,让她去过苦日子。刘月娥拜别父亲,跟着吕蒙正离了刘家大院。

吕蒙正和刘月娥,就在破窑里结成夫妻,两人互敬互爱,生活虽清贫但过得极和美。吕蒙正每天到城内街上摆字摊,赚些钱买几个烧饼,又到白马寺赶斋讨两碗饭,捎带回家同妻子一起吃。话说洛阳城的白马寺,是天下有名的寺院,院内和尚多,吃饭前都要打钟。吕蒙正每天听到钟响就赶到,和尚们开饭他也跟着讨两碗饭,这叫"赶斋"。这天,吕蒙正听到白马寺的钟声响了,又去赶斋,谁知赶到寺里斋饭已经开过。老和尚告诉他:"秀才!从今后,我们先吃饭后打钟了。有言道'满堂僧不厌,一个俗人多'。我们这斋饭舍给过路的和尚吃,你一个俗人天天来怎么行?你堂堂须眉,不去应举考试,赖在这里讨斋饭吃,真不害臊!"吕蒙正听了,非常懊恼,便提笔在庙堂墙上写诗:"男儿未遇气冲冲,懊恼和尚饭后钟……"一气之下,只写了两行,再也写不下去了。

吕蒙正回到了窑里,看见妻子正在哭泣,满地是破锅破碗。月娥说是她父亲刚来吵闹,把这些穷家当都摔了。夫妻二人正在发愁,刚好友人寇准来对吕蒙正说:"有个老朋友借给一百两银子,可给弟妹留二十两过日子,剩下的钱我们上京赶考去罢。"结果,吕蒙正和寇准双双得中,吕蒙正中了状元,任洛阳县令,寇准留在朝内做官。

吕蒙正回到洛阳,首先到破窑里把刘月娥接到官衙内住。上任第三天,照例要到白马寺进香,和尚们忙得团团转。吕蒙正看到当年他写的两行诗,和尚已用碧纱罩着,想起昔日赶斋被辱的困窘,感慨万分。他命人撤去纱罩,凑成全诗为:"男儿未遇气冲冲,懊恼和尚饭后钟。从来任凭尘土暗,今朝始得碧纱笼。"

吕蒙正写完,对老和尚说:"世态炎凉,从来如此,我也不怪罪你。假如不是那时你敲饭后钟,让我投食无门,我还不会进京赶考呢!"正说着,小和尚跑来报告:洛阳城刘员外来拜见大人!吕蒙正怒气冲冲地说:"我不认得这么个丈人,你替我把他赶走！"恰好，寇准这时也从京城来寺进香，并要吕蒙正一起见见恩人刘员外。吕蒙正怒气未消，忿忿地说："我和他无恩无义！"寇准哈哈大笑，说出了真情。原来当初月娥选婿之后，刘员外见吕蒙正气宇不凡，是个有才志的人，但怕他贪恋富贵，不求进取，故意将他夫妻赶走，后来见到吕蒙正安于清贫，不肯发愤，便叫白马寺断了他的斋饭，又到破窑里砸了他的家当，并拿一百两银子让寇准说动吕蒙正进京赴考。这时候，吕蒙正才如梦初醒，连忙一齐赶到门外，迎接丈人刘员外。

"吕蒙正赶斋——饭后鸣钟"，比喻由于某种原因而错过了时间。

毛颖传

典出《韩昌黎文集》：毛颖者，中山人也。其先明眎，佐禹治东方土，养万物有功，因封于卯地，死为十二神。尝曰：吾子孙神明之后，不可与物同，当吐而生，已而果然。明眎八世孙䝂，世传当殷时居中山，得神仙之术，能匿光使物，窃姮娥，骑蟾蜍入月，其后代遂隐不仕云。居东郭者曰逡，狡而善走。马韩卢争能，卢不及，卢怒，与宋鹊谋而杀之，醢其家。

秦始皇时，蒙将军恬，南伐楚，次中山，将大猎以惧楚，召左右庶长与军尉，以连山筮之，得天与人文之兆。筮者贺曰："今日之获，不角不牙，衣褐之徒，缺口而长须，八窍而趺居，独取其髦，简牍是资，天下其同书，秦其遂兼诸侯乎！"

遂猎，围毛氏之族，拔其豪。载颖而归。献俘于章台宫，聚其族而加束缚焉。秦皇帝使恬赐之汤沐，而封诸管城，号曰管城子，日见亲宠任事。

颖为人强记而便敏。自结绳之代，以及秦事，无不纂录。阳阴卜筮占相、医方、族氏、山经地志、字书图画、九流百家、天人之书，及至浮图老子外国之说，皆所详悉。又通于当代之务，官府簿书，市井贷钱注记，惟上所使。自秦皇帝，及太子扶苏、胡亥、丞相李斯、中车府令高，下及国人，无不爱重。又善随人意，正直邪曲巧拙，一随其人。虽见废弃，终默不泄。惟不喜武士，然见请亦时往。累拜中书令，与上益狎。上尝呼为中书君。上亲决事，以衡石自程。虽见宫人不得立左右，独颖与执烛者常侍。上休，方罢。

颖与绛人陈玄、弘农陶泓及会稽楮先生友善，相推致，其出处必偕。上诏颖，三人者，常侍不待诏，辄俱往，上未尝怪焉。后因进见，上将有任，使拂拭之，因免冠谢。上见其发秃；又所摹画不能称上意。上嘻笑曰："中书君老而秃，不任吾用。吾尝谓君'中书'，君今不'中书'耶？"对曰："臣所谓尽心者。"因不复召，归封邑，终于管城，其子孙甚多，散处中国夷狄，皆冒管城；惟居中山者，能继父祖业。

太史公曰：毛氏有两族，其一姬姓，文王之子，封于毛，所谓鲁卫毛聃者也。战国时有毛公、毛遂，独中山之族不知其本所出，子孙最为蕃昌。《春秋》之成，见

绝于孔子,而非其罪。及将军拔中山之豪,始皇封诸管城,世遂有名,而姬姓之毛无闻。颖始以俘见,卒见任使。秦之灭诸侯,颖与有功。赏不酬劳,以老见疏,秦真少恩哉!

毛颖是中山地方的人。他的祖先叫明䎡,辅佐夏禹平治东方的土地,养育万物,立下了功劳,因而被封在东方,死后成为十二神之一。他曾经说道:"我的子孙是神明的后代,不能跟其他的凡人一样,应当从口中诞生出来。"后来果然是这样。明䎡的第八代孙獳,相传殷商时代住在中山,得到了神仙的法术,能够隐藏在光亮的地方,能够驱使其他的生物。住在东郭的,名叫逡,壮健善跑。它跟著名的猎犬韩卢比赛谁跑得快;韩卢比不上它,恼羞成怒,跟名叫宋鹊的良犬一道谋杀了獳,并把它的全家都杀死了,还剁成了肉酱。

秦始皇在位时,将军蒙恬,向南攻打楚国。部队在中山地方驻扎下来,准备开展大规模的打猎活动,借以威吓楚国。他召集左右的庶长和军尉,用蓍草占了一个连山卦,得了一个"天与人文"的兆头。占卦的人祝贺道:"今天所要猎获的,既不生角,也不生牙,是个穿着粗毛短衣的家伙,嘴唇长着缺口,还有着长长的胡须。身体有八个孔,经常盘腿坐着。人们特地取下它那毛里面的长毫,靠着它在竹简或木片上进行书写。今天得了它,普天下将会采用同一种文字,秦国也许就要兼并所有的诸侯国家了!"

于是就开始打起猎来,围住了整个毛姓的种族,拔掉它身上的长毫,把毛颖用车子装了回来。然后在章台宫向皇帝进献俘虏,把毛姓的种族聚集拢来,并束缚在一起(即做成笔)。秦始皇帝使蒙恬赐他沐浴,把他封在管城(即笔筒),称做管城子。他一天比一天获得亲信和宠爱,担任着重要的职务。

毛颖这个人记忆力很强,做事敏捷。自从上古结绳时代起,一直到秦代,大大小小的历史事实,没有不被他编纂、记录下来的。阴阳、占卦、看相、医术、宗族、山经地志、字书图画,九流百家,有关天理、人事的书籍,以及佛教、老子和外国的传闻异说,都是他所十分熟悉的。

毛颖又通晓当代的世务、官府的簿记和文书、买卖场所有关货物钱财的记载等等,不管做什么,一切都听从秦帝的吩咐。从秦始皇帝到太子扶苏、胡亥,丞相李斯,中车府令赵高,下面一直到全国的人,没有不喜爱和看重他的。

毛颖又善于听从人们的意旨,正直或者邪恶,巧捷或者笨拙,一切都随着那任用他的人。有时虽然遭到废免或抛弃,也始终默默无声,无所发泄。惟独不大喜欢武士们;但如果受到邀请,有时也去走走。

毛颖最后升上了中书令的职位,跟秦始皇帝越来越亲近。始皇帝曾称他为中书君。始皇帝亲自批阅文书,决断国家大事,往往用石为单位来衡量每天上报的竹简、木片。这时,即使是皇宫中的人也不允许站立在始皇皇帝的左右,以便惟独毛颖跟执掌蜡烛的人得以经常侍候在他的身边,直到始皇帝休息时才罢。

毛颖跟绛县人陈玄、弘农人陶泓,以及会稽的楮先生友谊很深,互相推引,外出或留在家里,总是一同行动。始皇帝每次召见毛颖,陈玄、弘农和楮先生等三人不须等待皇帝的命令,总是一同前往,始皇帝也从未责怪过他们。后来,毛颖有一次进见始皇帝,始皇帝准备交给他一个重要的任务,叫人抚摩他的身子。毛颖取下帽子,表示敬谢。始皇帝发现他的头发已脱光了,并且他所摹写出来的书画也不能完全符合始皇帝的心意。始皇帝笑哈哈地对他说:"中书君老了,头发也脱光了,不能胜任我的工作了。我曾经说您适合担任书写任务;现在,您恐怕不适合书写了吧?"毛颖回答说:"我是一个尽自己的心力来做事的人。"始皇帝也就没有再召见他。毛颖回到自己的封地,死在管城地方。他的子孙很多,分散地住在东方和西方,都冒着"管城"的称号。只有住在中山地方的这一个支系,能够继承他父亲和祖父的基业。

太史公说道:毛氏有两族,其中的另一族姓姬,是文王的儿子,封在毛的地方,这就是鲁卫的毛聃。战国时候还有毛公和毛遂。惟独中山这一族不知是哪儿发源的,最为兴旺和昌盛。《春秋》这部书删定成功后,孔子因为自己衰老而放弃了笔,并非毛颖有过错。等到蒙恬将军围攻毛氏的种族,拔下他们的长毫,又由始皇帝封他们在管城地方,他们也就在世界上有了名声,而毛氏中姓姬的那一族的情况怎样,却再没有人听说过了。

毛颖开始以俘虏的身份得到始皇帝的接见,终于受到了任用。秦国吞灭诸侯各国,毛颖也有一份功劳。但是秦国对他的赏赐却抵不了他所做出的贡献;最后,他又因为年老而被疏远,秦国对于他真可说是少恩啊!

《毛颖传》兼有寓言和传奇小说的特点。毛颖便是指用兔毛制作的毛笔。作者借毛颖,比喻文人的功劳与遭遇,寄托了一定的不平之感。

莫余毒也

典出《左传·僖公二十八年》:晋侯闻之而后喜可知也,曰:"莫余毒也已! 蒍(wei)吕臣实为令尹,奉己而已,不在民矣。"

春秋时,晋文公于公元前632年率领晋、齐、宋、秦四国联军在城濮同楚军作战。交战以前,楚成王告诫大将子玉说:晋文公在外流亡多年,经过磨练,又有政治经验,你不要轻易地和他交锋。

可是子玉总想打个胜仗,显显自己的威风。他一再派人向楚成王请战,楚成王对子玉很不满意,不肯多给他兵马。

战斗开始以后,晋军看准了楚军的薄弱环节,首先击溃了其右翼,然后又集中兵力打败了其左翼,取得了战斗的胜利。子玉打了败仗以后,觉得楚成王不会饶恕自己,就自杀。晋文公听到子玉自杀的消息,非常高兴,觉得这下子可除了心腹之患。他对部下说:从今以后没有谁能危害我了。

后人用"莫余毒也"这个典故比喻没有人能危害我了。现在有时也用来形容一个人目空一切,狂妄自大。

南柯一梦

典出《异闻集》：淳于棼，家居广陵，宅南有古槐树，棼醉卧其下，梦二使者曰："槐安国王奉邀。"棼随使入穴中，见榜曰："大槐安国"。其王曰："吾南柯郡政事不理，屈卿为守，理之。"棼至郡凡二十载，使送归，遂觉。因寻古槐下穴，洞然明朗，可容一榻，有一大蚁，乃王也。又寻一穴，直上南柯，即棼所守之郡也。

从前，有个人名叫淳于棼，家住广陵郡，喜爱喝酒，不守细行。

一天，淳于棼饮酒过度，酩酊大醉，躺在家门前的一棵大槐树下睡大觉。这时候，有两个酒友把淳于棼扶进屋里上床休息，两人就在床旁一面守候，一面洗脚。

淳于棼在床上迷迷糊糊地睡着了。恍惚间，他看见两个穿着紫色衣裳的使臣走进屋来，跪拜他说："奉槐安国王之命，特来邀请。"淳于棼不觉下床整衣，跟随二人出门，登车往大槐树根部一个树洞直奔而去。一进洞里，淳于棼感到十分惊异！只见晴天丽日，山川旷野，城郭村庄，真是另外一个世界。淳于棼跟着使臣来到了大槐安国城内，进入王宫，拜见国王。

槐安国王亲自将次女瑶芳公主许配给他，择日完婚。淳于棼当上驸马郎，享尽人间的荣华富贵。他还想过过官瘾，国王就任命他为南柯郡太守。于是，淳于棼携妻来到南柯上任，由于他自己勤奋，加上瑶芳公主内助，一切都很顺利，政绩优良，全郡百姓极为拥戴，国王也很器重他。

俗话说，光阴似箭，日月如梭，不知不觉就过了整整二十年。这时候，淳于棼已有五男二女，官位显赫，家庭美满，得意非凡。可是，乐极生悲。瑶芳公主突然得了急症，不幸病故。时逢檀萝国兴兵入侵，淳于棼领军出战，结果吃了败仗。从此，槐安国王不再信任他，不但免去了他的官职，还把他软禁了一个时期，最后差人将他送回老家广陵郡。

淳于棼懊悔万分，猛然醒了过来，原来是一场大梦。这时，他的两个朋友正在床边洗脚，他自己还躺在床上，想着梦境竟像度过了一生。淳于棼把酒友送出大门，只见门前大槐树下有个蚂蚁洞。他梦中见到的槐安王国就是这个蚂蚁洞，洞里旁边有一条孔道，往上直通向南的一支，大概就是所谓"南柯郡"。

后人用"南柯一梦"比喻一场梦，或者是空欢喜一场。

牛衣对泣

典出《汉书·王间传》:章疾病,无被,卧牛衣中,与妻决,涕泣。后章仕宦历位,及为京兆,欲上封事,妻又止之曰:"人当知足,独不念牛衣中涕泣时耶?"

汉朝时候,在山东泰安地方有个读书人,名叫王章。人很聪明,性格耿直。他的妻子更是通情达理,非常贤慧,经常鼓励丈夫发愤读书,为国家效力。

有一年,王章和妻子一起住在京都长安读书求学,日子虽说很清苦,但夫妻恩爱,生活也还快乐。王章学问长进挺快,妻子心里当然很高兴。

一天夜里,王章突然病了,起病很急,浑身发烧,家里衣物被褥很不齐全,没有什么东西给王章盖上。妻子只得把平日里用乱麻编织的席子给丈夫盖在身上。这样的麻席子是用来给牛披盖的,农户称它是"牛衣"。可是因为家境贫寒,只能给丈夫盖牛衣,妻子心里很不是滋味。她暗暗地流下了几滴眼泪。

王章病得昏昏沉沉,想到自己的病一定很重,家里又无钱治病,很可能会病死的。他越想越悲哀,越想越难过,禁不住呜呜咽咽地哭泣起来。

王章妻子心情更是凄楚万分。可她想,哭泣有什么用呢? 应该劝他鼓起勇气,打起精神来,病才会好,功名才会取得呀! 所以她排开忧愁,狠了狠心,严厉地批评丈夫说:"夫婿啊,现在在朝廷做官的人,论才能有几个能比得上你呢? 得了一点病就这样失魂落魄,像女人一样哭哭啼啼,这是多么卑怯呀! 有志向的人,应该精神振奋、百折不屈啊!"

妻子的激励产生了效力,从此王章更加发愤,才学愈加深厚,不久便被朝廷召为官吏。开始做谏大夫,后来又做中郎将,并且当上京兆尹。

王章做官以敢于给皇帝提意见而显名,他常常不避皇亲国戚,谁做错了事,犯了章法,他就揭发谁,即使是自己的好友、恩师也不例外。可是他却为此遭到排挤、诬陷。他的妻子看到这种状况,就劝丈夫说:

"夫婿,你已经做上京兆尹的高官了,官职难道还嫌小吗? 人应该知足,你为什么不想一想披着牛衣夜里哭泣的日子呢?"

王章说:"这是不同的两回事嘛,你们女人知道什么!"

王章仍然我行我素,又去告发专权乱政的重臣王凤。王凤大将军是皇帝的亲戚,怎么动得了呢? 结果自己招来祸事,被捕下狱,最后丧了性命。王章一直到死,还不知道自己犯了哪条罪过。王章死后,他的妻子和家属被撵到广西合浦,以采珍珠度日,生活反倒清静多了。

成语"牛衣对泣"便是由这来的,后来人们用它形容夫妻生活贫苦悲观、不知振奋。

披星戴月

春秋时,鲁国有一个人姓宓名不齐,字子贱,他是孔子的弟子,有一次到单文地方去做县官,他坐在公堂上,一面弹着琴,一面吩咐他的僚属办理公事,自己从来不出衙门,却能把单文治理得很好。后来宓子贱离职,巫马子期去做单文的县官,巫马子期很勤劳,工作非常认真。他天还没有亮披着星星出门,一直到月亮很高才回来。无论什么事情,不分日夜,都要亲自去办理,所以也把单文治理得很好。

巫马子期觉得自己治理单文,费了许多劳力和精神才能办理好,宓子贱整天只是坐在堂上弹弹琴,也能把单文治好,有点不明白其中的道理,于是跑去见宓子贱,问道:"你每天只弹弹琴就能治理单文,我看你一点也不觉得劳苦呢?"宓子贱回答他说:"我是任用能干的人,你是亲自去费精力的;任用能干的人替我办事,我自然就安逸了,你样样事情都要亲自去做,那自然就辛苦了。"子期说:"噢!我的施政方法,实在还不够呢!"

由这个故事,后人把子期早上披着星出去,晚上戴着月回来,引成为"披星戴月"这句成语,形容早出晚归或连夜奔波,极其辛劳。

贫无立锥之地

典出《汉书·食货志》:富者田连仟佰,贫者无立锥之地。

战国时,楚国丞相孙叔敖在快病死的时候,对儿子说:"我死了,你必定贫困。实在活不下去时,可以找著名戏子优孟帮忙设法。"几年后,他儿子挑柴上街卖时,遇见了优孟,就向他说:"我是孙叔敖的儿子,父临死时嘱我穷得没法时找你。"优孟说:"你等着我的消息吧,别离开本地。"于是,有一天乘楚王请客时,优孟扮成孙叔敖向楚王敬酒,语言、神态无一不像孙叔敖,楚王大惊,以为孙叔敖复活了,想请他做丞相。优孟说:"等我回去和老婆商量一下,三天后回您的信。"三天后,优孟复来,说:"我老婆讲,千万别答应,楚相做不得。如孙叔敖做宰相时,尽忠又廉洁,使楚国雄霸天下。他死了,儿子贫无立锥之地,挑柴过日子。你如也像孙叔敖,不如自杀。"于是楚王大愧,感谢优孟告诉他这情况,立即把孙叔敖儿子找来,把他封在寝丘这地方,拨四百户人家的税收给他养活母亲和祭祀孙叔敖。

后人用"贫无立锥之地"这个典故比喻穷得连竖着放一根锥子这样一点点地方也没有。

气息奄奄

典出晋·李密《陈情表》:刘日薄西山,气息奄奄,人命危浅,朝不虑夕。臣无祖母,无以至今日;祖母无臣,无以终余年,母孙二人,更相为命。

公元263年,司马昭派遣钟会、邓艾等灭蜀之后,第二年他的儿子司马炎就废除魏帝曹奂,建立了西晋王朝。晋武帝司马炎为安抚蜀汉士族,便对汉蜀的旧臣采取笼络收买的怀柔政策,征召他们去洛阳任职。时李密在徘徊犹豫之中,决定暂时不去。于是以尽孝祖母为名,写了上武帝的《陈情表》。他在《陈情表》中描写他幼年时的生活说:"我生下来才六个月,我慈爱的父亲便去世了。我四岁的时候,舅父劝我母亲改嫁,改变了我母亲守节的志向。祖母刘氏怜悯我孤苦羸弱,亲自把我抚养。我小的时候,常常生病,到了九岁还不能行走。孤单困苦,没有依靠。直到长大成人,还是上面没有叔伯,下面没有兄弟,……单身独立,只有形体和影子互相安慰。并且祖母刘氏早年就有疾病,常常躺在床上,不能行动,我侍奉汤药,不曾离开过她。……而今祖母刘氏的病日愈沉重,正像太阳快往西山落下去了一样。她只有一丝儿气了,生命非常危急,早晨都很难料到她能不能活到晚上。我没有祖母,也就没有今天;祖母没有我,她也无法度过晚年。我们祖孙二人是相依为命的啊!"

晋武帝看了他的《陈情表》后,为了维护其"以孝治天下"的幌子,就答应李密的请求,免于应征,并在生活上予以优厚的照顾。

后人用"气息奄奄"来比喻人或事物接近死亡。

秦琼卖马

秦琼,字叔宝,山东人。他是唐朝开国皇帝李渊的儿子李世民领导下的一员大将。他的出身是小军官,因看隋朝搞得不像个样子,基于他本身利益,曾参加了河南的瓦岗军。自从李密领导了瓦岗军,秦叔宝与罗士信、赵仁基等俱成为李密的骠骑亲将。瓦岗军覆灭后,秦叔宝又为李世民所罗致,逐步成为高级军事领袖。随李世民统一内宇,又成为开国元勋。

秦叔宝这个人,在民间的声望是很大的,原因是有两部小说,帮了他很大的

忙。一部是褚人获的《隋唐演义》,一部是传说罗贯中所著,而实际到底是谁著,迄今仍无定说的《说唐》。这两部书都特别强调秦叔宝,尤其是《说唐》,秦叔宝成为书里中心人物,第一回"战济南秦彝托孤",开宗明义说出这个"太平郎"(秦叔宝乳名),是武卫大将军,济南守将秦彝的儿子。那时他才五岁,书中的故事,就围绕着他写,一直写到最后"高祖庆功麒麟阁"大封功臣,头一位就是"恩臣秦琼,临潼救驾,佐朕扫平宇内,特封护国并肩王,天下督都大元帅,赐双铜,专打奸佞……"再下来才封到尉迟敬德、徐茂功、程知节、魏徵等人。在《隋唐演义》与《说唐》里都有"秦琼卖马"的故事。《隋唐演义》第八回有"二贤庄卖马识豪杰"。《说唐》第五回有"秦叔宝穷途卖骏马"。这二回书中,都是说秦琼在潞州落了难穷得连饭店钱也付不出。先是典质了随身的兵器金装铜。后来逼得连自己的坐骑黄骠马也卖了。可是人在倒霉的时候,样样不遂心,连马也没有人要。幸而遇见了一位卖柴的老者,动了同情心,指引秦叔宝说:"这西门十五里外,有个二贤庄,庄上主人姓单号雄信,排行第二,人称他为二员外,常买好马送朋友。"秦琼久闻单雄信的大名,就由这位老者介绍,到了二贤庄,与单二员外见面。秦琼羞于说出自己的真名实姓,只称姓王,领了马钱而去,后来单雄信从王伯当的口中,获知卖马的人,就是山东济南府秦琼,便立刻追赶,终于追到。捧着秦琼的脸说:"叔宝哥哥,你端的想杀了单通也。"

后人用"秦琼卖马"比喻人处于穷困、窘迫的境地。

茕茕孑立,形影相吊

典出晋代李密的《陈情表》:"外无期(jī)功强近之亲,内无应门五尺之童。茕茕(qióng 穷)孑立,形影相吊。"

期功:旧时丧服名,血缘关系相当近的亲属穿,这里指近亲。强近:强为亲近。茕茕:孤独的样子。孑立:孤立。吊:安慰。全句意思是:外没有比较亲近的亲属,内没有应声开门的儿童,孤苦伶仃,只有形体和影子相伴相慰。

后人用"茕茕孑立、形影相吊"这个典故比喻一个人孤苦伶仃、无依无靠。

曲突徙薪

典出《汉书》:臣闻客有过主人者,见其灶直突,傍有积薪。客谓主人:"更为曲突,远徙其薪,不者且有火患。"主人默然不应。俄而家果失火,邻里共救之,幸而得息。于是杀牛置酒,谢其邻人。灼烂者在于上行,余各以功次坐,而不录言曲突者。人谓主人曰:"向使听客之言,不费牛酒,终亡火患。今论功而请宾,曲突徙薪亡恩泽,焦头烂额为上客耶?"主人乃寤而请之。

我听说过这样一个故事:有一个人去探望朋友,看到朋友家里炉灶上的烟筒砌得太直,旁边又堆着干柴,他便对主人说:"要把烟筒改成弯曲的形式,并且把柴堆移得远些。不这样,将会引起火灾。"主人听了默不作声。不久,主人家的房子果然着了火,邻居都赶来抢救,幸好把火扑灭了。于是主人杀牛备酒,酬谢他的邻居。被烧伤的人都坐在上席,其余的人也按出力的大小依次入座,却没有请那个建议他改灶搬柴的客人。这时,有人对主人说:"如果你听了那位客人的话,不但不要破费牛酒,房子也不会引起火灾。今天,你论功请客,怎么可以忘记那位劝你改灶搬柴的朋友呢?难道提出预防意见的人没有功劳,只有救火受伤的人才能当上宾吗?"主人听了,这才醒悟,去请了那位客人。

这个故事说明:防患于未然,十分重要。但是,人们往往重视抢救,而忽视预防;重视筋骨之劳,而忽视筹划之功。

燃眉之急

典出《三国志通俗演义·诸葛亮舌战群儒》:近闻玄德弃新野,走樊城,败当阳,奔夏口,无容身之地,有燃眉之急。

汉献帝时,曹操作丞相,挟天子以令诸侯,专权恣肆达到顶点,各地汉室的皇族,见曹操专权恣肆,都起来反抗,这时东吴孙权,也独立不听号令。曹操想统一天下,依次打败了刘表、刘琦,与刘备在新野等地交战,刘备因地狭兵少,无法支持。孙权见曹操大兵压境,也有点惶恐起来,派鲁肃到刘备那里,探听消息,并和刘备商议,刘、孙两方联合起来,共同抵抗曹操。但是孙权的文臣们,见曹操兵力强大,不敢抵抗,都主张投降。因此,鲁肃邀请诸葛亮同赴东吴,游说孙权出兵。诸葛亮到东吴以后,孙权帐下的谋士,纷纷起来和他辩驳。张昭是谋士中的领袖,他带着责问的口气对诸葛亮说:"我们很久以前已知道先生居住在隆中的时候,常常拿自己来比喻战国时的管仲、乐毅。管仲相桓公,使桓公成为诸侯的盟主,乐毅替燕出兵伐齐,攻下七十余城,现在刘备得到你之后,不但不能帮助他强大起来,反而失去了新野,丢弃了樊城,当阳长坂吃了败仗,又逃到夏口去,像燃眉一样的焦急,你哪里比得上管仲、乐毅的万分之一呢?"

后人用"燃眉之急"比喻事情万分危急。

忍辱负重

典出《三国志·吴志·陆逊传》：国家所以屈诸君使相承望者，以仆有尺寸可称，能忍辱负重故也。

陆逊是三国时期吴国的著名将领，曾任荆州牧、丞相等官职。

公元221年，蜀主刘备为了从孙权手里夺回战略要地荆州，为结拜兄弟关羽报仇，亲自率领部队攻打东吴。战争开始，蜀军接连取得胜利，深入吴境达五六百里，一直打到夷陵（今湖北省宜昌市东），连营数百里，声势十分浩大。吴主孙权，任命年轻有为的陆逊为大都督，带领五万人马，前往迎战。陆逊在吴将中资历较浅，归他指挥的诸将如朱然、潘璋、宋谦、韩当、徐盛、鲜于丹、孙恒等，有的是跟随孙氏征战多年的老将，有的是皇亲贵戚。他们都很傲慢，对年轻的书生陆逊当上都督，很不服气，甚至不肯服从陆逊的命令，陆逊十分着急。

有一次，陆逊召集众将，他手中紧握宝剑，高声说道："刘备天下知名，连曹操都有些怕他。现在他率大军进攻吴地，是我们的强敌，决不可以轻视他。希望众位将军以大局为重，同心协力，共同消灭来犯之敌。我虽然是个书生，但主上任命我为大都督，你们只好服从。主上之所以委屈诸位将军，使你们屈尊于我，就是因为我还有一点微薄的能力，能够忍受屈辱，挑起重担。今后，希望你们各负其责，不容推辞，军令如山，违者必按军法从事。"经陆逊这么一说，诸将心中虽有不服，但行动上再也不敢违抗。

陆逊指挥军队坚守七八个月之久，一直不与刘备决战。后来，蜀军疲惫，骄傲轻敌，陆逊乘机利用顺风进行火攻，大破蜀军，歼敌万余人，取得夷陵之战的重大胜利。刘备败退白帝城，不久病死。从此，东吴诸将十分佩服陆逊的才能。

成语"忍辱负重"即由此而来，意思是能忍受屈辱，担负重任。

日暮途穷

典出《史记·伍子胥列传》：始，伍员与申包胥为交，员之亡也，谓包胥曰："我必覆楚。"包胥曰："我必存之。"及吴兵入郢，伍子胥求昭王，既不得，乃掘楚平王墓，出其尸，鞭之三百，然后已。申包胥亡于山中，使人谓子胥曰："子之报仇，其以甚乎！吾闻之'人众者胜天，天定亦能破人。'今子故平王之臣，亲北面而事之；今至于死人，此岂其无天道之极乎？"伍子胥曰："为我谢申包胥曰：'吾日暮途远，吾故倒行而逆施之。'"

战国时代,楚平王的太子建有两个先生:一个叫伍奢,一个叫费无忌。费替太子到秦国去接秦女来结婚,待接来之后,因为秦女长得很美丽,费却怂恿平王收做了妃子。费无忌虽因这件事取得了平王的宠信,但怕将来平王死了,太子建继任国君,对他不利,就常在平王面前说太子不是,平王听信谣言,把太子调到边境城父去。后来又把伍奢监禁起来,并派奋扬去杀太子。幸奋扬秘密通知太子逃到宋国去了。

可是费无忌心还不甘,还要杀害伍奢的两个儿子(伍尚和伍员),派人诡说叫两个儿子到都城去,便可饶伍奢不死,否则便要杀害伍奢。伍尚明知有杀身之祸,还是去了;伍员即是伍子胥,却毅然出走,忍受不少屈辱,克服不少困难,逃到了吴国,过了十多年,帮吴王阖闾打到楚国都城郢。这时平王已死,伍子胥要报父兄之仇,掘坟开棺,拖出平王尸体,亲自用鞭子狠狠地打了三百下。伍子胥有个老朋友叫申包胥知道了这事,叫人送信去责备他报仇报得过分了。伍子胥对那送信人说:"你替我告诉申包胥,就说我仿佛是一个行路的人,天已经晚了,而路途还很遥远,不得不颠颠倒倒地走路,违背通常的情理做事"。

后人便引用"日暮途远"或"日暮途穷"这句话,譬喻人处在穷迫的境地之中,没有一点解救的办法。

如鸟兽散

典出《汉书·李广传》:陵叹曰:"复得数十矢,足以脱矣,今无兵复战,天明坐受缚矣,各鸟兽散,犹有得脱归报天子者。"

李陵是汉代著名的"飞将军"李广的孙子,善于骑射,礼贤下人,深得将士喜爱。汉武帝刘彻也很赏识他,经常夸他有李广的风度。

有一年,汉武帝派他去讨伐匈奴,他自愿带领五千步卒深入浚稽,直捣匈奴老巢。

李陵的部队到达浚稽山,与匈奴单于的部队相遇。单于用三万骑兵围住李陵,李陵命汉军在营外列阵,前排执戟、盾,后排持弓弩。单于看汉军兵少,便直奔汉营。李陵命将士击鼓开战,千弓俱发,喊声四起,匈奴兵应弦而倒,死伤无数。单于见事不妙,命令部将率八万骑兵一齐向汉军攻击。李陵寡不敌众,且战且退,退到一个狭谷里。汉军受伤的人很多,受轻伤的士兵仍然坚持作战。

这时候,汉军中一个叫管敢的人因为受了长官的大骂,一气之下投降了单于,并且报告了汉军的机密:

"李陵没有后援,箭快用完了,就剩下李陵和成安侯部下还有些箭,他们一共才八百多人,走在前边,打着白色旗和黄色旗,你们可以派骑兵打败他!"

单于果然派了精兵,将李陵堵在山谷中,大叫:"李陵快来投降!"

因为李陵的部队处在谷底,单于在山上,形势很不利。单于用石头、木棒袭击汉军,汉军死伤惨重,已经无法前进。

天黑以后,李陵数一数人数,活着的人不多了,便悲痛地与他们说:

"我们注定失败了,这样下去谁也活不成了,你们别跟我走了,有勇气的去和单于拼吧……"

汉军的将官劝他说:"将军,别悲伤,你的大名威震匈奴,天命不会让你死的,你以后还可以设法回汉。从前不是也有过汉将被俘以后重新回到家乡的吗?皇帝也是以礼相待的,何况您李大将军呢?"

"不,我不死在战场就不是壮士!"

李陵下令放倒军旗,把珍宝埋入地下,然后对将士们说:

"现在还剩下几十只箭,完全可以逃脱的,不要等待天亮以后被他们俘虏去。你们像鸟兽那样各自散去逃命吧,能有几人回去报告皇帝也是好的。"

李陵给每个军士带上两升粮食、一块冰,冰是当水喝的。半夜之后,他让兵士们各自走开,他自己上马驰出山谷,单于用几千骑兵追赶他,成安侯韩延年中箭落马,李陵一人战败被俘。

成语"如鸟兽散"便是由此而来,意思是像鸟兽那样四处飞奔逃散,现在则用它形容溃败逃散。

上无片瓦,下无插针之地

典出宋·释道原《景德传灯录》:此人,上无片瓦,下无卓锥。

时间已经是深夜了,寺内的讲经堂内还灯火通明。几个老和尚坐在讲经堂内讲经说法。夹山和尚问:"什么样的人才算有了道呢?"

船山和尚顺口笑道:"此人,上无片瓦,下无卓锥。"(有道的人,他心中一无所有;他头上连瓦也没有一片,脚下连插锥子那样小的地方也没有。)另一个和尚点点头说:"我们出家人就是这样,要想学道,就必须什么都不想,只能一心想着成佛。"

后人把"上无片瓦,下无卓锥"说成"上无片瓦,下无立锥之地"或"上无片瓦,下无插针之地",用来形容人穷得头上无一片瓦(即无住房),脚下连插针那么点地(耕地)也没有。

身轻言微

典出《后汉书·孟尝列传》：臣前后七表言次故合浦太守孟尝，而身轻言微，终不蒙察。

东汉时候，浙江会稽上虞县有一个寡妇，对年老的婆母非常孝顺。丈夫死后，她一个人砍柴烧饭，侍奉婆婆，村里人都夸她是一个好媳妇。后来，她的婆母因为年老去世。

这位寡妇有一个小姑，也就是她丈夫的妹子。这个人心肠歹毒，为人刁钻，对自己母亲不但不敬、不孝，反而说她受嫂嫂虐待。老人死后，她竟然到县衙告状，说嫂嫂毒死了老婆婆。县令是一个昏庸之辈，不加调查就判了寡妇死罪。当时在县衙内担任户曹小官的孟尝，知道这是一起冤案，急忙报告太守，可太守根本不当回事儿，孟尝又气又恨，哭着离开官衙，辞职不干了。寡妇终于冤枉而死。

两年之后，换了一个新太守，孟尝向他告发寡妇蒙冤受难。新太守惩办了诬谄贤妇的那个女人，郡中百姓无不拍手称快。不久孟尝到合浦当太守，他制定了采珠的一些法令，保护珍珠母贝，珍珠产量逐年提高，使贫穷的合浦又繁荣起来。当地的采珠人和百姓交口称颂他的功绩。

孟尝有一个同乡，名叫杨乔，当时在朝廷做尚书。他很了解孟尝，因此曾七次向皇帝推荐孟尝，但汉桓帝都没有理睬。杨乔又第八次给桓帝上书，说：

"臣下前后七次向陛下举荐合浦太守孟尝，但因为我职位低下，言语也就微不足道，始终得不到采纳。孟尝确实是一个品行高尚的人，为百姓做了许多善事。他是难得的清廉之士呀，如果选到陛下左右，一定能帮助陛下成就大业！"

可是汉桓帝仍然不采纳杨乔的建议。孟尝不愿做官，他以生病为由，请求免职还乡。听说孟尝要弃官归家，老百姓成百成千地拦路阻挡，不让他辞官。郡吏们也拉住车辕，极力挽留他。可是孟尝决心不再当官，他在夜里偷偷坐上渔民打鱼的小船，一个人悄然离去了。

成语"身轻言微"即由此而来，意思是地位低下的人，说的话也不被人所重视。

身在曹营心在汉

典出《三国演义》二十五回至二十七回。

关羽和刘备结拜兄弟，两人在战场上失散后，关羽在曹操营中暂时存身，却日夜思念着刘备。曹操待关羽甚厚，三日一小宴，五日一大宴，又送美女十人使侍关公，关公尽数送入内门，令服侍嫂嫂。一日，曹操见关公所穿绿战袍已旧，乃取异锦作战袍一领相赠。关公受之，穿于衣底，上仍用旧袍罩之。操笑曰："公何如此之俭乎？"关公曰："旧袍乃刘兄所赐，不敢以丞相之新赐忘兄长之旧恩耳。"曹操听了，心中不悦。忽一日，曹操见公马瘦，曰："公马因何而瘦？"关公曰："贱躯颇重，马不能载。"操令左右备一马来。那马身如火炭，状甚雄伟——即赤兔马也，遂并鞍辔送与关公。关公再拜称谢。操不悦曰："吾累送美女金帛，公未尝下拜。今吾赠马，乃喜而再拜，何贱人而贵畜耶？"关公曰："吾知此马日行千里，今幸得之，若知兄长下落，可一日而见面矣。"操愕然而悔。

曹操对部将张辽曰："吾待关公不薄，而彼常怀去心，何也？"张辽乃往见关公。关公曰："吾深感丞相厚意，只是吾身在曹营，心念兄长，未尝去怀！"张辽曰："兄言差也，刘备待兄未必过于丞相，兄何故只怀去志？"关公曰："吾固知曹公待吾甚厚，然吾与刘备誓共生死，不可背之。"辽曰："若刘备已弃世，公何所归乎？"关公曰："愿从于地下。"辽归告曹操，操叹曰："事主不忘其本，乃天下之义士也。"

这就是关羽"身在曹营心在汉"的故事。

后人用"身在曹营心在汉"的这个谚语比喻人身在这一营垒，心却在另一个营垒。

尸居余气

典出《晋书·宣帝纪》：司马公尸居余气，形神已离，不足虑也。

魏废帝嘉平时，曹爽当了大将，掌握了全国的军权，骄奢无度，任情恣肆地享乐，当时很多人向他规劝，他都不听，他所惧怕的只有太傅司马懿。

那时河南主官李胜，是曹爽的亲信僚属，他被调任到荆州去做刺史时，知道曹爽最怕的是司马懿，便向司马懿去辞行，想顺便侦察司马懿的行动。司马懿特地装出生病的样子，叫两个婢女扶持着，衣服一半落在地上，用手指指口，表示口渴，婢女给他吃粥，他装出没有气力去接碗的样子，就用口在婢女手上喝着吃，粥都流在胸前的衣服上。李胜见他这个样子，说："我以为是你的老毛病复发，哪里晓得你的身体衰弱到这个地步呢？"司马懿有气无力地说："我年老多病，就要死了，你要到并州去，并州地方接近胡人，你要好好的防备，我恐怕不能再和你见面了，我的儿子，请你好好的照顾他们。"李胜说："我是去荆州，不是并州。"司马懿故意的胡言乱语了一阵，李胜见他神智不清，回去报告曹爽说："司马懿尸居余气，形神已离，大概就快死了，不必忧虑他了。"

后人用这"尸居余气"，意思是说一个人已接近死期；也形容人暮气沉沉，碌碌无为。

仕数不遇

典出《论衡·逢遇》：昔周人有仕数不遇，年老白首，泣涕于途者。人或问之："何为泣乎？"对曰："吾仕数不遇，自伤年老失时，是以泣也。"人曰："仕奈何不一遇也？"对曰："吾年少之时学为文，文德成就，始欲仕宦，人君好用老。用老主亡，后主又用武。吾更为武，武节始就，武主又亡。少主始立，好用少年，吾年又老，是以未尝一遇。"

有个周朝人，一生中多次求官，直到鬓发斑白都没有成功。

这天，他走在路上，回首往事，伤感地落下泪来。

有人问道："您为什么哭泣呢？"他抽咽着说："我几次谋官都得不到赏识。现在已经年迈，再没有机会了，因此伤心地落泪。"那人又问："您为什么一次都得不到赏识呢？"他回答说："我少年时苦读书经史，后来文才具备，试图求官，不料君王却喜欢任用老年人。这个君王死后，继位的君王又喜欢任用武士，我发愤改学武艺，谁知武功刚学成，好武的君王又死去了。现在新立的君王开始执政，又喜欢任用年轻人，而我的年龄已经老了，所以终生不曾得到一次赏识，未能做官。"

后人用"仕数不遇"的这个典故告诫人们，要扎扎实实，学好一门，精通一门，为国家为人民，做些有益的事情；不要投机，不要先看上面的好恶，转移自己的学业。迎合钻营，肯定失败。

室如悬磬

典出《国语·鲁语上》：室如悬磬，野无青草，何恃而不恐？

齐孝公是战国时实力比较强大的诸侯，有一次，他出兵去征伐鲁国，鲁君想派人用言语去说服齐国，制止齐国的侵略，但想不出用什么话去说服，便去问展禽。展禽说："我曾经听别人说过，处在大国的地位，才可以教导小国，处在小国的地位，只能服事大国，这样才能消除战争，没有听说用言辞去止战乱的。假如做了小国，还很自大的话，那只有惹起大国的恼怒，增加乱事，现在乱事已经开始，不是言辞所能收到效果的。"于是展禽派乙喜拿膏沐去犒劳齐军，并说道："我们的君主没有才干，不能妥善管理边界上的事情，使你们动怒，劳累你们的军队露宿在我们的境地上，所以命令我来犒劳贵国的兵士。"齐侯说："你们鲁国现在才恐慌吗？"乙喜答道："小人是很恐慌了，君子却并不恐慌。"孝公说："你们室如

悬磬，田野里连青草都没有生长，怎么还说不恐慌呢？"

磬：是石做的器具，形状是方的，当中是石心的，悬磬，就是说里面没有东西。室如悬磬，是表示很贫穷；后人用"室如悬磬"形容贫穷到了极点。

死灰复燃

典出《史记·韩长孺列传》：其后安国坐法抵罪，蒙狱吏田甲辱安国。安国曰："死灰独不复燃乎？"田甲曰："燃即溺之。"居无何，梁内史缺，汉使使者拜安国为梁内史，起徒中为二千石。田甲亡走。安国曰："甲不就官，我灭而宗。"甲因肉袒谢。安国笑曰："可溺矣！公等足与治乎？"卒善遇之。

西汉时有个韩安国，他在梁孝王前做中大夫。当汉景帝因琐事不满孝王时，他跑去见景帝的姐姐，诉说孝王对景帝和窦太后的忠心和怀念，使孝王重获景帝和窦太后的宠信；他因此得赏千金财物，并因此而名闻全国。有一个名叫田甲的狱吏侮辱他，他十分气忿地说："死灰独不复燃乎？"意思是说：失败了就不能振作起来吗？可是田甲却斩钉截铁地回答他："如果你复燃，我就拉一泡尿浇灭它！"不久，梁地内史官的位置空出来了，朝迁见韩安国已经坐了一个时期的监牢，罪已办过了，有他允任；而且薪俸很高。田甲知道了这件事，非常害怕，偷偷地跑了。韩安国严厉地对人表示：如果田甲还不赶快回来，一定杀掉他的全家。田甲得到了这个信息，就光着身子跑去向韩安国当面请罪。安国笑说："你可以拉尿了，不必捆他。"但韩安国不但没有惩罚田甲，而且后来还对待田甲很好。

后人就根据这个故事里面韩安国所说的"死灰不复燃乎"这句话，引申成"死灰复燃"一句成语，用来譬喻人失败了又重新振奋起来，或用作说明已经销声匿迹的事情又重新出现和发展。

四面楚歌

典出《史记·项羽本纪》：项王军壁垓下，兵少食尽，汉军及诸侯兵围之数重，夜闻四面皆楚歌，项王乃大惊曰："汉皆已得楚乎？是何楚人之多也！"

项羽和刘邦原来约定以鸿沟（在今河南荥阳县）东西两边为界限，互不侵犯。后来刘邦听从张良和陈平的规劝，觉得应该趁项羽衰弱的时候消灭他，就又和韩信、彭越、刘贾会合兵力追击正在向东开往彭城（即今江苏徐州）的项羽部队。公元前202年12月，汉王刘邦率领汉军，将项羽的楚军重重包围在垓下（今安徽灵壁东南）。楚军长期被困，粮食吃尽，几次突围，都未奏效。一天夜里，包围在四周的汉军阵地上，传来了阵阵歌声。项羽侧耳一听，大吃一惊！原来汉军唱的尽是楚地民歌。项羽号称西楚霸王，不仅楚地是他的大后方。而且楚军中最精锐的八千名江东子弟兵，也都是楚地人。楚霸王听到这四面楚歌，暗想："汉军难道完全占领了楚地？他们哪来的这么多的楚人？！"其实，这四面楚歌，是刘邦的谋士张良为了涣散楚军的军心，故意叫士兵们学唱的。楚军士兵听到四面楚歌，也都以为家乡被汉军占领了。有的为乡音感动，引起共鸣，也哼唱起楚歌；有的思念父老乡亲、妻子儿女，竟然泣不成声。楚军经不起这四面楚歌的攻心战，逃的逃，降的降，最后突围时，跟随在楚霸王后面的只有八百来人，到了乌江，仅剩二十余名骑兵，而追赶的汉军却有好几千人。楚霸王终于在乌江边自杀了。

后来人们用"四面楚歌"形容穷途受困，四面受敌，处境孤危。

孙二娘开酒店

典出《水浒传》第二十七回。

武松替兄报仇，杀了西门庆、潘金莲之后，投案自首，被刺配解往东平府发落。这一天，两个公差押解武松来到孟州十字坡。时逢六月，炎炎烈日当天，三人走进大树旁的一家酒店歇脚。只见一个妇人起身迎接说："客官，本家有好酒好肉，要点心时，还有好大的肉馅馒头！"

武松和两个公差进到里面，要了酒肉馒头来吃。武松拿过一个肉馅馒头掰开一看，叫道："酒家，这馒头是人肉的，还是狗肉的？"那妇人嘻嘻笑说："客官休要取笑，清平世界，荡荡乾坤，哪里有人肉的馒头，狗肉的滋味？我家馒头积祖是黄牛的。"武松说："我在江湖上，多听人家说，'大树十字坡，客人谁敢那里过？肥的切做馒头馅，瘦的却把去填河！'"那妇人说："客官从哪里听来这话？这是你自己捏出来的。"武松说："我见这馒头馅肉有几根毛，像人小便处的毛一般，以此疑忌。"那妇人名叫孙二娘，绰号母夜叉。她的父亲原靠拦路抢劫为生。她学得一身武艺，招婿菜园子张青。孙二娘和张青夫妻二人，在孟州道十字坡盖些草屋，卖酒为生，实际上是只等客商过往，有哪入眼的，便把些蒙汗药与他吃了便死，将大块好肉，切做黄牛肉卖，零碎小肉，做馅子包馒头。孙二娘在酒店里招揽客人，张青每日也挑此去村里叫卖。这日，孙二娘见武松戏言要弄她，便笑着寻思：这贼配军死期将近，倒来戏弄老娘！她不动声色，暗地里用蒙汗药酒将他三人灌倒在地，叫人先把两个公差拖走。她自己动手要拖武松，没想到反被武松打倒在地。原来武松没有真正饮下药酒！孙二娘被按压在地上，痛得直叫："好汉饶我！"恰好她丈夫张青归来，帮她解了围。双方互通名姓，都是江湖好汉，于是言归于好。后来，孙二娘夫妇和武松也先后投奔梁山。

"孙二娘开的酒店——进不得",比喻危险境地,不能进去。

孙悟空戴上紧箍

典出《西游记》第十四回。

孙悟空大闹天宫,被如来佛施法压在五行山下。直至五百年后,唐僧三藏要往西天取经,路过五行山,才救出孙悟空,收作徒弟。

孙悟空跟随师父,一路上过江涉水,爬山越岭。一日,师徒二人正往前行,忽听路旁唿哨一声,闯出六个大汉,拦路抢劫,不由分说,举起刀枪打来。孙悟空大怒,取出金箍棒,对准六贼,一棒一个,全都打死了。唐僧见了,申斥他说:"出家人宁死不敢行凶,像你这样暴横,去不得西天,当不得和尚!"孙悟空一生受不得气,见唐僧唠叨不休,早按不住心头的火气,撒手不干,纵云向东离去。

唐僧无奈,独自牵马行进。路上,遇见观音菩萨化作老婆婆,将一件锦衣和一顶花帽交给他,还教了他"紧箍咒经",说:"等猴子回来给他穿戴。他若不服使唤,你就默念'紧箍咒',他便有法无用了。"

孙悟空离了师父,一路想来,感到后悔,觉得还是保唐僧去西天取经,才是正理,便又转身回来找师父。唐僧把锦衣、花帽给他穿戴上,然后心中默念那"紧箍咒经"。刚念一遍,猴子就叫:"头痛!头痛!"又念了几遍,痛得猴子竖蜻蜓,翻筋斗,耳红面赤,眼胀身麻,躺在地上打滚,不住地乱抓嵌金的花帽。唐僧怕他把金箍扯断了,就住口不念。说来很灵,孙悟空的头立刻也就不痛了。悟空摸摸头,似有一条金线,紧紧地勒在头上,取不下,扯不断,像是生了根似的。他的猴性又起,忿忿地说:"我这头痛,原来是师父咒的。"取出金箍棒,要向唐僧打来。慌得唐僧连忙又念起紧箍咒。猴子顿时头痛得跌倒在地,丢下铁棒,只得苦苦哀求:"师父,我再也不敢了!"从此,孙悟空下定决心,保着唐僧去西天取经。

"孙悟空戴上紧箍——有法无用",比喻被人束缚住,纵有本事也用不上。

孙悟空遇到如来佛

典出《西游记》第七回。

孙悟空大闹天宫,天庭一片混乱。玉皇大帝无法,只好派人去请如来佛前来降伏。

如来佛即唤阿傩、迦叶二尊者相随,来到灵霄殿外。只见变做三头六臂的孙悟空,把那根金箍棒舞得像个风车叶子一样,不见人形,众天神根本无法近他身边。如来佛上前喝令:"停息干戈!"孙悟空收了法象,现出原形,怒气冲冲,不把如来佛看在眼里。他说:"要想停息干戈倒也容易。常言说,'皇帝轮流做,明年到我家'。只要玉帝搬出去,把天宫让给我就行了。"如来佛听了,一阵冷笑,问:"你这猴精,有何本领,敢占天宫?"孙悟空答道:"我能七十二变,一个筋斗十万八千里。"如来佛把手一伸,说:"你若一筋斗翻出我的手掌,我就劝玉帝让位给你。"悟空不知是计,心中暗暗笑着:"我一筋斗十万八千里,如何跳不出去?"于是,如来佛伸开像片荷叶般的手掌。孙悟空把金箍棒藏在耳内,将身一纵,站在如来佛手上,说了声:"我去也!"便跳在空中,像风车般地打起筋斗云,拼命往前冲。忽然见到前面有五根肉红柱子,撑着一股青气。孙悟空断定已经到了天的尽头,才停下来。他恐怕空口无凭,拔下一根毫毛变作毛笔,在中间柱子上写下"齐天大圣,到此一游"八个大字。而后,转身打起一个筋斗云,仍回原处,站在如来佛掌心,悟空说:"我去了又回来,这回该叫玉帝让位了吧!"如来佛却说:"你根本不曾离开我的手掌。"悟空不服,要拉如来佛去看他留下的字迹。如来佛笑着说:"你看我手指上是什么?"悟空睁圆火眼金睛,朝前一看,大吃一惊!原来如来佛右手中指上,真有他写的那八个字。墨迹还未干呢!"哪有这种怪事!我就不信。"孙悟空想再去看看,纵身正要跳起,如来佛眼疾手快,翻掌一扑,悟空被推出西天门外。如来佛将五指化作金、木、水、火、土五座联山,把孙悟空紧紧地压在五行山下。

如来:是佛教名词,梵文"多陀阿伽陀"的意译,为佛教的开创者释迦牟尼的一种称号。"如"谓如实。"如来"即从如实之道而来,开示真理的人。佛常用以自称。如来佛:这里是《西游记》中人物,神通广大,佛法无边。"孙悟空遇到如来佛——翻不出手掌",比喻逃脱不了的厄运。

天低吴楚,眼空无物

典出元·萨都剌《念奴娇·登石头城》:石头城上,望天低吴楚,眼空无物。指点六朝形胜地,惟有青山如壁。

元代诗人萨都剌,有一次,登上石头城瞭望四方,触景生情,回顾往事,感慨万端,因填《念奴娇·登石头城》一首。这首词的开头几句是:

石头城上,
望天低吴楚,
眼空无物。
指点六朝形胜地,

惟有青山如壁。

这几句词的意思是：登上石头城的高处，遥望吴楚一带，天向下垂，空荡荡的一片，什么也没有。长江中下游，历来是豪杰争斗的地方，而今豪杰不知何处去了。指点汉魏六朝以来的形胜地方，而今就剩下如壁的青山了。

后人用"天低吴楚，眼空无物"来形容众叛亲离、土崩瓦解的局面。

望尘莫及

典出《南史·孝义传》：吴庆之，字文悦，濮阳人也，寓居江兴。宋江夏王义恭为扬州，召为西曹书佐。及义恭诛，庆之自伤，为吏无状，不复肯仕，终身蔬食。后王琨为吴兴太守，欲召为功曹，答曰："走素无人世情，直以明府见接有礼所以奔走岁时，若欲见吏，则是蓄鱼于树，栖鸟于泉耳。"不辞而退。琨追谢之，望尘莫及矣。

吴庆之，字文悦，南朝宋时濮阳人（今安徽省灵璧县）。王义恭在扬州做太守的时候，曾请他担任类似现在秘书的职务。后来王义恭因事被皇帝杀了，吴庆之觉得自己没有辅佐的能力，从此就不再出来做官。不久，王琨就任吴兴（今浙江省吴兴县）太守，打算请他做功曹（官名）。他便对王琨说："我一向不懂得什么事情，只因为从前的太守很看得起我，所以才奔走了一些时候。假如你还要我做官，那简直是把鱼食放在树边，把鸟放在水里。"吴庆之说完这话，也不告辞一声，拔腿就走。王琨连忙跟在他后面追赶，但只见前面扬起的灰尘，已经赶不上他了。

后来的人根据这故事的最后一句话，引申为成语，比喻在某方面远远赶不上别人，远远地落后。

危如累卵

典出张守节《史记正义》引《说苑》：晋灵公造九层之台，费用千金，谓左右曰："敢有谏者斩。"荀息闻之，上书求见。灵公张弩持矢见之。曰："臣不敢谏也。臣能累十二博棋，加九鸡子其上。"公曰："子为寡人作之。"荀息正颜色，定志意，以棋子置下，加九鸡子其上。左右俱慑息，灵公气息不续。公曰："危哉，危哉！"荀息曰："此殆不危也，复有危于此也。"公曰："愿见之。"荀息曰："九层之台，三年不

成,男不耕,女不织,国用空虚,邻国谋议将兴,社稷亡灭,君欲何望?"灵公曰:"寡人之过也乃至于此!"即坏九层之台也。

春秋时代,晋灵公为了个人的享受,强拉了大批的老百姓,耗用了大量的钱财,建造九层的高台。他怕臣子们劝说阻止,就预先下了不许规劝的命令。荀息知道了这件事,跑去见他。灵公知道了,便拿出弓,举起箭,等着他来;准备只要他一开口规劝,就把他射死,荀息明知情势很紧张,但装做轻松愉快的样子声明说:"我不敢规劝什么。我只是来表演一个小技艺:我能够把九个棋子堆起来,上面加十二个鸡蛋。"灵公听他这玩艺儿倒很有趣,立时撤了弓箭。荀息定了定心神,严肃认真地先把九颗棋子堆起来,然后又把鸡蛋一个个加上去。旁边在看的人担心会掉下来,都害怕得屏住了呼吸;灵公也惊慌得紧促地叫:"危险!危险!"荀息却慢条斯理地说:"这有什么了不起的危险,还有比这更危险的哩!"灵公说:"我也愿意看一看。"这时,荀息不再做什么别的表演,而是立定身子沉痛地说:"为了建造九层的高台,三年没有成功。国内已经没有男人耕地,没有女人织布了。同时,国库也已空虚,临近的国家将要侵略我们;国家总有一天要灭亡的,你还打算怎么样呢?"晋灵公这才醒悟,立即下令停止造台工程。

在古代,由于皇帝的专制,臣子们都不敢直言规劝,所以常常有用譬喻的方法,来使皇帝醒悟;这些譬喻不但恰到好处,而且内容丰富,表现了我们祖先的出色智谋。后来的人,就根据荀息累积鸡蛋的惊险技艺这件事,引申成"危如累卵"这句成语,用来开窍极为危险的局面或形势。

味如鸡肋

典出《三国志·魏书·武帝纪》裴松之引《九州春秋》:夫鸡肋,弃之可惜,食之无所得,以比汉中,知王欲还也。

曹操带兵攻打汉中,驻在斜谷界口,不能取胜,进退维谷。进,又无法取胜;退,又怕丢了面子。正在为难的时候,恰好厨师送上一碗鸡汤来,汤里有几根鸡肋。曹操看见鸡肋,引起了一阵感触。这时,部将夏侯惇来问夜里的口令,曹操随口说道:"鸡肋!鸡肋!"口令传出之后,杨修就去整理行装,准备回去。别人觉得奇怪,便问他为啥这样干? 他回答说:"鸡肋这东西食之无肉,弃之可惜。出这口令是用鸡肋比喻汉中,看来是想退兵了,所以我先把行李收拾好,免得临时忙乱。"后来曹操果然下令班师回朝。

后人用"味如鸡肋"比喻对事情的兴趣淡薄,或所得实惠不多。

无计可施

典出《三国演义》第八回：王允曰："贼臣董卓，将欲篡位，朝中文武，无计可施。"

东汉末年，何进将自己的妹妹献于灵帝当了皇后，自己任大将军。灵帝死后，何进立少帝刘辩，他自己则专断朝政。外戚专权引起了宦官的不满。为了巩固自己的权势，何进与袁绍等共谋诛杀宦官，并召凉州豪强、大军阀董卓进京协助。

昭宁元年（公元 189 年），董卓率兵进入洛阳。这时，何进因所谋之事泄露，已被宦官杀了。董卓进京后，废了汉少帝，立刘协为帝，就是汉献帝。董卓自己则专断了朝政。因曹操和袁绍等起兵反对，董卓挟献帝西迁长安，自任太师。他残暴专横，纵火焚洛阳周围数百里，使生产受到严重破坏。

董卓的专权与横暴，引起了朝中文武大臣的不满，但大家又惧怕他的权势，敢怒不敢言。司徒王允见此情景，便想出一条连环计来除掉董卓。他对府中的歌女貂蝉说：董卓这个老贼，妄图篡权夺位，朝中文武大臣对此无计可施，我想先把你配给吕布，然后再献给董卓，让他们互相争斗，借吕布之手杀掉董卓。貂蝉欣然答应了王允的要求，并依计行事。董卓果然被王允、吕布所杀。

后人用"无计可施"指想不出什么办法来。

无可奈何

典出《史记·范雎列传》：范雎既相，王稽谓范雎曰："事有不可知者三，有不可奈何者亦三。宫车一日晏驾则事之不可知者一也。君卒然捐馆舍，是事之不可知者二也。使臣卒然填沟壑，是事之不可知者三也。宫车一日晏驾，君虽恨于臣，无可奈何。君卒然捐馆舍，君虽恨于臣，亦无可奈何。使臣卒然填沟壑，君虽恨于臣，亦无可奈何。"

范雎当上了秦国的宰相，当年曾经救助过他的王稽，官职原封未动，因此王稽有些不大满意。有一天，王稽去找范雎说：

"我以为人世间的事情，不可知道的有三件：一是皇帝不知哪天忽然驾崩归山；二是您不知什么时候离开人世；三是我自己不知哪天死在山沟里。人世间还有无可奈何的事情三件：皇帝死了，他虽然恨臣子也无可奈何了；您离开人世，君恨于臣也无可奈何;我死在山沟里,群恨于臣也是无可奈何了……"

范雎听了王稽的话,心里很不是滋味,便到秦昭王那里去说:

"陛下,王稽是有大功劳的臣子呀,若不是他的庇护,我来不到秦国;若不是您的圣贤,我也不会当上宰相。今天我做了宰相,而王稽却不见提升官职,我心里过意不去呀……"

"好吧,那就提王稽为河东郡守吧!"秦昭王满足了他的要求。

原来范雎本是魏国人,先在魏中大夫须贾家里做门客,后来须贾怀疑他暗中勾结齐国,将他打得半死,扔进厕所里,他逃命后改名为张禄隐藏起来。正巧秦昭王派王稽到魏国访寻贤人名士,有人将范雎推荐给他。王稽夜里与范雎谈得很投机,便约他到秦国去,范雎高兴地答应了。

王稽和范雎乘车进入秦国,走到湖县的时候,碰上秦相国穰侯的车马。

范雎担心地说:"我听说穰侯是很专权的,反对接纳别国的宾客,如果知道我来了,他会不肯放过的,我还是藏在车里吧!"

穰侯果然把车马停下来,问王稽:

"你这次去魏国有何收获? 有没有带来宾客呀? 他们是只会乱人耳目,毫无益处呀!"

王稽恭敬地回答:"哦,我什么人也没有带回来,您说得对……"

穰侯走远了。范雎跳下车子,对王稽说:"我看穰侯这个人很狡猾,一会儿一定回来检查车子,我还是躲开走吧!"

果然不出范雎所料,穰侯走出一里多路,突然折回来搜索王稽的车子。他没有查出人来,才放心离去。

范雎在王稽的保护下,安全地进了咸阳城,接着拜见了秦昭王,取得了秦昭王的信任,后来做了秦国的宰相。

王稽将范雎请来秦国,是有功劳的,所以他才向范雎说了那番话。

成语"无可奈何"就是由这而来,后人用它表示虽心中不乐意,但亦没有办法。

无立锥之地

典出《庄子·盗跖》:盗跖大怒曰:"丘来前! 夫可规以利而可谏以言者,皆愚陋恒民之谓耳。今长大美好,人见而悦之者,此吾父母之遗德也。丘虽不吾誉,吾独不自知邪? 且吾闻之,好面誉人者,亦好背而毁之。今丘告我以大城众民,是欲规我以利而恒民畜我也,安可久长也! 城之大者,莫大乎天下矣。尧舜有天下,子孙无置锥之地,汤、武立为天子,而后世绝灭;非以其利大故邪?"

春秋时期,鲁僖公有一个大夫,姓展名禽,字季,谥号惠。人称下季,又称柳

下惠。柳下惠有一个弟弟叫盗跖,是一个江洋大盗。孔丘去劝说盗跖,想叫他改邪归正。盗跖不肯接见他,还把他大骂一通,说,如果孔丘再不滚回去,就把他的心肝掏出下酒吃。孔丘仗着自己是柳下惠的朋友,再次请守门人通报,说:"我与柳下惠是朋友,请求到帐幕之下,见盗跖将军一面。"守门人又进去通报,盗跖说:"叫他进来!"孔丘一溜小跑,毕恭毕敬地进去了。盗跖大怒,伸着两脚,手按宝剑,圆睁双目,声如护犊子的母虎,说:"孔丘,你过来!你所说的话,如果符合我的心意,就不杀你;如果不符合我的心意,我就叫你死!"孔丘说:"天下有三种美德:长得高大魁梧,美好无比,老人小孩富人穷人见了都喜欢,这种美德是上等的;通晓天文地理,对万事万物都有明察,这种美德是中等的;勇敢剽悍,刚毅果敢,能够聚众率兵,这种美德是下等的。只要具备了其中一种美德,就可以称帝为王了。如今将军您有三种美德,身长8尺2寸,满面红光,唇如丹漆,牙齿整齐,声如洪钟,然而却名叫盗跖,我认为是不合适的,如果您肯接受我的建议,我就为您南使吴、越,北使齐、鲁,东使宋、卫,西使晋、楚,我将说服这些国家,为您建造起数百里大城,给您采邑数十万户,尊将军您为诸侯,从而使天下罢兵休卒,共享太平。这是圣人才士的行为,也是天下人的愿望。"

盗跖大怒说:"孔丘,你靠前站!能被利益打动,能被花言巧语说服的人,都是愚昧浅陋的顺民。我身材高大,容貌美好,人人见了都喜欢,这是父母遗传给我的美德。虽然你不夸奖我,难道我自己还不知道吗?况且我听说,喜好当面恭维人的家伙,也喜好在背后诋毁人。今天,你说要给我造大城,又给我数十万户民众,这是想拿利益引诱我,叫顺民们畜养我,怎么能够长久呢!大城再大,也不会比天下大。尧舜拥有天下,而他们的子孙却穷困到极点,没有立足之地;商汤和周武王贵为天子,而断子绝孙。这不是因为他们获利太大了吗?"

"无立锥之地"就是从这个故事来的。"立锥之地",形容地方极小。人们用"无立锥之地"形容穷困到了极点;也可用来形容无立足之地。

心如死灰

典出《庄子·齐物论》:南郭子綦隐机而坐,仰天而嘘,荅焉似丧其耦。颜成子游立侍乎前,曰:"何居乎?形固可使如槁木,而心固可使如死灰乎?今之隐机者,非昔之隐机者也。"

战国时代,有一个人叫子綦。古人纯厚质朴,多以居处为号,子綦居住在南郭,因此号叫南郭,人们称之为南郭子綦。他是楚昭王的庶弟,楚庄王的司马官。南郭子綦怀道抱德,清静寡欲,淡于名利。有一次,南郭子綦凭几而坐,凝神遐想,仰天而叹,表现出一副忘却外物的超然沉静的神态。他有一个弟子,姓颜名偃,字子游,谥号成,人称颜成子游。颜成子游侍立在南郭子綦身旁,说:"怎么回

事呢？固然可以使形体像干枯的树木，难道也应当把心变得像熄灭的灰烬吗？您今天凭几而坐的样子，与过去凭几而坐的样子不同啊。"

"心如死灰"就是从这个故事来的。它本指内心枯寂平静，不为物欲情感所动。现在多用它形容精神消沉，意志消磨。

一败涂地

典出《史记·高祖本记》：刘季曰："天下方扰，诸侯并起，今置将不善，一败涂地。吾非敢自爱，恐能薄，不能完父兄子弟。此大事，愿更相推择可者。"

秦朝时候，沛县县令叫泗水亭长刘邦押送一批老百姓到骊山做苦工。不料走到半路上，接二连三地逃走了很多，刘邦想：这样下去，不等到骊山，就一定会逃光，自己免不了要被治罪，他想来想去，索性把没有逃跑的都释放了，自己和一些不想走的人躲在芒、砀二县交界的山泽中。

秦二世元年，陈涉在大泽乡起兵反秦，自称楚王。沛县令想归附，部属萧何和曹参建议说："你是秦朝县令，现在背叛秦朝，恐有些人不服，最好把刘邦召回来，挟制那些不服的人，那就好办了。"沛县令立即叫樊哙去请刘邦。可是当刘邦回来时，沛县令见他领有近百人，怕他不服从自己的指挥，又懊悔起来。于是下令紧关城门，不让刘邦进城。刘邦在城外写了一封信，绑在箭上射给城里的父老，叫沛县父老们齐心杀了县令，共同抗秦，以保全身家。父老们果真杀掉县令，打开城门，迎接刘邦进沛县，并请他做县令。刘邦谦虚地说："天下形势很紧张，假若县令的人选安排不当，就会'一败涂地'。请你们另外选择别人吧！"但最后，刘邦还是当了县令，称做沛公。

"一败涂地"本来是一旦破败，就要肝脑涂在地上的意思。但后人则一直借用它说明失败之后，而至不可收拾的情势。

一筹莫展

典出《宋史·蔡幼学传》：宁宗即位，诏求直言，幼学奏：九重深拱而群臣尽废，多士盈庭而一筹不吐。

南宋时温州瑞安有个蔡幼学，他是当时著名学者陈傅良的学生。由于他勤奋努力，进步很快，一般人都说他的文章比他老师写得好。

宋光宗时，他曾任校书郎。光宗死后，宁宗继位。宁宗为了广开言路，便征求君臣的意见，并要求他们直言不讳。蔡幼学上书宁宗说："要想当好皇帝，必须做好三件重要的事：一事亲，二任贤，三宽民。要办好这三件重要的事，最重要的就在于讲学。近年来，一些坏人制造和平言辞来排斥好人，因此，大臣们想有所作为又怕别人说他故意多事；忠心之人想尽力做一些有益的事，又怕违背了圣旨而遭到不幸。这样就使您一人孤立在上，而把君臣抛在一边，其结果是有志之士充满了朝廷，而朝廷却'一筹不吐'（一点办法也拿不出来）。"

后人把"一筹不吐"说成"一筹莫展"，用来表示一根算筹也摆布不开，比喻一点办法也没有。

一发千钧

典出韩愈《与孟尚书书》：百孔千疮，随乱随失，其危如一发引千钧，绵绵延延，寝以微灭。

韩愈，字退之，唐朝邓州南阳人，是当时的大文豪，主张文以载道之说，以复古为革命，用散文代替骈文，影响当时及后代非常大，所以有文起八代之衰的功劳。他很反对佛教。唐宪宗要派使者去迎接佛骨入朝，他上表谏阻，得罪了皇帝，被贬到潮州去当刺史。他在潮州结识了一个老和尚，由于很谈得来，所以两人往来比较密切，而外间的人都传说韩愈也相信佛教了。

他的朋友孟郊（几道），当时做着尚书，是最不信奉佛教的。也为此得罪宪宗皇帝被贬谪到吉州去。到了吉州后，他也听到人们传说韩愈已经信起佛来，为此，他特地写了封信去问韩愈。

韩愈接到孟几道的信后，知道因他与和尚往来，才引起别人发生了误会，马上回信向孟几道加以解释。而且，韩愈对当时在朝的一班大臣们，信奉佛教，不守儒道，一味拿迷信来迷惑皇帝，大加抨击。他对皇帝疏远贤人，使儒道堕落，颇为愤慨。信中有这样的话："百孔千疮，随乱随失，其危如一发引千钧……"

这是比喻一件事情，到了极危险的地步，好像一根头发，系着一千斤重的东西。现在一般人凡是遇到最危险的事情，往往就拿这句话来形容。

一身两役

典出《梁书·张充传》：一身两役，无乃劳乎？

南朝齐有个人名叫张充，喜欢打猎。有一天他出外打猎，左手牵着猎犬，右臂上站一只鹰，神气十足，十分潇洒。他父亲张绪看见了便幽默地说："一身两役，无乃劳乎?"（你一个人同时做两件事，岂不太劳累了吗?）张充连忙跪下对他父亲说："常言道：三十而立，我今二十九岁了，请允许我明年改吧。"张绪说："过而能改，那就好了。"第二年张充发奋学习，博览群书，后终被征为散骑常侍、金紫光禄大夫。

后人用"一身两役"表示一个人兼两种职务，或一个人同时干两项工作。

易子而食

典出《左传·宣公十五年》：宋人惧，使华元夜入楚师，登子反之床。起之曰："寡君使元以病告，曰：'敝邑易子而食，析骸以爨；虽然，城下之盟，有以国毙，不能从也。去我三十里，唯命是听。'"子反惧，与之盟，而告王。退三十里，宋及楚平。

春秋时鲁宣公十四年（公元前595年）的九月里，楚庄王因宋国杀了楚国过境的使者申舟，而亲自率兵攻打宋国。宋国所处的地位，本来就不好，它是处在齐、晋、楚三大强国的中间，而且又无险可守。所以宋人对战争有深刻的感受，认识到战争加在他们身上的痛苦。

宋国人民英勇坚毅，坚决守城，绝不向强大的敌人屈服。楚兵从第一年的九月围困宋国首都，一直到第二年的五月，还是不能将宋国攻下。楚王准备收兵回国了，楚大夫申犀（申舟的儿子）说："毋畏（申舟）知道一定会死，都不敢不遵楚王的命令，现在你倒不愿答应申舟的诺言了。"孙叔此时正替楚王赶车，就说："我们在这里修筑房屋，并且把种田的人打发回国去，宋国知道我们预备久围，自然会听命了。"楚王按照孙叔的话办，宋国人果然害怕起来。宋王便派元帅华元单身偷进楚国军营，直入楚国元帅子反的卧室，将子反劫持说："我国人民已困苦到交换着吃孩子的肉，拿骸骨来当柴烧了，但我们决不作城下之盟，若是退兵三十里，那就无不依从。"（当时的诸侯对于"城下之盟"，都认为是奇耻大辱，故华元才这样说。）后来宋国终于向楚国求和了。

后来的人便把《左传》中"城中易子而食，析骸以爨。引申成易子而食一句成语，来比喻在战争中因被围困，粮源断绝，外无援兵，内无粮草，只能将小孩子掉换来充饥了。另一种意思，便是形容人的残酷，人无法生存，困苦到了极点。

47

有心栽花花不开，无意插柳柳成荫

典出《醒世恒言》第二十卷：常言道："有意栽花花不开，无心插柳柳成荫。"既张木匠儿子恁般聪明俊秀，何不与他说，承继一个，岂不是无子而有子。

元朝有个大官的儿子叫魏鹏，自幼在浙江与贾家女儿娉娉订了婚，父亲死后举家回归襄阳家乡，音讯遂绝。魏鹏长至18岁，聪明好学，熟于经史，不想屡次考试不取，心中郁闷。母亲恐成疾，遣其去浙江，一则访师问友，二则开豁心胸，三则找贾家议定婚期。那贾家只有老夫人和女儿在家，听说魏鹏到来十分欢喜，留住款待十分周到，只是不提起婚姻之事。那娉娉有西子之容，倾城之色，两人朝夕过从，眉梢眼底大有滋味，逐渐诗词奉和，情意日深，又得两婢牵引，遂山盟海誓成了眷属。从此无夕不欢，往来频数，只瞒了贾老夫人。不期光阴易过，夏暑将去残，家中来信催魏鹏回去秋试。魏鹏无奈，与小姐絮絮叨叨洒泪而别。回家已将入试之时，魏鹏哪有心思考校文字？试时随手写去，平平常常，绝无一毫意味。那试官偏生昏了眼睛，歪了肚皮，只顾圈圈点点起来，竟然高中了，果是："有心栽花花不开，无意插柳柳成荫。"

待得廷试，魏鹏是被母亲逼迫去京，一心想念娉娉，又有什么好文章写得出来？不想试官说他文字稳当，不犯忌讳，是平正举业之文，又中在甲榜，派为江浙儒学副提举。魏鹏甚是得意，匆匆赶去钱塘，首具袍笏拜见贾老夫人，和小姐相见，悲喜交集。遂寄寓贾府，从容议及婚事。谁知贾老夫人只此一女，时刻不见尚且思念，若嫁他乡，誓死不允，几番请人转寰，那贾母绝不松口。恰值魏母病逝，魏鹏只得回去奔丧。这番生离，娉娉几番哭得死而复生，终日饮恨染成一病，竟一命呜呼了。魏鹏得此凶信，设位祭道："你为我而死，我何忍相负？惟终身不娶以慰芳魂。"伏地大哭，死而复苏。

他两人的深情感动天帝，三年后竟命娉娉借尸还魂，夫妇偕老，此事宣传关中，遂成佳话。

后人用"有心栽花花不开，无意插柳柳成荫"这个典故比喻一心谋求的事不能成功，随意办的事却意外的获得好结果。

羽毛未丰

典出《战国策·秦策一》：秦王曰："寡人闻之，羽毛不丰满者，不可以高飞，文章不成者,不可以诛罚,道德不厚者,不可以使民,政教不顺者,不可以烦大臣。"

战国的游士苏秦,是个有才干发奋努力的人,他用连横的策略去游说秦惠王,对惠王说:"大王的国家,西边有巴蜀和汉中的富饶;北有胡地的皮革和代地的良马;南边有巫山和函谷的要塞;而且土地肥沃,人民富有,兵多将广,地广物博,积蓄丰富,地势又利于攻守,可以说得上是天然的宝库,天下的雄国了。加以大王这样贤能,士民这样众多,如果能够善于运用,把兵士训练起来,一定可以兼并诸侯,吞灭天下,自己称帝的,我诚心地把这些好处向您说明,请大王留意。"

秦惠王说:"我听别人说过:'羽毛未丰,不可以高飞;法令未成,不可以诛罚;道德没有博大的,不能叫百姓去战争;政教不顺民情的,不可以烦劳大将。'现在你很有诚意不远千里而来,辛苦地来指教我,我很感激你,但你所说的,让我慢慢再考虑吧!"

后人用它来比喻年轻的人没有经验,缺乏本领自立的话。但再可以引申出来,形容职位低微的人,拥护他的人还不多,势力薄弱,地位不高,一切还要依赖人家,不能够独自奋飞。

遇事生风

典出《汉书·赵广汉传》:所居好用世吏子孙新进年少者,专厉强壮锋气,见事风生,无所回避,率多果敢之计,莫为持难。

汉朝时候,涿郡(今河北省涿县)有个姓赵名广汉的人,初时在郡里做个小官,因为办事认真廉洁,后来一直升到京兆尹(专管京城的行政长官)。那时,恰逢汉昭帝去世,京城新丰县的京兆官杜建负责管理昭帝的陵园。这个杜建交游广阔,他和他的朋友一起利用职权做着非法的勾当。这事被赵广汉知道了,便暗示杜建改变作风,但杜建却置若罔闻,赵广汉便将他们逮捕,事情发生以后,京城里的达官贵人都来求情,赵广汉一向厌恶这般贵人们平时为非作歹,包庇坏人的丑恶行径,为了防止更多的麻烦,即刻将杜建杀了。于是京里的达官贵人都对赵广汉望而生畏。

汉宣帝时,因为他不畏权势,一心为国,很得宣帝重用。他爱用新进的世吏子孙,这些年轻人最爱逞一时的锐气,逢着一点事儿就将它迅速扩大,完全没有回转的余地。最后,赵广汉终被贵戚们害死。

遇,逢也;生风,即风生,喻迅速而不可当。"遇事生风"形容好事的人,遇到一些小事端就兴风作浪,把事情扩大,从中渔利。

债台高筑

典出《汉书·诸侯王表序》：分为二周，有逃债直台。颜师古注："周赧王负债，无以归之，主迫债急，乃逃于此台，后人因以名之。"

春秋时期楚考烈王听说信陵君大破秦军，就想起平原君和毛遂请他当合纵抗秦的纵约长的事来了。他怕秦国，不敢答应，后来架不住毛遂一逼，他才叫春申君带着兵马去抵抗秦国。如今想起来实在怪害臊的。过了几天，春申君带着军队回来了，一点儿功劳也没立下。考烈王叹息着说："赵公子所说的合纵计策实在不错，可惜咱们没有像魏公子那样的大将。"春申君一听，害臊得什么似的，可是他心里头还有点不服气。他想："我一向学着孟尝君、平原君、信陵君的派头，收养了不少门客，怎么会跟不上他们呢？真怪！"他就厚着脸皮，对考烈王说："上回不是赵公子他们公推大王为纵约长吗？如今秦国打了败仗，威风下去了。大王这时候就该掌起纵约长的大权来，赶紧打发使者去约会各国，再能够得到周天子的同意，借着他的号令去征伐秦国。大王能够这么办，就比齐桓公、楚庄王的功业大得多了。"考烈王经春申君这么一鼓动，又引起了当霸主的瘾来了。当时就打发使臣们到成周去请求周赧王下令征伐秦国。

周赧王向来软弱无能。虽然挑着个天王的旗号，他还不如列国里最小的诸侯呢。真正被他管辖的土地不过几十个县。哪知道光是这么个小小的天下，还分成两半。河南巩县一带叫东周；河南王城一带叫西周（平王东迁的时候把镐京叫西周，洛阳叫东周；到了周赧王的时候，这原来的东周又分成了东、西两周）。东周由东周公治理，西周由西周公治理。不光各自独立，时常还要你欺我、我压你地彼此攻打。天子只不过是个高高在上的大傀儡。他就好比是一个大户人家的老太爷，没权没势，受着晚生下辈们的欺侮。这还不算，连那最小的一些房产也给两个管家分别霸占了。周赧王就是这么个老太爷。有时候受了西边管家的气，就跑到东边管家那儿去住几天；有时候受了东边管家的气，就跑到西边管家那儿去住几天。这会儿，周赧王正住在西周，西周公总算还养活着他。

周赧王接见了楚国的使臣，高兴得差一点儿掉下眼泪来。他正在气恨秦王欺负他，三番两次地要想打通三川来抄他的老窝。真难得有这么个远房的孝子贤孙替他打抱不平，他哪能不答应呢？他立刻用天王的名义叫楚国去约会列国诸侯。

周赧王把楚国的使臣们打发走以后，叫西周公准备出兵，跟着各国一块儿去征伐秦国。西周公把西周的兵马集合起来，东拼西凑地好容易把军队都拢在一块儿，数了数，老老少少，一共还不到六千人。这哪像话呢？白起一个晚上杀死的赵国投降的士兵就有四十五万。这六千多人能做什么事？但不管怎样，出去替人家壮壮声势也是好的。周赧王和西周公就决定把这六千人送出去加入合纵抗秦的阵营。

六千人一集合起来，就发生了几件难事：第一件，那些破旧的兵车得修理修理；第二件，拉车的马不够了；第三件，人和马吃的粮草一点儿没有着落。库房里拿不出这笔打仗的开销来。老太爷皱着眉头，抓耳挠腮地急得差点儿要哭出来了。最后，还是那个管家的西周公想出一个借钱的方法来。周天王就向那些富裕的商人、地主去借钱，给他们立字据，说明这回借的钱是作为军饷用的，等到打仗回来，拿战利品作为担保，连本带利一起归还。这个新方法居然招起商人、地主们的兴头来了。有钱的人愿意放账的还真不少。军饷、军费很快就有着落了。

公元前256年，西周公带了六千人马到了伊阙，就在那儿驻扎下来等候各国诸侯的大队人马。可是韩、赵、魏三国刚跟秦国打了仗，元气还没恢复，没有出兵的力量。齐国跟秦国一向是很不错的，不愿意发兵。只有燕国和楚国派了几队人马来。这回合纵抗秦的计划又算吹了。他们没精打采地回去了，西周公也只好原封没动地带着他那六千人马回城去了。

周赧王出了一回兵，一仗没打，什么东西都没得着，军饷可全耗费完了。这回的买卖连老本全赔在里头。那些账主拿着字据在宫门外头向天子要账。要账的要不着钱，也见不着欠账的，哪能答应呢？可就哇啦哇啦连吵带闹地嚷开了。这一下子，弄得周赧王脸红得一直到耳根子。跑又没处跑，躲又躲不了。他只好到高台上去躲账。就为了这件事，那座高台，人家就给它取个名儿叫"避债台"。

因此，以后人们就把这件事引申为"债台高筑"这句成语，形容人欠债很多，没有办法偿还。

置之度外

典出《后汉书·隗嚣公孙述传》：帝积苦兵间，以嚣子内侍，公孙述远据边陲，乃谓诸将曰：且当置此两子于度外耳。"

东汉初年，虽然光武帝（刘秀）已重新建立了汉朝，但还有很多人拥有重兵，占据各个州郡，要与刘秀争夺天下；或者表面虽然臣服朝廷，而仍想保留自己占有的地盘，要待机而动。光武帝既已重复汉室，自然不能坐视这种割据的局面继续下去，决心要使全国统一，前后经过五年的时间，把函谷关以东的割据势力全部荡平，最后只剩下甘肃的隗嚣和四川的公孙述两股势力了。

光武帝鉴于隗嚣表面上已向他称臣，还遣他的儿子在京城洛阳做官，一时不足为患，公孙述远在西南边陲，路途遥远，攻取不易，暂时不想对他用兵，而更主要的，是打了许多年仗，兵力也要休整一下，他在对部下众将官谈到隗嚣、公孙述二人时说："这两个人暂时不必放在心上的。"

后来人们便将光武帝的这句话引申为"置之度外"一句成语,用来比喻对人或事不再重视或不再放在心上。

诸葛亮用空城计

典出《三国演义》第九十五回。

街亭失守,诸葛亮闻讯后,急忙吩咐关兴、张苞二将,各引三千名精兵,在武功山上小路埋伏,作为疑兵,惊吓敌人;又令张翼引军修理剑阁栈道,备为退路;再密传号令,叫大军暗暗收拾行装,返回汉中。诸葛亮分拨已定,自引兵五千去西城县搬运粮草。忽然探马接连飞报:司马懿率领大军十五万,往西城蜂拥而来!这时,诸葛亮身边无大将,只有一班文官,所引五千名兵,已分一半运粮草去了,仅剩下二千五百名军士在城中。众官员听到这个消息,个个惊恐失色。诸葛亮登上城楼一望,果然尘土冲天,魏兵分两路往西城县杀来。在这危急中,他眉头一皱,计上心来……

诸葛亮传令,将旌旗都收藏起来,将士们在城上坚守岗位,不得随便出入和高声讲话,违犯者斩;又命大开城墙四门,每一门口用二十名军士扮作百姓模样,洒扫街道,如遇魏兵到来,不许擅自行动。诸葛亮自己身披鹤氅,头戴纶巾,在城上前楼,焚香操琴,旁若无人。这时,司马懿前军哨马来到,见了此状,不敢冒进,急忙回报。司马懿来到城下,仔细观看,心中大疑,便叫后军做前军,前军做后军,迅速退兵。次子司马昭想继续进兵,说:"莫非城内空虚,诸葛亮故意装模作样吓人。父亲何必急急退兵?"司马懿说:"诸葛亮平生谨慎,不会冒险。我听他琴声安闲,又见城门大开必有埋伏。我们贸然进兵,必中奸计。快退!快退!"诸葛亮见魏军远去,便拍手大笑。众官员疑惑不解,问:"司马懿是魏军的名将,今天统帅十五万精兵来到这座空城,为何见了丞相,反而迅速退去?"诸葛亮解释说:"司马懿料我平生谨慎,不会冒险,所以虽是一座空城,他却怀疑我有伏兵。我只是在不得已的情况下,才用这个办法!"他料想司马懿还会回来,下令叫西城百姓,随军一起往汉中转移。

司马懿退兵到武功山前,忽听山坡后喊声连天,鼓声震地,便对左右的人说:"诸葛亮的伏兵来了。快走!快走!"杀来的正是关兴和张苞。魏兵疑神疑鬼,丢盔弃甲,仓皇逃命。司马懿逃回街亭,听说蜀兵都撤到汉中去了,便又领兵返回。这时候,他才知道西城原来是一座空城,诸葛亮早已逃之夭夭了。司马懿不禁悔恨万分,仰天感叹,说:"我不如孔明矣!"

"诸葛亮用空城计——不得已",比喻办某件事出于无可奈何,不能不如此。

作祟自毙

典出《子不语》卷八：杭州赵清尧好弈,闻落子声,必与对枰。偶游二圣庵,见道人,貌陋,与客方弈,而棋甚劣,自称"炼师"。赵意薄之,不与交言,随即辞出。是夕上床就寝,有鬼火二团,绕其帐上,赵不为动。俄有青面锯齿鬼,持刀揭帐。赵厉声呵之,旋即消灭。次夕,满床作啾啾声,如童子学语。初不甚分明,细听之,乃云:"我棋劣,自称'炼师',与汝何干,而敢轻我?"赵方知是道士为祟,愈加不恐。旋又闻低声云:"汝大胆,刀剑不畏,我将以勾魂法取汝性命。"遂咒云:"天灵灵,地灵灵,当门顶心下一针。"赵闻之,觉满身肉然如欲颤者,乃强制其心,总不一动,兼以手自塞其耳,然临卧则咒声出于枕中。赵坚忍月余,忽见道士涕泣跑于床前曰:"我以一念之嗔,来行法怖汝,要汝央求,好取些财帛,不料汝总不动心。我悔之无及。我法不行于人者,反殃其身,故我昨日已死,魂无所归,愿来服役作君家樟柳神,以赎前愆。"赵卒不答。明日,遣人往二圣庵视之,道士果自到。

杭州人赵清尧喜欢下棋,只要听到棋子走动的声音,总要坐下来和人家对局较量。

一天,他偶然到二圣庵游玩,看见一个道士,相貌十分丑陋,正和游客下棋。道士的棋术非常低劣,还自称是有道行的"炼师",赵清尧心里很瞧不起他,一句话也不和他说,立即转身走了。

当天晚上,他上床睡觉,只见两团鬼火在帏帐上绕动,赵清尧不动声色。不一会儿,一个青面獠牙的恶鬼,手拿钢刀,揭开帏帐。赵清尧厉声呵斥,青面鬼一下又不见了。

第二天晚上,满床铺发出细小噪杂的啾啾声,好像小孩在学着说话。起初还听不太真切,细细倾听,原来是说:"我棋术低劣,自称'炼师',与你有什么关系,竟敢小看我!"赵清尧这才知道是那个道士作怪,更加不害怕了。接着又听到一个低低的声音咬牙切齿地说:"你好大胆,居然不怕刀剑,我将用勾魂法要你的性命!"接着就念起咒来:"天灵灵,地灵灵,当门顶心下一针。"赵清尧听了,顿时觉得浑身肌肉跳动不停,好像在颤抖的样子。他便强忍着控制住自己,一动不动;又用手堵住自己的耳朵,但躺下以后,咒语又从枕头里发出来。就这样,赵清尧坚持忍耐了一个多月,忽然看见那个道士泪流满面地跪在床前说:"我因一时恼怒,行了法术恐吓你,要你求饶,好诈取些钱财,不料你总不动心。我后悔也来不及了。我的法术不能侵害人,反过来自己就要遭殃,所以我昨天已经死去,但阴魂没有归宿,愿来服役侍奉,在您家里作个预卜吉凶的樟柳神,用以赎我先前的罪过。"赵清尧始终不予理睬。

第二天,他派人去二圣庵一看,那道士果然已经自杀了。

后人用"作祟自毙"的这个典故告诉人们,一切与人民为敌的人,倒行逆施,为非作歹,都不过是自掘坟墓,自套绞索,是不会有好下场的。

罪戾篇

"妃子投生"的和珅

　　和珅是清朝乾隆年间的一个恶贯满盈的大奸臣。他任职期间，贪污和搜括的财产折合成银子，达8亿两之多，相当于清政府10年收入的总和。和珅起初只是个宫里的听差。一个偶然的机会使他得以接近乾隆皇帝，此后便青云直上，从御前侍卫一直升到军机大臣。和珅之所以被乾隆皇帝如此重用，除了他善于奉承迎合的伎俩之外，还有一个很少有人知道的原因。乾隆皇帝还是个少年的时候，他的父亲雍正皇帝有一个很漂亮的妃子。乾隆很喜欢这个妃子，经常跟她玩闹。有一天，这妃子正梳头时，乾隆皇帝走了进去，他想跟妃子开个玩笑。于是，跑到她背后，用手蒙住她的双眼，妃子急忙问："是谁呀？"乾隆皇帝笑而不答，妃子还以为是宫中的丫环逗乐，于是就顺手抄起梳子往后扔过去。这一扔，梳子正好打在乾隆皇帝的额头上，擦破了一块皮。第二天，乾隆去朝拜皇后时，皇后看见了他额头上的伤痕，追问不止。乾隆开始时吱吱唔唔不肯说出来，无奈皇后追问太紧，他就和盘说了出来。皇后听后，勃然大怒，心想一个小小的妃子居然敢调戏皇子！于是下旨，命令那个妃子上吊自杀，乾隆皇帝苦苦哀求也无用。妃子死后，乾隆一直觉得是自己害死了她，对她又怀念又内疚。乾隆结识和珅之后，有一天，他发现和珅的脖子上有两道红印，仿佛被绳子勒过似的。再看看和珅的长相，眉清目秀的很像一个人。他忽然记起了那个死去的妃子，于是便问和珅的生日。原来，和珅的生日正是那妃子死去的日子。这下，一向迷信的乾隆皇帝认准了和珅是那妃子"投生"来的。从此后，乾隆皇帝就对和珅百般宠信，对他的话深信不疑。渐渐地，和珅利用这个荒唐的事件，飞黄腾达起来，成为朝廷中的第一位权臣。和珅身居要职之后，胡作非为，结党营私，大搞贪污受贿之风。乾隆去世后，嘉庆皇帝继位。那时和珅已经是众所周知的大恶人了。嘉庆四年，他被抄家。皇帝宣布了他20条罪状之后，命令他自杀了。

爱身避死

典出《汉书·张敞传》：处此紧急时刻，不敢爱身避死，愿效忠陛下，竭尽全力以除盗贼，以安百姓。

汉代有个人名叫张敞，汉宣帝刘询时，初任太仆丞，后为豫州刺史。

当时渤海、胶州地方的官吏失职，数年粮食歉收，盗贼蜂起。张敞见此，决心前往平定，于是上书皇帝说："近闻胶州、渤海地方连年歉收，盗贼并起，至攻官寺，到处抢劫；地方官吏，已失纲纪，因而奸宄不禁。处此紧急时刻，不敢爱身避死，愿效忠陛下，竭尽全力以除盗贼，以安百姓。"宣帝看了张敞的上书，十分高兴，就拜张敞为胶东相，赏赐黄金三十斤。张敞到了胶东之后，采用劝善惩恶、有功者赏、顽抗者斩的办法治理胶州，收到了良好的效果。在平乱中因立功而调补为官者数十人，从此盗贼解散，渤海、胶州遂平。

不久，长安市内，偷盗甚多，宣帝又令张敞去进行治理。张敞采用走访长安父老，教育利用偷盗者的头头，奖惩结合等多种办法，很快地制服了盗贼。当时人们对此评论说："张敞为人敏疾，赏罚分明。"

后人用"爱身避死"表示贪生怕死，畏缩不前。

跋扈将军

典出《后汉书·梁冀传》：冲帝又崩，冀立质帝。帝少而聪慧，知冀骄横，尝朝群臣，目冀曰："此跋扈将军也。"冀闻，深恶之，遂令左右进鸩加煮饼，帝即日崩。

东汉时期，有一个人叫梁冀，字伯卓，其父梁商在汉顺帝时任大将军。梁冀长相凶恶，双肩上耸，一双豺狼般的眼睛，凶光四射，说话口吃，略通文墨。他仗着自己是贵戚，浪荡无度。酗酒赌博、放鹰牵狗、跑马斗鸡，无恶不作。公元136年（永和元年），汉顺帝（刘保）拜梁冀为河南尹。他凭借职权更加为非作歹，视王法如同儿戏。洛阳令吕放看不过去，就向梁商报告梁冀的所作所为，梁商十分生气，就责备儿子梁冀，梁冀怀恨在心，就派人把吕放杀死了。又怕梁商知道，采取嫁祸于人的办法，残杀无辜百余人。

梁商死后，汉顺帝拜梁冀为大将军。不久，汉顺帝死了，梁冀与妹妹梁太后把尚在襁褓之中的刘炳立为皇帝，这就是汉冲帝。

没过多久，汉冲帝又死了，梁冀把刘缵立为皇帝，这就是东汉质帝。质帝虽

然年少，但却十分聪明，他深知梁冀骄傲专横，有一次召见群臣时，眼睛瞧着梁冀说："这是一位霸道的将军啊！"

梁冀听了质帝的话，对质帝憎恶极了，就命令自己的亲信把鸩酒和煮饼献给质帝吃，质帝当天就死掉了。

"跋扈将军"就是从这个故事来的。跋扈：专横暴戾，欺上压下。人们用"跋扈将军"形容专横暴戾、骄狂放肆的人。

绑架

楚怀王一见齐、韩、魏三国的兵马来打楚国，只得打发太子横去秦国做抵押，请秦王发兵来帮助。秦昭襄王还真发兵去帮楚国。三国的兵马就退了。没想到太子横在秦国受人欺负，后来秦国的一个大夫和太子横相斗，太子横把他杀了，接着就跑回楚国，秦国借着这个理由，接连来打楚国，夺去了好几座城，杀了好几万楚国人，把楚怀王逼得只好脱离秦国，重新加入"合纵"。他还打发太子横去齐国求救，留在齐国作为抵押。齐国和楚国联合起来，当然对秦国不利，秦昭襄王就客气地给楚怀王写信，请他去武关（在陕西省商县东）相会，预备当面订立盟约，永远和好。

楚怀王接到秦昭襄王的信，就对大臣们说："秦王请我上武关去订盟约。不去呢，又要招他怨恨；去呢，又怕有危险。你们看应当怎么办呢？"大夫屈原从齐国回来的时候，劝楚怀王治死张仪，可是楚怀王终于把张仪放走了。这会儿屈原挡住楚怀王，说："秦国强暴得同豺狼虎豹一样，咱们受了秦王的欺负已经不只一次了。大王一去，一定又会中了他的圈套。"令尹昭睢说："屈大夫的话一点不错，咱们只要加紧防守就是了。大王可不能轻易去敌国！"那个吊死鬼眼的靳尚说："秦国不是咱们的亲戚吗？咱们把亲戚看做敌人，咱们才打了败仗，死了好些将士，丢了土地。如今秦国愿意跟咱们亲善，彼此帮助，咱们哪能推辞人家呢？万一秦王冒了火，来个大进攻，那不就更糟了吗？"楚怀王的小儿子公子兰也说："我姐姐不是嫁给秦国的太子了吗？秦王的女儿不是嫁给我了吗？两国既然成了亲戚，理当亲善才对。"楚怀王是墙头草，随风倒。这回一连打了败仗，就想跟秦国求和，再加上靳尚跟公子兰一搭一和地说着，还有个上官大夫帮着公子兰说话，楚怀王就决定去跟秦昭襄王会见。

楚怀王带着靳尚和几个随从人员到了武关。秦国的大臣出来迎接，说："秦王已经在这儿等了三天了，请进去吧。"他们把楚怀王前呼后拥地接进了武关。到了一个地方，车马站住了。有一个大员，出来迎接，请他换车。楚怀王见他不像是秦王，心里有点怀疑，打算不下车。那个人行个礼，说："大王不必疑惑，我是秦王的兄弟泾阳君。因为秦王身子有点不舒服，不能出门，又怕大王见怪，特地

派我来迎接。劳驾，请大王到咸阳去跟秦王见面吧。"楚怀王一听叫他去咸阳，很不乐意。忽然瞧见一大队秦国士兵把他围起来，不由得变了脸色，问泾阳君，说："我是来跟秦王会面的，为什么你叫这么多士兵把我围起来呢？"泾阳君说："哪有啊？他们是来保护大王的，请您别错怪了。"这时候，楚怀王不由自主地被他们拥上了车。泾阳君和他坐在一块儿。秦国的将军白起带领着大军，沿途上"保护着"。靳尚看着不对头，带着一对倒挂眼偷偷地跑回楚国去了。

楚怀王被绑架到咸阳。秦昭襄王吩咐大臣们聚在朝堂上，自己挺威风地坐在那儿，叫楚怀王像部族酋长那样去朝见他。楚怀王哪受得了这号侮辱，就扯开了嗓子数落说："我把你当作亲戚，信了你的话，答应你的请求。亲自上武关来。你假装有病，骗我到咸阳来。如今见了我，不依照诸侯的礼仪来迎接我，这是什么道理？"秦昭襄王说："当然有道理！你以前答应把黔中的土地让给秦国，这件事直到如今还没办。今天劳你的大驾，也就是为了这个。只要你把黔中土地交割清楚，我就送你回去！"楚怀王说："你要土地，不是不能商量，何必弄这套诡计？"秦昭襄王说："不这么着，你哪肯呢？"楚怀王没有法子，只好答应他的要求，说："好吧！我就把黔中的土地让给你！咱们先订立盟约，秦国派一位将军跟我去楚国接收，好不好？"秦昭襄王说："像这种订盟约的把戏我都玩腻了，有什么用呢？这么着吧：你先打发个人回楚国去，把黔中的土地交割清楚，等我们接收完了之后，再送你回去。"秦国的大臣们都劝楚怀王答应，楚怀王破口大骂，说："你使出这种欺负人的手段，把我骗到这儿来，还要逼着我割让土地，这……这简直太不像话了！我……我不答应，干脆说，我不认可！你就是把我弄死，我也不答应！"秦昭襄王知道蜡烛不点不亮，锣鼓不敲不响，就把楚怀王当作"肉票"押在咸阳，叫楚国拿地来赎。

靳尚跑回楚国，向令尹昭睢报告了经过。昭睢说："大王被他们留在秦国，一时回不来，太子又在齐国。要是齐国跟秦国联合起来。再把太子扣住，咱们楚国可就连个君王都没有了！"靳尚说："咱们就另外立个王子，怎么样？"昭睢说："太子是大王立的，哪能把他废了呢？要是大王回来，说你自作主张，违背他的命令，你担得起这个罪名吗？还是打发人上齐国去，就说大王归天，赶紧请太子回去即位。"靳尚说："我没保护住大王，自己觉得有点惭愧，迎接太子这个差使派我去吧。"昭睢就打发靳尚上齐国去"报丧"。

齐宣王前两年死了，新王即位，就是齐闵王。齐闵王接见靳尚之后，对相国田文说："如今楚国没有君王，我打算把太子横扣在这儿，叫楚国拿淮河以北的土地来赎，你看怎么样？"田文反对说："这哪儿行！楚王的儿子有的是。要是他们另外立了一个当国君，咱们不但得不到好处，反倒落了个坏名声。还是好好地把楚太子送回去吧！"齐闵王一想，这话倒也有理，就把太子横送去了。

太子横即位，就是楚顷襄王。楚国的大臣像昭睢、公子兰、靳尚、屈原等都照常办事。当时打发使臣去通知秦国，说："楚国已经有了国王了！"秦王眼看这次绑架没有成功，又是羞愧、又是气，恼羞成怒，就派大将白起和蒙骜带领着十万人马，从武关出发去打楚国。这一仗楚国被秦国打得大败，死了五万多人，被秦国

57

占了十六座城。这么一来，秦国就更威风了。

被押着的楚怀王得到了这个消息，背地里直掉眼泪。他在秦国押了一年多工夫，后来看守他的人瞧他挺可怜的，再说这种差事也干腻了，慢慢地懈怠起来。楚怀王得了个机会，换了一身衣裳，偷着跑出了咸阳。他本来打算逃回本国去。谁知道看守的人向秦王报告，秦王立刻派人去追。一边通知东面边界上的将士们，把秦国通往楚国的路堵住，又派人把楚国的西部也守住。楚怀王就像被猎狗追赶的兔子一样，全身都长着耳朵。一听说东边跑不了，就抄小道往北跑，居然被他跑到赵国的边界上。只等赵王放他过去可就有活命了。

后人用"绑架"这个故事告戒人们不要轻信政治盟友的许诺。

鞭 贾

典出《柳河东集》：市之鬻鞭者，人问之，其贾宜五十，必曰五万。复之以五十，则伏而笑；以五百，则小怒；五千，则大怒，必以五万而后可。

有富者子，适市买鞭，出五万。持以夸余。视其首，则拳蹙而不遂；视其握，则塞仄而不植；其行水者，一去一来不相承；其节，朽墨而无文。掐之，灭爪而不得其所穷；举之，飘然若挥虚焉。

余曰："子何取于是而不爱五万？"曰："吾爱其黄而泽，且贾者云……"余乃召僮爝汤以濯之，则遬然枯，苍然白。向之黄者栀也，泽者蜡也。富者不悦，然犹持之三年。后出东郊，争道长乐坂下，马相踶。因大击，鞭折而为五六，马踶不已，坠于地，伤焉。视其内则空空然，其理若粪壤，无所赖者。

今之栀其貌，蜡其言，以求贾技于朝，一误而过其分则喜，当其分则反怒曰："余曷不至于公卿？"然而至焉者亦良多矣。居无事，虽过三年不害；当其有事，驱之于陈力之列以御乎物，以夫空空之内、粪壤之理而责其大击之效，恶有不折其用而获坠伤之患者乎？

市场上有个出售马鞭的。有人问他价钱的时候，本来只值五十，他一定要说五万。还价给他五十，他就笑弯了腰；给以五百，就怒形于色；给以五千，就大发雷霆；一定要五万才卖。

有一个富家子弟，到市场上买鞭子，花了五万买了一条鞭子回来。他拿着鞭子向我夸耀。我一看，那鞭梢卷缩而不舒展，那鞭把儿歪斜而不直，那鞭的自然纹理也错乱不相承接，那鞭的节疤腐朽墨黑而没有文彩。用指甲一掐，指甲完全隐了进去还摸不到底；拿到手里，轻飘飘的，像挥动着没有重量的物体一样。

我说："你是看上了鞭子的哪一点而毫不吝惜那五万钱呢？"他说："我喜欢它颜色黄而有光泽，况且卖鞭人还说了很多优点呢。"我就叫僮仆烧了滚烫的水来洗那鞭子。一洗，它就收缩干枯，颜色苍白。这才知道，原先的黄色是用栀子染

的，那光泽则是涂的蜡。富家子弟很不高兴，但还是拿在手上用了三年。后来，他骑马到长安东郊，在长乐坂与别人抢道，两匹马互相踢打起来。富家子弟因而用力打马，鞭子一下便断成五六截，马还是相踢不止，他跌落在地，受了伤。一看那断鞭，里面空空的，纹理像粪土一般，没有一点可取。

有人粉饰他的外貌、言辞，向朝廷兜售他的才能技巧。朝廷看错了而给他超过能力的职务，他就高兴；给他适合能力的职务，反而发怒埋怨："我为什么不能做公卿呢？"然而，这种人达到公卿高位的也真多哩。处在国家太平无事的时期，即使超过三年也无妨害；碰上国家有事，安排他们到要贡献力量的岗位上去处理大事，按他们那空虚腐败，无德无能的情况而要求作出大的贡献，又哪里有不身败名裂而且给国家招致祸患的呢？

作者借诈骗牟利的市侩写腐朽无能的官僚，借不识假货的富家子弟写用人不当的朝廷。讽刺深刻，描摹细腻。

病　忘

典出《艾子后语》：齐有病忘者，行则忘止，卧则忘起。其妻患之，谓曰："闻艾子滑稽多知，能愈膏肓之疾。盍往师之？"其人曰："善。"于是乘马挟弓矢而行。未一舍，内逼，下马而便焉。矢植于土，马系于树。便，左顾而睹其矢曰："危乎？流矢奚自？几乎中予。"右而睹其马，喜曰："虽受虚惊，乃得一马。"引辔将旋，自践其所遗粪，顿足曰："踏却犬粪，污吾履矣。惜哉！"鞭马反向归路而行。须臾抵家，徘徊门外，曰："此何人居，岂艾夫子所寓耶？"其妻适见之，知其又忘也，骂之。其人怅然曰："娘子素非相识，何故出语伤人？"

齐国有个记性不好的人，走路忘记停步，睡觉忘了起床。他的妻子很替他担忧，便对他说："听说艾子善于嬉笑诙谐，富于智慧，能治好一般人难以治好的病，何不去向他请教？"那个人说道："好。"于是便骑着马，挟着弓箭往艾子那里去。走不到三十里，因肚里胀得急，就下马解起大便来。他把箭插入地里，把马拴在树上。解完大便，他向左边看看，瞧见了那支箭，说道："多么危险啊！这支冷箭是哪儿射过来的，差点儿射中了我！"他又向右边看看，瞧见那匹马，高兴地说道："虽说白白地吓了一场，却得到了一匹马。"他牵着马的缰绳，准备骑着马转回去，忽然踏着了自己刚才解下的大便，气得顿脚道："踏着了狗粪，把我的鞋弄坏了，真是可惜！"便赶着马转头向回家的路上走去。一会儿就到了家。他在门外来回地走着，说道："这是什么人住的地方？难道就是艾夫子的房子吗？"他的老婆恰好看见了他，知道他又把自己的住处都忘了，就骂了他一顿，那个人显出十分失意的神情说道："这位娘子，我从来不认识你，你为什么这样开口就中伤别人？"

这则寓言生动地描绘了一个患"健忘症"的人的形象，用以讽刺那些对自己

的言行不负责的人。作者是针对明王朝"朝令夕改"的政治弊病而发。

不三不四

典出《水浒》第七回:这伙人不三不四,又不肯近前来,莫不耍洒家?那厮却是倒来捋虎须!俺且走向前去,教那厮看洒家手脚。

鲁智深由智真长老的介绍,从五台山寺来到大相国寺。大相国寺智清长老安排鲁智深去守本寺的一个大菜园。开头鲁智深不愿干这个差事,经寺内人员的哄骗说服,他才答应下来。

菜园左边有二三十个赌博不成才的破落户泼皮,平常总在园内偷盗菜蔬以养身活命,今知来了个管菜园的鲁智深,便设法要制服制服他,以便今后自由出入菜园。众泼皮商量决定,引诱鲁智深到粪窖边,然后大家一齐动手,把他掀入粪窖去,小耍小耍他。计策定后,那二三十个泼皮便拿些果盒、酒礼前来菜园,嘻嘻笑道:"闻知和尚新来住持,我们邻舍街坊都来作庆。"鲁智深不知是计,便到粪窖边。鲁智深道:"你们既是邻舍街坊,都来廨宇里坐坐。"众泼皮的头领张三、李四拜倒在地,不肯起来,只指望和尚来扶他,便要动手。鲁智深见了,心里早疑忌道:"这伙人不三不四,又不肯近前来,莫不耍洒家?那厮却是倒来捋虎须!俺且走向前去,教那厮看洒家手脚。"鲁智深走向前去,张三、李四便动起手来。鲁智深不等他沾身,右脚早起,腾的把李四踢下粪窖去;张三恰待走,鲁智深又起左脚,把张三也踢入粪窖。后头二三十个泼皮见状,惊得目瞪口呆。

后人用"不三不四"表示不正派,不像样子。

澄子得衣

典出《吕氏春秋·淫辞》。

宋国有个人名叫澄子。有一次,他在路上丢失了一件黑色的上衣,他发现上衣丢失后,便回头顺路去找。找了一段路,忽然看见一个妇人迎面走来,身上穿的恰恰是一件黑色上衣。他不问青红皂白就把那妇人抓住,硬要她把上衣脱下来。那妇人抗议道:"我的衣服为什么要脱给你?"澄子横蛮地说:"我刚丢了一件黑色衣服!"妇人说:"你丢了黑色衣服与我有什么关系?这衣服是我亲手做的,怎么能给你呢!"澄子见妇人敢于据理力争,就大发雷霆,强迫她把衣服脱下来。路上没有别人,那妇人拗不过他,只好脱下衣服。澄子抓过衣服,看了看说:"我丢失的是夹衣,你还我的是单衣,你占了我的便宜。"说着拿起衣服扬长而去。那妇人望着澄子远去的背影哭笑不得。

这个故事叫做"澄子得衣"。

后人用"澄子得衣"表示欲夺他人之财物何患无辞这个意思,含贬义,常用来形容帝国主义者掠夺别国的强盗逻辑。

锄去杂种

典出《史记·齐悼惠王世家》。

西汉时,朱虚侯刘章是汉高祖刘邦的孙子。他二十岁时,已经很明事理,对吕后的篡权感到无比的愤慨。

有一次,刘章陪吕后宴饮,吕后说:"你身材高大,威风凛凛,酒令就由你来执行吧!"刘章本不愿意,见无法推托,就说:"臣下是将门之后,那我用军法执行酒令。"吕后一时高兴,就答应了。

酒席上,觥筹交错,相互喝叫,大家都很高兴。刘章不断地叫人献上美酒、歌舞。过了一会儿,他对吕后说:"我想给太后唱一首耕田歌,不知太后意下如何?"吕后说:"要说耕田,你老子还差不多,你生下来就是王子,哪里知道种田了!"刘章说:"我试着唱,助助酒兴而已。"吕后平时喜欢刘章,把他当晚辈看待,听他这么说,就答应了。

刘章离开酒席,大声地唱道:"深耕既种,立苗欲疏。非其种者,锄而去之!"(耕作要深,播种要密,插禾要稀;如是杂种,定要锄去。)原来,刘邦死时,曾当众立下誓约:不是姓刘的人不能封王。但刘邦死后,吕后大权独揽,私自封吕氏兄弟为王。歌里的"杂种",指的就是吕氏兄弟。

吕后明白刘章所唱的意思,但当着众人的面,不好发作。

后人用"杂种"指混入的坏人或坏东西。

东窗事发

典出《西湖游览志余》:秦桧之欲杀岳飞也,于东窗下与妻王氏谋之……桧毙,未几子亦死。王氏设醮,方士伏章见荷铁枷,问:"太师何在?"曰:"在酆都。"方士如其言往,见桧与万俟俱荷铁枷,备受诸苦。桧曰:"可烦传语夫人,东窗事发矣!"

宋朝有一个大奸臣，名叫秦桧，他私通金国，奉金主之命，设法把岳飞害死。秦桧陷害岳飞的奸谋，都是在他家东面窗子下，与他的妻子王氏共同计划出来的。

过了一个时期，秦桧死了，他的儿子秦僖亦相继死亡。秦桧的妻子王氏设醮超度冤魂，并请了一些有方术之士，看看秦桧父子在地府情况。未几，一个名叫伏章的方士看见秦僖上了铁枷关在地府的牢狱里，便问他："太师（即秦桧，他生前官至太师）在哪里？"秦僖说："在丰都。"伏章于是依照秦僖的话，到丰都去找。果然看见秦桧和万俟卨（秦桧的同学）都上了铁枷，在做苦工，受尽折磨。秦桧对伏章说："烦劳你对我夫人说一声，我和她在东窗商量的那件事，现在被揭发了。"

后人便以"东窗事发"作为成语，比喻一些罪恶行为被人揭发，或一些秘密事情被泄露了。

妒贤嫉能

典出《汉书·高帝纪第一下》：项羽妒贤嫉能，有功者害之，贤者疑之，战胜而不与人功，得地而不与人利，此其所以失天下也。

项羽，姓项名籍字羽，下相（今江苏宿迁西南）人，秦末农民起义军的领袖。秦二世元年（公元前209年），他从叔父项梁在吴地（今江苏苏州）起义。秦亡后，自立为西楚霸王，并大封诸侯王。在楚汉战争中，为另一支抗秦力量刘邦击败，自杀身死。

项羽是一个有勇无谋的武夫。在他起兵抗秦以后，曾有不少贤臣名将，如范增、陈平、英布、韩信等，投靠在他的手下。但他不是看不起他们，就是妒忌这些人的才能，致使这些人不是弃楚归汉就是忿然离去。韩信归汉后，成了刘邦和项羽争斗中致项羽于死地的得力大将。在著名的鸿门宴上，范增劝项羽杀掉刘邦，项羽不但不听，反而中了陈平、刘邦施的反间计，削去了范增的权力，致使范增忿然离去，病死途中。由于项羽不善用人，最后终于成了孤家寡人，演出了一场"霸王别姬"的惨剧。

汉朝建立以后，有一次刘邦大宴群臣。席间，刘邦问："为什么我能取得天下，而项羽就失去了天下呢？"大臣高起、王陵回答说："项羽妒贤嫉能，害功臣，疑贤者，所以失掉了天下。"

"妒贤嫉能"即嫉妒和憎恨贤能之士。

后人用这个典故比喻对有才能的人妒忌。

二儒发冢

典出《庄子·外物》:儒以诗礼发冢。大儒胪传曰:"东方作矣,事之何若?"小儒曰:"未解裙襦,口中有珠。""诗固有之曰:'青青之麦,生于陵陂。生不布施,死何含珠为!'接其鬓,厌(yè)其颥,而以金锥控其颐,徐别其颊,无伤口中珠!"

两个儒生口念诗礼,却在那里挖坟盗墓。在上面放哨的大儒向墓里低声喊道:"天快亮了,事情进行得如何?"

墓穴里的小儒回答说:"下衣和内衣还没解开……咦!口里还含着一颗宝珠呢!"

大儒一听,喜出望外,念念有词嘱咐说:"《诗经》里本来就说过:'麦苗青青,长在山坡。生前不施舍,死后含珠干什么!'你揪着他的头发,压住他的胡子,用铁椎撬开下巴,慢慢别起两颊,千万不要损坏他嘴里的宝珠啊!"

后人用"二儒发冢"的这个典故讽刺那些满嘴仁义道德,行为卑鄙的伪君子。

飞扬跋扈

典出《北史·齐高祖纪》:景(侯景)专制河南(指今甘肃省西南部黄河以南地区)十四年矣,常有飞扬跋扈之志。

我国的南北朝时代,是门阀士族统治的时代。世家大族特别是皇亲国戚依仗祖先的政治地位和宗族姻亲的党援,享有政治特权,高踞于广大劳动人民之上。对此,一些地方割据势力虽然不敢直接开罪封建皇帝,但对其儿孙们却常常流露出不满情绪。

北魏末年,北魏分成了两个政权,史称东魏、西魏。东魏的军政大权掌握在一个叫高欢的手里。当时,有一个叫侯景的人,是久居河南的一个封建统治头子。他看不起那些依附皇帝老子的权势作威作福的世子(古代天子、诸侯的嫡长子),曾对人说:"如果皇帝在,我的行动不敢有异;如果皇帝不在,我不能与那些不懂世事的皇家小子共事。"有一次,高欢的儿子高澄代高欢起草了一份召书,召侯景进见,侯景不来。后来侯景又听说高欢染病,便集聚了一些军队准备在河南屯兵自固。高欢的儿子对此闷闷不乐。高欢问儿子:"我虽然身体不好,但看你的面容好像有更大的忧愁,这是什么缘故啊?"儿子没有说话。高欢又问:"莫非是害怕侯景背叛?"儿子点点头说:"是"。高欢说:"侯景专制河南已经十四年了,

他常常怀有飞扬跋扈（意气举动越出常轨，不受约束）之志，我还可以制服他，他岂能听你的指挥。现在天下未定，你不要为此忧愁。有一些文臣武将还是听指挥的，他们当中有的可以对付侯景，你要对这些人以礼相待，信任他们。"

公元547年，侯景因恐被高澄所杀，降梁，受封为河南王。次年，与梁宗室萧德正勾结，举兵叛乱。

后人用"飞扬跋扈"的这个典故比喻意气举动越出常轨，不受约束。现多指横蛮放肆，目中无人。飞扬：放纵；跋扈：蛮横。

鬼鬼祟祟

典出《红楼梦》第五十二回：两个人鬼鬼祟祟的，不知说什么。

晴雯得了伤寒，头痛脑热，懒怠动弹。宝玉给房中人说："不要声张，不然太太知道了，又要叫晴雯搬回家去治。家里纵好，到底寒冷，不如在这里。"宝玉接着又说："晴雯在里间屋好好躺着，我叫人请了大夫，悄悄从后门进来诊治。"

医生看病后，一个老婆子把药取了回来。宝玉命丫环就在屋内的火盆上煎。晴雯说："这里煎药，弄得满屋子药气，还是拿到茶房里去煎罢！"宝玉说："药气比一切的花香还香呢！我屋里各色香都齐了，就缺少药香。"一面说，一面命人煨上。一切安排停妥之后，宝玉才去给贾母王夫人请安。

宝玉来到贾母房中时，王夫人、邢夫人、薛姨妈、王熙凤等正在和贾母谈笑。宝玉请了安，坐了一会儿，因惦记着晴雯等，便回到自己的房中。宝玉一踏入房门，药香满室，但不见一人，只有晴雯独卧炕上，脸上烧得绯红。用手一摸，滚烫滚烫的。宝玉见此情景说道："别人去了也罢，麝月秋纹也这么无情，各自去了！"晴雯答道："秋纹是我撵了出去吃饭了，麝月是方才平儿来找他出去了。两个人鬼鬼祟祟的，不知说什么。"

原来平儿来找麝月，是告诉她小丫头坠儿偷了镯子，因晴雯是火爆性子，怕她忍不住气要打骂坠儿，所以把此事悄悄地对麝月说了。

后人用"鬼鬼祟祟"表示行动不光明正大。

沆瀣一气

典出《唐语林·补遗》：崔相沆知贡举，得崔瀣。时榜中同姓，瀣最为沆知。谈者称："座主门生，沆瀣一气。"

唐朝时候,有一个叫做崔沆的人,某次,唐僖宗派他去做主考官结果他把一个叫崔瀣的人录取了。这两个人都姓崔,而两个单名连起来是"沆瀣"两个字。"沆瀣"两字连在一起,原来正是夜里水气的别名;而崔沆又是崔瀣的主考官;于是当时有一个叫钱希白的人,在一篇文章中说他俩是"座主门生,沆瀣一气"。

这两句话本来只是说明上述座师门生巧合的情况,并没有什么不好的意思,可是以后的人却借用"沆瀣一气"这句话,形容几个人都有同样的坏性情和坏习惯,并且勾结在一起,做不正当的事情。

河清难俟

典出《左传·襄公八年》:周诗有之曰:"俟河之清,人寿几何?"

春秋时,楚、晋两国都很强盛,郑国是一个小国,却夹杂在楚、晋之间,它处在两个大国之间,只能采取左右逢迎的政策。有一次郑国公子子国和子耳兴兵侵入蔡国。打了一次胜仗,子国的儿子子产很不以为然,深恐楚国会来讨伐(因蔡国是臣属于楚国的)。那年楚庄王果然派他儿子公子贞亲率兵来攻,郑国的当权者子驷、子国等不知所措,有的主张降楚,有的主张等待晋国来援,子驷说:"我记得周诗中有这几句诗:'俟河之清,人寿几何? 兆云询多,职竞作罗。谋之多族,民之多违,事滋无成。'(要到黄河水清,人的寿命哪有这么长? 既用卜来求人,又向人去问计,作的事已够多了。郑国主持大事的人又多,各有自己的主张;顺得这方的主张;又忽略那方的意见,因此讨论的事情毫无结果。)现在楚兵压境,人民的生命处在危急中,不如暂时顺从楚国,让郑国老百姓松口气,不会死在战争里……"郑国终于丧权辱国,向楚投降。

河,是指中国的黄河,因为水中夹杂着大量的泥沙,所以它的水永远是黄色混浊的。旧时传说黄河的水要千年才有一次澄清的机会。俟,等待也。"河清难俟"是说要待黄河的水清,时间太长,哪里等得到呢?

后人用"河清难俟"比喻希望难于实现。

红毛毡

典出蒲松龄《聊斋志异》:红毛国,旧许与中国相贸易。边帅见其众,不许登岸。红毛国人固请:"赐一毡地足矣。"帅思一毡所容无几,许之。其人置毡岸上,仅容一人;拉之,容四五人;且拉且登,顷刻毡大亩许,已数百人矣。短刀并发,出

65

于不意,被掠数里而去。

红毛国,从前曾答应他们同中国互相进行贸易。我边境统帅见他们人多,不许上岸。红毛国人死乞白赖地请求说:"赏给我们毡子大的一块地方就够了。"统帅心想,毡子大的一块地方也容不下几个人,就答应了他们。红毛国人把毡子铺在岸上,开头只能容下一个人;拉一下毡子,就能容下四五个人;一边拉毡子,一边登岸。不一会儿,毡子大得有一亩地左右,好几百人已经登岸了。他们突然一齐拿出短刀,进行侵略。因为出于我方意料之外,被他们掠夺去了好几里面积的土地。

这篇寓言揭露帝国主义列强蚕食中国领土的罪行,启示我们一定要提高警惕,识破侵略者的阴谋诡计,坚决保卫祖国领土。

黄台之瓜

典出《新唐书·承天皇帝传》:高宗有八子,天后所生者四人,自为行而睿宗最幼。长曰弘,为太子,仁明孝友,后方图临朝,鸩杀之,而立次子贤。贤日忧惕,每侍上,不敢有言,乃作乐章,使工歌之,欲以感悟上及后,其曰:"种瓜黄台下,瓜熟子离离,一摘使瓜好,再摘令瓜稀,三摘尚云可,四摘抱蔓归!"而贤终为后所斥,死黔中。

唐朝皇帝高宗,身体虚弱,经常生病,于是就把国家大事委托给皇后武则天,让她代他决断处理国事,于是国家行政大权,一时移到武后的手上。武后是一个富有政治天才,怀有极大野心、手段又很残忍的女子,她把原来的太子李忠废除,再立李弘做太子,后来又把太子弘毒死了,再立李贤做太子。李贤也是高宗的儿子,历史上称他做章怀太子。他眼看着武后把太子弘害死了,日夜忧虑,自己知道也总有一天要受害,但是他性格懦弱,不敢明白说出来,于是写了一首歌词交给宫里的乐工们歌唱,希望武后听了能够感悟。这一首歌词是这样的:"种瓜黄台下,瓜熟子离离,一摘使瓜好,再摘令瓜稀!三摘尚云可,四摘抱蔓归!"它的意思是说:在黄台下边种的瓜啊!它的果实一个个的成熟了!经过一次采摘,瓜是茂盛的,再摘瓜便稀疏了!三次采摘,还说可以,四次采摘,只得抱着瓜藤回去了!这分明是一首很可怜的乞命求饶的歌辞,他拿瓜来比拟自己的兄弟。本来兄弟是手足之亲,缺少了一个,也是伤心的,又有什么"一摘使瓜好"和"三摘尚云可"的呢?我们读这一首歌,应该了解到作者所处的境地:他天天在武后的魔掌控制之下,极端恐怖,哀求武后手下留情,期望着今后不再施毒手,过去的不敢计较了,所以还迫得说句"好"和"可以",可惜章怀太子贤也终于逃不过这厄运,武后强迫他自杀,从这点上,可以想见武后的残忍。

后人往往引用"黄台之瓜"来比喻被屠杀将尽的人。

击邻家之子

典出《墨子·鲁问篇》:譬有人于此,其子强梁不材,故其父笞之。其邻家之父,举木而击之,曰:"吾击之也,顺于其父之志。"则岂不悖哉!

古代有一个人,因为他的儿子强暴蛮横不成材,所以父亲就拿鞭子打儿子。邻居的老大爷跑上来,也抢起大木棒帮着打,并且说:"我来打他呀,是顺着他父亲的心意做的。"这样,岂不是很荒谬吗?

这则寓言的意思是:反对那些借口助天诛罪而攻伐他国的行为。墨子是承认"天志"的,故以父比天,儿子错了,父亲可以鞭笞,用不着邻父举木而击;他国有乱,自有天诛,用不着邻国兴兵动武。其实,说什么"顺于其父之志"、"顺于天之志",完全是强词夺理。至于举木助击,强迫他人顺于"天志"、"父志",更其荒诞悖理。

简子放生

典出《列子·说符》:邯郸之民以正月之旦献鸠于简子,简子大悦,厚赏之。客问其故,简子曰:"正旦放生,示有恩也。"

客曰:"民知君之欲放之,故竞而捕之,死者众矣。君如欲生之,不如禁民勿捕。捕而放之,恩过不相补矣。"

简子曰:"然。"

邯郸地方的老百姓在正月初一给简子进献斑鸠,简子非常高兴,重重地奖赏他们。有个客人问他是什么缘故。简子说:"正月初一放生,表示恩惠之意。"

客人说:"老百姓知道您要放生,所以争相把它抓来,死掉的就很多了。您如要让它们活,不如禁止老百姓捕捉。捉来又把它放掉,恩惠已经弥补不了过失呀。"

简子说:"是这样。"

后人用"简子放生"比喻放生一个,害死一群,充分暴露了剥削阶级所标榜的慈善事业的实质。

狡生梦金

典出《雪涛小说》：尝闻一青衿，生性狡，能以谲计诳人。其学博持教甚严，诸生稍或犯规，必遣人执之，扑无赦。一日，此生适有犯。学博追执甚急，坐彝伦堂盛怒待之。已而生至，长跪地上，不言他事，但曰："弟子偶得千金，方在处置，故来见迟耳！"博士闻生得金多，辄霁怒，问之曰："尔金从何处来？"曰："得诸地中。"又问："尔欲作何处置？"生答曰："弟子故贫，无资业，今与妻计：以五百金市田，二百金市宅，百金置器具、买童妾。止剩百金，以其半市书，将发愤从事焉，而以其半致馈先生，酬平日教育，完矣。"博士曰："有是哉！不佞何以当之？"遂呼使者治具，甚丰洁，延生坐觞之，谈笑款洽，皆异平日。饮半酣，博士问生曰："尔适匆匆来，亦曾收金箧中扃钥耶？"生起应曰："弟子布置此金甫定，为荆妻转身触弟子，醒已失金所在，安用箧！"博士蘧然曰："尔所言金，梦耶？"生答曰："固梦耳！"博士不怿，然业与款洽，不能复怒，徐曰："尔自雅情，梦中得金，犹不忘先生，况实得耶！"更一再觞出之。嘻！从狡生者，持梦中之金，回博士于盛怒之际，既救其扑，又从而厚款之；然则金之名且能溺人，彼实馈者，人安得不为所溺？可惧也已！

听说有个学生，天生性情狡猾，专会用诡计骗人。

他的老师平素教学非常严厉，学生们稍有犯规，必定派人捉来用杖责打，不肯饶赦。

有一天，这个学生恰好犯了学规。老师追拿很急，坐在彝伦堂下满面怒容地等待着他。过了一会，学生来了，双腿跪在地下，不说其他的事，只说："学生我偶然得到了一千金，正在处置，所以来迟了些！"

老师听说学生得到了这么多金钱，立即消怒，问他说："你的金子是从哪里得来的？"

学生说："是从地上挖出来的。"

又问："你打算怎样处理这些金子？"

学生回答说："弟子家里本来很贫穷，并没有什么资产，现在我和妻子商议着：用五百金买田地，用二百金买宅屋，各用一百金添置器具、买些童仆婢妾。剩下一百金子，用一半买书，我要发愤学习了，另外一半要奉送给先生，以答谢您平时对我的教育，这样就算安排完了。"

老师说："有这样的想法吗！我怎么能担当得起呢？"就呼叫使者摆上宴席，菜肴非常丰富，请学生坐下来，敬酒给他吃，席上说说笑笑，感情融洽，都和平时不同。喝得半醉，老师忽然问学生说："你刚才匆匆跑来，可曾把金子收藏在小箱子里封闭加锁了？"

学生起身答道："弟子布置这些金使用的计划刚定，被我妻子转身碰醒了，醒过来就不知道金子到哪里去了,还用得着什么箱子呀!"

老师惊异地问道:"你刚才所说获得金子,是在做梦呀?"

学生回答说:"确是在做梦呀!"

老师不高兴,但已经和他欢饮融洽了,不便再次发怒,便慢慢地说:"你倒有高尚的感情,在梦里得到金子,还不能忘怀先生,何况真正得到金子的时候呢!"又一再劝酒,然后把他送了出去。

嘿!这个狡猾的学生,拿着梦中的金子,来应对老师的怒狂,既被赦免了顿毒打,又从老师那里得到优厚的款待。可见仅仅是金钱的名声就能使人陶醉受骗,若是实实在在送金子来,人们怎么能不被金钱拉下水呢。唉,真可怕呀!

后人用这则寓言通过狡生梦金的故事,揭露了学博"持教甚严"的虚伪性及其嗜金似虎的贪婪本质。这不仅是深刻的,而且富有戏剧性,全篇充满了曲折、辛辣的讽刺意味。

九尾狐

典出《郁离子·鲁般篇》:青丘之山,九尾之狐居焉。将作妖,求髑髅而戴之,以拜北斗而徼福于上帝。遂往造共工之台以临九丘,九丘十薮之狐毕集,登羽山而人舞焉。有老狖见而谓之曰:"若之所戴者死人之髑髅也。人死肉腐而为泥,枯骨存焉,是为髑髅。髑髅之无知,与瓦砾无异,而其腥秽瓦砾之所不有。不可戴也。……而况敢以渎上帝!帝怒不可犯也。弗悔,若必受烈祸。"行未至阏伯之墟,猎人邀而伐之,攒弩以射其戴髑髅者,九尾之狐死。

青丘山,有一头九尾狐狸住在那里。它将要兴妖作怪,便找了一个髑髅戴在头上作装饰,向北斗星朝拜,想求得天帝赐福。接着筑了一座共工台,高踞在群山之上,把各山各湖的狐狸都召集来。然后登上羽山,像人一样舞蹈。有一只老狖警告它说:"你所戴的不过是死人的骷髅啊,人死以后,肉腐烂化为泥土,只留下枯骨,这便是骷髅。骷髅是完全无知的,与瓦片碎石一样;但又腥又脏,连瓦片碎石也不如,不可以戴在头上。何况你还敢用来亵渎天帝呢!天帝是不可随便触犯的。如果不改悔,你一定要遭受大祸。"九尾狐没有听狖的话,仍旧戴着骷髅到处跑。它还没有走到阏伯山,便遭到了猎人的拦击。猎人们用弩发箭,集中射击那九尾狐,九尾狐便一命呜呼了。

这则寓言是讽刺那种巧妆打扮而飞扬跋扈,胡作非为的人。

狼狈为奸

典出唐·段成式《酉阳杂俎》：或言，狼狈是两物。狈前足绝短，每行常驾于狼，无狼则不能动。故世言事乖者称狼狈。

据传说狼和狈是同一类动物。狼的前腿长，后腿短；狈则相反。狈每次出去，都必须依靠狼，把它的前脚搭在狼的后腿上才能行动，否则就寸步难行。

狼和狈常常联合起来去偷吃人家的牲畜。狼用长长的前脚，狈用长长的后脚，互相配合，既跑得快，又站得高，这样就能翻进羊圈，偷走羊只。

后人把这个故事概括为"狼狈为奸"，用来比喻坏人互相勾结，共干坏事。

吏人立誓

典出《广笑府》：一吏犯赃致罪，遇赦获免。因自誓以后再接人钱财，手当生恶疮。未久，有一人讼者，馈钞求胜。吏思立誓之故，难以手接。顷之，则思曰："你即如此殷勤，且权放在我靴筒里。"

有一个小官儿，因为贪污受贿犯了罪，碰上大赦没受到处罚。他于是赌咒说："以后再受贿，用手接人家的钱，就长恶疮罢！"过不多久，有一个打官司的人，送他一笔钱希望赢得官司。这个小官儿，因为赌了咒不敢用手接钱。犹豫了一会儿，想出了一个办法说："你既然这样殷勤，就暂且将钱放在我的靴筒里吧。"

这个故事说明：有着某种劣根性的人，常常为自己的老病复发而寻找借口。这则故事还反映了封建官吏的贪婪无厌的本质。

两面三刀

典出《红楼梦》六十五回：嘴甜心苦，两面三刀。

贾琏偷偷娶了尤二姐的第二天，贾琏的心腹小厮兴儿走来请贾琏，说："老爷那边紧等叫爷呢。小的答应往舅老爷那边去了，小的连忙来请。"

贾琏走后，尤二姐便和兴儿拉起家常来了。兴儿坐在炕沿下，一面喝酒吃菜,一面将荣府的事告诉尤老娘和尤二姐。后来不知怎的扯到凤姐身上去了。

尤二姐听了笑道:"你背着她这么说她,将来背着我还不知道怎么说我呢!我又差她一层儿了,越发有说的。"兴儿听了忙跪下求饶。

尤二姐笑道:"你这小猾贼儿,还不起来!说句玩话儿,就吓的这个样儿。你们做什么往这里来?我还要找你奶奶去呢。"兴儿忙摇手道:"奶奶千万别去?我告诉奶奶:一辈子不见她才好呢!'嘴甜心苦,两面三刀',上头笑着,脚底下就使绊子,'明是一盆火,暗是一把刀'。她都占全了。只怕三姨儿这张嘴还说不过她呢!奶奶这么斯文善良的人,那里是她的对手。"

后人用"两面三刀"比喻耍两面手法,当面一套,背地一套。

刘邕食痂

典出《宋书·刘穆之列传》:邕所至嗜食疮痂,以为味似鳆鱼。

刘穆之是南朝刘宋王朝的大将,生前因军功封为南康郡公。他死后,儿子刘邕继承了南康郡公的爵位。

刘邕这个纨绔子弟,不仅不学无术,而且骄横无赖。更令人恶心的,是他那食痂(伤口处结成的硬壳)的恶习。

有一次,他到孟灵休家里去。孟灵休身上到处都长着疮。刘邕去时,孟灵休身上的疮痂正好落了些在座位上,他就随手拾起来吃了,那津津有味的样子,仿佛是在吃什么山珍佳肴。孟灵休非常吃惊,问他何以如此,他竟若无其事不快不慢地说:"没什么,天生的嗜好罢了。"孟灵休觉得这人有些怪癖,就把身上还没有落下来的疮痂都剥下来,给他吃了。

刘邕走后,孟灵休给朋友写信说:"刘邕不久前来看我,我被他吃得好苦哟,弄得遍体流血。"

刘邕手下有官吏二百来人,平时,刘邕不管有罪无罪,总把他们抓来轮流鞭打,直打得遍体鳞伤才住手。为什么要这样呢?原来被打的官吏身上伤痕累累,伤好后,就长满了鞭疮痂。这样,刘邕又可以饱餐一顿了。

后人用"嗜痂"或"嗜痂成癖"比喻令人作呕的恶习。

落井下石

典出唐·韩愈《柳子厚墓志铭》:一旦临小利害,仅如毛发比,反眼若不相识,

落陷阱,不一引手救,反挤之,又下石焉者,皆是也。

唐朝柳宗元,字子厚,是唐宋八大家之一,少年的时候,文章就写得很好,名气很大,后来中了进士,当御史大夫时,因参与新政被贬到雍州去做司马,后又调到柳州去当刺史。他死后,柳州人因为纪念他生前对柳州的功绩,建庙奉祭他。

韩愈是那时的大文豪,他眼见好友柳宗元被小人所谗,郁郁不得志地死去,替柳宗元写了一篇墓志铭;铭中有一段这样说:"唉!读书人要到穷困的时候,才能看出他的气节。现在有些人平常居住在黑巷里的时候,大家互相爱慕,用酒食来做游戏追逐,很和蔼地笑语着,好像很要好似的,能够拿出肺腑给人看一样的知己;还指着天地,流着眼泪,说着生死与共的话,装得很诚恳可信似的。但是如果有一天为了点小小的利害便冲突起来,即使像毛发一样的小事,也会闹得翻起白眼来,不认得人了。你如果被人挤得掉到陷阱里面去,他不但不会求援救你,反而会拿了石头来打击你,这种人是很多的。不开化的人和禽兽尚且还不忍去做的事,他们还自以为做得很对呢?"

后人把文里的意思引申成"落井下石"这个成语,来比喻人家有了祸事,非但不求救他,反而去加着打击,和幸灾乐祸的意思差不多。

卖国求荣

典出《史记·管蔡世家》:九年,陈司徒招弑其君哀公,楚使公子弃疾灭陈而有之。

楚灵王正打算假借惩治乱臣贼子的名目去侵略蔡国,不料陈国的使臣到了。他向楚灵王报告,说:"先君得病死了,公子留即位,特地打发我到贵国来报丧。"楚灵王一听,眼睛即刻转向伍举,好像叫他出个主意似的。伍举觉得这件事另有文章。他想:"公子留是陈侯的次子,而且是妃子生的。要是他当了国君,那么长子偃师哪儿去了呢?"当他正疑窦丛生的时候,陈侯的第三个儿子公子胜和偃师的儿子公孙吴一起跑到楚灵王面前,趴在地上哭个不停。公子胜抽抽噎噎地说:"哥哥偃师被司徒招和公子过害死了,害得君父也上吊而死。我们没办法,只好逃出来,求大王作主!"

原来陈哀公(陈成公的儿子,陈灵公的孙子,)有三个儿子:一个叫偃师,年龄最长,是正夫人生的,早已立为太子;一个叫公子留,是妃子生的;一个叫公子胜,是另一个妃子生的。陈哀公宠爱妃子,想废了偃师,把君位传给公子留。可是偃师并没有犯下什么过错,不能无缘无故地废掉他。陈哀公叫大臣司徒招和公子过担任公子留的师傅,对他们说:"你们好好地辅助公子留,不要辜负了我这一片心。"他们因此知悉陈哀公有意把君位传给公子留,就拉拢私党,准备将来立公子留为国君。后来陈哀公得了病,缠绵床榻。太子偃师是个孝子,每天都去看望他爹三次。司徒招见了,对公子过说:"主公病了这么久,趁他还没死,先把偃师杀了,事情就好办多啦。"公子过领首同意。他们就吩咐刺客利用偃师进来的时候,把他刺死,宫里顿时乱成一团。过了一阵子,司徒招和公子过佯装不知情,大惊小怪地一边叫人搜索刺客,一边宣布说:"太子已经死了,主公又病得那么严重,应该先立公子留为国君,以安定民心。"陈哀公听到这个消息,愤怒极了。他埋怨司徒招和公子过不该刺死偃师,更不应该当他已经死了似的、擅自主张立公子留为国君。可是大权操在他们手里,有什么办法呢?他悔恨交集,就上吊自杀了。公子胜和公孙吴眼看这班人刺死太子,逼死国君,都怕遭到毒手,赶忙跑到楚国来避难。

楚灵公听完公子胜和公孙吴两人的报告,就责骂那个使臣歪曲事实。陈国的使臣知道自己辩不过他们,只好紧闭着嘴站在原地。楚灵王传令武士把那个使臣杀了。伍举说:"大王既然杀了乱臣贼子的使臣,就应该去征讨司徒招和公子过。这是名正言顺的,谁敢不服。等平定了陈国,再去征伐蔡国。先君庄王的霸业也不过如此。"楚灵王一心想做第二个楚庄王,就发兵跟着公子胜和公孙吴去惩办陈国的乱臣。

公子留听说楚灵王杀了他的使臣,惴惴难安;又听说发兵来攻打他,吓得抛下了君位躲到别国去。公子过看见新君跑了,就对司徒招说:"怎么办呢?咱们也跑吧!"司徒招说:"怕什么?等楚国大军来了,我自然有办法叫他们退回去。"几天后,楚国的兵马到了。陈国的老百姓本来就替偃师抱不平,现在听说偃师的儿子公孙吴向楚国借了兵马来惩治乱党,当然不会起来反对。

司徒招已经做了准备。公子过却急得焦头烂额,跑去问司徒招,说:"你说有办法叫他们退回去。办法在哪里呢?"司徒招淡淡地说:"要叫楚国的兵马退回去,并不难;不过,我得先跟你借一样东西。"公子过说:"借什么东西?"司徒招说:"你的脑袋!"公子过一惊,刚要转身跑开,已经被司徒招左右的人杀了。

这个杀害同党的司徒招拿着公子过的脑袋,亲自去见楚灵王。他用膝盖走路,跪在楚灵王跟前,磕头如捣蒜,说:"这回刺死太子偃师,立公子留做国君,全都是公子过的阴谋。我已经把他杀了,请大王饶我这条狗命吧!"楚灵王看他这么低声下气的,内心难免几分得意。司徒招又往前跪上一步,悄声地说:"当年贵国庄王惩办了夏徵舒,灭了敝国,把敝国改为贵国的一个县。后来庄王听信了别人的话又把敝国恢复过来,这真是一件非常可惜的事!现在敝国的国君死了,太子也死了,公子留跑了,敝国已经没有国君了。大王干脆把敝国再改为贵国的一个县。这不仅对贵国有好处,对敝国也有好处。您看好不好?"楚灵王欢喜极了,说:"难得你设想得这么周到。这样吧,你先回去给我收拾宫室。"司徒招听了,心上一块大石头总算落了地。他磕个头,欢欢喜喜地回去了。

这个卖国贼理直气壮地吩咐手下的人打扫宫室。他一面支使着大家,一面想:"陈国虽然断送在我手里,我却是第一个当上楚国大臣的陈国人。俗话说'识时务者为俊杰',那些后投降的人,当然全归我手下喽!我的功劳这么大,楚王一定会重用我,说不定叫我当个县公。我若当上个县公,不就等于当了陈国的君主

吗？更何况我是为了求太平才这么做的。我要是不投降，我们还不知道要受多少苦哩！凡是有见识的人绝不会骂我是个奸贼。就算做了奸贼，只要问心无愧就好了。当大人物的本来就得任劳任怨嘛！"他越想越觉得有理，仿佛自己实实在在是个明智的人物。

第二天，他大清早起来，亲自把宫室预备好了，然后催促着陈国的大臣去迎接楚灵王。楚灵王到达陈国的朝堂上，所有贪生怕死的大小官员都来拜见。他唤司徒招上来。司徒招得意扬扬地跪下，准备受封领赏。楚灵王对他说："我本来想封赏你，可是大家都愤愤不平，怎么办呢？这样吧，我就答应你昨天的要求，饶你一条狗命，让你到东海去吧！"司徒招好似当头挨了一记闷棍，顿时天旋地转，唔嚅了老半天说不出话来。楚灵王派了几名士兵把他押走。

公子胜和公孙吴拜谢了楚灵王的"恩德"。楚灵王对他们说："司徒招和公子过虽然都灭了，可是他们的余党很多。他们一定会衔恨向你们报仇，你们还是跟着我到楚国去吧。"这两位想藉敌国的兵马来救本国的蠢人也成了俘虏。陈国就这样被楚国并吞，变成了楚国的一个县。陈国人眼睁睁地看着国家亡了，只有摇头叹息。

春秋时期陈国的大臣司徒招为了夺权，弑君杀臣，反被楚国乘机而入，不但加速了陈国的灭亡，自己也落得身败名裂。这说明卖国求荣是没有好下场的。

猫祝鼠寿

典出《雅谑》：一老鼠避一瓶中，猫捕之不得，以须略鼠，鼠因喷嚏。猫在外呼曰："千岁！"鼠曰："汝岂真为我寿？诱我出，欲嚼我耳！"

有一只老鼠躲在瓶子中，猫捕不到它，就用胡须去拂掠老鼠的鼻子，老鼠因而打起喷嚏来。

猫在瓶子外头友好地呼唤说："千岁！"

老鼠说："你哪里真在为我祝寿？不过是想把我诱出来，吃我的肉罢了！"

后人用这则寓言说明俗话说："黄鼠狼给鸡拜年，没安好心。"对于敌人要认清其本质，不被一时的表面现象所蒙蔽，不被一些花言巧语所欺骗。

冒天下之大不韪

典出《左传·隐公十一年》：不度德，不量力，不亲亲，不徵辞，不察有罪。犯五不韪，而以伐人，其丧师也，不亦宜乎！

春秋时期，有许许多多大大小小的诸侯国。郑国和息国位于现在河南省的中部，两国紧密相连，都是比较小的诸侯国。它们与周室同宗，都姓姬。

息国虽然是个很小的国家，可是他的国君却不能与邻国友好相处，经常与毗邻的郑国争吵不休。

公元前712年，因为一些不值得的小事，息国又与郑国发生了冲突。息国国君很不冷静，不自量力，竟下令派兵攻打郑国。在这场息国与郑国的战争当中，息国存在许多弱点：一、没有考虑这次出兵是否正义；二、没有考虑自己是个小国，不自量力；三、没有考虑要与自己同姓的、相邻的兄弟国家友好相处；四、没有分清是非曲直；五、根本认识不到自己的过错。息国存在这五项致命弱点，自己全然不知，毫不醒悟。息国国君不顾一切后果，盲目指挥息军与郑军作战，结果遭到惨重失败，息君狼狈逃回。后来，息国终于被另一个强大的国家楚国灭掉。

后人在评论息国和郑国这场战争时说：息国国君犯五不韪（五个大错误）而仍然一意孤行，结果遭到惨败，这是罪有应得！

成语"冒天下之大不韪"即由此演化而来。冒：冒犯；不韪：不是，错误。这句成语的意思是指犯了天下最大的错误。现在多指公然不顾全世界人民或全国人民的反对而干坏事。此成语亦可见于清·顾炎武《日知录·卷十三·正始》，书中说，"自正始以来，而大义之不明，遍于天下。如山涛者，既为邪说之魁，遂使嵇绍之贤，且犯天下之大不韪，而不顾夫邪正之说不容两立。"

明目张胆

典出《晋书王敦传》：今日之事，明目张胆，为六军之首，宁忠臣而死，不无赖而生矣。

《宋史·刘安世传》：初除谏官，未拜命，入白母曰："朝廷不以安世不肖，使在言路。倘居其官，须明目张胆，以身任责，脱有触忤，祸谴立至。……"

宋朝时候有一个叫刘安世的人，字器之，考中进士后，因学问渊博，深得宋王宠信。他性情耿直，做人很讲信义，对事物的见解又相当精辟，所以不久之后，被宋王任命为谏议大夫。这是一个非常显赫的官职，因为这官职负有批评皇帝言行的重任。刘安世被任命为谏议大夫之后，立即回家对他的母亲说："王上不因我的无能而摒弃我，反而委我做谏议大夫；儿子自知没有什么能力，但皇命不可更改，无法推辞得了的，唯有好好的尽做臣子的责任，时时提醒皇上。毫不畏避的对待自己的职责，才是我应该做的事。今后侍奉母亲恐将有所怠慢，务请母亲原谅我！"刘安世做了谏议大夫后，果然耿直进谏，满朝文武都对他敬佩，当时有"殿上虎卒"的美誉。

后来的人便根据上述的记载,将"明目张胆"引为成语,原指有胆有识,敢作敢为,但沿用下来,渐渐变成了贬义,形容公然作恶,无所回避。

谋君篡位

士会回到晋国,就和赵盾、荀林父他们一起辅助晋灵公。晋国的一班大臣一心想继续晋文公和晋襄公的霸业。霸主的职责在名义上还是标榜扶助周室,抵御蛮族,征讨乱臣贼子,济弱扶困;但事实上并非如此。即使是所谓乱臣贼子也未必受到责备,更不用说受到霸主的讨伐了。士会是在公元前614年回到晋国的,就在这四、五年里(公元前613—609年),重要的中原诸侯国如齐国、宋国、鲁国等,都曾经发生谋君篡位的大事。晋国对这些大事拿不定确切的主张。一开始的时候,还想用传统的方法,发兵去征讨;后来,接受了人家的礼物,就睁一只眼、闭一只眼,让天大的事不了了之了。如此一来,"霸主"失去了霸主的威严,号令诸侯的那种气势派头就愈来愈弱了。

公元前613年(周顷王六年,晋灵公八年,齐昭公二十年,宋昭公七年,鲁文公十四年,楚庄王元年),赵盾眼看楚国刚死了国王,就想趁机恢复晋国的霸业,因此邀约了列国诸侯在新城(宋地,在河南省商丘县西南)开会。与会的有晋、宋、鲁、陈、卫、郑、曹、许八国诸侯。蔡国仍然归附楚国,没有来。赵盾叫郤缺带着兵马去征伐。蔡国见风转舵,就脱离了楚国,归附了晋国。齐国本来有意赴会,可是正巧齐昭公病势危笃,不能来;不到会盟的日子他就死了。太子舍即位不满三个月,就被他的叔父公子商人刺杀了。

公子商人是齐桓公的儿子,齐昭公潘的兄弟。他拿出家产来帮助穷人,收买人心。他刺死太子舍后,还装模作样地请公子元(也是齐桓公的儿子)做国君。公子元赶忙推辞,说:"兄弟呀!别连累我。你能让我安安静静地做个老百姓,我就心满意足了。"公子商人做了国君,就是齐懿公。

为了这件事,赵盾又替晋灵公会合了八国诸侯(晋、宋、卫、蔡、陈、郑、曹、许),打算去征伐齐懿公。齐懿公向晋国送了厚礼,八国诸侯就各自散归本国了。齐懿公的君位因此也确定了。

齐懿公做了国君后,为所欲为。他想起从前跟大夫丙原为了争夺土地,曾经闹得面红耳赤。当时齐桓公叫管仲出面裁判这件纠纷,管仲断定公子商人理曲,把那块地判给了丙原。如今公子商人做了国君,就把丙家的土地全部抢夺过来;又因为怀恨管仲帮助了丙原,把原来封给管家的土地也夺走了一大半。管仲的后代唯恐齐懿公进一步迫害他们,就逃到楚国去了。此时丙原已经死了,齐懿公就叫人把他的尸首从坟里掘出来,砍去一条腿,算是一种惩罚,以泄他心头的愤恨,他还问丙原的儿子丙蜀(《史记》写作丙戎,《左传》写作邴)说:"你爹是不是罪有应得？我砍去他的腿，你恨不恨我？"丙蜀说："我爹在世的时候没有受到刑罚，已经够造化的了。现在砍的是他的枯骨，我怎么能怨主公呢？"齐懿公听了很满意，就把丙蜀当作心腹，一高兴，便把夺来的土地全都还给了他。

齐懿公不仅有仇必报，而且贪爱女色，放纵逸乐。他听说大夫阎职的妻子容颜娇艳，就召他们夫妇进宫。阎职的妻子果然美得名不虚传，齐懿公愈看愈喜爱，愈喜爱就愈想据为己有。他就强留下她，叫阎职另外再娶一个。阎职是他的臣下，当然敢怒不敢言。

公元六〇九年夏天，齐懿公带着一些宫女以及他的心腹丙蜀和阎职，到申池去避暑。申池那儿的水澄清洁净，可供嬉水沐浴；池边又有茂密的竹林，非常适合消暑乘凉。那一天天气十分炎热，齐懿公又多喝了点酒，就叫人把竹榻安置在竹林里，舒舒服服地躺下来睡觉，一边还有宫女们替他摇扇子。丙蜀和阎职闲来没事，就跳到池子里洗澡。他们两人各怀心事，却不肯相互倾诉。丙蜀捉弄阎职，拿竹竿敲他脑袋，还撩水溅他。阎职恼羞成怒，骂丙蜀不是人。丙蜀嬉皮笑脸地说："人家抢走你的妻子，你都不冒火，我跟你开开玩笑，你却生这么大的气！"阎职毫不客气地顶他，说："人家砍了你爹的腿，你都闷不吭声；我妻子的事还值得提吗？"两人这样互揭疮疤，反倒把心事都掏出来了。他们不再顾忌什么，很快商量好，立刻起身穿衣，佩上宝剑，一起跑到竹林里去。齐懿公正睡得酣，宫女在旁边伺候着。丙蜀做着手势轻声地对宫女们说："主公一醒就要洗脸、洗澡，你们赶快去准备热水吧。"她们都走了。于是阎职按住齐懿公的手，丙蜀掐住他的脖子。齐懿公刚睁开眼睛，他的脑袋就落了地。他们把他的尸首弃置在竹林深处，把他的脑袋丢进申池里；然后驱车回到城里，痛痛快快地大吃一顿。随后携带家眷，把能够拿走的东西全装上几辆大车，慢条斯理地出南门走了。家人们催促他们快跑，丙蜀说："这种寡廉鲜耻的昏君死了，大家高兴都来不及。你们怕什么？"他们就这么不慌不忙地投奔楚国去了。齐国的大臣一致认为，齐懿公商人谋君篡位，还横行霸道地对待大臣，早就该死了。他们经过商议，就立公子元为国君，就是齐惠公。

齐懿公还没遭丙蜀和阎职杀害的时候，宋国的公子鲍还拿公子商人作榜样哩！

他眼看公子商人刺死了太子舍，只消送点礼物给晋国，君位就确定了。他也如法炮制一番。公子鲍是宋昭公的同父异母兄弟，他的祖母宋襄公夫人相当宠溺他；宋国的大臣们也跟他相处得很融洽。此外，他也学齐国公子商人的作法，把家产和粮食拿出来赈济穷人。公元前六一一年，宋国遭逢荒年，公子鲍仓库里的粮食都散发完了，宋襄公夫人就把自己的财产拿出来给公子鲍去散给灾民。因此，宋国上上下下都赞美公子鲍的义举，说他如果做了国君，宋国人是多么幸运啊！

于是支持公子鲍的那一班大臣就刺死了宋昭公，立公子鲍为国君，就是宋文公。为了这件事，赵盾又派荀林父为大将，会合晋、卫、陈、郑四国的兵马，一起去征伐宋国。宋国的大臣宋华元到晋国的兵营里去见荀林父。他说宋国上上下下

都信服公子鲍，还央求霸主准许他好好地去管理国家。华元又奉上好几车的金帛，犒劳军队。荀林父一一收了下来。郑穆公兰提出异议，说："我们是跟着将军来讨伐乱臣贼子的，要是您答应跟宋国讲和，恐怕不大恰当吧！"荀林父说："宋国的情形跟齐国的差不多，咱们总不能厚此薄彼，对齐国宽大，却对宋国苛刻呀！再说人家宋国人都心甘情愿立他为国君，咱们总不能不通人情哪！"荀林父就跟华元订了盟约，确定了公子鲍的君位。

接着，鲁国也发生了谋君篡位的大事。鲁国的大夫东门遂（鲁庄公的儿子，也叫公子遂和仲遂）杀了国君，还信心十足地认定晋国不会为难他。

公元前六〇九年（周匡王四年），鲁文公（鲁僖公的儿子）死了，公子恶即位。鲁文公出殡的时候，齐惠公刚即位不久。齐惠公为了表示自己不是齐懿公商人那种横行霸道的国君，做起事来格外小心谨慎。他一听说鲁文公出殡，就赶忙派使臣去送丧。东门遂对叔孙得臣（叔牙的孙子）说："齐是大国，公子元才即位就派大臣到咱们这样的小国来吊丧，可见他有意跟咱们交好。咱们应该把握这个机会去跟齐国沟通沟通，往后也有个靠山。"叔孙得臣同意他的看法。他们两个人就到齐国去，一方面祝贺新君公子元，一方面回谢吊丧的盛情。

齐惠公非常客气地招待他们，特地请他们喝酒。在酒席上，齐惠公偶然问到鲁国的新君为什么叫"恶"。他说："天底下的好字眼多的是，为什么偏偏挑了这么一个字呢？"东门遂回答说："先君一向不喜欢他，所以故意替他取了个坏名字。先君喜欢的是公子接，因为他品行好、有本事、能尊敬大臣。不但先君，就是敝国上下也都指望他做国君。可惜的是，公子接虽然是长子，却不是正夫人生的。"齐惠公说："历来也不乏立庶出长子的例子，只要是个贤才就可以了嘛！"叔孙得臣赶紧接着说："唉！先君墨守成规，立了公子恶，就把公子接埋没了。为了这件事，敝国上下始终对先君不能谅解哩！贵国要是能够帮助敝国立个贤明的国君，我们愿意事奉贵国，年年进贡。"齐惠公一听到"年年进贡"，就眉开眼笑地答应了，跟他们订立了盟约，还把自己的女儿许配给公子接。

东门遂和叔孙得臣有了齐国作后盾，就大胆地杀了公子恶和他的亲兄弟公子视，立公子接为国君，就是鲁宣公。鲁宣公把济西之田送给齐国，作为谢礼。有人问东门遂，说："你这么明目张胆地干，不怕晋国来征讨吗？"东门遂不屑地说："哼！齐国、宋国杀了国君，晋国收了点礼物，嘴巴就好似被封住了。咱们只不过死了两个小孩子，算得了什么？再说晋国的赵盾几乎要照顾不了他们的国君啦！"

这篇故事讲述了春秋时期中原诸侯国齐、宋和鲁相继发生的弑君篡位事件。

男女有别

典出《阅微草堂笔记·故妄听之》：傅显喜读书，颇知文义，亦稍知医药，性情

迂缓，望之如偃蹇老儒。一日，雅步行市上，逢人辄问：“见魏三兄否？”或指所在，雅步以往。比相见，喘息良久。魏问相见何意，曰：“适在苦水井前，遇见三嫂在树上作针黹，倦而假寐。小儿嬉戏井旁，相距三五尺耳，似乎可虑。男女有别，不便呼三嫂使醒，故走觅兄。”魏大骇奔往，则女已俯井哭子矣。

傅显喜欢读书，很通文章礼义，也懂一点医药知识，只是性情迂腐迟钝，看上去就像一个萎靡不振的老学究。

一天，他踱着方步来到集市上。逢人就问：“看到魏三兄了吗？”有人指给了地点，他又踱着方步走去。等和魏三相见以后，又定神息气，半天没有开口，魏三问他找自己有什么事，傅显这才说：“刚才我在枯水井旁，看见三嫂在树下做针线活，她疲倦了在那儿打盹。您家的小孩却跑到井旁去玩，离井口不过三五尺远，好像值得忧虑，只因为男女有别，不便叫醒三嫂，所以到处找您。魏三一听，非常惊慌，急忙转身奔去。等他赶到时，他的妻子已经趴在井口痛哭儿子了。

后人用“男女有别”的这个典故告诫人们，封建礼教是要害死人的。

牛不能生马

典出《说苑·政理》：齐桓公出猎，逐鹿而走入山谷之中，见一老公而问之曰：“是为何谷？”对曰：“愚公之谷。”桓公曰：“何故？”对曰：“以臣名之。”桓公曰：“今视公之仪状，非愚人也，何为以公名？”对曰：“臣请陈之。臣故畜牛，生子而大，卖之买驹。少年曰‘牛不能生马。’遂持驹去。傍邻闻之，以臣为愚，故名此谷为愚公之谷。”

齐桓公外出荒郊打猎，追赶一只鹿，走进了一道不知名的山谷。

他见到一位老人，问道：“这叫什么谷？”

老人回答：“愚公谷。”桓公又问：“为什么叫这样的名字？”

老人又答：“是因我命名。”

桓公说：“我看你容貌神态、言谈举止都不像个愚蠢的人，怎么会因你而得名呢？”

老人说：“请允许我告诉你。我原来喂养着一头母牛，生下的牛犊长大后，我把它卖掉又买了一匹马驹。一个年轻人说：‘牛不能生马。’说完就牵走了我的马驹。邻居们听了都认为我很愚蠢，所以就称这道山谷为愚公谷。”

后人用“牛不能生马”的这个典故为那些蒙不白之冤的人鸣不平。就像上面所述老人的马驹本来是卖掉小牛买来的，少年却罗织了一个“牛不能生马”的罪名强加于人，又不允许人家申辩，把马驹抢走。老人蒙冤受害，还被冠以“愚公”之名，实在可怜。

潘金莲给武松敬酒

典出《水浒传》第二十四回。

潘金莲，打虎英雄武松的嫂子。原来是清河县一个大财主家的使女，因年轻貌美，大财主纠缠她，潘金莲不肯依从，告诉主人婆，大财主因此记恨在心，倒赔嫁妆，白白地把她嫁给了武大郎。潘金莲是个杨花水性、不守妇道的女人，见武大郎身材短矮，丑陋难看，不会风流，怨恨自己薄命，暗地里爱偷汉子，像臭狗屎招苍蝇一样，惹得一班奸诈的浮浪子弟常来纠缠。结果，武大郎在清河县住不下去，只好迁居到阳谷县。

武松因打虎留在阳谷县当都头，遇见哥哥武大郎，来到家里拜见嫂嫂。潘金莲见了武松一表人材，自己心里寻思着："武松与他是嫡亲一母兄弟，这个三寸丁谷树皮，三分像人，七分似鬼，我却倒霉才嫁给他。你看武松，却生得这般英俊、高大，我若嫁给他，才不枉了为人一世。"于是，她劝武松搬到家里来住，殷勤款待。武松每日到县衙门办事，不论归迟归早，潘金莲顿羹顿饭，欢天喜地地服侍武松，还时常用言语来撩拨他。武松是个硬心直汉，却不见怪，真是"英雄只念连枝树，淫妇偏思并蒂莲"。

一天，潘金莲特地备下酒肉，打发武大郎出去卖炊饼，专等武松回来饮食。武松归家，要等哥哥回来一起吃，那妇人说："你哥哥每日自己出去做买卖，等他不得，我和叔叔自饮三杯。"话说未了，早暖了一壶酒来，敬上一杯给武松，说："叔叔满饮此杯。"武松接过手来，一饮而尽。那妇人又斟了一杯酒来说："天色寒冷，叔叔饮个成双杯。"接着，又连斟了三四杯酒饮了。那妇人也有三杯酒落肚。常言道："酒作媒人色作胆，贪淫不顾坏纲常。"潘金莲一心想要勾诱武松，只管把闲话搬来诱惑、挑动，不看武松心里不快，还不识趣地斟一盏酒来，自己呷了一口，剩下大半盏，看着武松说："你若有心，吃我这半盏残酒！"不料，武松劈手夺来，泼在地上，大骂说："嫂嫂，不要这般不识廉耻！俺武二是个顶天立地、嘁齿戴发的男子汉，不是那等败坏风俗、没有人伦的猪狗！"潘金莲"偷鸡不着——蚀把米"，灰溜溜地走了。

"潘金莲给武松敬酒"，比喻办事的动机不好，不是出于善良的心意。常指女人想勾引男人。

欺世盗名

典出《荀子·不苟》：是奸人将以盗名于暗世者也，险莫大焉。故曰：盗名不如盗货。

春秋时，卫国有个大夫叫史鳛(qiū)，又名史鱼。他曾多次劝说卫灵公，但所提意见没有被采纳。后来，史鱼病重，临死时，他告诉他的儿子，在他死后不要把尸体装进棺材，要实行"尸谏"。卫灵公知道后，对史鱼大加赞扬。孔子也说他是个"正直"的人。

战国时，齐国有个贵族出身的人叫田仲，又叫陈仲子。他的哥哥是一位食禄万钟的富翁，但田仲离开了哥哥，靠织草鞋为生，自命清高不凡。

战国时的思想家、哲学家荀子认为，史鱼、田仲的行为实际上是欺世盗名。荀子说：没有比盗名这种行径更邪恶的了，它甚至比盗货更恶劣。

"欺世盗名"指用不正当的手段欺骗世人，窃取名誉。

齐人骄妻

典出《孟子·离娄下》。

从前，齐国有一个人和一妻一妾生活在一起。每天早晨，齐人总是睡足了才起来，然后就出门去了，回来时吃得酒足饭饱。妻子问他去哪里，他说："还去哪里呢？那些有钱有势的人请我吃饭呀！"时间久了，妻子觉得可疑，便对妾说："我家丈夫每天出去，总是吃饱喝足才回来。问他跟谁一起，他总说是有钱有势的人招待他。这就怪了，怎么只是别人请他，从来没见他请回一个来我们家做客？我想明天暗中跟在他后面，看他究竟去了什么地方。"妾说："行，我也觉得奇怪。"

第二天早晨，妻子暗中随丈夫外出。走遍城中，都不见任何人与丈夫交谈。终于，丈夫在拐了几个弯之后，走到东郊乱坟丛中，向前来祭供死者的人乞讨祭供后残剩的酒食；如果不够，又抬头东张西望，到别处乞讨。噢，原来这就是他"酒足饭饱"的方法！

妻子回家把所见到的情况告诉了妾，并叹息道："我们嫁了他，希望寄托终身，日后能得到幸福，想不到他竟在背地里干出这种下流的勾当！"妻妾二人十分悲伤，一边抱着痛哭，一边咒骂丈夫。

不一会儿，丈夫从外面回来了。他不知道自己的丑行已经败露，还洋洋得意

地在妻妾面前自我夸耀，然后骂她们说："你们这些女人啊，真没有用！平白无故哭什么？你看我，每天都有人请我吃酒吃肉！不管你们，我要睡觉去了。"他一边走，一边自言自语地说："唉，今天那家人真有钱啊！"

妻、妾见丈夫这样无耻，哭得更伤心了。

"齐人骄妻"指齐人在妻妾面前骄傲、炫耀。后世借这个典故讥讽那些权贵，他们表面上洋洋得意，背地里却干了许多不可告人的勾当。

翘袖折腰舞悲欢

汉高祖刘邦被封为汉王，建都南郑时，得到一个才貌绝佳的戚姬，即戚夫人。戚夫人多才多艺，不仅舞姿出色，而且歌声也十分动听，还擅长弹瑟、击筑。

刘邦当了皇帝以后，常与戚夫人在宫中歌舞作乐，史书上说，戚夫人"善为翘袖折腰之舞，歌出塞入塞望归之曲"。戚夫人常击筑，刘邦则随乐高唱《大风歌》相和："大风起兮云飞扬，威加海内兮归故乡，安得猛士兮守四方！"

戚夫人虽多才多艺，才貌出众，专宠后宫。但是，在当时的社会，一个舞妓是得不到应有的尊重和地位的。高祖的皇后——吕后阴险毒辣，对戚夫人由忌生恨，戚夫人也常为自己的命运担忧，经常哀求刘邦废太子——吕后的儿子刘盈，改立自己的儿子赵王如意为太子。刘邦也认为刘盈仁弱，不像自己，如意才像他自己，无奈吕后在朝中势力强大，他的两个哥哥都是朝中大将，最后，吕后请出刘邦敬重的四位老人，请求他们赞同册立刘盈为太子，并愿意日后辅佐他。刘邦无奈，召戚夫人说："我想改立太子，但连四老都自愿辅助他，羽翼已长成，难改动啊！"戚夫人闻之悲痛欲绝，想到吕后将成为自己真正的主宰，更是不能自己，痛哭流涕。人们常常在欢快的时候起舞，而戚夫人更多的是在悲伤的时候舞蹈，戚夫人在悲痛中跳起了楚地的舞蹈，刘邦用楚地民间音乐的调子伴唱："鸿鹄高飞，一举千里，羽翼以就，横绝四海，又可奈何……"道出了刘邦被形势所迫，不能改立太子无可奈何的心情。

公元前195年4月，太子刘盈即位，即汉惠帝。这时，吕后更加肆无忌惮，她视戚夫人及其子赵王如意为眼中钉，于是，下令把戚夫人的头发剃了，给她穿上罪人的衣服，囚禁起来，让她终日舂谷。戚夫人忍受着残酷的折磨，一面舂谷，一面唱歌，有些类似现在民间的杵歌，歌中唱道："子为王，母为虏，终日舂薄暮，常与死为伍，相离三千里，当谁便告汝？"吕后得知戚夫人唱这种不满的歌，更加恼怒，下令召赵王如意入宫，并用毒酒把赵王害死。随后命人斩断戚夫人的手脚，挖去眼睛，熏聋她的耳朵，又给她喝哑药，把她丢在厕所里，叫做"人彘"，戚夫人再也不能一展她婀娜的舞姿和美妙的歌喉。过了几天，狠毒的吕后召惠帝看"人彘"，惠帝知这是戚夫人后大哭不止，从此病倒，惠帝虽是吕后之子，但也不能容忍母亲使用如此毒辣的手段残害戚夫人,以后终日饮酒,不理朝政。

千百年来,人们对戚夫人的遭遇寄予了深切的同情,她那杰出的舞蹈——"翘袖折腰舞"和悲哀时跳的"楚舞"及被囚禁时唱的"杵歌"都久久为人传诵。

雀儿肠肚

典出宋·陈思道《后山谈丛》四:曹武肃王密奏曰:"孟昶王蜀三十年,而蜀道千余里,请擒孟氏而赦其臣以防变。"太祖批其后曰:"你好雀儿肠肚。"

宋朝初年,宋太祖灭了后蜀,诏令把后蜀国王孟昶以及后蜀的大臣们都送到京城开封来,一一封了官职。这时,大臣曹彬密奏道:"蜀国建立已三十多年了,根基深厚。蜀地离开封远达千里,一旦孟昶逃了回去,后患无穷。况且蜀国的人听说孟昶还活着,就可能借用他的名义叛乱。所以,蜀国的大臣们可以赦免,孟昶不能让他活着,应该立即杀掉。"宋太祖看了他的奏文后,哈哈大笑,在奏文后面批了几个字:"你好雀儿肠肚。"仍然封孟昶为秦国公,他的两个儿子也封为节度使。因此,历史上都称赞宋太祖宽厚。

后人用"雀儿肠肚"的这个典故比喻人的肚量太小,不能宽宏大量。

鹊巢鸠占

典出《诗·召南·鹊巢》:维鹊有巢,维鸠居之。

各种鸟类都有一种共同的本领,能够用口衔着泥和草,用来在树上筑巢居住,只有鸠鸟是例外。鸠不会自己筑巢,只凭着体力比较强,用武力欺凌别的鸟类,霸占其它鸟的巢来居住。所以《诗经》有云:"维鹊有巢,维鸠居之。"本来这句成语在《诗经》里的原意是用鸠来比喻当时的女子,指那时候的女子都没有谋生的本领,但在结婚后,住到夫家却有现成的享受;正如鸠不懂筑巢来居一样。

后来"鹊巢鸠占"成为成语,就是出于这两句话,用来比喻那些没有真实本领,只凭借势力或用阴险的手段,而占据别人的地位。

人面兽心

典出《列子·黄帝》：夏桀殷纣鲁桓楚穆，状貌七窍皆同于人，而有禽兽之心。而众人守一状以求至智，未可几也。

据说杨朱有一次在梁国遇上老子，便将老子请到家里，梳洗完毕后跪伏在地上，向老子请教，老子给他讲了这么一个道理：

看人看事，不应该看他的外表如何，主要应该看他的心智。圣人都是看心智的，而不看外表。然而庸人俗子只看外表，外表与我不同的，我就疏远他。假如看人，只要有身子、手、脚、头发、牙齿，你都说他是人，然而这种人不一定没有一颗兽心。他虽然长着一颗野兽的心，但外表与人一模一样，你也会亲近他；那些长有翅膀，有角、有爪、能飞、能跳的是禽兽。然而禽兽未必没有一颗人心，它们虽然有人心，但外表不与人相同，你还会疏远它的。过去的伏羲氏、女娲氏、神农氏、夏后氏，全是蛇身人面、牛头虎鼻，没有人的外表，可他们却有至高无上的圣德。夏桀、殷纣、鲁恒、楚穆这些家伙，形状外表都与人相同，可是却长着禽兽的心。如果人们只看外表而以为他们也有德行，那不是上当了吗？禽兽之心智也有与人相似的地方，例如它们会找东西吃，雄雌相偶，母子相亲，逃避敌害，躲寒就温，居则成群，行则有列，幼者居内，壮者居外，觅食相助，遇害群鸣……。可是禽兽的心智远不如人，人故而可以使唤它们。黄帝与炎帝的时候，让熊黑狼豹上战场作战，让雕鹰鸢鸟协助攻敌，这是用力量驯化禽兽的结果。尧帝就不同了，他使用音乐使令百兽跳舞，使用箫、笛让凤凰来仪、百鸟唱歌。这些全是上古之人的神圣所在呀，他们知道万物的情态，了解异类的声音，才能驯化它们，只有圣人才能做到啊！"

杨朱听了老子的这番话，对他更加佩服。

后人就从该文中引出一句成语"人面兽心"，用来比喻外貌像人，内心却极端凶恶、卑鄙。

丧心病狂

典出《宋史·范如圭传》：如圭独以书责桧（秦桧）以曲学倍师、忘仇辱国之罪，且曰："公不丧心病狂，奈何为此？必遗臭万世矣！"

秦桧是南宋投降派的代表人物。他是政和进士。北宋末朝任御史中丞。靖康二年(1127)被俘到北方,成为金太宗弟挞懒的亲信。1130 年随金军至楚州(今江苏淮安),被挞懒遣归。他却诈称杀死防守士兵,夺船逃回。绍兴年间两任宰相,前后执政 19 年,主张投降,为高宗所宠信。他杀害抗金名将岳飞,主持和议,决定向金称臣纳币的政策,为人民世代痛恨、唾骂。

有一次,金国的使者来到南宋京城,会谈议和条件。使者倚仗金国在军事上的优势,出言荒谬,态度傲慢,向南宋政权提出许多无理的要求,遭到朝野主战派官员的强烈反对。校书郎兼史馆校勘范如圭更是悲愤欲绝。他和秘书省的十几个同僚一起,痛骂金国使者,怒斥投降派卑鄙无耻。他们写了一份慷慨激昂的奏章,准备上书宋高宗,反对屈辱求和。但是,奏章写好之后需要签名的时候,人们害怕秦桧等人的淫威,担心遭到投降派的打击报复,于是纷纷打起退堂鼓来。

范如圭见这些人如此胆小怕事,又气又恨,于是他独自一人写了一封信给秦桧,痛斥他丧权辱国、卖国求荣的罪行。信中指责秦桧说:"你秦桧如果不是丧失理智,言行荒谬,像发了狂一样,怎么能够干出这种卑鄙可耻的事情呢? 你必定遗臭万年,被子孙后世所唾骂!"

成语"丧心病狂"便来源于此,意思是丧失理智,言行悖谬,像发了疯一样。

杀人不眨眼

典出宋·普济《五灯会元》卷八《圆通缘德禅师》:宋大将军曹翰入庐山寺,缘德禅师不起不揖。翰怒呵曰:"长老不闻杀人不眨眼将军乎?"师熟视曰:"汝安知有不惧生死和尚邪?"

宋初有一个大将叫曹翰,他性情粗暴,又喜欢喝酒,而且还很残忍。杀人对他来说是家常便饭,根本不当回事,连眼睛也不眨一下。因此,他自称"杀人不眨眼将军"。

宋太祖平江南时,曹翰带领人马渡过长江,闯入庐山寺。寺庙里的和尚早已逃的逃,躲的躲了。曹翰进庙一看,只有一个老和尚端端正正地坐在那里。等他进来,老和尚泰然自若,根本不理睬他。曹翰非常生气,大吼一声道:"你没听说过'杀人不眨眼将军'吗?"老和尚毫不畏惧,瞪眼直视曹翰,然后从容回答:"你知道有'不惧生死的和尚'吗?"

原来,这位老和尚便是当时著名的高僧缘德禅师。曹翰见吓不倒老和尚,有些无可奈何,便改用比较和气的态度问缘德:"这庙里还有没有别的和尚? 你能把他们叫出来吗?"缘德见曹翰态度软了些,也就慢吞吞地指着架上大鼓说:"敲这面大鼓,和尚们听到后就会来这里集合。"曹翰拿起鼓槌,使劲地敲了几下大鼓。可是过了好一阵,仍不见有和尚来。他便质问缘德:"怎么敲了鼓还是没有人来?"缘德说:"你怀有杀人之心,所以他们不敢来。"他站了起来,用鼓槌轻轻敲

了几下大鼓，不一会儿，躲藏着的和尚就出来了。逃避在外的和尚也都回来了。

后人用"杀人不眨眼"形容歹徒穷凶极恶，任意杀人，而且毫不在乎。

申公豹嘴

典出《封神演义》第五十九、六十三回。

申公豹心地狭窄阴险，惯于搬弄是非，专耍两面手段，与正义为敌。他到处同师兄姜子牙作对，诱使殷郊、殷洪弃正归邪，助纣为虐，使殷、周之间的斗争更加复杂化。

殷郊、殷洪，是纣王与元配姜后所生的一对兄弟。狐狸精化身的妲己妒忌心重，用毒计谋害姜后，并要斩杀殷郊、殷洪兄弟俩。殷郊、殷洪刚要被斩，为九仙山桃源洞广成子和太华山云霄洞赤精子所救，分别收为徒弟。

后来，赤精子叫殷洪下山，帮助姜子牙伐纣扶周。他担心殷洪是纣王亲生儿子，不肯伐纣佐周。殷洪却坚决地说："师父在上，弟子虽是纣王亲子，我与妲己有百世之仇。父不慈，子不孝。他听妲己的话，挖掉我母亲的眼珠，烙焦我母亲的双手，使我母亲惨死在西宫。弟子时时饮恨，刻刻痛心，得此机会拿住妲己，以报我母沉冤，弟子虽死无恨！"赤精子见他态度这样坚决，便把洞中所有宝物都送给他，让他下山帮助姜子牙。

殷洪在半路上遇见申公豹。申公豹问他往哪里去，殷洪说奉师命，往西歧助武王伐纣。申公豹说："岂有此理！纣王是你的父亲，世间哪有子助他人，反伐父亲之理！"殷洪争辩说："纣王无道，众叛亲离，虽有孝子慈孙，不能改其过失。"申公豹笑着说："你上了人家的当啦！你是成汤后裔，虽然纣王无道，并无儿子征伐父亲之理。何况他百年之后，这王位还不是你的？"殷洪又说："妲己杀害我母亲，我怎肯跟仇人在一起呢？"申公豹又拨弄地说："'怪人须在腹，相见有何妨。'你得了天下，任你怎么样去报母亲之仇，何必一时自失机会？"结果，殷洪被申公豹说服了，改助周伐纣为助纣伐周，并且用师父送他的宝物反过来打他的师父。他的哥哥殷郊奉师父广成子之命，下山助周伐纣，途中也被申公豹一番花言巧语说服了，倒过来助纣伐周。后来，殷郊、殷洪兄弟两人都死于非命。

"申公豹的嘴——搬弄是非。"比喻在别人背后乱加议论，引起纠纷；或把别人背后说的话传来传去，蓄意挑拨。

诗礼发冢

典出:《庄子·外物》:儒以诗礼发冢。大儒胪传曰:"东方作矣,事之何若?"小儒曰:"未解裙襦,口中有珠!""诗固有之,曰:'青青之麦,生于陵陂。生不布施,死何含珠为?'接其鬓,压(yè)其顪,而以金椎控其颐,徐别其颊,无伤口中珠。"

两个儒士诵读着诗礼去盗墓。大儒士从坟上向下面传呼道:"东方太阳快出来了,事情干得怎么样了?"小儒士在坟里说:"还没有解开下衣和内衣呢。嘿!嘴里还含有珠子呢!""古诗里早就有过这样的诗句,说是:'青青的麦子啊,生长在山坡上。活着不施舍,死了还含着珠子做什么?你拢住尸体的鬓发,按住尸体的胡须,用铁锤子敲打尸体的面颊,慢慢地别开尸体的两腮,不要损伤嘴里的珠子。"

这篇寓言通过对嘴上说着文雅优美的言辞,手上干着卑鄙罪恶活动的儒士的深刻揭露,辛辣地讽刺了假借仁义道德的美名和冠冕堂皇的大道理,向人民进行残酷压榨的反动统治阶级。

使心用心,反害其身

典出《醒世恒言·大树坡义虎送亲》第五卷:莫要贪图利己,谋害他人。常言道:使心用心,反害其身。

韦德是福州人,自幼随父母在浙江绍兴做生意,娶妻单氏,两夫妻感情极深。这年韦德的父亲死了,他思念故乡,便与单氏商量,变卖了家产,雇了一只船,带了父亲的灵柩,回泉州去。船家唤作张梢,不是善良之辈,见韦德囊中充实,又见单氏生得美丽,便起了坏心。这日船到江郎山下,张梢只推没柴,定要韦德相伴上山砍柴。引到深山之处,四顾无人,韦德低头捡柴,被张梢一斧正中左肩,再一斧砍在头上,血如泉涌,眼见活不了。张梢柴也不要了,飞奔回船,对单氏说:"没造化,你丈夫被大虫衔去了,亏我跑得快,脱了虎口!"单氏一头哭,一头想道:"闻得虎遇夜出山,不想白日里出来伤人!况且两人同去,偏他全没些损伤?"便对张梢说:"我和他夫妻一场,如今他被虎吃了,少不得存几块骨头,烦你引我去捡回来安葬,也表夫妻之情。"立逼着张梢引路,复进山去。先前砍柴是走东路,这次张梢怕单氏看见尸首,却走西路,东张西望,走够多时,日色渐晚,忽地真正跳出

87

一只白额虎来,把张稍一口衔着背皮,跑入深林中去了。正是"使心用心,反害自身"。单氏惊倒在地半日方醒,认着旧路一步步哭将转来,走到与东路相接处,只听一人唤道:"娘子,你如何却在这里?"回头一看,只见韦德血污满身,正从东路踉跄走来——原来韦德虽被斧伤,一时闷绝,张稍去后,却又醒转,扯破衣衫将头裹缚停当,这才挪步下山,巧遇韦氏。当下回船,雇人撑船自回泉州去了。

后人用"使心用心,反害自身"的这个典故比喻凡是存了坏心,使了卑鄙手段残害别人的人,倒头来,反而害了自己。

隋珠弹雀

典出《淮南子·览冥训》:譬如隋侯之珠,和氏之璧,得之者富,失之者贫。高诱注:隋侯见大蛇伤断,以药敷之。后蛇于江中衔大珠以报之,因曰隋侯之珠,盖明月珠也。

《庄子·让王》:今且有人于此,以隋侯之珠,弹千仞之雀,世必笑之。是何也?则其所用者重,而所要者轻也。

春秋的时候,有一天,隋侯和他的侍从们出游,中途见到一条大蛇,被人拦腰斩断,在路上打滚,显出非常疼痛的神情,隋侯于心不忍,生了恻隐之心,叫侍从去取专医跌打的续骨药膏,把它医治好。蛇痊愈后,缓缓地向山中移去。后来,这蛇衔了一粒很大的珠子,献给隋侯,以报答他的救命大恩。那粒珠子光滑圆润,光芒四射,后来人们把它称做隋珠。

后来庄子在《让王篇》里说:"以隋侯那样宝贵的珠子,去弹击栖息在很高地方的麻雀。失去的是那样贵重,得来的却是这么细微,不是会被世人讥笑的吗?"

后人用"隋珠弹雀"比喻使用金钱或物品不适当。

孙权杀关公

典出《三国演义》第七十六回。

东吴孙权斩杀关公父子,收回荆州等地,了却了一桩心愿,心里十分高兴。

这时候,张昭提醒孙权说:"主公杀掉关羽父子,是个失策,江东祸害不远了!关羽与刘备桃园结义,誓同生死。现在刘备有两川兵众,还有像诸葛亮这样足智多谋的军师和张飞、黄忠、马超、赵云这样勇猛的将领。如果刘备知道关羽父子被杀,必定发动全部兵马,奋力报仇,到时候,恐怕我们东吴难于为敌!"孙权一听,恍然大悟,跌足后悔地说:"我失策了!现在怎么办?"张昭献策说:"曹操拥有百万大兵,虎视华夏,刘备要报仇,必定与他约和。如果曹、刘二处联兵而来,东吴危在旦夕。不如我们先派人将关羽的首级转送给曹操,让刘备认为是曹操指使我们杀掉关羽的,这样刘备必然痛恨曹操,蜀兵就会攻向曹魏,不会对着东吴。我们可以坐山观虎斗,从中渔利。这是上策。"孙权依计,派遣使者,将关羽的首级用木匣装着,连夜送给曹操。

曹操的主簿司马懿,一眼就看穿了孙权的阴谋。他告诉曹操:"这是东吴移祸的计谋,千万不要上当。我们可以将关羽的首级,制配一个香木的身躯,依照大臣的规模举行礼葬。这样,就是刘备知道了,也不会责怪我们。他必然深恨孙权,尽力南征。我们可以观其胜负:蜀胜则击吴,吴胜则击蜀。"曹操依计,才没有中孙权移祸的计谋。

"孙权杀关公",比喻把祸事(罪名、损失、负担等)移到别人身上去。

贪污勒索

典出《史记·管蔡世家》:昭侯十年,朝楚昭王,持美裘二,献其一于昭王而自衣其一。楚相子常欲之,不与。子常谗蔡侯,留之楚三年。蔡侯知之,乃献其裘于子常;子常受之,乃言归蔡侯。蔡侯归而之晋,请与晋伐楚。

吴王阖闾并吞了徐国和钟吾之后,蔡国和唐国派使臣到吴国来。伍子胥对阖闾说:"蔡国和唐国一向归顺楚国。如今这两国一同打发使臣到这儿来,我推测必是跟楚国有了摩擦。如果我们能够拉拢这两国,进攻楚国就方便得多了。"阖闾和孙武都急欲听一听这两个使者说的话。

蔡、唐两国的使臣一见阖闾就央告说:"楚国令尹囊瓦贪污勒索,欺压蜀国,这下又发兵来攻打唐国,请求大王主持正义,赶紧发兵去救。以后,我们愿意永远归附贵国,年年纳款,岁岁朝贡。"吴王阖闾一时丈二金刚摸不着头脑,就问两位使臣到底是怎么一回事。他们就将经过情形巨细无遗地述说了一遍。

原来楚国令尹囊瓦非常爱贪小便宜,老是跟一些属国索要东西。大家都有点嫌恶他。有一次,蔡昭侯和唐成公朝见楚昭王,囊瓦收了他们按照惯例送给他的礼物后,又向他们要其他的东西。蔡昭侯有两件极其贵重的银鼠皮袄,一件送给了楚王,一件留着自己穿。唐成公有两匹千里马,一匹送给了楚王,一匹留着自己用。囊瓦见了这两件宝贝,一直想据为己有。他打发人去跟这两位国君要。蔡昭侯和唐成公很不高兴,硬是不送给他。囊瓦就在楚昭王跟前使花招,说:"听说蔡国和唐国私通吴国,打算来进犯咱们。咱们索性把蔡侯和唐侯扣留在这儿,也许能揭穿他们的阴谋。"当时楚昭王还在稚龄,无论大小事全由囊瓦作主。如此一来,两位国君就被软禁在楚国。一禁就是三年。

唐成公的儿子见他父亲久未回国，派人去打听。那个人把囊瓦扣留唐成公的事打听清楚以后，劝唐成公把那匹千里马送给囊瓦。囊瓦得到了千里马，对楚昭王说："唐是个小国，没有多大的力量。唐侯已经在这儿押了三年，他哪儿还有胆量再得罪咱们呢？让他回去吧！"楚昭王就把唐成公放了。

蔡昭侯见唐成公送了千里马就获释回国了，他也把那件银鼠皮袄送给囊瓦。囊瓦就对楚昭王说："蔡国跟唐国一样，唐侯既然放回去了，总不能单单扣押蔡侯，饶了他吧！"于是，蔡昭侯也回国了。

蔡昭侯出了郢都，义愤填膺地发誓说："我不报仇，绝不再踏上楚国的土地！"他回到国内，立刻去向晋国借兵。晋定公把这件事秉报了周朝的天子。周敬王（公元前519—477年）打发卿士刘卷去跟晋定公联系。晋定公会合了宋、蔡、齐、鲁、卫、陈、郑、许、曹、莒、邾、顿、胡、滕、薛、杞、小邾等一共十八路诸侯，代替天子去征伐楚国。各国的诸侯都恨囊瓦恨得牙痒痒地，也都想借这个机会重振中原的威风。谁料到自称为中原霸主的晋国，那时候竟也充斥着贪官污吏。晋国的大将荀寅也是个贪小便宜的人。他认为这次会合诸侯去打楚国是为了帮助蔡国，这功劳可非同小可，就派人先向蔡昭侯要求谢礼，说："听说蔡侯把名贵的银鼠皮袄送给了楚国的君臣，为什么就不送给我们？我们千里迢迢发兵来打楚国，不知道蔡侯用什么来慰劳军队？"蔡昭侯回答说："就因为楚国令尹贪污勒索，欺压属国，我才来归附贵国。要是将军主持正义，宣扬霸主的威信，帮助弱小的诸侯，把楚国灭了，那么整个楚国就是谢礼。"荀寅听了这席话，满脸涨得通红。

这时候（公元前五零六年，周敬王十四年），十八路诸侯的兵马都驻扎在召陵（在河南省郾县东），由于一连下了十几天倾盆大雨，一时不能进兵。恰巧天子的使者刘卷罹病，躺在床榻起不来。范鞅和荀寅本来就跟囊瓦一样，都是地地道道的贪夫，这次没从蔡侯那儿得到好处，已经有点快快不乐。他们就借着这个理由向各国诸侯说："大雨下个没完没了，害病的人越来越多，还不如暂时回去吧！"各国诸侯看晋国不愿作主，顿时心灰意冷，各自散回本国去了。

蔡昭侯大失所望，垂头丧气地带着自己的兵马回去，路过沈国时，想起了沈国不愿发兵，也不去开会，满肚子的闷气就向沈国发泄，把它灭了。

楚国的令尹囊瓦听说蔡国把沈国灭了，就亲自带着大军去攻打蔡国。有人对蔡昭侯说："晋国已经靠不住了，中原其他的诸侯更不必说了。咱们索性到吴国求救去。伍子胥很早就想向楚国报仇，他们必定能大力帮助咱们。"蔡侯就打发使臣去约会唐成公一起到吴国去求救兵。

后人用"贪污勒索"比喻利用职务上的便利贪婪地获取财物。

天罗地网

典出《水浒传》第二回：天可怜见，惭愧了，我母子两个，脱了这天罗地网之厄!此去延安府不远了,高太尉要拿我也拿不着了。

高俅因踢得一脚好球,深受端王宠爱,做了端王的随从。后来,端王当了皇帝,就提拔他做了殿帅府太尉。高俅选定良辰吉日就职,殿帅府所有公吏衙将,马步人等,尽来参拜,开报花名。高俅一一点过,只有八十万禁军教头王进生病未到。高俅为此非常生气,便派人把王进抓来审问。幸好王进的部下为他求情,才免遭惩处。但是,王进心里明白:他父亲王升曾与高俅交过手,并把高俅打翻在地;而今高俅得志了,自己受他管辖,他要报仇,可了不得。

王进回到家中,便与母亲商定,三十六计,走为上策。于是母子二人离开东京,往延安府方向逃去。在路上遇到了不少艰辛困苦。有一天行至途中,天将黑了,王进挑着担儿,跟在娘的马后,与母亲说道:"天可怜见,惭愧了,我母子两个,脱了这天罗地网之厄!此去延安府不远了,高太尉要拿我也拿不着了。"

后人用"天罗地网"来比喻对罪犯进行缉捕的布置十分严密,亦指包围甚严,使敌无法脱逃。

同恶相助

典出《史记·吴王濞列传》:高曰:"同恶相助,同好相留,同情相成,同欲相趋,同利相死。"

西汉初,汉高祖刘邦封了一大批同姓王。本说,刘邦想借此进一步巩固刘氏政权,但由于分封的这些王侯手中的权力很大,封地大的王国"跨州兼郡,连城数十",吴、楚、齐三国竟征收租赋,煮盐铸钱,严重地威胁了西汉王朝的中央集权的统治。

为了打击诸侯王的势力,到了文帝和景帝时,采纳了贾谊、晁错的建议,逐步削减了王侯的封地。削地直接影响了诸侯王的利益,吴王刘濞准备起兵造反。汉景帝三年(公元前154年),刘濞派出使者打着惩办晁错的名义,约会楚王、赵王和胶西王共同起兵。吴王刘濞的使臣应高来到胶西王刘卬处,劝他共同起兵反叛。应高对刘卬说:"憎恶一致,就要互相求助;喜好一致,就应共同努力以达目的;利益一致,就是舍弃性命也在所不辞。现在,我们吴王和大王忧喜相同,都担心晁错等人欺瞒天子,侵夺诸侯,所以请大王一起起兵讨伐。"

后来,吴王刘濞果然联合楚、赵、胶东、胶西、济南、淄川六国以"请诛晁错以清君侧"为由,发动了武装叛乱。汉朝中央派周亚夫为太尉率军平叛,仅用了三个月,便将这场叛乱平息了。

"同恶相助"原意为憎恶一致,就要互相求助,后来常用来形容坏人互相勾结。

跖犬吠尧

典出《国策·齐策六》：跖之狗吠尧，非贵跖而贱尧也，狗固吠非其主也。

战国时，齐相国田单有一谋士，名叫貂勃，有辩才。他奉使到楚国，楚王待以上宾之礼。齐王面前有九个佞臣，他们恨田单秉政，不能为所欲为，就藉貂勃之事，在齐王面前说田单的坏话："貂勃不过是一使者，楚王对他如此重视，只因为他是田单的亲信。而田单心怀不测，对黎民救穷济困，施恩播德，收买人心，并暗与各国英豪交结，隐有篡逆之心，大王应该加以重视。"他们的话使齐王困惑不解。

田单知道了这个消息，自己脱去官服，披发赤足，裸露着上身，到齐王面前请罪。齐王怒气稍微平息了一些，对田单说："你对寡人无罪，你只要能尽臣子的礼节就行了。"貂勃回齐，齐王赐宴，并传呼："叫相国田单来！"貂勃立即离座叩头："请问大王，大王比周文王孰优？"

齐王说："寡人怎能比得上文王。"

貂勃又说："大王比齐桓公如何？"

齐王说："寡人也比不上桓公。"

貂勃说："大王诚有自知之明。但文王得吕尚，尊之为太公。桓公得管仲，尊之为仲父，今大王得安平君（安平君是田单的封号），而且呼之为田单，岂是仁君待贤臣之道？以功而论，从古到今，有谁能超过安平君的呢？当年大王不能守先王之绩业，燕国兴兵犯齐，连下齐七十余城，大王逃往莒邑山中。安平君以即墨一小城，残卒七千名，擒燕国主将骑劫，恢复齐国全部失地。那时安平君果有自立之心，谁敢阻止？但安平君以大王为重，于山中建栈道，迎大王回都，大王复得君临齐国。今齐国以安平君为相，国泰民安，大王竟不以安平君之功为功，开口闭口田单田单，此亡国之音也。当然，大王是听信了那九个佞臣之言，才对安平君这样态度，如大王不及早杀彼九人，齐国危矣。"

齐王大悟，当即杀了那九个佞臣，向安平君谢罪，并加田单的封地，邑万户。

这位貂勃今日为田单在齐王前说了这么多好话，但他与田单未识时，却尽说田单的坏话。田单备了酒筵，请貂勃赏光。即席致词："田单有何开罪于先生的地方，蒙先生如此过奖？"当然田单这"过奖"二字是既谦虚又讽刺。

貂勃竟把自己比作狗，他说："盗跖（帝尧时的大盗）养的狗，见到尧吠之不已，尧非不贤，而跖非贤，跖犬竟然吠尧，为的这只犬是盗跖所豢养，所以它帮着它的主人，去咬他主人所不喜欢的人。"

田单闻之，即向齐王推荐了貂勃，任命他做了重要的官职。

貂勃为什么要把自己当作狗来比喻呢？也许有人以貂勃反覆无常，事不足取。可是在战国那个时代,是"士为知己者死"的时代,如苏秦就是不得志于秦,而连合六国反秦。张仪不得志于六国,就到秦国为相,转而对付六国。所以貂勃先不为田单所用,就反对田单,田单用了他,就拥护田单,是那一个时代的风气,也可说是策士的信条。

后人用"跖犬吠尧"比喻奴才为主子效劳。

为富不仁

典出《孟子·滕文公上》:为富不仁矣,为仁不富矣。

滕文公想要维持他的政权,便想懂得一些治国的道理,于是他去请孟子给他讲讲治国之法。孟子告诉他,要维护自己的统治,就得想法缓和一下国内的阶级矛盾。其办法之一就是使赋税正常,要有一定的赋税制度,并劝滕文公不要穷征暴敛,以缓和人民的反抗。他还引鲁国正卿阳虎的话说:"为富不仁矣,为仁不富矣。"(要发财就不能讲仁爱,讲仁爱就发不了财。)

后人用"为富不仁"来形容一心为了发财,不择一切手段地对人民进行残酷的剥削。

无中生有

典出《老子》第四十章:天下万物生于有,有生于无。

《老子》第四十章是老子的宇宙论。他指出了道(宇宙本体)的两个特点:第一是循环运行,第二是行动柔和。又指出,宇宙的形成过程是:道生天地,天地生万物。老子指出:循环往复,是道(宇宙本体)的运动;柔弱是道的运用。天下万物生于有形体的天地,有形体的天地生于无形体的道。

老子这里所说的"有生于无"本是他哲学思想的用语,含有事物可以互相转化的朴素辨证思想。后来,人们从中引申出"无中生有"这句成语,已经完全改变了原意,常用来形容凭空捏造。

兄弟让位侄儿抢

典出《史记·伍子胥列传》：伍子胥说吴僚曰："楚可破也，愿复遗公子光。"公子光谓吴王曰："彼伍子胥父兄为戮于楚，而劝王伐楚者，欲以自报其仇耳。伐楚，未可破也。"伍子胥知公子光有内志，欲杀王而自立，未可说以外事，乃进专诸于公子光，退而与太子建之子胜耕于野。又《史记·吴太伯世家》：四年，王馀眛卒，欲授弟季札。季札让，逃去。于是吴人曰："先王有命，兄卒弟代立，必致季子。季子今逃位，则王馀眛后立，今卒，其子当代。"乃立王馀眛之子僚为王。

有一天，吴国公子光的心腹被离，遇见了伍子胥。两人一见如故，相谈甚欢。但不知怎么阴错阳差，公子光还没听说这件事，吴王僚反而先知道了。被离只好带着伍子胥去见吴王僚。吴王见他相貌不凡，又听说他是楚国大臣的后代，本领高强，就拜他为大夫。

伍子胥时时刻刻想劝吴王僚出兵攻打楚国，就是找不到机会。刚好有一次，吴国和楚国在交界的地方发生冲突，因为楚国的养蚕户老是越过边界到吴国这边来采桑叶。为了这么一点小事，边界上的士兵就互打了起来。伍子胥就趁机劝吴王僚派公子光领兵去进攻楚国。公子光反对，说："伍子胥劝大王进攻楚国，并不是真正为了吴国。他只不过想给他父兄报仇罢了！大王千万不要为了他的私事，轻易地跟别的国开战。就是要攻打楚国，也得预先估量一下自己的力量，更得挑选一个适当的时机，才能马到成功。伍子胥一心想报仇，哪儿会顾虑咱们的处境呢？"吴王僚依从了公子光，打消了伐楚的念头。伍子胥揣想公子光在吴王面前数落他，必定别有用意。他就向吴王辞职。没想到吴王竟赐给他一块小小的土地，准他辞了职。从此以后，伍子胥和公子胜只好搬到乡下去住。

公子光私自带了些粮食和布匹，到乡下去看望伍子胥。"明人不必细说"，伍子胥早就洞悉公子光反对吴王发兵的原因；公子光也早就明白伍子胥辞职的心意。公子光见到伍子胥就开门见山地说："先生在楚国及在这儿，一定有一些好朋友吧。先生可曾遇见过像您这样的人才？"伍子胥说："我算得了什么？我哪儿比得上勇士专诸呢！"公子光一听见"勇士"，就问："先生能给我引见引见吗？"伍子胥说："他家离这儿不远，明天我叫他来拜见您。"公子光说："怎么叫他来呢？先生辛苦一趟，陪我去拜会他吧。"他就跟伍子胥一起乘车到专诸家去。专诸见伍子胥随同一位公子进来，赶紧迎了出去。伍子胥给他引见，说："这位是吴国的大公子，久仰兄弟大名，特地来见见你，要跟你交个朋友，你可别推辞。"专诸连忙向公子光拜见问好。公子光取出许多金银财宝作为拜见的礼物。专诸不收。后来还是伍子胥劝解，他才勉强收下。从此以后，他们三个人结成了好朋友。公子光见专诸家境清寒，每月总不忘打发人送点银钱粮食，也时常亲自去看望他。专诸心里非常感激。

有一天，公子光独自去看专诸。专诸觉得很不好意思，说："我是个粗汉，受了公子这么大的恩典，叫我怎么报答呢？我猜想公子一定有什么为难的事情要我去办吧！"公子光说："不错，我有极大的冤屈。我打算请你设法把吴王僚刺死。"

专诸说："这话怎么说呢？吴王僚是先王馀眛的儿子，公子干嘛要去害他？"公子光说："先王馀眛的王位，照理应当由我来继承。我慢慢说给你听，你就明白了。"

公子光接着就把吴国君王传位的经过说了出来。

原来吴国本是第四等诸侯国，也就是公、侯、伯、子、男当中的子爵，跟中原诸侯比起来，它的地位是低的。到了公元前五八五年（周简王元年、晋景公十五年、楚共王六年、齐顷公十四年），吴子寿梦即位，自称为吴王。他殚精竭虑，整顿政治，发展生产，操练兵马。吴国就一天天地强盛起来了。后来晋国想利用吴国去牵制楚国，派申公巫臣（就是屈巫）领着一队兵车到吴国，教导吴国人射箭、驾车和用兵车打仗的方法。吴国学会用兵车打仗之后，收服了许多临近的小国和部族，又开垦了不少荒地，就愈来愈令人刮目相看了。所以，那时候共有三个大王：一个是周王，就是天子；其余两位就是楚王和吴王，由于他们自称为王，因此中原诸侯都认为他们是"假王"。

吴王寿梦有四个儿子：老大叫诸樊，老二叫馀祭，老三叫馀眛，老四叫季札。

兄弟四个都很杰出，可是寿梦认为小儿子季札最贤明。寿梦临死前，对四个儿子说："你们四人中既贤明又能干的要数季札，如果他能当国王，一定能将吴国治理得很好。我要立他做太子，可是他无论如何不答应。既然这样，我给你们一个命令：我死了之后王位就传给诸樊，诸樊再传给馀祭，馀祭再传给馀眛，最后馀眛再传给季札。这样一来，季札虽是小兄弟，也能有做国王的份。你们要明白，我这样嘱咐你们，并不是我偏爱季札，而是为了咱们国家的前途啊！谁要是违背我的命令，就是不孝之子。"说完咽下最后一口气，死了。

大儿子诸樊立刻要将王位让给季札，他说："这是父王的本意啊！"季札坚决地拒绝。他说："父王在世的时候，我不愿意做王，父王归了天，我反而来抢兄长的王位，你想我能这么做吗？您若一定要逼我做王，我只好躲到别的国家去了。"

诸樊拗不过他，只好即了位。他想："我要是活到老才死，然后把王位传给二弟，二弟传给三弟，三弟之后才轮到四弟。那四弟还有机会做王吗？我得另想办法才行。"他亲自带着士兵去攻打楚国，有意让自己死在战场上。他打了个胜仗，自己却给敌人射死了。大臣们依照寿梦的命令，把二公子馀祭立为吴王。馀祭很了解他哥哥诸樊的心意。他说："哥哥并不是真的死在敌人手里，他是故意去寻死的，为的是要尽快将王位传给季札。"他也求告上天，让他早点儿死。后来馀祭亲自带兵去打越国，他也打了个胜仗，自己却给越国的一名俘虏刺死了。

三公子馀眛想把王位直接让给季札，还说当初季札访问徐、鲁、齐、郑、卫、晋诸国的时候，中原的诸侯和大夫没有一个人不佩服他的才能和品德。他在鲁国

听了列国的音乐，就一一指出优点，淋漓尽致地发挥了他对于各国音乐的理论。他在郑国和子产做了朋友，两个人交换了衣带作为纪念。他访问徐国的一段经过更令馀昧感动不已。原来季札和徐君谈话的时候，徐君很羡慕地瞧着季札随身携带的那口宝剑。徐君虽然没说出来，季札却早已知道他非常欣赏它。季札很想送给他，可是他还得到别的国家去访问，路上少不了它。等到季札回来，再经过徐国时，徐君已经死了。季札就到徐君坟前去祭奠。临走的时候，他解下宝剑，把它挂在徐君坟头的树上。随从的人对他说："徐君已经死了，您还送他干什么呢？"季札说："话不能这么说。我心里早已经答应送给他了，怎么能够因为他死了就失信呢？"馀昧为了这件事，更加敬服季札。如今馀祭死了，馀昧就请季札即位。季札宁死也不肯做王。馀昧只好即位。季札帮助馀昧，劝馀昧认真地做些富国利民的事情，整顿朝政，爱护百姓，跟中原诸侯交好。因此，吴国太太平平地过了几年好日子。

公元前五二七年（周景王十八年），馀昧得了重病。临死的时候，他要季札继承他的王位。但季札神不知鬼不觉地躲了起来。这么一来，王位让给谁呢？公子光是寿梦的大儿子诸樊的长子。据他说，他祖父的命令到季札做王为止。季札既然躲起来，这王位就该由他继承。不料馀昧的儿子僚却继承了王位。季札又出来辅助他。公子光处心积虑想刺死吴王僚，为的是重新承续长子即位的传统。

玄石好酒

典出《郁离子》：昔者，玄石好酒，为酒困，五藏熏灼，肌骨蒸煮如裂，百药不能救，三日而后释。谓其人曰："吾今而后知酒可以丧人也，吾不敢复饮矣！"居不能阅月，同饮至，曰："试尝之。"始而三爵止，明日而五之，又明日十之，又明日而大爵，忘其故，死矣。故猫不能无食鱼，鸡不能无食虫，犬不能无食臭，性之所耽，不能绝也。"

从前，玄石嗜好饮酒，被酒损伤了身体。腹中五脏火烧火燎，肌肉骨骼像被热锅蒸煮过，全身像散了架一般。吃了各种药物都不见效，过了三天，症状才消除了。他对人说："我从今天开始才知道酒可以使人丧命，我从今以后不敢再喝酒了！"过了半个月，他又喝酒，对人说："我只是尝一尝。"刚开始只喝三杯，第二天又喝五杯，到了后天又喝十杯，以后，又开始大肆喝酒，忘记了以前醉酒生病的事情。不久他就死去了。所以，猫不能没有鱼吃，鸡不能没有虫子吃，狗改不了吃屎，本性沉溺在其中是不能改变的。

后人用"玄石好酒"说明人的本性难改。

阎王开店——鬼来了

典出《斩鬼传》第一回。

唐朝状元钟馗,因唐德宗皇帝嫌他貌丑,自刎而死。唐皇帝封他为驱魔大神,遍行天下,专斩妖邪鬼怪。钟馗受了封号,空中谢恩毕,提着宝剑,插着笏板,悠悠荡荡,向南走去,一直来到了酆都城。只见一个判官,领着两个小鬼,高声问道:"你是哪方魂魄,来这里何干?"钟馗回答:"俺家钟馗,驱魔大神是矣!今特来酆都斩鬼,烦你通报阎王。"判官急忙飞跑到森罗殿上禀报,阎王下令迎请。钟馗来到殿前,阎王早已下坐相迎,问道:"尊神至此,有何见教?"钟馗答道:"俺奉唐皇帝之命,遍斩妖魔鬼怪。俺想酆都城群魔麋集,阎王开店,大鬼小鬼都来,特地来此斩鬼。"阎王说:"此处妖邪固然不少,却都是些服毒鬼、上吊鬼、淹死鬼、饿死鬼之类。鬼魅虽多,经理的神灵却也不少。除了孤家阎罗王自理之外,还有秦广王、初江王、宋帝王、伍官王、变成王、泰山王、平等王、都市王、五道转轮王,分居地府十殿,统称为'十殿阎王';又有左三曹,右三曹,七十二司,并无一个游魂鬼魅敢为祟。尊神要斩妖邪,倒是阳间最多,何不去斩?"钟馗听了大笑说:"阳间及光天化日,又有王法约制,岂容妖魔鬼怪存在?"阎王告诉他:"尊神只知其一,不知其二。大凡人鬼之分,只在方寸间。方寸正的,鬼可为神,方寸不正的,人即为鬼。君不见古为忠臣孝子,何尝不以鬼为神呢!那些阴险叵测、奸佞之辈,哪能称之是人呢?"钟馗恍然大悟,连声说:"是!是!是!但不知这些鬼怪叫什么名字?"

阎王令判官将此等鬼簿献给大神过目。钟馗展开一看,只见上面记的是:假鬼、奸鬼、涎脸鬼、遭瘟鬼、轻薄鬼、诓骗鬼、醉死鬼、伶俐鬼、色中饿鬼……,临了是个楞睁大王。钟馗看完,惊讶地说:"不料世间有这些鬼魅,不知今在何处?"阎王说:"无有定踪,散居四方,但凭尊神驱除就是。不过驱除办法不可一概而论,该诛者诛,该抚者抚,要量其情节轻重、罪恶大小,斟酌施行。"钟馗又问:"阳间鬼魅,单凭小神恐怕独力难支,如何是好?"阎王说:"孤家这里有含冤、负屈两个英雄,各具文武之才,另有白泽一坐骑,再拨三百名阴兵,统归尊神驱使。"于是,钟馗拜谢阎王,飞身上了白泽,提着宝剑,插着笏板。含冤、负屈二鬼也骑了骏马,率领三百名阴兵,浩浩荡荡往阳世间去驱邪斩妖了。

阎王:来源于梵文"焰摩罗王"的汉译,是印度古神之一。原意为"地狱的统治者"或"幽冥界之王"。佛教称阎王为主管地狱的神,是鬼王,能判人生前之罪,加以赏罚,又叫"阎罗"、"阎罗王"、"阎王爷"。鬼:迷信的说法,指人死后的灵魂。实际上,人世间并没有鬼。本书中所谓的鬼,泛指为坏人或指问题、困难、祸害等不好的东西。"阎王开店——鬼来了",比喻来的不是好人。

中华典故

罪戾篇

一斗米·十斤肉

　　春秋战国时候，一次秦王政问臣属李斯：我要兼并六国，统一中原，先生可有什么高见？"李斯说："韩国离秦国最近，又最软弱。可以先从那儿下手。"

　　秦王政听了李斯的话叫内史腾带了十万兵马去攻打韩国。韩王安（桓惠王的儿子）吓得直打哆嗦，叫公子非（就是韩非子）上秦国去求和，情愿割让土地，当秦国的属国。韩非子也是荀卿的弟子，跟李斯是同窗好友。李斯还认为自己比不上他。韩非子从前也劝过韩王安，献过计策，打算叫韩国转弱为强，转危为安，只是韩王安不能用他。这次情况吃紧了，才派他到秦国去。韩非子到了咸阳，一心想做秦国的臣下。他写了几篇文章献给秦王政。秦王政很钦佩他的才能，可是这时候秦王政正信任李斯，听了李斯的话把他扣起来。后来李斯还送他一份毒酒。韩非子问看监牢的人："我犯了什么罪呀？"他回答说："一个鸡笼里容不了两只公鸡！人家碰见像公子这么有才干的人，只有两个办法：不是重用，就是害死，根本提不到什么犯罪不犯罪。"韩非子叹息了一会儿，自杀了。

　　韩王安听说公子非死了，更加害怕了，就投降了秦王政，情愿当他的臣下。秦王政答应了，叫内史腾退兵。韩国既然归顺了秦国，秦王政又想起韩非子来了。可是他已经死了，秦王政不免有点怪李斯。李斯说："大王别心疼他了。我来推荐一个人，论他的才干，要比韩非子强！"秦王政说："他在哪儿？"李斯说："他正巧在咸阳。不过他的脾气很古怪，随随便便去召他是不行的。"秦王政就像招待贵宾一样地派人去请他。

　　秦王政请来的是个大梁人，叫尉缭。秦王政很恭敬地问他："怎么样才能够统一天下，请先生指教。"尉缭说："如今各国大权全在大夫手里。大夫占了公家的土地，国君当然不乐意，大夫可不管这些个。这是说，大臣们并不是个个都忠于国君的。再说做官的差不多都是贪财的。大王只要花上二三十万两金子，就能够把他们收买过来。要是能够把各国的大臣收买过来，诸侯还不就完了吗？"秦王政真舍得花钱，当时就先给尉缭五万两金子让他去花。尉缭又把他的门生王敖推荐给秦王，叫他到各处跑跑道儿。他又请秦王派大将桓齮带了十万兵马去攻打魏国。

　　魏景闵王（安僖王的儿子）一听说秦国军队来了，立刻打发人到赵国去求救，还拿邺郡三座城作为谢礼。赵悼襄王就派大将扈辄带着五万兵马先去接收邺郡三座城。扈辄接收了邺郡，还没布置好，桓齮的军队已经到了。一开仗，扈辄就败下来了。三座新得来的城给秦国军队夺了去。这还不算，另外又丢了赵国自己的几座城。

　　扈辄退到平阳（在河南省临漳县西），赶紧派人去请求赵悼襄王再派救兵来。

赵悼襄王召集了大臣们，叫他们出个主意。大臣们都说："以前赵国只有廉颇大将能够打得过秦国。除了他以外，要算庞煖了。如今庞煖死了，廉将军倒还在大梁闲着。要打算打败桓齮，除非把廉将军再请出来。"大夫郭开反对说："廉将军已经是七十岁的人了，哪能再打仗呢？再说以前因为大王不信任他，他才赌着气跑了。如今再把他请来，反倒彼此不便。"

原来当初廉颇骂过郭开是个小人，郭开就在赵悼襄王跟前说他的坏话。赵悼襄王才把廉颇的兵权收回。廉颇气哼哼地说："我自从伺候惠文王一直到如今，已经四十多年了，一向没打过败仗。他竟听了小人的话，把我的兵权夺了去。这怎么能叫我受得了呢？"他就赌着气跑了。魏王虽然收留了他，可是不敢用他。廉颇只好闷闷不乐地在大梁住着。这回赵国遇见急事，大臣们都劝赵王把廉颇请回来。可是郭开一来跟他有私仇，二来他已经接受了尉缭的门生王敖送给他的三千两黄金。因此，他在赵悼襄王跟前直说廉颇不中用。

赵悼襄王听了郭开的话，本来不用再费心了。可是扈辄打了败仗，找谁去抵挡桓齮呢？他就说："要不然先派人去慰问廉颇。要是他还能够当大将，咱们再去请他。"郭开不便再开口，心里可是挺着急，怕廉颇真回来。

赵悼襄王打发宦官唐玖带着一副挺名贵的盔甲和四匹快马，到大梁去慰问廉颇，顺便看看他的身子骨儿还硬朗不硬朗。郭开偷偷地把唐玖请到他家来喝酒，说是给他送行。喝酒的时候，郭开送了他二千两黄金。唐玖一楞说："无功不受禄，这叫我怎么能收呢？"郭开说："受禄就有功。我有一件事情拜托您。您收下礼物，我才敢开口。"唐玖说："大夫有什么指教，尽管说吧。"郭开厚着脸皮说："不瞒您说，廉将军跟我素来有点仇恨。这回您去看他，要是他身子骨儿不结实，那就不用说了。万一精神还是挺好，请您回报君王的时候，就说他……哎，您知道怎么说。拜托拜托。"

唐玖到了大梁，见了廉颇。廉颇开口就问他："秦国打到赵国来了吧？"唐玖说："将军怎么知道？"廉颇说："我在魏国已经好多年了，赵王从来没跟我通过音信。如今突然给我盔甲、马匹，想必一定有用我的地方了。"唐玖故意说："将军恨不恨大王呢？"廉颇说："我整天整夜地想念着本国，怎么能恨大王呢？"两个人随便谈了一会儿。廉颇请唐玖吃饭。他故意在唐玖面前卖弄，狼吞虎咽地吃了一斗米、十斤肉。又把赵王送的盔甲穿上，跳上马，来来回回地跑了几回，对唐玖说："你瞧我跟年轻的时候差不多吧？请在大王面前多替我说几句好话。就说我情愿把我晚年的精力全拿出来报效国家。"

唐玖回到邯郸，对赵悼襄王说："廉将军虽然年老，饭量可真好。可惜老年人得了肠胃病。跟我坐了一会儿工夫，倒拉了三回屎。"赵王叹口气，说："战场上哪能老忙着出恭呢？可惜廉将军老了！"廉颇再也得不着为国效劳的机会了。

廉颇回不了本国，郭开无拘无束地做他那卖国的勾当。他对尉缭派来的王敖说："我瞧赵国非常危险，魏国也保不住。先生是魏国人，我是赵国人，万一敝国和贵国都亡了，咱们上哪儿去呢？"王敖说："我已经有了着落了。要是大夫愿意的话，我能把您推荐给秦王。"郭开说："秦王能用着我吗？"王敖笑说："大夫还

蒙在鼓里呢！秦王知道大夫能够管理赵国，才派我来跟您结交，要是赵国亡了，秦王还得请您管理赵国的事呢。"说着，他又拿出七千两黄金交给郭开，对他说："秦王托大夫拿这点礼物去结交贵国的大臣。以后受了秦王这么大的恩典，要是再不用心去报效，就是小狗子！"

王敖辞别了"小狗子"，回去禀报秦王政，说："五万金子还富余四万。"我拿一万金子结交了一个郭开，拿一个郭开就能够了结赵国！秦王政就又催着桓齮进兵，赵悼襄王急得病死了。赵悼襄王原来有个嫡长子叫公子嘉。后来因为赵王爱上了邯郸城里的一个妓女，跟她生个儿子叫公子迁。他就废了公子嘉，立公子迁为太子，叫郭开做太子迁的师傅。如今赵悼襄王一死，郭开就奉太子迁即位，封给废太子嘉三百户，他自己当了相国。君臣俩非常投缘，常在一块饮酒作乐，反倒不把眼前的困难放在心上。公元前234年(秦王政十三年，赵王迁二年)，桓齮把平阳打下来，赵国的大将扈辄和十几万人全都被杀了。桓齮乘胜一直打到邯郸来了。

后人用"一斗米·十斤肉"比喻人虽然老了却还很有饭量，很能干。

一丘之貉

典出《汉书·杨恽传》：恽曰："若秦时但任小臣，诛杀忠良，竟以灭之，令亲任大臣，即至今耳，古与今如一丘之貉。"

汉朝有一个名人叫杨恽，他的父亲是汉昭帝时的丞相杨敞，母亲更是大史学家司马迁的女儿。他自幼便受到良好的教养，未成年时就成了当朝的名人。汉宣帝时大将霍光谋反，杨恽最先向宣帝报告，事后被封为平通侯。当时在朝廷中做郎官的人，贿赂之风极炽，有钱的人可用钱行贿，经常在外玩乐；无钱行贿的人，甚至一年中也没有一天休息。杨恽做中山郎后，便把这些弊病全部革除，满朝官员都称赞他的廉洁。但他因少年得志，又有功劳，便骄傲自满，结果与太仆戴长乐(长乐是宣帝旧友，最得信任)结怨。

有一次，杨恽听见匈奴降汉的人说匈奴的领袖单于被人杀了，杨恽便说："遇到这样一个不好的君王，他的大臣给他拟好治国的策略而不用，使自己白白送了命，就像我国秦朝时的君王一样，专门信任小人，杀害忠贞的大臣，结果国亡了。如果当年秦朝不如此，可能到现在国家还存在。从古到今的君王都是信任小人的，真像同一山丘出产的貉一样，毫无差别呀！"就这样，杨恽被免职了。

后来的人用"一丘之貉"来比喻同类没有差别，像在同一个山丘里生长的貉一样，形体都是相同的。这成语在应用时，都是用来形容反面的事物，即是形容否定的事物；含有不屑一谈和讥诮的口吻。

衣食父母

典出《广笑府》:优人扮一官到任,一百姓来告状,其官与吏大喜曰:"好事来了!"连忙放下判笔,下厅深揖告状者。隶人曰:"他是相公子民,有冤来告,望相公与他办理,如何这等敬他?"官曰:"你不知道,来告状的,便是我的衣食父母,如何不敬他?"

后人用这则寓言说明官吏把告状的视为衣食父母,不是他认识到百姓把自己养大,应该秉公执法,为民伸冤,而是把告状的看成是敲诈勒索的对象,任意向他们索取贿赂以满足自己奢侈腐化生活的需要。

用计而自杀

典出《龙门子凝道记》:秦人有申生者,饥饿于燕,甑生尘矣。权贵人移粟,起之,且荐于上,以渐至于言官。权贵人势衰,申生辄背去,别附相国。相国恶权贵人欲劾之,申生久与之游甚习,遂历疏其阴事。疏已,往告权贵人曰:"御史将不利于公,予虽同列,弗能独沮。即沮,不过以死争,于公亦无益尔。奈何?"权贵人曰:"子幸告我,是弗后我昔日之心也。吾悉出七宝于庭,幸子赂免之。"申生收以归。越四三日,复哭而往。权贵人问之,弗答,益加恸。权贵人大惊曰:"将亦我族耶?"申生乃徐曰:"公哲士,岂不自知?而必俟予言也。"申生盖利其货,欲劝自杀以灭祸。权贵人中其计,自经几绝,左右救之获免。明日文出,但黜还田里,无他异也。权贵人上马去,连呼申生之名者三。自是燕人无不秽申生之行。未几,其身见样,官簿录其家。龙门子闻而叹曰:"人心之险,有如是哉!大行之,巫峡之暴迅,殆康庄耳!人心之险,有如是哉!其初用计以杀人,卒乃自杀其身,是尚无天道哉?"

秦国有个名叫申生的人,在燕国贫困饥饿,家里锅灶都落满了灰尘。有一位权贵人施舍粮食,起用了他,并把他推荐给皇上,从此境况好转,一直当上朝廷的谏官。后来,那位权贵人的势力衰微了,申生也就背叛离开,另去攀附当朝的宰相。宰相很憎恶那位权贵人,打算揭发他的罪状,而申生由于长久和权贵人在一起,很熟悉他的情况,便分条陈述了他的隐秘私事。隐述完毕之后,竟去告诉权贵人说:"御史将要对你弹劾,我和他虽是同等官职,但我不能帮你了。"权贵人中了他的计,自己上吊差一点死去,左右侍从们把他救了下来免去一死。第二天政

府的文告贴出来了，只不过是贬黜回乡而已，并没有其他的变故。

权贵人上马登程而去，连声高叫了三次申生的名字，表示愤慨，自那以后，燕国人没有一个不唾骂申生的污秽行为的。过了不久，申生就被杀掉了，官署公告没收了他的家产。

龙门子听说后，叹了一口气说："唉，人心的险恶呀，有这个样子的吗？太行山的高峻艰险，巫峡水的急骤迅猛，相形之下，也不过是广阔平坦的大道罢了！人心的险恶，有这个样子的吗？当初施展阴谋诡计杀人，最后却杀害了自身，这难道真的没有天理了吗？"

后人用这则寓言说明"是尚无天道哉！"是作者一句极为义愤的话，并不是迷信天道鬼神。人民的裁判、社会的公理，也就是"天道"的体现。像申生这种居心险恶、灭绝人性、见利忘义、看风使舵的家伙，一旦丑行毕露，就会民怨沸腾，他不会有什么好结果的。

当然，寓言中申生所陷害的对象，还只是个权贵人，充其量是狗咬狗的斗争，社会意义并不很大，这也是作品局限性之所在。如果对待广大被剥削、被压迫的劳动人民群众，忘掉了他们的救命之恩，狼子野心，以怨报德，并反过来坑陷他们，那就无可置疑必将遭致"自杀其身"的可耻下场。

再作冯妇

典出《孟子·尽心章下》：晋人有冯妇者，善搏虎，卒善士则。之野，见众逐虎，虎负隅，莫之敢撄。望见冯妇，趋而迎之。

晋国有个人姓冯名妇，原来是个打虎能手，后来不干这行了，他发誓说："今后死也不再和野兽打交道了。"一天他到野外遛达，见一群人正在追捕老虎，老虎跑到一座山下，背靠山角，与人们斗，没有人敢迫近它。打虎的人见冯妇来了，都十分热情地前去迎接他，希望他来帮忙。冯妇见此情景，就卷起衣袖参加打虎。冯妇威力不减当年，经过一场激烈的搏斗，老虎终于被冯妇打死了。为此很多人都称赞他为人民除了一害。但那些作为士的人却讥笑他不遵守自己的誓言。

后人把这个故事概括为"冯妇再出"或"再作冯妇"，用来表示重操旧业，又干起过去干的行业来；或者用来讽刺别人旧习难改，说话不算数。

真假汉鼎

典出《龙门子凝道记·司马微》:洛阳布衣申屠敦。有汉鼎一,得于长安深川之下,云螭斜错,其文烂如也,西邻鲁生见而悦焉,呼金工象而铸之,淬以奇药,穴地藏之者三年,土与药交蚀,铜质已化,与敦所有者略类。一旦持献权贵人,贵人宝之,飨宾而玩之。敦偶在坐,心知为鲁生物也,乃曰:"敦亦有鼎,其形酷肖是,第不知孰为真耳。"权贵人请观之,良久曰:"非真也。"众宾次第咸曰:"是诚非真也。"敦不平,辩数不已。众共折辱之。敦噤不敢言。归而叹曰:"吾今然后,知势之足以变易是非也!"

洛阳平民申屠敦,有一尊汉鼎,出土于长安深川。汉鼎上云和螭交错的纹饰,鲜明清晰。他的西邻鲁生见到以后十分喜爱,唤来铜匠仿照着也铸了一尊,用一种特殊的药物浸染后,挖了个坑,埋入地下。三年后,由于药物和泥土的锈蚀,鼎表面的铜质起了变化,与申屠敦的那尊真汉鼎大致一样。

一天,鲁生将这个假汉鼎献给一位权贵。权贵如获至宝,便大宴宾客,让大家共同欣赏。当时,申屠敦恰好也在座。他心里知道是鲁生的那尊,就说:"我也有一尊汉鼎,形状很像这个,但不知哪一尊是真的。"权贵立即请他搬来,左右端详了很久,开口道:"不是真的!"众宾客也一个接一个地说:"的确不是真的!"申屠敦心中不平,据理分辩,众人竟群起攻讦,冷嘲热讽,甚至羞辱,他便不敢再作声了。

回到家里,申屠敦叹息说:"我今天才知道权势的威焰,可以颠倒是非,混淆真假啊!"

后人用"真假汉鼎"的这个典故告诉人们,权势之所以能够颠倒黑白,混淆是非,是因为趋炎附势的人多啊! 这种不正之风,必须彻底清除。

郑袖不妒

典出《战国策·楚策》:"魏王遗楚王美人,楚王悦之,夫人郑袖知王之悦新人也,甚爱新人。衣服玩好,择其所喜而为之;宫室卧具,择其所善而为之。爱之甚于王。王曰:"妇人所以事夫者,色也;而妒者,其情也。今郑袖知寡人之悦新人也,其爱之甚于寡人;此孝子之所以事亲,忠臣之所以事君也。"郑袖知王以己为不妒也,因谓新人曰:"王爱子美矣! 虽然,恶子之鼻。子为见王,则必子鼻。"新

人见王，因其鼻。王谓郑袖曰："夫新人见寡人，则其鼻何也？"郑袖曰："妾知也。"王曰："虽恶，必言之。"郑袖曰："其似恶闻君王之臭也。"王曰："悍哉！"令劓之，无使逆命。

魏王送给楚王一位美人，楚王十分惬意。

夫人郑袖看到楚王宠爱新人，于是也极力装出喜欢新人的样子。服饰玩物，新人爱好的，都给送去；宫室卧具，凡新人喜欢的，一概让出。真是体贴入微，关怀备至，疼爱之情胜过楚王。

楚王感叹道："女人之所以能够取悦于自己的丈夫，凭借的是她们的美色。而相互妒忌，则是她们的本性。如今郑袖知道我喜欢新人，其爱怜之心比我还深，这样的美德就如同孝子服侍双亲，忠臣侍奉君啊！"

郑袖知道楚王已不再怀疑自己妒忌了，便马上施展手段，借刀杀人。她对新人说："楚王很爱您的美貌，可是不太喜欢您的鼻子。今后你见楚王时，如能把鼻子掩住，你就会倍加得到君王的欢心。"新人依言而行，每次见了楚王都捂着鼻子。

楚王很纳闷，去问郑袖："新人最近见我，老是捂着鼻子，不知是什么缘故？"郑袖说："妾知道。"但又故作状态，欲言又止。楚王看她吞吞吐吐的样子愈加怀疑，催促说："即使是难听的话也没关系，你直接了当地说吧！"郑袖这才说："好像是厌恶君王的臭味。"楚王气得七窍生烟，骂道："不识抬举的贱人，太狂了！"随即下令把新人的鼻子割掉，不得违命。

后人用"郑袖不妒"的这个典故说明：阴险、狡诈的人干坏事，总是把自己的真情实意隐藏起来，装出另一副嘴脸，笼络人心，骗取信任，然后在背后搞阴谋，施诡计，借刀杀人。郑袖就是这种两面派的一个典型人物。

直走横行

典出《广笑府》：新军到配所，管军官多方巧索，故意令其前呵。军从之，官骂曰："如此是我跟你矣！"复令后拥，军从之，又骂曰："如此是我为你引导矣！"新军受挫不知所处，跪而问曰："当如何行乃是？"官曰："你若送我些月钱，任你直走横行。"

后人用这则寓言说明贪官污吏敲诈勒索的方式是极多的，故意找茬儿给小鞋穿是其中的一种。新配军在前不是，在后不是，左右为难，只有送些月钱才能免去刁难。可叹，可叹！

至死不悟

典出唐·柳宗元《河东先生集·临江之麋(mí)》：麋出门，见外犬在道甚众，走欲与为戏，外犬见而喜且怒，共杀食之，狼藉道上，麋至死不悟。

临江(今江西清江县)有个人，有一次打猎时捉到一只小驼鹿，并把它带回家来喂养。他家里的几只狗见了小鹿，都淌着口水想吃掉它。主人很生气，把狗赶跑了。为了使狗鹿能和睦相处，他把这只小鹿抱到几只狗的旁边，让狗亲近它。时间长了，狗和小鹿逐渐混熟了。小鹿忘记了自己是只鹿，以为狗是它的好朋友，便经常和狗一齐玩耍。这几只狗虽然同鹿一块玩，但总是想吃掉它，只是因怕主人，便忍住了。三年过去了，这只受到主人宠爱的小鹿有一天自己出门去玩，遇见了别人家的几只狗。它还以为同自己家里的狗一样，便跑上去和它们玩。这些狗见了这只小鹿，又是高兴，又是生气，一拥而上把鹿吃了，把皮毛、骨头扔了一地。可怜这只小鹿，一直到死，还不知道自己是为什么死的。

后人用"至死不悟"指到死都不醒悟。

专横跋扈

典出《后汉书·梁冀传》：帝少而聪慧，知冀(梁冀)骄横，尝朝群臣，目冀曰："此跋扈将军也。"

东汉时，有个叫梁冀的人，是大将军梁商的儿子，字伯卓。为了篡权，他把两个妹妹送入宫中，做了汉顺帝(刘保)和汉桓帝(刘志)的皇后。其父梁商死后，还没安葬，汉顺帝就拜梁冀为大将军。顺帝死后，冲帝尚在襁褓之中，梁冀的妹妹梁太后临朝执政。他们兄妹二人先后立了冲、质、桓三个皇帝，专断朝政近二十年。当时，满朝上下尽是梁家的党羽。梁冀执政期间，骄奢横暴，独断专行，大兴土木，多建苑囿，并强迫百姓数千人为奴婢，称"自卖人"。

由于梁冀党羽满朝，凶狠专横，皇帝和一些大臣既恨他又怕他。汉质帝(刘缵)深知梁冀的骄横，曾对大臣们说，梁冀是个"跋扈将军"。梁冀听到此话以后，恨得咬牙切齿，命人在食物中放了毒药，毒死了质帝。后来，梁太后死去，桓帝与宦官单超等人定计，诛灭了梁氏，梁冀自杀身亡。

后人用"专横跋扈"的这个典故比喻一个人独断专行,蛮不讲理。

子系中山狼,得志便猖狂

典出《红楼梦》第五回,影射的故事见该小说第七十九回"贾迎春误嫁中山狼"。

"中山狼",原是一则民间流传的寓言。唐朝人姚合、宋朝人谢良、明朝人马中锡先后根据寓言写成传奇小说,叫《中山狼传》,收在明代的《合刻三志》、《古今说海》和清代的《明文英华》、《东田文集》中。故事大意说:战国时候,赵简子在中山这个地方打猎,有一只狼中箭后求救于墨家人物东郭先生,东郭先生救了这只狼。等到危险过后,自称不吃人的狼露出了凶相,要吃掉东郭先生。幸得老农帮助,智擒恶狼,方除一害。

这是一则揭露野蛮毒辣的反动家伙本性不改和规劝人们不可怜惜恶人的寓言,因而得到很广泛的传播。

后人常用这个典故比喻凶残的反动派,一旦飞黄腾达便无比猖狂。

交往篇

饱不忘饥

春秋时期，秦穆公立公子夷吾做了国君（就是晋惠公），不但没有获得丝毫好处，反而受了他的气。后来在夫人穆姬的劝解下，他才允许与夷吾讲和，夷吾还把公子圉送到秦国作抵押。秦穆公对待公子圉很厚道，还把自己的女儿怀嬴嫁给他。公元前638年，公子圉听说他父亲病危，生怕君位传给别人，就偷偷摸摸地跑了回去。第二年夷吾一死，公子圉做了国君，也不跟秦国往来。秦穆公很后悔当初失算，竟立了夷吾。现在夷吾死了，公子圉又是个寡恩负义的人；因此，他决心立公子重耳做国君，就把他从楚国接了来。

秦穆公和穆姬都很欣赏公子重耳的人品。他们要跟他结成亲戚，想把他们的女儿怀嬴改嫁给他。怀嬴说："我嫁了公子圉，还能再嫁给他的伯父吗？"穆姬说："有何不可！公子重耳是个贤人，要是咱们跟他结亲，对双方都有好处。"怀嬴默默思索了许久，终于点头答应了。秦穆公就叫公孙枝去说媒。赵衰、狐偃他们巴不得能够跟秦国交好，都力劝公子重耳答应这门亲事。结果，一大把年纪的重耳又做了新郎。

当大家正在高高兴兴吃喜酒的时候，狐毛、狐偃哭丧着脸来见重耳，要他去给他们报仇。原来公子圉即位后，就下了一道命令，说："凡是跟随重耳的人必须在三个月之内回国，改过自新。过了期限，全以死罪论处；父兄不叫他们回来的，也有死罪。"狐毛、狐偃的父亲狐突就是因为不肯叫他们回去，而被他杀害了。重耳把这件事告诉了秦穆公，秦穆公立刻决定发兵替女婿打进晋国去。刚巧晋国的大夫栾枝打发他儿子栾盾到秦国来。栾盾对公子重耳说："公子圉杀害忠良，虐待人民。朝廷上除了吕省、郤芮以外，其余的大臣像韩简、郤溱……和我们一家人，全都打算起事，只等公子一到，就做内应。"秦穆公于是调派大军，叫丕豹作先锋，亲自带领着百里奚、公子絷、公孙枝等护送公子重耳回晋国去。

公元前636年（周襄王十六年、秦穆公廿四年、楚成王三十六年），他们到了黄河，打算坐船过河。秦穆公分了一半兵马护送公子重耳过河，自己留下一半在黄河西岸作为接应。他对公子重耳说："公子回到晋国，可别忘了我们夫妇俩啊！"说着眼泪夺眶而出。重耳对他更是依依不舍。

临上船的时候，那个负责管理行李的壶叔，小心翼翼地把一切东西全搬到船

上。他还忘不了从前饿肚子、煮野菜的情景,连吃剩的冷饭、咸菜,穿过的旧衣破鞋,都舍不得扔弃。重耳瞧在眼里,哈哈大笑,对他说:"你也太小家子气啦!我马上就是国君,要什么有什么,这些破破烂烂的东西留着干嘛?"说着就叫手下的人把那些东西全丢到岸上去。狐偃目睹这一幕,就拿着秦穆公送给他的一块白玉,跪在重耳面前,说:"如今公子过河,对岸就是晋国。内有大臣,外有秦国,我非常放心,所以想留在这儿,做您的外臣。奉上这块白玉,聊表我一点心意。"公子重耳楞了一楞,说:"我全靠你帮助,才有今天。咱们一起吃了十九年的苦,现在回去,有福同享,你怎么倒不去了呢?"狐偃说:"从前公子在患难中,我多少有点儿用处。现在您回去做国君,自然另有一批新人供您使唤。我就好比旧衣、破鞋,还带去做什么呢?"重耳毕竟是聪明人,听了这话,满脸涨得通红,马上说:"这都是我的不对!我可不是忘恩负义的人。我绝不会忘了你的功劳。我可以对天发誓!"说完,吩咐壶叔重新把破烂东西装上船,表明自己是个暖不忘寒,饱不忘饥的人。

他们渡过了黄河,接连攻取了几座城。公子繁劝吕省、郤芮他们投降。吕省他们也自觉力量不够,就跟公子繁订立盟约,投降了。只有勃鞮护卫着公子圉逃往别的国家去了。晋国的大臣们迎接了公子重耳,立他为国君,就是晋文公。晋文公43岁逃往狄国,55岁抵达齐国,61岁到了秦国,即位的时候已经62岁了。

后人用"饱不忘饥"比喻富贵时不忘贫困之交。

闭关却扫

典出梁·江淹《恨赋》:至乃敬通见抵,罢归田里,闭关却扫,塞门不仕。

东汉初年,有一位辞赋家叫冯衍,字敬通,京兆杜陵(今陕西西安东南)人,曾从刘玄起兵。更始三年(公元25年),赤眉军攻入长安,刘玄投降,不久被绞死。刘玄死后,汉光武帝刘秀招降冯衍等人,并任命冯衍为曲阳县令。冯衍虽然很有才华,在任曲阳令时也立过功,但由于刘秀的一些大臣毁谤他,所以迟迟得不到升赏。

后来,冯衍升为司隶从事,但又因交通外戚被罢免。免官后,他回到故乡京兆杜陵,过着穷困潦倒的生活。由于社会炎凉,人生坎坷,仕途险恶,冯衍回乡后,闭门自保,不敢再和亲戚朋友来往,最后潦倒而死。

南北朝时梁文学家江淹对冯衍等人的遭遇十分同情,他写了一篇《恨赋》来抒发自己的同情之心。赋中写到冯衍回乡后"闭关却扫,塞门不仕",意思是说,闭上大门,扫除车迹,不与外界来往。

后人用"闭关却扫"来表示不与外界来往。

伯牙鼓琴

典出《吕氏春秋》：伯牙鼓琴，钟子期听之。方鼓琴而志在泰山，钟子期曰："善哉乎鼓琴，巍巍乎若泰山。"少选之间，而志在流水，钟子期又曰："善哉乎鼓琴，汤汤乎若流水。"钟子期死，伯牙破琴，终身不复鼓琴，以为世无足复为鼓琴者。

春秋时有个叫伯牙的人极擅长弹琴，是天下闻名的高手。

伯牙善于弹琴，而他的朋友钟子期则善于听琴。一次，伯牙弹起一支曲子，意在吟咏高山。钟子期听其声抑扬铿锵、刚劲有力，就说："好啊！这一曲气势雄壮，就像泰山一样巍峨峻拔。"伯牙又弹起另一支曲子，意在吟咏流水。钟子期听其声舒缓自如、流畅明快，就赞叹道："妙呵！这一曲浩浩荡荡，就像江河水奔流不息！"

一天，伯牙与钟子期到泰山之北游玩，遇上了一场暴雨，他们只好到山岩下面避雨。伯牙取得琴来弹奏。开始时，弹的是山风阵阵，大雨淋淋；然后表现风声更紧，暴雨如注；最后弹出山崩石裂，惊天动地……每奏一曲，钟子期便用准确的语言将乐曲的意境描绘出来。以至伯牙也十分感叹："你对琴声的理解力实在太奇妙了！对曲子的描绘都与我心中所想的一模一样。我无论有什么心思都逃不过你的耳朵。你真是一个难得的知音呵！"

后来，钟子期死了，伯牙拉断了琴弦，摔碎了他的琴。他说："知音都没有了，我还弹什么琴呢？"于是终生不再鼓琴。

后人用"伯牙鼓琴"或"高山流水"的典故形容琴曲高妙；或指朋友间心意相通。又用"知音"的典故比喻知己朋友。

驳逐客令

典出《史记·秦始皇本纪》：长信侯作乱而觉……王知之，令相国、昌平君、昌文君发卒攻。……尽得等。卫尉竭、内史肆、佐弋竭、中大夫令齐等二十人皆枭首，车裂以徇，灭其宗。及其舍人，轻者为鬼薪。及夺爵迁蜀四千余家，家房陵。……十年，相国吕不韦免。……大索，逐客。李斯上书说，乃止逐客令。

李斯因说秦王，请先取韩以恐他国，于是使斯下韩。韩王患之，与韩非谋弱秦。

春秋时候,吕不韦为了一个落难的王孙异人,真是倾家荡产,费尽心机,给他争到了太子的地位,又给他娶了赵姬,养了秦王政。在他看来,秦王政就算是叫他一声"爸爸"也不过分。那赵姬本来是吕不韦介绍给异人的,如今当上了太后,当然也是吕不韦的一党。他的权势可想而知了。秦王政是中国历史上真正了不起的人物。他的聪明、智慧、见解和魄力都很突出。年轻时候,一切事情全由吕不韦和太后作主。

一到22岁上,他就要执掌大权,自己作主,反倒觉得吕不韦是碍手碍脚的人了。

公元前238年(秦王政九年),太后赵姬跟长信侯反,附和他们的人也不少。

秦王政剿灭了这群乱党,杀了嫪毐,又把私通太后所生的两个小孩子也全杀了。案子重的抄灭了二十多家,比较轻一点的四千多家都被迁到巴蜀去了。

又过了一年,他觉得自己已经有了实力,而且眼看着吕不韦的主张和做法跟他不对头,就拿出主子的手段来,要把吕不韦也拿来治罪。原来吕不韦也像孟尝君、信陵君、平原君、春申君一样,养了三千多门客,其中有学问的人也不少。吕不韦叫几个能够编书的人,根据他的意见,写了一部书,叫《吕氏春秋》,大约有二十多万字。这部洋洋大篇的著作是在秦王政八年的时候才写成功。吕不韦看了很满意,把整部书在咸阳市城门公布,还出了一个赏格:有谁能够在这部书上增加一个字或删去一个字的,赏一千金。一来,那部书在当时也实在写得不坏;二来,谁那么大胆敢修改文信侯的文章?可是秦王政就不能同意《吕氏春秋》所提出的主张。什么"天下不是一个人的天下,天下是天下人的天下"。这种话是跟秦国一百多年来所奉行的商鞅的主张大不相同,不合秦王政的口味。不能同意吕不韦的主张和做法,就借着造反的案件,旧事重提,说是吕不韦保举的,说他跟去年的叛变多少也有牵连。

没想到朝廷上的大臣多半都跟吕不韦有交情。大伙儿禀告说:"文信侯辅助先王,立过大功;再说他对于叛变的事也许有点嫌疑,可是没有真凭实据,哪能就办他呢。"

秦王政碰了个钉子,可是他决不后退,也不跟钉子硬碰,他会绕着弯儿走。他听了大臣们的话,把吕不韦放了,但收回了相印,叫他回到本国去。

各国诸侯一听到文信侯离开了咸阳,都打发使臣去请他当相国。秦王政怕他到了别国对秦国不利,就写了一封信给他。那信上说:"太后的叛变跟你有关。我不忍治罪,让你回国,原本是宽大为怀,给你一个悔过的机会。你反倒跟各国诸侯的使臣来往,你哪对得起我的一番好意呢?请你带着家眷搬到巴蜀去吧。我划给你一座城,给你养老。"吕不韦知道秦王政决不能把他放过去。要真是信了让他养老的话,那未免太天真了。再活下去只有多受罪,他就喝毒酒自杀了。

秦王政杀了吕不韦,把他的门客都轰走了。他疑惑着:"别国的人为什么跑到秦国来做官呢?"一个人不能爱护本乡本土,还能爱护秦国吗?再说,秦国的事,他可以叫秦国人来办;秦国的朝政应当由他自己来管。他越想越有道理,就下了一道命令:"凡是别国来的客人不许住在咸阳。凡是在秦国做官的别国的人，一概免职，三天之内离开秦国。谁要收留别国的人一概治罪。"

这道"逐客令"一出来，所有别国的人都给轰出去。被轰出去的大小官儿当中有个楚国人叫李斯。他本来是儒家的大师荀卿的弟子，一向在吕不韦的门下，吕不韦把他推荐给秦王政，秦王政曾经拜他为客卿。这回李斯给轰出咸阳城外，非常懊恼。一路上他还想着办法。如果因为他是吕不韦一派的人而给秦王轰出去，那他以后不提吕不韦也行啊。只要秦王能够用他，别说是吕不韦，就是他老师荀卿的主张，他也能扔了。左思右想，他决定再撞一回大运。就写了一个奏章，叫秦国人去送给秦王政。秦王政拿过来一瞧，上头写着：

从前穆公搜罗人才，在西边得到了由余，在东边得到了百里奚，从宋国迎接了蹇叔，从晋国迎接了丕豹和公孙枝。由余、百里奚、蹇叔、丕豹、公孙枝都不是秦国人，可是穆公用了他们，收服了二十个小国，当了西方的霸主。孝公用了魏国人公孙鞅，改革制度，移风易俗，人民增加了生产，国家因此富强。惠王用了张仪，征服了三川、巴蜀、上郡、汉中、郢都这些地方，扩张了好几千里的土地，粉碎了六国合纵的计策。昭王用了范雎，废了穰侯，轰走了华阳，加强了国家的势力，实行远交近攻的计策，一步步地扩大了地盘。这都说明穆公、孝公、惠王、昭王都是借着外来的人，做了大事。要是这四位君王不搜罗人才，不重用外来的人，秦国哪能有像今天样的富强？这么看来，外来的人并没有对不起秦国的地方，凭什么要轰走外来的人？再瞧大王所喜爱的东西吧：昆山的白玉、随县的明珠、吴国的宝剑、北狄的快马、江南的金银、西蜀的丹青、齐国的绸缎、郑国、卫国的音乐——这些大王所喜爱的东西，没有一件是秦国出产的！如果不是本国的人不用，不是土产的东西不要，那么，孔雀毛编成的旗子就不能用；鳄鱼皮蒙成的鼓就不能打；宫女们的玉簪、珠圈、绣花的衣裳、五彩的飘带，都得扔了；王宫里精美的象牙装饰品都应当改为粗糙的木器；音乐队里的丝弦乐器都得废除，一概改成秦国的瓦盆。可是大王不光是喜爱这些好看的装饰、好听的音乐，并且还把赵国的舞女、郑国和卫国的美女都收在后宫里。这是为什么呢？还不是为了享福作乐吗？凡是能够享福作乐的东西，就是别国的也要，并且比起本国的还加倍地爱；一提起人才来，就不分是非曲直，凡不是秦国的就轰出去。这么说来，大王单单看重音乐、珠子、玉器、美人，反倒看轻了有关国家兴亡的人才了！我听说土地广的粮食多，国家大的人口多，军队强的勇士多。泰山不把泥土扔了，所以能够堆得那么高；大海容纳了小河流，所以能够变得那么深；王者不拒绝众百姓，所以能够发扬他的德行。如今大王轰走外来的人，天下的英雄豪杰只好跑到别的国家去了。大王轰走别国的人就是给敌国增加了力量。将来秦国的危险跟祸患那还用说吗？

秦王政一边念着，一边不断地点头。他立刻收回逐客令，派人叫回李斯，把他官复原职。

后人用"驳逐客令"比喻用花言巧语说服别人使自己留下来。

不打不相识

典出《水浒传》第三十八回：戴宗道："你两个今番却做个至交的兄弟，常言道：不打不相识。"

宋江、戴宗、李逵三人在江州浔阳楼上喝酒，宋江想喝鲜鱼汤。李逵跳起来说："我去讨两尾活鱼来与哥哥吃，船上打鱼的不敢不与我。"走到江边看时：约有八九十只船，都系在绿杨树下。李逵喝一声："船上活鱼把两尾与我。"渔人应道："我们等不见渔牙主人来，不敢开舱。"李逵便跳上一只船去，把竹笆篾一拔，伸手去船板底下摸时，哪里有一条鱼。原来船尾开半截大孔放江水出入，养着活鱼，却把竹笆篾拦住，李逵一拔把鱼都放走了。那七八十渔人都奔上船，把竹篙来打李逵。李逵大怒，两只手一架，早抢了五六条在手，一似扭葱般都扭断了。正热闹时，只见一个人从小路走来，赶上去大喝道："你这厮要打谁？"李逵也不回答，抢过竹篙便打。那人抢上来夺了竹篙，李逵便一把揪住那人头发，直把那人头按下去，提起铁锤般拳头，去那人脊梁上擂鼓也似打，那人怎生挣扎？却得宋江来劈腰抱住，戴宗喝道："使不得！"那人一道烟走了。

宋江、戴宗正埋怨李逵时，只听背后有人骂道："黑杀才，今番来和你见个输赢！"回头看见那人撑着只渔船只是骂。李逵大怒，吼了一声托地跳到船上，说时迟，那时快，那人把竹篙往岸边一点，双足一蹬，船便箭也似的投江心去了，那人口里说道："且不和你厮打，先教你吃些水。"两只脚一晃，船底朝天，两个好汉都撞下江去。只见那人把李逵提将起来，又淹将下去，何止淹了数十遭。戴宗问众人："这大汉是谁？"众人道："便是本地渔牙主人，浪里白跳张顺。"戴宗便叫道："张二哥不要动手，这大汉是俺们兄弟，上岸来说话。"张顺认得戴宗，便放了李逵抓上岸来。戴宗指着李逵问张顺道："你认得他么？"张顺道："小人如何不认得李大哥？只是不曾交手。"李逵道："你也淹得我够了。"张顺道："你也打得我好了！"戴宗道："你俩今番却做个至交的弟兄。常言道：'不打不成相识。'"

后人用"不打不成相识"的这个谚语比喻不经过冲突，相互了解不深。

不知其人，视其友

典出《荀子·性恶》：传曰："不知其人视其友，不知其君视其左右。"靡而已矣，靡而已矣。

冯唐很老了，还只当个中郎署长。一天，汉文帝偶然坐车经过该署，见到冯唐，问起才知冯唐是赵地的人。汉文帝非常钦佩原赵国大将李齐、李牧、廉颇，说："如果现在有这样的大将，我还用担忧匈奴的入侵么？"冯唐说："以我看，您就是有廉颇、李牧也不能用啊！"汉文帝大怒，站起来就走。过了一会儿，又把冯唐找去说："你为什么当众侮辱我？就算我有错，你不会私下避开人向我说么？"冯唐说："请您原谅，我不学无术，一点也不懂忌讳。"文帝问："你怎么知道我即使有李牧等贤将也不能用呢？"冯唐说："过去李牧守边防，所有收入都拿来治军、赏军人，一切处分，国王从不干扰他，所以李牧才能不受牵制，北逐匈奴，破东胡，灭澹林；西抗强秦；南逐韩、魏；使赵国十分强大。现在云中太守魏尚，他也把一切收入用以治军，军队士气强盛，匈奴不敢走近云中郡。曾经有一次和匈奴作战，杀伤敌人甚多，只因为报功时把杀死的敌人数报错了六个，您便削了他官职，让他坐牢，又处分他服劳役一年。我以为您的法过严，赏太轻，罚太重，一个魏尚都不能用。所以我说："您即使有李牧也不能用啊！"汉文帝听了，当天就派冯唐带命令去赦免魏尚，并恢复他云中太守官职。升冯唐为车骑都尉。

司马迁说："谚云：'不知其人，视其友'，冯唐能够称颂魏尚，真是不偏不党的君子啊！"

后人用"不知其人，视其友"的这个典故比喻你不知道这个人的品质如何，只要看看他所交的朋友是怎样的人就行了。

不自食其言

典出《龙门子凝道记》：昔吴起出遇故人，而止之食。故人曰："诺。"起曰："待公而食。"故人至暮不来，起不食待之。明日早，令人求故人，故人来，方与之食。起之不食以俟者，恐其自食其言也。其为信若此，宜其能服三军欤？欲服三军，非信不可也！

从前，吴起出门遇见了老朋友，便留他吃饭。老朋友答应说："好吧！"吴起说："我等着你一起来吃。"

老朋友到晚上还没有来，吴起便不吃饭等候他。到了第二天早晨，派人去找老朋友，老朋友来了，才和他一起吃饭。

吴起不吃饭等待老朋友这件事，是他怕自己说了话不当话呀。他守信用到这般程度，所以他才能够统率三军的吧？因为要三军服从他，非有信用不可呀！

后人用这则寓言说明言必信，行必果，不仅是兵家将领必备的治军条件，同时也是常人待人接物的高尚品德。取信于民，言出法随，更是一切政治家获得民心的保证。对人对事，不食其言，看来是件小事，但它的影响却是难以估量的。吴起的"不食待友"，便是一个很好的例证。

曹邱之责

典出《史记·季布传》。

战国时，楚国人曹邱生，是一个很会说话的辩士，专门喜欢结交当时的权贵，想借权贵们的势力去弄点金钱，他平时和窦长君很要好。季布是当时很有名誉的人，知道曹邱生和窦长君很要好，恐怕窦长君上他的当，特地写了一封信给他，告诉他说曹邱生不是一个好人，叫窦长君疏远他。

曹邱生回到窦长君那里，说要给他写一封介绍信给季布；窦长君因季布不喜欢他，所以不肯写，后来经他再三要求，才勉强为他写了。曹邱生拿了那封介绍信去见季布，季布听曹邱生要来见他，起初心里很不乐意。后来曹邱生到了，见着季布，作了一个揖说："我们楚国有人说：'得了黄金百斤，不如得了季布一诺。'你怎么有这样好的名誉，传遍于梁、楚的地方呢？完全是我平时替你宣扬的呀！我们是同乡，我替你宣扬，你为什么反要拒绝我呢？"季布听了他的话，欢喜得不得了，把他当上宾看待，送了很多东西给他，因此，他的名声越发大了。

后来人们把"曹邱之责"作为引荐的代称。

陈雷胶漆

典出《后汉书·独行列传》：太守张云举重孝廉，重以让义，前后十余通记，云不听。……重后与义俱拜尚书郎，义代同时人受罪，以此黜退，重见义去，亦以病免。

东汉时，有一个人叫陈重，是豫章宜春人。他有一个好朋友叫雷义。两人少年时代同在一起读书学习，每天形影不离。

二人长大后，太守知道陈重有才德，便将他举为孝廉。但是，陈重觉得雷义的品行比他更高，应当是雷义做孝廉。于是，他写信给太守，请求把孝廉让给雷义。

太守不同意，陈重前后写了十几封书信去，态度很坚决。最后，太守也感动了，就在第二年将雷义也举为孝廉，让他们俩一同在郎署为官。

后来，官府又将雷义推举为茂才。这一次是雷义认为品德不如陈重，心中惭愧。

于是，雷义向刺史建议，把茂才让给陈重。然而刺史不按他的主意做。雷义十分为难，去呢，对不起朋友；不去呢，对不起刺史。无奈，他就假装得了疯病。为了装得逼真，让刺史相信，他成天披头散发，满街乱走。这样一来，刺史只好取消了对他的荐举。

陈重和雷义的故事，在当地广为流传。人们对他俩的友谊十分赞赏，说"胶与漆黏在一起，可谓非常牢固，但是，仍然比不上陈雷二人的友情。"

后人用"陈雷胶漆"的典故形容友谊真挚牢固。

臭味相投

典出《吕氏春秋·孝行览·遇合》：人有大臭者，其亲戚、兄弟、妻妾、知识无能与居者，自苦而居海上。海上人有说其臭者，昼夜随之而弗能去。

有一个浑身恶臭的人，他的父母、兄弟、妻妾、朋友没有一个能和他住在一块的，他自己感到苦恼而住到海上去了。可是海上却有喜爱他的臭气的人，日夜跟着他而离不开。

后人用"臭味相投"比喻"物以类聚，人以群分。"思想道德行为腐朽不堪、为社会所不齿的人，偏偏也会有欣赏他、追逐他的，这就叫臭味相投。

倒屣相迎

典出《三国志·魏志·王卫二刘傅传》：时邕才学显著，贵重朝廷，常车骑填巷，宾客盈坐。闻粲在门，倒屣迎之。粲至，年既幼弱，容状短小，一坐皆惊。

东汉汉献帝的时候，朝廷上有个叫蔡邕（yōng）的人，当着左中郎将的大官。蔡邕是当时很有学识的人，很受皇帝的器重。因此，他家里的客人很多，常常是宾客盈门，来往的车马挤满了街巷。一天，家人来报告蔡邕说，门前来了一位叫王粲的客人。蔡邕一听到王粲的名字，立刻丢下屋里的客人，慌忙跑出去迎接，急得他竟把鞋子穿倒了。

一会儿工夫，蔡邕将王粲请进客厅。客人们一见这位来客，不禁惊呆了。原来王粲是一个少年，身材又瘦又小，大家奇怪蔡邕做着这么大的官，对于一个孩子怎么还要亲自去迎接呢？似乎是有失自己的身份吧！

蔡邕看到大家的惊愕神色，赶忙介绍说："这位是王粲，才能出众，我不如他呀！我家里的全部书籍和文章，都应该赠送给他。"

王粲果真是智力超群，有一次他与朋友同行，见路旁有座石碑。朋友问他：

交往篇

"您能够把石碑上的碑文背诵下来吗?"王粲笑着说:"能!"于是他从头背到尾,一字不差,那位朋友非常惊讶。

　　有一天,王粲看人下棋。忽然棋盘上的棋子被人碰乱了,无法再下。王粲伸手将棋子摆好,与散乱之前一模一样,周围看棋的人都被王粲的记忆力惊呆了。下棋的一个人以为这是王粲偶然碰上了,不相信是他真的记住了棋局,于是便把棋盘盖起来,让王粲另外摆一局。结果两局棋子完全相同,大家无不信服。

　　王粲的文章也写得好,他曾经写下六十多篇诗歌、辞赋。后来他做了魏国的侍中,死的时候才 41 岁。

　　"倒屣相迎"是倒穿着鞋迎客人,形容迎客的急迫,或形容对来客的热情欢迎。有时也用来比喻客人的尊贵。

东道主人

　　典出《左传·僖公三十年》:若舍郑以为东道主,行李之往来,共其乏困,君亦无所害。

　　春秋时代,晋国公子重耳,逃亡到郑国的时候,郑国曾把城门关起来,不让他进去。后来重耳回国做了国君,总也忘不掉这件事情,时刻想要报仇,就约会秦国出兵攻打郑国。郑文公很害怕,派烛之武去劝说秦穆公退兵。秦国将士不准他进去,他止不住在城外放声大哭起来。兵士们把他抓到秦穆公面前,问他为什么哭,他说:"我为郑国哭也为秦国哭。郑国在晋国的东边,秦国在郑国的西边,郑国一亡,晋国更强,秦国就显得弱了。帮人家攻打别国的土地,反而削弱自己国家的力量,聪明人是不会做的。"

　　秦穆公听了,吃惊起来,连声说道:"对,很对!"

　　烛之武又说:"要是秦国现在肯撤兵解围,郑国就脱离楚国,像臣子一样服侍秦国,如果让郑国作为秦国东边道上的主人,那么,也可以供应秦国人在旅行来往中所缺乏的东西,对你毫无害处呀!"穆公听到这里,十分高兴,便同郑国订盟,派将军杞子、逢孙、扬孙三人去郑国驻防,自己带着大军秘密回国。晋国见秦国背盟,不得不撤兵,郑国之围遂解。

　　后来人们根据烛之武最后所说的那番话,即"若舍郑为东道主",就把"东"当做主方,"西"当做客方。因而住屋的屋主叫"房东";主人请教师在家教课,称教师做"西"宾或"西"席;又把人们出钱请客,称主人为"东道主人"或叫"东道主"、"东道"。

东家之丘

典出《三国志·魏志·邴原传》：崧曰："郑君学览古今，博闻强识，钩深致远，诚学者之师模也。君乃舍之，蹑屣千里，所谓以郑为东家丘者也。君是不知而曰然者，何？"另据《孔子家语》：孔子的西邻不知孔子为何人，只有人问及孔子的，他都称呼孔子为"东家之丘"。

东汉时候，有一位很著名的学者，名字叫邴原，当时跟他学习的弟子有几百人。邴原不做官，不攀高结贵，以学识和品格著称于世，很受人们的仰慕。

邴原少年时代很苦，11岁时死了父亲。家里一贫如洗，他又是孤儿，生活十分艰难。邴家的邻居是一位教书先生，一天邴原边哭边走过他的家门。先生见邴原哭得很伤心，便问："喂，为啥哭呀，快告诉我！"

"我看别的孩子跟你读书真羡慕，可我没有父兄，拿不起学费，不能跟你读书，所以很伤心……"

先生被他的求学精神感动了，便安慰他说：

"只要你有志气，肯下功夫学，我不收你的钱，明天就过来读书吧！"

邴原学习很用心，一冬之间就背诵完了"孝经"、"论语"，先生很喜欢他。

几年之后，邴原长大了几岁，便想离开家乡到外地投拜名师。他积攒了一点旅费，背上书袋，投到安丘县的孙崧门下，孙崧推辞说：

"邴原啊，不是我不收下你，我实在是不合适呀，你的家乡就有一位著名的大学者郑玄，他住在高密县，和你家同属青州。郑玄纵览古今，博闻强识，是当今学子的楷模。你却舍弃他而跋涉千里跑到这来，岂不是像从前孔子的邻居，不晓得他的名气，只认识他是东家的那个'丘'吗？如今你不也是把郑玄看作是'东家之丘'了吗？"

邴原辩解说："先生之言实是苦口的良药，但您没有理解我的心意。人各有志，所追求的不一样。所以才有登山采玉的，有入海采珠的。能说登山的人不知道海的深浅，入海的人不知道山的高矮吗？先生说我将郑玄看成了东家之丘，那一定以为我是西家的愚夫啦？"

"不，不，"孙崧连忙解释，"你们那里的人许多都是我认识的，不过没有像你这样的求学者。你有很高的志趣，我不如你呀，我送你一些书，另请高明吧！"

邴原只好收下赠书，告辞孙崧，另外求学去了。

后来人们就用"东家之丘"作为一句成语，比喻不认识近在身边的知名人物。

对牛弹琴

古时候,有个音乐家叫公明仪,琴弹得非常出色,非常动听。

公明仪有个习惯,就是每逢好天气他总要到郊外去弹奏。有一次,公明仪携琴游玩,兴致勃勃地来到长堤上,摆下琴,准备弹奏一番,长堤上空无一人,弹给谁听呢?

忽然,公明仪发现一头黄牛正在杨柳树下吃草,河里流水清清,远处传来牧童悠扬的笛声,多么诗情画意。公明仪兴起,于是,就对着牛弹起了琴。

公明仪弹得悦耳动听,可是那头牛就像没听到似的,依然在低头吃草。噢,也许这头牛心里不快活,公明仪这么想着,便根据那牛一声不吭,闷闷不乐的情景,弹起了音调沉郁的《清角曲》,想让牛解解闷。可是牛仍然无动于衷。公明仪非常生气。

这时,有个过路人,见状对他解释说:"不是你的琴弹得不动听,而是牛根本就不懂琴音。"

反客为主

典出《三国演义》第七十一回:渊为人轻躁,恃勇少谋。可激劝士卒,拔寨前进,步步为营,诱渊来战而擒之:此乃反客为主之法。

刘备统率大军前去攻取汉中。宋将夏侯渊得知消息,便差人报知曹洪;曹洪星夜赶去许昌,禀知曹操。操闻之大惊,遂起兵四十万亲帅抵敌。不一日,操军至南郑,曹洪向他汇报战斗情况。曹洪说张郃被打得大败,夏侯渊知大王兵到,今固守定军山,未曾出战。曹操说不出战是怯懦,赶快叫夏侯渊进兵。夏侯渊得令,便派夏侯尚引三千兵马前去诱敌。蜀将黄忠见曹兵前来迎战,即派大将陈式出战迎敌。夏侯尚与陈式交战,不数合,尚诈败而走,式赶去,行到半路,两山上滚木擂石打将下来,不能前进。正准备撤回时,背后夏侯渊突出,把陈式生擒了去。部卒多降。有败军逃回,报知黄忠,黄忠慌忙去找法正商议。法正说:"渊为人轻躁,恃勇少谋。可激劝士卒,拔寨前进,步步为营,诱渊来战而擒之:此乃反客为主之法。"黄忠用其谋,遂把各种物资赏与军士,军士欢声满谷。黄忠军步步为营,每营住数日之后又前进。之后,黄忠又生擒了夏侯尚,占据了杜袭守卫的阵地。为此,夏侯渊怒不可遏,立即要出战黄忠。张郃劝夏侯渊说:"这是法正的计谋,将军不可出战,只宜坚守。"夏侯渊拒不听从劝谏,分军围住对方,大骂挑战。任凭夏侯渊百般辱骂,黄忠就是不出战。下午,法正见曹兵倦怠,乃将红旗招展,鼓角齐鸣,喊声大震,黄忠一马当先,驰下山来,犹如天崩地塌之势。夏侯渊措手不及,被黄忠一刀砍为两段,黄忠斩了夏侯渊,曹兵大溃,各自逃生。

后人用"反客为主"比喻变被动为主动。

分道扬镳

典出《北史·魏诸宗室·河间公齐》:孝文曰:"洛阳,我之丰、沛,自应分路扬镳。自今以后,可分路而行。"及出,与彪折尺量道,各取其半。

南北朝时期北魏孝文帝的时候,做洛阳令的是元志。元志青年时代读过不少书,颇有文才,而且办事干练,为人强悍。他的父亲曾经救过皇帝的性命,所以元志在孝文帝面前,很有些威信。

有一天,元志乘车出门,在路上碰巧遇上了朝廷的御史中尉李彪。李彪的官职比元志高,按礼节元志应该给李彪让路,可是元志毫不谦让,双方争执不下,只好两人一块来见孝文帝,让皇帝裁决。

见了孝文帝,李彪说:"我是朝廷上的近臣,哪有洛阳令与我抗衡的道理?"

元志说:"神乡县士,普天之下谁不编户?凡是居住在洛阳的人统统编在我的户籍里,我岂有趋避中尉的道理?"

孝文帝看看他们二人,都是自己的亲近臣僚,不好评判是非,只好说:"洛阳是我们的国都,自然应该分路而行,驱马前进,自今以后,你们分开走吧!"

从此元志便与李彪折尺量道,每人占用一半。

后来人们则用"分道扬镳"这句成语比喻志趣、目标、道路不相同,各走各的路。

"镳"读 biāo,是马具,与衔合用,衔在口内,镳在口旁,即马嚼子的两端露出口外的部分。"分道扬镳"也写作"分路扬镳"。

风雨同舟

典出《孙子·九地篇》:当其同舟而济,遇风,其相救也如左右手。

孙武,是春秋时期的一位军事家,字长卿,著有《孙子兵法》十三篇,《九地篇》是孙子兵法下卷的第二篇,主要论述在九种不同地区如何用兵。孙武认为,战争

中华典故

交往篇

不外乎在"散地"、"轻地"、"争地"、"交地"、"衢地"、"重地"、"圮地"、"围地"、"死地"这九地进行。他从客观实际出发，既抓住地区的地理条件，又考虑了士兵的作战条件，主张在不同地区采取不同的用兵措施，适宜地利用地形，发挥士兵的战斗力。

孙武说：善于用兵的人，就像"率然"那样。"率然"是恒山（有些本子作"常山"，此据山东临沂出土的汉简）地方的一种蛇。这种蛇，打它的头部，尾部就来救应，打它的尾部，头部就来救应，打它的中段，头尾部都来救应。那么，用兵能像"率然"那样吗？回答是肯定的。吴国人和赵国人本来是仇敌，但是当他们同乘一条船渡河，遇上大风浪的时候，就像一个人的左右手那样互相救援。……所以，善用兵的人，能使大军手拉手地像一个人一样，这是因为形势所迫，使全军不得不如此。

后人用"风雨同舟"这个典故比喻共同经历患难。

感戴二天

典出《后汉书·苏章传》：（章）顺帝时，迁冀州刺史。故人为清河太守，章行妍。乃请太守，为设酒肴，陈平生之好甚欢。太守喜曰："人皆有一天，我独有二天。"章曰："今夕苏孺文与故人饮者，私恩也；明日冀州刺史案事者，公法也。"遂举正其罪。州境知章无私，望风畏肃。

汉代有一位叫苏章的人，他的官职做到冀州刺史；当时的刺史是专门监察检举一州官吏的官员。苏章有一个旧朋友，是清河郡太守，清河郡又正好是冀州的属郡。苏章有一次出外视察，到了清河郡，查到他的老友竟然犯有贪污枉法的罪行，证据确凿。那郡守因缘着私人的友谊关系，大排筵席，准备好好地请他一下，苏章也欣然去赴会。郡守在热烈酬谢之余，满以为在这官官相护之下，经过杯酒言欢，天大的事都可以消释于无形。他一面怀着感恩戴德的心情，一面带着傲视旁人的神态，恭维苏章说："人人都只有一个天，我却有两个天。"他的意思以为他自己犯了严重的贪污案，本该处死的，只凭着老友的宽恕、包庇，便等同另有一个天把他重新诞生出来，既无限感激，也可以傲视一切了。怎奈苏章又温和，又严厉，公私分明地回答他道："今天喝酒，是为着私人的友谊；明天办案，是遵照国家的法令。"结果终把这个贪官治罪正法，冀州官吏的风纪一时廉洁起来。

现在，我们常常把从危险中、艰难中、疾病中挽救人的人，称颂为"感戴二天"，和"恩同再生"有同样的意思。

高朋满座

典出唐·王勃《滕王阁序》：十旬休暇，胜友如云；千里逢迎，高朋满座。

唐初，有个有名的诗人叫王勃，他六岁时就会作文章，词藻美丽，后来成为唐初四杰之一。王勃的父亲福畤，因事被贬在交趾做官，王勃因想念父亲，打算去看望他。

有一天，王勃路过江西南昌，去拜会南昌的都督阎伯屿，刚好这天阎伯屿在滕王阁大宴宾客，王勃因此也参加了宴会。阎伯屿有个外甥，也有点才学，想借机会给他出出风头，叫他把当日聚会的情形，作一篇文章，事前阎都督先客气了一番，请来宾们执笔。王勃不明白阎都督的意思，自恃才高，毫不客气地作了一篇，作成以后，所有宾客都很佩服，惊异他的天才。在这篇序里，有两句说："千里逢迎，高朋满座"。

后人根据王勃的话，用"高朋满座"来形容尊贵的客人很多，也泛指客人很多。

割席绝交

典出《世说新语·德行》：管宁、华歆共园中锄菜，见地有片金，管挥锄与瓦石不异，华捉而掷去之。又尝同席读书，有乘轩冕过门者，宁读书如故，歆废书出看。宁割席分坐，曰："子非吾友也。"

东汉灵帝时有三个读书人，一个叫华歆，一个叫邴原，一个叫管宁，他们同在一个地方读书，又很要好。当时的人说他们三个人好比是一条龙：华歆是龙头，管宁是龙肚，邴原是龙尾。

有一次，管宁和华歆一起在菜园里锄草，忽然发现一块金子。当时管宁仍然挥动锄头，他把金子看得和地上的砖瓦一样；而华歆就不禁动心了，立即拾起金子，放在一边。又有一次，管宁和华歆正一同坐在席子上读书；忽然有坐着轿子的官员从门前过去。管宁仍然照常读书，华歆却忍不住放下书本跑出去观看。管宁看他这样不专心读书，又羡慕做官的人，加之上次发现他见金子动心的事，于是马上坚决地割断坐着的席子，分开坐位，对华歆说："你不是我的朋友。"

后来的人，凡遇朋友之间因为意气不投，而感情破裂，断绝往来，称为"割席绝交"。

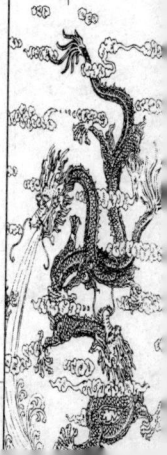

刮目相看

典出《三国志·吴志·吕蒙传》裴松之注引《江表传》：初，权谓蒙及蒋钦曰："卿今并当涂掌事，宜学问以自开益。"……蒙始就学，笃志不倦，其所览见，旧儒不胜。后鲁肃上代周瑜，过蒙言议，常欲受屈。肃拊蒙背曰："吾谓大弟但有武略耳，至于今者，学识英博，非复吴下阿蒙。"蒙曰："士别三日，即更刮目相待。……"

三国时吴国有个将军吕蒙，从小贫穷无依，除了苦练武功，从没有读过书。有一天，孙权对吕蒙及蒋钦两人说："你们两人现在是当朝的执政人，应该读点书增加学问才好。"吕蒙说："我在军队里常觉得事务工作太多，恐怕没有读书的机会。"孙权说："你以为我要你成为经学博士吗？你只要多看点前人留下的记录、经历之类的书就行了，你事务多，哪里赶得上我的事务多呢？……孔子说：'终日不吃、终夜不饮，都没有益，最好是读书。'汉光武在作战时还手不释卷，曹操也自称老而好学。你们为什么不能勉励自己呢？"

于是吕蒙开始发奋苦读，他所发现的义理和见解，连旧有的专家都赶不上。后来鲁肃代替了周瑜的职位，去和吕蒙商量事情，鲁肃抚摩着吕蒙的背说："我以为你这位老弟只有武术而已，谁知到了今天，你的学问这样广博，已经不是从前在吴下的吕蒙了。"吕蒙说："一个人分别了三天，就应该对他另眼相看呢！"

后人便将吕蒙回答鲁肃的话引申为"刮目相看"一句成语，比喻对人另眼看待。鲁肃对吕蒙所说的"非复吴下阿蒙"一句，后来也引申为"吴下阿蒙"一句成语，比喻学识浅薄的人。

管鲍分金

典出《史记·管晏列传》：管仲夷吾者，颍上人也。少时常与鲍叔牙游，鲍叔知其贤。管仲贫困，常欺鲍叔，鲍叔终善遇之，不以为言。

管至父的侄儿叫管仲，相貌魁梧，气宇轩昂，而且博学多识，颇有雄才大略。

他有个好朋友叫鲍叔牙。他们俩一起做生意，管仲的资金少，赚了钱后，管仲多拿一份利润，鲍叔牙手下的人不平，都说管仲贪心，占人家便宜。鲍叔牙却袒护他说："话不能这么说，他家里穷困，比我缺钱，我心甘情愿多分点给他。"这就是"管鲍分金"这句成语的由来。

他们俩也一起打仗，每次出兵，管仲总是躲在后头；退兵的时候，他却跑在前头。很多人都笑他贪生怕死。

鲍叔牙又为他辩解，说："老实说，像他这么有勇气的人，天下还少有呢！只因为他母亲年迈，又缠绵病榻，他当然得好好保命来奉养她，他哪儿是真的不敢打仗呢？"管仲听了这些话，就感叹地说："唉！生我的是父母，了解我的，只有鲍叔牙啊！"于是他们便结为生死之交。

当齐襄公正荒淫暴虐的时候，他的两个兄弟担心遭到迫害，都躲到外婆家去了。他们之中，一个叫公子纠，是鲁国的外甥；一个叫公子小白，是莒国（在山东省莒县）的外甥。公子纠是拜管仲为师，公子小白则是拜鲍叔牙为师。这两个好朋友，各协助一个公子投奔到外婆家。连称和管至父杀死齐襄公的时候，管仲和公子纠正在鲁国，公子小白和鲍叔牙正在莒国。公孙无知派人到鲁国去召请管仲，管仲心想："他们连自己的位子都保不住，还想拖累别人！"就毫不客气地拒绝了。不到一个月，他听说公孙无知、连称、管至父先后被齐国的大臣们杀了。几天后，齐国的使臣来了，说大臣们派他来接公子纠回去即位。于是鲁庄公亲自率兵，派曹沫为大将，护送公子纠和管仲回齐国。管仲禀告鲁庄公说："公子小白在莒国，距离齐国不远，万一他先进入齐国就麻烦了。依我看，还是让我先带领一队人马去拦截他吧！"鲁庄公就照他的意思拨了三十辆兵车给他。

管仲领着兵车马不停蹄地往前走，到了即墨（在山东省平度县东南），听说莒国的兵马已经过去了，就拼命往前进，一口气赶了三十余里路，两个好朋友和两国的兵马终于碰上了。管仲见公子小白坐在车内，就上前鞠躬说："公子近来好吗？要到哪儿去呀？"小白说："回国办丧事。"管仲说："您上面还有哥哥，这件事就交给他办吧！免得人家说您闲话。"鲍叔牙虽然是管仲的好朋友，可是他为了自己的主人，就横眉竖眼地说："管仲，你少说废话！各人有各人的事，你管不着！"一旁的士兵也摆出非常不友好的姿态，好像随时要动武。管仲假装要离去，却不声不响地弯身搭箭，对准公子小白，嗖的一箭射过去。小白嚎叫一声，口吐鲜血，倒在车上，鲍叔牙忙去救他，但已来不及了。大家看见公子遇害了，齐声恸哭起来。管仲头也不回地带着人马快马加鞭飞奔而去，跑了一段路，想到公子小白已经死去，公子纠的君位稳如泰山了，就放慢步伐，轻松悠闲地护着公子纠往齐国去。

谁料到管仲射中的只是公子小白的带钩，公子小白当时虽吓了一跳，但他急中生智，为了怕管仲再射来一箭，就故意大叫一声，咬破舌尖弄得满嘴是血，倒在车上装死。等管仲走了，他才睁开眼睛，长吸一口气。鲍叔牙于是吩咐大家抄小道走捷径，挥鞭疾驰，赶在管仲他们之前到达了临淄。鲍叔牙运用其三寸不烂之舌，赞美公子小白的贤能，跟大臣们争论着要立他为国君。有的大臣说："已经派人到鲁国去接公子纠了，怎么可以立别人呢？"有的说："公子纠比较年长，照理应该立他。"鲍叔牙说："齐国连闹了两次内乱，再不立一个贤德兼具的公子，齐国的太平就遥遥不可及了。更何况，要是在鲁国的帮助下立公子纠，他们一定会索要谢礼。从前郑国就是让宋立了子突，宋国才三番两次向他们要谢礼，搞得郑国国

库空虚,兵战数年。我们难道要重蹈郑国的覆辙吗?"大臣们听了这番话,觉得不无道理,就立公子小白为国君,就是齐桓公。另外还派人去对鲁国说,齐国已经有了新君,请他们别再送公子纠回来。可是鲁国的兵马已经到达齐国的边界。齐国立刻出兵去阻拦。鲁庄公气极败坏,就跟齐国人动干戈,没想到竟在乾时(齐地,在山东省临淄县西南)被打得落花流水,急急逃命,大将曹沫还差点儿丧命。鲁国的兵马败阵下来,连鲁国汶阳(在山东省汶阳县北)一带的土地也被齐国夺走了。

鲁庄公余恨未消,齐又兵临鲁国边境,强迫鲁国杀掉公子纠,并把管仲交出来,否则只好兵刃相向。鲁国惧怕齐军的厉害,只得一一照办。谋士施伯对使者说:"管仲是天下奇才,如不能留在鲁国效命,最好杀了他。"齐国的使者说:"他射过国君,国君恨他入骨,不亲手杀了他,难消心头之恨。"鲁庄公就把公子纠的头颅和活着的管仲,交给齐国的使者带回。管仲坐在囚车里左思右想:"让我活着回去,一定是鲍叔牙的主意。万一鲁侯后悔,派人追杀过来,我就没命了。"

他就在路上编了一首歌,教随行的人哼唱。他们一边唱、一边赶路,越走越起劲,忘了一路上的辛苦。结果,预计两天的行程,一天就赶完了。后来鲁庄公果真后悔了,但等他派人去追时,他们早已离开了鲁境。管仲到了齐国,好朋友鲍叔牙率先去迎接他,还再三把他引荐给齐桓公。齐桓公不悦地说:"他用箭射我,几乎要了我的命,我恨不得吃他的肉剥他的皮,你还叫我重用他?"鲍叔牙说:"当时他是公子纠的手下,当然得帮着他,否则他不是不忠吗?他满腹经纶,又有雄才伟略,是难得的人才,主公要是重用他,他必能帮您经营齐国,使您称霸诸侯。"齐桓公听信了鲍叔牙的话,就命管仲为相国。

后人用"管鲍分金"这个典故比喻不贪恋钱财,能为别人着想。

管鲍之交

典出《史记·管晏列传》:管仲曰:"吾始困时,尝与鲍叔贾,分财利多自与,鲍叔不以我为贪,知我贫也。吾尝为鲍叔谋事而更穷困,鲍叔不以我为愚,知时有利不利也。吾尝三仕三见逐于君,鲍叔不以我为不肖,知我不遭时也。吾尝三战三走,鲍叔不以我为怯,知我有老母也。公子纠败,召忽死之,吾幽囚受辱,鲍叔不以我为无耻,知我不羞小节而耻功名不显于天下也。生我者父母,知我者鲍子也。"

春秋时,颍上有二人,一名管夷吾,字仲,一名鲍叔牙。叔牙较富,夷吾则贫。他们二人合伙做生意,赚的钱,夷吾要拿三分之二,叔牙则拿三分之一,说到本钱,叔牙出得比夷吾多,夷吾则不过点缀而已。因而,鲍叔牙的家人颇为不平。鲍叔牙说:"仲非贪此区区之金,只因他的家贫,我自愿多出本钱,少取利钱。"他们二人商量事情，往往夷吾想出的办法都不能行，人笑其愚，叔牙说："人有遇有不遇，如果管仲，遇到了机会，谋可定计，则万无一失了。"

后来，管夷吾曾三次出任，三次被逐，叔牙不但不以其为不肖，反说："哎，只是时机没有到啊！"

管仲居官以后，领兵出征，他总是作战在后，撤退在先，人多笑其法。叔牙说："仲有老母在堂，留身奉养，岂真怯敌之辈也。"

齐襄公有二子，长子名纠，次子小白。管夷吾事子纠，鲍叔牙事小白，后来子纠事败，管夷吾被囚受辱，人以为耻，叔牙说："仲不修小节，而耻功名不显于天下也。"所以后来管仲说："生我者父母，知我者鲍叔。"

管仲得为齐桓公（即小白）的相国，完全是鲍叔牙的力量。当叔牙推荐管仲于桓公时说："管子天下奇才，君可用以为相。"桓公说："夷吾射寡人中钩，其矢尚在，寡人每戚戚于心，得食其肉而不厌，况用之乎？"叔牙说："人臣各为其主，射钩之时，知有纠不知有君，君若用之，当为君射天下，岂特一人之钩哉？"

桓公姑听之，但拜叔牙为上卿，任以国政。叔牙说："君加惠于臣，使不冻馁，则君之赐也，至于治国家，则非臣之所能也。"桓公说："寡人知卿，卿不可辞。"叔牙说："君所知臣者，小心谨慎，循礼守法而已，此具臣之事，非治国之才也。夫治国家者，内安百姓，外抚四夷，劝加以王室，泽布于诸侯，国有泰山之安，君享无疆之福，功垂金石，名播千秋，此帝臣王佐之任，臣何以堪之？"

桓公不觉心动，连忙促膝谈心："如卿所言，当今亦有其人否？"叔牙说："君不求其人则已，必求其人，其管夷吾乎？臣不若夷吾者有五，宽柔惠民，弗若也。治国家不失其柄，弗若也。忠信可结于百姓，弗若也。制礼义可施于四方，弗若也。执抱鼓立于军门，使百姓敢战无退，弗若也。"桓公要召管仲来当面谈谈。叔牙说："臣闻贱不能临贵，贫不能役富，疏不能制亲，君欲用夷吾，非置之相位，厚禄其人，隆以父兄之礼不可。夫相者，君之亚也，相而召之，是轻之也，相轻则君亦轻。夫非常之人，必待以非常之礼，君其卜日而郊迎之。四方闻君之尊贤礼士而不计私仇，谁不思用于齐者？"桓公果如其言，用管仲为相，尊为仲父，九合诸侯一匡天下，齐国遂大治矣。

后人用"管鲍之交"形容知心好友相互信任，不计得失，情谊深厚。

患难之交

魏齐听说秦昭襄王向魏安僖王要他的脑袋，连夜逃到赵国投奔平原君赵胜去了。魏安僖王打发人送范雎的家眷到咸阳，还送了千两黄金、一千匹绸缎给他家眷，托他们带个话，就说"魏齐已经偷跑到赵国去了。魏国实在是没办法。"范雎把这事禀告了秦昭襄王。秦昭襄王说："秦国跟赵国向来有交情，当初在渑池

会上又结为兄弟。我还把王孙异人送了去做抵押，为的是叫赵国跟秦国不再为难捣乱。如今赵王居然敢收留丞相的仇人，丞相的仇人就是我的仇人，这回非去征伐它不可了。"他亲自统领着二十万大军，带了大将王翦去攻打赵国。很快地打下了三座城。

这时候，蔺相如已经辞职了，赵孝成王拜虞卿（就是给蔺相如和廉颇当和事佬的那个人）为相国，叫大将廉颇去抵挡秦兵，又打发人到齐国去请求救兵。齐国派大将田单带领着十万大军去救赵国。廉颇和田单都是出名的大将，他们联合起来，王翦未必能占上风。

王翦禀告秦昭襄王说："赵国重用廉颇跟平原君，短期内不容易打下来，再说又加上个齐国。咱们不如暂且先退兵，以后再说吧。"秦昭襄王说："我捉不到魏齐，回去哪有脸见应侯呢？"他就打发使者去对平原君说："这回我们到贵国来，就是为了魏齐。只要贵国把他交出来，我们立刻退兵。"平原君回答说："魏齐根本就没到我这儿来，请别听外面的谣言。"

秦国的使者来回跑了三四趟，平原君说什么也不认账，弄得秦王一点法子也没有。要是开仗吧，又怕齐国和赵国联合在一起，秦国未必赢得了；退兵吧，魏齐就捉不到了。他前思后想地费了好几天工夫，最后想出个主意来。他给赵孝成王写了封信，说："敝国和贵国原来是兄弟，多年交好。我因为听人说魏齐住在平原君家里，才到这儿来要。如今魏齐既然真没在贵国，我何必又多这份儿事呢？这回我们打下来的三个城，照旧归还给贵国，咱们还是照旧交好吧。"赵孝成王也打发个使者去给秦昭襄王道谢。田单听说秦国退了兵，就回齐国去了。

秦昭襄王回到函谷关就给平原君写了一封信，请他到秦国来一趟，喝喝酒，聊聊天，大伙儿聚会聚会，交个朋友。平原君拿了那封信去给赵孝成王看。赵孝成王没有主意了。相国虞卿就拿从前楚怀王和孟尝君做例子，主张不去。大将廉颇拿当初蔺相如做例子，主张还是去好。赵孝成王岁数小，又是胆量小，不敢得罪秦国，最后还是打发平原君去了。

平原君到了咸阳，秦昭襄王特别亲热地招待他，天天喝酒谈心。两个人很"投缘"，交上了"朋友"。秦昭襄王给平原君斟了一杯酒说："我有件事情跟您商量。要是您肯答应的话，就请干了这杯酒。"平原君说："大王的命令，我哪敢不听从。"他就把那杯酒干了。秦昭襄王说："从前周文王得到了吕尚，尊他为太公；齐桓公得到了管仲，尊他为仲父。如今我这儿的范君就是我的太公，我的仲父。这样，范君的仇人就是我的仇人。如今魏齐躲在您府上，请您打发个人去把他的脑袋拿来，替范君报了仇，我必定感激您这份情义！"平原君说："酒肉朋友不足道，患难之交才可贵。魏齐是我的朋友，他如今有了难处，正是要朋友帮忙的时候。要是他真在我那儿，我也不能做出'卖友求荣'的事，何况他并不在我这儿。"秦昭襄王翻了脸说："您一定不把他交出来，那我可就不能放您回去了！平原君说："全凭大王。大王叫我来喝酒，我就遵命来了。如今大王威胁我，我也不在乎。好在是非曲直，天下自有公论！"

秦王知道平原君决心不交出魏齐来，就把他软禁在宾馆里。一面又给赵孝

成王写了封信去。那封信上说：平原君在敝国，我的仇人魏齐在平原君家里。请把魏齐的人头送来，我就把平原君送回去。要是贵国一定要偏护魏齐，那我只好亲自带领大军上贵国来要我的仇人。请大王原谅！

赵孝成王接到这封信，连忙召集大臣们，对他们说："咱们为了别国的一个亡命徒，把秦国得罪了，害得平原君扣在秦国，弄得赵国眼看就要受到兵荒马乱的祸患，这太说不过去了。"大臣们觉得这话很对，都同意派兵把平原君的家围困起来。谁知道平原君的门客早就偷偷地把魏齐放走了。

后人用"患难之交"这个成语比喻经历过灾祸、苦难考验的交情。用来形容最亲近的朋友。

黄耳寄书

典出《晋书·陆机传》：初机有骏犬，名曰黄耳，甚爱之。既而羁于京师，久无家问，笑与犬曰："我家绝无书信，汝能赍书取消息不？"犬摇尾作声。机乃为书以竹筒盛之而系其颈，犬寻路南走，遂至其家，得报还洛。其后因以为常。

西晋时有一个著名的文学家叫陆机。他的家乡在浙江会华亭，而自己在京城洛阳做官。由于相隔路远，通信很不容易。

陆机喜欢打猎，他养了一条快犬叫黄耳。它性情聪慧，能听懂人语。曾有人将它借出三百里外，它竟认识路自己跑回家。陆机很宠爱黄耳，让它随时跟在身边。

有一次，陆机很久没有收到家信。他对黄耳开玩笑地说："你能带上我的书信跑回老家，替我传递消息吗？"没想到黄耳听懂他的话，表现出乐意的样子，又是摇尾巴，又是"汪汪"地叫。

陆机试着写了一封信，用竹筒装上，套在黄耳脖子上。黄耳沿着驿路，向家乡方向跑去。它饿了捉些小动物吃，遇到江河，就向过渡的人摇着尾巴表示亲近，让人带着它上渡船过河。

就这样，这条聪明的狗跑到了陆机的家。一进大门，它就用嘴衔起竹筒，向人们"汪汪"直叫。家人打开竹筒看到陆机的信，真是又惊又喜。等人们看完信，黄耳又向人直叫，像是在要求什么。陆机的亲人明白了它在要求回信，便写好信照原样装入竹筒，仍然系在黄耳脖子上。黄耳蹦蹦跳跳地又带上它沿来路跑回洛阳，向主人复命。

黄耳送信，来回只花了二十五天。而若用人传递，则需要五十天时间。以后陆机就常常让黄耳送信。

后人用这个典故形容传递书信。

鸡犬之声相闻，老死不相往来

典出《老子》第八十章：邻国相望，鸡犬之声相闻，民至老死不相往来。

《老子》第八十章是老子的政治论。在这一章中，老子以简炼的语言描写了一个他想象的社会。这个社会国小人少，和原始社会中的小部落差不多。这个社会不要提高物质生活，不要发展文化，人民无欲无知，没有乱事，国与国之间没有战争，邻国彼此可以互相望见，鸡狗的叫声可以听见，但两国人民直到老死都互不来往。

根据老子的这些论述，后人引申出了："鸡犬之声相闻，老死不相往来"这句典故，比喻人或单位之间互不联系，互不交流情况。

交浅言深

典出《战国策·赵策四》：服子曰："公之客独有三罪，望我而笑，是狎也；谈语而不称师，是倍也；交浅言深，是乱也。"

战国时期，赵国有个人名叫冯忌。有一次，他去见赵王，想陈述自己关于治国的意见。

当他见到赵王时却欲言又止。赵王觉得奇怪，就问他这是为什么。他回答说："听说有人给服子引见了一个人，服子接见了那个人之后，对引见的人说：'你有三罪：望我而笑，是态度不庄严；在言谈中不称师，是违背了常礼；交浅而言深，是乱了常理。'那人却说：'望人而笑，是态度和蔼；言不称师，是一般说法；交浅而言深，是对人忠实的表现。'我和大王初次相见，可否让我谈谈自己的意见？"赵王说："那好，有意见就谈吧。"于是冯忌便说："听说大王想买马，有此事吗？"赵王回答说："有这回事。""为什么还没有派人去买呢？"冯忌问。赵王说："没有识马的人。""为什么不派建信君去呢？"冯忌又问。赵王说："建信君有国事，并且他不会相马。""那为什么不派纪姬去呢？"冯忌再问。赵王说："因为她是妇人，并且也不识马。"冯忌又故意问道："马的好坏与国家的安危有什么关系呢？"赵王说："没有什么关系。"冯忌说："既然没有什么关系，那就希望大王以国事为重，多多考虑国家的安危与人民的疾苦。"赵王听了冯忌的话，默而不语。

后人用"交浅言深"表示对交情不深的人恳切地加以规劝。

见笑大方

典出《庄子·秋水》:吾长见笑于大方之家。

秋天水涨的时候,无数小溪的水都汇集于大河,大河被灌满了,一片汪洋,景色十分美丽。这时河伯欣然自喜,以为天下的壮观完全在自己这里。他在自得之余,也想去别处看看,于是顺流东下,到了北海。河伯朝东一望,不见边际。这时他转过脸来,望洋向若而叹。"(抬头望着海神若,感慨叹息。)他沉思片刻后叹道:"俗话有这样的说法啊!而且我曾经听说,有些人自以为孔丘的见闻少于他,同时又看不起伯夷的德行。开始,我还不相信有这样狂妄自大的人,现在我看到了你的博大无穷,才知道自己的狂妄可笑。我如果不到你这里来看一看,那就糟糕了!'吾长见笑于大方之家'(我将永远被那些有学问、有见识的人讥笑)。"

后人将"吾长见笑于大方之家"压缩为"见笑大方",表示被内行的人笑话,一般作自谦之词;也作"贻笑大方"(贻:赠给,留给。贻笑:把笑送给别人,即惹人笑)。

结草衔环

典出《左传·宣公十五年》:初,魏武子有嬖妾,无子。武子疾,命颗曰:"必嫁是。"疾病则曰:"必以为殉。"及卒,颗嫁之,曰:"疾病则乱,吾从其治也。"及辅氏之役,颗见老人结草以亢杜回,杜回踬而颠,故获之。夜梦之曰:"余,而所嫁妇人之父也。尔用先人之治命,余是以报。"

《后汉书·杨震传》李贤注引《续齐谐记》:宝年九岁时,至华阴山北,见一黄雀为鸱枭所搏,坠于树下,为蝼蚁所困。宝取之归,置巾箱中,唯食黄花,百余日毛羽成,乃飞去。其夜有黄衣童子向宝拜曰:"我西王母使者,君仁爱救拯,实感成济。"以白环四枚与宝:"令君子孙洁白,位登三事,当如此环矣。"

晋国魏武子平日曾嘱咐儿子魏颗,命魏颗在他死后,把一个没有生过儿女的爱妾,嫁给别人。到了武子病重时,又再嘱咐魏颗,要把那爱妾陪葬。后来武子死了,魏颗认为武子在病危时的嘱咐是乱命,便依武子前时的嘱咐,把武子的爱妾嫁出去。后来,魏颗领兵和秦国打仗,看见战场上有一个老人,把地上的草,打得遍地都是结,缠着秦国战马的脚,使秦军的兵将纷纷从马上坠地,魏颗因此大获全胜,并俘获了秦军的勇将杜回。当晚,魏颗梦见在战场上结草的老人,自称

是出嫁妾的父亲，对女儿得免陪葬，非常感激，故在战场上结草，帮助魏颗打一场胜仗。

杨宝在九岁时，从华阴山北捉了一只受伤的黄雀回家饲养，等到黄雀伤愈能够飞时，又放那黄雀飞去。后来杨宝梦见黄雀回来报恩，自称是西王母的使者，口衔白环四枚，献给杨宝，说将来杨宝的子孙，都会像白环般珍贵。后来杨宝的子震、孙秉、曾孙赐、玄孙彪果然都能够飞黄腾达。

"结草"和"衔环"是出于两个不同的故事，合起来成为成语，比喻真心实意地感恩报德。

解衣推食

典出《史记·淮阴侯列传》：楚已亡龙且，项王恐，使盱眙人武涉往说齐王信……韩信谢曰："臣事项王，官不过郎中，位不过执戟，言不听，画不用，故倍楚而归汉。汉王授我上将军印，予我数万众，解衣衣我，推食食我，言听计用，故吾得以至于此。夫人深亲信我，我倍之，不祥。虽死不易！幸为信谢项王。"

秦朝末年（秦二世），天下人纷纷起来反抗暴秦，韩信也带了一把刀去参军。最初投在项梁部下，项梁死后，在项羽部下做个小官，很不得志。后来投到汉王刘邦（即汉高祖，当时被项羽封为汉王）部下，由于萧何的推荐，韩信被汉王重用了。他不但替汉王攻占了很多地方，连楚国的龙且也被他所杀，项羽听到了这消息，很为震动，便派人去劝他脱离刘邦，和项王（项羽）联合反对汉王，分全国土地自立为王。

韩信对那使者说："我从前在项王部下，官员不过一个郎中，言不听，计不从，所以我才投到汉王下面来。汉王授给我上将军的印绶，拨几万军队给我指挥，还亲自脱下衣服给我穿，又将他吃的东西让给我吃；我说的话他非常信任，我订的计策他照样实行，因此我才有今天这样的成就和光荣。人家这么信任我，我宁死也不愿意背叛汉王的，请你替我答谢项王吧！"

后来的人便将韩信所说的"解衣衣我，推食食我"引申为"解衣推食"一句成语。用来形容在上位的人对待下属能够同甘共苦，穿衣吃饭都能与下属相共，下属的正当需求，上司能够从各方面满足他的情况。现在也常用来形容以至诚待人的情形。

金石为开

典出《西京杂记·第五》：李广……复猎于冥山之阳，又见卧虎，射之没矢饮羽，进而视之，乃石也，其形类虎。退而更射，镞（zú，箭头）破簳（gǎn杆，箭杆）折而石不伤。余尝以问扬子云，子云曰："至诚则金石为开。"

西汉时，有一位著名的将领叫李广，他非常善于骑马射箭，作战异常勇敢，人称"飞将军"。有一天，李广到冥山南麓打猎，突然发现草丛中伏着一只老虎。李广赶紧张弓搭箭，用足力气射去，但老虎一动也没动。等了一会儿，李广走近一看，原来草丛中不是老虎，而是一块形状很像老虎的大石头。李广再去看刚才射出的箭，只见连头带尾都嵌进了石头里。李广不相信自己会有那么大的力气，往后退了几步，把弓拉得满满的又向石头射去，但一连几箭怎么也射不进去。李广走到石头前面，拾起刚射出的几支箭，只见有的箭头破碎了，有的箭杆折断了，而石头一点也没伤着。

为了这件事，有人去请教学问家扬雄（扬雄字子云），扬雄回答说："诚心诚意，就是像金石那样坚硬的东西也会受到感动的。"

后人用"金石为开"这个典故比喻对人真诚产生的感动力。

近朱者赤，近墨者黑

典出《北堂书钞》六十五卷引《晋傅玄少傅箴》：夫金木无常，方圆应形，亦有隐括，习与性成，故近朱者赤，近墨者黑。

晋朝的大臣傅玄是个品学兼优的人，为人正派，很受皇帝尊重，被请来做太子的首席教师——太子少傅。

皇太子府里属员是很多的，有宫女、太监以及一大批为太子办事的官吏。这许多人当然百般讨太子欢喜，阿谀逢迎，陪着太子玩耍，太子要怎样便怎样，在这样的环境中，是很难学好的，而这些人的品格当然不高。为此，傅玄很忧虑。有一天，他给太子讲课的时候，讲道："想做一个好人，做一个好皇帝，那么，你一定要多接近正派人。譬如，什么事物常接近朱砂，就会被它染红；多接近墨，就会被它染黑。对自己则一定要要求很严，行为要端正，这样，周围的人才会跟你学，正派人才会围绕到你身边来。譬如：声音清亮，回声就一定和美；自己站得直，影子就一定正。你如果多接近正人君子，那么符合德义的话就听得多，自己的行为就

中华典故

交往篇

会逐渐符合规范准则。但是，倘若你多接近小人、坏人呢，那就譬如进入卖鲍鱼的店一样，时间久了，你就闻不到兰花的芳香了。"这一番话被皇帝知道了，认为非常好，就命令把它写在屏风上，放在太子的房里，让他每天读一遍，把它叫《太子少傅箴》。

后人把这一典故引申为环境可以影响、改变人的习性。

敬而远之

典出《论语·雍也》：敬鬼神而远之，可谓知矣。

秦秋末期，以孔丘为代表的儒家提倡一种含意极广的道德规范——仁。孔子认为，仁包括恭、宽、信、敏、惠、智、勇、忠、恕、孝、悌等内容，其实行的方法是"己所不欲，勿施于人"和"己欲立而立人，己欲达而达人。"有一次，孔子的学生樊迟问怎样才算智。孔子说："致力于老百姓应该遵从的道德，尊敬鬼神但要远离它，就可以说是智了。"樊迟又问怎样才算仁，孔子说："仁者先作艰苦努力，而后获得结果，便可以说是仁了。"

后人从"敬鬼神而远之"一语中引申出"敬而远之"，指既不得罪，也不接近。

开诚布公

典出《三国志·蜀志·诸葛亮传评》：诸葛亮之为相国也……开诚心，布公道。"

诸葛亮是三国时蜀汉的一位政治家和军事家。曹丕代汉以后，他支持刘备称帝，自任丞相。建兴元年（公元 223 年），刘备之子刘禅继位，诸葛亮被封为武乡侯，领益州牧。政事无论大小，都由他决定。诸葛亮当政期间，励精图治，赏罚分明，为当时和后人所称道。

《三国志》作者陈寿在为诸葛亮作传记以后，曾写下了一段十分赞赏的评语，说他当丞相时，爱护百姓，秉公办事，诚心待人，坦白无私。

后人用"开诚心，布公道"引申成"开诚布公"这个典故比喻发表或交换意见时态度诚恳，坦白无私，真诚坦率地谈出自己的看法。

沆瀣一气

典出《南部新书·戊集》：乾符二年，崔沆（hàng）放崔瀣（xiè）榜，谈者称"坐主门生，沆瀣一气"。

我国唐代盛行科举考试，只要在考试中金榜题名，就可以做官为宦，青云直上。所以，考场内外免不了徇私舞弊，惹得朝野上下议论纷纷。话说唐僖宗即位后，即改年号为乾符。乾符二年（公元 875 年），唐朝又举行科举考试。这次考试的主考官，名叫崔沆；参加考试的一个人，名叫崔瀣，是崔沆的学生。考试完毕，张榜公布考试结果时，崔瀣榜上有名。于是，有人嘲笑："考官和学生，互相来串通。"

"沆瀣一气"就是这样来的。沆瀣，是夜间的水气。用它来比喻双方互相串通，是十分贴切的。今天，多用它比喻臭味相投的人互相勾结在一起。

枯鱼过河

典出《古乐府·枯鱼过河泣》：枯鱼过河泣，何时悔复及！作书与鲂鱮，相教慎出入。

离水的鱼啊，望着河水哭泣，

如今后悔啊，哪里还来得及；

捎信寄语啊，水中的鲂和鱮：

牢记教训啊，出入不可大意！

后人用"枯鱼过河"这个典故比喻古代被鱼肉的劳动人民，在危难中相互爱护的深厚情谊。

兰根白芷，渐之潲中

典出《荀子·劝学》：兰槐之根是白芷，其渐之潲，君子不近，庶人不服。

汉武帝的儿子刘旦封在燕地为王，燕地在北国边，接近少数民族地区，不讲

中华典故

交往篇

什么礼让。太子死了,刘旦想当太子,写信给武帝流露了自己的愿望。武帝大怒,说:"应该把儿子送到文化发达、讲礼义的地方去受教育,我竟把刘旦送到燕地,当然教育太少,竟然争起地位来了!"于是把送信的使者杀了,以警戒刘旦。汉武帝死后,刘旦因为不能继承皇位造起反来,被惩处,自杀而死。

《史记》作者司马迁说:"谚语讲:'兰根白芷,渐之滫中。'燕王刘旦本质不一定坏,但处境不好,少了教育,所以才落得这个下场!"

谚语的意思是:白芷、兰根都是香草,泡在臭洗米水里,慢慢地香气也没有了。

后人用"兰根白芷,渐之滫中"的这个谚语比喻环境对人的影响极大。

两人一心

典出《燕书》:越人甲父史与公石师交,甲父史能计而弗决,公石师善决而计疏,各合其长,事无留行,人两而一心也。因语相侵,离去,政辄败。密须奋泣谏二人曰:"君不闻海虫有水母乎?水母无目,资虾以行,虾亦资水母食,两不能无也。水母姑置之,又不闻有琐珸乎?腹藏蟹,饥则蟹出求食,归则琐珸饱,否乃死,蟹失所巢,亦两不能无也。琐珸故置之,又不闻夏屋有蟨鼠乎?与邛邛岠虚比,为邛邛岠虚啮甘草,即有难,邛邛岠虚负而走,亦两不能无也。蟨鼠故置之,又不闻西域有共命之鸟乎?枳首一体,性多妒,饥则争啄,一俟其瞑,珍毒草害之,及下嗑,皆毙,亦两不能无也。是皆山海虫尔,不足怪。虽人亦有之,北方有比肩之民,迭食而迭望,失一则死,亦两不能无也。今二人甚类之,其所异者,彼以形,此以事尔。奈何离去?"二人相顾曰:"微奋言,吾等将愈败。"骊然如初。

越国人甲父史和公石师交往甚厚。甲父史非常善于谋划,但优柔寡断,公石师善于决断但用计粗疏。两人便把各自的长处合起来,办事没有不成功的。人是两个,心却是一个。后来,因为言语冲撞互相争吵,两人分手,自理政事就常遭失败。

密须奋哭着劝谏二人说:"你们没听说大海里有水母吗?水母没有眼睛,依靠虾子帮它走路,虾子也依赖水母吃食过活,两个不能失掉任何一方呀!水母的事情暂且放在一边,你们还曾听说过琐珸这种动物吗?肚子里藏着螃蟹,饥饿了,螃蟹就爬出去寻找食物,回来后琐珸就饱了,否则就要饿死,螃蟹也失去了自己的巢窝,这也是双方不能失掉一方呀!琐珸的事姑且放在一边,你们又不曾听说夏屋山的蟨鼠吧?它与邛邛岠虚靠近生活,为邛邛岠虚咬取甘草,一碰到灾难,邛邛岠虚就把蟨鼠背起来逃跑,这也是两方不能失掉任何一方呀!蟨鼠的事情暂且不提,你们又不曾听说西方有一种共命鸟吗?一个身子两个头,性情多忌,饥饿了两个头就互相啄咬,等到一方打盹了,另一方就衔来毒草杀害对方,及

至毒草咽下喉咙，两个头就都死了，这也是双方不能失掉一方呀！以上这些都是山虫海物罢了，不足为怪。在人类中也有同样的事情，北方有一种肩膀并生的人，轮流着吃饭又轮流着望路，失去任何一方就会立刻死去，这也是双方不能失去任何一方呀！现在，你们二人的事情很像上面所说的这些例子，你们和他们的区别，只不过是形体不同，而事情的实质却是完全相同呀！你们为什么要分手呢？"

两个人听了互相看望着说："假使没有密须奋这一番话，我们将会越来越倒霉了！"于是，两人和好如初。

后人用这则寓言说明团结谋事，事必成；共同创业，业必竟。如果彼此倾轧，必致两败俱伤，永无兴旺之时。吴越同舟，灾难临头，尚且释仇为友；本是亲密挚友，更当携手言欢，决不可一言不合，辄相乖离。像甲父史和公石师，一听密须奋之谏言，即"骅然如初"，可谓善悟者矣；不然，非特相离，反相成仇，正可给敌人以可乘之机，最后被逐个消灭拉倒！以此作者总结教训道："十二官各有所司，必相资以成体，况咫尺有所短，寸有所长，何可自用哉！"信然！

两友极厚

典出《笑禅录》：举：一僧问雪峰："乞师佛示佛法。"峰云："是甚么？"说："甲乙两友，平素极厚。一日，甲偶病，不胜愁苦。乙来问云：'兄是何病？所须何物？我皆能办。'"

甲云："我是害了银子的病，只得二三钱便够了。"乙即佯为未闻，乃吞咽云："你说甚么？"

颂曰：黄金似佛法，佛法似黄金；觅时了不可得，吾已与汝安心。

后人用这则寓言说明平素相交极厚的朋友，遇到急难相求，竟"王顾左右而言他"，所谓深厚完全是虚假的。《庄子·山木》云："且君子之交淡若水，小人之交甘若醴；君子淡以亲，小人甘以绝。""甘若醴"，看上去甜甜蜜蜜、亲亲热热，实际上不过是表面"亲昵"而已，弄不好就经不起考验，"甘以绝"了。"君子淡以亲"，因为无利故淡，道合故亲。这样的交情像两水相合，十分自然、融洽。"吃喝朋友不长久，相互利用无真友"，说的就是这个道理。

如鱼得水

典出《三国演义》第三十九回。

刘备三顾茅庐请来了孔明，就像对待师长一样，十分尊敬他。两人感情深厚，一起吃饭，一起睡觉，整天讨论天下大事。刘备的结义兄弟关羽和张飞心里不服，对刘备说："孔明年幼，有什么才学？兄长太厚待他了！"刘备说："我得到孔明，好像鱼儿得到水一样。你们以后不要再这样说了。"

一天，有人送牦牛尾来，刘备亲自结在帽子上。孔明进来看见，很严肃地对他说："您不再有远大的志向，只能做这种事吗？"刘备赶忙把帽子丢在地上说："我只是借它来解除我的忧虑。"孔明说："您自己考虑与曹操相比如何？"刘备说："我不如他。"孔明说："您的兵众不过几千人，万一曹兵来到，用什么去迎击他呢？"刘备说："我正在忧愁这件事，还没有一条好计策。"孔明说："赶快招募民兵，我亲自教他们操练，可以待敌而战。"

不久，曹操命夏侯惇引兵十万，杀奔新野来了。张飞听到消息，对关羽说："现在就让孔明去迎敌吧。"正说着，刘备召二人。刘备问他们："夏侯惇引兵到来，如何迎敌？"张飞说："哥哥怎么不让'水'去？"刘备说："智谋要靠孔明，争斗必须二位兄弟，怎么可以推诿？"刘备授以孔明剑印，让他发令。孔明一一调派完毕。关羽问："我们都去迎敌，不知道军师做些什么？"孔明说："我只坐守县城。"张飞一听，大笑说："我们都去厮杀，你却坐在家里，好不自在！"刘备见状，说："岂不闻'运筹帷幄之中，决胜千里之外'？二弟不可违令。"张飞冷笑而去。众将领也不知孔明的韬略，虽然听令，都怀有疑惑。结果博望坡一战，杀得曹军尸横遍野，血流成河。孔明收军，关羽、张飞都称赞说："孔明真是一位英杰！"

"刘备遇孔明——如鱼得水"，比喻与人相处十分融洽或环境对自己很适合；也比喻得到十分需要的、不可缺乏的助手。

路遥知马力，日久见人心

典出元·无名氏《争报恩》第一折：我少不得报答姐姐之恩，可不道路遥知马力，日久见人心。

浙江淳安县锦沙村徐家三兄弟，老三徐哲早亡，留下妻颜氏和二男三女。老大徐言和老二徐召商量道："你我各只一子女，老三倒有五个，将来男婚女嫁，分起家产来，你我岂不吃亏？不如即今三股分家为是。"他两人欺着颜氏是个寡妇，私下将田产搭配停当，只拣不好的留给侄子，牛马却归了自己，却把老仆阿寄夫妻当作牛马分给颜氏。那颜氏拗不过，只是啼哭。亲友明知分得不公，哪个肯出头说话？却说阿寄年已五十多岁，心想："原来拨我在三房，一定是道我没用了。我偏要争口气，帮这孤儿寡母做个事业起来。"便和颜氏商量道："老奴年纪虽大，路还走得，苦也受得，那经商道业也都明白，三娘急急收拾些本钱，待老奴去做生意，营运数年，怕不挣起个事业？"颜氏依言，变卖得十二两银子，交付阿寄去了。

阿寄就从淳安乡里收购些生漆，放船运至苏州，正遇缺漆，不到三日卖个干净，足足赚个对本对利。返程又籴六十担籼米，运至杭州，又赚了十多两银子，如此数次往返，已赚得六七倍利息，再去收漆，已是大客人了。本大利大，一年有余，长有两千余金。于是将银两裹好，晏行早歇，非止一日，回到家中，颜氏见着许多银两，喜出望外。徐言兄弟听说阿寄归来，特来打听音耗，待见颜氏竟用一千五百两银子购下良田千亩，庄房一栋，吓得伸出了舌头，半日也缩不回去。

正是：路遥知马力，日久见人心。

颜氏得阿寄忠心经营，十年之后，家私巨万，便将家产分出一股与阿寄的儿子，两家子弟叔侄相称。

后人用"路遥知马力，日久见人心"的这个谚语比喻真正的友谊或情谊是经得起时间的考验的。

宓子贱与巫马期

典出《宓子》：宓子贱治单父，弹鸣琴，身不下堂，而单父治。巫马期亦治单父，以星出，以星入，日夜不处，以身亲之，而单父亦治。

巫马期问其故于宓子贱。宓子贱曰："我之谓任人，子之谓任力。任力者固劳，任人者固佚。"

宓子贱治理单父时，每天弹琴取乐，悠闲自在，很少走出公堂，却把单父治理得好好的。巫马期治理单父，每天星星还没消失就出去了，直到繁星满天才回来，日夜不得安居，什么事都亲自办理，好容易才把单父治理好了。巫马期问宓子贱能够治好单父的缘故。宓子贱说："我的办法叫凭借众人的智力，你的办法叫依靠自己的力量。光靠自己的人当然劳苦，依靠众人的人当然安逸。"

后人用这个故事说明：一个篱笆三个桩，一个好汉三个帮。

莫逆之交

典出《庄子·大宗师》：子祀、子舆、子犁、子来四人相与语曰："孰能以无为首，以生为脊，以死为尻，孰知死生存亡之一体者，吾与之友矣。"四人相视而笑，莫逆于心，遂相与为友。

从前，有四个怪人，主张万事万物顺应自然，认为天地间"无"（即"没有"）是最崇高的。有一天，这四个怪人子祀、子舆、子犁和子来聚在一起，热烈地讨论着

"无"的崇高和伟大。最后,四人取得一致的看法:"无"就像人的头一样,起着至关重要的作用。分别时,四人互相望着笑着,认为他们心心相通,友谊将天长地久。

过了一些时候,子舆害病了,子祀去探望。子舆出门迎接时,弯着腰,勾着头,高耸起两肩,背上长着五个大脓疮。由于过分地弯着腰,脸只好紧贴着小肚子,但他却坦然地牵着子祀的手,一块儿轻松地走到井边,从井里照见了自己的形状后,回头对子祀说:"上天真是伟大啊,使我成为这样的人!"

子祀见子舆闲适平静,就随口问道:"你对你的病一点也不忧虑吗?"子舆说:"干嘛要忧虑呢?人的生死,本来是上天安排好了的,所以,我只要顺应自然就行了。"

不久,子来又害了病,气一口一口地喘,神情非常痛苦,眼看就要死去。子犁来看子来,见子来的妻子悲伤地啼哭。子犁大声地喝开子来的妻子,坐在床边和子来说道:"唉,你的妻子真不懂事!伟大的造物主正在变化你,怎么能随便惊动呢?"

子来感激地说:"假如一个铁匠正在打铁时,火炉中的一块铁突然跳了起来,那铁匠一定认为是不祥之兆。天地是一个大熔炉,阴阳是一个伟大的铁匠。我现在正在被天地铸造着,怎么会表示出痛苦呢?"子犁紧紧握着子来的手,说:"我们真是知心朋友!"

后人将"莫逆于心,遂相与为友"概括为"莫逆之交"。莫:没有抵触,形容思想感情一致。"莫逆之交"指彼此情投意合,友谊深厚。

轻诺寡信

典出《老子》第六十三章:夫轻诺必寡信,多易必多难。

在《老子》第六十三章中,老子运用朴素的辩证观点,提出了防患于未然的主张。

老子说:有道者的作为,若无所作为。他办事情,若无事情可办。他玩味问题,若无问题可玩味。他把小事看成大事,把少事看成多事,用恩德报答仇恨。他考虑难事是在此事还是简单的时候;处理大事是在此事还是细小的时候。这是因为天下的难事一定由简单开始;天下的大事一定由细小开始。所以圣人永远不处理大事(因大事已化小,无大事可处理了),所以能成就大事。人们轻易应允别人的要求,一定很少遵守信约。多把事情看得容易,一定多招致困难。所以圣人把一切事情均看得有难处,所以永远能克服困难。

后人用"轻诺寡信"这个典故比喻轻易许下诺言的,很少守信。

穷鸟入怀，仁人所悯

典出裴松之注引《魏氏春秋》：政投原曰："穷鸟入怀。"原曰："安知斯怀之可入邪！"

邴原是个行侠仗义的人，品格高尚，眼见汉末政治混乱，董卓和曹操等奸雄相继把持朝政，心中极为不满，和挚友管宁等相约不做官，过隐居生活。这时，有个叫刘政的人得罪了权贵，连夜逃跑，被追捕得走投无路，求邴原掩护，说道："我就像被老鹰追得精疲力竭的小鸟，飞到你怀里躲藏，你能可怜我、保护我么？"邴原毅然把刘政藏了起来，一藏几年，直至危险过去，才让他出来。《颜世家训》中评论这件事说："穷鸟入怀，仁人所悯，况死士归我，当弃之乎？"（走投无路的鸟儿扑入怀中来，有慈悲的人尚且怜悯它，何况遭到危难的人来求你，你能弃而不顾吗？）

后人用"穷鸟入怀，仁人所悯"的这个谚语比喻对于境况极困难而应保护者，不可推托不顾。

曲高和寡

典出《文选·对楚王问》：客有歌于郢中者，其始曰《下里巴人》，国中属而和者数千人；其为《阳阿薤露》，国中属而和者数百人；其为《阳春白雪》，国中属而和者不过数十人；引商刻羽，杂以流徵，国中属而和者不过数人而已。是其曲弥高，其和弥寡。

春秋战国时代，楚国大夫宋玉，文章写得深奥，许多人看不懂，所以很少人称誉他，因此楚王疑心他行为不检，就问他是不是有对不起百姓的地方。宋玉回答说："有一个人在都市里唱歌，他起初唱的是乡下通俗的歌曲，人们容易懂，跟着他唱的有几千人；后来他唱起阳阿的挽歌来，高深了一点，跟着他唱的只有几百人；后来他唱起比较深奥的阳春白雪来，跟着唱的只有几十人；到最后他唱的，是用了商调和羽调，还夹杂着曲中最高的徵调，懂的人更少得可怜，能够跟着他唱的，只有寥寥几个人。这完全是因为曲太高，和的人自然也就很少的缘故。所以鸟中有凤凰，鱼中有大鲲。凤凰可以飞上九千里，背朝着青天，飞翔在云端的上面，藩篱上的小麻雀，哪里会知道天有多高呢？鲲鱼早上还在昆仑山的山脚下，晚上已经在孟诸的大泽里了，溪沟中的小鱼，哪里会知道汪洋大海的深远呢？这

不但只有鸟中的凤凰，鱼中的大鲲有这种情况，士也是这样的。"

后人用"曲高和寡"指作品或言论的格调越是高雅，越难以被人们理解和接受，或比喻知音难得。

屈原与"诚实稻"

在屈原的故乡湖北秭归，有一种金梗稻，颗粒饱满，颜色金黄，做出来的米饭清香可口。当地人管这种稻叫"诚实稻"。这个名称的由来流传着一段与大诗人屈原有关的故事。

屈原被流放之前，曾担任过楚国的左徒（相当于宰相）。有一次，楚怀王派他到秭归选拔人才。屈原回到故乡后，决心选出对国家有用的真正的贤能之才。于是，他出了文题，考核前来应举的 500 多人。

试卷批阅完毕，屈原发现了一件咄咄怪事：500 多份试卷中竟然有 99 份成绩优秀，而且程度不分上下，都应列为第一；另外有一名稍差些，可列为第二。这样，一下就能选出 100 名人才，真是不可思议。屈原把这 99 名考生的试卷反复审阅，觉得其中有鬼。他想可能是自己出题时不小心，被奸诈之人偷看，泄了出去。那另外的一名是不是跟这 99 名一样呢？真是真假莫辨，良莠难分啊！

屈原苦苦思索，终于想出了一条妙计，可以检验出谁是真正的人才，谁是弄虚作假的小人。屈原让手下人把这 100 人的名字写在大红榜上张贴出去，宣布他们都中选，但必须进行复试。

复试那天，这 100 人都到了。其中 99 名都兴高采烈，衣着华丽；另一名布衣草鞋、像个庄稼汉，他便是第二名，叫昭汉。

屈原走出来，对众人说："你们考试的成绩都不错，但还须再考一遍。现在发给你们每人 100 粒金梗稻种，你们带回去种，秋收后再来。到时候，谁收得最多，谁就中选。"

众人便带着这 100 粒稻种回家去了。

秋收终于来到，复试开始。屈原和手下的人一个个地仔细检验。那名列第一的 99 个人所收的稻粒都黄灿灿的，大而饱满。粒数有几千粒、几万粒、甚至有十几万粒，一个比一个多。屈原直摇头叹息。

最后轮到了昭汉。他抱着一个小土罐，里面只有一小把谷粒。

屈原两眼登时一亮，高兴地问道："年轻人，你收了多少粒？"

昭汉有些不好意思，却又坚定地说："99 粒。屈大夫，我带回你给的稻种后，发现只有 3 颗是能生长的。我一直细心地浇水、施肥，每时每刻都惦记着。最后，每株稻子结了 33 粒，加起来一共 99 粒。我的收成不够好，望屈大夫见谅。"

谁知，屈原激动地拍了一下昭汉的肩膀，高兴地说："诚实的小伙子，你中选了！"

那99人都愤愤不平，嚷嚷起来。

屈原转身对众人说："我发给你们的稻种，只有3颗能生长，其余的都被蒸过，根本不能生长。唯一按照我要求做的，只有昭汉这位诚实的青年。而你们那些收成高达几千几万粒的稻子是怎么长出来的呢？"

这99名作弊的考生，顿时哑口无言，垂头丧气。

屈原巧妙地用金梗稻分辨出真假，选拔出了真正的人才。此后，当地人便管这种稻叫"诚实稻"，告诫后人做人要诚实。

三生有幸

唐朝有一个和尚，号圆泽，对佛学有高深的造诣，和他的朋友李源善很要好，有一天，二人一同去旅行，路过一处地方，看见一个妇人在河边汲水，那位妇人的肚子很大，已经怀孕了。圆泽指着妇人对李源善说："这个妇人怀孕已经有三年了，等待我去投胎，做她的儿子，可是我一直避着，现在看见她，没有办法再避了。三天之后，这位妇人已经生产，到那个时候请你到她家去看看，如果婴孩对你笑一笑，就是我了。就拿这一笑作为凭证吧！再等到第十三年那一年，中秋的月夜，我在杭州天竺寺等你，那时我们再相会吧。"他们分别后，就在这一天夜里圆泽果然死了，同时那个孕妇也生了一个男孩子。第三天，李源善照着圆泽的话，到那位妇人家里去探看，婴儿果然对他笑了一笑。等到第十三年后的中秋月夜，李源善如期到达天竺寺去寻访；刚到寺门口，就看到一个牧童在牛背上坐着唱歌，道："三生石上旧精魂，赏月吟风不要论。惭愧情人远相访，此身虽异性常存。"

后人用"三生有幸"比喻有特别的缘分。或朋友间在一种偶然的机会里或特殊的环境中相识，成为知己，又能够帮助自己。

善搏与善噬

典出《尹文子·大道下》：康衢长者，字僮曰"善搏"，字犬曰"善噬"。宾客不过其门者三年。长者怪而问之，乃实对。于是改之，宾客复往。

康衢老先生，给他的仆人取名叫"善搏"，给他的狗取名叫"善噬"；宾客再不登门拜访整整有三年。老先生觉得奇怪，去询问他们，才如实回答。于是赶紧把

名字改了,宾客又往来如初。

后人用"善搏与善噬"说明名是反映实的,名实必须相符;由于名实不符,因名而害实的情况,在现实生活中也是常有的。在这种情况下,就必须"正名"。

势不两立

典出《三国志·吴志·周瑜传》:今数雄已灭,惟孤尚存,孤与老贼势不两立。《战国策·楚策一》中载:楚强则秦弱,楚弱则秦强,此其势不两立。

曹操消灭了北方各大军阀势力之后,率领数十万大军进攻南方,企图一举消灭孙权和刘备势力,统一天下。当时,刘备退守夏口,只有两万余人的兵力。孙权的精兵也不超过三万,与曹操的兵力对比,相差悬殊,形势十分危急。孙权召集文武大臣,商讨对付曹操的办法。张昭等大臣认为,曹操兵力强大,拥有水陆兵数十万,而且挟天子以令诸侯,现在又占据荆州这一长江战略要地,顺流而下其势难挡,因此主张投降。

吴国名将、前部大都督周瑜和鲁肃等人坚决主张抵抗。周瑜指出,曹操人数虽然众多,其实并不可怕,因为他有许多弱点。曹操虽然假称汉相,其实是汉贼。曹操的后方还没有完全安定下来,马超、韩遂在关西的势力是他的后患,因此曹操很难在南方持久作战。曹操的士兵大多是北方人,他们不善于水战,不习惯南方的水土气候条件,必然生病,减弱战斗力。因此,完全可以战胜曹操,决不能投降。周瑜请求孙权拨给他三万精兵,迎战曹操。

孙权采纳了周瑜的意见,确立了联合刘备共同抗击曹操的方针。他激动地拔出佩剑,砍去奏案的一角,愤怒地说:"我和曹操这个老贼决不能并存,有他就没有我,有我就没有他!谁再敢提出投降的主张,这个奏案就是他的下场!"

孙权、刘备联合抗击曹操的方针确定之后,周瑜率军联合刘备兵马协同作战,以后经过赤壁之战,用火攻战术,大破曹军。从此,魏、吴、蜀三国鼎立的局面开始形成。

成语"势不两立"即根据以上的记载形成,指双方矛盾尖锐,不能并存。势:情势;立:存在。

守望相助

典出《孟子·滕文公上》:死徙无出乡,乡田同井,出入相友,守望相助,疾病相扶持，则百姓亲睦。

滕文公派他的使臣毕战去问孟子关于井田制度的问题。孟子对毕战说："滕君选派你来问我，是对你的信任啊，你一定要好好地干。"毕战听了很高兴。他说："我们滕国也打算实行井田制。"孟子高兴地说："很好，实行仁政一定从划分并整理田界开始，田界划正确了，对于给人民分配田地，制定官吏的俸禄都毫不费事了。"毕战说："我们滕国太小，不用设多少官吏吧？"孟子说："滕国虽小，却得有官吏和老百姓。没有官吏，老百姓则没有人管；没有老百姓，也就没有人养活官吏。我建议：郊野用九分抽一的贡法，城池用十分抽一的贡法。公卿以下的官吏应有供祭祀的圭田，每家五十亩；如果他家还有剩余的劳力，一个劳力可再给二十五亩。无论埋葬或搬家，都不离开乡土。同住在一井田的各家，要彼此友好和睦相处，'守望相助，疾病相扶持'。其办法是：每一方里的土地为一个井田，每一井田有九百亩，当中一百亩是公田，以外八百亩分给八家作为私田。这八家共同来耕种公田。先把公田耕种完毕，再来料理私人的事务。"毕战说："您说得好，我回去一定如实地转呈我的国君。"孟子笑了笑说："我说的不过是一个大概，至于怎样去做，那就在于你的国君和你了。"毕战听了满意地告辞而去。

后人用"守望相助"表示邻近各村落之间守护、了望，互相帮助，以对付来犯的敌人或其他灾患。

束缊请火

典出《汉书·蒯通传》：初，齐王田荣怨项羽，谋举兵畔之，劫齐士，不与者死。齐处士东郭先生、梁石君在劫中，强从。及田荣败，二人丑之，相与之深山隐居。客谓通曰："先生之于曹相国，拾遗举过，显贤进能，齐国莫若先生者。先生知梁石君、东郭先生世俗所不及，何不进之于相国乎？"通曰："诺。臣之里妇，与里之诸母相善也。里妇夜亡肉，姑以为盗，怒而逐之。妇晨去，过所善诸母，语以事而谢之。里母曰：'女安行，我今令而家追女矣。'即束缊请火于亡肉家，曰：'昨暮夜，犬得肉，争斗相杀，请火治之。'亡肉家遽追呼其妇。故里母非谈说之士也，束缊乞火非还妇之道也，然物有相感，事有适可。臣请乞火于曹相国。"乃见相国曰："妇人有夫死三日而嫁者，有幽居守寡不出门者，足下即欲求妇，何取？"曰："取不嫁者。"通曰："然则求臣亦犹是也，彼东郭先生、梁石君，齐之俊士也，隐居不嫁，未尝卑节下意以求仕也。愿足下使人礼之。"曹相国曰："敬受命。"皆以为上宾。

汉代有一个大名鼎鼎的辩士，名叫蒯通，他受齐国（诸侯国）丞相曹参的重视。所以，有的人想找曹参办事，就请蒯通从中沟通、说情。

早在汉王刘邦和楚霸王项羽争夺天下的时候，齐王田荣怨恨项羽，谋划起兵

造反，所以征召齐国人入伍，不服从的立即处死。齐国隐士东郭先生和梁石君也在被征召之列，被迫入伍。后来，田荣兵败，这两个隐士因为自己参与叛乱而感到羞耻，双双进入深山隐居起来了。有人想把这两个人推荐给曹参，就来请蒯通帮忙，对他说："您在曹相国面前，可以随意批评朝政的不足和过失，可以向他推荐贤能的人。在这些方面，齐国没有一个人敢同您相比。您也知道梁石君和东郭先生比一般人强多了，为什么不把他们两个推荐给曹相国呢？"蒯通回答道："好吧。我的家乡有个妇人，与村里大娘们关系很好。一天夜里，妇人家丢了肉，婆婆认为是她偷了，盛怒之下要把她赶走。清晨，妇人向村里的大娘们告别，向她们诉说了被赶走的缘由。一位大娘说：'你慢慢走，我一定想办法让你们家里人请你回来。'说着，这位大娘捆起一束乱麻，到妇人家去借火种，说：'昨天夜里，我家里的狗得到一块肉，互相争斗咬死了，特来借火煮狗肉吃。'妇人家的人听了，立即派人追赶妇人，请她回来。当然，这位老大娘并不是辩士，通过捆乱麻、借火种的办法促成妇人回家，也不见得高明。但是，事物都有相通之处，办事要有一个适当的点子。看来，老臣我要办成东郭先生和梁石君的事，还得向曹相国借'火种'呢。"于是，蒯通去见曹参，对他说："开个玩笑：有两个女人，一个女人的丈夫刚死了3天，她就嚷着要嫁人，另一个女人的丈夫死后，她独居守寡从不出门。如果让您从这两个女人中取一个做老婆，您娶谁？"曹相国回答道："我宁肯娶那个守寡的女人。"蒯通说："娶妻是这样，选取大臣也是这个道理。东郭先生和梁石君是齐国的俊杰之士，他们隐居不仕，从来不卑躬屈膝谋求升官发财。希望您派人优礼相待，请他们二人出山。"曹参说："愿意接受你的建议。"随即派人把东郭先生和梁石君请来，待为上宾。

"束缊请火"就是从这个故事来的。缊（yùn）：碎麻。束：把乱麻搓成引火绳。请火：乞火。"束缊请火"的意思是把乱麻搓成引火绳，向别人借火把它点着。人们用"束缊请火"比喻帮助他人解决困难，也可用来比喻向别人求助。

水火不相容

典出《三国志·蜀志·魏延传》：延既善养士卒，勇猛过人，又性矜高，当时皆避下之。唯杨仪不假借延，延以为至忿，有如水火。

魏延是三国时期蜀国的一员大将，刘备入蜀以后，派他镇守汉川，为镇远将军、汉中太守。他十分得意，对刘备说："假若曹操举天下的兵马来攻打，我为你拒敌境外；若是十万兵马来到，我为你把他们吞下去！"

刘备听了更加高兴，又拜他为镇北将军，封他都亭侯，几年以后，魏延打败魏国的雍州刺史郭淮，因而升迁为前军师征西大将军，进封南郑侯。

魏延屡建战功，晋官加爵，渐渐自傲起来，连诸葛亮也不放在眼里，常对部下说:"诸葛亮胆子太小,不敢给我兵马去打潼关。如果我领五千精兵,带粮五千担,循秦岭而东,不用十天可到长安。敌兵听说我到了必然会逃跑,那么不出二十日,咸阳以西一举可定……"人们看到魏延这般骄傲,都让他几分,故意躲开他。唯有长史杨仪不迁就他,经常争吵,魏延因此对杨仪忌恨在心,两人如水火不相容。有一次魏延做一个梦,觉得有些奇怪,便问占梦人赵直:

"我梦见头上生出角来,是吉还是凶?"

赵直骗他说:"是吉象呀,麒麟有角而不用,这是预兆敌人不用打就会自败呀!"

魏延听了满心欢喜,自庆自贺,以为成功在望。赵直却偷偷告诉别人说:"角字上边是'刀',下边是'用',头上用刀,必有凶事,大家瞧着吧!"这年秋天,诸葛亮病危,自料难愈,便找长史杨仪、护军姜维等人作身后安排。叫他们不要为他死后发丧,先撤兵回蜀,免得遭敌兵追击。不过几日,诸葛亮死去。蜀军秘不发丧,杨仪按诸葛亮临终部署叫魏延领兵断后,迅速回师。可魏延一听,火冒三丈,大叫:"丞相死了,我自健在,你们尽可将丧还葬,我当率诸军击贼。难道一个人死了就荒废了天下大事?我魏延何人,竟听你杨仪的指挥,做断后的将军?"

魏延拒不听从上遗命举兵击杀杨仪。杨仪早有准备,率兵迎战,最后打败魏延,将他斩首。

后来人们用"水火不相容"一句成语,比喻彼此互不相容。

说人喜嗔喻

典出《百喻经》:过去有人,共多人众坐于屋中,叹一外人德行极好,唯有二过:一者喜嗔,二者作事仓卒。尔时,此人过在门外,闻作是语,便生嗔恚,即入其屋,擒彼道己过恶之人,以手扑打。傍人问言:"何故打也?"其人答言:"我曾何时喜嗔、仓卒?而此人者道我恒喜嗔恚、作事仓卒,是故打之。"傍人语言:"当今喜嗔仓卒之相即时现验,云何讳之?"

过去,有个人跟很多人一起坐在房子里,他赞美另一个人品德很好,只可惜有两个缺点:一是喜欢发怒,二是做事急躁。那时,这人恰好在门外经过,听了这话,便发脾气,马上进屋抓住那说自己有缺点的人,用手去打。旁边的人问他:"你为什么打他呢?"那人回答说:"我什么时候喜欢发怒和急躁呢?这个人却说我常常喜欢发怒、做事急躁,所以要打他。"旁人说:"你现在的态度就是喜欢发怒、做事急躁的表现、验证,为什么还要隐讳呢?"

缺点错误是一种客观存在。正确的态度是用行动去改正它,而不能用拳头、用威压去封住别人的口。

土相扶为墙，人相扶为王

典出《北齐书·尉景传》：景有梁下马，文襄求之，景不与，曰："土相扶为墙，人相扶为王，一马亦不得畜而索也。"

北魏大臣高欢被封为文襄王，大权在握，有废除魏王、自立为帝的野心。另一大将尉景看透了他的意图，有意投靠他。尉景有一匹马，真能追风逐日，神骏异常。高欢十分喜欢，便向他索取。尉景故意不给他，并且说："俗谚讲：'土相扶为墙，人相扶为王'，你我应该互相扶助。我有一匹好马，你也放不过，你的心胸为何这么狭窄呢？"高欢听了，悚然变容，向他告罪，并深相结交。后来，他的次子高洋废魏王自立为北齐皇帝，很得尉景的帮助。

后人用"土相扶为墙，人相扶为王"的这个谚语比喻人们应该相互帮助才能成大事。

推心置腹

典出《后汉书·光武帝纪》：降者更相语曰："萧王推赤心置人腹中，安得不投死乎！"

王莽夺取政权以后，引起了天下许多人起兵反对；并且拥立刘玄做天子，刘秀在昆阳把王莽打得大败，刘玄派他做破虏大将军。后来王莽死了；刘秀又攻破邯郸，杀掉自称天子的王郎。刘玄见刘秀接连立了大功，又封他为萧王。刘秀觉得北方还有敌人，不能安享太平，就又带兵进攻铜马军，在鄗地打了一个大胜仗。正在受降的时候，高湖和重连军队从东南方前来援救，也被刘秀打败了。

这时，刘秀把这些败军改编成自己的部队；原来带兵的将官，也都派有官职。但投降的官兵觉得从前是刘秀的敌人，恐怕将来会被刘秀消灭，心中都很不安。刘秀知道了他们有这种疑虑，就叫将官仍然各回自己的营寨照旧统率原来的部队，而自己只带着很少的随从在各营之间巡察、指挥和安排。投降的人看到刘秀对他们一点不戒备，把他们当作自己人似的，不禁欢喜地互相在私底下说："萧王推赤心置人腹中，我们怎能不为他出力呢！"从此以后，投降的官兵，再没有不心悦诚服的了。

以后，人们根据这个故事里投降官兵颂扬刘秀的话，引申成"推心置腹"这句成语，用来说明人们用非常诚恳和坦率的心意待人。

物以类聚

典出《易·系辞上》：方以类聚，物以群人。

战国中期，齐国有个贤者叫淳于髡（淳，chún；髡 kūn），他滑稽善辩，喜欢用含蓄的语言规劝君王。齐宣王刚即位时，要求大臣向朝廷推荐有才能的人，淳于髡在一天之内给宣王推荐了七个人。宣王惊奇地问："我听说物色人才是很困难的，你一天就推荐了七个，这样看来，有才能的人不是太多了吗？"淳于髡答道："我不这样认为，羽翼相同的鸟儿聚集在一起，足形一样的走兽在一块儿行走（"夫鸟同翼者而聚居，兽同足者而俱行"）。天下同类的总是聚集在一起。我淳于髡可算有才能吧，所以，我推荐有才能的人，好比到河里汲水，用火石取火一样，当然容易。"宣王见他说得很有趣，不禁笑了起来。

后来淳于髡出使楚国，打听到楚国将出兵进攻齐相孟尝君的封地薛，就立刻赶回薛地。他看到孟尝君穿着一身漂亮的服装前来迎接，就说："我听说楚国将进攻薛，您怎么不忧虑呢？"孟尝君说："你是宣王身边的人，希望您能帮助我请齐宣王出兵。我在这里忧虑有什么用？"淳于髡说："你这么相信我，就试试看吧！"

淳于髡见到宣王，就对他说："孟尝君为了表示对齐国的忠心，在薛为先王建立了宗庙，却不想想是否有足够的力量保卫它（"薛不量其力"）。而楚国明知先王的宗庙在薛，却偏要进攻。这样一来，先王的宗庙岂不是要毁坏吗？"

宣王听了，不觉着急起来，立刻派兵星夜赶去援救。楚军得知这一情况，便退兵回国。

后人将"夫鸟同翼者而聚居"概括成"物以类聚"，比喻坏人彼此臭味相投，勾结在一起。（此语也见于《周易》："方以类聚，物以群人。"）后人又将"薛不量其力"的话引申成"不自量力"，表示不实事求是地估计自己的力量。

息壤在彼

典出《战国策》：武王曰："请与子盟。"于是与之盟于息壤，果攻宜阳。五月而不能拔也，樗里疾、公孙衍二人谗争之王。王将听之，召甘茂而告之。甘茂对曰："息壤在彼！"王曰："有之。"因悉起兵，复使甘茂攻之，遂拔宜阳。

息壤是战国时代秦国的一个邑名。那时秦武王和甘茂在息壤缔结了一个盟约，合力出兵攻打韩国。可是，他们把韩国的宜阳城围困了五个月的时间，不断

地攻城,仍然没有办法把宜阳城占领。秦王见久攻不下,因此提议暂时收兵回国,等待时机成熟时,才再与兵,但甘茂却不同意休战,他知道秦王灰心了,将会背约罢兵,便指着息壤的方向对秦王说:"息壤在彼。"秦王知道甘茂这话的意思,就是提醒他不要忘了在息壤所签订的盟约。于是,他们再鼓起余勇,把国内的精兵,都调到宜阳来作战,继续和甘茂合力猛烈攻城,不久,终于把宜阳攻陷。

"息壤在彼"这句成语,就是出于这个故事的。它的意思是教人遵守信约,勿背诺言。

相人之友

典出《韩诗外传》:楚有善相人者,所言无遗。美闻于国中。庄王召见而问焉,对曰:"臣非能相人也,能相人之友者也。"

楚国有一个善于看相的人,他说的话没有一点差误,美好的名声传遍了全国。楚庄王于是召见他,问他看相的秘诀。他回答说:"我不是真正能从相貌判断一个人的好坏吉凶,而是看一个人交什么朋友来判断他的为人。"

这个故事说明:人是复杂的。根据"物以类聚,人以群分"来判断一个人,有时也不一定准确。

惺惺惜惺惺,好汉惜好汉

典出《水浒传》十九回:林冲道:"此言差矣!古人道:'惺惺惜惺惺,好汉惜好汉。'量这一个泼男女、腌臜畜生终作何用?众豪杰且请宽心。"

山东梁山泊聚集着一群好汉,为首的叫白衣秀士王伦。此人心胸狭窄,本领低微,生怕有能力的人来夺了他的权位,因此,当初武艺超群的林冲上山时,便受尽他的刁难、推挡,林冲心中早就窝了气。这一天,又有以晁盖为首的七名好汉来入伙,王伦设宴款待,饮酒中晁盖说出杀了许多官兵,阮氏三雄如此豪杰,他便有些颜色变了,心中好生不然。林冲瞧在眼里。次日天明,便来拜会晁盖等,说道:"今日山寨天幸得众多豪杰到此相扶,似锦上添花。王伦心怀妒贤嫉能,但恐众豪杰势力相压。小可只恐众位生退让之意,特来早早说知。今日看他如何相待。倘若有半句话参差时,尽在林冲身上。"晁盖等道:"不可教头领与旧弟兄犯颜。若是可容即容;不可容时,我等登时告退。"林冲道:"此言差矣!古人道:'惺惺惜惺惺,好汉惜好汉。'量这一个泼男女、腌臜畜生终作何用?众豪杰且请宽心。”自上山去了。

没多时，小喽罗到来相请。酒至数巡，食供两次，晁盖与王伦盘话，但提起聚义一事，王伦便把闲话支吾开去。饮酒至午后，王伦回头叫小喽罗：“取来。”只见一人捧个大盘子里放着五锭大银。王伦便道：“感蒙众豪杰到此聚义，只恨敝山小寨是一洼之水，如何安得许多真龙？聊备些薄礼，万望笑纳。烦投大寨歇马，小可亲到麾下纳降。”晁盖道：“小可久闻大寨招贤纳士，一径特地来入伙。若是不能相容，只此告别。”说言未了，只见林冲双眉剔起，两眼圆睁，大喝道：“前番我上山时，你也推粮少房稀，今日又发出这等话来，是何道理？”晁盖等道：“头领息怒，王头领以礼发付我们下山，又不曾热赶将去，我等自去罢休。”林冲道：“这是笑里藏刀、言清行浊的人，我其实今日放他不过。”王伦喝道：“你看这畜生，倒把言语来伤我，却不是反失上下？”林冲把桌子只一脚，踢在一边，抢起身来，掣出把明晃晃的刀来，锴的火杂杂的，一把拿住王伦，去心窝里只一刀，肐察地搠倒在亭上。可怜王伦做了半世强人，今日死在林冲之手。正应古人言：“量大福也大，机深祸亦深。”

“惺惺惜惺惺，好汉惜好汉”，惺惺：聪明人的意思，意与“同声相应、同气相求”同。

休戚相关

典出《国语·周语下》：晋国有忧，未尝不戚，有庆，未尝不怡。……为晋休戚，不背本也。

晋国有一个叫姬周的人，在单国襄公手下做事，他虽身处异国，但对于他自己祖国的情况非常关心，当他打听到晋国有可忧的事，就整日发愁；有可喜的事，就满怀高兴。单襄公对他很敬重，尤其赞美他的高尚品德。当单襄公病重时，特地嘱咐他的儿子顷公说：“姬周能够和他的祖国共享欢乐和痛苦，可说是不忘其本，他将来回到晋国去，一定会得到他的国人的爱戴，你要好好地对待他。”

后来的人根据这个故事中单襄公所说的话，引申为“休戚相关”或“休戚与共”一句成语，用来比喻彼此的忧喜祸福紧密相连，形容彼此关系密切，利害一致。

宣王好射

典出《尹文子·大道上》：宣王好射，说人之谓能用强也。其实所用不过三

石,以示左右,左右皆引试之,中阙而止,皆曰:"不下九石,非大王孰能用?"宣王悦之。然则宣王用不过三石,而终身自以为九石。

周宣王爱好射箭。喜欢别人说自己臂力过人,能用强弓。其实所用的弓,不过三石力气就能拉开。

他把自己的弓交给左右近臣侍从传看。左右的人投其所好,只拉开半开的程度,便佯装拉不动了,异口同声地说:"真是一张硬弓!最少不下九石。不是大王神力,谁能用这样的弓呢?"宣王听了非常得意。

虽然宣王所用的弓不过三石,但他到死始终以为是九石呢!

后人用"宣王好射"这个典故讥讽那种阿谀逢迎的卑鄙行为和自欺欺人的恶劣作风。现在我们队伍中,这两种人都有。有些人专事阿谀奉承、吹牛拍马,唯恐不及;有些人则对此种丑恶言行,不假思索,泰然受之,安之若素。对这两种人和这两种作风,我们均应持坚决摒弃的态度!

雁足捎书

典出《汉书·苏武传》。

我国汉朝的时候,有一位著名的外交官,名叫苏武。他在公元前 100 年,接受汉武帝的命令,作为使节到北方的匈奴去。匈奴的贵族们让苏武投降匈奴,不要再回汉朝去了。可是苏武死也不肯归顺,他正义凛然地对他们说:"我是堂堂的汉朝使者,岂有投降之理!"匈奴的君主单于就将苏武囚禁在阴山的冰窖中,不给饭吃,不给水喝,想用这个残酷的手段,逼他投降。苏武只好嚼雪吞毡、捕鼠为食,但绝不投降。单于又把他送到遥远的北海,就是现在的贝加尔湖,让他在那个寒冷而没有人烟的湖边牧羊。就这样苏武在那里含辛茹苦地度过了十九个年头,始终没有屈服。

后来,到了汉昭帝即位的时候,汉朝同匈奴和亲友好,昭帝便要求匈奴放回苏武。可是单于欺骗昭帝说,苏武早已经死去了。有一次,汉朝的使节到了匈奴,匈奴有一个叫常惠的人,晚上偷偷地去见汉朝使者,告诉他们苏武并没有死,仍在北海牧羊。常惠又给他们想出了一条计策,说:"你们这样同单于说:'我们的汉昭帝在上林动物园打猎,射中一只大雁,发现大雁的脚上拴着一封信,打开一看原来是苏武写的,说他仍在北海牧羊。'"汉朝使者听从了常惠的建议,就照样和单于说了。单于听说竟有雁足捎书的奇事,十分惊慌,以为这是有神仙在帮助苏武,于是赶紧把苏武送回汉朝。

后来人们从中概括出"雁足捎书"这句成语,用来比喻传送书信。南宋女词人李清照曾在一首《一剪梅》词中写道:"红藕香残玉簟秋。轻解罗裳,独上兰舟。云中谁寄锦书来?雁字回时,月满西楼。花自飘零水自流。一种相思,两处闲愁。此情无计可消除,才下眉头,却上心头。"其实,大雁是不具有传书的本领的,它不能像鸽子那样充当信使。

"雁足捎书"也写作"雁足传书"。

杳如黄鹤

典出《黄鹤楼诗》:黄鹤一去不复返,白云千载空悠悠。

在长江岸边武汉市蛇山的黄鹄矶头,曾经有过一处著名的古迹——黄鹤楼。传说古人费祎成仙升天,经常骑着黄鹤,在此楼休息,因而得名。黄鹤楼相传始建于三国吴黄武二年(公元 223 年),历代屡毁屡建。唐崔颢、李白及宋陆游等均有题诗。历史最短的一座黄鹤楼于清光绪十年(公元 1884 年)被烧毁。1985 年重建的黄鹤楼巍峨雄伟,令人流连忘返。

关于黄鹤楼,还有一个美妙的传说:从前有个名叫苟瓌的人,有一次他在楼上游玩休息,忽然看见西南天空云朵散开,不知是什么东西由云端飘然而下,转眼就飞到楼上。原来是骑着黄鹤的仙人从天而降。苟瓌走上前去,与仙人攀谈起来,彼此都很愉快。不久,仙人告辞,骑上黄鹤,腾空而起,一眨眼便消失在云彩之中。

这个故事在《述异记》卷上有记载,书中说:"苟瓌憩江夏黄鹤楼上,望西南有物飘然,降自霄汉,俄顷已至,乃驾鹤之宾也。宾主欢对,已而辞去,跨鹤腾空,眇然而灭。"

后来,唐朝的诗人崔颢,根据这个传说,为黄鹤楼题过一首诗。这首诗写得很好,著名的大诗人李白赞叹不已。崔颢的《黄鹤楼诗》这样写道:

昔人已乘黄鹤去,

此地空余黄鹤楼。

黄鹤一去不复返,

白云千载空悠悠。

晴川历历汉阳树,

芳草萋萋鹦鹉洲。

日暮乡关何处是?

烟波江上使人愁!

由此形成"杳如黄鹤"一句成语,比喻一去便无影无踪。有时也用来比喻人或物下落不明。杳:(yǎo)幽暗、深远,见不到踪影。

一刀两断

典出《元曲选·赚蒯通》：韩信本是淮阴一饿夫，不料竟拜为帅！而今大事已定，可也罢了。那韩信手无缚鸡之力，有什么本事。何必我老樊动手。只差一两个能干的人，唤他来，喀嚓的一刀两段，便除了后来的祸患。

韩信被封为齐王以后，萧何觉得韩信兵权太大，恐日后夺取汉朝天下，于是找来樊哙，共商计策。萧何把他的担忧告诉了樊哙，并拍他的肩头说："朝内功臣虽然不少，但只有将军是天子的至亲，故请你来商量。"樊哙听了有些得意地说："丞相，想鸿门会上主公有难，某立碴鸿门而入。项王见我气概威严，赐我酒一斗，生彘一肩，被我一啖而尽，吓得项王目瞪口呆，动弹不得，方才保得主公安全回还。"樊哙说到这里，十分气愤地说："韩信本是淮阴一饿夫，不料竟拜为帅！而今大事已定，可也罢了。那韩信手无缚鸡之力，有什么本事。何必我老樊动手。只差一两个能干的人，唤他来，喀嚓的一刀两段，便除了后来的祸患。"

后人用"一刀两段"表示一刀把东西斩做两截；也把"一刀两段"说成"一刀两断"，用来表示坚决地断绝关系。

一饭千金

典出《史记·淮阴侯列传》：韩信常数从其下乡南昌亭长寄食，数月，亭长妻患之，乃晨饮蓐食。食时信往，不为具食。……信钓于城下，诸母漂，有一母见信饥，饭信，竟漂数十日。信喜，谓漂母曰："吾必有以重报母。"母怒曰："大丈夫不能自食，吾哀王孙而进食，岂望报乎！"后来韩信帮助刘邦取得天下，被封为楚王，信至国，召所从食漂母，赐千金。及下乡南昌亭长，赐百钱，曰："公，小人也，为德不卒。"

帮助汉高祖打平天下的大将韩信，在未得志时，境况很是困苦。那时候，他时常去城下钓鱼，希望碰着好运气，便可以维持生活。但是，这究竟不是可靠的办法，因此，时常要饿肚子。幸而在他时常钓鱼的地方，有很多清洗衣物的老婆婆，其中有一位，很同情他的遭遇，不断地救济他，给他饭吃。韩信在艰难困苦中，得到那位仅能以双手勉强糊口的老婆婆的恩惠，很是感激她，便对她说，将来必定要重重的报答她。那老婆婆听了韩信的话，很不高兴，表示并不希望韩信将来报答她。后来，韩信替汉王立下不少功劳，被封为楚王。他想起从前曾受过老婆婆的恩惠,便命从人送酒菜给她吃,更送给她黄金一千两来答谢她。

这句成语就是出于这个故事。后人用它作为知恩图报的典故。

一钱不值

典出《史记·魏其武安侯列传》:(灌)夫无所发怒,乃骂临汝侯曰:"生平毁程不识不直一钱,今日长者为寿,乃效女儿嗫耳语!"

灌夫,字仲孺,西汉时人。他性情刚直,讲究信义,说出的话一定做到。他常侮慢地位比他高的官员;而对地位比他低的,越是贫贱,他越敬重。因此,当时很多有才能而无地位的人都喜欢接近他。

灌夫喜欢喝酒,并且常因喝醉了使性子。有一天,丞相田蚡结婚,他喝了不少酒。一会儿,他走到田蚡的面前敬酒,田蚡说:"我不能喝满杯。"灌夫见他不肯痛快喝酒,便语带讽刺地说:"你虽是一个贵人,但也应喝完我敬的这杯酒。"田蚡还是没有干杯。灌夫讨了一顿没趣,就走到临汝侯灌贤面前敬酒。这时,灌贤正对程不识(曾任边境太守,后改任大中大夫)的耳朵说话,没有对他表示出欢迎的样子。灌夫心里本来有气,看见这情形,再也忍不住了,立即骂灌贤说:"我一向就说程不识不值一钱,今天在这里你竟和他学妇人们的样子咬耳朵根子!……"

自此以后,人们对于别人有轻视鄙弃的意思,说这人一无长处,或是一无是处,就说"一钱不值"或"不值一钱",亦即是毫无价值之意。

一语为重百金轻

典出宋代王安石《商鞅》:自古驱民在信诚,一语为重百金轻。今人未可非商鞅,商鞅能令政必行。

据《史记·商君列传》记载:商鞅,是战国时期的一位政治家,卫国人,公孙氏,名鞅,所以也叫卫鞅。他先为魏相公叔痤(cuó)的家臣,后来来到秦国。秦孝公六年(公元前356年,有的说在秦孝公三年),他被任为左庶长,开始了历史上著名的商鞅变法。新法公布后,为了让人们相信制定的革新措施,商鞅下令在国都南门外立了一根三丈高的木柱,声言谁能将此柱搬到北门,赏十金。起初,人们感到疑惑和奇怪,没人敢搬。后来,商鞅又宣布,能将此柱搬到北门的,赏五十金。有个人抱着试试看的态度将木柱搬到了北门,商鞅果然赏给他五十金。这件事轰动了国都,广大群众都相信商鞅的话,认为他推行新法,说话算数。

宋代的王安石也是一位力主革新的政治家。他针对当时一些人非难和指责商鞅的行为写下了这首诗，对商鞅表示了高度的赞扬。全诗的大意是：自古以来管治、驱使百姓在于信诚，说话算数；商鞅就言行一致，以实现诺言为重，以百金为轻。今天的一伙人，不要非难、指责商鞅吧，商鞅不畏权势，不怕险阻，能使自己制定的政策法令通行无阻。

后人用"一语为重百金轻"的这个典故比喻言行要一致，言必信，行必果。

以貌取人

典出《史记·仲尼弟子列传》：孔子闻之，曰："吾以言取人，失之宰予；以貌取人，失之子羽。"

子羽和宰予都是孔子的学生，但在最初时，孔子对待他们二人的态度是完全不同的。子羽的外貌长得很不好看，他第一次去拜见孔子时，孔子对他的印象就不好。孔子心中想道："这个人生得这么丑，一定没有出息。"因此就对他冷淡，不好好地教导他；子羽没法，只得退学了。

宰予生得眉清目秀，仪表堂堂，又能说会道，孔子一见，便喜欢了他，以为他一定很有才气，所以便很用心的教导他。哪知子羽因为被孔子轻视，回去后发奋努力，刻苦求学，后来成为一个很有名的学者，很多青年都投到他门下去。而宰予呢，却读书不专心，又很懒惰，早晨人家都起身了，他还赖在床上，孔子气得叫他为一块朽木！后来宰予虽然靠他的口才当上齐国的宰相，结果因与人共同作乱而被处死了。孔子接受了这个教训，说："吾以言取人，失之宰予；以貌取人，失之子羽。"意思是说：从宰予的事告诉我，不能凭说话来衡量一个人；从子羽的事告诉我，不能凭容貌来衡量一个人。

后来的人，便将孔子的话引为"以貌取人"一句成语，用来形容以外貌作为衡量人的标准。

义不容辞

典出《三国演义》第五十八回：张昭曰："可差人往鲁子敬处，教急发书到荆州，使玄德同力拒曹。……且玄德既为东吴之婿，亦义不容辞。"

东汉末年，曹操、刘备、孙权三股割据势力形成了三足鼎立的局面。由于曹操势力较大，又"挟天子以令诸侯"，所以刘备采纳了诸葛亮的建议，连联孙抗曹，并将计就计，娶孙权的妹妹孙尚香为妻，加强了刘孙联盟。建安十三年（公元208年），刘孙联军在赤壁大败曹军，孙权地位更加巩固，刘备也据有了荆州大部分地区。

赤壁之战以后，曹操经过了一段时间的休整，决定再次亲率大军南征，遂发兵三十万，直取江南。孙权得到消息后，急忙召集文臣武将商量对策。谋士张昭说："刘备曾受恩于鲁肃，可以派人到鲁肃那里，让他赶快发信到荆州，请刘备出兵共同抗曹。刘备是我们东吴的女婿，让他出兵助吴，对他来说是义不容辞的。如果刘备前来援助，江南便无祸患了。"

孙权同意了张昭的建议，让鲁肃写信给刘备。刘备接到鲁肃的信以后，马上派人请来诸葛亮进行商量，并回信鲁肃，让他转告孙权，不用害怕，刘备自有退兵之计。

后人用"义不容辞"指就道义上说不允许推托和拒绝。

萤光之火

典出《水浒传》第二回：小人家下萤光之火，照不亮人，恐后误了足下，我转存足下到小苏学士处，久后也得个出身。足下意向如何？

河南开封有个浮浪子弟名叫高俅，自小不成家业，只好刺枪使棒，踢得一腿好拳脚乱学了一些诗、书、词、赋。其人没有正当职业，每日寻花问柳，使钱赌博。有一次因帮王员外的儿子耍狂，被他父亲告到府尹那里，府尹责他二十棍杖，刺配出界发放。开封府的人民不容他在本地居住，高俅无可奈何，便到淮西临淮州一家赌房去替柳世权帮闲。在柳世权处搞了三年，后来，宋哲宗赦宥罪犯，高俅思量要回开封。柳世权有个亲戚董将士在开封府开药铺，于是写封信介绍高俅前去投奔。董将士见高俅是个浮浪子弟，没有信行，便送他一套衣服，并写封信介绍给苏学士。临行时，董将士对高俅说："小人家下萤光之火，照不亮人，恐怕误了足下，我转荐足下到苏学士处，久后也得个出身。足下意向如何？"高俅十分高兴，便往苏学士处去了。

后人用"萤光之火"来比喻力量不足，能成之事不大。含有谦逊之意。

有缘千里能相会

明朝苏州出了个才子，名唐寅，字伯虎，聪明盖世，书画音乐无一不精绝，中

了解元后,绝意功名,放浪诗酒,平日心中喜怒哀乐都寓之画中,每一画出,人均重价争购。

这一日,他坐在阊门游船上倚窗独酌,忽见有画舫从旁摇过,内有一青衣小鬟眉目秀艳,体态绰约,注视唐寅,掩口而笑。唐寅神荡魂摇,问舟人,乃知是无锡华学士府眷。自古道:"有缘千里来相会。"唐寅急命坐船尾随画舫,日夜不离,次日到了无锡,那画舫进城去了。

唐寅奋然登岸,办下旧衣旧帽,竟投身华学士府为仆。华学士见他生得文雅,况又知书习文,便欲留他为公子伴读,问他要多少身价,唐寅道:"身价不敢领,只要求些衣服穿,侍候老爷中意时,赏一房好媳妇足矣!"学士更喜,问其姓名,道叫康宣,乃改其名为华安,送至书馆。除伴读外,一应往来书札辄令代笔,烦简恰当,学士从未增减一字,宠信日深。华安从容打听,乃知青衣小鬟名叫秋香,是华夫人贴身丫鬟。内外有隔,年余竟不得一见,计无所出,常自悒闷。适学士家中主管病故,学士命华安暂代。月余,出纳谨慎,毫忽无私。学士更加喜爱,遂将许多丫鬟唤到中堂,命择一人为妻,以安其心。华安见二三十个丫鬟各盛饰装扮,独秋香依旧青衣,昔日丰姿宛然在目。华安指道:"若得穿青衣小娘子为妻,足遂生平。"华学士、夫人遂择了吉日,亲自主婚,两人成婚。夜半,秋香问华安道:"与君颇面善,何处曾会来?"华安笑道:"娘子想想看。"秋香凝视久之,忽地省悟,道:"向日苏州阊门游船中见的可就是你?"华安道:"好厉害的眼睛,我苏州唐解元也,为小娘子旁舟一笑,不能忘情,故屈身为仆,一年至今。"乃将学士所赠之物,一一封存,同秋香连夜回苏州去了。

后人用"有缘千里能相会"的这个典故比喻真正意气相投的人,尽管原来互不相识,甚至相隔千里,一旦认识了,便能成为知己或情人。

与人为善

典出《孟子·公孙丑上》:取诸人以为善,是与人为善者也。故君子莫大乎与人为善。

子路是孔子的好学生当中的一个,所以孟子很赞赏他。孟子说子路很好,别人指出他的错误,他就高兴。不过孟子认为子路还是不及禹、舜。他说:"禹听了好话,就给别人敬礼;伟大的舜就更不得了,常常抛弃自己的不是,学习别人的优点以为善事。他种庄稼,做陶器,当渔夫一直到天子,没有哪个优点不是从别人那学来的。'取诸人以为善,是与人为善者也。故君子莫大乎与人为善。'(吸取别人的优点来弥补自己的不足,然后去做好事,这就等于偕同别人一道行善。所以君子的最高德行,就是偕同别人一道做好事。)"

后人用"与人为善"来表示与别人一道做好事。现指批评同志时要采取善意的态度,帮助他进步。

张飞战关公——忘了旧情

典出《三国演义》第二十八回。

公元 200 年(汉献帝建安五年),曹操出兵攻打徐州。刘备兵败,投奔袁绍。关公保护刘备的家眷,被迫归附曹操。张飞逃入芒砀山中。三个结义兄弟失散,各不相顾。后来,关公得知刘备去处,立即挂印封金,拜辞曹操,保护着刘备的甘、糜两位夫人,千里走单骑,过五关斩六将,脱离许都,往汝南找刘备。

张飞逃入山中后,住了月余,下山攻占古城,招军买马,积草屯粮,权且安身。关公路过古城,得知张飞在此,喜出望外,派孙乾入城通报,叫张飞出来迎接两位嫂嫂。张飞却披挂持矛上马,带着一千余人出城。关公望见张飞到来,非常高兴,连忙把手中大刀交给周仓,徒手拍马迎来。只见张飞圆睁环眼,倒竖虎须,吼声如雷,挥着长矛刺向关公。关公大吃一惊,慌忙闪过,大叫:"贤弟何故如此?难道忘了桃园结义兄弟情谊?"张飞大骂:"你背叛兄长,投降曹操,封侯赐爵。今天又来骗我。你既然无情无义,有何面目再来见我!"关公说:"你原来不知,我也难说。现在有二位嫂嫂在这里,请贤弟自己问问她们吧!"两位夫人听见,忙揭帘叫张飞:"三叔不要错怪好人。二叔因不知你们的下落,暂时栖身曹营。如今得知你大哥在汝南,特地不避险阻,送我们到这里。"张飞还不相信,说:"二位嫂嫂不要被他们瞒骗过去,待我杀了这个负义的人,然后请嫂嫂入城。"

这时候,一支曹军人马赶来追关公。张飞以为关公带兵前来捉他,更加大怒,挺起八丈蛇矛便又刺过来。关公急忙止住说:"贤弟且慢!你看我斩了来将,以表我的真心。"张飞说:"你果有真心,我这里敲三通鼓,便要你斩来将!"关公二话没说,取过大刀,纵马迎上前去。一通鼓未尽,关公刀起,曹将蔡阳头已落地,其他追兵也尽散去。张飞也向从许都来的士兵问了关公的情况。这时,他才相信,迎请关公和两位嫂嫂入城,设宴贺喜,各诉别后情景。

"张飞战关公——忘了旧情",比喻翻脸不认老朋友,抛弃了过去的情谊。

知音说与知音听,不是知音不与弹

典出《西洋记》第五十七回:(佛爷)满心欢喜地说道:"知音说与知音听,不是知音不与弹。我正是为着这些,才相烦大仙到此。"

157

春秋时期,晋国的大夫俞伯牙奉命出使楚国,中秋之夜,泊舟汉阳江口,在月光下抚琴遣怀。忽见一个樵夫停担倾听,觉得奇怪,于是请上船来相见,问道:"假如下官抚琴,心中所思念,足下能闻而知之否?"樵夫道:"大人试抚弄一过,小子任心猜度。若猜不着时,休得见罪。"俞伯牙沉思半晌,抚琴一弄。樵夫赞曰:"美哉,大人之意在高山!"猜个正着。伯牙不答,又凝神一回,将琴再鼓,樵夫赞曰:"美哉,大人之意在流水!"又猜个正着。伯牙大惊,连忙叩问姓名,知姓钟,名子期,家贫父老,砍柴为生。两人就在船中八拜,结为兄弟。直谈至东方发白,洒泪而别,并约定次年中秋,再在此处相会。

那俞伯牙一年中,但凡弹琴,必苦忆钟子期。看看八月将近,遂请假专程去见结义兄弟,按时在八月十五日赶到汉阳旧泊处。其夜晴朗,俞伯牙左等右等,不见子期踪影。直等到月移帘影,日出山头,于是跳上岸去寻访。忽见一老者徐步走来,瞧着伯牙道:"先生莫非俞伯牙么?"伯牙惊喜道:"老先生如何知道?"那老者垂泪说道:"钟子期乃吾儿也,数月之前,已亡故了,临终嘱道:'死后乞葬江边,以践中秋之约也。'适才先生来的小路边,一丘新土,即子期冢也。"伯牙乃于墓前盘膝坐下,抚琴一操,唱道:"忆昔去年春,江边曾会君;今年重来访,不见知音人。历尽天涯无足语,三尺瑶琴为君死。"歌毕,便将琴用力一摔,在山石上摔得粉碎。乃赠子期父,痛哭而去,从此终身不复鼓琴。

后人用"知音说与知音听,不是知音不与弹"的这个谚语比喻只能与知己才能谈知心话。

忠信得罪

典出《战国策·燕策一》:有远为吏者,其妻私人。其夫且归,其私之者忧之。其妻曰:"公勿忧也。吾已为药酒以待之矣。"后二日,夫至,妻使妾奉卮酒进之。妾知其药酒也:进之则杀主父,言之则逐主母。乃阳僵弃酒。主父大怒而笞之。

故妾一僵而弃酒,上以活主父,下以存主母也。忠至如此,然不免于笞。此以忠信得罪者也。

有一个人在远方当小官。他的妻子在家与人私通。丈夫快回家时,那奸夫很担忧。他妻子说:"您不要担忧,我已经做了毒酒来等他了。"两天后丈夫回来了。妻子叫侍妾捧了一杯酒献给丈夫。这侍妾知道它是毒酒:敬呢,就会毒死自己的主人;说呢,又会赶走家里的主母。她左右为难,便假装跌倒把酒泼了。那主人不知内情,大发脾气,把她打了一顿。

这侍妾假装跌倒泼了酒,既救了主人的命,又保全了主母,忠诚到这种地步,但却免不了鞭打。这便是因为忠诚而得罪啊。

后人用这个故事说明:在封建社会里,忠而获罪,信而被疑,是非颠倒,好人遭殃,这类事情是经常发生的。这个故事告诉人们:要善于分辨忠奸,不要为表面现象所迷惑。

忠言逆耳

典出《韩非子·外储说左上》:夫良药苦于口,而智者劝而饮之,知其入而已已疾也;忠言拂于耳,而明王听之,知其可以致功也。又见《史记·留侯世家》:且忠言逆耳利于行,良药苦口利于病,愿沛公(刘邦)听樊哙言!

据《史记》记载:楚汉相争时,项羽和刘邦约定以鸿沟为界,东面是楚,西面是汉。订约以后,刘邦引军而去,占领了秦都咸阳。他看到秦国的宫殿里声色犬马,富丽堂皇,便想留住下来。这时,汉将樊哙劝刘邦不要贪恋这些东西,因为这些东西正是秦亡国的祸根。起初刘邦不听樊哙的劝告。谋士张良对刘邦说:秦朝残暴无道,你才得以推翻了他而占据了咸阳。你刚入秦,就贪图享乐,这是帮助坏人做坏事呀!忠言虽然不好听但有利于行动,好药虽然很苦但有利于疾病。愿你听从樊哙的劝告。经张良这么一说,刘邦放弃了享乐,还军霸上,最后终于消灭了项羽,建立了西汉王朝。

"忠言逆耳"这句成语意思就是忠实的劝告听起来不好受。

后人用这个典故比喻劝人听取不同意见。

失 策 篇

矮子看戏，随人说妍

典出《朱子语类》二十七：其有知得某人诗好，某人诗不好者，亦只是见已前人如此说，便承虚接响说取去，如矮子看戏相似，见人道好，他也道好。乃至问著他那里是好处，元不曾识。

旧时农村演出"草台戏"，都是在露天搭台，台不很高，人们都挤在一起站着瞧。有个矮子也去看戏，他前面的人长得高，视线都被挡住了，他一点儿也瞧不见，只听得前后人们喝彩，说演得真好（妍：美好。），矮子也大声叫好。其实他一点也未看见，只是随声附和而已。所以明朝李贽在《续焚书》中说："我小时候，听人家说：'孔子是圣人，是值得尊敬的。'因此我也尊敬孔夫子，至于他为什么是圣人，哪些地方值得尊敬，却一点也不懂，不过是：'矮人看戏，随人说妍'而已。"

后人用"矮子看戏，随人说妍"的这个谚语比喻人无主见，随声附和。

半路上杀出个程咬金

典出《说唐全传》：隋帝的皇杠前后三次都是在半途被劫，不管押运军官如何本领高强，都被半路上杀出来的程咬金三斧头杀得大败。

隋朝末年，天下大乱，大盗尤俊达想抢隋帝的皇杠（皇帝派人押运的银子，由于银子是装在打通了的竹杠里的，所以叫皇杠），便到处物色武艺高强的助手，一找找到了程咬金，程咬金很穷，为了养活老妈妈，在市上卖竹笆子过活。尤俊达把程母接到庄上奉养，便带着程咬金去劫皇杠。隋帝的皇杠前后三次都是在半途被劫，不管押运军官如何本领高强，都被半路上杀出来的程咬金三斧头杀得大败。

后人用"半路上杀出个程咬金"的这个典故比喻一件事被人横加干扰，出乎意外地遭到失败。

闭门造车

典出宋·朱熹《〈中庸〉或问》三：轨者，车之辙迹也。辙迹在道，广狭如一，无有远迩，莫不齐同。古语所谓"闭门造车，出门合辙"，盖言其法之同也。

朱熹《〈中庸〉或问》里有这么两句话："古语所谓'闭门造车，出门合辙。'"它的意思是说：把门关起来造车，把材料逐件造好后，只要件件合乎规矩，再拿到门外去合拢起来，使用时也能和路上的车辙完全相同。

"闭门造车"有正面和反面两层意义：在正的方面，就是说天下的事情，差不多是相同的，只要样子没有变，懂得规矩，自然不会发生错误，到处可以行得通；所以尽管关着门造车，拿到外面去应用，仍然是适合车辙的。反的方面，就是说天下的事理没有穷尽，而且各地的情形不同，习惯互异，你自己关着门一个人做，尽管做得怎样好，拿出去，未必适合人们的需要。

现在人们所引用的，大多数是用反面的意义，比喻不依据实际情况，单凭主观想象办事。

宾卑聚之勇

典出《吕氏春秋·离俗览》：齐庄公之时，有士曰宾卑聚，梦有壮子，白缟之冠，丹绩之旬，东布之衣，新素履，墨剑室，从而叱之，唾其面；惕然而寤，徒梦也。终夜坐不自快。

明日召其友而告之曰："吾少好勇，年六十而无所挫辱。今夜辱！吾将索其形，期得之则可，不得半死之。"

每朝与其友俱立乎衢，三日不得，却而自殁。

齐庄公时候，有个勇士叫宾卑聚，一天晚上梦见有个彪形大汉，戴着白帽子，系着红帽带，身穿粗布衣服，脚登白色鞋子，佩着黑色的剑套，来到跟前大声斥骂他，口水唾了他一脸；猛然惊醒，不过是一场恶梦。为此整夜感到不愉快。

第二天他找来自己的朋友告诉他说："我小时就很勇敢，到了 60 岁还没有受过屈辱。现在竟然在梦中受了屈辱！我要按照梦里人的形状寻找他，找不到他我将要为此而死。"

于是每天早晨都和他的朋友一块站在四通八达的大路上，找了三天找不到，就回家自杀了。

后人用"宾卑聚之勇"比喻梦并不是客观现实的真实反映，然而这个寓言中

的宾卑聚，却把梦中的事情当真起来，为了不受梦中人的侮辱，居然自杀了。这种勇气是愚蠢的，也是滑稽的。

不知轻重

典出《韩非子·外储说左上》：楚人有卖其珠于郑者，为木兰之柜，熏以桂椒，缀以珠玉，饰以玫瑰，辑以羽翠，郑人买其椟而还其珠。

春秋时代，楚国有一个商人，专门卖珠宝的，有一次他到齐国去兜售珠宝，为了生意好，珠宝畅销起见，特地用名贵的木材，造成许多小盒子，把盒子雕刻装饰得非常精致美观，使盒子散发出一种香味，然后把珠宝装在盒子里面。

有一个郑国人，看见装珠宝的盒子既精致又美观，问明了价钱后，就买了一个，打开盒子，把里面的宝物拿出来，退还给珠宝商。

这个郑国人，只知道盒子的好看，却不晓得珠宝的价值实在要比盒子的价格高多少倍。

后人用"不知轻重"比喻办事情分不出重要与不重要，缺乏章法。

藏贼衣

典出《笑得好》。

有一贼入人家偷窃，奈其家甚贫，四壁萧然，床头只有米一坛。贼自思：将这米偷了去，煮饭也好。因难于携带，遂将自己衣服脱下来，铺在地上，取米坛倾米包携。此时床上夫妻两口，其夫先醒，月光照入屋内，看见贼返身取米时，夫在床上悄悄伸手，将贼衣抽藏床里。贼回身寻衣不见。其妻后醒，慌问夫曰："房中希希索索的响，恐怕有贼么？"夫曰："我醒着多时，并没有贼。"这贼听见说话，慌忙高喊曰："我的衣服，才放在地上，就被贼偷了去，怎的还说没贼？"

后人用这则寓言嘲笑了企图谋算人反被人谋算的可耻下场。这个脱衣裹米的贼，是作茧自缚，他虽然"贼喊捉贼"，也终免不了束手被捉。

池中物

典出《晋书·刘元海载记》：蛟龙得云雨，非复池中物也。

西晋末年的刘渊，字元海，匈奴族人，世袭匈奴左部帅官职。他年少时喜欢读书，对诗、经、史、兵法等无不通晓，而且有独到见解。比如他曾批评汉高祖刘邦手下的谋臣萧何与陆贾不懂军事，周勃和灌婴两个武将缺乏文才。刘渊认为：对任何一件事情不懂，都是君子的耻辱。因此，他努力习武，决心做到文武全才，后来练到武艺精绝，勇力过人，尤其擅长射箭。

有一次，朝廷需要一员大将带兵去平定凉州。晋惠帝便召集群臣商议。大臣李憙推荐了刘渊，说："陛下如能调动匈奴五部的人马，再任刘渊为大将军，凉州一定会在短期内平定。"另一位大臣孔恂当即表示反对："李公的意见我不同意，派刘渊去有很大的弊病。"李憙勃然大怒道："匈奴人如此强悍，骁勇善战，加上刘元海通晓兵法，是良将之才。他奉皇帝的圣旨平定凉州，宣传朝廷的威德，哪有什么害处？"孔恂回答说："刘元海如果平了凉州，恐怕他就不会乖乖放手，那时他就如同蛟龙得到助威的风雷云雨，势力强大，不会再是过去小池子中的鱼虾，陛下将无法控制了。"晋惠帝认为孔恂说得在理，就放弃了派刘渊外出带兵的打算。

后来，刘渊起兵反晋，成为十六国时期汉国的创立者。他的确是非同一般的人物。

后人用"池中物"的典故比喻处于狭小的地方，目光短浅、无所作为的人；或比喻受条件限制，暂时不能施展才干的人。

翠鸟移巢

典出《古今潭概》：翠鸟先高作巢以避患。及生子，爱之，恐坠，稍下作巢。子长羽毛，复益爱之，又更下巢，而人遂得而之矣。

翠鸟起先为了躲避灾祸，总是选择很高的地方营巢筑窝。等它孵出小鸟以后，因为特别喜爱它们，只怕从高处摔下来，便移到稍低一点的地方筑窝。后来，小鸟长出了美丽的羽毛，大鸟就更加喜欢它们了，于是又向下移巢，结果人们很容易地把它们捉走了。

后人用"翠鸟移巢"的这个典故告诫人们，办事情要注意一种倾向掩盖另一种倾向。翠鸟移巢，没有看到高低各有利弊。

大王的架子

公元前284年（周赧王三十一年），燕国的大将乐毅、秦国的大将白起、赵国的大将廉颇、韩国的大将暴鸢、魏国的大将晋鄙，各人带着本国的兵马，按照约定的日子会合到一起。燕国的乐毅担任上将军，统率着五国的兵马，浩浩荡荡地向齐国进攻。

齐闵王一听说五国的军队一起来打齐国，就亲自带着大队人马，赶到济水的西边去对敌。上将军乐毅老跑在赵、韩、魏、秦各国兵马的前头，到最接近敌人的地方去指挥作战。四国的将士一见，个个拚命往前打，把齐国的军队打得死的死、伤的伤，剩下的只能往后退。齐闵王大败，跑回临淄，打发人连夜到楚国去请求救兵，说愿意把淮北一带的土地送给楚王，作为谢礼。

赵、韩、魏、秦这四国的将士打了几回胜仗，各自占领了齐国的几座城就心满意足地驻扎下来，不愿意再接着往下打了。乐毅认为夺下来的城由他们几国守住，也挺好。他自己带着本国的军队接连着往下打。沿路宣扬燕国军队的纪律，安抚齐国的人民，挺顺利地一直打到齐国的都城临淄。

齐闵王急得没有办法，只好带着几十个亲信的文武大臣，偷偷地从北门逃出去，跑到卫国去了。卫国原本是个小国，这时候，只剩了濮阳（在河南省清丰县南）一块地盘了，哪敢得罪大国的君王呢？卫君挺恭敬地好像臣下伺候君王一样地招待着齐闵王。齐闵王为了要摆出大王的架子，鼓着肚子往朝堂上一坐。他见了那个跪在地下的卫君，连理也不理。这种神气简直把卫国的大臣们气炸了肺。他们虽然是小国的大臣，可是打打落水狗的胆量还是有的。当天晚上齐闵王的行李就给人拿走了。第二天，他肚子饿了也没有人去理他。他知道情形不对，再待下去非得受到卫国的暗算不可，就没精打采地带着大臣夷维、太子法章等几个人，慌里慌张地跑了。其余的人他也顾不得了。

他们跑到鲁国的郊外，鲁君派人去迎接，首先碰上了夷维。夷维是个老牌走狗。他懂得怎么样对傲慢的主人摇头摆尾，怎么样对谦虚的底下人汪汪乱叫。他叫鲁君像招待天子一样地来招待齐王。鲁国的君王一听，觉得又可笑，又可气，干脆把城门一关，让他们爱怎么着就怎么着。齐闵王没办法，只好跑到别处去了。可是谁也不敢迎接这位爱摆臭架子的"天子"。这样一来，他急得走投无路了。夷维说："听说莒城还没丢，不如先到那边去吧！"他们到了莒城，在那儿招兵买马，准备把守这座城。

乐毅把临淄打下来了，就把齐国的库房和当初齐国从燕国抢去的财宝，都弄到燕国去。燕昭王亲自跑到济水来慰劳将士，把昌国城（在山东省淄川县东北）封给乐毅，称他为昌国君。又叫他再去攻打齐国其余的地方，自己先回去了。

乐毅出兵也就有半年工夫，接连打下了齐国八十多座城，只剩下莒城和即墨这两处还顽强地抵抗着。乐毅一想："单靠着武力，收服不了齐国的民心。民心不服，就算把齐国全打下来，也守不住。好在齐国只剩下两座城了，也不能再成什么大事，不如拿恩德去打动齐国人，叫他们自己来投降。"他就做出几件讨好齐国人的事情来。他废除当初齐王所定的苛刻的法令；减轻人民的捐税；尊重他们的风俗习惯；保存他们固有的文化；优待地方上的名流；给齐桓公修建庙宇，还郑重其事地祭祀他。齐国的大小官员们一见燕国人这么对待他们，非常感激。尤其是祭祀齐桓公这件大事更叫他们受到很大的感动。你瞧咱们虽然亡了国，可是敌人倒先向咱们的先君磕头下跪，这作多么体面哪！只有莒城和即墨还顽强地守着，一心一意地等着楚国的救兵。

楚顷襄王见齐国的使者来求救兵，还把淮北的土地送给他作为谢礼，他就派大将淖齿带着二十万大军先去接收淮北，对他说："只要对楚国有利，你只管瞧着办。"

淖齿到了莒城，齐闵王高兴得好像得到了一位救命恩人似的，立刻拜他为相国，请他主持抵抗敌人的大事。齐闵王到了这步田地，还不改变他那种独断专行的作风，还不愿意听一听别人的意见，还不愿意使用齐国人自己的力量，还痴心妄想地等着别国的军队替他打胜仗。淖齿一见燕国军队那么强盛，反倒暗中打发心腹去见乐毅，说："大将淖齿愿意帮着贵国把齐国灭了。事成之后，请贵国让我做齐王。"乐毅答应了。

淖齿跟乐毅接头之后，就在离莒城几里地的鼓里操练兵马，请齐闵王去检阅。齐闵王得意洋洋地带着夷维到了鼓里。只见楚军士气旺盛，配备整齐，不由得又摆起大王的架子来了。正在他得意的时候，淖齿叫人把他绑起来，宣布他的罪状。齐闵王低着脑袋，一声不敢言语。夷维抱着他哭了一顿。那位救命恩人转眼间变成了阎王爷，先把夷维杀了，然后把齐闵王抽了筋，活活地吊在房梁上，过了三天，他才断了气。

后人用"大王的架子"比喻盲目自大，狂妄无礼的人。

颠倒黑白

典出《史记·屈原列传·怀沙赋》：变白以为黑兮，倒上以为下，凤凰在笯（笼）兮，鸡鹜（鸭）翔舞。

屈原，名平，是战国时楚国人，曾在楚怀王手下任过左徒（官名，参与议论国事，发布号令，出则接待宾客）。由于屈原很有才能，楚怀王曾经非常信任他。但也因此引起了一些朝廷官员的妒忌并对他进行了诬陷。楚怀王终因听信谗言而疏远了屈原。屈原对当地奸佞横行、正人被摈斥的情况非常愤慨，作了《离骚》和《怀沙赋》这两篇留传后世的名传。在《怀沙赋》中，他以盲目的人看不到明白的人所看到的东西为喻，感慨地写到：把白作为黑，把上看成下，凤凰被关在笼子

里,而鸡鸭乱舞。屈原后来投江而死。

后人用"颠倒黑白"这个典故比喻故意歪曲事实,混淆是非。这句成语含贬意。

独坐穷山,引虎自卫

典出晋·常璩《华阳国志》五:刘主至巴郡,巴郡严颜拊心叹曰:此所谓"独坐穷山,放虎自卫"者也。

三国时期,刘璋是汉朝的皇亲,被封为西川益州牧,管理着相当于今日的四川和湖北西部一大片地方。汉末虽然天下大乱,他的地盘却因地势险固,物阜民富,比较安全。可是他的近邻汉中太守张鲁却和刘璋有杀母之仇,时刻想来进攻他,刘璋深以为忧。这时有人向刘璋建议:"您的同族兄弟刘备是个英雄,近在荆州,兵强马壮,不如和他结盟,并请他带兵来帮助我们防备张鲁岂不是很好?"刘璋非常同意,决定派人去请刘备。这时,大臣王累反对道:"不可,不可,张鲁力量不大,用不着害怕他,不过是疥癣之疾;你把刘备请进来,那是心腹大患了。刘备宽以待人,柔能克刚,英雄莫敌,远得人心,近得民望。有诸葛亮为谋士,关羽、张飞等勇将,若召得他来,以部属待他,刘备怎肯伏低做小?若以客礼待他,又一国不容二主。因此,绝对不能召请他来。"但是刘璋为人懦弱,很怕张鲁打来,又认为刘备是亲戚,决不会贪图他的地盘,所以不听王累的忠告,竟去把刘备请来了。这件事被刘璋的大将严颜知道了,他长叹道:"这真如谚语所说的:'独坐穷山,引虎自卫'者也!"(独自坐在穷山沟里,感到害怕,却叫老虎保卫自己,这不是请老虎来吃掉自己么?)

刘备被邀请进西川后,收买人心,广施德政,扩大力量,果然不久,便控制了整个西川,刘璋被送到一个小地方去养老,这时他后悔也来不及了。

后人用"独坐穷山,引虎自卫"的这个谚语比喻自招祸患。

罚人吃肉

典出《古今谭概》:李载仁,唐之后也。避乱江陵高季兴,署观察推官。性迂缓,不食猪肉。一日,将赴召,方上马,部曲相殴。载仁怒,命急于厨中取饼及猪肉,令相殴者对餐之。复戒曰:"如敢再犯,必于猪肉中加之以酥!"

唐朝有个叫李载仁的,是唐皇族的后裔。为了逃避战乱,跑到占据湖北一带的大军阀高季兴那里做了观察推官。李载仁生性迂腐,行为迟缓,从来不吃猪肉。有一天,他将去接受上司的召见,正待上马,随从的家仆对打起来了。载仁大怒,命令立即从厨房里拿来大饼和猪肉,罚那打架的面对面吃下去。还郑重其事地警告他们说:"以后如果胆敢再打架,就要在猪肉里面加些酥油来重重地惩罚你们!"

这个故事告诉人们:不能根据自己的好恶来判断天下的好恶。

飞蛾扑火

这句成语在古书中比较多见,形式大同小异。较早见于《梁书·到溉传》:研(同砚)磨墨以誊文,笔飞毫以书信。如飞蛾之赴火,岂焚身之可吝。

南朝(梁)时,有一位左民尚书叫到溉,梁武帝萧衍很器重他。到溉有个孙子叫到荩(jìn),自幼聪明,善于诗文,深为梁武帝赞赏。

有一次,梁武帝和到溉开玩笑说:"你的孙子是个才子,你的文章是不是你孙子代你写的。"并且写了一首《连珠》(古时一种诗体)赐给到溉,共六句,以上是前四句,意思是:砚台磨出墨汁来行文,毛笔飞动毫锋来写信,正如飞蛾投火一样(指砚台、毛笔),自己焚身也丝毫没有什么可吝惜的。

后人用"飞蛾扑火"这个典故比喻自取灭亡。("飞蛾"也作"灯蛾";"赴火"也作"扑火"或"投火")

后人用这个典故比喻力量虚弱的反动派和强大的革命力量硬碰,必遭可耻的失败。

割肉相啖

典出《吕氏春秋》:齐之好勇者,其一人居东郭,其一人居西郭,卒然相遇于途,曰:"姑相饮乎?"觞数行,曰:"姑求肉乎?"一人曰:"子,肉也;我,肉也。尚胡革求肉而为?"于是具染而已,因抽刀而相啖,至死而止。

勇若此,不若无勇。

齐国有两个自诩为"勇敢"的人,一个住在城东,一个住在城西。有一天,两人在路上相遇,说:"我们姑且去喝杯酒吧!"喝了几杯之后,一个说:"买点肉来吃,好吗?"另一个说:"你身上有肉,我身上也有肉,还要另外买肉干什么呢?"于是,两个人准备好了调口味的豆豉酱,就拔出腰刀来,你割我的肉吃,我割你的肉吃,直到死了才罢休。

悍勇到如此地步,倒不如没有勇气的好。

后人用"割肉相啖"说明有勇无谋,只能白白牺牲。

狗乃取鼠

典出《吕氏春秋·土容》:齐有善相狗者,其邻假以买取鼠之狗,期年乃得之,曰:"是良狗也。"

其邻畜之数年,而不取鼠。以告相者,相者曰:"此良狗也。其志在獐麋豕鹿,不在鼠。欲其取鼠也则桎之。"

其邻桎其后足,狗乃取鼠。

齐国有个人,很会挑选狗。他的邻居委托他买一条会捉老鼠的狗,花了整整一年光景,他才买来一条狗,说:"这是一条很好的狗。"

他邻居养了这条狗好几年,它却从来不去捉老鼠。邻居便把这情况告诉相狗的,相狗的说道:"这是一条很好的狗。它想捉的是那獐、麋、野猪和鹿,而不是老鼠。你一定要叫它捉老鼠,就必须把它的脚束缚起来。"

于是,他的邻居当真把这条狗的后腿束缚起来,狗这才开始捉老鼠。

这个故事说明了:空有满腹才华,如果没有施展的场所,也只能白白浪费。

汉阴丈人

典出《庄子·天地》:子贡南游于楚,反于晋,过汉阴,见一丈人方将为圃畦。凿隧而入井,抱瓮而出。然用力甚多而见功寡。

子贡曰:"有械于此,一日浸百畦,用力甚寡而见功多,夫子不欲乎?"为圃者仰而视之曰:"奈何?"

曰:"凿木为机,后重前轻,挈水若抽,数汤,其名为槔。"

为圃者忿然作色而笑曰:"吾闻之吾师,有机械者必有机事,有机事者必有机心。机心存于胸中,则纯白不备;纯白不备,则神生不定;神生不定者,道之所不载也。吾非不知,羞而不为也。"

子贡往南方的楚国去游历,回晋国途中,经过汉水南岸,遇见一位老人正要去务菜园子。只见他从挖开的一个隧道下到井里,双手抱一只大瓮汲水出来灌园,万分吃力而功效甚微。

子贡说:"我有一种机械,一天可灌一百亩地,用力少而见效很大,老人家您不用它吗?"务园子的老汉抬头望了望他说:"什么样的机械?"

子贡说:"在木头中凿一个机关,后半重前半轻,用它提水就像抽引一样,接连不断,水流泛溢奔流,名叫桔槔。"

务园子的老汉勃然大怒,一下变了脸色,讥笑说:"我从我的老师那里听到说,有机械的人一定有投机取巧之事,有机巧之事的,一定有机变巧诈之心。胸中存留着机心,人的纯粹洁白的天性就受到破坏;纯粹洁白的天性不完备,就会心神不定;心神不定的人,是不可能得道的。我并非不知道桔槔这种机械,我是耻于做这种事情!"

后人用"汉阴丈人"比喻顽固分子反对新事物,往往会拿出一套歪道理为自己的守旧行为辩护。

猴子搏矢

典出《庄子·徐无鬼》:吴王浮于江,登乎狙之山。众狙见之,恂然弃而走,逃于深蓁。有一狙焉,委蛇攫搔,见巧乎王。王射之,敏给搏捷矢。王命相者趋射,狙执死。

王顾谓其友颜不疑曰:"之狙也,伐其巧,恃其便,以敖予,以至此殛也。戒之哉!嗟乎!无以汝色骄人哉!"

吴王坐着船在长江里游玩,登上一座猴山。很多猴子看见了,都十分害怕地跑掉,逃到深深的荆棘丛里去。唯独有一只猴子,从容不迫地跳来跳去,在吴王面前表现它的灵巧。吴王拿起弓箭射它,它敏捷地接住了箭。吴王命令助手们一齐追射,那只猴子就被围住射死了。

吴王回头对他的朋友颜不疑说:"这只猴子啊,夸耀它的灵巧,仗恃它的敏捷,来对我表示骄傲,以至于这样死去了。应该警惕啊!唉!不要拿你的神气对人骄傲啊!"

这篇寓言说明喜欢卖弄聪明,表现自己,爱耍傲气的人,有时是要栽大跟头的。

驳象虎疑

典出《管子·小问》:桓公乘马,虎望见之而伏。桓公问管仲曰:"今者寡人乘马,虎望见寡人而不敢行,其故何也?"管仲对曰:"意者君乘驳马而盘桓,迎日而驰乎?"公曰:"然。"

管仲对曰:"此驳象也,驳食虎豹,故虎疑焉。"

齐桓公骑马出游,有一只老虎远远望见就趴在地上。事后,桓公问管仲说:

"今天我骑马出游,老虎望见我吓得不敢动,是什么缘故呢?"

管仲回答说:"料想君王必是骑骏马闲游,迎着太阳奔跑吧。"

桓公说:"是这样。"

管仲说:"这是因为骏马很像驳,驳能吃老虎豹子,所以老虎疑惧了。"

后人用"驳象虎疑"比喻在人们的社会生活中,类似这种为假象所惑而发生错觉的事情也是常有的。

金眼睛

典出《雅谑》:党进命画工写真。写成大怒,责工曰:"前日见你画大虫,尚用金箔贴眼,偏我消不得一双金眼睛乎?"

党进命令绘画工匠给他画一张像。画成之后,党进大怒,责骂绘画工匠说:"前天我看见你画大老虎,尚且用金粉纸贴在它的眼睛上,难道我还受用不得一双金眼睛吗?"

后人用这则寓言说明绘画和任何艺术一样,有它自己的艺术规律。画老虎时,用金箔贴眼,可以增加老虎凶猛的情态,使人产生虎视眈眈的感觉。如果画人也用金箔贴眼,那不成了恶魔厉鬼了吗?党进是个有权有势的人,就是没有艺术修养。他不懂装懂,利用权势对画工乱干涉,瞎指责。有权势,无才能,这种矛盾统一在党进这一类人的身上,他们所到之处,必然会给人们带来哭笑不得的灾难。

拒谏饰非

典出《荀子·成相》:拒谏饰非,愚而上同国必祸。

《成相》是荀况晚年的作品。在这篇文章中,他借用若干历史故事,塑造了他理想中的圣王和贤相的形象。文中写到:君主好忌妒和处处都想胜过臣下,这样大臣们就没法进行规劝了,必然要遇到灾祸。君主评论臣下的过错,要看他所做的事是否违背了尊崇君主,安定国家和推崇贤人。君主拒绝规劝,掩饰自己的错误,臣下阿谀奉承,附和君主的意思,国家必然遭到祸害。

后人用"拒谏饰非"指拒绝别人的劝告,掩饰自己的错误。

空中楼阁

宋朝有位大学问家叫沈括,字存中,浙江湖州人,宋仁宗时考中进士,后来做到韩林学士一官。他学问渊博,对当时的掌故、见闻以及天文、卜算、音乐、医药等,无不通晓。在他所著的《梦溪笔谈》一书中,曾有这样一段记载:"登州(今山东蓬莱县)四面临海(渤海),春末及夏季时,远远可以见到空中有城市楼台的形状,当地的人将它叫做海市。"这种情景,便是人们所称的"海市蜃楼",其实是因为那个季节时,海水的温度低于空气,故空气海面密而空中薄,远山、船舶、城市、楼台的光线除了直射到人的眼中外,又射到空气稀薄的地方,再曲折反射到人的目中。在沙漠中也有这种虚幻景象,沙漠上白天地面热,故下层空气薄于上层,光线反射,便有池畔草木映在水中的形状。

后来清朝人翟灏将沈括所说的话引证为"空中楼阁",常常比喻脱离实际的幻想或虚幻的事物。

六百里和六里

苏秦死了之后,他那假装得罪燕王逃到齐国去破坏齐国的阴谋慢慢地从苏秦手下人的嘴里泄漏出来了。齐宣王这才明白过来。从此以后,齐国和燕国又有了仇。公元前314年,燕国起了内乱,齐宣王趁着机会打到燕国去,杀了燕王,差点把燕国灭了。齐国的声势可就大了。这还不算,齐宣王又和楚怀王结了同盟。秦惠文王正打算去打齐国,齐、楚两个大国联合起来,秦国的打算落了空。张仪要实行"连横",非把齐国和楚国拆开不可。他向秦国说明了这个意思,交回相印,上楚国去了。

张仪到了楚国,先拿出十分贵重的礼物,去送给楚怀王手下一个最得用的小人叫靳尚,然后去见楚怀王。楚怀王问他:"先生光临,有何指教?"张仪说:"秦王派我来跟贵国交好。"楚怀王说:"谁不愿意交好呢?可是秦王老向人家要土地,不给他就打,谁还敢跟他交好?"张仪说:"如今天下只剩了七个国家,其中最强大的,要算齐、楚、秦三国。要是秦国跟齐国联合,那么齐国就比楚国强;要是秦国跟楚国联合呢,那么楚国就比齐国强。如今秦王打算跟贵国交好,可惜大王跟齐国通好,他有什么办法呢?要是大王能够下个决心,跟齐国绝交,秦王不光情愿跟贵国永远和好,还愿意把商于一带六百里的土地送给贵国。这么一来,楚国可就得了三样好处:第一,增加了六百里的土地;第二,削弱了齐国的势力;第三,得

到了秦国的信任。一举三得，为什么不这么干呢？"楚怀王是个糊涂虫，经张仪这么一说，就动了心。他挺高兴地说："秦国要是能够这么办，我何必一定要拉着齐国不放手呢？"

楚国的大臣们一听说他们能够得到六百里的土地，大伙儿都眉开眼笑地给楚怀王庆贺。忽然有个人站起来，说："这么下去，我们哭都来不及，还庆贺呢？"楚怀王一看，原来是客卿陈轸，就问他："为什么？"陈轸说："秦国为什么把六百里的土地送给大王？还不是因为大王跟齐国订了联盟吗？楚国有了齐国作为兄弟国，势力大，地位高，秦国才不敢来欺负。要是大王跟齐国断了来往，就跟砍了一只胳膊一样。那时候，秦国要不来欺负楚国才怪呢！大王要是听了张仪的话跟齐国断交，张仪失了信，不交出土地，请问大王有什么办法？到那时候，齐国恨死了大王。万一跟秦国联合起来，一块来打楚国，不就是楚国亡国的日子到了吗？大王不如打发人先去接收商于。等到六百里的土地接收过来之后，再去跟齐国绝交也来得及呀。"三闾大夫（官名，掌管王族三姓，就是昭家、屈家、景家）屈原说："张仪是个反复无常的小人，千万别上他的当。"那个受了张仪礼物的靳尚，眯缝着一对吊死鬼眼睛，反对说："要不跟齐国绝交，秦国哪能白白地给咱们土地呢？"楚怀王点着头说："那当然！咱们先去接收商于吧。"

楚怀王挺高兴，赏了张仪好些财宝。一边去跟齐国绝交，一边打发逢侯丑跟着张仪去接收商于。张仪和逢侯丑沿途上喝酒谈心，好像亲弟兄一样。他们到了咸阳城外，张仪好像喝酒喝醉了，从车上摔下来，底下人慌忙把他搀起来，他说："喔唷，我的腿摔坏了。你们赶紧把我送到城里去找医生。"他们把张仪送进了城，请逢侯丑住在客馆里。

逢侯丑去拜见张仪，底下人说："医生说了，闭门养病，不能会客。"这么一天一天地耗下去，一连有三个月之久。逢侯丑着了急，写了一封信给秦惠文王，说明张仪答应交割土地的事情。秦惠文王回答说："相国答应的话，我一定照办。可是楚国还没跟齐国完全绝交，我哪能随便听信片面之词呢？且等相国病好了再说吧。"逢侯丑再去找张仪。张仪压根儿就没见他。逢侯丑只好把秦惠文王的话报告了楚怀王。楚怀王说："难道秦国还怕我没跟齐国绝交吗？"他派人到齐国去骂齐宣王。齐宣王气极了，打发使臣去见秦惠文王，约他一块去打楚国。

张仪听说齐国有使臣来，就去上朝。没想到在朝门外碰见了逢侯丑。张仪问他："怎么将军还在这儿？难道那块土地你还没接收吗？"逢侯丑说："秦王要等相国病好了再说。如今咱们就一块去说吧。"张仪说："干什么要跟秦王去说？我把我自己的土地献给楚王，何必去问他呢？"逢侯丑说："是您的土地吗？"张仪说："可不是吗？我情愿送给楚王我自己的六里土地。"逢侯丑急得出了一身冷汗，说："怎么会是六里土地？我来接收的是商于那儿的六百里土地呀！"张仪摇着脑袋，说："没有的话！秦国的土地，全是凭着打仗得来的，哪能随便送人呢？别说六百里，就是六十里也不行啊？我说的是六里，不是六百里；是我的土地，不是秦国的土地。大概楚王听错了吧！"逢侯丑这才知道他原来是个骗子。

这个故事讲的是张仪卑鄙奸诈，背信弃义，出尔反尔，反复无常。

鲁肃上了孔明的船

典出《三国演义》第四十六回。

鲁肃，字子敬，三国时东吴谋士，和周瑜同辅孙权，后任水军都督。他谋略周密，深识大体。曹操东下时，他力排众议，坚决主张联刘抗曹。周瑜猜忌褊狭，处心积虑想杀害孔明。鲁肃考虑到当时正是用人之际，如果杀了孔明，不仅被曹操耻笑，而且会削弱东吴的力量。这表现了鲁肃待人宽厚，处事谨慎和政治家的远见与风度。

一次，周瑜借口军中急需弓箭，限令孔明十日内监造十万支箭，工匠和原料又不给足，到时孔明造不出箭，按军法处死。限期的第三天夜里，孔明暗地请鲁肃一同前去取箭。鲁肃不知道孔明施的什么计谋，便糊里糊涂地跟着他上了草船。当草船抵近曹营，军士擂鼓呐喊时，鲁肃大惊，害怕曹兵出战，自己难以脱身。孔明却笑着说："现在雾气迷天，我料想曹操必然不敢出战。"令摆酒菜，要和鲁肃对饮。鲁肃心里像十五个吊桶提水——七上八下的，哪里吃得下！没想到，孔明巧用天时，草船借箭，不费江东半分之力，满载而归。

"鲁肃上了孔明的船"，比喻不明事理，或对事物的认识模糊，盲目地跟着别人。

盲人骑瞎马，夜半临深池

典出《世说新语》：盲人骑瞎马，夜半临深池。

东晋时期，桓玄掌权，家中常常是宾客满座，饮宴至深夜。有一天，在酒席上行酒令。规定每个人讲两句诗，表达一个非常危险的境界。一人说："月黑杀人夜，风高放火天。"大家说："不错，是吓人。"又一人说："昼日则鬼见，暮卧则梦闻。"大家说："不错，也吓人。"一人道："大虫口中夺脆骨，骊龙项下夺明珠。"大家说："不错，这也是玩儿命的事。"轮到一个参军时，他脱口说道："盲人骑瞎马，夜半临深池。"可大家竟一声不吭。原来桓玄瞎了一只眼睛，最恨人家说什么瞎子、盲人。良久，桓玄涩声说道："你怎么当面讥刺我是盲人呢？"于是酒宴不欢而散，第二天，参军的官也被免了。

后人用"盲人骑瞎马，夜半临深池"这个典故比喻人们办事乱碰瞎闯，危险之至。

名读书

典出《笑林》：车胤囊萤读书，孙康映雪读书。一日，康往拜胤，不遇，问何往？门者曰："出外捉萤火虫去了。"已而胤答拜康，见康闲立庭中，问："何不读书？"康曰："我看今日这天不像个下雪的。"

车胤集起萤火虫读书，孙康借雪光读书。一天，孙康去拜望车胤，没有遇到，问他到哪里去了？看门的人说："到郊外捉萤火虫去了。"

不久，车胤去答拜孙康，看见孙康悠闲地站在庭院里，便问道："为什么不读书呢？"

孙康说："我看今天这天气不像是个下雪的样子。"

后人用这则寓言说明囊萤、映雪读书，本来表现了能充分利用一切时间和条件刻苦攻读的精神，但是如果离开了这种精神实质，离开了客观效果，放着大好时光不利用，却去捉萤火虫，或者等着老天下雪，片面地追求形式，搞花架子，既骗人，又害己，是不会有好结果的。

目不见睫

典出《韩非子·喻老》：臣患智之如目也，能见百步之外而不能自见其睫。

《史记·越王勾践世家》：吾不贵其用智之如目，见豪毛而不见其睫也。

战国时，越王无疆当国，他想与当时的其他国家争霸，就对外使用武力，准备北面向齐国用兵，西面对楚国侵略。齐威王知道越国要向齐国进攻，就派了个说客向越王说："越国不去攻打楚国，大既不能称王，小也不能称霸。我想越国之所以不去攻打楚国，是因为得不到晋国的支持。"越王说："我对晋国的希望是维持中立，不想和他们两军相对，难道晋国还会来攻夺我的城池吗？"接着他又分析了当时各国的情况后，对晋国的不趁时机去掠取楚国的土地，认为十分失算。

齐国使者听了越王的见解，说："我觉得越国没有亡国倒真是侥幸的事，大王你看得多么虚浅！我一点不重视那种运用智慧像使用眼睛的作法，眼睛虽然能看清楚细微的毛，却看不见自己眼睑上的睫毛。现在，你只看见晋国的失计，却看不见越国本身的错误，只期待晋国去瓜分楚国，又不能和他联合，怎么能够全凭希望呢？大王不如现在出兵去攻打楚国，先夺长沙一带产米区（楚国在今湖南、湖北地方）和竟泽陵的产木材的地方，那么就可以建立霸王的基础。"越王被齐国的说客打动了，便放松齐国而移兵攻楚。

后来的人，便将齐国使者所说的话引申为"目不见睫"一句成语，意思是眼睛看不见自己的睫毛，比喻目光短浅，没有自知之明。

牛缺遇盗之戒

典出《列子·说符》：牛缺者，上地之大儒也。下之邯郸，遇盗于耦沙之中。尽取其衣装车马，牛缺步而去。视之，欢然无忧吝之色。盗追而问其故。

曰："君子不以所养害其所养。"

盗曰："嘻！贤矣夫！"

既而相谓曰："以彼之贤，往见赵君，使以我为，必困我。不如杀之。"乃相与追而杀之。

燕人闻之，聚族相戒曰："遇盗莫如上地之牛缺也！"皆受教。

俄尔其弟适秦，至关下，果遇盗；忆其兄之戒，因与盗力争，既而不如，又追而以卑辞请物。

盗怒曰："吾活汝弘矣，而追吾不已，迹将著焉。既为盗矣，仁将焉在？"遂杀之，又傍害其党四五人焉。

牛缺，是上地的一个大学问家。他一次出门要到邯郸去，走到耦沙遇见了一伙强盗。强盗抢尽了他的衣物车马，牛缺却大踏步走了。看起来高高兴兴的，没有一点发愁和吝惜的神色。强盗便赶上去问他是什么缘故。

牛缺说："君子不拿供养自身的东西去危害它所供养的身子。"

强盗说："吓！真是知理通情呀！"

但众强盗随后又互相商量道："凭他这样的才德，去见赵国君王，谈到了我们的这种行为，一定要与我们作难。还不如把他杀了好。"于是，他们便赶上牛缺，把他杀掉了。

燕国有人听说了这件事，便召集起他的家族来，互相警戒说："碰见强盗可千万别学上地的牛缺呀！"大家都接受了这个教训。

不久，这人的弟弟要到秦国去，到了函谷关下，果然遇到强盗。想起哥哥对他的警戒来，便和强盗大力争夺财物。争夺不来，又赶上去向强盗们说好话请求还给他东西。

强盗们大怒道："我留你条活命就够宽宏大量了，你还不停地追赶我们，这样，我们的行踪就要暴露了。既然做了强盗，哪里还管得到发善心呢？"于是就把他杀了，并且连他的亲友四五个人也都一起杀死了。

这一则寓言讽刺了教条主义者抱住书本不放，经验主义者硬搬老一套，这都是不从实际出发，不分析具体情况，不区别具体对象，死板地运用理论原则，机械地对待经验教训。凡是抱着这种教条主义或经验主义态度处世的人，总是要大倒其霉，无往而不败的。从牛缺和燕人的遭遇里，可以获得不少启发。

赔了夫人又折兵

刘邦的军队进了洛阳,他假惺惺地哭哭啼啼上演一套为义帝发丧的把戏,以笼络人心;然后,出兵东击项羽,表示替义帝复仇。这时,项羽的兵力全在山东,所以给了刘邦很大的方便,一帆风顺地进占了楚国的彭城。

到了彭城,刘邦不再"袒而大哭",也忘掉自己的"约法三章",整天忙着收集货宝,挑选美人,或者摆酒设宴,大吃大喝,又跟初进阿房宫一样飘飘然起来。士兵们也涣散软弱了。项羽军队为了挡住背后的汉军,连夜从山东赶回来。楚军人数只有三万,可是一与刘邦交战,不到半天,便把刘邦的五六十万大军,杀得落花流水。来不及逃走而跳入睢水溺死的,就有十多万。可怜刘邦落得魂飞魄散,只顾自己逃命,好容易在乱军中冲出来,像丧家之犬似的逃到妻子的哥哥周吕侯那边,才勉强镇定下来。这时,只有他自己接收的货宝美人重新还给了项羽,连自己的父母妻子也都作了楚国的俘虏。真是赔了夫人又折兵。

"赔了夫人又折兵"这句成语的来源,有人认为是由刘备过江招亲,孙权计谋失败而来的,这是由于"三国演义"的故事人们较多熟识的缘故。

后人用"赔了夫人又折兵"比喻想占便宜,结果连本也赔进去了。

欺软怕硬

典出《史记·宋微子世家》:八年,齐桓公卒,宋欲为盟会。十二年春,宋襄公为鹿上之盟,以求诸侯于楚,楚人许之。公子目夷谏曰:"小国争盟,祸也。"不听。秋,诸侯会宋公盟于盂。目夷曰:"祸其在此乎?君欲已甚,何以堪之!"

宋襄公通知列国诸侯,请他们共同护送公子昭回齐国去即君位。诸侯当中,有的主张多一事不如少一事,干脆就让公子无亏继续做国君;有的不敢得罪宋国,认为开一次大会也无所谓。不过,多数诸侯并不把宋国的通知放在心上。到了开会的日子,只有卫、曹、邾三个小国带了点兵车来赴会。宋襄公就领着四国的兵车打到齐国去。齐国的大臣高虎、国仲懿等全是见风转舵以求自保的人。当初立公子无亏,说他是长子;如今眼看四国兵马麇集城下,就改口说公子昭本来是太子。他们杀了公子无亏和竖习,赶走了易牙,投降了宋国,迎接公子昭即位,就是齐孝公。四国的诸侯完成了这份工作,得了谢礼,就退兵回去了。

宋襄公算是成功地踏出了做霸主的第一步。接下来,他打算号召诸侯,继承齐桓公的事业。但他生怕大国瞧不起他,就先邀约曹、邾、滕(在山东省滕县西南）、鄫（在山东省峰县东）四个小国，开个会议。到了开会当天，曹、邾两国的国君准时赴会；滕侯婴齐迟到、子则根本没到场。宋襄公觉得这两个小国太傲慢了，身为小国竟不肯好好地听大国的话，简直是无礼。于是他摆出一副霸主的姿态，打算给他们一点颜色瞧瞧。宋襄公问滕侯婴齐为什么迟到。滕侯婴齐见他一脸凝重，吓得一哆嗦，低声下气地赔着不是。宋襄公瞧他如惊弓之鸟般，就有点儿过意不去；可是为了维持霸主的神气，他只好狠下心将滕侯婴齐关起来，不准他会盟。鄫子得到这个消息，心知事态不妙，吓得连夜启程赶来，可是已经迟了三天。宋襄公大怒，叫骂说："我刚提出会盟，小小一个国竟敢迟到三天，不好好处治他，怎么行呢？"公子目夷（字子鱼，宋国的相国，宋襄公的庶兄）一再阻挡他，可是宋襄公已拿定了主意。他杀了鄫子，把他当作祭品，祭祀睢水。别的诸侯祭祀时，只用牛、马、羊等作为祭品，宋襄公却用了活人，而且还是一个国君。他对鬼神的崇敬真叫人瞠目结舌。

宋襄公杀了鄫子后，更妄自尊大了。被拘押的滕侯婴齐千方百计地托人向宋襄公求情，又送了他一份很厚的礼，宋襄公才释放了他。

就因为宋襄公杀了鄫子、押了滕侯，前往与会的曹共公大为不满。不到"歃血为盟"的日子，他就不告而别了。这可恼火了宋襄公，光是会合四个小国，就已经是如此乌烟瘴气，怎么还能号令大国呢？宋襄公左思右想，认为要一个个地去收服小国，实在太费事了，他打算先请出一个大国来，再利用他去收服小国。但是当时楚成王已经会合了齐、鲁、陈、蔡、郑等国，订立了盟约，宋襄公还能去联络哪一个大国呢？虽然秦国和晋国还没给楚国拉过去，可是他们位处偏远，向来不跟中原诸侯会盟。怎么办呢？他摇头晃脑地思索了一会儿，突然灵机一动，自言自语地说："嘿，有了！就请楚国出来吧！"他把这个主意告诉了大臣们，公子目夷自然竭力反对，宋襄公干脆不理他。

宋襄公打发使臣带着厚礼去见楚成王，请他到宋国的鹿上来跟齐国、宋国先开个三国会议，商量会合各国诸侯的办法。楚成王居然答应了。

公元前639年2月，齐孝公昭先和宋襄公在鹿上相见。齐孝公是靠着宋襄公的扶持才做了国君的，当然忘不了他的大恩，言行举止间对他特别恭敬。可是齐孝公发觉这位恩人的霸气不减他的父亲，内心就起了反感。过了几天，楚成王也到了。

三位国君依序就坐。宋是公爵，坐第一位；齐是侯爵，坐第二位；楚是子爵，坐第三位。宋襄公拱了拱手，说："我打算会合诸侯，共同扶助王室。恐怕人心不齐，意见不一致，所以想借重二位的大力，一起号召诸侯，到敝国盂地（在河南省睢县东南）开个大会，日期就定在七月里吧！"然后，就请齐、楚两位国君发表意见。齐孝公和楚成王推让了许久，都不肯表达看法。宋襄公就说："二位国君如果不反对我的提议，就请在通告上签名吧！"说完，就把预备好的通告先递给楚成王。楚成王认真一瞧，上面除写明会盟的意义之外，还附带说明要学习齐桓公的办法，开的是"衣裳之会"，最后则签着宋襄公的名字。楚成王说："有您签名就够了，就这么发出去吧。"宋襄公说："陈国、许国、蔡国都跟你们二位订有盟约，所以要借重你们。"楚成王说："那么请齐侯先签吧！"齐孝公为了宋襄公先把那通告递

给楚成王，心里已经快快不乐了，这下再由楚成王让给他，他就赌气似地说："敝国就像宋襄公手下的人一样，没有什么影响力。贵国威震八方，您不签字，事情就不好办！"

楚成王微微一笑，签了字，交给齐孝公。齐孝公酸溜溜地说："我历经颠沛流离，能保住自己的国家已是万幸！哪儿有资格号召诸侯？有了楚国签署就成了。"他对宋襄公的重楚轻齐耿耿于怀。宋襄公没觉察到这一点，把齐孝公的冷言冷语当作真心话，就将通告收了起来，请他们下半年早点来。

到了秋天，宋襄公驾着车马到盂地去开大会。公子目夷说："楚是蛮族，难以揣测他的意图，万一他心口不一致那可怎么办？主公总得带点人马去，才能叫人放心哪！"宋襄公瞪了他一个白眼，不以为然地说："什么话？约好了开'衣裳之会'，怎么可以自己失信于人？"公子目夷只好空手跟着他去赴会。

他们到达会场时，楚、郑、陈、蔡、曹、许等国已在场等候，只有齐孝公和鲁僖公还没露面。齐孝公是抱怨宋襄公，鲁僖公是不屑与蛮族打交道。宋襄公见楚成王左右全是文臣，没有一个武将，就教训公子目夷说："你瞧瞧！下次可别再以小人之心度君子之腹了！"

七国的诸侯准时开会，宋襄公以临时主席的身分拱了拱手，致开会词说："今天诸君到敝国来开会，我们非常荣幸。我们想效法齐桓公的精神，尊重王室、济弱扶倾，大家订立盟约，息兵罢战，共享天下的太平。不知道诸君认为怎么样？"楚成王率先站起来，说："很好！很好！但不知道谁是盟主？"宋襄公理直气壮地说："这用不着多说！不是看爵位的高低，就是论功劳的大小。"楚成王说："宋是公爵，第一等诸侯；可是我已经做了多年的王了。王总比公爵高一等吧！"他就毫不客气地跑过去，大摇大摆地坐在第一个座位上，气得宋襄公暴跳起来。公子目夷扯一扯他的衣袖，叫他沉住气。可是他哪儿办得到呢？他费了九牛二虎之力，眼看就要当上霸主了，怎么能轻易让给别人哪！他挺着胸脯，说："我是正式的公爵，你是自称为王，你这头衔是假的！"楚成王脸色大变，说："既然知道我这楚王是假的，你请我这假王来干什么？"楚国的大夫成得臣（字子玉）也在一旁大声说："今天开会，只要问问众位诸侯，是为了楚国而来的呢？还是为了宋国而来的？"

陈国和蔡国的国君向来害怕楚王，齐声说："楚国！楚国！"楚王听了，哈哈大笑，指着宋襄公说："听见了没有？你还有什么话可说？"宋襄公当众受辱，气呼呼地还想争论，就瞧见成得臣和楚国大将斗勃脱去外衣，露出闪闪发亮的铠甲。他们从腰际拔出两个小红旗，向台底一挥动，一批楚国的"文官"，立刻剥去外衣，一个个全变成了武士，蜂拥扑上台来。台上的各国诸侯吓得魂不附体。楚国人不由分说地把宋襄公拖了去，公子目夷趁乱成一团时，一溜烟跑了。

后人用"欺软怕硬"比喻欺负软弱，害怕强横。

起死回生

典出《史记·扁鹊列传》：扁鹊曰："越人非能生死人也，此自当生者，越人能使之起耳。"

战国时代，有位名医叫扁鹊。有一次，他路过虢国，正好碰上虢国太子突然患病死了。他知道死者的情况后，就自告奋勇地去进行抢救。扁鹊仔细观察了太子之后说："太子并没有真死，还有救活的希望，这是一种昏迷症，名叫尸蹶。扁鹊于是用针灸疗法使太子苏醒转来，然后再给他服汤药。服药不久，太子的病就全好了。这消息传出去后，人们都称赞扁鹊"能生死人"。但扁鹊却谦逊地说："我没有什么本领，那是因为太子没有真死，所以才能把他救活。"

后人把称赞扁鹊的话说成"起死回生"，用来表示使死人或死东西复活，多用来形容医术高明；也用来形容挽救了看来没有希望的事情。

琴　　谕

典出《宋文宪公集遗编》：楚、越之交恒多山，山民齐氏者，不识琴，问人曰："何谓琴？"或告之曰："琴之为制，广前狭后，圆上方下，岳首而越底，被之以丝，则铿铿然泠泠然可听也。"齐悦曰："是知琴也。"一日，适通都大邑，见负筑来者，亟趋视之，惊曰："是不类广前狭后、圆上方下者耶？"反侧视之，良久又曰："是不类岳首而越底者耶？"以指横度之，则亦有声出丝间。复曰："是又不类铿铿泠泠之可听者耶？"遂力致其人而归，师之三年，夙夜不辍，自以为尽其技也。乡之告者偶过焉，闻其声，辄瞿然曰："子习者筑也，非琴也！不然，何若是嘈杂淫哇也？"因出琴鼓一再行。齐氏闻之，蹙额曰："子绐我矣！澹乎若大羹玄酒，朴乎若黄桴土鼓，不足乐也。予所嗜者异乎是，若鸾凤之鸣，若笙箫之间作，若燕、赵美人之善讴。吾不知子琴之为筑，吾筑之为琴也！请终乐之！"嗟夫！琴之为器，人所易识，山民乃以筑当之，则夫误指乡愿为君子，日爱之而不知厌者，尚何怪乎？

楚国和越国之间连绵多山，山民中有一个姓齐的人，他没有见过琴，便问别人说："什么是琴呀？"有人告诉他说："琴制作的样子，前面宽后面窄，上面圆下面方，头部隆起，底部有小孔，浮面覆盖着丝弦，弹起来铿铿作声，弦音清越，非常好听。"齐氏高兴地说："这就知道什么是琴了。"

一天，他往大城市去，看见一个人背着一把筑走来，急忙跑上去看，吃惊地说："这不像前宽后窄、上圆下方的那种乐器呀？"反复观察了它，许久又说："这也

不像翘首而底下有小孔的样子呀?"用手指横弹了一下,也有声音从弦上发了出来。又说:"这又不像是铿铿作声、弦音清越悦耳的呀?"于是尽力说动那人跟他一起回去,向那人学了三年,早晚也不休息,自以为把他的技艺都学到手了。

先前告诉他什么是琴的那个人偶然走过他的家门,听见他弹筑的声音,就吃惊地说:"你所学的是筑呀,不是琴呀!不然的话,为什么会发出喧闹嘈杂的声音来呢?"接着就拿出琴来弹了又弹。齐氏听后,忽然皱起眉头说道:"你欺骗了我!你弹的声音淡然无味,像是大菜汤和白水酒,简单朴素像用桦槌敲击土鼓,不会引起我的兴趣来呀。我所爱好的和这个并不相同,它像鸾鸟和凤凰的鸣叫声,像笙和箫的轮番吹奏,像燕国和越国美人的歌唱。我不晓得你的琴或者是筑,我的筑或者是琴呀!请尽我自己的乐趣吧!"

唉!琴作为乐器,人们原是很容易辨认的,而山民齐氏却用筑当作琴,反去把言行不符的乡愿错当作道德高尚的君子,并且天天惜爱而不厌倦,这还有什么可奇怪的吗?

后人用这则寓言说明把乡愿当君子,反责人欺骗自己,这是不知音者,山民齐氏之谓也。中毒既深,习非为是,原是世人常态。这则寓言的讽喻性,是具有普遍意义的。

肉食者鄙

典出《艾子杂说》:艾子之邻,皆齐之鄙人也。闻一人相谓曰:"吾与齐之公卿,皆人而禀三才之灵者,何彼有智,而我无智?"一曰:"彼日食肉,所以有智;我平里食粗粝,故少智也。"其问者曰:"吾适有粜粟钱数千,姑与汝日食肉试之。"数日,复又闻彼二人相谓曰:"吾自食肉后,心识明达,触事有智,不徒有智,又能穷理。"其一曰:"吾观人脚面,前出甚便,若后出岂不为继来者所践?"其一曰:"吾亦见人鼻窍,向下甚利,若向上,岂不为天雨注之乎?"二人相称其智。艾子叹曰:"肉食者其智若此。"

艾子的邻居们,都是齐国粗俗的人。

听见一个人对另一个人说:"我和齐国的公卿大夫,都是人,也都禀受了天、地、人三才的灵智,为什么他们就有智慧,我就没有智慧呢?"

另一个人说:"他们天天吃肉,所以有智慧;而我们平日尽吃些粗糠,所以缺少智慧呀。"

那个问话的人说:"我恰好有粜米的钱数千,姑且让我们天天吃些肉试试看。"

过了几天,又听见那两个人对话说:"我自从吃肉以后,心志清楚、聪明通达,碰见什么事情都有智慧,不仅有智慧,而且还能穷尽其道理。"

其中一人说:"我观察到人的脚面,向前出甚为便利,如果向后出,岂不要被跟随来的人踩着吗?"

其中另一人说:"我也发现人的鼻孔向下长着甚为便利,如果向上长,岂不要被天上落下的雨水灌注进去吗?"

两个人便互相称颂起他们的才智来了。

艾子听后感叹着说:"唉!吃肉人的智慧,不过如此罢了!"

后人用这则寓言说明人的智慧,主要依靠主观努力,通过社会实践的锻炼,通过理论学习的修养而培养出来的,决不取决于吃肉的多少。《左传》庄公十年,记载曹刿论战,曾指出:"肉食者鄙,未能远谋"。意思无非是说那些养尊处优、做官当老爷的人,由于脱离实际和群众,往往变得十分愚蠢;相反,倒是整天在现实斗争中磨炼的小人物,往往具有无穷的智慧。人们常说,惟卑者最聪明,也便是这种道理。在这里,齐之鄙人要为肉食者翻案,为了证明他们这翻案文章作的有理,他们自己也天天吃起肉来,结果,"不徒有智,又能穷理":发现脚向后出、鼻孔向上的大道理,从而"二人相称其智"。这便用实际行动再一次证明"肉食者鄙,未能远谋"的论断了。

三不死

卫太子蒯聩仗着孔姬和浑良夫,把大夫孔悝硬收过来,把他的儿子卫出公轰走,自己做了国君,就是卫庄公。卫庄公把第二个儿子疾立为太子,把浑良夫提升为上卿,和孔悝一块儿管理朝政。

这时候,孔子听说卫国起了内乱,就对他们的门生们说:"高柴(就是子羔)和仲由(就是子路)在卫国一定会碰上大难。高柴也许还能回来,仲由是准死无疑的了!"门生们就问孔子这是什么缘故。他说:"高柴知道事情应当从大处着想,他准能保全自己的命。仲由老仗着勇气,不怕死,分不出事情的轻重,他十成有八成得死。"话还没说完,果然子羔跑回来了。师生见了面,又是喜欢,又是难受。子羔说,子路多半是回不来了。没几天,卫庄公蒯聩派人来见孔子,说:"新君即位,挺佩服您和您的门生,特地派我给您送一点味道挺好的东西来。"孔子道了谢,把罐子接过来。他打开盖儿一瞧,原来是一罐子肉酱。他连忙盖上,挺难受地跟来人说:"大概就是我的学生仲由吧?"来人一听,反倒大吃一惊,说:"可不是吗?您怎么知道的?"孔子说:"卫君哪儿能给我送别的东西来呢?"孔子叫门生们把肉酱埋了。他们一个个都难受得掉下眼泪来,孔子更哭得伤心。他说:"我就怕仲由不得好死,哪儿知道他死得这么惨!"此后,孔子身子骨儿就一天不如一天。隔年(公元前479年,周敬王四十一年,鲁哀公十六年)他死了,享寿73岁。

卫庄公蒯聩把子路剁成肉酱送给孔子,是给反对他的人瞧瞧的。他还想把其他对他不利的大臣全消灭了。他老觉得孔悝是卫出公的一党,便把他轰出去。卫国的大权就落在浑良夫手里了。

卫庄公蒯聩眼瞧见库房全是空的。这哪儿行呢？他要听听浑良夫的意见。浑良夫说："公子辄（就是卫出公）虽说不好，总是主公的儿子。再说卫国的库房全给他搬走了，主公要是能叫他回来，那么卫国的财宝自然也就回来了。"有人把这话传到太子疾耳朵里。太子疾怕他哥哥回来抢他的位置，就暗中安排了几个武士和一头猪，趁空隙把他的老子蒯聩捆上，逼着他答应两件事：第一，不准公子辄回来；第二，把浑良夫杀了。卫庄公蒯聩弄得没有主意，可是不答应又不行，只好跟他儿子说："这头一件事倒还好办。那第二件事，为了我当初有言在先，答应过浑良夫饶他三回死罪，那可怎么办呢？"太子疾说："让他犯到第四回死罪的时候，总可以把他杀了吧！"卫庄公蒯聩觉得他两个儿子全不是好惹的，可是又没办法，不如少说话为妙。太子疾宰了那头猪，爷儿俩就"歃血为盟"。

过了几天，卫庄公蒯聩请大臣们吃饭。在宴席上，浑良夫穿着狐狸皮袄，带着宝剑，和卫庄公坐在一块儿又吃又喝的，真是唯我独尊，旁若无人。太子疾一见，觉得机会来了，就叫武士们把他拉出去。浑良夫嚷着说："我犯了什么罪呀？"太子疾说："臣下见国君，必须穿礼服，你没穿礼服。这是第一个死罪。做臣下的陪着国君宴会，不应当带着兵器，可是你呢，竟挂着宝剑。这是第二个死罪。你在国君面前大模大样地穿着皮袄，目中无人。这是第三个死罪。"浑良夫说："我不跟你争辩。就算我犯了三个死罪，也不至于死呀！主公当初有言在先，饶我三不死！"太子疾说："公子辄是个大逆不道的家伙，你偏要叫他回来。这不是第四个死罪吗？"浑良夫还想分辩，不过是"临死打哈欠——白张嘴。"

卫庄公把儿子卫出公撵走，虽说是他姐姐孔姬的力量，给他撑腰的还是晋国。可是"喝水的忘了掘井的"了，他一口气两年没去朝见晋定公。晋定公为了吴王夫差在黄池会上抢去了他盟主的地位，正是有气没有地方撒去，就借着卫庄公蒯聩两年没去朝见他的名目，使一使威风，也好遮个羞脸。他叫赵鞅发兵去打卫国。卫国的大臣们都怕晋国，一见晋国的大军到了，就把卫庄公蒯聩撵走。蒯聩和太子疾逃到戎州（卫国地名，在山东省曹县东南）。戎州人不但没帮着他们，反倒把他们爷儿俩全杀了，晋国就替卫国另外立个国君。齐国的陈恒一见晋国替卫国立个国君，就发兵打到卫国，杀了新君，也替卫国立个国君。日子不多，卫国的大夫石圃把齐国立的那个国君轰走，重新把卫出公接回来恢复了君位。按说卫出公应该把石圃当作恩人了吧！他反倒把石圃撵走了。因此，卫国的大臣们都害怕起来，他们为了保住自己的地位，就又把卫出公撵走了。后来，晋国又把卫庄公蒯聩的一个异母兄弟立为国君，就是卫悼公。卫国因为不断地发生内乱，更加衰弱下去，什么都得听从晋国的支使了。

这个故事讲了臣下虽然得到"三不死"的承诺，但在帝王权贵勾心斗角的权利之争中，仍然只能作牺牲品。

舍本逐末

典出《吕氏春秋·上农》：民舍本而事末则不令，不令则不可以守，不可以战。

典出《战国策·齐策四》：齐王使使者问赵威后。书未发，威后问使者曰："岁亦无恙耶？民亦无恙耶？王亦无恙耶？"使者不悦，曰："臣奉使使威后，今不问王，而先问岁与民，岂先贱而后尊者乎？"威后曰："不然。苟无岁，何以有民？苟无民，何以有君？故有问舍本而问末者耶？"

战国时，齐王派遣使臣去访问赵威后，威后还没有把信拆开，先问使臣说："贵国那里的庄稼好吗？人民好吗？君王好吗？"使臣心里很不愉快地回答说："我是奉命来问候你的，你不问王，先问庄稼和人民，难道是先贱而后贵吗？"威后说："你的观念错了，没有庄稼哪里会有人民，没有人民，哪里来的国君呢？难道先舍根本去问末事吗？"

"舍本逐末"意思是放弃根本的、主要的，而只追求细枝末节，原指忽视农桑，从事工商，比喻轻重主次颠倒。

食笋煮簟

典出魏《笑林》：汉人有适吴。吴人设笋，问是何物。语曰："竹也。"归煮共床簟而不熟，乃谓其妻曰："吴人辘辘，欺我如此！"

汉地有一个人到吴地去。吴地的人置办竹笋来招待他。他不认识，问道："这是什么东西？"吴地人回答说："这是竹子。"他觉得滋味不错，回家后便拿着床上的竹席去煮，却怎么也煮不烂。于是对他妻子说："吴地人真狡诈啊，竟然这么欺骗我。"

吃了笋子便煮竹席的人不一定有；但是满足于一知半解，不调查清楚便鲁莽从事，及至碰了钉子反而责怪别人欺骗了他的人，却可从这则故事中吸取教训。

宋襄公之仁

典出《左传·僖公二十二年》：宋公及楚人战于泓。宋人既成列，楚人未

既济。

　　司马曰:"彼众我寡,及其未既济也,请击之。"公曰:"不可。"……既陈而后击之,宋师败绩,公伤股,门官歼焉。国人皆咎公。公曰:"君子不重伤,不擒二毛。古之为军也,不以阻隘也,寡人虽亡国之馀,不鼓不成列。"子鱼曰:"君未知战。"

　　春秋时,宋襄公企图称霸诸侯,在公元前638年夏,亲自带兵伐郑。郑向盟国求救。楚乘宋全力攻郑而国内空虚之时,出兵攻宋。宋襄公得到这一情况,率军回援。

　　这年十一月,宋、楚军在泓水相遇。

　　当时,宋军已经在泓水集合好队伍,严阵以待,而楚军正在渡河。宋司马子鱼认为正是出击楚军的最好机会,因此,他向宋襄公建议说:"楚军人多,我军人少,等他们渡过再战,对我军不利,不如趁楚军现在尚未渡完,立即发动进攻。"宋襄公摇摇头说:"不行,仁义之师怎么能在别人半渡的时候出击呢?"过了一会儿,楚军已经渡完,但未排成行列,队伍混乱不堪。子鱼又向宋襄公建议进攻,宋襄公又摇头拒绝了。

　　等到楚军全部排好行列,擂着战鼓开始进攻后,宋襄公才下令出击。楚军勇猛善战,又人多势众,呐喊之声响彻云霄。宋军在强大的攻势下,只好败退。在逃跑中,宋襄公身旁的卫兵被杀死,自己腿上也中了一箭。

　　战争结束后,宋人都责怪宋襄公坐失良机,但他仍固执地说:"仁义之师不攻击受伤的士兵,不停虏头发花白的敌人。古时候打仗,不在险要的地方伏击敌军。"宋国是商的后代,更要讲仁义道德,怎么能向没有排列好的敌军进攻呢?"子鱼反驳说:"君王是不懂打仗啊!战争中机会最难得,有了就应该抓住。训练士兵时,要他们懂得什么是耻辱,用羞耻激发起勇气。如果不攻击受伤的士兵,那么,最初就不要伤害他们;如果不停虏头发花白的敌人,那么,何必同他们打仗,干脆把他们供养起来,战争本来就是残酷的,如果军队进攻敌人时凭藉的是仁义,那么,宋襄公也不会受箭伤。"

　　后人用"宋襄公之仁"说明盲目地对敌人仁慈,结果使自己吃大亏。

贪小失大

　　典出《吕氏春秋·权勋》:贪于小利以失大利者也。

　　古时蜀国(今四川)是一个很富庶的地方,沃田遍野,谷满仓库,金银财帛,更是数不胜数。可是蜀侯却是个贪得无厌的人,还想要更多的金钱、美女。

　　秦国是蜀国的邻国,秦惠王见蜀国如此富有,早有吞并的野心,只因两国交界之处,不是悬崖,便是险道,很难出兵进攻。后来,秦惠王针对蜀侯贪便宜的个性,命人雕刻一头大石牛,披红绸、戴绿花的把它放在通往蜀国的道路上,并不断的往前移;同时,又派人在石牛去过的路上放置了一块块的黄金。而且放出风声说这是一头会排泄黄金的金牛,一面派人向蜀侯说,为了两国的友好,愿将金牛送给他。

蜀侯信以为真,便派了身强力壮的近卫军去开山填谷,筑起一条路来让金牛通过,秦军等路开好了,便顺着新路迈进,将蜀国消灭了。蜀侯为了贪小利,连国家也失去了。

后人便将这段故事的最后一句"以贪小利失其大利也"简化为"贪小失大"一句成语,用来形容贪图小的便宜,遭受大的损失。

同室操戈

典出《左传·昭公元年》:(何)休见而叹曰:"康成入吾室操吾矛以伐我乎?"

春秋时,判国大夫徐吾犯的妹妹长得貌如天仙,举止文静。郑国的公孙楚和公孙黑两兄弟都去求亲。公孙楚先送去订婚的聘礼,徐吾犯答应了。公孙黑再送去聘礼时,徐吾犯只好婉言谢绝。不料公孙黑竟威胁说:"如果你不答应,我将派人来抢你妹妹。"

徐吾犯对此忧心忡忡,公孙家族在郑国势力强大,怎么敢得罪呢?他将此事告诉了子产,子产说:"公孙兄弟应该以礼相让,怎么急起来了呢?这是郑国政治混乱的表现啊!事已如此,不如让你妹妹自己决定。"

于是,徐吾犯请来了公孙兄弟,然后让妹妹在帘幕内观察。公孙黑穿得鲜艳华丽,一副贵公子的派头,出门时向徐家的人施舍了不少钱财。公孙楚一身戎装,左手握弓,右手拿箭,出门时向上一箭射中天上的飞鸟,向下一箭射死池中的游鱼,然后跳上战车奔驰而去。

徐吾犯的妹妹说:"公孙黑的确英俊,但缺乏大丈夫的气概。男人应该有男人的样子,女人应该有女人的样子,夫妇才能和顺。"最后,她嫁给了公孙楚。

公孙黑不服。一天,他全副武装闯进楚家,要杀弟弟,夺他妻子。公孙楚大怒,手握长矛向哥哥刺去,两人就在室内拼斗起来。最后,公孙黑斗败负伤逃跑。

后人将公孙兄弟相斗的事概括成"同室操戈"的典故,比喻已经激化了的家庭内部矛盾或社会内部纷争。

玩火自焚

典出《左传·隐公四年》:夫兵,犹火也;夫戢,将自焚也。

春秋时,卫国有一个叫州吁的人,是卫庄公的宠妾所生的儿子。此人喜欢谈

兵黩武。庄公死后,桓公继位。公元前 719 年,州吁杀死桓公,自立为君。并联合宋、陈、蔡等国攻打郑国。鲁隐公问大夫众仲州吁前途如何,众仲回答说:"逞强好战,就好比玩火,如不急时收敛,结果必然把自己烧死。"后来,州吁果然被卫国大夫石碏诱到陈国,被陈人杀死。

后人用"玩火自焚"这个典故比喻干冒险的或害人的勾当,最后受害的还是自己,有搬起石头砸自己的脚之意。这句成语有时也写为"玩火者必自焚"。多含贬意。

罔两问景

典出《庄子·齐物论》:罔两问景曰:"曩子行,今子止;曩子坐,今子起。何其无特操与?"景曰:"吾有待而然者邪!吾所待,又有待而然者邪!吾待蛇蚹蜩翼邪!恶识所以然,恶识所以不然。"

半阴影问影子说:"刚才你走动,现在你停止不动;刚才你坐着,现在你站立起来。你怎么这样没有独立的性格呢?"影子说:"我因为有所依赖才这个样子的啊!我所依赖的东西,又要有所依赖才这个样子的啊!我所依赖的不过就像蛇腹下的横鳞、蝉背上的羽翅啊!我怎么能够晓得何以要这样?怎么能够晓得何以不这样呢?"

这个寓言说明:完全不认识所以然或所以不然,只是有待而然,那便成了影子。影子是不会思想,也没有思想的。它有活动:行、止、坐、起;却无"特操":有待而然。它没有一丁点儿创造性,没有丝毫责任感。

我今何在

典出刘元卿《应谐录》:一里尹管解罪僧赴戍。僧故黠。中道,夜酒,里尹致沉醉酣睡。已取刀其首,改维己索,反维尹项而逸。凌晨,里尹寤,求僧不得,摩其首,又索在项,则大诧惊曰:"僧故在是!我今何在耶?"

有个里长押解一名犯罪的和尚到边境去服役。和尚本来很狡猾。走到半路上,夜里喝酒,里长喝得大醉,睡得很熟。和尚就取刀剃光他的头发,然后把拴自己的绳索,反转来拴在里长的脖子上,就逃跑了。天刚亮,里长醒来了,找和尚找不到;摸摸自己的头光光的,又有绳索套在脖子上,于是大为惊讶,说:"和尚本来在这儿!我如今在哪里呀?"

这篇寓言讽刺那些玩忽职守、丧失警惕,忘掉了自己究竟是干什么的人。

吾失足容

典出《权子·志学》：一人足恭缓步如之，偶骤雨至，疾趋里许，忽自悔曰："吾失足容矣，过不惮改可也。"乃冒雨还始趋处，纡徐更步过焉。

一个人迈着方步，四平八稳地走着。天降大雨，他小步快走了一里多路，心里猛然一动，自己后悔起来，说："啊呀，我有失行步的仪容。有错误不怕，改了就好。"于是，又冒雨返到开始快走的地方，重新迈着方步，四平八稳地走起来。

后人用"吾失足容"的这个典故讽刺那些墨守陈法、循规蹈距的人，就像这个讲究足容的人一样迂腐可笑。

削足适履

典出《淮南子·说林训》：夫所以养而害所养，譬犹削足而适履，杀头而便冠。

春秋时代，楚灵王之弟弃疾受臣子朝吴的怂恿，趁灵王出兵征伐徐国的机会，杀死了灵王的两个儿子，灵王听到了这变故，上吊而死。弃疾起初还不知道灵王已死，又因为有两个哥哥，不敢马上继承王位，于是拥立他哥哥的儿子子午做国君，后来知道灵王已死，又采用朝吴的奸计，逼迫子午自杀，自己做了国君，称为平王。

晋国国君献公因为宠爱骊戎所献的美女骊姬，把她立做夫人，还打算立她所生的儿子奚齐做太子。但骊姬感到太子申生很得民心，又有他哥哥重耳和夷吾的扶助，不敢一下子这样做，便用计挑拨献公和他这三个儿子的关系。后来献公果真听信诡言，赐申生自杀，并派兵捉拿重耳和夷吾。

以上两则故事，都是因听信怂恿和挑拨，以致兄弟逼死哥哥，父亲杀死儿子。于是《淮南子·说林篇》有这样一段话："骨肉之间本来是互相亲爱的；但如果有阴险奸恶的坏人从中挑拨，即使父亲也会杀死儿子。由于听信诡言而杀死自己的骨肉，正好像是'削足而适履，杀头而便冠。'"

这两句话的意思是说：鞋子小了，就把脚削小一点；帽子小了，就把头削一点。为了适应鞋子和帽子的尺寸，而不惜刻肌伤骨。后来人们用"削足适履"比喻无原则地迁就凑合，愚蠢地生搬硬套。

玄石戒酒

典出《郁离子·虞孚篇》：昔者玄石好酒，为酒困，五脏熏灼，肌骨蒸煮如裂，百药不能救，三日而后释。谓其人曰："吾今而后知酒可以丧人也，吾不敢复饮矣。"居不能阅月，同饮至，曰："试尝之。"始而三爵止，明日而五之，又明日十之，又明日而大爵，忘其故，死矣……

性之所耽，不能绝也。

过去有个叫玄石的人，特别好酒贪杯。有一次，他被酒醉倒了，酒力像火一样，熏灼他的五脏，蒸煮他的肌肉骨骼，身体像要裂开一样，各种药物都治不了。过了三天才解除。他对同伴说："我从今以后知道酒可以死人了，我再不敢饮酒了。停了不到一个月，饮酒的同伴来了，对他说："试着尝一点吧。"也只吃了三杯便停止了。第二天增加到了五杯，再后一天便增加到十杯，再后一天便一大杯一大杯地往肚里灌了。他完全忘记了过去的教训，直到被酒醉死。

这个故事说明：与本性相联系的强烈嗜好是不容易戒绝的。

掩耳盗铃

典出《吕氏春秋·自知》：百姓有得钟者，欲负而走，则钟大不可负。以椎毁之，钟况然有音。恐人闻之而夺己也，遽掩其耳。

春秋时代，晋国的智伯把范氏灭掉以后，有人跑到范氏家里看见一口钟，想背起走；可是钟既大又重，怎样也背不动。于是他找了一个钟锤，用力地往钟上敲去，打算把钟敲坏了，再一块块的拿着回去。不料当铁锤敲到钟上的时候，忽然发出了一阵宏亮的响声。他怕别人听见这种响声就会有人来夺钟，于是赶紧用两只手先捂住自己的耳朵。以为只要把耳朵捂住，不管钟声怎样响亮，也不会让人听见了。其实他只欺骗了自己：只要他敲钟，别人并没有捂住耳朵，就会听见的。

以后的人就引用"掩耳盗铃"这句话，来比喻人自作聪明，原想欺骗别人，实际只是欺骗了自己。

羊质虎皮

典出汉·扬雄《法言·吾子》:羊质而虎皮,见草而悦,见豺而战,忘其皮之虎矣。

动物中以羊最为驯良,常受别种动物的欺侮,虎最凶恶,常捉别的动物来吃。但是,世界上实在找不出一只羊质虎皮野兽,这不过是假设比喻:说有些人本来是羊一样的素质,却爱好扮成虎样威猛,从外表看,这种人虽像一只虎,但内里仍是如羔羊般懦弱。表示外表好看,里面却空虚而不实际的意思。

后人用"羊质虎皮"比喻外强中干或徒有虚名。

一叶障目

典出《晋书·顾恺之列传》:桓玄尝以一柳叶给之曰:"此蝉所翳叶也,取以自蔽,人不见己。"恺之喜,引叶自蔽,玄就溺焉,恺之信其不见己也,甚以珍之。

顾恺之是晋朝时候著名的画家,他画的人像惟妙惟肖,呼之欲出。他画完了一张人像,几年也不画人的眼睛,旁人问他这是为了什么?他回答说:"我不画眼睛也照样传神!"他画的画,被人们视若珍品,保存起来。

顾恺之为人随和、性格诙谐,别人都愿意与他交往,有时也开开玩笑。当时流传一个关于"蝉翳叶"的传说,说蝉儿躲藏的地方,上面有一片叶子盖着,所以别的虫子、鸟雀都瞧不见它。这片树叶子叫做"蝉翳叶"。如果人得到"蝉翳叶",用它遮蔽自己,别人就看不见他。因此人们都将"蝉翳叶"当成宝贝。

有一天,顾恺之的朋友桓玄,捡来一片柳树叶子,送到他面前,一本正经地说:

"这是一个蝉翳叶,可以隐身,用它住眼睛旁人就看不见你!"

顾恺之非常高兴,他信以为真,就把柳树叶子挡在眼睛上,这时桓玄故意东找西找,大声呼唤顾恺之的名,口里焦急地说:

"你在哪呀?我怎么看不见你呀!"

隔了一会儿,桓玄故意对着他撒尿,装得像看不见他的样子。顾恺之真以为蝉翳叶能隐藏身子,所以将它珍藏起来。

人们将顾恺之的这件趣事,当作笑话传布出去,人们说顾恺之有三绝:

"才绝、画绝、痴绝。"

后来人们用"一叶障目"作为成语。比喻目光被眼前细小事物遮蔽,看不到

189

大处、远处。

"一叶障目"也写作"一叶蔽目"。

以凫为鹘

典出《艾子杂说》：昔人将猎而不识鹘，买一凫而去。原上兔起，掷之使击，凫不能飞，投于地，又再掷，又投于地，至三回，凫忽蹒跚而人语曰："我鸭也，杀而食之，乃其分，奈何加我以掷之苦乎？"其人曰："我谓尔为鹘，可以猎兔耳，乃鸭耶？"凫举掌而示，笑以言曰："看我这脚手，可以搦得他兔否？"

从前，有个人要去打猎，想买一只兔鹰。可他从没见过兔鹰，结果，买了一只水鸭子，兴致勃勃地带上走了。

他来到野外荒原，看见一只兔子从草莽中窜出，立刻抛出鸭子让它去追击。鸭子不会飞，一头栽到地上。这人提起来又扔向空中，鸭子照旧又跌在地上。

鸭子被折腾了三番五次，忽然摇摇摆摆走到这人面前说起话来："先生，我是水鸭子，杀了吃肉，才是我的本分。为什么非要掷来掷去，让我皮肉受苦呢？"

这人惊讶地问："我以为你是兔鹰，可以抓兔，怎么会是鸭子呢？"

鸭子举起脚蹼，笑着说："您仔细看看我这手脚，能够抓兔子吗？"

后人用"以凫为鹘"的这个典故讽刺那些不求甚解，粗心大意的盲干家！

亦步亦趋

典出《庄子·田子方》：颜渊问于仲尼曰："夫子步亦步，夫子趋亦趋，夫子驰亦驰，夫子奔逸绝尘，而回瞠若乎后矣。"仲尼曰："回，何谓邪？"曰："夫子步，亦步也；夫子言，亦言也；夫子趋，亦趋也；夫子辩，亦辩也；夫子驰，亦驰也；夫子言道，回亦言道也；及奔逸绝尘而回瞠若乎后者，夫子不言而信，不比而周，无器而民滔乎前，而不知所以然而已矣。"

春秋时，鲁国有一个叫颜回的人，是孔子最得意的学生，聪明而好学，性情温和，从不犯重复的错误。乐观而安贫，孔子时时称赞他的贤德。有一次，他对孔子说："夫子步亦步，夫子趋亦趋，夫子驰亦驰，夫子奔逸绝尘，而回瞠若乎后矣。"步：是缓步而行；趋：是快步的走；驰：是快步而跑；奔逸绝尘：是飞快的奔跑，只见脚步扬起的灰尘；瞠若乎后：是惊异地看着你的背影。颜回这几句话的意思是说：老师慢慢地走，我也慢慢地走；老师急速地走，我也急速地走；老师快速地跑，我也快步地跑；老师飞快地奔跑，我只能惊异地从你脚步扬起的灰尘中看着你的背影了。

后来的人，便根据这段话演化成"亦步亦趋"一句成语，用来比喻学生应向老师学习，老师怎样做，学生也跟着怎样做，是教人向有学问、有本领的人学习。但沿用下来，却变成了比喻人们什么事都模仿别人，学别人的样，而自己不去创造；甚至不辨好坏，盲目的模仿别人的生活、动作和态度。

永某氏之鼠

典出《柳河东集·三戒》：永有某氏者，畏日，拘忌异甚。以为己生岁直子，鼠，子神也，因爱鼠，不畜猫犬，禁僮勿击鼠。仓廪庖厨，悉以恣鼠，不问。

由是，鼠相告，皆来某氏，饱食而无祸。某氏室无完器，无完衣，饮食，大率鼠之余也。昼累累与人兼行，夜则窃啮斗暴，其声万状，不可以寝，终不厌。

数岁，某氏徙居他州。后人来居，鼠为态如故。

其人曰："是阴类恶物也，盗暴尤甚，且何以至是乎哉！"假五六猫，阖门，撤瓦灌穴，购僮罗捕之。杀鼠如丘，弃之隐处，臭数月乃已。

呜呼！彼以其饱食无祸为可恒也哉？

永州有某个人，畏惧阳光，禁忌得非常厉害。以为自己出生的那年是个子年，老鼠就是子神，因此他偏爱老鼠，家里不养猫和狗，并禁止僮仆打杀老鼠。粮仓厨房，全都任凭老鼠放纵横行，并不过问。

由于这个缘故，老鼠们相互传告，全都跑到他家里来，吃得饱饱的而又一点灾祸也没有。于是，这个人家里没有一件完整的器具，衣架上没有一件完好的衣服，凡是吃的喝的大都是老鼠吃剩下的。白天老鼠常常和人一起行动，夜里就偷咬东西打架斗殴，吵闹的声音千奇万状，弄得人不能睡觉，但这个人始终不感到讨厌。

过了几年，这人搬到别的州郡去住。以后另一家人搬进来了，老鼠依旧闹得那么凶。

新搬来的人说："这群见不得阳光的坏东西，偷窃打闹得太厉害了，究竟是怎么弄到这步田地的呢？"便向人借了五六只猫，关上门，撤除砖瓦，用水浇灌老鼠洞，又雇了些人到处搜寻追捕。最后杀死的老鼠堆积如山，把它们扔到偏僻的地方，臭味数个月之后才散尽。

唉！这些老鼠以为它们吃饱喝足又无祸灾的日子会长久不变吗？

这则寓言讽谕了"窃时以肆暴"而"卒迫于祸"的人物。老鼠，作为一种"阴类恶物"，专门从事破坏和危害人类的活动，对它们只能斩尽杀绝，决不能姑息纵容。

191

余姚先生

典出明·冯梦龙《笑府》:余姚师多馆吴下,春初即到,腊尽方归,本土风景反认不真,便见柳丝可爱,向主人乞一枝寄归种之。主人曰:"此贱种是处俱有,贵处宁独无耶?"师曰:"敝地是无叶的。"

余姚先生一年时间大多在吴下教书,每年都是初春就到了吴下,腊月快完了才回来。对自己家乡的风景反而记不得了,他见吴下的柳枝十分可爱,于是就去向主人要一枝,(准备)捎回去种在自己的家乡。主人说:"柳树这种低贱的树种到处都有,怎么只有您家乡没有呢?"余姚先生说:"我家乡的柳枝是没有叶的。"

后人用"余姚先生"的这个典故比喻这种静止的、只凭直觉、教条机械的认识事物的态度是没有出息的。

越人学远射

典出《淮南子·说山训》:越人学远射,参天而发,适在五步之内,不易仪也。世已变矣,而守其故,譬犹越人之射也。

越国人学习射远箭,却仰天发矢,结果,刚好射在五步以内的近处,而又不知道改变这个错误的射法。

时代已经变化了,却保守着老一套,就譬如越人学远射一样呀。

这则寓言讽谕了泥古不化、袭故守常的行径。

造 酒

典出《雪涛谐史》:一人问造酒之法于酒家。酒家曰:"一斗米,一两麯,加二斗水,相参加,酿七日便成酒。"其人善忘,归而用水二斗、麯一两、相参和。七日而尝之,犹水也。乃往诮酒家,谓不传与真法。酒家曰:"尔第不循我法耳。"其人曰:"我循尔法,用二斗水,一两麯。"酒家曰:"可有米么?"其人俛首思曰:"是我忘记下米。"

噫!并酒之本而忘之,欲求酒,及于不得酒,而反怨教之者之非也!世之学者,忘本逐末,而学不成,何以异于是?

有个人向专门造酒的人家问造酒的方法。酒家说:"用一斗米,一两曲,加两斗水,掺和在一起,酿造七天,便成了酒。"那个人很健忘,回来后只用一两曲与两斗水和在一起酿造。过了七天去尝,还是水,便去责怪酒家不把真法子传给他。酒家说:"你不过没有遵照我的法子罢了。"那个人说:"我是照你的法子,用了两斗水,一两曲。"酒家说:"你用了米吗?"那人愣住了,低下头想了一阵才说:"是我忘记下米了。"

唉!连造酒的原料(米)都忘了,还想造出酒来;等到造不出酒来,又反而埋怨教他的人不对。世界上有些求学的人,忘本逐末,终于学不成什么,与这个人有什么不同之处呢?

这个故事说明:舍本逐末,必定劳而无功。

中计身亡

南宋时,有一个陕西人身怀围棋绝技,自称关西棋客。他到了都城临安后访遍京城高手,无人能与他匹敌,一时名声大振。皇宫内侍王益是个好事者,他找来几个围棋国手同关西棋客比赛,结果也都败在了关西棋客的手下。王益就把这件事报告了皇帝。皇帝听后,便下诏让关西棋客第二天入宫,要看他与宫内棋待诏弈棋。棋待诏得到这个消息后,生怕第二天比赛时输棋,于是想出了一条计策。

当晚,棋待诏把关西棋客请到自己家里,设宴款待。席间,棋待诏领来一个漂亮的姑娘,对关西人说:"这孩子是我的女儿。几个月来,你棋镇京城,我久仰你的大名,打算把她嫁给你为妻,不知意下如何?"关西棋客为人老实,看到姑娘相貌美丽,身材窈窕,待诏态度诚恳,心中非常高兴,就满口答应了这桩婚事。棋待诏看到关西棋客已经上钩,便接着说:"明天我们俩要在皇上面前下棋,你得让我这个老丈人先赢第一局,然后我再让你赢第二局,你看怎么样?"关西棋客想到他们之间的翁婿关系,认为理当如此,就点头表示同意。棋待诏接着说:"我看你一表人材,聪明过人,肯定会受到皇上赏识,将来咱俩都在宫中弈棋,也好互相照应,那是多好的事啊!"

其实棋待诏根本没有什么女儿,而是他临时从京城一个戏班子里请来的一位歌舞伎。

第二天,棋赛开始了。关西棋客不知道自己中了待诏的奸计,按他们事先的约定,让了第一局。皇帝看到关西棋客一上来就输了第一局,而且没有什么精彩的场面,认为关西棋客也不过如此,就对站在一旁陪自己观棋的王益说:"你看,这个人毕竟是个土包子,怎么能与我皇宫中的国手相提并论呢?!"说完,站起身来挥了挥手走了。

关西棋客看到皇帝并不赏识自己,非常狼狈地退出了皇宫。过了几天他听人说棋待诏根本没有女儿,才知道自己上了当。他一气之下,卧床不起,茶饭不

思,没过多久就丧命黄泉了。

自欺欺人

典出《笑林》。

从前有一个南方人,家里很贫穷,但总幻想有朝一日成为一个有钱人。后来,他不知从何处找来一本汉代淮南王刘安论方术的书,就认真地读了起来。当他读到书中"如果谁得到螳螂捕蝉时用来掩护自己的叶子,就可以隐藏他的身体。"这个人非常高兴,就天天等在一棵大树下,伸长脖子看着头上的叶子。一天,他终于看到一只螳螂躲在一片叶子的后面准备捕蝉,他赶紧爬上树去搞下叶子,但下来时不小心将叶子掉在了地上。他四下里找,可是地上已经有很多落叶,怎么也分辨不出掉下的那一片。他只好把地上的树叶都扫回家,一张张地拿来挡在自己面前,问他妻子说:"你看得见我吗?"妻子不知丈夫在玩什么把戏,一一回答说:"看不见。"

这人高兴极了,连忙把叶子装在口袋里。

第二天一早,这个人带着叶子来到城里。当他看到市场上有人在卖东西时,就摸出叶子来放在胸前,然后伸出手去拿东西。不想被当场捉往,并送往官府。官府的人觉得很奇怪,就问他说:"你为什么要在光天化日之下偷别人的东西呢?"这人只好哭丧着脸把事情的经过说出来,官府的人听了哈哈大笑起来,就把他释放了。

后人将这种既欺骗自己,也欺骗别人的行为叫做"自欺欺人"。

坐井观天

典出《庄子·秋水篇》中的一个寓言故事。又见韩愈《原道》:坐井观天,曰天小者,非天小也。

《庄子·秋水篇》记载的故事大意是:废井里住着一只青蛙,有一天在井边上碰见了一只从东海里来的海鳖。青蛙说:"你看,我多快乐呀!高兴的时候就在井栏边上跳跃一阵,累了就睡在井里的砖洞上休息,或者就露出头来泡在水里,或者在泥地里散步也很舒服。看看那些蚌蟹与蝌蚪谁能比得上我呢?井里这样自由自在,快乐得意,我又是这里的主人,还是请你来井里观赏一下吧!"海鳖听了就想进去看看,可是左脚还没有完全伸进去,右脚就被井栏绊住了。于是海鳖对青蛙说了些海的广大无边等等情况,青蛙才吃惊地知道井外还有这样广阔的天地,快乐的世界。

后人用"坐井观天"这个典故比喻眼界狭小,所见有限。